MISSION
DE PHÉNICIE

MICHEL LÉVY FRÈRES

ÉDITEURS

PARIS, RUE VIVIENNE. N° 2 *bis*, ET BOULEVARD DES ITALIENS, N° 15

TOUS DROITS RÉSERVÉS

MISSION
DE PHÉNICIE

DIRIGÉE

PAR M. ERNEST RENAN

MEMBRE DE L'INSTITUT, PROFESSEUR AU COLLÉGE DE FRANCE

PARIS
IMPRIMERIE IMPÉRIALE

M DCCC LXIV

MISSION DE PHÉNICIE.

INTRODUCTION.

PLAN GÉNÉRAL DE LA MISSION.

Vers la fin du mois de mai 1860, S. M. l'Empereur daigna me proposer une mission d'exploration dans l'ancienne Phénicie. Depuis longtemps je regardais une mission de ce genre comme fort nécessaire. Quoique la vieille civilisation phénicienne ait été presque aussi maltraitée en ses monuments d'art qu'en ses monuments littéraires, il me semblait urgent de recueillir le peu qui reste des premiers, comme on a rassemblé avec scrupule ce qui reste des seconds. Un fait d'ailleurs me frappait : c'était l'extrême rareté des inscriptions phéniciennes trouvées en Phénicie. Au lendemain de la découverte de l'inscription d'Eschmunazar et d'une autre encore trouvée à Sidon, il me paraissait difficile que la Phénicie dût rester au-dessous de Chypre, de Malte, de la côte d'Afrique, pour l'abondance des textes écrits en phénicien.

Par une coïncidence bizarre, presque le jour même où je recevais cette mission de S. M. l'Empereur, éclataient dans le Liban les massacres qui devaient bientôt amener une division de l'armée française en Syrie. La présence de nos soldats était une circonstance très-favorable à mon dessein ; les fouilles que je me proposais de faire s'en trouvaient singulièrement facilitées : il fut décidé que ces fouilles seraient faites par les soldats et que ma mission tiendrait lieu, pour l'armée de Syrie, de ces commissions scientifiques que la France, en sa noble préoccupation des choses de l'esprit, a toujours associées à ses expéditions militaires dans les pays lointains.

Encore indécis sur l'étendue qu'il convenait de donner à ces recherches et ignorant les ressources que je trouverais en Orient, je résolus de n'amener d'abord avec moi de France aucun collaborateur. La bienveillante intervention de MM. de Saulcy et Guillaume Rey m'avait assuré dès lors en Orient la plus précieuse des collaborations : M. le docteur Gaillardot, médecin français, fixé en Syrie depuis vingt-six ans, voulut bien mettre au service de la mission sa rare expérience du pays et les profondes études qu'il en avait déjà faites. Depuis le moment de mon arrivée, en effet, jusqu'à ce jour, M. Gaillardot n'a cessé de me prêter le concours le plus dévoué. C'est grâce à lui que j'ai pu, en un an, remplir un programme qui aurait demandé un long séjour. J'ajoute que le courage m'aurait manqué peut-être si, au milieu des innombrables difficultés d'une si pénible entreprise, au milieu de populations égarées ou abruties, je n'avais eu sans cesse à côté de moi l'exemple de ce que peut la force d'un caractère honnête, sérieux, modeste, pour réagir contre les entraînements d'un monde abaissé.

J'arrivai à Beyrouth dans les derniers jours d'octobre. Je trouvai dans M. le général de Beaufort un empressement à seconder mes recherches qui ne devait pas un moment se démentir. Il décida qu'une compagnie serait attachée à chacune des fouilles que je voudrais entreprendre ; il me demanda des instructions pour les différents corps déjà répandus dans le Liban ; il prit des mesures efficaces pour que notre entreprise fût réellement l'œuvre de l'armée française et centralisât tous les efforts scientifiques du corps nombreux et intelligent d'officiers qui l'entourait.

Dans ma pensée, la mission, pour être complète, devait se composer de quatre campagnes de fouilles, correspondant aux quatre centres principaux de la civilisation phénicienne. Ces quatre campagnes étaient, en commençant par le nord : 1° celle de Ruad (Aradus), Tortose (Antaradus) et Amrit (Marathus); 2° celle de Gébeil (Byblos); 3° celle de Saïda (Sidon); 4° celle de Sour (Tyr). Chaque campagne devait se composer de fouilles exécutées sur les points les plus importants et d'une exploration, aussi complète que possible, de toute la région environnante. Comme appendice de ces quatre campagnes, je projetais un voyage de Palestine, ce pays étant dans l'histoire de l'art l'annexe de la Phénicie.

Avant de fixer mon choix sur l'ordre où il convenait d'exécuter ces diverses séries de recherches, je crus devoir jeter un premier coup d'œil sur quelques-uns des points qu'il s'agissait d'explorer. Je fis ainsi deux voyages préliminaires, l'un de Beyrouth à Saïda, l'autre de Beyrouth à Gébeil, qui me fournirent d'abord un certain nombre d'observations et me permirent de tracer d'avance mon plan avec plus de sûreté. A Saïda, nous déterminâmes dès lors les terrains qu'il serait bon d'acheter. A Gébeil, nous préparâmes une installation qui, vu le total dénûment où la vieille Byblos est réduite, offrait beaucoup de difficultés. Du même coup, nous fîmes l'exploration la plus attentive du littoral qui s'étend de Gébeil à Saïda.

Je résolus de commencer par Gébeil. Plusieurs jours furent encore nécessaires pour terminer les préparatifs. J'employai tous les moments de loisir qui m'étaient laissés à des courses aux environs de Beyrouth, et en particulier à Deïr el-Kala. Le samedi 1er décembre, la 4e compagnie du 16e bataillon de chasseurs à pied s'établit enfin à Gébeil. Je fixai mon séjour à Amschit, beau village, très-florissant, situé à trois quarts d'heure de là, et où je trouvai une fort aimable hospitalité. Le lundi

3 décembre, les fouilles commencèrent. Elles furent continuées durant les deux mois de décembre et de janvier, sans autres interruptions que celles qu'amenaient les jours de pluie. Byblos n'offrant aucun endroit qui attire exclusivement la curiosité, les fouilles furent dispersées sur un très-grand nombre de points dans la plaine qui environne la ville. On verra plus tard avec quel succès. M. de Lubriat, capitaine de la compagnie, et M. Sacreste, lieutenant, furent pour moi des collaborateurs pleins de zèle et d'activité. J'admirai la promptitude avec laquelle MM. les sous-officiers et les soldats se formèrent à ce genre de travail. Quelques-uns d'entre eux acquirent, en quelques semaines, un coup d'œil très-exercé ; la compagnie tout entière sembla composée d'archéologues émérites. M. Sacreste me fit de bons dessins et un plan excellent de Gébeil et des environs. M. Lockroy, que j'avais dès lors attaché à la mission, me fit d'autres dessins et se chargea de la photographie.

Durant toute la mission, j'eus pour règle d'explorer, pendant que les fouilles se faisaient, les régions environnantes. L'hiver ne me permettait pas de songer à l'exploration de la haute montagne, alors couverte de neige, qui domine Gébeil ; j'explorai la région moyenne et toute la côte de Gébeil à Tripoli, portant surtout mon attention sur Maschnaka et Semar-Gébeil. Je recueillis, en outre, une foule d'indications qui m'étaient fournies par les habitants sur les inscriptions dont, selon eux, les rochers de la haute montagne étaient couverts dans la région d'Akoura, de Kartaba et de Tannourin.

Vers la fin de décembre, je sentis qu'il serait nécessaire, si je voulais remplir mon programme des quatre campagnes de fouilles, de les pousser simultanément sur plusieurs points à la fois. Des initiatives prises sans mes ordres à Saïda me décidèrent à envoyer M. Gaillardot sur ce point. Quelques jours auparavant M. le général de Beaufort avait placé une compagnie en garnison à Saïda. Parallèlement aux travaux de Gébeil, les travaux de Saïda marchèrent ainsi, sous la direction de M. Gaillardot, avec quelques interruptions, durant les mois de janvier, de février, de mars. Au moment où M. Gaillardot me quitta, M. le comte Bentivoglio, consul général de France à Beyrouth, voulut bien détacher, pour le service de la mission, M. Dominique Khadra, drogman auxiliaire du consulat, qui me rendit dans mes rapports avec les indigènes des services considérables.

Le 7 février, je partis de Gébeil. Le temps que je pouvais donner à cet endroit était épuisé; mais MM. de Lubriat et Sacreste, ayant pris goût aux travaux, me proposèrent de les continuer après mon départ. Je leur laissai les instructions et les moyens nécessaires pour cela, en sorte que, pendant près de deux mois, des recherches furent faites à Gébeil, d'une manière moins suivie, il est vrai, mais fructueuse encore. MM. Sacreste et Lockroy, durant ce temps, firent plusieurs plans, dessins ou photographies, en particulier à Semar-Gébeil et à Maschnaka.

En quittant Gébeil, je m'arrêtai quelques jours à Sarba, près Djouni, pour terminer mon premier rapport à l'Empereur. Le 12 février, je rejoignis M. Gaillardot à Saïda. La direction qu'il avait donnée aux fouilles était si bonne que je trouvai inutile de rester près de lui. Après quelques jours employés à l'étude des environs de Saïda, étude dans laquelle M. Durighello, agent consulaire de France, me fut fort utile, je partis pour Sour, afin de fixer mes idées sur le plan de cette troisième campagne et d'en préparer l'établissement. Dès lors, j'explorai avec soin toute la région de Cana et de la Kasmie. Je revins à Saïda pour achever de régler tout ce qui concernait la campagne de Sour, et suivre encore durant quelques jours les travaux qui s'y exécutaient.

Le 1er mars, je m'installai définitivement à Sour. M. le général de Beaufort m'avait donné, pour cette région, la 1re compagnie de grenadiers du 13e régiment de ligne, dont j'eus aussi beaucoup à me louer. Le 4 mars, nous ouvrîmes les fouilles dans l'île et dans la plaine de Maschouk. Le 18, sans préjudice des travaux qui se continuaient dans l'île, un détachement alla camper à Kabr-Hiram et y travailla toute une semaine à grandes journées. Pendant ce temps, j'explorai la région au sud de Cana. La découverte de la mosaïque nous obligea à des surveillances compliquées, où M. le sous-lieutenant Brouillet fit preuve d'un rare dévouement.

Vers cette époque, j'appris avec certitude que le séjour de l'armée d'occupation ne se prolongerait pas en Syrie au delà des premiers jours de juin. J'entrevoyais bien d'ailleurs que, passé cette époque, le climat rendrait les travaux fort difficiles. Si je voulais que la région la plus intéressante peut-être sous le rapport des monuments phéniciens, celle d'Aradus, fût représentée dans nos fouilles, il n'y avait plus de temps à perdre.

Éloignée de tous les points fréquentés d'ordinaire par les voyageurs, livrée à une anarchie séculaire, occupée par des populations parvenues au dernier degré d'abaissement où le fanatisme et un mauvais gouvernement peuvent conduire l'espèce humaine, cette contrée eût attendu longtemps, sans doute, des explorateurs, sans les circonstances exceptionnelles où je faisais mes recherches. Malgré la difficulté d'établir une compagnie isolée en un pays aussi abandonné et aussi éloigné du centre de son expédition, M. le général de Beaufort ne voulut pas laisser notre entreprise incomplète. D'un autre côté, grâce au concours de M. de La Grandière, commandant de la station, je pus me multiplier en quelque sorte et présider sur des points très-éloignés à des recherches actives.

Certes, il y aurait eu des avantages à ne faire qu'une campagne à la fois et à donner successivement à chacune d'elles la somme de nos efforts communs ; mais dès qu'il me fut démontré que, à partir du mois de juin, les fouilles dans le sol deviendraient impossibles ; dès que je pus croire que, au delà de cette époque, le concours de l'armée, qui avait été la condition essentielle de nos travaux, pourrait me manquer, je n'eus plus de choix. Il fallait ou renoncer à quelque partie de mon plan, ce qui eût été une faute capitale dans une entreprise qui, si elle peut avoir quelque mérite, devait avoir avant tout celui de fournir des données comparatives, ou m'arrêter au système des travaux simultanés. Je puis dire que l'adoption de ce système ne me laissa d'autres regrets que celui d'être obligé de partager mon temps entre des séries de travaux également pleines d'attraits, dont une seule eût suffi pour m'attacher et m'occuper tout entier.

Le 25 mars, après avoir laissé des instructions à M. Brouillet pour la continuation des fouilles de Sour, je m'embarquai sur *le Colbert;* je passai deux jours à Saïda pour examiner les beaux sarcophages que venait de trouver M. Gaillardot; je touchai à Gébeil, où je jetai un rapide coup d'œil sur les travaux que la compagnie avait exécutés durant mon absence. Cette même compagnie prenait passage sur *le Colbert*, et, le 31 mars au soir, nous entrions dans le port de Ruad. Comme l'exploration de l'île ne pouvait être faite qu'avec le concours des hommes de la marine, nous procédâmes immédiatement à quelques rapides travaux; il me fut bientôt démontré que des fouilles étendues ne pouvaient être tentées sur ce point. Ayant renoncé, d'un autre côté, à la recherche des petits objets qui, depuis longtemps, se poursuit avec une grande activité dans la plaine de Tortose, je crus devoir porter tout l'effort de nos travailleurs sur Amrit. La compagnie y vint camper le 3 avril. Durant deux mois, elle ne cessa de remuer ce champ, jusque-là si peu exploré. Tels étaient le zèle de MM. les officiers et l'expérience que les hommes avaient acquise en ce genre de recherches, que je n'hésitai pas à abandonner la compagnie à elle-même, pendant que j'irais sur d'autres points diriger les travaux. Laissant à M. Sacreste mes instructions et le plan de fouilles que j'avais conçu, je repartis au bout d'une semaine pour reprendre mes fouilles à l'autre extrémité de la Phénicie. Au bout de quelques jours cependant, je priai M. Gaillardot de mettre fin à ses fouilles de Saïda et de venir rejoindre la compagnie à Amrit. L'expérience de mon collaborateur, sa connaissance de la langue du pays, et sa science médicale, étaient nécessaires pour qu'on pût être rassuré sur le sort d'une poignée d'hommes jetés sur un point perdu au milieu de populations hostiles, et fort malsain en été.

Le 8 avril, j'étais ramené par *le Colbert* à mes fouilles de Tyr. M. du Boisguéhenneuc, commandant de ce navire, qui m'avait déjà rendu tant de services, me rendit cette fois le plus grand de tous, en faisant, au point de vue d'un marin exercé, une étude des rivages de l'île de Tyr et de ses ports, étude qui permettra de résoudre plusieurs problèmes importants de topographie. Je trouvai aussi à Sour un secours que je réclamais depuis longtemps. Dès ma campagne de Gébeil, j'avais reconnu la nécessité, pour la mission, d'un architecte qui fût en même temps un dessinateur exercé, et j'en fis la demande. Divers incidents amenèrent des délais et des pertes de temps. M. Thobois arriva trop tard pour que je pusse lui confier, comme je l'avais projeté d'abord, les fouilles de la région d'Aradus. Pendant mon absence de ce côté, il fit quelques travaux à Sour; puis, le 11 avril, nous allâmes camper, avec un détachement, à Oum el-Awamid, à cinq lieues au sud de Sour. Pendant que les fouilles s'y exécutaient sous la surveillance de M. Thobois, j'allai explorer tout le Beled-Bescharrah, si riche en antiquités; puis, le 26 avril, je partis pour un voyage en Palestine. Je gagnai Naplouse par Saint-Jean-d'Acre, Khaïfa et le Carmel; j'étudiai durant plusieurs jours les monuments de Jérusalem et d'Hébron; je regagnai Khaïfa par Jaffa et la mer; je visitai Athlith et les antiquités situées au pied du Carmel, puis, m'enfonçant dans la Galilée, je vis Nazareth, le Thabor, le Jourdain près de sa sortie du lac de Tibériade, toute la côte occidentale du lac, le pont des Filles-de-Jacob, le lac Huleh, Safed, Meiron, Jish (Giscala), Kalaat-Kurein (Montfort). Le 25 mai, je revoyais nos travaux d'Oum el-Awamid, redevenus déserts. M. Brouillet et M. Thobois étaient tombés malades. Les hommes eux-mêmes, après vingt-cinq jours de travail dans un désert exposé à un

INTRODUCTION. 9

khamsin presque continu, s'étaient trouvés réduits à un état de fatigue extrême. Le détachement avait dû revenir à Sour. Depuis ce retour, aucun travail bien suivi n'avait été exécuté.

Le moment du départ de l'armée approchait. Mon plan était à peu près rempli. Grâce aux travaux continués sur deux ou trois points à la fois, chacune de nos campagnes avait eu au moins deux mois de travail. Le 26 mai, *le Colbert* vint prendre la compagnie de Sour, la déposa à Beyrouth et me porta de nouveau à Ruad. J'étudiai les résultats obtenus à Amrit, et jugeai bientôt que c'était là surtout que les dessins d'un architecte étaient nécessaires. Il fut décidé que M. Thobois ferait sur place l'étude et la restitution des beaux monuments de cette plaine, les plus incontestablement phéniciens de ceux qui ont survécu en Syrie. M. Gaillardot, avec son dévouement ordinaire, voulut bien rester pour l'accompagner et rédiger une complète description du sol que nous venions d'explorer. M. Lockroy devait faire, de son côté, quelques nouveaux dessins. C'est là que M. Thobois nous rendit un service de premier ordre. Ses dessins d'Amrit sont des chefs-d'œuvre d'étude approfondie, qui ne pouvaient résulter que d'un patient travail de restitution entrepris en face des monuments, et dont aucune photographie n'aurait pu tenir lieu.

Le 31 mai, j'étais de retour à Beyrouth avec la compagnie qui avait fait les fouilles de Gébeil et d'Amrit. Je pris congé de tant d'excellents collaborateurs, qui me laisseront un cher souvenir; je commençai à centraliser, dès lors, les objets provenant de nos fouilles, et j'allai passer quelques jours à Sarba pour y rédiger mon second rapport. Vers le même temps, M. Taddei, mosaïste romain, chargé d'enlever la mosaïque de Kabr-Hiram, arrivait. M. Khadra se chargea d'aller l'établir dans ce désert, où il continua son travail, durant tout l'été, avec beaucoup de persévérance et d'habileté.

Le moment favorable pour les excursions de la haute montagne était venu. Après quelques courses à Ghineh et aux points qui entourent la baie de Djouni, je partis le 18 juin pour une longue excursion, qui me conduisit successivement à Antoura, Reyfoun, Kalaat-Fakra, Harayé, Aphaca, Akoura, le lac Leimon, Baalbek, Deïr el-Ahmar, les Cèdres, Ehden. A Ehden, je reçus des nouvelles de mes collaborateurs d'Amrit; elles étaient fort tristes à quelques égards. Le jour même où M. Thobois avait terminé ses dessins, M. Gaillardot s'était trouvé pris d'un accès de fièvre pernicieuse du caractère le plus dangereux. Il regagnait Tripoli à grand'peine. MM. Thobois et Lockroy, ayant voulu explorer la côte de Tortose à Lattakié, virent leurs efforts paralysés par la maladie. La saison était trop avancée. A mon grand regret, l'exploration des environs de Tortose n'eut pas ce caractère minutieux et complet qu'on remarquera à nos battues dans les régions de Gébeil, Saïda et Sour.

Je descendis d'Ehden à Tripoli, en visitant les temples de Bziza et de Naous. Je trouvai M. Gaillardot dans un état encore très-alarmant. M. Lockroy, qui était le moins fatigué, voulut bien se charger d'une excursion aux temples de Hosn el-Sefiri, au Djebel-Akkar, à Kalaat el-Hosn, au monument de Hurmul. Pour moi, je refis avec M. Thobois la route de Tripoli à Gébeil, afin d'avoir son avis sur plusieurs points qui m'avaient laissé en suspens. Je visitai le massif du cap *Theou-Prosopon;* j'étudiai de nouveau Anefé et Semar-Gébeil; je pris l'avis de M. Thobois sur les monuments de Gébeil; puis je partis avec lui pour Maschnaka. Nous consacrâmes trois jours à étudier de nouveau ce point important. M. Thobois me déclara alors que sa santé ne lui permettait plus de continuer son séjour en Syrie. Il alla dessiner les bas-reliefs de Ghineh, puis s'embarqua à Beyrouth. Voulant cependant utiliser son retour pour la mission, il s'arrêta à Jaffa, et vit les monuments de Jérusalem et d'Hébron. Il en fit d'excellents dessins, et arriva sur l'âge de ces monuments aux idées que je m'étais faites moi-même. La sûreté de coup d'œil de M. Thobois et ses études comparatives sur les monuments de la Grèce, de la Sicile et de l'Italie, me fixèrent dès lors, à cet égard, dans les opinions qu'ont depuis confirmées les recherches plus étendues de M. de Vogüé.

Une nouvelle course, concentrique à la première, mais d'un rayon moins large, m'était nécessaire pour compléter l'exploration du Liban au-dessus de Gébeil. Le 9 juillet, je partis de Maschnaka, et je visitai successivement Mischmisch, Jrapta, Djej, Tartedj, Tannourin, Deïr-Houb, Douma, Toula. M. Khadra m'accompagnait dans cette excursion comme dans la première, et battait le pays autour des points où je passais pour découvrir les singulières inscriptions qu'on lit en ces parages sur les rochers. Pendant quelques jours, j'eus aussi avec moi M. Lockroy, qui était de retour de sa course au Djebel-Akkar. Mais il tomba malade à Deïr-Houb. Le 20 juillet, j'arrivai à Amschit. Notre état de fatigue était extrême. Ma sœur, qui m'avait accompagné dans tous mes voyages, avait été prise à Toula de douleurs névralgiques très-violentes. Je fis ma dernière excursion dans la partie du Liban maritime qui s'étend d'Amschit à Batroun; puis j'allai m'établir à Ghazir pour y prendre un peu de repos. Nous fîmes encore quelques recherches aux environs, en particulier au Djebel-Mousa, à Fatha, à Ghineh. Je profitai de la profonde tranquillité dont je jouissais dans ces belles montagnes pour écrire les idées que m'avait suggérées la Palestine, et qui, bien que n'appartenant pas directement à l'objet de ma mission, avaient avec elle plus d'un rapport.

Le mois d'août fut rempli par les soucis que nous donna l'enlèvement des objets que nous avions recueillis dans différents magasins échelonnés le long de la côte. Je fus activement secondé dans ce soin par M. Gaillardot, à peine relevé de sa maladie, et par M. Khadra. L'extrême dénûment où l'on se trouve en Syrie pour les moyens de transport nous causa d'étranges embarras. Il fallut le zèle et l'industrie de MM. les officiers de marine, et en particulier de M. Jaulin-Duseutre, commandant du *Caton*, pour triompher de ces difficultés.

Vers la fin du mois d'août, ma tâche était en réalité terminée; ce qui me restait encore à faire sur la côte devait être ajourné à l'hiver suivant, et M. Gaillardot s'en chargeait. Dans mon plan primitif, je ne devais embrasser que la Phénicie continentale, abstraction faite des colonies phéniciennes; et certes, si un tel programme péchait en quelque chose, c'était par son étendue. Le désir de voir Chypre et d'y préparer une campagne de fouilles pour l'hiver s'éveilla néanmoins en moi durant mes recherches. Chypre n'est pas la Phénicie, et il faudra se garder de tenir pour phéniciens tous les monuments qu'on y découvrira. Mais Chypre eut au moins une ville complétement phénicienne, Citium; dès le XVIIIe siècle, ce fut Chypre qui offrit le contingent le plus considérable d'inscriptions phéniciennes. Beaucoup d'indications qui m'étaient fournies me décidèrent à donner suite à une telle idée. En vue de préparer cette dernière exploration et de terminer quelques arrangements relatifs à l'embarquement des objets antiques, je quittai Ghazir et vins me fixer à Beyrouth dans les premiers jours de septembre. Je croyais avoir dit adieu pour toujours à la montagne. Une dernière opération, l'enlèvement des deux grands sarcophages de Gébeïl qu'on avait jugé d'abord impossible, me ramena une dernière fois à Amschit.

C'est là que la douleur la plus cruelle que j'eusse jamais éprouvée vint m'accabler. Ma sœur, depuis plusieurs jours indisposée, fut atteinte à Amschit, le 20 septembre, d'un accès de fièvre pernicieuse, qui lui enleva le sentiment. Par une fatalité qui pèsera sur toute ma vie comme un rêve funeste, presque à la même heure, frappé du même mal, je m'évanouissais à côté d'elle. Lorsque je me réveillai, trente-deux heures après, ma courageuse amie n'était plus. Quand même, après ce coup, j'aurais pu, sans m'exposer à un danger évident, affronter le climat de Chypre, l'accablement produit par la perte que j'avais faite ne m'eût pas laissé la force nécessaire pour les travaux de l'exploration. Mon programme primitif, d'ailleurs, était rempli; tous nos objets étaient embarqués pour la France;

INTRODUCTION. 13

le 10 octobre 1861, je quittai Beyrouth, où j'étais débarqué un an auparavant, presque jour pour jour.

J'ai dit ce que je devais à mes collaborateurs, au nombre desquels je place en première ligne les habiles officiers qui me secondèrent avec un zèle si désintéressé. Je manquerais à un devoir si je ne disais ce que je dois aux autorités et aux habitants du pays. Fuad-Pacha me donna, avec beaucoup de libéralité, tous les pouvoirs nécessaires pour fouiller sur les terrains qui appartiennent au gouvernement turc. Yousef-Bey-Karam, en m'appuyant de son autorité dans le Kesrouan et les régions voisines, prévint toutes les difficultés qu'on aurait pu croire inévitables en des opérations aussi compliquées. Son Éminence le patriarche des Maronites, outre les précieuses indications qu'il me fournit, me rendit de grands services en me faisant trouver dans le clergé du Liban un concours empressé et en me permettant de faire enlever dans le mur des églises quelques pierres d'un intérêt historique. Enfin mes rapports avec les douces et bonnes populations maronites furent jusqu'au bout excellents, surtout dans la région de Gébeil. Pas une seule fois nous ne rencontrâmes d'objections de la part des propriétaires des terrains sur lesquels nous étions conduits à fouiller. L'empressement à me communiquer tous les renseignements qui pouvaient m'être utiles était une vraie émulation. Je ne pense pas qu'à cet égard aucun voyageur trouve jamais des conditions meilleures que celles qui me furent faites, au moins jusqu'au départ de l'armée. Le dévouement à la France, le sentiment d'une reconnaissance bien naturelle, mais par cela même en un sens plus méritoire, nous procurèrent chez ces populations patriarcales, que n'a pas altérées le contact des Grecs, des musulmans, des Levantins, un accueil dont je me souviendrai toujours. Aussi ne crois-je pas m'être départi une seule fois avec elles des égards qu'on doit à une race abattue par les plus grands malheurs que jamais nation ait supportés.

L'accueil des populations musulmanes et métualies ne pouvait, vu les circonstances, être aussi favorable. Au milieu de ces populations, à demi sauvages ou abruties, j'ai la conscience de n'avoir jamais oublié ce qu'on se doit à soi-même en traitant avec des races inférieures, incapables de comprendre la délicatesse dont on use envers elles. J'ai respecté le droit même avec ceux qui ne voyaient dans ce respect qu'une marque de faiblesse ou de timidité. Une seule fois du reste, à Ruad, cette malveillance s'est exprimée en actes positifs. L'Oriental ne peut supposer l'Européen étranger aux haines qui l'animent. Le Grec orthodoxe ne saurait admettre que nous soyons indifférents à des rivalités qui remplissent sa vie. J'ai souvent pu m'apercevoir, dans les villages non catholiques, de bien de petites perfidies. Pour les inscriptions, en particulier, j'ai été beaucoup mieux renseigné dans les localités maronites ou grecques-unies que chez les orthodoxes ou chez les musulmans. A vrai dire, c'est l'incurable folie et l'aberration d'esprit de ces pauvres races, plutôt que leur mauvais vouloir, qui m'ont créé des difficultés. Les sottes chimères qui remplissent toutes les têtes sur de prétendus trésors cachés m'ont causé de vraies contrariétés; il était impossible de persuader à des gens étrangers à toute idée scientifique que je ne venais pas chercher de l'or. Deux ou trois fois, des monuments sur lesquels j'avais jeté des regards trop attentifs ont été brisés, et je crains bien que, depuis mon départ, nos travaux n'aient amené plus d'une regrettable destruction.

Grâce à un arrêté de M. le ministre d'État, quelques-unes des lacunes que j'avais eu le regret de laisser derrière moi ont déjà pu être remplies. Ces lacunes étaient de deux sortes : d'une part, je regrettais de n'avoir pu visiter Chypre; de l'autre, il me restait sur la côte de Syrie plusieurs *desiderata* à satisfaire. En ce qui concerne Chypre, une circonstance des plus heureuses m'a permis de la faire rentrer dans mon cadre. Vers l'époque de mon retour, j'appris que M. le comte Melchior de Vogüé, consciencieux explorateur qui avait déjà rendu de grands services à l'archéologie phénicienne, se disposait à partir pour l'Orient avec un plan de recherches à lui personnel. Je lui demandai de comprendre l'île de Chypre dans son itinéraire. M. de Vogüé se prêta à mon désir, et se chargea en outre d'organiser les fouilles qui devaient être faites pour le compte de la mission. En compagnie de M. Waddington, autre voyageur plein de zèle et de savoir, avec l'aide de M. Duthoit, architecte, secondé en outre par M. Grasset, jeune Français établi à Chypre, il a exécuté, dans les premiers mois de 1862, une exploration complète du sol de l'île et des fouilles très-fructueuses sur plusieurs points. Ces résultats entreront dans notre ouvrage et y formeront un livre au moins aussi développé que les livres qui concernent Sidon, Tyr, Byblos, Aradus.

Sur la côte de Syrie, M. Gaillardot a continué nos recherches, depuis mon départ, avec un zèle que l'état de sa santé, fortement ébranlée par sa fièvre d'Amrit, n'a pu ralentir. Trois choses restaient à faire pour remplir complétement le plan que je m'étais proposé : 1° continuer à fouiller la partie de la nécropole de Saïda qui a été acquise par la France; 2° faire plusieurs dessins et photographies des monuments du Beled-Bescharrah, que le temps ne nous avait pas permis d'exécuter; 3° reprendre les fouilles d'Oum el-Awamid, que nous fûmes obligés d'abandonner au moment même où elles promettaient d'être le plus fructueuses en inscriptions phéniciennes. L'exploration de la nécropole de Saïda, dans les limites où nous l'avions conçue, a été complétement terminée. Tous les plans et dessins de la ville et des environs sont finis. Un grand nombre de faits nouveaux sur les antiquités sidoniennes ont été recueillis. Enfin les projets pour l'exécution des dessins et des photographies du Beled-Bescharrah sont arrêtés entre nous. Quant à la reprise des fouilles d'Oum el-Awamid, nous l'avons momentanément ajournée; mais nous sommes loin d'y avoir renoncé. Si je devais revoir encore un pays qui m'a laissé de si chères et si cruelles impressions, ce serait là seulement que j'aimerais à tenter de nouvelles fouilles. J'ignore si l'avenir me le permettra.

Pour la publication des résultats, j'ai cru devoir suivre l'ordre géographique et non celui dans lequel les explorations ont été faites. Ce dernier plan m'aurait obligé de revenir à diverses reprises sur la même localité ou sur des localités fort rapprochées. Ma rédaction, sur bien des points, accusera des lacunes que j'espère voir comblées avant l'achèvement de ce travail. Il y sera suppléé par des *addenda* considérables, qui cloront la publication. Ce mode de rédaction n'est pas dans mes habitudes; mais j'ai cru devoir l'adopter ici. Pour être satisfait sur tous les détails, j'aurais été obligé d'attendre longtemps encore. Or les résultats de voyages scientifiques doivent être publiés aussi vite que possible, sous peine de ne tomber dans la circulation que déflorés et arriérés.

Outre les collaborateurs de la mission, quelques personnes m'ont prêté pour la composition de cet ouvrage le plus gracieux concours. Je citerai en particulier mon savant confrère M. Egger, qui m'a aidé dans la lecture et le commentaire des inscriptions grecques, et M. le capitaine d'état-major Nau de Champlouis, qui a dressé la carte générale des travaux de la mission. Je dois aussi des remercîments à M. le général Blondel, directeur du dépôt de la guerre, qui a bien voulu nous permettre de réduire pour cette carte le beau travail exécuté par la brigade topographique du corps expéditionnaire de Syrie et nous donner pour cela de grandes facilités.

Le plus souvent je ne ferai qu'éveiller le désir d'investigations plus étendues. Je n'ai pas songé un moment, en effet, qu'il me fût possible d'épuiser une matière aussi neuve. Si l'Italie, qui a des antiquaires habiles depuis quatre cents ans, laisse place encore à des découvertes importantes, ce n'est pas en quelques mois qu'on pouvait espérer de faire rendre à cette terre, qui compte trois mille ans d'histoire, tout ce qu'elle recèle. Ma tâche devait se borner à ouvrir la série des explorations profondes dans le sol, à vérifier et suivre en détail ce que d'ingénieux et savants voyageurs ont déjà entrevu, à trouver quelque loi générale qui serve de fil pour les travaux futurs, à entreprendre surtout ce que la spéculation privée, suffisante pour la recherche des objets transportables, ne saurait faire, je veux dire la découverte des grands monuments et la poursuite des questions d'histoire. J'ai la conscience d'avoir dépensé pour cet objet un an de ma pleine activité. En même temps qu'un inconsolable regret, il me restera de cette mission, qui m'a mis durant une année dans le contact le plus intime avec l'antiquité, un profond souvenir.

LIVRE PREMIER.

CAMPAGNE D'ARADUS.

CHAPITRE PREMIER.

RUAD.

Comme je l'ai dit, ce fut le 31 mars au soir que *le Colbert* jeta l'ancre dans l'antique port d'Aradus, ayant à son bord cette même compagnie que j'avais eue pour les fouilles de Byblos, et en laquelle je devais trouver, sur ce champ nouveau, le même zèle, la même intelligence, la même gaieté. Le lendemain, la compagnie alla camper entre Tortose et Amrit, près du Nahr-Rhamké, à trois kilomètres de Tortose, sur un tumulus que je suppose marquer l'emplacement de l'ancienne Enhydra, et nous commençâmes un examen rapide qui pût nous permettre de concevoir avec sûreté le plan de nos recherches.

Pour la facile intelligence des détails qui vont suivre, je donne ici une réduction du plan hydrographique de toute cette côte levé, lors de l'expédition, par MM. Desmoulins et Pouvreau, et publié l'an dernier par le Dépôt de la marine[1].

La petite île d'Arvad, que les Grecs ont nommée *Aradus*, éloignée

---

[1] Comparer la carte plus ancienne de M. Grasset, publiée par le même Dépôt (1855), et la carte anglaise du capitaine Mansell, *Ruad Anchorage* (1860).

de la terre d'un peu moins de trois kilomètres, fut la forteresse et comme le sanctuaire d'une population riche et industrieuse, qui garda jusqu'à

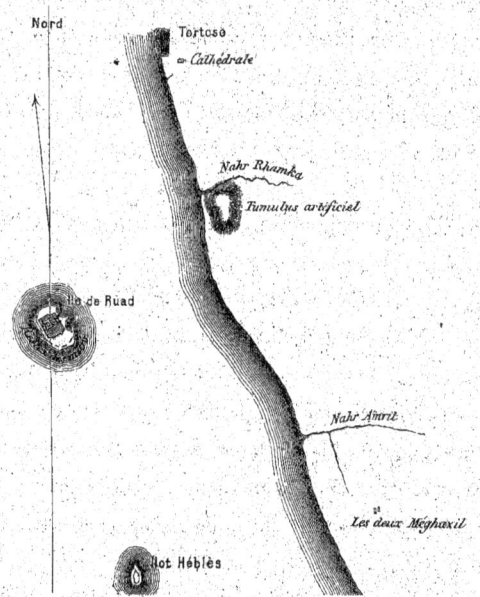

l'époque romaine sa physionomie propre[1]. Mentionnés dans le plus ancien document géographique qui nous reste, le xe chapitre de la Genèse, à une époque où Tyr n'existait pas encore, ou du moins n'était pas distinguée de Sidon, les Arvadites peuplèrent toute la côte voisine et y fondèrent une ligne de villes, *filles d'Arvad*, Paltus, Balanée, Carné, Enhydra, Marathus[2]. Toutes ces villes continentales furent éclipsées, à l'époque romaine, par Antaradus, qui s'éleva probablement sur les ruines de l'une d'elles. Antaradus, en effet, n'est pas nommée dans Strabon, qui décrit cette côte avec tant d'exactitude. Elle ne paraît dans aucun docu-

---

[1] Voy. Movers, *Die Phœnizier*, II, 1, 100 et suiv. sans oublier le savant mémoire de l'abbé Mignot, dans les *Mémoires de l'Académie des Inscriptions et Belles-Lettres*, t. XXXIV, p. 229 et suiv. — [2] Οἱ Ἀράδῳ πρόσοικοι, comme dit Arrien (*Anab.* II, xiii, 17).

ment antérieur à la *Géographie* de Ptolémée[1]. Aussi, tandis que l'île porte encore aujourd'hui, comme au xe chapitre de la Genèse, son nom antique de *Ruad*[2], Antaradus a gardé la forme grecque de son nom. *Tartous*, dont les Croisés firent *Tortose*, n'est qu'une forme écourtée d'*Antaradus*[3].

L'aspect de la côte de Syrie, vis-à-vis de Ruad, correspond parfaitement aux renseignements fournis par les historiens et les géographes de l'antiquité. Ce grand ensemble de civilisation, qu'on peut appeler *arvadite*, est représenté de nos jours par un vaste amas de ruines qui couvre la côte, sur une ligne continue de trois ou quatre lieues. Carné, Antaradus, Enhydra, Marathus, devaient se toucher presque, et il est aujourd'hui fort difficile de dire où l'une commençait et où l'autre finissait. C'était une sorte de *Chiaia*, où s'épanouissait tout ce qui eût été trop à l'étroit dans l'île. Marathus seule, parmi ces centres de population, eut une individualité distincte de la ville insulaire, et soutint contre sa métropole une rivalité qui entraîna, pour la ville continentale, une totale destruction[4]. Shaw et Pococke reconnurent déjà Carné sous le nom moderne de *Karnoun*[5],

---

[1] V. xv, 16. M. Ritter (*Erdkunde*, XVII, p. 53) nie qu'Antaradus soit nommée dans Ptolémée; c'est là une inadvertance. Ailleurs (*ibid.* p. 861) M. Ritter cite le passage de Ptolémée.

[2] Ce fait de la forme la plus antique d'un nom de localité conservée en Syrie jusqu'à nos jours, tandis que les formes intermédiaires ont disparu, n'est pas du reste isolé. C'est une loi générale pour toute la Phénicie. De même que le nom de *Ruad* ressemble plus à *Arvad* qu'à la forme grecque *Aradus*, la vieille *Gebal* s'appelle aujourd'hui *Gébeil* et non *Byblos*; *Acco* s'appelle *Acca* et non *Ptolémaïde*; *Hama* s'appelle comme au xe chapitre de la Genèse, et non *Épiphanie*. *Erek* (Arca ou Césarée du Liban) porte encore le nom qu'elle avait au xe siècle avant J. C. et non celui de *Kaisarieh*. Sour porte son nom hébreu צר, plutôt que son nom grec Τύρος. *Lebnân* vient de לבנן, et non de Λίβανος. Baalbek porte son nom sémitique et non celui d'*Héliopolis*. *Homs* ne vient pas non plus d'Ἔμισσα; c'est un nom original. On dit encore aujourd'hui *Tadmor* et non *Palmyre*; *Haleb* et non *Bérée*; *Kinnesrin* et non *Chalcis*; *Mabug* et non *Hiérapolis*. Il est évident que les gens du pays ne perdirent pas leur langue indigène et continuèrent d'appeler les villes de leurs anciens noms. *Lattakié*, *Antakié*, *Tartous*, ne sont que des exceptions apparentes, car ces villes ne furent importantes que depuis les Séleucides ou les Romains. *Taraboulous* (*Tripolis*) n'est pas une exception plus réelle. Il ne semble pas qu'il y ait eu de nom phénicien commun aux trois villes qui la composaient. Nous verrons plus tard qu'en Palestine les choses se passèrent tout autrement.

[3] Cf. Ritter, XVII, p. 861 et suiv. Aux autorités qu'il cite, ajoutez Brocard, dans le *Rudim. novitiorum* (Lubeck, 1475), fol. 168 *a*. C'est par une erreur venant de Maundrell (*Voy. d'Alep à Jérus.* Utrecht, 1705, p. 29) qu'on a vu dans la moderne Tortose l'antique Orthosie. Il est surprenant que M. Thomson soit tombé dans cette grossière confusion (*Bibliotheca sacra*, V (New-York, 1848), p. 247). Orthosie était à *Arthusi*, trente kilomètres plus au sud. (Voy. *Recogn. Pseudo-Clem.* Hom. xii, 1.) Cette erreur est répétée traditionnellement dans tous les livres usuels relatifs à la Syrie.

[4] Diod. de Sic. XXXIII, Fragm. v; Polybe, V, 68.

[5] La terminaison *oun* s'est introduite, dans l'usage

à une heure au nord de Tortose. Tortose est Antaradus. Le nom de Marathus se retrouve à environ huit kilomètres au sud, sous la forme *Mrith* ou *Amrit*[1]. Quant à Enhydra, dont le nom semble grec, il faut peut-être la placer près de ce tumulus artificiel élevé dans un endroit riche en belles eaux, entre Tortose et Amrit[2]. Quoi qu'il en soit, pour nos fouilles, la vaste superficie du sol arvadite se divisait en trois régions : 1° l'île de Ruad; 2° Tortose et ses environs; 3° Amrit, point central d'un champ de ruines de près d'une lieue carrée.

Tout d'abord nous reconnûmes l'impossibilité de faire travailler les troupes de terre dans l'île de Ruad. Le passage journalier de l'île au continent eût offert de graves inconvénients; le séjour permanent d'un détachement dans l'île eût été encore plus difficile à organiser. Les fouilles de l'île se trouvèrent donc ainsi dévolues tout entières aux marins du *Colbert*. M. le commandant du Boisguéhenneuc nous donna pour cette exploration toutes les ressources dont il pouvait disposer. Nous trouvâmes bientôt, du reste, que les fouilles ne pouvaient se faire sur ce point que d'une manière fort restreinte.

L'île a la forme d'un ovale, d'environ huit cents mètres de long sur cinq cents mètres de large. Ce ne fut d'abord, comme Tyr, qu'un écueil sans terre végétale. Dans la plus grande partie de l'île, du côté du nord et de l'ouest, le roc est à vif. Du côté de l'est, il y a un sol; mais il suffit de quelques tranchées pour nous prouver que ce sol était formé d'une couche de sable qui, ici comme à Sour, s'est accumulée au fond de l'ancien port. Seule,

---

vulgaire, à la fin de beaucoup de noms propres qui ne se terminaient pas en *ov* : *Botroun* = Βότρυς, *Calmoun* = *Calamus*.

[1] L'identification de ces deux mots paraît avoir été faite de plusieurs côtés à la fois. Voir Thomson, dans la *Bibl. sacra*, V (1848), p. 250, rendant compte d'un voyage fait en 1845, et Gerhard, dans les Mémoires de l'Académie de Berlin (Mémoire lu le 13 août 1846) (1848). C'est par une série d'inadvertances que M. Ritter (*Erdkunde*, XVII, 52, 53, 857, 859, 861) a identifié Antaradus et Marathus.

M. Ch. Müller (*ad Strab.* p. 798) a bien vu cette erreur. M. Movers (II, 1, 101) avait déjà conjecturé sur ce point avec assez peu de bonheur. Le passage de Strabon, XVI, 11, 13, plaçant Aradus entre Carné et Marathus, suffisait pour prouver que Marathus était au sud d'Aradus; or Tortose est au nord-est de Ruad. Ptolémée (*l. c.*) distingue expressément les deux villes.

[2] Pococke (*A Description of the East*, Londres, 1745, vol. II, 1ʳᵉ partie, p. 202-203) incline à placer en cet endroit Antaradus.

la partie méridionale de l'île est recouverte d'un terrain formé de décombres. Que ce terrain renferme de précieux débris d'une bonne antiquité, c'est ce qui ne tarda pas à nous être révélé. Un certain Abdelbaki[1] avait réuni chez lui les pierres extraites des fondements d'une maison bâtie il y a quelques années et d'autres antiquités, pour la plupart recueillies dans l'île. Ces pierres nous semblèrent d'un grand intérêt, et excitèrent en nous une double tentation, celle d'acquérir ces curieux objets et celle d'en trouver de semblables. Mais cette seconde ambition fut bientôt découragée. Toute la partie de l'île dont nous parlons est couverte de maisons, séparées par des passages étroits et des cours ou jardins si petits que la plus grande tranchée n'y eût pas atteint deux mètres de long. Aucun point n'offrait d'espérances assez précises pour justifier des achats de terrains, que d'ailleurs la bizarrerie des habitants eût rendus presque impossibles. Cependant, pour ne pas quitter sans l'avoir sondé un terrain peut-être bien riche, nous accueillîmes des propositions qui nous furent faites par quelques habitants; nous résolûmes du moins d'enlever quelques inscriptions engagées dans les murs et dont le prix fut dès ce jour fixé avec les propriétaires.

Des difficultés telles que je n'en avais pas encore rencontré s'offrirent tout à coup dans ces fouilles, déjà si fatalement bornées par la nature du terrain. La population de Ruad forme en Syrie un petit monde à part et comme une sorte de république indépendante. Elle est exclusivement musulmane, très-fanatique, assez fière, poussant jusqu'à l'absurde cette subtilité et cette fausseté d'esprit qui sont le trait général du caractère syrien. Nulle part on ne comprend mieux à quel degré de sottise peuvent arriver des populations dont l'esprit est faussé par des siècles de fanatisme et d'ignorance. Déjà, le soir même de notre arrivée, un incident, trop ridicule pour être raconté ici, nous avait révélé la totale subversion du sens commun qu'a amenée chez ces populations isolées l'absence de tout contact civilisateur. Lors de notre première visite à Ruad, nous trouvâmes les

---

[1] Celui dont parle Walpole; cf. Ritter, XVII, 877.

habitants fort empressés à seconder des travaux qu'ils ne comprenaient pas, mais dont ils espéraient plus d'un profit. Ces dispositions étaient totalement changées quand les marins débarquèrent pour procéder aux fouilles. Les jardins où nous devions faire des excavations, et dont les propriétaires avaient déjà reçu un salaire, se trouvèrent fermés; les possesseurs des inscriptions refusèrent de les laisser enlever. Tous s'excusèrent en disant qu'ils avaient reçu défense, sous les menaces les plus graves, de contribuer à nos travaux. Cette défense ne venait pas assurément de l'autorité turque, représentée à Ruad par un infortuné mudhir, qui n'a pas sous ses ordres un seul zaptié, et qui d'ailleurs nous livrait tous ses pouvoirs avec une largeur presque exagérée. On m'avoua enfin que la défense venait du *bazar,* c'est-à-dire de quelques fanatiques, qui, à Ruad comme dans toute la Syrie, tiennent par la terreur des populations entières, quelquefois fort inoffensives. Ces insensés, groupés autour de la mosquée et du bazar, font l'opinion, ou plutôt la conduisent, par la crainte de l'incendie et de l'assassinat, à tous les excès. Par antipathie pour la France[1], et par suite de cette haine instinctive pour la science qui est au fond de tout musulman, ils menaçaient, après notre départ, des avanies les plus graves quiconque favoriserait en quoi que ce soit notre dessein. Un ouvrier dont nous eûmes besoin nous avoua qu'il nous servirait volontiers, mais il demandait qu'on lui donnât quelques coups devant la foule pour bien constater qu'il ne nous obéissait que par nécessité.

Nous ne pouvions naturellement reculer devant d'aussi misérables difficultés, et, toujours accompagnés du mudhir turc, que nous défendions contre les insultes de ses administrés, nous procédâmes aux travaux qui avaient été convenus[2]. Le lendemain, une chaloupe armée accompagna les travailleurs : les dispositions changèrent subitement, et bientôt toute

---

[1] La population de Ruad est dévouée avec zèle à la Turquie et à l'Angleterre. (Voir Ritter, *Erdkunde,* XVII, 876 et suiv.)

[2] Des pièces, légalisées par l'autorité turque, qui sont entre nos mains, attestent que tout s'est fait du plein gré des propriétaires, et qu'ils ont reçu pour le droit de fouille les sommes qu'ils avaient demandées.

l'île mit à nous servir un zèle dont nous n'avions qu'à modérer les excès. Mais, comme je l'ai dit, la configuration du sol offrait un obstacle insurmontable. Nos recherches, limitées aux murs des maisons et à quelques carrefours, ne produisirent que quelques inscriptions et des objets funéraires (lampes, débris de sarcophages en terre cuite, fragments de belles poteries cannelées), qui prouvèrent au moins ce fait singulier, que dans l'île même il y avait des sépultures et que les Arvadites ne se faisaient pas tous enterrer en terre ferme. Nous verrons plus tard qu'il en était de même à Tyr. Quant aux pierres qui avaient frappé d'abord notre curiosité, après des difficultés infinies, elles restèrent en notre possession. Elles seront dans notre musée un curieux spécimen de l'art arvadite et la preuve la plus éclatante de la conquête morale que l'Égypte, à une époque assez reculée, avait faite de ces contrées.

Voici la liste de ceux de ces objets qui offrent un intérêt spécial :

1° Deux dalles en albâtre, reproduites par les figures 7 et 8 de la planche IV. L'une présente un sphinx ailé, coiffé du pschent; l'autre, deux griffons affrontés et s'appuyant contre une sorte de plante sacrée. Ce sont deux petits chefs-d'œuvre de finesse et de goût. On remarquera le mélange d'éléments égyptiens et assyriens ou persans qui s'y fait sentir. Le style lui-même paraît empreint d'un certain sentiment grec. La palmette, si caractérisée, qu'on remarque dans le champ se retrouvera sur un autre monument découvert entre Saïda et Sour. La plante sacrée (sorte de *homa*), analogue à celle qu'on voit sur les monuments assyriens du Musée du Louvre, est formée de deux palmettes semblables à celles du champ, superposées et naissant l'une de l'autre.

Ce sont ici éminemment des monuments phéniciens, non qu'ils soient exempts d'imitation étrangère (aucun monument phénicien ne l'est), mais d'après cette règle fort simple qui nous servira de criterium dans tout le cours de nos recherches : « Cela est d'art phénicien qui se trouve à la « fois à Tyr, à Sidon, à Byblos, à Aradus, et ne se trouve pas ailleurs. »

26   MISSION DE PHÉNICIE.

2° Un fragment de marbre, représenté par la figure 4 de la planche IV. Ce morceau fut d'abord pour nous inexplicable. Mais la découverte du *naos* égyptien d'Amrit nous en donna la clef. C'est un fragment de frise, analogue à celle dont nous donnons la restitution (pl. IX). Les têtes des *uræus* ont été cassées. L'*uræus* ou agathodémon était un des symboles égyptiens les plus familiers à la Phénicie[1]. Nous en trouverons de très-nombreux exemples.

3° Une statuette naophore égyptienne (pl. VI, fig. 3), portant les inscriptions hiéroglyphiques que voici, des deux côtés et derrière :

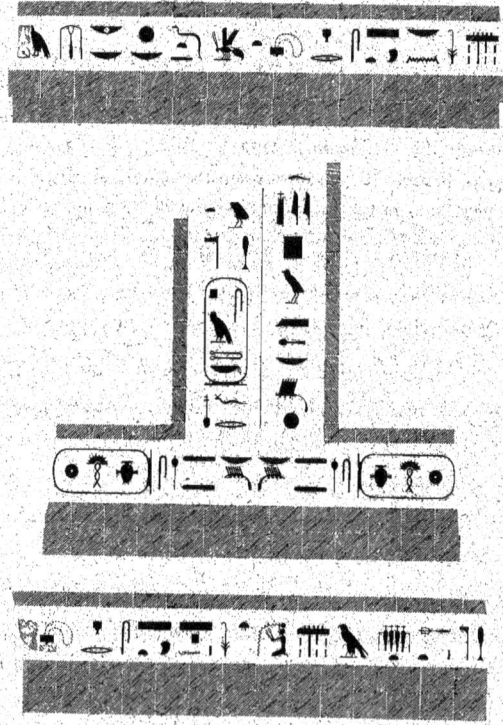

[1] Cf. Sanchoniathon, p. 44-46 (édit. Orelli).

CAMPAGNE D'ARADUS.

Lord Dufferin, à qui je montrai l'estampage que j'avais pris de ces hiéroglyphes, y reconnut le cartouche de Psammétik. Depuis, M. de Rougé, dans l'étude qu'il a faite des monuments égyptiens sortis de notre mission[1], a consacré à celui-ci la note suivante :

On ne peut méconnaître, dans ce fragment, ni le style égyptien du temps des Saïtes, ni l'origine de la matière, qui est également de provenance égyptienne. Ce qui reste des inscriptions permet d'abord de lire un nom propre deux fois répété à l'extrémité des légendes, c'est-à-dire derrière le dos. Ce nom propre est déjà fort intéressant à lui seul; car il peut, comme une médaille, indiquer l'époque du monument. Il se lira sans difficulté

Ra-uah-het   se-hat ta-ti.

C'est-à-dire, « *Psammétik Ier*, qui a illuminé la double région. » En effet, *Ra-uah-het* est le nom d'intronisation, ou premier cartouche de Psammétik Ier. Rien de plus commun que les noms de particuliers composés ainsi avec un nom de roi, suivi d'une épithète. Tous les pharaons illustres, et surtout Psammétik Ier, en fournissent de nombreux exemples. Ce même nom *Ra-uah-het* est devenu le nom propre du roi *Ouaphrès*; la prononciation vulgaire suivait l'ordre suivant :  *uah-het-p-ra* (en insérant l'article *p*, non écrit dans l'ancien style). Les papyrus hiératiques l'écrivent même souvent dans cet ordre, qui explique la transcription *Ouaphrès*, où les mots se trouvent contractés. Je regarde cependant comme certain que ce n'est pas le nom propre du pharaon *Ouaphrès*, mais bien le premier cartouche de Psammétik Ier, qui a servi à composer le nom de notre personnage. L'éclat du règne de ce dernier souverain justifierait suffisamment cette manière de voir, qui est d'ailleurs confirmée par la seconde inscription.

Les titres, mutilés dans les légendes, laissent encore reconnaître les qualifications de *xave sahu*, titre de cour ou fonction civile qui n'a pas été bien définie dans ses attributions, et puis une charge sacerdotale qui paraît avoir trait au stolisme d'un dieu nommé *Hor-xent-xat;* c'est un des titres sous lesquels Horus était déjà connu.

Les restes de la légende verticale gravée derrière le dos ne nous fournissent pas d'autres lumières sur ce point. Le nom de *Psammétik* s'y trouve placé de telle sorte que, par l'interruption de la légende, je ne puis décider s'il faut traduire : «le prêtre de «Psammétik, *nofre*.... » ou bien : « le prêtre *Psammétik-nofre*. »

[1] *Revue archéologique*, mars 1863.

Dans l'un ou l'autre cas, la présence du nom de Psammétik justifie notre conjecture précédente sur le nom propre *Ra-uah-het se-haṭ tati*. Nous trouvons à la fin de l'autre ligne un nouveau nom propre, qui se lit *Anipu*. Il est accompagné du titre *le justifié*, attribué ordinairement aux morts; ce doit être le père du précédent personnage.

En résumé : matière égyptienne, travail égyptien et légendes du beau style saïte, noms propres et titres purement égyptiens; mais aucune circonstance qui paraisse dénoter un rapport intentionnel entre ce beau fragment et le lieu où il a été découvert.

4° Un autre fragment de basalte, avec inscription hiéroglyphique.

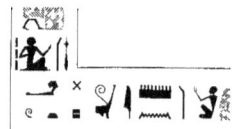

L'inscription a dû décorer les quatre côtés d'une table à libations. C'est encore l'œuvre d'une main égyptienne; mais le personnage qui y est nommé porte la qualification], qui désigne les étrangers. Il paraît s'être appelé *Pen-amon*, nom qui est cependant bien purement égyptien, et porte la qualification de *chef*, qui a pu être civile ou militaire. On aperçoit encore la fin d'un second nom propre, portant également le signe distinctif].

Ces deux derniers objets ayant sans contredit été apportés tout faits de l'Égypte, leur présence sur les côtes de Phénicie, si elle était un phénomène isolé, pourrait s'expliquer par un hasard, surtout par l'habitude qu'ont eue les marins de tous les temps de prendre pour lest de leurs navires les débris qui leur tombent sous la main. Mais d'autres fragments semblables, dont nous parlerons plus tard, ne comportent pas cette hypothèse.

5° Un cippe (pl. IV, fig. 2), formant un prisme triangulaire, aux trois faces duquel est sculptée en haut-relief une statuette, surmontée du globe ailé et flanqué d'*uræus*. Ce monument a beaucoup de rapport avec les monuments néo-phéniciens de Byblos, du temps des Antonins.

6° Un beau bas-relief en albâtre, de travail grec (pl. IV, fig. 1), d'un grand effet, malgré sa mauvaise conservation. A l'envers, se voit un travail réticulaire, sur l'âge duquel nous n'osons nous prononcer.

7° Une tête assez belle (pl. IV, fig. 5); une autre tête surmontée d'une sorte de modius; un fragment de lit funèbre (pl. V. fig. 2); une patte de sphinx; plusieurs ex-voto, consistant en seins de femme (pl. XXII, fig. 2); quelques fragments de bas-reliefs (pl. IV, 2); un morceau d'une frise en marbre, représentant des feuilles de vigne et des grappes; des débris de statues de l'époque romaine[1]. Les têtes sont cassées, selon une loi générale de l'archéologie syrienne. L'esprit singulièrement iconoclaste qui, à diverses reprises, a soufflé sur le pays, s'est surtout attaqué à la figure humaine. Presque toutes les statues trouvées en Syrie ont la face violemment brisée.

Ces restes attestent que l'art grec prit à Aradus des développements plus délicats que sur aucun autre point de la Phénicie. Les textes nous l'apprenaient du reste. La légende de saint Pierre le fait s'arrêter à Aradus pour admirer des colonnes extraordinaires et des peintures de Phidias[2].

Quant aux inscriptions de Ruad, elles consistent surtout en socles cylindriques, en basalte noir ou en granit gris, ayant servi de base à des statues. Ces bases sont nombreuses à Ruad. Sept d'entre elles furent d'abord publiés par le père Secchi[3] sur des copies fournies par MM. Guys et de Bertou. Elles sont reproduites et corrigées dans les suppléments du t. III du *Corpus inscriptionum græcarum*, sous les n°ˢ 4536 c, d, e, f, g, h, i. Ces inscriptions ont été revues en 1845 par M. Thomson, qui, ne connaissant pas la publication du père Secchi, en a donné de nouvelles et assez médiocres copies, sur lesquelles M. Woolsey a fait de bonnes conjectures[4]. Un de ces cippes a disparu ou m'a été caché. C'est le n° 4536 f

---

[1] A mon premier voyage de Ruad, je vis chez Abdelbaki une tête casquée assez belle, mais martelée, et une tête de lion, qui ne se retrouvèrent pas quand M. Gaillardot conclut avec lui l'achat de ses antiquités.

[2] *Recogn. Pseudo-Clem.* Hom. XII, 12, ou l. V,

11, VII, 26; *Pseudo-Abdias*, l. I, c. XIII. (Cf. Nicéphore, *Hist. eccl.* l. II, c. XXXV.)

[3] *Inscrizioni greche trovate in Arado... illustrate dal* P. Giampietro Secchi (Roma, 1838).

[4] *Bibliotheca sacra*, t. V, p. 252-53 et 586-87 (New-York, 1848).

du *Corpus*. J'ai rapporté les six autres[1]. Pour un d'entre eux, il faut réformer presque entièrement la lecture proposée par MM. Secchi, Franz et Woolsey. C'est le cippe n° 4536 *i* du *Corpus*[2]. Il faut lire :

ΘΕΟΝ
ΚΟΜΜΟΔΟΝ
ΗΠΟΛΙϹ[3]

M. Egger me communique sur cette inscription la note suivante :

Nous avons ici l'inscription complète et très-bien conservée d'une statue que la ville d'Aradus avait érigée à l'empereur Commode après sa mort. Parmi les nombreuses dédicaces en l'honneur des Césars qui se sont conservées sur les marbres, celles qui s'adressent à Commode semblent particulièrement rares. Au moins n'en ai-je remarqué que deux dans les trois premiers volumes du *Corpus* (n° 1736, dans une ville de Phocide, sous Septime Sévère; inscription reproduite dans Franz, *Elementa epigraphices græcæ*, n° 134; et *Corpus*, n° 4315 *s*, dans une ville de Lycie). Cette rareté relative n'est peut-être pas un effet du hasard. Il semble qu'elle tienne au juste discrédit où dut facilement tomber après sa mort un monstre tel que Commode, bien qu'il eût reçu, comme ses prédécesseurs, l'honneur, devenu régulier, de l'apothéose. (Voir la *Vie de Commode* par Lampride, c. VIII et XVII, et celle de *Septime Sévère* par Spartien, c. XI.) On sait par le même Lampride quelle fut la joie du sénat et du peuple à la mort de ce prince; son nom se distingue encore sur des monuments où il était effacé dès l'antiquité. (Voir Orelli, *Inscript. lat.* c. XXI, § 13.)

Une mention du *Dieu Commode* se lit, mais incidemment, dans une inscription de Lacina en Phrygie (*Corpus*, n° 3956 *b*); enfin un petit monument grec en l'honneur de Commode, encore vivant, s'est conservé à Rome (*ibid.* n° 6505). C'est la base de quelque buste ou statuette de ce prince, sous laquelle deux de ses affranchis ou plutôt de ses esclaves (car, s'ils étaient affranchis, ces deux personnages ne manqueraient pas de se faire honneur de leur nouvelle condition) ont écrit :

Τὸν κύριον Κόμμοδον Δόμνος καὶ Χόρηγος.

Remarquons, en passant, que l'un de ces personnages paraît avoir été syrien. Le nom romain grécisé Δόμνος (*Dominus*), qui s'applique singulièrement ici à un esclave, se retrouve dans une inscription grecque d'Apamée (*Corpus*, n° 4477), dans une

---

[1] Voir notre pl. V, fig. 6, 7, 8.
[2] Voir notre pl. V, fig. 1.
[3] Sous-entendu ἀνέθηκεν, ἀνέσ7ησεν ou ἐτίμησεν (cf. *Corpus*, n°ˢ 3193, 3818, 4443 *c*). L'ellipse du verbe qui signifie *ériger, élever, dédier*, etc. est tout à fait habituelle chez les Grecs et les Romains, comme l'a démontré M. Letronne dans un chapitre spécial de ses *Recherches sur l'histoire de l'Égypte*, qui a été reproduit avec des additions de l'auteur dans la *Revue archéologique* de juillet 1850.

autre près de Tripoli (n° 4528), et, au féminin, Δόμνη, dans une inscription de Panéas (Le Bas, *Voyage archéol.* part. VI, n° 1894), et dans le nom historique de Julia Domna (Eckhel, *Doctr. num. vet.* t. VII, p. 194 et suiv.). Il a pour dérivé le nom Δομνῖνος, que porta un philosophe grec de Syrie, de l'école de Proclus (Suidas, au mot Δομνῖνος).

Le n° 4536 h du *Corpus* doit être corrigé ainsi[1] :

ΑΡΙΣΤΩΝΑΑΣΚΛΗΠΙΑΔΟΥ
ΙΕΡΕΑΚΑΙΣΑΡΟΣΣΕΒΑΣΤΟΥ
ΠΡΟΒΟΥΛΟΝΤΩΝΝΑΥΑΡΧΗ
ΣΑΝΤΩΝΛΟΥΚΙΟΣΥΙΟΣ

Ἀρίσ7ωνα Ἀσκληπιάδου, ἱερέα Καίσαρος Σεβασ7οῦ, σρόβουλον τῶν ναυαρχησάντων, Λούκιος υἱός.

Ariston a dû être le président (cf. le *Corpus*, n° 2360, et Franz, *Elementa*, etc. n° 80) d'un conseil ou d'une corporation composée probablement des anciens commandants de la marine. Malgré sa solennité, cette expression ne doit pas nous étonner dans une de ces petites villes qui avaient conservé, aux premiers temps de la domination romaine, une organisation municipale et militaire assez complexe.

Le ναύαρχος ou amiral figure comme magistrat éponyme sur un monument d'Abydos (*Corpus*, n° 2160); le νεωποιός, ou ingénieur en chef de la marine, figure, au même titre, sur un monument d'Halicarnasse (*Corpus*, n° 2656), et jusque sous l'administration impériale on trouve, à Paros, l'année civile marquée par le nom d'un ναποός (pour ναοποιός, *Corpus*, n° 2396; cf. 2994 a, b). Quant à ces doyens de l'amirauté aradienne, dont le nom paraît pour la première fois sur notre monument, leur conseil ou βουλή (comme le mot σρόβουλος nous induit à l'appeler) offre quelque analogie avec les «anciens» (οἱ σρεσβύτεροι, τὸ σρεσβυτικόν), que l'on voit constitués en corps politique à Chios, où leur chef portait le titre d'ἄρχων (*Corpus*, n°ˢ 2220, 2221); avec les ναῦροι (pour νεωροί), «gardiens ou surveillants [de l'arsenal?] de la marine,» que nous trouvons dans une inscription dorienne de Messine en Sicile, fort bien expliquée par M. Franz (*Corpus*, n° 5615); peut-être aussi avec une corporation qui, dans la ville d'Éphèse, portait le titre singulier de ναυβατοῦντες (*Corpus*, n° 2955). L'importance de la marine locale sur cette côte et parmi les populations de la Phénicie est attestée par bien des preuves, et, entre autres, par une inscripion de Délos (*Corpus*, n° 2271, et Le Bas, *Voyage archéol.* Inscr. II, n° 1915), que nous possédons aujourd'hui au Musée du Louvre, et qui contient le décret de la corporation des «marchands et marins de Tyr» en l'honneur d'un de leurs protecteurs (τὸ κοινὸν τῶν Τυρίων Ἡρακλεισ7ῶν ἐμπόρων καὶ ναυκλήρων).

Le personnage qui a fait élever le monument, et qui est le propre fils d'Ariston,

---

[1] Voir pl. V, n° 8.

porte un nom romain; car, si la forme Λεύκιος désigne également des personnages grecs ou des Romains, suivant qu'elle est dérivée de l'adjectif λευκός (exemple dans Beulé, *Les monnaies d'Athènes*, p. 325, 373, et dans Rangabé, *Antiquités helléniques*, n° 1074), ou qu'elle est transcrite du latin *Lucius* (exemple dans Rangabé, *Antiq. hell.* n° 965), la forme Λούκιος ne saurait avoir que cette dernière valeur; et elle l'a en effet sur le cippe du centurion Septimius, dont nous donnons plus bas l'inscription bilingue. Mais alors on peut s'étonner que ce prénom ne soit pas suivi du nom d'Ariston, que, suivant toute apparence, le fils devait porter comme son père. Toutefois une inscription athénienne du temps de Septime Sévère nous présente un archonte désigné par ce seul nom : ἐπὶ Λουκίου ἄρχοντος (*Corpus*, n° 287; Franz, *Elementa*, etc. n° 107). Λούκιος peut donc être accepté comme nom propre, quoiqu'il n'ait été d'abord qu'un prénom, comme il l'est encore dans l'inscription d'Aphrodisias, au *Corpus*, n° 2803, où figure un Λούκιος Αὐρήλιος. Au temps où nous reporte l'inscription d'Aradus et dans le pays où elle a été écrite, le mélange des populations était si fréquent et si intime que la confusion de pareils noms n'y a rien que de très-naturel.

Le mot ἱερεύς est la traduction la plus ordinaire de *sacerdos* ou *flamen*; néanmoins on peut citer quelques exemples (*Corpus inscr. græc.* n°ˢ 3187 et 3726) du mot σεβαστοφάντης employé dans le même sens. Quant au culte même d'Auguste et à la fonction de prêtre ou flamine d'Auguste exercée par Ariston, rien n'est plus connu des antiquaires. (Voir, en général, sur ce sujet, Egger, *Examen critique des historiens de la vie et du règne d'Auguste*, p. 98, 101, 296, 360 et suiv. 403.) Arrien, dans ses *Mémoires sur Épictète* (I, 19), nous offre une page intéressante dirigée contre un personnage qui prétendait à la dignité de prêtre d'Auguste. Ce qu'il importe de noter ici, c'est que, si les caractères paléographiques du monument d'Aradus et l'omission du mot Θεοῦ (*Divi*) à côté de Καίσαρος Σεβαστοῦ permettent de le faire remonter au temps d'Auguste lui-même, l'histoire permet aussi d'accepter cette attribution; car on sait que, dans les provinces, sinon à Rome, Auguste autorisa le culte de sa propre divinité. Parmi les nombreuses inscriptions grecques qui se rapportent à ce culte, nous citerons les numéros suivants du *Corpus inscriptionum græcarum* : 478, à Athènes, et 2696, à Mylasa, où le nom d'Auguste est associé à celui de la déesse *Roma*; 4238, à Tlos en Lycie; 2957, à Éphèse; 3604, à Ilium, près de l'ancienne Troie; 3569, à Assos, où est mentionné un prêtre du dieu César Auguste; 4039, à Ancyre, où l'on voit des fêtes en l'honneur d'Auguste et de la déesse Rome; 2087, près d'Olbia, etc.

Je remarquerai en terminant que la fonction de prêtre, ἱερεύς, se trouve unie à celle de πρόβουλος dans l'une des inscriptions de Termessus qui nous offrent des exemples de cette dignité municipale (*Corpus*, n° 4366 *e*; cf. 4365 et 4366 *f*).

Je n'ai aucune correction à faire aux n°ˢ 4536 *c*, *d*, *e*, *g*, tels qu'ils sont dans le *Corpus*. Le n° 4536 *d* porte Δημοκρίτου, comme l'avaient

CAMPAGNE D'ARADUS.

conjecturé les précédents éditeurs. Le n° 4536 c a été brisé depuis le passage de M. Thomson; je n'en ai qu'un fragment.

Voici les inscriptions nouvelles qui ont échappé à mes devanciers. Je les ai toutes rapportées.

1° Sur une base ronde, analogue aux précédentes :

<pre>
        ΚΑΣΣΙΟΝ
        ΜΑΜΙΛΛΙΟΥ
        ΥΙΟΝΕΥΤΑ
        Κάσσιον....
        Μαμιλλίου....
        υἱὸν Εὐτα....?
</pre>

2° Une autre base ronde, identique aux bases précédentes pour la matière et la forme, ne porte pas d'inscription ancienne; mais on y lit des caractères grossièrement gravés, dont quelques-uns ressemblent à des runes, et dont d'autres paraissent provenir de marins français qui auraient touché à Ruad en 1632 ou 1633. En voici le *fac-simile* :

3° Sur un cippe carré, avec corniche[1] :

<pre>
       M·SEPTIMIO·M·F·FAB·MAGNO·⁊
     LEG·Ⅲ·GAL·ITER·ET·LEG·ⅠⅢ·SCYT·ET·
   LEG·ⅩⅩ·V·V·ITER·ET·LEG·Ⅰ·MINER·ET·LEG·Ⅹ·FR·Ⅱ
      L·SEPTIMIVS·MARCELLVS·FRATRI·OPTIM
    ΜΑΡΚΩΙ·ΣΕΠΤΙΜΙΩΙ·ΜΑΡΚΟΥ·ΥΙΩΙ·ΦΑΒ·ΜΑΓΝΩΙ
  ΛΕΓΕΩΝΟΣ·Γ· ▓▓▓▓▓▓ ΤΟ·Β·ΚΑΙ·ΛΕΓ·Δ·ΣΚΥΘΙΚΗΣ·ΚΑΙ
  ΛΕΓ·Κ·ΟΥΑΛΕΡΙΑΣ·ΝΕΙΚΗΦΟΡΟΥ·ΤΟ·Β·ΚΑΙ·ΛΕΓ·Α·ΜΙΝΕΡ
      ΟΥΙΑΣ·ΚΑΙ·ΛΕΓ·Ι·ΦΡΕΤΗΝΣΙΑΣ·ΤΟ·Β·
   ΛΟΥΚΙΟΣ·ΣΕΠΤΙΜΙΟΣ·ΜΑΡΚΕΛΛΟΣ·ΑΔΕΛΦΩΙ·ΑΓΑΘΩΙ
</pre>

[1] Voir planche XXII, figure 10.

*Marco Septimio Marci filio Fabia (tribu) Magno centurioni
legionis tertiæ [Gallicæ] iterum et legionis quartæ Scythicæ et
legionis vigesimæ Valeriæ Victricis iterum et legionis primæ Minerviæ et legionis decimæ Fretensis iterum
Lucius Septimius Marcellus fratri optimo.*

Μάρκωι Σεπτιμίωι Μάρκου υἱῶι Φαβίᾳ Μάγνωι ἑκατοντάρχῃ
λεγεῶνος τρίτης [Γαλατικῆ]ς τὸ δεύτερον καὶ λεγεῶνος τετάρτης Σκυθικῆς καὶ
λεγεῶνος εἰκοστῆς Οὐαλερίας Νικηφόρου τὸ δεύτερον καὶ λεγεῶνος πρώτης Μινερουίας καὶ λεγεῶνος δεκάτης Φρετηνσίας τὸ δεύτερον
Λούκιος Σεπτίμιος Μάρκελλος ἀδελφῶι ἀγαθῶι

C'est l'inscription funéraire d'un centurion romain, qui était devenu citoyen de la ville d'Aradus, comme le montre la dédicace honorifique reproduite dans le *Corpus inscriptionum græcarum*, n° 4536 g, et dont le texte original a été rapporté par la mission. Je résume ainsi les observations que cette inscription a suggérées à M. Egger et à M. Léon Renier:

Parmi les légions où a servi ce M. Septimius, il y en a deux dont le nom peut causer quelque embarras. C'est d'abord la dixième *Fretensis*, que l'on ne connaît guère que par des témoignages épigraphiques. La transcription grecque en est incorrecte, comme il arrive pour les cas où une terminaison latine n'avait pas d'analogue dans l'autre langue. Pourtant elle est plus rapprochée du latin que la leçon Φρεντησίας, employée, pour désigner la même légion, dans une lettre de Marc-Aurèle traduite en grec chez saint Justin (*Apologie*, II, t. I, p. 210, éd. Otto). On consultera utilement, pour plus de détails sur ces transcriptions et traductions du latin en grec, l'ouvrage spécial de Wannowski, *Antiquitates romanæ e græcis fontibus explicatæ* (Kœnigsberg, 1846, in-8°), surtout à la page 232, où sont réunis les noms de légions romaines qui se rencontrent dans des auteurs grecs. Le nom de la *legio decima Fretensis* se retrouve plusieurs fois sur les monuments latins, particulièrement n°s 3368 et 3369 du Recueil d'Orelli, dans une liste des légions romaines, et n°s 4962, 5451, 5458, 6501, 6911, où figurent des officiers supérieurs de cette légion.

L'autre nom, celui que l'on distingue avec peine à la ligne 2 du texte latin et du texte grec, où il a été évidemment effacé avec intention, est celui de la légion *tertia Gallica*. Le nom grec a disparu; mais le latin permet de lire certainement GAL [1]. La

---

[1] C'est ce qu'a bien vu M. Frœhner, *Philologus* de Gœttingue, 19ᵉ année (1862), p. 135. Je remarque une fois pour toutes, afin d'éviter le reproche de reproduire des textes déjà publiés, que les seize inscriptions de la Mission de Phénicie publiées par M. Frœhner ont été copiées par lui pendant que nos monuments étaient exposés au musée Napoléon III, et à une époque où notre travail épigraphique était déjà commencé.

légion *tertia Gallica* séjourna longtemps en Orient[1]. On a d'autres exemples d'inscriptions, dans le Hauran, où son nom a été gratté (*Corpus inscr. græc.* n°⁵ 4548 et 4554; cf. Mommsen, *Corpus inscr. lat.* Syrie[2], n°⁵ 206 et 207).

On sait qu'une autre légion, la *tertia Augusta*, ayant trempé, peut-être sous les ordres de Capellien, dans un mouvement en faveur de Maximin contre les Gordiens, et ayant été licenciée après la chute de Maximin, vit son nom effacé sur une foule de monuments. Les exemples en sont très-nombreux en Afrique, où la légion avait son quartier général (voir *Inscr. rom. de l'Alg.* de M. Léon Renier, n°⁵ 1, 19, 25, 26, 31, 40, 41, 46, 61, 62, 98, etc.). La légion *tertia Augusta*, d'ailleurs, avait été en Orient. Au n° 90 du recueil de M. Léon Renier, des soldats de cette légion font allusion à leur séjour en Syrie par les mots : *regressi de expeditione felicissima orientali*. C'est en se fondant sur ces faits, sortis de la riche moisson épigraphique de l'Algérie, que l'on a pu supposer, avec vraisemblance, que la légion dont le nom est effacé dans la célèbre inscription du Nahr el-Kelb était la *tertia Augusta*. La légion qui travailla à la route du Nahr el-Kelb, en effet, portait l'épithète de *Antoniniana*; cette épithète se rencontre ailleurs (*Inscr. rom. de l'Alg.* n° 1647) appliquée à la *tertia Augusta*; on ne l'a pas encore trouvée appliquée à la *tertia Gallica*. Mais, quelles que ce soient ces apparences, il semble bien que la légion dont le nom est gratté au Nahr el-Kelb est la même que celle dont le nom est gratté dans notre inscription. Or le nom est illisible au Nahr el-Kelb, il se lit ici avec une parfaite clarté. Ajoutons cependant que, si c'est le nom de la *tertia Gallica* qui est gratté au Nahr el-Kelb, on ne conçoit pas comment il n'a pas été rétabli après la très-courte réaction politique qui amena sa disgrâce. La légion continua de résider en Orient, et elle devait tenir à honneur de figurer dans une inscription si monumentale.

Du reste, les rapports des deux légions furent intimes à une certaine époque. On trouve dans la légion *tertia Augusta* plusieurs soldats qui avaient servi auparavant dans la *tertia Gallica*[3]. Le n° 1409 des *Inscriptions romaines de l'Algérie* nous offre un L. Septimius Maximus, tribun de la *tertia Augusta*, qui était de la même tribu et pourrait bien avoir été de la même famille que le Septimius de notre inscription aradienne.

La date de notre inscription est sûrement postérieure à l'avènement de Septime Sévère, comme le prouve le nom de *Septimius* porté par les deux personnages qui y figurent. D'un autre côté, le fait pour lequel le nom de la *tertia Gallica* fut gratté s'étant passé, à ce qu'il semble, sous le règne d'Héliogabale[4], on n'a le choix qu'entre un petit nombre d'années, de 200 à 220 à peu près. C'est, comme nous le verrons, l'époque où l'on écrivit le plus d'inscriptions en Syrie.

---

[1] Voir Henzen, dans les *Ann. de l'Inst. de corresp. archéol.* 1869, p. 54, et *Corpus inscr. græc.* n°⁵ 4542, 4544, 4571.

[2] Ce volume n'a pas encore paru. Je dois la communication des épreuves à M. Mommsen, à qui je remis, en mai 1863, tous les renseignements que j'avais sur les inscriptions latines de la Syrie.

[3] Henzen, *loc. cit.* p. 54-55.

[4] Mommsen, *loc. cit.*

Quant à la teneur générale, on pourra comparer cette épitaphe d'un légionnaire, rédigée par un frère du défunt, à l'inscription de Tralles (*Corpus*, n° 2941), où l'on voit un Aurelius Onesimus également honoré par son frère.

4° Une petite base en calcaire grossier.

La statuette (cf. *Corpus*, n° 3164) devait être encastrée dans le creux pratiqué à la partie supérieure; la partie postérieure de la pierre se prolongeait de manière à entrer dans un mur. Sur le devant on lit, en caractères très-grossiers :

ЄΠΟΙΗC
ЄΥΧΑΡΙCΤѠ
ΤΗΝЄΜЄCЄΙ

Le dernier mot est fort difficile à lire. Il ne laisse cependant aucun doute à un œil attentif.

Sur la face de gauche, à la hauteur de la première ligne :

ЄΙCΙΔѠΡΑ

Au côté droit, sur la même ligne, on lit ЄΝ, suite de ЄΠΟΙΗC
En réunissant les trois faces, on obtient :

Εἰσιδώρα ἐποίησεν
Εὐχαριστῶ
τῇ Νεμέσει

On aurait donc là la formule d'un remercîment à la Némésis par une femme nommée Isidora. Ces vœux ou remercîments à la Némésis ne sont pas sans exemples. (Cf. *Corpus inscr. græc.* n°ˢ 2663, 3164, 4537, 4683 d; Gruter, p. 80, n° 1.) Les formules Προσκυνῶ τὴν Νέμεσιν ou τὴν Ἀδράστειαν étaient sans cesse dans la bouche des anciens, comme des conjurations contre la jalousie du sort[1]. Peut-être aussi est-ce le monument qui parle et remercie la Némésis.

Une Isidora, Milésienne, nous est connue par l'inscription n° 721 du *Corpus*. Le masculin Ἰσίδωρος est encore plus commun, et par conséquent il n'y a aucune induction à tirer du nom même que porte l'auteur de la dédicace conservée sur le petit monument d'Aradus. Il faut pourtant remarquer que, dans un précieux fragment de Diodore de Sicile (XXXIII, Fragm. v) relatif à l'histoire d'Aradus et de Marathus durant la période de leur autonomie, figure un Marathien nommé Isidorus.

Sur les εὐχαριστήρια, en général, on pourra consulter Franz, *Elementa epigr.*

---

[1] Eschyle, *Prométhée*, v. 935; Sophocle, *Philoct.* v. 776; Platon, *Républ.* 451 A (éd. Stallbaum); Pline, xxvııı, 5. Voir Ed. Tournier, *Némésis et la jalousie des dieux* (Paris, 1863), p. 166, 232-33, 246-47.

CAMPAGNE D'ARADUS. 37

græcæ, p. 83, 290, 335; et Egger, *Mémoires d'histoire ancienne et de philologie*, p. 410 et suiv.

5° Petit cippe oblong, caractères de basse époque [1] :

ZEYZ
ⲰNΘE
ⲰAΣK
ΛHΠI
ⲰANE
ΘHKE

Ζευξ|ὼν Θε|ῷ Ἀσκ|ληπι|ῷ ἀνέ|θηκε

Dédicace d'une statue ou autre offrande à Esculape, qui n'est autre que le dieu phénicien Eschmun, par un citoyen d'Aradus, dont le nom n'a peut-être que l'apparence d'un nom grec. C'est à tort que M. Frœhner lit Ζεύξων [2].

Le *Corpus inscriptionum græcarum*, n° 2526, nous offre le texte d'une inscription rhodienne du musée de Leyde :

Ζήνων Ναούμου Ἀράδιος πρόξενος Διὶ σωτῆρι

où l'on voit un Aradien, Zénon, fils de Nahum, exerçant les fonctions de «proxène,» c'est-à-dire d'hôte public des Rhodiens, et dédiant, comme notre Zeuzon, une offrande à un dieu, Jupiter Sauveur.

6° Un fragment d'une plaque de marbre :

ΕΠΙΑ

Ἐπὶ Ἀ..... C'est, à ce qu'il semble, le commencement d'une date indiquée par un nom de magistrat dont l'initiale était Α.

La forme des lettres n'indique pas une haute antiquité.

7° Un fragment de plaque de marbre; caractères de l'époque chrétienne :

VICTIS·A
N·VP PR

[DD·NN·In]victis A[ugustis.....]
.....Vir perfectissimus, præses.....

---

[1] Voir pl. XXII, fig. 6.
[2] *Philologus*, XIX, 136. C'est par inadvertance aussi que M. Frœhner a cru qu'une petite tête qu'on avait posée sur le cippe, au musée Napoléon III, faisait corps avec le monument.

Fragment d'une formule de dédicace avec l'adjectif *invictus* ou *invictissimus*, comme on en trouve un si grand nombre en l'honneur des empereurs, surtout depuis le commencement du III° siècle. (Cf. dans Orelli, *Inscr. lat.* n°ˢ 2 et 1140.)

VP paraît être pour *vir perfectissimus*, titre honorifique des gouverneurs de provinces, comme dans l'inscription n° 139 du Recueil d'Orelli. PR est probablement l'abréviation de *præses* (*provinciæ*); voir les *Indices* de G. Henzen, dans son volume supplémentaire au Recueil d'Orelli, p. 113, col. 2 et 215, col. 1.

Je ne saurais dire si ces trois derniers objets proviennent originairement de l'île ou du continent voisin.

On me présenta, en outre, deux manches d'amphore ou *diota* avec des inscriptions. L'un portait :

ЄΠΙCω
[ΚΡ]ΑΤЄΥC

L'autre, que j'achetai, porte seulement ΣΩΚΡΑΤЄΥC, suivi d'un flambeau renversé. Je dois la note suivante à M. Egger et à M. de Longpérier :

Ces deux morceaux paraissent être de provenance rhodienne[1]. Le flambeau et les caractères sont d'une bonne époque.

ΣΩΚΡΑΤΕΥΣ est pour Σωκράτεος, Σωκράτους (cf. *Corpus*, n°ˢ 5472, 5751), c'est-à-dire le génitif dorien du nom propre Σωκράτης, désignant un magistrat municipal sous l'administration duquel a été fabriquée l'amphore dont il nous reste ce débris.

Le même nom et le même signe se retrouvent sur des amphores publiées par Stoddard, dans les *Transactions of the Royal Society of literature*, 2° série, t. III, p. 31 et suiv. et, dans Birch, *History of pottery*, t. II, append. Cf. *Corpus*, t. III, præf. p. xıx, et n°ˢ 5391, 5473, 5533, 5565, 5751; t. IV, p. 262, n°ˢ 78, 79, 80; de Gilles, *Antiquités du Bosphore Cimmérien*, n° 55; Becker, dans le *Bulletin historico-philologique de l'Académie de Saint-Pétersbourg*, 1854, n° 68.

Dans le second fragment, ЄΠΙ est sous-entendu, comme on le voit sur d'autres monuments de ce genre, où le génitif, employé seul, paraît avoir une valeur analogue à celle de l'ablatif latin dans les dates consulaires.

On compte aujourd'hui par centaines les monuments de ce genre, où les empreintes paraissent avoir eu pour objet, moins encore de marquer la date de la fabrication par le nom d'un magistrat éponyme, que de constater, par le cachet de ce magistrat, soit l'acquittement d'un droit d'exportation, soit la contenance légale de chaque vase. (Voir

---

[1] Les rapports des Rhodiens et des Aradiens furent continus. (Cf. *Corpus inscr. græc.* n° 2526; Vitruve, X, 22 (16).) On peut croire à une origine commune des deux peuples, et même identifier leurs noms : ארוד, devenu de nos jours رواد, *Ruad*, a pu devenir *Rod* pour *Arod*.

là-dessus d'abondantes explications dans la préface de M. J. Franz, en tête du troisième volume du *Corpus inscriptionum græcarum*.)

Pendant que les fouilles, troublées et incomplètes, dont j'ai parlé s'effectuent au sud de l'île, nous étudions dans la partie de l'ouest et du sud la plus grandiose et la plus authentique construction de l'ancienne Phénicie [1], je veux parler de ce mur extraordinaire qui ceignait autrefois toute l'île, et qui servait à la fois de défense contre l'ennemi [2] et contre les flots. Le mur s'élève sur les derniers arrasements des rochers (arrasements naturels comme nous l'expliquerons plus tard), en sorte qu'il domine à pic une eau assez profonde. Il se compose de prismes quadrangulaires de trois mètres de hauteur sur quatre ou cinq mètres de long, superposés tantôt sans art et même avec des négligences étranges, certains endroits offrant des joints verticaux superposés, tantôt, au contraire, avec des attentions raffinées (voir pl. II). Les assises sont quelquefois régulières, de petits blocs fermant les vides et opérant un jointement très-parfait; d'autres fois la superposition des blocs n'offre aucun ordre rigoureux, bien que les lits de pose soient toujours horizontaux. L'idée dominante des constructeurs a été d'utiliser le mieux possible les beaux blocs. Apporté sur place de la carrière voisine, le bloc a en quelque sorte commandé sa place. On lui a fait le lit le plus avantageux, sans lui demander aucun sacrifice de sa masse, et l'on a fermé autour de lui avec de moindres matériaux. C'est là un principe de construction fort ancien, que nous retrouverons à Amrit. On ne voit aucun ciment. Les assises, qui sont en certains endroits au nombre de cinq ou six, posent sur une base de rochers taillés. Je ne pense pas qu'il y ait au monde de ruine plus imposante, ni d'un caractère plus tranché. Nul doute que nous n'ayons là un reste de la vieille Arvad, un ouvrage vraiment phénicien, pouvant servir de criterium pour discerner les autres constructions de même ori-

---

[1] Pocoke, Eusèbe de Salles, Thomson, Walpole ont bien vu ce caractère de haute antiquité. (Cf. Ritter, XVII, 869.)

[2] Sur les talents des Aradiens en fait de poliorcétique, voy. Vitruve, X, 22 (16).

gine. Il est construit tout entier avec la pierre même de l'île, et est sorti des vastes fossés qui s'étendent maintenant entre la ville et le vieux mur.

La face orientale de l'île, celle qui regarde le continent, n'est protégée par les murs qu'à ses extrémités; le milieu rentre dans l'île et forme le port, autrefois séparé par une large jetée en deux bassins. Ces deux bassins sont très-ensablés, moins que ceux de Sour cependant, et ne répondent point par leurs dimensions à l'idée qu'on se fait des ports qui ont dû contenir les flottes d'un peuple qui, pendant des siècles, a partagé l'empire des mers avec les Tyriens. Ils supposent des navires de fort petite dimension. Le port d'Aradus, en somme, ressemble aux ports de Tyr et de Sidon; mais il l'emporte de beaucoup pour le mouillage, qui est le meilleur de la Syrie. La population est encore aujourd'hui composée de marins, et est en possession de tout le cabotage des côtes voisines.

Enfin, nulle part plus qu'à Ruad on n'est frappé de ces gigantesques travaux dans le roc, qui sont le trait dominant de la Phénicie et de la Palestine. Les belles citernes antiques[1], qui servent encore de nos jours, ont attiré l'attention de tous les voyageurs. Le château sarrasin est fondé sur des substructions de rochers taillés d'un fort beau caractère. L'espace ou fossé qui s'étend derrière le vieux mur est comme une ville hypogée[2]. La paroi de ce fossé parallèle au mur est creusée, dans toute sa longueur, de cavités (magasins, silos, citernes, etc.) ayant fait partie des anciennes maisons de la ville, et au-dessus desquelles s'élèvent les maisons de la ville actuelle. On peut s'en faire une idée par notre planche III. Nulle part on ne comprend mieux qu'ici un passage de Claudius Iolaüs, cité par Étienne de Byzance[3], sur la fondation d'une ville phénicienne. Il s'agit de la ville de Dora (Tantoura); mais on aurait pu, sans doute, en

---

[1] Strabon, XVI, II, 13.

[2] C'est gratuitement que Pococke (*A Description of the East*, vol. II, 1ʳᵉ partie, p. 202) suppose deux murs et un bassin entre les deux murs. — [3] *Fragm. hist. græc.* IV, 363.

dire autant de toute autre ville phénicienne. Φοίνικες..... διὰ τὸ ὑπόπετρον τῶν τε αἰγιαλῶν καὶ τὸ πορφύρας γόνιμον συνελθόντες καλιὰς αὑτοῖς ᾠκοδομήσαντο καὶ περιβαλλόμενοι χάρακας, ὡς ὑπήκουεν αὐτοῖς τὰ τῆς ἐργασίας, τεμνόμενοι τὰς πέτρας διὰ τῶν ἐξαιρουμένων λίθων τὰ τείχη κατεβάλοντο, καὶ τὴν εὔορμον χηλὴν ὅπως γε ἀσφαλῶς ἔθεντο. Cette façon de tirer le mur de son fossé même se remarque à Ruad, à Tortose, à Anefé, à Semar-Gébeil.

Le sol, derrière les murs de Ruad, est partout formé d'un béton qui a acquis une très-grande dureté. Ce sol, cependant, peut n'être pas très-ancien. J'y ai trouvé fortement scellés des débris de briques, de marbres, et un morceau de cippe en basalte, semblable à ceux dont nous avons parlé, portant trois lettres :

NON

Les gens du pays se rappellent encore une tour «blanche comme du «marbre,» analogue aux murs de Tortose, qui existait autrefois du côté nord de l'île. Cette tour aurait été détruite assez récemment et ses matériaux auraient été réduits en petites pierres. Une telle assertion est pleinement justifiée par le récit de Pococke[1]. «On voit encore au nord, «dit-il, les ruines d'un bâtiment rustique dont les murs ont trois pieds «d'épaisseur. Il paraît avoir été édifié dans le même temps que Tortose.» Les débris de cette construction auront servi sans doute à bâtir les petites forteresses ridicules élevées par le gouvernement turc, lors de la guerre de l'indépendance grecque. La ville moderne est toute sarrasine. Un château crénelé assez considérable occupe le point culminant de l'île; un autre s'élève au bord de la mer, à la tête de la jetée qui sépare les deux bassins; les assises inférieures de quelques maisons sont en très-beaux blocs.

M. Gaillardot a vu, dans une de ses traversées de l'île au continent, la

---

[1] Loc. cit. Cf. Ritter, XVII, 870.

source d'eau douce, bouillonnant au fond de la mer, dont parlent plusieurs auteurs anciens [1], et d'où les habitants, au moyen d'un mécanisme ingénieux, savaient, en temps de guerre, tirer leur provision d'eau. Thomson et Walpole ont vu la même source ou des sources semblables un peu au nord de Tortose [2].

[1] Lucrèce, VI, 888; Strabon, XVI, II, 13; Pline, II, 103; V, 31; *Geoponica*, II, 6. — [2] Voir Ritter, XVII, 878, 879.

CHAPITRE II.

TORTOSE.

Notre campagne de terre fut bien plus longue et bien plus suivie. Nous étions aux premiers jours d'avril; les motifs sanitaires les plus impérieux fixaient le terme extrême du séjour de la compagnie sur cette côte aux premiers jours de juin. Deux grands partis, s'excluant à peu près l'un l'autre, s'offraient à nous pour remplir cet intervalle de deux mois : ou bien aller camper à Amrit et déblayer le vaste ensemble de monuments qui s'y trouve, ou bien rester sur les bords du Nahr-Rhamké, et consacrer nos soixante journées à la plaine environnante, riche en sépultures antiques, et où les habitants du pays ramassent ces petits objets qui défrayent le commerce d'antiquités de la Syrie. De ces deux partis je choisis le premier. La plaine de Tortose sera toujours assez remuée; la cupidité des habitants nous en répond. Amrit, au contraire, donne peu d'objets d'or, et, en tout cas, les fouilleurs de Tortose n'osent s'y hasarder. Si ma mission devait avoir un caractère, c'était celui de la recherche philosophique et comparée; or, sous ce rapport, Amrit avait pour moi un intérêt sans égal. De fortes raisons, d'ailleurs, m'avaient toujours fait préférer à la recherche des petits objets le déblayement des grands monuments. La recherche des petits objets ne saurait être le but de grandes fouilles régulières entreprises par un État. L'industrie privée y suffit, surtout au milieu de populations qui, comme celles-ci, préfèrent toujours la possibilité d'un gain considérable et très-douteux, à un gain médiocre et assuré.

L'étude attentive des résultats que donne la plaine de Tortose me confirma dans ces idées. Les indigènes qui y travaillent ne vivraient pas de la vente des objets qu'ils trouvent, s'ils n'avaient en même temps le profit des pierres taillées qu'ils extraient, et qui leur font un revenu fixe. Enfin le système d'ouvriers à la journée est tout à fait inapplicable à de telles recherches, la certitude que l'ouvrier ne dérobe pas les objets qu'il découvre ne pouvant guère être obtenue. Ce qu'il faut pour faire sortir de terre ces sortes d'objets, c'est d'encourager l'indigène à les chercher à ses risques et périls. C'est ce que fait avec beaucoup de discernement M. Pérétié, premier drogman du consulat de France à Beyrouth. M. Pérétié a en outre formé à Tortose un agent, Daniel Mokdisi, l'un des indigènes les plus intelligents et les plus honnêtes que j'aie connus, qui préside à ce travail avec une droiture tout à fait rare. Si, à Gébeil, j'ai déploré ce genre d'exploitation des antiquités, c'est que, dans cette région, la recherche des petits objets a été fatale aux monuments. Dans la plaine de Tortose, elle n'a pas les mêmes inconvénients. Les sépultures dont cette plaine est semée n'ont rien de monumental. Le cercueil, d'ordinaire en terre cuite, est déposé dans le sol, sans aucun signe apparent à la surface. Le respect pour le mort s'est traduit ici, non en marques visibles pour le passant, mais en luxe intérieur (bijoux, mouches d'or appliquées sur la face, feuilles d'or en forme de lunettes sur les yeux, bandeaux d'or ou de pierres précieuses, etc.). La parure du mort est tout, le monument n'est rien; et voilà comment ces tombeaux obscurs, probablement réservés à des morts sans gloire, offrent un bien plus riche butin que les orgueilleux monuments d'Amrit. En fait de tombeaux, ceux-là seuls sont intacts que rien ne trahissait au dehors; tout tombeau apparent, en Syrie du moins, a été violé.

En abandonnant Tortose à la spéculation des chercheurs de petites antiquités, je ne renonçai pas naturellement à l'examen attentif de ce sol si profondément remué par l'homme. Toutes les constructions en ont disparu, par suite du commerce de pierres continué durant des siècles, dont je parlais tout à l'heure. Sur un espace de plus de quatre kilomètres, toute cette plaine n'est qu'une nécropole, criblée de trous et de fosses, d'où des centaines d'ouvriers retirent encore aujourd'hui de bons matériaux, soit que les édifices funèbres dont ces matériaux faisaient partie fussent dans l'origine enterrés, soit qu'ils aient été plus tard recouverts par le sable ou les alluvions. Nos recherches dans les nombreux débris qui jonchent le sol aboutirent à la découverte d'un objet intéressant, je veux dire d'un sarcophage à tête sculptée, de la même forme que ceux de Saïda, non plus en marbre cette fois, mais en lave brune de Safita[1]. C'est le seul monument de ce genre où l'iris des yeux soit accusé par un cercle. Il y a quelques années, deux sarcophages analogues en marbre blanc, maintenant au Musée du Louvre, furent trouvés dans la même plaine. Le nôtre fut découvert il y a une vingtaine d'années par les habitants, puis brisé par eux et en partie réenterré. À cette époque il avait déjà été violé, car ceux qui assistèrent à la première découverte nous ont appris que, quand on le trouva, le couvercle ne reposait plus sur la caisse, et que cette dernière ne renfermait que de la terre mêlée à des débris d'ossements. Il résulte également de leur relation que le sarcophage avait à l'origine été enterré dans le sol, et non, comme à Saïda, déposé dans un caveau.

Quoi qu'il en soit, c'est ici le seul exemple d'un sarcophage de ce genre en pierre de Syrie. Un des motifs d'hésitation qui pouvaient rester sur la nationalité de tels monuments est ainsi levé. Nul doute que cette belle tête, pleine de force et d'originalité, ne soit l'œuvre d'une main phénicienne, et quand on songe que les sarcophages à gaîne et à tête sculptée n'ont été trouvés jusqu'ici que dans trois endroits, à Sidon, à Byblos, à Aradus[2], n'est-ce pas la meilleure preuve que ce sont là des monuments

---

[1] Voy. pl. VI, fig. 6.
[2] Nous discuterons ailleurs les traces qu'on en a cru trouver à Malte et en Corse, c'est-à-dire dans des pays qui ont subi l'influence phénicienne.

d'un art vraiment phénicien? Si, comme l'ont cru quelques personnes, ces sarcophages étaient de l'époque romaine, pourquoi ne les trouverait-on pas dans les autres pays de l'Orient occupés par les Romains? La Phénicie, à cette époque, suivait la fortune et les vicissitudes de la Syrie tout entière. Une classe de monuments qui ne se rencontre que sur l'étroite bande des villes phéniciennes remonte nécessairement à l'époque où ces villes formaient encore un groupe à part, avaient leur goût propre et leur propre civilisation. Sidon, et Aradus en particulier, n'ont rien eu de commun qu'à l'époque phénicienne; à l'époque romaine, il n'y avait pas de raison pour que ces deux villes se fussent rencontrées dans des monuments d'un style aussi caractérisé.

Les environs immédiats de Tortose nous donnèrent un autre monument antique, jusqu'ici inaperçu. A environ un kilomètre à l'est de la ville, sur une éminence, nous trouvâmes un curieux débris qui peut avoir appartenu à l'une de ces pyramides funèbres dont Amrit va bientôt nous montrer de si admirables spécimens. C'est un gros cube de pierre, fort dégradé, mais offrant une moulure d'un caractère très-frappant et très-original [1]. Non loin de là, près du petit port des Croisés, se voient des carrières contenant un grand nombre de caveaux taillés dans le roc, qui ont été depuis longtemps observés par les voyageurs. Notons dès à présent un trait général de toute la Phénicie : c'est que les tombeaux y sont très-souvent creusés dans des carrières, la coupe de la pierre étant ainsi utilisée à deux fins [2].

Le tumulus artificiel situé près du Nahr-Rhamké ressemble beaucoup aux tumulus de Berak et-Tell, entre Tyr et Sidon, et de Ras el-Aïn, près de Tyr. Ces tumulus sont presque toujours voisins de grandes sources vives. N'auraient-ils pas quelque destination hydraulique? C'est là une question que je ne fais que poser. Quoi qu'il en soit, le régime des eaux du point où nous sommes a la plus grande analogie avec celui des deux points précités.

[1] Voy. pl. VI, fig. 5. — [2] Cf. Beulé, *Fouilles à Carthage*, p. 127.

Mais ce qui, à Tortose, attire par-dessus tout l'attention, ce sont les murs de la ville. Ces murs ne sont autre chose que l'enceinte même de la citadelle où les Croisés résistèrent une dernière fois aux armes des Musulmans. Cependant les voyageurs qui ont visité Tortose sont presque unanimes pour se refuser à y voir l'ouvrage des Croisés. On ne peut nier, en effet, qu'au premier coup d'œil ces murs n'offrent un aspect grandiose et frappant. Chaque pierre est entourée de ce liséré qu'on regarde comme le trait caractéristique de l'architecture phénicienne[1]; le relief est faible et taillé en biseau; les fossés, creusés dans le roc, se relient au mur d'une façon analogue à celle qui se remarque dans les constructions de la Phénicie et de la Palestine tenues pour les plus anciennes. Aussi M. de Laborde[2] et M. Thomson[3], dont l'avis a été adopté par M. Ritter[4], regardent-ils la double enceinte de Tortose comme un ouvrage arvadite de la plus ancienne période. Plus récemment, M. Porter a été du même sentiment[5]. J'inclinais d'autant plus à admettre cette opinion, que Gébeil et Anefé m'avaient déjà offert, au commencement de ma mission, des travaux exactement du même caractère, que, cédant alors à l'opinion commune, j'avais, malgré de formidables objections, attribués à la haute antiquité. Ici le problème se posait avec bien plus de netteté, et, heureusement, les éléments de solution abondaient. Quelque temps après, les châteaux de la région de Tortose, ceux de la région du Carmel, enfin l'étude des monuments de Jérusalem et d'Hébron, m'apportèrent sur le même point des lumières que j'ose croire décisives. C'est donc ici le lieu de toucher avec quelque ensemble cette question des édifices en pierres colossales et à bossage, qui, en Syrie et en Palestine, se pose pour l'archéologue sous des aspects si divers.

La première considération qui ébranla, pour moi, l'antiquité des murs de Tortose, ce fut la comparaison de ces murs avec ceux de Ruad. Il n'y

---

[1] Voy. pl. VI, fig. 4.
[2] *Voyage de la Syrie*, p. 26-27.
[3] Dans la *Bibliotheca sacra*, V, p. 247-248.
[4] Ritter, *Erdkunde*, XVII, 865.
[5] *Syria and Palestine*, p. 594.

a aucune ressemblance entre ces ouvrages. A Tortose, les pierres de taille ne sont qu'un revêtement pour un blocage intérieur; à Ruad, le mur est tout entier composé de blocs sans ciment : nulle trace de bossage, nul souci non plus de donner au plan extérieur une surface lisse. Si donc l'un de ces ouvrages est arvadite, l'autre ne l'est pas; or assurément, s'il s'agit de décerner la priorité à l'un d'eux, personne n'hésitera. Ruad, comme je l'ai déjà dit, paraît avoir eu autrefois une citadelle analogue à celle de Tortose, que Pococke a vue et dont quelques habitants ont conservé le souvenir. Mais, entre le mur encore subsistant de Ruad et les murs de Tortose, on chercherait vainement le moindre lien d'analogie. Rappelons qu'Antaradus ne nous est connu par aucun témoignage antérieur à Ptolémée; son nom est grec (Ἀντὶ Ἀράδου). Si la ville offrait, du temps d'Auguste par exemple, l'aspect extraordinaire qu'elle a aujourd'hui, on ne comprendrait pas comment Strabon, qui nomme dans les environs de très-petites villes, eût omis ces splendides remparts, alors dans leur intégrité. Et qu'on ne dise pas que Strabon a pu désigner ces ruines sous un autre nom, celui de Marathus par exemple, selon une identification admise par plusieurs géographes. Dans une telle hypothèse, Marathus aurait eu plus de dix kilomètres de long, chose impossible pour une ville d'une si médiocre célébrité. Encore moins est-il admissible qu'Antaradus ait pu exister sous un nom qui se serait perdu. Ruad a parfaitement conservé son nom phénicien. Si Antaradus eût eu aussi un nom phénicien, elle ne s'appellerait pas aujourd'hui, de son nom grec, Tartous[1]. Ce nom seul suffirait pour prouver que la ville n'eut d'importance que depuis l'époque grecque ou romaine. Or un ouvrage si considérable de fortification n'a pu être fait que pour une ville très-considérable aussi.

L'examen attentif des murs de Tortose ne leur est pas moins défavorable. La porte principale est pratiquée dans une sorte de tour offrant à

---

[1] Voy. ci-dessus, p. 21, note 2.

l'extérieur un aspect imposant et antique, mais présentant dans les détails tous les caractères du xıɪ[e] siècle : porte à ogive, surmontée d'un trèfle; à l'intérieur, superbe salle à nervures, du gothique le plus pur[1]. Les voyageurs un peu instruits qui, à commencer par Maundrell[2], ont vu cette salle, n'ont pas hésité sur l'époque qu'un tel style atteste; mais, sans doute, ils ont supposé les nervures construites à une époque postérieure dans l'intérieur de la tour antique. Cela est absolument impossible. Cette construction est parfaitement homogène; le dehors et le dedans sont d'une seule époque. Une foule d'autres détails, qui rappellent l'architecture militaire du moyen âge, nous ont menés au même résultat. Les meurtrières sont en ogive, et la manière dont elles sont pratiquées ne permet pas de douter que leur percement ne soit contemporain de la construction du mur. Leur liséré est le même que celui du mur, et toute la construction du mur autour d'elles prouve que l'architecte les avait en vue en disposant ses matériaux. Enfin l'œil exercé de M. Thobois a découvert, dans cette construction d'un si grand air, des négligences qui ne sont jamais le fait de la haute antiquité. Le ciment est prodigué; le parement en pierres de taille n'est qu'extérieur; le blocage intérieur n'est pas en rapport avec le revêtement et est parfois si médiocre qu'on est surpris que le mur ait duré jusqu'à nos jours. Nulle comparaison, selon M. Thobois, n'est possible entre ce mur et l'admirable enceinte d'Hébron, où le jointoiement est d'une perfection sans égale, ni même entre ce mur et le « mur occidental » à Jérusalem. La haute antiquité ne donne rien à l'ostentation; tout y est solide et sincère. Ici l'on s'est préoccupé de l'apparence; un revêtement splendide couvre un mur médiocre, qui n'est nullement selon l'esprit des âges reculés[3].

---

[1] Voir la photographie publiée dans le *Voyage en Orient* de MM. Rey et Declercq, et *Le Tour du monde*, 1863, p. 40. Je n'ai pu découvrir près de la porte les traces d'inscription dont parle M. Thomson. Seraient-ce les marques de maçons, assez communes à Tortose, qu'il aurait prises pour des inscriptions?

[2] *Voyage*, p. 30.

[3] Les distinctions que M. Thomson a cru pouvoir faire des parties phéniciennes, romaines, etc. manquent de fondement.

Tortose n'est pas le seul point où le problème de l'architecture en bossage ou à refends trouve une solution presque assurée. Plusieurs des châteaux de la région environnante présentent un aspect fort analogue aux murs de Tortose et des signes évidents du moyen âge. A Kalaat el-Hosn (le *Crac* des Croisés, qu'il ne faut pas confondre avec la forteresse de même nom dans le pays de Moab), ces signes (inscriptions latines, armoiries, particularités de défense propres aux châteaux du moyen âge, etc.) ont frappé tous les voyageurs; or le bossage, ou plutôt l'appareil à refends, s'y montre dans quelques parties. Nous verrons qu'il en est de même dans la région de Tyr et dans le nord de la Palestine. Le gigantesque château de Safed a été dépouillé de son revêtement d'une façon si barbare qu'on ne peut dire maintenant dans quel style il était bâti; mais les vallées désertes qui s'inclinent de Safed vers la mer renferment une ruine d'un admirable caractère, le Kalaat-Kurein (le *Montfort* des Croisés). Le Kalaat-Kurein serait, d'après la théorie que j'avais moi-même d'abord admise à propos de la tour de Gébeil, l'ouvrage des contemporains de Hiram et de Salomon, et, sans contredit, leur plus parfait ouvrage[1]; or ces belles ruines renferment des détails évidemment du XIIe ou du XIIIe siècle. Le ciment qui joint les pierres qu'on pourrait croire les plus anciennes est formé de débris de poteries, et ce ciment est le même dans les parties qui sont le plus notoirement du moyen âge. Athlith, enfin, fournit un argument décisif. Athlith (le *Castellum peregrinorum* des Croisés) présente une éclatante unité. Quand des textes formels ne nous apprendraient pas que cette merveilleuse forteresse fut tout entière, à part quelques substructions, l'œuvre des Croisés[2], la vue de ce qui en reste parlerait avec évidence. Or les murs d'Athlith offrent partout le bossage le plus soigné. Que dans les endroits qui viennent d'être nommés

---

[1] M. Thomson n'a pas manqué de tirer cette conséquence. (*The Land and the Book*, New-York, 1860, I, 458.)

[2] Olivier le Scolastique, dans Eccard, *Corp. hist. Med. Ævi*, t. II, col. 1400; Jacques de Vitri, dans Bongars, *Gesta Dei per Franc.* p. 1131.

il ait existé anciennement des forteresses; que les Croisés aient utilisé de vieux matériaux, et souvent des pans de murs entiers, cela n'est pas douteux, cela est même certain pour Athlith[1]; mais, dans tous ces endroits, l'aspect des constructions primitives a totalement disparu. Le soin de relever ces ruines appartiendra à ceux qui auront pour mission de rechercher les traces profondes que les Francs ont laissées en Orient.

Je pourrais citer bien d'autres exemples d'édifices en bossage ou à refends qui sont incontestablement du moyen âge : certaines parties de Baalbek, la tour des Mogrebins à l'entrée de Sour, les constructions d'El-Bireh près de Jérusalem, l'église de Kiriat el-Enab, diverses ruines de Naplouse, Sébastieh, Béthanie, Safurieh, Latroun, quelques portions des murs de Saïda, offrent des pierres d'un fort bel équarrissage mêlées à ces lits de colonnes brisées qui sont un des traits des constructions du moyen âge en Syrie. Je n'ai pas vu Kalaat-Schékif (le *Beaufort* des Croisés), Tibnin (le *Toron* des Croisés), ni le château de Banias; mais j'ai des éléments suffisants[2] pour croire que, là encore, ce que MM. Robinson et Thomson prennent pour des restes de l'antiquité appartient aux Croisés. J'ajouterai enfin que les châteaux de Gébeil et de Semar-Gébeil, que j'avais crus d'abord fort anciens, sont devenus pour moi des ruines du moyen âge depuis que j'ai vu Tortose et Athlith, depuis surtout que M. Thobois m'a montré, dans la construction des plus basses assises de la tour de Gébeil, des inadvertances, des marques de précipitation, des pauvretés dissimulées, dont la bonne antiquité ne fut jamais coupable. Je reviendrai plus loin sur tous ces points.

Ajoutons que si ces prodigieuses forteresses d'Athlith, de Kalaat-Kurein, de Kalaat el-Hosn, de Kalaat-Schékif, de Tortose, eussent existé dans l'antiquité, il en serait fait mention dans les écrivains classiques, et

---

[1] M. V. Guérin (*De ora Palæstinæ*, p. 36; Paris, 1856) suppose avec justesse qu'Athlith doit être l'ancienne Magdiel.

[2] Voir, pour Kalaat-Schékif et Tibnin, la collection de photographies de châteaux des Croisés, publiée par MM. Rey et Declercq.

que les historiens des croisades, qui racontent chaque chose avec tant de détail, parleraient du profit que les Francs surent tirer de ces constructions antérieures à leur arrivée. Or je ne connais qu'une remarque de ce genre; c'est pour Athlith, et encore Olivier le Scolastique[1], qui la fait, parle seulement de gros murs, cachés sous le sol, que l'on découvrit en creusant les fondations du château. A Safed, les historiens des croisades parlent bien d'un ancien château, mais dont rien ne subsistait quand les Templiers commencèrent la construction de la forteresse colossale dont les restes défigurés se voient aujourd'hui[2]. Le château de la mer à Saïda fut bâti tout entier par des pèlerins venus d'Allemagne[3].

Est-ce à dire que tout édifice syrien présentant le bossage devra par cela seul être rapporté au moyen âge? Non assurément. Le grand édifice rectangulaire d'Hébron, certaines parties des murs de Jérusalem, la tour de David, les soubassements de Baalbek, le temple de Kalaat-Fakra, les constructions du Garizim, quelques constructions de Béthel, de Bethléem, d'Aïn-Haramieh, sont des ouvrages vraiment anciens. Nulle confusion n'est ici possible; M. Thobois déclare que, pour un architecte exercé, des ouvrages comme le « mur occidental, » la tour de David, d'une part, les murs de Tortose, la tour de Gébeil, d'autre part, n'ont rien de commun et ne peuvent en aucune façon être rangés dans la même famille. Un seul résultat sort avec évidence de nos recherches : c'est que le genre de construction à bossage ou à refends a été en usage à toutes les époques en Syrie. Il se remarque dans les constructions sarrasines (je citerai pour exemple la tour des Lions, près de la mer, à Tripoli[4]) comme dans celles des Croisés, dans les constructions romaines (nous en rencontrerons un exemple, daté du règne d'Auguste, à Bélat, près Gébeil) comme dans celles de nos jours. A Baalbek, on le retrouve partout, excepté justement

---

[1] *Loc. cit.*
[2] Baluze, *Miscell.* (éd. Mansi), I, 229.
[3] Cf. Brocard, dans le *Rudimentum novitiorum*, folio 167 b (Lubeck, 1475). — [4] La citadelle de Damas, me dit-on, est dans le même appareil.

dans la partie qu'on peut, si l'on veut, regarder comme d'une haute antiquité. Les murs de Saint-Jean-d'Acre, qui n'ont pas soixante ans, les pauvres églises que bâtissent tous les jours les Maronites, le présentent bien caractérisé. C'est en quelque sorte un style indiqué pour les constructions où l'on veut aller vite et avec économie, sans détriment de la solidité. Le bossage, en effet, permet de vérifier avec promptitude l'aplomb du joint, sans recourir à un polissage complet de la pierre, qui exige beaucoup de temps et de frais. C'est le style propre de toutes les constructions militaires. Il est remarquable, en effet, que les Croisés, qui paraissent l'avoir particulièrement affectionné, en firent peu d'usage pour la construction des églises; la belle cathédrale de Tortose, contemporaine des murs, n'en offre aucune trace; à Kalaat-Kurein, l'église et les constructions accessoires ne le montrent pas non plus. Les églises de Kiriat el-Enab et d'El-Bireh, qui le présentent, sont des forteresses autant que des églises. Peut-être les Italiens, qui élevèrent plusieurs de ces châteaux, appelés souvent «tours des Pisans,» y portèrent-ils une réminiscence du style propre à la Toscane, et nommé d'elle «toscan.»

Une objection, je le sais, peut être faite ici. C'est la totale différence qu'on remarque entre la tour de Gébeil, les murs de Tortose, d'une part, et, d'une autre part, des constructions telles que le château de Merkab, dont la date est connue. Merkab, avec ses tours rondes, son petit appareil, semble séparé par des siècles des châteaux de Gébeil et Tortose avec leurs formes carrées et leur grand appareil; mais il faut remarquer que les constructions des Croisés en Syrie n'offrent aucune unité. Chaque nation, chaque ordre avait sa manière de bâtir. Les constructions carrées et à grand appareil paraissent avoir été l'œuvre des Italiens et des Templiers; la tour ronde semblerait venir plutôt des Français et des Hospitaliers[1]. Souvent l'influence des forteresses byzantines, dont le pays était cou-

---

[1] Merkab et Kalaat el-Hosn avaient appartenu à ce dernier ordre. (Voy. Brocard dans le *Rudimentum novitiorum*, fol. 168 a et b.)

vert, a modifié le goût propre des Francs. Les travaux de M. Guillaume Rey sur les forteresses des Croisés en Syrie jetteront sur toutes ces questions beaucoup de jour.

Le bossage et l'appareil à refends ne sont donc pas un criterium de haute antiquité, ni un caractère de l'art phénicien ou hébreu. Les Grecs et les Romains l'ont souvent employé[1]. La vieille Phénicie l'employa, et il faut ajouter même qu'il est bien dans l'esprit du style phénicien, dont le trait caractéristique est de dégrossir la pierre le moins possible, pour ne pas perdre de matière et économiser la main-d'œuvre, ainsi que nous le verrons au *Burdj el-Bezzak* d'Amrit. Avec cette idée d'utiliser la pierre telle que le carrier la fournit, il était naturel qu'on en vînt à n'équarrir que la jointure, ce qui est le principe du bossage. Mais aucune des formes du bossage ou de l'appareil à refends n'est exclusivement propre à la Phénicie. C'est là un résultat négatif, qui nous a coûté trop d'efforts et qui contredit trop les opinions adoptées par les esprits les plus pénétrants, pour que je n'aie pas cru devoir exposer avec sincérité la route longue et détournée qui nous y a conduits. Souvent nous aurons occasion d'y revenir.

L'archéologie du moyen âge trouvera du reste à Tortose le champ sans contredit le plus intéressant de toute la Syrie. Outre les trois enceintes de murs, la ville offre à chaque pas de belles constructions qui attestent combien l'établissement des Francs fut ici solide et fait pour durer. Les matériaux de ces constructions sont, comme ceux des murs, grands et soignés. Près des murailles, au sud-est, s'élève une très-belle église, bien conservée, le plus beau monument gothique de la Syrie. C'est par suite d'une méprise de Pococke[2] qu'on l'a rapportée à une époque beaucoup plus ancienne. Pococke, ici comme à Gébeil, ne sut pas distinguer le chapiteau gothique à galbe corinthien du vrai corinthien.

---

[1] Pour l'Égypte, voir les photographies de M. Maxime Du Camp, pl. LXIX, LXXI, LXXXIX.

[2] *Description of the East*, vol. II, 1re partie, p. 201.

Tortose n'avait pas de port. Strabon a remarqué avec justesse[1] que le rivage vis-à-vis d'Aradus est tout à fait inhospitalier. Le port continental d'Aradus était à Carné[2]. A environ un kilomètre au nord de Tortose se trouve une petite crique, en partie taillée dans le rocher et avec des constructions du moyen âge, qui sert de débarcadère. Mais aucun établissement important ne paraît jamais avoir existé en cet endroit; c'est à tort que Pococke[3] voit ici l'emplacement de Carné.

Pendant que M. Gaillardot était à Amrit, on vint l'avertir qu'en creusant à peu de distance des murailles de la ville, au nord et presque au pied de l'église, on avait trouvé de grosses constructions. En effet, à une profondeur de sept ou huit mètres, plusieurs indigènes étaient occupés à extraire de belles pierres, entremêlées à des colonnes de granit gris de dimensions moyennes. M. Gaillardot pense que cet ensemble a dû appartenir à un édifice important de l'époque romaine.

On ne m'a présenté qu'une seule inscription à Tortose. C'était une plaque de marbre, portant en caractères de l'époque chrétienne :

CEΠTω

reste de πανσέπτῳ, épithète qu'on donnait aux églises et aux saints. Les lettres avaient été dorées.

Quant aux différents objets sortis de la plaine entre Tortose et Amrit, ils attestent le plus souvent l'influence grecque; quelquefois ils portent l'empreinte égyptienne. Ce sont des amulettes, des statuettes, des vases lacrymatoires en verre, en albâtre ou en poterie; des bijoux en or, en argent ou en cuivre; des objets de toilette, etc. Nos planches présentent quelques-uns de ces objets, parmi lesquels on remarquera une statuette de la «déesse de Syrie[4]» (n° 1 de la planche XXIV), un lécythe grec (n° 7

---

[1] XVI, II, 13.
[2] Ibid.
[3] Ouvr. cité, p. 201.

[4] Comparez d'autres statuettes du même genre au musée Napoléon III, salle Asiatique, vitrine 1.

de la planche XXI), un fragment de statuette dont le style a de l'analogie avec celui des objets trouvés à Chypre (n° 3 de la planche XXI), une statuette de divinité à cheval, dont le numéro ne peut encore être indiqué, enfin les verres de la planche XXIII.

De cette même plaine est sorti très-probablement un curieux fragment égyptien en basalte vert, qu'un des fouilleurs de Tortose vendit à M. Gaillardot. Un côté de la base présente l'inscription hiéroglyphique suivante :

M. de Rougé s'exprime ainsi au sujet de ce monument :

Ce fragment n'a conservé qu'un reste d'inscription où l'on distingue nettement la mention « du temple de la déesse Bubastis, dame de la vie des deux régions. »

Ha neter nte   Veset   nev anx ta-ti.

Cette déesse a été fort en vogue sous les Saïtes, à l'époque desquels le style du monument m'engagerait à reporter également ce fragment.

M. Brugsch a exprimé sur ce monument un avis un peu différent de celui de mon savant confrère[1] :

Je crois, dit-il, que M. de Rougé n'a pas assez apprécié la valeur de cette inscription, parce qu'il traduit trop mot à mot l'expression *anch ta-ti*. La déesse Bast, d'après des données fournies par les monuments, fut honorée à Memphis dans le temple d'un quartier de la ville qui s'appelait *Ta-anch*, *Anch-ta* (mot à mot : le monde de la vie). Cette déesse répond à la « Vénus étrangère, » dont Hérodote (II, 112) vit le culte se pratiquer à Memphis et qu'il est porté à identifier avec Hélène. J'ai prouvé ailleurs que cette déesse Bast était identique à la déesse lunaire asiatique *Méné-Onka*. Ce ne peut être par hasard que le fragment en question a été apporté à Aradus. Il y a là un rapport de cultes, et nous avons toute raison de supposer que la déesse Astarté, révérée à Aradus, était identique avec la déesse Bast du quartier de Memphis nommé *Anch-ta*.

[1] *Zeitschrift für ægyptische Sprache- und Alterthumskunde*, n° 1 (juillet 1863).

Si, comme il semble en effet, ce fragment est sorti de dessous terre, plaine de Tortose, l'hypothèse d'un transport fortuit comme celui qui résulte du lestage des navires ne saurait être faite. Ce qui donne beaucoup de force à l'observation de M. Brugsch, c'est ce qu'ajoute Hérodote : Περιοικέουσι δὲ τὸ τέμενος τοῦτο Φοίνικες Τύριοι, καλέεται δὲ ὁ χῶρος οὗτος ὁ συνάπας Τυρίων σ]ρατόπεδον.

De la plaine de Tortose paraissent aussi provenir deux jolis cippes sculptés (pl. VI, fig. 1) et une tête (pl. IV, fig. 3), donnés à la mission par M. Péretié. On dit que ces objets furent découverts à Amrit même, mais il me semble plus probable qu'ils auront été trouvés dans la vaste plaine entre Tortose et Amrit. Une de ces stèles semble porter sur sa corniche quelques caractères qu'on prendrait pour phéniciens; mais j'incline à n'y voir que des hasards ou des coups maladroits du burin.

L'inscription suivante, sur une stèle de grès rouge, qui a été également donnée à la mission par M. Péretié, provient aussi de ces parages.

ΔΕΚΜΕΜΑΑΡΚΙΕ
ΩΣΧΡΗΣΤΕ
ΑΙΑΛΥΠΕΧΑΙΡΕ

Δέκμε Μάαρκιε
ἥρ]ως χρησ]έ
κ]αὶ ἄλυπε χαῖρε

Decimus Marcius, héros bon et heureux, salut (ou adieu).

Δέκμε est pour Δέκιμε par une contraction qu'explique la place de l'accent sur le mot latin *Decimus*. Il y en a un exemple à Aradus même (*Corpus*, 4536), d'autres ailleurs (*Corpus*, 686), et dans les historiens grecs de Rome, comme Appien et Dion Cassius.

Quant au redoublement de l'*a* pour marquer que cette lettre est longue dans le nom romain MARCIVS, c'est un archaïsme qui n'est pas sans exemple connu. On lit MAARCIVS, MAAPKIOC, dans l'inscription bilingue d'Argos en l'honneur de Quintus Marcius Rex (*Corpus inscr. græc.* n° 1137; *Corpus inscr. lat.* vol. I, n° 596); MAAPKOΣ... MAAPKEΛΛΟΣ dans une inscription de Tauromenium (*Corpus*, n° 5644); VAARVS et SEEDES, dans une inscription d'Aletrium (Orelli, n° 3892); VAALA, sur les deniers de la famille Numonia. (Cf. d'autres exemples analogues dans Egger, *Reliquiæ sermonis latini*, p. 293, 252, 254, 362.)

Pour l'emploi du mot ἥρως appliqué aux morts dans les adieux funèbres, voir Franz, *Elem. epigr. gr.* p. 331, 339. Une inscription de Beyrouth ou des environs porte : Νικαία Σιμῶνος, ἡρωΐνη, χαῖρε (Le Bas, *Voy. arch.* Inscr. n° 1850). La restitution ὅλως proposée par M. Fröhner (*Philologus*, xix, p. 135; 1862) est inadmissible. La formule χρησ7ὲ καὶ ἄλυπε est très-commune à Sidon; mais ἥρως n'y figure jamais. Ladite formule se retrouve aussi ailleurs (*Corpus*, n°⁵ 2328 b, 3261).

CHAPITRE III.

AMRIT.

Mais j'ai hâte d'arriver à la partie la plus importante de nos recherches sur le sol arvadite. La compagnie alla camper à Amrit, le 3 avril. La plaine, sillonnée dans tous les sens par des eaux magnifiques, offrait un immense tapis de fleurs. Le camp fut placé sur les bords du Nahr-Amrit, près d'un îlot de verdure. Le pays est désert à deux lieues à la ronde; les Ansariés seuls s'approchèrent quelquefois du camp, et toujours dans des intentions pacifiques. Le temps aussi nous fut constamment favorable. Le vent d'ouest, qui régna sans interruption, recula l'époque des fièvres, terribles en ces parages. Quelques jours après le départ de la compagnie, tout changeait, et mon courageux collaborateur, M. Gaillardot, resté sur le champ des fouilles pour l'achèvement de nos recherches, était éprouvé par une cruelle maladie, qui faillit le conduire à la mort.

Mrith ou Amrit n'est plus le nom d'un village. C'est le nom du fort ruisseau qui traverse les ruines (Nahr-Amrit). Mais ce fait est très ordinaire en Syrie : les rivières portent souvent le nom des villes ou villages situés sur leurs bords (Nahr-Beyrouth, Nahr-Antélias, etc.). Beaucoup de noms de localités disparues sont ainsi conservés dans des noms de cours d'eau. Voici l'aspect général du sol à l'endroit dont il s'agit.

Quand on a dépassé la plaine qui s'étend au sud de Tortose, on rencontre une série de collines parallèles à la côte, dont elles sont séparées par une petite plaine d'abord, puis par des dunes de sable. Ces collines, indépendantes des montagnes de Safita, n'ont pas plus de cinquante à soixante mètres d'élévation et viennent expirer au sud, à plus de vingt kilomètres de Tortose, dans un bois taillis, *el-hîsch Amrit*. Là elles se terminent par une éminence couronnée d'un village, el-Hammâm. Ces collines forment ainsi avec les dunes de la côte et la petite plaine qui les en sépare, une bande d'environ trois kilomètres de largeur, présentant tantôt un sol recouvert d'une faible couche de terre végétale, tantôt une surface dénudée, d'où s'élèvent des crêtes de rochers. Deux gros ruisseaux, alimentés par les nombreuses sources qui jaillissent du pied des collines, courent tous deux de l'est à l'ouest. Ces deux ruisseaux, séparés l'un de l'autre par un espace d'environ onze cents mètres, sont le *Nahr-Amrit*[1], au nord, et le *Nahr el-Kublé*, au sud. Le mot *Nahr el-Kublé* « signifie Rivière du Sud, » et prouve l'importance du nom d'Amrit appliqué à l'autre ruisseau, puisque ce nom, qui ne désigne plus aucune localité déterminée, est resté néanmoins le point cardinal du pays. Le Nahr el-Kublé, à environ cent cinquante mètres de la côte, arrêté par une ligne de dunes assez élevée, ou peut-être artificiellement détourné à une époque ancienne, prend une direction perpendiculaire à celle qu'il suivait d'abord, et vient se joindre au premier, à peu de distance de son embouchure, formant avec d'autres sources un marais couvert d'une épaisse végétation.

C'est sur les bords de ces deux ruisseaux, et en particulier du Nahr-Amrit, que sont groupés les monuments de l'ancienne Marathus[2]. La ville était en partie dans la plaine, en partie sur le massif de rochers. Plusieurs des monuments les plus importants étaient taillés dans ce massif, et les vastes carrières qui le découpent ont fourni les matériaux de toutes les constructions qui, depuis des siècles, se sont succédé sur le sol arvadite continental.

---

[1] J'ignore où M. Movers a vu la mention d'un fleuve Marathias (*Die Phœn.* I, 1, 101, note), nom que M. Ritter a admis sur son autorité. (XVII, 54 et 860.)

[2] Voir notre plan général, planche VII, et le plan particulier des bords du Nahr-Amrit, planche VIII.

Le pays offre aujourd'hui l'aspect d'une complète désolation. Le déboisement a opéré ici, comme dans tout le reste de la Syrie, ses effets désastreux. Les terres, remuées tous les ans par les laboureurs des villages voisins, ont glissé sur le roc, entraînées par les pluies torrentielles d'hiver; le roc ainsi est resté à nu; les sources, ayant perdu la plus grande partie de leurs eaux, se sont trouvées trop faibles pour forcer les barres et arriver jusqu'à la mer. Entravées dans leur cours par l'exhaussement de la plaine et par le développement des dunes, elles ont infecté le pays, en sorte qu'une contrée autrefois florissante et très-peuplée est devenue aujourd'hui un point pestilentiel. Sur une surface de plusieurs lieues carrées on ne trouve pas une maison; les paysans, qui viennent labourer en hiver, récolter au printemps, n'osent y passer la nuit, et les buffles, accompagnés parfois d'un gardien à la face terreuse et bouffie, sont les seuls êtres vivants qu'on y rencontre après le coucher du soleil. Les khans autrefois bâtis sur la route de Tortose à Tripoli ont été abandonnés, et le voyageur obligé de suivre cette route s'arrange toujours de manière à ne point s'exposer pendant la nuit aux exhalaisons des marais et au brigandage des Ansariés.

Les monuments d'Amrit ont, depuis le moyen âge[1], attiré l'attention des Européens. Le dominicain Brocard[2], au XIIIe siècle, parle avec admi-

---

[1] Le nom de Marathus n'est pas cité, que je sache, par les historiens des croisades, à moins qu'on n'adopte la correction assez douteuse proposée par Cotelier à un passage d'Anselme le moine (*Patres apostolici*, t. I, p. 561, note). Je ne sais où Spruner (*Atlas*, n° 45) a vu à cette époque une ville de *Maradus*. Sebast. Pauli (*Codice diplomatico del sacro militare Ordine Gerosolimitano*, t. I, p. 423, Lucca, 1733-37, in-fol.) admet que Marathus, au temps des croisades, soit devenu *Maraclea*. Cela est impossible. *Maraclea*, aujourd'hui *Marakia*, est à trois heures et demie au nord de Tortose (voy. Ritter, XVII, 880 et suiv. et la carte de M. J. S. Jacobs, à la fin du premier volume des *Historiens occidentaux des croisades*, publiés par l'Académie des Inscriptions). Les historiens des croisades présentent constamment les villes de la côte dans l'ordre suivant, en allant du nord au sud : Laodicia (Lattakié), Gibellus (Giblet), Maraclea (Marakia), Tortosa (Tartous), Archas (Arca). (Voir la collection précitée des *Historiens occidentaux des croisades*, t. III, p. 373, 520, 552, 681.) Les passages *ibid.* p. 98, 700, et de Robert Lemoine, p. 72 (édit. Bongars), ne sauraient être pris que comme des inexactitudes. Guillaume de Tyr dit : «Mcracleam, quæ «prima de urbibus Phœnicis a septentrione venien-«tibus occurrit.» (Liv. VII, chap. XVII, p. 302, édit. de l'Acad.) Je dois l'indication de ces passages à mon savant confrère M. Wallon.

[2] «Pyramides autem istorum quatuor (filiorum «Chanaan) et sepulcra ostenduntur hodie citra An-«theradum ad unam leucam, sumptuosa nimis et «stupendæ magnitudinis. Continent lapides quatuor

62 MISSION DE PHÉNICIE.

ration « de ces pyramides d'une grandeur surprenante, composées de
« pierres de vingt-six ou vingt-huit pieds de long, dont l'épaisseur dépasse
« la stature d'un homme de haute taille, » et qu'il croit avoir été construites
pour les patriarches fils de Chanaan. Maundrell et les voyageurs qui
ont suivi, Shaw, Pococke, Buckingham, L. de Laborde, G. Robinson,
Thomson, Walpole, Porter, ont été tous frappés de ces restes grandioses
et si profondément originaux [1]. Mais aucune étude prolongée n'en avait
été faite jusqu'ici. Les dessins de M. de Laborde, les premiers qui aient
pu en donner quelque idée [2], n'aspirent qu'à en offrir le trait général.
Les représentations qui en sont produites dans les *Mémoires de l'Académie de Berlin* (1846), représentations empruntées à Pococke [3], sont
l'exemple le plus frappant de l'incertitude qui s'introduit forcément dans
l'archéologie quand elle n'est pas sans cesse ravivée par l'étude immédiate des objets. Grâce à deux mois de fouilles assidues, aux photographies que nous avons rapportées, et surtout aux excellents dessins
faits sur place par M. Thobois, nous pourrons donner de ces monuments
des représentations et des restitutions que j'ose croire à peu près défi-
nitives.

Parmi les innombrables ouvrages de l'homme qui couvrent la plaine
d'Amrit, on peut compter onze monuments distincts.

I. Il faut placer en première ligne l'édifice appelé avec justesse par
les gens du pays المعبد, *el-Maabed*, « le Temple. » Tous les voyageurs, à

« mensuram pedum viginti sex et viginti octo longos
« et latos, et spissos ad staturam hominis bene longi;
« ita ut stupor sit videre et miraculosum valde quo-
« modo erigi potuerunt vel in ædificio collocari. » J'ai
transcrit ce passage tel qu'il se lit dans le *Rudimentum novitiorum*, fol. 168 b (Lubeck, 1475, in-fol.),
en le corrigeant d'après le manuscrit du collége Ma-
deleine à Oxford, n° 43, dont M. Max Müller a bien
voulu m'envoyer la collation. M. Victor Le Clerc a démontré que le texte du *Rudimentum*, malgré ses fautes,
est le seul imprimé qui représente réellement l'ouvrage de Brocard (*Hist. litt. de la Fr.* t. XXI, p. 207
et suiv.). — Cf. Grynæus, *Novus orbis*, p. 316
(Bâle, 1555).

[1] Voir Ritter, XVII, 848-860.

[2] *Voyage de la Syrie*, 1re et 2e livraison. Les planches
qu'on voit dans le volume de l'*Univers pittoresque* consacré à la Syrie sont faites d'après M. de Laborde.

[3] Celles de Maundrell sont encore plus défectueuses.

l'exception de M. de Laborde, trompé cette fois par l'analogie des monuments de l'Asie Mineure, y ont vu un sanctuaire religieux. Une vaste cour, de quarante-huit mètres de large sur cinquante-cinq de long, a été évidée dans le rocher, de manière à se trouver de plain-pied avec le sol de la vallée, qui s'ouvre sur le quatrième côté[1]. Il est probable que des assises de pierres exhaussaient autrefois les parois de l'enceinte et en égalisaient la ligne supérieure. Aujourd'hui la paroi sud a environ cinq mètres de hauteur, les parois est et ouest vont, en diminuant de hauteur, s'éteindre dans la plaine. Quant au côté nord, maintenant ouvert, on peut supposer qu'il était fermé autrefois par un mur de gros blocs, dont quelques-uns se voient encore; une haie très-serrée d'arbustes a poussé sur les décombres et tient la place de l'ancien mur. Le plan de Maundrell[2] en signale quelques traces; Pococke[3] semble aussi l'avoir vu, puisqu'il dit que le Maabed « est fermé, excepté du côté du nord, où il « y a deux entrées. » Son plan indique, en effet, deux ouvertures près des parois est et ouest, lesquelles semblent supposer que, plus anciennement, il y avait eu au nord une enceinte continue.

Au centre de la cour, a été laissé un cube de cinq mètres cinquante centimètres de côté sur plus de trois mètres de haut, adhérant au sol. Ce cube sert de base à une sorte de tabernacle ou *cella*, fermée de trois côtés seulement et ouverte, comme l'enceinte elle-même, en face de la vallée[4]. Le monument se compose de quatre pierres. Trois forment une assise intermédiaire entre la base adhérente au sol et le toit, qui est monolithe. Sur la face droite de la base on croit voir des traces de marches ou d'escalier, ainsi que cela a lieu dans une autre *cella* que nous décrirons bientôt. Le toit s'avance jusqu'au niveau de la face antérieure du rocher, en formant une sorte d'auvent, lequel était probablement autrefois soutenu par des colonnes de métal.

---

[1] Voir notre planche VIII.
[2] *Voyage*, p. 35.
[3] *Descript.* vol. II, 1re partie, p. 203.
[4] Voir notre planche X.

La cellule, maintenant ouverte, offre des particularités nombreuses dont nos planches seules pourront donner une idée. Les deux jambages de l'ouverture de la *cella* sont surmontés d'une courbe très-surbaissée; le plafond de l'intérieur forme une voûte un peu plus élevée, parallèle à cette courbe, tandis que la partie du plafond saillant en dehors présente en creux trois caissons de la forme d'un carré long. Les parois de la chambre, ainsi que les deux plafonds, sont recouvertes d'une couche peu épaisse, mais très-adhérente, d'un mortier de chaux mélangée d'une faible proportion de sable.

L'aire de la chambre, inclinée d'arrière en avant vers l'ouverture, présente aux deux côtés deux banquettes séparées par un espace d'environ quatre-vingts centimètres. Devant chacun des jambages de l'ouverture se trouve un trou carré, peu profond, qui a dû servir à recevoir, soit la base d'une colonne en bois ou en pierre, soit un candélabre ou tout autre ornement. Plusieurs autres cavités peu profondes, trous ou rainures, se rencontrent en dehors sous la partie saillante du toit; enfin, vers les deux tiers de la hauteur, en dedans et près du bord intérieur des parois latérales, on remarque de chaque côté un trou d'environ dix centimètres de diamètre sur quinze de profondeur. Ces deux trous, placés au même niveau et en regard l'un de l'autre, semblent avoir été creusés pour recevoir une tringle en fer ou en bois, le long de laquelle courait une courtine destinée à cacher l'intérieur de la chambre et les objets sacrés qui y étaient déposés.

Le petit édifice a ainsi environ cinq mètres de haut. L'aspect général en est égyptien (Pococke, qui avait vu l'Égypte, ne s'y est pas trompé), mais avec une forte part d'originalité. Le bandeau et la corniche, sur les quatre côtés de la dalle supérieure, en sont le seul ornement. Cette simplicité, cette sévérité de style, jointes à l'idée de force et de puissance qu'éveillent les énormes dimensions des matériaux employés, sont des caractères que nous retrouverons dans tous les autres monuments d'Amrit.

Les quatre parois du rocher qui sert de base à l'édifice présentent une surface lisse aux deux tiers supérieurs de leur hauteur; le tiers inférieur, au contraire, est rongé à la manière des rochers qui ont longtemps séjourné sous l'eau. Cette circonstance, ainsi que l'existence de la source qui s'échappe de la paroi de l'enceinte, comme nous le dirons bientôt, pourrait faire supposer qu'autrefois, lorsque la face nord était fermée par un mur, l'enceinte formait un vaste bassin au milieu duquel s'élevait l'*arche*, considérée comme une sorte de saint des saints.

Les parois de la cour offrent diverses particularités qui demandent à être soigneusement étudiées. A l'angle sud-ouest commence un caniveau[1], qui, creusé dans le roc à un mètre du sol, court à la surface des deux parois sud et est, et se termine brusquement, comme il avait commencé, à huit mètres de l'angle nord-est. Ce caniveau est interrompu au milieu de la paroi est par l'ouverture d'une caverne peu élevée, qui s'enfonce sous le roc. De cette entrée, obstruée aujourd'hui par d'énormes blocs de pierre qui se sont détachés du plafond, s'échappe, dans les années moins sèches que celle où nous avons fait nos recherches, un ruisseau qui, au dire des habitants du pays, donne assez d'eau pour faire tourner un moulin dont on voit les ruines un peu plus loin, à l'entrée de la vallée.

Au-dessus de l'entrée de la caverne, sur plusieurs points de la surface de la paroi est, se trouvent, presque symétriquement placées, des cavités peu profondes creusées dans le roc. Elles étaient probablement destinées ou à servir de niches, ou à recevoir des plaques ou stèles. Elles ont environ quarante centimètres de haut sur vingt-cinq centimètres de large; quelquefois elles sont arrondies à leur partie supérieure. D'autres cavités carrées plus petites, plus profondes, qui semblent avoir servi à amorcer des poutres, s'étendent, irrégulièrement placées, un peu au-dessous du bord supérieur de la même paroi est. Sur ce bord supérieur, on rencontre une entaille de quarante à quatre-vingts centimètres de largeur, proba-

[1] Voir planche X.

blement creusée pour servir de lit aux assises qui complétaient et rendaient égale sur toute son étendue la hauteur de la paroi.

La paroi sud ne présente rien de particulier, si ce n'est le caniveau que nous avons signalé plus haut. Quant à la paroi ouest, elle est unie dans toute son étendue, sans cavités ni gouttières; mais elle est interrompue au centre par une ouverture où aboutit un plan incliné montant vers l'extérieur, et à la surface duquel nous croyons avoir reconnu des traces de gradins taillés dans le roc. Cette ouverture, d'environ neuf mètres de largeur, conduit, du côté du sud et de l'ouest, à un massif de rochers taillés, tantôt offrant l'aspect de carrières, tantôt présentant des cavités carrées, qui semblent avoir été des aires de chambres. Au nord, l'ouverture se termine par une espèce de tranchée descendant obliquement vers la plaine. A gauche de cette tranchée, dans l'angle qu'elle forme avec l'extrémité de la paroi ouest, on trouve l'assise inférieure d'un petit édifice carré, présentant onze mètres de long sur sept de large; cette assise est formée de gros blocs de deux à trois mètres de longueur sur un mètre de largeur et autant de hauteur.

Aux quatre angles de l'enceinte comprise entre les trois parois que nous venons de décrire, s'élevaient des piliers en forme d'équerre, séparés de la surface des parois par un espace d'environ trois mètres cinquante centimètres; ils servaient probablement, en se reliant à des supports placés entre eux, à soutenir le toit d'une galerie qui faisait le tour de l'enceinte. Les poutres qui recouvraient cette galerie s'appuyaient, d'un côté sur les piliers et les supports, de l'autre sur le roc ou dans les trous carrés que nous avons signalés à la partie supérieure de la paroi est.

Le sol de la cour sacrée, autrefois formé par le roc aplani, offre maintenant l'aspect d'une prairie. En y creusant, nous trouvâmes l'eau à une profondeur de trente centimètres. J'ai déjà exposé d'autres indices qui nous firent croire quelque temps que le temple était autrefois un ἄβατον comme le temple de Melkarth, à Tyr. Nous ne présentons cependant cette idée que comme une conjecture, sur laquelle nous ne voudrions pas trop insister.

Le *Maabed* d'Amrit est le plus ancien et presque le seul temple qui nous reste de la race sémitique[1]. Nulle part on ne pénètre si bien dans les habitudes du culte de ces peuples. La disposition de l'édifice indique clairement une arche ou tabernacle analogue à l'arche des Hébreux, destiné à renfermer des objets sacrés; une sorte de *caaba*[2] avec son *haram* (enceinte réservée), où l'on groupait tous les objets précieux de la nation. Peut-être les stèles ou plaques de métal, sur lesquelles on écrivait les lois religieuses (tables de la loi), et ces πέπλοι qui avaient une destination analogue, étaient-ils déposés là. Je suppose, en tout cas, que ces sortes de *cellæ* s'appelaient chez les Phéniciens, de même que chez les Hébreux, תֵּבָה, *théba*, « arche, » d'autant plus que ce mot paraît, ainsi que l'objet lui-même, d'origine égyptienne. Ici, comme dans l'arche des Hébreux, les ornements de métal et d'étoffes précieuses paraissent avoir été prodigués. J'ajoute avec regret que l'existence de ce morceau capital est menacée. Les pierres intermédiaires entre le chapiteau monolithe et la base sont broyées. Dans quelques années, si la Syrie n'est point occupée par une race civilisée, la dalle énorme qui recouvre l'édicule tombera en avant, et le monument n'offrira plus que des blocs, comme on en rencontre des milliers en Phénicie, portant l'empreinte d'un travail d'art, mais dont la destination primitive est complétement effacée. Chose singulière! en effet, cette architecture monolithe est, en somme, médiocrement solide. Les tremblements de terre renversent les blocs ou les fendent. Pour obtenir de grandes hauteurs, on est obligé de poser la pierre en délit. La moindre veine dans le rocher est alors fatale au monument; ajoutons que la roche calcaire de ces parages est assez portée à se déliter. Les innombrables rochers taillés de l'ancienne Phénicie offrent

---

[1] Voir le Mémoire de M. Gerhard, sur l'art phénicien, dans les *Mémoires de l'Académie de Berlin* pour 1846, p. 583, 598, 599. — [2] *Caaba* signifie un édifice de forme cubique.

moins de formes clairement lisibles qu'on n'en rencontre dans une même proportion de monuments de l'ancienne Grèce ou de l'ancienne Italie.

Le *Maabed* occupe maintenant le centre de l'endroit nommé par les gens du pays *Amrit*. Les berges du Nahr-Amrit, jusqu'à son embouchure, sont couvertes de débris mêlés à la terre végétale, de seuils de portes et de grosses assises au niveau du sol. Les indigènes y exploitent de riches dépôts de pierre; les tranchées qu'ils y creusent mettent à nu de gros murs. Tout nous commande de placer ici, je veux dire dans la région représentée par notre planche VIII, le centre de l'antique Marathus.

Au nord, sur la route de Tortose, il y a cependant encore quelques beaux caveaux : l'un constituant une petite nécropole taillée dans le roc, avec des ouvertures en arceau[1] (voir notre planche X); un autre, rectangulaire, analogue à ceux qui forment la principale nécropole d'Amrit; un autre, voûté et fort bien construit, qui fut découvert sous l'emplacement même du camp français. Des vases de terre furent trouvés dans ce caveau, qui paraît l'ouvrage le plus moderne d'Amrit.

II et III. Le *Maabed* a été vu par tous les voyageurs qui ont visité cette portion de la côte de Syrie. L'exploration minutieuse que nous avons faite du sol d'Amrit nous a permis de découvrir, dans un marais de lauriers-roses situé près de la source appelée عين الحيات, *Aïn el-Hayât*, «la Fontaine des Serpents[2],» les débris de deux autres *naos*, restés jusqu'ici inaperçus. Les buissons épais qui les entouraient en dérobaient entièrement la vue. Ces deux *naos* sont purement égyptiens. Le mieux conservé est brisé en sept ou huit fragments, et ce n'est qu'après beaucoup d'efforts que nous sommes parvenus à le reconstruire. Cette reconstruction néanmoins n'a rien d'arbitraire; je puis affirmer qu'il n'est en-

---

[1] M. de Laborde, ouvrage cité, 2ᵉ livraison, en a donné un bon dessin.

[2] Cette fontaine a été fort remarquée depuis Maundrell, et considérée par la plupart des voyageurs comme le centre d'Amrit. Ceux à qui leurs guides n'ont pas prononcé le nom d'Amrit ont appelé tout l'ensemble de ruines qui nous occupe «ruines d'*Aïn el-Hayyât* ou d'*Aïn el-Hayet*.»

tré dans le dessin de M. Thobois aucun élément conjectural, et les voyageurs qui voudront se donner la peine d'étudier soigneusement tous les débris qui, sans doute, resteront longtemps encore gisants dans le marais, pourront la vérifier. La *cella* était tout à fait monolithe. Elle était portée sur un bloc cubique de trois mètres de côté, lequel pose lui-même sur une assise composée de deux pierres en retraite qui sort du marais. Cette assise peut avoir un mètre quarante centimètres de long sur quatre-vingts centimètres de large, tandis que le cube de rocher qu'elle supporte a trois mètres vingt centimètres de côté, et est ainsi en retraite d'un mètre de chaque côté. Le bloc, encore en place, présente des surfaces très-rongées. Sur chacune des faces nord et sud, on reconnaît la trace de deux petits escaliers, extérieurs au cube, conduisant à la plate-forme de la *cella*. Sur la face sud, on trouve aussi la trace d'une moulure arrondie. Les jambages posaient sur le seuil de la *cella* à angle droit. Une frise composée d'une série d'*uræus*, analogues à ceux que nous avions déjà trouvés à Ruad, la couronnait. Un beau morceau de cette frise s'est conservé. C'est de là, sans doute, et non, comme l'ont voulu Pococke[1] et G. Robinson[2], de la ville d'Enhydra, que la Fontaine des Serpents tire son nom[3]. La hauteur totale de l'édicule au-dessus de l'eau (nous croyons qu'autrefois comme aujourd'hui il y plongeait) était de cinq mètres cinquante centimètres. M. Lockroy, qui depuis a fait un voyage d'Égypte, dit avoir vu un *naos* absolument semblable à Philæ[4]. L'intérieur de la *cella* était voûté d'une manière fort analogue à celle qu'on remarque dans le *Maabed*. A la voûte étaient sculptées deux vastes paires d'ailes d'un grand effet. L'une se rattache à un globe couronné, entouré d'aspics à la tête surmontée d'un disque, et muni d'une queue d'oiseau de proie; l'autre paire d'ailes semble présenter à son centre la tête d'un

---

[1] *Description*, vol. II, 1re part. p. 203.
[2] *Voyage en Palestine et en Syrie*, II, 93 (Paris, 1838). Cf. Ritter, p. 855, 859; Ch. Müller, notes sur Strabon, p. 798; Kenrick, *Phœnicia*, p. 6.
[3] La vipère qui marche le cou gonflé et relevé s'appelle en Égypte *hayé*.
[4] On peut en rapprocher aussi le *naos* n° 9 du Musée de Leyde, et le *naos* D 30 du Musée de Paris.

aigle[1]. Malheureusement cette partie de la sculpture est fort mutilée. On peut en rapprocher le disque d'où partent deux ailes et la queue d'un oiseau, sur les monnaies avec légendes phéniciennes de Tiribaze[2] (vers 390 avant J. C.).

A environ dix mètres à l'est de ce curieux monument, s'élèvent la base et la partie inférieure d'un autre *naos*, semblable à celui qui vient d'être décrit. Les débris que nous avons retrouvés sur le sol et à demi enfouis dans le marais, déduction faite de ceux qui appartiennent au *naos* précédent, ne suffisent point pour le recomposer tout entier. La base était moins considérable que celle de la première *cella*, et portée aussi par une assise en retraite s'élevant au-dessus de l'eau. L'aire de la petite chambre était d'environ un mètre trente centimètres carrés. Des deux côtés se voient deux petits escaliers. Ce *naos* paraît du reste avoir formé un ensemble avec celui dont nous venons de parler.

L'aspect égyptien de ces monuments ne doit pas nous surprendre. De plus en plus, dans la suite de cet ouvrage, nous verrons la Phénicie devenir, sous le rapport religieux, une province de l'Égypte. Les deux seuls personnages de l'histoire de Marathus que nous connaissions, *Ammonius* et *Isidore*[3], portent, dans leur nom, la trace des cultes égyptiens. Les symboles de notre *cella* ont leur commentaire vivant dans les fragments des écrits de Philon de Byblos, ou de Sanchoniathon, qu'Eusèbe nous a conservés[4]. Une petite pierre sculptée, trouvée à Saïda, que nous reproduirons plus tard, offre l'image d'une *cella* ou *naos* fort analogue aux édifices dont nous venons de parler, et couronnée aussi d'une corniche d'*uræus*.

IV, V, VI, VII. Sur une colline située vers le milieu des ruines d'Amrit, s'élèvent deux monuments fort voisins l'un de l'autre, et qui s'aper-

[1] Voir planche IX.
[2] De Luynes, *Numismatique des Satrapies et de la Phénicie sous les rois Achéménides*, pl. I.
[3] Diod. Sic. XXXIII, Fragm. v.
[4] P. 45 et suiv. édit. Orelli.

çoivent de très-loin. Les gens du pays appellent ces monuments العوامید
المغازل *El-Awâmid el-Méghâzil*, «les Colonnes-Fuseaux,» ou المغازل *El-Méghâzil*, «les Fuseaux.» A deux cent cinquante mètres, au sud-est, s'élève
un autre monument du même genre; plus loin, vers le sud-sud-est, nous
en avons trouvé un quatrième, renversé et brisé sur le sol. Ce sont, à
n'en pas douter, des pyramides sépulcrales, sans autre pensée que de
décorer des tombeaux, et il a fallu toute la préoccupation d'un faux système pour porter un archéologue du mérite de M. Gerhard à y chercher
des allusions aux prétendus cultes phalliques[1]. L'extrême inexactitude des
dessins sur lesquels travaillait M. Gerhard peut seule expliquer de sa part
une pareille erreur.

Les deux *méghazil* placés très-près l'un de l'autre[2] sont, de beaucoup,
les plus remarquables. Élevés sur le point culminant d'un massif de rochers[3], ils dominent toute la contrée et, vus de la mer, ils donnent à la
côte un aspect monumental qui n'est pas ordinaire en Syrie. Au pied de
ces monuments on jouit d'une vue admirable. A droite, c'est l'île de Ruad,
qui s'allonge sur la ligne d'horizon avec ses maisons, ses minarets, ses
châteaux forts, dont la blancheur est encore exaltée par la teinte noire
des murs, que, de loin, on prendrait pour d'énormes rochers. A gauche,
ce sont les montagnes peu élevées de Safita, dont les sommets sont couronnés de châteaux rappelant les luttes gigantesques dont cette région fut
le théâtre au moyen âge. En face, le regard s'étend, au premier plan,
sur les rochers taillés d'une immense carrière ou nécropole; un peu
plus loin, sur un petit bois taillis, au milieu duquel se distinguent les
débris de bizarres monuments et des rochers anguleux. Enfin, vers le
sud, au delà d'une plaine de plus de soixante kilomètres, l'œil s'arrête
sur l'extrémité nord du Liban, les montagnes d'Akkâr, les massifs du
Dhannieh, de Bscherreh et d'Ehden, dont les cimes, presque toujours
couvertes de neige, forment un dôme colossal. Sur le promontoire allongé

---

[1] *Mém. de l'Acad. de Berlin* pour 1846, p. 599. — [2] Voir notre planche XI. — [3] Voir notre planche XII.

que ces montagnes forment dans la mer, se dessinent les constructions du port de Tripoli. En arrière, au nord, on suit la plaine ondulée qui s'étend jusqu'à Tortose, et l'on aperçoit, dans le lointain, la pointe sur laquelle s'élève le château de Merkab.

L'un de ces deux *méghazil* (B du plan[1]) est un vrai chef-d'œuvre de proportion, d'élégance et de majesté[2]. Il consiste en un soubassement rond, flanqué de quatre lions monumentaux d'un effet surprenant, et d'un cylindre surmonté d'une demi-sphère. Le soubassement se compose de quatre pierres; le cylindre et l'hémisphère constituent un monolithe de sept mètres de haut. Deux couronnes, formées de grands denticules et de découpures pyramidales à gradins, au nombre de seize, entourent le cylindre; chacune de ces couronnes est saillante d'environ dix centimètres. C'est ici un motif dont le caractère oriental n'est pas douteux. Nous le retrouverons, à Gébeil, sur un monument très-ancien et sur plusieurs petits autels de la renaissance antoninienne, imités de l'antiquité. Il est très-fréquent sur les monuments de Pétra[3]. Le même ornement n'était pas étranger à la Perse[4]. On le retrouve sur des monuments assyriens[5], surtout comme couronnement des remparts de villes. Peut-être l'emploi qu'on en fit eut-il pour origine l'imitation des tours crénelées du système assyrien.

Les quatre lions, dont l'exécution sommaire contraste avec le fini de l'architecture, semblent n'avoir pas été achevés. Peut-être aussi une telle grossièreté est-elle voulue, et l'artiste avait-il calculé l'effet qu'elle produirait à distance. Ces lions sont si défigurés dans Maundrell et Pococke, que M. Gerhard[6], raisonnant d'après les dessins des deux voyageurs anglais, les a pris pour des patèques. Ils ressemblent beaucoup du reste

---

[1] Planche VII.
[2] Voir, pour l'état actuel du monument, pl. XI et XII, et, pour la restitution, planche XIII.
[3] Laborde, *Voyage de l'Arabie Pétrée*, pl. xxxiii, xxxiv, xxxix, xl, xlix, lvii, lviii.
[4] Flandin et Coste, *Voyage en Perse*. Perse ancienne, pl. ii, iv, lii.
[5] Bas-relief du palais de Koyoundjik au Louvre.
[6] *Mémoires de l'Académie de Berlin* pour 1846, p. 599.

à ceux qui se dessinent, à peine visibles, sur les blocs carrés d'Oum el-Awamid.

L'autre monument (A du plan), placé à six mètres de celui que nous venons de décrire, est conçu avec moins de bonheur[1]. Il se compose : 1° d'un cube servant de piédestal, et terminé, à ses deux extrémités, par un bandeau saillant; 2° d'une sorte de cylindre monolithe, de quatre mètres de haut sur trois mètres soixante et dix centimètres de diamètre, qui va légèrement en s'amincissant vers le haut; 3° d'un pyramidion à cinq faces, couronnant le tout. La base est brute, très-inégale, et paraît n'avoir point été retaillée après son extraction de la carrière. Le pyramidion du sommet ne s'explique pas non plus bien clairement. Tout indique un ouvrage resté inachevé. Dans un autre monument important d'Amrit, nous verrons cette même négligence, ce peu de souci des lignes et des plans rigoureux se trahir avec beaucoup de naïveté.

Les faces de la base du second monument sont parallèles à celles du premier. Les caveaux qu'ils recouvrent sont aussi dirigés dans le même sens. Ce sont, à ce qu'il semble, deux monuments conçus pour se répondre, et leur voisinage n'est pas fortuit. Ils dominent une vaste enceinte creusée dans le roc, à quinze mètres au sud. Des débris de constructions jonchent le sol de cette enceinte, et l'on y remarque un mur épais formé de grosses pierres, dont l'assise inférieure se retrouve encore à l'ouest, au pied des rochers qui supportent les deux tombeaux. Au nord-est, derrière ces mêmes tombeaux, existent des chambres taillées dans le roc. Nous n'osons cependant faire de tout cela un ensemble ayant son unité. Dans les villes anciennes, les constructions usuelles, les tombeaux, les temples s'entremêlaient souvent d'une façon qui contrarie nos idées de régularité. De longues ornières ou rigoles assez profondes sillonnent le rocher, depuis les deux grands *méghazil* jusqu'à la troisième pyramide, dont nous avons maintenant à parler.

[1] Voir planches XI et XII.

Ce monument (C du plan) est plus simple que les précédents[1]. Sa partie essentielle est une pierre de forme cubique, de deux mètres trente-six centimètres de large, sur un mètre soixante et quinze centimètres de haut. Cette pierre est portée par une base à deux gradins, dont le premier a cinquante centimètres, le second quarante-trois centimètres de hauteur. Elle est terminée par un couronnement de cinquante-deux centimètres de haut, composé d'un talon et d'un listel. Au-dessus de ce cube, s'élève un bloc dont la partie inférieure est taillée à pans droits, tandis que la supérieure forme une pyramide tronquée. Ce bloc a maintenant un mètre quarante centimètres de haut. Il est plus que probable que la pyramide était complète autrefois. Ce que ce tombeau offre de tout à fait particulier, c'est que l'entrée du caveau, ou, pour mieux dire, l'escalier qui y conduit, est couvert dans sa partie antérieure par un énorme bloc régulièrement taillé en dos d'âne et supporté par une assise de grosses pierres.

Une quatrième pyramide est située bien plus loin vers le sud-sud-ouest, et tout à fait à la limite des monuments de Marathus. On l'appelle dans le pays *Hadjar el-Hublé*, حجر الحبلى, «la Pierre de la femme en-« ceinte,» nom qui, selon une conjecture très-ingénieuse de M. Gaillardot, viendrait d'une confusion avec *Hadjar el-Kublé*, حجر القبلى, «la « Pierre du Sud[2].» C'est un obélisque dont deux pierres seulement se retrouvent aujourd'hui, renversées sur le sol. Toutes deux présentent une pyramide tronquée, l'une ayant pour base une surface de deux mètres trente-sept centimètres carrés, pour sommet une surface carrée de un mètre quatre-vingt-dix centimètres, et pour côté un mètre quatre-vingt-quinze centimètres; l'autre ayant une base d'un mètre vingt-cinq centimètres de côté, un sommet de trente-sept centimètres, et pour longueur trois mètres trente-cinq centimètres. Il est probable qu'autrefois ces deux blocs étaient reliés par un troisième, et que le monument reposait sur une base qui a été détruite. Aucun fragment de ces deux parties n'existe

---

[1] Voir planche XVII. — [2] Le ق se prononce en Syrie comme une simple aspiration.

alentour. On se rappelle que le passage précité[1] de Brocard compte quatre pyramides près de Tortose; il semble donc qu'à la fin du XIIIe siècle le monument dont nous venons de parler était encore debout. Il est vrai que la quatrième pyramide de Brocard peut être le *Burdj el-Bezzâk*.

Tous les *méghâzil* sont posés au-dessus de caveaux funéraires, que nous avons déblayés (pl. VII, XIII, XVII, XVIII[2]). La pyramide est placée à quelques mètres de l'entrée du caveau et en indique le point central. Autour de la troisième pyramide que nous avons décrite, le roc est parsemé de grottes sépulcrales, qui font de toute cette colline comme une sorte de nécropole de l'antique Marathus[3]. Sans doute, elle comptait autrefois bien d'autres *méghazil*. C'étaient là ces *horaboth*, חרבות, ou pyramides, que les riches faisaient dresser sur leurs tombes du temps de Job[4], et qui indignaient ce fier nomade; car il prétendait que souvent ces mausolées couvraient des méchants. Nous avons déblayé une vingtaine de ces grottes[5]. Elles se décèlent au dehors par une entaille rectangulaire, restée ici bien plus visible qu'à Saïda, le rocher étant à peine recouvert de terre végétale. Elles offrent, du reste, le système général de toutes les sépultures sémitiques; ce sont celles qui ont le plus d'analogie avec les tombeaux que M. Beulé a découverts à Carthage[6]; mais elles sont plus grandioses, et n'offrent jamais ni d'ornements en stuc, ni de lignes régulières, ni d'arceaux, traits qui, en Phénicie, sont des signes d'une médiocre antiquité. Ces caveaux, souvent formés de plusieurs chambres (caveau H[7]), quelquefois même de deux étages communiquant entre eux par un puits creusé au centre de l'étage supérieur (caveau K[8]), sont les plus hauts, les plus vastes, les mieux taillés

---

[1] Ci-dessus, p. 61, note.
[2] Comparez les plans de Maundrell, p. 36.
[3] Voir le cartel de notre planche VII.
[4] III, 14; XXI, 32. Sur le sens que je prête au mot חרבות, voir mon *Hist. génér. des langues sémitiques*, p. 204, 3e édit.
[5] Voir les planches XVI et XVIII.
[6] *Fouilles à Carthage*, p. 127 et suiv.
[7] Toutes ces indications de lettres se rapportent au plan général, pl. VII.
[8] Voir planche XVI.

que nous ayons rencontrés sur toute la côte de Syrie. Dans plusieurs d'entre eux, le plafond est uni; dans d'autres, il est légèrement circulaire; quelquefois, enfin, il est formé de deux plans légèrement courbés, se rencontrant au sommet en formant un angle très-ouvert. Dans ce dernier cas, la même disposition se retrouve aussi dans la partie interne du linteau des portes, dont les jambages sont un peu rapprochés vers le haut en forme de pylône, le bord externe du linteau restant horizontal.

Les chambres communiquent l'une avec l'autre par une porte suivie de quelques marches, en sorte que les plus éloignées de l'entrée sont situées plus profondément que les premières. Quelques caveaux offrent des distributions un peu confuses (caveau L); même les plus rigoureusement taillés n'ont jamais une régularité géométrique, comme cela a lieu dans les caveaux de l'époque grecque et romaine.

Les fours destinés à recevoir les cadavres sont disposés latéralement. Dans un seul caveau (le caveau H), les fours, placés en éventail à l'extrémité de la dernière chambre, rappellent certaines sépultures des environs de Jérusalem. Dans quelques autres caveaux, cette disposition n'a été adoptée que pour un ou deux fours. D'ordinaire, au centre, au fond du caveau, se trouve une niche plus considérable que les autres et qui semble destinée au chef de la famille. La même chose s'observe dans la nécropole près de Tyr et en général dans toute la Phénicie.

On descend dans le caveau, tantôt comme à Saïda, par des puits rectangulaires, au fond desquels des portes basses, creusées sur les deux petites faces du rectangle, donnent accès à deux caveaux latéraux opposés l'un à l'autre (caveau G); tantôt par un escalier taillé dans le roc. Quelquefois il semble que ce dernier système a été substitué tardivement au premier, par exemple dans le caveau L. En général l'escalier est un signe d'une époque plus moderne. Les caveaux où l'on pénètre de la sorte sont plus grands que les autres, et la porte d'entrée est plus élevée. La direction de l'escalier est toujours du nord au sud. Quelques caveaux n'ont pas été achevés (ainsi un trou près du caveau L).

De grosses dalles horizontales fermant le puits empêchaient, comme à Saïda, les caveaux de se recombler. L'entrée des caveaux dont toutes les niches avaient reçu un mort était murée; chaque niche était scellée d'une pierre. Plusieurs niches trouvées scellées n'ont néanmoins rien fourni, sans doute parce que le mort avait été déposé à terre ou dans une bière de bois. Quelquefois (caveaux H et N), comme à Saïda, des puits plus étroits que les ouvertures rectangulaires dont nous venons de parler vont du sol aux caveaux. Parfois elles séparent deux caveaux; dans ce cas, on faisait glisser du haut des pierres énormes en guise de herse pour fermer les caveaux des deux côtés. Un seul caveau (le caveau E) nous a offert ces sortes de tuyaux ronds, percés dans le roc, qui se trouvent aussi à Saïda et en quelques autres endroits, mais qui, à Gébeil, constituent un problème si singulier. Ces tuyaux entament le mur et l'entrée de la même manière qu'à Gébeil, et ont sans doute été creusés avant la perforation du caveau. Nous reviendrons plus tard sur ce point (livre II, ch. 1).

Les caveaux de Marathus n'admettaient guère de sarcophages. Le mort y était déposé dans son linceul ou dans une bière de bois. Les cuves que nous avons trouvées, en albâtre calcaire (caveaux D, G), ou en terre cuite (caveau L), ressemblaient aux plus simples de Saïda[1] (cuve allongée, couvercle en dos d'âne, très-bas, sans aucun ornement). Aucune de ces cuves ne s'est rencontrée dans les fours. Chacune d'elles était dans une chambre sans fours, creusée exprès pour la recevoir. Leur base était ordinairement entourée d'une gouttière creusée dans le roc. Presque toutes ces sépultures avaient été dépouillées, les unes récemment par les indigènes, les autres depuis l'antiquité[2]. On éprouvait un vrai sen-

---

[1] Le mieux conservé de ces sarcophages en marbre, que nous avions réservé pour l'emporter, fut brisé par les indigènes, qui vinrent pendant la nuit chercher des trésors dans nos fouilles.

[2] Sur le pillage des nécropoles des villes vaincues, voy. Strabon, VIII, vi, 23. Comparez l'inscription d'Eschumanazar, et *Corpus inscr. græc.* n°ˢ 916, 989, 990, 1926, 1933, 2664, 2688, 2690, 4253,

timent de surprise à voir ces caveaux, quand ils étaient débarrassés de la terre qui les remplissait. On eût dit qu'ils n'avaient jamais servi. Deux ou trois caveaux, cependant, de ceux qui avaient été spoliés dans l'antiquité, nous ont donné quelques objets oubliés ou négligés par les spoliateurs : grands vases en terre sans ornements (caveau L), lampes, morceaux de poterie, ferrailles (caveaux E, F, L), débris de boucles d'oreilles d'or, anneaux d'or (caveau L), miroir avec manche en os travaillé (caveau G), mais nulle sculpture, nulle inscription. Les sarcophages en terre cuite étaient parfois pleins d'une masse de plâtre qui avait été coulée sur le mort; ils étaient eux-mêmes renfermés en des cavités creusées dans le roc et remplies de la même substance. Une fois, en cassant le plâtre qui remplissait une de ces cuves (caveau G), nous trouvâmes les parois de la cavité qu'avait occupée le cadavre encore tapissées des étoffes jaunes et rouges dont il avait été revêtu et dont on suivait le moindre pli. Dans un autre cas, nous rencontrâmes une petite fosse carrée, fermée, à un mètre cinquante centimètres de profondeur, par une pierre énorme, d'un mètre quatre-vingts centimètres d'épaisseur. Cette pierre couvrait une demeure funèbre qui n'avait jamais été ouverte. Elle avait sans doute renfermé un cercueil en bois, car les ossements gisaient à terre, à côté de gros clous de fer.

Deux caveaux, situés à l'extrémité sud des ruines de Marathus, offrent un caractère à part. Celui de « la femme enceinte[1] » est placé à une faible profondeur sous le roc à la surface duquel s'élevait la pyramide. On y descend par une ouverture rectangulaire fermée par cinq dalles et plus étroite que le fond du puits auquel elle donne accès. Les parois latérales de ce puits, inclinées pour se rapprocher de l'ouverture, donnent ainsi à la coupe du caveau quelque ressemblance avec la coupe verticale d'un flacon. Ce caveau est formé de trois chambres parfaitement taillées et

---

4259, 4292, 4299, 4303, 4366, 4380 s et r; Orelli, *Inscr. lat.* n° 4789 et suiv.

[1] Voir planches VII et XVIII.

entourées de fours remarquables par leur profondeur. L'une de ces chambres est traversée par une saillie formant une sorte de chemin de la porte d'entrée à l'un des fours. Les Ansariés l'ont fouillé, il y a une quinzaine d'années, et en ont tiré plusieurs sarcophages en plomb. Quelques années plus tard, les gens de Tortose y trouvèrent quelques morceaux d'or.

Une disposition analogue à celle du tombeau de « la femme enceinte » se retrouve dans un caveau situé à environ cent cinquante mètres au sud de ce dernier[1]. Ce caveau était recouvert d'une pierre longue d'environ trois mètres et épaisse de soixante centimètres. L'entrée était complétée par des assises de grosses pierres. L'une des parois est verticale, l'autre est inclinée, et toutes deux, à un mètre du fond du puits, rentrent de soixante et quinze centimètres, à angle droit, pour redescendre ensuite verticalement et former une paroi dans laquelle sont creusés des fours, trois d'un côté et deux de l'autre. Nous y avons trouvé quelques lampes sépulcrales et une énorme quantité de poteries brisées. Ce caveau a dû être violé à une époque très-ancienne, s'il en faut juger par la dureté du sable qui le remplissait et la grosseur des racines d'arbustes qui y avaient poussé.

En somme, un grand caveau arvadite complet se compose, 1° d'un escalier ou d'un vestibule; 2° d'un caveau à fours; 3° d'un second caveau à fours; 4° d'un grand caveau de fond sans fours; 5° de caveaux latéraux; 6° d'une pyramide extérieure indiquant l'emplacement du caveau. Les éléments 3°, 5° et 6° manquent souvent. Un autre élément, mais assez rare, est un puits carré et étroit pour descendre le corps.

J'ai déjà dit que nous trouvâmes, près de Tortose, un débris de monument analogue aux *méghazil* d'Amrit. Les *méghazil* sont donc une particularité des sépultures arvadites. On ne saurait affirmer, cependant, que les caveaux de Saïda ne fussent pas autrefois signalés aux passants par des monuments du même genre. Ces caveaux, en effet, étaient recouverts de terre, dans l'antiquité comme de nos jours. Il est probable qu'ils

---

[1] Voir planches VII et XVI.

étaient indiqués au dehors par quelque signe, ne fût-ce que pour guider les familles quand elles avaient un mort à y déposer. Un cippe dressé (מצבת קברה ou מצבה) était, depuis une haute antiquité, chez les peuples sémitiques, l'indice de toute sépulture un peu soignée [1].

VIII. Outre les *méghazil*, Amrit possède un monument funéraire d'un genre à part : c'est un énorme mausolée nommé dans le pays برج المزراق, *Burdj el-Bezzâk*, « la tour du Limaçon, » qui sert de retraite habituelle aux brigands ansariés [2]. Quoique les tremblements de terre aient disjoint les blocs, et que les brigands ou les soldats qui l'ont habitée à diverses reprises depuis l'antiquité l'aient fort dégradée, « la tour du Limaçon » est la bâtisse la plus considérable et la mieux conservée qui nous reste de la vieille Phénicie (les autres édifices d'Amrit n'étant guère que des monolithes). Elle présente actuellement la forme d'un cube, terminé par une corniche, construit par assises horizontales et joints verticaux, sans ciment, en pierres de plus de cinq mètres. Nous avons acquis la preuve, en remuant les débris accumulés au pied du monument, que le cube était autrefois couronné d'une pyramide, dont nous avons retrouvé presque tous les matériaux. Quand le monument devint un fortin, on abattit peut-être la pyramide pour se procurer une plate-forme, disposition mieux accommodée à la nouvelle destination du bâtiment. Une autre hypothèse sera cependant bientôt présentée.

L'intérieur offre deux chambres superposées, communiquant au dehors chacune par une fenêtre. Leurs parois présentent les arrachements des cloisons, maintenant détruites, qui séparaient les sarcophages [3]. Le monument rappelle ainsi le mausolée de Kadès, près du lac Huleh, dont je parlerai plus tard ; mais il est certainement bien plus ancien. L'idée mère

---

[1] *Genèse*, xxxv, 20.
[2] Voir, pour l'état actuel, nos planches XIV et XV, et pour la restitution, notre planche XVI. Pococke ne put s'approcher de ce monument à cause de l'épaisseur des buissons. (Vol. cité, p. 203, et la figure Y de la planche xxx.)
[3] Voir planche XV.

de tels édifices est de transporter au-dessus de terre les travaux d'ordinaire souterrains, et de créer une sorte de rocher artificiel où l'on creusait les niches sépulcrales. Les chambres, maintenant vides, du *Burdj el-Bezzâk* étaient autrefois à moitié remplies par la queue des pierres du mur de derrière, lesquelles constituaient une énorme épaisseur où était percée comme une ruche de lits funèbres (douze à l'étage supérieur, trois au-dessous). Les cloisons, en éclatant sous le poids des masses qui forment le haut de l'édifice, ont produit les chambres vides qui se voient aujourd'hui. Probablement les brigands auront jeté dehors les débris des cloisons pour se procurer des chambres plus commodes et plus spacieuses.

Ce curieux édifice offre un grand nombre de problèmes des plus intéressants pour l'histoire de l'architecture. Quoique construit avec beaucoup de soin et d'un style parfaitement homogène, les pierres qui le composent sont travaillées d'après des systèmes en apparence différents. Tantôt il semble que l'on ait affecté de leur laisser toutes les superfluités qu'elles avaient apportées de la carrière, par suite de la tendance générale des Phéniciens à diminuer la pierre aussi peu que possible; tantôt elles présentent un bossage sans proportions fixes. Il est probable que ces irrégularités devaient disparaître dans un travail d'achèvement et d'équarrissage qu'on aura négligé de faire. La corniche, en effet, est tout à fait achevée; la pyramide paraît également l'avoir été. Les assises inférieures du cube offrent seules d'étranges aspérités, qu'on ne peut expliquer que par des accidents de carrière. Elles rappellent le monument appelé «tombeau d'Hiram,» près de Tyr, et prouvent le peu de souci que l'on prenait, à cette haute antiquité, d'une coupe symétrique des pierres et d'une exacte régularité.

Les dessins et la restitution de M. Thobois présenteront cet édifice dans son caractère général et dans tous ses détails. Cependant comme il s'agit ici d'un monument capital, sur lequel bien des questions peuvent s'élever, je vais transcrire les notes de M. Gaillardot, notes résultant d'une étude attentive du monument, continuée durant des journées. Plusieurs des idées de M. Gaillardot ne sont que des conjectures, et l'on remarquera avec quelle réserve il les présente; mais on voudra, sans doute, connaître ces conjectures d'un homme plein de jugement sur un monument dont il a suivi jour par jour le déblayement.

Le monument, dans son état actuel, est formé, en comptant la corniche, de six assises de pierre. Il a une hauteur totale de onze mètres; il est probable qu'un peu moins de dix mètres s'élevait au-dessus du sol. La largeur est de huit mètres quatre-vingts centimètres pour le cube principal, de neuf mètres trente centimètres pour la base.

L'assise inférieure, faisant partie d'un massif s'étendant sous tout l'édifice, a un mètre de hauteur, et est formée de pierres régulièrement taillées, dont les plus grandes, ayant un ou deux mètres de côté, supportent les angles. L'eau qui jaillissait des sables nous a empêchés de voir sur quoi posait cette assise. A la face méridionale seulement nous avons trouvé quelques pierres irrégulièrement placées et séparées par des vides.

La seconde assise forme la base du monument et entoure la chambre inférieure; elle présente environ neuf mètres trente centimètres de côté sur une hauteur de deux mètres cinquante centimètres, et est composée de quatre blocs rectangulaires formant les quatre angles et les deux faces latérales est et ouest; ces blocs ont de quatre mètres cinquante centimètres à cinq mètres vingt centimètres de longueur, et environ deux mètres cinquante centimètres de largeur aux faces nord et sud. Le reste de ces faces est rempli par des blocs de moindres dimensions et de petites pierres régulièrement taillées, d'environ trente centimètres en retraite sur les gros blocs qui forment les angles. C'est dans ce remplissage, du côté du nord, que la porte de la chambre inférieure a été taillée. Le bord supérieur des blocs rentre pour former tout autour de l'édifice une banquette de cinquante centimètres de large, puis l'assise se relève verticalement et se continue d'environ trente centimètres avec la partie inférieure de la troisième assise.

Aux deux faces ouest et sud de l'assise dont nous parlons, se remarquent plusieurs accidents qui font supposer que le mausolée, quoique antérieur de plusieurs siècles à l'époque grecque, a été construit avec des matériaux appartenant à un édifice plus ancien. 1° Les gros blocs qui forment ces deux faces sont taillés au-dessus de leur bord inférieur en biseau rentrant sur l'assise inférieure, qui forme ainsi un rebord dont la largeur varie de dix à vingt centimètres; la hauteur du biseau au-dessus de ce rebord varie entre trente et quarante-cinq centimètres, quoiqu'il règne sur toute la longueur des deux faces. 2° La face ouest du gros bloc de l'angle nord-ouest a subi, avant que le bloc fût mis en place, un commencement de taille rectangulaire, qui devait enlever tout l'angle supérieur. On reconnaît ce travail à deux rainures profondes et étroites se coupant à angle droit parallèlement aux bords du bloc. 3° Enfin le second bloc de la face ouest et les quatre qui forment la face sud présentent un bossage très-régulier, très-bien taillé, mais dont la profondeur et la largeur varient sur chacun de ces blocs. Sur l'un il a treize, sur un autre vingt-deux centimètres de largeur; les surfaces sont lisses et unies, tant celles du milieu des pierres que celles des rainures qui les entourent.

On pourrait être tenté de voir dans ces rainures le commencement d'un travail d'équarrissage, entrepris après la mise en place des matériaux et non achevé. Mais alors, résultant d'un plan général, le biseau et le bossage présenteraient partout les mêmes dimensions; or il n'en est rien. Le biseau et le bossage existaient donc avant la pose des pierres; il faut supposer, par conséquent, que les blocs faisaient partie de monuments très-anciens, puisque, à une époque de beaucoup antérieure à l'invasion d'Alexandre, ces monuments étaient déjà dans un état de démolition assez avancé pour que leurs débris aient pu être employés à construire d'autres édifices. On peut aussi conclure de là que le bossage était employé en Syrie à une époque très-reculée, aussi bien que dans les temps modernes.

La troisième assise est pleine et sépare les deux étages du mausolée. Comme nous l'avons déjà dit, elle est en retraite d'environ cinquante centimètres sur la base du monument et elle est formée de huit blocs, dont six font partie des parois de l'édifice. Ils ont de quatre mètres dix centimètres à cinq mètres cinquante centimètres de longueur sur un mètre soixante-quatre centimètres à deux mètres vingt-cinq centimètres de largeur et deux mètres cinquante centimètres de hauteur; les deux autres sont placés au milieu de la construction, posant sur une entaille pratiquée dans la deuxième assise, pour former le plancher de la chambre supérieure et le plafond de la chambre inférieure. Ce sont deux dalles ayant un mètre quatre-vingt-quatre centimètres d'épaisseur sur quatre mètres quatre-vingts centimètres de longueur et un mètre quatre-vingt-dix centimètres de largeur.

A la surface des deux blocs qui, dans cette assise, forment au nord la façade de l'édifice, se trouvent deux saillies très-irrégulières. Dans le bloc de gauche, cette saillie occupe toute la face du bloc; elle s'avance de plus de cinquante centimètres et est creusée profondément par l'action de l'atmosphère. A droite, la surface du bloc, lisse et plane dans toute son étendue, présente au-dessus de son bord inférieur, à peu de distance de l'angle nord-ouest, une saillie qui, comme la première, a été très maltraitée par le temps. Par moments on croit reconnaître les formes d'un lion vu de face et grossièrement taillé; on est alors tenté de supposer que la saillie de gauche est le reste d'un groupe sculpté en ronde bosse. M. Thobois ne partage pas cette opinion; il pense que l'existence de ces deux saillies est due à ce que le monument n'a point été complètement achevé, que les blocs ont été apportés bruts, et mis en place pour être ensuite taillés et aplanis; que ce travail est resté inachevé pour les deux blocs qui nous occupent; qu'ainsi les saillies que nous retrouvons à leur surface ne sont point intentionnelles, mais qu'elles devaient plus tard être enlevées.

La quatrième assise, au centre de laquelle est placée la chambre supérieure, est formée de six blocs de deux mètres cinquante centimètres de hauteur, présentant pour les autres dimensions à peu près les proportions de la troisième assise.

C'est à la ligne de jonction de ces deux assises et dans les blocs qui forment la façade nord, que la fenêtre qui servait d'entrée à la chambre supérieure a été taillée au-dessus de la porte de la chambre inférieure.

La cinquième assise est composée de dix pierres d'un mètre vingt-six centimètres de hauteur, sur deux ou trois mètres de longueur et un mètre cinquante centimètres de largeur. Ces pierres entourent la partie inférieure de deux blocs servant de plafond à la chambre supérieure, et formant, avec la face supérieure de la corniche, la terrasse de l'édifice, autrefois recouverte par la pyramide. Les blocs ont deux mètres vingt-deux centimètres d'épaisseur sur cinq mètres vingt centimètres de longueur et deux mètres vingt-six centimètres de largeur.

La sixième assise, haute d'un mètre trente centimètres, se compose de dix blocs, formant une corniche de trente centimètres de hauteur, surmontée d'un bandeau épais de cinquante centimètres, s'avançant d'environ trente centimètres sur la surface de l'édifice. Le pied de la corniche lui-même constitue en avant de cette surface une saillie de trois centimètres.

Trois des blocs qui forment cette assise sont encore en place au-dessus de la façade nord; les autres sont sur le sol, autour du monument, au milieu de matériaux de dimensions et de formes diverses. En dégageant ces décombres, nous remarquâmes un grand nombre de pierres uniformément taillées, de telle sorte qu'un de leurs côtés, au lieu d'être vertical, faisait avec la base horizontale un angle de soixante-quatre degrés et demi. Cette circonstance nous indiqua d'une manière évidente qu'autrefois le mausolée était surmonté d'une pyramide. Nous n'avons aucune donnée qui nous indique si cette pyramide était tronquée ou si elle était complète[1], si elle s'élevait directement à partir de la corniche, ou si elle était portée par une assise à parois verticales plus ou moins élevées. Mais, par analogie avec le troisième monument funéraire ci-dessus décrit (C du plan général), nous pouvons regarder la seconde supposition comme la plus probable[2]. Dans les deux cas, la base du couronnement devait se trouver en retraite d'environ cinquante centimètres sur le bandeau de la corniche. Nous avons pu le reconnaître à un criterium certain. Les pierres qui formaient autrefois le bord externe de la face supérieure de la corniche présentent toutes une bande de la largeur susdite dégradée par l'action de l'air, tandis que le reste de la surface, qui supportait autrefois la base de la pyramide et était ainsi garanti de l'action de l'air et de la pluie, est beaucoup mieux conservé.

[1] M. Thobois n'hésite pas à écarter l'hypothèse de la pyramide tronquée, comme contraire à l'esprit de ces monuments, fortement empreints du goût égyptien.

[2] M. Thobois est à cet égard d'un autre avis.

Les dimensions de la plate-forme du mausolée, au-dessus de la corniche, et celles que l'on trouve invariablement à toutes les pierres de la pyramide éparses sur le sol, prouvent que cette pyramide, si elle n'était point tronquée, et si elle était supportée par un socle d'un mètre de hauteur, devait avoir, de la base au sommet, une hauteur perpendiculaire de neuf mètres cinquante centimètres, formée par dix assises superposées, en comptant celle du socle [1].

Comme nous l'avons dit plus haut, le monument qui nous occupe présente à l'intérieur deux chambres superposées : l'une, dont les parois sont formées par la deuxième assise; l'autre, par une portion de la troisième et par la quatrième assise. Cette dernière chambre est en quelque sorte l'âme, le but, la partie principale de l'édifice. Elle a deux mètres cinquante-trois centimètres de hauteur sur quatre mètres trente centimètres de largeur et cinq mètres cinquante centimètres de longueur. Ses parois présentent l'épaisseur même des blocs qui la forment, deux mètres pour les parois est et ouest, un mètre vingt centimètres pour celles du nord et du sud. On y arrivait par une fenêtre carrée d'un mètre trente-trois centimètres de hauteur sur un mètre cinquante centimètres de largeur, taillée dans les blocs qui forment la paroi nord. Sur les côtés de cette ouverture, sur le linteau et sur le seuil, sont creusés des trous et des rainures qui montrent qu'autrefois un système de clôture y était adapté. Il devait sûrement s'ouvrir du dehors, car on ne pouvait y arriver que de l'extérieur. Aujourd'hui, il est vrai, on monte de la chambre d'en bas à la chambre d'en haut par un passage étroit et irrégulier, pratiqué à l'angle sud-ouest; mais ce passage n'existait pas dans le monument primitif. Il a été produit d'abord par l'écartement des pierres, puis par des brisures qui ont été pratiquées de main d'homme pour agrandir le trou à l'époque où le monument servait de fortin. Comme on ne remarque aucune trace d'escalier à l'extérieur, au-dessous de la fenêtre, il est probable qu'on montait à la chambre au moyen d'une échelle, et que cette chambre n'était ouverte que quand un mort devait y être déposé.

En face de l'ouverture, la paroi du fond est formée par un bloc présentant à sa surface douze cadres carrés, taillés dans le roc à une profondeur moyenne de trente centimètres et offrant trois rangées de quatre cadres. Les cadres sont formés par deux arêtes horizontales et trois arêtes verticales, se coupant à angle droit autour de surfaces unies d'environ quatre-vingt-dix centimètres de largeur sur quatre-vingts de hauteur. Ces saillies, qui autrefois ont dû être rectangulaires, sont aujourd'hui mousses et arrondies, en plusieurs points, elles sont brisées. Sur les deux parois latérales, au niveau des deux arêtes horizontales de la paroi du fond, s'étendent, sur une longueur de deux mètres cinquante centimètres, deux rainures rectangulaires de quarante centimètres de largeur sur trente de profondeur.

Ces cadres et ces rainures indiquent qu'autrefois la moitié postérieure de la chambre

---

[1] A part l'hypothèse du socle, M. Thobois arrive presque au même résultat.

était occupée par des fours destinés à recevoir les morts, fours dont nous ne voyons aujourd'hui que l'extrémité interne, les minces cloisons qui les formaient ayant été détruites. M. Thobois m'apprend que, d'après des données qu'il regarde comme certaines, le bloc constituant le fond de la chambre avait environ quatre mètres cinquante centimètres d'épaisseur au lieu d'un mètre quinze centimètres qu'il a aujourd'hui; que de la sorte toute la moitié postérieure de la chambre était pleine et formée par un seul bloc, dans lequel on creusa les douze fours dont nous voyons aujourd'hui les arrachements. Le *Burdj el-Bezzâk* semble donc une imitation sur un rocher artificiel des caveaux creusés dans le roc souterrain. Plus tard, selon M. Thobois, les minces cloisons qui séparaient les fours n'ont pas été assez solides pour supporter les masses qui les surmontaient, surtout quand elles étaient ébranlées par les tremblements de terre; ces minces cloisons ont cédé, se sont brisées, et ont ensuite été remplacées par des cloisons artificielles appuyées contre les saillies que nous retrouvons aujourd'hui. A une époque plus récente encore, ces nouvelles cloisons ont été détruites, si bien que, des fours primitifs, il ne reste plus aujourd'hui que les cadres qui en composaient le fond.

Le sol de la chambre, formé de deux dalles, présente dans son pourtour une gouttière de quatre-vingt-dix centimètres de largeur sur quinze de profondeur et plusieurs trous dont les uns, arrondis, sont irrégulièrement creusés au pied des parois, et les autres, carrés, au nombre de quatre, sont symétriquement placés de chaque côté de la ligne de séparation des deux blocs qui forment l'aire. Rien ne nous indique à quel aménagement, ancien ou moderne, se rapportent ces cavités. Quant aux deux autres fentes qui se trouvent de chaque côté de la pierre du fond, leur origine est certaine. Ces fentes ont été produites accidentellement par l'écartement des blocs ébranlés; plus tard, peut-être à l'époque des croisades, elles ont été élargies à l'intérieur, de manière à former deux archères assez régulières.

La chambre inférieure a moins d'importance que celle que nous venons de décrire. Elle n'a qu'un mètre soixante et douze centimètres de haut sur cinq mètres trente-sept centimètres de long et quatre mètres soixante-huit centimètres de large. Ses parois, formées par les blocs de la base, sont plus épaisses que celles de la chambre supérieure. Les deux parois latérales ont quatre mètres trente centimètres; la paroi nord, deux mètres quarante-cinq centimètres au niveau de la porte; enfin celle du sud, deux mètres. L'épaisseur de ces deux dernières parois n'est point d'un seul bloc; elle est formée par le remplissage dont nous avons parlé plus haut en étudiant les faces nord et sud de la deuxième assise.

La paroi du fond présentait trois cadres seulement, placés à fleur du sol; les saillies qui les séparent sont plus larges et mieux conservées que celles des cadres de la chambre supérieure. Au pied de la moitié postérieure des parois latérales on retrouve, de chaque côté, une banquette de quarante-sept centimètres de largeur sur trente centimètres de hauteur et deux mètres quatre-vingt-dix centimètres de longueur. Ces banquettes ont dû servir de base à de petits murs parallèles aux cloisons de séparation des fours, et destinés à supporter les extrémités des dalles qui les recouvraient. Dans la chambre supérieure, cette disposition est remplacée par les rainures creusées dans les parois latérales. Rien ne nous indique si ces trois fours, reposant sur le sol, en supportaient d'autres; cela nous semble peu probable, car trop peu d'espace les sépare du plafond.

Le sol de la chambre est formé de trois assises superposées de blocs, offrant une hauteur moyenne de soixante centimètres sur deux mètres de long et un ou deux mètres de large. Nous avons, en enlevant quelques-uns des blocs, percé un trou au milieu de la chambre, à travers les trois assises; nous sommes arrivés à de la fange très-humide; l'eau nous a empêchés d'aller plus profondément. L'aire de la chambre est unie et ne présente aucun accident, si ce n'est un trou carré de quarante centimètres de côté, creusé près de l'angle nord-est, probablement à une époque bien plus moderne que celle où le monument servait à sa destination première. Nous n'avons pu reconnaître à quoi il aboutissait.

La porte est, comme celle de la chambre supérieure, taillée dans la façade nord: l'ouverture interne est un peu plus large que l'ouverture externe, laquelle a un mètre quarante-quatre centimètres de largeur sur un mètre cinquante centimètres de hauteur. Cette porte est donc un peu plus grande que celle de l'étage supérieur, au-dessous de laquelle elle ne tombe pas exactement. Elle est juste au milieu de la largeur de la façade, tandis que l'autre est de quelques centimètres rejetée vers l'est.

Le mausolée que nous venons de décrire se trouve au milieu d'une contrée envahie par les sables, dans un bas-fond entouré de tous côtés par des dunes assez élevées. Ces dunes sont couvertes d'un taillis appelé dans le pays *Hisch-Amrit,* « le fourré d'Amrit. » Sa position isolée, les difficultés que les arbustes qui l'entourent apportent à ceux qui veulent s'en approcher, l'épaisseur des blocs dont il est formé, la facilité avec laquelle on peut fermer ses ouvertures, déjà très-difficiles à escalader, et défendre successivement les deux chambres et la terrasse, toutes ces circonstances ont nécessairement dû porter les maîtres du pays à occuper le monument et à le convertir en un petit fort, chargé de défendre la route de Tortose à Tripoli. Aujourd'hui il remplit fort mal ce but, car il sert de repaire aux brigands, qui rendent la route si dangereuse, et en général à tous ceux qui ont quelque démêlé avec l'autorité turque.

Nous avons creusé le sol autour de la base du monument, ainsi que l'aire de la chambre inférieure, aussi loin que nous avons pu arriver, pour chercher si nous ne rencontrerions pas une troisième chambre souterraine. Partout l'eau, qui arrivait en abondance à une profondeur de moins de deux mètres, nous a arrêtés. En raisonnant d'après l'analogie de ce que nous avions trouvé partout ailleurs, nous pouvions croire à l'existence d'un caveau creusé sous le mausolée ou dans ses environs, à une époque où les sables n'avaient pas encore couvert la région. Beaucoup de circonstances en effet portent à supposer que le sol a ici complétement changé de face. Il a pour fond un lit de rochers calcaires, dont on voit en quelques endroits les affleurements; sur ce fond des dunes se sont formées; les eaux, retenues par les arbustes du bois taillis, ont produit la nappe d'eau souterraine qui est venue nous arrêter. Cependant l'hypothèse suivante est aussi admissible : pour des raisons que nous ne connaissons pas, on a pu vouloir placer en ce lieu la sépulture d'une famille riche et puissante, peut-être même d'une dynastie royale; à une petite profondeur on aura trouvé l'eau, qui, filtrant à travers les sables, aura empêché d'arriver jusqu'au roc pour y creuser un caveau; on aura alors remplacé le caveau souterrain par un caveau creusé dans un rocher artificiel, élevé à la surface du sol à l'aide de blocs de grandes dimensions. Dans ce cas, il n'y aurait aucune cavité sous l'édifice, et les assises de grosses pierres régulièrement taillées qui forment l'aire de la construction seraient de simples fondements[1].

Nous avons creusé le sol à une assez grande profondeur autour des affleurements de rocher qui se montrent au nord et à l'est du mausolée, et, quoiqu'ils soient largement taillés sur d'assez grandes surfaces, nous n'avons rien trouvé, si ce n'est un puits formé d'un côté par le rocher coupé à pic, de l'autre, par de grosses pierres bien appareillées. A l'ouest, les rochers, recouverts de dunes, viennent s'abaisser et s'éteindre sur la plage, près du coude que fait le Nahr el-Kublé en changeant de direction pour aller rejoindre l'embouchure du Nahr-Amrit. Un peu avant d'arriver à ce coude, nous remarquâmes des caveaux creusés dans le roc et recouverts par les sables. Les fouilles que nous y fîmes produisirent peu de résultats; ces sépultures avaient déjà été ouvertes et dépouillées.

Les rochers taillés se continuent encore au sud du *Burdj el-Bezzâk*; mais, en fait d'appropriations directes aux besoins de l'homme, on n'y trouve guère que des caveaux, des sépultures à ciel ouvert, des bassins creusés dans le roc et des puits.

Je dois maintenant exposer quelques nouvelles idées qui sont venues à M. Thobois, en travaillant sur les coupes de ce curieux monument. M. Thobois croit maintenant que le monument n'a jamais été achevé et que personne n'y a été enterré. Il pense que les blocs ont été d'abord montés à l'état brut, de manière à former les deux chambres et la pyramide; que les deux fenêtres ont été percées dans les blocs déjà montés[2]; que, le monument une fois monté, on s'est mis à le ravaler et à l'approprier à sa destination. Le travail de ravalement fut commencé par le haut,

---

[1] M. Thobois n'a aucun doute à cet égard, et repousse absolument l'idée de caveaux souterrains.

[2] On songe ici involontairement au tombeau de Théron, en Sicile, qui n'a pas de porte, et au tombeau dit *de Zacharie*, dans la vallée de Josaphat, qui n'en a pas davantage. L'idée de faire du tombeau une sorte de forteresse sans ouverture est familière à toute l'antiquité. Impossible de croire cependant que les quinze lits funèbres du *Burdj el-Bezzâk* aient été remplis à la fois.

se fit d'une manière complète sur la pyramide et la corniche, mais ne s'étendit qu'à une partie des faces. Pendant qu'il se poursuivait, en effet, on travaillait à l'intérieur à créer, au moyen de cloisons, les fours destinés à renfermer les cercueils[1]. Afin de donner à ces fours plus de profondeur, sans nuire à la grandeur de l'espace libre nécessaire pour fournir une reculée suffisante quand un cercueil devait être introduit, on fut amené à prolonger les fonds des fours dans la paroi de derrière, qui se trouva ainsi, en certains endroits, n'avoir pas beaucoup plus d'un mètre d'épaisseur. Tout l'édifice fut de la sorte compromis; alors se produisit l'écartement des pierres formant le plafond de la chambre supérieure; une grande partie de la pyramide s'écroula en entraînant quelques pièces de la corniche. On abandonna le monument, dont les brigands ou les soldats firent plus tard une petite forteresse en renversant ce qui avait pu rester sur la plate-forme des matériaux de la pyramide. Ce qui porte M. Thobois à cette hypothèse, ce sont les observations suivantes : 1° l'irrégularité de l'ouverture inférieure, qui semble n'avoir pas été calculée d'avance (la fente qui se voit au-dessous de cette fenêtre est une cassure, non un joint régulier); 2° l'absence de feuillure dans les fenêtres, contrairement à l'usage universel des chambres sépulcrales de la Phénicie; 3° l'insuffisance des tremblements de terre pour expliquer la position des blocs supérieurs; 4° l'état d'inachèvement d'une partie des faces du monument, formant la plus bizarre anomalie avec le soin extrême qu'on avait donné à la pyramide, à la corniche et même à une partie des faces; 5° la disposition des joints et des alvéoles, laquelle est si malheureuse qu'il n'est guère permis de supposer que les blocs aient été montés en vue d'y tailler ces alvéoles (voir pl. XV); 6° la disposition des rainures et des saillies adhérentes aux parois de la chambre supérieure, laquelle s'explique mieux dans l'hypothèse qui vient d'être exposée.

[1] Dans cette hypothèse, les queues des pierres du mur de derrière n'auraient plus rempli la partie postérieure des chambres, comme nous le supposions d'abord. Les quatre parois auraient eu à peu près la même épaisseur.

Une chose, au moins, qui est mise hors de doute par les observations qui précèdent, c'est l'usage qu'avaient les Phéniciens de monter les blocs des monuments à l'état brut, et de les ravaler ensuite. Le deuxième des *méghazil* nous avait déjà conduits à cette conclusion; elle prend en présence du *Burdj el-Bezzâk* une certitude absolue.

IX. Vis-à-vis du *Maabed*, au nord de la partie centrale de l'ancienne Amrit, s'ouvre dans le roc une vaste coupure artificielle nommée dans le pays المقلع, *El-Meklaa*, « la Carrière. » C'est un immense stade[1], de deux cent vingt-cinq mètres de long sur trente de large. Dix gradins de soixante centimètres de hauteur entourent l'arène; sur la face nord, ils étaient, d'un bout à l'autre, creusés dans le roc; sur la face sud, la moitié inférieure seulement était taillée dans le rocher, et le reste était complété par des constructions dont on retrouve les traces. Le stade se terminait, à l'est, par un amphithéâtre circulaire, au sommet duquel deux couloirs parallèles, larges de trois mètres cinquante centimètres, communiquaient au dehors, et servaient probablement à donner entrée aux chars et aux chevaux. L'extrémité ouest devait se terminer par des constructions qui ont disparu. La surface de l'arène est aujourd'hui recouverte d'un mètre de terre végétale et est devenue un bois taillis, repaire de bêtes fauves. Au-dessous, se trouve une couche d'environ cinquante centimètres de sable reposant sur le roc dénudé. Les fouilles étendues que nous avons faites dans le sol de l'arène n'ont rien produit.

L'époque romaine eut beaucoup de théâtres taillés dans le roc, et, pour ne point sortir de la Phénicie, Batroun en offre un exemple. Mais la distribution et la coupe générale du monument qui nous occupe n'ont absolument rien de romain. C'est, à n'en pas douter, un stade phénicien.

Au stade se rattachent des restes de grandes constructions qui, sans

---

[1] Voir notre planche VIII. Pococke (*Description of the East*, vol. II, 1ʳᵉ part. p. 203) et M. Gerhard (*Mém. de l'Acad. de Berlin*, 1846, p. 599, note) sont arrivés avec justesse à l'idée d'un cirque.

doute, avaient un caractère public. Le pan de rocher que l'excavation du cirque laisse isolé vers le sud est couvert de travaux, gradins, couloirs, fosses sépulcrales, excavations carrées ayant dû servir de base à des chambres. A l'extrémité ouest du stade s'offre une falaise de rochers taillés à pic sur une longueur d'environ cent cinquante mètres. Des cloisons perpendiculaires, taillées aussi dans le roc, y dessinent trois grandes enceintes fort analogues à celle qui enclôt le *Maabed*[1]. C'étaient peut-être encore des cours de temples. Diodore de Sicile nous présente Marathus comme une ville célèbre par les objets religieux qu'on gardait dans ses sanctuaires. Les enceintes de ces grandes cours étaient complétées, comme au *Maabed*, par des constructions formées de gros blocs qu'on retrouve à fleur du sol. Ces trois enceintes s'avancent à la suite l'une de l'autre, vers le sud-ouest, où se trouve, à la sortie du vallon, la plus vaste des trois, ayant trente-cinq mètres de profondeur sur soixante de largeur. L'aire de ces cours et le plateau qui les domine sont jonchés de débris de constructions, de pierres taillées, de seuils et d'autres débris de portes encore au niveau du sol, mais souvent cachés par des taillis et d'épaisses broussailles.

La dernière de ces enceintes fait presque face au *Maabed*, et n'en est séparée que par la petite rivière. Là était sans doute le centre de Marathus. Dans cette partie, le plan de la ville antique présente une clarté frappante et se déploie avec une véritable grandeur. La planche VIII fait comprendre cet ensemble. Une prairie très-humide et traversée par plusieurs belles sources a succédé à l'antique forum.

Un peu plus haut, le Nahr-Amrit s'encaisse entre les collines. Il semble que le vallon, à cet endroit, était fermé par un mur, dont quelques assises existent encore, et par une porte, dont on retrouve le seuil.

X. Un des restes les plus singuliers d'Amrit est une maison mono-

---

[1] Pococke avait bien vu cela.

lithe, tout entière évidée dans le roc, à environ cinq cents mètres nord-est des deux *méghazil*[1]. La pierre a été enlevée de façon à ne laisser que de minces écrans ou cloisons adhérentes au sol, lesquelles constituaient les murs. La façade de cette maison, tournée vers l'ouest, a trente mètres de long. Les deux murs parallèles sont aussi éloignés d'environ trente mètres. La hauteur des murs est d'à peu près six mètres; leur épaisseur, de quatre-vingts centimètres. Des murs de refend, faisant également corps avec le sol, divisaient l'intérieur en trois chambres au moins. Le côté nord était fermé par un mur artificiel, dont on retrouve encore les premières assises cachées sous le sol; la paroi sud était en partie formée par le rocher et complétée par de la maçonnerie.

Les portes et les fenêtres sont percées assez irrégulièrement. L'intérieur des murs est rempli de niches ou d'armoires. Au haut, on voit les trous des poutres qui formaient la toiture. Aucun travail d'ornement ne se fait remarquer sur la pierre; sans doute des crépissages, des ouvrages de bois ou de métal, peut-être tous les raffinements du luxe se déployaient-ils autrefois sur ces murs maintenant dépouillés.

Nous avons soigneusement exploré le sol de l'intérieur de cette maison par des tranchées et des trous assez rapprochés l'un de l'autre : nous n'avons rencontré que le roc aplani et, à l'angle sud-est, un puits circulaire très-profond, creusé dans le rocher. A neuf mètres, nous avons dû cesser d'enlever la terre et les grosses pierres qu'il renfermait, le diamètre se rétrécissant graduellement et ne permettant plus à un homme d'y travailler. En dehors, au pied du mur qui forme la façade, nous rencontrâmes, vers l'angle sud-ouest, un carré régulier taillé dans le roc et pavé d'une mosaïque bien conservée. Cette mosaïque était composée de gros cubes de calcaire blanc grossièrement taillés et d'environ deux centimètres de côté. Dans le pays de Tyr, à Roukley par exemple, j'ai trouvé ces mosaïques servant d'aire à des pressoirs. Les bords du rocher qui en-

---

[1] Voir notre planche XII. Pococke et Buckingham avaient remarqué ce monument.

tourent le carré supportent les murs d'une chambre adossée à l'édifice principal. Entre ce pavé et la dernière porte latérale du sud, nous rencontrâmes, à une profondeur d'environ deux mètres, une fosse rectangulaire, assez vaste et assez profonde, qui probablement a servi de sépulture.

Entre ce même pavé et l'angle sud-ouest, a été creusée dans l'épaisseur du mur une cavité en forme de T, élargie à l'intérieur par deux autres rainures verticales. Des cavités du même genre se retrouvent, avec les mêmes dimensions (environ deux mètres de haut et deux décimètres de large), sur d'autres rochers taillés d'Amrit : c'étaient des pressoirs. Nous avons vu dans la région de Tyr de nombreux monuments qui ne nous laissent aucun doute à cet égard. En enlevant la terre au pied du rocher, nous trouvâmes deux poids formés chacun d'un cône de pierre. Le sommet était percé d'un trou destiné à suspendre ce cône à l'extrémité du levier du pressoir. Devant la façade, et à environ vingt mètres en avant de l'angle sud-ouest, nous rencontrâmes un rocher taillé. Une tranchée que nous fîmes contre le rocher nous conduisit à une cavité circulaire d'environ un mètre vingt centimètres de diamètre sur vingt centimètres de profondeur. Cette cavité se déverse par une ouverture dans un autre bassin creusé sur un plan inférieur. Une meule trouvée près de là nous prouva que tout cet outillage appartenait à un pressoir, où les olives et les raisins étaient écrasés au moyen d'une meule tournant debout. L'industrie phénicienne, qui a laissé du côté de Tyr de si remarquables monuments, se montrait ainsi à nous, sous des formes tout à fait semblables, à l'autre extrémité de la Phénicie.

On peut s'en faire une idée par nos figures (pl. V, n°s 1 et 5) représentant des parties de moulin. Le premier de ces objets a été trouvé sur la route d'Amrit à Yahmour, à quatre kilomètres de Yahmour. Le second provient d'Oum el-Awamid; il est en un basalte fort analogue à celui du Hauran, lequel sert encore aujourd'hui à fabriquer des meules et ustensiles qu'on vient vendre à Sour.

Au nord, en regard du rocher au pressoir, en face de l'angle nord-ouest de la maison, se trouve un autre rocher, taillé de manière à former une surface verticale. Ces coupes verticales du rocher, qu'on rencontre à chaque pas en Phénicie, sont d'ordinaire l'indice de tombeaux. En effet, au pied de cette surface nous rencontrâmes une grotte sans intérêt. Les excavations sépulcrales sont, du reste, très-communes dans cette région de la ville. Les unes sont taillées dans la pente du rocher; les autres sont situées au sommet de rochers isolés; d'autres sont formées en partie par des appareils de grosses pierres taillées.

Les traces d'exploitation agricole sont aussi très-nombreuses sur le massif de rochers qui s'étend de la maison taillée dans le roc à la nécropole; ce sont des mosaïques à gros cubes blancs, des silos, des citernes, des parois de rocher percées de portes, de fenêtres, des niches, des gradins dans le roc, des surfaces recouvertes d'une couche de cailloutis et de béton très-dur et très-épais, ayant servi autrefois de fond à des bassins dont les rigoles et les conduits se retrouvent encore alentour; enfin des puits destinés à alimenter ces bassins. Des fossés de dix à quinze mètres de large sillonnent la surface du plateau, au nord et au sud-est de la nécropole; l'un d'eux a au moins cent cinquante mètres de longueur sur quatre ou cinq mètres de profondeur. C'étaient probablement des carrières, qui servaient en même temps à adosser les habitations. Nous avons rencontré dans une de ces carrières un cylindre qui semble avoir été destiné à faire partie d'une colonne cannelée.

La plaine qui s'étend à l'ouest de la route de Tortose à Tripoli présente moins de restes de bâtisses que le plateau dont nous venons de parler. Une épaisse couche de terre végétale a tout recouvert, et le voisinage de la mer a facilité l'exportation des pierres qui étaient à la surface du sol. Un khan, de construction moderne, mais depuis longtemps abandonné, est le seul bâtiment qui soit resté debout. Il est entouré d'une masse de décombres, de fragments, de chapiteaux et de colonnes d'un mauvais style et de petites dimensions. Ce sont les seuls restes de l'époque romaine ou byzantine qu'on voie à Amrit. Ils ont sans doute été apportés là quand déjà la vieille ville de Marathus était en ruine depuis des siècles.

XI. Il nous reste à mentionner un monument pour nous inexplicable. C'est un énorme bloc de calcaire, très-voisin de « la Tour du Limaçon, » à demi enterré dans le sable et taillé en cube[1]. Chacune des faces a huit mètres cinquante centimètres de largeur et cinq mètres de hauteur au-dessus du sable. La plate-forme, recouverte d'une épaisse couche de béton, était certainement surmontée d'une construction. Un escalier taillé dans le rocher derrière une petite fenêtre carrée, percé vers le tiers supérieur de la face est, aboutit à ladite plate-forme. Au niveau du bord inférieur de la fenêtre s'étendent une ligne de petits trous et une rainure creusée dans le roc, qui semblent avoir servi à amorcer les poutres d'une chambre ou portique, construit devant la façade. A la base se trouve une grotte très-grossièrement taillée, que nous avons déblayée en partie. On y découvrit des débris de poteries et des morceaux de basalte; mais les gros fragments qui se détachaient de la voûte forcèrent les travailleurs de s'arrêter avant que notre curiosité fût satisfaite. On pénètre dans la grotte par une ouverture irrégulière (face de l'est), et par une autre plus régulière (face du sud). Près de cette dernière ouverture, au dehors, se trouvait un puits, avec un orifice maçonné, cimenté et recouvert d'une pierre carrée, percée d'un trou circulaire. Ce qu'il y a de singulier, c'est qu'à la base de cet énorme rocher se voient sur plusieurs points, à l'intérieur, des assises de grosses pierres taillées : ainsi à l'angle sud-est et au pied de la face sud[2]. Un moment, nous crûmes qu'il faudrait ad-

---

[1] Voir pl. XIV.
[2] Selon des renseignements qui me sont venus plus tard du caporal qui dirigeait les fouilles sur ce point, le bloc poserait par toute sa base sur une aire maçonnée, ou du moins artificielle.

mettre que cette masse énorme avait été transportée là. Après tout, la grande pierre de Baalbek offre un prodige de transport encore plus surprenant.

Pococke avait remarqué ce monument[1]; il y voyait la base de quelque mausolée. Buckingham[2] y voyait, bien à tort, un autel.

Il faut se rappeler, pour s'expliquer la singularité de quelques-uns de ces monuments, que les Phéniciens demandaient à la pierre plus et moins que les Grecs : plus, en ce sens, qu'ils ont tiré du rocher des partis vraiment surprenants; moins, car ils ne semblent avoir jugé la pierre susceptible d'aucun ornement délicat, et en effet leur pierre, grossière et de mauvaise qualité, ne s'y prêtait guère. Ces ornements, que les Grecs tiraient de leurs beaux marbres, les Phéniciens, comme les Hébreux, les faisaient en bois ou en métal. Ce qui reste de leurs monuments n'est pas le monument lui-même, mais le soutien grossier qui servait à porter tout un système de décoration, sous lequel la pierre était dissimulée. Il est noté expressément du temple de Salomon que dans aucune partie, au moins à l'intérieur, le mur ne paraissait à nu[3].

« La Tour du Limaçon, » le gros bloc dont nous venons de parler et « la Pierre de la femme enceinte, » nous font atteindre l'extrémité d'Amrit. On peut les considérer comme ayant fait partie d'une seconde nécropole au sud de la ville. Au delà il y a encore quelques caveaux, un en particulier offrant de grandes coupes verticales du rocher d'un aspect assez grandiose, quelques bases taillées dans le roc qui paraissent avoir été utilisées, un tombeau creusé au haut d'un rocher taillé et d'un effet singulièrement pittoresque. Mais on sent que l'influence de la grande ville meurt ici peu à peu. Les rochers situés entre les trois monuments susnommés et le Nahr el-Kublé offrent des traces de la main de l'homme analogues à celles qui se lisent sur le plateau du centre, en

---

[1] Vol. cité, p. 204.
[2] Travels among the Arabs, p. 505-515.
[3] I Reg. vi, 15 et suiv.

arrière de la nécropole. A l'ouest, les sables, poussés par le vent, se sont revêtus d'un bois taillis, et dissimulent peut-être plus d'un curieux vestige de l'antiquité.

L'étendue de ces ouvrages et la grande surface qu'ils couvrent surprennent d'abord ; mais il faut se rappeler que, jusqu'à l'époque des Séleucides, Marathus ne fut qu'une banlieue d'Aradus, et que c'est sans doute à cet endroit que les Aradiens, ne pouvant se développer librement dans leur petite île, avaient leurs maisons de campagne, leurs magasins, leurs fabriques, leurs caveaux funèbres. De là cet aspect de ruines éparses, nullement encloses, cette absence d'enceinte et de dessin qui caractérisent Amrit. Les débris couvrent trois kilomètres en carré, ce qui ne veut certes pas dire que Marathus fût une plus grande ville que Tyr, Sidon ou Aradus. Le trait par lequel Amrit a d'abord frappé tous les voyageurs, ce sont ses carrières. Ces carrières sont les plus étendues de la Phénicie, et tout à fait disproportionnées avec la célébrité de Marathus. Leurs contours étranges ont semblé à plusieurs voyageurs présenter des effets voulus, et presque toutes, en effet, paraissent avoir été appropriées aux besoins de la vie. On peut dire en un sens qu'Amrit n'est qu'une vaste carrière dont on a utilisé les pans pour construire des temples, des tombeaux, des théâtres, des maisons.

Marathus n'avait pas de port. De Tortose à El-Hammam, la côte n'offre pas le moindre abri. A l'embouchure du Nahr-Amrit, cependant, on remarque une espèce de cirque entouré de dunes assez élevées, qui paraissent avoir été produites par l'accumulation des sables sur d'anciennes constructions. Le sol de ce cirque est presque au niveau de la mer ; il est formé par des sables et par les barres de l'embouchure du ruisseau. On peut le regarder comme une ancienne crique comblée aujourd'hui, et qui autrefois servait de débarcadère. Le vrai port continental des Aradiens, en tout cas, était Carné (aujourd'hui Karnoun), à une heure au nord de Tortose, et non Marathus.

L'îlot Héblès, en face d'Amrit, à trois kilomètres de terre, renferme des restes de constructions. M. Lockroy y trouva une statue de femme drapée. Par la faute des mariniers qui s'étaient chargés de la transporter, elle se perdit dans le sable mouvant de la côte d'Amrit. Le vrai nom de l'île, me dit-on, est الحبس, *El-Habs*, «la Prison.»

Un fait bien extraordinaire et qui suffirait pour prouver que le sol d'Amrit est resté dépositaire d'une très-vieille antiquité, c'est que, malgré des fouilles et des battues continuées pendant deux mois, pas une inscription, ni phénicienne, ni grecque, ni latine, ne s'est présentée à nous[1]. Les nombreuses sépultures que nous avons déblayées sont toutes anonymes. Une inscription grecque a été trouvée sur les bords du Nahr el-Kublé, mais trop loin du centre des ruines pour qu'on puisse la rapporter à l'ancienne Marathus. Si nos autres campagnes ne nous avaient déjà démontré que les Phéniciens, avant l'influence grecque, écrivaient très-peu sur la pierre, ce fait, assurément, aurait suffi pour le prouver. L'absence d'inscriptions grecques et latines prouve, d'un autre côté, que la ville ne fut pas reconstruite sous l'empire; dans toutes les localités, en effet, qui refleurirent à l'époque romaine, on arrive à une proportion d'inscriptions grecques et latines en quelque sorte fixe.

L'histoire est ici en parfait accord avec les monuments : Alexandre trouve encore Marathus grande, riche, florissante, soumise au roi d'Aradus[2]. La séparation des deux villes eut lieu peu après, car, en 219, elles étaient déjà divisées par de profondes haines[3]. Diodore de Sicile nous raconte avec détail une tentative des Aradiens pour détruire Marathus, qui eut lieu vers l'an 148 avant Jésus-Christ[4]. Les monnaies autonomes de Marathus sont de ce même temps[5]. Rien ne prouve que la tentative, racontée par Diodore, ait eu un effet immédiat. La haine des

---

[1] Je n'ai pu retrouver les quelques lettres grecques, presque illisibles, que Buckingham prétend avoir vues, en 1816, sur un rocher taillé.

[2] Arrien, II, XIII, 7; XIV; XV; Quinte-Curce, IV, 1, 51. Cf. Pomponius Mela, I, 12. — [3] Polyb. V, 68.

[4] XXXIII, Fragm. V.

[5] Gesenius, *Monum. phœn.* p. 273.

Aradiens contre leur colonie, devenue leur rivale, ne put cependant tarder beaucoup à se satisfaire. Strabon, en effet, mentionne Marathus comme une ville détruite et dont les Aradiens se sont partagé le territoire[1]. Marathus tomba ainsi avant la grande transformation que la Syrie allait subir sous l'influence combinée de la Grèce et de Rome. Vers l'an 148 avant Jésus-Christ, elle passait déjà pour une ville archaïque; on y conservait de très-anciens objets du culte arvadite, également vénérés dans l'île et sur le continent[2].

Un résultat non moins frappant qui ressort de l'étude d'Amrit, c'est l'unité de ses monuments, leur air de fraternité entre eux et avec les murs de Ruad. Partout c'est un même caractère de force massive et imposante; le dédain du fini dans les détails, pourvu qu'on arrive à produire un effet général de puissance et de grandeur; le goût du monolithisme; l'emploi du bloc, tel qu'il sort de la carrière, sans le diminuer en vue de la régularité; la tendance à utiliser la taille du roc et à préférer aux pierres superposées la pierre adhérente au sol[3]. Les motifs architectoniques sont excessivement simples, et tels que la pierre de Phénicie pouvait les comporter. On sent un art profondément indigène, guidé par les matériaux du pays, et non, comme à Oum el-Awamid, un style étranger s'imposant à une nature de pierres pour laquelle il n'a pas été fait. La corniche évidée selon le module égyptien, et surmontée d'un large bandeau, tient lieu de tout autre ornement. Des siècles peuvent s'être écoulés entre la construction de ces différents monuments; mais tous appartiennent à une même période d'art, plus ou moins longue, non interrompue par l'introduction d'éléments étrangers. Si l'on excepte les débris insignifiants trouvés près du khan, et qui n'appartiennent pas à la vieille ville, Amrit, comme l'a très-bien vu M. de Laborde[4], ne porte pas une

---

[1] XVI, II, 12 : Μάραθος πόλις Φοινίκων ἀρχαία κατεσπασμένη· τὴν δὲ χώραν Ἀράδιοι κατεκληρούχησαν. L'auteur des *Récognitions* pseudo-clémentines (IIe siècle), qui énumère avec tant de soins les villes de la côte de Phénicie, ne parle pas de Marathus. — [2] Diod. Sic. *loc. cit.* — [3] Le même trait se remarque dans les monuments de la Perse, de l'Égypte, de Pétra. — [4] *Voy. de la Syrie*, p. 28.

trace d'influence grecque. L'abbé Mignot, d'un autre côté, avait déjà remarqué avec beaucoup de justesse qu'aucune médaille de Marathus ne porte de légende grecque, et il en concluait que les Grecs ne s'y étaient jamais établis[1]. Ajoutons que la rareté des images sculptées, d'une part, et, de l'autre, l'absence du marbre et du granit, deux traits qui, d'après notre constante expérience, sont des criteriums très-sûrs des localités restées phéniciennes, ne sont nulle part aussi frappantes qu'à Amrit.

Une influence qui se marque au contraire jusqu'à l'évidence dans tout ce qui reste de l'art arvadite, c'est l'influence égyptienne. Le nom de Psammétik, trouvé à Ruad, prouve que cette influence remonte au moins jusqu'au VIIe siècle avant Jésus-Christ[2]. Depuis cette époque, elle ne fut plus interrompue. Elle fut plus active que jamais sous les Antonins; mais les monuments où on la remarque encore à cette époque n'ont rien de commun avec ceux que nous venons de décrire. Mille ans avant Jésus-Christ, le temple de Salomon, construit par des ouvriers de Tyr, était déjà fortement empreint de goût égyptien. Il faut donc établir en loi qu'avant la période grecque commençant vers 374 avant Jésus-Christ avec le philhellène Straton, il y eut dans l'art phénicien une longue période égyptienne. Le phénomène d'admiration exclusive pour la Grèce, qui se produisit à partir du IVe siècle avant Jésus-Christ; cet engouement universel, et certes fort justifié, qui fit que l'art grec devint l'art de tous les peuples, avait déjà eu lieu au profit de l'Égypte. L'Égypte, en d'autres termes, tint durant des siècles dans la Méditerranée, avant les Grecs, le sceptre de la mode et du goût. Ce qu'on chercherait vainement en Phénicie, c'est une période originale. L'art, la religion, la civi-

---

[1] *Mém. de l'Académie des inscriptions et belles-lettres*, t. XXXIV (ancienne série), p. 238.

[2] C'est à partir de la dynastie saïte, en effet, que les expéditions égyptiennes en Phénicie deviennent fréquentes. (Voir Brugsch, *Histoire d'Égypte*, I, 248 et suiv. 256, 284; de Luynes, *Mém. sur le sarcoph. d'Esmunazar*, p. 45 et suiv.) Des faits recueillis par M. de Longpérier (*Journal asiatique*, octobre-novembre 1855, p. 421 et suiv.) font du reste remonter bien plus haut l'influence égyptienne en Phénicie. (Comparez *Bulletin archéologique de l'Athénæum français*, juin 1856, p. 48.)

lisation paraissent y avoir été un produit venu en grande partie des bords du Nil[1].

Voilà donc enfin une ville phénicienne, dépouillée sans doute, mais non transformée par l'époque romaine, par le moyen âge, et intacte encore dans ses principaux monuments. Avec Oum el-Awamid, et à un bien plus haut degré, Amrit est le trésor des monuments phéniciens. Oum el-Awamid a subi une transformation grecque; Amrit a péri dans sa forme phénicienne et ne s'est jamais relevée. Les pierres taillées et transportables ont disparu, les gens de Tortose ayant depuis des siècles pour industrie de fournir des chargements de pierres de construction aux marins de Ruad, qui vont les vendre assez loin. Il est probable, d'ailleurs, que c'est de là que furent tirés par les croisés les matériaux des formidables remparts de Tortose. Mais les monuments monolithes ont résisté à ces deux causes de destruction. Leurs vrais ennemis étaient les chercheurs de trésors : la terreur qu'inspire le lieu sauvage où ils se trouvent les en a préservés. La fatale destinée politique du pays d'Amrit a été de la sorte une bonne fortune pour ses antiquités. Amrit est de nos jours le point le plus mal famé de la Syrie. Occupée depuis des siècles par des populations nomades ou par les sauvages Ansariès, la vaste plaine qui s'étend de Tortose à Tripoli est devenue un désert. Or le désert a toujours été le meilleur conservateur des antiquités. Le contraste que présente la belle conservation des ruines dans les parties de la Syrie occupées par des nomades, telles que le Hauran, la Pérée, avec l'état de broiement où la pierre est arrivée dans les pays toujours très-habités et habités par des races destructives ou peu artistes, tels que la Phénicie, est quelque chose de singulier. On peut affirmer que, si les monolithes d'Amrit eussent été placés au milieu des populations serrées et relativement plus civilisées du Liban, pas un n'eût échappé

---

[1] Voy. mon *Mémoire sur Sanchoniathon*, dans les *Mémoires de l'Académie des inscriptions et belles-lettres*, t. XXIII, 2ᵉ partie (nouv. série), p. 310 et suiv.

à l'instinct puéril qui porte le Syrien à briser toute pierre qu'il ne comprend pas, pour satisfaire une sorte d'instinct iconoclaste, ou pour y chercher un trésor.

Nous osons croire que ce vaste champ de ruines, unique en son genre, nous l'avons, en un sens, épuisé. On ouvrira après nous, à Amrit, de nouveaux caveaux; on trouvera une foule d'objets intéressants; mais on ne découvrira pas de monuments nouveaux, et, quant à ceux que nous avons énumérés, à part deux ou trois points où l'eau nous a arrêtés, et qui seraient peut-être plus facilement fouillés en automne, je doute qu'on en puisse faire de meilleures études que celles que nous rapportons. Pauvre sous le rapport des objets de musée, notre campagne d'Amrit a été, de la sorte, celle qui nous a donné, sur l'art phénicien, les résultats les plus clairs et les plus décisifs.

CHAPITRE IV.

ENVIRONS DE TORTOSE. LATTAKIÉ.

A Aradus, comme à Byblos, à Sidon et à Tyr, nous nous sommes imposé d'explorer la région environnante dans un assez large rayon pour être assurés qu'aucun monument de l'art que nous recherchions ne nous échappât. Dans la région d'Aradus, cette exploration fut beaucoup moins complète qu'autour de Byblos et de Tyr. Les exigences de la saison, la maladie de presque tous mes collaborateurs, le départ de l'armée, nuisirent à cette partie de nos travaux. Je consignerai néanmoins ici les résultats partiels que nous avons obtenus, et surtout les indications que nous avons recueillies et qui serviront à d'autres voyageurs [1].

Deux villages, à l'est de Tortose, possèdent des inscriptions grecques : l'un est le village de Sahin, dans le pays de Khouabé, à cinq heures de Tortose; l'autre est le village de Hebbé, dans les environs de Safita. Selon Daniel, il y aurait aussi dans ce village des sarcophages « avec des « taureaux enchaînés, » sans doute des têtes de bœufs enguirlandées, motif très-commun en Syrie. Daniel me procura des estampages des deux inscriptions de Sahin et d'Hebbé. La première est très-fruste et très-difficile :

```
[ΘΕ]ΩΥΨΙϹΤΩΟΥΡΑΝΙΩΥΤ....
[ΜΙ]ΘΡΑΟΒΩΜΟϹΕΚΤΙϹΘ[Η....
[??]ΡΘΩϹΕΝΤΩΚΦΕΠ........
[ΥΠ]ΕΡϹΩΤΗΡΙΑϹΘΕΟΡΑΠΩ....
[??]ΕΠΙΑΡΧΗϹϹΟΛΩΜΑΝΟ....
```

[1] La meilleure exploration de ces parages est celle de M. Thomson, dans la *Bibl. sacra*, V (1848). Toute la topographie de la côte avait déjà été très-bien établie par Shaw, *Voy.* II, p. 5 et suiv. (Cf. Laborde, *Voy. de la Syrie*, p. 24 et suiv. pl. X et suiv. Michaud et Poujoulat, *Corresp. d'Orient*, VI, p. 430 et suiv.)

On lit avec certitude : Θεῷ ὑψίστῳ οὐρανίῳ..... Μίθρα ὁ βωμὸς ἐκτίσθη..... ἐν τῷ κφ..... ὑπὲρ σωτηρίας Θε..... ἐπὶ ἀρχῆς Σολωμάνους. Cette dédicace à Mithra, qualifié de Θεὸς ὕψιστος οὐράνιος, a beaucoup d'importance. Nous aurons à en faire usage, quand il s'agira des cultes de Byblos. Peut-être après οὐρανίῳ faut-il lire ὑπάτῳ. Le premier mot de la troisième ligne paraît ne pouvoir être que ὀρθῶς. La dernière lettre lisible de cette ligne semble composée d'un Π et d'un Τ réunis. On est tenté de lire ἐπ7ά; car ἔτει, qui serait si naturel, ne répond pas aux empreintes. Le nom de celui pour qui le vœu fut fait est illisible. Quant au nom de Σολωμάνης, on le connaissait déjà sous la forme Σαλαμάνης (Corpus I. G. n°s 4449, 4450, 4451; Journal of the American Oriental Society, V, p. 184; Porter, Five years in Damascus, II, 50; Wetzstein, Ausgewählte griechische und lateinische Inschriften gesammelt auf Reisen in den Trachonen und um das Haurângebirge, p. 101, 127, 364, et ci-après, livre IV, l'inscription de Schalaboun). Voir mes Observations sur les noms arabes des inscriptions du Hauran, dans le Bulletin archéol. de MM. de Longpérier et de Witte, sept. 1856. La forme Σολωμάνης est une sorte de syriacisme, venant de l'habitude libanaise de substituer le son o au son a[1].

Voici l'inscription de Hebbé :

ΕΝΙΕΡѠΒѠΜ
ѠΒΗΛΟΥΥΠΕΡ
ϹѠΤΗΡΙΑϹΠΥ
ΡΡΟΥΚΑΙΚΑϹ
ΤΟΡΟϹΚΑΙΠ
ΟΠΛΙ

ἐν ἱερῷ βωμ-
ῷ Βήλου ὑπὲρ
σωτηρίας Πύ-
ρρου καὶ Κάσ-
τορος καὶ Π-
οπλί[ου]

La gravure de cette inscription est très-soignée; aucune lettre n'est douteuse; les O sont tracés au compas. La seule difficulté que notre texte présente porte sur le dernier nom. On serait tenté de lire Ποπλίου. Mais la feuille à la fin de la cinquième ligne, quoique un peu effacée, est indéniable. L'omission de la terminaison de ce troisième

---
[1] Voir mon Hist. comp. des lang. sémitiq. p. 193 et 276 (3ᵉ et 4ᵉ édition).

nom est aussi un fait singulier. Peut-être le lapicide a-t-il cédé à une raison de symétrie et au désir d'avoir une dernière ligne bien encadrée entre deux feuilles.

Je ne connais qu'un autre exemple du mot Βῆλος dans l'épigraphie grecque : c'est dans l'inscription bilingue de Vaison. (Voir L. Renier, *Mélanges d'épigraphie*, p. 129 et suiv.) Dans cette dernière inscription, le culte spécial de Bel est rapporté à Apamée, et Dion Cassius (LXXVII, VIII) nous apprend en effet qu'il y avait dans cette ville un temple de Bel. L'endroit où a été trouvée notre inscription n'est guère qu'à deux journées d'Apamée.

Parmi les châteaux forts qui couronnent les montagnes de Safita, nous signalerons surtout Kalaat-Yahmour, à huit kilomètres sud-est d'Amrit[1]. C'est une construction ancienne, qui a été réparée par les Sarrasins. Les pierres sont presque toutes de médiocre dimension; quelques-unes cependant sont assez grosses. Au-dessus des portes d'entrée, on remarque des croix à demi effacées. Au pied de l'angle sud-ouest de l'enceinte extérieure se trouve une inscription presque toute illisible. Ceux de mes collaborateurs qui la virent y reconnurent avec certitude une inscription latine. M. Gaillardot crut y lire le nom d'un Constantin. On sait que Constance rebâtit Antaradus l'an 346 et lui donna le nom de *Constantia*[2]. J'ai depuis reçu un estampage de cette inscription, pris par Daniel. Voici ce qu'on peut en tirer :

CONSTAN░░░░
OCΔY░░░AVI░░░
OM░░░NI░░░░░

M. Léon Renier, à qui j'ai communiqué l'estampage, affirme que l'inscription est latine et qu'en effet elle renferme le nom d'un Constantin. La forme est tout à fait cursive et analogue à celle de l's dans nos anciennes impressions (ſ). Impossible de rien tirer de plus d'un texte aussi maltraité. On songe quelquefois à *Constan[tin]o C[æsari]*.

Si la pierre de Yahmour est à sa place primitive, comme il semble résulter du récit de mes collaborateurs, ce serait là une donnée précieuse.

---

[1] Laborde, *Voyage de la Syrie*, pl. XII, 22.
[2] Cedrenus, *Histor. compend.* p. 299 (Paris, 1647); Théophane, *Chronogr.* ad ann. mundi 5838; Land, *Anecdota syr.* I, 104, 169, 170.

On aurait une construction militaire du IVe siècle sûrement datée et pouvant servir de criterium. Je recommande vivement ce point à ceux qui viendront après nous. Yahmour contient peut-être le secret de problèmes relatifs à l'architecture militaire en Syrie. Aux environs du fort, dans les blés et les oliviers, on aperçoit quelques grosses pierres bien taillées et des fûts de colonnes. Daniel nous avait aussi parlé de sculptures à Yahmour.

Sur le chemin de Yahmour à Amrit, non loin des bords du Nahr el-Kublé, à environ un kilomètre à l'est du point où la route de Tripoli traverse ledit ruisseau, près de l'emplacement d'un ancien moulin, se trouve une pierre longue, sorte de linteau, où il y a des traces d'une inscription grecque fort dégradée, qui semble de la même époque que l'inscription de Yahmour. M. Gaillardot avait l'intention de l'estamper; la maladie qui le frappa subitement ne le lui permit pas. J'espère, avant la fin de ce volume, pouvoir combler cette lacune.

Les circonstances nous furent bien contraires à Lattakié (Laodicée), et sur toute la côte qui s'étend de là à Tortose. Les deux membres de la mission (M. Thobois et M. Lockroy) qui s'étaient chargés d'étudier cette région furent paralysés par l'action du climat. Merkab, célèbre forteresse des croisés[1], fournit cependant à M. Thobois quelques observations utiles. Il n'y a là ni bossage ni grand appareil; la construction est celle d'un château du XIIe siècle en France. Il est évident que les croisés n'eurent pas en Syrie un mode de construction uniforme. Chacune des nations qui y prirent part suivit son goût, et toutes subirent la loi des matériaux qu'elles trouvèrent.

Parmi les nombreux débris d'architecture qui remplissent la petite vallée de Banias (Balanée), mes collaborateurs remarquèrent non loin de la mer, et sur la rive droite du fleuve, une petite construction carrée avec une moulure à sa base, assez semblable au soubassement qu'on voit

---

[1] Voir, pour l'ensemble de la forteresse, les photographies publiées par MM. Declercq et Rey.

à Maschnaka, et que nous décrirons plus tard. Au centre de cette construction fut trouvée l'inscription grecque que voici :

ΑΥΤΟΝΟΜΟΥΜΕΝΩΝΤΗΤΥΧΗ
ΑΝΤΙΟΧΟCΟΚΑΙΔΕΙΦΙΛΟCΜΗΝΟΔΩΡΟ[Υ]
ΤΟΝΝΑΟΝΕΚΤΩΝΙΔΙΩΝΕΚΤΙCΕΝ
ΚΑΙΤΑΑΓΑΛΜΑΤΑΑΝΕΘΗΚΕΝ

Cette inscription, quoique mutilée, semble confirmer le témoignage des médailles qui nous montrent que Balanée eut jadis une existence indépendante, et conserva peut-être le titre d'autonome jusque sous l'empire. En effet on ne peut guère restituer la première ligne que par ΒΑΛΑΝΕΩΝ, après quoi on lisait peut-être ΣΥΡΩΝ, comme on le voit sur quelques médailles (ΣΥ. Mionnet, t. V, p. 226; cf. Eckhel, t. III, p. 310).

Ἡ Τύχη τῶν Βαλανέων rappelle moins les usages grecs que les usages romains; car je n'en connais pas d'autre exemple dans l'épigraphie grecque. Au contraire, rien n'est plus fréquent, dans les recueils d'inscriptions latines, que les dédicaces, GENIO COLONIAE ou PAGI, etc. Quoi qu'il en soit à cet égard, l'inscription sera convenablement restituée et traduite ainsi qu'il suit :

[Βαλανέων Σύρων]
αὐτονομουμένων τῇ Τύχῃ
Ἀντίοχος, ὁ καὶ Δείφιλος, Μηνοδώρο[υ]
τὸν ναὸν ἐκ τῶν ἰδίων ἔκτισεν
καὶ τὰ ἀγάλματα ἀνέθηκεν.

A la fortune [des Balanéens de Syrie] autonomes, Antiochus, surnommé Diphilus, fils de Ménodore, a élevé ce temple à ses frais, et consacré les statues.

Pour la formule τὸν ναὸν καὶ τὰ ἀγάλματα, comparez le *Corpus*, n° 4548, et Wetzstein, *Inschriften*, n° 164. Les statues étaient certainement celles mêmes des divinités à qui le temple était consacré. On n'a sur la religion des Balanéens aucun renseignement particulier, sinon que les médailles de Balanée représentent tantôt un Jupiter portant une statue de la Victoire, tantôt un Bacchus indien. Les ἀγάλματα dont il s'agit ici pouvaient donc être celles d'un groupe où la Victoire était figurée dans la main de Jupiter. (Voir sur ce mot les observations relatives à l'inscription suivante.)

Si l'inversion qui amène si tardivement les mots τῇ Τύχῃ paraissait trop forte, on pourrait restituer à la première ligne : Ὑπὲρ τῆς πόλεως. Comparez plusieurs inscriptions d'Olbia (*Corpus*, n°ˢ 2068 et suiv.). La Fortune à qui s'adresse la dédicace serait toujours celle des Balanéens, comme on trouve dans le protocole d'un décret athénien, conservé par Thucydide (IV, 118) : Τύχῃ ἀγαθῇ τῇ Ἀθηναίων.

Une seconde inscription, trouvée un peu plus loin, à fleur de sol, au milieu de débris entassés, sur un bloc de pierre quadrangulaire oblong, va nous montrer que Balanée avait des institutions municipales analogues à celles des villes helléniques de l'Asie et de la Syrie, que le pouvoir y était partagé entre le peuple et le sénat, que de riches citoyens s'intéressaient à sa prospérité, et qu'ils en étaient récompensés, comme ailleurs, par des honneurs plus ou moins onéreux.

ΤΟΥϹΥΠΟΤΗϹΒΟΥΛΗϹΚΑΙΤΟΥΔΗΜΟΥΨΗΦΙϹΘΕΝΤΑϹ
ΑΝΔΡΙΑΝΤΑϹΦΙΛΙΠΠΟΥΤΟΥΑΝΤΙΠΑΤΡΟΥΚΑΙΑΝΤΙΠΑΤΡΟΥ
ΤΟΥΦΙΛΙΠΠΟΥΤΟΥΠΑΤΡΟϹΑΥΤΟΥΙΕΡΑϹΑΜΕΝΟΥΚΑΙΕΠΙΔΟϹΕΙϹ
ΠΟΙΗϹΑΜΕΝΟΥΚΑΙΓΥΜΝΑϹΙΑΡΧΗϹΑΝΤΟϹΕΠΙϹΗΜΩϹΤΕΙΜΗϹ
ΕΝΕΚΑΟΥϹΑΥΤΟΙΕΚΤΩΝΙΔΙΩΝΑΝΕϹ   ΤΗϹΑΝ

[Ὁ δεῖνα ἐποίησεν]
τοὺς ὑπὸ τῆς βουλῆς καὶ τοῦ δήμου ψηφισθέντας
ἀνδριάντας Φιλίππου τοῦ Ἀντιπάτρου καὶ Ἀντιπάτρου
τοῦ Φιλίππου, τοῦ πατρὸς αὐτοῦ, ἱερασαμένου καὶ ἐπιδόσεις
ποιησαμένου καὶ γυμνασιαρχήσαντος ἐπισήμως, τειμῆς
ἕνεκα, οὓς αὐτοὶ ἐκ τῶν ἰδίων ἀνέστησαν.

[Un tel a fait] les statues, décrétées par le sénat et le peuple, en l'honneur de Philippe, fils d'Antipatros, et de son père, Antipatros, fils de Philippe, pour remercier Antipatros d'avoir rempli le sacerdoce, fourni des contributions volontaires, et exercé avec éclat la fonction de gymnasiarque, statues que le père et le fils ont dressées à leurs propres frais.

Plusieurs traits particuliers signalent cette inscription, gravée en beaux caractères, et que l'on peut rapporter au IIe siècle de l'ère chrétienne[1]. D'abord la forme inusitée de la dédicace, dans laquelle le nom de l'artiste, ou tout au moins celui d'une personne chargée par le municipe de procurer l'érection des statues, semble précéder celui des auteurs de la dédicace; car je ne vois pas le moyen de sous-entendre autre chose qu'un nom propre avec ἐποίησεν, ou ποιηθῆναι ἐπεμελήθη, devant τοὺς ἀνδριάντας, puisque ἀνέστησαν a un autre régime, le pronom relatif οὕς. Mais c'est là, je crois, un exemple unique jusqu'à ce jour dans les formules dédicatoires, où le nom de l'artiste, comme celui du commissaire exécuteur, vient toujours en dernier lieu. (Voy. Letronne, *Du style elliptique des inscriptions anciennes*, p. 411 de ses *Recherches*

---

[1] Le commentaire de cette inscription, comme celui de la précédente, est dû tout entier à M. Egger.

pour servir à l'histoire de l'Égypte, morceau réimprimé avec des additions de l'auteur dans la *Revue archéologique* de 1851.)

Ensuite il est assez étrange que deux statues soient élevées quand un seul personnage, Antipatros, fils de Philippe, paraît avoir rempli les charges et rendu les services qui lui ont valu cet honneur. Il faut que la reconnaissance des Balanéens ait eu quelque raison d'associer ici le fils au père, quoique ce dernier eût seul bien mérité de sa patrie. L'exercice du sacerdoce, et surtout l'exercice, fort onéreux, de la gymnasiarchie, sont souvent récompensés, chez les Grecs, par des honneurs semblables, et dont les exemples abondent dans les recueils d'épigraphie. Mais ce que la présente inscription désigne par ἐπιδόσεις ποιήσασθαι est un fait moins connu, quoique aussi fréquent peut-être, et demande qu'on s'y arrête avec quelque attention.

Les auteurs attiques mentionnent souvent et désignent par ἐπιδόσεις et ἐπιδοῦναι les dons volontairement faits à l'État, et qui se distinguent ainsi des contributions obligatoires, payées, soit par les citoyens (λειτουργίαι), soit par les alliés (φόροι). On peut voir là-dessus les exemples recueillis par M. Bœckh, l. IV, c. xvii, de son *Économie politique des Athéniens* (p. 764 de la deuxième édition). Les inscriptions confirment cet usage. Ποικίλαι ὑπηρέσιαι καὶ ἐπιδόσεις se lit dans une inscription de Ténos (*Corpus*, n° 2336); ποιῆσαι [ἐπιδ]όσει[s est restitué avec certitude par M. Bœckh dans une inscription des Branchides (*Corpus*, n° 2880); l'expression même ποιησάμενον ἐπιδόσεις χρημάτων se lit, au même Recueil (n° 3422), dans un décret d'une corporation de Philadelphie. Un décret athénien de l'époque macédonienne (Rangabé, *Antiq. hellen.* n° 474) contient un appel à ceux qui voudront, citoyens ou simples habitants d'Athènes, contribuer de leurs deniers à la défense de cette ville (τοὺς βουλομένους ἐπιδιδόναι, et, plus bas, ἐπιδοῦναι). Vers le même temps, on voit la commune du Pirée (Rangabé, *ibid.* n° 676) faire un appel semblable pour des constructions d'utilité publique. Ces deux actes promettent également aux souscripteurs l'inscription officielle et honorifique de leur nom sur une table de pierre. Plusieurs listes de ce genre sont parvenues jusqu'à nous sur les marbres de Rhodes (Ross, *Inscr. græcæ ineditæ*, n° 274) et de Smyrne (*Corpus*, n°ˢ 3140 3143 et 3148). L'une d'elles est des temps romains, et contient l'engagement (ὑπέσχοντο, *ibid.* n° 3148) des souscripteurs à fournir, soit en argent, soit en nature, certaines libéralités; une autre, plus ancienne, mentionne la promesse (ἐπηγγείλαντο) de donner des ouvrages en poterie (κεραμίδας, *ibid.* n° 3142). Enfin, comme pour que rien ne manque à nos informations sur ce sujet, une troisième (*ibid.* n° 3140) se termine par les mots ταῦτα ἀποδέδοται, qui constatent que les souscripteurs avaient rempli leur engagement. Comme d'ailleurs ces engagements devaient être le plus souvent tenus avec fidélité, on comprend que le mot d'ὑπόσχεσις, promesse, soit, dans quelques monuments, le synonyme d'ἐπίδοσις, comme cela se voit par les n°ˢ 2779, 2816 et 3033 du *Corpus inscriptionum græcarum*. Mais ce qui va plus droit à l'explication du texte qui nous occupe, c'est que l'on voit fréquemment sur ces listes des souscriptions collectives : le mari souscrit pour sa femme, le fils pour sa mère, le père pour ses enfants, etc. (Ross, *l. c.* et *Corpus*, n° 3141.) Cela nous explique sans peine comment, dans la dédicace des statues de Philippe et d'Antipatros, le fils est ainsi associé à son père. Ce dernier avait sans doute fait une des souscriptions dont il s'agit, ὑπὲρ αὐτοῦ καὶ τοῦ υἱοῦ, *pour lui et pour son fils*. Alors il est d'autant plus naturel que leurs deux noms et leurs deux statues aient été rapprochés en un seul hommage des Balanéens envers la famille qui avait rendu à leur cité de si nombreux et de si importants services.

Dans la dernière ligne, l'emploi du verbe ἀνέστησαν, au lieu de ἀνέθηκαν, est tout à fait d'accord avec les convenances et avec la bonne grécité. C'est la ville qui *dédie* les deux statues; mais ceux qu'elles représentent doivent dire seulement qu'ils les ont *dressées*. L'autorité publique peut, en son propre nom, employer modestement le verbe ἀνίστημι pour ἀνατίθημι. Cela se voit sur plusieurs monuments (Franz, *Elem. epigr. gr.* p. 268, 275, 292, 329); mais on comprend que la même licence ne fût pas permise au citoyen honoré de la statue. Ἀνατίθημι, mot d'abord réservé pour la consécration d'un objet d'art et de piété dans quelque temple, ne s'appliquait que par extension à l'acte, tout politique et civil, d'ériger, le plus souvent en un lieu profane, l'image d'un citoyen. Quant au mot ἀνδριάς, que le grec classique emploie seulement pour les statues profanes, par opposition avec ἄγαλμα, qui désigne la statue d'un dieu, on le voit d'assez bonne heure rapproché d'ἄγαλμα comme d'un synonyme (*Corpus*, n° 2775 *b* et *c*). Tout au plus les deux mots désignent-ils alors une différence de destination, les ἀνδριάντες étant placés dans des lieux profanes et les ἀγάλματα dans des lieux sacrés.

Ἐκ τῶν ἰδίων, sous-entendu πόρων ou προσόδων, qui sont d'ailleurs quelquefois exprimés, est une des formules les plus fréquentes en ce genre de monuments. Il répond à la formule latine *impensa sua*, dont l'équivalent, non moins commun, est *honore contentus impensam remisit* (Franz, *Elem. epigr. gr.* p. 335; Figrelius, *De Statuis Romanorum*, Holmiæ, 1656, c. vii). Pour rappeler un exemple notable de cet usage chez les Romains, nous citerons le beau monument de *Forum Sempronii* (Orelli, *Inscr. lat.* n° 4039), où l'on voit les décurions de cette ville réclamer formellement contre la magnificence d'un bienfaiteur de leur cité, C. Hedius Verus, qui s'était jadis obstiné à faire les frais d'une statue décrétée en son honneur; pour éviter d'être vaincus une seconde fois dans ce combat de générosité, les décurions, par une lettre fort gracieuse, déclarent à Hedius qu'ils ont pris leurs mesures, qu'une seconde statue est achetée et payée, et qu'ils ne le consultent plus que sur l'inscription dédicatoire.

Kalaat Rey el-Sein, situé au nord de Banias, a dû être un temple, dont les croisés auront pris les matériaux pour construire une forteresse. On voit dans les murs qui subsistent encore de nombreuses colonnes, toutes de granit, semblables à celles qui sont engagées dans les murs de

Gébeil. Les pierres de Kalaat Rey el-Sein sont à refends, mais petites. M. Thomson place ici avec vraisemblance les סינים de la Genèse (x, 17)[1]. Nous avons déjà remarqué que le nom de beaucoup de villes anciennes doit maintenant être cherché dans des noms de rivières. Brocard, cependant[2], place près d'Arca une ville de Syn ou Synochis, qu'il identifie avec celle de la Genèse. Baldeh, près de Kalaat Rey el-Sein, est l'ancienne Paltus.

A Dar-Essafra, au-dessus de Merkab, dans l'intérieur (à trois heures, selon les uns, à quatre heures et demie, selon les autres), on m'a dit qu'il y avait une inscription.

Le théâtre de Gabala est considéré par M. Thobois comme le plus beau monument romain de toute la côte de Phénicie[3]. Les gradins offrent des moulures, circonstance qui manque dans les théâtres les plus soignés. Sur le dos de ces gradins, mes collaborateurs virent trois ou quatre inscriptions composées d'un mot unique, sans doute des indications de places réservées. L'état de maladie où ils étaient ne leur permit pas de les relever. On me parla à Tortose d'un village situé près de Gabala, d'où l'on tire beaucoup de statuettes en terre cuite.

La nécropole de Lattakié, taillée dans un champ de rochers long d'un kilomètre environ, est l'une des plus vastes et, sans contredit, la plus variée de toute la Phénicie. Trous carrés où un homme ne peut descendre, grottes où l'on entre de plain-pied et par une porte, caves souterraines où l'on descend par un puits ou par un escalier, toutes les formes de sépulture qui furent en usage dans l'antiquité se trouvent ici. Il y a des chambres sépulcrales où l'on compte dix-huit et vingt niches. Un sarcophage, taillé dans le rocher, est orné de guirlandes et de têtes d'animaux. L'étude attentive de tous ces tombeaux serait très-utile pour dater les

---

[1] Conf. Thomson, dans la *Bibliotheca sacra*, V, 257.
[2] Dans le *Rudimentum novitiorum*, fol. 168 a (p. 29 de l'édition de M. Laurent, Leipzig, 1864).
[3] Voir le dessin de Pocoche, II, 1ʳᵉ part. p. 199, et la collection de photographies publiée par MM. Declercq et Rey.

sépultures du même genre qui sont répandues dans toute la Phénicie. Quoique Laodicée, en effet, existât avant Séleucus Nicator sous le nom de *Ramantha*, elle n'eut de splendeur que depuis la conquête grecque, et sans contredit la plupart des tombeaux qu'on y voit sont postérieurs à l'an 300 avant Jésus-Christ.

Tous ces tombeaux ont été violés : cependant on y trouve encore assez souvent des masques en or, des statuettes, des monnaies, dont quelques-unes avec des légendes phéniciennes. On parle aussi d'un lion ou sphinx, enfoui, à quelques centimètres sous terre, dans le cimetière musulman, et que, par suite de cette circonstance, on n'a jamais pu voir.

Mes collaborateurs furent vivement frappés, à Lattakié, d'une collection d'objets égyptiens qu'on leur montra, et qu'on leur présenta comme ayant été trouvés dans des fouilles faites en ce lieu même. J'ai reçu, depuis, des renseignements très-précis qui établissent que tous ces objets ont été trouvés en Égypte, et que c'est par fraude qu'on a cherché à les faire passer pour phéniciens.

Laodicée est, du reste, au nord, la limite extrême de la Phénicie, et déjà presque une colonie phénicienne. Au delà, c'est la Syrie grecque, romaine et chrétienne qu'il faut chercher. Je regrette cependant de n'avoir pu voir Hosn-Soleyman, l'ancienne Bætocece (*Corpus*, n°s 4474, 4475). Daniel m'en parlait toujours avec admiration, et me donnait des détails qui répondent très-bien à la description de F. Walpole[1]. M. Thomson reçut des renseignements analogues[2].

C'est surtout pour l'archéologie des croisades que l'exploration du pays appelé *El-Heusseun*, « les châteaux, » sera d'un haut intérêt. Kalaat-Kadmous, « le château des Assassins[3], » entre Merkab et Kalaat el-Hosn, n'a pas encore, ce me semble, été visité. Safita a été bien décrit par M. Thomson[4]. Ce dernier y a rencontré le genre d'appareil qu'il appelle

---

[1] *The Ansayrii and the Assassins*, III, 319-328 (Londres, 1851). Cf. Ritter, XVII, 962-964.

[2] *Bibliotheca sacra*, V, p. 246.

[3] Benjamin de Tudèle, p. 59 (édit. Asher).

[4] *Bibliotheca sacra*, V, p. 244 et suiv.

phénicien. Il regarde en conséquence les parties où il trouve cet appareil comme un ouvrage arvadite. Nul doute qu'ici les mêmes réserves qu'à Tortose ne soient nécessaires.

L'immense forteresse de Kalaat el-Hosn a été déjà très-bien étudiée [1]. On peut affirmer qu'elle ne renferme aucune partie qui ne soit du moyen âge. Le bossage est fort inégal, et quelques endroits seulement de cette vaste construction le présentent. Dans le donjon, les pierres taillées de la sorte sont petites, de formes dissemblables, d'un caractère peu accentué. La muraille, comme celle de Tortose, n'est qu'un revêtement destiné à couvrir un blocage assez mesquin. On y remarque, comme à Tortose, un grand nombre de meurtrières encadrées dans le bossage, qui en dessine la forme. M. Lockroy compare cette partie du château à Kalaat Rey el-Sein, quoique l'irrégularité des matériaux lui donne un aspect différent. Le mur qui relie cette construction au reste de l'édifice offre un singulier mélange de pierres en bossage et de pierres unies. Mais le plus bel échantillon de bossage que présente Kalaat el-Hosn est une petite tour située à l'autre extrémité du château, et sur la même face que les parties dont nous venons de parler. Ici les pierres sont grandes et de dimension uniforme; le bossage fait une saillie qui n'a pas moins de huit ou dix centimètres. Sur le côté ouest de cette tour, on trouve une porte dont l'ogive encadrée de bossage est tout à fait semblable à celle de Tortose. Au-dessus, et taillés dans les pierres mêmes, se voient deux grands lions, appartenant, comme la porte, au style du moyen âge. On est quelquefois tenté de croire que les constructions en bossage de Kalaat el-Hosn sont postérieures au reste du château.

La tour dont nous venons de parler, par exemple, semble avoir été ajoutée pour ainsi dire au donjon; la façon dont elle s'appuie sur une base en plan incliné porte à le croire. Les murs en bossage ont, en

---

[1] Voir la collection de photographies publiée par MM. Declercq et Rey, et *Le Tour du Monde*, 1863, p. 49, 52, 53.

outre, une apparence très-neuve, et sont les parties les mieux conservées du château.

Près de la chapelle se trouve une jolie inscription latine en caractères du xıı^e siècle. Comme je ne crois pas qu'elle ait été encore publiée dans un recueil savant, je la donne ici.

SIƮ ƮIBI COPIA
SIƮ SAPIECIA
FORMAQ: DEƮ:
INQNAƮ OIA SOLA
SUPBIA SI COMI....

Sit tibi copia, sit sapientia, formaque detur ;
Inquinat omnia sola superbia, si comitetur.

En descendant la montagne de Kalaat el-Hosn, on voit une tour des croisés nommée *Burdj-Aneth*. Plus loin, dans la plaine, à l'est, une ville en ruine occupe un espace de près de deux kilomètres.

Nous n'avons pas eu l'occasion de faire ample connaissance avec les Nosaïris ou Ansariès, qui nous ont paru de beaucoup la population la plus abaissée de la Syrie. Ils ont bien plus d'affinité avec les chrétiens qu'avec les musulmans, et sans doute leur nom de *Nosaïris* (petits chrétiens) a quelque fondement. Ils honorent comme un dieu saint Maroun, le patron des Maronites, devenu, comme Mar-Antoun, un génie thaumaturge d'une grande réputation dans la croyance de toutes les sectes. On nous a communiqué la formule du culte qu'ils rendent aux organes sexuels de la femme. On dirait, par moments, une secte gnostique ayant traversé durant des siècles toutes les altérations qu'une religion dénuée de livres sacrés et d'un sacerdoce organisé ne peut manquer de subir.

Nous n'avons que peu de renseignements à ajouter à ceux que l'on possède déjà sur la vaste plaine déserte qui s'étend d'Amrit à Tripoli. C'est la partie de la Syrie où la ruine est la plus profonde et la plus incurable. La barbarie en Syrie vient toujours de ces voleurs nomades (Kurdes,

Arabes, etc.) qu'aucun empire n'a pu complétement dompter. La montagne a préservé la côte, au sud de Tripoli, de leurs ravages. Mais, aucun obstacle ne les arrêtant à partir de la trouée qui existe à l'extrémité du Djebel-Akkar, ces hordes sont venues ici jusqu'à la mer, comme par un déversement naturel. Peu de contrées cependant ont été plus favorisées de la nature. Le sol y est partout recouvert par une couche épaisse de terre végétale, sillonnée par de nombreux cours d'eau, dont le principal est le *Nahr el-Kébir*. Ce fleuve, l'un des plus importants de la Syrie, est l'*Eleutherus* des anciens. Les marins grecs l'appellent encore *Elfletos*, altération de Ἐλεύθερος[1]. De tels éléments de fertilité, et les avantages d'une position mise en rapport, par la vallée du Nahr el-Kébir (la *Bokéya*), avec la Cœlésyrie, expliquent comment, dès l'antiquité la plus reculée, des villes importantes couvraient cette contrée. A chaque pas, on y trouve des débris. Depuis des siècles, les ruines des villes abandonnées ont servi de carrières, d'où sont sortis les matériaux des constructions franques et sarrasines des régions de Tortose et de Tripoli.

C'est sans contredit dans cette plaine qu'il faut placer deux des villes les plus anciennes du monde, ces villes de צמר et de ערק, dont les habitants sont nommés, au xe chapitre de la Genèse, à côté des Arvadites. Le nom des Sémariens se retrouve, à une époque plus moderne, dans celui de Simyra, qu'il faut, ce semble, identifier avec *Zimreh* ou *Sumrah*, près du Nahr el-Kébir[2]. Quant aux Arakiens, nul doute qu'il ne faille chercher leur métropole dans la ville d'*Arka*, ou *Césarée du Liban*. Tell-Arka, à environ vingt kilomètres nord-est de Tripoli, est un champ de grandes ruines[3]. L'importance de la ville à l'époque romaine et à celle des croisades aura sans doute absorbé les monuments d'un âge plus ancien. Le

---

[1] Je dois ce renseignement, et plusieurs autres relatifs à la région de Tripoli, à M. Blanche, vice-consul de France à Tripoli.

[2] On trouve une autre Zimreh, ville ruinée, entre Tortose et Merkab, et là même un district de Zimrin. Mais on ne saurait placer de ce côté la Simyra de Strabon, avec laquelle il faut sans doute identifier la ville de צמר. (Voy. Shaw, *Voyages*, II, p. 7; Movers, *Die Phœn.* I, 1, p. 115, note; Ritter, XVII, p. 65 et 880.)

[3] Thomson, *Bibliotheca sacra*, V, p. 15-17.

curé Sémani, de Tripoli, m'a dit avoir vu une inscription à Tell-Arka, près de l'arche du pont.

Bien d'autres centres de population existaient autrefois dans cette riche plaine[1]. Une seule ville, cependant, en dehors des localités que nous avons nommées, est arrivée à quelque notoriété : c'est la ville d'Orthosie. Sa place doit probablement être cherchée à *Arthusi*, à douze kilomètres nord de Tripoli, au bord de la mer, près de l'embouchure du Nahr el-Bérid[2]. Toutes les constructions ont disparu; le sol même a été fouillé à une assez grande profondeur.

Nous n'avons fait qu'une exploration sommaire du Djebel-Akkar, plus remarquable, du reste, par le charme d'une nature entièrement vierge et l'attrait d'un pays sauvage[3] que par ses monuments. Ce fut M. Lockroy qui se chargea d'une course rapide dans ces parages, relevés du reste avec un soin minutieux, sous le rapport topographique, par MM. les officiers d'état-major du corps expéditionnaire de Syrie. Avant ces recherches, le Djebel-Akkar était une terre inconnue. Je vais donner ici quelques-unes des notes recueillies dans ce voyage par M. Lockroy :

Après avoir quitté Hawara, en me dirigeant sur Akkar, je trouvai le village de Debel ou Debail, et j'y remarquai plusieurs pierres évidemment anciennes. Plus bas, à Nabi-Moussa, au fond d'une gorge, se trouvent, cachés dans un bois, des restes de constructions assez considérables; malheureusement les blocs qui les composaient ont servi à bâtir un petit village, et je n'ai pu retrouver qu'un débris de colonne et quelques pierres taillées.

A Arbail, il y a, dans les maisons, des matériaux certainement anciens. A Akkar, on me conduisit à une tour bâtie en petits moellons, et que je reconnus pour sarrasine à sa porte en ogive, ornée de dalles alternativement blanches et noires.

---

[1] Thomson, *Bibliotheca sacra*, V, p. 14-15.

[2] Shaw, *loc. cit.* Ritter, p. 805 et suiv. John Kenrick, *Phœnicia* (Londres, 1855), p. 7-8. Strabon (XVI, 11, 13, 15) place Orthosie au nord de l'Eleutherus, et la plupart des topographes l'ont supposée plus au nord que le point où nous la plaçons. Mais Ptolémée (V, xv, 2) la met avec raison au sud de l'embouchure de l'Eleutherus, et même il place Simyra entre cette embouchure et Orthosie. Quant à l'opinion qui identifie Tortose et Orthosie, nous en avons déjà fait ressortir l'absurdité.

[3] Voir Thomson, *Bibliotheca sacra*, V, p. 19 et suiv. en observant que les noms propres y sont défigurés par de nombreuses fautes d'impression.

Cobbaïet est une espèce de centre pour ces cantons perdus. Près de Cobbaïet, à El-lesbey, il reste deux murs d'une vaste construction antique. Les blocs sont d'une grande dimension, et ne portent pas de trace de ciment. Ils sont joints d'une façon admirable; les faces destinées à être mises en contact sont légèrement creusées, et laissent entre elles un espace vide, complétement caché à l'extérieur par les deux rebords, qui se touchent. Je ne vis pas de restes de colonnes; mais je remarquai une niche carrée, enclavée dans le mur, comme celle du Kalaat-Sarba, et entourée d'une bordure dans le style grec.

J'allai voir aussi près de là, à Boutouedj, des ruines que l'on m'avait dit être curieuses; je n'y trouvai qu'une maison, évidemment toute moderne, et ce n'est qu'en examinant les environs que j'aperçus une niche assez profonde, creusée dans le rocher, mais d'un intérêt médiocre.

Du Djebel-Akkar, M. Lockroy gagna Kalaat el-Hosn (voir ci-dessus, p. 113-114), et de là descendit dans la vallée de l'Oronte.

A Tell el-Nabi Mindaum[1], continue-t-il, non loin du village d'El-Okser, j'ai rencontré de nombreux débris de colonnes et une colonnade entière, dont il ne reste plus que des bases. A Djusiet el-Kadimeh, que l'on m'avait indiqué comme un lieu antique[2], je ne trouvai que deux tours d'une mauvaise construction, bâties avec des pierres assez semblables à celles du château de Gébeil.

Mais l'objet principal pour lequel j'avais envoyé M. Lockroy dans ces parages était le célèbre monument de Hurmul[3]. M. Lockroy en rapporta un dessin meilleur que ceux qu'on possédait jusqu'ici[4].

Le monument nommé *Kamoa el-Hurmul*, dit-il, est conçu sur le même plan que les aiguilles d'Amrit, mais exécuté dans des proportions beaucoup plus grandes et avec des moyens tout opposés. Les matériaux employés ici sont petits, et, comme ils sont peu rongés par le temps, cela donne à l'ensemble une apparence relativement moderne. Le monument repose sur une base formée de cinq marches de pierres noires. Il est

---

[1] C'est l'ancienne *Laodicea ad Libanum*.
[2] C'est l'ancien *Paradisus*, selon Robinson.
[3] Un tailleur de pierre me dit, à Maschnaka, avoir vu à Berisa, au-dessus de Hurmul, «de grandes «inscriptions et de grandes sculptures, représentant «des hommes et des femmes.» Qu'est-ce que ce Berisa?

[4] Cf. Thomson, *Bibliotheca sacra*, IV, 405, V, 695-96, et *The Land and the Book*, I, 362 et suiv. Robinson, *Bibl. Res.* III, 542 et suiv. Van de Velde, *Reise*, II, p. 389; Ritter, XVII, 161 et suiv. Le dessin de Thomson est bien défectueux. Cassas paraît avoir été en cet endroit (vol. II, pl. n° 1); mais le dessin qu'il donne est tout à fait nul.

composé de trois parties : deux cubes superposés et une pyramide. A chacun des angles se trouve un pilastre, et, sur chaque face du cube inférieur, un bas-relief représentant des animaux, des armes et des ustensiles de chasse. Le second cube n'a pour décoration que des pilastres peu saillants. L'intérieur est plein, ce qui se voit facilement par le côté sud-ouest, qui est tombé. Conduit par l'analogie des *méghazil* d'Amrit, je

cherchai naturellement une entrée de caveau aux environs. Je n'en trouvai pas. Du reste, après avoir attentivement regardé les moulures, les colonnes, la manière dont les bas-reliefs sont exécutés et compris, les pierres, entre lesquelles j'ai cru reconnaître des traces de ciment, il m'a semblé que ce monument ne pouvait appartenir à l'époque reculée des monuments d'Amrit.

J'adopte tout à fait ce sentiment. C'est, selon moi, bien à tort que Rawlinson a vu dans le monument de Hurmul un ancien monument assyrien¹ : c'est ce qu'on peut appeler un monument *néo-syrien*, construit à une époque moderne sur le type général des anciens monuments du pays (pyramide quadrangulaire superposée à un cube). On rencontre les mêmes formes dans le mausolée de Sampsiceramus, près d'Émèse, qui est du temps des Antonins². Ce nom de *Hurmul* (هرمل) se retrouve dans le Liban, à l'endroit nommé Naous (Ναός), près du village de Scheptin³. Il signifie «chameau,» nom par lequel l'imagination bizarre des Arabes se plaît à désigner les anciens tombeaux. Je me demande, cependant, s'il n'y a pas là quelque confusion, et si l'étymologie primitive n'est pas هرم «pyramide,» soit que le ل vienne d'une sorte de diminutif, comme כרמל, soit qu'il vienne de *El*, «Dieu.»

Mar-Maroun⁴, situé un peu au sud de l'Aïn el-Asi, «la source de l'Oronte,» était, je crois, une réunion de grottes naturelles, que l'on a taillées régulièrement à l'intérieur, et qui, à différentes époques, ont servi, soit de demeure, soit de forteresse. Le travail d'évidement est considérable, et rappelle celui de la grande caverne de Gébeil. Une construction assez moderne, percée de meurtrières, masque complètement les grottes, et fait que, de la vallée de l'Oronte, on ne voit qu'un mur tout neuf plaqué sur le roc. Après avoir gravi une côte assez rapide, on parvient enfin, par une sorte d'échafaudage, à une salle que j'estime avoir huit mètres de profondeur sur quatorze de largeur. Cette pièce est à demi divisée par une énorme cloison de rocher. A droite est une porte qui donne sur une autre chambre moins grande, mais plus régulièrement taillée; une seconde porte, au fond, s'ouvre sur une pièce aussi vaste que la première et contenant quelques niches, dont la courbe supérieure est un plein cintre bien accentué. A gauche et au fond de cette même salle, un escalier, évidé dans le roc, conduit à l'étage supérieur. Là un long couloir aboutit à une sorte de cellule, où je remarquai une niche. Enfin, à l'aide d'un tronc d'arbre, et par un trou pratiqué au

---

[1] Cf. Ritter, XVII, 162. M. Thomson avait d'abord semblé être de cet avis. (*Bibliotheca sacra*, IV (1847), 405.) Plus tard (endroits cités), il rapporta le monument au temps des Séleucides. M. de Forest y voit bien gratuitement une construction d'Antiochus Sidétès. (*Journal of the American Oriental Society*, III, 356.) Pour les idées que les Arabes se sont faites de ce monument, voir Reinaud, *Géographie d'Aboulféda*, II, 62, note 1.

[2] Laborde, *Voyage de la Syrie*, pl. V; Cassas, *Voyage en Syrie*, vol. I, pl. nᵒˢ 21, 22, 23, 23 *bis*. Cf. *Corpus inscr. græc.* n° 4511, texte qui répond aux chicanes du P. Bourquenoud, *Études religieuses, hist. et litt.* publiées par des Pères de la Société de Jésus, sept. oct. 1863, p. 844-845.

[3] Le colonel Chesney, cependant, envisage El-Hermil comme un nom de district. (*The expedition for the Survey of the rivers Euphrate and Tigris*, I, 454.)

[4] La مغارة الراحب d'Aboulféda. (Reinaud, *Géogr. d'Aboulféda*, II, p. 62.)

plafond de ce couloir, on parvient à un troisième étage, plus vaste que le second, mais qui paraît n'avoir jamais été terminé. On y compte trois chambres et quelques niches. Ici encore la construction des fenêtres est moderne, ainsi que le seuil des portes.

Toute la région de Tortose et de Tripoli étant peu connue, je crois devoir insérer ici une notice intéressante qui m'a été communiquée par un khouri maronite de Tripoli, appartenant à la célèbre famille Assemani (السمعاني), et digne du nom qu'il porte par son goût pour l'instruction. Sur quelques points, les assertions de ce digne ecclésiastique auraient besoin d'être rectifiées ou précisées, mais on s'étonnera bien plutôt que, avec si peu de ressources et dans des circonstances si défavorables, il ait pu arriver à de tels résultats.

NOTA STORICA

SULLA DIOCESI DELLA CITTÀ DI TRIPOLI DI SYRIA

CONTENENTE

Tripoli طرابلس, *Elkura* الكورا, *Elzawie* الزاوية, *Dannie* الضنية, *Accar* عكار, *Safita* سافيتا, *Elhossun* الحصن, *Tortosa* طرطوس, etc.

TRIPOLI. 1287, morì il principe Baomondo dopo aver fabbricato un palazzo per la sua villegiatura nel distretto dell' Kura, il quale poi venne occupato dai Greci non uniti, e lo fecero convento per i loro monaci fino oggi giorno, e volgarmente viene detto il convento di S. Maria del Balamand بلمند, cioè Bamond[1].

Ed il soltano Klaun appena conobbe le controversie che passavano fra i Franchi in Tripoli, subito venne con un esercito formidabile, e scrisse ad Hassan-Eldin حسن الدين, Re di Damasco, per incontrarlo colle sue armi, e misero l'assedio il giorno del venerdì primo del mese di rebi aual, e durò trenta giorni, e fu presa la città dopo un forte e

---

[1] Ordinairement on tire ce nom de *Belmonte, Beaumont.* (Comparez Michaud et Poujoulat, *Corresp. d'Orient*, VI, p. 421-422, et le كتاب الدر المنظوم ouvrage arabe publié par Mgr le patriarche maronite Masad, et imprimé au couvent de Tamisch (1863), p. ۳۴۳.)

sanguinoso assedio dai musulmani, e vi perirono molti d'ambo le parti, e molti cristiani che erano venuti dalle montagne in ajuto dei Franchi furono uccisi.

E dice lo storico Eben-Ajub, il quale era testimonio oculare così : « I musulmani coi loro cavalli passarono il mare a vuoto fino all' Isola detta S. Tomaso, ed era conosciuta sotto il nome dell' Isola delle Palme, e là amazzarono molti uomini e donne rifugiati colà, e presero varii prigionieri, ed il sultano diede ordine, e bruciò, e distrusse a terra tutte le tre città di Tripoli, e fabbricò la nuova città nella valle delle chiese detta Wadi-Elkenaies وادي الكنايس, distante un miglio dall' antica città di Tripoli, e le chiese dei cristiani furono convertite in moschee, ed i collegii rimasero collegii per l'istruzione dei giovani Turchi[1] fino a questo dì, ed i beni stabili delle chiese furono assegnati per le moschee, e per i collegii; ed i Franchi rimasero possessori del governo di Tripoli 178 anni. E di là passarono gl'eserciti musulmani per la montagna del Libano e per il Kesrevano, e rovinarono, ed hanno brucciato tutto il paese, ed amazzarono i Franchi che erano rifugiti quivi coi cristiani della montagna per avere ajutato i Franchi. » Fino qui descrive il detto storico turco.

Questa città poi era la sede d'un vescovo nestoriano dopo le guerre dei crociati, e si trovava un gran collegio per i loro studii, ed il celebre scrittore syro detto Bar-Ebreo ابن العبري, il quale fu fatto mafriano dell'Oriente, fece i suoi studii in questa città, e vi si conserva una piccola antica chiesa dei Siri, la quale ora è in possesso dei Maroniti, e vi si trova un altare dedicato a S. Bahaman, come osserva il mio parente, il Monsignor Giuseppe Assemani, nella sua famosa *Biblioteca orientale* stampata a Roma in quattro volumi in foglio.

Ma al presente questa città è la sede d'un vescovo maronita chiamato Monsignor Paolo Musa, e di un vescovo greco non unito chiamato il Monsignor Sofronio, nativo della città di Damasco, ed ultimamente fu fatto a questa città un vescovo greco unito detto il Monsignor Iutungi, nativo d'Aleppo, il quale non potè rimanere quivi non avendo una nazione numerosa.

S'osservano varie antichità in questa città, le quali però col decorso dei tempi hanno mutato d'aspetto, ed i Turchi hanno levato tutti i bassi rilievi, e le iscrizioni, e l'arme dei principi cristiani, ponendovi invece delle iscrizioni arabe, ed in poco tempo mutarono faccia a tutte le grandi fabbriche, le quali al presente si possono conoscere dal gusto dell'architettura per allora non conosciuta dai musulmani. E vi si trova sopra un bagnio un arma dell'antico ordine dei Benedittini, cioè un cervo con due piccoli cervi, che prendono latte, e sulla fronte di questa grande fabbrica che era la chiesa vi si legge oggi ancora queste lettere latine S. Jacobus.

In quanto poi alle famiglie turche, quivi non si trova veruna famiglia antica, ma solamente si conserva una famiglia ora maronita conosciuta sotto il nome della famiglia

---

[1] Dans l'usage des Maronites qui parlent italien, *Turco* signifie « musulman. »

El-Prince, المبرنس, termine francese, si dice, che è una famiglia antica dei crociati rimasta quivi.

ELKURA الكورة. Il nome di questo distretto fu preso dalla sua fisica costruzione, ed al presente è abitato dai Turchi, e Greci non uniti, e Maroniti, e Metuali cioè Turchi partitanti di Ali nel fatto della successione; anticamente apparteneva al governo di Tripoli. E già da 450 anni, il soltano Selim ha trasportato dal Kurdistan una famiglia dei principi detta Ajubiin الامرا الايوبيين, e li diede il detto distretto per metterli argine contro le aggresioni degli Emir Hamadi امير حمادي, governatori per allora della montagna sopra Tripoli, ed occuparono molti villagii, e sono moltiplicati assai di numero, e quando venne la famiglia detta Bet-Elhazar بيت العدّار, si impossessò del villagio di Amiun اميون, nel tempo del governo dell' Emir Jusef Sceab امير يوسف شهاب, furono obligati i detti principi kurdi ad abbandonare la metà del distretto del Kura, e di là si divise in due porzioni di Alta Kura كورة العالية, e Bassa Kura كورة التحتا.

La Kura inferiore al presente è nelle mani dei detti principi kurdi, i quali si sono assai impoveriti, ed ultimamente hanno perduto l'honore ed il governo del detto distretto. L'antica loro residenza era in Ras-Necas nel Kalà راس نحاش فى القلع, e sono possessori di tre antiche chiese in rovina, fabbricate nel tempo degl'imperatori di Costantinopoli, e la miglior chiesa si trova nel villagio detto El-Naclé النخلة, detto così per esser il punto più elevato di tutta la Kura, ed i detti principi kurdi, quantunque sieno poveri, nulladimeno godono ancora il nome di principi, ecc.

El-Kura superiore الكورة الفوقة poi al presente appartiene al governo della montagna, ed è nelle mani della famiglia dei capi detti Bet-Elazar بيت العدار, e sono Greci non uniti. Il primo avo di questa famiglia venne d'un villagio detto Azreh ازرع nell' Oranitide حوران, ed abitò nel villagio d'Amiun اميون, capo luogo del detto distretto, ed occupò molti terreni e poderi, ed ebbe il governo del distretto del Kura anticamente dai governatori di Tripoli assieme agli detti emir kurdi, e di poi divisero il territorio, ed il governo come dissi.

Ed uno di questi capi greci nominato Merêb مرعب divenne celebre per il suo coraggio ed i suoi talenti, e potè coi suoi artificii avere il governo ancora di tutto Accar عكار dal Bascià governatore di Tripoli, e rimase nel detto governo di عكار sette anni, e questa famiglia al presente è povera ed è moltiplicata di numero, ed hanno goduto fino adesso il governo del detto distretto dai governatori della montagna, ma ora hanno perduto il tutto dietro le nuove disposizioni della montagna.

ELZAWIE الزاوية. Questo distretto chiamato così dalla sua fisica forma triangolare, ed abitato dai Maroniti, e Turchi, e pochi Greci non uniti, anticamente apparteneva al governo della città di Tripoli, e di poi fu comandato dalla famiglia Amadi حمادي, e di poi fu occupato dai governatori della montagna, e venne governato dalla famiglia maronita detta Bet-Eldaher بيت الضاهر. L'origine di questa famiglia è del villagio di Bekufa بقوفا, il quale essendo stato rovinato dalle grandi neve ed in fine incendiato dagl' abitanti d' Eden اهدن, perchè alcuni eretici giacobiti vi erano ricoverati colà, e vennero al Zawie الزاوية, ed abitarono il villagio di Kafarhaura كفرحورى l'anno 1600 cristiano, ed uno di loro detto Michele الشيخ مخايل si rese celebre ed ebbe il governo del distretto la prima volta dal Bascià di Tripoli, e conservarono il loro governo nel detto distretto fino oggi giorno, e si impossesarono del tutto il distretto, e si resero padroni di tutti i terreni e possessioni fino al fiume detto Elbared البارد confinante in Accar عكار. Ed uno di questa famiglia detto Kanaàn كنعان si rese celebre per l'armi e l'arte di cavalcare, e passò in proverbio. Ma l'invidia dei Turchi l'accusò al Bascià di Tripoli, il quale lo mise in prigione, e non avendo altra colpa che d' esser cristiano, gli fu tagliata la testa il 2 febbrajo 1740, ed i cristiani presero il suo corpo e lo sepellirono in Tripoli. Ed il detto distretto fino ora appartiene al governo di questa famiglia, ed è già indebolita questa famiglia Daher.

DANNIE الضنية. Questo distretto chiamato così dai Greci *Danaos*, poichè si vede ancora in esso molti avanzi d'antichità greca ed iscrizioni greche antiche, oppure dagl' avanzi d' un gran tempio dedicato a Diana Iddio della caccia, essendo quasi tutto questo distretto bosco per la grande caccia che vi si faceva, ed è compreso nella catena dei monti del Libano, ed al presente viene abitato dai Turchi, Maroniti e Greci non uniti. È governato questo distretto dalla famiglia detta Bet-Râad بيت رعد; anticamente faceva parte del governo della montagna, ed in poi fino adesso appartiene al governo del Bascià di Tripoli; ma la casa dei emir Amade حمادى lo governò per molto tempo fino al' emir Ismaïl Amade اسماعيل حمادى, il quale morì, ed i suoi figlii non mantenendo nè la giustizia nè la liberalità dei loro avi, allora un certo Hassain Dib حسين ديب del Dannie fece una congiura contro d' essi, e dopo varie battaglie obligò la casa dei emir Amade ad abbandonare questo distretto. E prima del governo di questi emir Amade, nel tempo del governo della casa Saïfa بيت صيفا, venne a Dannie un certo signore Râad رعد, originario d' Oran حوران[1], si fece amico della famiglia Saïfa, che governava la città di Tripoli, e la servì fedelmente molti anni, ed in ricompenza del suo servizio gli diedero il governo del Dannie, e di là ha incominciato questo distretto appartenere alla famiglia Râad, e fino adesso sono pacifici possessori di questo distretto; e gli successe nel governo il suo figlio Moamed محمد رعد ed i suoi figlii dopo di lui, e sono divenuti possessori di tutto il distretto, e sono in ottimo stato.

ACCÂR عكار. Questo distretto anticamente faceva parte del governo della montagna, e nel tempo degl' antichi imperatori greci era assai florido per la cristianità, come si vede dagl' avanzi di molte e varie chiese antiche rovinate, e per la fertilità del paese.

[1] C'est-à-dire du Hauran.

Il capo luogo di questo distretto è la città d'Accâr عكار, la quale al presente è un piccolo villaggio abitato da Turchi ed alcuni cristiani, e si vedono in essa l'avanzi d'una grande città, e fu presa dai crociati dopo una lunga e forte battaglia, e di là assediarono la città d'Arca عرقا, la quale si trova nel capo della pianura, e fu distrutta dagl' eserciti musulmani, i quali avendola assediata per varii anni e non potendo prenderla, fabbricarono alcuni forti d'attorno ove stettero in assedio, ed obligarono gl'abitanti ad una capitulazione. E dopo che si sono impossessati i Turchi d'essa, la rovinarono del tutto a terra, e fino adesso si vedono gl'avanzi di questa forte città, e si trovano ancora molte volte sotteranei, e si trova ancora il ponte del fiume detto il Fiume di Arca, e vi si trova una via sotteranea dal ponte fino alla fortezza della detta città. E questa città al presente è la sede d'un vescovo maronita *in partibus*, ed è il Monsignor Giuseppe Marid, vicario spirituale del Monsignor Patriarca dei Maroniti.

Questo distretto d'Accâr fu abbandonato poco a poco dai cristiani originarii, i quali per liberarsi dalla schiavitù dei Turchi si rifugiarono nel monte Libano, e per ciò si trovano molti avanzi di chiese antiche, ed ivi sono differenti luoghi che fino adesso portano il nome di qualche santo e sono nelle mani dei Turchi. Ed al presente questo distretto viene abitato dai Maroniti موارنة, e Greci non uniti روم, da Turchi اسلام, da Turcomanni تركمان, da Kurdi كراد ed Ismaeliti اسماعيليين, e da Nosairii نصيرية, da Metuali متاولا, ed Arabi erranti عرب.

I cristiani formano i due terzi di numero di questo distretto, ed un altro terzo gl'infedeli. Sempre questo distretto ha appartenuto al governo di Tripoli, e nel tempo dei Bascià della famiglia Saifa بيت صيفا, alle volte occupavano il governo di questo distretto dei cristiani, ed alle volte i Turchi; ma quando la famiglia dei emir Amade امير حمادي, si impossessò della montagna, hanno preso ancora il governo d'Accâr per molti anni, talmente che i Bascià di Tripoli col tempo furono obligati di scacciare di là questa famiglia Amade. E lo sceik Scedid-Merêb الشيخ شديد مرعب fece una congiura, favorito dal Bascià di Tripoli; ammazzò all'improvisto Isa Amade عيسى حمادي nel convento d'Hammatura حماطورة nel 22 marzo anno 1714, ed era l'ultimo governatore del distretto d'Accâr della famiglia Amade, ed in ricompenza dell'umicidio fatto il Bascià di Tripoli diede il governo del distretto a Scedid-Merêb.

Questa famiglia Merêb مرعب, originaria kurda dei così detti Kurdi Rescivani اكراد الرشواني, e le loro tribù abitavano fra il Marasc مرعش e Posna بسناق, ed uno dei figlii di questo emir kurdo di nome Merêb lasciò i suoi nativi luoghi con i suoi due fratelli, e venne ad abitare il distretto d'Accâr; ed i fratelli suoi morirono, e rimase lui solo, e si rese celebre in quel distretto, e dopo sua morte lasciò due figlii, Tamer تامر e Dawud داود, i quali si impossessarono in Accâr e si resero celebri presso il governo di Tripoli. Tamer lasciò dei figlii, e conservarono il nome dei loro avi, e si chiamano fino adesso la famiglia Merêb مرعب, ed il suo fratello Dawud lasciò dei figlii e si chiamano Duaudi دواودة, e sono al presente tutti gl'agà che si trovano nel Biri بيري ed Accâr عكار, ed il già detto Scedid, il quale ammazzò Isa Amade, è figlio di Merêb, e dalla sua discendenza si ebbe un Bascià, ed i figlii del quale ebbero il nome di Bek بيك, e perciò in questa famiglia si trovano degl' agà e dei Bek quantunque sieno cugini paterni; ed ultimamente Moamed Elabud محمد العبود ebbe il titolo di Bek, ed essendo moltiplicata questa famiglia e per contentare tutti fu diviso questo distretto d'Accâr in tre distretti, cioè nel Kaiteh قيطع e Giumi جيومي e Draib دريب, ed ogni distretto al presente viene governato da un Bek assieme coi suoi parenti, e sono divenuti ricchi, primieramente perche i detti Bek ed agà si sono piano piano impadroniti delle possessioni del governo stesso senza pagare verun dazio; secondariamente prendono annualmente in appalto tutti i campi d'Accâr per duecento mila piastre, e guadagnano più di nove cento mila piastre. Ed il governo egiziano tagliò la testa a molti Bek ed agà di questo distretto, e li spogliò di tutti i terreni e possessioni del governo, e diede il tutto al popolo sotto pesi pecuniarii, e per ciò in quel tempo si impoverirono i detti Bek ed agà, ed il paese rimase assai tranquillo, e da alcuni fà dopo la decadenza del governo del Bascià d'Egitto nella Soria furono i detti Bek ed agà rimessi nella loro antica possessione, e sono divenuti assai ricchi, e danno grandi molestie ai poveri cristiani abitanti d'Accâr, e giornalmente rubbano il loro bestiame, e spogliano le loro case, talmente che questo distretto, il più felice per i suoi doni naturali e fertilità delle sue terre, è divenuto il più infelice per le grandi tirannie dei suoi governatori.

Si trovano in questo distretto al presente una casa di missione per i PP. Carmelitani nel villagio maronita detto Kobajat قبيات, ed un convento per i monaci maroniti nel villagio detto Deir-Genin مار جرجس دير جنين.

Accâr ancora gode il titolo di sede per un vescovo greco non unito, il quale è il Monsignor Giuseppe originario ionio, e non avendo una sede fissa percorre tutto il distretto della sua diocesi.

Sciarat-Eldenadsci شعره الدنادشه. Questo distretto anticamente apparteneva al territorio dell' Hosson حصن ed al governo di Tortosa, e le storie antiche non fanno veruna memoria di questo distretto, e non si vede se non l'avanzi d'un convento antico fabbricato nel tempo dell' impero greco, ed ora è abitato da Turchi اسلام, Maroniti موارنة, Arabi عرب, e Nosairii نصيرية, ed alcuni Turcomanni تركمان, ed ora viene conosciuto sotto il nome di Sciarat-Eldenadsci, ciò bosco di Dandasci دندش, perchè già più di cento cinquanta anni venne un certo Dandasci دندش, ed abitò colà, e si rese celebre per il suo coraggio ed i suoi assassinii, ed egli era un parente di Mereb; ma il più vero è che egli è uno degli Arabi della tribù detta Muali موالى عرب, venne ad abitare questo distretto, ed il luogo viene conosciuto sotto il suo nome. E tutta la sua discendenza sono agà, ed è divisa in casa detta Ibrahim بيت ابراهيم, e nella casa di Hassan بيت حسن, e nella casa detta Ammudi بيت حمود, e sono moltiplicati di numero, e fino dall' infanzia sono educati a sapper bene montare a cavallo e battersi colle lancie; ed al presente questo distretto vien governato da Moamed Elosman محمد

العثمان della casa d'Ibrahim; essi sono possessori quasi di tutto il distretto, e vivono più al modo dei Arabi; la loro vita consiste nel montare a cavallo in tutte le maniere, e sono assai simili agl' antichi Numidi.

SAFITA صافيتا. Questo distretto è molto grande e fertile, ed è abitato dai Nosairii نصيرية, da Greci non uniti روم, e Maroniti موارنة. La nazione dei Nosairie già da gran tempo abita questo distretto dopo le guerre dei crociati; ma anticamente però era abitato dai cristiani ed era assai florido, come si vede dagl' antichi avanzi di conventi e chiese, e delle fortezze che vi si trovano fino oggi in rovina, ed ora si trovano gl' avanzi delle fortezze Mohasci قلعة الحماش, ed Aráb مرج عرب, e la fortezza detta Miar ميعار, ed il castello Jammur جمور, ed il castello Arime العريمة, e la fortezza dei Denadsci مرج الدنادشة, ed il castello di Zara قلعة الزارة. Inquanto poi agli avanzi delle chiese, si trovano l'avanzi della chiesa detta Scialuh شالوح, e la chiesa detta Samchè دير سمكه, e la chiesa detta Buaidè كنيسة البويضة, e la chiesa della S. Vergine nel Kafrun كفرون, ed il convento di S. Elia, ed il monastero di S. Giorgio, e gli avanzi del grande monistero di S. Simeone Stilita, fabbricato dagli stessi imperatori greci. Tutti questi avanzi d'antichità provano che questo distretto era abitato dai cristiani ed era assai florido. E pare che questo popolo dei Nosairie sia l'avanzo degli eserciti mogolesi venuti quivi, come si vede nel famoso *Cronicon* del celebre scrittore Syro Bar-Ebreo ابن العبري, memorato dal mio antenato il Monsignor Giuseppe Assemani nella famosa sua *Biblioteca orientale*, e che questo popolo, non avendo nè sacerdoti nè ministri religiosi per la loro istruzione, col decorso dei tempi hanno perduto i principii religiosi originarii, ed ora si trovano in uno stato di religione assai incognito; ma solamente nel decorso dell' anno fanno alcune feste tutto cristiane, come la festa del Natale عيد الميلادي secondo il calendario antico, e la festa di Pasqua, e fanno nell' anno di notte una certa messa ove usano il pane ed il vino; ed ammettono la motamorfiei, o non hanno nè chiese nè cerimonie religiose, ma solamente chi usa l'ospitalità è un grand santo presso loro, egli fabbricano un sepolcro e lo chiamano Mozar مزار.

Questo popolo Nosairi si divide in cinque tribù primitive, e da questi derivarono altre, e la 1ª la tribù detta Kiatin خياطين, e da questa derivano altre tre, cioè la tribù detta Aidie عيدية, e Focraui فقراوى, Alepie حلبية; 2° la tribù Rislan رسلان, e da questa deriva la tribù detta Nuasra نواصرا, e Geani جهنى, e la Resciuni رشوانى; 3° la tribù detta Haddadin حدادين, e da questa derivano la tribù di Koráli قرحالى, e la tribù di Jasciuti باشوق, e la Hitori عتارى, e la tribù Bescialaui بشلاوى, e la tribù detta Hamudi عامودى; questi sono chiamati così stillitarii perchè abitano le terre dove si trovano i grandi avanzi del convento di S. Simeone Stilita; 4° la tribù detta Elmetaura المتاورة, e da questa derivano altre due tribù dette Elnemlie نملية e i detti Boscraui بشراوى; 5° l'ultima tribù detta Bet-Elarag بيت الاعرج, e da questa non derivano altre. Ed ogni una di queste differenti tribù ha i suoi capi religiosi e civili, e sono molto rispettati ed obbediti dai loro sudditi, ed in caso di disubidienza usano la pena della scommunica, ed è assai rispettata, e la persona scommunicata viene riguardata come estero dalla tribù, etc.

I governatori di questo distretto per lo più sono stati i capi delle dette tribù investiti dal governatore di Tripoli; ma ultimamente dopo le vicende di Ismail Bek fu dato questo distretto ad un governatore turco, il quale però non può mettere a dovere i malevoli.

Elhoson الحصن. Questo distretto è così nominato dalla fortezza la quale si trova in esso e si conserva ancora in buon stato, ed è una fabbrica dei crociati, e fino adesso vi sono delle iscrizioni ed arme gentilizie, e non molto lontano d'essa si trova il grande convento di S. Giorgio appartenente ai Greci non uniti. E questo distretto appartiene al governo di Apamea حماة[1] e perciò al Bascià di Damasco, ed è abitato dai Nosairii, e Greci non uniti, e pochi Turchi; i cristiani si trovano in una fertile valle chiamata ora وادي النصارى, ed i capi di detti cristiani hanno governato questo distretto, e per adesso si trova un governatore turco nella fortezza, ed uno cristiano per i cristiani della valle, e la moltitudine di questi cristiani uniti colà si fanno rispettare dagli altri; il vescovo di questo distretto è lo stesso vescovo di Accâr.

Tortosa طرطوس. Questa città è celebre nell'antichità, ed è un città fenisce, e gl' avanzi della sua antichità al presente mostrano la sua grandiosità. Ora poi questa città è abitata dai Turchi ed alcuni cristiani. Si osserva in essa la grande chiesa eretta da Pietro patriarca, come si vede nell'iscrizione che si trova. E da nove anni in quà fu occupata dai Turchi, ed essendo bene conosciuta nell'istorie taccio il tutto. E sopra questa città si trova un villaggio maronita che appartiene alla diocesi di Tripoli. A dirimpetto di questa città si trova ancora l'isola Ruad رواد, la quale fu conquistata dai Franchi l'anno 1302, e presero varii prigionieri. Quest'isola al presente è abitata dai soli Turchi, e si trova in essa varii avanzi d'antichità.

Giobbet-Besciarri جبة بشرى. Questo distretto è il capo luogo della montagna del Libano, egli stessi cedri si trovano in esso, ed una grande parte di questo distretto appartiene alla diocesi di Tripoli, e l'altra parte appartiene alla diocesi di Gebail e Batrun. Questo distretto ha sofferto varii vicissitudini, ed è abitata tutta dai Maroniti, e si trovano in essa due celebri conventi, l'uno il cœnobio detto Cannubin قنوبين, ed è sede patriarcale dei Maroniti, celebre per fino dei tempi degl'imperatori greci, ed il secondo il grande convento di S. Antonio abbate; e vi si trova ancora il convento di S. Sergio vicino al villagio d'Eden, ed un ospizio appartenente ai PP. Carmelitani vicino a Besciarri بشرى. Questo distretto fino dai tempi degl'imperatori greci era la

---

[1] Erreur. Hama est l'ancienne Épiphanie.

sede degli emir maroniti conosciuti nella storia dell'Assemani e varii altri, ed i detti principi ebbero molte guerre cogl' imperatori e coi stessi Saraceni, come si conosce dall' Istoria di Monsignor Stefano Duii بطرك اسطفان الدويه. Dopo il governo dei principi, venne governata dai così detti Scidiak شدياق per molti anni, ed ebbero varie guerre fra i Turchi e fra i governatori di Tripoli, e dopo il decorso di questi venne governata dai così detti Mocadem مقدم, e questa forma di governo durò varii secoli, ed ebbero molto da combattere contro i Turchi ed i Bascià di Tripoli, ed in fine contro gli emire della famiglia Amade بيت حماد, i quali governarono questo distretto per un secolo; ma in fine i figli di Ismail Amade اولاد اسماعيل حماد non comportandosi bene cogli abitanti, furono costretti i cristiani a fare una congiura contro essi, e colle armi si liberarono del giogo di questi infedeli, e crearono là varii capi cristiani per governare questo distretto, e divisero questo distretto in tre parti, e fino adesso si conserva questa forma di governo, e questo distretto appartiene al governo della montagna. Ecco in breve quello che spetta la diocesi di Tripoli di Syria.

CHAPITRE V.

RÉGION DE TRIPOLI.

Tripoli, comme centre archéologique, n'est pas à comparer à Sidon, à Tyr, à Byblos, à Aradus. L'importance majeure que la ville eut au moyen âge a fait disparaître presque tous les vestiges d'un passé antérieur. On ne m'y a montré rien d'antique, si ce n'est un gros mur, à la Marine, et des travaux dans le roc, qu'on prenait jusqu'ici pour des bains, mais qui sont en réalité des citernes ou des silos coniques, absolument semblables à ceux qu'on voit près de la mer à Gébeil. Une statue a été trouvée, il y a peu de temps, au port; je n'ai pu la voir. Il n'y a pas d'inscriptions anciennes.

On sait que Tripoli était une sorte de cité commune à toute la confédération phénicienne, et que les principales villes de la Phénicie y avaient des quartiers distincts[1]. La position des trois villes qui lui ont valu son nom est aujourd'hui complétement inconnue.

La plus curieuse antiquité des environs immédiats de Tripoli est l'endroit appelé *Kenz-Amour*. C'est une nécropole d'un caractère fort grossier. Nulle trace d'ornement figuré, nul espoir d'une inscription quelconque sur ces restes bruts d'une antiquité sans date et sans style. La nécropole se déploie sur des couches de rochers superposés assez régulièrement comme des étages en retraite l'un sur l'autre. Les caveaux sont irréguliers et sans grandeur. Je doute qu'on arrivât à grand'chose en les dé-

---
[1] Voir les textes recueillis par MM. Movers et Ritter.

blayant. Des vides, peut-être destinés à recevoir des inscriptions en métal, se remarquent souvent au-dessus des portes.

Beaucoup de voyageurs[1] ont parlé de poissons qu'on vénère près de Tripoli, dans une petite mosquée musulmane. C'est là, sans doute, un reste du culte des poissons sacrés, très-ancien et très-populaire en Syrie[2]. On m'a parlé d'antiquités sur le sommet du mont Turbul. Ce nom semble venir de celui même de *Tripoli*. Brocard mentionne un grand tombeau de douze pieds de long, situé dans une caverne au pied de la montagne, tombeau que les musulmans prennent pour celui de Josué[3].

Le district du Dhanniyych, situé à l'est de Tripoli, renferme un site antique fort important. C'est l'endroit appelé *Hosn el-Sefiri*, près du village de Sir[4]. Voici la description qu'en donne M. Lockroy :

> Hosn el-Sefiri paraît avoir eu trois temples. Deux sont complétement détruits; le troisième subsiste encore presque en entier. S'il avait son fronton, et la corniche qui devait orner sa partie supérieure, on pourrait croire qu'il vient d'être bâti. Pas une pierre n'a bougé de sa place, et les arêtes des moulures sont aussi vives, aussi accentuées que si elles sortaient de la main du sculpteur. Ce temple repose sur un soubassement haut de trois ou quatre mètres; on ne trouve sur ce soubassement ni devant la façade aucune trace de colonnade[5]. Le temple forme un rectangle large environ de la moitié de sa longueur. Les pierres qui le composent sont d'une grande dimension, bien taillées, et l'on ne voit point entre elles de traces de ciment. Les deux murailles latérales avancent de plusieurs mètres sur la façade, et devaient autrefois servir à former un pronaos, auquel conduisait un escalier, aujourd'hui encombré par les débris du fronton. Le temple, du reste, devait être très-simple; quelques pilastres, qui ne saillent sur le mur que de cinq ou six centimètres, tout au plus, suffisaient sans doute à son ornementation extérieure. La façade contient trois portes : celle du milieu est grande, haute et encadrée dans une moulure; les deux autres sont étroites, basses, sans ornements. Celle de gauche, en regardant l'édifice, donne accès à un escalier intérieur, taillé dans les pierres de la muraille, et qui conduisait aux parties hautes du temple.

---

[1] Laborde, G. Robinson, Thomson, Porter.

[2] Xénophon, *Anab.* I, ɪᴠ; Ovide, *Fastes*, II, v. 461-474. Le même culte se retrouve dans plusieurs autres localités de la Syrie, à Orfa, par exemple.

[3] Dans le *Rudim. novit.* fol. 168 b; p. 28, édit. de M. Laurent.

[4] Voir Michaud et Poujoulat, *Corresp. d'Orient*, tome VI, p. 416-417.

[5] M. Thomson s'exprime comme s'il y avait des colonnes renversées alentour (*Bibliotheca sacra*, V, 13).

La cella, longue de quatorze à quinze mètres, est divisée en deux parties, dont la seconde est exhaussée de trois mètres au-dessus de la première. Des gradins, placés au milieu, y conduisent, tandis que, sur les côtés, deux petites portes, encadrées dans des moulures, mènent par un escalier à une voûte souterraine qui a pour longueur la largeur même du temple. Le style romain éclate de toutes parts. Une inscription grecque est placée dans le mur latéral droit; elle est sur une pierre qui ne diffère en rien des autres.

Le second édifice est ruiné; il n'en reste qu'un dessus de porte avec une inscription. Le troisième, dont l'enceinte subsiste encore, renferme trois colonnes doriques.

Une haute colline domine Hosn el-Sefiri. On y voit les restes d'une petite construction antique, carrée, faite avec la pierre même de l'endroit. Près de là est une sorte d'autel grossièrement travaillé. Ces débris portent le nom de *Hosn el-Hâti*. A mi-côte, on rencontre une seconde construction, d'environ six mètres sur chaque côté, paraissant avoir eu la même forme que la première. La base présente une moulure. Près de là se voit un cippe, au milieu duquel se dessine une couronne; l'intérieur de la couronne, qui contenait probablement une inscription, est effacé.

M. Lockroy me rapporta des estampages des deux inscriptions dont il vient d'être question. Toutes deux ont été publiées, mais d'une manière qui ne dispense pas d'y revenir.

La première, celle qui est encastrée dans le mur latéral du premier temple, a été copiée par M. Kennedy Bailie[1], et elle figure dans le *Corpus* sous les n°ˢ 4528 *b* et 4528 *c*. Seulement, les indications topographiques données par M. Bailie ne concordent pas du tout avec les nôtres. M. Bailie donne l'inscription comme trouvée dans le Liban, près d'un couvent de Saint-Dimitri dans le Koura. En recourant aux passages de Robinson et de Burckhardt auxquels il renvoie, on voit clairement que ce couvent de Saint-Dimitri est celui qui est au pied de Naous, endroit situé en effet dans le Koura. Mais M. Bailie a commis plusieurs confusions, et la façon vague dont il s'exprime prouve que ses notes offraient ici quelque lacune, à laquelle il aura suppléé de souvenir.

Ses estampages ou ses copies avaient aussi évidemment subi quelque désordre; car les deux inscriptions qu'il publie comme distinctes, et qui ont, dans le *Corpus*, les n°ˢ 4528 *b*, 4528 *c*, n'en font qu'une. Je donne l'inscription telle qu'elle sort de notre estampage. On a scrupuleusement observé les espaces et la disposition de l'original.

Les trois premières lignes sont certaines et ont été bien lues par M. Bailie. Quant aux lignes 4, 5, 6, elles sont fort difficiles. Les restitutions proposées par M. Bailie, aussi bien que celles de M. Franz, dans le *Corpus*, doivent être rejetées. A la sixième,

---

[1] *Fasciculus inscr. græc.* III, 137 et suiv. Cf. *Corpus*, III, p. 1175.

132 MISSION DE PHÉNICIE.

les lacunes marquées par M. Bailie n'existent pas. Ce qui vient après ΕΞΗΚΟΝΤΑ, à la septième ligne, est tout à fait douteux. Suit une ligne où je crois qu'il n'y avait rien (le champ de l'inscription est rayé avec soin). Les trois dernières lignes de l'inscription sont certaines. Le commencement de la première de ces trois lignes est sûrement ΑΔ,

```
                              ΥΠΟΠ
   ΟΙΚΟΔΟΜΗΘΗΗπΛΕΥ | ΚΟΔΟΜΟΥ
   ΡΑΑΥΤΗτΟΥΝΑΟΥΚΑΙ | ΚΑΙΒΕΝΝΙ
   ΤΟΕΠΑΝΩΤΗΣΘΥΡΑΣ   | ΥΚΑΙΠΟΥΠ
   ΤΗΣΩΙΚΙΣΗΣΑ ΑΤΟΥ  | ΙΟΥΛΑΤΟΜ
   ΕΙΦΕΤΟΥΣΑΙΣΟΝΘ
   ΣΑΝπΗΧΙΛΙΟΥΣ
   ΕΞΗΚΟΝΤΑ   ΑΙΚ    ΩΗ

   ΑΔΙΟΔΩΡΟΥΚΑΙΣΙΛΑΝΟΥ
       ΔΙΟΙΚΗτΩΝ              ΚΟΝΤΑ
   ΠΟΔΕΣΧΙΛΙΟΥΣΕΒΔΟΜΗ-
```

comme M. Bailie l'avait bien vu d'abord. La ligne précédente se terminait probablement par ΔΙ : [δι]ὰ Διοδώρου καὶ Σιλανοῦ διοικητῶν. Dans la dernière ligne, χιλίους ἑβδομήκοντα est certain. ΚΟΝΤΑ, en effet, est un report de la dernière ligne, comme le prouve un trait d'union clairement marqué après ΜΗ. Rien n'était écrit, d'ailleurs, entre ΔΙΟΙΚΗΤΩΝ et ΚΟΝΤΑ. Le commencement de la dernière ligne cependant offre plutôt à l'œil πόδες que πόδας.

La petite inscription écrite à côté de la grande ne présente aucune lettre douteuse, si ce n'est à la première ligne. ΥΠΟ est certain. Ce qui reste de la lettre suivante semble avoir fait partie d'un Π. La circonstance de la coupe de ΕΒΔΟΜΗ-ΚΟΝΤΑ prouve qu'il manque très-peu de chose sur la droite de la pierre. On peut cependant trouver de l'espace pour un nom propre.

Ὑπὸ Π[. . . . . οἰ]
κοδόμου
καὶ Βεννί[ο]
υ καὶ Πουπ[λ]
ίου λατόμ[ων]

Le fragment donné par Bailie sous son n° 347, et qui occupe le n° 4528 d du *Corpus*, est aussi sans nul doute de Hosn el-Sefiri et du même temple que la précédente inscription. Je ne le trouve pas dans les estampages de M. Lockroy.

CAMPAGNE D'ARADUS.

La seconde inscription de Hosn el-Sefiri, estampée par mon collaborateur, a été copiée par Seetzen, lequel n'indiquait l'endroit que de la manière la plus vague, et par M. Bailie, qui, ici, a bien marqué la provenance. C'est le n° 4528 du *Corpus* (voir les *Addenda*). M. Thomson l'a en outre copiée[1]. La copie de Seetzen est la meilleure. Elle est rigoureusement exacte jusqu'à ΓΥΝΗ inclusivement. Après ce mot, je lis dans mon estampage ΑΥΡΑΟΥΕΙΤΟΥ, ce qui répond mieux à la lecture de Seetzen et à celle de Thomson qu'à celle de Bailie. Ce qui suit est fort indistinct, mais je le retrouve mieux aussi dans la copie de Seetzen et dans celle de Borrell, communiquée à Bailie, que dans celle de ce dernier. Il faut observer qu'en général Bailie est peu soigneux dans ses copies et très-hasardeux dans ses conjectures.

La seconde partie de l'inscription, Ἐπὶ πρότερον..... doit être lue comme a lu M. Franz d'après Seetzen, sauf qu'elle ne forme qu'une seule ligne. Les lettres, vers la fin, sont penchées en avant l'une sur l'autre, comme nous le remarquerons plus tard dans l'inscription de Douma. Il faut observer que les lignes de l'inscription ont été mal coupées par Seetzen, Bailie et Thomson. L'inscription n'a que deux lignes, la seconde, commençant par Ἐπὶ πρότερον.....

On peut donc lire l'ensemble de l'inscription de cette manière, le septième mot seul restant douteux :

Αὐρ. Πρόκλα, Δόμνου γυνή, Αὐρ. Ἀουείτου Διητραγους (?), ἱερούργησε τὴν κλείνην.....
ἐπὶ πρότερον δηναρίων τετρακοσίων εἰς τὰ ἔργα τῆς Κυρίας.

Ἀούειτος semble le nom latin *Avitus* (voir Wetzstein, *Inschriften*, n°ˢ 53 et 57). A la suite de la première ligne, on peut suppléer ἐπίδοσιν ποιησαμένη ou tout autre tour analogue, avec M. Bailie.

Cette expression τὰ ἔργα τῆς Κυρίας se retrouve, à ce qu'il semble, bizarrement renversée dans une inscription de Kefr-Haouar copiée par M. de Saulcy[2]. Quelque transposition s'est-elle glissée dans la copie de mon savant confrère? En tout cas, du rapprochement de l'inscription de Hosn el-Sefiri avec celle de Kefr-Haouar résulte, je crois, l'impossibilité de voir dans ΤΑΡΓΑΤΗ de cette dernière inscription le nom d'*Atergatis*, comme M. de Saulcy l'avait cru.

On ne peut guère douter que ἡ Κυρία ne soit ici le nom d'une déesse. Une inscription du pays de Gébeil (à Bhadidat) nous donnera bientôt ἡ Κουρεία comme un nom de divinité. Ce mot se trouve très-fréquemment avant le nom des déesses; pour nous borner à la Syrie, voir *Corpus*, n°ˢ 4470, 4471, 4537, 4539 (en consultant les *Addenda*, et Wetzstein, n°ˢ 16, 17, 28, 191). Ἡ Κυρία seul désigne sans doute «la

---

[1] *Bibliotheca sacra*, V, 13.
[2] *Voyage autour de la mer Morte et dans les terres bibliques*, II, 567, et pl. 1. Cf. Le Bas, *Voyage arch. inscript.* III, n° 1890.

grande déesse,» ou la «déesse céleste,» la *Rabbat* ou *Rabbat-Tanit* des Carthaginois. Le nom complet *Rabbat-Tanit* se retrouve dans la Κυρία Ἄρτεμις de Laodicée (*Corpus*, nᵒˢ 4470, 4471). On sait que *Abdtanit* est rendu par Ἀρτεμίδωρος dans la première inscription d'Athènes[1]. Vénus-Artémis avait un culte fort célèbre à Arca ou Césarée du Liban, à quatre ou cinq lieues de Hosn el-Sefiri. Il est remarquable que le curé Sémani (voir ci-dessus, p. 123) dit que le temple de Hosn el-Sefiri était dédié à Diane. Seulement, on peut se demander s'il a eu une tradition pour dire cela, ou bien s'il le dit par une fausse étymologie du mot *Dannié*. *Cyria* se retrouve en compagnie de Pluton et de Cérès, et, ce semble, confondue avec *Cora* dans deux inscriptions d'Auzia, en Afrique, ville où les cultes carthaginois s'étaient particulièrement conservés[2]. Une autre inscription d'Auzia (*Inscr. de l'Algérie*, nᵒ 3573) nous présente des *pulvinaria alta*, qui répondent peut-être à la κλίνη votive de l'inscription de Hosn el-Sefiri, et fortifient l'hypothèse de M. Bailie à ce sujet.

On voit que les inscriptions de Hosn el-Sefiri nous donnent surtout des noms latins. L'époque de la grande vogue du culte de Vénus-Artémis et de la splendeur des temples du Liban doit être placée au temps des empereurs syriens. On sait qu'Alexandre Sévère naquit dans un temple à Arca[3].

Au sud de Tripoli, à l'extrémité de la plaine d'Amyoun, se trouvent deux autres localités renfermant de beaux monuments des religions antiques. L'une est Bziza (בית־עזיז, temple d'Aziz[4]?), où se voit un joli temple ionien très-bien conservé, et qui a été converti en église à une époque où l'on construisait encore avec soin dans ces parages. On l'appelle كنيسة العواميد, «l'église des colonnes.» Il a été bien dessiné par M. de Laborde[5]. Il n'a pas d'inscription. Une foule de renseignements cependant se réunissaient pour m'indiquer l'existence d'une inscription à Bziza. Mes questions pour obtenir à cet égard quelques indications des gens du village restèrent sans réponse. Plus tard, on m'a de nouveau

---

[1] Voir Movers, *Die Phœn.* I, 618 et suiv.
[2] *Inscriptions rom. de l'Algérie*, nᵒˢ 3576, 3581. Cette deuxième inscription est de l'an 241 de notre ère.
[3] Voir Tillemont, *Hist. des Empereurs*, III, p. 157-158.

[4] Dans le Liban, le *b* initial (Bteda, Bteddin, Bhadidat, etc.) est en général une abréviation pour Beth. De même, dans la Gémare, ב pour בית.
[5] *Voyage de la Syrie*, pl. XXII, 42 et 43; XXIII, 44. Comp. Michaud et Poujoulat, *Corresp. d'Orient*, VI, p. 419-420.

répété qu'il y avait une inscription dans de grosses substructions situées à environ deux cents pas du temple, près du village, dans un champ. Il est très-possible que les gens de Bziza, croyant posséder là un trésor, m'aient trompé. J'invite ceux qui me suivront à chercher entre le temple et le village, dans la direction de la mer.

Naous, au-dessus de Kisbé, est un point bien plus important que Bziza[1]. Le nom est évidemment le grec Ναός[2]. Un des dessins de M. de Laborde[3] représente la porte d'un des temples de Naous. Naous possède les restes de deux temples avec de grandes cours sacrées. Les jambages des portes sont des monolithes énormes, échancrés à échelons pour épauler les assises. Dans le temple situé à l'est, les sculptures sont lourdes et d'un goût médiocre; les portes et les frontons seuls sont en pierres colossales; le reste est en pierres de dimension moyenne, comme celles de Kalaat-Fakra et d'Afka. La porte y est couronnée, comme à Oum el-Awamid, comme à Gébeil, de ce globe ailé qui, jusqu'au temps des Antonins, fut l'ornement obligé de tous les temples de la Phénicie. L'autre temple était corinthien; il reste de beaux morceaux du fronton, et un fragment de frise portant, ce semble, les traces des clous qui auraient fixé l'inscription. Le mur d'enceinte est ici en pierres colossales, comme à Deir el-Kala. Sur les jambages de la porte, on croit distinguer les points d'attache de ces plaques de métal sur lesquelles s'écrivaient les rituels et les enseignements sacrés. L'aspect de ces rainures est d'un effet singulier, que je n'ai pas observé ailleurs.

Toutes les constructions de Naous sont de l'époque romaine; mais, comme celles de Kalaat-Fakra, elles ont un caractère syrien bien marqué; en tout cas, elles diffèrent profondément des constructions pure-

---

[1] Cf. Ritter, XVII, 594 et suiv. Michaud et Poujoulat, *Corresp. d'Orient*, VI, p. 418-419.

[2] Beaucoup de restes de temples antiques portent ce nom dans la région du Liban, comme Burckhardt l'avait déjà observé. Ce nom se confond souvent avec *Namous*, «tombeau ou nécropole.» (Voy. Ritter, XVII, 199, 594.)

[3] XII, 29. C'est par erreur que, dans les planches de M. de Laborde, ce monument a été rapporté aux environs de Tortose. (Comp. la page 33 du texte.)

ment romaines de Baalbek. Ces grands établissements religieux hors des villes étaient communs en Syrie. Hosn-Soleyman, Hosn el-Sefiri, Maschnaka, Aphaca, Kalaat-Fakra, le temple du lac Leimon, Deir el-Kala, Furzul, offrent un caractère fort analogue à Naous.

Les belles sépultures et les vastes carrières qui se voient autour de Naous prouvent qu'il y eut là un centre considérable. Ces caveaux rappellent, à plusieurs égards, ceux d'Adloun. Ils renferment à l'intérieur trois auges taillées avec soin, et offrent à l'entrée une rainure pour recevoir la pierre plate qui servait de porte. Plusieurs de ces caveaux sont creusés comme ceux d'Adloun dans le roc incliné; ils présentent alors au-dessus de l'entrée une gouttière destinée à empêcher l'eau de pluie qui tombait sur le roc de couler dans le caveau et de le remplir. Au-dessus de l'entrée se voient encore, comme à Adloun, des croix taillées très-grossièrement, et qui sont probablement de quelque époque tardive. Enfin, dans la partie nord de ce bel ensemble de ruines, on trouve des couvercles de sarcophages fort travaillés, présentant, à un bout, de petits acrotères et une sorte d'antéfixe en forme de rosace; à l'autre bout, des bandeaux formant guirlande. Une extrémité du couvercle est plus large que l'autre; cette particularité n'est point rare dans les sarcophages du haut Liban.

Il est assez singulier que le vrai nom d'une localité si importante ne soit pas connu. La ville, du reste, paraît avoir été rebâtie, comme Oum el-Awamid, après la destruction des temples. Près de ceux-ci, on voit des murs grossiers et de pauvres maisons en ruines, qui ont été bâtis avec des débris antiques. L'un des temples a même été reconstruit avec ses propres pierres et ses colonnes.

En montant de Kisbé à la haute vallée de la Kadischa, on trouve à Tirza, ou Btirza, une sculpture bizarre. C'est une sorte de griffon entaillé sur le rocher; l'animal a près d'un mètre et demi de long. Non loin de ce médaillon se voit un caveau, ainsi que cela a lieu pour tous ces bas-reliefs sculptés sur le roc. Celui-ci a neuf niches et est assez beau. Il est situé en face de la sculpture.

La région d'Ehden et de Bscherreh, « la Vallée sainte, » si intéressante au point de vue de l'histoire du moyen âge[1] et des temps modernes par le développement original qu'y a pris la race maronite, n'a pas eu de rôle important dans l'antiquité. Je n'admets nullement qu'Ehden ait rien de commun ni avec l'Éden de la Genèse, ni avec le בֵּית־עֶדֶן d'Amos (1, 5), ni avec le Παράδεισος des géographes anciens, comme on le suppose généralement[2]. Ehden n'offre aucun vestige de grandes constructions; il n'y a jamais eu à cet endroit qu'un village patriarcal de bons montagnards. L'identification d'Ehden avec עדן et Παράδεισος vient d'une erreur d'orthographe. L'orthographe d'Ehden est اهدن, et non اعدن, ainsi que l'a bien vu Robinson[3]. Il est surprenant qu'une telle erreur ait été admise par tant

---

[1] « Plura loca religiosa constructa sunt super rivos ejus et ecclesiæ multæ. » (Brocard, dans le *Rudimentum novitiorum*, fol. 168 a, p. 28 de l'édition de M. Laurent.)

[2] Gesenius, *Thes.* s. h. v. Ritter, XVII, 650 et suiv.

[3] *Bibl. Res.* III, 587, note.

138　　　MISSION DE PHÉNICIE.

d'hommes savants jusqu'à nos jours[1]. La tendance des Maronites à placer l'Éden dans leur vallée sainte[2] s'explique naturellement par leur naïf patriotisme, et par l'amour qu'ils ont conçu pour cette vallée, témoin de leurs luttes héroïques, et qui est, en effet, l'un des endroits les plus délicieux du monde. Pour justifier cette prétention, ils auront adopté l'orthographe حبي, qui est usuelle dans le clergé, et que les hommes les plus instruits soutiennent avoir été l'orthographe primitive, اهدن n'étant, selon eux, qu'une corruption des Arabes. Mais on s'explique bien que اهدن soit devenu حبي, tandis que l'inverse ne se comprend pas.

Les inscriptions d'Ehden sont au nombre de trois.

L'une, encastrée dans le mur de l'église, se trouve dans le *Corpus*, n° 4524, d'après une copie de Seetzen, que j'améliore ainsi :

░░░░░░░ΟΝΚΑΛΩC
░░░░░░░ΥCΔΠΦ

et que je restitue partiellement ainsi :

.........ον καλῶς
......[ἔτο]υς δπϕ

L'année $\overline{\delta\pi\varphi}$ ou 584, évaluée d'après l'ère des Séleucides, nous reporterait à l'an 272 de notre ère.

Une autre inscription se lit sur une pierre près de l'église : elle est très-mal gravée et d'une fort basse époque.

✝ⲁⲨⲢⲄⲰⲚⲤⲦⲈⲪⲀⲚ
ΛΑΒ ⳽ ⲄⲈⲚⲞⲘⲈ
ΑΒΕΛΛΑΑΜႽΝΕ
░░░░ⲄⲦⲒΑⲰ░░░░ⲬⲎⲐⲨ

Le quatrième caractère de la deuxième ligne est singulier. C'est peut-être la feuille des anciennes inscriptions grossièrement imitée. Le dernier caractère de la troisième ligne est douteux. C'est peut-être un T ou un C. La quatrième ligne est en caractères plus fins. Les trois dernières lettres seules sont certaines. Je crois y voir des sigles ou

---

[1] Robinson d'ailleurs a cru trouver Παράδεισος en Cœlésyrie (III, 556). Cf. Porter, p. 577. Thomson ne s'éloigne pas beaucoup de cette opinion (*Bibl. sacra*, V, 689). — [2] Voy. F. Naironi, *Evoplia*, 84, 88-89.

des formules chrétiennes. Du reste, l'inscription ne m'a offert aucun sens satisfaisant. Le nom Ἀϐελλααμοῦν seul est remarquable par sa physionomie arabe.

Une inscription syriaque se trouve dans l'église. Elle est en estranghelo cursif assez irrégulier. La voici :

ܒܫܡ ܐܠܗܐ ܡܚܝܢܐ
ܕܡܝܬܐ ܒܫܢܬ ܒ... ܐ
ܕܐܠܟܣܢܕܪܘܣ ܗܘܐ ܒ......
ܘܫܟܒ ܘܡܝܬ ܡܘܪܩܘܣ......

« Au nom du Dieu qui ressuscite les morts, en l'année 1... d'Alexandre,... s'endormit « et mourut Mourcos... »

Le grand monastère de Mar-Antoun, taillé en partie dans le roc, est un curieux exemple de l'architecture troglodyte continuée jusqu'aux temps modernes[1]. Ce genre de construction se retrouve dans presque tous les couvents de la Vallée sainte, à Kanobin, à Mar-Sarkhis. On m'a parlé, mais trop tard pour que j'aie pu vérifier l'exactitude de ce renseignement, d'une inscription dans l'église de Mar-Semân, au-dessous de Hesron. Je pense qu'il s'agit d'une inscription syriaque. Je ne parlerai point des cèdres après tant d'autres, bien qu'il subsiste assurément peu de restes aussi authentiques de la vieille Phénicie.

En se rapprochant du Nahr el-Djouz, on trouve les villages de Niha, de Reschkida et de Derbaschtar ou Beaschtar. Ces villages m'avaient été signalés : Niha, comme renfermant des antiquités; Reschkida (رشكيدا), une inscription dans le mur de l'église, et une inscription syriaque à la *Médréset Boulos;* Derbaschtar, deux constructions, dont l'une près d'une source. Ce que nous y avons vu a peu d'intérêt. Le nom de Derbaschtar est caractéristique, et semble renfermer le nom d'Astarté (Deïr Beth-Aschtar). Le mot *deïr*, qui signifie proprement « couvent, église, » sert souvent à désigner les temples anciens. Le *b* peut aussi s'être introduit par abus, comme dans Derbissin (village près de Saïda) pour Deïr es-Sin. A Amyoun, on m'avait également parlé d'une grotte devenue église, et portant une ins-

[1] Voy. Cassas, IIe vol. *Voy. en Syrie*, pl. LXIX; Laborde, *Voy. de la Syrie*, pl. XVIII, 36.

cription. Celui de mes collaborateurs qui visita ce point vit un rocher taillé plein de niches, mais pas d'inscription; il est possible que cela ait tenu aux mauvaises dispositions de la population, toute grecque orthodoxe, et qui, à ce moment, était hostile à la France. Burckhardt et G. Robinson trouvèrent aussi les gens d'Amyoun fanatiques et inhospitaliers.

La route, le long de la mer, de Tripoli à Batroun, offre beaucoup de points intéressants. C'est d'abord, à deux kilomètres environ de la ville, une ruine formant deux chambres comme adossées et encore revêtues de bon stuc. A Calmoun et Hraïsché, pendant un espace de trois ou quatre kilomètres, on trouve de nombreuses traces dans le roc (carrières, sépultures, pressoirs, cuves, meules très-nombreuses). En quelques endroits, j'ai cru reconnaître des trous ronds, analogues à ceux qu'on remarque dans les rochers de Gébeil et dont il sera question plus tard. Mais ce qui frappe surtout, ce sont deux monuments signalés par M. de Vogüé, qui en a donné un dessin[1]. Ils ressemblent à deux chapelles monolithes assises sur le même piédestal. Depuis que j'ai vu le pays de Sour, surtout à l'endroit appelé *Oum el-Aamed*, près de Cana[2], je n'ai plus aucun doute sur la nature de ces monuments. Dans un rayon de quatre ou cinq lieues autour de Tyr, on en trouve de tout semblables en grand nombre et avec un caractère évidemment industriel : ce sont des pressoirs. Dans ceux de Calmoun, comme dans ceux du pays de Sour, les trous pour les solives se voient dans les parois intérieures de la cavité.

On trouve du reste à Calmoun plusieurs vestiges du même genre. Il y a eu là sans contredit une ville antique. Pococke et, après lui, tous les voyageurs savants y ont placé avec pleine raison le *Calamus* de Polybe et de Pline[3]. M. le patriarche des Maronites cependant me faisait remarquer combien ce nom de Calmoun est commun en Syrie, appliqué à des for-

---

[1] *Fragments d'un journal de voyage en Orient* (Paris, 1855), p. 12-13 et 19.
[2] Ne pas confondre avec Oum el-Awamid au sud de Tyr.
[3] Polybe, V, 68; Pline, V, 17 (20). Cf. Pococke, *Description of the East*, II, 1re partie, p. 99; Thomson, dans la *Bibliotheca sacra*, V, p. 10; Vogüé, ouvr. cité, p. 18-19.

teresses¹, et il y voyait *Calata del Monte*. Pour moi, je me demande si ce nom ne viendrait pas dans certains cas de κλῖμαξ = *Calimas* = *Calmous* = *Calmoun*, les terminaisons en *ous* et *oun* se mettant indifféremment à la fin des noms d'origine grecque². Quoi qu'il en soit, Édrisi place au sud de Tripoli un fort de Calmoun³.

Un peu après qu'on s'est détourné de la route de Tripoli à Batroun pour aller à Anefé, la route semble présenter des trous ronds analogues à ceux de Gébeil. Le sol, à cet endroit, rend un son creux très-caractéristique. Le même son creux se remarque dans une aire près du village, et dans le village même à deux ou trois places. Il faut d'ordinaire se défier de cette résonnance, qui tient à des accidents naturels du rocher. Ici pourtant je ne serais pas éloigné de croire à des grottes souterraines creusées ou utilisées par l'homme.

Anefé (انفه, *Néphin* des croisés)⁴ est un point fort important. C'est un village situé près d'un petit cap, au nord du *Theou-Prosopon*. Le cap, un peu au delà du village, est percé deux fois dans toute sa largeur par deux énormes fossés taillés dans le roc au niveau de la mer. Entre ces deux fossés et le village, le cap offre en outre sur ses deux faces une série de travaux creusés dans le roc, d'un caractère profondément original.

Aux deux fossés qui traversent l'isthme de part en part, se rattachent des restes de constructions en gros blocs, dont une partie est encore adhérente au rocher. Ces restes se voient surtout du côté qui est tourné vers Tripoli. Ces lambeaux de vieux murs offrent exactement le même caractère que la tour de Gébeil : c'est le même bossage; c'est la même manière de jointoyer les blocs au moyen de petites pierres à crossette, taillées elles-mêmes en bossage. Il est clair que des assises de gros blocs

---

¹ Voy. Ritter, XVII, index, aux mots *Kalamôn* et *Kalamûn*. Il y en a beaucoup d'autres exemples; ainsi le Djebel-Kalamôn près de Damas.

² Voir ci-dessus, p. 21-22, note.

³ Éd. de Jaubert, 356-57. Il faut remarquer qu'il y a encore un Calmoun au-dessus du château de Musceliha.

⁴ Ritter, XVII, 591, 609-610; Mehren, *Syrien-og Palestina* (Copenhague, 1862), p. 67, 76; Michaud et Poujoulat, *Corresp. d'Orient*, t. VII, p. 286-287. M. Ritter (XVII, 609-610) et M. Ch. Müller (*ad Strab.* p. 926) croient à tort que Néphin doit être situé sur le cap *Theou-Prosopon*.

étaient superposées aux parois du fossé pour exhausser la clôture aux endroits où le roc faisait défaut. Les gradins qui se voient au bord du fossé, surtout du côté du *Theou-Prosopon,* étaient les lits de ces blocs. Le *kalaa* ou château était situé à la pointe, au delà du second fossé [1]. Le nom en est resté à cet endroit, quoique les pierres de constructions apparentes aient toutes disparu. Ce sont sans doute les bâtisses modernes de Tripoli qui auront absorbé ces masses de pierre. Déjà nous avons vu Césarée du Liban, Orthosie, Marathus, et toutes les ruines de Tripoli à Tortose dévorées de la même manière. Il faut savoir que les tailleurs de pierre de la Syrie moderne sont fort maladroits. D'un beau bloc antique, ils ne font souvent que cinq ou six misérables petites pierres; la plus grande partie est perdue en retailles; l'emplacement de toutes les vieilles constructions est parsemé de ces débris.

Les travaux dans le roc qu'on voit entre les fossés et le village, bains, grottes, sépultures, piscines, etc. sont les plus soignés peut-être de toute la Phénicie. Ils offrent des lignes régulières, des lisérés profonds, taillés avec soin. Un grand nombre de meules et de pressoirs sont épars de tous les côtés. Les excavations dans le roc forment des étages réguliers, aboutissant à la mer par une sorte de rampe. Les portes présentent des trous pour les verrous et les gonds. Des coupes verticales du rocher ont servi de murs intérieurs à des maisons, et offrent comme les rochers d'Amrit des files horizontales de trous pour les poutres. De nombreuses niches, quelquefois disposées avec symétrie, sont creusées dans ces murs et servaient d'armoires ou de chapelles domestiques. Au bord de la mer se trouve une sorte de trou creusé dans le roc avec un escalier pour y descendre et où la mer pénètre par un conduit, également creusé dans le roc, avec un bruit étrange. Nous trouverons des salles analogues, et plus grandes que

---

[1] «Castrum Nephin in mari situm fere totum, in «quo vidi duodecim turres bonas et locum muni-«tum valde.» (Brocard, dans le *Rudimentum novitio-rum,* fol. 167 *b,* p. 27-28 de l'édition de M Laurent.) Comparez Wilbrand d'Oldenborg, p. 168 de l'édition de M. Laurent.

celles-ci, à Gébeil et à Sarba, près Djouni. Un puits de forme ovale, bien taillé, communique au canal souterrain. Une très-belle piscine, offrant au fond des trous ronds et équarrie avec un soin extrême, se rattache à ces travaux. Les grottes sépulcrales ont aussi un caractère à part, et qui semble ancien.

Quand je vis Anefé pour la première fois, je croyais à l'antiquité de la tour de Gébeil. Le rapprochement du lambeau de mur adhérent au fossé avec ladite tour me frappa. Peu familiarisé encore avec les grands travaux dans le roc qui à Athlith se trouvent rapprochés de constructions du moyen âge, je vis dans les ruines d'Anefé un ensemble de restes phéniciens. Aujourd'hui je pense que cette opinion doit être en grande partie abandonnée. Le pan de maçonnerie qui a subsisté rentre dans le type des travaux en grand appareil construits par les croisés. Je n'y vois plus qu'un débris du château de Néphin. M. Thobois y trouve des signes certains de construction hâtive et relativement moderne. Quant aux fossés dans le roc, je ne sais plus qu'en penser depuis que j'ai vu Athlith. Le château d'Athlith est tout entier du moyen âge, et pourtant les substructions d'Athlith présentent de grandes entailles dans le roc, et à deux pas de là se trouve l'endroit nommé par les croisés le *Détroit* ou *Pierre-Encise*, où l'on voit les plus grands travaux dans le roc que possèdent la Phénicie et la Palestine. Les fossés de Tortose sont très-probablement un ouvrage du moyen âge. Ces ouvrages sans style n'ont pas de date ; les textes seuls pourraient lever nos perplexités à cet égard. Je voyais dernièrement à Jersey des travaux de ce genre exécutés il y a un demi-siècle, et rappelant trait pour trait Pierre-Encise et Anefé.

Nul doute du reste qu'avant le château de Néphin il n'y eût à Anefé un village assez considérable. Si les deux grands fossés peuvent être l'ouvrage des croisés, les nombreux travaux dans le roc dont nous avons parlé ne peuvent l'être. Ces travaux ne sont pas appropriés aux mœurs de l'époque chrétienne. Ils sont sûrement anciens. Le village, situé comme je l'ai dit un peu en deçà des fossés, offre beaucoup d'antiquités : une série de rochers taillés en étage, formant comme une enceinte; une autre enceinte circulaire, près de là; de nombreux caveaux creusés dans le roc, près de la route, au premier groupe de maisons qu'on rencontre en venant de Tripoli; de grandes coupes dans le rocher, derrière l'église; quelques travaux de briques; une jolie église bien bâtie, du temps des croisades; près de l'église, un très-beau caveau chrétien, à trois compartiments cintrés, au fond duquel se voit un chrisme entouré d'un cercle. On me parla d'une pierre avec inscription et d'une tête trouvées en cet endroit, mais on ne put me les montrer.

Tout ce que nous savons du château, et du port de Τρıήρης, nommé par Scylax (§ 104), Polybe (V, 68), Strabon (XVI, 11, 15), convient parfaitement à la situation d'Anefé; aussi cette identification a-t-elle été faite tout d'abord par Pococke[1]. Le nom moderne d'*Anefé* est arabe; il signifie simplement «nez» ou «cap» et est postérieur à l'invasion musulmane.

La construction qu'on voit sur la côte, un peu au nord, est le Deïr en-Nathour, couvent orthodoxe peu ancien.

Je trouvai à Anefé, entre les mains du curé grec, une belle pierre persico-phénicienne, oblongue, ayant servi de sceau; je voulus l'acheter; je n'y pus réussir. Les empreintes que j'en avais prises me permettent de la publier ici.

Ces cinq lettres doivent être lues לחנמי.

Presque tous les sceaux phéniciens commencent par ל, suivi du nom de la personne à qui le sceau à appartenu[2]. M. Levy, de Breslau, a qui j'ai communiqué le dessin de cette inscription, me suggéra le rapprochement du nom connu par la Bible בן־חנם,

---

[1] *Description of the East*, II, 1ʳᵉ part. p. 99. (Cf. Thomson, dans la *Bibliotheca Sacra*, V, p. 10.) Les éditions de Pococke portent *Enty*, par une faute d'impression, au lieu de *Enfy*. Michaud et Poujoulat portent *Euphi*.

[2] Levy, *Phœnizische Studien*, II, 24 et suiv.

équivalent de הנמי. Le sens serait donc « sceau de *Hinnomi*. » Les Hinnomites de la Bible paraissent en effet avoir été des Chananéens, voués au culte de Moloch.

Une autre pierre, analogue à la précédente pour l'objet représenté, mais sans inscription, me parvint de Saïda. Je la donne ici à cause de sa ressemblance avec la pierre qui précède.

On peut, du reste, voir un grand nombre de pierres du même genre, dans Lajard, *Culte de Mithra*, pl. X, 16; XVII, 1 *a*; XLIV, 6, 19; LIV b, 16; LIV c, 4; LXII, 3; *Culte de Vénus*, I, 8. Notre pierre est la seule de ce genre qui ait une inscription. Pour la forme de la pierre et la façon dont elle est arrondie et percée, voir Lajard, *Culte de Mithra*, XII, 12.

Le massif du cap *Theou-Prosopon*, enfin, a conservé beaucoup de traces de son passé phénicien. Le nom primitif de ce cap était sans doute *Phaniel* ou *Phanuel*, nom que nous trouvons en Palestine appliqué aux endroits où l'on croyait que Dieu était apparu [1]. Peut-être aussi est-ce une traduction de פניבעל « face de Baal, » épithète constante de *Rabbath Tanith* dans les inscriptions carthaginoises[2]. Le nom de cap « Madonne » serait-il un écho du nom de *Rabbath*? Un cap de Sicile portait de même le nom de *Rosch-Melkart* « tête de Melkart[3]. » Quoi qu'il en soit, le massif dont nous parlons, séparé par ses flancs abruptes du reste du Liban, forme un petit monde plein d'intérêt. Strabon y place un φρούριον, qui fut détruit par Pompée (XVI, ii, 18), et Édrisi, une forteresse[4]. On m'avait signalé à Hammât (حمّات) une église à colonnes, avec inscriptions sur ces colonnes; je n'ai rien trouvé de semblable. Mais, au pied du cap, était certainement une petite ville antique, à l'endroit nommé maintenant *Hannousch*, nom

---

[1] *Gen.* XXXII, 30-31. Cf. Mignot, dans les *Mém. de l'Acad. des Inscr.* XXXIV, 250; Movers, *Phæn.* I, 667 et suiv. Ritter, XVII, 36-37; Hitzig, *Die Psalmen*, II, p. 81, note. Θεοῦ πρόσωπον devint chez les auteurs chrétiens Λιθοπρόσωπον, aujourd'hui وجه الحجر.

[2] Cf. *Ann. de la Soc. archéol. de Constantine*, 1860-1861, p. 45; *Inscr. in the Phæn. character*, publiées par le Musée britannique (1863), sæpissime.

[3] G. Ugdulena, *Sulle monete punico-sicule* (Palerme, 1857), p. 24-25; G. Romano, *Sopra alcune monete scoverte in Sicilia* (Paris, 1862), p. 7.

[4] Édrisi, trad. Jaubert, I, 356, 357.

146   MISSION DE PHÉNICIE.

qui décèle sûrement une origine grecque (la terminaison *ousch* = ος l'indique). Sur un rocher, se voit un signe assez commun en Phénicie.

Au pied de ce rocher se trouvent des débris; plus loin, un chapiteau, grossière imitation du chapiteau corinthien. Au bas du chapiteau, sur une surface lisse, on lit △○Ρ; sur un fût à côté : Ᲊᲊ. De nombreuses cuves et meules sont éparses çà et là. Mais l'objet le plus intéressant de Hannousch est une grande cuve de un mètre quarante et un centimètres de diamètre sur un mètre deux centimètres de profondeur. Elle était à demi enterrée dans le sol. Elle pèse environ trois mille trois cents kilogrammes; nous avons dû renoncer à l'emporter.

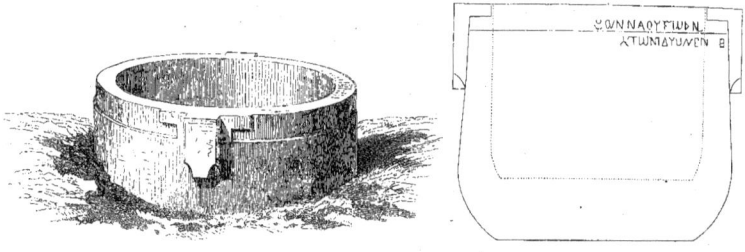

Une inscription très-fruste se lit sur le bandeau qui entoure la cuve. Après des efforts répétés, je suis parvenu à lire avec certitude :

ΝΑΑΡΑΣ · · · ΗΠΙΟΣΑΝΝΗΛΟΥΤѠΔΙΙ
ΕΚΤѠΝΙΔΙѠΝΕΠΟΙΗ

Il ne manque rien au commencement de la deuxième, ni à la suite de la première ligne. L'inscription doit donc être lue : Νααρὰς ...ηπιος Ἀννήλου τῷ Διΐ ἐκ τῶν ἰδίων ἐποίη[σεν].

Le seul doute qui reste, en ce qui concerne la lecture, porte sur le second mot. Il se termine, ce semble, en ηπιος, qui doit être précédé de trois lettres. La lecture vers laquelle je me suis toujours trouvé porté, en face du monument, est ΤΑ; mais il ne résulte de là rien de satisfaisant. Sur l'estampage, d'ailleurs, je reconnais la nécessité d'admettre trois lettres au lieu de deux, et la seconde lettre m'apparaît bien plutôt comme un Φ que comme un Τ. Je lirais donc ΙΦΑΗΠΙΟΣ, si cela faisait un sens. La lettre entre Φ et Η est douteuse; il ne faut songer toutefois ni à un Λ ni à aucun changement de ce genre; car, ce qu'il y a de plus clair dans la lettre, c'est la traverse brisée de l'A. Un moment, M. Egger a songé à ΦΙΛΤΑΤΟΣ[1]; mais je ne puis avec cette lecture satisfaire à toutes les exigences de l'estampage.

Νααράs et Ἄννηλος sont deux noms sémitiques de très-bon aloi. Le diminutif du premier, Νόαιρος, se trouve dans le Hauran (*Corpus*, n° 4595). La forme Νόερος se trouve également dans le Hauran (*Corpus*, n° 8652), et la forme Νόαρος, à Gébeil (ci-dessous, liv. II, chap. I) et dans Josèphe (*B. J.* II, xviii, 6[2]). Ἄννηλος se trouve aussi dans le Hauran (*Corpus*, n° 4620; Wetzstein, *Inschriften*, n°s 119, 183)[3]. J'ai insisté ailleurs sur ce nom[4] : c'est l'équivalent de l'hébreu חננאל, contracté par la même règle qui de *Hanan* et *Iohanan* a tiré Ἀννᾶς et Ἰωαννῆς ou Ἰωαννᾶς. Les noms de Hanan et de Honein eux-mêmes supposent après eux le nom de « Dieu » sous-entendu. Nous verrons encore les noms arabes du Hauran reparaître autour de Gébeil. Le culte de Zeus, que nous rencontrons ici, va aussi régner presque exclusivement désormais dans la région de Byblos.

En allant de Hannousch à Batroun, on trouve dans le massif du cap une petite anse où aboutit un wadi nommé *Wadi-Ghamik*. La route qui contourne le fond de cette petite anse est taillée dans le roc comme la route du fleuve du Chien. D'un côté de cette route, sur la face horizontale d'un rocher, il y a une inscription en très-grosses lettres, qui a été copiée par Seetzen et qui est publiée dans le *Corpus* (n° 4527). Seulement, comme on n'avait pu retrouver ce petit Wadi-Ghamik, faute d'indication suffisante de la part de Seetzen, l'inscription flottait sur tout le parcours de la route suivie par Seetzen, de Tripoli à Damas.

Je n'ai aucune correction à faire au texte du *Corpus*. Les lettres ont trente ou quarante centimètres de haut, et rappellent celles des inscriptions d'Adrien, dont nous parlerons bientôt. C'est une borne de propriété, comme nous en verrons plusieurs sur le versant oriental du Liban. Le mot ΟΜΟΝΟΙΑΣ, qui la termine, doit être traduit « d'un commun accord, » comme s'il y avait ἐξ ὁμονοίας ou ὁμονοίας χάριν, de même

---

[1] A Gébeil nous trouverons de même ΨΙΛΙΑΤΗ dans une inscription dédicatoire.

[2] On corrige Νόαρος en Οὐάρος pour répondre à un autre passage (*Vita*, 11). Mais, comme il s'agit d'un Hauranien, je pense qu'il faut lire partout Νόαρος.

[3] Voir mes Observations sur les noms arabes qui figurent dans les inscriptions grecques du Hauran, dans le *Bulletin archéologique français* de MM. de Longpérier et de Witte, sept. 1856, et dans le *Journ. asiat.* févr. mars 1859, p. 241-242. Comparez *Zeitschrift der deutschen morg. Gesellschaft*, 1861, p. 440; Wetzstein, ouvr. cité, p. 343, 344, 359.

[4] *Journal asiatique*, cahier de février-mars, 1859, p. 242.

que nous trouverons plus tard (l. IV) EYXHC pour ἐξ εὐχῆς. Le nom de Δημόστρατος, qui y figure, peut être une forme grécisée d'un nom phénicien, où entrait le nom d'*Astarté*, comme Στράτων, Γερόστρατος, Ἀϐδόσταρτος.

Vis-à-vis de cette grande inscription, sur le roc vertical, se voit un cartel en queue d'aronde, qui a dû porter une inscription. Il m'a été impossible d'y distinguer une seule lettre. Peut-être les voyageurs qui la verront à une autre heure que moi seront-ils plus heureux.

On traverse ensuite de grandes carrières et l'on arrive à une jolie plaine dominée par le talus méridional du *Theou-Prosopon*. Sur la pente sud, au village de Cobbé, on lit en grosses lettres, sur une pierre, près de l'église de Mar-Iakoub :

ΘΑΒΔΟΛΑΘ

La dernière lettre est très-douteuse. C'est peut-être un H. Il me semble qu'il faut voir là un nom propre sémitique commençant par *Abd*. Serait-ce عبد الله ou عبد اللات, noms arabes anté-islamiques? Mais je n'ose insister. Il n'y avait rien, ce semble, avant le Θ initial. Peut-être les deux Θ sont-ils pour Θάνατος ou Θάνων, signifiant que Abdola occupe mort le tombeau : *Nigrum præfigere theta* (Perse, IV, v. 13; voir les notes de l'édition Lemaire, sur ce vers).

Le château si pittoresque de Museiliha (المسيلحة) ne renferme, dans son état actuel, aucune partie antérieure au moyen âge. Peut-être un château exista-t-il en cet endroit dès l'antiquité et servit-il dès lors, comme il a servi encore en notre siècle, de repaire aux brigands, qui ont toujours eu une sorte de domicile en ces parages[1]. Nous montrerons bientôt, cependant, que la route antique ne passait pas en cet endroit et que l'importance de cette gorge n'a commencé qu'après l'éboulement du cap Madonne au VIᵉ siècle.

Le village d'Ebrin (عبرين), qui domine le Nahr el-Djouz, m'a fourni l'inscription suivante, que les habitants m'ont déclarée provenir du château de Museiliha.

[1] Strabon, XVI, II, 18.

FINES·POSITI·INTER
CAESARENSES·AD
LIBANVM·ET·GIGARTE
NOS·DE·VICO·SIDONIOR▒
IVSSV▒▒▒▒▒▒PRO▒▒▒▒▒
PER·DOM▒▒▒▒▒▒▒▒▒▒▒

Telle est la lecture de M. Mommsen. M. Fræhner[1] a mal lu la dernière ligne. Le nom du *Procurator* (lecture que M. Mommsen préfère à *Legati Augusti pro prætore*) est gratté à dessein. M. Mommsen restitue ainsi :

IVSSV▒▒▒▒▒▒PRO[C·AVG]
PER·DOM[ITIVM·········]

Cette inscription cause quelque étonnement. Césarée du Liban ou Arka et Gigartus sont à quarante-cinq kilomètres l'une de l'autre, et dans l'intervalle se trouvent au moins quatre villes antiques, Orthosie, Tripoli, Calamus et Trière. Il est donc impossible de supposer que les territoires de Césarée et de Gigartus furent limitrophes. M. Mommsen pense qu'il s'agit ici d'enclaves situées hors du territoire des Césaréens, lesquelles se trouvaient limitrophes de territoires appartenant à des Gigarténiens. «Il y a, «m'écrit-il, une foule d'exemples de ces *agri publici* des communes hors de leur terri-«toire. Cicéron (*Epist. ad fam.* XIII, 7) parle d'une possession de la ville campanienne «d'Atella dans la Gaule-Cisalpine. La ville de Capoue a possédé pendant des siècles «une partie du territoire de Cnossus en Crète (Velleius, II, 81; Dion, XLIX, 14; «*Corpus inscr. græc.* n° 2597).» Les tables alimentaires de Veleia offrent de nombreux exemples de ces enclaves. (Cf. E. Desjardins, *De tabulis alimentariis*, p. 45 et suiv. et la carte; Paris, 1854). Il est au moins très-probable que notre inscription n'était pas loin de Gigartus. Le *Vicus Sidoniorum* était vraisemblablement un quartier de Gigartus.

Bien que cette inscription ne fixe pas avec précision le siége de Gigartus, elle prouve cependant clairement que cette ville n'était pas loin du *Theou-Prosopon*. C'est ce que les textes des géographes anciens nous apprenaient aussi. On pourrait être tenté, d'après l'analogie du nom, de placer Gigartus à *Gharzuz* (غرزوز), dans le Liban maritime, entre Batroun et Gébeil. Mais les passages de Strabon et de Pline, qui seuls nomment cette ville, s'y opposent. Strabon[2] semble la placer entre Botrys et le cap *Theou-Prosopon*. Pline[3], cette fois bien plus précis, la place

[1] *Philologus*, XIX, p. 137. — [2] XVI, II, 18. — [3] V, 17 (20).

entre Botrys et Trière. Notre inscription porte aussi à ne pas placer Gigartus au sud de Botrys; autrement il faudrait supposer que, pour les Gigarténiens comme pour les Césaréens, il s'agissait d'une enclave située hors de leur territoire; ce qui est peu vraisemblable. Il vaut donc mieux mettre Gigartus près du cap *Theou-Prosopon*, ou, pour mieux dire, dans le massif même du cap, puisque Botrys, au sud, et Trière, au nord, laissent entre elles et le cap très-peu d'intervalle. Hannousch est le site qui répond le mieux à toutes ces exigences; à vrai dire même on chercherait vainement un autre site de ville antique entre Botrys et Trière. M. Thomson[1] propose pour le site de Gigartus un emplacement sur le versant nord de la descente du col du *Theou-Prosopon*, où il y a quelques restes antiques. Pococke[2] cherche le même site sur le versant sud du massif. Il y a là de très-jolis villages et les traces d'antiquités n'y manquent pas[3]. Mais je n'y ai pas vu de site de ville antique; or ces sites en Syrie se décèlent très-clairement. L'opinion de Pococke est cependant plus soutenable que celle de M. Thomson. Notre inscription n'a pas dû beaucoup voyager. Les matériaux sont trop communs en ces parages pour qu'on ait dû aller la chercher bien loin. En tout cas la limite qu'elle fixe était sûrement au sud du massif du *Theou-Prosopon*. On conçoit, en effet, qu'on ait apporté notre pierre du versant sud à Museiliha, tandis qu'on ne concevrait pas qu'on l'eût amenée par l'horrible route du col, une des plus détestables de la Syrie, et par laquelle on n'a certainement jamais établi un transport de matériaux. Le nom de Γίγαρτος ou Γίγαρτα peut répondre à נגרות «les gorges,» syriaque ܢܓܪܐ, nom qui convient parfaitement au col que traverse la route actuelle près de Museiliha. Peut-être cependant répond-il à ܓܝܓܪܬܐ = γίγαρτα «marc de raisin[4].»

---

[1] *Bibliotheca sacra*, V, p. 9. Conf. Ch. Müller, *ad Strab.* p. 813.

[2] *Description of the East*, II, 1ʳᵉ partie, p. 99.

[3] Voir ci-dessus, p. 148.

[4] Cf. Gesenius, *Thes.* p. 305-306, et les *Addenda* de Rœdiger, p. 81.

Je pense, du reste, que la route que l'on suit aujourd'hui pour passer le col n'est pas la voie antique. Cette route est un véritable casse-cou sur des roches inclinées; bien certainement, pour une route si fréquentée, on eût entaillé le rocher et fait des échelons, comme cela a eu lieu à Wadi-Ghamik, près de là, au nord de la baie de Djoumi, au fleuve du Chien, à Akoura, au cap Blanc, etc. La route, autrefois, suivait sans doute la côte[1]. Les travaux qu'on voit à Wadi-Ghamik en sont la preuve. Ce n'est pas pour les besoins d'un ou deux villages qu'on a fait de tels travaux. Sans doute le cartel en queue d'aronde qu'on y voit contenait une inscription commémorative des travaux de la route, analogue aux inscriptions du fleuve du Chien, de Souk-Wadi-Barada, de Wadi-Sunkieh (Krafft, n° 31.). Cette voie sera devenue impraticable lors de l'éboulement du cap Madonne[2]: cet accident, arrivé sous Justinien[3], a fait de toute la côte nord du massif une falaise presque à pic, où il n'y a plus trace de route. Alors les communications se seront établies par le col; tout le talus du massif le long du col paraît aussi avoir subi de forts éboulements.

---

[1] Seetzen paraît pourtant l'avoir suivie.
[2] Ritter, XVII, 600, 606.
[3] Voy. Antonin Martyr, *Itin.* édit. de T. Tobler (Saint-Gall, 1863), p. 4 et 58.

LIVRE II.

CAMPAGNE DE BYBLOS.

CHAPITRE PREMIER.

GÉBEIL.

On sait que l'ancien nom de Byblos était גבל, *Gebal* (*Gu-ba-lu* des inscriptions cunéiformes), identique à celui qu'elle porte encore aujourd'hui, جبيل. Βύβλος est une altération de l'époque grecque, amenée par le changement du γ en β (βλέφαρον=γλέφαρον). Même à l'époque romaine les indigènes appelaient leur ville *Gebal*. La traduction syriaque du Περὶ Ἀληθείας de Méliton rend Βύβλος par ܓܒܠ [1].

Peu de points exercent au premier moment sur l'investigateur un attrait aussi fort que Gébeil. Les innombrables fûts de colonnes de marbre et de granit qui sont épars çà et là; un sol tourmenté et dont chaque coupe laisse voir des couches superposées de débris de tous les âges; un château qui paraît, quand on l'examine pour la première fois, l'œuvre des géants de la primitive antiquité; les légendes qui nous montrent Byblos comme la ville la plus ancienne du monde[2]; les souvenirs mythologiques de Cinyras, d'Adonis, d'Osiris; les souvenirs plus historiques de la part que prirent les Giblites[3] aux travaux de Salomon; l'impor-

---

[1] Dans Cureton, *Spicil. syr.* p. ܓܒܠ. Sur le vrai titre de l'ouvrage de Méliton, voir Ewald, *Gœtt. gel. Anzeigen*, 1856, p. 649-666, et Land, *Anecdota syr.* I, p. 53-55. — [2] Philon de Byblos, p. 24 et 28 (édit. Orelli); Étienne de Byzance, au mot Βύβλος. — [3] I *Reg.* v, 32.

tance de Byblos dans la renaissance phénicienne du temps des Antonins; le rôle religieux de premier ordre qu'elle joue à cette époque; l'ouvrage inappréciable de Philon de Byblos (Sanchoniathon), dont cette ville fut le berceau et est encore le commentaire; tout se réunit pour exciter la curiosité et donner l'envie de remuer des décombres qui doivent couvrir tant de secrets. Si quelques déceptions succèdent à ces premières espérances, ces déceptions viennent du regret que l'on éprouve en voyant une si curieuse antiquité à ce point broyée, et, si j'ose le dire, émiettée. Peu de villes anciennes ont subi de plus tristes destinées. Centre d'un paganisme dangereux et obstiné, Byblos dut souffrir beaucoup lors de l'établissement du christianisme; alors furent détruits ces temples dont les colonnes, toutes brisées sans exception et brisées à dessein, se comptent encore par centaines. L'époque byzantine ne fut pas brillante à Byblos. En 301, lors du *Maximum* de Dioclétien, la ville était florissante par son commerce de tissus[1]. Au contraire, Antonin Martyr, vers l'an 570, la trouve déserte et en ruines, par suite du tremblement de terre qui, sous Justinien, ébranla toute la côte de Tripoli à Saïda[2]. L'invasion musulmane acheva la dépopulation du pays, et, sans doute, quand les Croisés s'emparèrent de *Sibelet* ou *Gibelet*[3], la ville était un monceau de ruines, sous lequel l'antiquité vivait encore en débris considérables. Les Francs, en tirant de ces débris une petite ville féodale qui est encore, presque pierre pour pierre, celle d'aujourd'hui[4], en broyèrent sans doute les joyaux les plus précieux. Benjamin de Tudèle[5], cependant, semble avoir vu debout un des anciens sanctuaires païens, avec ses idoles dis-

---

[1] Ch. xvii. Voir p. 35 et suiv. de l'édition de Mommsen (Leipzig, 1851); p. 37 et suiv. de l'édition de M. Waddington (Paris, 1864). Cf. *Totius orbis descriptio*, édit. Godefroy, 1628, et dans les *Classici Auctores* d'Angelo Maï, vol. III, § 18, en observant la mauvaise leçon de ce second texte.

[2] «Venimus exinde (a Tripoli) Byblum, quæ et civitas cum hominibus subversa est.» (*Itiner.* Antonini Placentini, § 3, p. 4 de l'édition de T. Tobler.)

[3] Ne pas confondre la ville de ce nom, dont nous parlons en ce moment, avec *Giblet* du nord = *Gabala* des anciens = *Gibellum majus* des Croisés.

[4] Voir Laurent, *Peregrinatores medii ævi quatuor*, p. 27, 167-165.

[5] *Itin.* p. 60-61, édit. Asher.

posées comme nous les remarquons sur les monnaies romaines de Byblos. Tout nous prouve que, même il y a cent ans, Gébeil offrait encore, sinon de grands édifices antiques apparents, du moins des tas de pierres riches d'inscriptions et de sculptures, et surtout de précieux tombeaux non violés. Les constructions de Beyrouth et d'Amschit ont absorbé ces débris. Gébeil a été la carrière d'où sont sortis ces marbres précieux, ces sculptures à demi détruites ou grossièrement encastrées, ces pierres, sous le poli desquelles on lit souvent encore une inscription presque effacée.

Par une vraie fatalité, la naissance du goût pour les antiquités phéniciennes lui a porté le dernier coup. Ce goût s'est dirigé d'abord vers les petits objets, pierres gravées, anneaux, bijoux d'or ou d'argent, que l'on croyait phéniciens. Le prix mis à ces objets a excité la cupidité des habitants, et des nuées de déplorables antiquaires ont exploité depuis vingt ans les tombeaux de Byblos. Pour trouver une bague de la valeur de quelques francs, on a détruit des caveaux remarquables de style et de grandeur; pour une pierre gravée de l'époque romaine, on a brisé dix inscriptions. Ces objets avaient leur prix, bien que, séparés de toute donnée sur le lieu où ils ont été trouvés et sur la forme du tombeau qui les renfermait, ils ne se prêtent à presque aucune chronologie et aient peu de valeur scientifique; mais certes ils ne valaient pas les monuments dont ils ont amené la destruction, et jamais peut-être on ne vit mieux que dans cette circonstance combien la petite curiosité de l'amateur est ennemie de la grande curiosité du savant. L'esprit faux et étroit des Syriens a aggravé ces conditions fâcheuses. L'idée absurde de trésors cachés, le manque total de goût pour les arts plastiques, et même une véritable antipathie pour les représentations figurées, une complète inintelligence de l'antiquité ont amené des destructions toutes récentes, qui m'ont été avouées avec une stupidité naïve. L'exploration de Byblos s'est faite cinquante ans trop tard; mais telle était la richesse de cette mine d'antiquités que, même dans son état d'appauvrissement, elle m'a donné des résultats qu'on ne trouvera peut-être pas sans intérêt.

Le plan (pl. XIX), dû à M. Sacreste, présente avec beaucoup d'exactitude l'état actuel des lieux. Les fouilles y sont indiquées, comme dans les plans d'Amrit, par une teinte rouge. Nous allons parcourir pas à pas l'espace qu'il comprend.

Les murs de Gébeil n'offrent aucune partie antérieure au moyen âge. Ils ont été refaits presque entièrement par les musulmans[1]. Ils renferment beaucoup de matériaux anciens. La tour de l'angle nord-est présente une sculpture encastrée avec intention vers le milieu de la face qui donne sur le cimetière. C'est une sorte de *cella* ou tabernacle, formé par deux petites colonnes et surmonté de l'ornement à échelons qui est le trait caractéristique des autels de Byblos, et dont nous rencontrerons bientôt de nombreux exemples. Les deux ou trois figures qui étaient à l'intérieur de la *cella* sont très-effacées.

Je n'ai pu retrouver près de la porte de la ville l'inscription dont parle Georges Robinson[2], et qui indiquerait, selon lui, que la porte fut restaurée par Adrien.

L'intérieur de la ville est singulièrement pittoresque et mélancolique, les quelques habitants qui restent à Gébeil s'étant groupés auprès de la porte et dans un petit bazar situé en dehors des murs. Les monuments anciens ont à peu près disparu[3]; mais de toutes parts se voient de beaux fûts brisés de colonnes de granit d'Égypte[4], apportées à l'époque romaine. Dans la partie qui longe le mur du nord il y a des fûts de colonnes dressées symétriquement. Mais ces fûts ne sont pas de même diamètre; ils ne posent pas sur leurs bases. Ce sont des débris anciens qu'on a fait servir à une construction plus récente, maintenant détruite, probable-

---

[1] Cela résulte de ce que dit Wilbrand d'Oldenborg, dans Laurent, ouvrage cité, p. 167.

[2] *Voy. en Pal. et en Syrie*, II, p. 69.

[3] C'est par une confusion entre Gabala (Giblet) et Byblos (Gébeil) que le *Dictionary of greek and roman geography* de Smith (au mot *Byblos*) parle d'un théâtre romain à Gébeil.

[4] Voir Thomson, dans la *Biblioth. sacra*. V, p. 7.

ment un établissement de bains. Près de là on voit les restes d'une construction en blocs très-considérables, ayant fait partie, ce semble, d'une fontaine ou château d'eau.

L'église maronite de Mar-Iouhanna est un bel ouvrage des Francs[1]. Le baptistère est un petit chef-d'œuvre d'élégance et de proportion. Un beau seuil antique de temple se remarque à côté. Je n'ai vu, quoi qu'en dise G. Robinson[2], aucune sculpture ni inscription encastrée dans les murs de l'église. Une autre église près de là vers l'ouest, *Kadisé Thécla*, ou, selon la prononciation du pays, *Kadis Taala*, est remarquable par ses petites coupoles en style gothico-arabe, d'une grande élégance. Une troisième église se voit au nord de Mar-Iouhanna; elle fait partie d'un ancien couvent, devenu maison privée. A la pierre angulaire près de la porte se lit l'inscription suivante :

✱ ANNO DNI M CC LXIIII AVXIL
VIRGINIS

«Anno Domini 1264°, auxil [io B. Mariæ] Virginis.»

La partie extrême de l'inscription a été grattée à dessein, peut-être pour effacer le nom de *Marie*. La ville de Giblet, en effet, ne fut pas prise comme les villes voisines, en 1280; elle finit par conclure un accord avec les musulmans[3]. En tout cas, cette inscription a de l'importance, car la Syrie a peu d'églises aussi rigoureusement datées.

L'un des côtés du baptistère était clos par une belle pierre longue de trois mètres et large de soixante et dix centimètres, laquelle a formé la frise et l'architrave du fronton d'un temple en style corinthien de l'époque romaine. Je l'ai rapportée (voir pl. XXXII, n° 7). Ce que cette pierre a de très-remarquable, c'est le globe ailé, avec les deux serpents qui en

---

[1] Voir Melchior de Vogüé, *les Églises de la Terre-Sainte*, p. 374, 375.
[2] *Loc. cit.*
[3] Mas-Latrie, *Hist. de Chypre*, I, p. 484.

occupent le centre. Les serpents ont l'air de traverser le globe, leurs queues flottant au-dessus. Ce monument a été vu et bien décrit par Otto de Richter[1]. M. Movers en comprit l'importance, tout en élevant avec sagacité des doutes sur l'antiquité reculée qu'on eût pu être tenté de lui attribuer[2]. Nous avons déjà rencontré et nous retrouverons bientôt d'autres représentations du même genre. Les ornements de la pierre sont complétement de l'époque des Antonins, et, lors même que les ornements feraient défaut, le style des deux ailes, lourd, plein d'affectation, visant à remplacer par un réalisme grossier la vieille donnée hiératique, seraient des indices suffisants. C'est ici la dernière forme architecturale du vieux symbole égypto-phénicien. Nous en trouverons bientôt un type moins altéré à Eddé; Oum el-Awamid nous en offrira des spécimens bien plus anciens.

A peine est-il besoin de faire remarquer que ce cercle ailé avec ses deux serpents est le couronnement ordinaire des pylônes égyptiens. Il se retrouve à la porte de presque tous les temples d'Égypte et de Phénicie. Mais ce qui fait l'intérêt de la pierre du baptistère de Byblos, c'est l'espèce de commentaire qu'elle fournit à l'ouvrage de Philon de Byblos. Philon vivait à l'époque d'Adrien. Il a pu voir le temple dont cette pierre faisait partie. Plusieurs passages de son ouvrage sont en parfait accord avec les symboles que nous y voyons[3]. Cela n'est pas sans importance pour résoudre la question si controversée de l'âge du livre qui porte le nom de Sanchoniathon. Les personnes qui s'obstinent à attribuer à cet ouvrage une haute antiquité perdront, je crois, un peu de leur confiance devant ce monument de l'époque romaine, qui est en quelque sorte la traduction plastique de quelques-unes des idées qui figurent dans l'ouvrage arrangé par Philon de Byblos.

En dehors du chevet de l'église de Mar-Iouhanna, se trouve un frag-

---

[1] *Wallfahrten im Morgenlande* (Berlin, 1822), p. 118 et suiv.

[2] *Die Phœnizier*, I, 59. Comp. M. de Vogüé, *Fragm. d'un journal de voy. en Orient*, p. 62-63.

[3] *Sanch. fragmenta*, édit. Orelli, p. 45 et suiv. Comparez les pierres gravées données par Gesenius, *Monum. phœn.* pl. XXVIII, XXXI.

ment d'entablement ayant fait partie d'un temple de l'époque romaine. Nous rencontrerons, dans les fondations de l'une des tours du château, une autre pierre qui est la suite de celle-ci.

Le port est un entassement de pierres anciennes, qui toutes ont été reprises par les maçons du moyen âge. Une grosse construction en pierre analogue à la tour du château se voit à l'angle sud du port. Il en reste trois assises. Vis-à-vis, nous déblayâmes d'assez bons restes d'un édifice soigné, revêtu en bossage; les matériaux sont de petite dimension; les assises inférieures, en retrait l'une sur l'autre. Il y a des restes d'arceaux. C'est à tort que M. Thomson [1] a cru ces restes d'une haute antiquité. Au milieu du port, il y avait deux tours, très-mal bâties, dont l'une s'est complétement effondrée; l'autre est toute composée de matériaux de l'époque romaine; on y voit des sculptures de médiocre intérêt, ayant appartenu pour la plupart à des sarcophages. Le fond de la mer est jonché de fûts de colonnes cassées. Un jour, la mer se retira de tout le port; M. Sacreste en profita pour examiner le pied des vieilles constructions et retourner les pierres du fond : il n'y trouva aucune inscription.

Ces colonnes qui jonchent le bord de la mer, ici comme sur beaucoup d'autres points de la Syrie, à Tyr, à Saïda, à Césarée de Palestine, par exemple, ont donné lieu à un grave malentendu. On y a vu des restes d'édifices antiques, de quais à colonnades, comme il y en eut en effet quelques-uns à l'époque romaine. A Tyr, en particulier, la présence de ces colonnes sous-marines a servi de fondement à des opinions erronées sur la topographie de l'ancienne ville. On aurait dû s'arrêter devant un fait, à lui seul très-significatif; c'est que toutes ces colonnes sont brisées et brisées exprès à coups de massue. Elles proviennent sans doute de ces nombreux temples qui couvraient la Syrie et qui furent renversés lors de la victoire officielle du christianisme. Le transport de ces colonnes sur le bord de la mer est le fait des Croisés. Toujours, en effet, on les

[1] *Missionary Herald*, XXXVII, p. 33.

trouve mêlées à des débris de fortifications du moyen âge. Les Croisés, dans plusieurs de leurs ouvrages militaires de la côte de Syrie, à Tripoli, à Saïda, à Gébeil, eurent l'idée d'employer en parpaing, pour liaisonner leurs murs de défense, les fûts nombreux dont le sol était couvert autour d'eux. Ce fut là une idée très-malheureuse. En effet, si la disposition en parpaing est de règle dans toute bonne construction, c'est à la condition que les parpaings soient bien équarris. Cette condition, les Croisés la négligèrent, non sans doute par ignorance, mais par précipitation et à cause de l'extrême dureté de la matière, ou, si l'on veut, pour éviter un trop grand amoindrissement des blocs. De là une cause de ruine très-rapide. Les vides triangulaires qui résultaient de l'emploi des colonnes étaient impossibles à bien garnir. Quand le mur était en contact avec la mer, les eaux, pénétrant le long des fûts lisses et mal adhérents, trouvaient un accès facile au cœur de la bâtisse et la disloquaient. Aussi toutes les constructions où les Croisés ont employé les colonnes sont-elles maintenant dans le plus mauvais état. Les Croisés, du reste, sentaient bien la faute qu'ils commettaient à cet égard; car, dans leurs plus belles constructions, dans le donjon et la tour nord-ouest du château de Gébeil, par exemple, et à Tortose[1], il n'y a pas de trace de ces colonnes engagées. Suivons maintenant ce qui dut arriver dans une foule de cas, surtout pour les constructions élevées au bord de la mer. Les murs s'écroulèrent, les matériaux plus légers et plus utilisables disparurent, soit dispersés par les flots, soit enlevés par les barques des indigènes. Les colonnes seules restèrent comme les ossements de ces vieilles tours. A Gébeil, ce fait se lit avec une clarté parfaite; car des deux tours l'une a fondu, si j'ose le dire, et n'a laissé d'autre trace de son existence que les fûts qu'on voit au fond de l'eau; l'autre est debout, et dans quelques siècles offrira sans doute le même

---

[1] Je ne nomme ni Athlith, ni Kalaat el-Hosn, ni Kalaat-Kurein, car les Croisés n'employèrent des colonnes que quand ils en trouvèrent sous leur main, c'est-à-dire quand ils travaillèrent sur des emplacements de villes romaines.

CAMPAGNE DE BYBLOS. 161

aspect. A Sour, la périphérie du mur des Croisés est marquée de même par des colonnes éparses, et l'emplacement des tours par des tas de fûts superposés d'une façon qui n'aurait aucune raison d'être, si c'étaient là des restes de colonnades anciennes. Il est surprenant que quelques voyageurs [1], et après eux M. Karl Ritter [2], aient admis qu'un tel usage ait pu exister dès le temps des Romains et des Grecs. Toutes les colonnes ainsi engagées dans les murs étaient brisées quand elles y furent mises, et, par conséquent, leur emploi dans les murs est postérieur aux grandes destructions dont la Phénicie fut le théâtre aux derniers temps du paganisme et à l'époque de la conquête musulmane.

Le tertre situé au sud du port est plein de sépultures. Les indigènes y ont déterré un grand nombre de petits objets. Nous en tirâmes nous-mêmes des poteries soignées, des scarabées, de petits bijoux, des colliers de pierres taillées en forme de fuseaux (Musée Napoléon III, salle asiatique, vitrine 1), des armes, des ustensiles de toute sorte. Là furent trou-

vés le scarabée et l'amulette dont nous donnons ici la figure, et qui présentent une sorte de croix ansée. Ces sépultures n'offrent aucune construction régulière. Près de là sont d'autres tombeaux en forme d'auges, fermés par de grandes dalles. Nous y rencontrâmes des squelettes intacts, mais il n'y avait aucun autre objet intéressant.

Nous trouvâmes, en outre, dans les maisons de l'intérieur de la ville :

1° Une statue naophore égyptienne, en diorite, analogue à celle de Ruad (pl. V, n° 4). Une inscription hiéroglyphique a dû exister sur le

---

[1] En particulier M. Thomson, *Bibliotheca sacra*, V, p. 7, 8, 254, 257; *The Book and the Land*, II, p. 241-42, 246-47, 252. — [2] T. XVII, p. 576.

socle; elle est totalement effacée. 2° Une petite base destinée à porter une statuette de la Déesse Céleste (pl. XXII, 8), présentant à sa face antérieure un vase avec deux sphinx, et l'inscription suivante :

Des deux côtés du vase :

ΘΕ ΑΣ
ΟΥ ΡΑ
ΝΕΙ ΑΣ

Sur la base :

ΦΙΛΤΑΤΗΕΥ▧
▧ΙΕΝΗΑΝΕΘΗΚΕΝ

[Εἰκόνα?] Θεᾶς Οὐρανείας Φιλτάτη Εὐμένη (?) ἀνέθηκεν.

Au-dessous de l'inscription on remarque une feuille à pédoncule droit, qu'on prendrait au premier coup d'œil pour une sorte de croix ansée, comme on en voit dans l'inscription de Sérapion (ci-après, p. 184) et sur les scarabées ou amulettes (ci-dessus, p. 161).

Sur le culte de la Θεὰ Οὐρανία ou *Dea Cœlestis*, voir Selden, *De Diis Syris*, p. 158 et suiv. Movers, *Die Phœn.* I, p. 604 et suiv. Orelli, *Sanchon. fragm.* p. 34-35, 38, notes. Je ne connais pas d'autre monument épigraphique en l'honneur de cette divinité.

3° Un petit autel analogue sans inscription, mais offrant les motifs

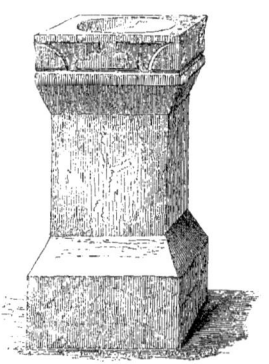 

ordinaires du style de Byblos, savoir l'ornement à gradins et les feuilles d'angle épannelées. Comparez l'autel de la déesse Neseptéitis (pl. XXII, n° 11), la sculpture de Gharfin (pl. XXXII, n° 5), le fragment dont nous donnerons la représentation ci-après, vers la page 205, et l'autel de Zeus Epouranios, à Sarba. Comparez surtout, dans les fragments des bas-reliefs du palais de Koyoundjik qui sont au Louvre, le petit autel représenté dans l'épaisseur du mur et dont je donne ici la représentation.

Il est clair que c'est là un motif très-ancien, dont l'usage se conserva à Byblos jusqu'à la fin du paganisme. Les monuments de Pétra, qui sont de l'époque des Antonins, l'offrent aussi très-fréquemment. Nous l'avons déjà rencontré à Amrit sur de grandes proportions[1]; nous le retrouverons bientôt dans les mêmes proportions sur un grand monument à Gébeil. Une jolie terre cuite, récemment découverte au Coudiat-Aty, près de Constantine, avec d'autres terres cuites fort analogues à celles qui provien-

---

[1] Voir ci-dessus, p. 72. Pour l'origine de ce motif, emprunté aux remparts assyriens, comparez Lajard, *Culte de Mithra*, pl. LXIII, 14, et LXIV, 6.

nent de notre mission et des monnaies à tête barbue, cheval au revers, présente le même ornement.

4° Une dalle, d'une maison près de l'église, porte l'inscription suivante:

VENERIVS
CAMPTER
HIC SEPVLTVS
EST
ΓΑΙΟΣΟΥΕΝ
ΕΡΙΟΣΚΑΜΠΤΗΡ
ΕΝΘΑΔΕΚΕΙΤΑΙ

On pourrait être tenté de prendre Κάμπτηρ pour un nom de métier; mais il est sans exemple avec ce sens; d'ailleurs le latin s'y oppose.

On croit par moments lire sur l'estampage Οὐενιέριος, au lieu de Οὐενέριος. Il est permis aussi de supposer un C avant VENERIVS; cependant mes copies, prises sur le monument, ne le portent pas.

Byblos subit évidemment une forte influence latine sous les empereurs; on en verra bientôt de nombreuses preuves.

Le château, situé à l'angle sud-est de la ville, est l'édifice qui attire dès le premier moment l'attention à Gébeil. Il se compose d'une grosse tour carrée, entourée d'une chemise de murs et de tours carrées moindres[1]. La tour carrée du centre produit un effet extraordinaire. Les voyageurs qui en ont parlé l'ont, sans exception, je crois, présentée comme un monument phénicien[2], et il faut avouer que la taille colossale de quelques-uns des blocs dont elle est formée, l'aspect de prodigieuse vétusté qu'ils présentent, la masse étonnante du monument, en font quelque chose d'unique et comme un reste d'un autre monde. Il suffira de donner les dimensions des trois gros blocs qui forment les angles S. E. et S. O.

1° Celui de l'angle S. E. { longueur............ 5^m,60
hauteur............. 1 ,70
épaisseur........... 1 ,12

---

[1] Voir, pl. XXV, le plan et les détails les plus importants de la tour. Les deux figures du bas, aux deux côtés du plan, appartiennent à une autre construction. — [2] Voir Ritter, XVII, 572 et suiv. de Vogüé, *Fragments d'un journal de voyage en Orient*, p. 10-11.

CAMPAGNE DE BYBLOS.

2° Celui de l'angle S. O. { longueur.......... $5^m,12$ / hauteur........... $1,75$ / épaisseur.......... $0,80$

3° 2ᵉ de l'angle S. E... { longueur.......... $4,82$ / hauteur........... $0,97$ / épaisseur.......... $1,30$

« D'accablantes objections, disais-je dans mon premier rapport, s'élèvent pourtant, à la réflexion, contre ce sentiment. Quand on étudie de près la grosse tour, on est surpris d'y trouver plusieurs des caractères de l'architecture militaire du moyen âge. De plus, les tours moindres et les murs qui ceignent le donjon appartiennent certainement au moyen âge; les colonnes de granit, débris de la ville gréco-romaine, qui sont engagées dans les murs de ces derniers ouvrages, selon l'usage bizarre que les Croisés ont suivi sur toute la côte de Phénicie, ne laissent sur ce dernier point aucun doute. Or les petites tours sont dans le même style, en bossage, que la grosse tour; les blocs sont beaucoup moindres, mais leur état de vétusté est le même. Longtemps ces difficultés m'ont arrêté, et, par une série de coïncidences singulières, le monument étrange qui chaque jour fixait mon regard pendant des heures flottait pour moi dans un intervalle de vingt ou vingt-quatre siècles, susceptible à la fois d'être considéré comme le contemporain de Salomon ou de saint Louis. »

Vers la fin de mon séjour à Gébeil, j'avais réussi à faire taire ces objections. Plusieurs faits, en effet, me semblèrent favorables à l'antiquité de la tour de Gébeil. Ayant ouvert des tranchées aux environs du château, je trouvai des pierres en bossage, semblables à celles de la tour, à d'assez grandes profondeurs; l'une de ces pierres, de la même brèche que la tour, gisait au-dessous d'une mosaïque de l'époque byzantine. La vue des ruines de Semar-Gébeil et d'Ancfé, que je croyais fort anciennes (je n'avais vu encore ni Tortose, ni Athlith, ni Kalaat-Kurein), me confirma dans mon sentiment. « Bien que je réserve mon jugement définitif, ajoutais-je, pour le moment où j'aurai vu les autres ouvrages en bossage de la Syrie, j'avoue qu'aucune objection ne tient à mes yeux devant un ensemble de faits aussi concordants. Oui, c'est à bon droit que M. de Saulcy a vu dans ces blocs en bossage le trait dominant du vieux style phénicien. C'est à bon droit que MM. Wolcott[1], de Vogüé[2], Van de Velde[3] ont rapproché la tour de Gébeil de la tour d'Hippicus, à Jérusalem, et remarqué que les maçons giblites, qui construisirent les ouvrages de Salomon[4], durent apporter à Jérusalem leur style national. Voilà ces grandes pierres, ces pierres équarries (אבני גזית), ces pierres de grand prix, dont parle l'historien des travaux de Salomon. Ces blocs énormes des angles, auxquels l'architecte a sacrifié la régularité des premières assises, sont les pierres angulaires, les coins taillés[5], qui jouaient un rôle si essentiel dans l'architecture hébraïque. La tour de Gébeil devient ainsi l'un des ouvrages les plus anciens, l'Égypte mise à part. C'est ce vieux rempart de Kronos (El) dont parle Sanchoniathon, ou Philon de Byblos[6], qui valut à Byblos la réputation de la plus vieille ville du monde, et qui déjà, vers l'époque de notre ère, était un sujet de légendes. Je laisserai à l'architecte qui fera bientôt partie de notre mission le soin de distinguer les retouches qu'a subies cette construction. Il arrivera, je pense, à supposer qu'à l'époque des croisades la vieille citadelle de Kronos était un monceau de ruines où la tour centrale était restée seule intacte, et que les Croisés ont relevé les travaux environnants en se servant des pierres taillées en bossage qu'ils ont trouvées éparses sur le sol. Peut-être la petite tour de droite, où il n'y a pas de colonnes engagées dans le mur, pourrait-elle revendiquer également une haute antiquité.

---

[1] *Biblioth. sacra*, 1843, p. 85.
[2] *Fragm. d'un journal de voy.* p. 11 (1855).
[3] *Memoir to accompany the map of the Holy Land* (Gotha, 1858), p. 313.
[4] I *Reg.* v, 32 (III *Reg.* v, 18, selon la Vulgate).
[5] *Ps.* CXLIV, 12.
[6] Page 28, édit. Orelli. Cf. Movers, *Die Phœnizier*, I, p. 258 et suiv.

A Semar-Gébeil, en effet, la tour centrale est entourée de tours absolument semblables à celle qui nous occupe en ce moment, et disposées de la même manière. De la sorte, les Croisés auraient même respecté le plan de l'antique forteresse de Gebal. »

J'ai déjà dit ci-dessus (p. 47 et suiv.) que des comparaisons ultérieures me firent complétement abandonner cet avis[1]. M. Thobois acheva de faire disparaître tous mes doutes. La salle ogivale qui occupe l'intérieur du donjon est sûrement du XIIe ou du XIIIe siècle ; la porte, et la herse qui la surmonte, l'escalier qui mène aux étages supérieurs, sont du même temps. Or ils font corps avec l'ensemble. Ici, comme à Tortose, le magnifique revêtement extérieur cache un blocage médiocre qu'on a paramenté avec les matériaux qu'on avait sous la main, et quelquefois avec une certaine négligence ; ainsi des pierres sont posées en délit. L'emploi des pierres à crossettes pour égaliser les assises, loin d'être un signe d'ancienneté, est un signe de hâte. On n'emploie ce moyen désespéré que quand on n'a pas le temps de se rendre maître de ses matériaux, quand on est dominé en quelque sorte par les belles pierres qu'on trouve toutes taillées et qu'on veut utiliser dans la forme où on les trouve. Ayant fait déchausser la tour à l'endroit où se voient les plus grosses pierres d'angle, nous trouvâmes que la première assise de grosses pierres pose sur des assises moindres, semblables à celles du reste de la tour. Il est probable cependant que l'assise de grosses pierres était, dans l'antiquité comme de nos jours, la première visible ; on a donc eu l'intention d'en imposer et de tromper sur la perfection réelle du mur. Sur l'une des pierres à refend, semblables à celles du reste de la tour, qui composent ces assises maintenant enterrées, se trouve un A très-ouvert et très-profondément incisé par une

---

[1] Qu'il me soit permis de rappeler que j'écrivais, au début de mon premier rapport : « Ce ne sera qu'à la fin de mon voyage que j'oserai m'exprimer sur tous ces points avec une pleine assurance. Il se peut que des recherches ultérieures me fassent modifier plusieurs des aperçus qui me séduisent aujourd'hui. Mais j'ai pensé que malgré leur caractère provisoire, et afin que l'on saisît mieux mes raisonnements, ces vues devaient dès à présent être exposées. »

entaille en biseau. M. Thobois affirme que, de la position de la pierre par rapport au sol, on peut conclure que cet A était gravé avant la mise en place de la pierre. Les marques de maçons, fréquentes sur les pierres du château de Gébeil sont les mêmes qu'on trouve à Tortose et en général dans toutes les constructions du moyen âge en Syrie. Enfin la tour de l'angle nord-ouest, dont le parement est de même style que celui du donjon, est sûrement postérieure à l'époque romaine. Au bas de cette tour, en effet, se trouve une pierre qu'on ne s'est pas donné la peine de retailler; c'est un fragment d'entablement dont nous avons trouvé un morceau ailleurs (voy. ci-dessus, p. 158, 159), et qui appartient aux temps de la décadence romaine. La tour a donc été bâtie à une époque où l'édifice dont ladite pierre faisait partie était déjà en ruine. Ce qu'il y a de bien remarquable, c'est que la pierre dont nous parlons a reçu un refend identique à celui des autres pierres et entamant les moulures, d'où il suit que chez les constructeurs de la tour le refend était un procédé de construction rapide et sûre, bien plus qu'une affaire de style. La même tour présente à un autre endroit un fait analogue. Quand on entre par la porte du château, on trouve à sa droite une petite porte basse donnant dans ladite tour; cette porte présente de singulières disparates. Le linteau est une pierre antique très-soignée, d'un tout autre travail que les pierres voisines, lesquelles sont dans le même système que le donjon et la tour N. O. Tout l'agencement de cette partie est évidemment du moyen âge (pl. XXV, 1re figure); et pourtant cette partie est inséparable de tout l'ensemble de la tour N. O.

L'air de vétusté que présente la tour centrale cessa ainsi d'être un argument de haute ancienneté, car la tour N. O. a bien le même aspect. Cet air de vétusté tient à la pierre. Le château de Tripoli, qui est certes du moyen âge, offre des pierres dont l'aspect est aussi corrodé, aussi spongieux, si j'ose le dire. Quant à la pierre trouvée sous la mosaïque, elle cessa aussi d'être un argument, quand nous eûmes rencontré plusieurs pierres équarries de la même manière, éparses dans la ville et aux environs.

En soutenant que la tour de Gébeil est dans son ensemble un ouvrage du moyen âge, il va sans dire que nous ne prétendons nullement qu'elle ne soit pas composée de matériaux anciens. Sûrement ce ne sont pas les Croisés qui ont tiré de la carrière ces blocs énormes. Ils les trouvèrent autour d'eux. C'était en grande partie les ruines des anciens temples. Peut-être les pierres étaient-elles déjà taillées à refend, puisque bientôt nous trouverons la même coupe de pierres à Belat, près Gébeil, dans les ruines d'un temple daté du règne d'Auguste. Pour un grand nombre, cependant, les rainures furent ajoutées par les maçons du moyen âge, comme nous en avons eu la preuve pour la pierre au pied de la tour N. O. En tout cas, si l'on s'en tient aux données archéologiques, la tour ne paraît pas avoir succédé à un ouvrage analogue, ni s'être assise sur les substructions d'une autre tour plus ancienne. La suture des parties de différentes époques serait plus visible. On peut s'en convaincre par l'étude de notre planche XXV. Tout cela est bien homogène. M. Movers n'a pas réussi à dégager la vieille tour de Kronos du brouillard qui la laisse flotter pour nous entre le mythe et la réalité. Il est remarquable cependant que Méliton, qui écrivait dans la seconde moitié du second siècle, appelle Byblos «une forteresse des Phéniciens,» ܡܕܐ ܕܦܘܢܝܩܐ[1].

Il est vrai que les gros blocs d'angle forment un ensemble qui a un caractère particulier et rompt l'ordre du reste des assises, ce qui semble bien conforme aux idées des Juifs sur la pierre angulaire[2], idées dont on trouve quelque trace dans la construction du *Burdj el-Bezzak* à Amrit. Cependant la pose de ces blocs ne paraît pas avoir été antérieure au reste de la construction. Comme les assises voisines, ils ne servent qu'à parementer un blocage, et leur jointoiement n'est pas à l'abri de la critique.

---

[1] Cureton, *Spicil. syr.* p. ܩܕ.
[2] Isaïe, xxviii, 16; Sophonie, iii, 6; Job, xxxviii, 6; Matth. xxi, 42 et parall. *Ephes.* ii, 20; I Petri, ii, 6. Cf. Gesenius, *Thes.* au mot פנה.

Renonçons donc à chercher rien d'antique dans cette tour, si ce n'est les matériaux, dont la forme antique même, dans un grand nombre de cas, a totalement disparu.

Est-ce à dire que la tour de Byblos ne nous apprenne rien sur l'ancien art giblite? Non. La seule présence de ces blocs énormes à cet endroit est l'indice de la grandeur des matériaux dont étaient composés les anciens édifices de Byblos; car, je le répète, ce ne sont pas évidemment les carriers du moyen âge qui ont extrait ces blocs. Une telle induction ne nous mène pas, il est vrai, au delà de l'époque romaine; il suffirait qu'il eût existé à Byblos, du temps des Antonins, un temple comme celui de Jupiter à Baalbek, ou même bien moins considérable, pour expliquer les matériaux de la tour. Mais nous trouverons bientôt un édifice en gros blocs, sûrement plus ancien; en outre, les textes ici viennent à notre aide. Le nom des Giblites (גִּבְלִי) était devenu presque synonyme de tailleur de pierre et de maçon. Il est probable en effet que, dans le passage déjà cité (I *Reg.* v, 18), le mot גִּבְלִי désigne moins un habitant de Byblos qu'un tailleur de pierres, comme כְּנַעֲנִי signifiait «un mar- «chand.» La paraphrase chaldéenne le rend par אַרְגּוּבְלַיָּא, et la version syriaque par ܐܪܓܘܒܠܐ [1].

C'est à l'archéologue qui fera un jour la monographie détaillée des châteaux des Croisés en Syrie qu'il appartiendra de relever mille détails intéressants que présente le château de Gébeil. L'habitude d'employer de petites pierres à crossette, ceintes elles-mêmes du refend, pour obvier à l'inégalité des assises, est caractéristique (voir pl. XXV, fig. 1), et s'accorde bien avec l'hypothèse d'une construction faite au moyen de matériaux qu'on n'a pas taillés soi-même. Le liséré d'angle qui se voit aux

---

[1] A la vue de ce mot, si ressemblant à גִּבְלִים, on pourrait être tenté de se demander, si גִּבְלִים, au passage précité, signifie bien «les Giblites,» et si le mot du texte hébreu du Livre des Rois ne serait pas le mot même que présentent les versions araméennes. Mais le mot אַרְגּוּבְלַיָּא est le mot grec ἐργολάβος, avec une métathèse, ainsi que nous le fait remarquer M. Derenbourg. Il n'est pas impossible, du reste, que les traducteurs araméens aient joué sur l'analogie des deux mots. (Voy. M. Sachs, *Beiträge*, II, 188.)

quatre arêtes de la tour est plus remarquable. Il n'est pas d'une régularité absolue. Sur les gros blocs de l'angle S. E. il donne :

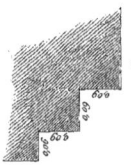

Sur les gros blocs de l'angle S. O.

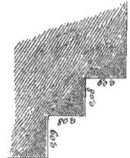

Malgré cette différence, il est possible que les architectes de la grosse tour et de la tour N. O. (car celle-ci offre la même particularité) aient obéi sur ce point à des considérations de style, et peut-être imité des motifs anciens [1]. Du reste, la différence de soin apportée dans la construction du donjon et de la tour N. O. d'une part, et du reste du château d'une autre part, frappe tout d'abord [2]. Il est même bien remarquable que le mur nord, où est percée la porte du château, ne se lie pas à la tour N. O. Ce mur nord renferme des fûts de colonnes, tandis qu'il n'y en a ni dans le donjon ni dans la tour N. O. Les réparations qui paraissent avoir été faites à la tour N. O. sont à refend en biseau, comme les pierres du mur de Tortose, et, me dit-on, comme celles de la citadelle de Damas. Le donjon et la tour N. O. remonteraient-ils à l'époque byzantine? L'aménagement intérieur du donjon ne permet guère cette hypothèse. Cependant le donjon et la tour N. O. sont si loin de toutes les habitudes des constructions chré-

---

[1] Comparer une particularité toute semblable dans les murs d'Iasos. (Le Bas, *Voyage archéologique*, Pl. LXVI.)

[2] Les autres distinctions de M. Thomson (*Biblioth. sacra*, V, p. 8) sont peu fondées.

tiennes du moyen âge que je n'ose repousser absolument une telle pensée. On ne comprend pas comment, si les Francs ont bâti tout le château de Gébeil, il renfermerait deux parties si dissemblables. Brocard et Wilbrand d'Oldenborg présentent Byblos comme une très-petite ville, et le second de ces voyageurs insiste sur le contraste singulier de la ville et du château [1].

La tour de l'angle S. O. répondant à une ouverture de souterrain, a été réparée à une époque moderne avec des pierres prises dans la campagne environnante. L'une de ces pierres est un cippe arrondi par le haut (forme très-commune à Gébeil). Il porte une inscription. Les deux bords longitudinaux du cippe ayant été coupés, il ne reste que ce qui suit :

ΙϹΤΟϹΗΛ
ѠΡΟΥΕΖΗΕ
ΟΓ

M. de Vogüé[2] a reproduit cette inscription avec quelques petites erreurs; il n'a pas cherché à la restaurer. Une autre inscription, trouvée à Bhadidat, dont nous parlerons bientôt, permet, sans hésitation, de la compléter. Dans cette dernière inscription, figure un Πίσ7ος Ἡλιοδώρου, sans doute le même que celui dont nous avons ici le cippe sépulcral. Il faut donc lire :

ΠΙϹΤΟϹΗΛΙΟ
ΔѠΡΟΥΕΖΗϹΕΤΗ
ΟΓ

[Π]ίσ7ος Ἡλ[ιοδ]ώρου ἔζη ἔ[τη] ο̄γ

Πίσ7ος, qu'on trouve dans Josèphe (*Vita*, ix) comme le nom d'un habitant de Tibériade, est sans doute la traduction d'un nom sémitique tiré de la racine אמן, comme *Emin*, *Aman*, *Amnon*, *Héman*. On le trouve aussi sur une inscription d'Athènes (*Corpus*, n° 867 *b*). Héliodore est l'équivalent de *Abdschems*.

---

[1] «Hæc est civitas parva, habens turrim quamdam amplam et munitissimam, unicum suæ defensionis solatium, in qua Sarraceni, quum ipsam avellere laborarent, multos sudores sæpius perdiderunt et expensas; qui tamen omnem munitionem ipsius civitatis destruxerunt.» (Laurent, *op. cit.* p. 27, 167, 168.)

[2] *Fragments d'un journal de voyage*, p. 10.

CAMPAGNE DE BYBLOS.

Toute la colline située au sud du château et du mur de la ville fit partie du site de la vieille Byblos; nos tranchées qui, sur ce plateau, rencontrèrent partout des restes d'antiquité, suffiraient à le prouver. Cette colline, vue de la mer, se détache assez bien et justifie suffisamment ce que dit Strabon[1] : Κεῖται δ'ἐφ' ὕψους τινὸς μικρὸν ἄπωθεν τῆς θαλάσσης. Si l'on trouve l'expression μικρὸν ἄπωθεν trop peu exacte, vu la contiguïté de la mer, on peut rapporter ὕψους à la colline de Kassouba, qui semble avoir été une dépendance de Byblos, et qui est à un kilomètre de la mer.

Le nom de Kassouba (قصوبة), comme nous le dirons bientôt, confirme cette hypothèse. Après tout, un tel passage ne peut prévaloir contre l'évidence absolue du site de l'ancienne Byblos. Conclura-t-on que Jérusalem n'était pas autrefois où elle est aujourd'hui, parce que Strabon dit que de cette ville on voit la mer? Ézéchiel (XXVII, 9) donne expressément Byblos comme une ville maritime. Une monnaie romaine de Byblos représente de même le génie de la ville voilé, portant une couronne murale, assis sur une montagne, avec un fleuve à ses pieds[2]. Comme la figure voilée, tout à fait semblable aux figures que nous trouverons à Maschnaka et à Ghineh, implique une allusion au culte d'Adonis, le fleuve peut être le fleuve Adonis, bien que situé à deux lieues de là. Peut-être aussi est-ce le torrent qui contourne la colline du château. Pour justifier l'existence du pont romain sur ce torrent, il faut, en effet, supposer qu'il avait autrefois

---

[1] XVI, II, 18.

[2] Mionnet, V, p. 355-56, n° 134; cf. Ritter, XVII, p. 577. — M. Chabouillet, que je consultai sur cette médaille, voulut bien me répondre ce qui suit : «Ritter cite la médaille de Byblos que vous êtes venu voir au cabinet d'après le Voyage en Syrie de La Roque. (Entre parenthèses, il cite inexactement la page.) De La Roque parle en effet de la médaille de Byblos en question; il la connaissait par l'ouvrage du cardinal Noris, *Annus et Epochæ Syro-Macedonum*; p. 395 de ce célèbre livre, vous trouverez en effet une gravure du revers de cette médaille, exécutée d'après une empreinte envoyée à Noris par notre Vaillant. C'est probablement l'exemplaire du cabinet. A la vérité, le graveur a rendu le fleuve plus clairement qu'il ne se voit sur notre médaille. Mais je viens d'examiner le monument original à tête reposée, et je puis vous certifier que le fleuve se trouve immédiatement au-dessous du rocher et non pas à l'exergue, où se lit bien la date CKΔ. Vous pouvez donc argumenter en toute sécurité, en partant de la présence incontestable du fleuve au pied du mont ou du rocher.»

beaucoup plus d'eau que maintenant. Les murs d'endiguement que nous rencontrerons plus haut le prouvent. Il en était de même du torrent au nord de Gébeil, sur les bords duquel nous trouverons une belle digue. Quand le Liban était boisé, tous ces torrents étaient bien plus considérables qu'aujourd'hui, où ils n'ont pas d'eau, même en hiver. La même question se reproduit pour le torrent de Cédron, à Jérusalem, lequel ne pouvait, dans l'antiquité, être si dénué d'eau qu'il l'est maintenant, et pour Sidon, que toute l'antiquité place sur les bords d'un fleuve[1], qui peut être le Bostrenus (l'Auwali), situé à une lieue et demie au nord, mais qui peut aussi être le Barghut, lequel était sans doute plus considérable dans l'antiquité que de nos jours. Peut-être la dérivation des eaux est-elle en partie cause de ces malentendus. Sidon pouvait recevoir des eaux du Bostrenus; quant à Byblos, un aqueduc, dont les traces existent, y conduisait sûrement l'eau du fleuve Adonis.

C'est de cette colline que je conçus la possibilité de faire sortir quelque monument de l'art phénicien. Le sol ici s'est élevé, ainsi que dans toute la plaine inclinée entre la mer et le pied de la montagne. Sur la montagne, au contraire, et dans le lit des torrents, le fond s'est abaissé. Byblos m'avait paru d'ailleurs un point plus favorable que Sidon à ce genre de recherches. L'auteur du traité *de la Déesse de Syrie*, attribué à Lucien, parle de temples de Byblos en vieux style[2]. Quelques monnaies de Byblos nous présentent l'image de ces temples et prouvent qu'ils avaient une physionomie tout à fait à part. Il y avait donc lieu d'espérer que cette colline, depuis longtemps recouverte de terres livrées à la culture, renfermait plus d'un reste d'édifices en ancien style phénicien.

Je ne m'étais pas trompé dans cette conjecture. Ayant fait ouvrir une tranchée de l'est à l'ouest, avec ordre de suivre à droite et à gauche toutes les traces que l'on trouverait, nous fûmes bientôt conduits, sur la gauche de notre tranchée, à une construction phénicienne d'un haut intérêt. Cette

---

[1] Voy. Dietrich, *Zwei Sidonische Inschriften* (Marburg, 1855), p. 2, 4. — [2] Ch. VI et IX.

construction se compose d'une base carrée, de cinq mètres six centimètres de côté, massive, en pierres colossales (pl. XXV, bas, à gauche), dont le caractère et la destination fussent restés assez obscurs pour nous si nous n'eussions découvert, aux environs de l'édifice, une série de détails du style le plus caractérisé. Ce sont, 1° un chapiteau carré, d'un profil singulier (pl. XXV, bas, à droite), ayant soixante-quatre centimètres de hauteur et quatre-vingt-huit centimètres de largeur, mesuré au tailloir; 2° trois dalles d'albâtre, qui nous donnent toute l'ornementation d'une des lignes de l'édifice (pl. XX, n° 4). On y remarquera l'ornement à gradins que nous avons déjà trouvé sur le grand monument funèbre d'Amrit, et qui est si commun en petit sur les autels de l'époque romaine à Byblos : le travail a beaucoup d'analogie avec les sphinx et griffons de Ruad (pl. IV, n°ˢ 7 et 8). 3° Un bas-relief (pl. XX, n° 2) que je place en première ligne parmi nos résultats. Il représente un lion du style le plus original, et absolument distinct de tous les produits de l'art grec et romain. On dirait une reproduction d'une des dalles du palais de Ninive. Le musclé de la cuisse est tout à fait analogue à celui du lion phénicien en granit noir du Louvre. Je donne ici un dessin de notre bas-relief dégagé des accidents qui rendent obscure au premier coup d'œil la litho-photographie.

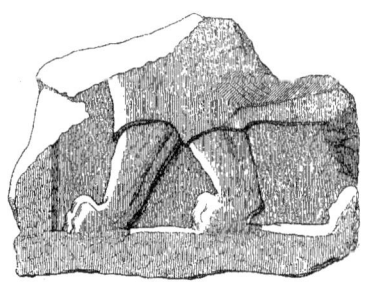

Toute mutilée qu'elle est, cette pierre comptera, je crois, avec les trois dalles sculptées dont je parlais tout à l'heure, parmi celles qui auront fixé le caractère du style phénicien. Après les monuments d'Amrit, le monument de la colline de Gébeil est le plus important des monuments de ce style. Envisagé sous le rapport des détails de sculpture, il est sans égal en Phénicie.

Qu'était-ce que ce monument? Comment en concevoir l'ensemble et quel but lui assigner? Je consultai les habitants du pays, et j'obtins d'eux divers renseignements. On me dit qu'un émir (l'émir Beschir peut-être) fit tirer des pierres de cet endroit, lequel était auparavant un bois rempli de pierres; on ajouta qu'il y avait eu là une tour nommée «la tour des Lions,» nom qui venait sans doute du bas-relief que nous avions découvert. Les fouilles que nous fîmes alentour n'aboutirent qu'à des travaux mesquins, évidemment d'une autre époque que notre monument. Ce sont, du côté du nord-ouest, deux arcs de constructions, l'un d'un rayon plus court que l'autre, et non concentriques, et deux systèmes de tuyaux de plomb et de terre cuite destinés à conduire l'eau au centre de l'hémicycle. Il est vrai que sur les bords de la grande base en pierres colossales nous remarquâmes des caniveaux qui semblaient indiquer aussi une destination hydraulique. Il nous sembla néanmoins que tous ces travaux, si différents de caractère, n'eurent aucun lien primitif avec notre monument. Les textes anciens éclaircissent-ils le problème? Ces textes nous fournissent différents renseignements sur les édifices de Byblos. 1° L'auteur du *de Dea Syria* nous apprend que le grand temple de la ville était celui de Vénus et d'Adonis, où se passaient les cérémonies et les spectacles des Adonies[1]. 2° Plutarque nous parle d'un autre temple d'Isis et d'Osiris[2]; mais, comme les deux mythes de Vénus et d'Adonis, d'une part, d'Isis et d'Osiris, d'une autre part, étaient considérés comme identiques[3], on peut croire que ces deux sanctuaires n'en faisaient qu'un. 3° Nonnus[4]

---

[1] Ch. vi et vii.
[2] *De Dea Syria*, vii. Cf. Movers, *Die Phœn.* I, p. 191 et suiv. 235 et suiv.
[3] *De Iside et Osiride*, ch. xv et xvi.
[4] *Dionysiaca*, III, 109.

mentionne aussi à Byblos un Χαρίτων δόμος; mais le contexte semble indiquer que ce n'était là qu'une métaphore pour désigner les édifices consacrés aux cultes aphrodisiaques, et peut-être, somme toute, cette indication se confond-elle avec les deux indications précédentes. Ce sont les médailles qui donnent ici les renseignements les plus clairs. Entre les nombreux sanctuaires, la plupart en style grêle de décadence qu'on voit sur les monnaies de Byblos, il en est un qui tranche sur tous les autres par son air archaïque, par son originalité et par sa grandeur. Cette représentation, qui est sûrement le témoignage antique le plus précieux que nous ayons sur l'art phénicien, se voit sur deux monnaies frappées sous Macrin[1]. J'en donne ici la reproduction.

C'était là, selon moi, l'édifice principal de Byblos, le grand temple des Adonies, où venaient les pèlerins, et qu'on voyait sans doute de la mer. Quand j'examine le site du monument que nous avons découvert, la façon dont il domine la ville du côté de l'entrée, la perspective caractéristique qu'il devait offrir; quand je vois que l'édifice figuré sur la monnaie de Macrin était abordé de deux côtés par des escaliers, ce qui convient à notre site et à notre site seul à Byblos, je suis porté à identifier notre trouvaille avec l'édifice même représenté sur la monnaie de Macrin, et à considérer notre soubassement comme le socle de la pyramide entourée de colonnes qu'on remarque sur la monnaie. On voit par cette monnaie

---

[1] Voir le Suppl. de Mionnet, t. VIII, p. 252, 253, n°ˢ 47 et 75. Le n° 74 est gravé sous le n° 2 de la planche XVII qui accompagne ce volume de Mionnet. Les deux médailles ne sont pas identiques, au moins pour la tête; car, sur le n° 74, Macrin a la cuirasse, mais non le *paludamentum*; sur le n° 75, qui très-probablement n'a jamais été gravé avant nous, l'empereur a le *paludamentum*.

que la pyramide se rattachait à une vaste cour sacrée et à un temple. Le mur de ce temple est remarquable par l'attention qu'on a eue d'y marquer les refends des blocs. Ces blocs eux-mêmes sont si grands que quatre assises suffisent à faire la hauteur du temple. Je sais avec quelle réserve il faut faire ces sortes de raisonnements sur les représentations de la numismatique, lesquelles renferment toujours beaucoup de convenu. N'est-on pas en droit cependant de supposer que ce sont les pierres à refend de ce temple qui ont servi à bâtir la tour actuelle, laquelle, loin de nous avoir conservé un monument phénicien, aurait ainsi été le tombeau de précieux monuments phéniciens?

Il semble, du reste, que notre grand cube survécut à l'ensemble monumental dont il avait fait partie, qu'il exista à l'état de *burdj* durant tout le moyen âge, et que, même à cette époque, on chercha à le réparer dans son style primitif. A côté des belles dalles d'albâtre dont nous avons parlé, nous trouvâmes une mauvaise petite pierre présentant exactement le même ornement, médiocrement exécuté. Il est clair que cette petite pierre a dû servir à combler une lacune dans la décoration primitive, à une époque où le monument avait perdu sa destination originelle, mais était encore entretenu avec quelque soin. Toute la décoration extérieure, en effet, a dû être faite de la même pierre que les dalles sculptées et le lion. Un beau bloc informe d'albâtre fut trouvé au centre de la base carrée quand nous commençâmes à la déblayer.

L'heureux résultat de cette fouille entreprise sur la partie orientale de la colline de Byblos m'engagea à en entreprendre une semblable à l'extrémité occidentale du plateau, près de la mer. Je fis conduire celle-ci du nord au sud. La tranchée ne donna ici que des restes de l'époque romaine et d'intérêt secondaire; mais l'examen minutieux des murs environnants nous fournit un fragment capital représenté sur notre planche XX, n° 1. Il fut trouvé au point marqué sur notre plan, à trente pas d'une citerne. La queue du bloc était énorme; il fallut la retrancher. La pierre est du pays. Je donne ici le trait des figures, pour suppléer à ce que la litho-photographie a d'insuffisant.

M. de Rougé s'exprime en ces termes au sujet de ce monument :

« Si je ne trouve pas que la présence des autres fragments égyptiens provenant de la mission puisse être alléguée comme un souvenir direct de l'établissement de centres égyptiens en Phénicie, je serai beaucoup plus affirmatif en ce qui concerne le bloc calcaire, orné d'un bas-relief, trouvé dans les fouilles de Gébeil. Il ne s'agit plus ici d'un petit monument, statuette ou autel, dont le transport peut être expliqué par bien des causes diverses, sur une côte constamment sillonnée par les navires. Le fragment de Gébeil faisait partie d'un bas-relief qui a nécessairement décoré un édifice d'une grande dimension. La légende qui accompagnait les sculptures n'a pas été retrouvée; nous n'avons que son dernier mot ⌒ « éternellement, » fin ordinaire des légendes dédicatoires; mais les lettres sont de telle dimension que la dédicace, même la plus courte, sculptée dans un pareil module, devait accompagner nécessairement l'ornementation d'une porte ou d'une portion quelconque d'un édifice considérable et entièrement décoré par une main purement égyptienne, mais construit en pierres du pays lui-même. Si ce point est mis hors de doute par l'examen des caractères minéralogiques de cette roche calcaire, le bloc de Gébeil aura une signification archéologique bien plus nette que celle de tous les morceaux égyptiens trouvés en Phénicie. Le bas-relief représente un Pharaon, reconnaissable à l'uræus dressé sur son front; il est figuré, suivant un usage fréquent, recevant l'accolade d'une déesse, qui est coiffée du disque solaire et des cornes de vache, c'est-à-dire une des formes ordinaires d'Isis ou d'Hathor. Sur l'époque du monument, je ne pourrais donner que le résultat d'une impression ; la finesse du contour et une certaine grâce particulière me porteraient encore à songer à l'époque des Saïtes, plutôt qu'à la dix-huitième ou à la dix-neuvième dynastie.

« S'il nous avait été donné d'étudier des restes plus nombreux du monument dont le bloc calcaire de Gébeil a certainement fait partie, nul doute que nous n'eussions pu y puiser des renseignements certains et bien précieux pour l'histoire. La vraie cause, et surtout l'époque précise de l'influence égyptienne que l'on a remarquée dans les monuments de ce pays, nous eussent probablement été très-clairement expliquées. Je veux donc espérer contre tout espoir, et penser que ce sol si bouleversé recèle encore quelques blocs égarés qui nous rendront le nom du Pharaon qui voulut consacrer, par la construction d'un édifice religieux, son séjour sur le sol de l'antique Gébeil. L'histoire des rapports de l'Égypte avec les régions syriennes nous fournit, en effet, des renseignements qui peuvent faire songer à des époques très-diverses. Quels établissements durables avaient fondés les Égyptiens pendant leur domination, après les conquêtes de Toutmès Ier et de ses successeurs? Les gouverneurs égyptiens des provinces asiatiques, dont nous parlent clairement les inscriptions du temps de Ramsès II (Sésostris), ont-ils construit des villes et des temples dans leur style national? Ce sont là des données historiques très-probables, mais auxquelles des monuments trouvés sur le sol de l'Asie n'ont pas encore donné le caractère de faits incontestables. Les stèles et bas-reliefs gravés sur les rochers, trophées passagers de la victoire, ne sont pas probants pour le fait spécial dont nous cherchons ici la trace, et qui expliquerait admirablement l'influence égyptienne, si profondément empreinte dans les monuments phéniciens les plus anciens. Les établissements égyptiens du temps de Psammétik seraient d'une époque trop récente pour rendre raison de cette influence, dont il faut nécessairement faire remonter l'origine jusqu'au temps de la dix-huitième et de la dix-neuvième dynastie. C'est alors que la domination durable des Pharaons réunit toutes les conditions nécessaires pour laisser, dans les arts et dans la religion des peuples conquis, ces traces qui nous sont si clairement apparues sur les monuments phéniciens. »

Rappelons qu'il y avait à Byblos un temple d'Isis, dont Plutarque donne longuement la légende[1]. Si ce temple était distinct du grand temple des Adonies, nous en avons peut-être ici un fragment.

Je fis aussi exécuter des fouilles contre le remblai qui fait face au côté ouest du château, à l'endroit où, il y a quelques années, on trouva des sépultures importantes. Toutes ces terres ont été fort remuées à l'époque de la construction du château. Nous y trouvâmes l'angle d'une mosaïque byzantine d'un assez bon travail. La bordure se composait principalement d'un entrelacs composé de cordes de cinq couleurs. Le champ était parsemé de cercles rouges, croisés de deux diamètres, avec un point central

---

[1] *De Iside et Osiride*, ch. xv et xvi. (Voir Th. Devéria, dans le *Bull. de la Soc. des Antiq. de France*, séance du 18 août 1858; Fr. Lenormant, *Monogr. de la Voie sacrée Éleusinienne*, p. 345, 346, 347, note.)

en pierres de couleur foncée (peut-être des croix). Ce fut l'excavation du fossé des Croisés qui amena la destruction de cette mosaïque; la cassure paraissait à vif dans la coupe du fossé. Par là nous acquérons la preuve que le fond du fossé est fort au-dessous du sol de l'époque byzantine. Au pied du remblai, nous creusâmes une tranchée profonde, qui donna toujours des pierres de construction; de là aussi sortit une sorte de caillou, qui a dû servir de poids, comme l'indiquent les trous ronds qui y sont creusés. Je l'ai rapporté.

En recueillant les antiquités semées sur la surface du plateau ou éparses dans les maisons, nous trouvâmes :

1° Un lion de marbre blanc (pl. XXXII, n° 3), analogue à celui en granit noir que possède le Louvre[1], mais moins ancien et moins original. On m'assura à Gébeil qu'un autre lion semblable avait été trouvé au même endroit et placé sur une porte au palais de Bteddin. M. Aucapitaine voulut bien vérifier le fait pour moi : il n'y a aucun lion à Bteddin. Serait-ce le lion actuellement au Louvre qui, d'abord transporté à Bteddin, aurait été pris et vendu lors de l'abandon de cette résidence? Il est certain que Gébeil fut un des points où s'approvisionnèrent les constructeurs de l'émir Beschir. On m'a dit que divers objets furent de même portés de Gébeil à Beckfaya, par exemple l'inscription funéraire de Cassia Lysias que nous donnerons ci-après.

2° Le torse d'une statuette de Vénus, d'un très-bon travail, et fort analogue à deux autres petits torses de provenance incertaine, que j'ai rapportés. En général, les idoles de Byblos paraissent avoir été petites. Le type de l'idolâtrie, comme elle est conçue par les Pères de l'Église et représentée dans les miniatures du moyen âge, ces petits dieux perchés gauchement sur un piédestal grêle, au fond d'un reposoir à colonnades en

---

[1] Longpérier, dans le *Journ. asiat.* oct. nov. 1855, p. 425, 426. Comparez la figure 168 a de la planche XLI des *Religions de l'Antiquité* de M. Guigniaut. Un petit lion en ivoire tout semblable, ayant servi de manche de canif, fut présenté à la Société des antiquaires de France, par M. Jules Quicherat, dans la séance du 17 février 1864.

hémicycle, avec de petits génies près d'eux, occupés à les couronner, se retrouvent sur les monnaies de Byblos, et les observations de l'archéologie portent aux mêmes conceptions. On sent partout le style mesquin et décoratif de la *Villa Adriana*, et l'on songe malgré soi aux chapelles exécutées dans le style matérialiste et pompeux des jésuites au xviie et au xviiie siècle.

3° Deux anses de vases portant toutes deux le nom ЄΡΜΟΓЄΝΟΥϹ, frappé avec des poinçons différents. On ne connaissait pas, ce me semble, jusqu'ici, de marque de poterie portant ce nom. La terre est grossière, et le caractère lourd.

4° De nombreux objets usuels antiques, surtout un très-beau pressoir en une brèche analogue à quelques-unes des pierres de la tour. Ces deux pièces, l'une convexe et demi-cylindrique, l'autre concave, sont maintenant assez éloignées l'une de l'autre.

Les bords de la falaise le long de la mer sont très-remarquables. Le côté ouest surtout est rempli de travaux dans le roc, magasins, bains, silos, citernes. Certaines parties sont revêtues à l'intérieur d'un très-bon ciment. L'effet de surprise et de grandeur produit par ces travaux est surtout sensible dans une vaste salle carrée avec escalier[1], dont le fond, évidé en bassin, est juste au niveau de la mer, laquelle y entre, ou peu s'en faut, par une ouverture. Les fouilles faites au-dessus de cette salle amenèrent la découverte de grandes jarres, toutes de formes différentes, et d'un sol enduit de mortier très-dur. Toute la berge est découpée de silos éventrés, de grandes entailles dans le roc, d'escaliers[2]. Vers le nord, à la jonction du mur de la ville et de la mer, il y a un ouvrage en gros blocs. Les remblais de ce côté sont tous composés de débris anciens. Le côté sud de la colline n'est aussi qu'une masse de débris. On y voit une grande cave ayant son entrée par le plafond; près de là, des meules et des cuves très-belles, ainsi que des pressoirs taillés dans le roc.

Au fond du ouadi qui aboutit à la mer, au pied de la colline, il y a

[1] Voir planche XXVII. — [2] Voir planches XXVIII et XXXIX.

un puits et une mosquée de petites dimensions. Je les examinai sans y rien découvrir d'intéressant. Une inscription placée à l'intérieur du puits est arabe et de peu de prix.

Toute la dune de sable qui s'étend au sud au-dessous de la route de Gébeil à Beyrouth est de formation récente et recouvre des sépultures. Le rang le plus élevé de ces sépultures est à nu; celles-ci naturellement ont été dépouillées. Elles offrent maintenant l'apparence de stalles taillées dans le roc, le toit et le devant, qui en faisaient des cellules, ayant disparu. De toutes parts s'ouvrent ces tuyaux ronds, creusés dans le roc, dont nous parlerons bientôt plus au long. Le fond d'une de ces stalles est orné de rinceaux en relief, au milieu desquels on aperçoit les restes d'une figure ailée. Le fond d'une autre stalle est peint; on distingue fort bien une torsade horizontale, rouge et bleue; au-dessus des colombes et au centre, en lettres rouges, l'inscription suivante :

ΘΑΡΣΙ
ΝΙΚΟΔΟΞΕ
ΟΥΔΙΣΑΘΑΝΑΤΟΣ

Θάρσ[ε]ι, Νικόδοξε· οὐδ[ε]ὶς ἀθάνατος.

Les lettres sont allongées. L'A incline à la forme d'une lettre cursive. La formule θάρσει..., οὐδεὶς ἀθάνατος, ou εὐψύχει..., οὐδεὶς ἀθάνατος, n'est pas très-rare. (Cf. Franz, *Elem. epigr. gr.* p. 342; *Corpus inscr. gr.* n°⁸ 4463, 4467, 4468, 5200 b, 6501; de Saulcy, *Voy.* II, p. 282 et pl. II [Le Bas, *Inscr.* III, n° 1897]; Wetzstein, *Inschr.* n° 148.) Nous la retrouverons à Saïda. Cette formule paraît avoir été particulièrement usitée en Syrie. La plupart des exemples qu'on en connaît appartiennent à ce pays.

La grande masse de sable qui s'étend au-dessous a couvert toute une nécropole en amphithéâtre, qui faisait face à la mer. Le roc taillé émerge çà et là. Malgré le danger des travaux en ces masses mobiles et fortement inclinées, nous y fîmes quelques excavations; nous trouvâmes une vaste catacombe à deux étages de tombeaux, en partie évidés dans le roc, en partie complétés par de la maçonnerie. Toutes les ouvertures des niches sont en arceaux[1]. C'est la seule caverne sépulcrale de ce genre que j'aie vue en Phénicie. Une grosse dalle renversée, au milieu de la chambre, contenait l'inscription suivante :

```
ΤΗΝΣΥΝΕΤΗΝΑΛΟΧΟΝ
ΔΙΟΝΥΣΙΑΝΕΝΘΑΔΕΚΕΙ
ΣΘΑΙΤΥΜΒΩΤΩΔΥΠΕ
ΜΟΙΟΝΠΟΣΙΣΗΓΛΑΙΣΕΝ
ΟΠΠΩΣΤΟΙΣΠΑΡΙΟΥΣΙ
ΠΕΛΟΙΜΝΗΜΗΙΑΤΑΥΤΑ
ΤΑΙΣΣΕΜΝΑΙΣΑΛΟΧΟΙΣ
ΜΑΡΤΥΡΙΑΠΡΟΦΕΡΕΙΝ
ΤΑΥΘΟΒΙΟΣΠΑΡΟΔΕΙ
ΤΑΦΙΛΕΕΛΠΙΔΕΣΕΝΖΩΟΙ
ΣΙΝΕΥΦΡΑΙΝΕΣΕΑΥΤΟΝ
ΜΗΠΑΡΟΔΟΥΤΑΧΥΤΗΣ
ΒΡΑΧΕΟΣΛΑΘΕΤΩΣΕ☥
Σ ☥ Σ ΧΡΟΝΟΥ Σ ☥ Σ ☥
ΣΕΡΑΠΙΩΝΟΣΔΙΔΑΣΚΑΛΟΥΕΦΗ
ΒΩΝΤΟΔΕΣΗΜΑ
```

Τὴν συνετὴν ἄλοχον Διονυσίαν[2] ἐνθάδε κεῖσθαι

Τύμβῳ τῷδ' ὑπ' ἐμοί, ὃν πόσις ἠγλάϊσεν,

Ὅππως τοῖς παριοῦσι πέλοι μνημήϊα ταῦτα

Ταῖς σεμναῖς ἀλόχοις μαρτυρία προφέρειν.

Ταῦθ' ὁ βίος, παροδεῖτα φίλε· ἐλπίδες ἐν ζώοισιν. Εὔφραινε σεαυτόν. Μὴ παρόδου ταχύτης βραχέος λαθέτω σε χρόνου.

Σεραπίωνος διδασκάλου ἐφήβων τόδε σῆμα.

La lecture est certaine. C'est à tort que M. Frœbner[3] a lu ΣΟΙ, à la ligne 13. Les Σ et les Ε se ressemblent beaucoup. Pour la croix ansée, d'une espèce particulière, qu'on remarque vers la fin, comparez ci-dessus, p. 162.

Les huit premières lignes forment deux distiques assez réguliers. Le reste ne peut être régulièrement scandé. On n'ose guère traduire des textes d'une rédaction aussi incorrecte. Essayons cependant :

« [Apprends] que la sage épouse Dionysia repose ici, sous moi, dans ce tombeau,

---

[1] Selon une note venant du caporal qui dirigeait les fouilles à cet endroit, il y aurait trois étages de niches, en tout vingt-quatre niches, à moitié creusées dans la paroi et à moitié maçonnées. Mon journal ne parle que de deux étages. Il est vrai que j'étais sur le point de partir au moment où la découverte s'effectuait.

[2] J'accentue d'après la quantité fautive que le versificateur attribue à la syllabe finale de Διονυσία.

[3] *Philologus*, XIX, 137-138.

que son mari a orné pour elle, afin que ce soit là, pour ceux qui passent, un avertissement de porter témoignage aux épouses respectables.

« Telle est la vie, cher passant : des espérances parmi les vivants. Tiens-toi [donc] en joie. Que la rapidité du cours du temps qui passe ne t'échappe pas.

« C'est ici le tombeau de Sérapion, le professeur des éphèbes. »

Ce Sérapion était donc le mari de Dionysia, et le tombeau a dû jadis renfermer les corps des deux époux. Sa profession, équivalant à peu près à celle de nos maîtres d'escrime, excuse l'inexpérience qu'il a montrée comme écrivain. Au reste, on trouve sur les inscriptions des simples particuliers toutes les nuances et les variantes de la barbarie, depuis le changement capricieux du mètre (Franz, *Elementa epigr. græcæ*, p. 6, 7), jusqu'au centon d'hémistiches empruntés à des auteurs classiques, jusqu'à la prose semée de fragments de vers qui ne produisent aucun vers régulier. Nous en signalerons ici seulement deux exemples : 1° l'épitaphe gréco-latine d'un marchand syrien établi en Gaule, épitaphe qui vient d'être publiée par M. Allmer dans le tome XXVI des *Mémoires de la Société des antiquaires*; 2° le n° 5922 du *Corpus*, inscription rédigée à Rome, sous le règne de l'empereur Septime Sévère, par un personnage de Tripoli de Phénicie. (Comparez, *ibid.* n° 5921.) L'expression τόδε σῆμα se retrouve employée d'une façon analogue dans le *Corpus* (n°s 4634, 4637) et dans une inscription publiée par M. Perrot, *Exploration de la Galatie*, etc. p. 59. Le mauvais style des rhéteurs de Byblos, sous les Antonins, nous est, du reste, attesté par ce que nous savons du caractère des écrits d'Aspasius, lesquels étaient surchargés de tropes et d'épithètes oiseuses [1]. Quant à la fonction de Sérapion, on peut observer que ces sortes de mentions sont très-fréquentes sur les marbres funéraires; les plus humbles métiers sont mentionnés dans les épitaphes païennes, et, peut-être, avec une affectation d'humilité dans les épitaphes chrétiennes (exemples dans le *Corpus inscr. gr.* n°s 9168, 9188, 9204, 9219, 9220, etc.). L'épitaphe chrétienne d'un certain *Zosimus* (*ibid.* n° 9710) l'appelle simplement διδάσκαλος. Mais notre διδάσκαλος ἐφήβων était probablement un de ces ἐφήβαρχοι dont la fonction était aussi exprimée par le verbe ἐφηβαρχέω (*Corpus*, n°s 3085, 3086, à Téos; 3665, à Cyzique).

La crainte de voir s'écrouler la voûte de la caverne sépulcrale où reposaient Dionysia et Sérapion nous força de nous arrêter. En effet, peu après que nous eûmes abandonné ce point, un énorme éboulement eut lieu. La chapelle de *Sayyidet Martîne* (سيدة مرتين), bonne construction chrétienne placée près de là, a plus d'intérêt pour le paysagiste que pour l'archéologue. Montons maintenant au-dessus de la route de Beyrouth.

[1] C. Müller, *Fragm. hist. græc.* III, p. 576.

Tout l'espace situé à l'est de cette route est la continuation de la nécropole dont nous venons de trouver une partie recouverte par les sables.

Il serait fastidieux de donner une description de chacun de ces caveaux, dont nos planches XXVI et XXX présentent quelques spécimens. Tous sont taillés dans la roche vive, et en général destinés à plusieurs cadavres. Il n'y faut pas chercher la grande unité qui nous a frappés à Amrit et que nous retrouverons à Saïda. Les formes ici sont très-diverses. Tous ces caveaux étaient encombrés de terre, et tous avaient été violés. L'habitude de renfermer des objets précieux avec les morts avait, dès l'antiquité, érigé en industrie régulière le pillage des tombeaux. Néanmoins je ne regrette nullement les efforts que la nécropole de Gébeil m'a coûtés. Nos travaux nous révélèrent de curieux détails sur un art qui fut le premier chez les Phéniciens, et qui, à Byblos, s'est développé avec une variété surprenante.

A l'angle de la nécropole qui est le plus rapproché de la ville se voit un caveau remarquable par la grandeur des sarcophages qui le remplissent. Les couvercles de ces sarcophages sont inclinés en toit, la face postérieure étant scellée dans le plâtre et attachée au mur. Les coins sont ornés d'acrotères de moyenne dimension. Dans ce caveau fut trouvée, peu avant notre arrivée, une grande jarre en bronze extrêmement légère. Sous une maison, un peu à l'est, il y a une crypte servant d'étable, analogue aux caveaux d'Amrit; les fours sont simples et sans style. Près de là est une petite éminence percée sur toutes ses faces de niches, d'auges, de soupiraux. A cette éminence se rattache une crête de rochers dans laquelle s'ouvre une ligne de caveaux que nous avons déblayée. Quelques-uns étaient assez modernes, très-soignés, analogues à ceux d'Adloun et à certains des environs de Jérusalem (auges dégagées du rocher, *arcosolium* au-dessus). Dans un de ces caveaux nous trouvâmes trois inscriptions grecques, que je rapportai. L'une se compose du simple mot :

ЄΧΕΙ

Rien ne manque avant ni après. Le bloc est presque brut et nullement préparé pour une inscription. Il vaut mieux s'abstenir de toute conjecture sur un texte isolé et obscur, que rien ne permet de rattacher aux idées ou aux souvenirs que réveillent les monuments voisins. Le sens serait-il que le caveau qui était fermé par cette pierre «avait» son cadavre, c'est-à-dire était plein?

Les deux autres inscriptions sont gravées transversalement sur des blocs de calcaire grossier, arrondis d'un bout en forme de cippes. L'un porte :

ΕΥΛΟΓΙΑΠΑΣΙΝ
ΘΗΚΗΕΙΟΣΗΥΕΙ
ΟΥΤΟΥΜΑΚΑΡΙΟΥ
ΑΣΤΕΡΙΟΥ

Épitaphe chrétienne, d'assez basse époque : grosses lettres, assez barbares, peintes en rouge.

$$\text{Εὐλογία πᾶσιν·}$$
$$\text{Θήκη Εἰοσηυεί}$$
$$\text{ου τοῦ μακαρίου}$$
$$\text{Ἀστερίου}$$

Θήκη, déjà employé en ce sens par Sophocle (*Électre*, vers 892), est un des mots si variés qui signifient «tombeau» sur les épitaphes grecques; les exemples en sont très-nombreux; nous le retrouverons plus tard. Εὐλογία πᾶσιν est une formule chrétienne qui paraît répondre à la formule païenne χαίρετε πάντες, ou à la formule χαῖρε καὶ σύ, formule de remerciment pieux adressée par le mort à celui qui vient de prononcer sur son tombeau la formule χρηστέ ou χρηστὴ χαῖρε. (Voir *Corpus*, n° 1956, avec la note de M. Bœckh.)

Quant au nom bizarre Εἰοσηυειος, on peut y voir une altération de Εὐσέβιος, devenu d'abord Εὐσευιος, puis Εοσευιος, par le même analogie qui a fait Θεύπομπος de Θεόπομπος, Θευδᾶς de Θεοδᾶς, etc. Il est plus probable, cependant, qu'il y a là erreur du lapicide, et que ce nom est le même que celui de Μοσεμός, qui se lit dans l'inscription suivante, laquelle est inséparable de celle dont nous parlons en ce moment. M aura été lu ΕΙ.

L'autre cippe, exactement du même caractère que le précédent, porte :

ΤΟΜΥΣΤΗΡΙΝ
ΤΟΥΤΟΜΟΣΕΜ
ΟΥΗΔΕΒΟΥΛΗΘΗ
ΟΕΜΟΥΟΣΕΞΟΥΣ

Τὸ μυσ[ηριν
τοῦτο Μοσεμ-
οῦ · ἢ (pour εἰ) δὲ βουλήθη
ὁ ἐμο[ῦ] υ[ἱ]ὸς, ἐξουσ[ία ἔσ]ω]

Μυσ[ηριν est pour μυσ[ηριον, par une contraction très-fréquente dans le grec vulgaire et qu'explique la place de l'accent; c'est ainsi qu'on trouve Λιτόρις pour Λιτόριος et χαρτάρις pour χαρτάριος (chartarius) dans deux inscriptions de Smyrne (*Corpus*, n°ˢ 3309 et 3310), et Τατάριν, nom propre, pour Τατάριον, dans une inscription de la Phrygie (*Corpus*, n° 3954). Quant au sens même de ce mot, je ne puis guère y voir, jusqu'à meilleur avis, que celui de « lieu caché, » et, par conséquent, « retraite, tombeau. » Le second sens n'est assurément pas plus éloigné du premier que ne le sont, en latin, les deux sens du mot *schola*, suivant qu'il signifie, soit une réunion d'écoliers, soit la salle des réunions d'une corporation (exemples dans Orelli, n°ˢ 4088 et suiv.), ou qu'il signifie une salle funéraire à plusieurs niches, pour les urnes contenant les ossements des morts (Orelli, n° 4542). L'inscription paraît incomplète par le bas; on peut y supposer une dernière ligne qui contiendrait les mots ἔσ]ω τοῦ ἐνταφῆναι ou ἔσ]ω αὐτῷ ἐνταφῆναι, ou quelque formule analogue, telle que ἐξουσίαν ἔχειν ἐγκηδευθῆναι (*Corpus*, n° 4303 h[7]). Comme on trouve fréquemment sur les tombeaux antiques la défense d'y enterrer d'autres personnes que celles qui seront formellement désignées par le propriétaire (voir des exemples dans le *Corpus*, n°ˢ 1933, 1973, 1992, 1993, 2685 et suiv. 2824, 2826 et suiv. 3029, 3041, 3104, 3108, 3113, etc.), il est naturel d'y trouver aussi la mention d'une personne autorisée à se faire inhumer dans telle ou telle sépulture; on en rencontre un exemple dans une inscription funéraire copiée par Bailie, auprès du port de Kakova (*Corpus*, n° 4303 h[4], *in Addendis*).

L'incorrection du tour grammatical εἰ βουλήθη n'aurait rien qui pût étonner sur un monument de ce pays et d'aussi basse époque. (Voir, par exemple, l'inscription de Sidon, publiée par M. Dietrich (*Zwei Sidonische Inschriften*, etc. Marburg, 1855, in-8°), et réimprimée dans le *Corpus* sous le n° 9153 [1].)

La falaise de rochers où ces tombes sont creusées offre à chaque pas des traces de constructions et de sépultures. En la déchaussant, nous trouvâmes trois fosses contiguës, d'un mètre soixante centimètres de profondeur, de quatre-vingts centimètres de largeur et plus de deux mètres de longueur, en partie creusées dans le roc, et en partie complétées par des pierres taillées[2]. Ces fosses n'avaient jamais été violées. Tout l'ensemble

---

[1] Cette note appartient tout entière à M. Egger.
[2] Voir, dans *le Tour du monde*, 1863, p. 34, un dessin représentant l'état des lieux, d'après une photographie de M. Lockroy.

était revêtu sur ses faces libres d'une épaisse couche de ciment très-dur. Deux de ces fosses étaient recouvertes de grandes dalles s'appliquant à leur ouverture par un joint très-exact. Dans l'une des fosses, nous trouvâmes deux adultes et deux enfants de huit à dix ans; dans l'autre, de la terre mêlée avec une telle quantité de débris osseux qu'il faut supposer que la fosse avait contenu au moins une dizaine de squelettes. Les terres et la cavité médullaire des os étaient remplies de gravier et d'un coquillage terrestre, l'*helix cincta*, commun sur les premières collines du Liban. Nous trouvâmes encore des fragments de verre et une petite médaille de cuivre, très-dégradée, attachée à un anneau, aussi de cuivre. Tout porte à croire que ce fut ici une sorte de fosse commune où l'on entassa des débris arrachés à d'autres caveaux avec la terre à laquelle ils étaient mêlés, peut-être à un moment où ces caveaux furent vendus à d'autres familles. Il n'était pas rare qu'un même caveau servît successivement de sépulture à des morts différents; les inscriptions renferment à cet égard de nombreux témoignages.

La troisième fosse, située contre la paroi du rocher, était couverte de quatre petites dalles, réunies par un ciment très-solide. Elle contenait deux corps couchés côte à côte. Deux pierres brutes supportaient les crânes en guise d'oreillers; les os étaient à leur place respective; la terre était purement végétale. L'hypothèse que nous avons faite sur les fosses précédentes ne peut donc pas s'appliquer à celle-ci.

Toute la suite du mur de rocher a formé le fond de cellules sépulcrales qui y étaient adossées. Les revêtements de stuc et les dallages sont conservés en certains endroits. Dans un mur voisin, nous trouvâmes les débris d'un très-beau sarcophage, à couvercle imbriqué, cassé il y a quelques années. Des restes d'inscription se voient encore sur ces débris. On croit lire :

ΑΓΔΙ‖ΟϹΕ

Peut-être avons-nous là le reste de Σμαράγδινος ἐποίησεν. Σμαράγδινος serait un dérivé correct de Σμάραγδος, nom propre connu par les légendes des médailles. (Mionnet, III, p. 27; *Suppl.* VI, p. 45; cités par Pape, *s. v.*) La place de l'inscription sur un listel étroit ferait croire en effet qu'elle offrait plutôt le nom de l'artiste que celui du défunt.

C'est, je pense, le sarcophage dont parle M. Thomson[1], et qui venait d'être brisé lors de son passage à Gébeil. Le motif principal de l'ornementation de ce tombeau se retrouve copié dans un tombeau tout moderne, adossé à l'église de Mar-Iouhanna.

Un peu plus loin, s'ouvre une belle grotte sépulcrale[2], dont le sol est recouvert d'une mosaïque à gros cubes, sans dessins. A côté, le roc est criblé de ces trous ronds ou soupiraux dont nous parlions tout à l'heure.

Enfin, en s'avançant d'environ deux cents mètres vers le sud-est, on trouve le plus beau caveau de toute cette nécropole. Il était, quand nous arrivâmes, tout à fait encombré. Notre planche XXXIX en offre le dessin. Les murs sont revêtus de stuc en apparence noirci, mais en réalité couvert de peintures décoratives, qui revivent en partie quand on les éponge. Nous n'y avons vu clairement qu'un serpent. Il y a aussi quelques reliefs, mais cassés et où nous n'avons rien pu reconnaître. Le caveau se compose de deux cavités sépulcrales, situées en face de l'entrée, et do fours moindres sur les côtés. Ces fours sont maintenant obstrués par l'éboulement de la voûte. Cet éboulement a dissimulé également toute l'entrée et la partie antérieure. Le trou par lequel on entre à présent est une crevasse du plafond. Les deux cavités en face de l'entrée contenaient chacune deux grands sarcophages, l'un situé en avant de l'autre, mais sur des plans différents. En outre, au pied du sarcophage inférieur, s'ouvrait une auge sépulcrale dans le roc. Trois rangées de tombeaux s'étageaient ainsi dans chacune des deux cavités. J'ai rapporté les deux grands

---

[1] *Bibliotheca sacra*, V, p. 7. Cf. Ritter, *Erdkunde*, XVII, p. 576.

[2] Voir *le Tour du monde*, 1863, p. 36, d'après une photographie de M. Lockroy.

sarcophages du rang supérieur. On remarquera la bizarre représentation qui figure sur celui de gauche. C'est, je crois, une ciste ou un objet symbolique. Le devant du sarcophage de droite est cassé; mais nous en avons trouvé assez de morceaux pour le recomposer en grande partie. Nous ignorons quel était l'objet dont on voit l'attache à droite du rond central. La comparaison du bas-relief de Schalaboun, que nous donnerons plus tard, nous ferait croire que c'était un arbre. Les guirlandes du couvercle sont d'un travail grossier, mais non sans effet. L'ensemble de ces tombeaux, quand ils étaient à leur place, avait quelque chose de saisissant.

Les tombeaux du second rang avaient des couvercles plats ou à peine convexes. Les cuves offraient des traces de reliefs et de peinture, mais en très-mauvais état. Sur le devant de celui qui se présente à droite du spectateur, j'ai cru distinguer trois vases à très-petit relief, ornés d'une bande rouge, analogues à la ciste du grand sarcophage de gauche.

A côté de ce beau caveau, nous découvrîmes l'entrée d'un autre caveau, composé de deux chambres, l'une à la suite de l'autre, et communiquant entre elles par une porte assez basse. Déblayées minutieusement, elles ne donnèrent rien. A côté, nous trouvâmes les restes d'un caveau en maçonnerie appliqué au rocher. Plus à l'est, on voit encore des travaux dans le roc.

Les murs des maisons, dans l'espace que nous venons de décrire, renferment trois inscriptions. La première est latine :

```
        DISMANIBVS
        L·PHILOCALVS·
        L·FCOL·VALEN
        GADARA·MIL·
        LEG·X̄FR·⟩CRA
        NIIRO▩▩H·S·E.
```

M. Mommsen suppose qu'il manque quelque chose sur la gauche de la deuxième et de la troisième ligne. Je ne le pense pas, les cinq lignes du corps de l'inscription étant bien alignées. La première lettre de la troisième ligne est douteuse. M. Mommsen, y voyant un E, supposait qu'il fallait lire [PRA]EF. Mais il remarque lui-même que cette lecture ne s'accorde pas bien pour le cas avec la suite du texte. En outre, est-il possible qu'un simple soldat, et un soldat en activité de service, comme l'indique le nom de son centurion, non un vétéran, fût préfet de Gadare? Enfin mon estampage ne donne nullement la partie supérieure de l'E. Il faudrait supposer que le creux de cette partie aurait été rempli par de la chaux, ce que je ne crois pas probable. Je pense qu'il faut lire L suivie d'un point. Il y a, à la dernière ligne, un espace de trois lettres illisibles. M. Mommsen lit RO[MAN]I. Cette lecture s'accorde médiocrement avec les traces qui restent. RO[MVL]I irait mieux à quelques égards, quoique à la troisième lettre on obtienne difficilement une M.

L'ensemble de l'inscription doit donc se lire : « Dis Manibus. L[ucius] Philocalus, L[ucii] F[ilius], col[onia] Valen[tia] Gadara, Mil[es] Leg[ionis] [Decimæ] Fr[etensis], [centuriæ] Cranii Ro.....i, h[ic] s[itus] e[st]. »

C'est la première fois qu'on trouve le nom de « colonie » appliqué à Gadare. Le nom de *Valentia* fut le surnom pris par différentes villes quand elles devinrent romaines, ainsi, par Vibo, dans le Brutium, par les deux villes de « Valence, » l'une en France et l'autre en Espagne[1]. Nous avons déjà trouvé la légion *Decima Fretensis* à Aradus. (Voir ci-dessus, p. 34.) Le nom de *Cranius* est pour *Granius*. L'inscription est du II° ou du III° siècle.

Une inscription grecque se lit sur les trois faces du piédestal d'une statue brisée :

IOYΛIA | MAPKEΛΛA | IOYΛIO[Y]
AΛAΠAI | ΘYΓATHPEZ[H] | E E T H

La seconde ligne est à demi emportée; il y a cependant peu de doutes sur la valeur de chaque lettre, même pour le nom bizarre qui précède θυγάτηρ; il n'y a non plus aucune lacune à supposer.

Il faut donc lire :

Ἰουλία Μαρκέλλα, Ἰουλίο[υ]
Ἀλαπαὶ θυγάτηρ, ἔζη ε̄ ἔτη

Il y avait des Ἀλαπηνοί en Arabie Heureuse (Ptol. VI, VIII, 23), et Ἰούλιος est un des noms que les Arabes romanisés aimaient à prendre; mais nous sommes le premier à dire qu'un tel rapprochement serait ici fort téméraire.

---

[1] Voir Forcellini au mot *Valentia*.

La troisième inscription est hébraïque. En voici le *fac-simile* :

L'inscription se déroule sur cinq lignes. La pierre qui la portait a été cassée deux fois dans le sens vertical, en sorte que le commencement et la fin de chaque ligne sont emportés. Aucun indice précis ne nous faisant connaître l'étendue de ce qui manque de chaque côté, il est bien difficile de former une conjecture sur le sens général de cette inscription. Voici comment nous la lisons :

╌╌ירחמיו ╌╌
╌╌־אלחי
╌╌סמבטו╌╌
╌╌בנתשנ╌╌
╌╌ת יומרטל╌╌

Après le ט de la première ligne, les lettres s'infléchissent comme si la pierre eût été cintrée; il résulterait de là, et aussi de la circonstance que la deuxième ligne est suspendue, qu'il manquerait peu de chose à la droite du monument. La seconde ligne est d'un autre calibre que le reste; il est fort difficile d'y distinguer nettement les traits des lettres des trous de la pierre. Les trois dernières lignes sont bien plus régulières. Le procédé par lequel les lettres ont été gravées est lourd et singulier. Se combinant avec la nature poreuse de la pierre, il donne à celle-ci un aspect qui surprend beaucoup au premier coup d'œil, et qui me fit quelque temps hésiter sur la catégorie épigraphique à laquelle il fallait la rattacher.

C'est maintenant le moment de parler d'un des problèmes les plus singuliers de l'archéologie phénicienne, problème qui s'offrit à nous par de nombreux exemples dans toute la nécropole que nous venons de décrire. Entre-t-on dans l'un des caveaux de cette nécropole, par exemple dans le caveau pavé de mosaïque, ce qui frappe tout d'abord, ce sont de nombreux trous ronds percés dans la voûte, et qui par moments sont si rapprochés qu'on serait tenté de comparer cette voûte à un crible. Ces trous ronds sont l'ouverture de soupiraux cylindriques, creusés dans le roc avec un soin extrême, souvent sur de grandes épaisseurs, et aboutissant de la voûte à la surface extérieure du rocher. La paroi interne de ces conduits est lisse ou marquée de stries horizontales et concentriques. On voit avec évidence que la perforation a été faite avec une tarière ou tout autre instrument recevant sa force d'une tige centrale. Le diamètre n'est pas rigoureusement identique pour un même conduit; en s'épanouissant à l'air libre, le tuyau s'élargit presque toujours et prend une forme évasée. Bien que procédant de haut en bas, l'axe du conduit n'est pas toujours absolument vertical et ne forme pas une ligne droite géométrique. On sent que l'instrument subissait des déviations et variait de force selon la main qui le maniait. Quant à la largeur des conduits, le diamètre moyen est de vingt-cinq centimètres; aucun ne s'est trouvé assez large pour qu'un homme pût y passer.

Si le fait se bornait à cela, il serait facilement explicable. On verrait dans ces ouvertures des trous destinés à porter à l'intérieur l'air et la lumière. On ferait diverses hypothèses sur les idées qu'un tel usage semble supposer; du moins l'usage lui-même, nonobstant quelques objections, serait clair. Mais nous n'avons exposé jusqu'ici que la moitié du fait. Ces trous, en effet, ne se voient pas seulement à la voûte des caveaux; on les rencontre à chaque instant sous ses pieds, en parcourant les rochers de la nécropole du sud et d'une autre nécropole que nous trouverons au nord-est. Ces ouvertures rondes, semées sur les rochers, maintenant remplies de terre végétale et accusées au dehors par des touffes d'herbes et de fleurs, sont un des traits qui font la physionomie des environs de Gébeïl. Une idée qui devait se présenter d'elle-même à la vue de ces ouvertures, partout béantes, était qu'elles répondaient à des chambres souterraines, auxquelles elles auraient servi de soupiraux et de puits d'aération. Conformément à cette idée, nous cherchâmes, aux alentours, des portes de caveaux, et, n'en trouvant pas, nous pensâmes qu'il s'agissait de grandes catacombes, dont l'entrée pouvait être dissimulée. Il nous parut probable que le moyen de pénétrer dans ces catacombes était de suivre les soupiraux en brisant le roc. Nous nous attachâmes, pour l'expérience, à un ensemble de soupiraux déjà déchirés, sur la falaise de rochers qui ferme au nord la nécropole. Après avoir atteint sept mètres et demi de profondeur, le soupirail nous manqua. Pour voir ce qu'il en était des soupiraux voisins, nous fîmes creuser horizontalement, afin de couper lesdits soupiraux dont l'ouverture se voit à fleur de sol. Ces soupiraux avaient tous disparu. Sur tous les points, les tuyaux manquaient à la fois, avant d'avoir abouti à un caveau. Non contents de cette expérience, nous engageâmes, sur plusieurs autres points, une longue lutte contre le roc. Tous ces efforts furent infructueux. Nous n'arrivâmes pas, de la sorte, à découvrir un seul nouveau caveau. Tous les soupiraux que nous avons suivis ainsi en faisant jouer la sape, nous les avons vus mourir en cul-de-sac, après s'être rétrécis peu à peu. On sentait que l'instrument, à ces profondeurs, perdait sa force, et que le rayon de son action s'amoindrissait. Je ne me serais pas pardonné ces travaux inutiles et où je mis peut-être trop d'obstination, si toutes les apparences n'étaient là pour m'excuser. Un savant voyageur anglais, M. Cyrill Graham, ayant visité nos travaux, je lui montrai, auprès du caveau pavé de mosaïque, un sol de rocher que nous avions dénudé de sa terre végétale et qui était à la lettre criblé de ces trous, comme la voûte même du caveau et le sol de rocher qui surmontait le caveau. M. Graham s'étonna, à cette vue, que je n'eusse pas fait creuser à cet endroit jusqu'à extinction. Mais vingt expériences m'avaient déjà appris que tous ces tuyaux, sans exception, expiraient en impasse et ne menaient à rien.

L'idée que ces trous étaient naturels se présenta par moments à certains d'entre nous; mais il fut impossible de s'y arrêter. En plusieurs points, surtout dans le groupe de soupiraux situé près de la maison Djabour (voir notre plan), l'axe du tuyau, vertical ou à peu près, ne coupe nullement à angle droit les couches géologiques, qui sont ici fortement relevées. En outre, comment expliquer ce fait qu'on ne trouve de ces soupiraux qu'aux environs des points habités (Gébeil, Nebbi-Younès, peut-être Anefé)? Comment surtout expliquer les caveaux de Gébeil, d'Amrit, de Saïda, où ces tuyaux percent la voûte et aboutissent à l'intérieur? Si sur le bord de la mer, entre Gébeil et Batroun, par exemple, on voit dans le calcaire rongé par la mer des trous analogues qui donnent souvent lieu à de singuliers effets de vagues, aucune confusion n'est possible entre ces trous et les nôtres, où la main de l'homme se reconnaît avec une évidence absolue.

Une seule hypothèse est donc possible, c'est de voir dans ces tuyaux de simples sondages; c'est de supposer qu'ils étaient creusés avant le caveau, et que la construction du caveau ne suivait pas toujours leur perforation.

Indépendamment des cas où ces tuyaux ne correspondent pas à un caveau souterrain, une circonstance des caveaux où la voûte est perforée confirme cette hypothèse d'une façon décisive. Dans ces cas, en effet, tous les trous n'aboutissent pas à la voûte; plusieurs partagent la paroi d'une manière qui les rend tout à fait inutiles; plusieurs se voient près de la porte d'entrée et en ébrèchent le jambage; plusieurs s'enfoncent à côté du caveau sans l'atteindre. Dans les flancs extérieurs du soubassement de rochers maintenant surmonté d'une maison qui est au nord de la nécropole du sud, dans les flancs d'un soubassement analogue qui fait partie de la nécropole du nord-est, on voit ces soupiraux éventrés en quelque sorte selon le sens de leur longueur, et se dessinant comme des tuyaux de cheminée sur le mur d'une maison démolie. La même chose se remarque sur les petites falaises de rochers qui se croisent en différents sens dans la nécropole du sud, falaises qui ont servi d'appui à des cellules sépulcrales, mais sous lesquelles il n'y a pas de caveaux. Deux cavernes enfin (une à la nécropole du sud, et une autre à la nécropole du nord-est) m'ont présenté un fait plus significatif encore. Le tuyau, après avoir percé la voûte, s'enfonce dans le sol. Quoi de plus évident? Pour rendre sensibles ces diverses particularités, je les ai fait réunir dans la figure ci-jointe, qui, sans représenter en particulier aucun des caveaux de Gébeil, en offre en quelque sorte l'idéal.

Une petite circonstance qui n'est pas à dédaigner, c'est que les trous qui aboutissent à un caveau se montrent toujours, à dessein, obstrués d'assez grosses pierres. Sans doute on voulut ainsi empêcher la terre de remplir le caveau, ou les malveillants d'y jeter quoi que ce soit. Mais à quoi bon ce soin si le but qu'on se fût proposé dans la perforation des soupiraux eût été d'aérer et d'éclairer le caveau?

Vers le milieu de la nécropole est un point où ces faits paraissent bien dans tout leur jour. Là se voit un profond canal creusé dans le roc, qui fut évidemment un conduit d'eau, correspondant à un aqueduc que l'on retrouve sur la rive droite du fleuve Adonis, et qui amenait autrefois à Byblos les eaux de ce fleuve. Autour de ce canal, les soupiraux abondent; plusieurs partagent la paroi du canal, et ont été soigneusement bouchés avec un ciment très-dur. Il est évident que la perforation de ces trous est antérieure à l'exécution de l'aqueduc, et que les ingénieurs qui dirigeaient les travaux savaient fort bien que ces trous ne répondaient à aucune cavité, sans quoi ils n'eussent pas amené leur conduit d'eau à cet endroit. A quelques pas de là, vers l'est, les trous sont fort rapprochés. Nous y fîmes une grande excavation dans le roc vif. Tous les tuyaux s'arrêtèrent à la fois à une profondeur de quatre mètres environ.

Je ne connais pas, hors de la Phénicie, de fait analogue à celui que nous venons d'exposer. Ces tuyaux constituent une particularité phénicienne et surtout giblite. Je ne crois pas, du reste, que l'usage de creuser de tels soupiraux soit très-ancien. On n'en trouve pas dans les grottes du côté de Kassouba, que je regarde comme les plus antiques. A Saïda, les caveaux où on les remarque sont loin aussi d'être les plus archaïques.

Sur le vallon qui sépare la nécropole de la ville, il y a un beau pont romain. La voie antique est bien conservée sur la rive droite. Un peu en aval, sur la rive gauche, se voit un mur en belles pierres, épaulant une terrasse. Après l'avoir dégagé, nous ne fûmes pas peu surpris de trouver à la base des colonnes encastrées dans la maçonnerie, comme dans toutes les constructions médiocres du moyen âge. Il y eut là, sans doute, un châtelet construit par les Croisés, peut-être pour défendre la tête du pont. Au pied, il y avait beaucoup de débris de verre antique.

Un peu en amont, nous découvrîmes sous terre un cippe de la forme propre à Gébeil, et portant une inscription; les deux bords longitudinaux étaient cassés.

ATOCΔIONYCIO
OYCZHCACETI
XAIPE

........ατος Διονυσίο[υ.....
..........ους ζήσας ἐτ[η.....
χαῖρε

Près de là, nous trouvâmes d'autres tombeaux non violés, ne renfermant que des ossements. Un des squelettes parut colossal; le crâne gisait aux pieds.

En remontant le vallon, on laisse à gauche une maison où il y a beaucoup de matériaux anciens, et l'on arrive à une colline de forme presque circulaire, nommée *Kassouba* (قصّوبة[1]). Ce nom est probablement une altération ou une forme locale de قصبة «citadelle, palais, partie principale d'une ville.» Nul doute que ce ne fût ici une localité fort importante, surtout au point de vue religieux. Tout le pourtour de la colline offre le roc travaillé en amphithéâtre. Ces coupes dans le roc présentent maintenant l'apparence de grandes stalles. Sur la face ouest de la colline s'élèvent un petit groupe d'habitations et une chapelle (*Sayyidet Kassouba*), construites de débris anciens, parmi lesquels on trouve l'inscription suivante :

ΖΑΒΔΑϹΠΡΕϹΒΥ
ΤΕΡΟϹΝΟΑΡΟΥ

Cette inscription est importante pour l'histoire religieuse et politique de Byblos. Ζαβδᾶς est un nom sémitique et spécialement arabe (racine زبد «donner»). La forme pleine serait Ζαβδίλος, Ζαβδιήλ, ou toute autre impliquant la racine susdite et le nom de Dieu. La signification est alors celle de Δωρόθεος ou Θεόδωρος[2]. Les formes grecques en ᾶς sont souvent des apocopes populaires de noms en δωρος : Ἑρμᾶς pour Ἑρμόδωρος, etc. — Νόαρος a aussi une forme sémitique très-prononcée. C'est le diminutif (*Noair*) du nom dont la forme simple est Ναάρας (voir ci-dessus, p. 147).

Quel sens donner à πρεσβύτερος? Le sens de «fils aîné de Noarus» serait contraire aux usages de l'épigraphie. Il est bien plus probable que πρεσβύτερος est ici un nom de dignité. Il faut se rappeler que זקני גבל «les vieillards ou sénateurs de Gebal,» dans Ézéchiel (xxvii, 9), est rendu dans la traduction alexandrine par πρεσβύτεροι Βιβλίων. Les conseils, et en particulier les conseils d'amirauté des villes maritimes, s'appelaient souvent οἱ πρεσβύτεροι, τὸ πρεσβυτικόν, γέροντες, τὸ γεροντικόν[3].

---

[1] Dans le pays on prononce *Assouba*, forme qui a été suivie dans le plan de M. Sacreste.

[2] Voir mon mémoire sur les noms arabes des inscriptions du Hauran, dans le *Bulletin archéol. français* de MM. de Longpérier et de Witte, sept. 1856; Blau, dans la *Zeitschrift der deutschen morgenländischen Gesellschaft*, 1861, p. 442 et suiv. Levy et Beer, même *Zeitschrift*, 1864, p. 71, 77, etc.

[3] Voir ci-dessus, p. 31, et Bœckh, *Corpus inscr. græc.* n°ˢ 2220, 2221.

Un fait que cette inscription met de plus en plus en lumière, c'est la fréquence des noms arabes dans la région de Byblos : Ζαββᾶς et Νόαρος ne sont pas isolés. Ζώιλλος, que nous reverrons bientôt, et Πισ7ός, s'y rattachent, au moins par le sens. Nous avons trouvé à Hannousch (cinq lieues de Byblos), Ναapás et Ἄννηλος. A Maad (trois lieues de Byblos), nous trouverons Θαῖμος. Il est probable que l'espèce de conquête de toute la Syrie orientale qui se fit par les Arabes, aux premiers siècles de notre ère[1], se continua en certains endroits jusqu'à la côte. Il importe d'observer, en effet, que les noms susmentionnés ne sont ni phéniciens, ni syriens; ils sont purement arabes, et les mêmes qu'on rencontre dans tout le Hauran. La région de Gébeil est, du reste, le seul point de la côte où on les retrouve. A Sidon, dont l'onomastique nous est si bien connue, il y en a peu ou point.

L'église de Kassouba et plusieurs autres petits sanctuaires des environs, *Sayyidet-Ghazal, Mar-Iouhanna er-Roum taht Farhatta*, ont hérité de l'importance des anciens établissements religieux de la colline. Tout le sommet, à sa face orientale, présente des travaux très-curieux dans le roc, tombeaux, citernes, pressoirs, meules, cippes ronds[2]. A la face occidentale se voit un vaste soubassement en beaux matériaux surmonté d'un immense tas de moellons, d'apparence neuve. Trois beaux chapiteaux ioniens de l'époque romaine ont seuls conservé leurs formes et donnent l'unique indice qu'on ait sur le style du grand temple qui couronnait cette hauteur. Une vaste destruction a eu lieu en cet endroit il y a quelques années. Les grands matériaux du temple antique ont été débités sur place, selon l'usage de la Syrie, c'est-à-dire avec une extrême maladresse, et en laissant une énorme quantité de retailles. Les pierres, réduites au poids qu'un chameau peut soulever, ont été enlevées. C'est du sommet de Kassouba qu'on a pris tous les matériaux qui ont servi à bâtir les belles maisons de Michaël Tobia, à Amschit. C'est donc à Amschit qu'il faut chercher les meilleurs restes de ce grand centre antique. Nous allons grouper ici tout ce qui concerne ces débris, qui se trouvent maintenant à une lieue de leur site primitif.

Le plus important des monuments transportés de Kassouba à Amschit

---

[1] Voir mon mémoire précité. — [2] Voir notre planche XXVIII.

est le cippe reproduit pl. XXII, n° 11 : c'est un autel présentant l'inscription suivante :

ΘΕΑ
ΝΕΣΕΠΤΕΙΤΙΣ

Cette déesse Νεσεπ7ειτίς paraît ici pour la première fois. La physionomie égyptienne de son nom frappe tout d'abord. Mon savant confrère M. de Rougé déclare ne pas le connaître. Serait-ce *Ne-Supti?* Supti était la divinité de l'Orient adorée dans les établissements égyptiens du Sinaï, et mise souvent en rapport avec la Syrie [1]. Observons aussi que, bien que la pierre porte Νεσεπ7ειτίς, on est autorisé à supposer que la forme originelle pouvait être Νεσετπειτίς, une telle transposition s'expliquant phonétiquement et paléographiquement. Alors on songe à *Tpé*=*Uranie*, rapprochement d'autant plus séduisant que nous avons déjà trouvé à Byblos la Θεὰ Οὐρανία. *Saté*, d'un autre côté, est fille de *Tpé*. Enfin *Nebthi, Nephthys*, est en intime connexion avec le même ordre d'idées [2]. C'est aux égyptologues qu'il appartiendra de discuter ce point.

Quant à l'ornement à gradins qui se voit au haut de l'autel, nous l'avons déjà plusieurs fois rencontré : c'est le motif ordinaire des autels giblites. On le retrouve sur le petit autel mentionné p. 162, sur un autre fragment dont il sera question à la fin de ce chapitre, sur un autel provenant de Sarba et appartenant au cycle des cultes giblites; nous l'avons montré sur de grandes proportions à la « Tour des Lions [3] » et sur le principal monument d'Amrit. Il est probable qu'à l'époque des Antonins on reprit à Byblos ce vieux motif indigène. On ne peut douter, en effet, qu'il ne se soit passé à Byblos, à cette époque, quelque chose d'analogue à ce qui se passe de nos jours pour l'architecture gothique. Il y eut une sorte de renaissance religieuse, dont le monument le plus curieux est, dans la littérature, le « Sanchoniathon » de Philon de Byblos; on reprit également le vieux style dans la décoration des édifices religieux [4].

L'inscription de la *déesse Neseptéitis* se trouvait à Amschit dans la mai-

---

[1] De Rougé, *Rev. archéol.* mars 1863, 196, 197.
[2] Guigniaut, *Relig. de l'Ant.* Explic. des planches, p. 64 et suiv. 86, 89 et suiv. 97; Kennedy Bailie, *Fascic. inscript. græc.* III, p. 203.
[3] Voir ci-dessus, p. 162, 175. Le même ornement a été introduit, par l'influence persane, dans l'architecture musulmane. On le retrouve sur plusieurs mosquées du Caire.
[4] Voir les écrits de Lucien, surtout l'*Assemblée des dieux* et l'*Icaroménippe*.

son de Féris Lahoud. Là aussi j'observai un chapiteau ionien semblable aux chapiteaux qui sont restés à Kassouba : tous les matériaux de cette maison viennent de Kassouba. Sur le chambranle de l'une des fenêtres se lisent les restes d'une inscription. La pierre a été layée à nouveau, et il ne reste des lettres de l'inscription qu'une trace fort effacée :

```
         ⊃CB
         CAEN
         ΔEKE
         IETIT
         ΔEKΛE
         ZHCA
```

........ος B...
...... α ἐν [θά-
δε κεῖ[ται]
.... ἔτη....
.... δε κλε...
.... ζήσα[ς

Amschit possède encore trois inscriptions; mais je ne crois pas qu'elles viennent de Kassouba. De Kassouba, au contraire, viennent les devants de sarcophages sculptés, bizarrement altérés par les tailleurs de pierre arabes, et qui sont encastrés dans la façade de la maison de Zakhia et dans celle de la maison de Féris-Lahoud, à l'est du village.

De Kassouba sortit aussi un petit sarcophage sur lequel se trouvait l'inscription publiée dans le *Corpus inscr. gr.* n° 4528 *e*, où, à tort, on la rapporte à Botrys. Je tiens de S. Ém. le patriarche, qui me remit un estampage de cette inscription conforme au texte du *Corpus*, qu'elle fut trouvée à Kassouba. M. Thomson vit ce monument peu après qu'il eut été découvert, et il donne à ce sujet quelques curieux détails[1]. L'estampage prouve qu'il était parfaitement conservé. Les lettres sont longues et serrées; le P se distingue par la petitesse de sa boucle.

---

[1] *Bibliotheca sacra*, V, p. 588, 592. La copie de l'inscription que donne M. Thomson doit être écartée comme fautive.

Le ravin au pied de Kassouba, du côté du nord, est riche en antiquités. Les travaux dans le roc abondent et offrent les formes les plus variées. Dans la maison située près de là, et où habite Iakoub al-Khouri, se voit, au-dessus de la fenêtre, un petit cippe à fronton triangulaire avec rosace au centre, portant l'inscription suivante :

ΚΤΗΣΙΑΣ ΖΗΣΑΣ
ΑΛΥΠΩΣ
ΕΝΘΑΔΕ ΚΕΙ
ΤΑΙ

Ἀλύπως, dans cette formule, dont nous allons bientôt trouver un autre exemple, veut dire «sans avoir causé de dommage à personne, innocemment,» comme dans la formule χρησΐέ καὶ ἄλυπε, «bon et innocent,» si fréquente à Sidon. On trouve aussi Ἄλυπος, nom propre (Franz, *Elem. epigr. gr.* p. 258 et 262), et le dérivé *Alypius*, nom d'un personnage bien connu par les *Confessions* de saint Augustin.

Près de la même maison se voit une pierre plate de cette forme.

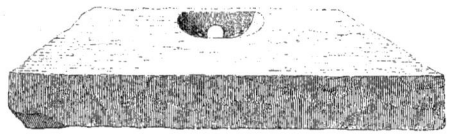

Les pierres ainsi taillées sont assez nombreuses à Gébeil.

Tout le pied de la colline au-dessus de la maison de Iakoub al-Khouri est un vaste cimetière. Iakoub y travaille depuis des années, tamisant la terre et en tirant de petits objets. Le roc est ici rempli de caveaux dont la voûte s'est effondrée; quelques-uns sont grands et décorés de rinceaux imprimés sur le stuc. L'un de ces caveaux offre cette particularité, que l'entrée est complétée par de la maçonnerie. De nombreuses pierres travaillées sont éparses çà et là. Plus haut, dans la vallée, deux cuves sépulcrales, taillées avec soin dans le roc, l'une au-dessus de l'autre, offrent une excellente moulure grecque et un profil très-élégant. Plus haut encore, au pied de la colline, se voit un très-beau caveau orné de riches stucs peints; la voûte est effondrée. Toutes ces sépultures paraissent de l'époque grecque ou romaine.

En remontant le ravin, on trouve un des restes les plus curieux de la vieille Byblos. C'est une grotte architecturée, très-belle, formant une salle entourée d'une sorte de banquette ménagée dans le roc (Pl. XXVIII). Le fond se prolonge au loin en caverne. Cette grotte a dû servir à des réunions, probablement religieuses. On l'appelle aujourd'hui مغارة صاحب. Des restes de stalles se voient près de l'entrée. L'ouverture extérieure était autrefois surmontée d'un couronnement mouluré, lequel est maintenant renversé à terre, au fond du ravin. Au milieu de la paroi orientale, a été pratiquée une niche en forme de conque, analogue aux niches qui se voient à Baalbek, à Banias, etc. mais d'un style moins classique. Au-dessous et des deux côtés, sont quatre grandes excavations dans le roc[1].

Tout le coupeau de la colline est rempli de grottes sépulcrales d'un aspect bien plus grandiose que celles qui sont au pied. C'est ici, je crois, que sont les plus anciennes sépultures giblites, vrais tombeaux héroïques comme on en rêve pour les héros d'Homère ou pour les géants de la haute antiquité biblique. Ce sont, dans un ou deux cas, des cavernes naturelles[2], sur l'aire desquelles on a taillé des auges énormes, qui sont fermées par une dalle épaisse. Ces dalles ont d'ordinaire la forme d'un prisme quadrangulaire, quelquefois celle d'un prisme triangulaire; elles sont toujours brutes, sans inscriptions ni ornements. L'eau suinte à travers la voûte et a rempli les auges sépulcrales. Je ne connais rien de plus frappant que ces grottes désolées, où le bruit de la goutte d'eau qui tombe interrompt seul le silence, et où l'œuvre lente des stalactites a recouvert les dévastations des siècles. Je recommande vivement ces grottes à ceux qui cherchent en Orient des inspirations pour les peintures

---

[1] Par une légère inexactitude, le dessin de M. Lockroy a réuni la niche et l'excavation qui est au-dessous. — [2] Pl. XXX, n° 2.

bibliques. Peu d'endroits sont plus pittoresques. On est ici sûrement dans la haute antiquité.

Aux environs de ces antiques caveaux, on trouve plusieurs pierres tumulaires arrondies par le haut, semblables aux cippes portant des inscriptions grecques, mais cette fois sans inscription et beaucoup plus épaisses. C'était là probablement une forme archaïque, qu'on garda à l'époque romaine. A cette époque, du reste, on enterra encore parfois sur notre colline. Le journal des fouilles exécutées après mon départ, tenu par M. Sacreste, porte ce qui suit : « Au-dessus de la grande caverne, sur la hauteur, j'ai fait ouvrir deux caveaux dont les entrées étaient entièrement bouchées. Ces caveaux sont très-grands, très-anciens, mais totalement détériorés. L'un de ces caveaux est tout à fait dans le style du caveau à fronton triangulaire [1]; il contient dix chambres renfermant chacune deux tombeaux superposés. La voûte offrait un revêtement; à certains endroits on y voit encore des peintures. »

En inclinant vers le nord, on trouve un très-beau caveau précédé d'une sorte de vestibule taillé dans le roc, dont la voûte s'est effondrée, et qui contenait lui-même quelques niches sépulcrales [2]. La porte du caveau principal, qui donne dans ce vestibule, est surmontée d'un fronton triangulaire taillé sur le rocher et fort semblable aux frontons qu'on trouve sur certains caveaux des environs de Jérusalem, dans la vallée de Hinnom [3]. Le plan du rocher dans lequel cette porte est taillée n'est pas vertical, mais surplombant. Je crois ce caveau très-ancien. L'intérieur présente l'aspect grandiose et primitif que je décrivais tout à l'heure. Il a dû servir d'église; on l'appelle aujourd'hui مار شربل, *Mar-Scherbel.*

On voit quelles formes variées présentent les sépultures giblites. Depuis la caverne patriarcale analogue à la Makpélah d'Abraham, jusqu'au sarcophage romain et à la fosse chrétienne, il n'est pas une forme qui ne se

---

[1] Celui dont il va être question tout à l'heure.
[2] Pl. XXVII, n° 1.
[3] Voir de Saulcy, *Voyage autour de la mer Morte,* pl. XLIII; Pierotti, *Jerusalem explored,* pl. LX; Tobler, *Golgatha,* 223. Les tombeaux de Hinnom sont, selon moi, les plus anciens des environs de Jérusalem.

rencontre ici. En général, les sépultures giblites ont leur ouverture dans des bancs de rochers verticaux ou inclinés, et non, comme à Sidon et Amrit, dans des rochers horizontaux. La chambre sépulcrale est à une moindre profondeur sous terre qu'aux deux points précités. Chaque centre phénicien avait ainsi pour les sépultures ses habitudes à part. A Gébeil, par exemple, on ne trouverait pas un seul puits rectangulaire, un seul petit cippe à la façon sidonienne, comme à Sidon on ne trouve pas un seul gros cippe arrondi par le haut à la façon de Byblos. Les sépultures giblites avaient en somme plus de rapports avec les sépultures de Tyr qu'avec celles d'Aradus et de Sidon. L'état de dégradation où elles ont été réduites par la cupidité et l'instinct destructeur des habitants n'a pas fait disparaître toute trace de leur primitive beauté.

Au pied de la colline, en contre-bas du chemin, est la chapelle de *Kadis-Mar-Nouhra*, القديس مار نهرا, ancien caveau très-vaste, changé fort anciennement en chapelle. On y descend par un escalier taillé dans le roc, d'un grand aspect. La porte est formée par deux jambages énormes rapportés; à l'intérieur on voit le roc vif; le fond forme une sorte d'abside taillée dans le roc. C'est un très-beau reste de la vieille Phénicie. Une pierre près de l'autel porte une inscription karschounie tout à fait moderne. Un peu plus loin, vers le nord, on voit sous une maison un caveau dont l'entrée, largement ouverte, est analogue à celle de *Kadis-Mar-Nouhra*. Le fond est rempli par un seul four, dans l'aire duquel une auge a été creusée pour recevoir le cadavre[1]. C'est une disposition dont je n'ai pas d'autre exemple.

En voyant tous ces ouvrages groupés entre eux, et séparés par un espace d'un kilomètre de la Byblos actuelle, on se demande plus que jamais si la vieille Byblos ne fut pas à Kassouba. Nous avons fait observer que le passage de Strabon s'explique mieux dans cette hypothèse. Mais Ézéchiel, d'un autre côté, nous apprend expressément que Gébal

[1] Pl. XXX, n° 3.

était un port de mer. Y avait-il la ville et la Marine, comme de nos jours à Tripoli? Il serait, au premier coup d'œil, fort naturel de placer Palæ-Byblos à Kassouba, comme Palæ-Tyr était vis-à-vis de Tyr. Mais les géographes anciens placent presque unanimement Palæ-Byblos au sud du fleuve Adonis.

La plaine inclinée qui s'étend du pied des collines à Gébeil ne renferme guère, en fait d'antiquités, que des tombeaux. Nous y trouvâmes l'inscription suivante :

ΑΣΠΑΣΙΟΣΑΡΙΣΤΩ
ΝΟΣΖΗΣΑΣΑΛΥ
ΠΩΣΕΤΗ ΞΖ

Ἀσπάσιος Ἀρίσ7ωνος ζήσας ἀλύπως ἔτη ξζ.

On connaît un rhéteur et historien, Aspasius, de Byblos (*Fragm. hist. græc.* III. 576). Nous trouverons un Aspasius, fils de Dionysius, comme fondateur du temple de Bélat, au-dessus de Byblos. Le fondateur du temple vivait sous Auguste, et, par conséquent, ne peut être identique à l'écrivain, lequel était contemporain d'Adrien. L'homme dont nous avons ici l'épitaphe ne saurait non plus être identique à l'écrivain. Il est peu probable, en effet, qu'un personnage de cette importance eût un monument si modeste. Quand on voit dans le *Corpus* (n° 3311) l'inscription du médecin érudit Hermogène, et (n° 380) l'inscription de Dexippe, orateur et historien, qui est loué en prose et en vers, on doute fort que, dans un siècle de rhétorique comme fut le second siècle de notre ère, à Byblos, un écrivain de profession ait eu une épitaphe si simple, et, ajoutons-le, de si bon goût.

Non loin de là, nous trouvâmes une inscription coufique, de médiocre intérêt, et une petite statue (au Louvre, n° 10242), où les yeux et les ornements des cheveux étaient rapportés. Dans un endroit plein de sépultures, nous découvrîmes l'énorme acrotère (pl. XXII, n° 12) qui rappelle un peu les acrotères du tombeau dit « des Juges, » près de Jérusalem[1], et une sorte de plat ou ciste en métal avec ses anses (pl. XXI, n° 2; l'anse, pl. XXIII).

La chapelle de Mar-Iakoub occupe un endroit qui eut de l'importance

[1] Voir de Saulcy, *Voyage autour de la mer Morte*, pl. XXXIV; Pierotti, *Jerusalem explored*, pl. LVIII.

dans l'antiquité. Les grandes entailles qu'on y voit dans le roc proviennent d'une carrière, dont les pans ont été appliqués à diverses fins usuelles. Sur une pierre renversée dans le mur de la chapelle, on lit les lettres CT, longues d'une palme et mal gravées. Près de là se voit un beau morceau de frise corinthienne de l'époque romaine. En se rapprochant de Gébeil, on trouve une inscription, en partie grattée, sur un cippe arrondi par le haut. Il ne reste que ΛΛΚΙ, qui peut être le commencement de Ἀλκιδάμας ou Ἀλκιμέδων.

Nous voici ramenés près des murs de la ville. En examinant les tas de débris qu'on voit en cet endroit, nous trouvâmes le fragment ci-dessous[1],

offrant les motifs ordinaires des autels de Byblos (gradins et feuilles d'angle épannelées). Comparez l'autel ci-devant, p. 162. Nous avons déjà parlé plusieurs fois de ces gradins; pour les feuilles d'angle, comparez le bas-relief de Gharfin (pl. XXXII, n° 5).

En suivant la route de Tripoli, on passe sur le haut d'un tertre coupé à pic du côté de la mer. En tournant le tertre par sa base, on s'aperçoit que toute la face à pic est percée de tombeaux. Nous enlevâmes les terres qui s'étaient accumulées et formaient un talus contre le rocher; nous découvrîmes ainsi une petite nécropole perpendiculaire, si j'ose le dire, et faisant face à la mer, comme celle du sud, laquelle est maintenant couverte de sable. L'aspect de ces tombes superposées, formant une sorte de grande façade monumentale, avait quelque chose de frappant. Une ins-

---

[1] C'est par erreur que ce bois a été déjà placé p. 162. C'est à lui que se rapporte le renvoi de la p. 163 commençant par ces mots: «le fragment dont nous donnerons.....»

CAMPAGNE DE BYBLOS. 209

cription très-effacée, et, ce semble, grattée à dessein en quelques parties, se révéla à nous, vers le centre de la nécropole, sous l'ouverture de l'un de ces caveaux.

MAΞIMIΛΛΑC▓▓▓▓▓
ΠΑΙΘΕΝΟΥΑΗ▓▓ΡΟ▓
▓ΕΠΡΙΑΜΗΝΙΟΝ▓▓
▓▓▓▓▓▓▓▓▓▓▓▓▓▓
▓▓▓▓▓▓ΙΟΙ▓▓ΑΙ▓ω
▓▓▓▓▓ΑΜ▓▓Α▓▓▓▓
▓▓▓▓▓▓▓ΑΝ▓ΡωΝ

L'inscription est de sept lignes. Le nom de *Maximilla* se lit avec certitude à la première ligne. Au commencement de la seconde on croit lire παρθένου, ce qui est peu naturel. Peut-être le mot qui se termine par NOY est-il le nom du père de la défunte. A la troisième ligne, on peut lire ἐπριάμην τόν, « j'ai acheté le..... » Le dernier mot paraît avoir été ἀνδρῶν. L'inscription était peut-être métrique.

L'intérieur de quelques-uns de ces caveaux avait été peint; un surtout était décoré de fleurs sur fond blanc d'un très-joli effet, rappelant les plus belles grottes de Sidon. On y trouva des ossements et quelques monnaies. Un peu de maçonnerie était parfois mêlée aux travaux dans le roc, pour sceller les tombes. Au pied du rocher, vers le sud, on découvrit un dallage en marbre, très-soigné, ayant servi de sol à des caveaux adossés au rocher.

Là aussi nous recueillîmes un grand nombre de lampes et d'objets funèbres, entre autres le support de lampe, pl. XXI, n° 11, et un fragment d'inscription :

▓\ΗΜΗC▓
▓▓ΠΑΝΕ▓▓

▓▓ΟΑΔ▓▓

ημης
παυε
θαδ·

L'inscription n'avait que trois lignes. Elle était écrite avec beaucoup de soin. Le champ du marbre est rayé. La lettre qui précède le premier H de la première ligne était un A ou un Λ. Peut-être y avait-il :

$$[K]λήμης[ὁ κ-]$$
$$[αἱ]Πάνε[μος]$$
$$[ἐν]θάδ[ε κεῖται].$$

Après mon départ, M. Sacreste dirigea encore des fouilles étendues sur ce point. Une tranchée de trois mètres de profondeur ayant été creusée, on arriva à des espèces de dalles sous lesquelles on trouva quatre tombeaux. C'étaient de grandes auges très-bien taillées, à parois très-épaisses. Les couvercles étaient, les uns, d'une seule dalle énorme, d'autres de plusieurs pierres parfaitement équarries et s'emboîtant les unes dans les autres. « Toutefois, ajoute M. Sacreste, on doit avouer que ces tombeaux, bien que parfaitement enfouis sous le sol, n'ont pas l'aspect de monuments bien anciens. Ils ont la physionomie de ceux que l'on trouve à la nécropole du sud, plutôt que le cachet de ceux que l'on a ouverts près de la maison de Iakoub al-Khouri. »

Le terrain qui va en plan incliné du rocher à la mer, et surtout le bord de la terrasse qui longe le rivage, sont formés de débris antiques. Nous y trouvâmes plusieurs fragments moulurés.

En avançant un peu sur la route de Tripoli, on rencontre un ouadi peu profond, que nous allons maintenant remonter. A gauche, ce sont d'abord d'assez beaux caveaux ouverts dans le talus de la colline du nord. La porte est régulière; les niches, à l'intérieur, sont carrées et bien taillées. En remontant, on trouve un hameau nommé « le petit Gébeil, » bâti, pour la plus grande partie, avec les lambeaux d'un édifice dont les bases et quelques bons débris sculptés se voient encore. Ces sculptures m'ont semblé rappeler les parties byzantines du *haram esch-schérif*, à Jérusalem [1].

---

[1] M. de Vogüé, *Le Temple de Jérusalem*, pl. V, X, XII, XXXII.

Près de là, au-dessus de la porte d'une maison, se voit un cippe de calcaire, de la forme déjà décrite, présentant l'inscription suivante :

ΖΩΙΛΛΟΣΖΩΙΛ
ΛΟΥΤΟΥΖΩΙΛ
ΛΟΥΕΖΗ
ΕΤΩΝϘΔ

Ζωΐλλος répond peut-être à un nom sémitique [1]. Le nom de Ζωΐλος est porté par un Phénicien, au IIe siècle avant Jésus-Christ (Jos. *Ant.* XIII, XII, 2 et suiv.). La forme du κόππα, dans notre inscription, est tout à fait celle d'un P retourné. On remarquera le solécisme que forme ἐτῶν rapproché de ἔζη. Il fallait l'un ou l'autre, non tous les deux à la fois. La variante Ζωΐλλος s'est conservée dans Hesychius, où l'on a proposé, peut-être à tort, de corriger Ζωΐλος (Voy. Pape, à ce mot).

En remontant toujours, on remarque à droite du ouadi les restes d'un mur antique, bien bâti, suivant toutes les sinuosités de ce ouadi. Au pied de la montagne, à l'endroit où le torrent sort du ravin, le mur s'ouvre et forme une sorte de place ronde; quand on ne voit que ce point, on croit avoir devant soi un rond-point de porte de ville et un mur de fortification. Mais on abandonne vite une telle idée. D'abord, ce mur ne protégerait rien, puisque l'espace est ouvert du côté de la montagne. Nous avons ici certainement une digue destinée à protéger les champs d'alluvion qui s'étendent au sud contre le torrent, qui, sans doute, avait autrefois plus d'eau qu'aujourd'hui. Le lit du torrent s'est abaissé, et le mur, déchaussé, est maintenant suspendu à un ou deux mètres de haut. La même dépression du fond du torrent se remarque au pont romain. Nous aurons bientôt deux autres exemples de digues analogues, sur le côté gauche du torrent qu'on suit pour monter à Bélat, et sur le bord d'un autre torrent entre le ouadi Fédar et le fleuve Adonis.

Suivons le pied de la montagne en allant vers le nord. Près de la maison Jabour fut trouvée la petite urne ornée de génies soutenant des guirlandes. Ici reparaissent encore les soupiraux que nous avons vus en

---

[1] Voir mes deux Mémoires sur l'onomastique sémitique, cités ci-dessus, p. 147 et 199.

si grand nombre dans la nécropole du sud. Un soubassement de rochers, sur lequel est bâtie une maison, est sillonné de ces sortes de tuyaux verticaux. Nous crûmes que la maison recouvrait un caveau, comme cela a lieu pour la maison analogue de la nécropole du sud. Nos recherches furent inutiles. Nous fîmes des excavations horizontales dans la paroi sans rien trouver. Près de là se voit une cuve évidée dans le roc, dont le fond et les parois sont percés ou entamés par ces tuyaux. On est porté à supposer que les tuyaux sont postérieurs à la confection de la cuve. Peut-être cependant se réservait-on de les boucher avec du ciment, comme on a fait à l'aqueduc de la nécropole du sud. Près de là, les trous dans le sol sont très-nombreux ; en y enfonçant le bras, on y sentait un creux horizontal. Nous perçâmes le roc, et nous trouvâmes, en effet, une petite cavité souterraine, en partie naturelle, en partie artificielle, et qui n'avait rien de remarquable. A côté, les orifices des soupiraux se présentent sous l'aspect le plus étrange ; le sol en est criblé, et la terre végétale, très-mince en cet endroit, ne les recouvrant pas, on croit avoir sous les yeux l'ouverture de puits étroits. Nous fîmes une profonde excavation en brisant les minces parois qui séparaient les tuyaux. Ici, comme partout ailleurs, les tuyaux diminuèrent peu à peu de diamètre et s'arrêtèrent en cul-de-sac.

Sur tout le pied de la colline, les tuyaux se continuent. Près de la maison dont nous parlions tout à l'heure, ils correspondent à une caverne sépulcrale assez étendue, à fours carrés, sans ornement, comme la plupart de ceux de Gébeil. Ici se présente un des exemples les plus sensibles de soupiraux qui, après avoir traversé le caveau, entament le sol et s'y enfoncent en doigt de gant. L'entrée de ces soupiraux, au nombre de trois, était recouverte par de grands cailloux roulés. Nous trouvâmes, dans les terres qui comblaient l'intérieur, une assez jolie bague, dont le chaton représente un cheval marin. Alentour, nous découvrîmes diverses grottes ou excavations souterraines, dont quelques-unes paraissent n'avoir pas été achevées.

Un peu au-dessous, vers l'ouest, on trouve, parmi les moellons d'un mur de clôture, un gros fragment, sous les contours indécis duquel il est difficile de deviner quelque chose. Les habitants racontent qu'on le brisa il y a quelques années, qu'il. était très-long quand on le cassa, qu'il provient d'un ancien *kalaa*, situé près de là, lequel a été détruit il n'y a pas longtemps. Selon leur habitude, ils l'appellent un « chameau. » Leur description fait reconnaître, tant bien que mal, un sphinx; en effet, quand on est averti, la croupe dorsale et les pattes de derrière se voient assez clairement. Les autres morceaux se retrouveraient dans le mur; mais ils sont informes.

Plus au nord, dans une partie que notre plan n'atteint plus, les ouvertures de tuyaux s'offrent encore très-nombreuses sur de petites crêtes de rochers émergeant au milieu des cultures qu'on a pratiquées au pied de la colline. Plus loin, à l'endroit nommé *Haret-Djadja*, à l'extrémité du plateau, et au-dessus d'un profond ravin, se voient les restes d'un édifice ancien, dont les débris ont servi à bâtir une pauvre chapelle, maintenant démolie, nommée *Keniset-Kartez*. En rapprochant les fragments de marbre épars, nous formâmes une porte de caveau ornée de grenades, et un fragment d'inscription :

ΝΙΑΣΠΟΛΙ

En contournant le ravin et en se rapprochant de la mer, on trouve un confluent de deux ouadis, formant par leur réunion le Ouadi-Fartousch, qui aboutit peu après à la mer. Deux ponts, dont l'un est détruit, établissaient autrefois la communication de la plaine de Gébeil aux collines d'Amschit. A l'embouchure du ouadi, qui a beaucoup d'eau en hiver, se voit une petite cuve en marbre blanc, à l'extrémité arrondie, qui sert d'abreuvoir. C'est la caisse d'un sarcophage phénicien, tout à fait analogue aux sarcophages qui ont des couvercles à têtes. Dans la colline, au nord, que traverse la route d'Amschit, on a trouvé encore des sépultures et de riches objets d'or. Mais ici sont les limites extrêmes de ce qu'on peut appeler les environs immédiats de Gébeil.

En somme, à part quelques tombeaux et le monument que nous avons découvert près du château, la *Gébal* chananéenne a disparu. Les matériaux antiques dont la tour est composée sont plutôt ceux de la Byblos romaine que de la vieille ville phénicienne. Adrien, en reconstruisant la ville, en changea probablement toute la physionomie. Aucune inscription giblite n'est venue récompenser nos efforts[1]. On pourrait presque se demander de quel alphabet se servaient les Giblites, si nous n'avions cette belle monnaie d'Aniel ou *Enylus,* roi de Byblos, la plus belle monnaie autonome de la Phénicie[2]. Les anciens Giblites, on n'en peut douter, écrivaient très-peu sur la pierre; parmi les tombeaux de Gébeil, ceux qui remontent le plus certainement à l'époque chananéenne ne portent aucune inscription.

Un fait qui sort avec évidence de l'étude des antiquités giblites, c'est la forte influence égyptienne qu'avait subie la ville de Byblos. Ce fait pouvait déjà être conclu de la lecture du traité *De la Déesse de Syrie* et de l'ouvrage de Philon. Il est mis hors de doute par nos recherches. La masse de petits objets qu'on nous présenta, ainsi que cela a lieu dans tous les pays riches en antiquités (scarabées, agathodémons, statuettes, etc.), était égyptienne. Je citerai en particulier une petite pierre blanche, représentant un agathodémon avec la légende ΑΝΟΥΒΙΣ.

D'un autre côté, une série nombreuse de faits considérables tend à établir l'étroite fraternité des Hébreux avec les Giblites, ou, en d'autres

---

[1] C'est par erreur que je supposai d'abord (premier rapport) que l'inscription sémitique dont j'ai parlé, p. 193, pouvait être giblite.

[2] Cf. De Luynes, *Essai sur la numismatique des satrapies et de la Phénicie sous les rois Achéménides*, p. 91-92.

termes, à prouver que c'est avec les Giblites bien plus qu'avec les Chananéens de Tyr et de Sidon que les Hébreux avaient des ressemblances. Byblos, dans son ensemble, m'apparaît de plus en plus comme une sorte de Jérusalem du Liban, et les vues de M. Movers sur le caractère des Giblites ou Libaniotes, envisagé comme distinct à quelques égards de celui des Phéniciens de Tyr, de Sidon, d'Aradus, me semblent se vérifier. Les noms de Dieu, à Byblos, étaient *El, Adonaï,* et peut-être *Schaddaï*[1], comme chez les Juifs. Les Giblites avaient un temple portatif, traîné par deux bœufs, et qui ressemblait fort à l'arche des Hébreux[2]. Byblos était une ville sainte et de pèlerinage[3], plutôt qu'une ville mercantile. Le gouvernement était un gouvernement d'anciens (זקנים, πρεσβύτεροι[4]).

On sait l'importance religieuse à laquelle Byblos arriva dans les premiers siècles de notre ère. Nous avons trouvé dans les monuments plus d'un souvenir des mystères qui eurent alors tant de vogue et de célébrité. D'abord naturaliste et sensuel, le culte d'Adonis, ou plutôt de Tammuz, devint, à l'époque philosophique des Antonins, spiritualiste et symbolique. Ce fut la sanctification et l'idéalisation de la mort, tout un cycle d'idées fondées sur les mystères d'une autre vie, en rapport avec les croyances égyptiennes sur Osiris et Agathodémon. Le mouvement de la philosophie néo-platonicienne, s'y compliquant d'un retour sympathique aux vieux cultes indigènes, produisit une renaissance religieuse et mystique, parallèle au mouvement chrétien, et qui devait être fort hostile à ce dernier. L'ouvrage bizarre de Philon de Byblos est, sous ce rapport, le miroir exact de ce qu'on a sous les yeux à Byblos. C'est dans les environs de Gébeil que nous trouverons le plus de lumière sur la nature du culte

---

[1] Ἀγρὸς de Sanchoniathon, par confusion avec שדה. (Voir mon Mémoire sur Sanchoniathon, dans les *Mém. de l'Acad. des inscript.* t. XXIII, 2ᵉ partie.)

[2] Ἀγρὸς... οὗ καὶ ξόανον εἶναι μάλα σεβάσμιον, καὶ ναὸν ζυγοφορούμενον ἐν Φοινίκῃ· παρὰ δὲ Βυβλίοις ἐξαιρέτως θεῶν ὁ μέγιστος ὀνομάζεται (p. 20 de l'édit. d'Orelli, où l'on observera l'erreur que commet Orelli dans sa traduction). Comparez, outre les passages rapprochés par Orelli, le *plaustrum* portant une idole sur les monnaies de Sidon, et le passage 1 *Reg.* vi, 30 et suiv. En général, ces *pulvinaria* à roues sont une particularité des religions sémitiques.

[3] Cf. Movers, *Die Phœn.* I, p. 191.

[4] Ézéch. xxvii, 9. Comparez ci-dessus, p. 199.

d'Adonis, culte qui paraît renfermer, à l'état de combinaison syncrétique, deux éléments fort divers : 1° le culte du Dieu suprême de Byblos (*Adonaï*); 2° le culte orgiastique de *Tammuz*, culte bizarre fort antique, et, ce me semble, d'une provenance non sémitique, mais correspondant à un ordre d'idées et de sensations fort en harmonie avec le Liban. Le charme infini de la nature y conduit sans cesse à la pensée de la mort, conçue non comme cruelle, mais comme une sorte d'attrait dangereux où l'on se laisse aller et où l'on s'endort. Les émotions religieuses y flottent ainsi entre la volupté, le sommeil et les larmes. Encore aujourd'hui, les hymnes syriaques que j'ai entendu chanter en l'honneur de la Vierge sont une sorte de soupir larmoyant, un sanglot étrange. Ce dernier culte est très-profond chez les races du Liban, et forme le grand obstacle aux efforts des missionnaires protestants chez ces peuples. Ils cèdent sur tous les points; mais quand il s'agit de renoncer au culte de la Vierge, un lien plus fort qu'eux les retient.

Le gnosticisme dut trouver un accueil très-favorable chez un peuple ainsi disposé. On me montra plusieurs pierres gnostiques et des amulettes chrétiens. L'un de ces amulettes portait d'un côté une figure grossière avec A et Ω; de l'autre, ΜΙΧΑΗΛ. Une croix présentait la disposition suivante, où les mots φῶς et ζωή se combinent [1].

Aucun pays ne fut plus frappé à mort que celui de Byblos par le triomphe du christianisme. Tous les vieux cultes y sont tellement éteints, qu'une des croyances du clergé maronite est que la montagne a toujours été chrétienne ou juive. Pour le besoin de leur cause, ils étendent démesurément la Terre-Sainte vers le nord. Ils prétendent aussi avoir été

---

[1] Comparez Irénée, *Contra hæreses*, I, ix, 3.

chrétiens dès la première publication du christianisme, ce qui est assez vrai au point de vue de la race (les Maronites étant les descendants d'une très-vieille famille chrétienne d'Antioche, laquelle se réfugia au Liban pour échapper aux persécutions de l'église orthodoxe), mais non certes au point de vue géographique, la montagne ayant été un des derniers pays convertis. Je les choquais toujours quand je leur disais qu'il y avait eu des païens dans le pays avant Jésus-Christ et dans les premiers siècles après notre ère. Telle a été la réaction opérée par le christianisme vainqueur, que le pays qui fut le plus profondément païen est celui qui nie aujourd'hui le plus obstinément l'avoir été.

En général, la race actuelle du pays de Byblos est vive, éveillée, bonne, sensuelle. Bien que très-mêlée par suite des accidents historiques, cette race présente encore parfois des types, surtout de femmes, qu'on dirait des revenants d'un autre monde. J'ai vu une de ces femmes appartenant à une ancienne famille de la montagne; on eût dit Jézabel ressuscitée. Quoique jeune, elle était arrivée à une taille colossale. La beauté de ces femmes, incomparable durant un an ou deux, tourne très-vite à l'obésité et à un développement de la gorge presque monstrueux.

Le Liban (הארץ הגבלי וכל הלבנן[1]) est vraiment le tombeau d'un vieux monde à part, qui a disparu corps et biens. Une totale substitution de race, de langues et de religion a eu lieu. Maronites, Grecs, Métualis, Druzes, Musulmans, Arabes et Turcomans, y sont de fraîche date; mais l'ancienne race libaniote ou giblite y vit encore sous terre, à l'état virtuel, si j'ose le dire, et fait sa réapparition, comme la vieille race en Égypte, par ces «types revenants,» qui sont un des phénomènes les plus frappants de l'anthropologie.

Je groupe ici, pour ne rien omettre, deux fragments d'inscriptions qui me furent donnés sans qu'on ait pu m'indiquer l'endroit précis où ils furent trouvés.

[1] *Josué*, XIII, 5.

L'une porte :

```
▧ΔΝΙ▧
▧ωC
▧▧Οω▧
```

L'autre :

```
▧▧TICO▧▧
▧▧THNA▧
▧▧MHT▧▧
```

Le fragment de sarcophage en plomb (pl. XXI, n° 1) me fut donné également sans qu'on ait pu me renseigner sur son origine.

CHAPITRE II.

ENVIRONS DE GÉBEIL.

Le Liban au-dessus de Gébeil a une grande importance historique et archéologique. On ne peut pas espérer d'y trouver précisément la Phénicie : c'est exclusivement dans les grandes villes de la côte, sorte de comptoirs d'une race marchande établie au milieu d'autochthones de race inférieure, qu'il faut chercher l'art, l'écriture et le génie propre des Phéniciens. Mais dans la montagne se révèlent à chaque pas les traces d'un des monuments religieux les plus curieux de l'histoire de l'humanité. Les cultes du Liban, vieux comme le monde, mais plusieurs fois transformés et mêlés d'éléments de toute provenance, prirent, dans les premiers siècles de notre ère, une vogue extraordinaire. Byblos devint, vers cette époque, une ville toute religieuse, et la région du Liban située au-dessus joua le rôle d'une vraie terre sainte, où l'on venait de toutes parts en pèlerinage. Les traces de ce curieux mouvement, dernier effort du paganisme, qui a déterminé la forme sous laquelle l'idolâtrie se présenta à l'imagination des auteurs chrétiens et même du moyen âge, sont fort nombreuses. Chaque sommet du Liban était couronné d'un temple, dont les débris, portant avec évidence la marque d'une destruction violente et poussée jusqu'à la minutie, se voient encore. L'avénement du christianisme fut marqué en Syrie par de nombreuses destructions de temples. Le Liban exerçait sur les imaginations un grand charme[1]. Ces montagnes, par un rare privi-

---

[1] «Phœnice, Libano monti acclivis, regio plena gratiarum et venustatis.» (Ammien Marcellin.)

lége, réunissent à un haut degré la majesté et la grâce : ce sont des Alpes riantes, fleuries, parfumées. Les temples qui les couronnaient contribuaient à leur beauté; un paganisme très-dangereux et très-difficile à déraciner s'y défendait à outrance. Déjà, dans les écrits des anciens prophètes hébreux, on trouve à chaque page l'horreur des cultes qui se pratiquaient sur les « hauts lieux » et sous les « arbres verts [1]. » Le Liban se présentait à l'imagination des chrétiens comme le dernier refuge des crimes d'Athalie et de Jézabel; on le découronna systématiquement. Détruire les temples passa pour une œuvre des plus méritoires [2]; nous voyons les moines d'Antioche [3] et plusieurs pieux personnages, saint Maron, par exemple, se donner à cet égard une sorte de mission [4] et courir le pays en destructeurs.

Rien de plus uniforme que l'aspect sous lequel se présentent ces emplacements sacrés. Toujours une chapelle a remplacé le vieux temple, et souvent il est facile de reconnaître, dans la dédicace de la chapelle, dans la spécialité, médicale ou autre, à laquelle elle est affectée, un souvenir du culte primitif. L'inscription du temple forme d'ordinaire le linteau de la porte de la chapelle. Les simples et bons prêtres maronites croient que c'est la pierre de fondation de leur église, et c'est là une heureuse erreur; car, s'ils avaient su que ces pierres conservent le souvenir d'une divinité païenne, ils les auraient détruites, ne fût-ce que pour soutenir leur prétention bizarre que le Liban a toujours été pur d'idolâtrie. L'autel est souvent le *bomos* ancien avec son inscription. Les cippes et les débris de sculptures ou d'ornements architectoniques qui ont échappé à la destruction sont groupés sur l'autel avec une grande naïveté et une absence complète du sentiment de l'art. La position de ces temples est toujours très-belle, car c'est particulièrement de haut en bas que les vues du Li-

---

[1] Cf. Gesenius, *Thesaurus*, p. 188, 189.
[2] Libanius, Ὑπὲρ τῶν ἱερῶν, édit. de Reiske, et les textes de lois recueillis par Reiske; Fleury, *Histoire ecclésiastique*, livre XVIII, n° 39. — [3] Libanius, traité cité.
[4] Théodoret, *Religiosa historia*, XVI.

ban sont délicieuses. Un caroubier séculaire, souvent un petit bois de chênes ou de lauriers, derniers descendants de l'ancien bois sacré, abritent d'ordinaire ces débris. Alentour, se voient des puits, des citernes, des piscines, des tombeaux taillés dans le roc, des pressoirs, des meules, des auges, tirés également du roc vif, des pierres éparses semées dans un taillis de chênes. En général, la chapelle a ici plus d'intérêt que l'église. Moins surveillée par le clergé, elle abrite presque toujours en ses pauvres murs les restes de la vieille religion. Saint Georges et saint Élie, leurs patrons habituels, le prophète Jonas, dont le nom s'attache à beaucoup d'endroits caractéristiques au bord de la mer, ont remplacé, sans doute, des divinités plus anciennes. Je suis persuadé que l'aspect intérieur de la plupart de ces chapelles, la nature et la disposition des offrandes, les vœux qu'on y fait, la façon dont on y prie, diffèrent peu de ce qui avait lieu il y a seize cents ans. Souvent ces cultes, surtout ceux qui se rapportent à saint Georges et à Jonas, sont communs aux chrétiens et aux musulmans. Nulle part plus qu'en ce pays il n'est vrai de dire que l'humanité, depuis son origine, a prié aux mêmes endroits. On ne saurait douter, en tout cas, que ce ne soient ici les במות ou « hauts lieux » des Hébreux, impliquant à la fois l'idée de forteresse, de temple et même de tombeau[1], analogues au βωμός des Grecs. Il n'est pas impossible que le mot βωμός lui-même vienne du phénicien במה (plur. constr. *bomothé*).

Les inscriptions de ces curieux édifices sont la partie qui a pour nous le plus d'intérêt. L'extrême bienveillance avec laquelle ma mission fut accueillie par les habitants de ces contrées me donna, pour les découvrir, de grandes facilités. Durant mon séjour à Amschit, j'organisai un système d'enquête auquel la population se prêta avec empressement. J'annonçai que l'Empereur des Français avait résolu de faire écrire l'histoire de tous les anciens peuples, mais qu'ayant remarqué dans les chroniques beaucoup de mensonges, il avait donné l'ordre de recueillir ce qui est écrit

---

[1] Voir Gesenius, *Thesaurus*, p. 188, 189.

sur les pierres, vu que les pierres ne mentent jamais. Je reçus bientôt une foule de renseignements sur les villages et les grottes où il y a des pierres écrites. En groupant ces indications, j'arrivai à une liste de plus de soixante localités de la région de Gébeil et de Batroun où l'existence d'inscriptions m'était attestée. Presque aucune de ces indications ne s'est trouvée complétement en défaut, et parfois j'ai admiré la justesse avec laquelle ces hommes simples apercevaient des traces d'écriture sur des pierres à côté desquelles l'œil le plus exercé eût passé inattentif. Je ne pense pas qu'après nous on trouve, dans cette partie du Liban, beaucoup de lettres antiques à découvrir.

Partons de Gébeil, et décrivons d'abord alentour un cercle d'une lieue de rayon à peu près.

En suivant la mer vers le sud, on rencontre, au bout de trois quarts d'heure, l'embouchure du Ouadi-Fédar (الفيدار). Il y a là les restes d'un aqueduc qui conduisait les eaux de l'Adonis à Byblos et d'autres vestiges d'antiquités. Néanmoins, ce n'est pas un site de ville, et c'est à tort, selon moi, que M. Thomson a eu l'idée de placer Palæ-Byblos à ce point[1]. Je n'ai pas vu l'inscription grecque que beaucoup de voyageurs ont copiée en cet endroit[2]. La tour de l'Écho, placée près de là, n'a rien d'antique. On nous avait indiqué les deux villages de Fédar el-Fauka et de Hammar-Saghir (حمار صغير) comme possédant des inscriptions arabes encastrées au mur de l'église. Nous n'y avons pas trouvé d'inscriptions; seulement nous avons vu à Hammar-Saghir une pierre antique sur laquelle on distingue une tête de bœuf, analogue à celle de Haboub, que nous décrirons bientôt; à côté, se voit la moitié d'une guirlande. Fédar a aussi un morceau de moulure grecque.

En s'élevant par le ouadi qui s'ouvre au sud de Kassouba, on remarque

---

[1] *Bibliotheca sacra*, V, p. 5. Ritter, XVII, p. 570.
[2] *Corpus inscr. græc.* n° 4503 b. C'est par une inadvertance singulière que M. Franz l'a rapportée à Palmyre et a suppléé en tête Παλμυρηνῶν ἡ πόλις..... La copie de M. Krafft (*Topographie Jerusalem's*, planches, n° 25) ne sert pas beaucoup à corriger le *Corpus*. (Cf. Lepsius, *Denkmæler*, t. XII, feuille 100, n° 588; *Bibliotheca sacra*, V, p. 6 et 587.)

d'abord, le long du torrent, un mur en gros blocs, analogue à celui dont nous avons parlé, p. 211. Puis on arrive à Bélat (بلاط), centre remarquable d'antiquités. L'église de ce village, dédiée à saint Élie, est bâtie avec les débris d'un temple ancien. Des morceaux de statues romaines sont engagés dans le mur. Toutes les belles pierres sont à refend, mais hors de leur place, l'édifice primitif ayant été démoli, sans doute au ive ou au ve siècle. Ceci a de l'importance; car notre édifice étant daté avec précision nous donne un type certain de la coupe des pierres usitée en Syrie à la fin du 1er siècle avant Jésus-Christ. L'hypothèse d'après laquelle ces pierres auraient été prises à Byblos ne saurait arrêter l'esprit un moment. La route de Gébeil à Bélat est impraticable. Les chrétiens qui ont bâti l'église de Saint-Élie ne se fussent pas donné la peine d'aller chercher si loin, pour une si pauvre construction, des matériaux si difficiles à amener à pied d'œuvre.

L'église de Bélat renferme quatre inscriptions.

1° Au-dessus de la porte de devant :

```
ΔΙΙΜΣΓΙΣΤΩΙΑΣΠΑΣΙΟΣΔΙ
ΟΝΥΣΙΟΥΑΝΣΘΗΚΣΝ
```

Complet; lettres de médiocre grandeur. Le Σ et l'E ont exactement la même forme; il en est de même dans le 2° et le 4°.

2° Au-dessus de la porte latérale du sud :

```
ΣΤΟΥΣ✧ΙΒ✧ΤΗΣΗΓΣΜΟΝ
ΚΑΙ✧ΔΙΟΝΥΣΙΟΥ✧ΤΟΥ✧ΚΑΙ
```

Incomplet à droite. Belles lettres de douze centimètres de haut.

3° A côté de la porte latérale du sud :

```
ΚΑΙϹΑΡΟϹϹΕΒΑϹΤΟΥΔΙΙ
ΟΝΥϹΙΟΥΑΝΕΘΗΚΕΝ
```

Incomplet à gauche; caractères moyens; ceux de la deuxième ligne un peu plus petits.

4° Fragment qui a été employé à bâtir les marches de l'autel, d'où on le tira pour me le faire voir :

```
ΣΓΙΣΤΩΙ✧ΑΣΠΑΣΙΟΣ✧ΔΙ
ΛΙ✧ΖΩΔΙΩ✧ΣΡΙΜΚΑΚΛ
```

Incomplet des deux côtés; grands caractères, plus gros que ceux du 2°.

Il semble, au premier coup d'œil, que les fragments 2°, 3° et 4° doivent se rassembler. Il n'en est rien. Outre qu'on y trouvera, si on l'essaye, des difficultés insurmontables, le caractère des lettres, leur grandeur, les moulures des pierres, s'y opposent absolument. Mais ces quatre inscriptions, qui se répétaient presque, peuvent se compléter, d'une manière probable, l'une par l'autre.

La première était :

Διὶ μεγίστῳ Ἀσπάσιος Δι-
ονυσίου ἀνέθηκεν.

La deuxième était :

Ἔτους ιϛ τῆς ἡγεμον[ίας Καίσαρος Σεβαστοῦ, Διὶ μεγίστῳ Ἀσπάσιος Διονυσίου, τοῦ] καὶ Διονυσίου, τοῦ καὶ [Διονυσίου, ἀνέθηκεν].

La troisième était :

[Ἔτους ιϛ τῆς ἡγεμονίας] Καίσαρος Σεβαστοῦ, Διὶ
[μεγίστῳ Ἀσπάσιος Δι]ονυσίου ἀνέθηκεν.

La quatrième ne peut être rétablie d'une manière aussi complète :

[Διὶ μ]εγίστῳ Ἀσπάσιος Δι[ονυσίου............
........λι ζωδίῳ Ἑρμ[ηρ]ακλ[ης.................

La formule τοῦ καί ne s'emploie d'ordinaire que pour exprimer qu'un homme avait deux noms. Mais, si l'on tient compte de toutes les particularités du fragment 2°, on verra qu'il faut se plier ici à une autre hypothèse et supposer qu'il s'agit d'une descendance par homonymie. Il est vrai que cette descendance est désignée dans les inscriptions par δίς, τρίς, etc. suivant le nom de l'ascendant au génitif. (Voyez le *Corpus*, t. I, p. 613, et les n°s 2686, 4303 i; Le Bas, *Revue archéol.* I, p. 716; *Inscript. de Morée*, n° 156.) M. Egger, qui me fournit cette note, ne connaît pas un seul exemple de τοῦ καί avec le sens que nous proposons. Mais, si l'on n'admet pas ce sens, il faut ou supposer que le n° 2 donnait le nom de la mère avant celui du père, ce qui n'est guère admissible, ou que le père d'Aspasius portait indifféremment trois noms, avec cette bizarrerie que Διονύσιος, son nom principal dans les n°s 1, 3 et 4, aurait occupé la seconde place dans le n° 2.

L'ère de «l'hégémonie de César Auguste» est probablement la même que celle de «la victoire de César Auguste à Actium,» que nous trouverons bientôt à Maad. M. Egger, cependant, ne croit pas avoir rencontré ailleurs sur les marbres la formule ἡγεμονίας.

La date des inscriptions, et, par conséquent, celle de la construction du temple de Bélat, serait donc l'an 19 avant Jésus-Christ. Le caractère du n° 3 semblerait plus moderne; peut-être cette inscription a-t-elle été refaite.

Ζωδίον, ou mieux ζῳδίον, a ici, sans doute, le sens de «sculpture,» ou est synonyme de ζωφόρος, «frise.» Le fragment, en effet, par la grandeur des caractères et par ses moulures, semble avoir fait partie d'une longue inscription entourant une frise. Il rappelle des fragments semblables qui se voient à Baalbek.

La dédicace de l'église à saint Élie (Santelia) est à noter. Élie, en général, a remplacé Baal; il est représenté, dans les tableaux des églises, entouré de prêtres de Baal massacrés, et tenant d'une main un sabre sanglant, de l'autre, une tête coupée.

On voit auprès de Bélat divers tombeaux dans le roc. Les plus beaux sont à l'ouest du village, en descendant. Ce sont six ou huit auges creusées l'une à côté de l'autre dans le roc, plané avec une extrême régularité et un soin minutieux. Un rebord intérieur y a été ménagé pour servir d'assise au couvercle. C'est évidemment une sépulture de famille, car des auges moindres et hors rang y sont ménagées pour les enfants. Nulle part on n'admire plus l'art de ces sépultures en plein air. Mêlées aux aiguilles de rochers et entourées d'une charmante végétation, ces grandes coupes lisses dans la pierre produisent un effet très-pittoresque.

226   MISSION DE PHÉNICIE.

Je trouvai beaucoup d'objets antiques entre les mains des gens du pays, un petit pot d'albâtre (au Louvre), une bague à sujet grotesque (*ibid.*), des verreries. On me montra aussi une très-belle bague, dont le chaton représentait un coquillage, et dont je donne ici le dessin, pour qu'on voie s'il peut servir à éclaircir la question du *murex*[1]. Quelques monnaies phéniciennes offrent des représentations analogues.

La « dalle » ou rocher horizontal (بلاط), dont le village a pris le nom, est une roche striée artificiellement pour un usage industriel inconnu, et se voit à côté de ce village, sur le bord du ravin.

Une famille ancienne de cheikhs, les Dahdah, résident à Bélat. Je vis dans cette famille une femme portant la *tasié* (تاسية), immense appendice en argent, semblable au pavillon d'un cor de chasse; on l'attache à la tête par un mouchoir. C'est sa dot, me dit-on, que la femme porte ainsi. Cet usage est devenu extrêmement rare[2].

Mar-Semân, à l'est de Gébeil, est une pauvre chapelle, au centre de laquelle s'élève bizarrement une énorme colonne de marbre de quatre mètres cinquante centimètres de circonférence. Le tronçon a cinq mètres de haut, et il s'enfonce profondément dans le sol. En descendant la colline, on trouve une chapelle composée de matériaux anciens. Il y eut là un temple et de belles constructions en gros blocs. Partout on voit des travaux dans le roc et des débris.

Le village de Haboub (حموب), au nord de Mar-Semân, a un reste de sculpture architecturale : c'est une belle pierre présentant des moulures soignées et une tête de génisse. Des traces nombreuses de grandes constructions se voient près de là. Sur un rocher, des signes bizarres, un cercle

---

[1] Voir M. de Saulcy, *Voyage en Terre Sainte*, II, p. 284 et suiv.

[2] Brocchi, en 1824 (*Giornale delle Osservazioni*, etc. III, p. 132-133), en vit plus d'exemples.

rayé de lignes horizontales et des tailles diverses dans le roc. Au-dessous se trouvent les ruines d'une construction en grosses pierres. L'église de Haboub est bâtie dans la cella d'un temple, analogue à celui de Deir el-Kala, si ce n'est que les pierres ne sont pas tout à fait aussi grandes.

Le village d'Eddé, un peu au nord de Haboub, est encore plus important sous le rapport archéologique. L'église du village, Mar-Giorgious, est tout entière construite avec des matériaux anciens. Il y a des colonnes et de belles pierres moulurées engagées dans les murs. Le linteau de la porte principale est celui d'un temple phénicien et offre les mêmes symboles que la frise trouvée au baptistère de Byblos; mais le linteau d'Eddé est plus ancien. Je l'ai rapporté au musée du Louvre (pl. XXXII, n° 6). Les *uræus* ont été martelés, et le globe a été aplati pour recevoir une croix rouge. Les deux appendices supérieurs du globe, ici comme dans la pierre du baptistère de Gébeil, semblent les queues des *uræus*[1]. En Égypte, ces appendices se présentent comme des cornes de bouc; mais je crois que les artistes de Phénicie ont interprété à leur guise la donnée originelle. On remarquera la ressemblance particulière de cette représentation avec les symboles analogues de la Perse[2], surtout en ce qui concerne les nervures inclinées qu'on voit sous la paire d'ailes principale. Ces nervures, d'un autre côté, s'expliquent très-bien par les cannelures des voussures des pylônes égyptiens. La surface courbe sur laquelle se déploient les ailes au-dessus de ces pylônes est d'ordinaire striée verticalement[3]. Mais ce qui fait l'importance de ce monument, ce sont les inscriptions qu'on y lit.

Sur le petit listel qui est au bas du linteau :

ΔΙΟΝΥϹΙΟϹΟΙΙΟϹ▓▓▓ΟΛΛΑϹΟΙΚΟΔΩΜΟΥϹΕΠΟΙϹΑϹΕ▓▓▓▓▓▓ΙΕΟΝ   ΚΒ

Inscription fruste et difficile. Ce qui est entre Διονύσιος et ολλας est très-douteux. ουος serait-il pour υιός? On sait les orthographes très-diverses de ce mot dans les ins-

---

[1] Voir ci-dessus, p. 158.
[2] Voir Lajard, *Culte de Mithra*, pl. I et II.
[3] Cela est sensible surtout au pylône du nord à Karnak.

criptions incorrectes. Ce qui suit a été sûrement corrigé et surchargé. On croit quelquefois lire ΑΥΚΙΟΛΛΑΣ, ou ΑΥΕΙΟΛΛΑΣ, génitif d'*Aviola*. L'orthographe barbare de l'inscription autorise à supposer toutes les fautes possibles. Je propose donc, mais avec beaucoup de réserve :

Διονύσιος, υἱὸς Ἀυειόλλας, οἰκοδόμους ἐποίησα, σεβόμενος θεόν. κϛ.

Les lettres κϛ paraissent désigner une date. Mais il est difficile de songer à l'ère d'Actium. L'écriture et l'orthographe de notre inscription sont d'une bien plus basse époque que le siècle d'Auguste.

Sur le champ même du fronton, au-dessous du globe, se lisent quelques autres lettres, très-frustes, très-mal gravées, de formes cursives :

BIECTABOYBAOAC

Βουβα seul est certain. Ἀβωβᾶς était un des noms d'Adonis[1]. Je prouverai bientôt par induction que le temple d'Eddé était consacré à Adonis. Mais il faut s'arrêter vite dans les conjectures sur des textes si indéchiffrables.

Quoiqu'il faille être très-réservé quand il s'agit de supposer une différence de date entre le travail d'un membre d'architecture et les inscriptions qu'on y lit, il semble bien que, dans le cas présent, une telle hypothèse est permise. Les sculptures de notre pierre, en effet, sont plus anciennes que celles de la pierre du baptistère de Gébeil, laquelle paraît être du II° siècle. Or les inscriptions que porte la pierre d'Eddé n'ont pas été gravées avant le III° ou le IV° siècle. Remarquons de plus que l'inscription principale est gravée sur un espace très-étroit, qui n'a nullement été ménagé pour recevoir une épigraphe, en sorte que celle-ci ne semble nullement être entrée dans le plan du monument primitif auquel la pierre appartenait.

Eddé a diverses autres antiquités, une très-belle citerne creusée dans le roc, avec un pilier couronné d'une plinthe au milieu, pour empêcher l'effondrement de la voûte; un curieux chapiteau.

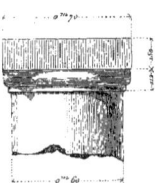

[1] Movers, *Die Phœn.* I, p. 202.

Enfin, dans une maison, un fragment de marbre portant un débris d'inscription :

ETH

Aux environs d'Eddé, les emplacements de temples se multiplient de plus en plus. Les chapelles ici se présentent presque toutes accouplées, soit qu'une seule chapelle soit dédiée à deux saints qu'on veut mettre en rapport l'un avec l'autre, soit que les deux chapelles soient très-voisines, soit qu'elles se touchent et ne forment qu'un seul bâtiment. Mar-Theodoros et Mar-Iouhanna sont très-près d'Eddé. A Mar-Theodoros, il y a un petit cippe engagé dans le mur, qui a peut-être une inscription cachée. A Mar-Iouhanna, il y a une très-jolie pierre moulurée, présentant une couronne et les traces d'une tête sculptée. A Mar-Ama, il y a un autel d'une forme très-commune dans la région de Gébeil.

Mar-Elisha a de même succédé à un vieux temple ; on y voit de grosses pierres, un beau mur, de belles cavernes sépulcrales; au-dessous, un escalier creusé dans le roc et de nombreuses pierres couvertes de chaux.

Gharfin, dont le nom moderne cache sans doute un nom grec terminé par φιον[1], fut certainement le site d'un établissement considérable dans l'antiquité. Il offre l'aspect ordinaire des anciennes localités sacrées du Liban : pressoirs, bois sacré, belles pierres éparses, tombeaux, vues admirables sur le ravin. Une pierre, qui était engagée dans le mur de l'église, représente un *naos* en bas-relief, avec acrotères lisses et *uræus* (planche XXXII, n° 5). On y voit une divinité ailée, montée sur un

---

[1] Peut-être Καρφίον, diminutif de κάρφος.

char formé de serpents, comme le char de Triptolème et de Démèter. Dans le champ du bas-relief on remarque le croissant; c'est donc très-probablement une Vénus-Uranie. Dans une chapelle située au-dessus du ravin, est une énorme pierre entaillée en forme de siége à sa partie supérieure. C'est une pierre à offrande, analogue à celle que nous avons trouvée, avec inscription phénicienne, à Oum el-Awamid. Une pierre du même genre, beaucoup plus petite, se voit près de là. Quant aux tombeaux de Gharfin, ils ont un aspect des plus grandioses. Ce sont des auges très-longues et très-profondes, taillées dans le roc, avec rebord intérieur, souvent accouplées et rappelant les belles tombes de Bélat. Les couvercles sont souvent prismatiques, triangulaires, comme à Maschnaka. L'ajustement du couvercle et de l'auge est tout à fait précis. Un ou deux couvercles (pl. XXXI) offrent une sorte d'épine dorsale plate et deux tambours à l'une des extrémités. On y remarque déjà une tendance vers ces formes bizarres dont nous trouverons les plus curieux exemples à Naous, près Scheptin, et que nous avons déjà rencontrées à Naous, près Kisbé. L'un des couvercles dont je viens de parler offre, à sa partie inférieure, des rainures singulières. Près du ravin, il y a un pressoir qui, s'il n'est pas antique, rappelle au moins les pressoirs de l'antiquité. Sur le rocher lisse a été disposée et scellée une ligne de petites pierres formant un champ limité et une rigole pour le liquide, lequel est reçu au-dessous dans un trou où l'on met un vase. Beaucoup de niches et de travaux dans le roc se voient de toutes parts. L'inscription suivante, très-bien gravée sur une brique, a été trouvée à Gharfin :

ΘΕΙ
ΕΚΤΩΝ
ΕΠΟΗC
ΤΟΝΝ

Θε........ | ἐπόησ[ε]
ἐκ τῶν [ἰδίων] | τὸν ν[αόν].

Amschit (عمشيت) a plusieurs inscriptions; mais je doute qu'une seule soit sortie du sol à cet endroit. La splendeur d'Amschit date seulement de la fortune que fit, il y a vingt ou trente ans, le Maronite Michel Tobia. C'est alors que furent bâties ces belles maisons, dont les matériaux, comme je l'ai dit, viennent de Gébeil et surtout d'Assouba. J'ai déjà donné deux inscriptions qui sont sorties de ce dernier endroit. En voici trois autres dont la provenance est incertaine :

```
         YXIHZH
         NONEYTPOΠON
         C.ZΩIΛOCΩΔE
     ΘAΠTAIAΛEΞANΔPOY
       ΦIΛOCYIOC
       ZHCACETH Z̄
       MHNAC ĒΞ
```

. . . . . .υχιη ζη. . .νον εὔτροπον . . .ς
Ζωίλος ὧδε [τέ]θαπ]αι, Ἀλεξάνδρου Φίλος υἱός.
Ζήσας ἔτη ζ̄, μῆνας ἕξ.

L'inscription était métrique, comme cela avait souvent lieu, surtout pour les enfants. La notation des mois est singulière. Le ξ paraît de trop. Cependant, je le vois très-clairement sur la photographie que j'ai rapportée de l'inscription.

M. Egger propose pour le premier vers :

[Μικρὸν[1] ἐν ἡσ]υχίῃ[2] ζή[σας χρό]νον εὔτροπον [αὕτω]ς.

Au dessus d'une fenêtre :

XPHCIMOC

Χρήσιμος, simple nom propre.

Au-dessus d'une autre fenêtre, sur un cippe arrondi par le haut, comme les cippes de Gébeil :

EIPHNAI
OY   ZA

---

[1] Ou παῦρον. — [2] Ou εὐτυχίῃ.

Il n'est pas impossible que le Z, qui est plus petit que les autres lettres, soit un Σ, qui aurait perdu sa barre horizontale du dessus. Ma copie, prise sur le monument, ne suppose rien d'effacé ni de coupé. Il est possible cependant qu'il faille lire :

$$Εἰρηναῖ[ος\ldots\ldots :\ldots$$
$$οὐ\ [ζή]σα[ς\ ἔτη\ldots$$

La vraie localité antique d'Amschit est Mar-Giorgious, à dix minutes du village, au nord-ouest[1]. On sait que le culte de saint Georges a presque toujours remplacé celui d'un dieu païen. Les débris du temple ancien se voient ici de tous côtés, ainsi que des travaux considérables dans le roc. La pierre de l'autel de la chapelle de saint Georges porte l'inscription suivante :

ΘΕΩΔΙΙ▨▨▨▨▨ΜΑΥΣΕΚΟΥΝΔΟΣ
ΒΟΗΘΙΩΝΟΣ▨▨▨▨▨ΤΟΝ ΒΩΜΟΝ

$$Θεῷ\ Διΐ\ldots\ldots\ldots\ldots Σεκοῦνδος$$
$$Βοηθίωνος\ [ἀνέθηκα]\ τὸν\ βωμόν.$$

Βοηθίων est un dérivé, de forme patronymique, de Βοήθιος, qui manque même à la dernière édition du Lexique de Pape. La forme Θεῷ Διΐ est inusitée. On voudrait que ΔΙΙ fût le commencement d'un nom de divinité locale, Δη....; mais on n'arrive par cette hypothèse à rien de satisfaisant. Ma copie et mon estampage, d'ailleurs, portent clairement ΔΙΙ. On peut dire qu'une formule comme Θεῷ Διΐ ἐπουρανίῳ n'est pas aussi anomale que le serait Θεῷ Διΐ tout court. Or ce qui paraît manquer dans la ligne supérieure, c'est l'épithète de Ζεύς. Peut-être faut-il lire : Μ. Αὐ[ρήλιος] Σεκοῦνδος.

A côté de la chapelle de saint Georges existe un caveau sépulcral, devenu chapelle et dédié à Mar-Sofia[2] et à ses filles. On y vient pour la fièvre intermittente[3]. Les linteaux de la porte ont été fabriqués avec de jolis débris anciens. Le caveau contenait trois sarcophages surmontés d'un *arcosolium*. Le grand sarcophage du fond est devenu l'autel. Le devant de ce

---

[1] V. Thomson, dans *la Bibliotheca sacra*, V, p. 8; Porter, *Syria and Palestine*, 586.

[2] La grammaire voudrait *Mart Sofia*, *Mart Taala*, etc. Mais je me conforme, pour tous ces noms, à l'habitude constante des Maronites. — [3] M. Lockroy a donné (*Tour du monde*, 1863, p. 33) un dessin qui rend fort bien le caractère pittoresque de cet endroit.

sarcophage est divisé en quatre panneaux sculptés; on n'y peut rien voir de distinct. Sur l'un des panneaux, on lit l'inscription suivante :

On peut restituer par conjecture :

$$\Sigma \varepsilon \varkappa o \tilde{u}[\nu \delta o s]$$
$$\zeta \acute{\eta}[\sigma \alpha s \; \acute{\varepsilon}\tau \eta \ldots .$$
$$\ldots \ldots \ldots \ldots]$$
$$\varkappa \varepsilon \tilde{\iota} \mu \varepsilon \; [\grave{\varepsilon} \nu \theta \acute{\alpha} \delta \varepsilon]$$

C'est sans doute le même personnage qui avait posé l'autel qui sert à Mar-Giorgious. L'inscription est très-effacée et les lettres de la bordure se voient à peine.

Dans le mur de clôture devant Mar-Giorgious, se voit une inscription arabe très-fruste. Entre Mar-Giorgious et Amschit, il y a plusieurs chapelles et de grandes entailles dans le roc, en particulier à Bir-Beth-Schehin; à Deïr-Sayyidet-Naïa (سيدة نايا), au milieu d'un bois sacré, de nombreuses excavations dans le roc, un escalier et de vieilles constructions; au pied de Mar-Giorgious, près de la mer, une construction ancienne. Le couvent ruiné de Mar-Zakhia, près de là, a été bâti sur une sorte de petite nécropole taillée dans le roc. Tout ce promontoire eut évidemment autrefois une certaine importance, surtout religieuse.

Montons dans la région moyenne du Liban, au-dessus d'Amschit. Ici encore les ruines de temples se voient de toutes parts. Les chapelles qui ont succédé à ces temples se rencontrent de dix en dix minutes. On se dirait au lendemain du jour où la réaction religieuse s'est faite en ces parages. Les débris épars portent la trace des coups de marteaux. Ce sont des ruines par bris, non par vétusté ni par enlèvement de matériaux.

L'église double de Schâmât (شامات), à une heure un quart d'Amschit, formée de deux chapelles conjointes et consacrées, l'une à Mar-Thecla, l'autre à Mar-Istefan, est formée des débris d'un temple ionique, dont on voit les colonnes à l'intérieur. Au-dessus des deux portes, sont placés de petits frontons, formés d'un côté par un sarcophage sans ornements, de l'autre par un bout de sarcophage offrant deux têtes de génisses enguirlandées, d'un travail grossier.

Un peu après l'église de Mar-Thecla et Mar-Istefan, on trouve une autre chapelle dédiée à Mar-Edna (ܐܕܢܐ) et à Mar-Mêma (ܡܐܡܐ), bâtie encore de débris antiques. Alentour se voient des fragments de colonnes et de statues, et un débris fort maltraité, où j'ai cru reconnaître le reste d'un siége votif. Dans les pierres entassées près de l'angle nord-est des murs de Gébeïl, on remarque une pierre analogue, mais encore plus informe.

A Abédat (ܚܕܐܘܐܬܐ ou ܚܕܐܘܐܬܐ, عبادات), au-dessus de la porte de l'église de Mar-Eusebios, se lit l'inscription suivante :

ΑΓΑΘΗΙΤΥΧΗΙ
ΕΤΟΥϹΙΖΚΑΙϹΑΡΟϹΑΝΤΩΝΕΙΝΟΥΤΟΥΚΥΡΙΟΥ
ΜΗΝΟϹΛΩΟΥΔΙΙΟΥΡΑΝΙΩΥΨΙϹΤΩϹΑΑΡΝΑΙΩΕΠΗΚΟΩ
ΓΦΛΑΟΥΙΟϹ ΑΦΥΡΟϹΕΚΤΩΝΙΔΙΩΝΤΟΝΒΩΜΟΝΑΝΕΘΗΚΑ

Ἀγαθῇ Τύχῃ
Ἔτους ιζ Καίσαρος Ἀντωνείνου τοῦ κυρίου,
μηνὸς Λώου, Διῒ οὐρανίῳ, ὑψίσ͡τῳ, Σααρναίῳ, ἐπηκόῳ,
Γ. Φλάουιος [Γλ]άφυρος ἐκ τῶν ἰδίων τὸν βωμὸν ἀνέθηκα.

Parmi les souverains qui portent sur les inscriptions le nom d'Antonin, deux peuvent convenir à notre texte, Antonin le Pieux et Marc-Aurèle, tous deux ayant régné plus de dix-sept ans. Notre inscription est donc de l'an 154-155 ou de l'an 177-178. La première date me paraît préférable, car je ne sais si Marc-Aurèle, en Syrie, aurait été appelé Καῖσαρ Ἀντωνεῖνος tout court.

Cette inscription, comparée aux autres textes que nous a fournis toute cette région du Liban, est d'un grand intérêt pour l'histoire religieuse. Le dieu auquel elle rend hommage est Ζεὺς οὐράνιος, ὕψισ͡τος, Σααρναῖος, ἐπήκοος. Σααρναῖος me paraît renfermer le nom du village autrefois situé au lieu où est maintenant Abédat. C'est un nom comme

« Jupiter Bétocécien, » et tant d'autres noms désignant des cultes locaux. Les autres épithètes sont remarquables; car, bien que chacune puisse se trouver isolément dans presque tous les pays où s'établit la langue grecque, elles forment, par leur groupement, un fait caractéristique de la Syrie et en particulier du Liban. Nous avons déjà rencontré, à Sahin, θεὸς ὕψιστος οὐράνιος Μίτρας[1]; à Bélat, Ζεὺς μέγιστος; à Mar-Giorgious, un Ζεύς dont l'épithète a peut-être disparu; à Hannousch, Ζεύς tout court; à Eddé, par conjecture, il est vrai, ὁ θεός. Nous trouverons bientôt à Maad deux fois θεὸς Σατράπης; à Kalaat-Fakra, ὁ μέγιστος θεός; à Sarba, Ζεὺς ἐπουράνιος. La plupart de ces mots correspondaient sans doute à des termes sacramentels de la langue phénicienne. Dans ἐπήκοος, par exemple, il y a probablement la traduction de la racine ענה, que nous découvrons dans le nom de יאנב (celui que Dieu exauce[2]), roi de Byblos. Quoi qu'il en soit, ce n'est pas par hasard que le nom du Dieu suprême se représente à chaque pas dans le pays de Byblos. On se rappelle l'Ὑψουράνιος, répondant à Samemroum, dans Sanchoniathon[3]. Quand on songe que ce phénomène épigraphique se produit dans le pays du culte d'Adonis et qu'on remarque un autre fait singulier, savoir qu'Adonis n'est pas nommé une seule fois dans les inscriptions du pays de Byblos[4], on est amené à supposer que ce « Dieu suprême, » que nous présentent toutes les inscriptions du pays, n'est autre qu'Adonis lui-même. Le nom d'*Adonis* appuie cette conjecture, ce nom signifiant simplement « le Seigneur, » et étant identique à l'*Adonaï* des Hébreux. *Sol vocatur Byblius Adon*, dit Martien Capella[5]. Philon de Byblos la confirme également. Parmi les anciens rois ou dieux de Byblos, il place Ἐλιοῦν (עליון) ou Ὕψιστος, et un peu plus loin, il ajoute : Ὁ Ὕψιστος ἐκ συμβολῆς θηρίων τελευτήσας ἀφιερώθη[6]. On sait que dans Philon de Byblos, pas plus que dans nos inscriptions, on ne rencontre le nom d'Adonis. Il est donc très-vraisemblable que l'*Elioun* ou « Très-Haut » de Byblos, dont parle Philon, et le « Jupiter très-haut » de nos inscriptions, sont Adonis, non pas l'Adonis-Tammuz, le dieu des cultes bizarres[7], mais l'Adonis dieu suprême, l'antique dieu (*El*) de Byblos, établissant un lien intime entre Byblos et Jérusalem[8]. Comment se fit l'association du culte du Très-Haut avec le culte de Tammuz? Ce culte fut-il une forme organique et mystérieuse de la religion du Dieu suprême? Ou bien y eut-il là un de ces amalgames si fréquents dans l'histoire des cultes antiques? On l'ignore. En tout cas, nos inscriptions confirment la parfaite exactitude des renseignements fournis par Philon de Byblos sur la Phénicie de son temps.

Je ne veux certes pas dire que ce culte de Jupiter avec les épithètes de ὕψιστος et

---

[1] Voir ci-dessus, p. 103-104.

[2] Comparez l'hébreu ענניה.

[3] Philon de Byblos, édit. d'Orelli, p. 16 et suiv. (Cf. Mém. de l'Acad. des inscrip. et belles-lettres, nouv. série, t. XXIII, 2ᵉ part. p. 262.)

[4] M. V. Guérin a trouvé son nom en Afrique. (Voy. archéol. dans la rég. de Tunis, II, p. 27.)

[5] II, § 192.

[6] Philon de Byblos, p. 24; Mém. cité, p. 269-270.

[7] M. Chwolshon est arrivé, par une autre voie, à distinguer Adonis de Tammuz. (*Die Ssabier*, II, 210.)

[8] Voir ci-dessus, p. 215-216. (Comp. Movers, *Die Phœn.* I, p. 191 et suiv. II, 1ʳᵉ part. p. 107-109; Ritter, *Erdk.* XVII, p. 55 et suiv.)

d'οὐράνιος, surtout de μέγιστος, soit propre à la Phénicie[1]. On en trouverait des exemples dans l'épigraphie de presque tous les pays où l'on a parlé grec. Nulle part, cependant, on n'en rencontre autant de monuments qu'en Syrie. Je citerai, en particulier, Ἅγιος οὐράνιος Ζεύς, à Bœtocece (*Corpus*, n° 4474, ligne 60); Ζεὺς ὕψιστος καὶ ἐπήκοος, Ζεὺς μέγιστος κεραύνιος, Ζεὺς ὕψιστος μέγιστος καὶ ἐπήκοος, à Palmyre (*Corpus*, nᵒˢ 4500, 4501, 4502, 4503[2]). En général, l'épigraphie de la Syrie porte à supposer, derrière les cultes de ce pays, un certain fond de monothéisme, très-oblitéré, mais reconnaissable encore[3]. Aux exemples déjà cités j'ajouterai : Διὶ μεγίστῳ Καναθηνῶν (Wetzstein, n° 185); Διὶ μεγίστῳ (*ibid.* nᵒˢ 128, 188, 189, 199); Διὶ κυρίῳ (*ibid.* nᵒˢ 179, 198); Διὶ Μαρνᾷ τῷ κυρίῳ (*ibid.* n° 183). Il faut se rappeler que tous les noms des dieux phéniciens, *El, Elion, Samemroum, Baalsamin,* Adonis, Ἀγρός (שׂדי), sont des synonymes de «Dieu suprême.»

Je sortirais trop de mon sujet en prolongeant cette digression. J'ai voulu montrer seulement que l'épigraphie, qui a renouvelé l'histoire politique, aura de non moins graves conséquences quand on l'appliquera à l'histoire religieuse. Une statistique générale des cultes anciens, province par province, amènerait des résultats du plus haut intérêt. Pour la Phénicie, en particulier, il faut renoncer à l'idée d'une religion phénicienne unique, commune à tout le pays. Chaque ville, chaque canton, avait son culte, qui souvent ne différait des cultes voisins que par les mots. Mais ces mots avaient leur importance; nulle part il ne fut plus nécessaire qu'ici de redire l'axiome : *Nomina numina*.

Quelques indications m'avaient fait croire qu'il y avait une inscription dans l'église du village de Mahamrat-Bjié (محمرة بجيه). Les indications étaient, je crois, erronées.

Le village de B-hadidat, au contraire, a un aspect monumental qui frappe au premier coup d'œil. Il s'y trouve beaucoup de restes antiques, et en particulier des citernes, comme à côté de tous les anciens temples. L'église est digne d'attention. Elle est ancienne, et les peintures dont elle est ornée à l'intérieur peuvent passer pour un des spécimens les plus précieux de l'art syrien. On y distingue surtout des chérubins portant le *trisagion* en beau caractère estranghélo. L'autel actuel est un au-

---

[1] Sur le culte de Ζεὺς ὕψιστος à Athènes, voyez Beulé, *L'Acrop. d'Ath.* I, p. 17; II, p. 234, 230. Mais il est remarquable que ce culte est censé avoir été apporté d'Orient par Cécrops. Pour Rome, voyez *Corpus*, n° 5929 et nᵒˢ suiv. Plusieurs de ces inscriptions, surtout la première, peuvent être de Syriens.

[2] Comparez, pour l'Égypte, *Corpus*, nᵒˢ 4683, 4683 c, et les *Addenda*, au n° 4699. Mais dans ces textes la nuance du sens religieux est différente.

[3] Voir les vues que j'ai développées sur ce point dans *le Journal asiatique*, février-mai, 1859.

cien autel semblable à celui dont nous avons déjà donné le *fac-simile* (p. 229). Il porte l'inscription suivante :

ΠΙϹΤΟϹΗΛΙΟΔѠΡΟΥ

Nous avons trouvé l'épitaphe de ce personnage à Gébeil. (Voir ci-dessus, p. 172. — Comparez *Corpus inscr. gr.* n° 5929.)

Outre celle-ci, deux autres inscriptions, très-frustes, sont encore encastrées près de la porte ou dans le mur de la vieille église de B-hadidat.

```
       Ε Α Α
    Ѡ Α Ι Ρ Ε Ο
    Ε Π Ρ Ѡ Α Ν Η Ϲ
    Ε Υ Κ Ο Δ Ѡ
    Μ Η Τ Η Ѡ
    Ν Α Ο Ϲ Τ Η Ϲ
    Κ Ο Υ Ρ Ε Ι Α Ϲ
```

La coupe de la pierre empêche de supposer qu'il manque rien sur la droite.

Les quatre dernières lignes se lisent : εὐκοδωμήτη ὠ ναὸς τῆς Κουρείας, pour ᾠκοδόμηται ὁ ναὸς τῆς Κυρίας. L'étrangeté de l'orthographe ne doit plus nous surprendre. Le dialecte grec de Syrie resta fidèle à la prononciation lourde des dialectes introduits par la conquête macédonienne[1] et fut toujours très-mal orthographié. Dans εὐκοδωμήτη, η pour αι serait un éolisme de Béotie. Cela vaut mieux que de proposer ᾠκοδομήθη. Quant aux trois premières lignes, elles sont fort douteuses; dans les deux premières, il n'y a de certain que les deux Α; dans la troisième, ѠΑΝΗϹ est certain.

On ne peut guère douter que Κουρεία ne soit ici pour Κυρία, comme à Hosn el-Sefiri nous avons trouvé Κουρία (voir ci-dessus, p. 133, 134; comp. *Corpus*, n° 5942; sur Κούρη et Κόρος, désignant Adonis, voir Movers, *Die Phœn.* I, p. 233-234).

L'autre inscription, insérée dans le mur de la vieille église, est encore plus fruste :

```
    Ε Τ Ο Υ Ϲ Ν
    Η Γ Α Μ Ο Ν
    Α Ϲ Α Υ Τ Ο
    Τ Ο Ρ Α Τ Ο Δ
         Α Τ Ρ Α Δ
              Ο
```

[1] Voir mes *Observations tirées des langues sémitiques sur quelques points de la prononciation grecque* (Paris, 1849).

Ἔτους
ἢ γάμον
. . . . . .
τορα
πάτρα

Cela paraît être le fragment de l'épitaphe d'une femme. On y parlait, ce semble, de son mariage ou accompli, ou empêché par la mort. L'Anthologie, au chapitre des Ἐπιτύμβια, offre beaucoup de pièces de ce genre.

On montre une autre inscription derrière l'église; mais elle est tout à fait effacée, et je doute même qu'elle ait jamais existé.

Le nom même de B-hadidat semble indiquer quelque reste de paganisme. Le *B* initial est sans doute le reste de *Beth*, conservé dans Bziza = *Beth-Aziz*, Beschtoudar = *Beth-Aschtar*, Derbaschtar = *Deir Beth-Aschtar*. *Hadidat* représente probablement quelque vieux nom de divinité phénicienne ou syrienne.

L'endroit nommé *Jrapta* (جربتا), gorge étroite, près de B-hadidat, possède la plus remarquable sculpture sur le roc de toute la Phénicie (voir pl. XXXI). La Perse même, qui a excellé en ce genre d'ouvrages, en a peu d'aussi belles que la nôtre. Cette sculpture représente un sacrifice[1]. Le médaillon de la divinité a seul été martelé. Le reste est bien conservé. La beauté des attitudes, la noble simplicité des draperies, donnent à ce curieux morceau une vraie valeur comme objet d'art, indépendamment de l'intérêt qu'il offre pour l'histoire des cultes et des mœurs de la Phénicie. La forme des costumes des anciennes populations du Liban y est clairement indiquée. Près du médaillon, sont des grottes sépulcrales. S. Ém. le patriarche des Maronites m'a fait observer, avec une parfaite justesse, que le mot Jrapta vient de κρύπτη, *crypta*. A Tirza et à Tannourin, il y a d'autres exemples de sculptures sur le roc, voisines de grottes funèbres. A Ghineh, à Maschnaka et à Semar-Gébeil, les rochers sculptés sont aussi percés de tom-

[1] Comparez ce que M. Guys nous apprend du bas-relief appelé *El-Kassis wal-Kassissié*, près de Furzul (*Relation*, II, p. 23).

beaux; mais on peut douter, dans ces trois derniers endroits, que les sculptures soient des accessoires des tombeaux.

A Djoula, au-dessus de Jrapta, on m'avait parlé d'une inscription; je n'ai rien trouvé.

Mischmisch (مشمش) a des inscriptions sur les rochers, outre celles d'Adrien, dont il sera parlé plus tard : MG, près de l'église; sur une autre pierre, près de là : ƆR. On m'y montra une pierre gravée, portant en légende ΔΙΤΟΥ, suivi d'une lettre que je lus Π.

L'endroit appelé *Diradjet-Mikhal* a un escalier dans le roc (sans parler des inscriptions d'Adrien). Au-dessus est Komet-Afroun, colline au sommet de laquelle il y a des constructions. Selon une de mes notes, ce lieu serait identique à Kalaat-Nimroud, localité de ces parages sur laquelle je n'ai pu avoir de donnée bien précise.

Fercha, ou mieux Kferscha (كفرشع)[1], entre Tannourin et Mischmisch, outre les inscriptions d'Adrien, a une inscription syriaque très-fruste, quoique moderne, sur une pierre renversée près de la source; de nombreuses ruines dans les arbres; beaucoup de tombeaux à auge taillés dans le roc, avec couvercles triangulaires et acrotères.

Haras-erram, au-dessus de Mischmisch, a des restes de vieilles constructions. J'y trouvai une moulure qui me parut romaine et une statue de Déesse de Syrie, assise sur un siége, orné de deux lions, que je rapportai (pl. XX, n° 3). On découvre à cet endroit beaucoup de monnaies; il y eut là sans doute un sanctuaire. Le point est très-élevé et couvert de neige une partie de l'année.

Reportons-nous maintenant au ouadi Hallaouch (le ouadi qui est au pied d'Amschit, au nord), et explorons le massif de montagnes qui est entre ce ouadi et le ouadi Behaschta. Ce massif forme une chaîne presque détachée du reste du Liban. Les prêtres maronites qui parlent italien l'appellent «le Liban maritime.»

---

[1] Kferscha a eu de l'importance dans l'histoire ecclésiastique des Syriens.

Près du khan qui est à l'embouchure du ouadi Hallaoueh, il y a une petite chapelle assez bien construite. En montant le sentier qui mène au plateau du Liban maritime, on trouve un rocher, percé de tombeaux dans tous les sens, une véritable ruche de tombeaux. Les caveaux des flancs sont à arceaux; les tombeaux du sommet sont des auges. Le village de Giddel, qu'on rencontre ensuite, a des sépultures et des pressoirs dans le roc. Schihan (شجان) a une église du rite orthodoxe en ruines; on y voit un chapiteau dorique assez pur; sur la porte, un lambeau d'inscription, ce semble syriaque. On prétendait qu'il y avait une inscription grecque dans le mur; c'est une erreur.

A Gharzouz (غرزوز), je n'ai rien vu de remarquable. On a voulu identifier cet endroit avec Gigartus[1]; mais cette hypothèse ne peut plus être maintenue[2]. Maad (معاد), au contraire, est un centre important d'antiquités. Il y eut là sûrement une forteresse au moyen âge. Quoiqu'elle soit détruite, on s'en souvient encore; on veut qu'elle ait fait le pendant de celle de Semar-Gébeil. L'église de Maad est très-remarquable. Elle renferme des sépultures du moyen âge, des chapiteaux ioniques et doriques, plusieurs cippes, qui ont peut-être des inscriptions sur leur face retournée. La chapelle, derrière l'église, contient les peintures syriennes les mieux conservées que j'aie vues. Elles sont du même genre que celles que nous avons déjà signalées à B-hadidat et que celles que nous trouverons à Kfar-Schleiman, et à Naous ou Hurmul, près Scheptin. Bien que l'art syrien ne soit pas destiné à occuper une grande place dans l'histoire de l'art, il y aura de l'intérêt à relever un jour ces peintures. Il en résultera une annexe intéressante à l'histoire de l'art byzantin. A côté d'un des saints, on lit, en bel estranghélo : . . . . ܡܪܒܐ ܡܪܝ. Les inscriptions des autres saints sont illisibles. L'église de Maad renfermait, en outre, deux inscriptions; j'ai rapporté l'original de la première.

---

[1] C. Müller, *Index ad Strabonem*, p. 813. — [2] Voir ci-dessus, p. 149-150.

Sur un cippe cylindrique :

ΕΤΟΥϹΚΓΝ
ΙΚΝϹΚΑΙϹΑΡΟϹ
ϹΕΒΑϹΤΟΥ
ΑΚΤΙΑΚΗϹΘΑΗΟ
ϹΑΒΔΟΥϹΙΒΟΥΑ
ΝΕΘΗΚΕΝϹΑΤΡΑΠ
ΗΙΕΕѠΙΕΚΤѠΝ
ΙΔΙѠΝ

A la première inspection de l'inscription, on se convainc qu'elle a été gravée par un lapicide qui ne savait pas le grec, et qui imitait les caractères dont on lui avait donné le patron. Nous trouverons encore un autre exemple du même fait à Douma, plus haut, dans la montagne. La troisième lettre de la deuxième ligne doit être un H, que le lapicide a fait comme un N. La troisième lettre de l'avant-dernière ligne doit aussi certainement être un Θ, que l'ouvrier a cru identique à la lettre qui suit. Une faute du même genre doit être admise à l'avant-dernière lettre de la quatrième ligne. Θαηος n'est pas un nom propre satisfaisant. Je suppose qu'il faut lire ΘΑΜΟϹ, nom qui a une forme bien sémitique, et qui peut être identique au Θαιμός, *Teym*, qui revient si fréquemment sur les inscriptions du Hauran. Il faut donc lire :

Ἔτους κγ ν-
ίκης Καίσαρος
Σεβαστοῦ
Ἀκτιακῆς, Θαμό-
ς Ἀβδουσίβου ἀ-
νέθηκεν Σατράπ-
ῃ Θεῷ ἐκ τῶν
ἰδιῶν.

Le nom d'Ἀβδουσίβος, renfermant évidemment le composant עבד, « serviteur, » semble supposer un dieu s'appelant Οὐσιβός, *Usib*. Serait-ce l'Οὐσωος, *Usov*, de Sanchoniathon, frère d'Hypsuranius[1], qu'on a rapproché d'Ésaü? (Voir *Mém. de l'Acad. des inscriptions et belles-lettres*, nouv. série, XXIII, 2ᵉ part. p. 265.)

Qu'est-ce que ce Θεὸς Σατράπης? Voilà sûrement une singularité des cultes de la Phénicie que nous réservaient les inscriptions de Maad. Ce dieu est totalement inconnu. Je pense que c'est une forme du dieu suprême ou d'Adonis. Notre inscription est datée de l'an VIII avant l'ère chrétienne. On ne peut s'empêcher de songer que ce bizarre hommage à un dieu inconnu fut fait peut-être l'année même de la naissance de Jésus-Christ.

[1] Philon de Byblos, édit. d'Orelli, p. 16 et suiv.

L'autre inscription, que je n'ai pu emporter, parce qu'elle sert d'autel, est très-fruste et placée d'une façon qui la rend difficile à lire et à estamper. Elle est sur un cippe, en forme de pilastre, surmonté d'une corniche. Les restes de deux lignes d'écriture, au moins, se voient sur les moulures de la corniche; elles sont absolument illisibles. Sur la partie plane on lit :

```
   ΤШΚΥΡΙ
   ШΑΓΙΚΕΚΥ
▮▮▮ШΟΑΟΥ
▮▮▮ΟΥΚΟC
▮▮ΛΟΥCΑΤΡΑ
▮▮ΙΕΘΕΟC
   ΕΠΟΙΗCΕ
```

Il ne manque rien à droite, ni au bas, je pense. Sur la gauche, on voit, par la largeur de la corniche, qu'il ne peut manquer qu'une ou deux lettres. La lacune vient de quelques coups de marteau par lesquels on a diminué la largeur de la pierre au-dessous de la corniche.

Le caractère est d'une très-basse époque et analogue à celui de l'inscription de Douma, dont nous parlerons bientôt. Les A et les Δ ont la même forme, analogue à l'A des écritures latines onciales. (Par exemple, De Wailly, *Paléogr.* pl. II, IV. Comparez Wetzstein, *Inschriften*, p. 297, etc.) Cela paraît du IV° siècle.

Dans cette inscription, comme dans la précédente et dans celle de Douma, il est difficile de ne pas admettre que le lapicide copiait un patron qu'il ne comprenait pas. CΑΤΡΑ▮▮ΙΕΘΕΟC, à la cinquième et sixième ligne, rappelle tellement CΑΤΡΑΠΗΙΕ-ΕШΙ de la précédente inscription, qu'on est bien tenté de croire que ce second monument, séparé du premier par trois ou quatre siècles, est encore dédié au «dieu Satrape.» Mais il est difficile, avec cela, de composer une restitution plausible. ΙΕΘΕΟC semble la fin du nom de celui qui a érigé le monument. S'il fallait absolument former une hypothèse, je proposerais :

Τῷ κυρί-
ῳ Διὶ κὲ κυ-
[ρί]ῳ Ὀαοῦ
[Σέλ]ευκος
[Θε]οῦ Σατρά
[ϖου] ἱερεὺς
ἐποίησε.

Voir Movers, *Die Phœn.* 1, p. 539 et suiv. Mais je me hâte de dire que cette lecture est une pure supposition destinée à faire comprendre comment la phrase pourrait être construite. L'inscription de Douma, tracée dans les mêmes conditions que celle-ci, nous offrira de telles omissions et de si singulières bizarreries, que parfois je pense que la fin doit se lire ainsi :

$$\Sigma \alpha \tau \rho \acute{\alpha}\text{-}$$
$$\pi \eta \; \Theta \varepsilon \widehat{\omega}$$
$$\dot{\varepsilon} \pi o \acute{\iota} \eta \sigma \varepsilon$$

Les lettres ▓▓OYKOC ▓▓ΛOY offriraient alors des débris du nom de celui qui a érigé l'autel. En présence du monument, je lisais ЄMOY à la fin de la troisième ligne; mais je ne puis maintenir cette lecture quand je revois mes estampages. Cela n'est pas d'ailleurs bien satisfaisant.

La côte répondant au Liban maritime n'offre rien de remarquable au point de vue de l'antiquité, si ce n'est, en deux endroits, des bornes milliaires, groupées par deux ou trois et semblables à celle de la baie de Djouni. M. W. Krafft a lu sur ces bornes deux restes d'inscriptions, l'une grecque, l'autre latine[1]. Je n'ai pas vu ces inscriptions. C'est, je pense, dans ces parages qu'il faut chercher τὰ ἐπὶ τῆς θαλάτ1ης σπήλαια de Strabon[2], lesquelles servaient de forteresses aux brigands qui occupaient le Liban lors de la conquête romaine. Le sol est en effet très-caverneux[3]; la côte est éboulée sur plusieurs points, en particulier près d'une petite île et du pont Medfoun.

Au pied de Maad est Ain-Kéfa (عين كفاع). L'église de ce village est posée sur la base d'une tour qui a dû beaucoup ressembler à celle de Gébeil. Les pierres en sont très-grosses; le bossage est le même qu'à Gébeil; Les vides sont remplis, comme à Gébeil, par des pierres plus petites, à crossette. Sur un fragment de corniche, qui se voit dans l'église, on lit un débris d'inscription latine :

TIB · IV

---

[1] *Topographie Jerusalem's*, p. 268; pl. n⁰ˢ 26 et 27. L'indication topographique de Krafft est du reste inexacte. (Comparez Ritter, p. 584, et la carte du général de Beaufort.) — [2] XVI, ii, 18. — [3] Thomson, dans *la Biblioth. sacra*, V, p. 8.

Près de là, sont les endroits appelés Jrapta, Ouadi-Sgar et Toula, où les inscriptions d'Adrien se présentent sous leur forme la plus caractéristique. Nous reviendrons bientôt sur ces inscriptions.

Semar-Gébeil (سمار جبيل), de l'autre côté du ouadi[1], est un point d'un haut intérêt (voir le plan, pl. XXXIII). C'est un beau village mardaïte et l'un des centres de la lutte énergique que les maronites soutinrent, au moyen âge, contre les empereurs de Constantinople et les musulmans[2]. Ce qui frappe tout d'abord les regards, c'est le château situé au sommet de la colline (pl. XXXVII). Les sutures de la construction avec le roc rappellent exactement ce qu'on voit à Anefé. Aucune partie des murs aujourd'hui existants ne remonte au delà du moyen âge. Les pierres sont de médiocre dimension; le bossage ressemble à celui de la «Tour des lions,» près de Tripoli, laquelle est de construction sarrasine. Mais, sans aucun doute, les substructions du château, taillées dans le roc, sont bien plus anciennes, et il est possible qu'un château du moyen âge (mardaïte ou croisé) se soit ici, comme à Gébeil, enté sur une vieille forteresse giblite. Semar-Gébeil, comme l'avaient conjecturé M. Movers[3] et M. Ritter[4], a pu être ainsi une de ces constructions saturniennes qui faisaient le sujet des légendes du pays. Les bases des tours et les fossés taillés dans le roc sont d'un aspect extraordinaire[5]. Le seuil de la porte d'entrée, avec ses deux marches ménagées dans le roc, se distingue nettement. Un escalier tournant se dessine à l'est du château. Les puits et les citernes (pl. XXXVI) sont plus frappants encore; cependant la légende du pays, qui veut qu'il y en ait plus de cent dans l'intérieur du château, renferme une grande exagération. Quoique de tels travaux soient dénués de ces particularités de style qui impliquent une date, je regarde comme tout à fait improbable qu'ils aient été exécutés au moyen âge. Mais ce qui, certainement, ne date

---

[1] Avant la carte du général de Beaufort, ce point ne figurait que sur la carte de M. Kiepert, et encore y était-il placé d'une manière très-approximative.

[2] Voir Naironi, *Evoplia*, p. 61.

[3] *Die Phœn.* II, 1, p. 108-109.

[4] *Erdkunde*, XVII, p. 11, 60 et 61.

[5] Voir ce que dit Strabon des murs de Jérusalem, XVI, II, 40.

pas de cette époque, ce sont les sculptures qu'on voit au nord du grand soubassement de rochers taillés à pic, sur lesquels s'élève le château. Le moyen âge n'a pas sculpté en Syrie. Chrétiens, indigènes et musulmans étaient également hostiles à la sculpture. Quant aux croisés, il n'y a pas une seule raison de supposer qu'ils aient amené avec eux des tailleurs d'images. L'habitude, tout orientale, de sculpter sur le roc vif, était d'ailleurs trop en dehors des méthodes des imagiers latins. Nous avons donc ici de vrais médaillons antiques. Malheureusement ces sculptures sont si frustes qu'il est fort difficile d'en déterminer le sujet et d'en caractériser le style. Les images que nous en pourrions offrir seraient tellement vagues que nous renonçons à les publier.

Les sculptures forment deux groupes distincts. C'est d'abord un grand médaillon carré, dont les figures avaient beaucoup de saillie. Notre impression la plus persistante fut d'y voir un personnage assis et un autre agenouillé devant lui. Par moment, cependant, nous crûmes distinguer des formes plus semblables aux bas-reliefs de Ghineh et de Maschnaka. Un caveau funèbre, selon la loi constante, s'ouvre à côté. Vis-à-vis de ce médaillon, se voit une autre série de médaillons cintrés, offrant des figures d'un moindre relief et debout. Nous ne les remarquâmes qu'à notre troisième visite, au moment de partir et quand ils étaient éclairés par les derniers rayons du soleil. Il y a trois médaillons, dont deux à deux personnages et un à un personnage. Le style de ces sculptures paraît différent de celui du médaillon carré. Je serais tenté de voir dans ce dernier quelque chose d'assyrien.

Une belle monnaie d'Athènes me fut présentée comme ayant été trouvée au pied du château, près des sculptures. Les folles prétentions du possesseur m'empêchèrent de l'acquérir. C'était un tétradrachme de l'administration de Périclès[1]. On m'offrit aussi des monnaies des croisés, et, en particulier, des comtes de Tripoli.

[1] Beulé, *Les monnaies d'Athènes*, p. 39.

246   MISSION DE PHÉNICIE.

Beaucoup d'autres restes de l'antiquité se voient à Semar-Gébeil. Nous signalerons, en particulier, une grosse pierre de deux mètres dix centimètres de long, bizarrement taillée, encastrée dans le mur d'une ruine près de l'église; une très-belle cuve et une sorte de chapiteau ou autel, sur lequel nous n'osons nous prononcer.

Au pied du château, du côté de l'est, il y a des sépultures. Sur un rocher lissé, servant maintenant de fond à une étable, existe un grand cartel à queue d'aronde, portant, en grosses lettres, l'inscription suivante, très-fruste :

Ἔτους γνϛ.
Ἐνθάδε κεῖ-
ται Αὐρηλί-
α, Ἡρακλέων[ος γυνὴ]
.... ἐν τῷ [τάϕ-]
ῳ Ἡρακλέωνος υ[ἱοῦ]
αὐτῆς. Ζή-
σασα ἔτη ρι.

C'est donc une mère enterrée dans le tombeau de son fils. Cela ne doit pas surprendre, puisque la mère avait vécu cent dix ans. Ce chiffre ρι pourrait exciter le doute; heureusement les deux dernières lignes sont les plus claires de l'inscription.

L'ère ainsi indiquée en Syrie est d'ordinaire celle des Séleucides (exemples dans le *Corpus*, nᵒˢ 4515, 4518, 4519, etc.). L'an 553 de cette ère répond à l'an 241 de J. C. date qu'aucune particularité du monument ne vient contrarier.

CAMPAGNE DE BYBLOS.

D'autres sépultures existent au pied nord du château et dans la colline qui fait face au château, du côté du nord.

L'église, ancienne et bien bâtie, est dédiée à Mar-Nouhra ou saint Lucius. *Nouhra* signifie «lumière» et correspond au nom de *Lucius*. On invoque ce saint pour les maladies des yeux[1]. On prétend qu'il fut martyrisé à Semar-Gébeil et l'on s'appuie, pour le prouver, de l'inscription syriaque suivante, qui est encastrée dans le mur de l'église :

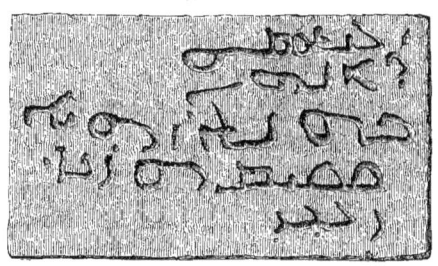

La pierre est très-mangée, et, pour beaucoup de traits, il est douteux s'ils font partie des lettres ou s'ils sont des accidents. Je crois l'inscription complète, les lignes se modelant sur les irrégularités de la pierre; cela n'est pas sûr cependant. Je crois aussi que l'inscription est à sa place, et qu'elle a été gravée sur la pierre postérieurement à la construction du mur. Je lis :

---

[1] Gébeil a aussi sa chapelle de Mar-Nouhra, dont j'ai déjà parlé. Voici la légende du saint, en karchouni, que j'ai copiée sur le synaxaire même de la chapelle :

«En ce jour, on célèbre encore le combat du martyr Lucius. Il était de la ville de Menhour, du pays de Perse, et il se mit en route pour prêcher la foi du Christ, et il arriva ainsi à la ville de Batroun, du pays de Phénicie, et là, il accomplit son martyre. C'est lui qui est l'intercesseur pour les maladies des yeux, et, à cause de cela, les Syriens l'appellent en leur langue *Nouhra*, c'est-à-dire «lumière.» C'est là aussi le sens de son nom de Lucius.»

248   MISSION DE PHÉNICIE.

ܠܚܡܕܘ
ܘܐܠܘܗܝ
ܕܗܘ ܠܝܬ ܗܢܐ
ܗܘܩܒ ܘܕܘܐ
ܘܒܚܪ

Les deux premières lignes sont fort difficiles. A la troisième ligne, peut-être faut-il lire ܠܘܗܝ, «illustre,» épithète de ܟܗܢܐ, «prêtre.» Peut-être, à la cinquième ligne, faut-il lire ܢܣܒ, et l'ensemble de l'inscription doit-il se traduire :

Die..... presbyter illustris, mortuus depositus est hic.

Il est clair que Semar-Gébeil fut une localité ancienne très-importante. Assemani, né en ce pays, et qui probablement l'avait vue, en prononce le nom dans sa *Bibliothèque orientale*[1], et semble l'identifier avec Palæ-Byblos. M. Movers et M. Ritter[2] sont partis de l'indication vague donnée par le savant maronite pour faire de Semar-Gébeil, dont l'existence et la position leur étaient presque inconnues, la forteresse de Saturne, qui servit d'origine à Byblos. Ce dernier point est sûrement une erreur, Semar-Gébeil étant à quatre heures de Gébeil. Quant à l'identification de Semar-Gébeil avec Palæ-Byblos, on peut invoquer, outre l'analogie des noms, le témoignage de Ptolémée. Ce géographe, en effet, place Palæ Byblos parmi les villes de Phénicie situées à l'intérieur des terres ($\mu\varepsilon\sigma\acute{o}\gamma\varepsilon\iota\sigma\iota$[3]). Mais c'est là une faible autorité, car au nombre des villes de l'intérieur Ptolémée met Gabala, qui est au bord de la mer. Un ensemble de témoignages, bien autrement concordants, place Palæ-Byblos au sud de Byblos, au delà du fleuve Adonis. Il est plus probable que Semar-Gébeil est une de ces villes ituréennes de la montagne, dont parle Strabon, repaire de brigands qui furent détruits par Pompée[4]. Strabon nomme deux de ces

---

[1] T. I, p. 497, 504.
[2] Endroits cités. Il y a dans le raisonnement de M. Ritter beaucoup de vague et de confusion. Le passage de Strabon auquel il se réfère, sans indication précise, est sans doute XVI, II, 18, qui ne dit nullement ce qu'il lui fait dire.
[3] *Geogr.* V, XV, 21.
[4] *Geogr.* XVI, II, 18.

villes : *Sinna* ou *Sinnan* et *Borrama*. Si l'on cherche, avec M. Ritter, Sinnan du côté du Sannin, il restera Borrama pour notre site. Mais, la désignation de Strabon s'étendant à tout le Liban, on pourrait citer une dizaine de *kalaat* auxquels une mention si vague pourrait s'appliquer.

Vis-à-vis de Semar-Gébeil, au nord, sur un rocher, se voit un grand K; un peu plus haut un autre signe de convention, sans doute indiquant des limites de propriétés.

Ghouma a une belle inscription d'Adrien. Les habitants du pays croient voir aussi quelques caractères sur une autre pierre, qui a fait partie d'une vieille construction, laquelle a été réduite, il y a peu d'années, en un tas de moellons.

L'église de Ramet (رامات) a une inscription en syriaque, dont on m'a donné la copie suivante :

ܟܕ ܢܝܚ ܡܪܝ ܓܪܝܓܘܪ ܐܒܐ
ܫܢܝ ܡܢ ܥܠܡܐ ܒܫܢܬ

« *Dominus Gregorius abbas migravit e mundo, anno* . . . . . »

Kefr-Hay (كفر حي) a une inscription grecque de l'an 158 de notre ère :

ΕΤΟΥϹΟΥΜΗΝΟϹΑΥΔΥΝΑΙΟΥ

Ἔτους οὐ, μηνὸς Αὐδυναίου. . . . .

L'ère est sans doute l'ère séleucide. C'est celle de toutes les inscriptions anciennes de Syrie, quand il n'y a pas d'indication contraire. A Kalaat-Fakra, on en a la preuve; car là on a un point de repère certain, je veux dire une autre inscription placée sur le même monument et fournissant la date de ce monument par d'autres considérations.

Batroun, l'ancienne Botrys, a, quoi qu'en disent Ritter et Thomson, plus d'un débris antique. Au cœur de la ville et formant son principal quartier, est un vieux château du moyen âge, tout construit de débris anciens[1]. On y voit des fragments sculptés et moulurés, analogues à ceux

[1] Voir Wilbrand d'Oldenborg et Burchard, dans Laurent, *Peregrinatores*, p. 27 et 168.

que l'époque romaine a laissés à Gébeil, surtout à la pierre du baptistère. Quelques blocs du gros mur sont à bossage. Sur une pierre bizarrement tailladée par le haut, je trouvai l'inscription suivante :

RVIVS
ORVANCI
ISSPANVS

La forme des lettres rappelle les lettres romaines; mais la forme du monument et les noms qui y sont contenus paraissent du moyen âge. Serait-ce quelque templier espagnol ?

Après mon passage, des démolitions amenèrent la découverte d'un fragment d'inscription, dont on m'apporta un estampage. Elle est en grandes lettres carrées, analogues à celles de l'inscription de Zénodore à Baalbek.

ΛΟΝΚΑΙΔΗΜΟΥ
...λον καὶ δήμου...

A quelques minutes de la ville est un hameau nommé *Mirah esch-Scheickh* (مراح الشيخ). Ce sont quelques cabanes formées des débris d'un théâtre, dont les gradins sont taillés dans le roc, comme ceux de notre théâtre d'Orange. La frise et les accessoires en marbre indiquent une construction assez mesquine.

Kefr-Hatna a des caveaux et des sarcophages dans le roc. Sur les bords du Nahr el-Djouz, à deux heures et demie à l'est de Batroun, on me dit qu'il y avait un rocher à pic, couvert de bas-reliefs et d'inscriptions. Mais cette indication, vague et douteuse, ne se confirma pas.

Toula[1], outre ses inscriptions d'Adrien, a des sarcophages dans le roc, une église ruinée, avec un bel escalier tournant et une voûte très-analogue à celle de l'église de Gébeil. Mesrah (مصرح ou مسرح)[2], près Toula,

---

[1] Le nom d'*Abdilleh* donné à cet endroit par la carte de la brigade topographique est une erreur.

[2] Le P. Bourquenoud (*Études*, etc. sept. oct. 1863, p. 850) me reproche de ne pas transcrire ce nom par *Mesraah!* Je ne relève pas les autres critiques qu'il adresse à mes transcriptions; elles ne sont pas sérieuses.

sur la frontière des districts de Gébeil et de Batroun, a un groupe de caveaux taillés dans le roc, fort dévastés, mais très-importants. On y remarque un grand sarcophage double, détaché du rocher. Il y a sur le roc des restes de sculpture, en particulier une génisse, et l'on voit la place de médaillons brisés. Il y avait là aussi une inscription, que des gens du pays m'ont dit avoir vue encore. Ce beau monument fut pris pour une caverne à trésor; on a tout brisé, il y a quelques années.

Scheptin (شمطين) reparaîtra aussi quand nous parlerons des inscriptions d'Adrien. Sur la colline de Hurmul, au-dessus de Scheptin, est un endroit nommé *En-Naous* (le temple[1]), qui offre des traces antiques de tout genre : beaux sarcophages dans les rochers, rochers planés, cuves dans le roc, etc. Il y a surtout un couvercle de sarcophage tout à fait étrange, qui rappelle ceux de Naous près Kisbé, mais qui est bien plus singulier. On dirait que l'artiste a eu l'idée d'imiter des formes animales. Une sorte d'épine dorsale, bombée, s'étend dans toute la longueur du couvercle. Les deux lignes longitudinales sont renflées vers le milieu; un seul des bouts offre des acrotères saillants; l'autre est caractérisé par la saillie de ce que j'appelle l'épine dorsale. Enfin, sur les deux pans latéraux, non pas au milieu, mais plus près du bout qui n'a pas d'acrotères, se dessinent deux cercles. On voit près de là un tombeau double, avec un couvercle prismatique unique; au-dessus, un gros rocher taillé, offrant un pressoir et une cuve très-bien conservés; au-dessous, un caveau ou cave. Non loin de là est un superbe pressoir à huile, ressemblant à une énorme base de statue, évasé et tenant au sol. Une chapelle byzantine complète ce bel ensemble. Elle est dédiée à Mar-Serkhis et elle a des peintures du viie ou viiie siècle, ce me semble, représentant le Christ et ses apôtres. Quelques belles têtes, derrière l'autel, sont bien conservées.

Kfar-Schleiman ou Soleiman (كفر سليمان), près Helta (حلتا), ressemble assez à Naous, près Scheptin. On y voit de grands travaux dans le

---

[1] Voir ci-dessus, p. 135.

roc qui se distinguent par leur netteté. Il y a en particulier une ou deux maisons, évidées dans le rocher, dont on détaille tout l'aménagement intérieur avec une clarté surprenante. Les murs sont remplis d'innombrables entailles de toutes formes, très-vives et très-fraîches. Il y eut là un centre de population peu étendu, mais important, peut-être un grand monastère byzantin. On y voit une urne très-belle, avec une croix sur le côté, en forte saillie; enfin, au milieu des tailles dans le roc, une très-curieuse chapelle byzantine. Au plafond, au-dessus de l'autel et sur les côtés, il y a des peintures assez bien conservées. Dans l'angle, à côté de la porte, on lit :

c'est-à-dire Ἰησοῦς Χριστὸς νικᾷ. A gauche du spectateur, est représenté un personnage tirant de l'arc; à droite, le diable : le sens de la peinture est donc la victoire du Christ sur le démon.

Tout cela montre que l'archéologie chrétienne aura beaucoup à faire dans le Liban. Schoptin, Kfar-Schleiman, B-hadidat, Maad, ont des monuments d'un art syrien, découlant du byzantin. Nous trouverons encore des restes d'une bonne antiquité chrétienne à Akoura.

Au pied de la colline de Kfar-Schleiman, il y a des niches singulières taillées dans le roc, dont la destination peut avoir été religieuse. Il y a aussi des meules et diverses appropriations industrielles du rocher. A Helta, près de là, l'église de Sayyidet-Helta est assez vieille et bien bâtie. Elle a une inscription arabe.

Beschtoudar (بشتودار), selon certains renseignements, aurait des inscriptions et des ruines : nous n'y avons rien trouvé. Le nom viendrait-il de *Beth-Aschtar?* Plus haut, le couvent de Mar-Iakoub a de curieux travaux dans le roc, entre autres deux grands sarcophages ou auges profondes, avec rebords intérieurs bien taillés, recouverts par de gros prismes. Ils sont cachés maintenant dans les fondements du couvent, qu'on rebâtissait à mon passage. Il y a aussi de belles citernes, de belles meules, qui sont traversées de conduits intérieurs creusés avec beaucoup d'art. Mais ce qui frappe surtout, c'est une grande cuve avec des échelons dans les parois pour descendre. Je n'ai pas vu de travail industriel antique plus soigné.

Kalaat el-Hosn, au-dessus de Mar-Iakoub, est un sommet inaccessible de presque tous les côtés, couvert des restes d'une grande construction militaire. Les pierres sont carrées, de bonne dimension, avec refend très-large. Je n'y ai pas trouvé un seul travail d'ornement d'un style quelconque. Cette position est si avantageuse au point de vue militaire, dominant à la fois deux des plus riches pentes du Liban, qu'on peut admettre que, dès l'antiquité, il y a eu un château sur ce point. On peut même, si l'on veut, y placer le Borrama, dont parle Strabon[1].

Hattoun et Meifok ont conservé des restes antiques et des traces de la civilisation maronite, assez florissante, du XIIIe siècle. Je n'y suis pas allé moi-même. Hattoun (حدتون ou حتنون) a deux églises remarquables, dont l'une paraît assez ancienne et a des parties d'un beau travail. A l'intérieur, il y a deux colonnes; une est octogone, a un mètre trente-quatre centimètres de haut, sur trente ou trente-cinq centimètres de diamètre. Sur la surface d'un des pans, on trouve une inscription singulière. Le texte en a été gravé lorsque la colonne était déjà cassée; il n'occupe pas toute la longueur de la colonne; par conséquent il est dans son intégrité. En voici le *fac-simile* :

[1] *Geogr.* XVI, II, 18.

Hattoun a encore une autre église, construite, dit-on, des débris de la première. Elle a trois inscriptions syriaques très-frustes, dont on m'a rapporté les estampages. Je n'y puis rien lire. Il y en a encore une, peut-être deux, mais celles-ci totalement effacées.

On trouve aussi à Hattoun des bassins dans le rocher, des pressoirs à huile avec des réservoirs dessous, trois ou quatre caveaux remarquables dans le genre de ceux d'Adloun, enfin trois sépultures d'un goût à part. Les cuves en sont taillées dans le roc; les couvercles sont prismatiques, à acrotères, et offrent plusieurs particularités singulières. Aux extrémités, il y a des croix inscrites dans un cercle ou des bouts de levier; sur les pans inclinés, des lignes bizarres et des croix inscrites ou non inscrites dans un cercle. Certains caveaux sont surmontés d'une sorte de toit dans le roc, comme à Naous, près Kisbé. A côté de ces caveaux se voient des cartels offrant des traces d'écriture absolument indécises. Enfin quelques cippes présentent, dit-on, des signes bizarres, des croissants ou des figures qui ne sont pas sans analogie avec celles qu'on trouve en Afrique, à Sigus, par exemple. Tout cela rappelle beaucoup Naous près Kisbé, et Naous près Scheptin. J'engage les voyageurs à visiter ce point et à en rapporter des dessins.

L'église du couvent de Meifok ou Sayyidet-Meifok a, dans son mur, une inscription syriaque ancienne, en caractère estranghélo. J'en ai deux copies qui ne coïncident que pour les trois premières lignes.

ܒܫܡ ܐܠܗܐ ܚܝܐ ܠܥܠܡ
ܒܫܢܬ ܐܠܦ ܘܚܡܫ ܡܐܐ ܘܬܡܢܝܢ
ܘܬܡܢܝܐ ܒܫܢܝܐ ܕܝܘܢܝܐ ܫܠܡ
ܒܗ ܢܓܘܪ ܘܡܟܠܠ ܠܫܡܟܝ

Au lieu de la quatrième ligne, l'autre copie, qui n'est pas divisée par lignes, porte : ܢܡܘܣܐ ܗܢܐ ܗܝܟܠܐ ܕܐܠܗܬ ܐܠܗܐ ܠܝܘܬܗ ܒܟܝܡ ܐܘܟܝܡ ܟܠ ܐܢܫ ܡܫܝܚܐ ܡܬܒܠܗ ܘܡܫܝܢ

« Au nom de Dieu, vivant éternellement, en l'année 1588 de l'ère des Grecs, a été

CAMPAGNE DE BYBLOS.

terminé ce temple jacobite de la Mère de Dieu; qu'elle prie pour nous. Amen. Par la main des évêques Marc et Jean. »

L'an 1588 des Grecs répond à l'an 1276 de Jésus-Christ.

Meifok a, dit-on, encore une autre inscription syriaque très-moderne. Serait-ce une reproduction de l'inscription antique? Ceci expliquerait la différence des deux copies qui m'ont été apportées.

Enfin, sur un meuble en bois, se trouve l'inscription syriaque suivante :

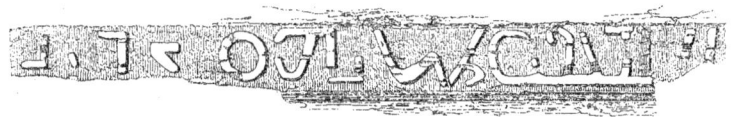

Il faut lire .... ܣܘܒ ܒܫܡܝܐ. C'est, ce semble, une partie de l'Oraison dominicale. Les lettres sont en relief.

A Djej (جاج), on m'avait annoncé que je trouverais une maison fort ancienne, celle d'Élias el-Hadj, où il y avait, disait-on, des inscriptions, une en particulier dans le mur. Cette indication ne s'est pas vérifiée.

Près de Tartedj [1] (ترج), il y a une carrière, avec une inscription arabe assez ancienne, ce semble, où j'ai cru lire المعلم صدقا بركه. Le second mot est très-douteux.

Douma a deux inscriptions grecques. La première se lit sur une auge qui sert aujourd'hui de fontaine. Au milieu se voit une sorte de globe, fort maltraité, peut-être le globe égypto-phénicien.

```
ETOYCΘKXENΘAΔEKACTWP        ATHN░░ITO░░OΠONEANTIC
IEPEYCΘEWNACKΛHΠIOY         TOΛMHCHΔWCITWTAMIW
KEEKEΛEYCENAMIIΠPA          ΔHNAΘIWNMYPIAΔACEIKOCI
    KTHCWNTEΔEOIEMOI            KΛHPONOMOI
```

Les A et les Δ ont la même forme (voir ci-dessus, p. 242); l'Υ a la forme de notre y minuscule; l'H est privé de la moitié de sa hampe droite; les Λ ont le jambage de droite prolongé par en haut. La dernière ligne est en caractère penché vers la droite.

---

[1] Pour tous ces parages, il faut suivre la carte dressée par l'ordre du général de Beaufort. Les cartes de Van de Velde et de Kiepert sont ici tout à fait défectueuses.

On sent une main extrêmement lourde et peu exercée. Très-probablement le lapicide a copié un patron sans le comprendre. Cette inscription révèle certes les plus singulières inadvertances. On ne peut guère douter, en effet, que le modèle ne portât : Ἐνθάδε κεῖται Κάστωρ, ἱερεὺς θεῶν Ἀσκληπιοῦ κέ Ὑγιείας· κέ ἐκέλευσεν, etc. Les deux κ qui commencent κεῖται et Κάστωρ, puis les deux κέ ont trompé le lapicide et amené des omissions.

Ce qui suit ἐκέλευσεν est difficile, bien qu'il ne manque que deux lettres dans les deux lacunes de la quatrième ligne. Le M a ses deux jambages verticaux cambrés comme deux arcs de cercle opposés, joints par une barre brisée[1]. Ce qui suit τό[ν τ]όπον, au contraire, est très-clair, et répond à des formules connues en épigraphie. (Voir *Corpus inscr. gr.* n°ˢ 916, 2686, 3785, 3863, 3954, 4452, 5200 *b*, 5241; ci-dessus, p. 187-188; Heuzey, *Mission de Macéd.* p. 94, n° 49; Langlois, *Voy. dans la Cilicie*, p. 232; et surtout les inscriptions d'Aphrodisias, *Corpus*, n°ˢ 2824 et suiv. Texier, *Asie Min.* p. 647.) Au lieu du P de δηναρίων, il y a une sorte de Θ. Il est probable que les dernières lettres de la troisième ligne présentent quelque faute du même genre. En corrigeant les fautes d'orthographe, en suppléant les mots omis par le copiste, et en remplaçant le passage obscur par une conjecture dont le sens, du moins, est certain, on lira ainsi :

> Ἔτους ͞ςκχ. Ἐνθάδε [κεῖται] Κάστωρ,
> ἱερεὺς θεῶν Ἀσκληπιοῦ [καὶ Ὑγιείας·]
> Καὶ ἐκέλευσεν [μὴ πρ-
> αθῆν[α]ι τό[ν τ]όπον. Ἐάν τις
> τολμήσῃ, δώσει τῷ ταμιείῳ
> δηναρίων μυριάδας εἴκοσι.
> Κτήσωνται δὲ οἱ ἐμοὶ κληρονόμοι.

L'ère employée ici est évidemment celle des Séleucides. Toute autre nous porterait bien au delà du terme où il est permis de supposer des prêtres païens dans le Liban. Notre inscription est donc de l'an 317 de notre ère, c'est-à-dire du moment même où se faisait la substitution du culte chrétien au culte antique dans le Liban. C'est ici probablement le dernier texte grec païen écrit dans la montagne. Le désarroi qui s'y remarque est, en ce sens, assez caractéristique. On sait que Constantin attaqua violemment les cultes du Liban, surtout ceux d'Aphaca. La réaction païenne de Julien n'a laissé, autant qu'il semble, aucune trace dans l'épigraphie. Douma, par son excellente situation entre la haute montagne et la montagne moyenne, devait être florissant à une époque où le Liban était riche, et convenait parfaitement au culte d'Esculape et d'Hygie.

---

[1] J'avais songé un moment à voir à la fin de la troisième ligne ΑΙΤΡΑ. (Cf. Heuzey, *Miss. de Macéd.* p. 94, n° 49.)

La seconde se lit, non sans difficulté, sur une pierre encastrée dans le mur de l'église :

ϹΝΘ▮
ΚΙΝΤϹ
ϹWΜΑ
ΔϹΜΑ
ΚϹΠΡΟ
ΚΛϹΙΟϹ
ΚϹϹΑΜ
ΙϹΠΑΥΟ

Ἐνθ[α]
κεῖνται
Ε . . . . .
δελλα
καὶ Πρό-
κλειος
καί . . . .
. . . . . .

Les lignes trois et quatre forment un nom propre de femme, ce me semble. L'écriture est grosse et penchée vers la droite.

Douma possède aussi beaucoup de sarcophages et de caveaux. Dans un mur de jardin se voit un beau couvercle de sarcophage à acrotère, avec une croix sur le pan incliné, comme à Hattoun. Toutes les antiquités de Douma nous reportent, on le voit, au IVᵉ ou Vᵉ siècle, à l'époque de la lutte des deux cultes.

Sur la montée de Douma, à Bscheli (بشعلى), il y a des marques sur les rochers, en particulier IH, reste peut-être d'une inscription d'Adrien. On m'avait signalé d'une manière très-précise les églises de Bscheli comme contenant des inscriptions : je n'y ai rien trouvé.

Je visitai la vallée de Tannourin (تنورين), sorte de profonde crevasse dans le haut Liban. Au-dessous de Tannourin el-Fauka, il y a une sculpture sur le roc. On distingue trois personnages, un grand au milieu, deux petits de chaque côté. Le médaillon est couronné en arceau. Les têtes ont été martelées, et toute la sculpture est des plus frustes. Aux environs, il y a des caveaux, sans compter une grande caverne auprès du médaillon. J'ai déjà fait observer que la même chose se remarque à Jrapta, à Ghineh, à Maschnaka, à Semar-Gébeil. Partout ces sculptures sur le roc sont auprès de caveaux funèbres, quoique souvent elles semblent sans relation avec eux.

Au haut de la vallée de Tannourin el-Fauka, sur un rocher qui a la forme d'une pyramide naturelle, les gens du pays prétendent voir un médaillon sculpté. C'est une illusion; je n'ai pu découvrir aucune trace de la main de l'homme sur ce rocher.

Je lis encore dans mes papiers les deux notes suivantes d'un prêtre du pays, qui connaissait très-bien les pierres écrites : في وطا حوب يوجد مغارة بجناب فيها الشمال ثلاثة اشخاص نقرة « En Wata[1] Houb, se trouve une caverne, à gauche de l'entrée de laquelle se voient trois images tracées en creux dans le roc. » في عرمون يوجد صلبان حمر على صخرة « A Armoun, il y a des croix rouges sur le rocher. »

C'est ici le lieu de parler de ces inscriptions d'Adrien qui, semées dans toute la région du haut Liban, entre le Sannin et le col des Cèdres, ainsi que dans la région moyenne de Toula, jusqu'à Semar-Gébeil[2], présentent un problème épigraphique des plus singuliers, resté inaperçu jusqu'à notre temps. On m'avait sans cesse parlé durant l'hiver, à Amschit, d'inscriptions innombrables gravées sur les rochers dans la partie élevée de la montagne. Je crus d'abord à quelque illusion. C'était pourtant la parfaite vérité. Dans toute la contrée susdite, mais surtout dans les cantons d'Akoura, de Kartaba et de Tannourin, on rencontre presque à chaque pas une même inscription, contenant toujours le nom d'Adrien, répétée des centaines de fois, en caractères de trente ou quarante centimètres de long,

---

[1] Wata est un petit espace de terre arable amené par les eaux au milieu d'une région rocailleuse.

[2] Voir notre carte, pl. I; on y a indiqué la région où se trouvent ces inscriptions par un semis de H.

profondément gravés dans le roc. En général, la gravure est soignée. Les irrégularités viennent presque toujours des stries du rocher. Le lapicide, en effet, par suite de l'inégalité de la surface, était obligé, sans cesse, de se détourner et de laisser des lacunes, parfois de sauter d'un rocher à l'autre ou de modifier la grandeur des caractères qu'il traçait.

Il est singulier que ce grand ensemble d'inscriptions, qui forme un trait si caractéristique de la région dont je parle, soit resté inconnu jusqu'à mon passage dans le Liban. Quelques Européens ont dû les voir, mais sûrement ils n'y ont rien compris, puisqu'une tradition assez répandue dans le pays veut que les voyageurs francs attribuent ces inscriptions à un fou qui, en courant la montagne, aurait écrit son nom sur les rochers. Quelques-uns de ces prêtres maronites qui ont fait leurs études à Rome les ont sans doute également remarquées. Mais je n'ai trouvé, même parmi les hommes les plus instruits du clergé, aucune idée précise sur la lecture de ces textes. Parfois on a cherché à leur donner un sens religieux[1]. Quelques missionnaires catholiques, m'a-t-on dit, ont cherché à y faire lire : « Marie est la mère du Dieu tout-puissant. »

Ce n'est pas que certains indices de l'existence de ces inscriptions ne soient arrivés à la connaissance de quelques-uns des voyageurs qui m'ont précédé. Burckhardt, Otto de Richter, Robinson, reçurent à ce sujet des indications des indigènes d'Akoura[2]; mais le premier ne se soucia pas de les vérifier; le second ne trouva pas de guide pour le conduire; le troisième supposa, bien à tort, qu'il s'agissait d'inscriptions arabes. Les gens d'Akoura paraissent, à une certaine époque, avoir cherché à dissimuler le passage du Liban qui s'ouvre près de leur village; en tout cas, les voyageurs qui, avant moi, eurent des rapports avec eux, eurent presque tous à se plaindre de leur caractère inhospitalier. Je les trouvai, au contraire, très-complaisants, et le cheïkh lui-même courut avec moi toute cette

---

[1] Voir ci-après, p. 274. — [2] Burckhardt, I, p. 340 (trad. de Gesenius); O. von Richter, Wallfahrten, p. 106-109; Robinson, Bibl. Res. III, 602. Cf. Ritter, Erdkunde, XVII, p. 556-557, 562.

partie de la montagne pour me montrer ces curieux textes, dont plusieurs étaient connus de lui seul. Deux phrases de M. Guys[1] peuvent faire croire qu'il a vu un ou deux de ces monogrammes. La seule personne cependant qui, avant moi, en ait eu une connaissance certaine, est le missionnaire américain M. de Forest[2]. Il en vit quatre sur les sommets, au-dessus du lac El-Yammouni, et en copia deux ou trois. Il lut bien le nom de l'empereur Adrien, mais ne se rendit pas compte du reste. Ses guides lui apprirent cependant que les textes de ce genre étaient nombreux.

J'ai relevé environ quatre-vingts de ces curieuses inscriptions; l'existence d'une vingtaine d'autres m'a été attestée avec certitude, quoique je n'aie pu les voir; un bon nombre a dû m'échapper; un bien plus grand nombre a dû être détruit ou renversé sur la face écrite. Ces inscriptions, en effet, sont considérées comme des indices de trésors; toutes ont au pied un trou creusé par les chercheurs d'or; presque toutes sont plus ou moins ébréchées.

Les inscriptions voisines de Semar-Gébeil, et celles de la *Mugharet-Ayyoub,* près de Maschnaka, me furent révélées les premières pendant l'hiver. Mais ce n'est qu'aux mois de juin et de juillet, durant mes deux courses concentriques dans la montagne, que j'eus connaissance du nombre et de la signification de ces inscriptions. Je vais suivre, dans leur énumération, un ordre géographique procédant des parties inférieures aux parties supérieures du Liban, et du nord au sud. Pour point de départ, prenons Semar-Gébeil.

Au petit village de Gouma, près de là, sur une pierre cassée engagée dans le mur d'un champ :

MHAD
A/G

C'est une des mieux gravées. La pierre a dû faire partie d'un rocher d'où on l'a

---

[1] *Relation d'un séjour à Beyrouth et dans le Liban*, II, p. 15 et 19. Voir ci-après, p. 278.

[2] *Journal of the American Oriental Society*, vol. III, n° II, p. 355 (1853).

CAMPAGNE DE BYBLOS. 261

découpée en ayant soin de contourner soigneusement l'écriture. Il n'y avait rien de plus dans l'inscription originale; car la première ligne est complète, et la seconde est disposée de manière que son milieu réponde symétriquement à celui de la première ligne.

Cette inscription serait la seule de son espèce, que personne n'hésiterait à y lire : IMPerator HADrianus AVGustus. Nous retrouverons les abréviations et les ligatures du premier mot dans une inscription de Domitien près d'Akura[1].

A Wadi-Kour, près de Kour (كور), voisin de Semar-Gébeil, sur un rocher taillé à pic (*schir*) :

MPADAVGA VIII   AGIVCP

Les dernières lettres sont moins grandes et moins bien faites. Nul doute que ce qui suit la formule IMP. HAD. AUG. ne soit une indication de numéro. Quant aux dernières lettres, nous en aurons la clef plus bas.

A Wadi-Aïn-Schara ou Wadi-Tout, au-dessous de Besbina (بسبينا), dans une sorte de cadre sur le rocher :

MPAD
AVG

Après cette formule, viennent des traces, à ce qu'il paraît, de lettres assez indistinctes, que celui de mes collaborateurs qui a copié l'inscription rend ainsi :

IV
G
AA
A
A   V C
A

Il est probable qu'il y a ACIVCP, ou plutôt la *scriptio plena* de cette formule abrégée, que nous trouverons bientôt, à savoir :

ARBORVM GENERA IV CETERA PRIVATA.

Reprenons le sud-est de Semar-Gébeil; nous arrivons aux gorges de Wadi-Mohammed et de Wadi-Sgar.

[1] Voir ci-après, l. II, c. III.

262 MISSION DE PHÉNICIE.

A Wadi-Mohammed ou Jrapta (جربتا[1]), sur un rocher de cinq mètres soixante et quinze centimètres de haut sur quatre mètres cinquante centimètres de large :

MPIADAVG

Une autre inscription, sur un rocher, au-dessus du ouadi Mohammed porte :

AVG IIII AGIVCP

On reconnaît facilement la formule AGIVCP. Les quatre I sont sans doute un numéro d'ordre.

Il y en a encore une en ces parages que le guide ne put retrouver. J'ai aussi une indication pour Schir-Wadi-Fareya, à un quart d'heure de Wadi-Mohammed, que je n'ai pu vérifier.

A l'endroit appelé العاطع فى جربتا, sur plusieurs pierres formant un bord à plat :

RBORV ET
PRIVATA

Je donne cette inscription d'après la copie d'un de mes collaborateurs. Il est probable qu'on en pourrait lire davantage. En tout cas, nous retrouverons cette formule ailleurs; il faut restituer ainsi :

[A]RBORV[M GENERA IV C]ET[ERA] PRIVATA.

Au-dessus de Wadi-Sgar (صغار), près du pont Medfoun :

MPIAD
AVG

[1] Ne pas confondre avec Jrapta, où est la grande sculpture sur le roc. (Voir ci-dessus, p. 238.)

CAMPAGNE DE BYBLOS. 263

C'est à Toula (تولا) qu'on a la clef de ces inscriptions bizarres. Les six inscriptions qu'on trouve aux environs de ce village sont celles qui jettent sur la question le plus de jour[1].

1° L'endroit appelé ساقية شربا, *Sâkiet-Schéria*, est un fond de vallée serrée entre deux murs de rochers, peu élevés. Les deux murs sont éloignés l'un de l'autre seulement de quelques mètres. Sur le mur du côté nord du vallon, on voit un grand k, entaillé dans le rocher, et à quelques mètres de là, en remontant :

De l'autre côté du vallon, à peu près vis-à-vis du k, sur un rocher en saillie, on lit :

A RBORV

Sur un rocher, placé en arrière :

M GENE

Sur un troisième rocher, tout près du précédent :

RA IV CETERA PRIVATA

Ce qui donne :

ARBORVM GENERA IV CETERA PRIVATA.

Il est évident que c'est là la *scriptio plena* de AGIVCP, que nous avons déjà rencontré plusieurs fois. Cette répétition de la formule abrégée et de la formule pleine, vis-à-vis l'une de l'autre, est remarquable. Il semble qu'on ait voulu expliquer des sigles sur lesquels il ne fallait pas qu'on se trompât. Nous avons déjà trouvé une *scriptio plena* analogue près de Wadi-Mohammed. Wadi-Aïn-Schara en contient peut-être une semblable. Mais c'est ici que la lecture se fait avec une certitude absolue. Pas une lettre ne manque et ne laisse de place au doute.

---

[1] J'engage les voyageurs qui voudraient revoir ces inscriptions à s'adresser à Michaël Boubschara, de Toula, qui m'y a conduit et qui les connaît parfaitement.

264   MISSION DE PHÉNICIE.

2° A الدكّارين, tout près de ساقية :

MAD
NG ∴ IIIII
AGIVCP

3° A الكسّادير :

MADNG

Sur un rocher plus bas :

AGIVCP

Le guide prétendait, mais à tort, ce me semble, qu'il y avait encore des caractères illisibles, cachés par la terre.

4° A وادي النيب :

MADNG
I

5° Au Beidar el-Hadjl (بيدر الجل), sur une sorte de terrasse s'étendant au-dessus de la vallée. Le bord de cette terrasse est formé par une série de rochers constituant un mur naturel. Sur ces rochers est gravée à plat l'inscription suivante, si bien que le lecteur l'a sous les pieds :

ARBORVMGENERAIVCETERAPRIVATA

Voir page précédente. La formule MADNG devrait, selon les analogies, se trouver aux environs. Je l'ai vainement cherchée.

Scheptin (شبطين), à une heure et demie à l'est de Toula, possède un autre exemple de la *scriptio plena*. C'est à l'endroit appelé ملاحة, à plat, sur un rocher horizontal, mais avec des interruptions causées par les inégalités de la pierre.

Vis-à-vis, à un pas, sur deux rochers inclinés :

MAD NG

CAMPAGNE DE BYBLOS.

Les environs d'El-Fétihât (الفتيحات) possèdent aussi un grand nombre de nos inscriptions. S'adresser au schidiak Botros al-Khouri.

1°   M░ADNG
                                   N ░░░

Au bas du rocher :
                                   M░IVCP

2° Plus haut :
                                   MIAD

3° Près de là :
                                   MIAD
                                   NG

4° Encore près de là, sur une pierre cassée, on distingue le haut des lettres de :

                                   NG

5° Botros al-Khouri me donna, en outre, la copie, prise par lui, d'une inscription maintenant cachée :

                              NG   NII

6° Il me donna de plus la copie d'une autre inscription, située au-dessus de Fétihât :

                         GIVCP   N░

Serait-ce le 1° rapporté ci-dessus?

A Horbona, près de Kefr-Hay, on dit qu'il y a une inscription du même genre; nous n'avons pu la trouver.

A Asia (اصيا) :
                            NVII MIAD
                                   NG

On m'a aussi signalé trop tard une inscription à Artez (عرطز), en ces parages.

Près de Daël (داعل), sur la route, il y a une inscription d'Adrien. J'avais, à cet égard, des indications précises; mais on n'a pu me la trouver. Le curé de Helta m'a donné les traits suivants :

                                   AC

Sans doute pour NG.

On m'avait aussi parlé d'une inscription dans un village situé entre Sourat (صورات) et Zen (زان). Peut-être est-elle identique à l'un des textes que nous avons déjà rapportés. Une autre inscription m'était signalée entre Kfar-Hatna et Zen, au nord de la route. Nous ne l'avons pas trouvée.

Inclinons au sud, en prenant pour centre d'opération le village de Mischmisch. Il y a trois inscriptions à Ferscha (فرشع), entre Tannourin et Mischmisch :

1° Au bas de عربة المقتى :

MPIAD
AVG
⌒X VII

L'intervalle des chiffres représente des rugosités du rocher.

2° Près de là, au-dessous du *Beïdar* (aire), près du *Kabou* (voûte) :

MHA
DAVG

Sur une pierre à côté, faisant suite à la précédente : ⌒I.

On nous dit qu'il y a encore dans un mur une pierre portant deux lettres. Nous n'avons pu la voir.

3° Dans un mur :

CP
IV

A Istokbia (استقبيا), quatre inscriptions :

1° En un endroit inaccessible, où l'on s'étonne beaucoup qu'on soit jamais monté :

MPI ADAV
C

2° Sur un autre rocher :

⌒I

3° Près de là :

AGIVCP

4° Sur une autre pierre, encore près de là :

M^p, douteux.

Diradjet el-Mihal ou el-Mihal (المجال) a d'importantes inscriptions d'Adrien, et probablement des exemples de *scriptio plena* analogues à ceux de Toula. Malheureusement,

CAMPAGNE DE BYBLOS.   267

quand je passai dans ce canton, je ne connaissais pas d'exemple de la *scriptio plena*, et je négligeai d'aller vérifier sur place, par moi-même, les copies prises par M. Khadra.

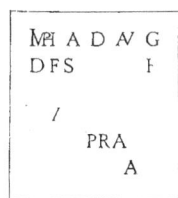

Belle inscription encadrée. Je ne l'ai pas vue. Je suis porté à croire qu'il faut lire aux deux dernières lignes :

[CET]ERA
[PRIVAT]A

Le dernier caractère de la seconde ligne est tout à fait douteux.
Toujours à Diradjet el-Mihal, en lettres plus grandes :

MPHAΛΛGIΛCC
Λ̄
ΓI

Sur la même pierre, plus loin :

CIIIIV
R V
A   B
PR

Je suppose que c'est encore là une *scriptio plena*. Je ne doute pas qu'il n'y ait :

[ARBO]RV[M GENER]A [IV CETE]R[A] PR[IVATA]

Les gens de Kartaba nous parlèrent d'une inscription entre Ehmedj (اهمج) et Diradjet el-Mihal, sans doute identique à l'une des deux inscriptions qui précèdent.
Nous avions une autre indication pour Aïn en-Nassouh (عين النصوح), qui ne se vérifia pas.

Autour de Djej,
1° À l'endroit nommé طلة الشفقا, sur une pierre détachée :

ΠADΛ

Le G se voit sur le rocher d'où la pierre a été détachée.

2° A l'endroit appelé عماس النحاس, à l'est de Djej :

MHADAVG
▬▬▬ ◠ II▬CX^{III}

3° A عماس سمعان :

◠ CIP, copie que je ne garantis pas.

4° Au-dessus, sur un rocher renversé :

MHADAVG
ID

Sur un rocher qui servait de base au précédent :

◠ DCCC

A la suite des C, il y a deux ou trois lettres illisibles.

Abouna Barrak, de Djej, au couvent Deir-Attara, au-dessus de Meifôk, me fit aussi parvenir le dessin que voici, HAD, comme celui d'une inscription située dans une forêt, à côté de Djej; j'ignore si elle est identique à l'un des textes précédents. En tout cas, elle offre une singulière ressemblance, sans doute fortuite, avec les inscriptions d'Adloun [1],

A l'est de Tartedj, sur le Djèbel-Tartedj, sommets formés de rochers entremêlés d'arbres.

1° A عماس الحوز :

MHAD
DCDC

La dernière lettre est douteuse.

2° A كسارة عماس لحوز :

MHADAVG
DFS

3° A كرم الشيخ :

MP
AD + DPD

Le signe du milieu est sans doute une addition postérieure. Les trois dernières lettres sont très-douteuses.

4° A الدرج; traits fort indécis :

ΛΓ

Peut-être AD.

---

[1] M. de Saulcy, *Voyage autour de la mer Morte*, planche II.

5° A حورة الجسر :
    MꟼIDΛGDF
      S

Complète, beau type.

6° Au راس حورة العـتـرة :
    IᴨƆꟼDΛ

7° En face de حورة الجسر :
    ꟼIIADΛG
     DFS

8° A عربة الجرن :
    MꟼIADΛ   G   AGIVCP

9° A مقسل الهمش :
    MꟼHAD
    IAΛ   DFS

Ainsi porte la copie; il faut lire sans doute ΛG.

Il y a bien d'autres inscriptions encore aux environs de Tartedj, qu'on ne put nous retrouver. Voici la liste des endroits où l'on nous a dit qu'il y en avait :

1° حورة العـتـرة   } à l'est de Tartedj.
2° ارس ماعول الهوه
3° قنطرة فوق ترج
4° عمـاص الضراط   } au sud de Tartedj.
5° عويض الكـرم
6° ماعـول الـهـوه

Je n'ai point trouvé d'inscriptions d'Adrien dans la dépression fertile où est situé Douma. En général, on les rencontre dans des endroits rocailleux et autrefois sans doute occupés par des forêts.

Il me fut dit qu'il y en avait sur les rochers qui dominent Douma; mais on n'a pu me les trouver. On ne m'a donné que des indications vagues sur des inscriptions semblables qui seraient du côté où s'ouvre la gorge de Tannourin.

Sur la montée de Douma, à Bschéli (بشعلى), un khouri m'avait dit qu'il y avait une inscription d'Adrien. Le khouri n'a pu venir me la montrer; nous trouvâmes seulement deux marques sur les rochers, dont l'une, IH, aurait pu appartenir à une de nos inscriptions. J'en doute cependant, car il n'y avait rien avant l'I.

On me parla aussi vaguement d'écritures sur le roc, près de Kefr-Halda (كفرحلدا).

270   MISSION DE PHÉNICIE.

Je m'étonnerais fort qu'il y eût des inscriptions d'Adrien au delà du Nahr el-Djouz. Les noms tels que Helta, Kefr-Halta, Kefr-Hatta, Kfar-Hatna, sont communs en ces parages, et je crains ici quelque confusion.

Les rochers qui dominent la vallée de Tannourin sont très-riches en inscriptions d'Adrien. On m'avait annoncé que ces inscriptions s'y trouvaient «de dix en dix pas,» et pour certains endroits cette expression n'est pas trop hyperbolique.

1° A حـرف الـفريج :

MPIAD
AVGDF

2° A جور عبانى ou جور عبانا.

MPIADAVG
XXXXXXIII

3° A ارض الكرس بارض حوب ou نبع الكرسة, au nord :

MPIAD
AVGDFS C

4° Au-dessus de نبع الاحرس بارض حوب, au nord :

ADXXXXXB
AVG

Les lettres sont peintes en rouge, au moins les deux premières.

5° A راس وادى الشطافى :

IVC

reste de AGIVCP.

6° فى وادى تنورين شرق مار يعقوب :

DFS

Le reste est effacé.

7° A حزربتا :

MPIAD   AVG
XXP   DFS

Il y avait sans doute à gauche [AGIVC]P.

8° A gauche de عين القسيس :

XXXXHAXX
AVG DF·S
GAVF

La troisième ligne m'est donnée comme très-douteuse. C'est sans doute AGIVCP.

9° Au nord de الـفـوار :

DF·S M̄CƉXLVIII
MꞀADNG

Celui de mes collaborateurs qui a vu cette inscription croit qu'il y a ensuite beaucoup de traits effacés ou illisibles. Le monogramme initial d'Adrien offre cette singularité que le graveur a figuré la boucle du P aux deux hampes de l'M.

10° A تل الـقـبـور, Tumm el-Qobour, au nord, pierre gravée sur trois faces :
Sur la première face :

MPHIDNGVIG

Sur la deuxième :

GVMGR▨▨▨
PRG▨▨▨

Sur la troisième :

I   P▨▨▨
D   P très-grands.

Je n'ai pas vu cette inscription. Je pense que c'est encore une *scriptio plena* de :

[ARBO]RVM G[ENE]R[A IV CETERA] PRI[VATA].

11° A Aïn el-Hamra :

▨▨▨D NG▨▨
▨▨▨SPI▨▨▨
▨▨▨EM▨▨

Nous ne pûmes trouver une inscription qu'on nous avait indiquée comme existant à حرحل, à l'est de Tannourin. On m'avait parlé aussi d'un endroit nommé عـيـن الـذهـب « Fontaine d'or, » à l'est encore de Tannourin. Peut-être cet endroit est-il identique à l'un des précédents. Dans la plaine de Gaïmôn, فى سهلة عجمون, au nord et à l'est, on m'indiqua encore deux inscriptions, l'une على مخـر, l'autre قلعة فى.

Il y a deux belles inscriptions d'Adrien au-dessus du couvent de Deir-Houb (ديـر حوب). M. Lockroy, qui s'était chargé de les copier, en fut empêché par la maladie.

Le curé Abd el-Ahad Bijani, à Deir-Houb, connaît ces inscriptions, les rochers, les grosses pierres du pays.

Passons au bassin du Nahr Ibrahim, et partons d'Akoura (عـاقـورا).

Une course sur les sommets, au-dessus d'Akoura, me donna un grand nombre d'inscriptions d'Adrien. Nous suivîmes d'abord la passe du Liban, puis, un peu au-dessous de Aïn el-Asafir, nous nous enfonçâmes dans une vallée sur la gauche. Le cheikh qui m'accompagnait me conduisit,

1° A Sahlet el-Djoz, devant une pierre offrant les signes suivants :

VIU

Ces signes sont douteux. Je ne crois pas qu'ils aient fait partie d'une inscription d'Adrien.

2° A Schawiet-Amran, ou Aïn el-Libni, sur un rocher taillé, au bord d'un précipice, faisant face au Sannin :

IV IMP
A/G DE.

Ce qui précède IMP est très-douteux. Ma copie porte DE ; il faut lire peut-être DF[S]. Cependant dans la Mugharet-Ayyoub (voir ci-après, p. 276), il y a bien, je crois, DES.

Le rocher est taillé alentour, et l'ensemble, dominant une profonde vallée, est d'un aspect frappant. Ici, comme à Mugharet-Ayyoub, on est surpris de voir une inscription en un tel endroit. Si ces inscriptions étaient de simples affiches, on ne concevrait pas qu'on les eût suspendues ainsi au-dessus de l'abîme. A Schawiet-Amran, il faut savoir que l'inscription existe pour se hasarder à contourner le rocher, ce qu'on ne fait pas sans quelque danger.

3° A Hummet-Schibel, sur deux rochers bombés, séparés par un petit intervalle rempli d'herbe.

Sur le premier :

MPIIDAVG

Sur le second, faisant suite au premier :

VIG

très-bien gravé.

4° A Fahit ou Maïel-Salih, au sommet du Liban, près du point où l'on commence à apercevoir la Cœlésyrie, à un endroit couvert de neige pendant sept ou huit mois et où la végétation des pins a cessé :

Cette inscription étant très-belle, je la calquai ; j'en donne ici le *fac-simile*, réduit au quinzième. L'espèce de crosse qu'on voit après le G se remarque aussi dans une inscription en grosses lettres, trouvée par M. Krafft, sur la route de Baalbek à Damas[1], et contenant le nom de Néron.

5° A Dawret el-Hawabi, sur la route de Baalbek, à droite, en venant d'Akura, toujours sur le sommet, et près de la ligne de séparation des eaux, à côté d'un petit glacier, sur trois pierres consécutives séparées par des buissons :

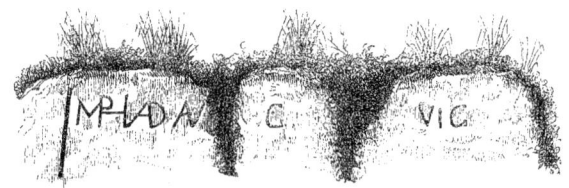

Il semble que la grande entaille du commencement représente l'I initial.

6° A Kawamib, un peu à l'ouest, en se rapprochant d'Akoura, sur la route de Baalbek. La pierre a été cassée par des chercheurs de trésors. On lit :

N/G
VIG

Alentour, un encadrement irrégulier.

A Dahmé, du même côté que Fahit, le cheïkh avait entendu dire qu'il y a aussi une inscription du même genre. Un berger déclara, en outre, en avoir vu beaucoup sur les rochers qui s'élèvent perpendiculairement au-dessus d'Akoura. En général, ce sont les bergers qui, en gardant leurs troupeaux, découvrent ces inscriptions et les indiquent aux chercheurs de trésors.

C'est dans ces parages que M. de Forest vit les quatre inscriptions d'Adrien qui arrivèrent à sa connaissance[2]. Il est difficile de dire si l'une des trois qu'il donne coïncide avec l'une des six que je viens de décrire. Il monta pour les voir du lac Yammouni : « The Maronite priests conducted me for an hour up the steep acclivities back of the lake, and on the elevated level at the top. » Cela put le conduire à Dawret el-Hawabi. Une de ses copies, en effet, répond bien à l'inscription qu'on voit à cet endroit. Quant à celle de ses copies qu'il rend par IMP·ARB, je pense qu'il faut la corriger ainsi : IMP[H]ADA[VG]; car je ne suis pas disposé à y voir un commencement de la *scriptio plena*. L'A et le B dans ces inscriptions se confondent assez facilement, et il suffit que le D soit petit pour qu'on s'imagine y voir un demi B.

Quant à l'endroit nommé *Kirbet Drata*, qui fut désigné à Otto de Richter[3], à Akoura, comme contenant des inscriptions de Francs, il peut être identique à l'un des endroits que j'ai décrits; ce nom ne m'a pas été prononcé.

Il doit y avoir aussi des inscriptions d'Adrien sur la route d'Akoura à Tannourin,

---

[1] *Topographie Jerusalem's*, p. 268-269; pl. n° 31.
[2] *Journal of the American oriental society*, vol. III, n° 11, p. 355. — [3] *Wallfahrten*, p. 106-109; Ritter, XVII, p. 562.

car, parmi les notes prises avant mon exploration de la montagne, je trouve la suivante : « Les Européens qui vont d'Akoura à Tannourin voient une pierre écrite, et ils disent que c'est un homme qui, passant par là, s'est amusé à écrire son nom sur les rochers. »

Je n'ai trouvé aucune inscription d'Adrien sur le versant oriental du Liban. Celles que vit M. de Forest pouvaient être sur la haute plaine, de près d'une lieue de large, semée de trous en forme d'entonnoir, qui forme ici le sommet du Liban. On me parla aussi, à Tripoli, d'un rocher situé entre le lac Yammouni et Hesron, sur lequel serait écrit : *Sanctus Deus, Sanctus fortis.* C'est sans doute la formule DFS, très-commune dans ces inscriptions, qu'on a interprétée de la sorte.

Transportons-nous maintenant à Kartaba (قرطبا) et rayonnons alentour. Les inscriptions vont encore s'offrir ici à nous en grand nombre.

1° Au sud-ouest, à l'endroit qu'on appelle *Ras Akbet-Djenny* (راس عقبة جنة), à vingt minutes de Kartaba, sur un grand rocher :

```
MHAI-IN
FS        NE..IV
```

Cette copie n'est pas de moi. La fin de la première ligne me paraît douteuse. C'est sans doute la formule ordinaire MHAD NG; puis la formule DFS. La fin de la deuxième ligne devrait-elle être lue [GE]NE[RA] IV? J'incline à le croire, quoique l'état de la copie qui m'a été remise éloigne l'idée d'une *scriptio plena*.

2° A dix minutes de là, inscription sur un grand rocher tourné vers le Nahr-Ibrahim, et vis-à-vis de la précédente :

```
        GN GA
        D FS
SHF
```

Cette copie n'est pas de moi. Les deux dernières lettres de la première ligne sont plus petites que les autres. Celles de la dernière ligne, au contraire, sont plus grandes. Serait-ce encore une *scriptio plena*, ou bien faut-il lire la première ligne [A]GIVCP?

3° A Wadi-Butraïesch (بطرايش = Πετραῖος?), à une heure de Kartaba.

Sur un morceau de pierre détachée du rocher, sans doute par les chercheurs de trésors, et tombée sur la route :

```
    M
AGIVCP
```

On nous parla encore d'une autre inscription à Butraïesch, au-dessus du moulin; on ne put nous la retrouver.

4° A Djou er-Raml, entre Bilhas (بلحص) et Kartaba, sur une pierre bossuée :

ꟽHADꟽGDFS
AGIVCP

Ces dernières lettres sont moins bien écrites. L'homme qui nous conduisait connaissait une autre inscription, la plus belle de toutes, disait-il, qu'il ne put retrouver.

5° Au sommet d'un endroit qu'on appelle عمّاص بويريك[1], Ammès Bou-Jazbek, ou عمّاص صغير, dans Tarou (طاروع).
D'un côté :

ꟽIADꟽ
D

De l'autre :

AGIVCP

6° Entre عمّاص بويريك et عمّاص بيت شلّيطه, toujours au sud de Kartaba :

ꟽIADꟽGDFS
AGIVCP

Médiocre écriture.

7° Au-dessus de عمّاص الكبير :

AGIV
CVCP

La seconde ligne est douteuse, sauf la dernière lettre; l'avant-dernière est un G ou un C.

8° Au-dessus de عمّاص الكبير, en face de طاروع الورد :

ꟽIAD
ꟽG   D

Lettres assez petites, très-bien faites.

9° Dans le طاروع الورد, non loin de Djou er-Raml :

ꟽIADꟽ
A   DFS

Je ne l'ai pas vue. L'A de la seconde ligne me surprend. Dans chacune des deux lignes il y a, me dit-on, cinq ou six lettres illisibles.

10° A Békata (بقعاتا), au-dessus de Maschnaka et de Almât (علمات), il y a une

---

[1] Le mot عامى (Ammès) désigne des fonds de vallée (Hochthal, en observant que le système des hautes vallées est très-peu développé dans le Liban) ou petites plaines entre des montagnes, où l'on peut cultiver.

inscription du même genre. Les Métualis, qui occupent ces parages, ne voulurent pas me la laisser voir. Une copie grossière d'un indigène me permet de lire :

.NG
CV

Voici, en tout cas, la note qui m'avait été remise sur Békata : فى بقعاتا فوق علمات
يوجد كتابة فى الصخور ثلاث محلات

A Djouret Bou Hmar, au-dessus de Gerbiné, près de Matkoubé, il y a une inscription sur un rocher. Il y en a une aussi, dit-on, à Tumm el-Matkoubé.

Dans toute la région de Kartaba, surtout sur les hauteurs, les inscriptions abondent. Souvent les guides ne pouvaient retrouver toutes celles qu'ils connaissaient. Quelquefois, en effet, ces inscriptions sont tout à fait cachées; d'autres fois, elles sont très-effacées, et l'on s'étonne de la perspicacité avec laquelle les indigènes savent les reconnaître. Pour toutes ces inscriptions, s'adresser au curé Abd el-Ahad ou à Féris Sab, de Kartaba, qui les connaissent. Préférer Féris.

Le Wadi-Almât, qui est cultivé, n'a pas d'inscriptions. En rentrant, au contraire, sur les pentes escarpées du Nahr-Ibrahim, on trouve la plus singulièrement placée de toutes ces inscriptions, je veux parler de celle de *Mugharet-Ayyoub*, caverne située dans la terre de Misschen (مشان), entre Fatré (فترى) et Maschnaka (مشنقة), sur l'escarpement même du rocher à pic qui est vis-à-vis de Gebel-Mousa. C'est un endroit d'un abord extrêmement dangereux; la paroi où la caverne est creusée étant absolument perpendiculaire, on n'arrive à l'excavation qu'en marchant sur une sorte de bourrelet, formé par les racines des arbres; à un endroit même, cet appui manque; un simple petit bâton a été enfoncé dans une fente du rocher, et c'est en s'appuyant sur ce frêle échelon qu'on est obligé d'enjamber le gouffre béant. La caverne est étroite, et son aire très-inclinée; on n'y tient pas sans quelque angoisse; mais le paysage de l'Adonis s'offre de là dans sa plus sauvage beauté.

Voici l'inscription :

MHANG
DE S
N ÐCXIV

Ce fut la première inscription de ce genre que je vis. Je crus un moment avoir devant moi un *graffito* laissé par quelque touriste. Mais la dureté de la roche et la singularité de l'endroit me parurent tout d'abord des objections décisives contre une telle hypothèse. On ne conçoit pas, du reste, comment on a jamais eu l'idée de tracer une inscription en un pareil endroit.

A Mérah Abéid, près de Aïn el-Djereïn, dans la vallée du Nahr-Ibrahim, non loin de la Mugharet-Ayyoub, il y a aussi une inscription. Elle est cassée; je n'en ai qu'une copie défectueuse, qui laisse néanmoins clairement lire les lettres :

MP   AD

Le Djebel-Mousa, grande montagne détachée, située vis-à-vis de Maschnaka, présente aussi un grand nombre d'inscriptions d'Adrien.

1° A l'endroit appelé قرنة عنطر, Kœrnet Antar :

MHAD
NG   D
AGIVCP

En tête, se trouve une sorte de crosse analogue à celle que nous avons représentée ci-dessus, p. 272.

2° A جبل الصغير, aux environs de Djurd el-Kamoun :

MHADNG
AGIVCP

en petits caractères, très-bien gravés.

3° Toujours au جبل الصغير, au bas :

DG

Le D est douteux.

4° A جبل الكبير, à l'endroit nommé قطين جبل موسى, à l'orient de وادى مشان :

AGIVCP

5° A جورة الكرم, deux pierres superposées. Sur celle de dessous :

MHAD
NG

Sur la pierre plus petite, qui est superposée :

AGIVCP

A la suite de la seconde formule, à quelque distance, se voit un A.

A قرنة الدير (Kœrnet ed-Deïr), où l'on nous avait aussi indiqué une inscription, nous n'avons rien trouvé.

S'adresser, pour voir ces inscriptions et peut-être d'autres encore, au cheïkh Khaden Dahdah, qui demeure à côté, à Kwali ou à Zeïtoun.

A Kwali ou Dahr Kwali, sur la rive gauche de l'Adonis, assez près de son embouchure, sur la route de Gébeil, il doit y avoir aussi une inscription. On dit qu'elle est longue de dix lignes; ce n'est peut-être pas une inscription d'Adrien.

À Akoura, on nous parla aussi d'une inscription sur le roc, à Aïn-Bahr, au-dessus d'Afka. J'envoyai examiner, on ne trouva rien; mais nous en entendîmes parler de nouveau plus tard, à Kartaba. L'existence de cette inscription est donc certaine.

Au sud du bassin du fleuve Adonis, sur les hauteurs qui séparent les bassins de l'Adonis et du Lycus, j'ai encore trouvé deux inscriptions d'Adrien.

1° A Djurd en-Nokri, entre Fareya et Aphaca, sur un rocher ébréché à coups de massue :

░░░IVFL░░░
░░HADA/GD
FSNCCXXXV

Toute la première ligne est douteuse.

2° Près de là, à Djoreidé, en face du Sannin :

HADA/GDF
S·NCXXCIV

Aucune lettre n'est douteuse. On est ici au milieu des neiges; au mois de juin, il y en avait encore une couche épaisse près de cette inscription.

C'est la plus méridionale des inscriptions d'Adrien que j'ai trouvées. Je lis, il est vrai, dans la *Relation*, de M. Guys[1] : « A mi-chemin de Meroudj à Zahlé, c'est-à-dire trois heures avant d'arriver à ce dernier endroit, j'ai aperçu sur un rocher le monogramme de l'empereur Adrien. » Une inscription analogue aux précédentes serait, dans cette région, un fait si isolé, que je suis porté à croire que l'inscription vue par M. Guys n'est pas du même ordre que les textes dont nous venons de parler. Au contraire, les lettres TEB, qu'il vit gravées sur le rocher, à une demi-lieue de Fakra[2], peuvent être un débris de [CE]TER[A].

Tel est cet ensemble d'écritures bizarres auquel je ne connais rien d'analogue. Elles se composent toutes, comme l'on voit, 1° d'une formule fondamentale, qui ne laisse place à aucun doute; 2° de formules additionnelles qui varient. L'une de ces formules : AGIVCP, nous est expliquée, puisque nous en avons trouvé la *scriptio plena*. Deux autres, DFS et VIC ou VIG restent douteuses. Comme je n'ai pas vu moi-même tous les endroits où il peut y avoir des *scriptiones plenæ*, je n'affirme pas qu'on ne

---

[1] T. II, p. 19. — [2] *Ibid.* p. 15.

trouvera pas l'explication de ces deux dernières formules. Je recommande particulièrement aux voyageurs d'aller revoir Wadi-Aïn-Schara ou Wadi-Tout, Diradjet el-Mihal, quelques-unes des inscriptions au-dessus de Tannourin, surtout celles d'El-Fouar, de Tumm el-Qobour et de Aïn el-Hamra, enfin les deux de Ras Akbet Djenny, près de Kartaba.

Outre les formules additionnelles, beaucoup d'inscriptions, on l'a vu, portent un numéro d'ordre. Ces numéros vont jusqu'à 800 au moins. Il est remarquable que des inscriptions voisines l'une de l'autre, comme les deux dernières que nous avons rapportées, ont des numéros fort écartés les uns des autres.

Une hypothèse qui se présente d'elle-même pour grouper les faits qui viennent d'être exposés, c'est de considérer ces nombreuses inscriptions comme un règlement affiché, en quelque sorte, par l'ordre d'Adrien dans cette région du Liban, autrefois couverte d'arbres, et par lequel on faisait la distinction des essences réservées à l'État et de celles qui étaient abandonnées aux coupes des particuliers. Nous avons déjà rencontré des circonstances qui nous ont porté à supposer que le Liban, au-dessus de Byblos, était très-boisé à l'époque romaine. On sait que, dans la Bible, le trait caractéristique du Liban, ce sont les bois qui le couvrent[1]. Le Liban fournissait du bois pour la construction des grandes flottes du temps d'Alexandre[2]. A l'époque romaine, la flotte stationnait souvent dans ces parages, et sans doute choisissait ses mâts parmi les plus beaux pins de la montagne. Nos inscriptions se rencontrent surtout dans des endroits abruptes, inaccessibles, très-rarement dans les endroits cultivés, dans les fonds de vallées.

Avouons cependant que les lieux où se trouvent parfois nos inscriptions contrarient un peu l'hypothèse que nous venons d'exposer. Non-seulement ce sont, le plus souvent, des cantons aujourd'hui complétement dénudés; mais, en quelques cas, il semble qu'on ait pris plaisir à les tracer

---

[1] Voir, par exemple, II *Reg.* xix, 23; Isaïe, xxxvii, 24. — [2] Quinte-Curce, X, 1.

dans des sites bizarres, pittoresques, ou dont l'accès constituait, par les dangers que l'on courait pour y arriver, une sorte de défi : ainsi, aux sommets inaccessibles du Djebel-Mousa, point le plus sauvage du Liban; sur les sommets les plus élevés entre Akoura et la Cœlésyrie, où la neige dure jusqu'au mois de juin, et où ne poussent que des buissons rampants; parmi les rochers au-dessus de Tartedj et de Tannourin, où l'on croirait que jamais l'homme n'a pénétré; dans la grotte d'Ayyoub, creusée au flanc d'un rocher à pic, où l'on ne parvient qu'en s'aidant des arbustes suspendus au-dessus du fleuve Adonis. Comme ce furent justement des inscriptions ainsi placées que je rencontrai d'abord, je fus tenté, pendant quelque temps, de les regarder comme des espèces de cartes de visite du César voyageur, analogues à celles du même empereur qu'on lit sur le colosse de Memnon en Égypte[1] et dans plusieurs autres lieux[2]. Le nom d'Adrien est sûrement celui qui a été semé par l'épigraphie dans le plus de lieux divers. On sait les longs séjours qu'Adrien, avant et depuis son élévation à l'empire, fit en Syrie. Tout porte à croire qu'il visita Byblos; il occupe du moins une place importante dans l'histoire de cette ville[3]. On sait aussi avec quelle curiosité il visitait les sanctuaires célèbres; sans doute il aura tenu à faire le pèlerinage d'Aphaca. Les biographes d'Adrien n'en parlent pas, il est vrai[4], mais on le trouve à Antioche, à Jérusalem, au mont Casius sur la frontière d'Égypte, en Arabie Pétrée. Il avait une dévotion particulière pour Vénus; on dit qu'il établit le culte de cette déesse à Jérusalem. Spartien, parlant des voyages d'Adrien en Grèce, remarque le soin qu'il avait d'assister aux cérémonies religieuses. Il n'est donc pas tout à fait impossible que les inscriptions du Liban aient quelque relation avec les voyages d'Adrien. Mais sûrement leur principal objet est

---

[1] Voir Letronne, *Inscript. de l'Égypte*, sect. II, init. p. 149.

[2] A Athènes, en Grèce, etc. (Voir Bourquelot, *Huit jours dans l'île de Candie*, p. 11-13.)

[3] L'inscription vue par G. Robinson (*Voy. en Pal. et en Syrie*, II, p. 69) l'atteste. Aspasius, rhéteur de Byblos, adressa un panégyrique à Adrien (*Fragm. hist. græc.* III, 576); Philon de Byblos composa une biographie d'Adrien, et fut, ainsi que son école, en rapports suivis avec cet empereur. (Ouvr. cité, p. 560.)

[4] Voy. le mémoire de l'abbé Greppo, *Sur les voyages de l'empereur Adrien* (Paris, 1842), p. 178 et suiv.

l'aménagement des forêts. Il me paraît difficile qu'on ne trouve pas, dans quelque chaîne de montagnes voisines de la Méditerranée, des inscriptions semblables. Un de mes confrères se souvient vaguement d'avoir vu un fait analogue rapporté dans un voyage aux Balkans.

Un trait caractéristique du Liban au-dessus de Byblos est la masse énorme de pierres concassées qui couvrent le sol, et que les laboureurs maronites sont obligés d'amonceler en talus. Ces pierres viennent-elles du travail d'une culture séculaire, l'homme n'ayant réussi à créer des surfaces arables en ces contrées qu'en brisant le rocher qui émerge à chaque pas? Ou bien est-ce là un effet des moraines, des oppositions de l'hiver et de l'été, qui auront fait éclater la pierre? C'est aux géologues qu'il appartient de le décider.

CHAPITRE III.

LE FLEUVE ADONIS.

Par sa célébrité historique, ainsi que par les aspects étranges qu'elle présente, la vallée du *Nahr-Ibrahim* (fleuve Adonis) est la région la plus remarquable du Liban. Je l'ai étudiée à diverses reprises et dans presque toutes ses parties. Je ne rappellerai pas ici les nombreux passages des auteurs anciens qui établissent l'importance de cet ancien centre religieux[1]. Les traces du culte d'Adonis s'y retrouvent encore. On va voir que la

---

[1] Voir Movers, *Die Phœn.* I, 191 et suiv. Bourquenoud, *Mémoire sur les monuments du culte d'Adonis dans le territoire de Palae-Byblos*, extrait du numéro de juillet-août 1861 des *Études de théol. de phil. et d'hist.* publiées par les Pères de la Soc. de Jésus. — Plus tard (même recueil, septembre-octobre 1863), le P. Bourquenoud m'a accusé de lui avoir dérobé les résultats que j'ai exposés dans mon troisième rapport sur les monuments du fleuve Adonis. Ces accusations s'étaient déjà produites dès le mois de juillet 1863, dans un journal burlesque, qui y est revenu depuis. — Les questions d'amour-propre littéraire m'importent peu. Je pourrais cependant prouver par mes carnets de voyage, où chaque page est datée, puisque ces carnets sont de petits registres reliés et où nulle intercalation n'a pu être faite après coup, je pourrais prouver, dis-je, qu'à partir du mois de juin 1861 (date où je vis Ghineh), j'étais arrivé aux opinions exposées dans mon troisième rapport. Si la publication de ce troisième rapport n'a eu lieu qu'en février 1862, cela tient à l'état de faiblesse et d'abattement où je me trouvai à partir de septembre 1861. Les vues exposées dans ce rapport sont d'accord avec celles du P. Bourquenoud, parce qu'à vrai dire, après avoir vu Maschnaka et Ghineh, on ne peut se former à cet égard deux opinions. Si dans mon premier rapport j'étais moins explicite, c'est que, à l'époque où je l'écrivis, je n'avais encore vu que Maschnaka. — Quant à l'accusation de plagiat, il est de mon devoir de la repousser formellement. J'ai cité, dans mon troisième rapport, le mémoire imprimé du P. Bourquenoud, reconnaissant par là sa priorité. Il a été question, en outre, d'un manuscrit du P. Bourquenoud déposé à l'Institut. C'est là une erreur; aucun dépôt de ce genre n'a été fait; le procès-verbal de la séance de l'Académie du 12 février 1864 le constate. Il est aussi de mon devoir de déclarer, 1° qu'une prétendue lettre «d'un de mes amis les plus fidèles» insérée dans le *Figaro*, lettre citée par le P. Bourquenoud, et que par des insinuations on voudrait faire croire être de moi, est une mystification fabriquée dans les bureaux de cette feuille; 2° que des faits ridicules allégués dans les articles précités, comme ayant eu lieu à des séances de l'Institut, ont été déclarés, dans un rapport adopté à l'unanimité par l'Académie et inséré audit procès-verbal, «inventés de toute pièce.»

plupart des monuments qui remplissent le bassin du Nahr-Ibrahim se rattachent à ce culte.

Le fait d'un fleuve portant le nom d'une divinité ne doit pas surprendre. La même chose a lieu pour le fleuve Belus près de Saint-Jean-d'Acre. Le nom actuel *Nahr-Ibrahim* n'est peut-être pas sans connexion avec le nom antique. On sait que, par un syncrétisme bizarre, Abraham fut identifié avec Bel, comme Israël avec El[1]. La tradition des Maronites sur un émir merdaïte nommé *Ibrahim,* qui aurait construit le pont situé près de l'embouchure et donné son nom au fleuve[2], paraît empreinte de ce goût évhémériste qui est en général le caractère des traditions syriennes[3], et dont les meilleurs esprits parmi les Maronites, les Assémani par exemple, n'ont pas su se défendre. C'est ainsi que le nom de *Kabélias* (pour *Kabr-Elias*) est maintenant considéré par les hommes un peu instruits du pays, qui ne peuvent y voir le tombeau du prophète Élie, comme désignant le tombeau d'un prince maronite nommé *Élias.* L'application du nom de *Nahr-Ibrahim* au fleuve Adonis, est du reste, assez ancienne[4].

L'embouchure du fleuve Adonis est un endroit charmant, et l'on s'explique pleinement les mythes dont il fut l'objet dans l'antiquité[5]. De la hauteur d'Amschit, au commencement du mois de février, je vis s'y produire le phénomène du sang d'Adonis[6]. A la suite de pluies très-fortes et subites, tous les torrents versaient dans la mer des flots d'eau rougeâtre, qui par suite de la direction du vent, perpendiculaire au rivage, ne se mêlaient que très-lentement à l'eau de la mer, et formaient, surtout vus obliquement, une bande rouge le long des côtes.

---

[1] Movers, I, p. 86 et suiv. 131, 396 et suiv. 433 et suiv.

[2] Thomson, *Bibliotheca sacra*, V, p. 5.

[3] Voir mon Mémoire sur Sanchoniathon, *Mém. de l'Acad. des Inscr.* t. XXIII, 2ᵉ partie.

[4] Mehren, *Syrien og Palestina*, p. 28 (Copenhague, 1862). Maundrell (*Voyage*, p. 57, Paris, 1706) l'appelle *Ibrahim-Bassa*, ce qui confirme un peu la version des Maronites.

[5] Cf. Movers, I, 191, 192; Ritter, XVII, 553-554.

[6] *De Dea Syria*, 8. Maundrell fut témoin du phénomène, le 17 mars. (*Voyage*, p. 57-58.) Voir Robinson, *Physical geography of the Holy Land*, p. 328.

La vallée de l'Adonis, en partant de la mer, n'est d'abord qu'un trou profond. Le fleuve coule invisible entre deux murs de rocher; on n'entend que ses mugissements s'élevant d'un abîme. Un peu après, la vallée se présente sous l'aspect de deux étages de toits inclinés, où se développent des cultures et des villages. Puis le bassin s'élargit sur la rive gauche. A droite, se prolongent des pans très-escarpés, toujours à pic au-dessus du fleuve[1], mais dont les crêtes, à la hauteur du village de Misschen, s'abaissent un peu. Là, sur une sorte de brèche établissant une dépression entre le bassin du Nahr-Ibrahim et le Ouadi-Fédar, là, dis-je, est l'endroit appelé *Maschnaka* (المشنقة)[2], ou *Schir el-Meidân*[3]. C'est comme un petit plateau suspendu au-dessus des précipices; des pentes effroyables s'ouvrent du côté du fleuve; en face est le Djebel-Mousa, dont le côté ouest, extrêmement escarpé, est habité cependant, car le soir il paraît tout illuminé.

Maschnaka, l'une des plus curieuses ruines du Liban, a été vue pour la première fois par Seetzen[4]. M. Th. Weber, consul de Prusse à Beyrouth, la visita de nouveau en 1850[5], accompagné de M. Aug. Lœffler, peintre de Munich, qui dessina les sculptures dont nous parlerons bientôt[6]. Le P. Bourquenoud y vint en 1857, accompagné du P. Roze, qui prit également différents dessins[7]. Pour moi, je vis Maschnaka la première fois, seul, en janvier 1861[8]. M. Sacreste et M. Lockroy y travaillèrent en mars de la même année. J'y travaillai de nouveau avec M. Thobois au mois de juillet[9].

---

[1] Là se trouve la *Mughâret-Ayyoub*; voir ci-dessus, p. 276.

[2] Ce nom est arabe et signifie «lieu d'exécution» ou «coupe-gorge.»

[3] *Meidân* (hippodrome, champ clos) désigne sans doute la cour rectangulaire dont nous parlerons bientôt. *Schir* signifie «rocher à pic.» Le nom de *Schir el-Meidân*, sous lequel cet endroit fut désigné à Seetzen et à M. Weber, a été adopté sur la carte de Van de Velde, sur celle de Kiepert et sur celle du général de Beaufort. Le village le plus voisin est Aïn Dulbeh (عين الدلبة), qui a été presque détruit dans les derniers événements du Liban.

[4] Ritter, XVII, p. 566, 568.

[5] *Id. ibid.* p. 568-569 (2ᵉ édition, 1854.)

[6] Ces dessins n'ont pas été publiés. M. Lœffler a bien voulu me les communiquer. Le paysage y est excellemment rendu.

[7] *Mémoire sur les monuments du culte d'Adonis*, publié en septembre 1861.

[8] Premier rapport au *Moniteur*, 27 février 1861.

[9] Troisième rapport, *ibid.* 26 février 1862.

CAMPAGNE DE BYBLOS. 285

Les ruines de Maschnaka produisent d'abord un grand sentiment d'étonnement et d'admiration. L'aspect romantique de la vallée du fleuve Adonis, si bien faite pour pleurer; les contours étranges des montagnes environnantes, dominées à l'horizon par les sommets neigeux d'Aphaca; la physionomie extraordinaire, grandiose, abrupte de tout le paysage, rendent cet endroit hautement intéressant pour les personnes qui recherchent l'union de la poésie de la nature et de la poésie du passé.

Quatre points attirent principalement l'attention à Maschnaka[1] :

I. Une enceinte rectangulaire, d'environ 95 mètres de long sur 50 de large, avec une porte s'ouvrant du côté est[2]. Le mur n'est pas dans les conditions d'un mur de défense, et c'est à tort que M. Weber et le P. Bourquenoud[3] ont songé qu'ils étaient ici en présence d'une forteresse. C'est évidemment une cour sacrée, analogue à celle de Kalaat-Fakra. Le mur est mince, de médiocre construction et par son côté sud appuyé à un rocher, dont les pentes et le sommet dominent l'intérieur de la cour. Je n'ai pu retrouver les signes découverts sur une pierre par M. Weber, et où M. de Vogüé a vu des signes hiéroglyphiques[4]. Au fond de la cour, à l'extrémité opposée à la porte, il y a un soubassement carré, avec des colonnes naissantes. Ce soubassement rappelle le temple de Kefr-Haouar au pied de l'Hermon, dessiné par M. de Saulcy[5], ou celui de Deïr el-Aschaïr, près de la route de Damas à Beyrouth[6], ou celui de Nahleh, près Baalbek[7]. Les débris de l'édifice se voient alentour. Beaucoup sont entrés dans la construction d'une masure récemment élevée par les moines auxquels appartiennent les champs voisins.

---

[1] Voir le plan de Maschnaka, dressé par M. Sacreste, dans la planche XXXIII.

[2] Voir planche XXXV.

[3] Le P. Bourquenoud (Mém. cité, p. 29, note) semble, en outre, n'avoir pas vu l'unité du monument que nous décrivons en ce moment.

[4] Fragment d'un journal de voyage en Orient, p. 63-64.

[5] Voyage autour de la mer Morte, II, p. 566 et suiv.

pl. L. (Comp. Sepp, Jerusalem und das heilige Land, II, 220.)

[6] Porter, Syria and Palestine, p. 458; Mr Harvey, Our cruise in the Claymore (London, 1861), p. 57 et suiv. Deir el-Aschaïr me paraît composé de deir «temple,» et de אֲשֵׁרָה. (Cf. Gesenius, Thes. s. h. v. Ibn-Khordadbeh, p. 112 du texte, 257 de la traduction; édit. Barbier de Meynard.)

[7] Porter, op. cit. p. 575.

En rapprochant tous ces débris, M. Thobois est arrivé à composer la restitution présentée par notre planche XXXV. Elle est en partie hypothétique; mais elle est très-probable dans son ensemble; on se convaincra même qu'elle offre peu de données arbitraires, si l'on considère, 1° que le soubassement, la naissance des fûts et la base de la *cella*, dont les murs étaient assez minces, sont en place; 2° que l'entablement et les chapiteaux existent entiers autour du monument; 3° que la base de la pyramide se conclut avec vraisemblance de deux belles pierres, un cavet et un tore qui se voient près de là, surtout si l'on rapproche ce cavet et ce tore du socle du corps principal.

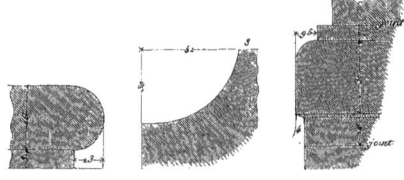

Tous ces restes présentent un caractère singulier. Il est évident que le monument est de basse époque, et qu'il resta inachevé. Certaines parties ne sont qu'épannelées; les chapiteaux corinthiens sont d'un travail médiocre, simplement ébauchés, dissemblables entre eux. Les joints sont mauvais, les petits matériaux qui chaussent la construction attestent beaucoup de négligence. Le tout est mal harmonisé, disparate, au moins quant à l'exécution; on sent des ouvriers qui n'ont pas le sentiment clair de ce qu'ils font, qui sont esclaves d'un type disparu; c'est un manque total d'entente et de savoir.

Ces jugements, qui furent, dès le premier coup d'œil, arrêtés dans l'esprit de M. Thobois, s'éclairent d'un jour singulier par la comparaison des textes. Une chose évidente, c'est que le culte de Maschnaka fut dans un rapport étroit avec celui d'Aphaca. Or nous savons[1] que le

---

[1] Voir ci-après, p. 297.

culte d'Aphaca fut aboli par Constantin, puis rétabli, probablement sous Julien, et qu'ensuite il dura encore un siècle à peu près. Supposons que pareille chose soit arrivée à Maschnaka, qu'un vieux sanctuaire, en ces lieux écartés (ἔξω πάτου τριόδων τε καὶ λεωφόρων, comme dit Eusèbe), ait aussi été détruit par Constantin; qu'ensuite sous Julien on ait rebâti à la hâte et selon l'esprit du temps le sanctuaire renversé, nous aurons une hypothèse qui répondra très-bien aux idées que l'architecte est amené à se faire devant ces ruines. Le règne de Julien fut court; en supposant même que le culte restauré sous son règne se soit continué après sa mort, comme cela eut lieu à Aphaca, on conçoit que, vu l'existence chétive qu'eut le paganisme au IVe siècle, l'édicule soit resté inachevé, tandis qu'on ne concevrait pas qu'une si petite construction, visitée par tant de fervents adeptes, fût restée en un état provisoire pendant des siècles. Il est permis de supposer que le temple de Maschnaka fut détruit sous le règne d'Arcadius. C'est aux temples du Liban que l'on doit appliquer l'édit de cet empereur de l'an 399 : « Si qua in agris templa sunt, « sine turba et tumultu diruantur; his enim dejectis atque sublatis, omnis « superstitionis materia consumetur. » La même année, les évêques réunis au cinquième concile de Carthage demandent à l'empereur : « Templa « quæ in agris in locis abditis constituta nullo ornamento sunt, jubeantur « omnino destrui [1]. »

Si le monument était tel que nous le supposons, quelle pouvait en être la destination? Il est difficile d'y voir autre chose qu'un de ces « Tombeaux d'Adonis [2], » qui paraissent avoir été nombreux dans la vallée du fleuve Adonis, et sur lesquels nous reviendrons bientôt. Méliton prétend qu'Adonis était enterré à Aphaca, contrairement à l'opinion commune, qui plaçait le tombeau de ce dieu à Byblos. Il est possible qu'il y ait là quelque confusion. Il se peut aussi que ces « Tombeaux d'Adonis, » cénota-

---

[1] Voir de Rossi, *Bullettino di archeologia cristiana*, 4e année, p. 54.

[2] Se rappeler le titre de l'élégie de Bion (Ἐπιτάφιος Ἀδώνιδος).

phes analogues aux «Saints Sépulcres» artificiels des villes catholiques du moyen âge, fussent assez multipliés dans le pays consacré au culte d'Adonis. On sait que le culte d'Attis, identifié avec Adonis[1], fut fort à la mode en Syrie à l'époque de Julien, comme on peut le voir dans le discours de cet empereur «Sur la Mère des dieux[2].»

II. A environ 120 mètres, au nord de la cour que nous venons de décrire, se voit un passage taillé dans le roc[3], et présentant des deux côtés des sculptures reproduites par notre planche XXXIV[4]. Sur le haut des rochers sont de grands tombeaux en forme d'auges creusées dans le roc, avec des couvercles prismatiques grossièrement équarris, ana-

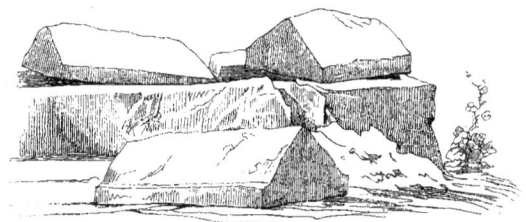

logues à ceux de Gharfin. Rien de plus grandiose que l'aspect de ces tombeaux et de ces sculptures, mêlés aux rochers et à une nature sauvage. Les sculptures sont très-frustes. Elles sont au nombre de sept. De chaque côté de l'entrée et se faisant face, il y a deux grandes figures encadrées dans des *cella* d'ordre ionique. Chacune de ces figures est flanquée de deux médaillons cintrés renfermant une figure plus petite. Une septième figure analogue aux petits médaillons latéraux, mais plus grande, se trouve isolée un peu vers l'est. Nul doute sur les traits de la

---

[1] Voir Maury, *Hist. des relig. de la Grèce antique*, III, p. 195 et suiv.

[2] P. 158 de l'édition de Spanheim. Comp. Macrobe, *Saturn.* I, 21.

[3] Pl. XXXIV, bas. Il n'y faut pas voir une porte proprement dite, comme le veut le P. Bourquenoud. Cette porte ne conduirait à rien, l'espace contigu aux sculptures vers l'ouest n'offrant aucune trace du travail de l'homme.

[4] Les dessins du P. Roze, donnés par le P. Bourquenoud, ont trop de précision et tranchent beaucoup de points indécis dans l'original. Ceci s'applique surtout à la figure à laquelle le P. Bourquenoud donne le numéro 7.

grande figure qui se présente à droite en entrant (A de notre planche). C'est un homme debout, d'attitude héroïque, rappelant l'allure d'un Trajan ou d'un empereur de l'époque des Antonins. La figure de gauche (B de notre planche) est plus douteuse. On ne se l'explique pas complétement; malgré quelques objections, on finit cependant par y voir une femme pleurant. Quant aux petits médaillons cintrés qui des deux côtés accompagnent les grandes figures, ils sont fort indistincts. Je pense que ce sont des personnages secondaires, des suivants se joignant à l'action du principal personnage. Des deux côtés, en effet, ils sont tournés vers ce personnage principal. Nous hésitons tout à fait sur le sens du médaillon isolé.

La forme de l'encadrement qui entoure les grandes figures est des plus remarquables. Je n'ai pu distinguer dans le fronton le globe symbolique que croit avoir aperçu le P. Bourquenoud. Il nous a semblé que les deux accidents qu'on voit au centre des deux frontons ne sont pas des motifs d'ornement, mais proviennent des accessoires en métal qui décoraient le monument. Le petit fronton triangulaire est dans le goût grec ou romain; mais le chapiteau ionique a un galbe tout à fait particulier. Il rappelle d'une manière frappante les chapiteaux des tombeaux étrusques[1]. Nous le retrouverons à Chypre avec une frappante identité. Il ne faut tirer de là aucun indice de haute antiquité. Ce motif a pu rester en usage fort longtemps sur les monuments du culte de Vénus. La forme grandiose des tombeaux n'est pas non plus une preuve de grande ancienneté. Des tombeaux de ce genre, à gros couvercles prismatiques en dos d'âne, se rencontrent souvent avec des inscriptions grecques, par

---

[1] Cf. Noël Desvergers, *L'Étrurie et les Étrusques*, pl. I, III; Lübke, *Grundriss der Gesch. der Baukunst*, p. 105; *Mém. de l'Acad. des inscriptions et belles-lettres*, t. XXV, 2ᵉ part. pl. I (nouv. série). Voir les sépultures étrusques du musée Napoléon III, en particulier les pieds du lit funèbre dit « tombeau lydien, » en le comparant au lit funèbre rapporté par M. Heuzey. J'ai remarqué le même motif sur des monuments étrusques du musée de Leyde. Voir aussi au Louvre, musée Charles X, salle civile, vitrine du milieu, case L, n° 38, et objets environnants. Comparez le dessin du monument de Garama, dans H. Duveyrier, *Les Touaregs du Nord*, p. 276.

exemple, à Khan el-Khaldi[1], et en Cilicie[2]. Parfois même ils peuvent appartenir à l'époque byzantine[3]. La grandeur du couvercle était commandée, même pour les époques qui ne recherchaient pas les pierres colossales, par la nécessité d'opposer à l'avidité des spoliateurs une masse impossible à remuer sans l'effort de plusieurs personnes réunies.

Le sens des sculptures de Maschnaka deviendra clair par la comparaison avec celles de Ghineh. Observons seulement que toutes les sculptures de ce genre que nous avons trouvées en Syrie, celles du Nahr el-Kelb exceptées, sont rapprochées de tombeaux. La nécropole byzantine de Corycus en Cilicie offre, également associée à des tombeaux[4], une figure qui a de la ressemblance avec notre personnage de droite.

III. A dix minutes environ, à l'est de la porte de la grande cour, est la place d'un petit sanctuaire, qui a été détruit, il y a quelques années, par les chercheurs de trésors. Il paraît qu'on trouva en effet sous l'autel des valeurs d'or assez considérables. Sur ce trésor était posé le cippe (pl. XXXII, n° 2) représentant Baal à la tête rayonnée; les deux faces latérales sont ornées de foudres. Cette représentation peut être rapprochée de la tête nimbée et rayonnée découverte par M. de Saulcy en Moabitide[5]. La grossièreté du travail ferait croire que c'est là une des dernières idoles du paganisme expirant.

IV. Au nord-ouest de la grande cour sont les ruines d'un village chrétien, renfermant d'assez bonnes constructions, en particulier une église byzantine. Il y eut à Maschnaka un centre de population, qui pouvait bien, à vrai dire, ne pas dépasser quelques centaines d'âmes, jusqu'aux premiers siècles du moyen âge.

Qu'est-ce que Maschnaka, et quel nom antique faut-il assigner aux ruines que nous venons de décrire? Je l'ignore. Sans doute il ne convien-

---

[1] De Saulcy, *Voy. autour de la mer Morte*, pl. III.
[2] Langlois, *Voy. dans la Cilicie*, 171; cf. *ibid.* 232.
[3] *Id. ibid.* p. 206-208.
[4] Langlois, *ibid.* p. 207-208 et la planche.
[5] *Voy. autour de la mer Morte*, pl. XIX, fig. 5. Comparez Guys, *Relation*, etc. II, p. 21.

drait pas de chercher si haut dans le Liban une ville phénicienne. Maschnaka offre d'ailleurs si peu de ruines d'édifices profanes qu'on ne saurait y voir l'assise d'une grande ville. J'ai donc renoncé à y trouver, comme j'en fus d'abord tenté en suivant les idées de Movers et de Ritter, un reste de cette antique civilisation de la montagne, qui n'était pas la civilisation phénicienne. A la vue de ces grandes constructions évidemment religieuses, de ce cippe de Baal encore bien conservé, du caractère religieux des sculptures taillées dans le roc, on est amené à penser à un temple, à un de ces centres de culte si nombreux dans le Liban. Ce passage de la *Déesse de Syrie*, «Je montai de Byblos dans le Liban l'espace d'un jour, ayant appris qu'il y avait là un temple ancien de Vénus que Cinyras avait bâti; je vis le temple; il était ancien [1];» ce passage, dis-je, pourrait convenir à Maschnaka aussi bien qu'à Aphaca, auquel on le rapporte d'ordinaire [2]. De Byblos à Maschnaka, la journée est courte, mais elle est très-longue de Byblos à Aphaca. Il faut avouer, d'un autre côté, que, la célébrité d'Aphaca ayant été bien plus grande, il est naturel de voir ce dernier point dans le temple innomé du *De Dea Syria*. L'absence totale d'inscriptions rendra fort difficile la solution de ces doutes. Hélas! ici encore les grandes destructions datent de quelques années. Pour bâtir une misérable masure, on a détruit de curieux édifices; pour chercher des trésors, on a démoli des sanctuaires conservés intacts jusqu'à nos jours; pour trouver quelques pièces d'or, offrandes des derniers païens, on a brisé des autels et renversé Baal du socle où l'on m'a assuré qu'il trônait encore il y a trois ou quatre ans!

La date des restes d'architecture qui se voient à Maschnaka, la partie chrétienne exceptée, nous reporte aux moins bons moments de l'époque romaine. Pour les sculptures et les tombeaux, nous songerions plutôt à l'époque séleucide, si l'attitude et le costume du personnage principal

---

[1] *De Dea Syria*, 9.
[2] C'est à tort que le P. Bourquenoud (*Études*, etc. sept. oct. 1863, p. 852 et suiv.) me prête l'idée de placer Aphaca à Maschnaka. Je n'ai rien écrit qui implique cette opinion.

n'avaient quelque chose de romain. En tout cas, ici comme à Afka et à Kalaat-Fakra, l'art grec et romain a complétement plié ses habitudes à l'esprit du pays et aux besoins des cultes locaux.

Mais il est temps de parler d'un autre monument qui est, en quelque sorte, le commentaire et le complément des sculptures de Maschnaka.

Celui-ci est situé à Ghineh ou Rhiné, de l'autre côté du fleuve, sur les hauteurs qui font la séparation des eaux entre le bassin du Nahr-Ibrahim et celui du Nahr-Maamiltein. Il a été découvert par les PP. Jésuites qui dirigent le collége de Ghazir près de là. Il fut vu par le P. Bourquenoud en 1857, et dessiné par le P. Roze. Je le vis en juin 1861. M. Thobois et M. Lockroy y montèrent ensuite successivement pour le dessiner. C'est un grand rocher équarri sur deux pans, et ayant à son pied un caveau d'une exécution peu soignée. Les deux pans équarris sont couverts de sculptures formant trois sujets ou panneaux (pl. XXXVIII).

Le pan du rocher au pied duquel est le caveau, et qui forme la face du monument renferme deux sujets : 1° un homme vêtu d'une tunique atteignant à peine les genoux et serrée par une ceinture, reçoit, la lance en arrêt[1], l'attaque d'un ours. Les pieds, la tête sans crinière, le poil et surtout le mouvement d'attaque ne peuvent convenir qu'à cet animal. 2° A côté de ce tableau, dans un cadre plus réduit, est une femme assise sur un siége aux courbes élégantes, dans l'attitude de la douleur[2], et qui rappelle le médaillon B de Maschnaka. La tête a été martelée.

Le deuxième panneau, qui est à gauche du précédent, occupe à lui seul un côté du rocher et est plus maltraité. On voit se dessiner clairement à droite un personnage debout, appuyé sur une lance ou sceptre,

---

[1] La lance ne se voit pas tout entière, mais se conclut avec beaucoup de probabilité. Ni M. Thobois ni M. Lockroy n'ont vu à la ceinture du héros le coutelas aperçu par les PP. Bourquenoud et Roze.

[2] Le dessin du P. Roze n'a ici qu'une légère inexactitude. Le coude du bras droit repose sur le genou; le bras gauche tombe négligemment sur l'autre genou. Une note que m'ont remise les PP. Jésuites du collége de Ghazir est ici d'accord avec les dessins de MM. Thobois et Lockroy.

CAMPAGNE DE BYBLOS. 293

et d'une attitude calme. A gauche de la composition, sont deux chiens se profilant l'un derrière l'autre. Les PP. Roze et Bourquenoud se sont ici engagés dans des conjectures inadmissibles. Il n'y a pas trace du personnage renversé. La saillie recourbée qui sort du dos de l'animal situé au premier plan, que le P. Bourquenoud a prise pour «un élément insignifiant,» ou pour «le yatagan du vaincu,» est la queue du second chien, caché aux trois quarts par le premier.

La ressemblance de ces sculptures avec celles de Maschnaka frappe tout d'abord. Des deux côtés se reproduisent les mêmes sujets : un homme d'attitude héroïque, ou luttant contre un animal; une femme assise et qui semble pleurer. Il est évident que nous sommes ici en face de représentations relatives au culte d'Adonis[1]. Devant nous est le Djebel-Mousa, hérissé de forêts et encore peuplé de bêtes fauves; sans doute la tradition localisait ici la mort d'Adonis et les pleurs de Vénus; peut-être même étaient-ce là des espèces de tombeaux d'Adonis, lieux saints apocryphes qu'on proposait à la vénération de nombreux pèlerins. Cette hypothèse s'applique au moins très-bien au monument de Ghineh[2]. Il est difficile cependant d'admettre que ce fût là le seul monument qu'on décorât de ce nom. Le tombeau d'Adonis passait pour être à Byblos[3] ou à Aphaca[4]. Or Ghineh est loin de ces deux points. Et même, en supposant avec le P. Bourquenoud que la Byblos où l'on plaçait le tombeau d'Adonis fût Palæ-Byblos (ce qui n'est nullement probable), et que Palæ-Byblos fût à Berja, Ghineh en serait encore à deux heures au moins.

Un texte capital de Macrobe lèverait tous les doutes, s'il pouvait en rester, sur la signification des sculptures de Maschnaka et de Ghineh : «Si-

---

[1] C'est ce qu'a bien vu le P. Bourquenoud. Il est fâcheux qu'il ait mêlé à sa thèse beaucoup de rapprochements douteux, de conjectures hasardées, d'assertions inexactes et d'étymologies tout à fait erronées.

[2] Voy. Bourquenoud, *Mém.* cité, p. 30 et suiv. en tenant compte de la note précédente.

[3] *De Dea Syria*, 6 et 7. J'ignore où le P. Bourquenoud a lu «l'antique adage : *Byblii sepulcrorum custodes.*» (*Mém.* p. 44.)

[4] Méliton, dans Cureton, *Spicil. syr.* p. 44, ou dans Pitra, *Spicil. Solesm.* II, p. 43, ou dans les *Mém. de l'Acad. des Inscr.* XXIII, 2ᵉ partie, p. 323.

« mulacrum hujus deæ (Veneris) in monte Libano fingitur capite obnupto, « specie tristi, faciem manu læva intra amictum sustinens. Lacrymæ vi- « sione conspicientium manare creduntur[1]. » Voilà sans contredit l'explication des deux figures assises de Maschnaka et de Ghineh. C'est l'image de Vénus pleurant. Que le héros soit Adonis, c'est ce qu'on pourrait conclure *a priori* sans crainte de se tromper. Mais Macrobe lui-même nous l'apprend; car un peu avant le passage précité nous lisons : « Adonin quo- « que solem esse non dubitabitur, inspecta religione Assyriorum, apud « quos Veneris Architidis (*lisez* Aphacitidis[2]) et Adonis maxima olim « veneratio viguit, quam nunc Phœnices tenent. » Macrobe vivait au ve siècle. A cette époque, les cultes de Maschnaka et de Ghineh existaient donc encore; nous savons, en effet, que le culte d'Aphaca se releva, après avoir été aboli par Constantin. Ces cultes populaires, s'attachant à des images tracées sur le roc, survivaient souvent aux temples et aux établissements officiels.

La tradition du pays confirme les inductions qui précèdent. Cette tradition désigne par le nom de roi *Berdis* ou *Berjis* le héros des sculptures de Ghineh; le personnage assis de ces sculptures est, selon la même tradition, la reine femme de Berjis. A Maschnaka, le nom de *Berjis* ne m'a pas été prononcé; mais le P. Bourquenoud recueillit en cet endroit la tradition que le roi Berjis y avait aussi régné. برجيس est en arabe un nom de planète, probablement le nom de la planète Jupiter ou Baal[3]. Près de Ghineh est un endroit plein de ruines[4], nommé كبعل *Cabaal*[5], nom où il est difficile de méconnaître le mot *Baal*. Des arrasements

---

[1] *Saturn.* I, 21. Cf. Selden, *De Diis Syris*, p. 187.
[2] Correction proposée par Selden, *op. cit.* p. 188.
[3] L'origine de ce nom est incertaine. Serait-ce ברקאי (Mischna), برقا (Kitab el-Fihrist)? (V. Chwolson, *Die Ssabier*, II, 236-237.) Ce serait alors la planète Vénus. L'étymologie proposée par le P. Bourquenoud (*Études*, etc. sept. oct. 1863, p. 851) est insoutenable.

[4] Voy. Bourquenoud, *Mém.* p. 49.
[5] Je tiens cette orthographe du patriarche des Maronites. Le P. Bourquenoud écrit قبعل. Ce serait alors قبر بعل. (Comp. *Kabélias* pour *Kabr-Elias*). On ne saurait guère admettre, avec le P. Bourquenoud, que عل soit le reste de עליון. L'étymologie proposée par le P. Bourquenoud pour le nom de *Ghineh* est bien moins vraisemblable encore.

de constructions antiques qui sont tout près de là s'appellent, dit-on, *Elioun*[1]. Or, on sait qu'Elioun est le même qu'Adonis[2]. Vis-à-vis de Maschnaka, dans le Ouadi-Fédar est aussi un *Kefr-Baal*, كفربعال. Enfin, entre Ghineh et l'Adonis, Van de Velde et le P. Bourquenoud[3] placent une localité de *Ghabalé* ou *Ghubaleh*, dont le nom excite l'attention.

Je n'ose émettre aucune supposition sur l'âge de sculptures aussi frustes. Elles sont probablement contemporaines de celles de Maschnaka et peut-être de celles de Jrapta, quoique l'exécution de ces dernières soit bien supérieure.

Un rapprochement qui se présente ici est celui de la grande déesse du Sipyle, image colossale, taillée sur le roc, qui se voit près de Magnésie. Un remarquable passage d'Ulpien la rapproche de la *Dea cœlestis* des Phéniciens : « Matrem deorum Sipylensim, quæ Smyrnæ colitur, et Cœ- « lestem Salinensem Carthaginis[4]. » Mais une photographie du colosse du Sipyle, que je dois à M. Svoboda de Smyrne[5], ne me rappelle en rien les sculptures du fleuve Adonis.

Le Djebel-Mousa n'a guère de monuments. A l'endroit nommé قـمـس *Kamès*, est un joli caveau à deux auges, bien taillé dans le roc. A Kwali, ou Dahr Kwali, sur la rive gauche de l'Adonis, près de la route de Gébeil il y a, dit-on, une inscription (voir ci-dessus, p. 277-278). Selon certains renseignements, elle aurait dix lignes, ce qui me paraît peu probable.

Le caractère historique de la vallée du Nahr-Ibrahim se dessine, on le voit, de plus en plus. Ce fut une sorte de terre sainte d'Adonis, remplie de temples et de monuments consacrés à son culte. Il est temps d'arri-

---

[1] J'ai quelques doutes sur ce nom. Je crains qu'il ne soit le contre-coup des opinions transmises par les jésuites de Ghazir à leurs élèves, et qui a pu me revenir par quelque voie indirecte.

[2] Voir mon mémoire sur Sanchoniathon dans les *Mém. de l'Acad. des Inscr.* XXIII, 1re part. 269-270.

[3] *Mém.* p. 4.

[4] Ulpiani *Fragm.* XXII, 6, dans le *Corpus juris romani antejustinianei*, col. 145. (Cf. Maury, *Hist. des relig. de la Grèce antique*, III, p. 111.)

[5] La représentation qu'en donne Steuart est inexacte. (Voir *Monatsbericht* de l'Académie de Berlin, mai 1866, p. 298. Comparez d'autres bas-reliefs du même genre en Asie Mineure, dans Hamilton, *Researches*, II, p. 141, et dans la *Revue archéol.* juin 1866, p. 427 et suiv.)

ver à celui de ces sanctuaires qui a obtenu la plus grande célébrité, à celui d'Aphaca[1], aujourd'hui *Afka*, au fond de la vallée et à la source même du Nahr-Ibrahim.

Afka est un des sites les plus beaux du monde. Il rappelle le paysage du col des Cèdres, avec moins d'ampleur, mais avec plus de variété et de vie. L'espèce d'entonnoir d'où sort le fleuve est comme le point central d'un vaste cirque, formé par des tours de rochers d'une grande hauteur. Le fleuve se précipite ensuite de cascade en cascade à d'effrayantes profondeurs, au-dessus desquelles règne une sorte de toit, et sur ce toit serpente la route d'Akoura. La fraîcheur des eaux, la douceur de l'air, la beauté de la végétation ont quelque chose de délicieux. L'enivrante et bizarre nature qui se déploie à ces hauteurs explique que l'homme, dans ce monde fantastique, ait donné cours à tous ses rêves.

Les restes du temple sont sur une terrasse ou soubassement composé d'assises en retrait, vis-à-vis de la source, un peu au sud. Des masses de beaux matériaux sont entassées au pied. Le refend des pierres est le même qu'à Fakra, très-fin, parfois se bornant à une simple ciselure; il diffère beaucoup d'une pierre à l'autre. En général le temple d'Afka offre une analogie complète avec celui de Fakra. Les pierres sont de même dimension. Je les crois tous les deux des premiers temps de la domination romaine en Syrie, ou de l'époque d'Auguste. Il y a une colonne de granit[2]; mais l'ensemble du temple était sûrement en pierre du pays. D'un reste de corniche je conclus qu'il y avait à Afka comme à Fakra des demi-colonnes engagées dans les murs et taillées au même bloc que les surfaces lisses environnantes. Un très-gros mur semble flanquer le temple du côté du nord. Entre ce mur et le temple se voit une construction analogue à la tour de Fakra, un cube surmonté d'une pyramide

---

[1] Cf. Selden, *De Diis Syris*, p. 187 et suiv. Movers, *Die Phœn.* I, 192; Ritter, *Erdkunde*, XVII, 561 et suiv.

[2] Robinson (III, 605, 607) en a vu une autre transportée au village d'Afka. L'étonnement que lui cause la présence de telles colonnes en un lieu si inaccessible est fondé; mais les colonnes de Deir el-Kala sont un fait plus extraordinaire encore.

à échelons, et ayant pour toute corniche la saillie de la base de la pyramide sur le cube. Serait-ce un cénotaphe, un tombeau d'Adonis? Selon une version qui nous a été conservée par Méliton[1], Tammuz passait pour avoir été enterré à Aphaca.

Le temple a évidemment subi une destruction violente; des pans de murs entiers sont renversés d'une seule pièce. Du reste, l'ensemble est, à peu de chose près, dans l'état où il se trouvait le lendemain du jour où Constantin le fit démolir.

Le village métuali d'Afka est misérable et n'a absorbé qu'une très-petite partie des matériaux anciens. Des sources sacrées, qui sortent des assises du temple, sont encore tous les jours entourées d'offrandes. Un arbuste qui ombrage une de ces sources avait ses branches chargées de linges[2], le jour où je passai. Les faits établissent qu'en transportant à Baalbek la population d'Aphaca, Constantin ne réussit pas à déraciner les cultes étranges qui s'étaient établis en ce lieu. Zosime[3] nous apprend que, de son temps (v° siècle), il s'y produisait encore, aux réunions religieuses, un prodige qui impliquait sûrement quelque fraude sacerdotale; cela fait supposer que le service du temple s'était réorganisé, peut-être sous Julien.

Le fleuve Adonis sort d'une caverne située dans le pan coupé à pic de la montagne, à une hauteur de deux ou trois mètres; la caverne est en partie taillée de main d'homme. Il y eut probablement autrefois des constructions adossées au rocher, lesquelles entouraient la cascade et le bassin qui est au pied, comme cela eut lieu, ce semble, à Aïn-Fidjeh, près de Damas. De nombreuses sources jaillissent en outre de tous les côtés, en particulier des assises du temple. Ces eaux réunies se précipitent par une nouvelle cascade dans un bassin circulaire, qui paraît aussi avoir été agrandi ou rectifié de main d'homme. D'autres bassins du même genre se succèdent

---

[1] Voir *Mém. de l'Acad. des Inscr.* t. XXIII, 2° part. p. 323.

[2] Zosime, *Hist.* l. I, c. LVIII.

[3] *Loc. cit.*

ensuite comme des cirques à parois perpendiculaires taillées dans le roc[1].

J'allais quitter Afka pour me rendre à Akoura (il était déjà tard), quand une femme me proposa de me conduire à une inscription. Je descendis en effet pendant environ dix minutes, sur la rive gauche de l'Adonis, et j'arrivai à un rocher s'avançant dans le torrent. Ce rocher semblait taillé artificiellement. Il offrait la forme d'un grand couvercle de sarcophage, très-surbaissé; un bout présentait une sorte de petit fronton triangulaire. Sur les deux pans latéraux, dont l'inclinaison est peu sensible, se trouvent en effet des caractères latins, mais tellement frustes que je ne pus d'abord rien lire. Je dessinai, aussi bien que l'heure avancée me le permettait, cette singulière inscription. La longueur en est d'environ cinq mètres, la largeur de trois. Les lettres sont fort inégales. La hauteur des plus grandes est d'environ trente-huit centimètres.

J'ai montré ces traits informes à M. Mommsen, qui a lu avec beaucoup

---

[1] Voir Seetzen, *Reisen*, I, 245; O. de Richter, *Wallfahrten*, p. 107; Robinson, *Bibl. Res.* III, 604-605.

de bonheur à la ligne 5 : A FLVMINE AD [ONI]. Je pense que les dernières lettres indiquent le nombre de *pieds* de rocher qui ont été coupés. Ð est sûrement un chiffre. L'espèce de Θ de la deuxième ligne peut aussi être un Ð; peut-être faut-il lire ÐC MILIARIA. Quelquefois, enfin, je suis tenté de lire, à la première ligne, ANTONINI. L'inscription, en tout cas, est très-probablement la commémoration de quelque travail analogue à celui du fleuve du Chien et de l'Ouadi Barada. Nous trouverons bientôt à Akoura la même chose. Ce qui confirme cette hypothèse, c'est une note qui m'a été remise par les PP. Jésuites de Ghazir, et qui contient ce qui suit: « En partant du Gebel Mousa, avant d'arriver aux sources du « fleuve Adonis, trace d'une voie romaine [1]. » Sûrement l'inscription près d'Afka se rapporte à cette voie. J'invite instamment les voyageurs à revoir ce curieux endroit.

On me parla d'une inscription à Aïn-Bahr, au-dessus d'Aphaca. Nous ne pûmes la trouver. C'est probablement une inscription d'Adrien. J'ai mal vu Mneitri, à côté d'Aphaca, qui a joué un grand rôle dans l'histoire du Liban au moyen âge [2].

Je discuterai plus tard les hypothèses par lesquelles on a cherché à déplacer Aphaca et à transporter ce site antique, soit à Fakra, soit à Yammouni. Ces hypothèses sont dénuées de toute valeur. L'identité de l'Aphaca antique et de l'Aphaca actuelle, vue tout d'abord par Seetzen avec sa pénétration ordinaire, est d'une certitude absolue. ܐܦܩܐ, ܐܦܩܐ [3] est un mot syriaque pour ܐܦܩܐ, ou ܐܦܩܐ, « sortie, source. » Cette explication, qui m'a été suggérée par S. Ém. le Patriarche, doit être préférée à l'absurde étymologie proposée par M. Movers [4]. Il est vrai qu'El-Yammouni offre une source absolument semblable à celle d'Afka, tombant du rocher

---

[1] Comparez P. Bourquenoud, mémoire précité, p. 50.
[2] Voir Naironi, *Evoplia fidei cathol.* p. 90. Comparez Ritter, p. 190, 553 et suiv.; Robinson, p. 604 et suiv.
[3] Cette orthographe nous est donnée par la traduction syriaque de Méliton, endroit précité.
[4] *Die Phœn.* I, 192. Comparez Robinson, III, p. 606, note 5. L'article Ἄφακα, dans la nouvelle édition du *Thes.* de H. Étienne, est vraiment puéril.

en cascade et formant tout d'abord un grand cours d'eau. Un tel endroit a pu s'appeler *Aphaca*, au sens de l'étymologie précitée. Mais le culte d'Aphaca était en rapport direct avec le fleuve Adonis. C'est l'*Afaka*, « la « sortie » du fleuve Adonis qu'il s'agissait d'honorer. Le temple d'Aphaca était un temple de Vénus, par suite de sa contiguïté au fleuve Adonis. Sozomène est formel : ἐν Ἀφάκοις.... περὶ τὸν Λίϐανον τὸ ὄρος καὶ Ἄδωνιν τὸν ποταμόν [1]. Enfin les prodiges mentionnés par Sozomène et Zosime [2] sont étroitement liés au fleuve Adonis et prouvent que le temple était sur le bord du fleuve. Il est donc absolument impossible de placer Aphaca ailleurs qu'à Afka. Zosime nous apprend qu'Aphaca était située « au mi- « lieu entre Byblos et Héliopolis » (μέσον Ἡλιουπόλεώς τε καὶ Βύϐλου). Or, Afka est bien au milieu entre Gébeil et Baalbek. Zosime ne dit pas qu'elle fût sur la route même qui joignait ces deux villes. Cette route passait par Akoura (voir ci-après, p. 303). De là tombait-elle droit sur Gébeil, ou bien faisait-elle un détour? venait-elle joindre Aphaca, suivant la rive gauche du fleuve (voir ci-dessus, p. 299) jusqu'à son embouchure, et de là gagnait-elle Gébeil? Cette seconde hypothèse est vraisemblable, car je ne connais pas de voie antique d'Akoura à Gébeil, à droite de l'Adonis. En suivant le détour indiqué ci-dessus, on avait une route bien plus facile. Du reste, Eusèbe nous apprend qu'Aphaca était un endroit écarté et loin des grandes routes : ἔξω πάτου τριόδων τε καὶ λεωφόρων ἐκτός [3].

On admet généralement qu'Aphaca est identique à la ville d'*Aphek* ou d'*Aphik*, nommée dans le livre de Josué, XII, 18; XIII, 4; XIX, 30, et dans le livre des Juges, I, 31. Il est bien difficile de placer le site d'une grande ville antique dans une région aussi inaccessible que

---

[1] *Hist. eccl.* II, 5. Un autre passage relatif à Aphaca vient d'être mis au jour. Dans l'*Histoire ecclésiastique* de Gelasius de Cyzique (v⁵ siècle) publiée par M. Ceriani, dans ses *Monumenta sacra et profana*, t. I, fasc. II, p. 139, on lit : Ἔτι δὲ τὸν ἐν ἀφάτοις τῆς Ἀφροδίτης ἀρρητοποιίας ἀνέτρεψε ..... δαίμονα. Il faut certainement lire ἐν Ἀφάκοις.

[2] Sozomène, *Histoire ecclésiastique*, l. c.; Zosime, *Hist.* I, LVIII.

[3] *Vita Const.* III, 55.

l'est Afka. Ici, comme à Maschnaka, la population groupée autour du temple dut être peu considérable. Les couleurs sous lesquelles Eusèbe nous montre Aphaca, la présentant comme une sorte de lieu infâme et écarté, confirment cette hypothèse. Nous avons trouvé pareillement ces sortes d'identifications bibliques en défaut pour ce qui concerne Edhen. Le haut Liban n'eut jamais de grandes villes. L'Aphaca du Liban n'est pas mentionnée avant Méliton (deuxième moitié du second siècle).

La vallée du Nahr-Ibrahim renferme encore un temple qui se rapportait probablement à la même religion que celui d'Aphaca. C'est celui de *Ianouh* (يانوح) en Moghayré. M. Th. Weber est, je crois, le seul voyageur qui l'ait vu avant nous[1]. Le temple est devenu une église dédiée à saint Georges, surnommé le Bleu (*El-Azrak*). Saint Georges, comme on sait, a souvent succédé à des divinités anciennes. A l'intérieur de l'église, on voit deux colonnes. Deux portes, avec consoles romaines, très-bien conservées, s'ouvrent dans le sens de la largeur. Ces ruines ont une analogie générale avec celles de Fakra et d'Aphaca. Au sud du temple, il y a une grande construction rectangulaire en ruine; c'est de là qu'on a tiré les pierres pour bâtir le village moderne de Moghayré. Il n'y a là que des restes de murs, lesquels ont encore un ou deux mètres de haut. Les pierres sont sans bossage et assez grossières. Au nord de Saint-Georges, est une petite construction rectangulaire du même genre que le temple.

Moghayré, outre le temple de Ianouh, a une foule de petites églises[2] construites avec des pierres antiques, qui se reconnaissent surtout aux angles, aux portes et aux fenêtres. Ianouh est, à proprement parler, un petit monticule de ruines au milieu de Moghayré. C'est la localité ancienne dont les débris ont fondé Moghayré.

---

[1] Ritter, *Erdkunde*, XVII, 567.

[2] Ce sont ici sans doute les ruines dont parle le P. Bourquenoud (*Mémoire sur le culte d'Adonis*, p. 29, note.) Comparez Weber, dans Ritter, XVII, 568. Les récits du pays présentent cet endroit comme «un sommet où il y a alternativement un arbre, une chapelle, un arbre, une chapelle.»

Kartaba n'a pas d'antiquités, mais les inscriptions d'Adrien abondent alentour. Dans un endroit qu'on appelle *Dufran*, au-dessus de Kartaba, il y a, dit-on, une tête sculptée.

Je n'ai rien de précis sur Kefr-Nimroud, que la première édition de la carte de Van de Velde désigne comme une ruine entre Schir el-Meidan et Bilhas. Selon une de mes notes, Kefr-Nimroud serait identique à Kornet Afroun (voy. ci-dessus, p. 239), au-dessus de Diradj el-Mihal. On désigna à M. Sacreste sous le nom de Djebel Namroud la montagne située au N. E. de Maschnaka [1].

Kalaat-Tadmour ou Tidmor, au-dessus de Moghayré, à l'ouest d'Akoura, ne m'est connu que vaguement. On me dit qu'il s'y trouvait une inscription; c'est sûrement une inscription d'Adrien. On me parla aussi de caveaux creusés dans le roc pour un ou deux sarcophages. Tidmor paraît un village moderne qui a été bâti avec des matériaux anciens, dont quelques-uns sont très-beaux. Le village moderne a été détruit. Le *kalaa* est ancien.

Akoura n'a d'antique que l'église de Mar-Botros, qui n'est autre chose qu'une belle caverne sépulcrale, transformée en chapelle. La grotte est tout entière évidée dans le roc. Au milieu a été réservée une colonne avec un chapiteau en forme de baquet, analogue à nos vieux chapiteaux romans, sans ornement. Je crois cette grotte fort ancienne. Les sarcophages sont des auges taillées dans le roc. On y a trouvé, dit-on, des monnaies d'or et d'argent, de grande dimension. L'eau qui suinte le long de la colonne passe pour avoir des propriétés merveilleuses. La croyance des gens du pays est qu'elle vient d'une distance de deux lieues par des conduits souterrains. Près de l'autel, on voit une inscription syriaque, écrite de haut en bas, à la manière de l'oïghour, qui, comme on sait, vient du syriaque. On connaissait déjà plusieurs faits qui portaient à croire que les Syriens avaient en effet quelquefois écrit de haut en bas;

---

[1] Cf. Seetzen, *Reisen*, Theil I, p. 195; *Commentaire* de Kruse, p. 94, 104, 110.

mais on n'avait aucun monument certain d'une telle écriture. Cela donne un véritable intérêt à l'inscription d'Akoura.

C'est-à-dire ܡܪܝ ܐܣܛܦܢܘܣ ܟܣܢܛܝܢ, « Dominus Stephanus Ksntin. » Le troisième mot seul est difficile. Serait-ce une abréviation du nom de Constantin, analogue à celle qui se remarque dans le nom arabe de Constantine, قسنطينة, *Ksantina?* La forme pleine est ܩܘܣܛܢܛܝܢܘܣ. Mais, si l'on omet le ܘ de la première syllabe, le voisinage du ܣ oblige de prendre pour la lettre suivante un ܜ.

La route d'Akoura à Baalbek par le lac Yammouni est très-peu suivie et pourtant d'un haut intérêt. Le passage au-dessus d'Akoura est le plus facile de tous ceux qui traversent le Liban. Les gens d'Akoura, qui sont assez guerriers, paraissent tenir à en garder le secret. Le scheick m'expliqua comment, avec un petit nombre de fusils, on pourrait défendre le col au-dessus du village. Burckhardt entendit parler de ce passage. M. Ritter et M. Thomson, faute d'en avoir connu l'existence, sont tombés dans beaucoup d'erreurs[1]. C'était là certainement la route d'Héliopolis à Byblos. Étroite et taillée dans le roc, elle s'élargit ensuite et devient une des plus belles routes de la Syrie montueuse, jusqu'au moment où l'on arrive au versant oriental. Là, la descente est très-mauvaise; sans doute le sentier moderne a perdu ici la piste de la voie antique[2].

---

[1] Ritter, XVII, 303, 556-557, etc.; *Biblioth. sacra,* V, p. 5. M. Chesney chercha cette route, mais ses moucres refusèrent de le conduire. (Voyez Guys, *Relation d'un séjour à Beyrouth,* II, p. 2, note.)

[2] Le P. Bourquenoud (*Études,* septembre-octobre 1863, p. 846), faute d'avoir fait cette distinction, contredit inexactement sur ce point mon troisième rapport.

Le passage d'Akoura est, selon moi, une des plus vieilles routes du monde; c'est par là probablement que les conquêtes venant de l'Orient sont tombées sur la Phénicie. Cette curieuse route, comme le passage du fleuve du Chien, a gardé la trace des conquérants qui l'ont foulée ou réparée. A l'entrée, à l'endroit appelé *Diradjet Mar Sémân,* se voient de grandes entailles dans le roc, formant comme des degrés. Là, sur une sorte de surface plane en forme de frise, ménagée exprès à l'entrée du passage, et d'un aspect monumental, s'offre l'inscription suivante en lettres très-grandes :

IMP DOMITIANI AVG· S· V· T·

Je n'ai pu découvrir une suite, malgré la minutie avec laquelle j'ai examiné les alentours. On voit tout d'abord la ressemblance graphique de cette inscription avec les inscriptions d'Adrien. Ces dernières abondent du reste sur les deux côtés de la route. On peut rapprocher aussi de notre inscription celle que Krafft a découverte dans les gorges de l'Anti-Liban, entre Baalbek et Damas[2].

L'endroit nommé *Aïn el-Asâfir* (عين الاصافر) possède des inscriptions bien plus curieuses encore. Elles sont au nombre de deux. L'une est sur une grande pierre plate, au milieu du chemin, près d'une fontaine, à un endroit qu'on peut très-bien supposer avoir été une ancienne halte. L'autre est sur un rocher, à droite du chemin, pour celui qui vient d'Akoura. Des voyageurs anglais, qui ont vu ces deux inscriptions avant moi (M. Cyrill Graham et, je crois, M. Rawlinson, étaient du nombre), les ont considérées comme assyriennes. Elles peuvent, en effet, appartenir au système archaïque trouvé sur quelques briques de Mugheir, système d'où est sortie l'écriture cunéiforme[2]. M. Oppert, à qui je les ai communiquées, est resté dans le doute. Je donne ici une réduction des calques

---

[1] *Topographie Jerusalem's*, inscr. n° 31. — [2] Voir *The cuneiform Inscriptions of Western Asia*, publiées par le Musée britannique, vol. I, pl. i-v.

que j'en ai pris. J'ai omis dans cette reproduction des trous évidemment modernes, qui ont été faits sur la pierre pour le jeu du *mankali*.

Inscription sur la pierre plate, réduite à peu près au douzième.

Inscription sur le rocher voisin, réduite à peu près au vingtième.

Le premier point remarquable qu'on rencontre à la descente du Liban est le lac El-Yammouni[1], à côté duquel se trouve un village du même nom. La descente du sommet au lac n'est guère que d'une heure, et après le lac, jusqu'à la plaine de la Békaa, on ne descend plus beaucoup. Près du village, sont les ruines d'un ancien temple, qui paraît avoir eu beaucoup d'importance. Le site ressemble à celui d'Afka. Une petite rivière sort de la montagne, tombe en cascade d'une hauteur d'environ dix mètres, et va se jeter dans le lac à deux ou trois cents pas de sa source. Là, dans une petite île artificielle, ou plutôt sur une substruction carrée[2]

---

[1] Ritter, XVII, p. 300 et suiv. La position du lac donnée par Van de Velde et Kiepert doit être rectifiée d'après la carte du général de Beaufort. Le lac est alimenté par deux grandes sources et une foule de petites situées très-près de ses bords, au Nord-Ouest et au Sud-Ouest. — [2] M. de Forest lui donne 265 pieds anglais de longueur sur 205 de largeur. (*Journal of the American Oriental Society*, III, vol. n° II, p. 355.)

en belles pierres, élevée sur le bord du lac, au milieu de sources dont les eaux vives l'entourent de toutes parts, paraissent les ruines. Je crus d'abord distinguer les restes de deux temples, l'un grec, l'autre romain. Le fronton, la frise et les bases de colonnes du temple romain se voient très-bien. Je rapportais à un temple grec un fronton très-délicat, décoré de palmettes peu saillantes et de larges moulures, morceau excellent qui rappelle les fragments d'Oum el-Awamid. Puis des personnes instruites, qui ont vu Yammouni, m'ont inspiré des doutes sur ce point. Elles croient que tous les restes ont pu faire partie d'un seul temple. Une pierre angulaire, à bossage, encore debout, se fait remarquer par ses fortes proportions.

Je n'ai pas trouvé d'inscription parmi ces ruines. Niebuhr, qui ne vit pas Yammouni, mais qui recueillit à ce sujet diverses indications[1], parle d'inscriptions. C'est chose remarquable cependant que l'absence ordinaire de toute inscription dans les temples relatifs au culte d'Adonis. A Fakra même, les inscriptions ne sont pas sur le temple, et c'est indirectement que nous apprenons à quel dieu il était dédié.

Le lac El-Yammouni ou Leimon a été vu de loin par la plupart des voyageurs qui ont suivi la route de Baalbek aux Cèdres; mais personne, jusqu'à notre siècle, ne descendit au bord et ne vit les ruines qui s'y trouvent. Le colonel Callier, M. Edward Hogg, M. Edward Hildebrandt et M. de Forest[2] ont, les premiers, visité les ruines que nous venons de décrire. Bien avant la découverte de ces ruines, une idée s'était présentée aux voyageurs érudits[3]. Zosime[4] place près du temple d'Aphaca (τούτου πλήσιον) un étang (λίμνη) semblable à une piscine faite de main d'homme, où l'on venait consulter le sort en faisant flotter sur l'eau des objets d'or

---

[1] *Reisebeschreib.* Th. III, p. 91.
[2] Voir Ritter, XVII, *Erdkunde*, p. 304 et suiv.; *Journal of the American Oriental Society*, III, p. 355.
[3] Le P. Bourquenoud (*Études*, sept.-oct. 1863, p. 853) me défie de nommer personne qui ait nié l'identification d'Aphaca et d'Afka. Je nommerai Maundrell, Pococke, Brocchi, Mannert, Hogg, Thomson. Cf. le *Commentaire* de Kruse sur les voyages de Seetzen (Berlin, 1859), p. 102, 103, 104, 119, 120.
[4] *Hist.* I, LVIII.

ou d'argent, des toiles et des étoffes. Comme on ne trouvait dans cette région du Liban d'autre lac que celui d'El-Yammouni, presque tous les savants furent d'avis d'identifier ce lac avec la λίμνη de Zosime[1]. Cette identification paraissait d'autant plus naturelle que le nom de *Birket el-Yammouni*, qu'on écrivait *Leimoun*, *Limon*, se laissait dériver assez naturellement de λίμνη[2]. On entendait alors le πλησίον de Zosime dans un sens large. Mais il est impossible d'admettre cette hypothèse[3]. D'abord la distance considérable de Yammouni et d'Afka est une difficulté capitale. La distance d'Afka au lac Leimoun est d'environ douze kilomètres en ligne droite, et les accidents de la montagne la rendent en réalité bien plus considérable. Zosime présente le lac comme près du temple et en connexité immédiate avec le temple. Or les deux points précités sont séparés par des hauteurs inaccessibles; ils sont dans des bassins tout à fait différents et qui n'avaient pas de rapport l'un avec l'autre. En outre, Zosime compare la λίμνη d'Aphaca à une piscine faite de main d'homme. Or le lac Yammouni ne suggère nullement une pareille idée. Enfin le prodige que Zosime semble placer dans le lac, ce feu qu'on appelait *uranie*, qui venait à certains jours se précipiter dans l'eau, Sozomène[4] le place dans le fleuve Adonis, et à vrai dire, il n'avait de sens que là, car c'était sûrement une image de l'union de Vénus et d'Adonis.

Si Afka est l'ancienne Aphaca, le lac Yammouni n'est donc pas la λίμνη de Zosime. Mais la découverte des ruines d'un grand établissement religieux sur le bord du lac Yammouni suggéra une nouvelle hypothèse. Ce temple ne serait-il pas le temple même de Vénus Aphacite[5]? L'antique Aphaca ne doit-elle pas être placée à Yammouni? Le πλησίον de Zosime

---

[1] C'est déjà l'opinion de Maundrell et de Pococke; Sepp est du même avis, *Jerusalem und das Heilige Land*. II, 335.

[2] Ce qui rend cependant cette étymologie peu probable, c'est que la vraie forme est *El-Yammouni*, et que ce nom est proprement le nom du village situé près du lac et d'où le lac a pris son nom.

[3] C'est ce qu'a vu Robinson (*Bibl. Res.* III, 607).

[4] *Hist. eccl.* II, 5.

[5] Ce fut l'idée de M. Hogg, le premier qui ait décrit les ruines de Yammouni. Pococke (*Description of the East*, vol. II, part. I, p. 105-106), qui n'avait pas vu les ruines, a été entraîné à placer Aphaca en pleine Cœlésyrie, erreur qui surprend chez un homme si savant et si judicieux.

est alors pleinement justifié. En outre le temple d'El-Yammouni est bien sur la route même de Byblos à Héliopolis, comme le veut Zosime. En troisième lieu, la transportation opérée par Constantin des habitants d'Aphaca à Héliopolis s'explique mieux dans cette hypothèse. A Yammouni, on est déjà en Cœlésyrie. A Afka, il semble qu'il eût été plus naturel de transporter sur la côte les habitants dont on voulait détruire le culte et les habitudes. Mais ce sont là des inductions fort peu concluantes. D'abord, la difficulté tirée de la comparaison avec une piscine subsiste dans toute sa force. En second lieu, Yammouni n'est pas à moitié chemin de Gébeil à Baalbek; il est bien plus rapproché de ce second point. En troisième lieu, Eusèbe et Sozomène placent Aphaca en Phénicie [1]; or Yammouni est en Cœlésyrie. En quatrième lieu, Yammouni remplit très-mal une autre condition assignée par Eusèbe et Sozomène à l'emplacement d'Aphaca, c'est d'être situé sur les plus hauts sommets du Liban, ἐν ἀκρωρείας μέρει τοῦ Λιβάνου. Quoique le lac Yammouni soit très-haut au-dessus du niveau de la mer, il n'est pas fort élevé au-dessus de la Cœlésyrie, et de ce côté, l'endroit où il se trouve ressemble beaucoup moins à un sommet qu'à un trou au pied des montagnes. D'ailleurs, toutes les inductions du monde se trouvent faibles auprès des arguments décisifs qui nous font identifier Afka et Aphaca. (Voir ci-dessus, p. 299-300.)

Mais si l'ancienne Aphaca doit être laissée à Afka, si la λίμνη de Zosime ne peut être le lac El-Yammouni, où placer cette λίμνη? Selon nous, c'est à tort qu'on a voulu voir dans ce mot un véritable lac. La circonstance que la λίμνη en question ressemblait à une piscine faite de main d'homme me porte à la chercher dans un de ces bassins qui se voient à Afka au-dessous du temple et qui reçoivent les cascades de l'Adonis. L'aspect rond et régulier de ces bassins a frappé tous les voyageurs. Seetzen, Richter, Robinson les regardent comme artificiels. Peut-être autrefois

---

[1] Eusèbe, *Vita Const.* III, 55; *De laud. Const.* VIII; Sozomène, *Hist. eccl.* II, 5.

avaient-ils des rebords et tenaient-ils plus d'eau qu'aujourd'hui. Là, sous le temple de Vénus, à deux pas de la source de l'Adonis, est le site naturel de ce bassin fatidique. Le prodige d'*uranie*, que Zosime semble placer dans le lac, Sozomène, ainsi que je l'ai déjà dit, le place dans le fleuve, et à vrai dire il n'avait de sens mystique que là. Donc l'eau de la λίμνη et l'eau du fleuve étaient la même eau. D'après des renseignements oraux recueillis par M. Ch. Ritter de la bouche du colonel Callier[1], ce dernier aurait reconnu la λίμνη de Zosime dans un bassin (*Thalkessel*) desséché, où aurait depuis été bâti le village. J'ai mal vu le village. C'est là un point à vérifier.

Robinson est arrivé de son côté à des idées fort analogues à celles que je viens de proposer[2]. Quand des fouilles seront faites à Afka, la fixation de la position de la λίμνη aura beaucoup d'importance. Le passage de Zosime, en effet, peut laisser l'espoir de trouver à cet endroit bien des objets antiques.

Il faut donc repousser toute identification entre Aphaca et Yammouni. Seulement, il est possible que les deux temples aient eu une relation religieuse. Les deux sources, sortant d'une façon toute semblable des deux côtés de la montagne, auront pu être considérées comme venant d'un même réservoir et comme représentant le même dieu. Aujourd'hui encore les habitants du pays pensent que les deux sources sont « sœurs, » que l'eau du lac Yammouni fait partie de l'eau du Nahr Ibrahim. Quant à l'idée des gens du pays, d'après laquelle le *Birket el-Yammouni* serait le réservoir des *Borak Soleiman*, près de Tyr, c'est une chimère qui paraît n'avoir pas de racine dans l'antiquité.

La route, en partant de Yammouni, traverse, avant son entrée dans la plaine de la Békaa, des pentes boisées. Durant tout ce temps, elle est jalonnée de ruines, d'inscriptions, de marques de propriété tracées sur le roc. Sur le haut de la colline qui clôt vers l'est le bassin du lac, à gauche de la route en allant vers Baalbek, on rencontre une substruction

---

[1] *Erdkunde*, XVII, 303-304. Comp. p. 302, lignes 7 et 8 du bas. — [2] *Biblical Res.* III, p. 607.

et les pierres éparses d'un petit édifice carré, qui a été démoli par les chercheurs de trésors. Toutes les pierres sont à terre; car il n'y a pas de village près de là qui ait pu les absorber.

Sur l'une de ces pierres se lit l'inscription très-fruste que voici [1].

Le caractère est très-régulier. On ne lit avec certitude que Γάϊος Ἰούλιος Μενάνδρου. Φαϐίᾳ cependant est aussi très-probable. À la troisième et à la quatrième ligne on est tenté de lire un ethnique comme AZHNEITHC. Peut-être, cependant, faut-il chercher là de préférence la formule ζήσας ἔτη... μῆνας, ou bien ζῶν ἐποίησε, comme cela a lieu dans l'inscription du Corpus, n° 4511, si analogue à la nôtre. Mais cela est très-douteux. Les trois chiffres de la première ligne sont douteux aussi.

On sait que le grand mausolée d'Émèse a été élevé par Γάϊος Ἰούλιος Φαϐίᾳ Σαμσιγέραμος, ὁ καὶ Σεῖλας, Γαίου Ἰουλίου Ἀλεξίωνος υἱός. (Corpus, n° 4511.) Comparez une inscription d'Abila de Lysanias, de l'an 59 de notre ère; Le Bas et Waddington, Inscr. III, n° 1876. C'est donc ici encore, ce semble, un membre de la puissante famille des Sampsicéramus d'Émèse. Cette famille, comme un grand nombre de familles de rois et de tétrarques de l'Orient s'était affiliée à la gens Julia. (Cf. Corpus, n°s 4515, 4516, et en général les inscriptions du Hauran et de Palmyre. Qu'on se rappelle les noms historiques de Julia Domna, Julia Mamœa, Julia Mæsa, Julia Soémie, Julius Avitus, Julius Philippus, etc.; voir Dion Cassius, LXXVIII, 30; inscription de Ἰούλιος Σόαιμος à Émèse, copiée par M. Girard de Rialle. Comp. Cavedoni, dans les Ann. de l'Institut arch. de Rome, XIX, p. 166; Corpus inscr. grœc. n° 362 et Addenda ad n^{um} 4511; Waddington, dans les Comptes rendus de l'Acad. des Inscr. mars 1865, p. 107-108; Mém. de l'Acad. des inscr. XXVI, 1re partie, p. 219, et Explication des inscr. de Le Bas. III, n° 2112.)

À un détour de la route, au moment où l'on commence à apercevoir Baalbek, on trouve une borne milliaire, en forme d'aiguille obtuse et

---

[1] M. de Forest l'avait copiée; mais le comité de publication du Journ. of the Americ. Orient. Soc. a supprimé sa copie comme ne pouvant servir (III. p. 355).

elliptique. C'est ce qu'on appelle dans le pays le *Dabbous*, « l'aiguille. » Elle a une inscription fort difficile à lire[1], presque impossible à bien estamper. En combinant la copie que j'en ai prise et les estampages défectueux que j'ai rapportés, M. Mommsen a lu[2] :

```
              ESARIDIVI
              TIMISIVERIPIIA
           RABICIADIABENICIPAR
         MAXBRIT        IDIVIMAR
         CIANTONINIPIIGFRMANICISAR
              CINEPOTIDIVIANTONINIPII
         PRONEPDIVIHADRIANIABNEPO
              TRAIANIPARTHICI
                         A       EPO
         M           ANTONINOPIOAVG
         PART      A T    PAT         MAX
            ON       CMAXIMOTRIBPOTXVI
         COS · IIPROCOSVIASETMILIARII
         PERDPIVMCASSIVMLEGAVG
         P    · PRPRAESIDEMPROVINCIAE
         SYRIAEPHOENICESCOLONIAIVLIAAVG
              IELHELREN    VIT
```

ce qu'il restitue ainsi :

```
         [IMP · CAJES[A]RI · DIVI
         [SEP]T[IM]I · S[E]VE[R[I · PII · A
         RABICI · ADIABENICI · PAR
         [THICI.]MAX.BRIT·[MA]X·[FIL·]DIVI·MAR
         CI·ANTONINI·PII·[GE]RMANICI·SAR
         [MATI]CI · NEPOTI · DIVI · ANTONINI · PII
         PRONEP · DIVI · HADRIANI · AB[N]EPO[T]
         [DIVI·T]R·[A I]ANI·PARTHICI·[ET]
         [DIVI · NERV]AE · [AD]NEPO[TI]
         M·[A]V[RELIO·]ANTONINO·PIO·AVG
         PART[H·MAX·P]AT[RI·]PAT[R·BRIT·]MAX
         [P]ON[TIFIC·]MAXIMO·TRIB·POT·XVI
         COS.[II]I·P[R]OCOS·VIAS·ET·MILIARI[A]
         PERDPIVM CASSIVM LEG AVG
         P[R·]P[R·]PRAESIDEM PROVINCIAE
         SYRIAE PHOENICES COLONIA IVLIA AVG
         [F]EL·HEL·[R]EN[O]V[A]VIT
```

[1] M. de Forest (*ibid.*) l'a vue, mais déclare en avoir lu peu de chose. En effet, ce qu'il dit du contenu est tout à fait inexact. — [2] *Corpus inscr. lat.* n° 202.

L'inscription est donc en l'honneur de Caracalla, et de l'an 213. *Colonia Julia Augusta Felix Heliopolitana* est le nom complet de Baalbek.

L'endroit s'appelle *Meráhet Dabbous*, « la halte de l'aiguille. » C'était là sans doute une station de cette vieille route, maintenant abandonnée. Il y a des caveaux de l'autre côté de la vallée.

Un peu au-dessous du *Dabbous*, près de la route, à gauche, sur un rocher, on lit en très-grands caractères [1] :

```
   UTNI
   ACOR
  NE LIA
```

Sur un gros rocher, à côté, se voient divers essais de lettres :

```
      C
   CORaco
```

En s'écartant à droite, à l'endroit nommé *Sahlet Merah Iskandar*, la même inscription se retrouve sur un quartier de rocher, renversé sans doute par les chercheurs de trésors.

```
    UTNIA
   CORNELIA
```

Ce nom d'*Utinia Cornelia* est, je pense, celui de la propriétaire des champs environnants. Près de ces inscriptions, au bord de la route, à gauche, on voit couché sur le sol un grand prisme de pierre, à quatre pans. Deux des côtés de ce prisme portent des inscriptions. M. de Forest [2]

---

[1] M. de Forest (*l. c.* p. 354) a lu cette inscription.
[2] *Ibid.* p. 354-55. M. de Forest la prit pour une inscription grecque. Sa copie est si défectueuse qu'on n'en peut tirer un seul mot.

a vu l'une d'elles; l'autre était tournée vers le sol, et n'est apparue que quand j'ai fait retourner la pierre. Voici le *fac-simile* réduit au quarantième de la copie que je pris en présence du monument et de l'estampage partiel que j'en rapportai :

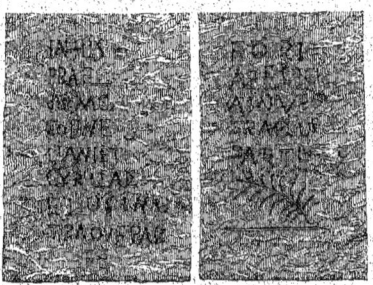

M. Mommsen, à qui j'ai communiqué ma copie et mon estampage, lit :
IN HIS PRÆDIS M·CL·CORNELIANI ET CYRILLÆ EIVS IN VTRAQVE PARTE
FORTIA FELICIA IN VTRAQVE PARTE

Les signes abondent aux environs sur les rochers. Ce sont sans doute des signes de propriété. A Schelifa, c'est un Z suivi d'une sorte de parafe; près de là, une sorte de K; près de là encore, un B. Au-dessus de Btéda, sur des rochers, sont d'autres signes, une sorte de crosse et un P; un peu au-dessous de l'inscription de Cornelianus et Cyrilla, d'autres signes conventionnels. On s'étonne de voir disputé pied à pied, il y a dix-huit cents ans, un sol qui de nos jours est presque stérile. Nulle part on ne comprend mieux à quel degré de culture Rome avait su élever ce pays, livré, avant et depuis sa domination, à une complète anarchie.

Les ruines sont, du reste, assez nombreuses en ces parages. Près de Btéda, sous un très-gros arbre, il y a des pilastres corinthiens et des membres divers d'un petit temple et d'autres édifices. A Btéda, on me montra une statuette dans une niche, qu'on eût prise pour un Moïse cornu, tenant une palme dans une main, et de l'autre un objet indiscernable. Au-dessus de Schelifa, il y a un joli petit temple bien conservé, à peu près du même style que Baalbek, avec fronton, corniche et sculptures assez soignées. Je recommande cet édicule aux architectes. C'est probablement le *Deir Ehant* de la carte de MM. les officiers d'État-major. Mais ce nom ne m'a pas été prononcé, et il doit être en quelque chose incorrect. A Tell el-Hurrié il y a, dit-on, une inscription arabe.

Baalbek ne rentrait dans mon domaine que par les substructions colossales où l'on a vu les restes d'un temple antérieur aux temples qui furent bâtis sous les Romains[1]. Cela peut être vrai pour le *trilithon* et pour le mur qui s'y joint du côté du nord, lequel n'a dans le plan romain aucune raison d'être[2]. Quant aux vastes substructions qui s'étendent sous le grand temple, et qui rappellent à quelques égards les parties, ce semble, hérodiennes, des murs de Jérusalem, elles m'ont paru inséparables, et par conséquent contemporaines des constructions évidemment romaines. Une rigoureuse analyse de cette immense ruine ne pourra être le fruit que d'une étude continuée durant des mois par un architecte[3]. C'est à Baalbek qu'on se confirme dans la conviction, déjà acquise à Deir el-Kala, que l'emploi des grands blocs ne prouve guère en Syrie pour l'âge des monuments. Les deux pierres angulaires du devant du temple de Jupiter, dont la date est certaine, sont d'une dimension égale ou supérieure à tout ce que présentent les constructions qu'à raison de la grandeur des matériaux on a voulu considérer comme phéniciennes. J'en dirai autant des pierres de la base et des jambages monolithes de la porte du temple rond, temple qui est pourtant un édifice de décadence s'il en fût. J'avoue cependant que le *trilithon* me surprend. Pour s'atteler à ces blocs, les plus gros, je crois, que la force de l'homme ait remués sur

---

[1] De Saulcy, *Voyage autour de la mer Morte*, II, 626 et suiv.

[2] Il faut remarquer cependant que le *trilithon* répond juste à la largeur du temple du Soleil qu'il soutient.

[3] Ce travail a été fait dernièrement par M. Joyau, élève de l'école de Rome, dont la belle étude est déposée à l'École des Beaux-Arts. (Voir le mémoire manuscrit de Mariette, à la suite de l'exemplaire de Wood, à la Bibliothèque de l'Institut.)

aucun point du globe, il fallait encore subir l'influence d'une architecture dont le principe était la taille sur place du rocher. Il est vrai que ce principe tenait à la nature de la pierre du pays, et que les Romains, qui pour l'emploi des matériaux se pliaient avec beaucoup de souplesse aux exigences de chaque contrée, ont pu subir eux-mêmes l'influence des causes qui ont maintenu le monolithisme en Phénicie et en Palestine bien plus longtemps qu'ailleurs. Le temple de Léontopolis, en Égypte, bâti par les Juifs 160 ans avant J. C., avait des pierres de soixante coudées de long [1].

Le bossage des constructions sarrasines de Baalbek est très-soigné. Il se réduit souvent, surtout dans les intérieurs, à un simple liséré, résultant de ce que le bord est plus poli que le centre. Plusieurs pierres du côté du *trilithon* offrent l'inverse du bossage, je veux dire une sorte de ruban sur le bord. Ce sont là, je crois, de simples accidents de carrière, sans intention [2]; mais cela même est un signe d'antiquité. Nous avons vu que le trait essentiel des constructions d'Amrit est justement ce peu de souci de ravaler les blocs une fois qu'ils sont montés. Une autre particularité du *trilithon* rappelle le *Burdj el-Bezzak* d'Amrit. Les pierres, énormes, forment une assise superposée à des pierres très-grosses encore; celles-ci sont placées au-dessus de pierres moyennes sans bossage. La façade du monument précité d'Amrit présente quelque chose d'analogue. (Voyez pl. XIV et XVI.)

La substruction romaine, faisant suite au *trilithon*, offre le liséré fin des pierres de Kalaat-Fakra. Au contraire, les grandes substructions de la grande cour du côté du nord montrent trois sortes de bossages superposés : 1° au bas, un bossage fort et grossier, analogue à celui des blocs bruts de Jérusalem qu'on regarde comme salomoniens; 2° à la hauteur de la cour du temple, un appareil à refend, couronné par une grosse

---

[1] Josèphe, *B. J.* VII, x, 3.

[2] Cependant ce ruban en saillie se remarque sur le portique du grand temple, et là il court sur les pilastres mêmes, accusant les joints des pierres avec beaucoup d'exagération.

moulure romaine, et analogue à celui de Jérusalem que l'on considère comme hérodien; 3° le bossage du moyen âge au plus haut rang. Les deux rangs inférieurs de la substruction sont aussi distingués par le ton des pierres. Le ton des parties répondant à la cour romaine est jaune d'or; le ton des parties les plus basses est gris-bleu. Les parties anciennes présentent aussi des joints à biseau, je veux dire des refends à pans inclinés, sans surface verticale unie dans le retrait. En tout cas, aucune loi rigoureuse ne se laisse apercevoir. Le bossage ne se trouve pas partout; on le pratique avec négligence, mais toujours en le réservant pour les parties brutes, les soubassements. Du reste, des parties entières semblent avoir été remontées; ainsi, à l'angle Sud-Est du portique, on voit un morceau de moulure romaine encastré dans le soubassement.

En somme, je ne suis pas convaincu que même la partie du soubassement du côté Nord, formée de pierres irrégulières, d'un ton gris-bleu, et d'un bossage irrégulier, soit antérieure au temple romain. En effet, du côté Sud, il y a des portes et des fenêtres romaines dans un mur du même style. De ce même côté s'ouvre un vaste souterrain, ayant des salles latérales, exactement dans le style de la cour du temple[1]. Or ces salles sont inséparables du mur extérieur. Ce souterrain est un beau type du bossage romain. La finesse de ce bossage fait contraste avec la grandeur des matériaux. Il y a aussi des exemples de pierres où le centre est plus poli que les bords, ce qui prouve bien que ces particularités de la coupe des pierres sont insignifiantes et qu'on ne tenait pas à ce que toutes les pierres fussent taillées de la même façon.

Je n'ai trouvé à Baalbek aucune inscription inédite. Celle de Cassius Arrianus est correctement donnée par le comte de Vidua[2]. Elle est près d'un monument appelé *Mesched Ali*, mais il n'est pas sûr qu'elle en ait

---

[1] Ce souterrain est différent de celui dont parle M. de Saulcy (Premier Voyage, II, p. 626 et suiv.).

[2] *Inscriptiones antiquæ in turcico itinere collectæ*, tab. XXVIII, 2 (Paris, 1826). Comp. Saulcy, Premier Voyage, II, p. 613 et pl. LIII, 6.

fait partie. Quant à celle de Zénodore (*Corpus*, n° 4523), M. de Saulcy y a ajouté un utile complément[1], et en a bien avancé l'interprétation, en y découvrant le nom de Lysanias. La première lettre de la deuxième ligne du deuxième fragment de M. de Saulcy est cependant mieux figurée dans le *Corpus*. C'est un ⊏. Il faut remarquer de plus, que le fragment TOICYIOIC est sur l'alignement de la première ligne et qu'il la termine. Le premier fragment de M. de Saulcy a été brisé depuis le passage de mon savant confrère, et est allé faire de la chaux. Je n'en ai trouvé que des débris. L'ouvrage de Brocchi[2], qui a été négligé par les compilateurs du tome III du *Corpus*, contient en outre un lambeau d'inscription qui semble avoir appartenu à celle dont nous parlons. Personne ne l'a revu depuis Brocchi (1824). Le voici :

OYΦYN
ΔACAN

Nous obtenons ainsi quatre morceaux de cette importante inscription. Premier morceau :

ΒΥΓΑΤΗΡΖΗΝΟΔΩΡΩΛΥC
⊏ΥΙΟΙCΜΙ▨▨ΙCΧΑΡΙΝ

Deuxième morceau :

ΕΤΡΑΡΧΟΥΚΑΙΛΥC
ΑΝΕΘΗΚΕΝ

Troisième morceau :

ΟΙCΥΙΟΙC

Quatrième morceau :

ΟΥΦΥΝ
ΔΑCΑΝ

---

[1] *Voyage autour de la mer Morte*, II, 613-615, pl. LIII, 5. Cf. Le Bas, *Voy. arch.* inscr. III, n° 1880. Les rédacteurs du *Corpus* ont négligé les copies de Krafft (*Topographie Jerusalem's*, inscr. n° 29) et de Brocchi (*Giornale*, III, 173). La copie de Sepp (*Jerusalem und das Heilige Land*, 1863, p. 323), est sans valeur. Dans ce même ouvrage (p. 302), Sepp dit qu'en 1837 le P. Ryllo découvrit (*sic*) à Baalbek des fragments d'une inscription grecque relative à la famille de Lysanias. (Voir Patrizzi, *De Evangeliis*, t. III, Fribourg en Brisgau, 1853). M. John Hogg n'a rien ajouté d'important aux résultats de M. de Saulcy (*Transact. of the Royal Society of Literature*, 2° série vol. VII, p. 274 et suiv.).

[2] *Giornale delle osservazioni fatte ne viaggi in Egitto*

318   MISSION DE PHÉNICIE.

Il est clair d'abord que les morceaux deux et trois se suivent presque, et qu'il n'y avait entre eux qu'un espace de six lettres à la ligne supérieure. De plus, le troisième morceau ne peut se rapporter qu'à l'extrême droite de la première ligne, puisque ἀνέθηκεν finit la seconde ligne. Nous obtenons donc avec certitude :

............θυγάτηρ Ζηνοδώρῳ Λυσ[ανίου τ]ετράρχου καὶ Λυσανία.............καὶ τ]οῖς υἱοῖς
........καὶ τοῖ]ς υἱοῖς μν[ήμ]ης χάριν [εὐσεβῶς] ἀνέθηκεν.

Le quatrième morceau ayant deux lignes ne peut se placer que dans la grande lacune de gauche. Brocchi copiait fort mal, et, si l'on réfléchit aux distances, on verra que ΔΑΣΑΝ doit faire partie d'un nom propre. D'un autre côté, si la lecture ΛΥΣΑΝΙΑ est fondée, ce mot doit être suivi d'un nom propre au génitif pour le distinguer de l'autre ΛΥΣΑΝΙΑ. Il semble donc qu'on peut construire les lignes de l'inscription ainsi qu'on le voit ci-contre, à la marge.

Le troisième blanc de la première ligne répond à un nom propre au génitif. Il n'est pas probable qu'il y eût là un autre καί... Le blanc qui attaque les deux lignes ne peut être non plus fort considérable, puisque là aussi, à la première comme à la deuxième ligne, on ne peut placer qu'un nom d'homme au génitif. Ce qui manque à gauche de la première ligne équivaut à un nom de femme suivi du nom de son mari au génitif. La symétrie de l'inscription voulant que la ligne supérieure déborde l'inférieure de la même quantité, on doit donc supposer qu'il ne manque rien à gauche de la deuxième ligne. Par conséquent, le monument a été élevé par une *inconnue*, fille d'un *inconnu*, mariée à un individu dont le nom finissait en ος, en ας, en ης, pour servir de tombeau : 1° à Zénodore, fils de Lysanias, le tétrarque; 2° à Lysanias, fils de....... et à ses fils; 3° à Lysanias, fils de....... et à ses fils.

M. de Saulcy a très-bien montré la valeur de cette inscription. Ce Zénodore, en effet, est un personnage important, mentionné par Strabon (XVI, II, 20), Josèphe (*Ant.* XV, x, 1, 2, 3; XVII, xi, 4; *B. J.* I, xx, 4; II, vi, 3), Dion Cassius (LIV, 9). On possède des monnaies de lui[1]. Notre inscription prouve qu'il était fils de Lysanias le tétrarque, tué l'an 34 avant J. C. Josèphe dit seulement que Zénodore ἐμεμίσθωτο τὸν οἶκον τοῦ Λυσανίου. Dion Cassius et les monnaies lui donnent aussi le titre de tétrarque. L'an 23 avant J. C. Auguste le dépouilla d'une partie de ses

---

nella Siria, e nella Nubia (Bassano, 1842), vol. III, p. 173. Les pages 175 et suiv. contiennent d'autres copies d'inscriptions qu'on a eu tort de négliger.

[1] Eckhel, 1ʳᵉ partie, vol. III, p. 496-97. Comp. *Mém. de l'Acad. des inscr. et belles-lettres*, ancienne série, t. XXVIII, p. 545.

domaines. Il mourut l'an 19 avant J. C. Notre inscription prouve de plus que la famille de Lysanias le tétrarque se continua après sa mort, et qu'il s'y trouvait toujours des individus portant le nom de Lysanias. Ceci est important pour les controverses auxquelles le verset Luc, III, 1, a donné sujet[1]. À cet endroit, en effet, on nomme un Lysanias comme étant encore tétrarque de l'Abilène, en l'an 28 de notre ère. On s'explique mieux l'assertion de Luc, quand on sait qu'il y eut un prolongement de la puissante famille des Lysanias, que quand on est obligé de supposer dans son texte un anachronisme de soixante-deux ans. L'inscription *Corpus*, n° 4521 (voir les *Addenda*), conduit à la même hypothèse[2], laquelle a aussi pour elle, dans une certaine mesure, les passages de Josèphe, *Ant*. XVIII, vi, 10; XX, vii, 1; *B. J.* II, xi, 5; xii, 8. En tout cas, les critiques qui avaient identifié οἶκος Λυσανίου et οἶκος Ζηνοδώρου ne s'étaient pas trompés, quelle que soit la valeur des conséquences qu'ils tiraient de là. On voit combien il serait important de trouver dans les masures de Baalbek d'autres fragments de notre inscription.

Zénodore, dans Josèphe (*B. J.* II, vi, 3), est aussi appelé Ζήνων. Or, le nom de *Zeinoun* se retrouve encore dans des noms de localités de la région de Damas : *Deir Zeinoun* est un village de la Békaa, sur la route actuelle de Beyrouth à Damas. *Khan Zeinoun*, dans le Hauran, est la première halte à partir de Damas. Ce sont là certainement des souvenirs du célèbre Zénodore de l'Abilène. Cette remarque est de M. Gaillardot. Le nom de Zénodore et celui de Lysanias répondaient probablement à des noms arabes, ou du moins sémitiques.

L'inscription de Fecenius (Krafft, *inscr*. n° 30; Saulcy, II, 616, et pl. LIII, 8) doit être lue ainsi :

L. FECENIV[S]
P. FE[CE]NIVS.

L'inscription finissait après NIVS de la seconde ligne.

À Ras el-Aïn, près de Baalbek, sont les restes d'un petit temple qui me rappela, par son site et un peu par sa construction, celui du lac El-Yammouni. Il s'élevait sur une substruction carrée, au milieu de très-belles sources.

L'espérance de trouver à Baalbek des monuments syriens antérieurs

---

[1] Voir Winer, *Bibl. Realwört*. art. *Abilene*; de Wette, in Luc. III, 1; Strauss, *Vie de Jésus*, I, p. 355-57 (trad. Littré, 2ᵉ édit.).

[2] Voir Cavedoni, dans les *Ann. de l'Instit. archéol. de Rome*, XIX, p. 166-167.

à l'époque romaine est donc assez faible. Baalbek eut un temple antérieur à l'époque romaine, nul n'en peut douter, puisque l'auteur du traité *de Dea Syria* donne à l'ἱρόν égyptien qu'on y révérait l'épithète ἀρχαῖον[1]. Or, quand ce traité fut écrit, les temples actuels étaient à peine bâtis. Néanmoins Baalbek n'eut une importance de premier ordre que depuis qu'elle fut devenue colonie romaine. On ne sait pas avec certitude son nom sémitique antérieur[2]. A l'époque romaine, il semble même que la colonie et la masse de la population avaient entre elles peu de contact. Sur les inscriptions, nous n'avons trouvé que des noms latins. Le nom de *Colonia Julia Felix Heliopolitana* n'a laissé aucune trace dans les noms de lieux actuels. Sans doute les indigènes continuaient, sous les Romains, d'appeler la ville de son nom sémitique, lequel seul a survécu[3]. La splendeur romaine fut ici, ce semble, quelque chose d'étranger, d'implanté du dehors. Aussi, la force extérieure qui maintenait cette civilisation artificielle ayant une fois disparu, les splendides monuments de l'époque romaine n'eurent plus de sens pour des populations habituées à la vie nomade ou à une vie sédentaire mesquine. Ils restèrent comme des non-sens, ou plutôt comme des signes attestant qu'une race supérieure avait un jour passé par là.

---

[1] *De Dea Syria*, 5. Il reste bien quelque doute sur ce passage, l'auteur ne disant pas que le temple en question se trouvait à Héliopolis de Syrie. Mais cela semble probable, vu l'analogie du nom primitif des deux Héliopolis. (Voir la note 3 ci-après.)

[2] La plus grande probabilité est pour בקעת־און d'Amos, 1, 5. Voir Robinson, III, 519 et suiv. Comparez le *Mémoire* de M. Hogg dans les *Transactions of the Royal Society of Literature*, 2ᵉ série, t. VII, p. 247 et suiv. Le nom de Baalbek se trouve, à ce qu'il paraît, dans les inscriptions cunéiformes, sous la forme *Balbiki* (carte dressée par MM. Ménant et Oppert, dans Rey, *Étude hist. et top. de la tribu de Juda*, p. 136). Les formes talmudiques du nom de Baalbek sont בעלבכי et בעלבק (Mischna, *Maqseroth*, 1, 1; Talmud de Babylone, *Aboda zara*, 11 *b*; Midrasch, *Kohéleth*, 1x).

[3] Baalbek est, selon mon opinion, une corruption de בעל־בקעה. Βαλάνιος, nom du soleil à Baalbek (Hogg, mém. cité, p. 292 et suiv.), me semble pour בעל־אני ou בעל־אן. אן est le nom d'Héliopolis d'Égypte, avec laquelle Héliopolis de Syrie avait des rapports particuliers. (*De Dea Syria*, 5; Macrobe, *Saturn.* I, 123.) La prononciation de Ὤν en égyptien était *An*.

CHAPITRE IV.

LE KESROUAN. — BEYROUTH.

Reprenons notre description de la côte à l'embouchure du fleuve Adonis. Ce qui frappe sur toute cette côte, ce sont les travaux dans le roc qu'on trouve à chaque pas. Quand ces travaux sont plus serrés, plus groupés, ils sont un signe certain d'emplacement de ville ancienne. Mais on les rencontre un peu partout. La côte de Phénicie offre l'aspect d'une vaste carrière, présentant encore dans toute sa fraîcheur la marque de la scie et du ciseau. Presque tous les objets usuels, meules, aires, silos, auges, citernes, piscines, puits, margelles, etc. viennent également en ce pays de la plus haute antiquité. Ces choses, une fois faites, servent toujours, surtout dans les pays où les pratiques et les usages varient peu. Dans le pays de Tyr, nous arriverons également à ce résultat, que les monuments industriels constituent les restes les plus nombreux de la vieille Phénicie. Rappelons chez les Hébreux, ces aires monumentales qui donnent leur nom à des localités, « l'aire d'Arevna, l'aire du nerprun, » etc.[1]

Les arasements au niveau de la mer sont un phénomène non moins frappant de toute la côte de Phénicie. J'entends par là le fait de ces rochers taillés au niveau de la mer comme par un instrument tranchant, qu'on rencontre à chaque pas, par exemple au N. O. du port de Gébeil, à l'embouchure du fleuve du Chien, rive droite, sur la côte ouest de Beyrouth. A la vue de ces arasements, on songe d'abord à un travail artificiel. Il n'en est rien. Des faits nombreux que j'ai observés, il résulte pour moi

---

[1] Voir Gesenius, *Thesaurus*, au mot גרן.

que la mer exerce sur le calcaire de la côte de Syrie une action corrosive, que cette action s'exerce non sur la partie du rocher toujours immergée, mais sur la partie qui est à la fois en contact avec l'air et l'eau, c'est-à-dire au niveau même de la mer. Cette action séculaire tend à tracer autour du rocher qui y est exposé une section horizontale et à isoler la partie supérieure[1]. Cette partie est ensuite dévorée elle-même et à la fin balayée. Je laisse la question aux minéralogistes; mais j'ose affirmer que la main de l'homme n'est pour rien dans ces arasements.

À l'endroit nommé El-Bauar (البوار)[2], commence un vaste ensemble de travaux dans le roc, qui sont en partie des carrières, en partie des travaux faits avec intention. Des trous d'amorce pour des poutres se voient en plusieurs endroits et prouvent que les coupes verticales du rocher ont servi d'appui à des maisons. Cela rappelle Anefé et l'endroit d'Athènes connu sous le nom de «Prison de Socrate[3].» Sur la grève se voit une grande masse isolée (pl. XXXIX) adhérente au sol et ayant dû servir de base à une construction, peut-être à un petit *naos*, quoique différentes circonstances semblent révéler une destination industrielle, et qui, en tout cas, ressemble beaucoup à la base du *Maabed* d'Amrit. Le puits d'Aïn-Mahouz, près de là[4], avec son escalier grandiose et les énormes hydries cassées qui environnent la margelle est plus remarquable encore (pl. XXXIX). C'est le plus bel ouvrage de ce genre que j'aie vu. Toute la route de El-Bauar à Berja continue de montrer des rochers taillés, des portes de grottes ensevelies sous terre, dont on ne voit que le haut, etc. La côte, du fleuve Adonis à la baie de Djouni, est formée par un grand rocher incliné, où il y a beaucoup d'excavations naturelles, qui devaient engager à y tailler des caveaux, des magasins, des silos.

---

[1] Un fait analogue se remarque dans les parties du Sahara qui sont des lits d'anciennes mers. (Voir H. Duveyrier, *Les Touareg du nord*, p. 35.) Nous reviendrons sur la question de ces arasements à propos de Sour.

[2] C'est le premier endroit qu'on rencontre en venant de Gébeil, après Mar-Dounit.

[3] Voir Le Bas, *Voyage archéol. Itin.* pl. IV. Comp. *ibid.* pl. XLVIII.

[4] Ritter, XVII, p. 550.

CAMPAGNE DE BYBLOS. 323

Le petit port de Berja, dont le vrai nom est Taberja (طمرجا)[1], est un centre de travaux dans le roc encore plus considérables. Les caves et les grottes sépulcrales sont nombreuses près du petit port des deux côtés de la vallée; mais c'est surtout en montant sur les mamelons qui couronnent le village à droite et à gauche, qu'on trouve un vaste ensemble de tombeaux. Peu de nécropoles phéniciennes offrent une si grande étendue. Un genre de caveaux est propre à cette nécropole; ce sont ceux où l'on entre par le plafond. Je n'ai pas vu cette disposition ailleurs, du moins si caractérisée. Près du village, par exemple, à droite de la route en venant de Djouni, se voient, à très-peu de distance l'une de l'autre, trois ouvertures rectangulaires d'environ 0^m,70 sur 0^m,50, qu'on prendrait d'abord pour des citernes, mais qui sûrement sont des tombeaux. Les citernes, en effet, ont toujours une forme conique ou sphéroïdale. Les ouvertures dont nous parlons ont, d'ailleurs, un rebord intérieur de quelques centimètres, sur lequel reposait sans doute la saillie de la pierre qui fermait l'entrée.

J'emprunte à une lettre de M. Sacreste la description de quelques grands caveaux situés près de Berja.

Après avoir dépassé les dernières maisons du village, je remarquai sur la droite, à cent mètres environ, une excavation que j'eus la curiosité d'aller visiter, bien qu'elle me parût naturelle. Jugez de ma surprise, en trouvant là un superbe caveau, puis tout autour de cette petite éminence une série d'autres tombeaux, tous creusés dans le roc.

A gauche, en entrant, deux chambres à voûte cintrée renferment chacune deux caisses de sarcophages; dans le fond une chambre à dimensions plus grandes, mais aussi à voûte cintrée, renferme trois caisses; tous ces tombeaux sont placés dans le même plan, c'est-à-dire, l'un à côté de l'autre, et présentent le petit côté au spectateur. Ces sept sarcophages sont très-grands et d'une entaille fortement accentuée dans le roc; en outre, ils ont la tête plus haute que les pieds, et cette singulière disposition, que nous n'avons trouvée nulle part, leur donne un air plus imposant encore.

A droite sont deux chambres de même forme que les autres; mais les sarcophages y

[1] Le patriarche m'a assuré que cette forme seule est usitée dans les anciens textes. Encore aujourd'hui les personnes qui parlent bien disent *Taberja*.

41.

sont au niveau du sol, au lieu d'être sur une estrade ou lit funéraire, comme ceux dont je viens de parler. En outre la première de ces deux chambres est moins profonde que celle qui lui fait face et ne contient qu'un sarcophage présentant le grand côté. Enfin, sur le sol, on voit les traces de sarcophages creusés l'un à côté de l'autre, comme cela se remarque à Djébeil, à la nécropole du Sud.

Certes, il y avait là de quoi loger bien des morts, et cependant il semble qu'il n'y ait pas eu place pour tous les ayants droit, car dans la deuxième chambre de droite est percée une ouverture qui donne accès à un tombeau supplémentaire disposé dans le roc parallèlement à ceux du fond. La longueur totale du caveau est d'environ six mètres.

Autour de ce caveau, on remarque extérieurement une entaille demi-circulaire sur une largeur de 0^m,60 et une hauteur de 2^m,50. On dirait un couloir servant à séparer le caveau dont je viens de parler d'un autre caveau placé derrière et un peu à droite. La porte de cet autre caveau est basse et presque entièrement bouchée; il ne m'a pas été possible d'y entrer. Ce caveau m'a paru considérable.

Un troisième caveau, ayant également la porte assez basse, offre dans l'intérieur trois chambres égales, à voûte cintrée et renfermant chacune deux tombeaux, dont les couvercles ont totalement disparu; une de ces caisses de sarcophage présente au-dessus de la tête une espèce de rebord assez large.

Un quatrième, à porte basse, présente, de la porte au fond du caveau, un couloir de deux mètres de largeur; à droite et à gauche, deux grandes chambres carrées, à voûte cintrée. Du côté gauche, on remarque encore un écran en pierre, haut d'environ 65 centimètres, qui séparait les chambres du couloir. Toutes les voûtes sont taillées dans le roc. Ce caveau est grand, et pourtant il ne renferme qu'un sarcophage dans la première chambre de gauche; encore ce sarcophage est-il tout à fait encastré dans la paroi du mur du côté de la porte. Les quatre chambres sont donc entièrement vides.

A mon retour à Taberja, les indigènes me signalèrent beaucoup d'autres caveaux plus rapprochés du village; il y en a même sous les dernières maisons. Je remarquai, près de la mer, un caveau à deux chambres. Les voûtes cintrées des deux chambres sont plus élevées que la voûte du caveau.

Tous ces tombeaux m'ont paru mériter votre attention à cause de leur originalité; je ne crois pas cependant qu'il soit bien urgent d'organiser des fouilles en cet endroit; les caveaux ont été dépouillés plus impitoyablement encore que ceux de Gébeil.

Ces tombeaux, qui arrêtent l'attention du voyageur le long de la côte, ne sont pas les seuls que possèdent les environs de Berja. Quand on s'écarte de la côte à Mar Doumit pour prendre la route abrégée qui conduit à Ghazir, on trouve dans une petite vallée, à la hauteur de El-Bauar, une nouvelle nécropole, composée de petites salles basses, taillées dans le roc. L'aire de ces petites chambres est excavée de trous rectangulaires. La disposition des sarcophages offre une particularité tout à fait unique. Ils font corps avec la paroi, si bien que la cuve est évidée en dessous. L'aspect extérieur du rocher où est creusée cette petite nécropole n'est pas moins remarquable. Il est de toutes parts taillé artificiellement, et, en particulier, sillonné d'escaliers qui permettaient de monter sur la paroi inclinée et d'aller d'un caveau à l'autre. Il y a, du reste, aux environs beaucoup d'autres tombeaux. Le P. Bourquenoud et le P. Roze[1] en ont vu qui ont pu m'échapper. Une note qui me fut remise par les PP. Jésuites du séminaire de Ghazir me signale, «près de Mar Doumit, une nécropole d'environ vingt-cinq ou trente grottes, qui renferment de trois à dix tombeaux chacune. Une ou deux de ces grottes ont une ouverture taillée dans la voûte. Les unes ont la voûte cintrée, d'autres l'ont horizontale.»

Une chose ressort avec évidence de ces détails; c'est qu'il y eut autrefois autour des deux points nommés El-Bauar et Berja, deux localités considérables. Était-ce une seule ville dont les dépendances s'étendaient ainsi sur un espace de trois kilomètres, ou étaient-ce deux villes, dont les dépendances se touchaient presque? C'est ce qu'il est bien difficile de décider[2]. Mais ce qu'il y a de sûr, c'est qu'il y eut là un centre de population très-considérable. La disparition totale des bâtiments s'explique par le voisinage de Beyrouth[3]. Les moyens de transports par terre étant très-chétifs, en Syrie, tout point voisin de la mer, où il y a des pierres de construction, est bientôt dépouillé.

Quel fut le nom de la ville autrefois sise en ces parages. Brocchi[4] et le P. Bourquenoud[5] ont cru que c'était Palæbyblos, opinion sur laquelle

---

[1] *Mémoire sur le culte d'Adonis*, p. 41 et suiv.

[2] Ritter (XVII, 551) mentionne une tradition d'après laquelle les ruines de Safra (village situé tout à fait dans les mêmes parages) auraient servi à bâtir Beyrouth.

[3] Le P. Bourquenoud ne suppose qu'un centre de population. Mais le P. Roze (*l. c.*) a bien vu qu'il y avait deux centres et deux ports. Ce qu'il appelle «la source de l'escalier» est *Ain-Mahouz*.

[4] *Giornale delle osservazioni*, etc. III, 314. Cf. Ritter, XVII, 550.

[5] *Loc. cit.* et dans les *Études*, etc. sept. oct. 1863, p. 851.

nous attendons pour nous prononcer, que nous ayons achevé la description de la côte jusqu'au fleuve du Chien. Le nom de Berja, à l'époque byzantine, nous est, au moins, bien connu. Taberja, en effet, qui est la vraie forme du nom de ce village, est le mot grec τοπαρχία [1] « le chef-lieu de canton, » lequel suppose que le vieux nom de la ville avait disparu avant l'islamisme, et que, sous les empereurs byzantins, il restait seulement à Berja un groupe d'habitations, résidence du toparque ou magistrat du canton. Entre Beyrouth et Saïda, nous trouverons également une localité de *Berja*, riche en ruines byzantines, près d'une ville antique, qui, de bonne heure, perdit son nom, *Porphyreon*. Vers le IVe siècle, le nom vague d'Ἐπαρχία ou de Τοπαρχία, paraît s'être substitué à des noms de ville plus anciens. C'est ainsi qu'Aphrodisias s'appela Ἐπαρχία Καρίας, nom dont on retrouve un débris dans celui qu'elle porte encore aujourd'hui (*Geira*)[2].

Fatka (فتكا), petit village dans la montagne, à une forte heure à l'est de Berja, avait deux inscriptions grecques, que j'ai rapportées au Louvre.

LIΔNEPOYATPAIANOY
KAICAPOCCEBACTOY
ΓEPMANIKOYYIOY
CEBACTOYΔIOΓENHC
ACΠACIOYTOYΔIOΓENOYC
EΠOIHCENTOΠEPIBOΛON
TOYIEPOYKAITOMOΛIBOYN
TOYΔΩMATOCEYCEBIAC
XAPIN

L.(ἔτους) ιδ Νερουά Τραϊάνου
Καίσαρος Σεβασ7οῦ
Γερμανικοῦ, υἱοῦ
Σεβασ7οῦ, Διογένης
Ἀσπασίου τοῦ Διογένους
ἐποίησεν τὸ περίβολον
τοῦ ἱεροῦ καὶ τὸ μολιβοῦν $^{(sic)}$
τοῦ δώματος, εὐσεβίας $^{(sic)}$
χάριν.

---

[1] Je dois cette excellente étymologie à S. Ém. le Patriarche des Maronites. — [2] Texier, *Asie Mineure*, 643.

L'inscription est donc de l'an 111 de notre ère. L'usage du plomb pour la couverture d'un édifice semble un fait à signaler. Le recueil d'Orelli, n° 3272, mentionne des *tegulæ æneæ cum carpusculis et vestituris basium*. (Cf. 4267, *plumbarius*; 4268, *plumbariæ officinæ*.)

ΑΝΤѠΝΕΙΝΟΥΚΑΙΓΕΤΑΤѠΝΚΥΡΙѠΝ
ΤΟΥϹΠΡΟΘΥΡΕΟΥϹΥΠΕΡΗΡΑΙΔΟϹ
ΠΑΝΤΟϹΟΙΚΟΥΑΝΕΘΗΚΑ

Mutilé à gauche: καὶ Γέτα martelé. Comparez, ci-dessous, l'inscription de Kasyoun.

[Ἔτους α΄ καισάρων σεβασ7ῶν Μ.] Ἀντωνείνου [καὶ Γέτα] τῶν κυρίων,
[τὸν ναὸν καὶ τοὺς βωμοὺς] τοὺς προθυρέους ὑπὲρ Ἡραΐδος
[θυγατρὸς καὶ τοῦ αὐτῆς] παντὸς οἴκου ἀνέθηκα.

Voir Frœhner, *Inscriptions du Musée du Louvre*, n° 29. L'inscription est de l'an 211 ou 212. Caracalla et Géta n'ayant régné qu'un an ensemble, le chiffre après Ἔτους est certain. Pour la formule τοῦ παντὸς αὐτοῦ οἴκου, voir une inscription du mont Claudien, dans Letronne, *Inscr. de l'Égypte*, n° 17. Τοῦ σύμπαντος αὐτοῦ οἴκου, *ibid.* n° 16, et *Corpus*, n° 4521, etc. Le nom d'Héraïs fut porté par une disciple d'Origène, qui fut martyre (Eusèbe, *Hist. eccl.* VI, 3 et 4).

A Defné, près de là, on trouve des objets antiques. Ce doit être une ancienne localité du nom de Δάφνη, comme Tell-Defné, près de Baniâs. A Kefour, on a ouvert un tumulus, où se sont rencontrés des ossements, des ornements de cuivre, des monnaies des croisés. Auprès de la tour de Ras-Wata-Sillan, qui ferme au N. O. la baie du Kesrouan, on trouve des cubes de mosaïque, des poteries, des briques, etc.

Le pont romain de Maamiltein a été souvent décrit. Le couvent arménien de Beit-Khaschbo, près de Ghazir, possède une inscription latine :

M·M·IVL·R·P·VIX·ANNIS·LXXXVII

Une copie que je dois au P. de Prunières porte : LXXXVI. Cette inscription se lit sur un petit sarcophage en marbre blanc, qui sert aujourd'hui de lavoir pour les mains dans la sacristie du couvent. Il a 69 centimètres de large de face, 38 centimètres de hauteur, 48 d'épaisseur. Le creux a 32 centimètres de large sur 30 de profondeur. La face postérieure est lisse; la face antérieure présente trois têtes de taureaux très-mal faites, une au centre, deux autres à chaque coin, reliées par une guirlande de chêne. Au-dessus de ces sculptures, sur la bande supérieure, se trouve l'inscription qui, sans doute, commençait sur le couvercle. — Ce petit sarcophage a été trouvé aux environs de Beit-Kaschbo. Il renfermait, dit-on, deux vases lacrymatoires.

La baie du Kesrouan, du reste, paraît avoir été toute romaine. Elle était sans doute autrefois, comme aujourd'hui, le séjour d'été des Bérytiens. Les noms de villages des environs sont presque tous grecs et latins : Ghousta[1], Delebta, Defné, Reyfoun, Ajeltoun, Bellouni. Delebta a une ruine appelée *Kalaa*[2], construite en grosses pierres (restes d'un temple?) La voie romaine contourne toute la baie. A dix minutes environ du pont de Maamiltein, on voit un groupe de bornes milliaires, sur l'une desquelles il y a une inscription dont M. de Bertou copia quelques mots[3] et que Krafft a relevée intégralement[4]. Près de là sont des rochers taillés en pressoirs, une cuve monolithe cassée, et une caverne en partie naturelle, peut-être, mais dont l'entrée a été régularisée. Cette entrée a une sorte de façade carrée, au milieu de laquelle s'ouvre une grande ouverture cintrée. Les chercheurs de trésors, en brisant l'entrée à coups de marteau, lui ont récemment enlevé beaucoup de son caractère monumental. Nous avons déjà souvent remarqué la tendance des Phéniciens à utiliser les cavernes. A une époque où l'on ne savait pas faire de voûte, un creux naturel était une chose précieuse, qu'on se hâtait d'approprier aux besoins de l'homme.

Le village de Djouni est tout moderne, sauf une grosse construction près de la douane. Au contraire, le village de Sarba (صربا), très-près de Djouni, est sûrement une localité phénicienne[5]. Les travaux dans le roc y sont nombreux et caractérisés[6]. Il faut citer en première ligne une

---

[1] Brocchi (*Giornale*, III, 146-147) écrit *Agosta*. Il y a un autre *Thousta*, près du pont de l'Aouali, du côté de Sidon.

[2] Je dois ce renseignement aux PP. Jésuites de Ghazir.

[3] *Bulletin de la Soc. de géogr.*, 1838, p. 155.

[4] *Topographie Jérusalem's*, inscr. n° 24. *Corpus inscr. lat. Syria*, n° 208.

[5] Elle fut d'abord remarquée par Brocchi (*Gior-*
nale, III, 319-320), mais placée d'une façon très-anodine (Ritter, XVII, 546). La même indécision règne dans la carte de Van de Velde.

[6] A mon second voyage en Syrie, j'ai été frappé des changements qu'a subis cette localité par suite du progrès de la culture. La trace d'une foule de travaux dans le roc a disparu. De nouveaux écroulements de rochers arrivés à la route qui suit la mer ont fait disparaître certaines particularités remarquables. C'est

construction bizarre, dont on trouve l'analogue à Gébeil et à Anéfé, sorte de salle au niveau de la mer, à laquelle il semble que s'attachait quelque superstition dont les chrétiens et les musulmans ont également gardé le souvenir. On l'appelle maintenant la *grotte de Saint-Georges,* et l'on croit que les bains de mer qu'y prennent les femmes les rendent fécondes. Le rituel veut qu'avant de sortir elles offrent une pièce de monnaie, déterminée par les règlements, à saint Georges, ce qui peut être un reste des anciens tarifs phéniciens pour les sacrifices ou un souvenir éloigné du rachat de la prostitution sacrée[1]. En général, les pèlerinages communs aux musulmans, aux chrétiens et aux autres sectes, en Syrie, indiquent des centres de cultes païens. Les rochers de l'ancien sanctuaire ont été disloqués par des éboulements; on voit néanmoins le plan d'une façon très-claire. Des trous ronds dans le roc horizontal marquent la base des colonnes. Un escalier conduit à une plate-forme intérieure, située à la hauteur d'une niche où était sans doute la statue de la divinité. Je ne doute pas que la grotte de Saint-Georges, à Sarba, n'ait abrité les rites que nous savons avoir été pratiqués à Babylone, à Byblos, à Aphaca[2], et qui venaient d'une idée répandue chez certaines races dans la haute antiquité, idée d'après laquelle la prostitution à l'étranger, loin d'être honteuse, était considérée comme un acte religieux. Des traces de cette idée se retrouvent encore en certains pays orientaux et en Algérie.

La grotte de Saint-Georges est située sur le bord de l'ancienne voie, qui suit le rivage de la mer. La route est taillée dans le roc, et est séparée de la mer par un long écran monolithe, ou mur de rocher à pans très-réguliers. Cet écran est fortement ébréché. La côte, minée de cavernes au niveau de la mer, s'est écroulée.

De l'autre côté de la route est قبر بنت ملك, *kabr bint mélik,* «le tom-

---

en voyant de telles destructions accomplies en quatre années que j'ai le mieux compris comment les restes de la vieille Phénicie sont si fort effacés.

[1] Hérodote, I, 196, 199; *De dea Syria,* 6.

[2] La grotte de Saint-Georges est dessinée dans *la Syrie, la Terre-Sainte et l'Asie Mineure,* t. III, p. 34. Mais ce dessin est inexact et sans valeur.

beau de la fille du roi. » C'est une grotte sépulcrale, creusée au fond d'une grande entaille dans le roc. L'entrée est cintrée, mais d'une courbe fort surbaissée. Les niches, consoles, escaliers, trous de poutres, excavations de toute sorte abondent alentour. On trouve là des citernes, des pressoirs, des moulins à huile; enfin, en s'avançant vers l'ouest, les tombeaux deviennent nombreux. Ils ont toujours la forme d'auges, tantôt creusées dans le roc, tantôt détachées. Un de ces tombeaux, taillé avec soin dans un rocher isolé et lui-même équarri, a quelque chose de très-pittoresque[1]. Malheureusement, les chercheurs de trésors l'ont ébréché. Sur le plateau, près de la route de Djouni au fleuve du Chien, il y a aussi des tombeaux en forme d'auge. Près des pins qui couvrent le cap S. O. de la baie de Djouni, on voit comme la partie inférieure d'une *cella* monolithe, évidée dans le roc; une partie du rebord reste et rappelle les travaux du même genre à l'ouest de Beyrouth; un trou rond se voit près de là. Les excavations régulières dans le roc se prolongent le long des cultures, presque jusqu'au fleuve du Chien.

Outre ces travaux dans le roc, Sarba a une grosse construction fort digne d'intérêt, appelée *Kalaat-Sarba*. C'est un soubassement en pierres très-grandes, qui rappelle Deir el-Kala. Brocchi[2] l'a vu, il y a 43 ans, beaucoup plus complet qu'il ne l'est aujourd'hui. Un pan, qui faisait angle avec ce qui reste, une corniche et une ou deux assises de hauteur ont dû disparaître. Quand Brocchi visita le monument, on en arrachait déjà des pierres. Plusieurs beaux blocs ont été descellés en ces derniers temps. Mais ce qui reste prouve une construction fort soignée. Les pierres sont de trois ou quatre mètres en moyenne. La masse de ce qui reste est pleine, sauf un couloir qui allait autrefois d'une face à l'autre et dont un bout est maintenant obstrué de moellons. Sur une pierre en retraite de la première assise au-dessus de la ligne du sol antique, est sculptée, comme au fond d'une sorte de niche, une tête de génisse d'un bon travail. La niche

---

[1] Comparez les tombeaux d'Alinda, dans Le Bas, *Voy. arch.* planches, II, 7. — [2] *Loc cit.*

a été faite exprès; elle entame deux assises; une dalle devait fermer la niche, en sorte que cette tête, sorte de talisman déposé dans les fondations, devait n'être pas visible. Près du *Kalaa,* se voient des débris d'une frise très-riche, de chapiteaux ioniens de l'époque romaine, de colonnes cannelées en spirale, et ces tas de retailles de pierre, qui sont toujours en Syrie le signe d'un édifice ancien. Ici, comme partout, un chantier de tailleurs de pierres s'est installé près du monument, a débité les blocs sur place, et a laissé, comme souvenir de son passage, des monceaux de rognures.

Les mouvements de terrain que la culture du sol a amenés rendent assez obscur au premier coup d'œil le plan de cette grosse construction. La pente étant assez forte dans cette partie de la colline, les Maronites ont pratiqué ici leur système favori de culture en étage, en sorte que par un côté le monument est déchaussé, par l'autre il est enterré. Une coupe du monument pratiquée du nord au sud donnerait à peu près ceci :

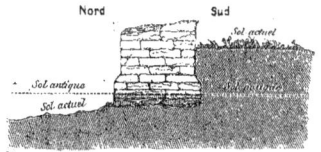

En général, les soubassements de temples ruinés s'appellent en Syrie *Kalaa,* « forteresse. » (*Deir el-Kalaa, Kalaat-Fakra,* etc.) Il y a un autre *Kalaat-Sarba,* près du Nahr-Zaharani, du côté de Saïda. *Sarba* nous cache probablement un nom d'ancienne mythologie sémitique. Ce nom, en effet, dans la localité dont nous venons de parler, près de Djouni, paraît avoir été originairement le nom du temple (*Kalaat-Sarba*); puis il s'est étendu aux maisons environnantes. Divers restes antiques, en particulier un chapiteau ionique romain, se voient dans ces maisons.

Sarba, enfin, a fourni une inscription importante. Le piédestal où elle figure fut trouvé près de *Kabr bint mélik.* Je l'ai rapporté au Louvre (voir pl. XXII, n° 14). On y remarque le motif ordinaire des autels de Byblos, l'ornement à gradins. L'inscription a été publiée par M. Lepsius[1]; elle porte :

Ζεὺς
ἐπουρ-
άνιος

C'est, sans contredit, le Ὑψουράνιος ou *Samemroum* de Sanchoniathon ou Philon de Byblos, lequel paraît avoir été identique à Adonis (voir ci-dessus, p. 235)[2]. «Je ne retrouve pas, dit M. Egger, d'autre exemple de l'épithète ἐπουράνιος appliquée à Jupiter dans les nombreuses dédicaces à ce Dieu que nous offrent les recueils épigraphiques. (Voir Franz, *Elementa epigraphiæ græcæ*, p. 333-335.) Cependant le mot ἐπουράνιος existe depuis Homère dans le langage de la mythologie et de la religion grecque.»

Les monnaies qu'on me montra comme trouvées aux environs, étaient très-variées. Il y en avait de phéniciennes, de ptolémaïques, de romaines, de coufiques, et une sassanide[3]; mais je n'oserais affirmer que celle-ci provienne de Sarba. Plusieurs statuettes, au contraire, ont été trouvées à Djouni ou à Zuk. Du premier de ces deux points est venue la déesse à gaîne, représentée par notre planche XXII, n° 4.

C'est ici le lieu de discuter l'identification des noms antiques depuis le fleuve Adonis jusqu'au fleuve Lycus. Deux noms sont placés par les géographes ou les itinéraires anciens dans cet intervalle; ce sont «la montagne Climax» et la ville de Palæbyblos[4]. Ptolémée, il est vrai, con-

---

[1] *Denkmæler aus Æg. und Æth.* XII, feuille 100, n° 590. C'est à tort que M. Lepsius place cette inscription à l'embouchure du fleuve du Chien.

[2] V. Movers, *Die Phœn.* II, 1ʳᵉ partie p. 107-109.

[3] C'est une drachme frappée sous Chosroès Iᵉʳ. Voir Longpérier, *Essai sur la classification des médailles sassanides*, 1840, pl. X, n° 5. On y lit, au droit, le nom du roi חוסרוי Khousroui; au revers חשת נחל (Hascht tschéhel), 48. C'est la quarante-huitième année du règne de Chosroès Iᵉʳ, c'est-à-dire 578 de J. C. Dans ﺟﻰ le ח a été mal formé. La seconde inscription du revers est בסא (Basa). On ne sait pas trop ce qu'est cette ville (car il y a toujours en cette place un nom de ville); les uns y voient le nom de Basra, d'autres celui d'El-Beidha ou Beisa البيضة à la manière persane. Les plus prudents disent *Basa*, sans trancher la question. Types. Tête du roi. R'. Pyrée allumé, entre deux mobeds (note de M. de Longpérier).

[4] Strabon, XVI, 11, 19; Pline, V, xx; Carte de Peutinger et peut-être le pèlerin de Bordeaux. Je pense cependant avec M. de Vogüé (*Fragments*, p. 16, 17) et Menke (*Atlas ant.* n° 26) que l'*Alcobile* du pèlerin de Bordeaux est Gébeil. Le texte de l'Itinéraire d'Antonin Martyr, donné par les Bollandistes, puis par Ugolini, porte : «(Venimus) post (Vibilium) in civitatem *Tani*, quæ et ipsa subversa est.» (*Itin. Anton.* § 3.) Le texte de Tobler, revu sur les manuscrits, porte : «(Venimus) item in civitatem Trierim, quæ et ipsa subversa

tredit cette donnée[1]. Il place Palæbyblos parmi les villes de l'intérieur (μεσόγειοι). Mais nous avons déjà montré ci-dessus (p. 248) combien cette autorité est faible dans le cas présent. Il faut donc trouver entre l'Adonis et le Lycus l'emplacement de Palæbyblos[2]. Or ledit intervalle nous offre trois points qui sûrement ont été dans l'antiquité des centres considérables de population; ce sont El-Bauar, Berja et Sarba[3]. Les deux premiers peuvent être considérés comme n'en faisant qu'un seul. Il reste donc à choisir entre El-Bauar ou Berja d'une part, et Sarba de l'autre. Le P. Bourquenoud est pour la première opinion, et certainement le centre de population de El-Bauar et Berja fut plus considérable que celui de Sarba. Mais Sarba peut faire valoir son temple, d'une construction grandiose, et son inscription, qui établit que les cultes pratiqués en ce lieu étaient les mêmes que ceux de Byblos. En outre, Strabon place Palæbyblos au sud de la montagne Climax. On ne trouve entre l'Adonis et El-Bauar ou Berja aucun endroit auquel ce nom convienne[4]. La montagne s'abaisse ici vers la mer en contours assez mous. A partir du cap Ras-Wata-Sillan, au contraire, on n'a que l'embarras du choix. Certes, il serait permis de songer à Ghazir, où l'on monte, en effet, par une route qui est sur plusieurs points un escalier fait de main d'homme. Mais Ghazir n'a presque aucune trace d'antiquité. Pour moi, je pense que le

---

[1] « est similiter. » Cette prétendue ville de *Tani* ne serait donc autre que Trière. (Voir l'édition dudit Itinéraire donnée par Tobler, p. 4 et 74.) Mais Trière est au nord de Byblos et Antonin va du nord au sud. Il est vrai que *item* a moins de force que *deinde*, dont Antonin se sert d'ordinaire pour marquer une nouvelle étape. Il est remarquable que, dans les cartes qui accompagnent le texte de Marin Sanuto, dans Bongars, *Gesta Dei per Francos*, p. 284, on lit entre *Gibeletum* et *Barutum* le nom de la ville de *Canum*.

[2] V, xv, 21. Comparez Kruse, *Commentare zu Seetzen's Reisen*, p. 94, 104, 110.

[2] Je ne sais comment expliquer l'assertion du P. Bourquenoud (*Études*, sept.-oct. 1863, p. 850 et suiv.), d'après laquelle j'aurais, dans mon premier rapport, identifié Palæbyblos avec la tour de Gébeil. J'ai toujours combattu cette idée, émise par Movers et Ritter. Dès mon premier rapport, j'inclinais à placer Palæbyblos à Sarba.

[3] Le P. Bourquenoud, n'ayant pas eu connaissance des antiquités de Sarba, a posé la question d'une manière incomplète (*Mém.* p. 40 et suiv.).

[4] Ritter (XVII, 350) et le P. Bourquenoud (p. 43, 44) cherchent Climax dans les montagnes qui dominent Berja. Mais, d'abord, ces montagnes sont à l'est, non au nord de Berja. En second lieu, *Climax* désigne mieux un passage artificiel. Quelques-unes des assertions topographiques par lesquelles le P. Bourquenoud cherche à établir son opinion sont inexactes.

Κλίμαξ de Strabon désigne cette route à échelons taillée dans le flanc de la montagne qui forme le nord de la baie de Djouni, et qui ensuite s'engage en escalier dans une gorge de rochers[1]. C'est bien là le sens du mot *Climax*, sur la côte de Phénicie, et peut-être l'origine des nombreux *Kalmoun* ou *Kalamoun*[2]. *Climax Tyriorum* est la route à échelons du cap Blanc, à laquelle la route au nord de la baie de Djouni ressemble en petit. Je place donc Ὄρος Κλίμαξ au nord de la baie de Djouni, et Palæbyblos au sud de la même baie. Cette baie est un endroit si beau, si caractéristique qu'il n'est pas possible que l'antiquité ne lui ait donné aucune importance. Plusieurs des raisons du P. Bourquenoud en faveur de Berja sont très-faibles. Exagérant encore les vues, déjà vagues et hasardées, de Movers[3] et de Ritter[4] sur le rôle de Palæbyblos[5], qu'ils envisagent comme « la primitive Byblos, » il veut trouver dans le nom actuel de ce village une trace de l'antique *Burdj* de Kronos. Mais, quand même *Berja* serait la vraie forme du nom de ce village (ce qui n'est pas)[6], quand même ce ne serait pas un nom grec altéré, Berja ne saurait être une altération de برج, mot récent dans les langues sémitiques, emprunté ce semble par elles aux langues étrangères, et qui n'a jamais existé qu'en arabe, sous la forme *burdj*. Le rapprochement du nom de *Berjis*, roi mythique de Maschnaka, est tout à fait sans valeur. — Un résultat, du moins, est hors de doute, c'est que Palæbyblos ne saurait avoir été qu'à El-Bauar ou Berja, ou à Sarba. Toutes les autres hypothèses doivent être écartées. M. de Vogüé songea un moment à l'embouchure du Nahr el-Kelb[7]. Mais je pense que le sa-

---

[1] C'est ce qu'a vu avec une rare justesse M. Kenrick, *Phœnicia*, p. 12. Sur Palæbyblos, au contraire, ses inductions se sont égarées. Maundrell est aussi de notre opinion sur Climax. «A une lieue et un quart de cette rivière (l'Ibrahim) nous passâmes le pied de la montagne *Climax*, d'où, après avoir passé par un chemin fort raboteux, nous entrâmes dans une grande baie nommée *Junia*.» (P. 58, Paris, 1706.) M. Ch. Muller a aussi très-bien deviné (Ad Strab. p. 778, 873 et carte XII).

[2] Comparez *Kaki Skala*, nom de la route des Roches scyroniennes, près de Mégare.

[3] *Die Phœn.* II, 1, p. 108 et suiv.

[4] *Erdkunde*, XVII, 60 et suiv. 570.

[5] *Mém.* p. 32 et suiv.; *Études*, etc. sept.-oct. 1863, p. 851. Pour appuyer cette opinion, on fausse le sens du passage de Sanchoniathon, πρώτην πόλιν κτίζει τὴν ἐπὶ Φοινίκης Βύβλον.

[6] Voir ci-dessus, p. 326.

[7] *Fragments*, p. 16-17. Brocchi (*Giornale*, III,

vant explorateur ne tient pas beaucoup à cette supposition. L'embouchure du Nahr el-Kelb n'a jamais pu offrir l'assiette d'un groupe un peu considérable d'habitations.

Près d'Antoura, on remarque quelques tombes dans le roc. Le couvent de Loweizah a, dit-on, une caverne qui aurait servi aux cultes païens; je ne l'ai pas vue. Il y a, du reste, autour de la baie du Kesrouan, beaucoup de localités antiques. Une légende fort répandue dans le pays est celle de sept temples bâtis dans cette partie du Liban par Salomon pour ses femmes idolâtres. Ces temples sont Kalaat-Fakra, Reifoun, Ajeltoun, Bellouni, Tamisch, et deux autres que je ne me rappelle pas. On voit dans Tamisch et dans Bellouni les noms d'Artémis et d'Apollon, non sans raison peut-être. Reifoun et Ajeltonn peuvent aussi être des noms anciens. Cette légende est, du reste, la conséquence de la prétention singulière des Maronites, d'après laquelle la population du Liban n'aurait jamais été païenne, ce pays, selon eux, ayant été le premier chrétien, et ayant fait partie de la Terre-Sainte avant Jésus-Christ.

Kalaat-Fakra est le groupe de ruines le plus considérable de toute la montagne [1]. On peut y distinguer quatre constructions principales :

1° Le grand temple, qui est engagé dans une vaste entaille pratiquée dans le roc. Il est précédé d'une cour carrée, dont un côté est construit, et dont l'autre est formé par le roc coupé à pic [2]. Le temple est séparé des deux côtés du rocher coupé à pic par un couloir assez étroit. Cette distribution rappelle les lois générales des temples sémitiques, et, en particulier, celle du temple de Jérusalem. Du côté sud, l'aire du temple est égalisée par un soubassement formé de pierres posées dans le sens de leur moindre largeur. Sur les piédestaux des colonnes, on croit remarquer le globe phénicien avec ses appendices inférieurs, se

---

320) place Climax au même endroit, opinion insoutenable, mais qui se fonde sur une notion juste du sens du mot *Climax*.

[1] M. de Laborde, *Voy. de la Syrie*, pl. XXVI, 51, 52; texte, p. 36. Cf. Seetzen, Theil I, p. 248 et suiv.; *Commentare* de Kruse, p. 120 et suiv.

[2] Les dimensions sont données par M. Guys, *Relation d'un séjour à Beyrouth*, etc. II, p. 8.

prolongeant sur les moulures. J'ai par moments cru reconnaître la tête et la queue des serpents; mais la lumière m'était défavorable. D'autres piédestaux offrent au milieu du dé une saillie très-prononcée. En général, les piédestaux et les frises ont les parties lisses très-courtes. On trouve dans toute la construction une habitude fréquente en Syrie, et qui consiste en ce que la coupe des pierres ne s'est pas réglée sur les lignes architectoniques. Il y a, en effet, à Fakra, comme dans plusieurs autres constructions du Liban et de Galilée, de doubles colonnes monolithes. Le mur de clôture de la cour qui précède le temple rappelle, sur de moindres proportions, l'enceinte d'Hébron, par le travail des pierres et par les pilastres qui le décorent. Le travail des pierres consiste en un refend extrêmement fin, ou, pour mieux dire, en une ciselure qui encadre le bloc. A l'intérieur, le refend est plus accentué. Les matériaux du temple sont de moyenne dimension; la frise, les marches de l'entrée, les fûts de colonnes seuls sont de dimension très-considérable.

2° Une grosse tour carrée, au nord du temple, a été remarquée par tous les voyageurs. La construction n'a subi aucun remaniement. Au-dessus, il y avait autrefois une pyramide, ce me semble, à gradins. L'intérieur est assez compliqué; il se compose d'une série de couloirs [1] et d'un escalier qui conduit au sommet. Quelques blocs, surtout sur le devant, égalent ceux de Deir el-Kala; cependant, en général, les matériaux ne sont pas de première grandeur. Le style est beau et pur. Le cube n'a pas de corniche; il est simplement couronné par la saillie de la base de la pyramide, comme cela s'observe aussi à Afka. Le monument a deux inscriptions : l'une au-dessus de la porte, l'autre à l'un des angles de la tour, la première exprimant la dédicace du monument, l'autre la date et le nom de ceux qui l'ont élevé. Toutes deux ont été depuis longtemps copiées (*Corpus*, n°s 4526, 4525)[2].

---

[1] M. Guys (II, 10-11) les décrit minutieusement.

[2] Parmi les copies de ces inscriptions, les rédacteurs du *Corpus* ont omis celle de Brocchi, *Giornale*, III, p. 89 (1842); de Krafft, *Topographie Jerusalem's*, n°s 34, 35 (1846); et de M. Thomson, *Bibl. sacra*, V, 3 (1848). Celles de Krafft sont importantes à consulter.

CAMPAGNE DE BYBLOS.

La première est en très-mauvais état. À la première ligne, il y a clairement ΚΛΑΥΔΙωΙ, comme Seetzen l'avait entrevu. À la deuxième ligne, après la lacune, j'ai cru voir ΑΙΠΥ; l'ΑΓΙΟΥ de Krafft est impossible. À la troisième ligne, la copie de Seetzen est encore la meilleure. On voit certainement ΕΠΙ.....ΥΚ. La première lettre après ΕΠΙ, paraît un Γ. Avant l'Υ, il semble bien aussi qu'il y a un Ο. On dirait : Ἐπὶ Γλουκαι..... M. Egger me suggère Ἐπὶ Γ[αΐου] Λουκά[νου]. Krafft a lu πύργου καὶ..... Voir Kruse, *Commentare* sur Seetzen, p. 120. Quant à la seconde inscription elle est exactement reproduite, lettre pour lettre, dans le texte du *Corpus*; la copie de M. Kennedy Bailie, dont M. Franz a cru devoir tenir compte dans ses *Addenda*, est erronée sur tous les points où elle s'écarte dudit texte.

3° Vis-à-vis du grand temple, se trouvent des restes d'une construction soignée qui paraît avoir été un tombeau [1]. J'ai appris, après coup, d'un des PP. Jésuites du séminaire de Ghazir, le P. Roze, qu'il existait une inscription parmi ces débris. Quelques pierres à l'entour devront être examinées : l'une présente une sorte de niche ou de cul-de-lampe en forme de conque, analogue à celle de la grande caverne de Gébeil; d'autres présentent des profils en doucine remarquables, et prouvent qu'il y eut à Fakra des constructions de genres divers.

4° Un peu au sud, sont les restes d'un édifice qui paraît avoir été une église chrétienne. Le P. Roze m'a dit qu'il s'y trouvait une inscription au-dessus d'une porte basse. Il m'a parlé également d'une autre inscription qui se trouverait sur une pierre dans les champs, à côté d'une figure d'oiseau.

Le temple est naturellement de tous ces édifices celui auquel on s'intéresse le plus; il est évident, en effet, que ce temple constitua la partie principale de cette localité antique, et que tout le reste n'est qu'accessoire. Il n'offre aucune inscription apparente [2]; mais les inscriptions de la tour carrée suppléent à ce silence. Celle qui est au-dessus de la porte (*Corpus*, n° 4526), en effet, nous apprend que le monument dont elle fait partie a été élevé en l'honneur de l'empereur Claude. L'autre (*Corpus*, n° 4525)

---

[1] Voir les dimensions dans Guys, II, 9-10.
[2] M. Thomson (*Bibl. sacra*, p. 3) dit avoir vu un fragment d'inscription sur un lambeau de corniche. Je ne l'ai pas retrouvé.

porte que ledit monument a été élevé l'an 355 (43 de notre ère [1]), ἐκ τῶν τοῦ μεγίστου θεοῦ. Cette pierre est à sa place primitive; elle se rapporte au monument où elle se trouve [2]. L'édifice dont la tour de Fakra était la base fut donc un monument honorifique élevé à l'empereur Claude sur les revenus du « grand dieu [3]. » Or, évidemment ce « grand dieu » ne peut être que celui-là même auquel le grand temple était consacré. Ce sont les prêtres, qui, par adulation ou pour avoir la tolérance de leur culte, auront bâti à Claude ce monument sardanapalesque, plaçant leur nom par une sorte d'humilité affectée dans un des coins de l'édifice.

Une chose indubitable en tout cas, c'est que le temple était dédié au θεὸς μέγιστος, « au grand dieu » par excellence. Cette expression n'est pas rare dans les inscriptions, appliquée aux divinités topiques [4]. Mais nous avons vu que c'est Elioun ou Adonis qui, dans les inscriptions du pays de Byblos, est appelé μέγιστος, ὕψιστος, οὐράνιος, ἐπουράνιος, θεὸς σατράπης. Fakra est donc un temple de plus à ajouter aux monuments de cette grande religion de Byblos, monothéiste à l'origine. Nous trouvons en effet, dans Philon de Byblos ou Sanchoniathon, ce passage important : (Ἀγρὸς) παρὰ Βυβλίοις ἐξαιρέτως θεῶν ὁ μέγιστος ὀνομάζεται [5]. On sait que cet Ἀγρός paraît répondre au שדי des Hébreux [6]. De plus en plus, le culte d'Adonis nous apparaît comme la forme orgiaque et mystérieuse du culte du Très-Haut. Les éléments bizarres et naturalistes de ce culte viennent sans doute de quelque syncrétisme grossier avec le culte de Tammuz, lequel semble d'une toute autre origine et d'une toute autre signification [7].

Le style de la tour et celui du temple se ressemblent; les moulures en particulier sont identiques. La date du temple est par là même déter-

---

[1] Nul doute que l'ère ne soit celle des Séleucides, puisque l'an 43 tombe en effet sous le règne de Claude.

[2] Le *Corpus* et M. Bailie (*Fascic.* III, 129) s'expriment à cet égard d'une façon inexacte.

[3] Si la lecture ΑΓΙΟΥ ΠΥΡΓΟΥ de Krafft était admise, elle ébranlerait cette conjecture. Mais cette lecture est plus que douteuse. Que devient, dans l'hypothèse d'une telle lecture, l'E initial de la troisième ligne?

[4] Voyez Kennedy Bailie, *loc. cit.*

[5] Orelli, *Sanch. fragm.* p. 20.

[6] *Mém. de l'Acad. des Inscr.* XXIII, 2ᵉ part. p. 268.

[7] V. Chwolson, *Die Ssabier*, II, 27 et suiv. 202 et suiv. 210.

minée, et cette date, une fois connue, sert à déterminer celle du temple d'Afka. Le temple de Fakra, en effet, est de la même construction que celui d'Afka. Ces temples sont grecs de style; mais leur distribution est tout indigène.

A peine jugeons-nous nécessaire de réfuter une opinion qui fut proposée pour la première fois par Mannert[1], et que M. Thomson, de nos jours, a relevée[2], je veux parler de l'identification de Fakra avec l'ancienne Aphaca. Quand même Afka n'aurait pas conservé des titres évidents à représenter l'ancienne Aphaca, il serait certainement impossible de placer cette dernière à Fakra. Zosime nous apprend qu'Aphaca était à moitié chemin sur la route d'Héliopolis à Byblos. Or, Kalaat-Fakra n'est nullement sur cette route. Sozomène place Aphaca sur les bords de l'Adonis. Or, Kalaat-Fakra n'est pas même dans le bassin de l'Adonis. En outre, Kalaat-Fakra n'est pas un temple de Vénus : c'est un temple du «grand dieu.» Enfin, Kalaat-Fakra n'a dans son voisinage aucune λίμνη, répondant à ce que dit Zosime, et, quant à voir dans le lac El-Yammouni la λίμνη en question, un coup d'œil jeté sur la carte montre l'absurdité d'une telle hypothèse. Kalaat-Fakra est à une rude journée du lac El-Yammouni. L'opinion de M. Thomson ne peut donc être tenue que pour une inadvertance. Elle vient de l'erreur où était M. Thomson sur les routes anciennes de la montagne, et du hasard qui fit qu'à son passage à Afka les ruines du temple lui échappèrent[3].

Le pont monolithe de *Neba el-Leben* est un curieux exemple d'accommodation artificielle d'accidents naturels. Je crois avec M. Guys[4], contrairement à l'opinion de M. de Laborde[5] et de M. Thomson[6], que la main de l'homme y a passé; les deux beaux dessins qu'en a donnés mon savant confrère suffiraient pour le faire penser.

---

[1] *Syrien*, p. 321. Brocchi s'y laisse entraîner (*Giornale*, III, 89, 118), quoique à un autre endroit (*ibid.* 97, note) il ait entrevu l'identité d'Afka et d'Aphaca.

[2] *Bibliotheca sacra*, V, p. 5.

[3] Cf. Ritter, XVII, 303.

[4] *Relation d'un séjour*, etc. II, p. 12.

[5] *Voy. de la Syrie*, p. 35; pl. XXV, 48, 49.

[6] *The Land and the Book*, I, 61-62.

Je n'eus pas le temps de visiter les antiquités du Sannin et du Djebel-Keneyssé, sur lesquelles M. Guys et le colonel Chesney ont donné d'utiles indications [1]. Les antiquités du fleuve du Chien sont si connues, que je n'en dirai que quelques mots. L'existence des stèles égyptiennes est, on le sait, contestée [2]. M. G. Hachette, qui visitait la Syrie en même temps que moi, a pu prendre une photographie du n° 8 de Robinson et de Porter, qui ne laisse de place à aucun doute. L'heure et le jour sont pour cela des conditions essentielles. Le globe ailé décore le listel de la corniche [3]. Il est probable que les excavations qu'on voit au coin des cadres égyptiens, et qui paraissent avoir contenu des crampons pour fixer une table de métal, ont été faites plus tard. Cette circonstance, et la façon dont les stèles assyriennes sont accolées aux cadres égyptiens, portent à croire que ce sont les Assyriens qui, à leur passage, ont recouvert les trophées de leurs devanciers et ont écrit leurs victoires par-dessus [4].

Le texte des deux inscriptions latines tracées sur les rochers du Nahr el-Kelb est fixé depuis longtemps. Il y a aussi quelque part aux environs une inscription grecque. Krafft est, je crois, le seul qui l'ait copiée [5]. C'est probablement celle dont parle M. Guys, à la page 271 de sa *Relation*. Je ne l'ai pas vue. Une autre inscription latine se trouve sur une colonne de

---

[1] Guys, *Relation*, II, ch. xxvi-xxviii; Chesney, *The expedition for the survey*, etc. I, p. 472 et suiv. Sur le Sannin et son identification avec le château ituréen de Sinnan (Strabon, XVI, ii, 18), on peut lire Ritter, XVII, p. 14, 585. Voir cependant Fr. Münder, *De rebus Iturœorum* (Hafniæ, 1824), p. 20, en observant que l'inscription qu'il cite est apocryphe. Selon Münder, le Liban ituréen est l'Anti-Liban.

[2] Voir Laborde, *Syrie*, p. 41; pl. XXXI-XXXIV; *Monumenti inediti* de l'Institut archéologique de Rome 1838, pl. XXI (*Annali*, t. X, p. 12); Ryllo et Bertou, dans le *Bullettino*, 1837, p. 145 et suiv. Lepsius *Denkmæler*, III, pl. 197; de Saulcy, *Voyage autour de la mer Morte*, II, 647 et suiv. pl. II et LVI. *Revue arch.* (1ᵉ série) XI, 1 et suiv.; *Athenæum français*, 1854, p. 902; Movers, *Die Phœn.* II, 1, p. 280 et suiv.; Ritter, XVII, 531 et suiv.; Guys, *Relation*, I, 254 et suiv.; Robinson, *Bibl. Res.* III, p. 619 et suiv.; Porter, *Syria and Palestine*, p. 407 et suiv.; de Kremer, *Mittelsyrien und Damascus*, p. 229 et suiv.; *Monatsberichte* de l'Acad. de Berlin, juin 1854; Commentaire de Kruse sur Seetzen, p. 92, 93, 113 et suiv. M. Chabas suppose avec toutes les apparences de la probabilité que le promontoire du Nahr el-Kelb est le «rocher de Sésostris», dont il est question dans un ancien papyrus égyptien. (*Voyage d'un Égyptien*, etc. 1866, p. 99.)

[3] Comp. Laborde, pl. XXXI, XXXII, XXXIV (en observant que les n°ˢ 12 et 13 de la pl. XXXI sont rapportés par erreur au fleuve du Chien; ils appartiennent à Adloun); Thomson, *The Land and the Book*, I, p. 59.

[4] Voir Hérodote, II, 106. Comp. le monument dit de Sésostris près de Nymphi; *Revue archéol.* juin 1866.

[5] *Topographie Jerusalem's*, inscr. n° 23.

granit renversée au haut du promontoire. Elle a été relevée par Lepsius, Krafft, de Saulcy, Abeken. M. Waddington en a pris une copie supérieure à celle de tous ses devanciers. La voici :

```
        M  A
       MAXII
      ACPRIMI
      SEMPERA
      FICICONS
      FILVLCONS.
      FILYLCONST
        N C·BILLL CAL᠄᠄᠄
           θ
          CCYI
           SI
           M
```

M. Mommsen restitue ainsi :

```
   [IMP·CAES·FL·CONSTANTINO]
   MAXIM[O  VICTORI]
   AC · TRIVMF[ATORI]
   SEMPER·A[VGVSTO ET]
   FL·CL·CONS[TANTINO ET]
   FL·IVL·CONST[ANTIO ET]
   FL · IVL · CONST[ATI]
     NOBILLL · CAESSS ·
           CCVI
```

L'inscription a donc été gravée de l'an 333 à l'an 337. (Comparez l'inscription du Hauran, n° 166 de Wetzstein.)

La légende relative au nom du fleuve du Chien[1] m'a été contée avec diverses variantes qui la feraient se confondre avec celle d'Œdipe : « C'était un sphinx, m'a-t-on dit, placé au sommet de la route, sur un piédestal. Posté là, au-dessus du précipice, il jetait à la mer les voyageurs qui

---

[1] Voir Pococke, II, 1, p. 92; Ritter, XVII, p. 62, 510, 511; Porter, p. 407; Guys, I, p. 270. Il y a sûrement quelque lacune ou malentendu dans le texte de M. Guys. Serait-ce de l'inscription arabe qu'il s'agirait dans ces mots : « Cette inscription nous explique.....?»

ne pouvaient résoudre son énigme. Maintenant le sphinx est renversé au pied du rocher; mais on dit qu'il n'offre aucune image distincte. „ Le rocher qu'on désigne comme étant ce sphinx est, en effet, tout à fait informe. Le piédestal serait une assise taillée dans le roc vif, à droite en montant.

On a quelquefois raisonné sur l'assertion de Strabon (XVI, ii, 16) relative à la navigabilité du Lycus. Cette assertion est une erreur manifeste. Les changements que le lit du fleuve a pu subir, à son embouchure, sont tout à fait insignifiants. A quelque distance au-dessus du pont, le fleuve devient un torrent qui se précipite à travers les rochers. Et pourquoi faire remonter aux marchandises un courant d'eau de quelques lieues de cours et qui n'a sur ses bords immédiats que des cavernes et des rochers?

Après être descendu du promontoire du côté de Beyrouth, on aperçoit de vastes carrières et des arasements au niveau de l'eau. On y distingue en particulier des trous ronds par lesquels s'élance la mer et que je crois artificiels, bien que, sur la côte d'Amschit à Batroun, on en voie de semblables qui paraissent naturels. Mais que ces arasements soient d'anciennes carrières submergées [1], c'est ce que je ne puis admettre. Je ne crois pas qu'ici, ni sur aucun autre point de la côte de Phénicie, le niveau de la mer ait sensiblement changé.

Antélias a quelques antiquités, des colonnes, des cavernes sépulcrales. L'oratoire musulman de Saint-Georges, près de Beyrouth, a sûrement succédé à un temple antique. L'analogie des légendes porte à croire que c'est à cet endroit que se rapporte le passage de Sanchoniathon : Πόντου λείψανα εἰς τὴν Βηρυτὸν ἀφιέρωσαν [2]. Peut-être aussi saint Georges terrassant le dragon a-t-il succédé au mythe céphénien de Persée et d'Andromède, qu'on localisait à Joppé, mais aussi dans bien d'autres endroits.

Quant à Beyrouth, je renonçai tout d'abord à faire des explorations

---

[1] M. de Bertou, *Topographie de Tyr*, p. 34. — [2] Édit. Orelli, p. 38.

suivies sur un point aussi connu, aussi fréquenté et où habitent des personnes instruites, telles que M. Péretié, ayant l'œil ouvert sur les découvertes d'archéologie. Quelques bonnes trouvailles qui ont été faites à Beyrouth[1] permettent d'espérer qu'on découvrirait là du phénicien de second âge. Josèphe nous apprend qu'Hérode Agrippa II, dans les grands travaux d'art qu'il fit faire à Béryte, ordonna de copier les anciens types : τὴν πᾶσαν πόλιν ἀνδριάντων ἀναθέσεσι καὶ ταῖς τῶν ἀρχαίων ἀποτύποις εἰκόσιν ἐκόσμει[2]. Nonnus nous parle aussi d'un temple de Béryte où se conservait le *peplos* d'Harmonie[3]. Comme Byblos, Béryte était une fondation d'El, ou, en d'autres termes, Dieu s'y appelait *El*.

Le sol de Beyrouth s'est fort exhaussé, et il n'est pas douteux que la ville moderne ne recouvre un vaste ensemble de débris antiques, surtout vers la porte du nord et la maison des Sœurs de la charité. Les belles colonnes de granit noir d'Égypte qu'on voit en cet endroit, et que chaque excavation met à découvert, portent à placer vers ce point le centre des grandes constructions de l'ancienne Béryte. Les travaux dans le roc, au bord de la mer, à l'ouest de la ville, m'intéressèrent. Ce sont, je crois, des restes de bains ou d'établissements industriels. Les bassins rappellent ceux d'Anefé. Quelques bases à rebords offrent de l'analogie avec le rocher taillé qui se voit à El-Bauar. Je remarquai aussi, dans le mur du cimetière, un autel composé d'un tore et d'une plinthe, comme on en trouve fréquemment dans le pays de Gébeil. A la pointe de Ras-Beyrouth, il y a une sorte de petite nécropole digne d'être étudiée.

M. Waddington, que ses savantes explorations de la Syrie amenèrent à Beyrouth pendant que j'y étais, voulut bien se charger de copier les inscriptions grecques et latines de Beyrouth et des environs. Voici les améliorations qui résultent des excellentes copies qu'il m'a remises pour les textes déjà connus :

Le n° 4530 du *Corpus inscr. Gr.* doit être maintenu sans modification, tel que le

[1] De Saulcy, *Voyage*, pl. IV. — [2] *Ant.* XX, ix, 4. — [3] *Dionys.* XLI, 294 et suiv.

donne le *Corpus*. Les variantes de M. Kennedy Bailie, de M. Krafft, et la mauvaise copie de M. Thomson ne doivent pas être prises en considération. Il faut remarquer seulement que les deux premiers vers, d'une part, et le troisième et le quatrième, d'une autre part, sont sur deux pierres différentes, et que c'est peut-être le hasard qui les a superposées. Il est permis de supposer qu'une suite de ces sentences distiques se trouve dans le mur alentour.

L'inscription de Flavia Alexandra (Saulcy, pl. II; Le Bas, inscr. n° 1849) donne lieu aux observations suivantes : ligne 2, il faut lire FAB; ligne 5, PIISSIME.

L'inscription qui se voit dans un verger, entre la chancellerie de France et la caserne, à droite en montant la route de Damas, sur une base brisée en haut et à gauche[1], a déjà été copiée par M. Krafft[2]. Voici la copie de M. Waddington :

```
........A................
.....IONI EQVOI..........
IVGPONTIFICIIIVIROQVI..........
AFF IMPVESPASIANICAESARAVG
   BLICI EX DECR
      DEC ET
   ᗡVLI VOLVNTATE
```

Une autre copie de cette inscription, que je dois au P. de Prunière, donne, à la fin de la deuxième ligne des traces de NQ.

M. Mommsen rétablit ainsi cette inscription :

```
▓▓▓▓▓▓▓▓▓▓▓▓A▓▓▓▓▓▓▓▓▓▓
▓▓▓▓▓▓▓▓▓TONI·EQVO·P[VBL]
▓▓AVG·PONTIFICI·II VIRO QVINQ
[PR]AEF·IMP·VESPASIANICAESAR·AVG
   [PV]BLICE · EX · DECR·
         DEC·ET
   [PO]PVLI.VOLVNTATE
```

Peut-être faut-il suppléer encore, au commencement de la troisième ligne, les lettres FL[3]. Ce qui reste de cette inscription devrait alors se lire ainsi : ....*Capi*]*toni*[4], *equo p*[*ubl*(*ico*), *fl*(*amini*)] *Aug*(*ustali*), *pontifici*, *duumviro quinq*(*uennali*) [*pr*]*æf*(*ecto*) *Im*-

---

[1] C'est là qu'a été trouvé aussi le pied de Mercure dont nous parlerons bientôt.
[2] *Topographie Jerusalem's*, inscr. n° 13.
[3] Cela est d'autant plus probable que nous avons une flaminique dans une autre inscription de Beyrouth, n° 154, du *Corp. inscr. lat.*
[4] On pourrait lire aussi [*Fron*]*toni*.

p(eratoris) Vespasiani Cæsar(is) Aug(usti), [*pu*]*blice ex decr(eto) dec(urionum) et* [*po*]*puli voluntate*. (Note de M. Léon Renier.)

L'inscription suivante a déjà été publiée par Borghesi[1]. Elle se trouve au Ras en-Nabâ, village à un quart de lieue de Beyrouth, sur la route des pins, dans la maison d'Abou-Nusserallah Ghodrési, sur le cartouche d'un sarcophage sans ornement; elle est assez mal gravée.

Voici la copie, prise avec le plus grand soin, par M. Waddington :

D̄ M̄
M · AVRELIO · DOMITIO · TRIERARC
HO · CL · PR · ANTONINIAN · RAVENNAT
P̄ V̄
VETTIA · VETILLA · HEPES · MARITO · BENE
MERENTI · POSVIT
QVI · EA · APERVERIT · Ā · INTVS · CORPVS
INDVXERIT · DARE · FISCO · CAESARIS
III D̄ NVMMVM

Une copie que m'avait remise le P. de Prunières porte à l'avant-dernière ligne INDVXSERIT. Borghesi donne ainsi la septième ligne :

S H A APERVERIT ALIVTVE CORPVS

A la ligne suivante, il donne DABIT, si bien qu'il est amené à lire : *Si quis hanc arcam aperuerit, aliudve corpus induxerit, dabit*..... etc. La leçon DARE m'est fournie aussi par le P. de Prunières. Pour le commencement de la septième ligne, la copie de ce dernier répond également mieux à celle de M. Waddington qu'à celle de Borghesi. Pour le milieu de la même ligne, elle offre trois variantes : ALMVP, AENTVS, ALINTVS. A part ce dernier point, sur lequel on peut hésiter, il est certain que sur tout le reste la leçon de M. Waddington est la bonne, et qu'il faut lire :

D(iis) M(anibus). M. Aurelio Domitio, trierarcho cl(assis) pr(ætoriæ) Antoninianæ Ravennat(is) P(iæ) V(indicis), Vettia Vetilla, he[*r*]*es, marito bene merenti posuit. Qui ea aperuerit aut intus corpus induxerit, dare fisco Cæsaris III d(enariorum) nmumum* (sous-entendu *tenebitur.*)

HEPES est certainement pour HERES, soit que le lapicide ait oublié un trait, soit qu'il ait par distraction cru tracer une lettre grecque. Peut-être a-t-il de même écrit DARE pour DABT.

En faisant la nouvelle route de Beyrouth à Damas, on a découvert, près de la tour ronde, au-dessous de la caserne, une inscription latine. Cette inscription avait été

---

[1] *Œuvres complètes*, publiées par ordre de S. M. l'Empereur, t. IV, p. 297.

recouverte à une époque moderne; car Maundrell l'avait déjà vue. Voici la copie de M. Waddington :

```
V G · ET · IM▓▓▓
XII · C V M▓▓▓
V S · P H O E B V▓▓
```

Il n'y avait rien au-dessous de la troisième ligne. La coupure de gauche est artificielle; toute la partie de droite est grattée. Ma copie présente une différence avec celle de M. Waddington. Elle a un point et un intervalle après le C de la seconde ligne.

On peut restituer ainsi, avec M. Mommsen :

```
▓▓[A]VG · ET · IM[P · CAES·]
▓▓XII · C · VM[MIDIVS]
▓▓VS · PHOEBV[S]
```

Sur le nom de Caïus Ummidius, voir la note 18 de Tillemont sur le règne de Claude. Ummidius Quadratus fut légat impérial de Syrie, en 51. (Jos. *Ant.* XX, vi, 2; *B. J.* II, xii, 5 et suiv.; Tacite, *Ann.* XII, 45.)

Enfin deux inscriptions de Beyrouth se trouvent maintenant à Jérusalem, au consulat de Prusse. Elles ont toutes deux été copiées par M. Thomson et corrigées par M. Woolsey[1]. Les copies de M. Waddington étant beaucoup meilleures que celles de M. Thomson, nous les donnons ici.

La première est de l'an 344. Elle est remarquable par l'emploi de l'expression *provincia Phœnice*. (Voir *Revue archéol.* juin 1866, p. 389, 392; déc. 1866, p. 370, 380, 381, 382.)

```
▓▓▓▓▓▓LEONTI▓▓▓▓▓▓▓
PRAETORIOADQVEO▓▓NARIOCONSVLI
PROVOCANTIBVSEIVSMERITISQVAEPER
SINGVLOSHONORVMGRADOSADHOS
ΓVMDIGNITATVMAPICESPROVEXERVNT
DECRETISPROVINCIAEPHOENICESSENTEN
TIADIVINAFIRMATISDDNNCONSTANTIET
CONSTANTISAETERNORVMPRINCI
PVMORDOBERYTIORVMSTATVAM
SVMPTIBVSSVISEAAERELOCATAM
CIVILIHABITODEDICAVIT
```

C'est-à-dire : [*Fl(avio) Domitio*] *Leonti*[*o, c(larissimo) v(iro), præfecto Orientis*], *prætorio adque o*[*rdi*]*nario consuli, provocantibus ejus meritis, quæ per singulos honorum grados* (pour *gradus*) *ad hos eum dignitatum apices provexerunt, decretis provinciæ Phœnices sen-*

---

[1] *Biblioth. sacra*, V, p. 587 et suiv.

tentia divina firmatis d(ominorum) n(ostrorum) Constantii et Constantis, æternorum principum, ordo Berytiorum statuam sumptibus suis ex ære locatam civili habito (pour habitu) dedicavit.

Flavius Domitius Leontius fut consul ordinaire avec Flavius Sallustius Bonosus en 344. (Voir de Rossi, *Inscript. christ. urbis Romæ*, t. I, p. 52 et suiv.) Il avait été préfet du prétoire d'Orient en 338. (Voir le *Cod. Theodos.* liv. II, tit. 1, loi 7.)

La seconde se lit sur un fragment de sarcophage, où l'on voit un génie soutenant des guirlandes :

ΘΑΡΣΕΙΤΕΘΝΗ
ΚΑΣΓΑΡΑΠΕΝΘΗ
ΤΟΙΣΕΠΙΤΕΚΝΟΙΣ
ΖΩΟΥΣΑΝΠΡΟΛΙ
ΠΩΝΗΝΕΠΟΘΕΙΣ
ΑΛΟΧΟΝ

Cette bonne copie lève toutes les difficultés qui avaient arrêté les philologues américains. Il faut lire :

Θάρσει, τέθνηκας γὰρ ἀπενθήτοις ἐπὶ τέκνοις,
Ζώουσαν προλιπὼν ἣν ἐπόθεις ἄλοχον.

« Courage, puisque tu es mort sans avoir pleuré aucun de tes enfants, et en laissant
« vivante l'épouse que tu aimais. »

Voici maintenant, toujours d'après les copies de M. Waddington, des textes que nous croyons entièrement inédits :

A l'hôpital des Sœurs, sur une base portant maintenant la statue de saint Vincent-de-Paul :

    I ❦ O ❦ M ❦ H ❦
  T · PONTIVS · MAXI
  MVS · Q · F · PROTO
      CTETVS
  V ❦ L ❦ A ❦ S ❦

Il faut certainement lire à la première ligne : *Iovi Optimo Maximo Heliopolitano.* Cf. Eckhel, *Doctrina num. vet.* III, p. 334 et suiv.; Wood, *Les ruines de Balbec*, p. 14; Orelli-Henzen, *Inscr. lat.* n°ˢ 49, 1245, 1246, 1712, 5485, 5632, 5633; Renier, *Inscr. rom. de l'Algérie*, n° 142; *Transactions of the Royal Society of literature*, 2ᵉ série, vol. VII, p. 297 et suiv.

348 MISSION DE PHÉNICIE.

Sur une plaque de marbre bien conservée, de 40 centimètres sur 40 centimètres, à la maison des Jésuites. Lettres assez barbares :

```
ΤΟΠΟCΔΙΑΦΕΡѠ
ΝCΑΜΟΥΗΛΟΥΥΙ
ΟΥCΑΜΟΥΗΛΟΥC
ΙΡΙΙCΑΡΙΟΥΚΑΝΔC
ΔΑCΥΙΟCΚΑΙΔ
ΕΒѠΡΑCΔ
```

Dans une copie qui m'a été remise par le P. de Prunières, le mot qui suit le second CΑΜΟΥΗΛΟΥ est écrit CΙΡΙCΑΡΙΟΥ. Une autre copie, qui m'a été remise par le même, porte ΣΙΡΙΚΑΡΙΟΥ et omet le Δ final.

C'est l'épitaphe d'un juif. On peut lire ainsi :

> Τόπος διαφέρω-
> ν Σαμουήλου υἱ-
> οῦ Σαμουήλου σ-
> ιρικαρίου. Κανδέ-
> δας υἱὸς καὶ Δ
> εβώρας δ.

La valeur du Δ n'est pas claire. Voir Bosio, *Roma sott.* p. 192 (édit. de 1650). Mais le sens est que Candédas (peut-être pour *Candidatus*) et Débora ont élevé le monument.

L'expression μνῆμα διάφερον ou θήκη διαφέρουσα, pour désigner le tombeau, est assez commune à Jérusalem[1]. Le mot τόπος lui-même avait pris à peu près le sens de «tombeau,» surtout dans le grec de Palestine[2]. (Cf. *Corpus*, n°⁸ 632, 3015 b, 3813, 4432 c, 5200 b, 5922; Le Bas, *Inscr.* III, 1425, 1485, 1506; *Revue archéol.* juin 1869, p. 457; Dietrich, *Zwei sidonische Inschriften*, p. 16; ci-dessus, p. 256.) Les mots *locus* et *loculus* ont le même sens, surtout dans l'archéologie chrétienne. (Voir Martigny, *Dict. des antiq. chrét.* aux mots *fossor* et *loculus*; de Rossi, *Roma sott.* I, p. 195-196; Mommsen, *De collegiis et sodaliciis Romanorum*, p. 93 et suiv.)

Σιρικάριος est un iotatisme pour Σηρικάριος. Σηρικάριος est un ouvrier en soie. (Voir Waddington, *Édit de Dioclétien établissant le maximum*, ch. xvi, n° 54.) Le com-

---

[1] Saulcy, *Voyage autour de la mer Morte*, II, p. 321 et suiv. pl. XL; Tobler, *Jerusalem's Topographie*, II, p. 254 et suiv. Krafft, *Die Topographie Jerusalem's*, pl. n°⁸ 1, 2, 3; Kennedy Baylie, *Fasc.* III, p. 135 et suiv. Les explications de Krafft et de Kennedy Baylie sont très-mauvaises. (Cf. Waddington, explication des *Inscr.* de Le Bas, n° 467, et *Comptes rendus de l'Acad. des inscr.* sept. 1867, p. 248-249.)

[2] Voir Schleusner, *Lexicon Novi Testamenti*, IV. p. 1146.

merce de la soie est donc bien ancien à Beyrouth. On en teignait beaucoup à Tyr. Le ver à soie ne fut introduit dans l'empire que sous Justinien. Σιρικάριος équivaudrait à *Rubricator*. (Voir Du Cange, à ces mots.) Cf. Cureton, *Ancient syriac documents relative to the earliest establishment of christianity in Edessa* (Londres, 1864), p. 157; Schœnfelder, *Salomonis, episcopi Bassorensis, Liber apis* (Bamberg, 1866), p. 80.

Le mot τόπος reparaît du reste dans une autre inscription trouvée aux environs de Beyrouth (on ne put me dire l'endroit précis), et dont je dois la copie au P. de Prunière :

+ ΤΟΠΟΣ ΦΩΤΙΝΟΥ ΤΡΑΠΕΖΙΤΟ[Υ]

Fragment encastré dans le mur extérieur d'une maison louée par les Jésuites pour les orphelins. Grandes lettres :

ΚΑΙΤοΥΤοΤοΠΡο

C'est-à-dire : Καί τοῦτο τὸ προ... Peut-être πρόθυρον ou πρόσωπον.

Chez M. Péretié, sur un fragment de la plinthe circulaire d'une statue d'Hermès dont il ne reste que le bas de la jambe et un caducée sculpté en relief sur un rocher.

ΔΙΟΝΥΣΙΟΣ · Δ⬛⬛⬛

Lettres du 1er siècle avant Jésus-Christ. (Comparez les nos 4531 et 4533 du *Corpus*.) Chez le même, sur une anse d'amphore trouvée à Tortose.

```
*                    *
       ΑΡΙΣΤοΚΡΑΤΕΥΣ
*                    *
```

Voir ci-dessus, p. 38, 39.

Je dois également à M. Péretié deux plaques de marbre presque semblables l'une à l'autre, portant la même inscription. Sur l'une :

ΘΗΚΗΜΑΛ
ΧΟΥΠΑΝΤΟ
ΠΟΛΟΥ

Sur l'autre :

ΘΗΚΗΜΑΛ
ΧΟΥΠΑΝ
ΤΟΠΟΥ
ΛΟΥ

Παντοπώλης est un marchand qui vend toutes sortes de marchandises.

Sur un bracelet qui me fut donné par M. Péretié : BOHΘI. (Comp. S. Epiphane, *Adv. hær.* xxx, 17.)

Depuis mon départ, on a découvert sur l'emplacement du nouvel hôpital russe un sarcophage, accompagné de plusieurs autres, sur lequel se lit l'inscription suivante, dont je dois la copie au P. de Prunières :

COPINAIA ΦEPONTA ELLAΔIȢ
KNIKIA KONKYΛEYTEC +

Il faut lire : Σόριν (pour σόριον) διαφέροντα Ἑλλαδίου, κνικιακονκυλευτής. Κογχυλευτής (v. *Thes.* s. h. v.) est l'ouvrier en pourpre, κνίκος ou κνῆκος le carthame ou couleur orange. D'époque très-basse.

Du côté du Ras-Beyrouth, dans le verger de Gibraïl Chentiré, presque au bord de la mer et à cent pas du consulat de Prusse : stèle complète en haut et en bas, rognée sur les côtés ; la surface écrite de la pierre est assez rongée ; la lecture en est très-difficile.

POMPONIO
RVCCIOTRIARIOI
LIOC·ERVCCICIAPIO
L·MVCIMEIVSPΓCΛBDICI
.SACERDOT.ANVS

Cette inscription peut se lire ainsi : ..... *Pomponio [E]ruccio Triario, [fi]lio C(aii) Eruccii C(l)ari, c(larissimi) [v(iri)], L(ucius) Mucimeius, P(ublii) f(ilius), Ca[r]dici[a], Sacerdotianus.* — C. Eruccius était certainement un grand personnage, puisque son fils fut honoré d'une statue, par la seule raison qu'il était son fils[1] ; peut-être est-ce le même que *C. Erucius Clarus*, qui fut consul en 170, avec M. Cornelius Cethegus. La manière dont son nom est ici écrit, ERVCCIVS pour ERVCIVS, ne serait pas un obstacle à cette conjecture ; on trouve de même AVRELLIVS pour AVRELIVS[2]. Les lettres CI du mot MVCIMEIVS ne sont pas certaines ; peut-être faut-il lire MVMMEIVS et reconnaître dans ce personnage un parent du L. Mummeius Ingenuus, que nous retrouverons à Deir el-Kala (voir ci-après, p. 355). *Ca[r]dici[a]*, nom de la patrie de ce personnage, paraît ici pour la première fois. (Note de M. Léon Renier.)

Auprès d'une maison, sur le flanc de la colline, au-dessus du chemin qui mène au pont du Nahr-Beyrouth, à l'endroit nommé *Chorafié*, sur un sarcophage orné de têtes de bœuf et de bélier, dans un cartouche :

CEKO
YNΔOC

---

[1] Voyez, sur cet usage, Léon Renier, *Mélanges d'épigraphie*, p. 7 et suiv. — [2] V. Henzen, n°ˢ 5520 et 6058.

On lit dans Guys[1] que, de son temps, on trouva à Beyrouth un sarcophage avec cette inscription : IVLIA MAMMEA, lequel fut transporté en Amérique. Cela serait fort intéressant. Mais le livre, d'ailleurs important à plusieurs égards, de M. Guys fourmille de telles inexactitudes en fait d'épigraphie[2], qu'on ne peut se fier à ce renseignement.

Fragment de sarcophage en marbre blanc, transporté de Beyrouth à Saïda :

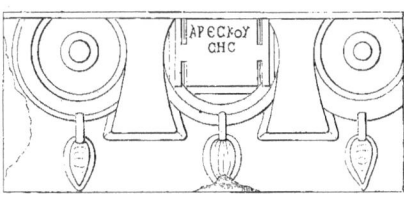

Réduit au vingtième. Sur le nom propre, voir *Corpus inscr. gr.* n° 1626; Mommsen, *Inscr. regni Neap.* n° 6467.

Je place ici, uniquement parce qu'elle m'a été communiquée à Beyrouth, une pierre gravée dont je dois l'empreinte à M. le comte Bentivoglio, qui l'avait acquise à Damas; circonstance qui prouverait qu'elle avait été trouvée au delà du Jourdain. Damas et Beyrouth, en effet, sont les deux centres du commerce des antiquités pour la Syrie. Les antiques de la montagne et de la côte viennent de préférence à Beyrouth.

Le signe placé en tête est fréquent sur les monuments figurés des peuples phéniciens[3]. Il paraît venir de l'image d'une personne en prière, non moins fréquente au haut des stèles phéniciennes[4]. Les deux lignes suivantes doivent être lues :

לכמש
יחי

---

[1] *Relation*, I, p. 247.
[2] Voir, par exemple, II, p. 11.
[3] Gesenius, *Monumenta phœn.* pl. XXIII, XXIV, XXXIX, XLV; *Thesaurus*, p. 1082-1083; *Inscr. in the phœn. character*, publiées par le Musée britannique (1863), n°s 2, 4, etc. *Annuaire de la Soc. de Constantine*, 1860-1861, pl. VI, XI; 1862, pl. XII, XIII, p. 60, 61, 62; Guigniaut, *Rel. de l'ant.* pl. LV, fig. 209, 211; Beulé, *Fouilles à Carthage*, pl. V, fig. 6. M. Cherbonneau m'en a communiqué de nombreux exemples trouvés dans la nécropole de Sigus.
[4] Par exemple, Gesenius, *Monum. phœn.* pl. XXIV.

La forme des lettres est remarquable en ce qu'elle se rapproche à quelques égards du caractère des monnaies juives asmonéennes. Le ש surtout est très-frappant et s'éloigne du type phénicien. Le ך et le ש se retrouvent dans la pierre gravée de Lévy (*Phœnizische Studien*, II, pl. n° 8 *a*). La cambrure du jambage du ם est un signe de moindre antiquité. La forme du ה, à la seconde ligne, est assez particulière.

La plupart des épigraphes des pierres gravées phéniciennes commencent par ל, suivi du nom de la personne à laquelle appartenait le sceau. Mais כמש ne forme pas un nom propre d'homme satisfaisant. C'est, au contraire, un nom de divinité, le nom de l'idole des Ammonites et des Moabites[1]. On serait donc tenté de croire que nous avons ici un amulette moabite ou ammonite[2]. M. Lévy a publié diverses pierres du même genre, où le nom de la divinité est précédé de ל[3]. יחי aurait alors le sens de «Vivat.» Qu'on se rappelle les formules אל חי, חי יהוה. (Gesenius, *Thes.* p. 469.) Mais cette explication n'est pas la meilleure. Il est bien plus naturel de former un seul nom propre avec כמשיחי. Je ne me rappelle aucun exemple où les mots soient ainsi coupés sur des pierres gravées; mais de pareilles coupes sont fréquentes dans les inscriptions; on peut dire d'ailleurs, que, dans de tels noms propres composés, il est permis de regarder les composants comme formant deux mots distincts. Les noms composés d'un nom de Dieu et du verbe חיה ou חי sont fréquents dans les langues sémitiques. Qu'on se rappelle en hébreu יחיאל, יוחא, יחיה pour יחיה, et le nom du célèbre rabbin שמעון בן יוחי. L'analogie de tels noms voudrait que le nom ammonite fût כמשיה ou יחכמש, le verbe étant au futur quand il est à la première place, et au prétérit quand il est à la seconde. Il est une autre série de noms cependant à laquelle כמשיחי pourrait se rapporter. Ce sont les noms comme :

Ieho-yakim (Jéhovah le constituera),
Ieho-yakin (Jéhovah l'instituera),
Ieho-yarib (Jéhovah le défendra),
El-yakim (Dieu le constituera),
El-yaschib (Dieu le restaurera).

En pareil cas, le second verbe doit être un verbe actif ayant pour régime la personne en question. Entendu de la sorte, כמשיחי pourrait s'expliquer par : «Celui que «Chamos fait vivre.» יחי alors serait יחי, futur piel de חי, et ce nom devrait être lu *Kamos-yehaï*, en grec Χαμωσιαῖος (?). Une inscription récemment découverte à Pantellaria offre le nom tout semblable בעליחי, *Baal-yehaï* (communication de M. Fr. Lenormant, à l'Académie des Inscriptions, séance du 29 mars 1867).

La forêt de pins de Beyrouth est peut-être une de ses antiquités[4]. C'est

---

[1] Le nom de Chamos se retrouve dans une inscription de Sardaigne. Gesenius, *Mon. phœn.*, p. 159; Ernst Meier, *Erklærung phœn. Sprachdenkmale* (Tubingue, 1860), p. 9. On le retrouve dans un nom assyrien. *Revue archéol.* septembre 1866, p. 166.

[2] Voir *Comptes rendus de l'Académie des inscriptions et belles-lettres*, séances du 24 août et du 14 septembre 1866; *Journal asiatique*, août 1867, p. 173.

[3] *Phœnizische Studien*, II, p. 35, 36, 38.

[4] On en attribue la plantation à Fakhr-eddin

CAMPAGNE DE BYBLOS.

de là, ce semble, que la ville tire son nom[1]. Il n'est guère admissible que ברתי (II Sam. VIII, 8), ברתה (Ézéch. XLVII, 16), désignent la ville de Beyrouth[2]. Il est probable cependant que le nom de cette dernière ville vient de ברות, chald. ברת, syr. ܒܪܘܬ[3]. Ce mot signifie proprement «cyprès,» mais il désigne aussi le pin, et dans un endroit, la traduction arabe de la Bible l'a rendu par صنوبر, nom que porte aujourd'hui la *pineta* de Beyrouth. L'étymologie du nom de *Beyrouth*, tirée de בארות «les puits[4],» est en contradiction trop manifeste avec la nature des lieux, où l'eau est rare et mauvaise[5]. Ce n'est pas le médiocre puits antique situé près du petit port qui aurait suffi pour justifier une telle appellation.

Les traditions groupées autour de la petite mosquée de Saint-Georges me paraissent répondre à ce passage de Sanchoniathon : Πόντου λείψανα εἰς τὴν Βηρυτὸν ἀφιέρωσαν (p. 38).

Deir el-Kala est le dernier grand temple du Liban qu'on rencontre en s'avançant vers le sud[6]. Comme tous les autres temples du Liban, on voit qu'il a été renversé exprès et avec de grands efforts. La beauté des matériaux de ce temple est un véritable objet d'étonnement. Les colonnes de granit d'Égypte égalent celles de Baalbek; pour les monter en cet endroit, où l'ascension à cheval est aujourd'hui fort difficile, il a fallu des prodiges. Les pierres égalent celles de la tour de Gébeil et sont taillées d'une manière analogue. A quelques pas du temple, sont les carrières d'où les pierres qui ont servi à bâtir l'édifice sont sorties. Un bloc s'y voit encore

---

(Saulcy, *Voyage autour de la mer Morte*, I, p. 25). Mais la valeur de cette tradition est douteuse, vu la popularité du nom de Fakhr-eddin à Beyrouth.

[1] Βερόη est une grécisation faite par quelque bel esprit, non une forme véritable du nom de la ville.

[2] M. Ewald (*Gesch. des V. Isr.* III, 3ᵉ édit. p. 207) distingue ces deux villes et identifie la seconde avec Beyrouth. Mais, dans les deux passages, *Berothaï* ou *Berotha* est rapproché des mêmes villes, et en particulier de Soba, de Hamath, de Damas. (Cf. Chabas, *Voyage d'un égyptien*, etc. p. 111.)

[3] Gesenius, *Thes.* p. 247.

[4] Étienne de Byz. au mot Βηρυτός; Ritter, XVII, p. 62, 63.

[5] C'est bien à tort qu'on a argumenté de la richesse en eaux du triangle de Beyrouth. Aloys Müller, *Esmun* (Vienne, 1864), p. 17, 18.

[6] Guys, *Relation*, I, p. 250 et suiv. Les renseignements de Guys sont très-confus; ils sont importants néanmoins, car il a vu des antiquités qui semblent avoir disparu depuis. Comparez les renseignements du P. Ryllo, dans Secchi, *Iscrizioni greche trovate in Arado*, p. 49.

comme à Baalbek, dégagé de tous les côtés, excepté par la base. Des niches et des signes sur le roc font croire que la coupe du rocher a été ici, comme en tant d'autres endroits, appropriée à quelque usage spécial. On a cru voir, à Deir el-Kala, des débris d'un édifice plus ancien que le grand temple [1]; je n'ai rien trouvé qui confirmât cette opinion. Les inscriptions se rapportent presque toutes à l'époque de Septime Sévère. Les grandes constructions de Deir el-Kala sont probablement contemporaines de celles de Baalbek. Sur ces deux points, la population romaine paraît avoir été tout à fait dominante.

Les inscriptions de Deir el-Kala et de Beit-Méry ont été souvent copiées [2]. M. Waddington en a repris plusieurs. Voici les améliorations qui résultent de ses copies pour les textes déjà publiés :

M. Le Bas (*Inscr.* III, n° 1855) a supposé, non sans vraisemblance, que les deux inscriptions 4535 et 4536 du *Corpus* n'en font qu'une, et que la première est la suite de la seconde. M. Waddington n'a pas copié la partie répondant au n° 4536. M. Krafft (n° 20), M. de Saulcy (pl. LVII) et M. Texier (p. 88 et pl. LXIX et LXX) en ont donné de bonnes copies, qui limitent sur cette partie le champ des incertitudes. Celle de M. de Saulcy surtout (ou plutôt de M. Ed. Delessert), présentant un dessin du monument, fait justice des conjectures hasardées de M. Bailie et de quelques-unes de celles de M. Franz et de M. Texier. À la fin de la huitième ligne, Krafft, Saulcy et Kremer portent ΚΛΥ. Or, entre la dernière lettre de cette ligne et la première de la suivante, il n'y a pas de lacune, si bien qu'il est assez naturel de regarder ΚΛΥΕϹΟΥ, ou tout autre mot formé par ces sept lettres, comme un génitif gouverné par ΔϹΠΟΤΑ. M. Texier lit ΚΛΥΕϹΟΥ et voit là *Cavesus*, qu'il suppose être le nom antique de Deir el-Kala. Cela n'est pas probable. Peut-être serait-il permis de songer à un mot dérivé de la racine κλύζω, comme κλυσμοῦ, ce qui répondrait bien à la pensée générale de l'inscription. Κλύε μοῦ ne s'agence pas bien avec ce qui suit. — Quant à la partie répondant au n° 4535 du *Corpus*, la copie de M. Waddington est en tout conforme à celle du *Corpus* (p. 243), sauf pour la première lettre [3], que M. Waddington lit P

---

[1] Voir Texier et Poplewell Pullan, *Architecture byzantine* (Londres 1864), pl. V et p. 87 et suiv.

[2] Voir *Corpus inscript. gr.* n° 4535, 4536 et les *addenda*; Brocchi, *Giornale*, III, 151, 152; Secchi, *Iscrizioni greche trovate in Arado*, p. 49, 50; Krafft, *Topographie Jerusalem's*, inscriptions, n° 15-21; Kennedy Bailie, *Fascic.* III, 118 et suiv.; Saulcy, *Voyage autour de la mer Morte*, pl. II et LVII; de Kremer, *Mittelsyrien und Damascus*, p. 236-239; Texier et Poplewell Pullan, *Architecture byzantine*, p. 88 et suiv. et pl. LXIX et LXX; Le Bas, *Inscriptions*, III, n°s 1855-1863; Kruse, *Commentare zu Seetzen's Reise*, p. 124 et suiv.; Robinson, III, 16 et suiv.; *Corpus inscriptionum latinarum*, Syrie, n°s 153 et suiv. Le *Corpus* doit être ici complété par Secchi, p. 50, et par Texier, p. 89.

[3] Le P qui se lit à gauche de la ligne dans le texte du

avec Henzen (voir *Corpus, add.* p. 1176), Kremer (p. 138) et Texier (*loc. cit.*), et pour l'antépénultième de la première ligne, qu'il lit E. La conjecture de M. Letronne, AEPOΔPOMON pour IEPOΔPOMON, outre qu'elle blesse la quantité, est formellement repoussée par le monument. — Sur l'aqueduc de Deir el-Kala, on peut consulter Guys, *Relation*, I, p. 248, 249, 253; *Revue archéol.* 1846, p. 79-83, 489-491; *Corpus inscr. Gr.* III, p. 1176. M. Texier, dans une note qu'il a bien voulu me remettre, remarque que l'aqueduc est à plus de 300 mètres en contre-bas de Deir el-Kala, que par conséquent il devait porter l'eau à Beyrouth. La construction lui a paru des bas temps de l'empire.

L'inscription de Postumius, sur un piédestal renversé, tracée en belles lettres, doit être lue comme dans Secchi, *Iscr.* p. 50; Saulcy, *Voyage*, pl. LVII; Le Bas, III, n° 1856; Kremer, p. 237. Les copies du *Corpus* (p. 243 et 1177), de Krafft, Bailie, Texier sont plus ou moins défectueuses.

De ces deux inscriptions rapprochées du n° 1857 de Le Bas, et d'une autre inscription maintenant à Paris, mais qui sûrement provient de Deir el-Kala (Henzen, n° 5617; *Corpus inscr. Lat. Syr.* n° 155), il résulte que le temple de Deir el-Kala était dédié à Baal-Markod, dont on croit que le nom est traduit en grec, dans le n° 4536, par κοίρανος κωμῶν. Κῶμοι (pluriel de κῶμος) répondrait alors à מרק, impliquant l'idée de jeux et de danses[1]. Κωμῶν (pluriel de κώμη) signifierait «seigneur des villages» et répondrait à la formule ἀπὸ κώμης, si fréquente sur les épitaphes de Syriens. La première explication est de beaucoup la meilleure. La lecture BAΛMAAPAKωΘ, proposée par Franz[2], bien qu'elle ait une bonne physionomie sémitique, בעל-מערכות, est gratuite. L'étymologie *Baal-Mélek*, proposée par le P. Secchi[3], est inadmissible. Le rapprochement avec *Baal-Melkart*, proposé par Texier[4], n'est pas plus heureux. Après tout, il n'est pas sûr que ce qui suit BAΛMAPKωC dans le n° 1855 de Le Bas, soit la traduction de Βαλμαρκώς. Peut-être faut-il ponctuer ainsi : Εἴλαθί μοι, Βαλμαρκώς κοίρανε, κωμῶν καὶ κλυσμοῦ δέσποτα.....

L'inscription de Mummeius, tracée en lettres grossières, des deux côtés d'un cippe rond, n'a été vue entière que par Seetzen, avant M. Waddington. La seconde partie a été copiée par Krafft, Bailie, Saulcy, Kremer, Texier. Voici la copie de M. Waddington.

D'un côté :

```
         PROSALVTEDOMNINIMP    ES
         L·SEPTIMISEVERIPERTINACISAVG
                  IOMMIMVM
              MEIVSINGENVOSA/S
```

Corpus est sûrement une variante ou une correction de la première lettre, proposée en marge par Wildenbruch, que Frantz aura prise pour un élément du texte.

[1] Robinson, *Bibl. Res.* III, 16-17; Ritter, XVII, 462.
[2] *Corpus*, p. 243 et 1177.
[3] *Iscrizioni greche trovate in Arado*, p. 50.
[4] Ouvr. cité, p. 89.

de l'autre :

```
MVMMEIVSINGENVOSPRO
SALVTESVAETFRATRVM
    ETFILIORVM
     V L A S
```

M. Mommsen lit :

```
PRO·SALVTE·DO[MI]NI·N·IMP·[CA]ES
L·SEPTIMI·SEVERI·PERTINACIS·AVG
       I·O·M·M·L·MVM
     MEIVS·INGENVOS·V·S
```

```
MVMMEIVS·INGENVOS·PRO
SALVTE·SVA·ET·FRATRVM
     ET·FILIORVM
      V·L·A·S
```

Peut-être la formule I·O·M·M· doit-elle être lue : J(ovi) O(ptimo) M(aximo) M(arcodi). Cependant la formule ordinaire est I·O·M·BALMARCODI.

L'inscription d'Antistia a été publiée d'abord par Mariti, puis reprise par Krafft, Bailie, de Saulcy, de Kremer. (Cf. Le Bas, n° 1859.) M. Mommsen l'a restituée ainsi, en s'aidant de la copie de M. Waddington.

```
      GENIVM·COL·
      ANTISTIA·VICTO
      RINA · FABARIA
      PRO SALVTE SVA
[ET]·C·ANTISTI·ELA[I]NI
ET·VICTORINI·ET·SALVI
ET·HOTARIONIS·ETCARAE
         SII·V·S·
```

En comparant les variantes de Mariti, Waddington et autres pour la cinquième ligne, M. Léon Renier affirme que l'original porte ou portait ÆLAN = Aeliani. La restitution proposée par M. Waddington (Le Bas, III, n° 1859) ne saurait être maintenue. Le prénom et le *gentilitium* C·ANTISTI doivent être sous-entendus avant tous les *cognomen* qui suivent *Aeliani*. Quant aux deux dernières lignes, M. Renier lit :

```
ET·HOTARIONIS·ET·CA
         STI·V·S·
```

Pour que CARAE fût possible, il faudrait qu'il y eût ET·ANTISTIAE·CARAE. Le

RAE de Mariti est sûrement une *correctio tacita*. Toutes les autres copies finissent la ligne par CA.

Un fragment, situé au-dessus d'une fenêtre, dans la cour du couvent, a été copié par M. de Saulcy (pl. LVII; cf. Le Bas, III, 1863), M. de Kremer (p. 137), M. Texier (p. 89). La copie de M. Waddington a permis à M. Mommsen la restitution suivante :

[SEVERO·PIO·PERT]INACI·AVG·P·P·ET·COL·IVL[·AVG·FELICI·BERYT·
AE]DICVLAM·ET·SIMVLACRA·DE·SVO·FEC[IT]

Un autre fragment, copié par Mariti, Seetzen, Krafft, Bailie, Saulcy, Kremer, est donné ainsi par M. Waddington :

GAVIVSCALL
STVSLINLAP
XVI

Après GAVIVS CALLISTVS, M. Mommsen propose de lire : *Locus* IN LA*titudinem* P*edes* XVI. On remarquera l'erreur de Donati (*Vet. inscr.* p. 464, 5) et la distraction de Le Bas (*Inscr.* III, nos 1848 et 1862) à propos de cette inscription.

Un autre fragment, en lettres barbares, copié par Seetzen, Krafft, Bailie (Le Bas n° 1860), est rendu ainsi par M. Waddington :

v . ⊔I⊔M
ΛASTU⊔M
ΛSIAES⊔O
ΛSC⊔LΛ⩘
ΛΛIΛLIS
COM·M⊔
IA⊔IT

M. Mommsen lit la deuxième et la troisième ligne :

[TETR]ASTVLVM
[CVM B]ASI ΔE SVO

A la quatrième, je crois lire : [AEDI]CVLAM (voir ci-dessus); à la sixième et septième : COMMV[NIC]AVIT. Mais tout cela est bien douteux.

Dans le mur de la sacristie, M. Waddington a trouvé un fragment en grandes lettres, que personne jusqu'ici n'avait relevé :

INGENVAEAN

Les voyageurs anglais considèrent comme un temple phénicien une ruine en pierres colossales située à moitié chemin entre Beyrouth et Deir el-Kala[1]. Je ne l'ai pas vue; mais je doute qu'elle ait l'importance que certaines personnes fort instruites lui ont attribuée.

Dans le Méten, on m'a signalé les endroits suivants :

A Bzebdin ou Zebdin (زبدين), au couvent de Saint-Jean, une inscription ;—à Sayyidet el-Bir ellahiti (سيدة البير اللهيتى), une inscription; — à Saint-Joseph el-Hosn (مار يوسف لحصن), ancienne construction où il y a une inscription ; — dans le hameau de Hajjula (قرية جولا), un paysan dit qu'il existe en quelques endroits des inscriptions. J'ai de fortes raisons de croire que ces indications se rapportent à des inscriptions syriaques ou arabes, ou qu'elles sont erronées.

Djedita, à une heure de Zahleh, a une belle inscription latine sur une base carrée. L'inscription a déjà été copiée par M. de Forest et corrigée par M. Woolsey[2]. La copie de M. Waddington améliore le texte sur quelques points.

```
        IVNONI · REGINAE
       PRO SALVTE · IMP · CAES · T
       AELI · HADRIANI · ANTONI
       NI · AVG · PII · P · P · LIBERO
       RVMQVE · EIVS · BAEBI · CA
       IVS · ET GEMELLVS · FRATRES ·
       EX · TESTAMENTO PETILI
       AE · LVCIAE · MATRIS · EOR
```

Comparez l'inscription IVNONI REGINAE que M. Texier a copiée à Deir el-Kala (*Archit. byz.* p. 89), et Guys, *Relation*, I, p. 252.

En somme, on le voit, le grec et le latin sont exclusivement les langues épigraphiques du Liban. On n'y trouve pas une seule lettre antérieure à l'époque grecque, on pourrait même dire à l'époque romaine. La brillante civilisation qui, depuis une haute antiquité, se déploya sur la côte, influa

---

[1] Mrs Harvey, *Our cruise in the Claymore*, p. 16. — [2] *Journal of the American Oriental Society*, III, 351. Comp. Porter, *Syria and Pal.* p. 569.

peu sur la montagne. Rome seule eut assez de force pour dompter les éléments indisciplinés qui s'agitaient en ces parages et y maintenaient l'anarchie [1].

Au sujet de Cabélias, Hisn-Niha, Furzul, Andjar (Chalcis), Damas, j'ai peu d'observations à ajouter à celles de mes devanciers. Sur une des colonnes de la cour de la grande mosquée de Damas, près de la porte de l'Est, j'ai copié l'inscription suivante, dont l'intervalle effacé est d'environ dix lettres :

ΑΝΤω░░░░░░░░░░ΙΟϹΚΟΝΝΑΡΟΥ

Il est bien remarquable que la montagne de Saléhieh, qui, si elle s'était trouvée en Phénicie, à Pétra, etc. aurait servi à excaver des tombeaux creusés dans le roc, n'en renferme pas un seul. Cette observation est de M. Gaillardot, et s'applique à toute la région de Damas. Ce fut M. Gaillardot aussi qui me signala les localités de *Deir Zeinoun*, *Khan Zeinoun*, aux environs de Damas (dans le Bekaa, route de Beyrouth à Damas; dans le Hauran, première halte de la caravane à partir de Damas [2]), qui paraissent renfermer le nom du tétrarque Zénodore [3]. Damas offre, du reste, comme Antioche, une déplorable pauvreté en fait d'épigraphie et de monuments anciens. La grande mosquée présente, pour l'archéologie chrétienne, un immense intérêt.

---

[1] Voir Strabon, XVI, II, 18.

[2] M. Waddington m'apprend que cet endroit s'appelle maintenant *Khan Denoun*. C'est aussi l'orthographe de Van de Velde. Wetzstein écrit *Dennûn*. *Reisebericht*, carte. Mais M. Gaillardot est sûr d'avoir entendu *Zeinoun*, lors de son voyage dans le Hauran, il y a trente-deux ans. Du reste, c'est là à peine une différence, la lettre initiale étant un ־ֹز.

[3] Ce personnage est appelé Ζήνων dans Josèphe, *B. J.* II, VI, 3.

LIVRE III.

CAMPAGNE DE SIDON.

CHAPITRE PREMIER.

SAÏDA ET SES JARDINS.

Le dominicain Brocard dit, avec sa justesse ordinaire : « Sidon, magna urbs Phœniciæ, cujus magnitudinem adhuc ruinæ attestantur..... De ruinis tamen ejus alia est ædificata, parva quidem, sed munita[1]. » Antonin Martyr nous atteste en effet que, de son temps (vers 570), la ville était en partie en ruines : « Ex parte ruit[2]. » La moderne Saïda doit donc être considérée, moins comme une continuation directe de l'antique Sidon que comme un petit amas de maisons fortifiées, qui, surtout depuis les croisades, s'est formé autour du port de la vieille ville[3]. Nous verrons bientôt que les jardins recèlent des débris de monuments qui, autrefois, durent faire partie de la cité, et que le point de départ des bornes milliaires était situé au point 10 de notre plan (planche LXVI), c'est-à-dire à environ

---

[1] P. 26, édit. Laurent.
[2] Antonin Martyr, § 4.
[3] Pour l'histoire des vicissitudes de la ville au moyen âge, voir Ritter, *Erdkunde*, XVII, p. 392 et suiv. ou Dietrich, *Zwei sidonische Inschriften* (Marbourg, 1855), p. 1 et suiv.

730 mètres de la porte actuelle de la ville. Brocard ici encore nous fournit un trait de lumière. « Fuit autem in campo per longum disposita, tendens ab austro in aquilonem, sub monte Antilibano, inter ipsum et mare, speciosa valde. » On s'explique, de la sorte, comment la ville actuelle de Saïda renferme si peu d'antiquités. C'est une ville moderne, faite avec des débris antiques, dont bien peu sont reconnaissables. Si l'on excepte les éternels fûts de colonnes encastrés dans les murs, les blocs gigantesques qui ferment le vieux port, et les entailles dans le roc qui se voient au port et dans l'île, Saïda, comme Sour, n'a conservé au-dessus du sol presque aucun vestige de son passé phénicien. Jusqu'à la découverte de la grande nécropole située autour de *Mughâret Abloun*, en 1855, on pouvait dire que la vieille Sidon, « mère en Chanaan, » avait totalement disparu.

Comme toutes les villes antiques de la Phénicie (Tyr, Byblos, Botrys, Trière, Acre, Jaffa), Sidon se présente de loin en promontoire. L'idée que ces peuples anciens se faisaient d'un port était tout à fait différente de la nôtre. Les ports phéniciens étaient de préférence situés sur des caps; il semble qu'on cherchait plutôt des reconnaissances, susceptibles d'être vues de loin, que de vrais abris. La navigation d'alors consistait à voguer de cap en cap; le soir, on tirait la barque sur la grève. La Phénicie n'a vraiment qu'un seul mouillage, qui est Ruad. Le חוף אניות de *Gen.* XLIX, 13, paraît être l'origine du nom de Khaïpha[1]; or, la plage de Khaïpha est tout simplement une grève où l'on pouvait tirer les navires à sec. Ce que les Phéniciens recherchaient dans leurs ports, c'était le voisinage d'une île, ainsi qu'on le voit à Aradus, à Tripoli, à Sidon, à Tyr, et jusqu'à un certain point à Byblos.

Notre planche LXVII et les figures 1, 2, 3 de la planche LXVIII présentent l'image du port de Saïda et permettent de juger des parties antiques qu'il offre encore. Jaffa, Ruad, et en général les ports de la Phénicie

---

[1] Cf. Land, *Disp. de carmine Jacobi*, p. 61.

offrent ce même aspect de rochers taillés. Une curieuse inscription latine de basse époque, trouvée en août 1867, dans le port [1], nous apprend que le mur qui, de ce côté, protégeait la ville contre les flots, avait été bâti par Antigone. Il est probable que cette inscription latine métrique fut gravée en même temps qu'une autre (non retrouvée), qui devait mentionner la réparation du même mur au ve ou vi^e siècle[2]. Le Périple du faux Scylax, qui est antérieur à Alexandre, appelle déjà le port de Sidon λιμὴν κλειστός, «port fermé.» Le château de la mer a été bâti au xiiie siècle[3] avec de belles pierres antiques. Le bossage s'y mêle à des fûts de colonnes brisées. C'est à tort qu'on a vu un trait de haute antiquité dans les signes de maçons qui se voient sur les pierres[4].

L'îlot qui forme le mouillage de Saïda[5] a des travaux dans le roc qu'on peut rapporter à une haute antiquité. La base carrée de rochers qui coupe l'îlot comme une crête, dans le sens de sa longueur, a pu être le soubassement d'un mur, comme les *murazzi* de Venise. Dans la partie sud de l'îlot, il y a certainement eu des constructions adossées à la paroi taillée à pic qui regarde l'est; cela est prouvé d'abord par les masses de ciment qui forment le sol et en remplissaient les aspérités, puis par les mortaises creusées dans ce sol ainsi que dans le rocher taillé à pic, mortaises destinées à recevoir les piliers en bois et les traverses soutenant une terrasse. Au milieu de la crête centrale, se voit une porte; à l'intérieur est un bassin contenant une eau peu profonde, où les femmes de Saïda vont aujourd'hui se baigner, et qui a servi peut-être au même usage autrefois (voir pl. LXVIII, fig. 4 et 5).

Dans la description qui va suivre, il est de mon devoir de déclarer

---

[1] Communication de M. de Saulcy à l'Académie des inscriptions, le 1er octobre 1869. *Revue arch.* oct. 1869, p. 286, et mars 1870, p. 145 et suiv.

[2] Il y eut, vers ce temps, une certaine recrudescence latine dans les inscriptions de Syrie. (Voir ci-dessus, p. 37, et surtout *Corpus inscr. lat.* Syrie, n°s 124 et 188.)

[3] Brocard, *l. c.*

[4] Deutsch; voir *Bulletin de la Soc. de géogr.* janv. 1870, p. 55.

[5] Voir nos planches LXVI et LXVII, les plans d'Ormsby (1833), et de M. Desmoulins (1862), au Dépôt général de la marine.

que je dois beaucoup à M. Durighello, agent consulaire de France à Saïda, qui, pendant mon séjour et après mon départ, n'a cessé de rechercher avec zèle et de relever tout ce qui pouvait servir la mission. J'ai dit trop de fois, pour qu'il soit nécessaire de le redire encore, ce que je dois pour tout ce livre à M. Gaillardot.

Les débris d'antiquité qui se voient dans l'intérieur de la ville sont insignifiants. Près de la porte par laquelle on entre en arrivant de Beyrouth, on trouve des mosaïques. On a quelquefois regardé comme phénicien un chapiteau en pierre calcaire de 66 centimètres de diamètre, placé près du bassin de la mosquée *Djamet el-Khyhyaïa* (pl. XLII, à gauche). C'est un mauvais chapiteau ionique de l'époque romaine, inachevé. Le khan français contient beaucoup d'antiquités, et, par nos soins, est devenu une sorte de musée. Pendant quatre ans, M. Gaillardot et M. Durighello n'ont laissé passer aucune occasion d'acheter, sur les fonds de la mission, toutes les antiquités du pays qu'on leur présentait. Nous rapporterons, autant que possible, ces antiquités aux points où elles ont été trouvées; nous mentionnerons ici, faute d'indications plus précises, deux fragments d'un sarcophage représentant une chasse exécutée par des génies, dont l'un a le bras enveloppé comme pour la chasse au lion (pl. XLII, bas), trouvé dans les jardins (calcaire compacte jaunâtre), un bon fragment de lion terrassant un taureau (gris calcaire très-grossier), un bas-relief en marbre blanc (pl. XLIV, bas), représentant Apollon[1], qui perce de ses flèches les Niobides; un des Niobides est déjà tué; l'autre est entre les bras de son pédadogue, lequel tient sa verge à la main. L'arbre est un pin; le pin est toujours ainsi figuré sur les monuments de Cybèle et d'Attys. Cet arbre a, dans les deux cas, un sens funèbre; sa présence est ici un symbole de la mort de toutes ces victimes d'Apollon, stérilisées par les cruelles flèches du dieu. (Note de M. de Longpérier.) Le sujet des Niobides n'est pas rare sur les tombeaux.

[1] L'apparence du casque qui couvre la tête du dieu est, en réalité, sa chevelure.

A Saïda appartient également le fragment de sarcophage en marbre blanc représenté par notre planche XLV, n° 1; on y remarquera les pendeloques suspendues aux guirlandes, motif favori des sépultures du pays de Tyr et de la Palestine, sur lequel nous reviendrons. Nous mentionnerons ici également l'objet représenté dans notre planche XXI, 8 (tête de cheval grotesque en bronze, ayant servi de pommeau); le fragment de bas-relief n° 94 de notre catalogue; une gargouille, d'où l'eau s'échappait par la gueule d'un lion[1].

Parmi les pièces de monnaie recueillies à Saïda, nous mentionnerons une grande darique d'argent et de petites dariques à l'archer, très-fines.

Nous possédons (au Louvre) un masque de lion en cuivre, trouvé dans les jardins et qui rappelle un objet analogue de la collection de M. Auguste Parent. Un très-curieux petit objet, vraiment phénicien, est le suivant, lequel fut découvert dans un tas de pierres d'une rue de Saïda :

Grandeur d'exécution.

[1] M. Gaillardot l'a soigneusement dessinée, comme presque tous les objets antiques de Saïda.

La figure du dieu a été massacrée à coups de couteau. Quant à la forme de la *cella*, on remarquera son analogie avec celle d'Amrit (pl. IX), surtout en ce qui touche la frise d'*uræus*. La restitution de la *cella* d'Amrit était achevée et avait même été exposée (Catalogue, dessins de M. Thobois, n° 3), bien avant que nous eussions connaissance de cette petite pierre, laquelle n'a été découverte qu'en 1862, et qui confirme pleinement la restitution de M. Thobois.

Dans une lettre de M. Gaillardot, datée du 10 septembre 1862, je lis ce qui suit : «J'ai été bien agréablement surpris dernièrement, en trouvant sur une pierre carrée destinée aux constructions, d'environ 35 centimètres en cube, la partie supérieure d'une petite stèle représentant le globe ailé et les ornements en forme de larmes (les uræus) que nous avons rencontrés ailleurs. C'est le premier globe ailé que nous trouvons à Saïda. Cette pièce est au Louvre; en voici le dessin.

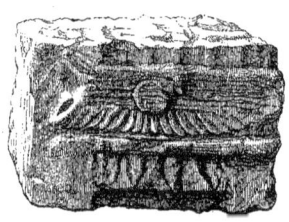

Les jardins qui entourent Saïda[1] sont une mine inépuisable d'antiquités. On y trouve des restes de construction en grand appareil. Chaque année les travaux du labour font sortir de terre des fragments d'architecture et de sculpture, de marbre ou de calcaire, presque tous romains et chrétiens, de ce style qui caractérise la Porte Dorée à Jérusalem et les villes

---

[1] Voir notre planche LXVI. Je ne puis omettre cette occasion de donner un regret à M. le commandant Gélis, qui voulut bien se charger de faire exécuter à Paris les plans de M. Gaillardot, et qui fut toujours pour la mission d'un grand secours. M. Gélis a été enlevé à ses nombreux amis comme il achevait de donner ses soins au plan des environs de Saïda et à celui de la nécropole.

CAMPAGNE DE SIDON.   367

chrétiennes voisines d'Alep découvertes par M. de Vogüé. Le monument dit tombeau de Zabulon[1], *Néby Seidoun*, mériterait d'être fouillé. La colonne paraît être debout à sa place; le mur de l'enclos est construit de grosses pierres monumentales. Au sud de la ville, près de la mer, se voit un puits antique. Notre plan (pl. LXVI) donne une idée exacte des antiquités éparses dans les jardins du nord-est.

Parmi les grottes sépulcrales, les plus remarquables sont les trois grottes du jardin Médéah ou Mékhédé[2]. L'une de ces grottes contenait quatorze fours ou *kokim*; en voici le plan et les coupes :

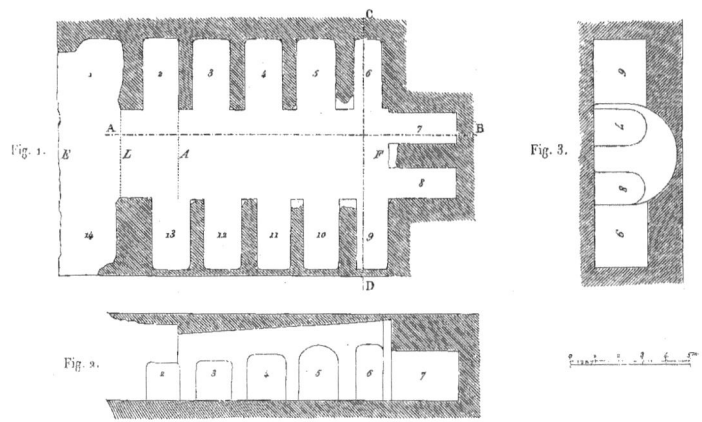

Fig. 1. Plan de la grotte. — E. Entrée formée aujourd'hui par les deux fours 1 et 14 brisés. — L. Ouverture carrée ainsi que la voûte, de L en A. — A. Arc rendant le reste de la voûte courbe jusqu'au fond F.
Fig. 2. Coupe de la grotte d'après la ligne AB (fig. 1).
Fig. 3. Coupe d'après la ligne CD.

Une autre grotte du jardin Médéah est représentée par notre pl. XLIV.

N° 1. Plan de la grotte.
N° 2. Coupe suivant la ligne *ab*.
N° 3. Coupe du four F' suivant la ligne *cd*.
N° 4. Vue intérieure de la grotte.

A. Escalier conduisant à la porte P, dont le plafond B est plus élevé que celui de la grotte. — C, D. Pe-

[1] Carmoly, *Itinéraires*, p. 449, 450, 480; Dietrich, *Zwei sidon. Inschr.* p. 5. — [2] Comparez Beulé, *Fouilles à Carthage*, pl. VI.

tites niches placées de chaque côté de la porte. — *E*. Ouverture des fours. — *FF'*. Fours ou *loculi* destinés à recevoir les cadavres : chacun de ces fours est séparé dans sa hauteur en deux compartiments *CC'* (n° 3) par un plancher de dalles (n°s 2 et 3). Le compartiment supérieur formant une voûte demi-circulaire est plus large que le compartiment inférieur *C'*. — *GG*. Paroi de la grotte dans laquelle sont creusés les fours; cette paroi, par un retrait de 5 à 6 centimètres, forme des pilastres qui séparent les *loculi*.

La troisième grotte, située à gauche de l'entrée du jardin qui donne sur l'aqueduc, offre moins d'intérêt.

Au-dessus de deux des *loculi* se voient peintes en rouge, avec palmes et queues d'aronde, les deux inscriptions suivantes :

ΘΑΡCΙΔΩΡΟΘΕΑΙ
ΕΛΑΦΡΑCΟΙΗΓΗ
ΦΙΛΟΚΑΛΕΚΤΙC
ΤΑ

Θάρσι, Δωρόθεαι,
ἐλαφρά σοι ἡ γῆ,
φιλόκαλε, κτίσ-
τα.

Δωρόθεαι pour Δωρόθεε. Sur l'équivalence de αι et ε, dès le II° siècle de notre ère, au moins, voir Sextus Empiricus, *Contre les grammairiens*, p. 241, édit. Fabricius; p. 625, édit. Bekker. Sur l'usage épigraphique de κτίστης, voir ci-après, chap. III. Peut-être Dorothée fut-il le constructeur de la grotte. Au-dessous de l'inscription, dessins rouges effacés.

ΘΑΡCΙΜΙΚΝΦΟΤΕΙ
ΟΥΔΙCΑΘΑΝΑΤΟC
ΕΛΑΦΡΑΕCΗΤΕΗΓΗ
ΤΟΙCΚΑΛ░Ν░ΝΘΕCΙΝ

Telle est ma copie; 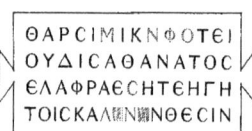 celle de M. Gaillardot donne, ligne première : ΙΙΤΕΙ.
La restitution du nom propre de femme me paraît impossible.

Θάρσι, Μικ......τει,
οὐδεὶς ἀθάνατος,
ἐλαφρά [γ]έ[ν]ητε ἡ γῆ
τοῖς καλ[οῖς ἄ]νθεσιν

Γένητε serait pour γένηται, qui serait lui-même pour γένοιτο. La mention des fleurs

CAMPAGNE DE SIDON.

surprendra moins, si l'on se rappelle l'inscription de Pomptilla, à Cagliari (*Corpus inscr. gr.* n° 5759), et si l'on tient compte des rapprochements qu'ont faits à ce sujet Le Bas et Franz (*Corpus*, III, p. 687). Pour la formule Θάρσει, ...οὐδεὶς ἀθάνατος, voir ci-dessus, p. 183; Waddington, *Inscr. de Le Bas*, III, 1829, 1897; *Corpus inscr. gr.* 6523 *b*, 9666, et ci-dessous, à Deir-Zaharâni. Cette formule se trouve même sur des tombes chrétiennes et juives. Le Blant, *La question du vase de sang* (Paris, 1858), p. 22-23. M. Le Blant me communique à ce sujet la note suivante :

«La formule lapidaire οὐδεὶς ἀθάνατος, particulièrement fréquente en Orient, se montre à la fois en Syrie, dans la Cyrénaïque, dans les îles de l'Archipel, en Sicile, à Rome et jusque dans la Gaule. Je la trouve ordinairement jointe aux acclamations ΘΑΡCΙ, ΕΥΨΥΧΙ, ΕΥΜΥΡΙ, ΕΥΟΥΜΙ, ΜΗΛΥΠΟΥ. Mieux encore que par une large diffusion, le goût des anciens pour cette phrase banale se montre par l'usage qu'en firent en même temps les païens, les juifs et les chrétiens[1]. Pour ne parler ici que des derniers, on peut s'étonner de rencontrer, par cinq fois : ΕΥΨΥΧΙ ΟΥΔΙC ΑΘΑΝΑΤΟC, ΜΗ ΛΥΠΟΥ ΟΥΔΙC ΑΟΝΑΤΟC, ΘΑΡCΙ ΟΥΔΙC ΑΘΑΝΑΤΟC, ΕΥΜΥΡΙ ΟΥΔΙC ΑΘΑ-ΝΑΤΟC[2], sur les sépultures de ces anciens fidèles, qui répétaient avec saint Paul : «De-«siderium habeo dissolvi et esse cum Christo[3],» qui, dans leurs livres, leurs inscriptions, condamnaient comme impies les larmes données aux morts et qui voyaient dans l'heure dernière le couronnement des vœux de tout chrétien. Sur ce point donc, aussi bien que sur tant d'autres, le sentiment instinctif s'est montré plus fort chez les fils de l'Église que l'enseignement et la doctrine.

«Chez les païens, sur les tombeaux desquels nous la rencontrons le plus souvent, la phrase «Console-toi; nul n'est immortel,» est parfois insérée en grec dans des inscriptions latines[4]. C'était donc, paraît-il, sous cette forme qu'elle avait cours dans la partie latine de l'empire. Une épitaphe y ajoute ces mots, qui rappellent un passage de l'Iliade : ΚΑΙ Ο ΗΡΑΚΛΗC ΑΠΕΘΑΝΕ[5]; une autre la paraphrase en vers[6]. Aux monuments où figure l'acclamation qui nous occupe, je dois joindre ces deux inscriptions inédites, tracées sur des tablettes de momies : Σευπαμ[ών] | θης τε..... | ετων....... Μη λυπ[ῆς] | οὐδεις α[θάνα] | τος εν κο[σμῳ] — Σενυρι | ϛ εβιω | σεν ετ | ων λς | Μη λυ | πις ου | σις αθ | ατον ε | ν το κ´.»

---

[1] «Gruter, 752, 2; 933, 11; Amico, *Catana illustrata*, pars III, p. 275; Boldetti, *Osservazioni sopra i cimiteri*, p. 382 et 390; Buonarruoti, *Vetri antichi*, p. 169; Doni, *Inscrip. ant.* 525, 8; Marini, *Iscrizioni Albane*, p. 129; Fratelli Arvali, p. 342; Osann, *Sylloge inscr. antiq.* p. 421 et 585; Le Bas, *Inscriptions grecques et latines recueillies en Grèce*, 5ᵉ cahier, p. 190; de Saulcy, *Voyage en Syrie*, pl. II; *Corpus inscriptionum græcarum*, n° 5200, B; Renan, *Mission de Phénicie*, p. 184; marbre au musée du Vatican : ΘΑΡCΙ ΑΚΜΕ ΟΥΔΙC ΑΘΑΝΑΤΟC etc.»

[2] «Boldetti, p. 382 et 390; Buonarruoti, *Vetri*, p. 169; Doni, 525, 8; Vettori, *De septem dormientibus*, p. 48.»

[3] «Cf. Hieron. *Epitaphium Paulæ*, epist. cviii, § 1, ad Eustochium virginem.»

[4] «Gruter, 752, 3; 933, 11; Amico, *Catana illustrata*, pars III, p. 275; Vettori, *De septem dormientibus*, p. 47.»

[5] «Vettori, loc. cit. Cf. *Iliad.* XVIII, v. 117, 118.»

[6] «*Corpus inscript. græc.* n° 6288.»

Dans le jardin de Mohammed Antar, se trouve une base de statue, en grès calcaire, qui depuis a été acquise par le Louvre[1].

Au-dessus de la base, sur un arrachement, on lit :

KAIOΔHMOC

Sur la base :

ΦΛΑΟΥΙΟΝΟΥΑΛ
ΚωΝCΤΑΝΤΙΝΟΝ
ΕΠΙΦΑΝΕCΤΑΤ
ΟΝΚΑΙCΑΡΑ
ΗΠΟΛΙCΔΙΑΤωΝ
CΤΡΑΤΗΓωΝ

Je crois lire sur mon estam— page ΚωΝCΤ... et non ΚΟΝCΤ, leçon adoptée par M. de Saulcy. Constantin ne portant pas, dans cette inscription, le titre de Σεβαστός, on est incliné à croire qu'elle est de l'an 306 ou du commencement de 307 (voir Tillemont, *Hist. des emper.* IV, p. 92 et suiv.). Le christianisme, très-fort à Sidon, explique cette prompte démonstration en faveur de Constantin, bien que celui-ci fût alors au fond de l'Occident. L'inscription a été biffée à coups de couteau, probablement par suite de quelque réaction politique, et elle est très-difficile à lire. Le monument devait, du reste, être assez mesquin. La base n'a que 1^m,15 de haut.

Sur une colonnette polygonale en calcaire dur, trouvée dans le jardin *El-Aamoud*, appartenant à MM. Abéla :

ΛΙΟΥ
ΦΡΟΝ
ΤωΝΟC
ΙΕΡΕΟC
ΑΡΞΑΝ
ΤΟC

Le haut manque. Il y avait sans doute [ΙΟΥ]ΛΙΟΥ ou [ΑΥΡΗ]ΛΙΟΥ. Un ἱερεὺς ἄρξας est une personne ayant exercé l'ἱερεία temporaire, et sortie de charge. Opposez ἱερεὺς ἄρχων trois fois dans Le Bas, *Inscr.* III, 372. Cf. ἔναρχος, Letronne, *Inscr. de l'Égypte*, n° 386; *Corpus*, n° 3046 et Addenda ad n° 4755; *Papyrus du Louvre*, p. 396; *Acad. inscr.* séance du 19 avril 1870 (Egger). Comp. *Corpus*, n° 2220. Opposez les

---

[1] *Comptes rendus de l'Acad. des inscr.* oct. 1869 (Communication de M. de Saulcy); *Revue archéol.* mars 1870, p. 150.

ἱερεῖς διὰ βίου. Le *Corpus inscr. gr.* n° 2271, nous montre un Tyrien revêtu d'une prêtrise passagère.

Un fragment de statue en calcaire, trouvé dans les jardins, maintenant chez M. Antoun Clat, porte sur l'épaule droite l'inscription suivante en lettres assez petites :

ΑΝΤΑΣ
ΚΑΙ
ΠΕΡ░░ΙΣ
ΟΙΠΕΡΓΑΙΟΥ
ΕΚΤΩΝΙΔ░░
ΚΑΤΕΥΧΗ░
ΑΝΕΘΗ
ΚΑΝ

Une copie de M. Durighello, qui paraît avoir été prise à une date où le monument était en meilleur état que quand il fut estampé, porte ΚΑΙ ΠΕΡΣΑΣ en toutes lettres; mais avant le Σ final il y a un Ι, ce semble, et entre le Ρ et cet Ι la place de deux lettres; de plus, les Σ de l'inscription ne sont pas lunaires. Je lis : Ἀντᾶς καὶ Περό...ς, οἱ Περγαίου, ἐκ τῶν ἰδί[ων], κατ' εὐχή[ν], ἀνέθηκαν. On ne saurait lire Περγαῖοι; l'Υ final est presque certain. Ne rapprochez pas *Corpus inscr. gr.* n° 9666; car Περγαῖος est là un *gentilitium;* cf. n° 6523 *b* (contre Kirchhoff).

Vers le 15 février 1862, en défonçant un jardin situé à une petite distance de la ville, on déterra un gros bloc de marbre de 1ᵐ,52 cent. de longueur sur 51 centimètres de largeur, et 54 centimètres de hauteur, ayant fait partie de la base d'une statue. Le bloc présentait quatre inscriptions, dont trois du même côté font un ensemble; la quatrième a été ajoutée plus tard. Je possède trois estampages de ces inscriptions, plus une copie de M. Gaillardot[1]. Le bloc a, en mai 1863, été acheté par M. Gaillardot, sur les fonds de continuation de la mission et déposé au khan. M. Waddington a publié ces inscriptions (Le Bas, III, n° 1866 *a*).

Voici le texte des trois inscriptions gravées sur le bloc, posé dans le

---

[1] *Comptes rendus de l'Acad. des inscr.* 1862, p. 153.

sens de sa largeur, tel qu'il résulte de nos estampages et de la copie de M. Gaillardot.

```
ΣΙΔΩΝΙΩΝΗΠΟΛΙΣ              ΑΡΓΟΛΙΚΟΙΣΟΚΑΠΑΝΤΕΣΕ
ΔΙΟΤΙΜΟΝΔΙΟΝΥΣΙΟΥΔΙΚΑΣΤΗΝ   ΗΛΑΣΑΝΕΚΔΙΦΡΩΝΕΙΣΕΡΙΝΑΝ
ΝΙΚΗΣΑΝΤΑΝΕΜΕΑΑΡΜΑΤΙ        ΣΟΙΚΑΛΟΝΩΔΙΟΤΙΜΕΦΟΡΩΝΙΔΟΣ
                            ΚΥΔΟΣΑΕΙΜΝΑΣΤΟΥΣΔΗΛΟΕΣΥΓΟΣΤΕΦΑΝ
                            ΑΣΤΩΓΑΡΠΡΑΤΙΣΤΟΣΑΦΕΛΛΑΔΟΣΙΠΠΙΚΟΝΥΧΟΣ
                            ΑΓΑΓΕΣΕΙΣΑΓΑΘΩΝΟΙΚΟΝΑΓΗΝΟΡΙΔΑΝ
                            ΑΥΧΕΙΚΑΙΘΗΒΗΣΚΑΔΜΗΙΔΟΣΙΕΡΟΝΑΣΤΥ
                            ΔΕΡΚΟΜΕΝΟΝΝΙΚΑΙΣΕΥΚΛΕΑΜΑΤΡΟΠΟΛΙΝ
                            ΠΑΤΡΙΤΕΣΩΙΤΕΛΕΣΕΙΔΙΟΝΥΣΙ
                            ΕΛΛΑΣΕΠΕΙΤΡΑΝΗΤΟΝΔΕΒΟΑΣΕ
ΤΙΜΟΧΑΣΕΛΕΥΘΕΡΝΑΙΟΣΕΠΟΙΗΣΕ  ΟΥΜΟΝΟΝΕΝΝΑΥΣΙΝΜΕΓΑΛΥΝΕ
                            ΑΛΛΕΤΙΚΑΙΣΕΥΚΤΟΙΣΑΘΛΟ
```

Nous n'avons pas trace du Φ de ΑΘΛΟΦ (12° ligne). A la quatrième ligne, nous lisons ΣΤΕΦΑΝ. ΙΩΝΟΣ de la neuvième ligne est une conquête de M. Waddington. Au vers septième, il faut lire ΘΗΒΗΣ.

Σιδωνίων ἡ πόλις
Διότιμον Διονυσίου δικαστὴν,
νικήσαντα Νέμεα ἅρματι.

———

Τιμόχα[ρι]ς ἐλευθερναῖος ἐποίησε.

Ἀργολικοῖς ὅκα πάντες ἐ[νὶ σταδίοισιν ἀριστεῖς]
Ἤλασαν ἐκ δίφρων εἰς ἔριν ἀν[ιόχον],
Σοὶ καλὸν, ὦ Διότιμε, Φορωνίδος [ἔκ ποτε γαίας]
Κῦδος ἀειμνάστους δ' ἦλθες ὑπὸ υἱεφάν[ους]·
Ἀσῖῶν γὰρ πράτιστος ἀφ' Ἑλλάδος ἱππικὸν [ε]ὖχος
Ἄγαγες εἰς ἀγαθῶν οἶκον Ἀγηνοριδᾶν.
Αὐχεῖ καὶ Θήβης Καδμηΐδος ἱερὸν ἄστυ
Δερκόμενον νίκαις εὐκλέα ματρόπολιν,
Πατρί τε σῷ τελέ[σ]ει Διονυσί[ῳ ἱρὰ Δ]ίωνος,
Ἑλλὰς ἐπεὶ τρανῇ τόνδ' ἐβόασε [θρόον]·
Οὐ μόνον ἐν ναυσὶν μεγαλύνε[αι ἀμφιελίσσαις],
Ἀλλ' ἔτι καὶ ζευκτοῖς ἀθλο[φορεῖς ὄχεσιν].

Cette restitution est de MM. Miller et Egger. M. Egger me communique les nouvelles observations suivantes : Sur le premier vers, Dübner proposait ἀριστέες ἐν σταδίοισιν. L'Ε après ΠΑΝΤΕΣ est en effet très-douteux. — Au vers trois, Dübner proposait Φορωνίδος ἐκ Νεμεαίας; mais il faut chercher la place d'un verbe à un mode personnel.

Ἦλθ' ἀπὸ γαίας ferait bien, si le vers suivant ne contenait pas ἦλθες ὑπό; je conjecture encore ἐκθορε (pour ἐξέθορε) γαίας (s'est élancée, *emicuit*), ce qui est une forme homérique. Le δέ du vers quatre ne s'explique pas si le vers trois ne renferme pas un verbe à un mode personnel. — Au vers sept, il vaut mieux lire αὐχεῖ « se réjouit, » que αὔχει, « réjouis-toi ; » sans cela le jeu des apostrophes du morceau est très-confus. — Le vers neuf est presque inintelligible. Serait-il impossible de lire [ΣΙΔ]ΩΝΟΣ ? — Il vaudrait peut-être mieux lire, au vers onze : μεγαλύνε[ται ὑμετερὰ χθών]. — Ζευκτοῖς ὄχεσι est justifié par Plutarque, *Moral.* p. 278 b, 280 c; Eustathe, ad *Iliad.* E, 486. — On peut traduire ainsi par approximation :

« Le jour où, dans les stades argoliques, les braves se sont disputé la victoire de la course des chars, ce jour, Diotime, la terre Phoronide t'a décerné un bel honneur, et tu as ceint des couronnes immortelles; car, le premier de tes compatriotes, tu as remporté de l'Hellade dans la maison des nobles Agénorides la gloire hippique. La sainte ville de Thèbe Cadméide se réjouit aussi, en voyant sa métropole illustrée par des victoires. La ville de Sidon célébrera des fêtes en l'honneur de ton père Dionysius, parce que l'Hellade a fait retentir cette clameur éclatante : « Ce n'est pas seu- « lement par tes navires aux flancs recourbés que tu excelles; tu remportes aussi des « victoires avec les chars attelés. »

Cette petite pièce, quoique sentant la commande et le pastiche, montre quelque facilité. M. Waddington a relevé ce qui concerne le sculpteur Timocharis. L'inscription paraît du IIIe siècle avant J. C. On voit tout d'abord quel intérêt elle a pour nous montrer le progrès de l'hellénisme à Sidon. Ce texte nous introduit, si j'ose le dire, dans l'intérieur du parti qui, tout entier tourné vers les gloires helléniques, cherchait à fondre ensemble les souvenirs de la Phénicie et ceux de la Grèce, et à constituer un seul corps de mythes avec ceux des deux pays, comme nous le voyons dans Sanchoniathon. On y sent encore un vrai patriotisme sidonien, mais qui aspire à se satisfaire en cherchant la gloire de sa ville dans la seule source de noblesse nationale alors connue, c'est-à-dire dans les traditions grecques. La Phénicie se montre fière de prouver à la Grèce, par ses propres traditions, qu'elle est à quelques égards sa métropole. Il faut remarquer que Timocharis d'Éleutherna paraît s'être établi à Rhodes. C'est peut-être là que la pièce de vers fut faite. Les rapports entre Rhodes et la Phénicie étaient continuels. Diotime, à son retour de Némée, put s'arrêter à Rhodes, commander sa statue à Timocharis, payer un poëte pour lui faire l'épigramme, et faire graver à Rhodes l'inscription. C'est ce qui explique, 1° le beau caractère classique dans lequel l'inscription est écrite, et dont il n'y a pas un autre exemple en Phénicie; 2° le dialecte dorien, dans lequel l'inscription est conçue, dialecte qui était celui de l'île de Rhodes, et qui n'a jamais eu rien à faire avec la Syrie; 3° le marbre du monument, lequel n'est pas originaire de Syrie; 4° enfin, cette circonstance de τελέσει au futur, supposant que, quand l'inscription fut composée et gravée, Diotime n'était pas encore de retour à Sidon.

Au II siècle avant J. C. nous trouvons un autre Sidonien prenant part aux concours de la Grèce (*Archives des missions scientifiques*, 2ᵉ série, t. IV, p. 522). Opposez à de pareils faits ce passage du deuxième livre des Machabées, à propos de l'introduction de jeux grecs à Jérusalem : ..... ἔσπευδον μετέχειν τῆς ἐν παλαίστρᾳ παρανόμου χορηγίας μετὰ τὴν τοῦ δίσκου πρόκλησιν, καὶ τὰς μὲν πατρῴους τιμὰς ἐν οὐδενὶ τιθέμενοι, τὰς δὲ ἑλληνικὰς δόξας καλλίστας ἡγούμενοι (IV, 14-15).

Sur le revers du même bloc de marbre, on lit une autre inscription, beaucoup plus récente. Le bloc aura été retourné et mis dans le sens de sa longueur pour honorer un autre personnage.

```
▒▒▒▒▒▒▒▒▒▒▒▒▒▒▒
ΤΟΝΔΙΑCΗΜΟΤΑΤΟΝ
ΟΙ ΥΙΟΙΔΙΟΔѠΡΟΥ
ΤΟΝΠΑΤΡѠΝΑΔΙΑ
   ❧ ΠΑΝΤΑ
```

. . . .
τὸν διασημότατον
οἱ υἱοὶ Διοδώρου
τὸν πατρῶνα διὰ
πάντα.

La première ligne a été martelée exprès. Époque romaine. Écriture très-régulière, lettres allongées.

Sur la base intérieure d'un chapiteau corinthien, trouvé dans le jardin Abéla, se lit en assez grosses lettres :

ΔΟΜΙΤΤΙΟΥ

Cf. *Corpus inscr. gr.* n° 4200, et Saulcy, 2ᵉ voy. I, p. 246.

Le jardin Bertrand (11 *bis* du plan) a fourni des fragments de frise en marbre blanc, du IVᵉ siècle ou postérieurs, trouvés parmi des pierres et des colonnes de granit gris. On y lit des fragments d'inscription :

```
▒▒▒ΜΟΥΦΛΚѠΜΑ▒▒▒
▒▒▒ΡΚΟΜΙΤΟCΠΡѠΤ▒▒▒
▒▒▒ΑΠΥΛΟΥCΚΟ▒▒▒
```

Φλ est sans doute pour Φλ(αουίου). On distingue ensuite κόμιτος πρώτ[ου] et [τετρ]απύλους. Comparez une inscription d'Alexandrie publiée dans les *Archives des missions scientifiques*, 2ᵉ série, t. II, p. 486-487, et dans le *Corpus*, n° 8610.

Autre :

▓▓▓TPoKAI
▓▓▓ΛIIKoYTO

Autre fragment :

▓▓YΛAMI▓▓

La première lettre est douteuse.

Fragment trouvé dans le même jardin, avec des morceaux de colonnes et de sarcophages, appartenant à une mauvaise époque :

▓▓▓ΛIX▓▓
ЄΚΔIΚΟΥΤ▓▓
ΒΟΗΘЄIAC▓▓

Pour ἐκδίκου, voyez Wetzstein, *Inschriften*, n° 62, partie *a*, et *Corpus*, II, p 501.

Autre fragment trouvé dans les jardins :

ΔICΑΘΑ
IЄPON
ЄICΘЄoYC
ΕΝ

On serait tenté de lire à la première ligne [Οὐ]δὶς ἀθά[νατος]; cependant le reste de l'inscription ne paraît pas funéraire. Le dernier mot semble être [ἀνέθηκ]εν.

Monogramme trouvé dans les jardins de Saïda :

Fragments divers :

Marbre : ▓▓▓MVM
▓▓▓OTESTATIS
▓▓▓IMVM

Grès calcaire : ▓▓KAIO▓▓

Marbre : ART

Autre fragment : ▓▓ΛѠ▓▓
▓TȢTA▓▓

Autre fragment : ▓ZЄICTO▓
HMѠN▓▓
APMOΔI▓▓
IKΛ▓▓

Autre : ▓▓NTHNI▓▓

Autre : ▓▓KAPS▓▓

Sur une colonne couchée du jardin *El-Aamoud*, on lit, en caractères d'assez basse époque :

```
BACIΛ▒▒▒▒▒▒
HIEPA▒▒▒▒▒▒
▒▒▒▒▒▒▒▒▒▒
```

Les belles colonnes milliaires élevées aux environs de Sidon, par Venidius Rufus, ont beaucoup occupé les épigraphistes. Aidé par M. Gaillardot et M. Durighello, je relevai tous les restes de ces monuments qui existent aux environs de Saïda. J'ai transmis ces documents à M. Mommsen, et c'est avec leur aide qu'il a rédigé le n° 205 du *Corpus inscr. lat.* (Syrie), consacré à ces monuments. Nos documents se rapportent à quatre colonnes milliaires, situées dans l'ordre suivant en procédant du nord au sud : 1° celle qui est dans le jardin *El-Aamoud* (point 10 de notre plan, pl. LXVI); 2° celle qui a été trouvée dans le jardin de Daoud Sannîn (point 22 de notre plan), et qui maintenant, je crois, est transportée au khan; 3° celle qui est au khan Senik, près de l'embouchure du Senik (point 28 de notre plan); 4° celle qui est entre le Senik et le Zaharâni. Voici ce qui sort de nos estampages et de nos copies pour le 1° :

```
▒▒▒▒▒▒▒▒▒▒▒▒▒▒▒
▒▒▒▒ A R E S
L ▒ ▒▒▒▒▒▒P▒▒▒▒▒▒▒S
V E R V S ✿ P I V S ✿ P E R
T▒▒▒▒▒ ✿ A V G ✿ A R A
B I C V S ✿ A D I A B E N I C V S
P A R T H I C V S M A X I
M V S  T R I B V N I C I A E
P O T E▒▒▒▒▒▒▒▒▒▒▒ X I
▒▒▒▒▒▒▒▒▒▒▒▒▒▒▒▒▒ O
E T M · A ▒▒▒▒▒▒▒▒▒▒▒
▒▒▒▒ I V S ✿ V I A S ✿ E T
M I L I A R I A ✿
P E R  V E N I D I V M  R V F V M
▒▒ G G ✿ P R ✿ P R ✿ P R A E
▒▒E M ✿ P R O V I N C ✿ S Y R I A E
▒▒O E N I C ✿ R E N O V A
V E R V N T
```

CAMPAGNE DE SIDON.

Pour le 2° :

IMPERATORES
CAESARES
L ✿ SEPTIMIVS SE
VERVS ✿ PIVS ✿ PER
TINAX ✿ AVG ✿ ARA
BICVS ✿ ADIABENI
CVS ✿ PARTHICVS
MAXIMVS ✿ TRIBV
NICIAE ✿ POTES ✿ VI
IMP✿XI✿CoS✿II✿PRO✿CoS✿PP
ET✿M✿AVREL✿ANTONI
NVS✿AVG✿FILIVS✿EIVS
VIAS ✿ ET ✿ MILIARIA
▨▨ ✿ Q ✿ VENIDIVM ✿
▨▨FVM ✿ LEG ✿ AVGG ✿
▨▨ PR ✿ PRAESIDEM
PROVINC✿SYRIAE PHOE
NIC ✿ RENOVAVERVNT

Pour le 3° :

IMPERATORE▨
CAESARES
L✿SEPTIMIVS SE
VERVS✿PIVS✿PER
TINAX✿AVG✿ARA
BICVS✿ADIABENICVS
PARTHICVS✿MAXI
MVS✿TRIBVNICIAE✿
POTES✿VI✿IMP✿XI✿CoS✿II
✿PRO✿CoS✿P✿P
ET✿M✿AVREL✿ANToNI
▨▨▨✿FILIVS✿EIVS
▨▨▨▨ARIA
▨▨▨DIVM✿RVFVM
▨▨▨PR✿PR✿PRAE
▨▨VINC✿SYRIAE
▨▨ENoVAVERVNT
✿II✿
▨▨▨

[1] Une copie de cette inscription, faite en 1857 par un père jésuite, que m'a remise M. Durighello, semble supposer qu'à cette date les parties effacées de l'inscription étaient lisibles encore. Au-dessous de

378 MISSION DE PHÉNICIE.

Pour le 4° :

```
                                    [1]
PIVS ✧ ▒▒▒▒▒▒▒▒▒▒
ARABIC▒▒▒▒▒▒▒▒▒
PARTHICVS ▒▒▒▒ TR₁
BVNICIAE PO▒▒▒▒P✧X̄Ī
    ✧ COS▒▒▒▒▒▒▒
ET ✧ M ✧ AV▒▒▒▒▒▒▒
   FILIV▒▒▒▒▒▒▒A
PER ✧ Q ✧ V▒▒▒▒AVGG✧
PR✧PR✧PRAE▒▒▒▒▒▒
SYR▒▒▒▒▒▒▒▒T ✧
```

L'existence de quatre colonnes milliaires, au moins, érigées par Venidius Rufus, en partant de Sidon, vers le sud, l'an 198 de notre ère, est donc constatée[2] : 1° la colonne initiale, sans numéro, du jardin *Aamoud*; 2° la colonne n° Ī, de notre point 22; il se peut que le numérotage milliaire s'y voie encore et nous ait échappé; 3° la colonne n° ĪĪ (khan Senik); 4° la colonne entre le Senik et le Zaharani, qui devait avoir le n° ĪĪĪ. La distance du point 10, de notre plan, au point 22, est en effet à peu près la même que celle du point 22 au khan Senik. On arrive ainsi à considérer le point 10 comme le point de départ du numérotage des *miliaria*. La région du point 10 des jardins est, en effet, l'endroit où l'on trouve le plus de restes antiques, c'était là probablement le centre de l'autorité romaine. On a donc ici pour mesurer l'étendue du *miliarium* romain une donnée bien précise, car ces grosses colonnes ont très-peu changé de place.

Sur un fragment de calcaire dur, trouvé près du Senik, maintenant au khan, on lit gravé très-profondément :

PIOFELAVG
▒▒▒TMAX

✧ĪĪ✧, cette copie porte, comme les anciennes copies, ✧5̄✧.

[1] Une copie que je pris sur place me fournit une partie de cette ligne, L✧SE▒▒; à la dixième ligne VEN, la ligne ✧ĪĪĪ qu'ont Ryllo et M. de Saulcy.

et une dernière ligne ✧▒▒, confirmant la copie du P. Ryllo.

[2] C'est par erreur que Le Bas (III, 1844) a placé le n° Ī à Beyrouth.

CAMPAGNE DE SIDON.

Je vis dans un jardin une autre colonne, dont je pris la copie provisoire suivante :

<pre>
        DDDDDNNN
  FL·VAL·CONSTANTIN·MAXIM
        R VI
       PAIPPNI
        AMI
         PII
</pre>

Cette inscription ne put être retrouvée. On m'a appris depuis qu'elle est dans le jardin de Habib Abéla appelé *Bostan el-amoud*. Les D ressemblent un peu à des Δ grecs, comme dans l'inscription relative à Antigone (voir ci-dessus, p. 363). Peut-être faut-il lire DDDDNNNN, et rapporter ces titres à Constantin et à ses trois fils.

Au point 20 de notre plan, se trouva le cimetière d'une légion romaine. Deux inscriptions latines qui en sont sorties sont maintenant encastrées dans le mur d'un pavillon du jardin El-Yafouri, appartenant à M. Ayoub Abela. Voici le *fac-simile* de l'une d'elles :

M. Mommsen lit :

<pre>
    GANTUE
    COSGIU
    LIUSFABI
    ANUSGF
    CYUTIM
    LGIITRAIF
    UIXITANN
    LMILIANO
      XXIII
</pre>

Pour cette inscription bizarre, je me contenterai de citer la conjecture de M. Mommsen : «Fortasse legendum : *G. Julius Fabianus, [b](ene) f(iciarius) C. Ant(isti) Vet(eris) co(n)s(ularis), m(iles) l(e)g(ionis) II Trai(anæ) f(ortis), vixit ann(os) L, mili(tavit) ano(s) xxiii*. Scilicet quum lapicida in exemplo sibi tradito pro corrupto GFCYVTI reponere juberetur BF·C·A·VET vel potius BF·C·ANT·VET·COS, et corruptam scripturam videtur retinuisse et emendationis partem non suo loco proposuisse.»

L'autre inscription est ainsi conçue :

```
        D   M
      O C T A V I
      V S  M A X I
     MVS MIL LEG
        III GAL
```

Les monuments funéraires qui sortent des jardins de Saïda sont très-nombreux. Nous avons déjà parlé des grottes du jardin Mékhédé. Beaucoup de petites stèles étaient autrefois revêtues de mortier et de peintures. Voir pl. XLIII, n°ˢ 3, 4, 5, 6, 7, 8, 9. Les figures 7, 8, 9 présentent les détails d'un sarcophage en grès calcaire, recouvert de stuc. Le trou placé au-dessus de la stèle n° 5 était sans doute destiné à recevoir une lampe.

Quant aux sarcophages scuplté́s, la représentation la plus ordinaire qu'ils offrent, en particulier dans le petit tympan de l'extrémité, est une Psyché pensive, la figure appuyée sur une main, l'autre main abandonnée. On voit deux jolis fragments de ce genre dans le jardin de Hoss.

Nous retrouverons la même représentation sur les sarcophages en plomb et sur les peintures des grottes de Halalié. (Cf. *Corpus inscr. gr.* n° 6934, monument sidonien.)

Simple stèle :

```
      ΖΗΝΩΝ
      ΑΠΟΛΛΟ
      ΔΩΡΟΥ
```

Observez combien ce nom de Zénon est particulier à la Phénicie : Zénon de Cittium, Ζήνων Ναούμου Ἀράδιος (*Corpus*, n° 2526); Waddington, n°ˢ 1999, 2556; Zénon Cotylas dans Josèphe; six *Zénon* dans la liste de noms nabatéens de Memphis, récemment publiée par M. Miller (*Rev. arch.* févr. 1870, p. 115, 116). Notez surtout Ζήνων Αὐδήλου, Ζήνων Ἀσάδου. Le nom de Ζηνωνίς ne se trouve qu'à Sidon : cf. ci-dessous, p. 387, et *Corpus inscr. gr.* n° 6934, monument sidonien, comme le prouvent la formule χρησΊὲ καὶ ἄλυπε et la représentation de Psyché.

Les petits cippes en marbre ou en calcaire, avec la formule χρησΊὲ καὶ ἄλυπε, χαῖρε [1], sont très-nombreux à Saïda et sont le trait caractéristique des humbles sépultures sidoniennes [2]. Les Sidoniens qui meurent loin de leur patrie emploient aussi ladite formule [3]. Le petit cippe a une forme bien caractérisée. (Voir notre planche XXII, 3 et 13, et Saulcy, premier Voyage, pl. IV, V.) L'espèce de couronne de fleurs et de rosace qui le surmonte était de tradition phénicienne [4]. Très-souvent ces cippes sont anépigraphes. Je donne ici la figure de deux des plus curieux de ces petits monuments :

Derrière le premier de ces cippes est un trou qui prouve qu'il était fixé à un autre monument, d'une manière analogue à ce que nous voyons dans le monument de Julianus. La représentation de l'âme par un papillon (ψυχή) est ordinaire.

Cinq des inscriptions offrant la formule χρησΊὲ καὶ ἄλυπε portent des dates.

---

[1] Cf. Franz, *Elementa epigr. gr.* p. 339 et 342.

[2] Voir Saulcy, premier Voy. pl. IV, V; Le Bas, III, n°⁸ 1851, 1853, 1854, 1866 d, 1867, 1868, 1869, 1870; *Corpus*, n°ˢ 4444, 4532, 4534, 4536 b, 6990; *Musée Parent*, I, p. 37 et suiv. Le Louvre et plusieurs collections particulières possèdent de ces cippes inédits. Au *Corpus inscr. gr.* le n° 6934 est un monument sidonien (voir ci-dessus). Observons contre M. Frœhner, que ἄλυπος ne doit pas être traduit ici par «[maintenant] sans chagrin,» mais par «qui n'a causé de chagrin à personne.» Ce qui le prouve, c'est la formule ζήσας ἀλύπως. (Voir ci-dessus, p. 203.)

[3] Saulcy, premier Voy. II, p. 616 (pl. LIII, 10; Le Bas, III, 889). Cette formule est fréquente à Délos, où il y avait beaucoup de Phéniciens. Ἐφημερὶς ἀρχαιολογική de Pittakis, 1842, n° 1002, p. 577.

[4] Comparez la colonne de Beyrouth, rapportée par M. de Saulcy, premier Voy. pl. IV.

1° Celle du marbrier Julianus (voir ci-après, ch. II), qui est de l'an 292; 2° celle d'Alious (ci-après, p. 385), qui est de l'an 261; 3° celle d'Achoristus, à Berja (ci-après), qui est de l'an 238; 4° celle d'Ammious, à Deir Zaharani (ci-après), qui est de l'an 445; 5° celle de Titianus (Saulcy, premier Voyage, pl. IV), qui est de l'an 310[1]. En calculant selon l'ère des Séleucides, ces monuments seraient de l'an 20 avant J. C., 51 avant J. C., 74 avant J. C., 133 après J. C., 2 avant J. C. Cela est impossible. Tous ces monuments sont du second, du troisième et du quatrième siècle de notre ère. Le style des monuments et la forme des lettres ne laissent aucun doute à cet égard. Il semble donc que toutes ces dates doivent être calculées selon l'ère d'Antioche, dont le point initial est 48 ans avant J. C.[2], ou mieux selon l'ère de Sidon, dont le point initial est 111 avant J. C. En tout cas, les petits cippes dont nous parlons sont des premiers siècles de l'ère chrétienne; quelques-uns peuvent descendre jusqu'au Vᵉ siècle. Souvent, du reste, la formule et le nom propre ne sont pas de la même main, par exemple dans le cippe AMMѠNIE (ci-après, p. 385). Ces petits monuments se vendaient tout faits chez les marbriers, et on se contentait d'ajouter le nom du défunt ou de la défunte. C'est ce qui explique le retour perpétuel de la formule.

Je vais donner ici toutes les inscriptions des cippes sidoniens que j'ai pu recueillir à Saïda et qui n'ont pas déjà été publiées. Les originaux sont, pour la plupart, au Louvre ou au khan de Saïda.

IOYΛIEΔΟΜΝΕ
ΧΡΗCΤΕΚΑΙΑ
ΛΥΠΕΧΑΙΡΕ

(Voir ci-dessus, p. 310.) Cette inscription ne peut être que de la première moitié du IIIᵉ siècle.

ΔΟΜΕΤΙΕΧΡΗC
ΤΕΚΑΙΑΛΥΠΕ
ΧΑΙΡΕΖΗCΑC
ΕΤΗ ΜΓ

(Voir ci-dessus, p. 381.)

Très-mal gravé :

ΔΟΜΕΤΙΕΧΡ
ΗCΖΗCΑC
M̄B̄

Le mot χρησ7έ est très-difficile à suivre.

Très-fruste :

ΑΠΟΛΛ░░░
ΧΡΗCΤΕΚΑΙΑ
ΛΥΠΕΧΑΙΡΕ
ΖΗCΑCΕΤΗ
Ξ̄H̄

[1] Ce cippe est au Louvre; je lis la dernière ligne : K̄B̄ΕΤΟΥCΙΤ. La lecture de M. de Saulcy donnerait 303. Une inscription portant une formule analogue, et trouvée du côté de Homs (Kremer, *Mittelsyrien und Damascus*, Vienne, 1853; Waddington, n° 2570 e) porte ἔτους η̄λ̄ῡ, c'est-à-dire 438. L'ère d'Émèse était l'ère des Séleucides. Waddington, dans la *Revue arch.* avril 1865, p. 268.

[2] M. Frœhner, se servant de l'ère d'Antioche, arrive aussi à un bon résultat pour une autre inscription de Sidon. *Musée Parent*, I, p. 38.

CAMPAGNE DE SIDON.   383

ΔΕΙΟΝΥ
CΙΧΡΗCΤΕ
ΚΕΑΛΥΠΕ
ΧΕΡΕΖΗCΑC
ΕΤΗ
ΙΖ

Notez les formes Διονύσις, Γάϊς. pour Διονύσιος, Γάϊος, comme Ἰανουάρις (ci-après, p. 390), Ἀπολλινάρις, etc. (Cf. Corpus, n° 4765, 8841; Waddington, n° 2461.)

ΔΙ□ΝΥCΙΕ
ΙΕΡΕΥ
ΧΑΙΡΕΖΗ
CΑCΕΤΗ
ΕΨ

ΚΛΑΥΔΙΑ
ΙΟΥΛΙΤΤΑ
ΧΡΗCΤΗΚΑΙ
ΑΛΟΙΠΕΧΑΙ
ΡΕΖΗCΑΕΤΗ
ΝΘ

ΖΩΕΙΛΑ
ΧΡΗCΤΗ
ΚΑΙΑΛΥ
CΑC
ΜΕ

M. Froehner a lu à tort ΖΩCΙΛΛ=Ζωσίμα (Inscr. du Louvre, n° 198). Le nom de Zoïle était affectionné des Syriens hellénisés. Nous en avons vu plusieurs exemples, et nous en trouverons encore. (Cf. Rev. arch. fév. 1870, p. 116.)

ΜΝΑCΕΑC
ΧΡΗCΤΕ
ΧΕΡΕ
ΖΗCΑCΕΤΗ

Chez Anton Clat. Très-bien gravée :

ΙΑΣΩΝ
ΧΡΗCΤΕ
ΚΑΙΑΛΥΠΕ
ΧΑΙΡΕ

ΕΠΟΦΡΑΧΡΗ
CΤΕΚΑΙΑΛΥ

V. pl. XLIII. Sur le nom d'Ἐποφρᾶς, voy. Pape.

Bien gravée :

ΧΑΡΙΣ
ΧΡΗΣΤΗ
ΚΑΙΑΩΡΕ
ΧΑΙΡΕ

Ἄωρος = « mort avant le temps. » Comparez בעלמה de l'inscription d'Eschmounazar.

Chez Catafago :

ΠΡΟΚΛΑ
ΧΡΗCΤΗ
ΚΑΙΑΘΡΕΧΑΙΡΕ

ΕΡΜΙΟΝΗ
ΧΡΗCΤΗ
ΖΗCΑCΑC
ΕΤΗ Θ

ΘΕΥΔΩ
ΡΑΖΗΣΑΣΑ
ΕΤΗ ΝΒ̄

ΜΑΡΚΕΛΛΑ
ΧΡΗΣΤΕ
ΚΑΙΑΛΥΠΕ
ΧΑΙΡΑΙ

Cf. pl. XXII, 13.

ΧΑΡΙΤΟ
ΥΧΡΗΣΤΗΚ
ΑΙΑΛΥΠΕ
ΖΗΣΑΣΕΤΗ
ΕΠΙ ΝΕ̄

Notez ce vocatif Χαριτοῦ; comparez Ἀμμιοῦ dans l'inscription de Deir Zaharâni, ci-après. Cela semble supposer des nominatifs Χαριτοῦς, Ἀμμιοῦς; cf. ci-dessous Ματοῦς(?), Κλαυδιοῦς, Ἀλιοῦς. Comp. Μαρθοῦς, Epiph., *Adv. hær.*, LIII, 1; anacephal., *loc. parall.* — Nous attribuons à ἐπί le sens de « environ. »

ΔΙΟΤΕΙΜΑ
ΧΡΗΣΤΗΚΑΙ
ΑΩΠΕΧΑΙΡΕ

Au-dessus d'une femme couchée, copie de Durighello :

ΕΛΑΡΑ
ΧΡΗΣΤΗΚΑΙΑ
ΛΥΠΕΧΑΙΡΕ

ΤΡΥΦΕΡΑ
ΧΡΗΣΤΗΚΑΙ
ΧΑΙΡΕ

Plus grandes lettres que de coutume :

ΝΙΚΑΡΙΝ
ΧΡΗΣΤΗ
ΚΑΙΑΛΥ
ΠΕΧΑΙΡΕ

Νικάριν pour Νικάριον, voyez Pape, p. 1001 (2ᵉ édition); cf. Waddington, nᵒ 2711.

Bien gravée :

ΣΑΤΟΡΝΙΛΑ
ΧΡΗΣΤΗΚΑΙΑ
ΛΥΠΕ·ΧΑΙΡΕ
ΖΗΣΑΣΑΕΤΗ
ΛΒ̄

Important à rapprocher du nom de l'hérétique Satornile. Inscription de Larisse (Miller, *Acad. des inscr.* 1ᵉʳ juillet 1870) : Σατόρνινος = *Saturninus*.

▓▓▓ΟΝΗ
▓▓▓ΤΗΚΑΙ
▓▓▓ΕΧΑΙ
▓▓▓ΑΣΑΕΓΚ

Entre la troisième et la quatrième ligne, un petit Z isolé, ce semble.

ΤΙΤΙΑ
ΧΡΗΣ
ΤΗΧΕΡΕ
ΖΗΣΑΣΑ
ΕΤΗ Ῑ

ΚΛΑΥΔΙΟΥΣ
ΧΡΗΣΤΗΚΑΙ
ΑΛΥΠΕΖΗ
ΣΑΣΕΤΗ
Λ̄Α

Belles grosses lettres, de forme classique, plaque de marbre trouvée dans les décombres (maison des jésuites).

ΜΑΤºΥΣ
ΗΚΡΗϹΤΗ
ΚΑΙΑΛΥΠΕ
ΧΑΙΡΕ

Ce qui précède ΑΤºΥΣ est douteux; il y a peut-être quelque chose avant la lettre que nous lisons Μ.

ΚΛΑΥΔΙΑ
ΧΡΗϹΤΗ
ΚΑΙΑΛΥΠΕ
ΧΑΙΡΕ

Chez M. Grasset, à Larnaca (Chypre), stèle apportée de Saïda, copie de M. Waddington :

ΑΞϹΠΑΝΗΜΟΥΙ
ΑΛΙΟΥϹΧΡΗϹΤΕ
ΚΑΙΑΛΟΙΠΕ
ΧΑΙΡΕ

(Ἔτους) αξσ′, πανήμου ί, Ἄλιοῦς χρησἰὲ καὶ ἄλοιπε, χαῖρε.

ΑΠΟΛΛΟΔΩ
ΡΕΧΡΗϹΤΕΚΑΙ
ΑΛΥΠΕΧΑΙΡΕ
ΖΗϹΑϹΕΤΗ
ΟΕ̄

ΓΑΙϹΧΡΗϹ
ΤΕΚΑΙΑΛΥΠΕ
ΧΑΙΡΕΕΖΗ
ΕΤΗϠΒ

ΑΜΜΩΝΙΕ
ΧΡΗϹΤΕΚΑΙΑ
ΛΥΠΕΧΑΙΡΕ
Δ
Ω

Bien gravée :

ΦΙΛΙΠΠΕΧΡΗϹΤΕ
ΚΑΙΑΩΡΕ·ΧΑΙΡΕ
ΖΗϹΑϹΕΤΗ·ΙΗ
Μ̇ Δ̄

Dans l'inscription chrétienne ci-dessous, p. 390, Μ̇ signifie μηνί. Il faut lire ici sans doute μηνὰς δ′.

ΠΑΝΤΑ
ΓΑΘΕΧΡΗ
ϹΤΕΧΕΡΕ
ΖΗϹΑϹ▒▒
▒▒▒▒▒▒▒

ΕΠΑΓ
ΑΘΕ
ΧΡΗϹΤΕ
ΖΗϹΑϹ
ΕΤΗΔ̄

Copie de M. Durighello :

ΕΥΔΩΡΕΧΡΗϹΤΕ
ΚΑΙΛΕΛΟΙΠΗΜΕ
ΝΑΙΧΑΙΡΕΖΗ
ϹΑϹΕΤΗΠ̄Ᾱ

Δελοιπημένε, ce semble, pour λελυπημένε « regretté. » La copie laisse des doutes sur ce mot.

```
     CAMOC              XAIPE
     XPHCTE             MAPKIA
     KEΛYΠE             NEZHCAC
     XEPEZH             ETH
     CACETH
        Π
```

Cf. pl. XXII, 3.

M. Frœhner (*Louvre*, n° 219) lit à tort χᾶρε.

Plaque carrée :

Écriture très-grossière :

```
   ΦEIΛHTE              BEPNIKI
   XPHCTE               ANOCXP
   KAIAΛYΠE             HCTEK
   XAIPEZH              AIAΛY
   CACETH               ΠEZH
     K̄C̄                 CAC
                        ETHN̄H̄
```

```
  · XEPAI              KOPINΘIA
   ANTIOXE             XPHCTH
   XPHCTE              KAIAΛYΠE
   ZHCAC               XAPEZHCA
   ETHOH               CACETHΛΛ
```

Pour cette orthographe de χαῖρε, voir Saulcy, premier Voyage, planche IV.

Très-mal écrit :

```
  IOYΛIEBEP           ΠAPHI OPE
   NIKIANEA           ZHCACA
   MωNIEXPHC          ETHC̄
   TEKAIAΛYΠE         MHNC̄
   ZHCACĒΠBKAΛ        EAPO
```

Bernicianus est un nom commun en Syrie, en partie à cause de Βερνίκη (*Actes des Apôtres*, xxv). Cf. Ritter, XVII, p. 1090; Josèphe, *index*; *Corpus*, n°ˢ 4429, 4477; Wetzstein, n° 113; Waddington, n°ˢ 2557 c, 2642 a. KAΛ est sûrement pour KAΛωC. (Voir ci-après, p. 387, 388.)

Ou CAPO (χᾶρε?). M. Frœhner (n° 247) lit Παρήγορε, et propose ἄωρε pour le dernier mot. M. Frœhner joint cette inscription au fragment CEOHPA ci-après (ch. II). Ce dernier fragment n'ayant pu être retrouvé dans les magasins du Louvre, je n'ai pu vérifier si cette supposition est fondée; je ne le crois pas.

CAMPAGNE DE SIDON.

KOPINΘE
XPHCTEKA
IAΛYTIE (sic)
XAIPE

K A Λ Λ I E
M Ω N X P...
T E K A I A Λ Y
Π E X A I P E
E T H N

Le K et l'E de la première ligne sont douteux. M. Frœhner (n° 205) lit Καλλίσμων et corrige Καλλίσ7ων.

H P A ...
T E X P H
C T E K A
I A Λ Y Π E
X A I P E

Ἡρά[κλει]τε. Voy. Frœhner (n° 200), qui seulement a tort de lire, à la deuxième ligne, TAXPH.

Trouvé dans la nécropole.

A............
Δ E K A Π P O...
C A C E I E P E...
X P H C T E K...
A...Π E X...

Sur les δεκάπρωτοι ou *decemprimi*, voir le *Thes.* s. h. v. Il faut lire sans doute :

A........, δεκαπρω[τεύ]σας, ιερε[ύσας], χρησ7ὲ κ[αὶ] ἄ[λυ]πε, χ[αῖρε].

CIΔONEZH
CACACKAΛ
Ω C E T H Ō

K A C C I A
A Π Ω Λ Λ Ω
Δ Ω P A

X P H C T H
K A I E Y M Ω I
P E X A I P E

M. Frœhner (n° 208) lit à tort εὔμορε.

Très-bien gravée :

KYPIAXI......
KÀIAΛY......

ZHNΩNIC
XPHCTH
KAIAΛYΠE
XAIPE

Ζηνωνίς. Voy. Frœhner, *Inscript. du Louvre*, n° 197, et dans le *Philologus*, XIX, p. 135; Keil, dans le *Philologus*, II^{er} Supplementband, p. 584.

...CIKΩ
NHAΩPE...
XAIPEZHC
A C E T H ς

XEPEZH
CACETH
Λ B

Copie du P. de Prunières :

ΤΙΤΟC
ΦΛΑΟΥΙΟC
ΑΠΠΙΝΟC
ΖΗCΑCΚΑΛΩ[C]
ΔΙΔ

▒▒ΛΙΓ▒▒
ΧΡΗCΤΕΚ
ΡΕΖΗCΑC
▒▒▒▒▒Ō

ѴΝΑΙΤΙΕ
ΧΡΕCΤΕ
ΚΑΙΑΛΥ
ΠΕΧΑΙΡΕ

Ou, à la première ligne, ΝΑΙΠΕ. M. Frœhner (n° 226) lit Μνασέα, ce qui me paraît peu admissible. Peut-être Ἀναίτιε « innocent. » (Voir Pape, à ce mot.)

Ε
ΕΓ
ΡΙ
ΖΗ
ΕΤ
Μ

▒▒▒▒Η▒▒
▒ΤΙΝΝ▒▒▒▒
ΧΡ▒▒▒▒▒

ΜΝ

▒▒▒
Χ▒▒
Α▒▒

▒▒ΝΑ▒▒Ε

▒▒ΗΚΑΙ▒
▒▒Κ ΑΙ ☉
▒▒ΑΙΟ▒

▒▒▒▒▒▒▒
ΧΡΗCΤ▒▒
ΚΑΙΑΛΥ▒▒
ΧΑΙΡΕ
ΖΗCΑCΕ
ΤΗΚΒ

M. Frœhner, *Inscriptions du Louvre*, n° 265.

▒▒▒▒ΥΚΩ▒▒
▒▒▒▒ΗCΤΕ▒▒
▒▒▒▒ΑΛΥ▒▒
▒▒▒▒ΕΡΕΖΗ▒▒

▒▒▒▒▒▒▒
▒▒CΤΕΚΑΙ
▒▒▒▒▒▒ΠΕ
▒▒▒▒▒ΙΡΕ

Avec des inadvertances et des corrections du lapicide.

Presque illisible :

ΧΡ▒▒▒▒▒
ΚΑΙ▒▒▒▒
ΕΥ▒▒▒▒Η
ΖΗ▒▒▒▒▒
Ε▒▒▒▒ΟΕ

Mes notes mentionnent encore un petit cippe, évidé pour servir de mortier, qui n'a pu être retrouvé. Il portait deux inscriptions, avec la formule ordinaire. Les deux noms propres étaient ΣΩΤΗΡΑ et ΔΗΓΙC; mais ce n'était là qu'une copie prise à la hâte et pour mémoire.

CAMPAGNE DE SIDON.

Les inscriptions chrétiennes ne sont pas rares à Saïda.

```
        +
▒▒▒▒▒▒MAKAPIA
▒▒▒▒▒ANTIOXICA
▒▒▒▒▒▒TEOY ΘΚ
▒▒▒▒▒▒▒ ▒▒▒
```

Plaque de marbre, belles lettres. Il doit y avoir un autre fragment de cette inscription au khan de Saïda; j'ai vu ce fragment, qui n'a pu être retrouvé. (Comparez *Corpus inscr. gr.* nos 824, 825, 830, 832, 2551; comparez aussi Pape, *Wörterbuch der griechischen Eigennamen*, au mot Ἀντιοχίς.) M. Frœhner (n° 275) lit avec raison [ὑπερβερε]τέου; mais je ne puis avec lui lire à la ligne suivante OCT[OBRIS] en lettres latines. La restitution est probablement :

[Ἐνθάδε κεῖται ἡ] μακαρία
. . . . Ἀντιόχισα
[μηνὸς ὑπερβερε]τέου θκ΄.

Petit monument trouvé parmi les tombeaux qui sont au-dessus de la grotte du Figuier[1]; il est maintenant au khan, où on le voit encastré dans le mur de la cour :

Δίτριχος est un sobriquet désignant un homme qui a deux rangs de poils aux paupières, ce qui constituait une maladie. (Voir les dictionnaires grecs, au mot διτριχιάω.)

---

[1] La grotte du Figuier est une grande grotte, à fours larges et profonds, au-dessus desquels court une inscription grecque tirée des Psaumes, qui a été publiée par M. Dietrich (*Zwei sidonische Inschriften*, Marburg, 1855, p. 11 et suiv.; *Corpus inscriptionum græcarum*, n° 9153). L'entrée de cette grotte est près d'un gros figuier figuré sur notre plan (pl. LXII) à l'extrémité nord-est du Beïader, au nord de la nécropole, sur la rive gauche du Barghout.

Plaque de marbre, cintrée du haut; au Louvre, au musée chrétien :

C'est-à-dire : Σταυρὸς Χ(ριστο)ῦ νεκρῶν⁽ⁿⁱ⁾ ἀνάστασις.

† Ἀνεπάη ὁ [μακάρ]ιος Εὐπρεπὶς
μη(νὶ) μαΐῳ...[περὶ]τλίου, εκχ
ἔτους †

Ἀνεπάη ὁ μακάριος
Ἰανουάρις[1] ὑποδιάκο(νος) μη(νὸς) δεσίου βλ.

[1] Et non *Tanouaris*, comme l'ont lu M. Frœhner (*Inscr. du Louvre*, n° 281), et M. Julien Durand, *Ann. archéol.* 1864, p. 282, note.

Ἐκοιμήθη ἡ μακαρία Εὐδοξία
ἐν μη(νὸς) δύστρου θκ †

Ἀνεπαύσατο ὁ μακάριος
Πλίνθας ἐν μη(νὸς) αὐδυννέου αι.

Pour les formes ἀνεπάη, ἀνεπαύσατο, comparez de Rossi, *Inscriptiones christianæ urbis Romæ*, I, nos 192, 668, 1159; Dietrich, *Zwei sidon. Inschr.* p. 17. C'est donc ici la plaque d'un caveau où plusieurs personnes avaient été enterrées successivement la même année. L'année 625 ne peut être calculée selon l'ère des Séleucides, car sûrement le monument est postérieur à l'an 313. L'ère d'Antioche donne 577, et l'ère de Sidon 514, dates qui conviennent très-bien. M. Frœhner (*Inscr. du Louvre*, n° 281) s'est ici tout à fait égaré. La restitution [περι]τ*ίου* paraîtra certaine, si l'on songe que les mois sont ici dans leur ordre, et que περίτιος répond à février. — Pour la formule initiale, comparez *Corpus*, n° 8922. — La grande difficulté de l'inscription réside en la ligne troisième. Je laisse à de plus habiles le soin de l'expliquer. Le n° 8652 du *Corpus* y servira peut-être. L'usage des mois latins n'est pas rare en Syrie. (Voir l'inscription de Dietrich. Comp. *Corpus*, n° 8742.)

Les croisades ont laissé à Saïda quelques beaux textes épigraphiques. Dans le *Bostan el-Frandji*, ou jardin des pères de Terre-Sainte, sur un bel arceau de marbre, denticulé des bords :

‡ HIC · IACET · INPVLCHRO · PIETATIS · NORMA · SEPVLCHRO :
QVI · STVDVIT · SEMP · DOMINO · SERVIRE · LIBENTER :
ET · QVOD · SVPPLERET · QVE · LEX · DIVINA · IVBERET :
OMNIA · QVIPPE · DABAT · XPO · QVE · DANDA · PVTABAT :

Le moyen âge nous a légué peu d'inscriptions aussi bien gravées. Le mélange des formes classiques et des formes gothiques des lettres est remarquable; le lapicide subissait l'influence des monuments anciens qu'il avait sous les yeux. En Europe, cette inscription devrait être placée vers l'an 1150; elle appartient sans doute à la première période de l'histoire de la Sidon des croisés, et est antérieure à la bataille de Tibériade. La croix archiépiscopale placée en tête ferait croire qu'il s'agit ici d'un archevêque de Tyr.

Autre fragment de la même date que le précédent :

A : VENETICVS : DONICVS : BARONILLA : NOMIN
SEPVLCRVO2 : ISTVD : COMPOSVER : T

392 MISSION DE PHÉNICIE.

Autre fragment du xiii⁰ siècle :

                         ▓▓▓▓▓ ⊥L
                         ▓▓▓CO : ΜILΘS :
                         ▓▓▓▓ ΘQVIΘ
                         ▓▓▓▓▓ mẽ

Autre fragment :

                     OBΘRƆ, douteux.

M. Durighello voulut bien aussi prendre pour moi des estampages des inscriptions arabes de Saïda. J'ai remis ces estampages à M. Waddington, qui a entrepris un travail d'ensemble sur les inscriptions arabes de la Syrie.

Cône trouvé dans les jardins de Saïda (au Louvre).

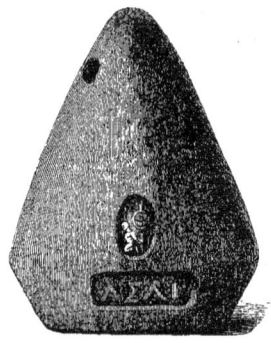

M. Dumont me communique au sujet de ce monument la note suivante :

«Ce cône est du genre de ceux qu'on trouve souvent en Grèce, en particulier en Attique. Le musée de la Société archéologique à Athènes en possède plusieurs centaines. J'en ai vu en Sicile et dans l'Italie méridionale, en particulier à Catane et à Brindisi. M. Heuzey en a découvert un grand nombre dans les tumulus de Macédoine, mais sans inscription.

«Celui-ci est rhodien; la terre est celle des amphores de Rhodes, dont j'ai exposé les caractères principaux dans l'Introduction à mon recueil d'inscriptions céramiques, p. 8.

«Ces documents n'ont encore fait l'objet d'aucune étude d'ensemble. On les considère en général comme des poids. J'en ai pesé environ cinquante; les chiffres que j'ai obtenus ne rentrent dans aucun des systèmes métrologiques de la Grèce ancienne, et n'ont entre eux aucun rapport fixe. Quant aux autres hypothèses que les archéologues proposent pour rendre compte de ces cônes, il est inutile d'y insister : elles ne reposent sur aucune base sérieuse.

« Ces cônes sont des offrandes religieuses qui ont souvent un caractère funéraire.

« 1° Ils figurent sur la table rectangulaire des *ex-voto* qui représentent le banquet de Sérapis et d'Isis, celui d'Esculape et d'Hygie.

« 2° On les voit souvent sur la table des *repas funèbres*.

« 3° Un grand nombre ont été découverts dans des tombeaux.

« 4° Les inscriptions qu'ils portent sont concluantes : ΓΛΥΚ·ΓΛΥΚΥ·ΓΛΥ, γλύκυσμα « douceur, » ΜΕΛΙ·ΜΕΛΙΣ, μελί, μέλισσα « miel, abeille. »

« Ici l'inscription est fruste; mais en examinant avec soin les traits encore visibles on reconnaît sans hésitation le mot ΜΕΛΙ.

« Les attributs figurés au-dessus du timbre sont très-variés. Ils représentent d'ordinaire des *génies* ou des fruits. Plusieurs sont de véritables œuvres d'art.

« Sur le cône qui nous occupe, l'attribut se compose de deux figures : à gauche on voit un personnage nu, accroupi. En se reportant aux attributs du même genre que présentent les documents du musée d'Athènes, on reconnaît que ce personnage doit tenir un arc levé et tendu[1]. A droite est une figure plus vague qui me paraît être une tête de pavot[1]. Je me détermine pour cette interprétation parce que les cônes rhodiens portent souvent des fruits.

« Le trou percé à la partie supérieure n'a jamais reçu de fil pour suspendre le cône; il n'est pas usé par le frottement. C'est une observation à laquelle donnent lieu tous les documents de ce genre que j'ai pu voir. Le musée fermé de l'Acropole possède un cône qui porte à la partie supérieure une petite tige de bronze; mais ce n'est peut-être là qu'un accident.

« Les documents de ce genre méritent de faire le sujet d'une étude spéciale, où on les rapprochera des cônes égyptiens depuis longtemps connus et certainement funéraires. Des pyramides et des pains de terre cuite d'origine grecque qui portent les mêmes inscriptions et les mêmes attributs sont représentés sur les mêmes monuments figurés. »

On trouve quelquefois à Saïda de petits étuis renfermant des feuilles d'argent, où on lit des caractères hébraïques d'assez basse époque, offrant la répétition des noms de Dieu, avec un sens probablement cabalistique. J'ai vu deux de ces étuis. M. Schefer possède l'un d'eux. M. Durighello a possédé ou possède deux ou trois de ces objets.

---

[1] L'interprétation de notre dessinateur a été différente. — E. R.

Un fragment égyptien, trouvé à Saïda (pl. V, fig. 3), a été ainsi décrit par M. de Rougé :

«Le fragment conique trouvé à Sidon paraît avoir appartenu au pied d'un autel en granit, analogue à celui que possède le musée du Louvre. Les signes qu'on peut distinguer dans la fin du cartouche brisé ▭ *setep-en* se trouvent ainsi placés dans une trop grande quantité de cartouches ▭ royaux pour nous guider vers une conjecture sérieuse. J'inclinerais néanmoins ▭ à reconnaître dans ce morceau le style de la vingtième dynastie, large de dessin, mais souvent rude et grossier dans l'exécution. L'hommage du pharaon, et très-probablement l'autel lui-même, était dédié au dieu *Supti* ▭, dont le symbole était l'épervier diadémé, ici figuré, et dont la qualification ordinaire était celle de *seigneur de l'Orient*. Son nom est suivi du signe ▭ *seigneur*, qui était sans doute complété sur le monument par le signe de l'Orient, ▭. *Supti* était, avec Hathor, la divinité locale particulièrement adorée dans les établissements égyptiens de la presqu'île du Sinaï; mais on le trouve mentionné sur beaucoup d'autres monuments, et ce fragment nous laisse encore dans la plus grande incertitude sur les causes qui ont pu amener son transport sur la côte phénicienne[1].»

Les premières collines, à l'est de Saïda, renfermaient des temples et des villas qui sûrement dépendaient directement de l'ancienne ville, laquelle allait presque jusque-là. La chapelle maronite de Mar Elias et le wéli musulman de Néby Yahya répondent probablement à des temples antiques. Mar Elias a d'ordinaire remplacé Baal. Néby Yahya est peut-être l'Ἀσκληπιεῖον de Sidon[2]. Le Barghout paraît s'être appelé, dans l'antiquité, l'Asclepius[3]; or, le Barghout vient à Sidon du pied de la colline de Néby Yahya. Aux localités religieuses de cette colline se rapporte probablement le passage de l'inscription d'Eschmounazar lignes 15-18. Au sommet de la montagne on a trouvé un médiocre chapiteau ionique, en grès calcaire grossier, de l'époque romaine (42 centimètres de diamètre; voir pl. XLII, à droite).

---

[1] «Je ne dois pas omettre cependant des signaler le rôle que *Supti*, en sa qualité de dieu de l'Orient, joue dans les tableaux qui accompagnent les conquêtes des pharaons. On le trouve notamment amenant à Ramsès II les peuples vaincus de la Syrie. (F. Lepsius, *Monuments*, III, 144.)»

[2] Cf. *Journal asiatique*, janvier 1868, p. 105 et pages suivantes (article de M. Joseph Derenbourg).

[3] «Illic (Sidone) currit flumen Asclepius.» (Antonin Martyr, p. 4; édit. Tobler, Saint-Gall, 1863.) Le rapprochement fait par M. Tobler (p. 74) de l'Ἀσκληπιοῦ ἄλσος (Strabon, XVI, 11, 22) est faible, puisque cet ἄλσος était entre Beyrouth et Léontopolis.

CAMPAGNE DE SIDON.

Les villages de Halalié et de Baramié ont de très-belles grottes sépulcrales. Pococke paraît les avoir connues. M. de Vogüé a visité l'une d'entre elles[1]. On m'a montré au moins treize grottes entre les points 6 et 33 de notre plan, toutes d'un travail fort soigné, mais renfermant beaucoup plus de maçonnerie, de béton et de crépissage que les anciennes grottes phéniciennes[2] : 1° la *Moghâret et-taous* (ταώς), ou Grotte du paon, bien décrite par M. de Vogüé; 2° une autre grotte du même nom et du même caractère, à côté; 3° la *Moghâret ed-doulab*, trois niches rappelant le style des cippes de la planche XLIII; restes de peintures; 4° *Moghâret el-khan*, grand sarcophage à droite en entrant; notez près de là les grosses pierres de *Maksar el-abd;* 5° grande niche entre deux grottes, près de là; 6° longue grotte voûtée, près de là; 7° grotte peinte, offrant des sujets tirés de la fable de Psyché; 8° grotte des oiseaux peints, près de là; 9° *Moghâret el-Hébablié*, offrant une boule sculptée au-dessus de l'entrée, comme les caveaux de Rouméli; 10° grotte à niches, près de là; 11° grotte à boules et dessins bizarres, près de là; 12° grotte de Sainte-Thècle, *loculi* peints; 13° encore un *Moghâret et-taous*. Quelques-uns de ces noms, étant le fait des chercheurs de trésors qui visitent souvent ces grottes, ont peu de fixité. Ainsi on voit que le nom de Grotte du paon est donné à trois grottes. Je vois aussi que, selon d'autres, la grotte de Psyché serait la *Moghâret el-khan*. Quoi qu'il en soit, cette grotte de Psyché est sûrement la plus belle de toutes. Les arceaux et les pilastres sont d'une grande finesse de style; les sculptures et les ornements, quoique simplement moulés dans le stuc, sont de bon goût. Les trois médaillons qui représentent la fable de Psyché, sujet favori des sépultures grecques de Sidon, sont de précieux morceaux. Dans la scène du sacrifice, le mot ΨΥΧΗ se lit à côté du personnage principal. Quand on songe aux dangers que courent ces

---

[1] *Fragments d'un journal de voyage en Orient*, p. 27 et suiv.

[2] Les grottes que nous avons jusqu'ici regardées comme phéniciennes ne sont revêtues d'aucun béton, d'aucun crépissage, et n'ont pas de maçonnerie, excepté quelquefois à l'entrée des puits, pour retenir les terres et empêcher les éboulements.

jolies peintures au milieu d'une population inintelligente qui, depuis quelque temps, se doute de leur prix, on désire vivement qu'un artiste soit chargé de les reproduire. Il serait même légitime de les acheter et de les enlever, car leur conservation dans des grottes humides, ouvertes à tout venant, n'est nullement garantie. Depuis des années, les charmants petits oiseaux peints de la *Moghâret et-taous* et autres grottes du même genre sont l'objet d'une déplorable exploitation; pour enlever un morceau large comme la main, on démolit un trumeau entier. M. Gaillardot m'écrivait, à la date du 18 juin 1864 : « J'ai été visiter les grottes peintes..... Ces grottes, depuis votre départ, ont été considérablement dégradées. Pour chercher s'il n'y avait rien de caché, et pour enlever les oiseaux et les fleurs, on a détruit une bonne partie de l'enduit peint qui rendait ces grottes si belles et si curieuses. Cependant la Psyché peut encore se voir. » Tout l'endroit dont nous parlons est, du reste, celui où le voyageur homme de goût peut trouver le plus de plaisir aux environs de Saïda. Ces salles funéraires, si coquettes, éparses sur une côte de rochers couverte de fleurs et de ces buissons sauvages qui n'ont nulle part plus de charme qu'aux environs de Saïda et lui ont valu son épithète d'$\dot{\alpha}\nu\theta\epsilon\mu\acute{o}\epsilon\sigma\sigma\alpha$, sont d'un rare effet poétique. Le contraste est singulier entre les travaux d'art si recherchés de l'intérieur et l'aspect inculte de la colline. L'antiquité avait trouvé dans ces tombeaux semés au milieu de la nature agreste un des motifs esthétiques les plus délicats.

Le village de Halalié possède des restes d'un caractère bien plus spécialement phénicien. De Halalié provient une clef de porte à globe ailé, analogue aux monuments de ce genre que nous ont offerts toutes les autres parties de la Phénicie (au Louvre).

L'église de Halalié possédait autrefois comme linteaux de porte deux inscriptions absolument identiques et dont voici le texte. Les deux pierres, d'environ 1 mètre et demi (grès calcaire), sont maintenant au khan :

CAMPAGNE DE SIDON. 397

ΕΤΟΥΣΖΝΣΜΗΝΟΣΑΠΕΛΛΑΙΟΥΙΕΘΡΕΠΤΙωΝΕΙΚωΝΟΣΤΟΥΣωΣΙΠΠΟΥΤΟΥΣΔΥΟ
ΛΕΟΝΤΑΣΔΙΙΟΡΕΙωΚΑΤΟΝΑΡΕΚΤωΝΙΔΙωΝΕΥΣΕΒωΝΑΝΕΘΗΚΕΝ

Ἔτους ζνς΄, μηνὸς ἀπελλαίου ιε΄, Θρεπ7ίων (Ν)είκωνος τοῦ Σωσίππου τοὺς δυὸ
λέοντας Διὶ ὀρείῳ, κατ᾽ ὄναρ, ἐκ τῶν ἰδίων, εὐσεβῶν ἀνέθηκεν.

Ζεὺς ὄρειος paraît ici pour la première fois dans la mythologie phénicienne. C'est
peut-être un בעל ההרים. Comparez Ζεὺς Κάσιος et les autres titres divins provenant du
culte des montagnes en Syrie (Vogüé, *Comptes rendus de l'Académie*, 1869, p. 63 et
suiv.). Si l'année 257 était supputée d'après l'ère des Séleucides, on tomberait sur l'an
55 avant J. C. date qui paraît trop ancienne pour le monument. A en juger par la
forme des lettres, il ne serait pas antérieur au iiᵉ siècle. L'ère pourrait donc encore
être l'ère d'Antioche, et le monument serait alors de l'an 209 de J. C. ou mieux encore
l'ère de Sidon, et le monument serait alors de l'an 147. Je lis Νείκωνος, bien plus satisfaisant comme nom propre que Είκωνος. Comme exemple de ce genre de faute, voir
l'inscription d'Aradus, *Corpus*, n° 4536 e (original au Louvre), où ΕΤΕΙΜΗΣ est pour
ΕΤΕΙΤΕΙΜΗΣ. Les deux inscriptions portent à cet égard la même leçon, mais cela peut
venir de ce que les lapicides copièrent, pour les deux textes, le même patron; les
lettres, dans les deux textes, se correspondent à peu près d'une ligne à l'autre. L'une
d'elles seulement est mutilée à ses deux extrémités. On remarquera le non-emploi du
duel, particularité du dialecte grec de Syrie et de Palestine. Pour le nom de Θρεπ7ίων,
voyez *Corpus inscr. gr.* n° 278; pour εὐσεβῶν ἀνέθηκεν, voyez Le Bas, *Inscr.* III,
1923, 1982, 2095, exemples syriens.

Un fait archéologique important sort de cette inscription, c'est la dédicace des deux
lions faite à Baal ou Jupiter, et cela sur une injonction reçue en rêve, et comme un
acte de piété. Cela prouve que les nombreux lions sculptés qu'on trouve en Phénicie,
surtout à Oum el-Awamid, avaient une signification religieuse et non purement décorative. Un des lions posés par Thrpetion paraît avoir été retrouvé. Voici ce que m'écrivait M. Gaillardot à la date du 1ᵉʳ septembre 1863 : «J'ai acheté, il y a quelques jours,
un petit lion en pierre blanche. La pose et la proportion de la tête en font un ouvrage,
à quelques égards, phénicien. Il est en très-mauvais état; ce qui m'a décidé à le
prendre, c'est qu'il a été découvert au pied de la colline où est bâtie l'église de Halalié, où se trouvaient les deux pierres plates portant la même inscription pour rappeler l'érection des deux lions. Il pourrait se faire que le nôtre fût l'un d'eux.» Ce
petit lion est au khan.

De Halalié paraît avoir été apporté au khan le cippe suivant :

ΑΜΜΙΑΧΡ
ΗΣΤΗΚΕΑΛ
ΥΠΕΧΕΡΕ

A Halalié fut également trouvée la stèle en calcaire grossier, autrefois recouverte de mortier et de peinture, dont l'image se voit pl. XLIII, fig. 2.

Ces nombreuses antiquités de Halalié ne prouvent pas que Halalié fût une localité distincte de Sidon. C'était une des nécropoles de Sidon même. Halalié n'est pas plus loin de la ville actuelle de Saïda que la nécropole phénicienne de *Mughâret-Abloun*. Il faut se rappeler d'ailleurs que le centre de la Sidon romaine était dans les jardins, vers notre point 10. Halalié et *Mughâret-Abloun* devaient, dans l'antiquité, toucher aux dernières maisons de Sidon.

Les culées du pont sur l'Auwali ont été bâties avec les pierres d'une ancienne construction, rangées à tort et à travers. Le bossage en est soigné. La petite tour du pont a aussi une partie en bossage appuyée sur une partie lisse, en saillie. Une pierre sculptée, près de là, rappelle la pierre à offrande du khan de Saïda. (Voir ci-après, ch. II.) Près de là (point 4 de notre plan) sont des assises de gros blocs, identiques peut-être à ces «murailles en ruines, dont les pierres ont 12 pieds de longueur,» que mentionne Pococke. Cela ressemble à une digue.

On voit combien l'influence grecque fut de bonne heure prédominante à Sidon. Cette influence avait commencé à s'exercer avant Alexandre. Dès l'an 400 à peu près, Sidon s'hellénise. Le roi Straton[1] (vers 370) est un philhellène zélé[2]. Vers l'époque du commencement de notre ère, les arts grecs sont très-florissants à Sidon; on y exécute une statue colossale[3]. Au contraire, au IIIe siècle avant J. C., Diotime, pour avoir une belle statue, s'adresse à un sculpteur établi à Rhodes.

---

[1] Ce nom me paraît une grécisation d'Abdastarte ou Bdastrate (Ἀϐδάσ∤ρατος de Josèphe, *Contre Apion*, I, 18). Cf. l'inscription de M. de Vogüé, *Mém. de l'acad. des inscr.* Sav. étr. t. VI, 1re partie, p. 55 et suiv. Στρά-των Στράτωνος Σιδώνιος (*Arch. des miss. scient.* IV, p. 522), Στράτωνος πύργος = tour d'Abdastarte; Στράτων Αὐδήλου, parmi les noms sémitiques de l'inscription de Memphis (*Revue archéologique*, février, 1870, p. 116); *ibid.* un autre Straton; Diod. Sic. XVII, 47; Jos. *Ant.* XIII, xiv, 3; «île de Straton» dans la mer Rouge (Müller, *Atlas des petits géographes*). V. Pape, à ce mot. On retranchait *Abd*, comme chez les Grecs δωρος (Ἀπολλᾶς=Ἀπολλόδωρος, etc.)

[2] *Corpus inscr. gr.* n° 87, et le commentaire de Bœckh.

[3] Philon, *Leg. ad Caium*, § 42.

On est surpris de la quantité d'antiquités qui restent encore aux environs de Saïda, quand on songe aux dévastations dont ces lieux ont été le théâtre durant tout le moyen âge, et aux perpétuelles destructions qui s'y opèrent par les chercheurs de trésors. Nulle part cette dernière manie n'est portée plus loin qu'à Saïda[1]. Les grandes trouvailles de trésors de monnaies antiques qui, à deux reprises[2], ont été faites aux environs de la ville (point 21 de notre plan), ont singulièrement excité les idées en ce sens. Des vingtaines d'hommes y passent leur temps, ainsi qu'à la recherche de la pierre philosophale; à un moment, près de trois cents personnes se livrèrent à la fois à ces folies. J'ai recueilli en ce genre de curieuses confidences. Me prenant pour un adepte, les chercheurs de trésors me dévoilaient leurs secrets, mélange bizarre des fables de l'antiquité sur les griffons, les Arimaspes et les fourmis gardiennes de trésors, des croyances talismaniques du moyen âge et de l'alchimie. Je ne fus pas peu surpris en voyant me présenter comme un talisman de première efficacité une empreinte de la tessère d'Apollophane que M. Egger venait de publier en France au moment de mon départ[3].

Bien qu'ayant été plusieurs fois renouvelée, et bien que dominée par un élément musulman fanatique, la population de Saïda a quelque chose encore d'élégant et de gai, reste d'une race plus douce. J'ai vu quelques types d'enfants, d'un profil égyptien très-caractérisé, qui me firent comprendre la grâce de l'ancien type égyptien. Quoique profondément oblitérés par le christianisme et par l'islamisme, les vieux cultes vivent encore à quelques égards chez les habitants du pays. Ainsi la borne milliaire

---

[1] Voir l'inscription d'Eschmounazar, en particulier ligne 5. Cf. Job, III, 21; Matth. VI, 19 et suiv.; XIII, 14. Mamon, dieu des trésors cachés, vit encore dans la mythologie populaire du pays, sous forme d'un djin. Saint Christophe (saint syrien) était invoqué, au moyen âge, pour conjurer les esprits gardiens des trésors. Comparez le passage d'Ibn-Khaldoun sur la découverte des trésors cachés et sur les monuments antiques, dans les appendices de l'*Abdallatif* de M. de Sacy. Trad. de Slane, t. II, 328-336.

[2] La seconde trouvaille est de janvier 1863. Elle consistait en 3,000 pièces d'or d'Alexandre, enfouies, comme les premières, à très-peu de profondeur, dans trois vases de plomb.

[3] *Comptes rendus de l'Acad. des inscriptions* 1861, p. 178.

du *Bostan el-aamoud* est l'objet d'un culte; on l'oint d'huile comme un bétyle. Un vieil arbre, situé vers le point 21 de notre plan, est un arbre-scheikh [1]. Souvent on allume le soir une lampe à la partie supérieure du tronc de cet arbre; les longues épines de ses branches sont couvertes de de chiffons et de guenilles, qu'on y accroche comme *ex-voto* [2].

[1] Cf. Vogüé, *Égl. de Palest.* p. 346, et ci-dessus, à l'article d'Ammouka (Galilée).

[2] Cet arbre, avec une vingtaine d'autres, comme lui de grande dimension et formant une allée couverte, sous laquelle passe la route de Sour, est un *acacia albida*. C'est un fait assez remarquable que la présence auprès de Saïda de cette espèce, qui ne vit qu'en Nubie; on ne la rencontre plus ailleurs en Syrie, ni en Égypte. Le premier individu qui reparaisse se trouve dans l'île de Philæ, au sud-est du petit temple inachevé de la pointe sud-ouest. Une cause naturelle, le Nil et les flots de la mer, a-t-elle amené sur la côte de Phénicie quelque graine de cette espèce, ou bien a-t-elle été apportée intentionnellement?

CHAPITRE II.

NÉCROPOLE DE SAÏDA.

L'idée de faire des fouilles dans les jardins de Saïda ne pouvait guère nous venir. Ce sol est remué tous les ans; il rendra bien de lui-même toutes les richesses qu'il peut contenir. Un point d'ailleurs, à Saïda, absorbe l'attention et la captive si exclusivement, qu'on se fait scrupule de dérober pour d'autres recherches les instants qu'on peut y consacrer. Je veux parler de la nécropole, objet constant de la préoccupation de l'Europe savante depuis quelques années. Par une compensation, en effet, à la pauvreté archéologique du sol, que Tyr n'a pas encore offerte, une vraie Sidon souterraine a été découverte. Une plaine située à l'est de la ville s'est trouvée recéler une des plus précieuses nécropoles que nous ait laissées l'antiquité.

La nécropole de Sidon a été taillée dans un lit de rochers calcaires, peu saillants au-dessus de la plaine. Ce lit, de hauteur uniforme, fut sans doute, à une époque reculée, un arasement baigné par la mer, comme ceux qu'on voit sur toute la côte de Phénicie. La surface rocheuse s'est elle-même couverte d'une petite couche de terre végétale. Avant que cette vaste surface fût devenue le théâtre d'un travail archéologique assez actif[1], on y remarquait seulement deux ou trois ouvertures de caveaux souterrains et un rocher isolé, taillé sur ses pans, qui formait le point

---

[1] A l'époque du voyage du colonel Chesney (*The expedition for the survey of the rivers Euphrates and Tigris*, Londres, 1850, t. I, p. 470), on s'en faisait encore des idées fort inexactes. Cassas (2ᵉ vol. n° 82) vit au moins un des caveaux, peut-être le caveau chrétien avec des peintures et des inscriptions, décrit par Dietrich. Cf. Dietrich, *Zwei sidonische Inschriften* (Marbourg, 1855), p. 5 et suiv.

culminant de la plaine. Dans ce rocher s'ouvrait, à niveau du sol, une caverne, que les gens du pays appelaient *Mughâret-Abloun* ou caverne d'Apollon[1]. Le sol intérieur était sans cesse remué par les chercheurs de trésors. Ce fut dans un petit réduit attenant à l'extérieur de la paroi est de cette caverne que fut trouvé, en 1855, le sarcophage d'Eschmounazar.

Une immense attente fut excitée par cette découverte; on crut tenir le centre d'une nécropole royale. Il paraissait souverainement invraisemblable que le premier grand sarcophage phénicien que l'on découvrît pût être l'unique de son espèce, le seul qui portât une inscription. Des fouilles multipliées furent entreprises, de 1855 à 1860, autour de la caverne : elles ont produit des résultats très-importants. Mais le sarcophage d'Eschmounazar n'en demeura pas moins un morceau unique. Aucune inscription ne vint réaliser les espérances que les esprits les plus timides s'étaient crus autorisés à former.

C'est vers la nécropole que se dirigèrent donc tous nos efforts. M. Péretié voulut bien nous céder le terrain voisin de la *Mughâret-Abloun* qu'il avait précédemment acquis et déjà en partie fouillé. M. Durighello acquit pour nous le terrain situé à l'est (voir le plan, pl. LXII). Des recherches avaient déjà été faites dans le vaste espace connu sous le nom de بيادر, *Beïader* « les aires. » Seul le terrain intermédiaire, appartenant à MM. Clat et Hasirâne, quoique de très-grande espérance, est resté en dehors de nos fouilles; d'autres y travailleront. Comme je l'ai dit, la direction des fouilles de Saïda durant les mois de janvier, février, mars 1861, et de mars, avril, mai 1862, appartint tout entière à M. Gaillardot.

Les fouilles précédemment entreprises dans les environs immédiats de *Mughâret-Abloun* étaient suffisantes pour que des chercheurs guidés

---

[1] On prononce et l'on écrit *Mughâret Tabloun*; mais c'est là sûrement une erreur. Comparez *Medinet-Abou* pour *Medinet-Tabou* = Thèbes.

par une vaine ostentation, ou obligés de trouver dans la vente des objets découverts une rémunération de leur travail, eussent été détournés d'y revenir et invités à porter plus loin leurs excavations. Mais j'ai pensé que les travaux dont la spéculation privée ne peut se charger, parce qu'ils n'ont d'autre but que de mettre en repos la conscience des philologues, étaient ceux qui nous regardaient le plus spécialement. Il importait de pouvoir dire d'une manière positive si les espérances que quelques personnes conservent encore sur cet endroit fameux doivent être définitivement abandonnées. Un déblayement complet, poussé jusqu'au roc, pouvait seul fournir la réponse à une telle question. Ce travail, ingrat, puisqu'il portait sur des terres déflorées, nous l'avons accompli avec un scrupule qui, en toute autre circonstance, eût pu paraître exagéré. Il nous permet d'affirmer que jusqu'à une distance de 60 mètres à peu près de l'endroit où fut trouvé le sarcophage d'Eschmounazar, il n'y a aucune inscription à chercher; ce précieux sarcophage n'a échappé que par hasard à la destruction qui s'est promenée alentour[1].

Ce résultat négatif, toutefois, ne fut pas le seul qui sortit pour nous de la minutieuse enquête à laquelle nous nous étions livrés. Indépendamment des distributions intérieures de la nécropole, qui constitue un vrai monument mis au jour par nos soins, et dont nous avons rigoureusement respecté toutes les parties, nous découvrîmes un curieux reste de l'antiquité phénicienne, à l'endroit où il semblait qu'il y eût le moins de chance d'en trouver, je veux dire dans les terres souvent remuées qui remplissent l'intérieur de la caverne d'Apollon[2]. En rapprochant des fragments épars trouvés en cet endroit, nous parvînmes à recomposer des parties essen-

---

[1] Pour la disposition du sarcophage d'Eschmounazar et de son entourage immédiat, voir notre planche LXIII, et le plan de la nécropole, pl. LXII.

[2] Lady Esther Stanhope, qui dans ses derniers temps s'était laissé séduire aux rêveries des chercheurs de trésors, avait fait faire des fouilles dans le sol de la caverne. (Voir Laborde, *Voy. de la Syrie*, p. 45.) Je soupçonne les agents de cette folle d'avoir fait briser la tête de notre sarcophage. A Ascalon, les fouilleurs de lady Stanhope brisèrent également une statue, pour suivre de ridicules imaginations.

tielles d'un de ces sarcophages à tête sculptée, qui sont un des produits les plus nettement définis de l'art sidonien.

Celui-ci présente des particularités importantes. Au lieu que les sarcophages du même genre n'offrent d'ordinaire qu'une gaîne surmontée d'une tête, qui se rattache à la gaîne d'une façon toute conventionnelle, le nôtre aspire à une imitation beaucoup plus complète des formes humaines. Des bras se voient des deux côtés de la gaîne, collés le long du corps; l'une des mains tient un petit *alabastrum;* une draperie pleine d'élégance, une sorte de chlamyde se dessine sur l'épaule. Les pieds sortaient également de la gaîne, mais ils ont été brisés. Faut-il voir dans ces particularités les signes d'un âge moderne? Je ne le pense pas. Le travail des bras et des mains, celui qu'on peut le mieux apprécier, est trop bizarre, bien que très-achevé à sa manière, pour être l'ouvrage d'un artiste initié à l'art grec. Or comment supposer qu'à l'époque grecque ou romaine un sculpteur se fût attaché pour une pièce aussi considérable aux traditions d'un art abandonné? Il est très-vrai que l'art phénicien conserva jusqu'à l'époque romaine ses motifs favoris; mais en traitant ces motifs, il adopta pleinement les détails et la facture du style grec. D'un autre côté, expliquer par de simples maladresses les singularités dont nous parlons n'est guère admissible dans un morceau auquel on a évidemment voulu donner beaucoup de soin. Loin d'être le plus moderne, ce sarcophage est peut-être le plus ancien de tous ceux qu'on a trouvés à Saïda. C'est parmi les restes du vieil art assyrien qu'il faut lui chercher des analogues. On remarquera la forme de la caisse, accusant fortement les courbes d'une momie et entraînant dans le couvercle des méplats correspondants. Le sarcophage d'une momie de l'an 900 à peu près avant J. C. qui fut ouvert à Paris, lors de l'Exposition universelle, offre à peu près les courbures de la caisse dont nous parlons, et surtout de la caisse des monuments de Palerme, dont nous allons parler bientôt. La sculpture des bras, des mains, des plis de la chlamyde sur l'épaule, a beaucoup d'analogie avec l'exécution de la statue connue sous le nom de guerrier de Marathon, à Athènes.

Quand nous découvrîmes ce curieux monument, nous crûmes qu'il était le seul de son espèce. Le fait est, cependant, que, dès 1847, M. Francesco di Giovanni, antiquaire sicilien, avait publié, dans un journal local (*La Falce*), la description de deux sarcophages trouvés près de Palerme, l'un en 1695, l'autre en 1725, tout à fait ressemblants aux nôtres et ayant l'avantage d'être bien conservés. M. Francesco di Giovanni en avait même parfaitement vu le caractère phénicien, et avait montré, avec une perspicacité surprenante à cette date, que la physionomie égyptienne de ces monuments n'était pas une raison pour ne pas les rapporter à la Phénicie. Antérieurement, Mongitore[1] avait publié et décrit le premier de ces monuments, mais d'une manière très-imparfaite et sans en apercevoir le caractère original. Michele del Giudice, abbé du mont Cassin, composa ensuite une excellente dissertation qui se conserve manuscrite à la bibliothèque de Palerme, et fit graver des cuivres desdits sarcophages, ainsi que des objets qui y étaient contenus, des caveaux et du lieu où ils furent trouvés. Ces cuivres ont été publiés par d'Orville[2] et, malgré leur défectuosité, sont un des plus précieux monuments des antiquités phéniciennes, car plusieurs des objets qu'ils représentent n'existent plus. On reconnaît tout d'abord, à ces planches, que les caveaux qui contenaient lesdits sarcophages étaient tout à fait semblables aux caveaux rectangulaires, à escalier, de Saïda. Les objets qui furent découverts à l'intérieur rappellent complétement ceux qu'on a trouvés dans les caveaux les plus anciens de Saïda (petites idoles égyp-

---

[1] Dans la *Raccolta* de Calogera, t. X (Venise, 1734), p. 327 et suiv.

[2] *Sicula*, t. I (Amsterdam, 1764), p. 42 et suiv. Il semble, d'après ces planches, que Michele del Giudice connaissait trois sarcophages de ce genre, et que le troisième, maintenant perdu, n'avait ni bras, ni pieds, selon le type ordinaire des sarcophages de Sidon, mais qu'il avait une ouverture au ventre, comme une caisse, à la manière de certains sarcophages en terre cuite égyptiens. Les bras de levier qui se voient dans lesdites planches, au pied de ce troisième sarcophage, détournent cependant de supposer qu'il fût en terre cuite.

tiennes formant collier, œil symbolique tout à fait semblable aux nôtres, petits vases identiques au vase en terre fine rouge que nous avons rapporté au Louvre). On y lut également un débris d'inscription phénicienne[1], malheureusement assez mal représenté dans d'Orville. Les caisses, au moins l'une d'elles, présentaient de précieuses peintures, sur lesquelles nous reviendrons. En 1863, les deux sarcophages ont été acquis par le musée de Palerme. En 1864, M. d'Ondes Reggio, dans le n° 1 du *Bulletino della commissione di antichità e belle arti in Sicilia*, a réimprimé le travail de M. di Giovanni, donné des photographies des deux sarcophages et de leur cuve, et ajouté un mémoire où il a prouvé la parfaite similitude des deux sarcophages de Palerme avec celui dont nous avons découvert des fragments dans la *Mughâret-Abloun*, et qu'il connaissait par mon deuxième rapport. M. d'Ondes Reggio montre que les termes dont je me servais pour décrire le sarcophage brisé de Saïda convenaient parfaitement aux deux monuments de Palerme. Effectivement, ces monuments sont tout à fait similaires : *alabastrum*, chlamyde découpée au haut de l'épaule, pieds saillants relevés sur une sorte de socle ou bourrelet, mêmes méplats bien caractéristiques du couvercle à la hauteur des jambes, cuve offrant les mêmes sinuosités et rappelant tout à fait les momies. Les deux sarcophages de Palerme et les fragments du nôtre doivent donc être considérés comme appartenant à un même groupe de monuments, dont le caractère a été reconnu par les archéologues siciliens avec beaucoup de tact et de pénétration. On ne peut trop engager ces zélés savants à continuer leurs fouilles sur le territoire phénicien de Solonte, car les deux tombeaux ouverts au xviie et au xviiie siècle étaient intacts quand on les découvrit, chance qui ne se présente jamais en Phénicie. Il serait capital de trouver un sarcophage du genre de ceux dont nous parlons avec toutes ses peintures; il offrirait probablement une inscription peinte en car-

---

[1] C'est tout à fait à tort que Gesenius (*Monum. phœn.* p. 246) a présenté ce fragment d'inscription comme étrusque.

touche perpendiculaire sur le ventre, à la façon des cartouches que portent les momies égyptiennes.

Des fouilles conduites sur un seul périmètre, avec le degré d'opiniâtreté que méritaient les environs de la caverne d'Abloun, n'eussent point offert des chances suffisantes de découverte. Nous attaquâmes donc avec des procédés plus rapides les surfaces environnantes, et, en particulier, la section est, que nous avions achetée. Sans présenter aucune grotte apparente, comme en offre le champ voisin du gîte d'Eschmounazar, ce point paraît en réalité celui où les caveaux phéniciens ont conservé le plus d'intérêt[1]. Le roc y est percé d'une série si continue de caveaux, les cloisons qui séparent ces caveaux sont si minces, qu'on est surpris que les masses supérieures ne se soient pas effondrées depuis des siècles, dissimulant à jamais les richesses qui y sont contenues.

Ces caveaux sont de style fort divers. On peut les ranger en trois classes :

1° Caveaux rectangulaires s'ouvrant à la surface du sol par un puits de 3 ou 4 mètres de long sur 1 ou 2 mètres de large; au bas des deux petites faces de ces puits s'ouvrent deux portes, rectangulaires aussi, de la même largeur que la petite face, donnant entrée à deux chambres encore rectangulaires dans toutes leurs dimensions, où étaient placés les sarcophages. Ces grottes se distinguent par l'absence de tout ornement. Des entailles pratiquées des deux côtés du puits permettent d'y descendre, en s'aidant des pieds et des mains. Dans un seul cas, nous avons trouvé plusieurs de ces chambres réunies et formant par leur suite une vraie catacombe.

2° Caveaux en voûte, offrant des niches latérales pour les sarcophages, et, dans le haut, ces soupiraux ronds, creusés à la tarière, qui nous ont

---

[1] Quelques rumeurs vagues mirent sur la voie. Un paysan parla à M. Durighello de caveaux où il avait vu des hommes blancs couchés, auxquels son compagnon le conjura de ne pas toucher. Ces grosses têtes de marbre inspirent aux indigènes une certaine terreur.

tant préoccupés à Gébeil, et dont il y a aussi un exemple à Amrit. Ces soupiraux, comme à Gébeil, entament la paroi de la grotte, ce qui ne permet pas d'y voir de simples puits d'aération. Les caveaux dont nous parlons se trouvent dans la partie la plus écartée de la nécropole, à l'angle sud-est. Or il est naturel qu'on ait d'abord enterré près de la ville. La voûte est d'ailleurs inconnue à la haute antiquité phénicienne. Nous tenons donc ces caveaux pour relativement modernes. On en a le type dans notre planche XLVI, représentant le caveau III (section est).

3° Caveaux crépis à la chaux (κονία) et peints[1], décorés selon le goût de l'époque grecque, romaine ou chrétienne[2], avec des inscriptions grecques. Le principal de ces caveaux offre aussi des soupiraux ronds creusés à la tarière.

Souvent, du reste, ces caveaux se sont enchevêtrés les uns dans les autres et ont empiété l'un sur l'autre. Les caveaux romains et chrétiens chevauchent, si j'ose le dire, sur les plus anciens. Les caveaux chrétiens, en particulier, ont été souvent créés, soit en brisant les anciens sarcophages, soit en les reléguant dans les murs. Ainsi la contiguïté d'un caveau moderne ne prouve rien contre l'ancienneté d'un autre caveau voisin. Il est évident que, longtemps après que le grand rocher plat choisi par les Sidoniens pour y tailler leur nécropole eût été criblé de caveaux, on continua d'y déposer de nouveaux cadavres. Des générations très-diverses s'y sont entassées. Il suffirait pour le prouver de ce fait, que des fragments d'inscriptions grecques, d'une fort basse époque, et des lampes chrétiennes, ont été trouvés dans les caveaux les plus anciens.

On sait que de tels méfaits étaient très-communs dans l'antiquité. Ils étaient la conséquence des modes de sépulture somptueux alors usités, qui forçaient les générations successives à envahir les places déjà occu-

---

[1] Ἐκονεάθη καὶ ἐζωγραφήθη. Inscription, dans Dietrich, p. 16. Egger, lecture à l'Acad. des inscr., séances du 21 octobre 1870 et du 21 avril 1871.

[2] Voir la description du caveau chrétien du VII° siècle, découvert par M. Thomson en 1854, dans Dietrich, *Zwei sid. Inschr.* p. 11 et suiv.

pées pour enterrer leurs morts. Une des recommandations les plus fréquentes dans les inscriptions funéraires, celles de l'Asie Mineure, par exemple, est de ne pas déposer un autre mort dans le caveau[1]. Eschmounazar, dans son inscription, se montre préoccupé de craintes du même genre[2]. Nous verrons bientôt la porte monumentale d'un caveau employée à faire des cloisons de *loculi* dans ce même caveau.

Ce qui frappe, en entrant dans tous ces caveaux, c'est le spectacle de la dévastation dont ils ont été l'objet. Pas un sarcophage qui n'ait été violé; quand l'enlèvement du couvercle a été trop difficile, on a pratiqué un trou à l'extrémité, et les objets de l'intérieur ont été ramenés sous la main du voleur au moyen d'un crochet. Souvent les objets dédaignés par le spoliateur se retrouvent près du sarcophage; souvent aussi d'heureuses négligences nous permettent de glaner après lui. Les sarcophages eux-mêmes n'ont pas été épargnés; car, indépendamment des effractions barbares dont je parlais tout à l'heure, la nécropole de Sidon a été durant des siècles une carrière de marbres précieux. L'empressement avec lequel les marbres qui en sortent de nos jours sont recherchés par les indigènes, montre dans quelle proportion ce genre de destruction a dû s'exercer autrefois. On sait que la τυμβωρυχία, ou violation des sépultures, était un crime qualifié de l'antiquité[3]. A l'époque de l'établissement définitif du christianisme, des pays entiers vécurent presque de la spoliation des anciens morts[4]. Ce mal était depuis longtemps invétéré en Orient[5]; il était,

---

[1] *Corpus inscr. gr.* n°⁸ 916, 919 a, 989, 990, 1926, 1933, 2664, 4253, 4259, 4292, 4299, 4303, 4380 s, 4380 r.

[2] Notez ἐν μνήματι λαξευτῷ, οὗ οὐκ ἦν οὐδεὶς οὔπω κείμενος. (Luc. xxiii, 53.)

[3] *Corpus inscr. gr.* n°⁸ 2688, 2690, 4366 (Cf Orelli, *Inscr. lat.* n°⁸ 4789 et suiv.)

[4] Par exemple la Cappadoce. (Voir Texier, *Asie Mineure*, p. 515.)

[5] Aujourd'hui encore toute la population chrétienne de Tortose (8 à 900 Grecs orthodoxes) n'a d'autre moyen d'existence que les fouilles qu'elle pratique sur la côte en face de Ruad et à Amrit. Ils arrachent du sol les pierres des sépultures antiques, les fondations des monuments; puis les marins de Ruad vont vendre de compte à demi le produit de ces travaux, qui servent de matériaux de construction dans les villes de la côte de Syrie. Quelques habitants, plus riches et mieux posés que les simples ouvriers, achètent à ces derniers les bijoux, les statues et les autres antiquités qui se rencontrent dans les tombeaux, et en font l'objet d'un commerce assez lucratif.

surtout en Égypte, la conséquence des richesses déposées dans les tombeaux[1].

Nul doute que les caveaux rectangulaires à puits (c'est-à-dire sans escalier) ne soient les plus anciens. La disposition du puits, la façon dont il s'ouvre latéralement sur les chambres sépulcrales, sont tout égyptiennes. C'est là que l'idée de la sépulture antique apparaît dans toute sa grandeur. Nulle ostentation, nul souci du passant, unique préoccupation d'honorer le mort comme s'il vivait encore. Les lignes constamment horizontales et l'absence de toute influence grecque ou romaine, la simplicité extrême du plan, la grande profondeur de ces excavations qui ferait supposer que la couche de terre végétale dont le rocher est maintenant couvert n'existait pas, quand elles furent taillées, le peu de souci des petits détails et de tout ce qui tient à la commodité, enfin, par-dessus tout, la façon rigoureuse dont ces sépultures répondent aux images bibliques, sont autant de traits qui établissent d'une manière décisive la priorité desdits caveaux. Le puits où l'on descendait le cadavre, et dont la bouche béante semblait toujours appeler de nouvelles proies, est cette gueule du *scheol* (*os putei*) qui avait donné lieu à l'image usitée chez les Hébreux pour signifier la mort : « La bouche du puits l'a dévoré[2]. » Les caveaux rectangulaires sont pour nous bien décidément les caveaux phéniciens, antérieurs à Alexandre, ou certainement du moins à la conquête romaine et au changement total de mœurs que cette conquête amena dans le pays.

On se demande parfois si la nécropole de Saïda ne renferme pas des sépultures encore plus anciennes. A certains endroits, en effet, et en particulier près du site du tombeau d'Eschmunazar, se remarquent des puits beaucoup plus étroits que ceux qui donnent accès aux caveaux

---

[1] Maspero, Mémoire lu à l'Académie des inscriptions, les 8 et 15 octobre 1869.

[2] Ps. LX, 24; LXIX, 16. Comparez les passages où le *scheol* est présenté comme dévorant, insatiable (Ps. I, 12; XXX, 16; Is. V, 14). L'idée des *laquei* du *scheol* (Ps. XVIII, 6; II Sam. XXII, 6) vient aussi de ces ouvertures de fosses béantes, que rien ne décèle au-dessus du sol et où l'on tombe inopinément.

rectangulaires. Le fond de ces puits est rempli d'eau. Dans notre première campagne de fouilles, nous ne pûmes réussir à les dessécher. Il est remarquable que ces puits n'offrent pas les entailles pour monter et descendre qu'on rencontre dans les puits servant d'ouverture à des caveaux. Il n'était donc pas probable *a priori* qu'ils conduisissent, ainsi qu'on l'avait supposé, à des caveaux encore plus profonds. Notre seconde campagne de fouilles a rendu cette supposition impossible. D'autres puits du même genre ont été découverts par M. Gaillardot. C'étaient des puits pour avoir de l'eau, sans doute en vue des ablutions; l'archéologie n'aura pas à s'y égarer.

Les sarcophages que l'on trouve dans les trois espèces de caveaux dont nous venons de parler, ne diffèrent pas moins entre eux que les caveaux eux-mêmes. Ils n'ont qu'une seule chose en commun, c'est que tous supposent l'usage de la sépulture et non de l'incinération [1]. Les caveaux cintrés offrent des sarcophages en terre cuite, ou des cuves ornées de guirlandes, à couvercle arrondi, ou simplement de grands trous carrés, creusés dans le sol même de la grotte ou des niches latérales. Les caveaux peints renferment uniquement des sarcophages en forme de cuve, avec couvercle arrondi, ornés de riches sculptures toutes du même genre. Des têtes de lion ou de panthère, d'un beau style, soutiennent des guirlandes massives et un peu chargées. Des masques et des guirlandes décorent les extrémités. Bien que de tels monuments n'aient pas de droits stricts à s'appeler phéniciens, comme ils sont empreints d'un goût fortement provincial, j'en ai rapporté deux spécimens en très-belle brèche, qui sont maintenant au Louvre, au pied du grand escalier (pl. LXI) [2]. Les caveaux rectangulaires, enfin, offrent, et offrent seuls, un genre de

---

[1] Voir cependant ci-après (p. 263, 264), le journal de M. Gaillardot, au 15 avril 1862.

[2] Les chambres 6 et 7 du caveau III (celui qui est représenté dans notre planche XLVI) contiennent des fragments de deux sarcophages brisés, en brèche calcaire, analogues à ceux de notre planche LXI. Dans l'un, la guirlande est de feuilles de laurier; dans l'autre, elle n'est qu'épannelée. Les anneaux s'attachent à des gueules de lion (dessins de M. Gaillardot).

sarcophages absolument à part; je veux parler de ces grands sarcophages en marbre, à gaîne et à têtes sculptées, que je propose d'appeler, d'après Hérodote[1], *anthropoïdes*, et qui sont en quelque sorte le produit spécial de la nécropole de Saïda. Nul doute que tous ces caveaux n'en fussent remplis autrefois; les débris s'en retrouvent de tous les côtés; mais telle est l'avidité avec laquelle, à une époque inconnue, ces beaux blocs de marbre ont été exploités, que les seuls exemplaires qui soient venus jusqu'à nous sont ceux qui, cachés dans des angles ou dans des caveaux détournés, ont échappé à l'attention des spoliateurs.

Ces distractions ont été heureusement assez nombreuses dans le champ que nous avons fouillé. Six nouveaux sarcophages anthropoïdes (pl. LIX), et les fragments de deux ou trois autres (sans parler de celui de la caverne d'Apollon) ont été le fruit de nos recherches[2]. Joints à ceux que possède déjà le musée du Louvre, ils forment une série lumineuse qui permet d'établir entre eux une chronologie relative, et qui jette sur l'histoire de l'art phénicien un jour décisif.

Des siècles, en effet, ont dû séparer le plus archaïque de ces monuments du plus moderne. Le plus archaïque est, selon moi, une gaîne aux formes courtes et aplaties, une vraie momie de marbre (pl. LIX, la dernière à droite), où l'on croit, par moments, voir encore sourire une bonne figure juive de nos jours. Le plus moderne est une tête d'homme presque en ronde bosse, où l'influence grecque est incontestable (pl. LIX, la 1re à gauche). Entre ces deux extrêmes, nos huit têtes offrent une série non interrompue de transitions. La perfection est pour nous réunie dans une forte tête d'homme, tête pleine de grandeur et de calme (pl. LIX, celle du milieu, rang du bas), où est évité le défaut essentiel d'une telle sculpture, le manque d'expression. L'état de conservation des six grands sarcophages anthropoïdes qui n'ont pas été remarqués des spoliateurs est quelque chose de surprenant. Avec les nombreux débris de marbre

---

[1] Ξύλινον τύπον ἀνθρωποειδέα, dit-il en parlant des momies (II, LXXXVI, 5). — [2] Voir le plan, pl. LXII.

recueillis à l'entour, nous avons réussi à reconstituer le contour d'une tête qui a dû être martelée à dessein. Ces fragments sont au Louvre. C'eût été, je crois, la plus frappante, si le hasard lui avait permis de venir jusqu'à nous. Elle rappelle le sarcophage de Saïda (caveau XXVIII), que le Louvre possédait avant notre mission, et dont la grosse tête, coiffée à l'égyptienne, est si saisissante. Une grosse poitrine, que nous avons rapportée au Louvre, est d'un style très-particulier. Le thorax y est très-bombé, et la mamelle est fortement accusée. Enfin, j'ai rapporté également une cuve (pl. LX, 2), sans couvercle, qui est celle où l'on a visé avec le plus de fidélité à reproduire les nervures extérieures d'une momie, et qui offre une grande analogie avec la caisse du sarcophage à bras dont nous avons parlé ci-dessus. La façon dont le récipient de la tête est, dans cette cuve, évidé en capuchon, et les courbures latérales qui suppriment presque l'assise de la caisse, porteraient à croire que cette cuve, comme les momies égyptiennes[1], put être tenue debout et appliquée contre un mur. Ce serait là, en Phénicie, un cas exceptionnel.

C'est à l'archéologie égyptienne qu'il faut demander la clef de ces singuliers monuments. Les sarcophages anthropoïdes étant imités de l'Égypte, il convient de rechercher à quelle classe chronologique des sarcophages égyptiens ils répondent. Or, si nous commençons par le sarcophage d'Eschmounazar, nous avons, si j'ose le dire, son frère, sauf des détails insignifiants, en Égypte, dans le grand puits qui est près de la grande pyramide; le sarcophage qu'on découvrit dans ce puits, engagé dans une énorme cuve fermée d'un couvercle, est le tombeau d'un prêtre du temps d'Apriès[2]. Trois autres sarcophages du même genre furent trouvés près de là[3]. Le musée de Leyde possède également un tombeau du temps

---

[1] Ἱστάντες ὀρθὸν πρὸς τοῖχον. (Hérod. II, LXXXVI, 5.) M. Mariette me dit cependant que jamais les momies ni les caisses qui les contenaient n'étaient placées debout contre les murs; toujours elles étaient couchées sur le sol. La cuve du sarcophage sidonien que le Louvre possédait avant notre mission offre des ondulations; mais la tête n'est pas en encorbellement. Sûrement ce sarcophage était destiné à reposer horizontalement.

[2] Howard Vyse, *Pyramides de Gizeh*, t. II, p. 132.

[3] De Luynes, *Mémoire sur le sarcophage d'Esmunazar*, p. 62.

de Psammétique, qui ressemble beaucoup à celui du roi de Sidon. M. Mariette en a trouvé un tout semblable à Sakkara[1]. Ces synchronismes placeraient le sarcophage d'Eschmounazar au vi[e] siècle ou sous les Achéménides[2]. M. Mariette se prononce pour cette dernière date[3].

Les analogues de nos sarcophages anthropoïdes de marbre se trouvent fréquemment aussi en Égypte, et d'ordinaire ils sont peu antérieurs à Alexandre. Je citerai comme exemples les couvercles de sarcophage en pierre calcaire qu'on voit au Caire, près du musée de Boulaq[4], et dans

---

[1] Nul doute que le sarcophage d'Eschmounazar n'ait été apporté tout taillé d'Égypte. La pierre dont il est fait est d'Égypte, non de Syrie.

[2] La langue et le style de l'inscription d'Eschmounazar rappellent Ézéchiel. Ce qui est dit de l'ארן מלכים ne se comprend guère que sous les Achéménides. Tabnith paraît être le correspondant phénicien du nom de Τεννής; cependant le Tabnith de l'inscription ne peut être le Τεννής du temps d'Ochus, comme on l'a supposé. Ce Tennès n'était pas de race royale; en outre, il n'y a pas place parmi les rois sidoniens du ive siècle pour deux Eschmounazar. (V. de Luynes, *Mém.* p. 49-50; Bœckh, sur le n° 87 du *Corpus*.)

[3] M. Mariette veut bien me remettre à ce sujet la note ci-jointe: «L'usage des sarcophages anthropoïdes est commun, en Égypte, à toutes les époques de la monarchie. Cependant, suivant les temps et même les lieux, divers changements ont été introduits. En ce qui regarde les sarcophages anthrophoïdes du type Eschmounazar, je ferai observer, 1° que les sarcophages de la pierre noire ou verte improprement appelée *basalte* ne remontent pas plus haut que la xxvie dynastie; 2° que les sarcophages du type Eschmounazar ne sont pas plus anciens que cette même famille royale. Sous les Ramsès, on trouve des sarcophages du type Eschmounazar, mais ils sont en granit rose. Ils ont la coiffure ronde. Les mains sont apparentes et tiennent un *Tat*. Un tablier à plis serrés tombe sur la poitrine et couvre les jambes presque sur les pieds. J'ai traité de l'âge relatif des sarcophages dans l'*Avant-propos* du catalogue du musée de Boulaq. Voyez principalement p. 44 de la 3e édition. Je connais des sarcophages du type Eschmounazar:

À Saqqarah.	xxvie dynastie	2
	xxv[e]	3
Aux Pyramides.	xxvi[e]	1
	xxv[e]	1
À Saïs.	xxvi[e]	1
À Tell-Tmei (Thmuis).	xxx[e]	1
À Sân.	xxvi[e]	1

«Tous sont en basalte. Le sarcophage porté par le duc de Leuchtenberg à Saint-Pétersbourg est un calcaire compacte. Je n'ai jamais vu de sarcophage du type Eschmounazar dans la haute Égypte. Je ne connais pas non plus de sarcophage du type Eschmounazar du temps des Grecs. Sous les Grecs, les sarcophages anthropoïdes ont les dimensions des sarcophages sidoniens que j'ai vus au Louvre. Ils sont en basalte, en granit noir, plus souvent en bois. Quand ils sont en bois, ils ne portent que très-exceptionnellement des traces de couleur. Les carrières de basalte (improprement dit) d'où est sorti le sarcophage d'Eschmounazar sont dans la vallée de Hammamat, sur la route de Quéneh à Kosseir. Ces carrières ne commencèrent à être exploitées que vers la fin de la xxvie dynastie; on y trouve les proscynèmes d'eunuques et fonctionnaires persans (xxviie dynastie). Les ornements de l'épaule, l'adaptation du couvercle à la cuve dans le sarcophage du roi de Sidon appartiennent aussi à l'art saïte. La partie du couvercle où est l'inscription phénicienne a dû être autrefois couverte d'hiéroglyphes, qui ont été effacés et ont laissé un méplat déprimé.»

[4] M. Gaillardot m'écrivait à la date du 29 janvier 1870: «J'ai parcouru le musée de Boulaq et les magasins; il y a un point par lequel nos sarcophages diffèrent de ceux de l'époque saïte (une vingtaine de boîtes en marbre blanc, dans la cour du magasin). Les sarcophages de Phénicie sont des auges hautes

les cours du musée, des caisses et des couvercles de sarcophages en bois, trouvés à Sakkarah[1], lesquels sont de l'époque perse et de l'époque grecque. Dans les fours latéraux du puits voisin du Serapéum, on trouve aussi des sarcophages analogues aux nôtres. Or ce puits renferme des sépultures de l'époque saïte et dont quelques-unes peuvent descendre jusqu'à l'âge des Ptolémées. Je citerai encore, au musée de Leyde, un sarcophage en terre cuite (M, 70). Il suffit, du reste, de parcourir notre musée du Louvre. Le type des sarcophages anthropoïdes phéniciens, où le chevet a une sorte de prolongement cylindrique portant la tête, se retrouve dans des momies égyptiennes de notre collection. Les sarcophages sidoniens classiques sont ainsi contemporains de la dernière mode égyptienne. On sait qu'à partir de Psammétique les relations politiques des deux pays furent continues[2]. Quant au changement capital que les Phéniciens introduisirent dans ce genre de cercueils en substituant la pierre au bois, il était la conséquence de la différence de climat de l'Égypte et de la Phénicie, et aussi de la différence des mœurs. Rien ne prouve que les Phéniciens aient gardé leurs momies à la surface du sol, ni dans leurs maisons; toutes étaient déposées dans des hypogées, que les pluies abondantes qui tombent sur la côte de Syrie, pendant l'hiver, rendent fort humides. Des cercueils de bois, dans de pareilles conditions, eussent très-peu résisté.

Beaucoup de sarcophages du genre de ceux que nous décrivons offrent des traces de peinture[3]. Trois des nôtres, n°s 1, 3, 4 (pl. LIX), en particulier notre n° 1, portaient aux cheveux et à la tête des traces très-visibles

et profondes; ceux de l'Égypte ne sont autre chose que des boîtes à momies sculptées dans la pierre au lieu d'être construites en bois ou en carton. La différence est peut-être encore plus marquée que je ne l'ai indiqué ici.» (Ces sarcophages aplatis et en forme de boîtes étaient destinés à être placés dans une autre caisse en pierre, granit ou basalte, analogue à celle d'Eschmounazar ou aux plus anciens. Observation de M. Mariette).

[1] Indications de M. Mariette.
[2] Voir les observations excellentes de M. de Longpérier sur le premier sarcophage de ce genre qui fut connu, *Athenæum français*, 1854, p. 226-227; *Journal asiatique*, oct.-nov. 1855, p. 420-421, 422-423, 424. Voir aussi de Vogüé, *Journal d'un voy.* p. 64, et di Giovanni, *Bullettino* de Palerme, I, p. 4; de Luynes, *Sarcoph. d'Esm.* p. 45 et suiv.
[3] Voir Longpérier, dans l'*Athenæum français*, 1854, p. 227; *Bullettino* de Palerme, l. c. p. 3.

de couleur rouge. Dans le numéro 1, les cheveux et le blanc des yeux sont encore tout à fait rouges. Dans les autres, les cheveux offrent des traces de rouge. Une circonstance, d'ailleurs, est funeste à l'observation de cette particularité, c'est l'empressement déplorable que mettent les indigènes, quand ils trouvent ces monuments, à les laver. Malgré nos précautions, nous ne pûmes empêcher des malheurs à cet égard. Les taches de polychromie étaient sensibles notamment sur le sarcophage découvert près de Palerme en 1725. Le mémoire de Michele del Giudice, conservé à la bibliothèque de Palerme, et la représentation curieuse, quoique très-imparfaite, donnée par d'Orville [1], nous montrent que la caisse de ce sarcophage était couverte de peintures, formant des espèces de panneaux. Les cheveux, la figure, les mains, les habits de la statue couchée, teignirent fortement les mains des personnes qui la touchèrent pour la première fois. Il ne faudrait pas, bien entendu, conclure de là une époque postérieure à l'introduction des modes grecques en Syrie. La polychromie a été adoptée par les Grecs quand ils ont reçu l'art des Orientaux, et non inventée par les Grecs [2]. C'était là un reste de tradition qu'ils gardaient et qui était médiocrement en rapport avec le principe abstrait de leur art. Tout le vieil art asiatique est polychrome. Une école jeune et vivante part souvent d'une école en décadence, mais presque toujours alors l'école nouvelle garde quelque signe spécial de cette décadence, quelque marque originelle, à peu près comme la France de la fin du xvie siècle et du commencement du xviie prit des écoliers de la décadence italienne pour des maîtres et des points de départ. La polychromie peut ainsi être considérée comme une sorte de *nævus* d'un art ancien, que l'art jeune sorti de cet art ancien n'osa abolir.

A quelle époque rapporter au moins les termes extrêmes de la série des sarcophages anthropoïdes? Écartons d'abord jusqu'à la pensée de l'époque

---

[1] Voir ci-dessus, p. 404; *Bullettino* de Palerme, p. 3; d'Orville, *Sicula*, I, pl. B, à la p. 43.

[2] M. Mariette m'a assuré que jamais il n'avait rencontré en Égypte de sarcophage en pierre portant des couleurs. Cette pratique paraîtrait donc se rapporter à l'art de l'Assyrie plutôt qu'à celui de l'Égypte.

romaine ou des derniers temps des Séleucides. Des monuments aussi frappants d'originalité ne sauraient être le fruit d'une époque d'imitation servile des formes grecques. Le monument de Diotime prouve qu'au IIIe siècle l'art des Sidoniens était purement grec. D'ailleurs les caveaux où l'on trouve les sarcophages anthropoïdes sont notoirement antérieurs aux Séleucides. Écartons, d'un autre côté, la supposition d'une trop haute antiquité, même pour les plus archaïques. La Syrie n'a pas de marbres, du moins de l'espèce de ceux qui nous occupent; or l'emploi des matériaux importés est en pareille circonstance le signe d'un âge relativement moderne.

Le style de ces monuments amène la même conclusion. L'influence de l'Égypte y est évidente. Leur forme n'a pas sa raison d'être en elle-même; elle ne s'explique que par l'idée de donner au couvercle du tombeau l'apparence du cercueil d'une momie. N'oublions pas que, pour se faire une idée juste des sarcophages sidoniens, il faut se les représenter peints comme des cercueils de momies. Les cercueils anthropoïdes de momies sont en bois; ils ne sont qu'une sorte de chemise de planches, peinte et dorée, du cadavre embaumé. Une telle idée est faussée si on fait un pareil cercueil en pierre[1]; mais quand un peuple emprunte un type à un autre peuple, sans lui prendre ses mœurs, il commet toujours de ces contre-sens. Les sarcophages anthropoïdes de Sidon se présentent ainsi à nous comme l'imitation peu logique de quelque chose d'étranger; c'est un art qui ne s'explique que par le dehors. Rien de plus caractéristique à cet égard que l'étude du petit bourrelet ou escabeau qui est aux pieds de la gaîne. Cet escabeau avait toute sa raison d'être dans les momies, lesquelles étaient destinées à être tenues debout[2]. Il n'était plus justifié dans des gaînes destinées à être toujours couchées horizontalement[3]. Dans les sarcophages anthropoïdes du genre de ceux de Palerme

---

[1] Il est vrai que l'Égypte a aussi des cercueils de momie en pierre. (Voir note 4, p. 414-415.)

[2] Hérod. II, LXXXVI, 5; Diod. Sic. I, XCII, 6; Silius Italicus, XIII, vers 475 et suiv. Comparez le sarcophage en terre cuite du musée de Leyde, M, 70.

[3] *Bullettino* de Palerme, p. 3, 8. Les bouts de le-

et du nôtre qui leur ressemble, l'escabeau est admissible encore, puisque la gaîne a des pieds. Dans nos sarcophages ordinaires, on le conserve par tradition, jusqu'à ce qu'il arrive, comme dans notre n° 1, à n'être plus qu'un rebord dénué de tout caractère.

Nos sarcophages marquent donc les échelons divers d'un type sépulcral, dont le point de départ est le cercueil de la momie égyptienne, et le point d'arrivée la statue grecque en ronde-bosse, couchée sur le tombeau. Sont-ils tous postérieurs au sarcophage d'Eschmounazar? on ne peut l'affirmer, puisque le sarcophage de ce roi de Sidon est une exception, un objet importé de l'Égypte, en dehors des séries. Quoi qu'il en soit, tous sont antérieurs au triomphe définitif de l'art grec en Orient, triomphe qui fut probablement le signal de leur désuétude. Dans celui de tous que je regarde comme le plus moderne (pl. LIX, n° 1), la tête a tant de saillie et est tellement détachée de la gaîne, qu'on n'est plus qu'à un pas de la statue couchée. Cette belle tête rappelle l'Apollon de l'époque des Séleucides par la chevelure et le crobyle du front. Dans un autre (pl. LIX, n° 2), à peu près contemporain, le profil offre quelque chose de l'idéal grec; dans les deux dont je viens de parler, la jonction de la tête à la gaîne se fait de la manière la plus maladroite, et les courbes du chevet sont tout à fait de mauvais goût. Dans le n° 1 surtout, la platitude de la gaîne, sa forme rectangulaire, montrent que tout souvenir de l'origine de ces monuments était perdu. C'est la décadence du genre. Au lieu de la simple donnée primitive, toute hiératique, on aspire à une sorte de vraisemblance, on veut faire des têtes vivantes; on se met en contradiction avec la loi du genre, et l'on tombe dans la gaucherie.

La considération des cuves mène au même résultat. Dans les plus anciens sarcophages de ce genre, la cuve imite toutes les courbes en quelque sorte organiques de la momie. Puis, le sentiment de l'origine se

vier laissés aux couvercles ne permettent pas de douter que l'assise ne fût horizontale. La forme des caveaux ne laisse d'ailleurs à cet égard aucune hésitation.

perdant, la cuve devient une simple auge sans nervures; puis elle s'augmente d'une sorte de cylindre au chevet pour soutenir la tête; puis, dans les sarcophages tout à fait modernes (pl. LIX, n°ˢ 1 et 2), la caisse, au chevet, prend les formes de fantaisie exigées par les déformations que le couvercle a subies; dans le reste de sa longueur, elle est carrée comme une caisse. De toutes manières, on voit un type logique et organique à l'origine qui, par les dégénérescences successives de la mode, devient, malgré le soin qu'on donne à la beauté des têtes, quelque chose de dénué de raison.

Pour classer nos sarcophages par rang d'ancienneté, nous donnerions donc la première place à ceux où nulle ligne du cou n'est indiquée, comme notre n° 6; la deuxième place à ceux où la tête commence à se dégager, comme dans notre n° 5; la troisième place à ceux où la tête est dégagée et où la cuve a une sorte de petit prolongement absidial pour la soutenir, comme dans nos n°ˢ 3 et 4; la cinquième place à ceux où le cou est détaché et projeté sur un fond de cuve à courbes de violon, comme dans notre n° 2; la sixième place à ceux qui présentent la même particularité et qui, de plus, offrent les formes plates et carrées du n° 1. Notre n° 6 serait de l'âge des monuments grecs les plus archaïques; nos n°ˢ 3, 4[1], 5 seraient contemporains de l'âge classique de la sculpture grecque; les n°ˢ 1 et 2 seraient du temps de Lysippe et des successeurs d'Alexandre. Quant aux sarcophages où les bras, les pieds, les vêtements sont sculptés, ce n'est pas là pour nous une affaire de date. Nous croyons qu'à toutes les époques on fit des sarcophages anthropoïdes dans les deux systèmes, et que c'est à la forme de la cuve qu'il faut demander des *criterium* pour la classification de nos monuments. Par la forme de la caisse, les sarcophages de Palerme, et celui des nôtres qui leur ressemble, appartiendraient à la troisième catégorie. Ajoutons que le fait, pour de tels sarcophages, d'avoir été trouvés à Palerme, écarte l'hypothèse d'une trop haute anti-

---

[1] Notez le beau et simple bandeau sur les cheveux du n° 4.

quité, puisque l'établissement des Phéniciens à Palerme ne peut guère remonter au delà du viii siècle avant J. C. Leur style, essentiellement asiatique, me les fait croire cependant antérieurs à l'influence de l'art grec, et je m'étonne que M. d'Ondes Reggio ait pu songer à les placer après Alexandre. M. di Giovanni se contentait d'y voir une influence générale de l'art grec; mais cette induction venait chez lui de la fausse idée qu'on avait, à l'époque où il écrivait, de la prétendue grossièreté de l'art phénicien, qu'on jugeait par les ridicules idoles de Sardaigne et le temple de Gozzo. Je placerais volontiers les sarcophages de Palerme et celui des nôtres qui leur ressemble, au vii° siècle avant J. C. L'art grec, à partir du vi° siècle, dut être dominant en Sicile et dut chasser ce vieil art phénicien. Je pense, d'ailleurs, que les deux sarcophages de Palerme ont été apportés tout sculptés de Phénicie. M. de Longpérier croit qu'en général nos sarcophages appartiennent à une époque antérieure à la domination des Grecs en Asie. Quant à celui de nos sarcophages qui a des bras, il y trouve des lignes anatomiques analogues à celles d'un bas-relief (placé à côté de lui dans le musée) représentant le roi Sardanapale III, bas-relief recueilli dans le palais de Nimroud, et remontant, dit-on, au ix° siècle[1]. Le lieu où il a été trouvé prouve, du reste, qu'il est plus ancien qu'Eschmounazar; car on ne put guère songer à épauler la chambre sépulcrale dudit roi à la paroi extérieure de la caverne que quand l'intérieur de celle-ci fut rempli.

Entre les deux sarcophages de Palerme, le plus ancien, selon M. d'Ondes Reggio, est celui où le vêtement est complet; celui qui n'a, comme le nôtre, qu'une indication de draperie au-dessus de l'épaule, rappelle les médailles de Solonte et de Palerme, et paraît avoir subi l'influence grecque. Cela indiquerait que la progression de ces monuments fut d'un réalisme complet à des formes de plus en plus convenues, et placerait en tête, 1° le n° 2 de Palerme; 2° le n° 1 de Palerme et celui des nôtres

---

[1] *Comptes rendus de l'Acad. des inscr.* 1864, p. 206.

qui a des bras; 3° les gaînes sans bras, ni pieds, ni vêtements. Mais nous croyons qu'une telle classification serait hasardée. Tenons pour fixe, en effet, ce principe que les sarcophages anthropoïdes sidoniens sont des copies en marbre de cercueils de momies égyptiennes. Or, en Égypte, l'indication des bras est postérieure à la forme lisse [1]. Il est donc infiniment probable qu'en Phénicie les bras sont aussi un développement ultérieur, et qu'avant les sarcophages anthropoïdes à bras, il y eut des sarcophages anthropoïdes du style de notre n° 6. On n'en vint à représenter au naturel les bras, les pieds, les vêtements, qu'en s'éloignant peu à peu du style égyptien.

Nos sarcophages nous offrent donc, selon moi, des produits de l'art phénicien à ses époques les plus diverses, depuis l'an 800 ou 900 avant J. C. jusqu'à l'an 200 avant J. C. à peu près. Ils appartiennent pour la plupart à l'époque moyenne de l'art phénicien, c'est-à-dire à cette longue période qui s'étend de la fin de la domination assyrienne aux Séleucides. Ce fut pour la Phénicie une époque plus brillante, en un sens, que sa période autonome. Maîtres de toute la marine de la Perse, les Phéniciens arrivèrent alors à un degré de richesse surprenant. Ce fut aussi l'époque où l'imitation de l'Égypte fut le plus en vogue. Plusieurs fois nous avons trouvé, à l'intérieur ou à côté des sarcophages anthropoïdes, les restes des toiles qui avaient servi à l'embaumement du cadavre[2]; nous avons pu constater ainsi que le corps était traité à l'intérieur du sarcophage selon les pratiques égyptiennes[3]. En général, toute la taricheutique phénicienne paraît avoir été identique à celle des Égyptiens, seulement plus simple. L'usage égyptien de mettre des feuilles d'or à toutes les ouvertures du corps, surtout aux yeux, paraît avoir été général dans toute la Phénicie

---

[1] «xviii⁰ dynastie : forme massive et taillée en caisse de momie; les mains, engagées dans les langes, ne sont pas même indiquées par un renflement de la pierre. — xix⁰ et xx⁰ dynastie : le défunt est maintenant couché sur la tombe;.. les mains sont libres et portent divers emblèmes.» (Mariette, Notice du musée de Boulaq, 2⁰ édit. p. 43.)

[2] Nous les avons rapportées au musée du Louvre.

[3] V. Longpérier, dans l'*Athen.franç.* 1854, p. 227; *Bullettino* de Palerme, I, p. 3.

pour les sépultures riches[1]. Les masques d'or des momies égyptiennes se retrouvent aussi en Phénicie. Enfin, diverses particularités que nous avons mentionnées à propos de nos trouvailles d'Amrit (ci-dessus, p. 78), prouvent que le plâtre coulé sur le mort, préalablement entouré de linges, était d'un usage fréquent dans ces sépultures, comme dans la confection des momies égyptiennes.

D'autres décideront s'il ne faut pas chercher dans les procédés de nos sculptures sidoniennes quelque analogie avec les dernières sculptures de Ninive et celles de Persépolis. En tout cas, le genre auquel elles appartiennent disparut vers le temps d'Alexandre, en se soumettant aux exigences de l'art grec, qui en étaient la destruction.

Prenons le plan de la nécropole (pl. LXII), et recherchons-y, en suivant les indications de M. Gaillardot, les places des sarcophages dont nous venons de parler. Le sarcophage anthropoïde à bras se voit seul en la *Moghâret-Abloun*; nul doute que cette grotte ne fût autrefois pleine de tels sarcophages ce qui, mieux encore que le voisinage d'Eschmounazar, prouve son ancienneté. Les six sarcophages anthropoïdes intacts, découverts par la mission, proviennent de deux caveaux voisins (XI et XXI) de la région du sud-est. Deux sarcophages du même genre ont été trouvés, avant la mission, dans le caveau XXVIII. Nul doute, on le voit, que le terrain de MM. Clat et Hasirâne, qui fait angle entre les deux sections que nous avons fouillées, et qui n'a jamais été touché, ne doive fournir de pareils monuments à ceux qui prendront pour tâche de l'explorer. Les *thecæ* carrées se retrouvent toujours en compagnie des sarcophages anthropoïdes, souvent dans la même chambre. Quant aux sarcophages à guirlandes, ils sont propres aux caveaux XVIII, III, les plus récents de tous. Un fait saillant est qu'on n'a jamais trouvé de sarcophage anthropoïde que dans des caveaux à puits rectangulaires sans escalier, ce qui

---

[1] Surtout à Amrit. Ces sortes de lunettes en feuilles d'or ne sont pas rares parmi les antiquités phéniciennes.

prouve l'ancienneté de ces sarcophages, ces puits ayant la plus grande conformité avec l'entrée des grandes hypogées de l'Égypte.

Prenons un même caveau et comparons les divers sarcophages anthropoïdes qui y ont été trouvés. Le caveau xi présenta les quatre sarcophages qui, dans notre planche LIX, occupent les quatre angles. La chambre 1 contenait côte à côte, sans cloison de séparation, la tête se montrant d'abord, notre n° 1 et notre n° 6; la chambre 2, qui a deux fours, contenait, tête-bêche, nos n°s 3 et 4. La chambre B du caveau xxi présenta nos n°s 2 et 5; en la chambre A fut trouvée la caisse que nous avons rapportée au Louvre (pl. LX, 2), et qui est mentionnée ci-dessus, p. 413, lignes 8 à 16, ainsi que les fragments de la grosse tête coiffée à l'égyptienne qui, très-probablement, ornait son couvercle, fragments mentionnés ci-dessus, p. 412, ligne dernière, à 413, ligne 6. Les sarcophages du caveau xxviii sont, l'un au Louvre, l'autre au Musée britannique. Il n'y a pas grand chose à conclure de là. De tels caveaux pouvaient servir durant des siècles. Personne ne soutiendra que nos n°s 2 et 5, trouvés dans le même caveau, soient de la même date. Considérez les cheveux, par exemple, dans le n° 2, grecs purs; dans le n° 5, frisés à l'assyrienne. On ne rapportera pas non plus au même temps nos n°s 1 et 6, où les cheveux sont d'un style si totalement différent; et cependant ils reposaient l'un près de l'autre.

Quant aux grandes *thecæ*, M. Gaillardot les considère comme le type de sépulture phénicienne le plus ancien. Cette opinion résulte pour lui de l'examen des objets et du crâne qu'il a retirés de la grande *theca* C du caveau xxxi[1]. Il conclut la même chose de l'examen du caveau xi. «A la place de la chambre 1, dit-il, existaient autrefois deux fours en regard des deux fours 4 et 5. En face du dernier, c'est-à-dire à droite en entrant, se trouvait une grande *theca* carrée, et dans le four voisin était le sarcophage n° 6 de la planche LIX. Ces deux sépultures sont

---

[1] Voir ci-dessous, fin du chapitre. Les objets appartiennent à M. de Vogüé; le crâne est chez M. Broca.

probablement de la même époque. Plus tard, on brisa la cloison qui séparait les deux fours; on recula contre les parois latérales la grande *theca* et le n° 6, et, dans l'intervalle que produisit cette opération, on introduisit le n° 1 de la planche LIX. »

Aux personnes qui pourraient encore garder des doutes sur le caractère strictement phénicien des sarcophages anthropoïdes, nous soumettrons une dernière considération. Où trouve-t-on ces monuments? Quatre points jusqu'ici les ont présentés; or, ces quatre points sont justement ceux où la race phénicienne a notoirement existé : 1° la Phénicie, 2° Malte, 3° la Sicile, 4° la Corse.

1° La Phénicie. On en a trouvé à Sidon, à Antaradus (voir ci-dessus, p. 45[1]), à Byblos[2], et (celui qui fut le premier acheté de M. Péretié, au Louvre) sur un autre point du Liban qu'on n'a désigné à dessein, je crois, que d'une manière contradictoire et hésitante[3]. Toutes les parties de la Phénicie, excepté Tyr, ont ainsi offert des spécimens de ces monuments. Tyr paraît se les être interdits, et c'est peut-être pour cela que Carthage, colonie tyrienne, n'en a pas encore offert un seul exemple jusqu'ici.

2° Malte. J'ai vu au musée de Malte un sarcophage en terre cuite, trouvé en 1797 à Ghar-Barca, et qui a beaucoup de ressemblance avec le sarcophage acheté de M. Péretié. On en a trouvé plusieurs autres du même genre à la nécropole de Ghar-Barca et à Gozzo[4]. Les antiquaires qui en ont parlé, ne pouvant savoir à quel degré l'art phénicien s'était rapproché de l'art égyptien, ont présenté ces monuments comme pure-

---

[1] Un des sarcophages donnés au Louvre par M. Rey a été trouvé entre Tortose et Amrit. Il paraît (renseignement venant de M. Rey et de M. Péretié) qu'on en a trouvé aussi à Taanita, près Merkab, dans le Nahr Marakié (voir Rey, *Reconn. de la montagne des Ansariés*, Paris, 1866, carte), mais qu'ils ont été brisés. M. Declercq possède des fragments de sarcophages anthropoïdes qui paraissent venir de ce côté.

[2] Au Louvre. Un de ceux qui furent donnés par M. Rey (celui qui n'a pas de cuve) a été, à ce qu'il paraît, trouvé entre Gébeil et Batroun. (Voir ci-dessus, p. 213, bas.)

[3] *Athenæum français*, l. c. «près de Beyrouth;» *Journal asiatique*, l. c. «près de Tripoli;» écriteau du Louvre : «à Tortose.»

[4] Cesare Vassallo, *Dei monumenti antichi nel gruppo di Malta* (Valletta, 1851), p. 49 et suiv.

ment égyptiens. Ils sont phéniciens en réalité et ne supposent nullement la présence de la race égyptienne dans l'île. On peut en rapprocher le sarcophage égyptien du musée de Leyde, M, 70. Les cuves de terre cuite étant très-fragiles, on s'explique qu'on n'ait découvert jusqu'ici, en Phénicie, aucun sarcophage anthropoïde de cette matière. Les masses énormes de fragments de terre cuite concassée qu'on trouve dans les nécropoles de Syrie sont sans doute les restes des objets de ce genre que les bouleversements du sol ont broyés.

3° La Sicile. (Voir ci-dessus, p. 405-406.) Les tombeaux de Palerme et de Solonte ayant leur analogue à Sidon bien plus qu'à Carthage, on peut les tenir plutôt pour phéniciens que pour carthaginois.

4° La Corse. Ce curieux résultat est dû à un jeune officier, qui rendit de grands services à notre mission, et qui depuis a trouvé, en Algérie, une mort prématurée, M. Henri Aucapitaine. M. Aucapitaine avait vu nos sarcophages à Saïda. Peu de temps après, se trouvant en Corse, il fut frappé du caractère singulier d'un monument découvert par M. Mérimée[1], près de Sagone, et désigné par celui-ci du nom de « Statue d'Apricciani. » M. Aucapitaine reconnut avec une parfaite justesse dans ce monument, jusque-là inexpliqué, un couvercle de sarcophage tout à fait semblable aux couvercles de Saïda[2].

On voit que ces monuments nous indiquent en quelque sorte la piste des colonies phéniciennes. Jamais on ne les a trouvés dans les pays où les Phéniciens n'ont pas eu de colonie. Ce sont essentiellement des monuments phéniciens[3].

Les tombeaux rectangulaires dans le roc, dont Saïda présente les plus beaux types, sont également presque partout un signe de la présence des Phéniciens : ainsi à Théra[4], à Cimolos[5]. On m'a dit qu'à Phalère, près d'Athènes, il y a des coupes perpendiculaires dans le rocher qui rappel-

---

[1] *Notes d'un voyage en Corse* (1840), p. 53 et suiv.
[2] *Revue africaine*, décembre 1862, p. 471 et suiv.
[3] Voir ci-dessus, p. 45 et suiv.
[4] Rapport de M. Fr. Lenormant, dans les *Comptes rendus de l'Acad. des Inscr.* août 1866, p. 269 et suiv.
[5] Le même, *Rev. archéol.* juillet 1866, p. 56-57.

leraient les caveaux de Saïda; je n'ai pu vérifier. Quant à la « prison de Socrate » à Athènes, j'y verrais volontiers un travail phénicien, mais non funéraire. C'est, je crois, une maison ou un magasin[1]. A Munychie, il y a aussi des silos et des travaux dans le roc, analogues à ceux qu'on voit près de la mer à Gébeil.

Tous les sarcophages anthropoïdes connus jusqu'ici, à l'exception de deux, sont en marbre. Les deux exceptions sont : 1° le sarcophage d'Eschmounazar, qui a été apporté tout taillé d'Égypte; 2° le sarcophage de Tortose (voir ci-dessus, p. 45), en lave de Safita. Le marbre de nos sarcophages ne se trouve pas en Syrie; on le faisait probablement venir des îles de la Grèce, avec lesquelles les navigateurs phéniciens eurent des rapports si anciens et si fréquents. Quant au travail de sculpture, on le faisait sur place, au moins à Sidon. Un des sarcophages anthropoïdes du Louvre (celui de Byblos) porte une lettre phénicienne sur son épaule. Si ces objets avaient été apportés tout faits en Phénicie, ils offriraient, comme le sarcophage d'Eschmounazar le type de leur point d'origine. Le fait du sarcophage de Tortose est d'ailleurs décisif.

Aucun des sarcophages anthropoïdes que nous avons découverts ne porte d'inscription, et cependant jamais surfaces ne furent en apparence aussi bien préparées pour en recevoir, que ces espaces lisses de la gaîne, où il semble, au premier coup d'œil, qu'on se soit interdit tout ornement pour laisser au graveur un champ libre. Mais on cesse d'être surpris de cette absence d'épigraphes, si l'on songe que les sarcophages anthropoïdes de Sidon étaient peints sur toute leur surface. S'ils avaient des inscriptions, elles étaient peintes comme l'inscription perpendiculaire du ventre des momies, laquelle contient d'ordinaire le nom de la personne. Il est nécessaire, d'ailleurs, de se bien rendre compte de la notion du tombeau chez les Phéniciens et de l'usage auquel ces beaux sarcophages muets étaient

---

[1] Voir Ern. Curtius, dans le XIe volume des Mémoires de la Société de Gœttingue, p. 67 et suiv. (Classe hist.-phil.)

destinés : c'étaient des cercueils de marbre, non des tombeaux. Personne ne les voyait. Enterrés dans des caves profondes, qu'on fermait avec des dalles ou qu'on remplissait de terre, ils servaient à honorer le mort ; les inscriptions y eussent été presque inutiles[1]. Si le sarcophage d'Eschmounazar fait exception, c'est que ce sarcophage, il ne faut pas l'oublier, n'a pas été trouvé dans un caveau ; il n'a jamais été peint ; il était presque en plein air et pouvait être vu des passants[2].

Les sarcophages anthropoïdes ne sont pas les seuls que l'on trouve dans les caveaux rectangulaires. On y rencontre d'autres sarcophages, tous semblables entre eux ; ce sont de vastes cuves en beau marbre blanc, avec couvercle triangulaire très-surbaissé. Ces sarcophages ne portent absolument aucun ornement. J'en ai pris cependant un exemplaire (au Louvre, 2^m,20 de longueur sur 81 centimètres de largeur). Leur taille colossale, le travail excellent du marbre, la justesse de leurs proportions, leur donnent un véritable caractère de beauté[3].

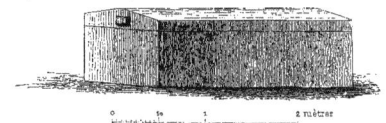

Un genre de sarcophage, enfin, qui n'est pas rare dans la nécropole de Saïda, ce sont les sarcophages en plomb, sculptés au moule. Peu avant notre arrivée, on en avait trouvé un, dont nous fîmes l'acquisition (voir pl. LX, n° 1). M. Durighello me donna le dessin d'un autre sarcophage du même genre, qui avait passé entre ses mains. Un autre

---

[1] Ceci explique pourquoi les pays hors de Phénicie où il y eut des Phéniciens offrent plus d'inscriptions phéniciennes que la Phénicie. Hors de chez eux, les Phéniciens adoptaient souvent les formes de cippes tumulaires qu'ils trouvaient en usage, et qui appelaient des inscriptions. Athènes et le Pirée ont donné jusqu'ici un nombre d'épitaphes phéniciennes supérieur à celui qu'a fourni toute la Phénicie.

[2] Le sarcophage d'Eschmounazar était exposé dans une fosse recouverte d'un édicule adossé au rocher de la *Mogháret-Abloun*. Voir nos planches LXII et LXIII.

[3] M. Gaillardot regarde ces sarcophages comme les plus anciens de tous. Il croit qu'on a fait de grosses caisses simples avant de faire des sarcophages avec des têtes et des bras. (Comp. Mariette, *Notice du Mus. de Boulaq*, p. 31, 2° édit.)

bout de sarcophage en plomb, du même genre, a été trouvé dans les terrains rapportés de la nécropole[1]. Les trois sarcophages offrent des représentations prises du mythe de Psyché[2]. Psyché y paraît toujours assise sur un escabeau, le menton appuyé sur la main, quelquefois un pied relevé sur un *hypopodion*. Le sarcophage dessiné par M. Durighello était le plus riche. Les deux bouts montraient Psyché assise sur un pliant en forme d'X. Sur l'un des côtés on voyait, encadrés de colonnades et de guirlandes, quatre sujets, dont l'un représentait encore Psyché à côté de son pliant. Dans les trois autres sujets, le personnage est unique; un seul de ces sujets (une offrande de parfums) se laisse déterminer. On peut aussi voir dans l'un d'eux une Isis sur sa barque.

Un résultat, enfin, auquel j'attachais beaucoup de prix, bien qu'il ne puisse être apprécié que de ceux qui voyagent en Orient, c'est le dégagement de la nécropole elle-même. La variété extrême des grottes est fort instructive; il n'y en a pas deux identiquement sur le même type. Nos déblayements ont été opérés de manière à laisser à découvert toutes les parties de ce curieux travail souterrain. Aucun peuple ne porta, dans les sépultures, plus de grandeur et d'originalité que les Phéniciens. Les fortes images que les poëtes hébreux tirent du *scheol*, les belles fictions d'Isaïe et d'Ézéchiel[3] pour représenter la descente aux enfers des morts illustres, trouvent dans les sépultures phéniciennes leur juste explication[4]. Peu de monuments de l'antiquité ont un aspect plus frappant que la nécropole de Saïda, et mettront plus directement en contact avec le passé. Les terrains où se trouvent ces curieux hypogées étant devenus la propriété de la France, il aurait dû suffire d'un ordre de M. le Ministre des affaires étran-

---

[1] Un dessin de ce sarcophage fait par M. Gaillardot offre une similitude extrême avec la figure 1 de la planche LX; les baguettes sont les mêmes.

[2] Sur le sens funéraire du mythe de Psyché, voir A. Conze, *De Psyches imaginibus quibusdam* (Berlin, 1855), p. 18 et suiv.; L. Ménard, dans les *Comptes rendus de l'Acad.*, 13 avril 1870.

[3] Isaïe, xiv; Ézéch., xxxii.

[4] Parmi les commentaires bibliques que fournit la nécropole de Saïda, il faut compter la mante-fantôme, *phasma* (différente de la mante prie-dieu), que je n'ai vue qu'à cet endroit. C'est là sûrement un de ces animaux bizarres que les poëtes hébreux aiment à placer dans les tombeaux. On dirait un squelette vivant, empanaché aux articulations de la manière la plus étrange.

gères à la personne chargée de la gérance des autres propriétés françaises à Saïda, pour empêcher ces terrains d'être comblés de nouveau, ainsi que cela a lieu toutes les fois que les déblayements de ce genre sont faits dans des vues d'exploitation privée. Nous avions pris à cet égard des précautions qui pouvaient paraître exagérées. Malheureusement elles n'ont pas été encore suffisantes. En 1867, de déplorables bouleversements ont été opérés dans nos fouilles. Je n'ai pas à dire ici par qui s'est produit un fait si regrettable. La manie des chercheurs de trésor, difficiles à surveiller de nuit dans un champ situé à un kilomètre de la ville, est pour quelque chose dans cette dévastation[1]. Elle n'a pas été cependant la seule cause. «A mon arrivée à la nécropole, m'écrivait M. Gaillardot, à la date du 29 septembre 1867, je reconnus qu'on avait littéralement saccagé notre terrain. Partout où il y avait une pierre, grande ou petite, taillée ou susceptible de servir à la construction, elle était arrachée; il y en avait encore plus de trois ou quatre cents accumulées en divers tas sur le terrain même. Le résultat de ce pillage, c'est que les terres qui couvraient le rocher d'Eschmounazar, n'étant plus soutenues, sont tombées tout autour, et que la fosse du roi de Sidon est à moitié comblée. Les deux pierres qui, placées à ses pieds, indiquaient qu'il y avait là un mur et une attache de voûte, n'existent plus. Les escaliers des caveaux, les entrées des puits, privés des pierres qui faisaient mur autour d'eux, sont comblés et presque nivelés. Le caveau qui a le plus souffert est celui qui est situé à l'angle sud-est. On y descendait par des escaliers; il avait deux ou trois lucarnes carrées et renfermait trois ou quatre sarcophages en pierre blanche longs et étroits. Les sarcophages ont été brisés et réduits en moellons, les pierres de l'escalier et des lucarnes enlevées, et le terrain est littéralement nivelé. On ne reconnaît plus la place du caveau que par un trou qui reste d'une des lucarnes, à travers lequel on aperçoit

---

[1] L'éboulement de la grotte peinte, n° xviii, est accidentel. Il eut lieu le 1er mai 1862, à un moment où heureusement personne n'y travaillait.

dans le fond une masse de terre qu'on y a jetée. J'oubliais de vous dire qu'en construisant le mur de séparation entre notre terrain et le leur, les....., au lieu de suivre la falaise, limite naturelle et spécifiée dans le contrat de vente, ont coupé court à travers notre terrain et pris une lisière d'au moins 2 mètres. » Il est bien regrettable que des personnes pour qui la mission avait eu les plus grands égards et de particulières condescendances, aient abusé à ce point d'une impunité qu'elles savaient leur être assurée. M. Gaillardot et moi tenons à dire que, si la nécropole de Saïda a beaucoup souffert, ce n'est pas à un défaut de précaution de notre part qu'il faut l'imputer. Nous avons pris de nouvelles mesures pour qu'à l'avenir elle soit plus respectée; mais nous n'osons garantir qu'elles seront plus efficaces.

Un grand nombre d'objets antiques sortirent, dès notre campagne de 1861, de l'exploration de la nécropole. Nous en apportâmes une partie au musée du Louvre; une autre partie fut déposée au khan. Nous mentionnerons dans le nombre une pierre (au Louvre) dont voici l'image :

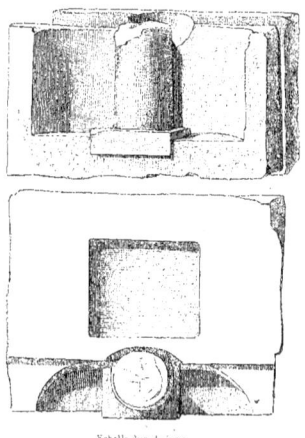

Echelle d'un dixième.

un petit antéfixe, analogue à une fleur de lis; un morceau de balustrade en grès calcaire, différent des *clathri* romains, qui sont toujours droits, *decussati*.

Parmi les terres cuites, nous mentionnerons une statuette d'Athéné, type fort ancien, diverses statuettes de l'époque grecque (pl. XXIV, 5, 6, 7, 8); une petite tête en terre cuite, très-jolie; une petite colombe votive; un petit plat (jouet d'enfant). Signalons encore un anneau d'or avec une belle pierre gravée, trouvé dans le sarcophage n° 5 :

une petite bague où personne, pas même un enfant, n'a pu passer le doigt; un ustensile de toilette en ivoire, représentant une Vénus, et d'autres objets divers de toilette; un bracelet en argent; une flûte en ivoire; divers bijoux; des colliers de cornalines; quelques armes; des verreries; une élégante garniture de coffret (pièces sculptées) en bronze; des clefs; des bracelets; une statuette en cuivre (homme lisant dans un rouleau); une statuette de comédien; de jolis bijoux d'or; filigranes mêlés de pierres précieuses; des stylets; des clous; de très-petits vases dits *lacrymatoires*, en verre bleu; une bague grotesque; un fer de flèche en bronze; une clochette en cuivre (antiquité douteuse); de petits ornements grotesques; un joli petit pied de bronze; des lampes différentes de forme et d'ornements (pl. XXIV); des poteries (pl. XXIV, 4) de formes élégantes et variées; une grande jarre de 60 centimètres de haut, trouvée dans le caveau XI[1] :

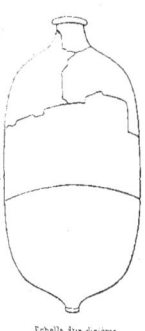

Échelle d'un dixième.

un petit vase rouge en terre très-fine et de forme très-élégante (comparez d'Orville, *Sicula*, I, pl. B, à la p. 43); la plupart des vases phéniciens de la salle asiatique (à droite en entrant); un réchaud en terre cuite (pl. XXI, 4); enfin une vingtaine de ces vases d'albâtre d'une forme si élégante et d'une si admirable exécution, qui sont un des produits les plus communs de l'art phénicien (salle asiatique; pl. XXI, 6, 9). Nous apportâmes enfin les ossements trouvés dans le sarcophage n° 6, le plus ancien de tous.

Nous trouvâmes aussi un bracelet de cuivre, à quatre médaillons, dont trois représentant saint Georges, le Christ, la Vierge, saint Joseph et l'enfant Jésus (?). Sur le fermoir l'inscription suivante :

OKAT
OIKONЄN
BOHΘIA
TOVV

Ὁ κατοικῶν ἐν βοηθείᾳ τοῦ Ὕ (ψισ῀ου) (Ps. xc, 1). (Cf. *Corpus inscr. gr.* n° 9058; Waddington, n° 2672.)

---

[1] On pourrait songer à un de ces vases funéraires, sardes ou rhodiens, où les corps étaient introduits découpés. La forme est analogue, mais notre vase est bien petit, et d'ailleurs je ne crois pas que ce mode de sépulture ait été usité dans la nécropole de Sidon.

Ces objets sont en partie exposés dans la salle asiatique du Louvre, en partie gardés dans une vitrine non encore exposée au public. J'espère qu'on les réunira un jour aux objets provenant de la seconde exploration, qui seront énumérés ci-après. Classés selon l'ordre des caveaux, ils présenteront par leur ensemble le tableau instructif de ce que fournit la nécropole de Sidon en ses diverses parties. La classification topographique, qui a fondé l'épigraphie, sera aussi le principe qui fera sortir l'archéologie de l'état de chaos où elle est. Un objet antique n'a toute sa valeur, au yeux d'une archéologie vraiment scientifique, que quand un savant l'a vu sortir de terre, et il n'y a pas d'exagération à dire que les fouilles faites par des personnes dénuées de savoir spécial sont souvent plus funestes qu'utiles; ces personnes, en effet, n'envisageant que l'objet en lui-même et sa valeur pour les amateurs, tiennent peu de compte des circonstances locales de la trouvaille, et souvent les dissimulent à dessein.

Pour la commodité des explorateurs qui continueront nos fouilles, je vais donner ici quelques extraits des lettres par lesquelles M. Gaillardot m'annonçait ses résultats. Il y a là des détails importants qui n'ont pu convenablement trouver place dans la description générale de la nécropole que nous avons essayée.

« *18 janvier 1861*. — Les recherches ont été commencées près du rocher d'Eschmounazar. J'ai fait attaquer trois points : d'abord un rocher dans lequel une chambre avait été creusée; il n'en restait plus que la partie inférieure; elle était au centre de la nécropole. Nous sommes arrivés au roc après avoir enlevé environ 2 mètres d'épaisseur de terre; demain, je vais faire déblayer une entrée cachée dans le roc, près de cette chambre. J'ai fait aussi travailler autour du petit puits; nous sommes sur le roc tout autour. Enfin, j'ai fait attaquer le sol de la *Mughâret-Abloun*; là, nous avons trouvé, à une profondeur de 2 mètres, une fosse recouverte de dalles, non ouverte : nous n'avons pas encore pu en examiner le contenu. Près de cette fosse, nous avons découvert un petit caveau effondré, d'où nous avons tiré la partie inférieure d'un couvercle de sarcophage, sur lequel on voit une main tenant un *alabastrum*.....

« *21-26 janvier*. — Toute la semaine a été tellement mauvaise, qu'il nous a été impossible de travailler en plein air; j'ai dû me borner à faire fouiller de fond en comble la grande grotte du rocher d'Eschmounazar; nous y avons trouvé plusieurs fosses appartenant à une époque probablement peu reculée : terre et ossements, voilà tout ce que nous y avons rencontré. Hier et aujourd'hui seulement, comme il n'y avait que du vent et point de pluie, nous avons pu travailler avec nos cinquante hommes au complet. J'ai fait continuer à déblayer les alentours du petit puits, dans la direction du tombeau d'Eschmounazar, puis vider une ouverture carrée creusée dans le roc et donnant passage à deux grottes incomplétement fouillées par Durighello. Enfin je fais débarrasser tout le tour du rocher, dont nous avons exploré la grotte ces jours derniers. J'ai tout lieu de croire que sous cette grotte il doit y en avoir une seconde.

« *3 mars.* — Nous sommes enfin arrivés à la fameuse grotte aux sarcophages à figure et en marbre. Avant-hier, j'ai fait travailler à une fosse commencée par Durighello avant votre arrivée[1] : elle est située au sud du puits au fond duquel étaient les grottes où Durighello a trouvé les sarcophages. Nous ne tardâmes pas à découvrir un puits taillé dans le roc, et, à l'ouest, une entrée qui nous conduisit à une grotte parfaitement taillée et ayant tous les caractères des grottes phéniciennes. Nous aperçûmes à la surface deux sarcophages en marbre de la forme simple de celui qui gît encore dans le *Beïader*, mais parfaitement conservés, et plus grands. La grotte a été remuée à une époque probablement fort ancienne; les sarcophages étaient ouverts, mais rien n'était brisé. Qu'y a-t-il au fond? A la forme du puits oblong, à la manière dont il était taillé, à sa direction, je compris qu'il y avait une autre entrée en face de la première, et je fis attaquer tout le tour de la fosse pour enlever une énorme masse de terre qui obstruait la partie de cette fosse où je présumais devoir trouver l'entrée. Au coucher du soleil elle était enlevée, et on commençait à apercevoir une porte taillée dans le roc. Il y avait une demi-heure que j'étais parti, lorsque je vis arriver Durighello, qui me crie du bas de ma maison : Vive la France, vive l'Empereur, vive M. Renan! Il entre dans ma chambre, me saute au cou, m'embrasse, sans que je puisse me débarrasser de ses étreintes. Il s'arrachait les cheveux, il pouvait à peine parler. Il n'avait pas eu la patience d'attendre, et avec Moustafa il avait ouvert la porte, il était entré dans la grotte. J'allai après dîner sur le terrain, et nous entrâmes, après avoir déblayé la porte, dans une grotte assez basse, taillée carrément, sans ciment ni crépissage. Elle renferme cinq niches[2]. Les niches 4 et 5 sont complétement vides, et il ne s'y trouve aucun sarcophage. Je ferai creuser le sol. Les niches 2 et 3 sont occupées par deux sarcophages d'une parfaite conservation, marbre blanc, à gaîne complète, comme ceux trouvés en commun dans le terrain des Abéla par Durighello, l'extrémité des pieds aussi large que celle de la tête, têtes de femme à chevelure simple, sans bandeaux ni ornements, type analogue à celui des sarcophages que je vous ai cités plus haut. En 1, il y a trois

---

[1] Il est inutile d'exposer ici un malentendu, que firent bientôt oublier les services de toutes sortes que M. Durighello rendit à la mission. E. R. — [2] Voir le plan, pl. LXII, caveau xi. — E. R.

sarcophages qui ne sont séparés par aucune cloison : le 1er, à l'est, est analogue à 2 et à 3. Le second est comme celui de la femme trouvée dernièrement par Durighello; le troisième est simple, carré, à couvercle en toit. Ils ont tous d'énormes proportions; ils me paraissent évidemment phéniciens; pas un mot, pas une lettre. Les couvercles ont été enlevés ou plutôt ont glissé de deux des caisses, au fond desquelles on aperçoit des ossements déposés sur une couche très-mince de sable; tout le sol a été fouillé, saccagé. Demain, je vais faire déblayer le sol de la grotte et les environs, pour pouvoir de suite enlever nos sarcophages. Rien de nouveau sur les autres points : la grande grotte peinte (XVIII) et la grotte voisine ne tarderont point à être déblayées. J'abandonne la pelouse verte du terrain de Pérétié, qui ne nous a menés à rien, et, selon vos instructions, lundi j'attaquerai le terrain des Abéla.

« *9 mars.* — Les quatre sarcophages à figures, et leurs caisses, sont placés au khan depuis hier soir; aujourd'hui nous allons transporter un sarcophage très-simple, de la même forme que celui des Abéla, qui gît au Beïader, mais qui est admirable par la simplicité et l'harmonie de ses proportions, aussi bien que par ses dimensions énormes[1]. Ce serait dommage de laisser enfoui sous terre, ou briser pour en faire du marbre, un aussi beau morceau : ce sera un des plus remarquables spécimens qui feront partie de votre série de tombeaux. Aussi, malgré la difficulté de l'enlever, j'ai pensé qu'il ne fallait pas se laisser épouvanter par cette difficulté, et ce soir, s'il ne nous arrive aucun accident, il prendra place dans notre musée du khan; il y restera, si vous ne voulez pas l'emporter. J'ai mis en réquisition le ban et l'arrière-ban des cordes et des poulies de Saïda pour toutes ces opérations, qui, quoique dangereuses et difficiles à cause du poids des morceaux, de la profondeur et de l'exiguïté du trou, se sont parfaitement exécutées; mais, comme je vous l'ai déjà dit, nos ateliers ont souffert, car nous avions besoin de presque tout notre monde.

« J'ai rangé ces sarcophages dans une des chambres du musée, de manière à former une série présentant les passages successifs de celui qui a le moins l'apparence phénicienne à celui qui, au contraire, paraît le plus rapproché de la momie égyptienne.

« *10 mars.* — Hier, nous avons enlevé le gros sarcophage carré. Il a fallu pour cela tous nos hommes et toute la journée. Nos cordes ont cassé, nos poutres craquaient et se sont renversées, notre chariot a aussi été entamé; mais heureusement aucun accident n'est survenu. L'énorme sarcophage est arrivé, ainsi que ceux qui l'ont arraché (c'est le mot) des entrailles de la terre, sain et sauf; il est au khan avec ses frères, qui y sont rangés. Je me réjouis de vous voir entrer dans notre salle de tombeaux et de vous y communiquer toutes les circonstances qui accompagnaient nos trouvailles.

« *12 mars.*—Il paraît, d'après ce que vous me dites, que vous irez directement avec

[1] C'est la grande *theca* carrée, à dos d'âne, déposée au Louvre.—E. R.

l'Éclaireur de Sour à Tortose; je suis sûr, de mon côté, que vous n'aurez pas le courage de passer devant Saïda sans venir donner un coup d'œil à notre salle des tombeaux, qui a vraiment quelque chose d'imposant. Ils sont au nombre de huit, en comptant la caisse vide avec sa grosse tête, et celle de l'homme au bras cassé; ils gisent là sur deux rangs, tandis que le neuvième, le gros, qui nous a donné tant de mal, est au milieu de la première salle. Dès qu'il fera beau et que j'aurai le câble, je travaillerai à enlever les deux cuves ornées de sculptures de la grotte peinte. Qui sait si d'ici là nous n'en découvrirons pas d'autres?»

Voici maintenant le journal des fouilles de M. Gaillardot pour cette première campagne de 1861 :

«*18 janvier.* — Nous commençâmes les travaux dans le terrain appartenant à M. Pérétié, où fut découvert, il y a quelques années, le tombeau du roi de Sidon, Eschmounazar. Au centre de ce terrain se trouvent les murs, taillés dans le roc, d'une chambre presque complétement détruite (M, caveau XXXVI) jusqu'à 40 centimètres environ du sol. Nous attaquons ce point le premier, espérant que peut-être la voûte

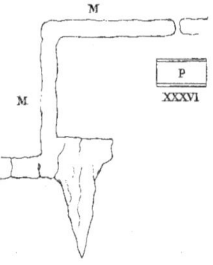

qui couvrait cette chambre, en s'écroulant et recouvrant le sol de ses débris, aura conservé quelque chose. Toute la cavité que nous creusons est remplie de sable, débris du roc taillé; nous ne tardons pas à arriver à ce roc, après avoir enlevé une épaisseur d'environ 1^m,50 de sable. Le second point que nous attaquons est le pourtour du petit puits à eau, situé près de l'escalier qui descend au caveau XXXV; tout autour de cette ouverture nous ne rencontrons que le roc; nous nous étendons en ouvrant des tranchées vers le sud et vers l'est. Enfin, nous entamons la grande caverne, *Moghâret-Abloun*, creusée dans le cube de rocher au pied duquel a été trouvé le tombeau d'Eschmounazar. Cette caverne a déjà été fouillée à diverses époques, et elle présente de nombreuses traces de violation : cependant les travaux incomplets qui y furent exécutés, après la découverte du sarcophage d'Eschmounazar, amenèrent à la surface du sol plusieurs fragments de basalte; ces fragments étaient probablement des débris de sarcophages dont peut-être nous trouverons d'autres fragments plus importants; peut-être même aurons-nous le bonheur de découvrir quelque inscription. Trois chambres occupaient le fond de la caverne, en face de l'entrée : l'une au milieu et les deux

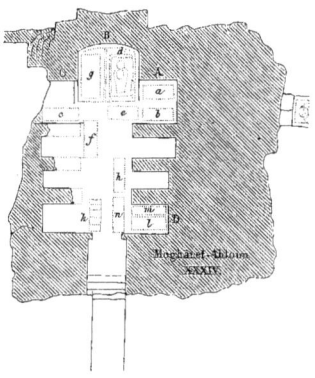

autres sur les côtés. Celle de droite (A) seule est assez bien conservée; le sol est formé de deux fosses creusées dans le roc. Nous arrivons assez facilement au fond de celle de gauche (a), qui n'avait pas plus de 80 centimètres de profondeur. Nous n'y rencontrons que de la terre rapportée et deux vases dits *lacrymatoires* en terre cuite, assez mal conservés et de la forme la plus commune. Cette fosse avait évidemment déjà été fouillée.

«*19 janvier*. — Nous continuons les fouilles que nous avons commencées hier : au rocher du centre et autour du puits, rien de nouveau. Dans la caverne, nous vidons la fosse *b* de la chambre A, et, après avoir enlevé plus d'un mètre de terre, nous découvrons des dalles qui fermaient une seconde fosse creusée sous la première. Elle est remplie de sable calcaire et d'une assez grande quantité de débris d'ossements pourris par l'humidité. Nous trouvons une petite pièce de monnaie de cuivre qui me semble être du bas Empire. La chambre C a été complétement bouleversée. La cloison qui la séparait de sa voisine a été détruite, ainsi que la paroi du fond; le plafond s'est effondré. La fosse *c*, creusée dans son plancher, ne nous a rien donné. La chambre B paraît avoir été la pièce principale de la caverne; la paroi du fond est taillée en abside et le plafond présente un arc de cercle très-surbaissé. On retrouve les traces d'une mince cloison qui la partageait en deux fours, dont chacun abritait une fosse profonde et largement creusée dans le sol. En déblayant la droite de la chambre, nous trouvons plusieurs pierres de construction, et nous ne tardons pas à découvrir les débris d'une petite voûte qui avait recouvert la fosse *d*, et qui était destinée à protéger un sarcophage en marbre blanc d'une forme assez bizarre (pl. LX, n° 3). La caisse seule est intacte, et, du couvercle, nous ne retrouvons qu'un fragment de la poitrine, au-dessous du cou, et la partie inférieure, de forme convexe, portant à gauche un bras nu, dont la main tient un petit *alabastrum*; ce bras sort des plis d'un vêtement à manche courte, dont on revoit les traces sur le premier fragment, celui de la poitrine.

« *21 janvier*. — Comme il a plu pendant toute la journée, nous n'avons emmené aux fouilles que dix hommes, qui doivent continuer à travailler dans la caverne. Nous faisons sortir de la fosse, dans laquelle elle était enchâssée, la caisse du sarcophage que nous avons découvert hier.

« *22 janvier*. — Le mauvais temps continue : nous travaillons comme hier à fouiller le sol de la grande caverne, avec dix hommes seulement. La fosse d, de laquelle nous avons retiré la caisse du sarcophage, était remplie par du sable, dont une couche assez épaisse était aussi étendue sur le sol. Dans ce sable nous trouvons une vingtaine de petits vases dits *lacrymatoires* en terre cuite. Quelques-uns de ces vases sont brisés près de l'ouverture; le plus grand nombre est coloré sur plusieurs points de la surface par une peinture ocreuse, rouge, et l'un d'eux présente encore dans sa cavité des traces d'une matière terreuse, blanche, ressemblant à de la chaux. Tous ces vases étaient rangés autour de la tête. Toujours dans la chambre B, en g, à gauche de la première, nous trouvons une autre fosse, un peu moins profonde et de plus petites dimensions; nous n'y rencontrons que de la terre sablonneuse, quelques débris d'ossements, un *alabastrum* de verre et deux clous, gros et longs, en fer à demi rongé par la rouille. Ces clous, par leur forme et par leurs dimensions, ressemblent à ceux qui, autrefois, ont été trouvés dans le caveau XXXIX, avec d'autres ferrements et quatre masques en cuivre représentant des faces de lion. Ces objets avaient probablement formé l'armature d'une énorme caisse de bois que le temps avait détruite. En e et en f, nous rencontrons deux fosses taillées dans le roc, peu profondes, remplies de terre et de débris d'ossements.

« *23 janvier*. — Mauvais temps : nous n'emmenons que dix hommes aux travaux et nous continuons à déblayer le sol de la caverne *Moghâret-Abloun*, en nous rapprochant de l'entrée. En h et en k, nous découvrons deux fosses étroites et peu profondes creusées dans le roc; la dernière (k) est revêtue d'une couche de ciment très-régulière et recouverte par des dalles bien taillées. Dans ces deux fosses, nous ne trouvons que de la terre végétale, du sable et des débris d'ossements très-altérés.

« *24 et 25 janvier*. — Très-mauvais temps : il nous est impossible de sortir de la ville.

« *26 janvier*. — Nous déblayons complètement les deux fours du milieu de la rangée de droite de la grande caverne (*Moghâret-Abloun*). Nous n'y trouvons que de la terre

CAMPAGNE DE SIDON. 439

végétale, des débris d'ossements et un fragment de la partie supérieure du couvercle du sarcophage de la fosse *d*. C'est la partie moyenne du bras gauche qui nous manquait. On continue à déchausser les deux faces sud et ouest du rocher dans lequel est creusée cette caverne; près de l'angle sud-ouest, à peu de distance de la porte, nous rencontrons une grande excavation rectangulaire, très-bien taillée dans le roc : elle a 1^m,50 de largeur; nous ne connaissons point encore sa longueur ni sa profondeur. Nous continuons à dénuder le roc entre le rocher d'Eschmounazar et le petit puits à eau du caveau xxxv. Dans la chambre formée au centre du terrain par les murs de rocher M, nous trouvons un puits rectangulaire très-régulièrement taillé, qui, probablement, nous conduira à un caveau.

«*28 janvier.* — A la *Moghâret-Abloun*, nous déblayons le sol de la première chambre de la rangée de droite (D), et nous découvrons deux fosses creusées dans le roc : celle de droite (*l*) s'enfonce en se rétrécissant à plus de 2 mètres et demi dans le sol, puis elle s'élargit vers ses deux extrémités, et, dans la terre qu'elle contient, nous trouvons deux petits vases de terre cuite et des débris d'ossements. La grande excavation rectangulaire de l'angle sud-ouest du grand rocher a 1 mètre et demi de profondeur et ne conduit à rien. Nous continuons à dénuder le roc dans la direction de l'ouest. Entre les deux puits à eau, nous rencontrons l'ouverture d'un caveau taillée dans le roc, mais encore encombrée de pierres et de terre (chambre carrée taillée dans le roc au centre des travaux). Là, le puits rectangulaire que nous avons découvert est complétement déblayé; il a plus de 4 mètres de profondeur et est très-régulièrement taillé dans le roc. A la partie inférieure de ses deux faces les plus étroites, orientées, l'une à l'est, l'autre à l'ouest, s'ouvrent deux portes donnant accès à deux caveaux. Les deux faces les plus longues présentent, à 1 mètre au-dessus du fond du puits, une banquette de 20 centimètres d'épaisseur, qui a dû être destinée à supporter les dalles de clôture. Par la porte de l'ouest, nous pénétrons dans un petit caveau carré (xxxvi), au pied de la paroi sud duquel est creusée une fosse longue, étroite et peu profonde. La paroi du nord, à droite de la porte d'entrée, conduit à un autre caveau un peu plus grand, dans le sol duquel sont creusées trois fosses. Nous déblayons complétement ces deux caveaux; mais ils ont déjà été fouillés; leur sol est bouleversé, brisé, et nous n'y trouvons rien.

«*Du 29 janvier au 5 février.* — Pluie continuelle : il nous est impossible de travailler.

«*6 février.*—Reprise des travaux. Nous déblayons la fosse *m* de la chambre D de la *Moghâret-Abloun*. Cette fosse est beaucoup moins profonde que la fosse *l*, à gauche de laquelle elle est creusée; elle ne renferme que de la terre et des débris d'ossements : il en est de même de la fosse placée en *n*, à l'entrée de la caverne. Nous continuons à mettre le roc à nu tout autour du grand rocher où est creusée la *Moghâret-Abloun*. Près de l'angle sud-ouest, le roc est taillé très-régulièrement et paraît s'abaisser en gradins. A l'angle nord-est, nous faisons enlever les terres accumulées sur la fosse dans laquelle a été trouvé le sarcophage d'Eschmounazar. Entre ce point et le petit puits à eau du caveau xxxv, nous continuons nos déblayements, et nous reconnaissons que ce que nous avions d'abord pris (28 janvier) pour l'entrée d'un caveau n'est autre chose que la cavité produite par l'effondrement de ce caveau (xxxii). Les chambres du caveau xxxvi sont complétement déblayées : elles ne nous ont rien donné.

7 et 8 février. — Nous abandonnons les travaux de la *Moghâret-Abloun*. Ce monument a déjà été fouillé à diverses époques et il a été très-maltraité; on s'est contenté de vider les niches rangées à la droite de l'entrée, mais celles de gauche ont été brisées; les cloisons ont été détruites. En résumé, nous n'avons trouvé là qu'un seul objet, malheureusement brisé et incomplet, le sarcophage (pl. LX, 3), qui offre un haut intérêt. Un fait qui résulte de nos travaux, c'est que cette caverne a servi de sépulture à plusieurs époques assez éloignées les unes des autres; il me semble qu'une période de temps assez longue doit avoir séparé la date du sarcophage de celle de la sépulture *b*, chambre A, dans laquelle nous avons trouvé une petite médaille (du bas Empire?), et surtout de celle des fosses creusées dans le sol, près de l'entrée, qui doivent avoir été les plus récentes. Nous continuons à dénuder le roc tout autour du grand rocher dans lequel est creusée cette caverne, et vers l'est, dans la direction du caveau xxvi, qui fait partie du groupe où, il y a quelques années, on a trouvé plusieurs sarcophages. A environ 3 mètres de la paroi ouest du rocher, vers le milieu de cette paroi, nous découvrons une fosse creusée dans le roc : cette fosse, qui a 1 mètre de profondeur, n'a que 1^m,45 de longueur sur 72 centimètres de largeur; elle est remplie de sable calcaire, détritus du roc dans lequel elle a été creusée. A environ 80 centimètres au-dessous de l'ouverture, qui n'était recouverte d'aucune dalle, d'aucune pierre, et ne présentait aucune trace d'une rainure destinée à recevoir un couvercle, nous trouvons à chaque angle un anneau en fer reposant sur le sable. Ces quatre anneaux présentent 14 centimètres de diamètre extérieur sur 14 millimètres d'épaisseur. Sur un point de leur circonférence, le fer, aplati, n'est plus épais que de 1 centimètre, et il est fixé à un clou formé d'une petite tige de fer pliée en deux pour le recevoir entre ses deux branches. Ce clou offre une partie droite de 14 centimètres, puis il se replie à angle droit. L'un des anneaux était complétement rongé par la rouille, les trois autres étaient recouverts d'une couche épaisse de cette matière. Sur le lit de sable qui portait ces anneaux, étaient symétriquement rangés en cercle près de la paroi de la fosse presque adossée au rocher, une trentaine de petits vases dits lacrymatoires de la même forme que ceux que nous avons trouvés autour du sarcophage de la chambre B de la *Moghâret-Abloun*, et, au centre, nous n'avons vu qu'une petite quantité de fragments d'os, qui tombaient en bouillie à la moindre pression. La forme des anneaux est identiquement la même que celle des anneaux que l'on a trouvés, il y a quelques années, dans le caveau xxxix, avec les masques en cuivre à face de lion [1]. Tout indique des caisses en bois assez épaisses, revêtues ou non d'ornements, et munies d'anneaux de fer qui servaient probablement à les porter. La distance de 14 centimètres, qui sépare l'anneau du point où le clou est plié, nous donne ici l'épaisseur de la caisse de bois. Les dimensions excluent la supposition que la fosse en question ait pu servir à placer le cadavre étendu d'un adulte, et le peu de fragments d'os encore reconnaissables que nous y avons trouvés, entre autres l'extrémité d'un radius, nous prouve qu'il ne s'agissait pas ici d'une sépulture d'enfant. Au sud de la fosse et tout le long de la face ouest du grand rocher dans lequel est creusée la *Moghâret-Abloun*, nous trouvons le roc, régulièrement taillé sur plusieurs points, formant tantôt des gradins plus ou moins élevés, tantôt des cavités rectangulaires, étagées les unes au-dessus des autres, larges de plus de 1 mètre, mais trop courtes et trop peu profondes pour qu'elles aient pu recevoir un sarcophage ou même un cadavre; elles n'ont pas plus de 30 à 40 centimètres de profondeur. Il est probable qu'ici, comme sur beaucoup d'autres points, nous n'avons affaire qu'à une carrière; cependant, au sud-ouest du tombeau d'Eschmounazar, il y a sur le roc plusieurs cubes très-réguliers, dont deux doivent avoir servi de pied aux chambranles d'une porte.

«Nous avons découvert presque complétement le tombeau d'Eschmounazar, et nous avons enlevé la plus grande partie de la terre qui recouvrait le rocher dont il est entouré au nord et à l'ouest. Dans le milieu de la face est du grand rocher de *Moghâret-Abloun*, a été creusée une excavation formant une sorte de chambre carrée : c'est au pied du roc qui forme la paroi nord de cette chambre que s'ouvre la fosse large et profonde dans laquelle reposait le sarcophage. L'ouverture de la fosse est au niveau du sol aplani, la tête était adossée au gros rocher et le bord gauche était appuyé au roc taillé au-dessus de lui en deux gradins, tandis qu'aux deux extrémités du bord droit se relèvent deux blocs presque cubiques qu'on a laissés en taillant le roc. En enlevant la terre qui recouvre les gradins, nous reconnaissons qu'à leur extrémité est il y a des pierres de construction qui paraissent en place.

«Nous continuons à déblayer le caveau effondré qui est à l'est du grand puits, et que nous avons reconnu hier (xxxii) [2]. Nous n'y trouvons que quelques débris d'ossements mêlés à du sable calcaire jaunâtre. Les deux chambres du sud de ce caveau sont complétement vidées des remblais qui les remplissaient, ainsi que la chambre qui forme

---

[1] Il paraît qu'à une époque assez reculée, quand on trouvait, dans les caveaux plus anciens dont on voulait se servir, des caisses en bois à demi détruites, on en détachait les ornements de métal et on les plaçait soit dans des fosses creusées dans le roc, soit dans un nouveau caveau. Les masques de grande dimension qui ont été cédés par M. Péretié à M. Rey, qui les a donnés au Louvre, étaient placés debout, adossés à la paroi du caveau faisant face à la porte. Ils étaient accompagnés de grands clous et de gros anneaux de fer dont M. Gaillardot a les dessins; c'était l'armature complète d'un sarcophage qui, à en juger par les angles des clous, devait être d'une grande épaisseur. — E. R.

[2] J'ai un dessin de M. Gaillardot qui représente très-bien l'aspect de ce caveau effondré. — E. R.

le centre du caveau. Nous reconnaissons que cette chambre, irrégulière dans sa forme, est entourée de fours dans lesquels nous ne retrouvons que quelques débris d'ossements bouleversés. A l'angle nord-est de la chambre centrale s'ouvre une espèce de couloir, qui n'est autre chose qu'un puits rectangulaire. Ce puits servait autrefois d'entrée au caveau en face duquel, à l'est, se trouve aussi une autre chambre rectangulaire, offrant un seul four creusé dans sa paroi nord. Tout cet ensemble est aujourd'hui à ciel ouvert; les plafonds des chambres et des fours se sont écroulés, et comme on n'en retrouve ni fragments, ni traces, comme de plus la terre que nous enlevons est en grande partie formée de sable et de débris plus ou moins volumineux du roc, j'ai lieu de croire que ce caveau effondré a été exploité comme carrière.

« 9 février. — Continuation des travaux sur tous les points. Nous ne trouvons rien d'important. Le rocher contre lequel était appuyé le tombeau d'Eschmounazar se découvre de plus en plus. Au-dessus de la fosse, il forme des gradins et de gros cubes très-régulièrement taillés; nous découvrons en partie les pierres de construction que nous avions remarquées hier.

« 11 février. — Continuation des travaux déjà commencés. La fosse de laquelle a été retiré le sarcophage d'Eschmounazar est complétement débarrassée de la terre qui la remplissait. En creusant le fond de cette fosse, on y a ménagé deux petites banquettes qui la traversent d'un des grands côtés à l'autre, et on a égalisé ce fond avec une couche de sable; c'est sur cet ensemble que reposait la caisse de pierre. Les bords de la fosse, excepté celui du petit côté qui était aux pieds, sont munis d'une rainure creusée dans le roc et destinée probablement à recevoir des dalles formant une première clôture. A l'angle nord-est du premier gradin qui surmonte immédiatement cette rainure, les pierres de construction que nous avons découvertes hier étaient disposées de la manière suivante et formaient deux assises superposées. L'assise inférieure, recouvrant l'extrémité est du gradin inférieur, était formée de trois pierres : deux carrées placées l'une contre l'autre, et la troisième à l'ouest des premières, longue d'environ 60 centimètres. Les deux premières pierres et la moitié de la troisième étaient recouvertes par une grosse pierre carrée de 40 centimètres de côté, seul débris de l'assise supérieure. La partie libre de la troisième pierre de la première assise n'était point, comme les autres pierres, taillée partout à angle droit; mais l'arête qui regardait la fosse était abattue, sous un angle de 45 degrés, par un biseau évidemment destiné à servir d'attache à une petite voûte qui recouvrait la fosse. Le 19 janvier, nous avions déjà remarqué une disposition analogue dans la chambre B de la grande caverne *Moghâret-Abloun*. Le sarcophage qui était dans la fosse *d* était couvert de pierres de construction qui m'ont semblé provenir d'une voûte écroulée. Le sarcophage d'Eschmounazar était donc recouvert d'un édicule. Nous ne serons point étonnés de n'avoir trouvé d'autres débris de ce monument que les quatre pierres que je viens de signaler, et qui ont été sauvées par un heureux hasard, si nous nous rappelons que de nombreuses pierres de construction ont été retirées de ce point de la nécropole : c'est en les arrachant du sol que l'on a découvert le tombeau du roi des Sidoniens. Nous continuons à dénuder le roc entre ce point et le groupe de caveaux dans l'un desquels d'autres sarcophages ont été trouvés (xxviii).

« *12 février.* — Continuation des travaux. Nous cherchons à dénuder complétement le roc à l'est et au sud du rocher de *Moghâret-Abloun*. Partout nous remarquons qu'il est taillé, formant des fosses, des cubes et des gradins de diverses dimensions. Près des deux chambres du sud du caveau effondré xxxii, en enlevant un amas assez considérable de terres rapportées, nous découvrons sur le sol un sarcophage de terre cuite, fendu dans plusieurs endroits; le couvercle a été rompu par le poids des terres et enfoncé dans la caisse, où se trouvaient des ossements brisés, mais en place, ce qui nous prouve que ce sarcophage est encore à l'endroit où il a été déposé à l'origine, et qu'il n'a point été transporté d'ailleurs.

« *13 février.* — Nous continuons à travailler sur les mêmes points qu'hier, excepté à la face ouest du grand rocher de *Moghâret-Abloun*. La difficulté que nous avons à transporter les terres au loin nous oblige à abandonner pour le moment la tranchée que nous avions pratiquée le long de cette face, et qui est arrivée à une assez grande profondeur. Nous attaquons le pied de la falaise qui sépare l'étage supérieur, la nécropole creusée dans le roc, des plantations de mûrier qui sont au-dessous.

« *25 février.* — Les travaux ont été interrompus par le voyage de Sour que je fis avec M. Thobois à son arrivée; ils sont repris le 20 février, et, le 25, ils avaient donné les résultats suivants : à l'est et au sud du grand rocher *Moghâret-Abloun*, le roc est complétement dénudé. Nous n'avons rien trouvé d'important, mais nous avons reconnu d'une manière évidente qu'autour du tombeau d'Eschmounazar se trouvait une série de travaux qui avaient dû autrefois former un ensemble plus considérable que toutes les sépultures que nous avons observées jusqu'à présent aux environs de Saïda. L'excavation en forme de chambre, à l'angle nord-ouest de laquelle était placé le tombeau, est fermée au sud par une série de gradins et de cubes régulièrement taillés, qui s'avancent vers l'est jusqu'à 7 mètres de la masse du rocher. Au milieu de cette chambre, à 2^m,50 de la fosse où était le sarcophage, est un grand puits carré de près de 2 mètres de côté; nous n'y avons trouvé que de l'eau. La chambre n'est point fermée vers l'est; mais, dans cette direction, elle se confond avec une grande enceinte, une espèce de cour entourée, au nord et à l'est, d'un mur de 2 mètres de hauteur taillé à pic dans le roc. Ce mur, au nord, est le prolongement du rocher contre lequel la fosse est appuyée; après avoir côtoyé le Beïader de l'ouest à l'est sur une longueur de 5^m,50, il se retourne presque à angle droit dans la direction nord-sud, en inclinant un peu vers l'ouest, et forme, à environ 10ᵐ,50 du gros rocher, une paroi longue de 12 mètres, en face de la chambre où se trouvent le puits et le tombeau. A la surface de la chambre et de l'enceinte qui la précède, le roc est assez régulièrement aplani; à 2ᵐ,50, à l'est du puits, en face de l'ouverture de la chambre, on observe un trou carré, qui ne s'enfonce pas à plus de 3 décimètres du sol. Le fond de ce trou, très-irrégulièrement creusé, dénote un travail inachevé. Vers le sud, entre le mur d'enceinte et l'éperon de rocher qui ferme la chambre, nous découvrons une fosse de petites dimensions; elle n'a que 60 centimètres de profondeur; nous n'y trouvons que du sable formé par les détritus du rocher, quelques ossements et des anneaux de fer semblables à ceux que nous avons retirés de la fosse creusée à l'ouest de *Moghâret-Abloun*. En face de l'ouverture de la chambre, au pied du mur d'enceinte, nous remarquons plusieurs cavités peu profondes, régulièrement taillées, rectangulaires, qui pourraient bien avoir reçu autrefois des sarcophages. On ne peut s'empêcher de remarquer le manque de régularité très-apparent qui domine dans tout cet ensemble; ni les lignes de l'enceinte, ni celles de la chambre ne se croisent à angle droit; les parois du mur et celles du grand rocher forment des lignes brisées; on n'a cherché aucune symétrie; le roc est assez grossièrement taillé, et nulle part on ne remarque de traces d'enduit ni de crépissage destinés à corriger les imperfections du travail. Cette rudesse, ce manque de recherche et de goût donnent à l'ensemble de ce monument un air d'archaïsme très-prononcé. Le mur de rocher qui forme la paroi est de l'enceinte la sépare du caveau XXXII, qui me paraît plus ancien que le tombeau d'Eschmounazar. Ce caveau présente dans toutes ses parties, mais à un degré plus prononcé encore, les négligences, les irrégularités, la manière de faire que j'ai signalées pour le tombeau : il ressemble sous tous les rapports au caveau XXVIII, dans lequel M. Péretié, en 1855, trouva les deux sarcophages dont l'un est au Louvre (couvercle portant une figure dont les cheveux sont relevés par un bandeau et étalés au sommet de la tête). Ce caveau XXXII, à l'origine, a dû être creusé dans un cube de rocher à peu près aussi élevé que celui dans lequel a été taillée la grande caverne *Moghâret-Abloun;* le sol de ses chambres est de 1ᵐ,50 plus élevé que celui de cette caverne (tombeau d'Eschmounazar, etc. coupes, fig. 3, pl. LXIV). Donnons à ces chambres une hauteur de 2ᵐ,50 indiquée par les arrachements des voûtes dans les deux petites chambres du sud, et ajoutons une épaisseur de rocher d'environ 1 mètre; alors, au lieu d'un mur de 2 mètres de hauteur comme celui qui existe aujourd'hui, nous aurons une paroi verticale haute de 3 mètres à 3ᵐ,50. Plus tard, après que l'effondrement du caveau et de ses chambres eut été déterminé par des causes qui nous sont inconnues, peut-être par l'ébranlement produit à la suite des travaux que nécessita la construction du tombeau d'Eschmounazar, les blocs de pierre résultant de la chute des plafonds et des voûtes furent exploités; le caveau devint une carrière, et le mur, rasé, fut réduit à la hauteur qu'il présente aujourd'hui.

«Nous continuons à dénuder le roc en marchant vers le sud-est, dans la direction du chemin de Darbessine. Là le terrain n'a point encore été remué, et peut-être y rencontrerons-nous quelque ouverture. Nous commençons à déblayer le groupe formé par les caveaux xxviii, xxix, xxx et xxxi. (Plan de la nécropole, pl. LXII, groupe XI, caveau iii, en descendant du nord au sud.) Vers le milieu de la falaise, au pied du rocher, nous avions découvert une fosse creusée dans le roc, présentant 1 mètre de largeur sur $1^m,50$ de longueur jusqu'au rocher. Cette fosse, profonde de 2 mètres, était remplie par de grosses pierres de construction bien taillées, disposées en assises régulières et jointes par un ciment tellement solide que nous n'arrivâmes qu'avec beaucoup de difficulté à enlever cette masse de maçonnerie, qui se prolongeait de près de 1 mètre sous le roc, dans un couloir de mêmes dimensions que la fosse extérieure. Après avoir tout enlevé, nous arrivâmes à un petit réduit de 1 mètre de longueur sur $1^m,25$ de largeur et autant de hauteur. La paroi de gauche de cette petite cavité, régulièrement taillée dans le roc, a été brisée, et une ouverture donne accès dans un petit caveau de $2^m,30$ de longueur sur $1^m,60$ de largeur et 2 mètres de hauteur. Le sol de ce caveau est occupé par une fosse peu profonde, arrondie à la tête et remplie de sable apporté du bord de la mer; nous n'y trouvons qu'un petit vase de terre cuite. Une cloison d'environ 40 centimètres d'épaisseur était aussi complétement brisée, et, en allant vers le nord, nous entrons dans un second caveau en tout semblable au premier. Les fosses et les caveaux sont assez grossièrement taillés. Dans l'origine, avant la violation et quand les cloisons aujourd'hui enlevées existaient encore, on entrait dans chacun de ces deux caveaux par un système de fosses et de couloirs fermés par un massif de maçonnerie, comme celui par lequel nous sommes arrivés au petit réduit n° 3. Dans le caveau n° 2, nous apercevons au pied de la fosse l'ouverture par laquelle on y est entré en enlevant quelques pierres; on a ensuite brisé les deux cloisons latérales et on a pénétré dans le caveau n° 1 et dans le réduit n° 3, dont les clôtures étaient restées intactes; les débris de ces cloisons ont été enlevés, car nous ne trouvons aucun fragment du rocher; à 3 mètres au sud du réduit n° 3, nous en rencontrons un autre, plus petit encore que le précédent. La fosse extérieure qui y donne accès est remplie par la maçonnerie; le réduit est complétement vide. Les caveaux n°^{s} 1 et 2, avec leurs fosses et leur mode de clôture, se comprennent; mais les deux réduits 3 et 4, à quoi ont-ils pu servir? Étaient-ce des sépultures inachevées et préparées pour être utilisées plus tard? Dans ce cas, pourquoi fermer et maçonner avec tant de soin leur entrée?

«Nous avons commencé des travaux dans le terrain que M. Durighello a acheté pour le compte de la mission, et où il a déjà commencé les fouilles (région sud-est du plan de la nécropole, pl. LXII). Nous avons complétement vidé les deux caveaux phéniciens (xxi), dans l'un desquels (B) ont été trouvés deux sarcophages de marbre blanc, dont les couvercles portaient des têtes d'homme. Le n° 1 (pl. LIX) était dans une fosse creusée dans le roc, et le n° 5 reposait dans une niche; une autre fosse creusée aussi dans le roc, mais vide, occupait le sol du caveau au sud de la première. Le caveau A, situé en face de B, a déjà été violé; on y est entré par le caveau voisin, en détruisant la mince cloison qui l'en séparait. Après avoir enlevé une grande quantité de terre, nous n'y trouvons que deux fosses creusées dans le roc, dont l'une, longeant la paroi sud du caveau, renfermait une caisse de sarcophage qui a été apportée au Louvre (pl. LX, 2). Une autre caisse et les deux couvercles ont été brisés en mille morceaux; le seul fragment qui mérite d'être conservé est une tête coiffée à l'égyptienne, dont la face a été complétement détruite. On descendait à ce caveau par un puits rectangulaire creusé dans le roc; à 6 mètres de profondeur, le roc s'arrêtait et formait devant la porte de la chambre B une plateforme carrée occupant la moitié du grand côté du puits qui, devenu carré, au niveau de la chambre A, continuait à s'enfoncer jusqu'à l'eau (pl. LXIV, coupes des caveaux A et B, xxi, fig. 1re). Nous commençons à vider ce puits, cherchant avec soin si, parmi les remblais dont il est à moitié comblé, il ne se trouve pas quelque fragment des sarcophages brisés dont nous avons trouvé les débris.

« Nous commençons à déblayer le grand caveau peint (xviii) et nous travaillons à dégager les sarcophages qu'il renferme : malheureusement, la plupart sont brisés. Comme il nous importe avant tout de rechercher aussi exactement que possible les entrées des caveaux de la nécropole, et que, dans la partie que nous explorons aujourd'hui, la terre végétale forme une couche quelquefois très-épaisse, il me semble que le moyen le plus sûr, pour qu'aucune ouverture ne puisse nous échapper, c'est de sillonner tout le sol jusqu'au roc par des tranchées larges d'environ 2 mètres, et distantes l'une de l'autre de 3 mètres au plus : en partant du sud et en remontant vers le nord dans une direction presque perpendiculaire à celle que présentent ordinairement les ouvertures rectangulaires des puits qui donnent accès aux caveaux, il est impossible qu'aucune de ces ouvertures nous échappe, puisqu'elles ont presque toujours 3 mètres environ de longueur. Nous attaquons donc l'angle sud-est par une large tranchée, qui nous montre sur plusieurs points, vers le milieu de la largeur, le roc percé de soupiraux pareils à ceux des grottes de Gébeil. Nous cherchons si ces soupiraux ne nous conduiront point à quelque caveau[1]. Entre la tranchée que nous avons ouverte et le caveau peint (xviii), nous commençons à déblayer le caveau iii, qui est complétement rempli de terre; l'ancien propriétaire du terrain que nous fouillons assure qu'il y a vu des sarcophages de marbre blanc portant des figures humaines. Sur un point situé au sud du précédent, nous avons dénudé le sol et nous avons trouvé des fosses creusées dans le roc, autour desquelles on remarque plusieurs soupiraux d'un petit diamètre; l'un d'eux tombe juste dans un angle au fond d'une de ces grottes, ce qui me fait croire que, si ce soupirail conduit à un caveau, ce caveau a été creusé à une époque antérieure à celle où a été faite la fosse[2].

« 28 *février*. — Pendant les trois jours qui précèdent, les travaux ont continué sur tous les points; mais ils ne nous ont donné rien de remarquable. Dans la nécropole

---

[1] Voir ci-dessus, p. 193 et suiv. — E. R.
[2] Voir *ibid*. A l'époque où M. Gaillardot faisait les fouilles de Saïda, je n'avais pu lui communiquer mes résultats sur les soupiraux de Gébeil. — E. R.

d'Eschmounazar (région sud-ouest du plan), nous continuons à dénuder le sol sur le grand espace situé au centre et qui n'a point encore été exploré. Nous n'y rencontrons que le roc, sur plusieurs points taillé en gradins pour l'exploitation des pierres de construction. Nous continuons à déblayer les caveaux du groupe situé à l'angle nord-est (xxviii, xxix, xxx, xxxi). Au sud de ce groupe, nous enlevons la terre qui remplit à moitié le caveau xxxix, où M. Durighello a trouvé, en 1855, quatre grands masques de cuivre à face de lion, et plusieurs clous et anneaux de fer de grandes dimensions; ces objets, qui ont dû former l'armature d'un cercueil de bois grand et épais, étaient, lorsqu'on les a trouvés, rangés symétriquement contre une des parois du caveau; à peine M. Durighello les avait-il enlevés que le caveau s'effondrait.

«Dans la région sud-est, nous continuons à enlever la terre qui remplit le caveau peint (xviii). Nous découvrons un grand sarcophage de brèche calcaire blanche et rose, formant la base d'un mur que l'on a construit pour étayer le plafond au-dessus de la chambre carrée que l'on rencontre à droite en entrant. Nous dégageons le grand côté de ce sarcophage, qui présente une tête de lion portant dans la gueule un anneau, duquel se détache une guirlande; malheureusement le côté opposé est brisé. Dans le puits des caveaux xxi, nous ne trouvons absolument rien. La grande tranchée que nous avons ouverte vers l'angle sud-est, en montant vers le nord-ouest, a mis à découvert une petite falaise de rochers qui s'étend dans cette dernière direction. En la suivant, nous rencontrons une petite grotte peu profonde, assez régulièrement taillée, abritant un sarcophage de terre cuite qui nous paraît intact. Les soupiraux que nous avions rencontrés quelques jours auparavant sur le roc dénudé, dans notre première tranchée, ne nous ont rien indiqué. Le caveau iii se dégage de plus en plus: nous rencontrons, à gauche de l'entrée, un couloir haut et profond taillé carrément dans le roc; il a plus de 4 mètres de profondeur sur 1 mètre et demi de largeur et 2^m,50 de hauteur. Dans ce couloir, le sol est encore recouvert d'une couche de béton intacte.

«*2 mars.* — Hier et aujourd'hui, tous les travaux ont continué sans donner aucun résultat important. Vers le soir, remarquant qu'après avoir dénudé le roc complétement au centre de la partie supérieure de la région sud-ouest, nous n'avions absolument rien rencontré, je renonce à pousser plus loin cette exploration et je transporte les ouvriers au pied de la face nord du rocher d'Eschmounazar, dans le Beïader, où MM. Abela nous ont autorisés à fouiller. Nous continuons à déblayer le caveau xxxix et le groupe de caveaux de l'angle nord-est de cette région. Dans la région sud-est, nous continuons à enlever la terre qui remplit le caveau peint (xviii); nous découvrons les sarcophages qui sont dans quelques-unes des niches. Nous n'avons trouvé qu'un sarcophage de terre cuite brisé dans la petite grotte creusée en la falaise, un peu au-dessus de l'angle sud-est. Le caveau iii se dégage de plus en plus. Entre le caveau iii et le caveau xviii, nous découvrons, le 2 au soir, l'ouverture d'un puits taillé dans le roc; ce puits est peu profond, et nous ne tardons pas à apercevoir, dans la paroi de l'ouest, une porte qui nous permet d'entrer dans un caveau carré (xii), qui a été complétement bouleversé et fouillé : il est entouré sur trois de ses côtés par sept fours, dont deux renferment des sarcophages rectangulaires, simples, de petites dimensions; les couvercles sont intacts, mais ils ont été jetés sur le sol. En face de la porte de ce caveau, dans la paroi est du puits, nous apercevons le haut de la porte d'un autre caveau (xi), où nous pouvons entrevoir cinq sarcophages de marbre blanc, dont quatre portent sur leur couvercle des figures humaines.

« 4 et 5 mars. — Nous continuons à déblayer le puits qui donne accès aux deux caveaux xii et xi; nous entrons dans ce dernier. Il est formé d'une chambre carrée; la paroi qui fait face à la porte d'entrée est percée de deux fours, dans chacun desquels est abrité un sarcophage de marbre blanc à couvercle orné d'une figure humaine (pl. LIX, 3 et 4; plan de la nécropole, pl. LXII, 2 et 3). Le sarcophage de gauche (3 du plan) présente la tête à l'ouverture du four; celui de droite (2 du plan) présente les pieds. La paroi de gauche du caveau est percée de deux fours vides; enfin, à droite, paraît une petite chambre renfermant trois sarcophages. Le premier, en commençant par la gauche, est de petite dimension; il ressemble par la forme à une caisse à momie portant une figure (6 de la pl. LIX). Le troisième est une grande *theca*, rectangulaire, simple, recouverte d'un couvercle légèrement en dos d'âne : ces deux sarcophages étaient d'abord placés chacun dans un four; mais, plus tard, la cloison qui les séparait a été détruite, et on les a séparés de nouveau en intercalant entre eux un grand sarcophage à caisse carrée, une véritable *theca* arrondie à la tête, dont le couvercle presque plat, légèrement bombé, porte une figure (pl. LIX, 1). Ces dernières circonstances nous sont révélées d'une manière presque certaine par la position respective des trois sarcophages et par les arrachements de la cloison encore apparents au milieu du plafond de la petite chambre qui les abrite. Le caveau xi, comme le xii, a été violé à une époque assez reculée, et uniquement pour y chercher des trésors, car, s'il en était autrement, les sarcophages, surtout les figures, auraient été brisés. Les couvercles ont été soulevés et détournés de la caisse de manière à ce qu'il fût possible d'enlever ce qui y était contenu; le sol était bouleversé et, dans la terre qui le recouvrait, nous avons recueilli les fragments de plusieurs vases de terre cuite. Je n'ai pu en reconstruire qu'un seul avec trois ou quatre des fragments que nous avons trouvés (voir ci-dessus, p. 432). Il avait une forme arrondie fort élégante et présentait 63 centimètres de hauteur sur 28 centimètres de diamètre. Nous trouvâmes aussi dans la terre un fragment de boucle de ceinturon et un fragment d'une petite soucoupe de verre. Dans le sol étaient creusées trois fosses (6, 7 et 8; plan de la nécropole, pl. LXII) séparées l'une de l'autre par une mince cloison, et orientées dans la même direction que les fours placés en face de la porte d'entrée. Deux de ces fosses, 7 et 8, avaient été fouillées; elles étaient remplies de débris de ciment, de fragments de poterie, de pierres et de terre, dans laquelle nous apercevons quelques rares débris d'ossements; mais, dans la première fosse

à droite des fosses précédentes (6 du plan), se trouvait un petit sarcophage de marbre blanc intact encore, recouvert d'une couche de sable d'environ 40 centimètres d'épaisseur. Il est taillé en auge, rectangulaire, simple; vers le tiers inférieur, son couvercle, légèrement en dos d'âne, a été fendu, peut-être par la chute de quelque pierre. Nous l'ouvrons avec toutes les précautions nécessaires pour ne point déranger ce qu'il contient. Les ossements du squelette sont encore en place, la tête vers le fond du caveau. Tout le fond de la caisse est recouvert d'une couche très-régulière, épaisse d'environ 4 centimètres, d'argile, dans laquelle les os sont légèrement enfoncés. Cette substance, qui est devenue très-dure, a un grain fin, et elle présente, à son contact avec les ossements, des efflorescences de phosphate de chaux. Sous le squelette et autour de lui, nous trouvons les débris d'une caisse en bois qui tombent en poussière dès qu'on les touche; les planches de cette caisse étaient assemblées par des clous de 10 centimètres de longueur; nous en recueillons dix droits, plus trois repliés à 5 centimètres de la tête, et quatre clous-anneaux dont les pointes sont repliées aussi à 35 millimètres seulement de l'anneau qui remplace la tête. Ces objets sont probablement de cuivre et sont recouverts d'une forte couche d'oxyde de ce métal. La différence de longueur qu'on observe dans la partie qui devait être engagée dans le bois nous indique que les planches qui fermaient la caisse n'avaient point toutes la même épaisseur. La tête du squelette était entière et semblait bien conservée : elle appartenait au type brachycéphale, le front large et proéminent; malheureusement, l'action de l'air ne tarda pas à faire tomber en poussière cette tête, de laquelle j'ai gardé quelques fragments recouverts de petits cristaux. Nous avons conservé aussi un fragment de péroné, ainsi que celui d'une côte, tous deux fortement colorés en vert. Près des pieds, dans le sable qui remplissait la fosse, nous avons trouvé une petite lampe sépulcrale de terre cuite, d'une forme et d'un travail très-ordinaires. Après avoir complétement exploré le sol, nous ramassons et nous étudions ce que contenait chacun des sarcophages du caveau [1].
A droite, en entrant, dans la chambre 1 du plan de la nécropole, est un sarcophage de marbre blanc de grandes dimensions, 2^m,19 de longueur sur 81 centimètres de largeur et 66 centimètres de hauteur. Sa forme est rectangulaire, simple, mais élégante par les proportions; le couvercle, qui ne porte aucun ornement, est légèrement taillé en dos d'âne : comme ce monument est un des plus beaux spécimens du genre, nous le ferons transporter au khan français, malgré la difficulté que nous aurons à mouvoir et à amener sur le sol une pareille masse. Le couvercle avait été écarté et le sarcophage violé. Cependant le squelette était encore en place, la tête vers le fond du caveau; ce squelette nous paraît être celui d'un homme de trente-cinq ans environ; une petite quantité de sable était mêlée aux ossements : nous n'y trouvons qu'un morceau de cuivre recourbé en crochet mousse et complétement oxydé.

« Le second sarcophage, qui vient après la grosse *theca*, vers l'est, a la tête tournée

---

[1] Nous avons supprimé la description des sarcophages, qui se retrouve plus haut. — E. R.

vers l'entrée du caveau : c'est une caisse haute et large, rectangulaire, excepté à la tête, qui est arrondie; le couvercle, très-légèrement convexe, porte une figure à type grec; les cheveux sont relevés et ramassés sur le haut de la tête en crobyle, et deux tresses pendent de chaque côté jusqu'aux épaules. Des traces de couleur rouge existent encore sur la chevelure et sur le blanc des yeux. Les ossements nous paraissent d'abord dans un état de conservation assez complet; mais, au premier contact, ils tombent en poussière; il me semble qu'ils ont dû appartenir à une personne de vingt-cinq ans, peut-être une jeune femme. Ces ossements sont placés sur une petite couche de sable, dans laquelle nous trouvons une grande quantité d'os de grenouilles et de petits mammifères rongeurs, entre autres une tête de taupe, des petites coquilles terrestres appartenant aux espèces vivant encore dans le pays, *tomatellina*, *helix syriaca*, *cyclostoma Olivieri*. Il me semble évident que ces débris d'animaux ne peuvent point provenir d'individus de ces espèces qui seraient venus mourir là, mais qu'ils ont été apportés avec le sable au moment de l'inhumation. Les mollusques terrestres n'ont point l'habitude de s'enfoncer aussi profondément au-dessous de la surface du sol, loin de tout ce qui leur sert d'aliment; les grenouilles, les souris auraient pu arriver à la surface des sarcophages et tomber dans les caisses ouvertes, mais il est impossible qu'une taupe ait pu y monter. Un fait assez remarquable, c'est l'existence dans la caisse de fragments de toile, contournés, chiffonnés, et, si l'on peut dire ainsi, agglutinés entre eux par une substance d'un blanc jaunâtre, qui me paraît résineuse. On trouve, mêlés à tous les objets que je viens de citer, des amas en général de la grosseur d'une noix, quelquefois plus petits ou plus gros, d'une substance blanche qui ressemble à du carbonate de magnésie.

« Le troisième sarcophage, placé à l'est des deux précédents, est beaucoup plus petit que les autres : il ressemble aux sarcophages égyptiens, aux boîtes à momies; la caisse du côté de la tête est large, tandis qu'elle se rétrécit vers les pieds; la tête, comme celle du précédent, est tournée vers l'entrée du caveau. Le couvercle est légèrement bombé et porte à la tête une grosse figure, peu saillante. Le couvercle a été jeté entre la caisse et la paroi du caveau. Au premier abord, les ossements nous paraissent assez bien conservés, excepté la tête, dont les os, disjoints, sont affaissés sur eux-mêmes; mais, quand nous les transportons à l'air libre, ils tombent en fragments, dont cependant quelques-uns, surtout ceux des phalanges des pieds et des mains, conservent une certaine dureté, une certaine solidité. Avant d'enlever ces ossements du caveau, nous pouvons les étudier en place et reconnaître que probablement ils ont appartenu à une jeune fille d'une douzaine d'années. Voici les motifs qui nous ont conduits à cette conclusion : les os du crâne sont minces, ils n'étaient point encore réunis par des sutures solides, ce qui explique pourquoi la tête s'est affaissée sur elle-même par son propre poids. Les débris des dents que nous retrouvons sont recouverts d'une couche d'émail peu épaisse et ne présentent encore aucune trace d'usure. L'ossification du sternum n'est point même complète, les os des membres et ceux du bassin sont grêles, le trou obturateur de l'os iliaque est triangulaire. Tous ces os sont fortement turquoisés. Les ossements reposaient sur une légère couche de sable, dans laquelle nous trouvons deux petites médailles, tellement altérées, que nous ne pouvons les reconnaître; un petit ornement d'or, garni d'un anneau qui servait à le suspendre; une sorte de plaque d'or formant un carré irrégulier sur trois de ses côtés, creusé sur une de ses faces; ce creux est rempli par une substance qui ressemble à du plâtre, à la surface duquel sont tracées quelques lignes; trois autres petits ornements d'or, qui, probablement, faisaient partie d'un collier; encore trois petits ornements d'or d'une forme différente de celle des premiers, ayant dû appartenir à une autre parure; deux fragments d'un petit instrument d'ivoire (ce sont deux petits cylindres entrant l'un dans l'autre par un pas de vis et percés chacun d'un trou, peut-être les débris d'une flûte ou d'un étui); enfin, des fragments assez abondants d'une matière grumeleuse, concrétionnée, d'un blanc jaunâtre.

« Le quatrième sarcophage est dans un four, la tête dans le fond et les pieds vers l'ouverture (pl. LIX, n° 3; plan de la nécropole, caveau xi, n° 2). Nous ne trouvons dans la caisse, qui a déjà été fouillée, que du sable et des ossements, qui nous paraissent avoir appartenu à une jeune femme : ces débris ont été bouleversés. La tête sculptée sur le couvercle a les cheveux séparés par un bandeau; on voit encore sur la chevelure des traces de couleur rouge.

« Le cinquième sarcophage (pl. LIX, n° 4; plan de la nécropole, caveau xi, n° 3) est, comme le précédent, abrité dans un four; seulement, la tête est près de l'ouverture de ce four. La figure que présente le couvercle porte encore des traces de peinture rouge. Nous ne trouvons dans la caisse qu'une petite quantité de sable mêlé aux débris d'un squelette paraissant avoir appartenu à un enfant de quinze à seize ans au plus; un fragment d'os long présentait à la surface des végétations osseuses. En criblant le sable dans l'eau, nous trouvons un assez grand nombre d'anneaux d'argent, débris d'un ornement, peut-être d'un bracelet; une petite bague d'or et un petit poinçon d'argent très-oxydé; trois fragments d'un autre poinçon (ces poinçons étaient-ils des styles à écrire ou de petits stylets destinés à passer le *kohol* sur les paupières?), des fragments d'un petit instrument d'ivoire; enfin, une espèce de coulant de la même matière, ayant la forme d'un gland tronqué près du sommet.

« *6, 7, 8 et 9 mars.* — Le reste de la semaine a été employé à retirer du caveau xi les cinq sarcophages que nous y avons trouvés et à les transporter au khan français. Ces opérations nécessitant le concours de tous nos hommes, presque tous les autres ateliers ont été abandonnés; cependant quelques ouvriers ont travaillé au déblayement du grand caveau iii, qui est presque complétement débarrassé de la terre qui le remplissait. Ce caveau présente de chaque côté une rangée de doubles fours et offre un aspect tout particulier (pl. XLVI). Dans un des fours de gauche, nous trouvons la partie inférieure de la base d'un énorme sarcophage de brèche calcaire, portant une guirlande. Des fragments du couvercle nous apprennent qu'il était bombé. Au pied de ce sarcophage (7, caveau III, plan de la nécropole), nous remarquons que la couche de béton qui recouvrait le sol a été brisée pour ouvrir une fosse creusée dans le roc. Dans la terre retirée de cette fosse, nous trouvons des ossements, des vases dits *lacrymatoires* en terre cuite, des lampes sépulcrales de la même matière et un anneau de cuivre oxydé. Dans des plâtras et des débris qui nous paraissent provenir du four où est placée la base du sarcophage 7 et qui sont tombés à la surface de la fosse creusée dans le roc, nous découvrons trois petits pendants d'oreille en or. Le caveau XXXIX (région sud-ouest), dans lequel avaient été trouvés autrefois les masques de cuivre à face de lion, est complétement déblayé : nous n'y avons absolument rien rencontré. Le grand caveau peint (XVIII, région sud-est) est presque entièrement vidé de la terre qu'il contenait : il y a là deux grands sarcophages assez bien conservés, qu'il nous faudra enlever; mais, pour cette opération, notre matériel est en bien mauvais état.

«*12 mars*. — Depuis le 2, nous travaillons au *Beïader* pour chercher si quelque entrée nous conduira sous la grande caverne *Moghâret-Abloun* ou sous le tombeau d'Eschmounazar. MM. Abela ne se souviennent point d'en avoir trouvé une. J'ai parcouru plusieurs fois tout le terrain avec eux, et il résulte de leurs indications qu'ils ont fouillé à peu près partout : je me suis donc borné jusqu'à présent à travailler aux environs du rocher près duquel ils m'ont signalé l'existence d'un groupe assez considérable de caveaux; nous avons déchaussé complétement le roc jusqu'à 8 mètres environ de la base du rocher, et nous n'avons aperçu qu'une excavation assez profonde, régulièrement taillée et formant sur plusieurs points des gradins et des cubes.

«*15 mars*. — Nous continuons à travailler dans le *Beïader*, autour du rocher d'Eschmounazar et dans la région sud-est. Le caveau III présente une disposition fort intéressante et que nous ne rencontrons dans aucun autre : on dirait un travail exécuté à deux époques différentes, un caveau enté sur un autre plus ancien, si l'on peut s'exprimer ainsi. Chaque côté présente deux rangées de niches : les unes, larges et profondes, s'élèvent jusqu'à la voûte; les autres, plus petites, sont creusées en arrière des premières. C'est dans la première rangée que sont les sarcophages; ils sont énormes, portent des guirlandes sur les côtés et ont un couvercle arrondi; ils ressemblent aux sarcophages romains, sont fort simples, mais trop mutilés pour qu'on puisse les reconstruire. La voûte du caveau est percée de trois lucarnes carrées et d'un certain nombre de cheminées cylindriques comme les soupiraux des caveaux de Gébeil. La terre qui remplissait le caveau était mêlée d'une grande quantité de fragments de sarcophages de terre cuite. Nous avons enfin attaqué la grande catacombe, qui me paraît fort ancienne; c'est le groupe de caveaux situés tout à fait dans l'angle nord de la région sud-est (XXII, XXIII, XXIV et XXV). Aux premiers coups de pioche, nous rencontrons les débris d'un couvercle de sarcophage de marbre blanc, présentant une forme encore différente des autres. Malheureusement, nous n'avons qu'un morceau de la poitrine :

au lieu d'être plate, comme dans les premiers sarcophages, elle est bombée et présente une mamelle fortement accusée. Je crois que, quand nous reprendrons nos travaux, la grande catacombe sera un terrain à épuiser. J'ai tout lieu de croire qu'il y a encore des caveaux intacts dans la région du sud-est.

« *21 mars.* — Aujourd'hui, j'ai envoyé M. Durighello attaquer avec tous nos ouvriers la grande catacombe, dans laquelle on trouve des fragments de marbre et de basalte.

« *22 mars.* — Plus de trouvailles, mais des résultats importants au point de vue architectural, entre autres l'entrée du caveau peint (XVIII), avec un escalier de seize marches et un vestibule pavé de belles dalles de brèche; la grande catacombe, type d'une nécropole phénicienne, etc. Nous continuons à explorer le sol du caveau III. Sous la couche de béton qui le recouvre, nous découvrons, au pied de la paroi du fond, trois fosses creusées dans le roc : celle qui se trouve à droite en entrant ne contenait que de la terre et quelques débris d'ossements; celle de gauche, qui est au pied du four 7, avait été fouillée pendant les jours précédents (voir plus haut, 8 mars); la fosse du milieu était remplie par un sarcophage de terre cuite, qui renfermait, avec de la terre, les débris d'un squelette très-altéré et l'armature en cuivre d'un petit coffret. Dans le caveau XVIII, nous avons complétement découvert les sarcophages abrités dans les fours; leurs couvercles sont arrondis en arc de cercle, avec des acrotères comme ceux de Gébeil : sur les grandes faces, il y a de grosses guirlandes portées par des têtes de lions; sur les petites faces, ces guirlandes sont portées par des têtes de panthères. L'un de ces sarcophages a sur une de ses petites faces une tête de femme (pl. LXI). »

L'obligation de maintenir une certaine proportion entre les parties diverses de notre mission nous fit seule mettre fin aux fouilles de Saïda. Je ne m'y résignai qu'en songeant combien il me serait facile de les reprendre, quand on le jugerait convenable. En effet, au printemps de 1862, grâce à la bienveillance avec laquelle M. le comte Walewski se prêta à la continuation de notre mission, M. Gaillardot put terminer ce que nous n'avions fait qu'ébaucher pendant l'hiver de 1861. Le plan que nous nous traçâmes fut d'achever le déblayement des terrains achetés par la France. M. Gaillardot accomplit cette tâche avec sa conscience ordinaire. Voici le journal qu'il tint de ses fouilles, dans cette nouvelle période de travaux :

« *20 mars* 1862. — Nous recommençons les fouilles dans le terrain acheté pour le compte de la mission, et que je désignerai sur le plan de la nécropole par le nom de *Section est*, le terrain de M. Péretié, où a été trouvé Eschmounazar, étant la section ouest, le *Beïader* (aire commune), déjà fouillé autrefois par MM. Abela, étant la section nord, et le terrain de MM. Clat et Hasirâne, où nous n'avons pu jusqu'à présent fouiller, étant la section du centre.

«Notre but est d'étudier les caveaux que renferme cette section de la nécropole, d'en dresser le plan complet, et de découvrir ceux qui n'ont point encore été ouverts.

«Plusieurs ateliers sont établis dans les divers caveaux que nous avions commencé à déblayer l'année dernière; ils enlèvent la terre qui les encombre encore. D'autres ateliers sont employés à ouvrir deux grandes tranchées, l'une qui part du sommet de l'escalier du grand caveau xviii, et se dirige vers l'est; l'autre, parallèle à la première, part du puits du caveau xi, et se dirige aussi vers l'est, dans le prolongement de l'axe de la grotte, jusqu'à la limite du terrain. Une troisième tranchée est ouverte en continuation de celle qu'avaient commencée, l'année dernière, les soldats français, vers la limite sud-est du champ, derrière la dernière grande grotte à lucarnes iii.

«Un nombre d'ouvriers plus grand que celui que j'avais demandé s'est présenté; trente-huit hommes et vingt-quatre femmes ont travaillé aujourd'hui. Les hommes piochent et remplissent le panier; les femmes portent ces paniers remplis de terre : leur nombre est insuffisant pour desservir les trente-huit pioches; demain, je réduirai le nombre de ces dernières à vingt-cinq, et je porterai celui des femmes à quarante. Les hommes reçoivent 5 piastres par jour et les femmes 2 piastres et demie seulement. Je prends aussi deux tailleurs de pierre à 8 piastres par jour : ils servent à surveiller les ouvriers, tout en brisant les pierres trop grosses pour être enlevées, déblayant les ouvertures qui ont besoin d'être pratiquées, etc.

«*21 et 22 mars.* — Continuation des mêmes travaux. Dans la grande tranchée, à l'est de la grotte aux sarcophages, caveau xi, nous trouvons, à peu de profondeur au-dessous du sol, un cercueil en plomb, aplati dans le sens de la longueur. Les deux grands côtés, appliqués l'un sur l'autre, n'étaient séparés que par une faible couche de terre et des ossements comprimés; les deux petits côtés étaient en place, le fond et le couvercle manquaient; ils étaient remplacés par des bandes de plomb pliées dans leur longueur et placées à cheval sur les grands côtés, qui étaient très-mal conservés et paraissaient être entourés des mêmes ornements que présentait le sarcophage en plomb emporté l'an dernier (pl. LX, fig. 1). Dans la terre qui séparait les deux grands côtés, nous trouvons un petit pendant d'oreille en or. Je ne garde qu'un des petits côtés du sarcophage en plomb, celui de la tête, où est représentée Psyché.

«*24 mars.* — Nous continuons les tranchées commencées sur plusieurs points et les travaux de déblai des anciens caveaux.

« 25 mars. — Continuation des mêmes travaux. Les trois tranchées sont déjà arrivées à la limite du terrain; elles ont 3 mètres environ de largeur sur 2^m,50 ou 3 mètres de profondeur; elles atteignent partout le roc, et vont être reliées par trois tranchées perpendiculaires. Le plan que j'ai fait montre clairement quelle est la partie du terrain qu'il faut fouiller, et ainsi rien ne peut nous échapper. Une demi-heure avant le coucher du soleil, à l'angle sud-est du terrain, dans un endroit où les soldats avaient déjà commencé l'année dernière une tranchée qui fut abandonnée, nous avons trouvé un puits quadrangulaire, bien creusé, et ressemblant tout à fait à ceux des grottes phéniciennes. Nous étions déjà arrivés à une profondeur de plus de 4 mètres, quand une pierre enlevée nous laissa apercevoir une vaste cavité. La terre qui remplissait le trou était fort dure et très-tassée; elle était régulièrement coupée par des couches horizontales de cailloux, ce qui fait espérer que, si ce caveau a été violé, il l'a été à une époque fort reculée.

« 26 mars. — Sous les dernières marches, au pied de l'escalier qui conduit au caveau III, escalier que nous avons découvert hier en déblayant la fosse qui servait jusqu'à présent d'entrée, nous trouvons un trou carré qui conduit à un caveau complétement rempli de terre (caveau II, chambre 1) : nous commençons à le vider.

« 27 mars. — Rien de nouveau dans les divers ateliers. En creusant des tranchées perpendiculaires aux deux grandes tranchées par lesquelles nous avons commencé les travaux, dans la direction du sud, à l'est du caveau III, nous trouvons trois côtés d'un puits que nous commençons à déblayer.

« 28 mars. — Continuation des travaux sur tous les points : seulement, comme les deux grandes tranchées ouest-est ne nous ont donné partout que le roc, nous les abandonnons, et nous portons les ouvriers qui y travaillaient vers l'angle sud-est, où ils continuent avec les ouvriers qui y ont été placés les jours précédents à dénuder le roc en partant de la tranchée commencée l'année dernière, et en se dirigeant vers l'est.

« 29 mars. — Continuation des travaux sur tous les points : vers l'angle sud-est nous trouvons plusieurs fosses creusées dans le roc, recouvert d'une faible couche de terre végétale : ces fosses, fermées par des dalles, sont toutes orientées est-ouest; elles ne renfermaient que de la terre et des ossements. L'une d'elles, plus vaste et plus profonde, nous paraît être un puits rectangulaire; nous continuons à le vider, et comme il peut nous conduire à des caveaux situés sous le roc que nous dénudons, peut-être inutilement, nous abandonnons tous les points qui l'entourent, et nous plaçons leurs ateliers dans divers endroits, entre autres entre le puits et l'extrémité est du caveau III.

« 31 mars. — Continuation des travaux sur tous les points : dans le caveau II, situé sous l'escalier du caveau III, après avoir enlevé une grande quantité de terre, nous découvrons deux chambres, l'une sous l'escalier, vers l'ouest, une autre dirigée vers le sud, à angle droit avec la première : au fond de cette dernière, nous trouvons un sarcophage en terre cuite, placé sur le roc à l'angle sud-est; il ne renfermait que de la terre et quelques ossements.

«*1er avril*. — Tous les ateliers secondaires continuent à dénuder le roc sur divers points que j'ai indiqués les jours précédents. Au caveau II, placé sous l'escalier du grand caveau III, en continuant à enlever la terre, nous trouvons dans les parois du roc deux niches assez profondes, qui ne renfermaient que de la terre. Dans tout ce caveau II, le roc forme le sol; il n'est recouvert d'aucun ciment, et une seule fosse est creusée en face d'une des niches, elle ne renfermait que de la terre et quelques ossements. A environ 3 mètres de profondeur, au sud du puits carré IX, nous rencontrons une autre cavité creusée dans le roc; elle est rectangulaire, et nous reconnaissons les marches d'un escalier formé de pierres assez mal assemblées, qui descend du bord sud de ce nouveau puits vers le premier. A l'est de cet escalier, vers la moitié de la profondeur, il y a une plate-forme rectangulaire de rocher où est creusé un bassin, dont les parois sont revêtues d'une couche de ciment très-bien conservé. C'est donc ici un puits à eau, comme celui qui est près de l'endroit où fut trouvé Eschmounazar. Cette circonstance est importante; elle prouve que le puits d'Eschmounazar et les autres puits ont été creusés pour avoir de l'eau, et non pour donner accès à des hypogées profondes, comme on l'avait pensé d'abord.

«Sur le roc qui sépare le fond du grand caveau III du puits IX, nous découvrons une assise de pierres formant les trois côtés d'une chambre. Les angles de cette assise sont formés de grosses pierres de 60 centimètres en cube.

«Le puits de l'angle sud-est, P^3, est presque complétement déblayé. Sur le grand côté sud du rectangle, le roc près du fond rentre et forme une nouvelle cavité. La paroi ouest nous présente le haut d'une porte.

«*2 avril*. — Continuation des travaux sur tous les points : on continue à déblayer le puits IX, et son bassin.

«Nous entrons dans le caveau V, à l'ouest du puits P^3, analogue aux puits des grottes à sarcophages de marbre, orienté dans le même sens. Ce caveau est petit, irrégulièrement et mal taillé; il n'a point encore été ouvert. Une grande lampe, en terre cuite, de la forme des lampes qui sont encore aujourd'hui employées dans le pays (*Seradjes*), est intacte et est placée dans une petite cavité creusée dans le roc. Le sol du caveau est formé par de grandes dalles recouvrant deux fosses, dont une, celle du sud, est très-grande et très-profonde (2^m,50 de long, 1^m,20 de large, 1^m,50 de profondeur); elle renfermait une couche de 30 à 40 centimètres d'argile, et le squelette d'un homme de haute stature. La fosse du nord renfermait les restes d'une femme : nous n'y avons

CAMPAGNE DE SIDON.

trouvé qu'un gros anneau en cuivre d'environ 1 centimètre d'épaisseur, comme ceux que portent encore aujourd'hui aux pieds les femmes du peuple, et qu'on appelle en arabe *kholkhals*. Dans une des tranchées que nous avons ouverte les jours précédents, à l'est du caveau xı, nous arrivons à une assise de gros cubes de pierre : nous déblayons tout autour.

«*3 avril.* — Continuation des travaux sur tous les points. Au puits P^3, comme je l'ai déjà dit, le grand côté du rectangle, vers le sud, au niveau de la porte qui donne entrée au caveau v, la paroi du grand côté, dis-je, rentre et forme une espèce de voûte sous laquelle est creusée une fosse parfaitement semblable à celle du caveau [1]; elle renferme un squelette d'homme. Au sud de cette fosse, se voit une seconde rentrée moins haute que la précédente, recouvrant une banquette sur laquelle était aussi un squelette; dans la terre qui l'entourait, nous trouvons un anneau en fer, sorte de bague forme chevalière.

«Une particularité fort singulière caractérise les trois fosses desquelles je viens de parler. Au milieu de leur aire s'élève une banquette régulièrement taillée d'environ 40 centimètres de hauteur sur 60 centimètres de largeur : le cadavre était donc placé de sorte que le milieu du corps faisait saillie, et la tête et les jambes pendaient dans les deux cavités des extrémités. Dans la fosse nord du caveau, la tête du cadavre de la femme était assez bien conservée; elle m'a paru placée la face contre terre; celle de l'homme de la fosse voisine, quoique moins bien conservée, m'a paru dans la même position. Ces cadavres étaient-ils donc placés sur le ventre? Nous n'oserions poser cette question si, dans l'une des fosses (celle qui est placée dans un enfoncement pratiqué sur un des grands côtés du puits), un cadavre n'avait été trouvé sur la banquette placé la face contre terre.

«*4 et 5 avril.* — Continuation des travaux sur tous les points. Rien de nouveau.

«*7 avril.* — Les travaux de déblai du caveau ı sont continués. En enlevant la terre d'un de ses fours, nous découvrons une communication avec le caveau ııı. Dans le caveau x, on continue à enlever la terre vers la paroi sud, et nous trouvons deux portes creusées dans le roc, l'une en face de l'autre; l'une, ouverte vers l'ouest, donne entrée à un four dont la paroi du fond a été percée et correspond avec la petite chambre de l'angle sud-est du caveau ııı. Sur le sol de ce four était creusée une petite fosse renfermant du sable et des ossements, qui ont dû appartenir à une femme adulte, quoique la fosse soit trop étroite et trop courte pour qu'un cadavre entier ait pu y être déposé. L'autre porte, tournée vers l'est, donne entrée à un couloir se dirigeant aussi vers l'est; c'était probablement l'entrée du caveau. Nous le déblayons par l'intérieur et

---

[1] «Le caveau a donc été ici creusé dans le roc à ciel ouvert; il était fermé par une voûte composée de grosses pierres; il ressemble à quelques-uns des caveaux d'Amrit.»

l'extérieur. Nous entrevoyons un coin de sarcophage en brèche, d'une forme un peu différente des sarcophages du caveau xviii. Le caveau iii est très-grand et très-beau; il ressemble à des caveaux de la région sud-ouest.

«Nous continuons à vider le puits ix; rien d'important. Tout le roc qui l'entoure vers l'ouest a été dénudé de la terre qui le recouvrait; nous n'y trouvons rien.

«Je fais attaquer le massif de terre au sud-ouest de ce puits, dans la direction du caveau iv; ce massif est pioché par quatre ateliers : deux sur une ligne est-ouest, un autre sur la limite ouest, et le quatrième au sud. Dans la tranchée de l'ouest, nous apercevons des traces de construction. Deux pierres assez grosses sont placées en face l'une de l'autre, comme les jambages d'une porte; entre elles et autour d'elles, se trouve un pavé de béton, que nous commençons à entamer; à l'ouest, nous rencontrons une petite fosse carrée d'environ 60 centimètres de côté sur 30 de profondeur; c'est comme une lucarne commencée et non achevée. A l'atelier est de la ligne est-ouest, apparaît le bord d'une fosse taillée dans le roc; nous ne pouvons encore voir quelle en est la forme. Les deux autres ateliers ne présentent encore rien.

«*8 avril.* — Continuation des travaux de déblai dans le caveau i. La communication qui existe entre ce caveau et le caveau iii, est un escalier à marches très-irrégulières. Le déblai du caveau x continue. Nous trouvons au pied de la paroi sud une fosse assez large et profonde, remplie de terre. Continuation du déblai du puits ix. A l'atelier ouest de la ligne est-ouest du massif, au sud du puits ix, nous rencontrons, à l'est des deux jambages de porte, une fosse taillée dans le roc. Après avoir enlevé une grande quantité de terre, nous arrivons à reconnaître un couloir formé par deux parois est et ouest, dans l'épaisseur desquelles sont creusées deux grandes niches carrées, peu profondes. Dans la petite paroi située au nord, nous mettons au jour la partie supérieure d'une porte; le temps nous manque pour l'ouvrir entièrement. A l'atelier est de la ligne est-ouest, nous continuons à enlever la terre, et nous reconnaissons que le bord du rocher que nous avons découvert hier s'enfonce à une assez grande profondeur.

«*9 avril.* — Au caveau i, nous trouvons une chambre qui, parallèle à l'escalier, vient s'ouvrir dans la dernière niche de droite du caveau iii. Dans le caveau x, nous découvrons, sur les parois des deux côtés ouest et est, plusieurs niches peu profondes. Le déblai de la porte de l'est nous montre qu'elle donne sur un couloir creusé dans le roc, communiquant avec le sol par un plan incliné. Dans le puits ix, nous arrivons à l'eau, et les ouvriers qui y travaillaient sont chargés d'enlever toute la terre au sud de ce puits. Au sud du caveau v, nous rencontrons l'ouverture d'un puits, parallèle au premier.

«Tous les ouvriers de la tranchée est-ouest, à l'ouest du puits ix, sont portés au nouveau caveau que nous avons découvert hier soir, caveau viii. Nous y entrons, et

CAMPAGNE DE SIDON.

nous reconnaissons un caveau vaste et régulier, présentant au fond deux fours, et sur les côtés quatre fours, larges et profonds; tout est bouleversé et fouillé; un sarcophage qui occupait l'un des fours était brisé et réduit en petits fragments. Le couloir qui y conduit nous présente, au sud, les traces d'un escalier formé de pierres rapportées, et non taillé dans le roc.

«*10 avril.* — Nous continuons à enlever la terre de la chambre parallèle à l'escalier qui conduit du caveau I au caveau III, espérant découvrir au fond de cette niche, qui est très-vaste et très-profonde, quelque entrée qui nous conduise à un autre caveau. En enlevant la terre, nous trouvons une lampe sépulcrale en terre cuite, portant une croix. Continuation du déblai du caveau X; les parois, taillées dans le roc à leur partie inférieure, étaient complétées par de grosses pierres carrées; des échancrures, à la partie supérieure de ces parois, nous montrent que la grande quantité de pierres taillées que nous trouvons dans la terre qui remplissait le caveau, provient d'arceaux formant probablement une voûte. En enlevant la terre vers le nord, nous trouvons encore une nouvelle niche de chaque côté. Le couloir qui commence à la porte de l'est nous conduit, par un plan incliné, après environ 4 mètres, à un mur formé de pierres irrégulièrement placées.

«En déblayant le sud du puits à eau IX, nous arrivons à un mur de rocher, complété par une assise de grandes pierres, se dirigeant de l'ouest à l'est; nous enlevons la terre des deux côtés de ce mur.

«Le puits au sud du caveau V continue à descendre. Au caveau VIII, le couloir découvert nous montre les traces complètes de l'escalier, au sommet duquel, vers le sud, se trouvent le seuil d'une porte et les parties inférieures de ses deux jambages, très-régulièrement taillés. Nous déblayons le caveau, et nous remarquons que les fours et les chambres, à l'exception d'un seul, étaient occupés autrefois par des massifs épais d'un béton très-dur, dans lequel étaient pratiquées des fosses occupées par des cadavres; mais, malgré l'épaisseur de ces couches de béton, malgré la dureté, elles ont été brisées, et les fosses ont été ouvertes. Les fours qui, en avant de ces couches de béton, étaient fermés par des murs de grosses pierres bien taillées, ont tous été ouverts. Dans l'un de ces fours, nous remarquons un trou qui a été fait pour arriver à une fosse taillée dans le roc, à une profondeur de $2^m,17$; une couche de béton, épaisse de $1^m,40$, a été brisée; elle recouvrait la fosse qui avait 77 centimètres de profondeur; les parois du four étaient tapissées d'une couche de mortier. Pas de traces de murs de clôture.

«Le second four, à droite de l'entrée, renfermait un sarcophage en brèche; de ce sarcophage, il ne reste plus que la base; dans tout son pourtour, les parois ont été complétement brisées. Le sol du caveau, soigneusement balayé, nous donne quelques plaques de marbre, un morceau de mosaïque, plusieurs cippes très-grossièrement taillés, sans ornements et sans inscriptions; quelques fragments de sarcophage représentant un bras, un morceau de guirlande, des fragments de têtes de lions. Le couvercle du sarcophage renversé au milieu du caveau est simple, en toit, avec des acrotères sans moulures; sur l'un des petits côtés de la caisse, il est resté environ 20 centimètres de la paroi; on y remarque l'extrémité de deux bandelettes [1].

«Les fragments les plus intéressants que nous rencontrons ont appartenu à une ou même à deux portes en pierre blanche de peu de dureté; des fragments de cette porte ont été coupés en dalles pour séparer les fosses qui, superposées l'une à l'autre, occupaient le four de gauche du fond. Nous retrouvons le pivot sur lequel cette porte devait rouler, et plusieurs morceaux présentant un ornement carré, simulant des panneaux.

«A gauche de la porte, en entrant, à $1^m,50$ du sol, était creusée une petite niche peu profonde; elle avait été formée par une couche de ciment, à la surface de laquelle on avait tracé, pendant qu'il était encore mou, une inscription grecque, dont trois ou quatre lettres restent encore sur une portion du ciment attaché au roc; c'est le commencement de l'inscription [2].

«*11 et 12 avril.* — Le déblai de la chambre parallèle à l'escalier du caveau I est complétement terminé; nous n'y trouvons rien. Nous attaquons le massif de terre qui se trouve vis-à-vis, et nous ne tardons pas à reconnaître qu'au-dessus de ce massif se trouve une ouverture qui doit communiquer avec l'extérieur; le travail devenant dangereux pour les ouvriers, nous attaquons cette ouverture par le haut. Tout ce caveau I et ses chambres présentent un sol formé par le roc; nulle part il n'y a trace de béton ni de crépissage.

«Au caveau X, nous abandonnons le couloir qui conduisait à la porte; il tourne un peu vers le nord-est; le sol est un plan incliné, comme nous l'avons déjà dit. La paroi nord-est, formant le fond du caveau, était percée de deux portes; l'une à l'ouest, servant d'entrée à une petite chambre, l'autre à l'est, servant d'ouverture à un four, sur la paroi est duquel nous trouvons un trou qui a été pratiqué pour arriver à une cavité tellement encombrée de terre, que nous ne pouvons encore y rien reconnaître. Dans le sol, vers le milieu du caveau, est creusée dans le roc une fosse large et profonde, qui renfermait, avec des ossements, une grande quantité de clous et d'anneaux de fer; il y avait aussi plus de soixante petits vases de terre cuite de diverses formes et de diverses grandeurs. Au sud du grand puits à eau IX, nous reconnaissons deux fosses : celle qui touche la fosse occupée par le bassin et l'escalier n'est point encore débarrassée de la terre qu'elle contient; celle qui est au sud-est est coupée parallèlement à sa longueur par un mur de grosses pierres, formant à l'ouest une fosse, dont le fond est creusé par une espèce de gouttière de 40 centimètres de largeur sur autant de profondeur. Le mur de grosses pierres repose sur la terre, et n'a point de fondements

---

[1] Je possède des dessins de ces fragments faits par M. Gaillardot. — E. R.

[2] M. Waddington, d'après la forme de ces lettres, pense que le caveau doit dater d'environ un siècle après le commencement de l'ère chrétienne. — E. R.

solides, ce qui exclut l'idée d'un bassin. La fosse qui est au nord de cette dernière ne peut point non plus avoir été destinée à recevoir de l'eau, car elle n'est séparée du bassin que par un mur assez misérable, qui certainement n'aurait pu résister à la pression de l'eau.

«Au caveau viii, nous déblayons les fosses en commençant par la gauche en entrant. Ce qui s'offrit d'abord à nous, ce fut une petite chambre carrée, en face de l'entrée de laquelle se trouvait une fosse peu profonde, qui avait été fouillée, ainsi qu'un tombeau élevé à la surface du sol au moyen d'un petit mur de pierres, dans le fond de la chambre, parallèlement à la fosse. Cette chambre était fermée par un mur; ses parois étaient nues et n'offraient aucune trace de crépissage.

«Le troisième four de ce même caveau était fermé par un mur de pierres. Dans le sol était creusée une fosse peu profonde, recouverte par une couche de béton d'environ 50 centimètres d'épaisseur, supportant deux fours formés par des dalles placées de champ et formant cloison, en supportant d'autres dalles posées horizontalement. Tout cet appareil était pour ainsi dire noyé dans une épaisse couche de béton, ce qui n'a pas empêché les spoliateurs de tout briser. Quelques-unes de ces dalles, qui servent à former les cloisons et le dessus des fosses, sont des débris de la porte de pierre, de laquelle nous avons parlé plus haut.

«Au fond du puits rectangulaire, ouvert au sud-est du caveau v, nous rencontrons une petite porte carrée donnant entrée sur une petite chambre pareille à celle du puits voisin, caveau v. Seulement la chambre de ce dernier était creusée dans la petite paroi de l'ouest; celle-ci est creusée dans la paroi est. Cette chambre est très-irrégulièrement et très-grossièrement taillée : elle paraît ne point être entièrement terminée. Sur la paroi est règne, à 1 mètre du sol, une espèce de banquette, taillée du roc, sur laquelle se trouvaient une grande lampe en terre cuite (*seradje*) et les débris de deux vases de formes particulières. Des saillies du roc existent, surtout à gauche en entrant, sur la paroi nord et sur la moitié de la paroi est : sur la première, on remarque le commencement d'une niche carrée de 50 centimètres de côté; les coups du ciseau sont encore très-visibles; ils forment une rainure perpendiculaire.

«Deux ou trois blocs rectangulaires couvrent le sol de la moitié nord : ce sont probablement des débris résultant du travail exécuté pour creuser le caveau iv. Le sol de la partie sud est formé par des dalles recouvrant, comme dans le caveau v, deux fosses larges et profondes. Sur la surface extérieure de ces dalles, reposaient trois squelettes placés la tête vers l'est; les os tombaient en poussière dès qu'on les touchait. Ces squelettes étaient placés sur le dos, les mains jointes sur la partie inférieure du ventre, sans aucune trace de linceul ni de bière : les deux premiers que nous rencontrons, en entrant, appartenaient à des adultes; nous n'avons pu reconnaître leur sexe. A droite, au fond du caveau, était celui d'un enfant de dix à douze ans. Dans les os des mains, nous trouvons une petite statuette en faïence bleue, égyptienne, à tête de cynocéphale, qui s'est brisée dès que je l'ai touchée, mais dont j'ai gardé soigneusement les fragments. Dans la terre qui supportait la tête, le cou et le haut de la poitrine, nous trouvons une petite statuette d'argent, très-altérée, mais représentant distinctement une divinité égyptienne; elle était munie, entre les épaules, d'un anneau qui servait à la suspendre. Nous trouvons, en outre, un petit ornement en or, représentant l'œil symbolique; un autre ornement en argent, représentant deux feuilles, dont les pédicules, se croisant, forment un anneau; une petite pièce de monnaie indéchiffrable; un morceau d'ivoire en forme de dé à coudre, mais n'offrant qu'une très-petite cavité; un fragment cylindrique de plomb oxydé, terminé par un cône peu saillant et mousse, probablement un phallus; enfin un collier, dont les diverses parties dispersées n'ont été retrouvées qu'avec beaucoup de peine et en lavant soigneusement la terre : ce sont des grains en or, des grains en verre bleu mat, imitant la turquoise; d'autres grains en verre, de diverses couleurs; des grains en agate, ronds, octaédriques ou irréguliers. L'ornement qui formait le centre de ce collier était très-élégamment travaillé : c'était une sorte de cœur en or, dont la partie saillante était découpée par des vides, séparés par des cloisons peu épaisses et très-régulières; ces vides étaient remplis par des onglets d'agate rouge, dont nous avons retrouvé plusieurs débris dans la terre[1]. Nous ramassons dans la terre, ou plutôt dans le sable sur lequel reposaient les squelettes, un assez grand nombre de grains noirs très-durs, ressemblant aux *lapilli* des terrains volcaniques; cela nous fait présumer que ce sable a été apporté d'une autre contrée, peut-être d'Égypte. Nous trouvons encore, dans cette terre, un stylet en argent très-bien conservé. L'une de ses extrémités, terminée en massue, s'adapte assez bien au trou pratiqué dans la base du morceau d'ivoire que nous avons cité plus haut.

« *14 avril.* — Nous continuons à creuser le sol au-dessus de l'ouverture que nous avons reconnue dans le plafond du caveau II. Au caveau X, nous déblayons complétement la niche creusée à l'est dans la paroi du four de droite; nous pouvons alors, par l'ouverture que nous avions remarquée, reconnaître une chambre à laquelle on arrivait par une grande porte taillée dans la paroi sud de cette chambre : nous commençons à déblayer cette porte.

« Nous réservons pour plus tard l'examen complet du caveau VIII, et nous portons les ouvriers qui y travaillaient sur l'ouverture du caveau II. Là, le roc est déjà dénudé sur une assez grande étendue.

« Les fosses qui continuent au sud le système du grand puits à eau IX me paraissent de plus en plus extraordinaires. Aussi, malgré l'énorme quantité de terre que nous avons déjà enlevée et celle qui reste encore, je suis décidé à ne les abandonner qu'après les avoir complétement explorées. Dans celle du milieu, nous sommes déjà à plus de $4^m,50$ de profondeur, et nous ne sommes point encore arrivés au roc. Dans la dernière, au sud, à l'est du mur de grosses pierres qui la sépare en deux, nous arrivons, après $3^m,60$, au roc, que nous laissons pour agrandir la fosse vers l'est et le sud.

[1] Voir ci-après, p. 489.

CAMPAGNE DE SIDON.

« Au puits du caveau IV, après avoir enlevé toutes les grosses pierres qui encombraient le caveau, nous ouvrons la fosse de droite en entrant; elle était, comme celle du caveau voisin V, très-profonde et très-large, recouverte de dalles larges et épaisses; nous n'y trouvons que les débris du squelette d'un homme adulte, de haute stature; nous ne rencontrons absolument rien parmi ces débris. Le fond de la fosse est aussi coupé à son milieu par une banquette d'environ 40 centimètres de hauteur; mais elle est plus large que les banquettes qui coupaient les fosses du caveau V. Dans ce caveau V, la cavité destinée à recevoir les pieds et la tête du cadavre n'était remplie que d'une faible quantité de terre, et la banquette faisait une saillie très-marquée; ici, ces deux cavités des extrémités de la fosse sont comblées par des fragments de pierre et de sable, jusqu'au niveau de la banquette, pour former avec elle un plan continu. Comme je l'ai déjà dit, ce caveau était très-mal et très-irrégulièrement taillé; il est plus vaste que le premier (V); il n'a que deux fosses : celle du centre est la plus grande. La moitié du caveau qui n'est point occupée par des fosses, et ses parois, offrent encore des gradins et des traces d'un travail ayant un peu l'apparence d'une carrière. Les énormes dalles qui couvrent ces fosses proviennent de l'évidement du caveau qui présente un cachet presque indubitable d'une haute antiquité. La grandeur des fosses, la masse des blocs qui les recouvrent, ne ressemblent en rien à ce qui appartient à des époques plus récentes. Le puits qui y conduit ne laisse voir aucune trace de clôture au moyen de pierres ou de dalles comme les autres caveaux à puits rectangulaires et à grandes niches ou fours. Les longs côtés du rectangle ne présentent point, vers le fond, au niveau de la porte, les rainures que présentent les autres puits de la même forme. Il paraît que le puits était rempli de terre et vidé toutes les fois qu'on devait y déposer un cadavre. Sur la paroi d'un des petits côtés du rectangle, on remarque des entailles régulièrement creusées pour aider à descendre au fond.

« 15 avril. — Le rocher régulièrement taillé au-dessus de l'ouverture du caveau II continue à s'enfoncer; sur la paroi sud, on remarque les traces de deux cheminées analogues à celles de Gébeil (voir ci-dessus, p. 446); à une profondeur d'environ $2^m,50$, nous trouvons le roc au fond de la fosse; il paraît que nous avons mal calculé le point où nous devions creuser; nous reprenons l'intérieur.

« Au caveau X, la porte creusée dans la paroi orientale est complétement déblayée; elle traverse un épais mur de rocher. Nous enlevons, au nord, la terre qui remplit la cavité, et nous trouvons la porte du caveau que nous avions aperçue hier par l'ouverture creusée dans la paroi du four de l'est du caveau X.

« Dans les fosses au sud du puits à eau IX, nous arrivons au roc. Nous abandonnons ce point, et nous faisons reprendre le massif du sud de ces puits; plus tard, si le temps ne nous manque point, nous reviendrons à la recherche de la paroi est de ces fosses.

« Au caveau IV, nous ouvrons la seconde fosse; elle était couverte aussi d'énormes dalles, au nombre de quatre. Nous enlevons deux de ces dalles, et nous laissons en place les deux autres, pour conserver un spécimen de ce mode de sépulture. Nous apercevons tout le fond de la fosse, surtout le long des parois, garni de pierres, débris du roc dans lequel le caveau est creusé : ces pierres sont noircies et recouvertes d'une assez épaisse couche de suie ou de matières carbonisées; elles ont évidemment subi l'action du feu. Une grande quantité de fragments de charbons recouvre ce lit de pierres sur toute l'étendue de la fosse; ces charbons sont pénétrés d'humidité et s'écrasent très-facilement. Un bon nombre des fragments, les plus petits, sont restés attachés sur tout le pourtour des parois, jusqu'à environ la moitié de leur hauteur, engagés dans les anfractuosités et les petites cavités du roc, comme s'ils avaient surnagé à la surface d'une quantité d'eau dont la fosse aurait été à demi remplie. Nous ne rencontrons que très-peu de débris osseux, de très-petite dimension. Nous retrouvons quelques dents qui paraissent noircies et grillées par l'action du feu. Toutes ces circonstances nous font penser que le cadavre a été brûlé sur place, probablement sur un brasier allumé dehors et étendu sur le lit de pierres et de sable. Ce qui nous conduit à cette supposition, c'est que, ni les parois de la fosse, ni celles du caveau, ne présentent de traces de fumée, comme elles en présenteraient si le cadavre avait été brûlé sur un bûcher dressé dans la fosse. A la surface de la couche de sable, au lieu où les pieds du cadavre devaient se trouver, était un vase en terre rouge vernissée avec des figures : il paraît avoir subi l'action du feu; il ne renfermait rien. Un peu plus haut, contre la paroi sud de la fosse, étaient les fragments d'un autre vase plus petit, de forme différente, mais de la même matière, avec des peintures en noir sur un fond rouge brun.

« Dans le sable qui recouvrait le sol, nous retrouvâmes plusieurs fragments d'un stylet en cuivre; un miroir rond du même métal, une portion du manche en os ou en ivoire de ce miroir; enfin une grande quantité de petits grains allongés, percés d'un trou comme ceux d'un collier; mais le grand nombre de ces grains (plusieurs milliers) écarte l'idée d'un collier; ils formaient peut-être la frange d'un vêtement; ils paraissent composés d'une matière terreuse, quelquefois très-dure encore, d'autre fois très-friable, tantôt d'un gris cendré très-foncé, tantôt d'un bleu ressemblant à du bleu de Prusse. Quelques fragments de la même substance, et un morceau d'une autre, aussi très-friable, mais verte, se retrouvèrent parmi les pierres ou attachés à des fragments d'un os long; enfin, dans le sable et parmi les pierres, nous trouvâmes un assez grand nombre de fragments de poterie grossière brisée, qui paraissent avoir appartenu à des jarres à eau. La banquette du fond de la fosse est moins large et moins élevée que celle de la fosse voisine; le sable et les pierres qui remplissaient les cavités des deux extrémités avaient mis au même niveau tout le fond de la fosse. Il paraîtrait que cette fosse a été creusée longtemps après la première, et que le cadavre avait été placé sur un brasier de charbon étendu à la surface de la couche de sable et de pierres, et que, quand il a été presque entièrement consumé, le brasier aurait été éteint et noyé par une assez grande quantité d'eau apportée dans des jarres, que l'on aurait ensuite brisées et jetées dans la fosse.

« *16 avril.* — Plusieurs ateliers sont placés à l'est et au sud, autour des puits des caveaux IV et V, et du caveau III, dans des tranchées commencées il y a quelques jours, et abandonnées lors de la découverte du caveau VIII. Nous reprenons là des gradins creusés dans le roc et entourant une cavité remplie de terre. L'un de ces ateliers, au sud-ouest, rencontre une assez grande étendue de roc taillé très-régulièrement.

« Au puits du caveau IV, nous continuons à chercher le fond sans le trouver encore.

« Au caveau X, nous avons achevé de déblayer le caveau où l'on arrive par une porte creusée dans une paroi de roc parallèle à la paroi nord du principal caveau. Nous trouvons deux fosses peu profondes, parallèles; nous faisons continuer le long de la paroi de rocher pour chercher une nouvelle ouverture.

« *17 avril.* — Continuation des travaux dans tous les ateliers; rien de nouveau. À l'atelier sud de l'entrée du caveau III, nous rencontrons une cavité carrée d'environ 4 mètres de côté, et de 80 centimètres ou 1 mètre de profondeur, creusée très-régulièrement dans le roc : ce n'était qu'une carrière.

« Au caveau IV, nous continuons à déblayer le puits; nous trouvons que le fond est occupé par une fosse. Nous n'arrivons point encore au fond de la fosse; les dalles qui ont dû la recouvrir étaient, l'une jetée au milieu de la fosse, deux autres debout, appuyées contre la paroi ouest du puits; une quatrième était encore dans le caveau, des parois duquel elle a dû être extraite; il est probable que cette fosse n'avait point encore servi.

« *18 et 19 avril.* — Pluie, pas de travaux.

« *20, 21, 22, 23 avril.* — Suspension des travaux à cause des fêtes de Pâques.

« *24 avril.* — Nous reprenons les travaux sur tous les points; nous établissons trois ateliers sur la limite sud du terrain; à l'angle sud-est, nous ouvrons deux larges tranchées.

« *25 avril.* — Continuation des travaux sur tous les points : au puits du caveau IV, nous reconnaissons que la fosse qui forme le fond du puits n'avait point encore servi; elle était remplie de sable composé par les débris du roc; elle ne renfermait aucune trace d'ossements.

« *26 avril.* — Au caveau X, nous reconnaissons qu'à l'est de la paroi entaillée dans le roc, un autre caveau, ouvert comme le premier à sa partie supérieure, s'étendait parallèlement : nous travaillons à enlever l'énorme masse de terre qui l'encombre.

« Au caveau I, nous parvenons à déblayer en partie le puits qui y conduit; il est beaucoup plus long et plus large que les puits des caveaux voisins; dans la paroi ouest, nous arrivons à une porte carrée, placée en face de celle qui donne dans le caveau I; elle nous conduit à un caveau identique pour la forme aux caveaux que nous appelons phéniciens; chambre presque carrée au centre, présentant, sur les trois parois opposées et latérales à la porte, des fours creusés dans le roc. Ici les fours sont plus hauts, plus larges et plus profonds; ils sont aussi plus irrégulièrement taillés que ceux des autres caveaux. Le second four, à gauche en entrant, creusé dans la paroi sud du caveau, oblique un peu à l'ouest, et s'étend plus profondément que les autres fours, en formant une sorte de couloir, dont le fond est fermé par une cloison de pierres assez volumineuses et assez régulièrement placées. L'aspect de ce caveau rappelle celui où ont été trouvés les deux sarcophages en marbre blanc, à têtes, dont l'un a été vendu au Louvre par M. Pérétié, et dont l'autre est devenu la propriété de M. Abela. Cette circonstance nous décide à faire vider complètement le caveau, quoiqu'il ait été certainement violé depuis longtemps, et malgré l'énorme quantité de terre qu'il contient.

« La grande fosse que nous creusons en suivant des parois de roc régulièrement taillées, parallèlement au couloir occupé par l'escalier du caveau VIII, cette grande fosse nous présente dans toute sa partie nord, sur plusieurs points, le roc régulièrement taillé en gradins. Le tiers sud s'enfonce; il est séparé des deux tiers nord par un rebord d'environ 30 centimètres de large et de 20 centimètres de saillie. Au sud de ce rebord, le sol s'enfonce et forme un puits dont la paroi orientale est munie de trous, qui ont servi autrefois à descendre au moyen d'une corde. Au bas de cette paroi est creusée une petite porte en forme de pylône, donnant entrée à un petit caveau; un mur de pierres régulièrement placées fermait cette porte. Le sol du caveau VI était couvert d'une couche d'environ 40 centimètres d'argile, noire, très-humide; les parois étaient aussi couvertes d'une couche de la même substance à demi desséchée, comme si pendant longtemps cette cavité avait été remplie d'eau qui aurait déposé sur les parois et sur le sol la boue qu'elle contenait en suspension. Il est difficile de croire que cette argile soit le produit du suintement de l'eau chargée de matières terreuses, car l'eau qui suinte à travers de pareilles masses de rochers est ordinairement très claire, et la couche d'argile est trop uniformément répandue sur les parois verticales du caveau et du puits, à l'exclusion du plafond, qui ne présente rien. Cette couche aurait-elle été étendue par la main de l'homme sur ces parois avant la clôture du caveau? Les pierres qui en fermaient l'entrée étaient aussi séparées par la même substance, servant de mortier.

« Dans les autres ateliers nous rencontrons le roc sur plusieurs points. Des fosses y sont creusées, en général dirigées de l'est à l'ouest. Dans l'une d'elles, peu profonde, nous trouvons quelques débris d'ossements et deux bouteilles en verre bien conservées; malheureusement le goulot de l'une se détache quand nous la tirons de terre : nous trouvons aussi des débris de cuivre ayant formé la serrure et l'armature d'un petit coffret.

« 28, 29 avril. — Pluie qui nous empêche de travailler dans les ateliers à ciel ouvert; je me contente de continuer les travaux de déblai du caveau I; nous nettoyons complétement plusieurs des fours, et nous trouvons partout le roc. Dans le four de droite de la paroi située en face de la porte, nous reconnaissons une fosse creusée dans le roc, mais déjà vidée : nous n'y découvrons rien.

«*30 avril.* — Au caveau I, nous continuons à déblayer les fours et le sol; partout se présente le roc. A l'angle nord-ouest de la chambre centrale, nous rencontrons, dans une fosse creusée dans le roc du sol, un sarcophage en terre cuite; le couvercle, brisé, est enfoncé dans l'intérieur, qui paraît n'avoir point encore été fouillé; nous y trouvons des débris d'ossements qui nous semblent avoir appartenu à une femme, et deux petites fioles en verre intactes; la cavité était remplie de sable, débris du roc.

«Au caveau VI, nous enlevons une couche d'environ 40 centimètres d'une argile noire et très-tenace : sur deux points, nous reconnaissons dans cette argile très-humide les débris de deux cadavres, dont il ne reste plus d'un peu solide que quelques fragments de fémurs; les autres os sont complètement réduits en bouillie. Dans l'argile qui recouvrait le cadavre de droite en entrant, nous trouvons une petite statuette d'argent représentant probablement une divinité égyptienne : elle est très-altérée; une autre petite statuette en faïence bleue d'Égypte, un Typhon (?), dont nous ne pouvons avoir que le corps, car il tombe en poussière, et la tête n'a pu être conservée; trois autres fragments d'argent informes; un œil symbolique en faïence bleue très-altérée; une petite bague en argent, forme d'anneau, très-grossière; enfin un morceau de fer oxydé en forme de pointe. Dans l'argile qui contenait les ossements des deux cadavres et les objets que je viens de citer, nous trouvons les débris de plusieurs kholkhals en cuivre, appartenant à un adulte et à un enfant : deux ou trois sont encore intacts; il y en avait quatre grands et quatre petits. Sous la couche d'argile que nous enlevons, le sol est formé par quatorze longues dalles recouvrant deux grandes fosses semblables à celles des deux caveaux IV et V, fosses de grandes dimensions coupées à leur milieu par une banquette taillée dans le roc. Au milieu du sommet de la paroi du fond, nous remarquons un trou fermé par des pierres et de la terre; nous en enlevons une partie et nous arrivons à une cavité remplie d'une terre tellement dure, que nous ne pouvons l'entamer; nous verrons plus tard s'il y a lieu d'y revenir.

«Au caveau X, nous continuons à déblayer la chambre à laquelle on arrive par une porte taillée dans le mur de rocher. Le sommet de la paroi est de cette chambre présentait une banquette rentrante, qui a dû servir probablement à soutenir de longues dalles ou des poutres formant le toit. Dans la terre que nous enlevons, nous trouvons plusieurs fragments de lames de cuivre très-minces[1]; l'une d'elles représente une tête de lion analogue aux six masques trouvés dans la nécropole d'Eschmounazar et emportés à Paris par M. Rey; seulement celui-ci est beaucoup plus petit. En déblayant le sol du caveau X, au pied de la paroi nord, qui est taillée en pylône supportant une voûte,

---

[1] «Le même endroit fournit des débris de feuilles d'or. Ces feuilles d'or et de cuivre étaient probablement destinées à être collées sur les yeux et les autres ouvertures du cadavre.»

nous rencontrons trois fosses creusées dans le roc; elles sont assez larges, assez profondes, mais plus courtes que la longueur d'un homme; elles renfermaient un assez grand nombre de vases en terre cuite, plus ou moins intacts; l'un d'eux, d'une forme plus élégante que les autres, est beaucoup plus grand.

«Nous distribuons le reste des ouvriers sur quatre ateliers que nous établissons à l'angle sud-ouest du terrain pour fouiller le massif qui sépare le caveau III de la route; nous rencontrons le roc sur une grande étendue; sur un des points de ce roc, nous trouvons une petite fosse remplie de terre et de quelques débris d'ossements. Un petit pendant d'oreille en or, un petit bracelet très-mince en argent, l'anse en cuivre d'un coffret, sont les seuls objets que nous y rencontrons.

«1er mai. — Dans le caveau I, nous continuons à examiner les fosses et le sol; partout nous ne voyons que le roc. Le four de l'angle sud-ouest, comme nous l'avons déjà dit, est un couloir arrivant à une porte murée; nous découvrons des marches au moyen desquelles on descendait à ce couloir, dont le sol est plus bas que celui du caveau.

«En enlevant la terre qui nous cachait encore la paroi ouest du grand puits carré dans la paroi est duquel est creusé le caveau VI, nous reconnaissons que les constructions qui formaient la porte et le seuil par lesquels on arrivait à l'escalier du caveau VIII reposaient, pour environ un tiers de leur largeur, sur une espèce d'arc formé de grosses pierres placées sur la terre qui remplissait le puits carré; ces constructions, et par conséquent le caveau VIII, sont donc de beaucoup postérieures au creusement du puits et de ses caveaux. M. Waddington, qui place le caveau VIII à un siècle environ après l'ère chrétienne, pense que le puits et ses caveaux doivent remonter au moins à 500 ou 600 ans auparavant.

«Nous déblayons la niche de gauche de la paroi du fond du caveau VIII, et nous reconnaissons qu'elle était formée par deux fours superposés, l'un creusé dans le roc sous le sol, l'autre au-dessus, séparé du premier par trois larges dalles provenant de la porte en pierre blanche dont nous avons déjà trouvé des fragments, le tout empâté dans une masse de ciment mêlé de pierres et de briques ou débris de poterie. Ce ciment a acquis une telle dureté, que ce n'est qu'avec la plus grande difficulté que nous parvenons à l'entamer; cependant ces fosses ont déjà été violées, et ce n'est que pour en retirer les fragments de la porte que nous les démolissons. Cette porte est-elle plus ancienne que le caveau qu'elle a dû servir à fermer? Probablement non; elle paraît n'avoir pas servi, et a dû être brisée avant d'avoir tourné sur ses gonds, car le pivot en pierre que nous avons remarqué à un de ses fragments ne présente aucune trace d'usure ni de frottement.

«Nous reprenons une grande fosse creusée dans le roc, située dans l'espace compris entre les caveaux I, II, III, XII, XIII.

«Dans l'un des ateliers de l'angle sud-ouest, au sud-ouest de deux espèces de piliers de rocher faisant saillie au-dessus du sol, nous arrivons à un rocher taillé à pic, au pied duquel nous trouvons une ouverture très-irrégulière; nous reconnaissons une vaste chambre carrée, tellement encombrée de terre jusqu'à son plafond, que c'est avec beaucoup de difficulté que nous pouvons suivre deux de ses parois dans un espace laissé libre par cette terre.

« Nous transportons les autres ateliers qui occupaient ce point, à l'ouest du caveau XVII, à la limite du terrain.

« Au caveau X, rien de nouveau.

« *2 mai*. — Dans le caveau I, les fours et le sol ont été complétement examinés, et partout nous avons trouvé le roc. Le couloir de l'angle sud-ouest descend, par plusieurs marches, à une assez grande profondeur, en se rétrécissant; nous ouvrons la porte qui ferme son extrémité, et nous trouvons un autre couloir paraissant bien taillé dans le roc, se dirigeant vers le sud-est, et faisant avec le premier un angle d'environ 45°.

« Au grand puits carré du caveau VI, nous découvrons la paroi ouest, et nous apercevons le mur muni d'entailles pratiquées dans le roc pour aider à la descente. En face de la porte du caveau VI, nous rencontrons une petite porte conduisant comme l'autre à un petit caveau carré assez régulièrement taillé; le sol est couvert aussi d'une couche assez épaisse d'argile noire et humide, et les parois du caveau sont revêtues d'une couche d'argile à demi desséchée. Le caveau qui n'avait point été violé était fermé par un mur de pierres régulièrement placées[1].

---

[1] « Pendant le mois de septembre, nous revenons à ce caveau, que nous examinons avec soin, et nous reconnaissons ce qui suit. En entrant, on remarque à droite et à gauche de la porte une assez grande quantité de terre relevée contre les parois nord et sud. Dans la terre de gauche, nous ne trouvons absolument rien; le cadavre avait été placé sur le sol. Ce sol était recouvert, à la partie occupée par le dos et les cuisses, de gros galets arrondis, formant une banquette, au delà de laquelle la tête et les jambes devaient pendre, comme dans les fosses des caveaux du même genre. Cette terre s'élevait à plus de 1 mètre en talus contre la paroi. A droite, la même disposition avait été prise pour placer le cadavre, qui nous a paru être celui d'une femme; quelques fragments des os étaient turquoisés; le tibia droit était encore passé dans un gros kholkhal en cuivre, et le pied reposait sur un miroir du même métal; une tasse, aussi en cuivre, se trouvait près de ce pied. Nous trouvons, dans différentes régions du squelette, les bijoux suivants : 1° une spirale de quatre tours en fil d'or, arrondi et ayant 3 millimètres de diamètre; 2° deux spirales, formées l'une de cinq, l'autre de sept tours, d'un cordon plat d'argent, ayant 3 millimètres de largeur sur 1/2 millimètre d'épaisseur : elles se trouvaient à la place où les pieds reposaient et doivent avoir servi à orner les orteils; 3° une bague de forme très-ancienne, en argent; 4° un petit scarabée en faïence blanche; 5° un grain en forme d'olive, agate (?); 6° un bijou ovale, agate montée en or, probablement formant le milieu d'un collier, dont nous avons trouvé plusieurs grains en agate et de petits cylindres cannetés en argent; 7° un fragment de bague en argent, forme très-antique; 8° un petit bijou destiné à être suspendu, en argent, forme de cachet, agate; 9° plusieurs fragments d'argent; 10° un stylet en cuivre, court, épais, formant à la partie supérieure une sorte de trèfle; 11° un petit cylindre (phallus?) en plomb oxydé; 12° deux petits ornements, formés chacun de trois grains d'or soudés sur les côtés et percés; 13° un sceau de forme égyptienne, en argent, portant un scarabée en agate rouge, à la base duquel sont gravées quatre têtes, dont l'une parait représenter une femme, et les trois autres des guerriers coiffés du casque égyptien. L'or de ces bijoux parait d'un mauvais titre. Le sol du caveau était creusé de trois fosses assez irrégulièrement placées et recouvertes, comme celles des autres caveaux, de

«Au sud-ouest du caveau III, nous avions rencontré hier une ouverture conduisant à une vaste chambre; nous continuons à la déblayer de la terre qui paraît y être tombée par une ouverture pratiquée au plafond.

«A l'ouest du caveau XVII, nous arrivons à une paroi verticale de roc taillé; nous la suivons en descendant.

«Au caveau X, nous trouvons, dans la terre qui obstruait la chambre parallèle au caveau, deux bouteilles en verre intactes; partout le sol et les parois ne nous présentent que le roc. Nous abandonnons ce caveau, et nous reportons les ateliers, devenus inutiles, à l'angle sud-est du terrain. Le grand couloir de ce caveau, autrefois recouvert en voûte, a été taillé dans le roc sur 7 mètres de longueur, 4 de largeur et 5 de profondeur.

«*3 mai*. — Continuation des travaux sur tous les points : rien d'important.

«*5 mai*. — Au fond du couloir 6 de l'angle sud-ouest du caveau I, nous reconnaissons que nous avons affaire à un puits rectangulaire analogue à ceux qui servent à descendre dans les caveaux phéniciens. Rappelons que, dans une niche du caveau I, avait été pratiqué un couloir de 4 à 5 mètres, s'enfonçant sous terre par des marches très-bien taillées. Le fond du couloir était obstrué par de gros blocs, lesquels fermaient une porte régulièrement taillée. Nous sommes parvenus, après de grandes difficultés, à enlever ces pierres, et ainsi nous avons atteint le puits dont nous parlons, lequel est semblable à ceux qui donnent accès aux caveaux où l'on a trouvé les sarcophages à tête. Il faudrait enlever 8 mètres de terre pour déblayer le puits, en commençant par la surface. Comme, d'un autre côté, il serait dangereux de continuer à travailler par le fond, à cause de l'éboulement des terres, je fais garnir le plafond de poutrelles ainsi qu'on le fait dans les galeries des mines. En enlevant la terre, nous ne tardons pas à trouver un énorme quartier de roc (2 mètres de haut, 1^m,50 de long, 60 centimètres d'épaisseur), taillé en forme de mur, qui remplit presque entièrement le puits, et a dû être précipité là du haut : nous le faisons étayer avec des traves, afin de pouvoir enlever la terre qui le supporte, le faire ensuite basculer et découvrir ainsi les parois du puits qu'il nous cache. Nous sommes persuadés, en effet, que, dans la paroi opposée à celle par laquelle nous sommes entrés, nous trouverions une porte de caveau. Nous creusions depuis environ deux heures, quand, à une profondeur d'environ 60 centimètres de la base du fragment de rocher, à 8 mètres du sol, nous rencontrons une dalles longues et épaisses. Celle du milieu présente une banquette à son centre; le fond des deux autres est plan. Les cadavres, dont les ossements sont très-mal conservés, étaient déposés sur une couche d'environ 20 à 30 centimètres d'argile noire. Tous, ceux des fosses comme ceux de l'extérieur, avaient la tête tournée à l'est. Dans la fosse de droite, nous ne trouvons qu'un petit scarabée en faïence très-altérée, un instrument en cuivre, d'usage inconnu, et un petit pendant d'oreille en argent. Dans la fosse du milieu, il y avait un collier de grains d'agate et un petit pendant d'oreille en or, d'un travail assez grossier. Dans la fosse de gauche, nous ne rencontrons que les fragments d'un gros kholkhal en cuivre.»

nappe d'eau claire et limpide, qui nous force d'abandonner ce puits pour le moment. C'est probablement la même nappe d'eau que celle qui alimente tous les puits de la nécropole et qui s'étend à travers la couche de sable sur laquelle repose le banc de grès calcaire de nouvelle formation, dans lequel est creusée cette nécropole, et qui forme une côte en retrait, parallèle à la côte existant aujourd'hui. Cet incident nous contrarie beaucoup. Qui sait si, à une certaine hauteur dans le puits, il ne se trouve pas un caveau comme celui où l'on a découvert les sarcophages?

«Continuation des travaux dans tous les autres ateliers; nous en établissons deux nouveaux pour faire des tranchées transversales à celles que nous avons faites au commencement des travaux à l'est des caveaux XI et XVIII.

«6, 7, 8, 9, 10, 12, 13 mai. — Nous continuons les travaux sur tous les points sans rencontrer rien d'important. Nous avons enlevé une grande masse de terre, soit par des tranchées, soit par des fosses, dans le triangle à l'ouest des caveaux XIV et XVII, à l'extrême angle ouest du terrain acquis; nous trouvons, à une profondeur de plus de 5 mètres, de gros blocs de rocher entassés et recouvrant une cavité obstruée elle-même par de grosses masses de pierre: cette cavité paraît être le reste d'un caveau dont le plafond s'est effondré; il est dangereux d'y travailler, car la portion qui reste de la voûte de ce caveau est elle-même fendue et menace de s'écrouler. Nous devons donc l'abandonner pour le moment, quoiqu'il y ait probabilité d'y trouver quelque chose, dans le cas où l'éboulement aurait eu lieu avant l'époque de la violation et de la destruction des sépultures; il nous faudrait trop de temps et de dépense. Au nord de ce point, nous avions attaqué l'extrémité ouest d'un couloir qui part de l'entrée du caveau XVII. Nous avions reconnu là une paroi de roc à pic, percée d'un trou pratiqué accidentellement, et nous pensions arriver par là à un nouveau caveau. Après avoir enlevé par ce trou une grande quantité de sable et de pierres, une partie de la paroi de rocher s'éboula et nous empêcha de continuer; il nous fallut abandonner ce point.

«À l'atelier situé au sud-ouest, caveau XV, nous avons enlevé une énorme quantité de terre et nous reconnaissons une vaste chambre, à laquelle on arrivait par deux puits rectangulaires, dont l'un, le premier découvert, offre la direction générale du puits des caveaux phéniciens, de l'est à l'ouest; l'autre, placé à peu de distance, forme un angle droit avec le premier. Toute la partie qui les sépare et presque toute la voûte se sont écroulées; aussi nous devons travailler au milieu d'énormes blocs de rocher enterrés dans une grande masse de terre sablonneuse. Cette cavité paraît avoir été formée par plusieurs chambres, dont l'aspect rappelle tout à fait le caveau où ont été trouvés les deux sarcophages en marbre, à tête, présentant les cheveux relevés en couronne, dans la section ouest de la nécropole. De plus, à un point où nous atteignons le sol du caveau, nous trouvons le bord d'une fosse rectangulaire de grande dimension. Je fais donc continuer à déblayer.

«À un atelier placé à l'ouest de l'entrée du caveau III, nous ne rencontrons qu'une grande fosse de 6 mètres environ, carrée, et de plus de 5 mètres de profondeur; elle est régulièrement taillée, mais ne nous présente encore aucune entrée. Nous avons le malheur d'y perdre un ouvrier, écrasé sous un éboulement de terre et de pierre.

«Nous commençons une tranchée à l'extrême angle nord du terrain; nous ne rencontrons encore qu'une grande quantité de pierres, qui ont dû servir à des constructions, le fond d'un sarcophage en mauvaise pierre blanche, et une meule de pressoir de la même pierre.

«14, 15, 16, 17, 19, 20, 21, 22, 23, 24 mai. — Toutes ces journées ont été consacrées à travailler sur deux points : le premier est le grand caveau xv, caveau fort intéressant, atteignant en quelques endroits 8 mètres au-dessous du sol, ne ressemblant à aucun de ceux que nous avons rencontrés jusqu'à présent. C'est une sorte de catacombe, qui paraît fort ancienne, un assemblage de chambres groupées autour d'une ouverture rectangulaire, comme celle des caveaux phéniciens, mais dirigée en sens opposé, c'est-à-dire nord-sud au lieu de l'être est-ouest. Il n'y a pas de niches. Le plafond de toutes ces chambres, contiguës les unes aux autres, s'est éboulé à une époque assez reculée, et ce n'est qu'avec beaucoup de difficultés et beaucoup de travail que nous pouvons, à l'aide de la mine, débarrasser, des masses qui l'encombrent, la vaste excavation qui résulte de cet effondrement; cependant je crois qu'il ne faut point l'abandonner, car si, comme tout me porte à le croire, la voûte s'est écroulée à une époque antérieure aux violations, nous avons chance d'arriver à quelque chose d'important. La première chambre dans laquelle nous découvrons le fond se trouve à une profondeur de 6^m,50 au-dessous du sol. Deux fosses, arrondies vers la tête, y sont très-grossièrement et très-irrégulièrement creusées, dans le sens du caveau, la tête au nord, les pieds au sud. Nous trouvons, dans chacune d'elles, un miroir circulaire en cuivre, et dans celle de l'ouest (fosse b, chambre 1), nous rencontrons, mêlés au sable qui la remplissait, les objets suivants : 1° une larme en verre blanc; 2° un grain de collier en verre bleu; 3° une pièce de monnaie en cuivre, très-épaisse, mais indéchiffrable; 4° un petit disque en cuivre, percé d'un trou qui a dû servir à le suspendre; 5° douze statuettes en faïence bleue d'Égypte, très-altérée et très-friable, de 15 à 30 millimètres de hauteur, représentant des divinités égyptiennes; 6° quatre petits animaux, de la même matière, couchés dans l'attitude du sphinx, plus ou moins fantastiques, de 10 millimètres de hauteur sur 12 de longueur; 7° un scarabée; 8° un petit ornement (phallus?) : ces derniers objets sont percés de trous et devaient former un collier; 9° une bague en fer, forme chevalière; 10° un petit vase, d'une forme très-élégante, dont l'embouchure seule est un peu brisée. Mais ce qui est le plus intéressant, c'est

une portion de mâchoire supérieure de femme, présentant les deux canines et les quatre incisives réunies par un fil d'or; deux de ces incisives paraissent avoir appartenu à un autre sujet et avoir été placées là pour remplacer celles qui manquaient.

«Cette pièce, trouvée dans un des caveaux les plus anciens, prouve que l'art du dentiste était assez avancé à Sidon; elle prouve aussi que le scorbut de terre, si commun aujourd'hui à Saïda, existait déjà autrefois.

« A l'ouest de cette chambre s'en trouve une autre, séparée seulement de la première par une saillie qui a été brisée, et qui résultait probablement d'une cloison qui aura été détruite. Cette chambre, dont le sol est plus élevé que le sol de la première, présente aussi deux fosses parallèles à celles de la chambre 1 : la fosse d renfermait un miroir en cuivre, ainsi que quatre clous, dont deux grands et deux petits, en cuivre. La fosse c ne renfermait rien, pas même des débris d'ossements; il paraît qu'elle n'avait point encore servi. Dans ces fosses, qui n'étaient point recouvertes de dalles et dans lesquelles le cadavre était véritablement enterré dans le sable, nous ne trouvâmes aucun débris qui pût nous faire croire que le corps était renfermé dans une bière.

«Au sud de ces quatre fosses, le sol plus élevé, presque au niveau de celui dans lequel sont creusées les fosses c, d, était comme tout le reste du caveau, recouvert d'une énorme quantité de terre et de gros blocs de pierre, probablement débris de la voûte écroulée; nous sommes obligés de les mettre en morceaux, au moyen de la mine, pour arriver au roc. Là nous trouvons, dans la couche de sable qui le recouvre, des ossements qui paraissent avoir appartenu à plusieurs cadavres; nous y rencontrâmes aussi un stylet en cuivre, deux miroirs en cuivre, un petit pendant d'oreille en or et un vase en terre cuite ayant deux anses près du col, et ressemblant beaucoup aux vases qui sont encore aujourd'hui employés à contenir de l'eau. Nous trouvâmes aussi dans la terre, à plus de 1 mètre au-dessous du sol, une lampe d'une forme particulière, à bec plus allongé, et présentant, autour du trou à huile, deux amours tenant une guirlande très-frustes, mais cependant mieux travaillés que les figures qui ornent les autres lampes. Cette lampe est-elle ici à sa place, ou plutôt n'est-elle ici qu'accidentellement? Nous l'ignorons.

«Le second point où nous avons travaillé activement est la région à l'est des quatre caveaux XXII, XXIII, XXIV, XXV, formant ce que nous appelions, l'année dernière, la grande catacombe.

«Trois tranchées ont été pratiquées là, perpendiculairement à celles que nous avons ouvertes à l'est des caveaux XVIII et XI. Dans les deux dernières, vers l'est, nous ne rencontrons que le roc; dans celle qui longe la limite est de la grande catacombe, nous trouvons au niveau du caveau XXIV, deux bassins carrés, placés tous deux sur la même ligne nord-sud. Le premier de ces bassins n'a pas plus de 37 centimètres de profondeur au-dessous du sol, sur $3^m,74$ et $4^m,15$ de côté; il est pavé d'une mosaïque de petits cubes blancs, assez régulière. Il est séparé du second, dont le sol est plus bas de 10 centimètres, par un mur de pierres, percé, au milieu, d'un trou de 8 centimètres de diamètre, par lequel le liquide placé à sa surface pouvait s'écouler et gagner un puits de 2^m,20 de diamètre, placé au centre du bassin sud. Ce puits a 1^m,68 de profondeur, et présente au fond deux autres cavités concentriques, cylindriques comme lui, l'une de 87 centimètres de diamètre sur 32 centimètres de profondeur; l'autre a 28 centimètres de diamètre sur 15 centimètres de profondeur. Sur les parois de ce puits, qui, comme celles des deux bassins, étaient recouvertes d'une couche de ciment encore intacte, se trouvent deux entailles qui servaient à y descendre. Il était rempli, quand on le découvrit, de débris de mosaïques.

« Ce système de bassins ne pouvait servir qu'à la fabrication du vin, car la mosaïque formant le plan sur lequel devait être pressée la matière destinée à produire le suc que devait recevoir le puits, la mosaïque, dis-je, n'aurait pu supporter l'effort et le poids de la masse nécessaire à l'extraction de l'huile des olives. C'est un fait assez intéressant de retrouver ici, sur la lisière de la nécropole d'une grande ville, la même association de tombeaux et de pressoirs que nous retrouvons dans les campagnes du Beled Bescharra. La présence de cet établissement, celle des gros blocs en auge, débris de sarcophages, celle de la meule, et enfin l'abaissement du rocher qui descend en falaise abrupte vers le nord-est, sous une épaisse couche de 3 ou 4 mètres de terre végétale, d'un aspect tout différent de celle qui recouvre le sol de la nécropole; toutes ces circonstances me font croire que nous sommes arrivés ici à la fin de la nécropole du côté de la montagne.

« Au sud du bassin à puits circulaire, nous trouvons une vaste fosse rectangulaire creusée très-régulièrement dans le roc et séparée du bassin par un mur de 73 centimètres de largeur, duquel il ne reste plus que deux assises. A la paroi nord de cette grande cavité, ainsi qu'à l'ouest, existent des banquettes taillées régulièrement. A l'est de la seconde chambre du caveau x, en donnant la dernière main à une ancienne tranchée, nous rencontrons une espèce de bassin presque quadrangulaire, bien taillé dans le roc. Dans la terre qui le remplissait, nous découvrons un fer de flèche, en cuivre, bien conservé. C'est la seule arme que nous ayons trouvée jusqu'à présent.

« 26, 27, 28, 29, 30, 31 mai. — Pendant ces six jours, les travaux ont continué sur les mêmes points que la semaine dernière.

« Nous continuons à déblayer le pressoir ainsi que la grande fosse taillée dans le roc qui l'avoisine et y fait suite. Nous reconnaissons que cette fosse était, ou une carrière plus régulièrement taillée que les autres, ou le commencement d'un travail dont il serait impossible de reconnaître la destination. Nous découvrons une autre mosaïque à l'est de la première, à environ 10 mètres sur la limite du terrain; partout ailleurs, aux ateliers du nord-est, nous ne trouvons que le roc; nous les abandonnons.

« Au grand caveau xv, nous continuons à enlever, avec trois ateliers doubles, la terre qui remplit la chambre 3. Le sol, mis à nu, nous montre une fosse e à l'angle sud-est. Nous recueillons dans cette fosse, qui était remplie de sable : 1° un miroir en cuivre; 2° neuf clous en cuivre, dont trois ont 22 centimètres de long, trois autres ont de 15

CAMPAGNE DE SIDON.

à 16 centimètres, et enfin les trois derniers ont seulement 11 centimètres; ces clous étaient placés aux angles. A l'ouest de cette fosse s'étend une autre cavité carrée, peu profonde, que je regarderai comme une sorte de fosse commune, sur le sol de laquelle étaient déposés les cadavres recouverts seulement d'une faible couche de sable. Nous trouvons dans ce sable, et dans la terre qui le recouvrait, parmi une grande quantité de débris d'ossements, les petits objets suivants, plus ou moins bien conservés : 1° plusieurs petits vases à parfum, en albâtre; 2° deux fragments d'un petit vase rond, en ivoire; 3° une boîte cylindrique, terre noire vernissée, liséré et chacal peints en rouge, sur le couvercle; 4° un autre vase à pied, sans couvercle, même matière, en très-mauvais état; 5° une paire de pendants d'oreille en argent, une autre plus petite, un anneau et un bouton en argent, aussi très-oxydés; 6° un petit talisman triangulaire en agate rouge; 7° un petit pendant d'oreille en or; 8° plusieurs petites pièces de monnaie en cuivre, très-mal conservées; 9° des fragments de verre, des larmes et des grains de la même matière; 10° une petite cuiller en cuivre; 11° un petit bracelet en cuivre et divers fragments du même métal; 12° enfin trois statuettes en terre cuite. La première, presque intacte, paraît être un Typhon; l'un des bras porte un bouclier, l'autre bras manque. La seconde, presque intacte aussi, représente une femme, et est moins bien conservée. La troisième, brisée en plusieurs fragments, représente une femme coiffée d'une sorte de béret, duquel s'échappent des tresses de cheveux.

«Le 31 mai, en enlevant le reste de la terre qui recouvrait la partie sud de la fosse commune *f*, nous reconnaissons une ouverture pratiquée par effraction dans la paroi sud de la chambre 3, et nous entrons dans une petite chambre d'abord, puis dans un immense caveau de 10 mètres de long, dont la porte, taillée en plein cintre, est à l'extrémité opposée de celle par laquelle nous sommes entrés. La partie de ce caveau par où nous y entrons est une petite chambre carrée de $2^m,60$ de côté; le roc qui forme le sol est recouvert d'une couche de 30 centimètres de sable, mêlé d'ossements bouleversés; nous y trouvons trois monnaies qui paraissent romaines. Le caveau, qui a environ 3 mètres de largeur sur 10 de longueur (caveau xvi), paraît n'avoir point été achevé; sa paroi nord-ouest n'offre que deux fours près de la porte d'entrée; la paroi sud-est en a cinq; ils étaient fermés par des murs de grosses pierres et ont tous été bouleversés. Dans un d'eux, nous rencontrons, avec des débris d'ossements et de poterie brisée, plusieurs fragments de barres de fer, d'un diamètre de plus de 6 centimètres, sur 20 ou 30 de longueur. Parmi les pierres qui recouvrent le sol du caveau, nous trouvons aussi un gros cippe en forme de colonne tronquée, reposant sur un cube; il a environ 60 centimètres de haut et ne porte aucune inscription, aucun ornement. Ce caveau, dont les fosses sont très-larges, très-profondes, très-bien taillées, paraît être d'une époque très-postérieure à celle du caveau xv; l'ouverture par laquelle nous y sommes entrés a probablement été pratiquée par ceux qui ont violé le caveau xvi, ou peut-être même par ceux qui l'ont creusé; les uns ou les autres, reconnaissant par le choc des outils une cloison peu épaisse, l'auront brisée, mais n'auront pu aller plus loin, arrêtés par l'énorme masse de terre qui encombrait le caveau déjà effondré.

« Deux faits résultent pour moi de l'examen de ce que nous avons déjà étudié de ce caveau : le premier est le mélange d'objets paraissant grecs d'origine avec des objets importés d'Égypte. L'existence d'objets grecs ne prouve nullement qu'un tombeau soit grec, quand il n'y a pas d'autres preuves plus évidentes. Les Phéniciens, qui voyageaient partout, pouvaient rapporter des îles grecques des ustensiles, des objets de toilette, des objets de culte, tout aussi bien qu'ils en rapportaient d'Égypte. Le second fait qui, je crois, n'est pas sans importance, c'est l'existence d'un assez bon nombre de cadavres déposés sur le roc, sans bière et sans fosse, et de quelques autres placés dans des fosses remplies de sable, sans dalles, ou placés sur le roc, recouvert d'une couche de sable, dans une des nombreuses niches que nous avons trouvées et où il n'y a aucun débris de sarcophages. Cela me semble être le mode ordinaire de sépulture des Phéniciens. L'usage des sarcophages pourrait bien ne pas être fort ancien, et je serais tenté de croire qu'Eschmounazar a été le premier qui se soit permis ce luxe; les autres sarcophages à tête ne seraient que des imitations de celui d'Eschmounazar, faites dans le pays, et par conséquent empreintes du type oriental mêlé à celui de l'Égypte.

« 2, 3, 4, 5, 6, 7, 10, 11, 12, 13, 14 juin. — Deux ouvriers et huit femmes continuent pendant ces deux semaines à enlever la terre qui remplit le grand caveau xv. Nous reconnaissons trois nouvelles chambres placées à côté des premières, que nous avons vidées. On peut aujourd'hui comprendre assez bien la disposition de ce caveau. Il est formé par une réunion de petites chambres placées sur trois lignes parallèles, séparées seulement par des cloisons peu élevées ou par des murs composés de grosses pierres[1]. Quelques-unes sont marquées seulement par une dépression du sol de quelques centimètres de profondeur sur environ 3 mètres carrés. Sur le sol de ces dernières, étaient étendus sur le roc, et recouverts d'une légère couche de sable, les cadavres dont nous retrouvons les débris. C'étaient des espèces de fosses communes, moins élevées que les chambres dans le sol desquelles étaient creusées des fosses. Sur le sol des deux nouvelles chambres que nous trouvons, nous rencontrons un miroir en cuivre, quelques clous, une tête en terre cuite, peinte en rouge, et coiffée d'une espèce de chapeau; un bras portant un disque; une petite tasse en terre cuite d'assez mauvaise qualité; dans la terre, à peu de profondeur au-dessous de la surface du sol extérieur, une petite monnaie romaine.

« Un mur formé à sa base par le rocher et terminé par de grosses pierres fermait à l'ouest les trois chambres 1, 2 et 3; un mur semblable bornait à l'ouest les deux

---

[1] Dans une lettre du 16 juin 1862, M. Gaillardot s'exprimait ainsi sur le même sujet : « Nous avons déjà cinq chambres, si l'on peut appeler ainsi des espaces carrés plus ou moins élevés les uns au-dessus des autres, séparés par de minces cloisons, ou plutôt par des rebords taillés dans le roc, et formant des espaces sur lesquels les morts étaient placés sans fosses ni bières. » — E. R.

CAMPAGNE DE SIDON. 477

chambres 4 et 5. Des inégalités transversales, régulièrement placées le long des parois du caveau, me portent à croire que plusieurs de ces chambres étaient doubles, je veux dire formées par deux caveaux superposés. Des deux ouvertures rectangulaires voisines, l'une conduisait en bas, l'autre conduisait en haut; peut-être est-ce en creusant la chambre supérieure que, pour avoir trop aminci le sol, on a causé l'effondrement.

«*16, 17, 18, 20, 21, 23, 24, 25, 26, 27, 28 juin.* — Un petit nombre d'ouvriers continuent à déblayer le grand caveau. Nous avançons vers le nord-est, et nous trouvons, au-dessus de la plate-forme 5, une autre plate-forme 6, un peu plus élevée que la précédente. Trois fosses y sont creusées dans le roc; elles sont grossières et irrégulièrement taillées. Dans la fosse *g*, nous rencontrons d'abord un lit de pierres assez grosses placées sur une couche de sable. Près du roc, nous découvrons une assez grande quantité d'ossements, qui paraissent avoir appartenu à des femmes et à des enfants. Nous y trouvons les objets suivants : 1° une petite bague en or, chaton présentant les vestiges très-effacés d'un animal, près de la tête duquel était une palme; 2° un fragment de bague en fer de grande dimension; 3° des clous et des fragments de fer très-oxydé, dont nous n'avons pu reconnaître ni la forme ni l'usage; 4° quelques fragments très-petits de vases de verre de diverses couleurs; 5° un miroir en cuivre; 6° un stylet en argent très-altéré. Dans les deux autres fosses *h* et *j*, nous n'avons trouvé que des pierres; pas d'ossements; elles paraissaient n'avoir point servi.

«Vers l'ouest et le nord, le caveau n'est point fini; mais il y a une telle quantité de terre et de gros blocs de pierre que, malgré l'intérêt qu'il y aurait à connaître toute l'étendue de cette espèce de cimetière souterrain, nous l'abandonnons; d'ailleurs les chaleurs sont trop fortes, et il est presque impossible de travailler à ciel ouvert.

«Pendant les mois de juillet, août, septembre et octobre, les travaux sont interrompus. Deux ouvriers seulement, et trois femmes de temps en temps, ont travaillé à déblayer complétement plusieurs caveaux, qui n'avaient été qu'imparfaitement étudiés. Il me restait à rechercher les petits objets qui pouvaient se rencontrer dans deux caveaux : l'un, en face de celui où l'an dernier nous avons trouvé les sarcophages; l'autre, du nombre de ceux où il y a des fosses largement taillées dans le roc, et dont le plancher est traversé par une banquette, en sorte que les pieds et la tête du mort pendaient dans une cavité. J'ai profité, au mois de juillet, de plusieurs jours de douleurs d'estomac, qui m'empêchaient d'écrire et de dessiner, pour aller examiner ce dernier caveau. Il est plus grand que les autres, du même type, et renferme trois fosses au lieu de deux. J'ai fait enlever, avec beaucoup de peine, les dalles qui recouvraient deux de ces fosses, et je n'y ai rien trouvé, quoique j'aie fait laver avec soin la couche d'argile dans laquelle étaient les ossements. A la surface du sol formé par les dalles, la terre sur laquelle reposait un cadavre renfermait un assez bon nombre de petits objets, entre autres un espèce d'anneau très-massif en argent, qui évidemment n'était pas fait pour être porté au doigt. Au sommet tournait un scarabée, monté à jour, en agate rouge. La face plate porte quatre figures très-petites, dont trois paraissent représenter des têtes de guerriers coiffés du casque égyptien; la quatrième figure pouvait être une tête de femme voilée. Le tout est surmonté d'un globe reposant sur un croissant. C'était peut-être un sceau, ce qui serait d'autant plus extraordinaire que le cadavre était celui d'une femme; j'espère que ces petits objets suffiront pour classer et déterminer l'époque à laquelle appartiennent ces intéressants caveaux. Il reste encore à ouvrir une fosse et à cribler un gros tas de terre qui la recouvre et qui renferme beaucoup de débris d'ossements.

«En août, les ouvriers, en enlevant les terres de la grande catacombe effondrée (xv), trouvent un rocher qui sert probablement de plafond à un autre caveau, peut-être communiquant avec le premier; il y a plusieurs ouvertures de cheminées.

«Pendant le mois de septembre, nous ouvrons le caveau vii. (Voir ci-dessus, au 2 mai, p. 469, 470, note.) Un autre jour, nous enlevons les restes de la porte en pierre blanche, servant de cloisons aux fours des caveaux, dont les premiers fragments avaient été trouvés sur le sol du caveau viii, et qui probablement, à l'origine, fut placée au haut de l'escalier de ce caveau viii[1].»

En septembre 1862, MM. Waddington et de Vogüé visitèrent les travaux de M. Gaillardot, et furent d'avis que plusieurs des caveaux découverts dans cette campagne remontent à une époque assez reculée. En avril 1863, M. Gaillardot fit encore quelques fouilles, dont voici le journal :

«21, 22, 23, 24 avril 1863. — Détournés par des opérations plus importantes, nous avions, depuis 1860, toujours remis d'un jour à l'autre l'examen du caveau xii, situé en face du xi, où nous avons trouvé, en 1861, les sarcophages à couvercles sculptés, au fond du même puits. Ce caveau paraît plus ancien que le xi; il a, comme lui, été violé, mais à une époque très-ancienne, lorsqu'on se contentait de dépouiller les morts sans briser leurs tombeaux. Il est très-grossièrement et très-irrégulièrement taillé; il était rempli d'une grande quantité de terre, débris du roc, et de grosses pierres, dont les unes, régulièrement taillées, ont dû servir à fermer l'entrée du caveau et à clore les fours, et dont les autres, en plus grand nombre et grossièrement taillées, ont été peut-être jetées là lorsqu'on a creusé le caveau xi. Les fours ne sont point réguliers. Dans le four *a* se trouvait un sarcophage carré en marbre blanc, à couvercle en dos d'âne[2]; son couvercle était jeté sur le sol du caveau avec le couvercle

---

[1] Voir notre planche XLV.

[2] De la forme de celui que nous avons rapporté au Louvre. (Voir ci-dessus, p. 427.) Cela fait trois sarcophages complets de ce genre, à Saïda, plus un autre, dont le couvercle est cassé. — E. R.

et la caisse d'un autre sarcophage de même forme, qui, très-probablement, était dans la fosse *b*. Le sarcophage du four *a* était rempli d'eau, produit du suintement à travers le roc, très-spongieux, dans lequel est creusé le caveau. Nous avons retiré de cette eau du sable, des débris d'ossements, et n'y avons trouvé aucun objet manufacturé.

« En déblayant le sol, nous reconnaissons, au milieu du caveau, une fosse de 1^m,25 de profondeur sur 1^m,70 de largeur, et 2^m,21 de longueur, parallèle à la direction du caveau, en face de la porte. La partie nord de cette large fosse est occupée par un sarcophage en marbre blanc, carré, et recouvert d'un couvercle en dos d'âne comme les deux autres sarcophages qui sont dans le même caveau. Il n'avait point encore été ouvert, et nous trouvâmes le squelette encore en place, la tête tournée vers l'est, par conséquent vers la porte du caveau. Il reposait sur une couche d'argile fendillée en plaques, offrant vers les extrémités une épaisseur de 5 centimètres, et, au centre, d'environ 2 centimètres. On dirait, par les traces marquées sur les parois de la caisse, que le cadavre a été placé dans une eau renfermant en suspension une assez grande proportion d'argile. Les parois de la caisse étaient couvertes d'un enduit brun, plus foncé à mesure qu'on se rapprochait du fond [1]. A la hauteur du cadavre, le marbre était à nu. Il y avait un peu de sable vers les pieds. Nous n'avons trouvé dans ce sable ni dans l'argile absolument rien que des ossements qui paraissent appartenir à un jeune homme de quinze à seize ans. La longueur totale de la jambe, de sa partie supérieure à la malléole, avait 73 centimètres, le fémur 41, le tibia 33.

« Une particularité assez remarquable, c'est que le couvercle du sarcophage est plus long et plus large que la caisse d'environ 7 centimètres.

« Dans la large place vacante, au sud du sarcophage, nous n'avons vu que du sable, débris du roc, quelques pierres; et vers le fond, une couche d'environ 7 centimètres de marne blanchâtre.

« Dans les fours autres que ceux où se trouvaient les sarcophages, nous n'avons rencontré qu'un peu de sable sur le roc, et, à l'entrée, des traces de clôture au moyen de pierres taillées. Ces fours sont très-irrégulièrement dessinés, tandis qu'au contraire ceux des sarcophages sont très-réguliers, plus hauts et plus larges. Il paraîtrait que ce caveau a été occupé à deux époques. Dans la première, les morts étaient placés sur le roc, recouvert d'une légère couche de sable, et les fours étaint fermés par des murs en pierres taillées; plus tard, ces fours furent ouverts, les parois de ceux qui furent destinés à recevoir des sarcophages furent régulièrement taillés et agrandis. »

---

[1] Je demandai à M. Gaillardot si ce fait ne s'expliquait pas suffisamment en supposant que le sarcophage se serait rempli chaque hiver d'une eau boueuse. Il me répondit : « Il me semble que, si l'eau dont on trouve les traces sur les parois intérieures du sarcophage était venue de l'extérieur, pendant la saison des pluies, en quantité suffisante pour amasser dans la caisse une couche haute de 15 à 20 centimètres, il se serait déposé une quantité plus considérable encore de ce liquide dans la fosse au fond de laquelle reposait le sarcophage, et nous y aurions trouvé, ou de la boue liquide, ou de la boue desséchée. Or, il n'y avait dans la fosse que de la terre intacte et qui ne paraissait pas avoir été jamais mouillée. » — E. R.

Voici l'énumération des caveaux de la région sud-est, déblayés et étudiés dans cette seconde campagne de fouilles.

Les caveaux marqués d'un astérisque ont été découverts en 1861.

Numéros.

I. Caveau phénicien, dans un four duquel s'ouvre un couloir conduisant à un puits à eau.

II. Caveau situé en face du précédent, communiquant au n° III par un escalier taillé postérieurement.

*III. Grand caveau à escalier et à double four.

IV.
V. Quatre caveaux à puits rectangulaires et à grandes fosses à banquettes transversales.
VI.
VII.

VIII. Caveau à escalier et à porte.

IX. Puits à eau, bassin et fosses adjacentes.

X. Deux caveaux à ciel ouvert.

*XI. Caveau où nous avons trouvé l'année dernière les cinq sarcophages en marbre blanc, à tête.

*XII. Caveau en face du précédent.

*XIII. Caveau où l'on descend par un puits rectangulaire et par une communication établie postérieurement avec le caveau XVIII.

*XIV. Caveau en face du précédent, sans four.

XV. Grand caveau effondré.

XVI. Grand caveau où nous sommes entrés par le caveau précédent.

*XVII. Petit caveau à l'ouest du n° XVIII.

*XVIII. Grand caveau à peintures et à escaliers, d'où, l'année dernière, nous avons enlevé les deux sarcophages à guirlandes.

*XIX. Caveau au nord du précédent, avec lequel il communiquait.

*XX. Puits à eau.

*XXI. Caveau où M. Durighello a trouvé l'année dernière, pour la mission, les deux sarcophages à têtes.

*XXII.
*XXIII.
*XXIV. Quatre caveaux formant la grande catacombe.
*XXV.

XXVI. Pressoir formé d'une plate-forme en mosaïque et d'un réservoir cylindrique.

XXVII. Mosaïque à l'est du numéro précédent.

M. Gaillardot a résumé ainsi qu'il suit ses idées sur la classification des caveaux de la nécropole de Saïda :

«Plus d'une centaine de caveaux ont été découverts et fouillés depuis une quinzaine d'années dans la grande nécropole de Sidon. Je crois qu'on peut les classer de la manière suivante, en commençant par ceux qui sont les plus simples et qui m'ont paru les plus anciens[1]. Je signalerai d'abord les caractères communs qui les distinguent des caveaux plus modernes, c'est-à-dire des caveaux de l'époque grecque et de l'époque romaine. Ces caractères communs sont : puits vertical, rectangulaire, creusé dans le roc; au fond de ce puits, sur un des petits côtés du rectangle, ou quelquefois sur tous les deux, la paroi est percée d'une porte carrée donnant accès dans le caveau[2]. C'est la même disposition que celle que l'on rencontre déjà dans les sépultures égyptiennes les plus anciennes, dans celles de l'ancien empire. Ces puits sont peu profonds en comparaison de ceux de l'Égypte, car le roc dans lequel ils sont creusés et qui est à fleur du sol n'a guère que neuf mètres d'épaisseur et repose sur une couche de sable imprégnée des eaux de la mer. Il est probable que, comme en Égypte, l'entrée de ces puits était couverte d'un édicule, d'une chapelle funéraire; mais l'état de dévastation de la nécropole, qui, depuis vingt siècles peut-être, est exploitée comme carrière, est tel, que nous n'avons jamais rencontré la moindre trace d'un monument quelconque élevé à la surface du sol.

«*Première série.* Puits verticaux, chambres de médiocre grandeur; pas de sarcophages ni de fours, ni de fosses : les cadavres étaient placés sur le sol. On en a des types dans les caveaux II, XIV, XVII, XIX, XXIII, XXIV, XXV, XXXV, et dans la partie sud-ouest du grand caveau XV. Il est probable qu'autrefois un plus grand nombre de caveaux présentaient cette disposition, mais que postérieurement on y creusa des fosses et des fours, lorsque l'usage de ce mode de sépulture fut adopté.

«*Deuxième série.* Puits un peu plus profonds que ceux de la première série; caveaux petits, taillés assez grossièrement; absence complète de fours et de sarcophages: dans chaque caveau deux ou (une seule fois) trois grandes fosses occupant toute la surface du sol. Ces fosses sont larges et profondes, très-régulièrement taillées; en les creusant on a laissé dans le roc qui forme l'aire une banquette transversale, qui la coupe dans le sens de la largeur, en sorte que les cadavres, qui ne nous ont présenté aucune trace d'embaumement ni de cercueil, y reposaient sur une légère couche de sable, avec le bassin plus élevé que la tête et les pieds. Cette disposition doit avoir été prise à dessein; car sur les dalles longues et épaisses qui fermaient les fosses nous avons retrouvé les débris d'autres cadavres placés aussi sur un lit de sable peu épais, coupé au niveau du

---

[1] M. Saltzmann, à qui M. Gaillardot a communiqué ses résultats, a été frappé de l'analogie qui existe entre nos tombeaux et ceux des anciennes villes de l'île de Rhodes.—E. R. — [2] «Cette porte était habituellement murée; elle ne s'ouvrait que pour les inhumations.»

bassin par un amas de gros galets, formant une saillie de 25 à 30 centimètres de hauteur.

«Les parois des caveaux, celles des puits et des fosses paraissent avoir été badigeonnées d'une légère couche d'argile très-fine et de couleur noirâtre[1].

«Les types de cette série sont les caveaux IV, V, VI et VII, isolés des autres et groupés sur un petit espace dans l'angle sud-est de la nécropole. Quand nous les avons découverts, ils étaient encore intacts et ne présentaient aucune trace de violation. Les puits étaient entièrement remplis de terre. Ayant pris pour base de la classification des caveaux leur plus ou moins grande simplicité, j'ai dû placer ceux-là dans la seconde série. Cependant ils pourraient bien être plus anciens ou du même temps que ceux de la première, car ils présentent un mode de sépulture tout particulier, mode qui ne se retrouve plus dans les tombeaux évidemment plus récents. Peut-être ce mode avait-il déjà été abandonné à une époque assez reculée, ou bien n'était-il pratiqué que par des étrangers ou par une classe particulière d'individus, auxquels on avait assigné un endroit isolé, séparé des autres sépultures. De plus, les objets qui ont été trouvés dans les fosses dont nous parlons, ou sur le sol, témoignent d'une haute antiquité, entre autres une statuette égyptienne et quelques autres petits bijoux d'argent qui avaient subi une complète oxydation. Dans une des fosses, se trouvaient les fragments d'un vase grec que M. de Vogüé regarde comme tout à fait archaïque.

«*Troisième série.* Puits rectangulaires; chambres un peu plus vastes que celles des caveaux précédents, mais avec des fours pour recevoir les cadavres : le caveau XII est le plus beau type de cette série, qui est la plus nombreuse. Pas encore de sarcophages.

«*Quatrième série.* Mêmes types que ceux de la série précédente : les personnages les plus importants, peut-être les chefs de famille, reposaient en des sarcophages placés dans des fours ou enfouis dans des fosses creusées sous le sol de la chambre. Quelques-uns étaient recouverts de sable.

«*Cinquième série.* Tombeau d'Eschmounazar. Ce tombeau est jusqu'à présent le seul de son espèce qui ait été trouvé en Phénicie; il présente un mode de sépulture tout différent des autres.

---

[1] «On pourrait croire que cette légère couche d'argile a été laissée sur les parois par les eaux des pluies d'hiver s'infiltrant à travers le roc; mais cela me paraît impossible pour les raisons suivantes : 1° on ne la retrouve point sur les murs des autres caveaux, dont la plupart sont situés à une profondeur moindre que ceux dont il est question ici; 2° la matière argileuse est déposée uniformément sur toutes les parties des caveaux et des fosses; il n'y en a pas sur le plafond, qui, cependant, aurait dû en retenir une plus grande quantité, si l'eau était venue d'en haut; 3° l'eau ne peut conserver aucune matière en suspension, quand elle filtre à travers une couche de roc de plusieurs mètres d'épaisseur, quelle que soit la porosité de ce roc et quelle que soit la ténuité des substances étrangères qu'elle contient. Les habitants du pays se servent quelquefois d'une plaque de 8 à 10 centimètres d'épaisseur, du grès calcaire qui forme le rocher de la nécropole, pour filtrer l'eau à boire, qui, après l'avoir traversée, est pure et limpide.» — Mais il n'est peut-être pas nécessaire de supposer que l'eau aurait filtré à travers le rocher; ce pouvait être un ruisseau bourbeux venant de l'orifice du caveau mal obstrué par les terres. — E. R.

« *Sixième série.* Je rapporterai à cette série tous les caveaux qui, par leur mode de construction, les ornements, les peintures, les inscriptions qu'ils portent, appartiennent à des époques postérieures à celles des précédents. On y descend par des escaliers; les chambres sont vastes et percées de fours qui souvent ont abrité des sarcophages dont la date n'est pas douteuse. On trouve dans quelques localités, surtout à Amrit, des caveaux auxquels on descend par des escaliers, et qui cependant paraissent dater d'une époque bien antérieure à l'époque grecque; dans la nécropole de Sidon, au contraire, tous les caveaux où ce mode d'entrée existe portent des preuves irrécusables de leur peu d'ancienneté. Les caveaux III, VIII, XVIII, XXXV, XXXVII, XXXVIII, XLI sont revêtus d'un enduit formé de mortier et de fragments de poteries qui est caractéristique; dans plusieurs de ces caveaux, l'enduit porte des peintures ou des fragments d'inscriptions sur l'âge desquelles on ne peut avoir de doute, pas plus que sur celui du sarcophage qu'ils abritent.

« Je résumerai donc ainsi la classification générale que j'ai cru pouvoir établir pour les tombeaux de la nécropole de Sidon. Cette classification ne peut porter que sur l'état actuel des caveaux et non sur ce qu'ils ont pu être autrefois. Il est possible que des caveaux de la deuxième et de la troisième série aient abrité des sarcophages qui, plus tard, en auraient été enlevés; cependant plusieurs d'entre eux, quand nous y sommes entrés, ne présentaient aucune trace de violation, et j'ai tout lieu de croire qu'ils n'ont jamais contenu que des cadavres couchés sur le sol ou dans des fours. — *Première série.* Caveaux étroits, à puits rectangulaire : fosses larges et profondes, coupées au fond par une banquette transversale, recouverte par des dalles longues et épaisses. Type : caveau n° V. — *Deuxième série.* Caveaux moins étroits, puits rectangulaire; ni fours ni fosses; les cadavres étaient placés sur le roc. Type : caveau XIV. — *Troisième série.* Caveaux plus vastes; fours abritant les cadavres; pas de sarcophages; puits rectangulaire. Type : caveau XIII. — *Quatrième série.* Même forme que les précédents; sarcophages travaillés dans le pays avec des marbres apportés du dehors. Types : caveaux XI et XII. — *Cinquième série.* Tombeau d'Eschmounazar. Plus de puits; plus de caveaux. Le sarcophage, placé en une fosse creusée dans le sol, était recouvert d'un édicule; sarcophage étranger. — *Sixième série.* L'influence grecque domine; on a abandonné les caveaux étroits, à puits rectangulaire; on en a creusé de plus vastes, souvent aux dépens des anciens, et l'on y descend par des escaliers larges et commodes[1]. »

Tous les objets trouvés par M. Gaillardot dans cette seconde campagne de fouilles sont déposés au Louvre. Pour faciliter les recherches, nous allons donner ici un classement de ces objets par caveaux. Les légères différences qu'on remarquera entre cette liste et les indications précédentes

---

[1] « On n'entend pas nier que plusieurs caveaux à escalier ne soient antérieurs à l'influence grecque; ce qu'il y a de certain, c'est que ces caveaux sont postérieurs à ceux où l'on descend par un puits. »

de M. Gaillardot, viennent de l'examen qui a été fait par nous au Louvre de ces divers objets :

Caveau xv.

Objets trouvés dans la terre qui remplissait la fosse commune f, chambre 3 :

Vase en terre cuite. — Vase plat. — Tête d'une statuette en terre cuite. — Bras d'une statuette en terre cuite, ou, selon d'autres, tête de vipère tenant un gâteau. — Pièce de monnaie romaine. — Petit pendant d'oreille en or. — Lampe sépulcrale. — Stylet en cuivre. — Petite pièce de monnaie, darique (?) — Deux boutons en cuivre. — Fragments de terre cuite. — Statuette en terre cuite (Typhon?), maintenant placée dans la salle asiatique (musée Napoléon III). — Statuette en terre cuite, maintenant placée dans la salle asiatique (musée Napoléon III). — Trois petits vases en albâtre, dont un de neuf centimètres, un autre de quatre centimètres seulement, l'autre court et large. — Cinq fragments de vases d'albâtre. — Petite boîte en terre cuite noire, dessins rouges. — Fragment d'un petit vase à pied, *idem.* — Sept fragments de clous et crochets de cuivre. — Fragment de verre. — Petite cuiller en cuivre. — Bracelet en cuivre. — Deux fragments de pendants d'oreille, argent. — Deux pendants d'oreille, argent. — Un petit pendant d'oreille, or. — Un petit anneau, argent. — Fragment de bague, argent. — Un bouton, argent. — Six monnaies de cuivre, indéchiffrables. — Petit amulette en agate, trou très-fin pour passer le fil. — Quatre grains de verre. — Statuette en terre cuite brisée en plusieurs fragments. — Trois miroirs trouvés sur le sol.

Fosse e, chambre 3.

Un miroir. — Neuf clous en cuivre.

Fosse b, chambre 1.

Mâchoire supérieure avec dents postiches. — Douze statuettes égyptiennes, faïence, formant collier. — Deux pièces de monnaie en cuivre. — Grand vase en poterie. — Deux grains de verre. — Grosse bague chevalière en fer. — Quatre miroirs. — Trois clous et un crochet en cuivre.

Fosse commune 5.

Un miroir. — Deux clous en cuivre, trouvés sur le roc.

Fosse g, chambre 6.

Trois fragments d'un stylet en argent. — Bague en or. — Fragments de vases en verre multicolore ou pâte de verre. — Fragments d'une grosse bague chevalière en fer. Vase trouvé dans le même caveau.

Caveau VII.
Fosse 3.

Fragments de kholkals en cuivre.

Objets trouvés parmi les débris d'un cadavre recouvert de terre et déposé sur le sol, le long de la paroi sud du caveau, sur les dalles qui recouvraient la fosse 3.

Vase en cuivre, brisé. — Spirale en or (?). — Deux spirales en argent. — Fragment de bague en argent. — Bague en argent. — Phallus(?), plomb oxydé. — Grains de cornaline. — Six petits cylindres creux et canelés et trois fragments, argent. — Petit scarabée en faïence blanche. — Sardoine en un chaton d'or, orné d'un rang de perles, percé de part en part; joli bijou; milieu d'un collier. — Olive en sardoine orientale. — Deux petits ornements en or, formés chacun de trois grains soudés et percés. — Sorte de cachet, argent et chalcédoine. — Sceau; argent et scarabée en chalcédoine, analogue au précédent. — Stylet en cuivre. — Fragments d'os turquoisés du cadavre recouvert de terre. — Kholkhal en cuivre, trouvé à la jambe droite dudit cadavre. — Miroir en cuivre.

Fosse 2.

Collier en cornaline, avec deux olives en sardoine orientale. — Boucle d'oreille en or, forme très-originale.

Fosse 1.

Petit scarabée en faïence très-altéré. — Petit pendant d'oreille en argent. — Instrument en cuivre.

Caveau IV.
Fosse 4.

Débris d'un ornement en grains allongés, frange ou réseau. — Miroir en cuivre. — Deux fragments d'étui en os, renfermant une matière bleue. — Fragment informe de carbonate de cuivre terreux; peut-être est-ce le fond de l'étui. — Deux dents à demi brûlées, seuls débris humains trouvés dans cette fosse. — Quatre stylets et curette en argent et en cuivre. — Un vase grec ancien avec figures. — Fragment d'un vase grec ancien à figures. — Collier de pâte de verre. — Manche de miroir en os.

Objets trouvés au point 7 avec le cadavre d'une enfant de 12 à 14 ans.

Débris de miroir. — Collier en or, cornaline et pâte de verre, et deux petites olives en sardoine orientale. — Phallus(?), plomb oxydé. — Petite monnaie en cuivre. — Stylet en argent. — Statuette égyptienne en argent. — Statuette égyptienne en faïence bleue. — Instrument en ivoire altéré, peut-être manche de stylet. — OEil symbolique en or. — Ornement (deux feuilles croisées) en argent.

Deux lampes (*séradjs*) en terre cuite. — Deux vases en terre cuite.

Caveau vi.

Fosse 2.

Fragments de plusieurs kholkhals en cuivre, grands et petits, trouvés parmi les débris de squelette étendus sur le sol.

Objets trouvés dans l'argile qui recouvrait le sol.

OEil symbolique en faïence bleue. — Fragment de statuette en faïence bleue (Typhon). — Petite statuette en argent. — Petit anneau en argent. — Trois fragments d'argent. — Fragment de fer hydroxydé brun.

Caveau v.

Deux vases. — Un kholkhal en cuivre (*fosse 8*). — Une bague en fer, trouvée près du cadavre reposant sur la banquette 4. — Une lampe.

Caveau x.

Objets trouvés dans la terre du fossé creusé à l'angle de la cour A, à l'est du caveau.

Fragments de cuivre laminé. — Masque de lion en cuivre. — Trente-six vases lacrymatoires de diverses formes et diverses grandeurs[1], quelques-uns beaux et originaux. — Vase conique trouvé dans la terre rapportée au-dessus du caveau.

Caveau xi.

Deux vases trouvés à l'est du caveau dans la tranchée. — Une lampe (*seradje*) brisée. — Petit pendant d'oreille en or, trouvé dans un cerceuil de plomb à l'est du caveau dans la tranchée.

Caveau xviii.

Trois lampes trouvées sous l'un des sarcophages du caveau.

Caveau xvi.

Trois pièces de monnaie, dont une présente le char sacré des monnaies de Sidon.

Caveau ii.

Fragment d'un petit bassin en marbre, trouvé dans la terre du caveau.

---

[1] Il y en avait au moins une centaine; on a pris les mieux conservés.

CAMPAGNE DE SIDON. 487

Objets trouvés dans les tranchées et les fosses sur divers points du sol.

Fragment de vase en porphyre (poitrine de femme drapée), trouvé dans les terrains de transport des tranchées de l'est. — Anse d'un coffret en cuivre, trouvé dans une petite fosse creusée dans le roc, à fleur du sol, près de l'angle sud-ouest de la nécropole. — Bracelet en argent, *idem.* — Petit pendant d'oreille en or, *idem.* — Deux vases en terre, *idem.* — Vase de verre, au nord-ouest du caveau I. — Fer de flèche en cuivre. — Deux disques, l'un en plomb, l'autre en pierre. — Six pièces de monnaie en cuivre. — Trois larmes de verre. — Un fragment informe d'agate. — Un fragment de vase en terre cuite, peinte en noir. — Trois fragments de feuilles d'or. — Un chaton de bague, agate, sans sculptures. — Six fragments de verre, diverses formes. — Petit vase en terre cuite, dans une fosse à fleur du sol, limite sud. — Armature d'un coffret, en cuivre, *idem.*—Quatorze bouteilles de verre de diverses formes, trouvées sur divers points. — Sept lampes sépulcrales. — Un fragment de lampe avec figures. — Dix fragments de vases trouvés dans la terre des tranchées et des caveaux (terre rapportée); quelques-uns m'ont paru intéressants à cause des ornements qu'ils portent : sans étiquettes. — Cinq fragments d'un vase trouvé dans les tranchées à l'est des caveaux. — Trente-trois fragments de statuettes en terre cuite, trouvés dans la terre rapportée des caveaux et des tranchées [1].

On voit que, dans ce nouveau butin, c'est encore l'Égypte qui domine. Plusieurs morts tenaient en main des Anubis et des objets de sainteté égyptiens. Nous signalerons comme particulièrement remarquables :

D'abord, le collier trouvé dans la fosse *b*, chambre 1, caveau XV, et formé de douze petites statuettes de divinités, en faïence bleue égyptienne. En voici l'énumération telle qu'elle a été faite au Louvre par M. Daninos et revue par M. Devéria : 1° cynocéphale (animal sacré de Thoth) debout; 2° le dieu Shu, forme d'Anher, portant le disque du soleil sur sa tête; 3° scarabée sans base; 4° lion couché; 5° statuette égyptienne en faïence représentant Touoris ou Thouëris (Apt-ouer), le dieu hippopotame, ou déesse sœur d'Osiris et de Typhon; 6° le dieu Chnouphis, à tête de bélier; 7° taureau Apis debout; 8° colonnette figurée dans le chapitre CLIX du Rituel funéraire; 9° fragment de patèque, enfant difforme, ou Phtah enfant; 10° le dieu Anubis à tête de chacal; 11° lièvre couché; 12° bélier couché, animal sacré d'Ammon-Chnouphis. — L'un des sarcophages de Palerme renfermait probablement un collier du même genre [2]. La des-

[1] La jolie tête en terre cuite, Louvre, n° 10171, est probablement de Saïda. — [2] D'Orville, *Sicula*, I, pl. B, à la p. 43.

tination de pareils colliers n'a rien de funéraire; c'étaient de simples bijoux. Les petits objets qui les composent sont modernes, peut-être assez peu antérieurs à l'ère chrétienne. Rien de plus commun sur les momies égyptiennes que des colliers de grains de verre, etc. entremêlés de figures de divinités en terre émaillée.

La petite statuette en argent trouvée dans le caveau n° IV (point 7) représente Anher ou Onouris (Nofré-toum). La statuette en faïence bleue découverte dans le même caveau représente le dieu Chnouphis, à tête de bélier. La petite statuette en argent de la fosse *b*, chambre 1, caveau XV, représente le dieu Ammon. Le culte des dieux égyptiens était public à Sidon [1].

Voici l'image de deux œils symboliques, l'un en or, l'autre en faïence, trouvés dans les caveaux IV et XV. Un des sarcophages de Palerme en contenait un tout semblable à celui des nôtres qui est en or [2].

Trois vases grecs ont été trouvés dans la nécropole de Saïda. En voici la description, telle que je la tiens de M. Frœhner :

1° «Fragment d'un vase grec, dans la fosse 4 du caveau IV (sud-est) de la nécropole; noir, pourpre et blanc, sur fond rouge. Hercule barbu terrassant le lion de Némée; de chaque côté, hommes imberbes, portant la massue (sujet neuf, ainsi traité). Décadence, vers l'époque de l'occupation romaine.

2° «Hydrie. Bacchus barbu, en tunique talaire; devant lui, des bacchantes dansant. Figures blanche et pourpre, sur fond rouge; même époque.

3° «Petit lécythe pointillé, points blancs (bord de la fosse *a*, chambre 1, caveau XV). Ces trois vases semblent provenir de Rhodes. Ils ne sont pas de fabrique sidonienne.»

Les objets en verre de Sidon se distinguent par leur finesse, le peu d'épaisseur des parois, la petitesse extrême des objets et les charmants irisages dont ils sont recouverts. Une célébrité archéologique est cet Artas de Sidon, fabricant de verre, dont le nom se retrouve tantôt en grec, tantôt en latin, sur des œuvres de sa fabrique [3]. Les petits objets en pâte de verre jaune et bleue qu'on rencontre en assez grand nombre sur tous les bords orientaux de la Méditerranée, sont considérés comme un produit des fabriques sidoniennes. Nos fouilles en ont fourni beaucoup de spécimens.

Le scarabée décrit ci-dessus, p. 477, 478, par M. Gaillardot, est une pièce très-remarquable. Le scarabée devait être mobile sur son axe. On trouve des pièces toutes

---

[1] Pour la déesse Pascht, voyez Waddington, *Inscr.* de Le Bas, III, n° 1866 c. — [2] D'Orville, *Sicula*, I, pl. B, à la pl. 43. Comp. Rosuelini, *Monumenti dell' Egitto*, pl. 17; Guigniaut, *Relig. de l'antiq.* pl. 182 et 183. — [3] R. Rochette, *Lettre à M. Schorn*, p. 228. «Sidon artifex vitri.» Pline, *Hist. nat.* V, XVII (XIX), 2. Cf. Strabon, XVI, II, 25.

semblables pour la monture du scarabée dans le musée Charles X, salle historique H¹, vitrine octogone du milieu.

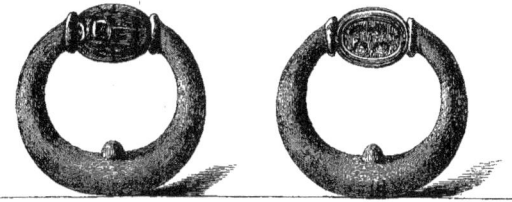

Collier (voir ci-dessus, p. 462).

Petit ornement élégant, en argent[1]; trouvé avec le squelette d'un enfant (point 7 du caveau IV). La représentation que nous en donnons est, comme les représentations précédentes, de la grandeur de l'objet.

La nécropole de Saïda fournit de très-belles lampes (Louvre, 10100 et suiv.). On est surtout frappé des grandes lampes en terre cuite, en forme de patère évasée et repliée, qui ont été trouvées sur la banquette laissée dans le roc du caveau IV, dans le ca-

[1] Je ne sais s'il faut rapprocher de cet objet un symbole fréquent sur les cippes de la nécropole de Sigus, et qui a de la ressemblance avec lui.

veau v et dans le caveau xi, d'où furent tirés les quatre sarcophages à tête. On en a rencontré de tout à fait semblables dans les tombeaux dits *des Rois* à Jérusalem (Saulcy, 2ᵉ voy. I, 357 [1]). M. Gaillardot a conservé une de ces lampes (*seradje*) avec la terre qui la remplissait. Dans une d'elles, que les ouvriers avaient vidée, l'huile existait encore au fond du vase. Les autres lampes présentent : amours tendant une guirlande; mascaron de lion (fosse commune, chambre 3, caveau xv); aigle de face, assis sur un globe et portant une palme dans son bec, non vernissée (caveau ii); autre non vernissée, lièvre courant à droite; autre, bélier à droite; trois autres de forme grosse et lourde, trouvées dans le sarcophage B de la pl. LXI; lampe chrétienne du caveau ii, croix à l'orifice du bec; lampe ornée de rameaux (même caveau); jolie lampe chrétienne (même caveau), croix occupant tout le champ du milieu, entourée d'un rang d'ovaires, deux palmes de chaque côté; fragment de lampe chrétienne, poisson.

Petite pyxis en terre cuite vernissée, noire avec dessin rouge (fosse *f*, chambre 3, caveau xv), assez joli objet :

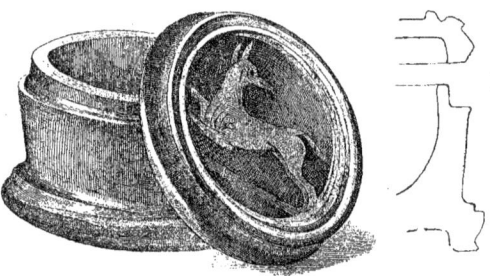

Notez aussi la petite patère en forme de salière, terre cuite vernissée (fosse commune *j*, chambre 3, caveau xv), au Louvre.

Voici les plus importantes pierres gravées ou bases de scarabées qui sont sorties de nos fouilles de la nécropole.

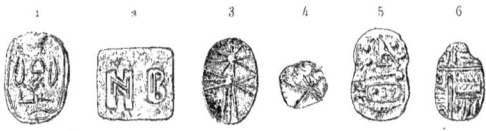

Le dessus du sceau n° 3, enchatonné d'argent, est bizarrement taillé en forme de casque. Le n° 4 est enchatonné d'une façon très-originale. M. Devéria voit dans la base

---

[1] En général, il y a de l'analogie entre les objets que fournit la nécropole de Saïda et ceux que donnent les tombeaux des Rois à Jérusalem. (Saulcy, ouvr. cité, I, p. 362, 366, etc.)

CAMPAGNE DE SIDON.   491

du scarabée n° 5, le cartouche prénom de Touthmès III, accompagné dans le sens longitudinal d'un sphinx et de deux ou trois autres caractères hiéroglyphiques :

C'est, je pense, de la nécropole de Saïda que provient une pierre gnostique dont je donne ici la notice d'après M. Frœhner : «Je vois, sur la face de l'hématite que vous avez déposée au musée du Louvre, un Amour nu, tenant dans sa main gauche abaissée un objet indistinct, peut-être le papillon psychique. A l'exergue on lit les trois lettres ΔΟΦ[1]; au revers, le mot ΝΙ|ΧΑΡΟ|ΠΛΗΞ, formé comme $ἀκανθοπλήξ$, $κεραυνοπλήξ$, etc. A mon avis, c'est un adjectif hybride, composé de deux mots, l'un égyptien ou sémitique, l'autre grec. Une hématite du cabinet de France (n° 2222) porte la même légende, $νειχαροπληξ$ et, sur la face, un foudre surmonté d'un trophée et de la lettre $χ$. Un jaspe noir de la même collection (n° 2223) se rapproche encore davantage de l'intaille du Louvre, parce qu'elle représente également un Amour tenant un objet indistinct; mais la légende, bien qu'elle soit répétée jusqu'à trois fois, est moins claire : $πληξουχα$.....; au revers, ...$αροπληξ$; et sur la tranche, ...$πληξουκταδφχαρι$. Il est inutile de réfuter les opinions de Ch. Lenormant, qui avait pris l'amour pour un ange, et qui s'était imaginé que «le sens de l'inscription, quoique «déguisé par l'arrangement, peut-être calculé, des lettres grecques, devait être *la plé-*«*nitude de la grâce.*»

Inscriptions peintes dans les caveaux :

Dans le caveau peint n° xviii, de l'époque romaine, en lettres rouges sur le stuc :

```
  ΛΤΙΙΛΛ
ΜΝΔϹΕΙϹΘ
ΤΗΡΜΕϹΗΤΡΓ
```

La première inscription est illisible. M. Waddington, visitant nos fouilles, a lu la seconde :

MNAϹΕΙϹΘΥΓΑ
THPMEϹHTOY

Voir Pape, *Wœrterbuch*, aux mots Μνᾶσις, Μνησίς, Μνασέας. Notez *Mnaséas*, ci-dessus, p. 383; *Tétramneste*, nom d'un Sidonien célèbre (Hérodote, VII, 98); conf.

---

[1] C'est peut-être le mot ΦΘΑ à l'envers. — É. R.

Corpus, 4536 e. Ces noms tirés de μνάομαι répondent à quelque correspondant sémitique. Plusieurs juifs s'appellent aussi *Mnason* (Zacharie?). Μεσήτης est nouveau comme nom propre. J'ai quelques doutes sur les deux dernières lettres de la lecture de M. Waddington.

Fragment d'inscription peinte trouvée dans le caveau VIII :

▓▓▓▓TE

[χρησ]τέ.

Caveau XXXII, tracée à la pointe sur le ciment :

Peut-être Γορπιαίου, nom de mois. M. Gaillardot lit :

ΓΟΡΤΙ▓ΔΙΟΥ
ΙΤΡΟC

Inscriptions gravées sur pierre :

Fragment de marbre, trouvé en vidant le puits du caveau XXI, petits caractères, anciens :

▓▓ΕΝΘΕΙΣΕΝΕ▓▓
▓▓ΔΟΝΘΑΝΟΝ▓▓
▓▓ΘΟΡΟΝΗΝΙΚ▓▓

Dans le K final, il n'y a de sûr que le trait vertical. C'est un débris d'une épitaphe métrique, qui pouvait être construite à peu près ainsi :

[Νυμφ]ευθεῖσ᾽ ἐνέ[ροις ἐπὶ γαίας κάλλιπον ἄνδρα·
[Αὐτὴ]δ᾽οὐ θάνον,[ἀλλ᾽.....................
.........θορον ηνι..........................

Autre fragment trouvé dans le caveau VIII, bonnes lettres :

ΣΧ

Caveau stuqué, douteuse :

ΜΕΜC

Caveau VIII, tracée sur le mortier, au-dessus d'une petite niche :

▓▓CΙΥ▓▓
▓▓▓▓▓▓
▓▓ΝΝ▓▓

Même caveau, peinte en rouge sur le stuc :

ΑΝΙ||

Fragment d'inscription trouvé dans le puits à eau, caveau IX ; cassé du bas.

ΔΙΟCΚΟΥ
ΡΙΔΗΧΡΗCΤΕ

Fragment trouvé dans le caveau VIII, bonnes lettres :

ΕΝ
ΗΓ

Autre fragment d'inscription trouvé dans le caveau VIII, bonnes lettres :

ΞΕΝ

CAMPAGNE DE SIDON.   493

Les inscriptions qui précèdent ont pu appartenir aux belles sépultures en vue desquelles furent creusés les caveaux de la nécropole. Les suivantes sont très-pauvres et de très-basse époque. Ou elles appartiennent à des sépultures faites par intrusion dans les caveaux, ou elles faisaient partie des déblais qui ont été jetés à diverses époques dans lesdits caveaux. Ainsi, dans le caveau où fut découvert le sarcophage à la grosse tête cassée (l'un des plus anciens[1]), on trouva un fragment de cippe analogue aux cippes que nous avons décrits précédemment, p. 381 et suiv. et portant en caractères tracés à la pointe et très-grossiers :

CEOYHPA
░░░░░ PE

Σεουηρὰ [χαῖ]ρε[2]. Quand même on pousserait l'invraisemblance jusqu'à supposer qu'un tel caveau a été creusé à l'époque romaine, personne ne voudra soutenir que ç'a été là le caveau de la pauvre Sévéra. Dans la *Mughâret-Abloun*, a été trouvé un autre fragment grec

ıKAI
OY

qui y fut peut-être jeté avec des déblais pour la combler, ou qui aura fait partie de quelque tombe de la basse époque qu'on y aura logée, par exemple des sépultures creusées dans le sol. Quelques autres fragments, très-mal gravés et tracés grossièrement sur des fragments de moulures antiques, IωN, etc. ainsi qu'un grand nombre des cippes décrits ci-dessus, p. 381 et suivantes, proviennent également de la nécropole de Saïda.

Un grand nombre de cippes de la forme décrite ci-dessus, p. 381, mais sans inscription et offrant dans le détail beaucoup de variété[3], ont été trouvés dans la nécropole, au fond des caveaux; presque tous sont de grès calcaire, grossièrement taillés; plusieurs sont recouverts d'un mortier, sur lequel existèrent probablement des inscriptions. Évidemment, ces cippes n'ont été mis là qu'après que la nécropole fut devenue une sorte de caveau public, où l'on déposait les cadavres, sans se soucier des sépultures plus anciennes, qui étaient sans doute déjà violées.

---

[1] Là aussi fut trouvé, dit-on, sur un morceau de marbre, un *graffito* bizarre, tracé à la pointe, que je donne ici pour ce qu'il vaut, sans me prononcer sur son authenticité. A Saïda, il y a quelquefois lieu de se défier de certaines fraudes archéologiques.

[2] Voir ci-dessus, p. 386.

[3] M. Gaillardot les a tous dessinés.

494   MISSION DE PHÉNICIE.

Notre planche XLII représente un caveau découvert dans le jardin attenant à la nécropole phénicienne, au sud de la grotte appelée *Mughâret-Abloun*, et sur le prolongement de la falaise de rocher dans laquelle cette grotte a été creusée. La pièce sculptée est la porte du caveau. Ce morceau a été transporté depuis longtemps au khan. M. de Saulcy l'a déjà donné (Premier voyage, pl. V); mais nous croyons devoir le reproduire dans l'ensemble dont il faisait partie. On remarquera à côté de Julianus les instruments de sa profession de marbrier.

L'inscription a été expliquée par M. Waddington (Le Bas, n° 1867). Mon savant confrère n'a pu bien lire les dernières lettres sur la représentation donnée par M. de Saulcy et reproduite par Le Bas. Voici l'inscription où Julianus se pose lui-même comme l'auteur du monument :

Ἰουλιανὸς ἠργάσατο τῷ β ϟ σ'

Ce n'est donc pas τῷ υἱῷ qu'il faut lire. Nous avons ici la date du monument, l'an 292, ce qui donnerait, d'après l'ère des Séleucides, 20 ans avant J. C. date trop ancienne pour le monument. Il faut sans doute compter d'après l'ère d'Antioche, ce qui donne l'an 244 après J. C. date convenable au style du monument. L'ère propre de Sidon donnerait 181 après J. C. qui va moins bien.

Le petit cippe en tête du monument n'offre de difficulté que pour la dernière ligne. Je lis :

Ἰουλιανέ
χρησ]έ
καὶ ἄλυπε
χαῖρε, ζήσα
ς αὔτη νζ'

C'est ici le seul exemple que je connaisse d'un petit cippe de ce genre faisant corps avec un grand sarcophage. M. Gaillardot me parle, dans une lettre, de trois ou quatre sarcophages (du caveau LXI, angle S. E.) en pierres blanches, longues et étroites, avec un cippe sans inscription à la tête du couvercle entre les deux oreillons. Mais je ne crois pas que ce soit la même chose. Le monument de Julianus est, du reste, le plus singulier exemple qu'on puisse citer d'un contre-sens en fait d'art. Pour modèle de porte, Julianus a pris un bout de sarcophage[1]. On trouverait à peine une pareille série d'absurdités dans les plus bizarres *sproposti* de nos marbriers de cimetière.

[1] « Quand on a découvert le caveau de Julianus, la pierre sculptée était debout contre la porte et ser- vait de clôture. Je ne me rappelle pas s'il y avait des gonds, et aujourd'hui qu'elle est encastrée dans la

Pour l'étude détaillée des caveaux de la nécropole, le beau plan dressé par M. Gaillardot (pl. LXII) et les planches de coupes LXIII, LXIV, qui en sont l'annexe, suffisent. Les autres caveaux ne font que répéter les types des caveaux dont ces planches présentent les coupes. Il est impossible, par des dessins, de donner l'idée de pareilles excavations souterraines. Notre planche XLVI représente le seul de ces caveaux qui puisse être dessiné, le caveau III, un des plus modernes[1]. Je possède encore d'autres dessins de M. Gaillardot, en particulier la vue de l'entrée du double four n° 13, dans le caveau III, la vue des deux chambres effondrées qui forment le caveau X. Ces dessins n'auraient pas tout leur prix pour les personnes qui n'ont pas vu la nécropole de Saïda. Ils sont intéressants, cependant, depuis que les caveaux qu'ils représentent ont été déplorablement saccagés. Ils seront déposés, comme toutes les archives de la mission, en lieu sûr, après l'achèvement de cette publication.

Les rochers situés au sud de la nécropole, en contre-bas de la route de Darbessine, affleurés par la terre végétale, offrent des coupes verticales, et, je crois, des cheminées analogues à celles que l'on voit à Gébeil ; il y eut là certainement d'anciennes sépultures.

Notre plan indique les parties de la nécropole qui sont la propriété de la France. Nous croyons que des recherches ultérieures y seraient inutiles. Le *Beïader* paraît aussi avoir été épuisé. En voyant les grottes dans la section sud-est tellement serrées les unes contre les autres, qu'elles ne laissent pas entre elles le moindre vide, on se convainc que le terrain de MM. Clat et Hesirâne offrirait le même réseau continu de caveaux. Quant à la partie basse à l'ouest de *Mughâret-Abloun,* M. Gaillardot est persuadé

---

maçonnerie d'un mur au khan, il est difficile de s'en assurer. Il serait possible que cette pierre eût été destinée à servir de stèle, que dans l'origine elle fût placée debout contre une des parois du caveau, et que plus tard elle ait été amenée contre la porte pour la fermer, après une première violation.« — G.

[1] Les sarcophages sont à guirlandes, comme ceux du caveau XVIII. Dans la terre qui remplissait le caveau a été trouvée une petite corniche, dont les moulures paraissent appartenir à l'époque romaine (dessins de M. Gaillardot).

qu'il n'y a pas de fouilles à y faire[1]. La nécropole finissait à la falaise. On trouve dans le terrain de cette partie basse des débris de sarcophages en terre cuite, provenant peut-être de la nécropole. Le chiffre XL de notre plan indique des caveaux taillés dans le rocher, qui avaient leurs ouvertures, au bas de la falaise, masquées par de fortes maçonneries.

Quel aspect offrait dans l'antiquité ce vaste champ de sépulture? La réponse à cette question dépend d'une autre question. Comment se fermaient les caveaux? Les caveaux à escalier étaient sans doute fermés par des portes de pierre comme celles de notre planche XLV. Pour les caveaux à puits, la chose était plus compliquée. La fermeture intérieure se pratiquait le plus souvent par des dalles qu'on engageait à une certaine hauteur du puits, et qu'on recouvrait ensuite de terre. M. Gaillardot pense que, dans quelques cas, on remplissait la fosse de terre après la déposition de chaque cadavre, sauf à déblayer, quand on avait un nouveau mort à descendre; en d'autres termes, que le puits d'entrée était ordinairement comblé et ne se recreusait qu'au moment des inhumations. La fermeture des tombes chypriotes se faisait de même par des dalles et des blocs[2]. Dans les caveaux XXIII, XXIV et XXV, où les spoliateurs étaient entrés par la grande chambre XXII, les puits se présentèrent à nous fermés par un système de dalles plus longues que l'ouverture n'était large, et placées obliquement les uns près des autres sur cette ouverture, immédiatement au-dessous de la couche de terre végétale qui recouvrait le roc (fig. 1). Le puits restait vide, et M. Gaillardot n'a pu savoir si la porte était murée. Dans quelques autres caveaux, le mode de fermeture était différent (fig. 2, caveau XI). Les portes du caveau étaient murées, et seul l'intervalle qui les séparait était vide. Au fond du puits, à quelques centimètres au-dessus de ces portes dans la longueur, de chaque côté, était

---

[1] Un terrain situé sur le bord du Barghout, dit «le terrain des oliviers,» appartient aussi à la France. Il ne paraît pas avoir d'intérêt archéologique.

[2] Voyez *Comptes rendus de l'Académie*, 8 avril 1870. Pour l'Égypte, comparez Mariette, *Notice*, 2ᵉ édition, p. 36.

une saillie de 10 à 15 centimètres (*b*), supportant des dalles au-dessus desquelles le puits était comblé par des remblais et par de la terre végétale.

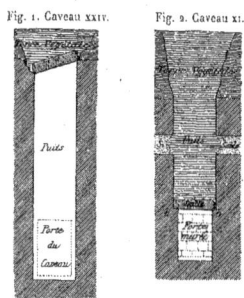

Fig. 1. Caveau xxiv.   Fig. 2. Caveau xi.

Échelle de 0^m,008 pour mètre.

Nous n'avons jamais remarqué de rainure ni de battants aux portes intérieures donnant sur les puits. A l'ouverture des puits, il n'y a pas non plus de feuillure pouvant recevoir une dalle, ni d'espace plané, ni de traces de constructions. L'entaille rectangulaire pénètre directement dans les denticules irrégulières du rocher. Y avait-il sur ces sépultures des *méghâzil* comme à Amrit? De tels monuments ne pouvaient guère se trouver que sur les caveaux à escalier. A Amrit, tous les caveaux à *méghâzil* ont des escaliers. Les caveaux à puits étant similaires des deux côtés, n'ayant pas de chevet, ne pouvaient guère avoir cet indice extérieur d'un point absidial[1]. Peut-être y avait-il sur l'ouverture un édicule comme sur l'ouverture des puits funéraires égyptiens. Le rocher plané de *Mughâret-Abloun* portait sans doute une construction pyramidale. Sidon avait probablement ses חרבות, et la plaine qu'on traversait pour arriver à ses portes n'avait pas dans l'antiquité l'aspect nu qu'elle offre aujourd'hui.

Plusieurs observations de M. Gaillardot (voir son journal, au 5 mai 1862 et aux jours suivants) prouvent, du reste, que les Sidoniens imitèrent les Égyptiens sur un autre point, je veux dire dire dans l'usage de

[1] Voir ci-dessus, p. 70 et suiv.

couler des blocs à l'ouverture des caveaux qu'on jugeait pleins, pour en défendre l'entrée contre les voleurs et les fermer à jamais à tout accès humain. On sait que la grande pyramide offre un genre d'obstruction tout semblable, et c'est, en effet, dans les parties les plus anciennes de notre nécropole qu'on retrouve l'usage dont il s'agit.

L'exploration des caveaux XXVII-XXXI avait eu lieu avant notre mission. M. Gaillardot, qui, dès cette époque, était attentif à tout ce qui concernait la nécropole, avait pris sur le résultat de cette exploration des notes dont il a bien voulu enrichir la mission.

«Après la découverte du sarcophage d'Eschmounazar, en 1855, M. Péretié, qui avait cédé ce monument à M. de Luynes, espérant découvrir les sépultures du reste de la famille de ce roi de Sidon, acheta le terrain où il avait été trouvé et y fit exécuter des fouilles. On découvrit plusieurs caveaux, entre autres ceux portant les n°^{os} XXVIII, XXIX, XXX et XXXI sur notre plan. Ces quatre caveaux communiquent entre eux et forment un groupe isolé des autres : on descendait dans chacun d'eux par un puits rectangulaire.

«Le caveau XXX n'a pas de fours : ce n'est qu'une petite chambre de 3^m,60 de longueur, sur 3 mètres de largeur; un sarcophage de marbre blanc de forme rectangulaire, sans ornements, était placé contre la paroi sud. Les caveaux XXVIII et XXIX sont petits, bas, très-grossièrement taillés dans le roc; leurs fours étaient vides; mais dans le sol du premier sont creusées deux fosses où étaient enterrés, au milieu d'une couche de sable, deux sarcophages de marbre blanc; les couvercles de ces sarcophages portaient chacun une figure offrant encore des traces de peinture, et dont les cheveux relevés et retenus au-dessus du front par un bandeau formaient au-dessus de la tête une sorte d'auréole. Deux mantelettes retombent symétriquement sur chaque épaule et laissent la poitrine découverte. Ces deux sarcophages étaient identiques; cependant un des deux, celui qui est aujourd'hui au Louvre, est d'un beau travail, probablement original, tandis que l'autre ne serait peut-être qu'une copie moins soignée, exécutée par un sculpteur moins habile.

«Le caveau XXXI est un peu plus grand et d'un travail plus soigné que les caveaux précédents. Des fours larges et profonds sont creusés dans ses parois, et sur le côté sud du puits, par lequel on y descend, on remarque deux petites chambres abritant chacune un sarcophage de marbre blanc (*a* et *b*) : c'est dans le premier de ces sarcophages que fut trouvé le crâne n° 2[1]. Au centre du caveau est creusée dans le sol une fosse large et profonde, dans laquelle était un sarcophage de marbre blanc (*c*), de grandes dimensions,

---

[1] Les crânes trouvés ont été remis à M. Broca, qui doit en faire l'objet d'un travail anthropologique.

forme rectangulaire : les parois étaient épaisses, et la tête du cadavre reposait sur une petite saillie en forme d'oreiller, laissée dans le marbre; on n'y remarquait aucun ornement, aucune figure, aucune inscription. Le couvercle, légèrement taillé en dos d'âne, avait été brisé en plusieurs fragments par une masse assez considérable de terre végétale, qui, à la suite d'un éboulement, était tombée dans le puits d'entrée et avait en partie recouvert le sol du caveau. C'est peut-être cet éboulement du sol qui préserva le sarcophage. Ce qu'il y a de certain, c'est que, si ce sarcophage a déjà été fouillé, la violation n'a pu avoir lieu qu'à une époque assez reculée; peut-être alors des chercheurs de trésors en ont-ils enlevé les matières précieuses qu'il pouvait contenir, laissant les objets de peu de valeur que nous y avons trouvés.

« Je n'étais point à Saïda quand cette trouvaille fut faite. A mon retour, environ un mois après, la personne chargée des fouilles me remit deux couffes, dans l'une desquelles était le crâne n° 1, et quelques kilogrammes de terre provenant du sarcophage c, mêlée de débris d'ossements et d'une certaine quantité de fragments d'ivoire sculpté; on y avait trouvé aussi, m'a-t-on dit, une petite boucle d'oreille d'or, que je n'ai point vue. Dans l'autre couffe, il y avait un peu de terre et le crâne n° 2. Les ossements provenant du sarcophage c étaient presque réduits en poussière; le crâne seul était en moins mauvais état que le reste. L'ivoire était très-altéré; au contact de l'air, il se délitait et se fendillait en petits fragments prismatiques. J'ai pu en retirer les objets représentés p. 500, un peu mieux conservés que les autres, et qui sont aujourd'hui dans la collection de M. de Vogüé :

« 1° (Fig. 1.) Une plaque de 73 millimètres de hauteur, sur 35 de largeur et 4 d'épaisseur; l'une des faces est lisse, sur l'autre est gravée en relief très-peu saillant une femme vêtue et coiffée à l'assyrienne, approchant de ses narines une fleur de lotus, qu'elle tient des deux mains. La longue robe qui la couvre, et qui paraît être faite d'une étoffe à larges raies, est retenue au milieu du corps par une double corde, dont les deux extrémités, tombant en avant jusqu'aux pieds, se terminent par une sorte de gland ou nœud. Les pieds sont nus; les cheveux, coupés court sur le devant de la tête, forment en arrière une masse de boucles ou de tresses.

« 2° Une autre plaque (fig. 2), de la même épaisseur que la première, haute de 116 millimètres et large de 34; sur une de ses faces, est gravée au trait une bande de 11 millimètres de largeur, encadrant une double fleur de lotus, portée par une longue hampe que retiennent deux traverses. De chaque côté de cette bande, est gravée aussi au trait, et plus superficiellement encore que ne l'est l'ornement du milieu, une série de dix petits cercles inscrivant dans leur surface un cercle plus petit et concentrique. L'autre face est lisse; sur la tranche en a est percé dans l'épaisseur un petit trou cylindrique de 4 ou 5 millimètres de profondeur.

« 3° Une troisième plaque (fig. 3), de la même largeur et de la même épaisseur que la seconde, sur 40 millimètres environ de hauteur, porte un ornement formé de deux rosaces de 22 millimètres de diamètre, au milieu desquelles s'épanouissent, autour d'un

500   MISSION DE PHÉNICIE.

petit cercle, seize rayons en forme de pétales, inscrits dans une double circonférence. L'espace de 22 millimètres qui sépare ces deux rosaces est occupé par une fleur: au-

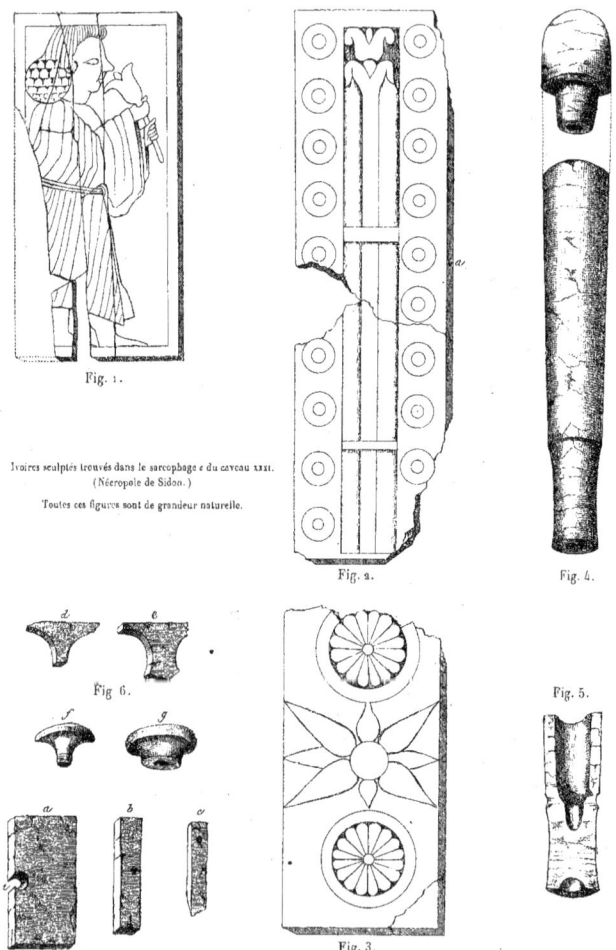

Fig. 1.

Ivoires sculptés trouvés dans le sarcophage e du caveau LXXI.
(Nécropole de Sidon.)
Toutes ces figures sont de grandeur naturelle.

Fig. 2.   Fig. 4.

Fig. 6.   Fig. 5.

Fig. 3.

tour d'un cercle de 8 millimètres de diamètre s'épanouissent huit pétales inégaux. L'autre face est lisse.

« Avec ces trois plaques, se trouvaient aussi mêlés à la terre un certain nombre de fragments, trop petits pour être conservés; quelques-uns portaient encore des traces d'ornements analogues à ceux de la plaque fig. 3. D'autres étaient lisses sur les deux faces. Peut-être tout cet ensemble formait-il autrefois un petit coffret.

« 4° (Fig. 4.) Un étui cylindrique de 93 millimètres de longueur, sur 15 d'épaisseur à la partie supérieure, et 11 à la partie inférieure, fermé par un bouchon à tête cylindro-hémisphérique; il contenait encore des traces d'une matière pulvérulente, colorée en vert par l'oxyde de cuivre.

« 5° (Fig. 5.) La partie inférieure d'un autre étui de la même dimension, séparée vers le milieu dans le sens de sa longueur par le délitage de l'ivoire, et montrant une coupe du fond de sa cavité; elle renfermait encore quelques traces d'une matière charbonneuse noire, non métallique. J'ai retrouvé aussi mêlés à la terre un assez grand nombre de fragments qui prouvent qu'il y avait dans le sarcophage plusieurs étuis autres que ceux que je viens de décrire.

« 6° Parmi les fragments d'ivoire d'où j'ai retiré les objets que je viens de citer se trouvait une certaine quantité de petits objets de formes et de dimensions diverses (fig. 6), de petites plaques, de petits prismes rectangulaires, dont l'épaisseur varie entre 2 1/2 et 6 millimètres. Les uns sont rectangulaires (*a*), de 27 millimètres de hauteur sur 13 de largeur et 6 d'épaisseur, et portent sur une de leurs tranches un petit trou circulaire *t*, régulièrement taillé. Les autres (*b*), larges de 4 millimètres, épais de 2 à 4, sur 22 de longueur, sont tout à fait prismatiques, tandis que quelques-uns (*c*), plus petits, se terminent, à l'une de leurs extrémités, en un biseau taillé seulement sur une des faces. Parmi ces derniers, quelques-uns sont percés d'un trou, comme s'ils avaient été destinés à être suspendus. Quelques fragments (*d*, *e*), peu épais, affectaient la forme d'une enclume.

« 7° Enfin plusieurs petits objets en forme de tête de clou. Servaient-ils de bouton? Bouchaient-ils de petits vases ou avaient-ils quelque autre usage? C'est ce que nous ne pouvons savoir.

« Occupons nous maintenant de l'âge du caveau et du sarcophage où ont été trouvés ces objets.

« Comme je l'ai déjà dit, le n° XXXI fait partie d'un groupe de caveaux appartenant à la quatrième série et réunis aujourd'hui par des communications dont les unes sont accidentelles et dont les autres ont été pratiquées à dessein, au moment de la construction. Les n°ˢ XXX et XXXI doivent être plus anciens que les deux autres, n°ˢ XXI et XXXI. Le premier est haut, ses fours sont larges et régulièrement taillés; le travail des parois est fini; le sol est uni, tous les angles sont parfaitement évidés à angle droit; trois chambres y ont été ajoutées. Le n° XXX n'est formé que d'une seule chambre; mais le travail des parois présente le même fini que dans le numéro précédent. Les sarcophages qu'abritaient ces deux caveaux étaient tous rectangulaires, de grande dimension, massifs, et appartenaient à la première classe, à celle que je crois être la plus ancienne; voisins l'un de l'autre, mais ne communiquant point entre eux, ces deux caveaux paraissent avoir été creusés à une même époque.

«Les deux autres au contraire, les n°ˢ xxiii et xxix, sont moins hauts et moins vastes; les fours, bas et étroits, sont irréguliers, le sol est inégal; les parois et leurs angles sont grossièrement taillés, on dirait un travail dégrossi seulement et inachevé. Ces deux caveaux ont dû être creusés à peu près à la même époque, et ils ont été réunis à dessein; car le couloir oblique qui les joint l'un à l'autre, et qui, dans chacun d'eux, remplace un four, n'aurait pas cette disposition s'il n'était que le résultat de la destruction d'un de ces deux fours existant antérieurement. Au contraire, la communication qui a été établie entre les n°ˢ xxix et xxx est accidentelle; c'est évidemment une brèche qui a été ouverte dans le fond du four du caveau, dont la forme est encore très-apparente, et qui certainement avait été creusée non pour servir de couloir, mais bien pour recevoir un cadavre.

«Quant au caveau xxxi, évidemment il a été creusé avant le caveau xxix. Le puits qui descend à ce dernier était probablement destiné aussi à donner accès à une autre chambre qui s'est trouvée placée vis-à-vis la première, en d. En creusant dans cette direction, on est tombé sur un amas de sable e; en le déblayant, on est arrivé à la paroi nord de la chambre f, qui s'est trouvée ainsi détruite. Cette chambre, aujourd'hui, est largement ouverte sur l'excavation e. Il me semble que l'inverse n'est pas possible; car, si c'était en creusant cette chambre f qu'on fût arrivé sur l'amas de sable e, on n'aurait pas manqué de combler cette excavation et de fermer la brèche que l'on avait ouverte au fond de la chambre par un mur ou par un amas de pierres; on n'aurait point laissé les choses dans l'état où elles étaient lorsque nous avons pénétré dans le caveau.

«En résumé, je crois que les caveaux xxx et xxxi ont été creusés les premiers; puis, assez longtemps après eux, a été creusé le caveau xxviii, et presque en même temps le n° xxix.

«Nous avons pu reconnaître avec assez de probabilité quelle était l'ancienneté relative de chacun de ces quatre caveaux; mais, en ne considérant que leur forme et leur mode d'exécution, il nous serait impossible de hasarder une opinion sur l'époque présumable à laquelle ils ont été creusés. En effet le type auquel ils appartiennent doit remonter à une assez haute antiquité; il a été copié sur les sépultures égyptiennes les plus anciennes, et il a continué à être mis en usage jusqu'au moment où le système des puits a été abandonné pour être remplacé par celui des escaliers.

«Les sarcophages nous en apprendront-ils davantage? Comme je l'ai dit plus haut, ceux que renfermait le caveau n° xxxi, paraissent dater d'une époque assez reculée, et, à en juger par ce qui s'est passé en Égypte, ils devraient être antérieurs à tous ceux des autres classes.

«Les petits objets en ivoire sculpté que renfermait le sarcophage c ne nous apprennent rien, et le mélange assyro-égyptien des ornements qu'ils présentent ne peut rien nous indiquer relativement au personnage qu'ils accompagnaient. Les ouvriers de Sidon étaient habiles à sculpter l'ivoire que le commerce leur procurait; ils le vendaient ainsi travaillé aux nations avec lesquelles ils étaient en relation.

«Pour pouvoir juger de l'ancienneté des fragments que nous avons trouvés, il faudrait pouvoir comparer leurs formes et les dessins qu'ils portent avec les formes et les dessins de ceux que l'on a retirés des ruines de Ninive et de Babylone, et dont les dates sont établies d'une manière assez certaine. Il aurait fallu aussi pouvoir étudier comparativement les divers modes de sépulture des Assyriens et des Babyloniens, et voir en quoi ils ressemblent à ceux de la Phénicie; mais je n'ai pu faire entrer cet élément dans l'étude que j'ai essayé de faire sur nos sarcophages. Je n'ai pu les comparer qu'aux types égyptiens. D'ailleurs il y a une grande connexion entre l'art assyrien et l'art égyptien.

«Le sarcophage d'Eschmounazar est le seul qui nous fournisse une série d'éléments suffisants pour servir de base à une discussion, et pour nous aider à lui assigner une date probable. Il serait inutile de répéter ici toutes les preuves sur lesquelles on s'est fondé pour le placer vers le milieu du VIe siècle avant J. C. Il appartient certainement à la XXVIe dynastie, Saïte.

«Ici se présente naturellement une question. Ce monument est-il antérieur ou postérieur aux monuments que nous avons trouvés dans les caveaux de la nécropole de Sidon? Je crois que la réponse n'est pas douteuse et qu'on peut le regarder avec assez de raison comme un des derniers de ce type qui ait été employé. Sans prétendre établir aucune concordance entre les dates des tombeaux de l'ancien empire de l'Égypte et celles de nos sépultures phéniciennes, je serais assez tenté de croire que les choses se sont passées en Phénicie comme elles s'étaient passées dans la vallée du Nil; que d'abord on a fait des sarcophages simples, de grosses *thecæ*, avant de penser à des œuvres plus compliquées, avant d'imiter les boites à momie et de sculpter des figures sur les couvercles. S'il en était ainsi, notre sarcophage c du caveau XXXI pourrait être un des plus anciens qui aient été trouvés dans la nécropole de Sidon.»

Deux réflexions dont il est difficile de se défendre, c'est, 1° que la seule nécropole phénicienne connue de Saïda, qui est celle que nous venons de décrire, est bien petite; 2° que les objets qui en sortent n'ont pas, en général, le caractère de haute antiquité qu'on s'attendrait à leur trouver. Si l'on devait se guider par les seules considérations archéologiques, on serait amené à dire que la nécropole de *Mughâret-Abloun* représente en moyenne une civilisation de l'époque assyrienne et achéménide. Or, avant ces époques, Sidon comptait peut-être mille ans d'existence autonome.

Comment se fait-il que ces siècles de haute antiquité soient si peu représentés dans ce qui nous reste de tombes sidoniennes? « Il me semble évident, m'écrivait très-judicieusement M. Gaillardot, que si la nécropole que nous tenons aujourd'hui n'est pas plus ancienne que nous le pensons, il doit y en avoir une autre; car Sidon était une ville plus considérable qu'Aradus, et elle devait avoir un champ des morts bien autrement vaste que celui qui s'étend entre Amrit et Tortose, champ que l'on exploite depuis des siècles et qu'on exploitera longtemps encore. » A vrai dire, cette réflexion peut s'appliquer à toute la Phénicie. La nécropole de Tortose elle-même, si vaste, donne peu de monuments d'une haute antiquité. Les traces matérielles de la vieille Phénicie, antérieures à l'an 1000 à peu près avant J. C. se dérobent avec une singulière obstination. Ces traces existent en excavations dans le roc et en petits objets; mais nous n'avons pas de *criterium* sûr pour les distinguer.

On peut ajouter que tout ce qui sort de la nécropole de Saïda offre un caractère mesquin, qui ne répond guère à ce que l'on attendait de la nécropole d'un peuple riche et artiste comme l'étaient les Phéniciens. Mais ici la réponse est facile. La nécropole fut sans cesse pillée dans l'antiquité[1], et probablement au moyen âge. Les explorations savantes y sont venues après plus de 2,000 ans de rapines. Si la nécropole de Sidon a été comme découverte de nos jours, c'est que les voleurs l'avaient tellement épuisée qu'ils la regardaient depuis longtemps comme un champ sans valeur. Tout ce que nous en avons tiré, tout ce qu'on tirera de Saïda n'est que le rebut des spoliateurs qui se sont succédé de génération en génération.

Voici quelques dessins de sarcophages en grès calcaire, grossièrement taillés et inachevés, qu'on trouve dans la nécropole. Les deux lettres A Y, qu'on voit sur l'un d'eux se lisent encore sur un autre sarcophage de la même nécropole; ces lettres sont de basse époque.

[1] Comparez ce qui se passa pour Corinthe. Strabon, VIII, vi, 23.

Ces sarcophages sont ordinairement couverts d'une simple dalle, du même calcaire que la caisse; quelquefois cette dalle, légèrement bombée

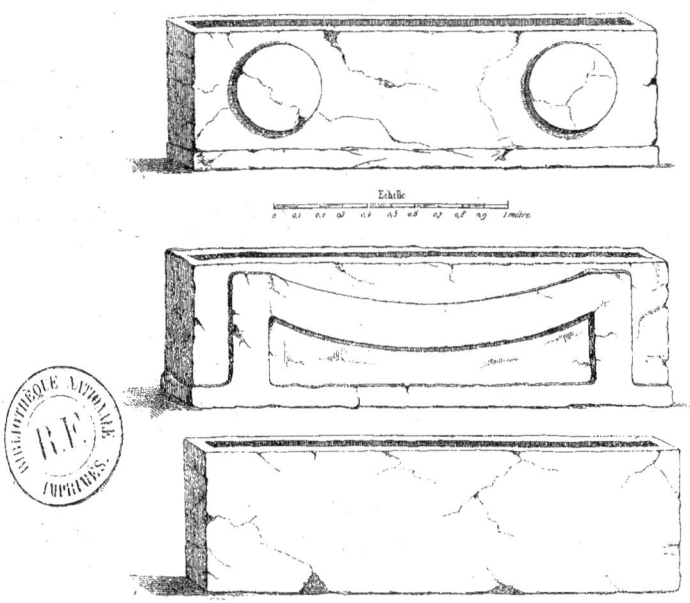

au milieu dans le sens de la longueur, porte aux quatre coins de petites saillies, grossièrement taillées en acrotères.

CHAPITRE III.

ENVIRONS DE SAÏDA.

La partie méridionale du Liban, à partir de Beyrouth, est loin d'avoir l'intérêt archéologique du Liban au-dessus de Gébeil. Les innombrables petits temples qui couvrent la montagne au nord et au sud du fleuve d'Adonis n'ont pas ici d'analogue. Il n'y eut sûrement dans la partie de la montagne qui domine Sidon aucun grand établissement, ni religieux ni profane. Les inscriptions y sont rares. Les noms latins, tels que Ghousta, et autres noms particuliers au Kesrouan, comme Aramoun, se retrouvent cependant encore dans ce pays[1].

La côte, ici comme dans toute la Phénicie, fut une sorte de ville continue. Partons de l'Awwali et dirigeons-nous vers le nord. L'Awwali est l'ancien Bostrenus. Sur l'Awwali se trouve un village de Besri ou Bisreh, au-dessous de Djezzin. Le nom du fleuve vient probablement du nom de cette localité (בָּצְרָה = Βόστρα), selon l'usage fréquent en Syrie, autrefois comme de nos jours, de dénommer le *nahr* par la principale localité qui est sur ses bords[2].

Le village d'Eulmâne (Almoun de la carte de l'état-major?) contient des antiquités. Le 10 mars 1861, M. Gaillardot m'écrivait : «Durighello arrive d'une course qu'il a faite vers le Nahr el-Aoulé. Il a vu, dit-il, près d'un village appelé Eulmâne, les restes d'un château dont les pierres seraient plus grandes encore que celles de Sayyidet el-Mantara[3]. Il a

---

[1] Voyez ci-dessus, p. 328.
[2] Voir Reinaud, *Géogr. d'Aboulféda*, II, p. 62, n. 2. Les conjectures de M. Poulain de Bossay sur le Bostrenus (*Essais de restit. d'un passage de Scylax*, p. 35-36) sont tout à fait inadmissibles.
[3] Une note qui me fut donnée par un chercheur

acheté une tête de lion, qu'on lui a dit provenir de ce château, et qu'il dit fort belle. » Le 12 mars, il m'écrivait : «Si dimanche il fait beau, j'irai voir ce que c'est que cette construction d'Eulmâne, que Durighello dit avoir vue. Il me parle d'assises de blocs énormes, en biseau, placées en retrait, près du conduit qui amène à Saïda l'eau de l'Aoulé, conduit que j'ai de bonnes raisons de regarder comme phénicien. Le lion est au khan; je ne sais trop qu'en dire; il n'a guère le cachet de l'antiquité. »

Le village de Rouméli ou Romeilé, près de là, est une localité ancienne très-importante. Sur la route qui de Saïda mène à ce village, il y a des traces de constructions en bossage et de grosses pierres équarries, qui attestent un site antique. Dans le village se voit un monument singulier. Une pierre de $3^m,60$ de long, présentant une gorge et une baguette très-accusées, repose par ses deux extrémités sur deux dés de 2 mètres de haut, et d'environ 1 mètre de largeur et de profondeur. Les deux dés sont évidés en niche à la face extérieure, et dans ces deux niches se détachent deux sculptures extrêmement frustes et sur lesquelles aucune conjecture n'est possible. La pierre horizontale est d'un style à part; elle n'est ni grecque, ni romaine, ni égyptienne pure. Elle paraît avoir été taillée sous une influence égyptienne, et rappelle les gorges profondes surmontant une baguette qu'on voit sur les linteaux égyptiens. Le monument dont elle fait partie devait être trop considérable pour qu'on puisse voir en ces particularités un simple fait d'inexpérience ou de conception bâtarde. Les trois pierres sont de la brèche calcaire du pays. En dressant des moellons à l'entour, on en a fait une étable. La pierre de $3^m,60$, qui fait maintenant linteau, n'était pas autrefois à cette place; car à sa face inférieure règne, sur toute la longueur, une mortaise de 15 centimètres de profondeur sur 20 centimètres de largeur, qui n'a pas d'objet dans la disposition actuelle des pierres.

de trésors me signala également, près du pont de l'Awwali, une grosse construction comme celle de Sayyidet el-Mantara. (Voir ci-dessus, p. 398.) Nous donnons toutes ces indications uniquement pour l'usage des futurs explorateurs, sans dissimuler la confusion qu'elles présentent ni chercher à les accorder.

Voici le dessin très-exact du monument par M. Gaillardot.

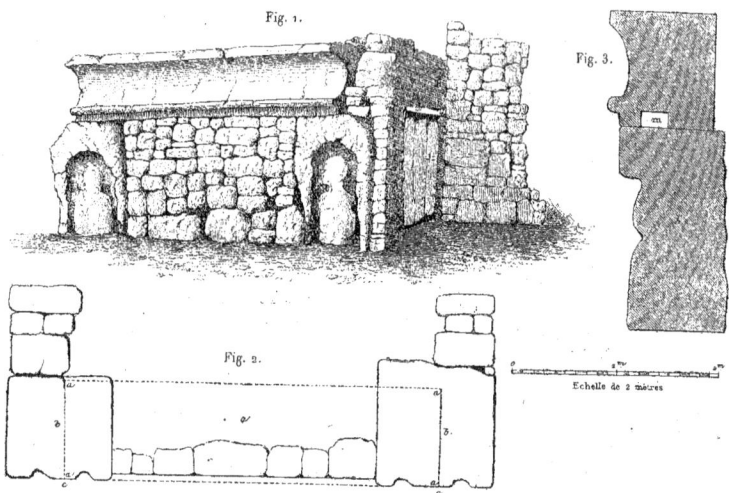

Fig. 1. Vue de la façade du monument, aujourd'hui converti en étable.

Fig. 2. Projection horizontale de la façade. — *a a*. Pierre formant linteau, reposant sur les deux piliers *b b*. A la partie antérieure, sont grossièrement sculptées les deux figures *c c*, très-effacées.

Fig. 3. Coupe verticale d'un pilier, surmonté du linteau. — *a*. Pilier. — *b*. Linteau, dans la face inférieure duquel règne d'un bout à l'autre la mortaise *m*.

Au pied du village de Rouméli est une nécropole remarquable. Elle offre une particularité que je n'ai vue que là et dans quelques grottes de Halalie, je veux parler de grosses boules, saillantes en calottes sphériques et presque en hémisphères à l'entrée des caveaux. Mes notes signalent cinq points de cette nécropole comme particulièrement intéressants : 1° le grand caveau à boules ; 2° les nombreuses boules sculptées sur le roc, au fond du ravin ; près de là un A très-fortement entaillé dans le roc ; 3° une grotte cintrée, avec une échancrure au haut, dans la vallée ; grosses boules dans un encadrement, à côté ; 4° caveau peint, près de là ; 5° grotte dans le genre d'Adloun. A l'entrée de quelques grottes se voient, je crois, des signes analogues à ceux que nous trouverons à El-Biadh, et à

CAMPAGNE DE SIDON.

l'ouverture de plusieurs grottes du pays de Tyr (cercle irrégulier, point au milieu). Les travaux dans le roc abondent de tous les côtés.

Le khan dit de Néby-Younès a été depuis longtemps identifié avec Porphyréon[1] (ܦܘܪܦܝܘܢ[2]). Les légendes prétendant indiquer le lieu où Jonas fut déposé par la baleine sont d'ordinaire la transformation de vieilles fables relatives à Persée et Andromède, ou viennent de représentations relatives à Dagon. Qu'on suppose une sculpture analogue à celle qui se voit dans Layard, *A second series*, pl. VI, ou sur une gemme assyrienne qu'on a prise à tort pour chrétienne[3], et où l'on voit un homme revêtu d'une peau de poisson, qu'il porte comme une chape, et d'où il semble sortir comme de la gueule d'un monstre. N'est-il pas naturel qu'à l'époque chrétienne on ait interprété un tel monument comme une représentation du récit biblique sur Jonas? Il y a un autre Néby-Younès au sud de Jaffa, endroit où se localisaient à la fois le mythe de Persée et d'Andromède et celui de Jonas[4]. En tout cas, ces noms de patriarches et de prophètes, adoptés par l'islamisme, dénotent toujours en Syrie des lieux de culte anciens. La substitution avait déjà eu lieu par l'action du christianisme; l'islamisme adopta cette vieille histoire sacrée fabuleuse. De pareilles fables étaient devenues, pour chaque localité, des titres de noblesse et souvent des sources de revenus. Le patriotisme local les conserva en les rattachant à des célébrités bibliques. Du reste, la fable hébraïque de Jonas venait probablement elle-même des mythes babyloniens et phéniciens où figuraient des cétacés[5]. Il n'est pas impossible qu'il y ait une parenté entre *Iôna* et *Oannès*[6].

Les dunes de Néby-Younès paraissent cacher des constructions an-

---

[1] Voy. Laborde, *Voy. de la Syrie*, livraisons 3 et 4; Saulcy, premier voy., I, p. 31 et suiv.; Robinson, II, p. 487, 488; III, p. 35; Thomson, *The land*, I, p. 95.

[2] Land, *Anecdota syr.* II, p. 27.

[3] Martigny, *Dict. des ant. chrét.* p. 519.

[4] Jonas, 1, 3; saint Jérôme, Itinéraire de Paula (voir *Rev. des Deux-Mondes*, 1er mai 1865, p. 11, 12) et *In Jon.* 1, 3; Pseudo-Scylax, p. 79 (édit. Ch. Müller).

Le khan Younès, près de Raphia, est l'antique Jenysus. Pour les *Beth Dagon* de la Bible voyez Gesenius et Ritter, index des t. XV et XVII, à ce mot; *Acad. des inscr. Savants étrangers*, VII, 1re partie, p. 162.

[5] C'est l'opinion de Rosenmüller et de Gesenius. (V. Winer, *Bibl. Realwœrt.* art. *Jonas.*)

[6] C'est l'opinion de Christian Baur. Cf. Hitzig, *Die zwölf kleinen Propheten*, p. 158 et suiv. 3e édit.

tiques. Un monticule, surtout, au bord de la mer, couvre probablement un monument qui aura arrêté le sable et formé une petite butte. Quand je passai à Néby-Younès, on venait d'ouvrir une de ces dunes pour en tirer des pierres de construction. On voyait éventrées de jolies chambres peintes, présentant des animaux, des paons affrontés, des autruches, sous de petits arceaux peints très-ornés, rappelant la disposition des canons qu'on trouve en tête des beaux évangéliaires byzantins. Alentour gisaient de nombreuses pierres couvertes de stuc et de dessins au trait. Un fragment portait en rouge les lettres

NIKACω

ayant fait partie peut-être d'une formule analogue à Ἰησοῦς Χριστὸς νηκᾷ, τούτῳ νίκα, qui accompagnent les croix byzantines. (*Corpus*, n° 8923 et suiv.; Waddington, n° 2651, 2694, etc.; De Rossi, *Bulletino*, nouvelle série, I, p. 32.) Il est évident qu'il y eut vers cet endroit une ville assez importante, dont la floraison paraît avoir eu lieu surtout à l'époque chrétienne. Je n'y ai vu de tout à fait antique qu'une colonne de granit et des carrières dans le roc.

C'est surtout à Berja ou Djié[1], localité située un peu au-dessus de Néby-Younès et depuis longtemps devenue un fief de la famille de l'émir Beschir[2], que l'antiquité a laissé des traces considérables. Ce nom de Berja, comme nous l'avons déjà dit, est un reste de Τοπαρχία (voir ci-dessus, p. 323, 326). Une assez vaste nécropole y a été découverte; des inscriptions en sont sorties; M. de Saint-Seine en a photographié les tombeaux. C'est de Berja que provient la petite stèle que voici :

AXωPICTEXPE
HCTEKAIAωPE
XAIPEZHCACE
THKZETEΛE
YTHCENHACMH
·OCΔAICIOYK·

[1] Néby-Younès, Berja, Djié, Schéhime doivent être considérés comme une seule localité archéologique. — [2] Voir Laborde, *Voy. de la Syrie*, p. 42.

Ἀχώριστε χρηστὲ καὶ ἄωρε, χαῖρε. Ζήσας ἔτη κζ', ἐτελεύτησεν ηλα' μη[v]ὸς Δαισίου κ'. L'an 238, selon l'ère d'Antioche, donne l'an 190; selon l'ère de Sidon, 127 de J. C. ce qui convient bien au monument. Sur le nom propre Ἀχώριστος, voyez Pape, *Wörterbuch*, s. h. v.

La stèle dont nous venons de parler est maintenant déposée au consulat de France à Beyrouth. Elle est carrée par le bas, cylindrique par le haut, et terminée par une couronne de lauriers, selon le type ordinaire des cippes sidoniens.

A Berja ou à Schéhîme (près de Berja), a été également trouvé un lion, en bas-relief, assis sur ses pattes de derrière, une patte de devant levée; je possède un estampage de ce bas-relief pris par M. Durighello. Une note d'un habitant de Saïda me signale aussi à Berja « deux hommes, dont chacun terrasse un lion. » Le 27 janvier 1862, M. Gaillardot m'écrivait: « Durighello me dit avoir vu de curieuses choses à Berja et à Schéhîme. Il a fait une espèce de dessin d'une porte à gros blocs en bossage, avec deux figures, dont l'une est une tête à rayon. » Le 12 février 1862, il m'écrivait encore : « J'ai entendu parler dernièrement de ruines assez considérables formées de gros blocs en bossage, situés à Schéhîme, village au-dessus de Berja et de Néby-Younès. C'est là que se trouve la porte que Durighello m'a signalée. »

Les fouilles de notre mission inspirèrent à la veuve de l'émir Beschir, demeurant à Berja, une sorte d'émulation, dont l'objet, il faut bien le dire, était moins de trouver des antiques que de rechercher de prétendus trésors. Ces fouilles amenèrent de curieux résultats. Le 1ᵉʳ mars 1863, M. Gaillardot m'annonça la découverte d'une mosaïque très-bien conservée, trouvée à Néby-Younès. Le 16 mars 1863, il m'écrivait :

« Il y a une vingtaine de jours, Daoud-Pacha, gouverneur du Liban, étant venu voir les fouilles qu'il fait exécuter à Néby-Younès en société avec la veuve de l'émir Beschir, me fit avertir, et j'allai passer une journée avec lui. La mosaïque est très-bien conservée, mieux que celle de Kabr-Hiram. Elle a 7ᵐ,41 de longueur sur 4ᵐ,60 de largeur[1]. Elle a dû servir de pavé à une petite église, où il n'y avait ni piliers ni chœur séparé comme dans les églises grecques.

[1] La mosaïque de Berja couvre, par conséquent, un peu moins du quart de celle de Kabr-Hiram. — E. R.

« En voici la forme à peu près :

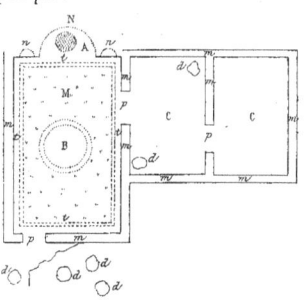

« *mm*, murs de peu d'épaisseur et formés de pierres de petite dimension; *pp*, portes; CC, chambres; M, mosaïque; A, inscription; *nn*, deux petites niches pratiquées dans le mur, ne descendant pas jusqu'à terre comme la niche N, sur le sol de laquelle se trouve l'inscription écrite en petits cubes rouges sur un fond bleu. La mosaïque est aussi formée d'un fond blanc à petits cubes, parsemé de petites fleurs rouges; elle est entourée d'une torsade *t*, de diverses couleurs, semblable à celle que nous avons trouvée à Djébeil, à l'ouest de la grosse tour. Au milieu, en B, cercle formé par une torsade analogue à la première, et au centre duquel se trouve dessiné une sorte de vase dont la forme est assez difficile à décrire. Au-dessous de ce vase est une perdrix; de chaque côté, à la partie supérieure, un paon, et au-dessous un animal (chien, loup ou renard). Ce qui est assez remarquable c'est que la mosaïque pose sur un rocher dans lequel sont creusées des cheminées *dd*, dont plusieurs, vidées, n'ont pas conduit à plus de deux mètres de profondeur; là elles se terminent en cul-de-sac. »

Le 30 mai 1863, M. Gaillardot m'apprit que Daoud-Pacha, avec une générosité digne de tout éloge, faisait cadeau de la mosaïque à l'Empereur, pour le musée Napoléon III, et s'était entendu à cet égard avec la princesse. L'enlèvement de ce beau monument n'a pas encore eu lieu. La mosaïque, recouverte de sable, est en attendant confiée à la garde d'un poste établi à Néby-Younès pour surveiller la route. Le 20 juillet, M. Gaillardot m'écrivait encore ce qui suit :

« Je tâcherai de m'arranger avec la vieille princesse et surtout avec Daoud-Pacha pour fouiller auprès de la petite mosaïque. A mon second voyage, j'ai remarqué dans la paroi nord de la petite chambre dont elle forme le pavé, une porte qui pourrait bien donner sur une église plus grande, qui elle-même serait pavée de mosaïque. J'ai communiqué cette idée à un prêtre arménien assez instruit qui habite chez la princesse, et il m'a dit que cette supposition avait déjà été faite par des voyageurs anglais qui avaient visité la mosaïque quelques jours auparavant. Un grand trou dans le sable nous apprendrait bien vite à quoi nous devons nous en tenir. »

Voici le calque de l'inscription de la mosaïque, tel qu'il m'a été transmis par M. Gaillardot.

ΕΙΗΝΗΤΟ
ΗΟΙΚΟΔѠΜΗΣΙΣ
ΕΠΙΤΟΥΜΑΚΑΡΙΟΤ
ΑΒΒΑΣΑΒΑΤΙΟΥΚΑΙ
ΠΕΤΡΟΥΜΗΝΙΟΠΑΝΗΜΟ
ΙΑΣΓ. ΤΟΥΕΣΧΕΓΗΝΗ
ΤΟΔΕΚΕΗΨΗΦѠΣΕΠΙΤ
ΘΕѠΦΙΛΧΑΒΚΕΡΜΗΜ
ΠΗΡΙΤΙΟΥΙΔΣΡΤΟΥ
ΕΞΧ

Ἐγήνητο
ἡ οἰκοδόμησις
ἐπὶ τοῦ μακαριοτ(άτου)
Ἀββᾶ Σαβατίου καὶ
Πέτρου, μηνὶ πανήμου
ιδ´?? τοῦ εξχ´. Ἐγήνη-
το δὲ κὲ ἡ ψήφωσις ἐπὶ τ(οῦ)
Θεωφιλ(εστάτου) Χαββὲρ, μηνὶ
πηριτίου ιδ´?? τοῦ
εξχ´

La notation des jours du mois est bizarre. Je ne comprends pas les deux lettres qui suivent le quantième ΙΔ. La notation de l'année n'est pas moins singulière. Les deux nombres ne diffèrent que par les chiffres des dizaines. Ce chiffre est ξ dans le second cas. Dans le premier cas, il semble que ce soit ϟ = 90. Mais l'οἰκοδόμησις n'a pu avoir lieu après la ψήφωσις. Entre les deux opérations, l'abbé fondateur avait eu le temps de mourir, comme l'indique l'épithète μακαριότατος, et d'être remplacé. Force est donc de supposer que, dans le chiffre des dizaines de la première notation d'années, on a omis sur la copie un trait horizontal supérieur, et qu'il faut lire εξχ′. Mais alors une nouvelle difficulté s'élève; car le mois de *panemos* vient dans le cours de l'année après le mois *peritios*. Il est probable que le trait horizontal, omis dans le premier nombre, aura été mis en trop dans le second, si bien que le premier nombre serait εξχ′, le second εξχ′. L'*οἰκοδόμησις* serait alors de l'an 665 et la ψήφωσις de l'an 695. Il est bien clair que cela ne peut être supputé d'après l'ère des Séleucides; une pareille inscription ne saurait être du IV° siècle. D'après l'ère d'Antioche, on obtient 617 et 647. D'après l'ère de Sidon, on aurait 584 et 554, ce qui est au mieux. Nous verrons, en effet, qu'il est difficile de supputer la date de la mosaïque de Kabr-Hiram d'après l'ère d'Antioche. En tout cas, les deux mosaïques sont tout à fait contemporaines; les deux inscriptions offrent des ressemblances qu'il est inutile de relever.

Le nom de l'abbé sous lequel a été faite la ψήφωσις est tout à fait douteux. Faut-il le rapprocher de l'Ἄββαρος tyrien, de Ménandre (dans Jos. *Contre Apion*, I, 21)? Σανβάτιος se retrouve dans le *Corpus*, n° 8912. Une chose hors de doute, c'est qu'un grand monastère existait au VI° siècle à l'endroit où la mosaïque a été trouvée. Porphyréon produisit, en effet, un célèbre cénobite syrien, ܒܪ ܨܘܡܐ, qui paraît, par les circonstances de sa vie et notamment par les persécutions qu'il souffrit des samaritains, avoir vécu vers le commencement du règne de Justinien[1].

Nous montrerons plus tard l'importance de cette mosaïque pour dater celle de Kabr-Hiram. Des personnes très-versées dans les antiquités chrétiennes ont voulu séparer dans l'ouvrage de Kabr-Hiram, d'une part, l'inscription, qu'ils supposent postérieurement ajoutée, et qu'ils rapportent au VI° ou au VII° siècle, et, d'autre part, le travail de la mosaïque, qu'ils placent au IV° siècle. Des difficultés matérielles s'opposent à cela, comme nous le montrerons en son lieu; dès à présent, on entrevoit une grave objection. En effet, la mosaïque de Néby-Younès se présente dans des conditions identiques à celle de Kabr-Hiram; comme celle de Kabr-Hiram, la mosaïque de Néby-Younès est toute profane par ses sujets; il faudrait donc supposer aussi qu'à Néby-Younès on aurait adapté aux usages chrétiens un ouvrage plus ancien, et que, dans les deux cas, l'autorité ecclésiastique aurait fait un gros mensonge en s'attribuant nettement l'exécution d'un ouvrage plus ancien. A Néby-Younès, une telle hypothèse est impossible, puisque la construction de l'édifice et le travail de la mosaïque furent presque consécutifs.

Parmi les trouvailles faites à Berja, on ne montra d'intéressant à M. Gaillardot que des fragments d'une statue et quelques fioles de verre cassées.

[1] Land, *Anecdota syriaca*, II, p. 27-28.

CAMPAGNE DE SIDON.

Le Damour a très-bien gardé son vieux nom phénicien, Δημαροῦς dans Philon de Byblos, Δαμούρας dans Polybe (V, LXVIII, 9), laissant tomber, selon l'usage général de la Syrie, son nom grécisé Ταμύρας[1]. Quand on le traverse près de la mer, on est frappé de la justesse physique du mythe qui nous montre ce fleuve luttant avec Posidon à coups de pierre. Une digue de cailloux, en effet, s'est formée à l'embouchure du Damour, comme à l'embouchure de presque tous les cours d'eau qui se jettent du Liban dans la mer. Ces cours d'eau, étant peu considérables, ont peine à percer les barres qui se forment devant leur bouche et n'arrivent à la mer qu'après de nombreux zigzags. Les petites dunes de galets ainsi formées ont dû être considérées comme les restes du combat de deux divinités, ainsi que l'ont été les cailloux de la Crau d'Arles. Le fleuve Damour, comme l'Adonis, comme le Bélus, comme l'Asclépius, porte un nom de dieu, *Baal-Tamyras* = *Zeus-Démarous*. Il en est de même du Nahr-Zaharani (الأزْهَرَانِ); voir ci-après.

A Khan-Khaldi, l'ancienne *Heldua*, on a signalé depuis longtemps une nécropole importante; les sépultures de cette nécropole sont, en général, bien datées par les sculptures et les inscriptions[2]. Cet ensemble de monuments prouve que la mode des couvercles gigantesques se conserva jusqu'à l'époque romaine et même chrétienne. Les tombes de Khan-Khaldi sont grandioses et imposantes; et pourtant les plus belles d'entre elles sont d'une médiocre ancienneté. En montant au-dessus du khan, on trouve beaucoup de pierres taillées, en particulier un cône noir (partie d'un moulin?). Sur le haut, du côté de Saïda, il y a des travaux de carrières; on y remarque un sarcophage non entièrement détaché du bloc. M. Gaillardot a vu là, parmi les travaux dans le roc, une enceinte qu'il regarde comme un ancien sanctuaire. Qu'on se rappelle בעל־חלדים =

---

[1] Voy. Ritter, XVII, 43, 44. M. Poulain de Bossay (*Essais*, p. 37 et suiv.) a été mal inspiré.
[2] Cassas, II, 79 (assez bonne représentation des sculptures); Saulcy, premier voyage, I, p. 26 et suiv. 55 et suiv. et pl. III; Ritter, XVII, p. 422 et suiv.; Thomson, I, p. 79 et suiv.; Robinson, II, 489; III, 18, 33.

Ζεὺς Ἀλδήμιος. Heldua, en effet, semble avoir été plutôt un sanctuaire qu'une ville; le site n'offre pas d'assise pour une ville; les temples, en Phénicie, sont presque toujours entourés de somptueux tombeaux. A Khan-Khaldi, comme en plusieurs autres endroits, à Adloun, par exemple, il y a disproportion totale entre la nécropole et l'importance que la ville a pu avoir.

On remarquera qu'en général, en Syrie, les khans indiquent des emplacements de villes anciennes. Rien n'est plus tenace que les habitudes des moucres. La ville disparaît; la station, l'auberge restent; le chamelier et les muletiers continuent toujours à s'y arrêter. Ce qui change le moins dans un pays, ce sont les relais de poste.

Revenons à Saïda et dirigeons-nous vers le sud-est. Là se trouve un groupe de localités d'un intérêt vraiment phénicien[1]. Le village de Cray a des grottes curieuses : un caveau surtout offre, dans une espèce de petit fronton, des figures singulières, malheureusement très-frustes.

A la source d'*Aïn ez-Zeïtoun*, se voient, servant d'auges, deux sarcophages en grès calcaire, non dégrossis. (Comp. ci-dessus, p. 505.)

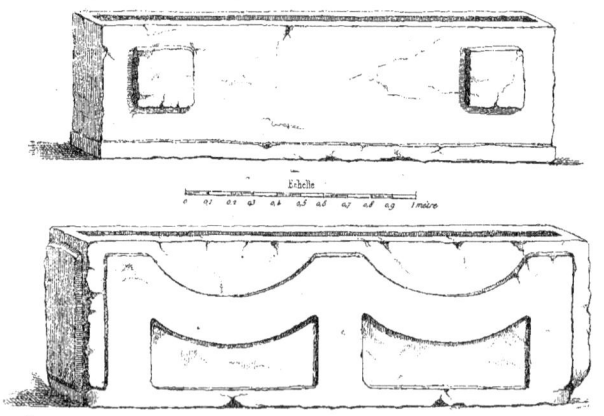

[1] La plupart de ces localités sont encore dans le champ de notre carte, pl. LXVI.

Toute la colline d'*Aïn ez-Zeitoun* est taillée à pans comme Kenz-Amour, près de Tripoli. La *Moghâret aïn ez-Zeitoun* est une caverne naturelle, dans un rocher de calcaire marneux, rectifiée artificiellement à l'intérieur. Elle a environ 5 mètres de profondeur, et est comme bilobée à l'intérieur par une cloison faisant corps avec le roc. Le sol de la caverne est revêtu d'une couche de béton. A l'entrée, se voit un médaillon, dont la partie conservée a environ 1 mètre de haut, et qui rappelle beaucoup les sculptures de Maschnaka. Le médaillon est surmonté, comme à Maschnaka, d'un fronton triangulaire, soutenu, ce semble, par deux pilastres (pl. LXV, 1).

Le village de Derbessine a, dit-on, quelques antiquités, que nous ne pûmes voir. Ce nom est assez remarquable. Comme nous avons trouvé (p. 139) Derbaschtar pour *Deir-Aschtar*, il est probable que la forme originale de Derbessine est *Deir es-Sin*, « le temple de Sin » (سمي la lune), déesse sémitique bien connue. Assémani écrit le nom de ce village ديربسين. Il a cru à tort que le nom de la divinité était بسين ; mais il a très-bien vu qu'il y avait là un nom de divinité[1]. *Deir* désigne souvent les temples antiques : *Deir el-Aschaïr*, etc. Un peu avant d'arriver à Derbessine, est la *Moghâret-Adam*, caveau funéraire important.

Sayyidet el-Mantara[2], سيدة المنظرة, « Notre-Dame de la Garde, » identique, je crois, au château français de Franche-Garde, est un point important. Trois choses y frappent : 1° Le vieux *burg* démoli, d'environ 30 mètres de long; les pierres ont 3 mètres en moyenne; la plupart ont été débitées pour bâtir le village de Magdousché; il ne reste plus qu'une assise au-dessus du sol. 2° L'escalier taillé dans le roc pour monter au fort; il a environ 100 mètres de long; sa largeur est de 3 à 4 mètres; il n'aboutit pas directement au fort, mais à une esplanade, qu'il faut con-

---

[1] *Bibliotheca orientalis*, I, p. 327 et suiv.; Chwolsohn, *Die Ssabier*, II, p. 157 et suiv.
[2] Voir Thomson, I, p. 203. Je crois que M. Thomson a tort de chercher ici une des localités mentionnées dans l'inscription d'Eschmounazar.

tourner pour trouver la porte du fort (pl. LXV, 4). Sur les bords, se voit toute une série de travaux dans le roc, en particulier des surfaces planes ayant servi de lits à des constructions; il semble même que ceux qui ont taillé ces marches n'avaient pas pour but unique de construire un escalier. 3° Un peu au sud du fort ruiné est une grotte, devenue une chapelle de la Vierge (*Sayyidet el-Mantara*), qui fut probablement un temple troglodytique d'Astarté. L'entrée a environ 1 mètre de large et 1 mètre de haut; les jambages sont taillés, mais le linteau est irrégulier; l'ensemble manque tout à fait de style. Il y a eu, je crois, des constructions au-dessus (pl. LXV, 3).

Le village de Magdouché, près de là, possède une troisième caverne, complétant les «hauts lieux» de Sidon. On l'appelle *Moghâret el-Mag-doura* (مغارة المقدورة), «la caverne de la possédée,» sans doute à cause de la sculpture qui s'y trouve. On entre par une porte d'un peu plus de 1 mètre de large. Au-dessus, à l'extérieur, on croit voir des entailles dans le roc, qui ont pu servir d'attache à une garniture de bois ou de métal. Le jambage gauche de la porte offre, ce semble, un trou pour un gond. En entrant, on se trouve dans une salle carrée d'environ 2 mètres de côté, et de 1^m,40 de haut. Sur la paroi de gauche se voit sculptée une hideuse figure de femme. En face, s'ouvre un four de 1 mètre de large, 1^m,80 de profondeur, même hauteur que la salle, dont l'entrée a 60 centimètres de largeur. L'entrée et l'intérieur du four sont en forme de pylône. Ce four n'a rien de funéraire. Il servait peut-être à la prostitution sacrée. Des deux côtés sont des portes donnant accès à deux salles, dont les dimensions ne s'écartent pas beaucoup de la salle d'entrée. Dans la salle de gauche, un des côtés est occupé par une fosse creusée dans le roc (pl. LXV, 2).

Telles sont ces trois cavernes, tristes restes du vieux culte troglodytique des peuples chananéens. En y joignant la *Moghâret el-Ferdj*, près de la Kasmie, on a un ensemble qui donne assurément la plus triste idée de ces vieux cultes, mais qui prouve au moins qu'ils restèrent toujours dans une région fort basse de la nation. La grotte du mont Éryx, en Sicile, est, je crois, du même genre. L'art ne s'applique jamais à ces tristes sanctuaires; les entrées en sont tout à fait mesquines; on sent qu'ils n'étaient fréquentés que par la partie la plus grossière du peuple.

On m'avait dit qu'il y avait des inscriptions à Magdousché. On ne m'y montra qu'une pierre sculptée, que je ne crois pas ancienne. La *Moghâret es-Salib*, ainsi nommée à cause des trois croix qui y sont tracées, est près de là. Au bas, sur la route de Magdousché, sont des grottes sépulcrales. Là aussi se voit sur un rocher une sorte de niche surmontée d'un fronton triangulaire et de prolongements latéraux qui rappellent nos figures 2 et 3 de la planche XLIII. Un trait caractéristique des grottes situées aux environs de Saïda, c'est qu'à côté de l'entrée il y a presque toujours un signe religieux, une sculpture grossière. Dans plusieurs cas, à Helalie, par exemple, ces symboles ont été cassés. D'autres fois, au-dessus de l'entrée, est une petite niche, destinée probablement à recevoir une lampe. L'usage musulman de tenir des lanternes allumées devant certains tombeaux, et l'usage grec d'allumer des lanternes sur les tombes à certains jours viennent de l'antiquité[1].

On m'avait parlé de deux inscriptions, dont une française, au village d'Abra. Cette indication n'eut pas de suite. Ce qu'on m'avait dit d'inscriptions à Djezzin est resté aussi à l'état vague. Cependant, d'autres renseignements postérieurs m'ont de nouveau signalé Djezzin et Mar(?)-Kaddous comme possédant des inscriptions et des antiquités. Enfin, M. Gaillardot a bien voulu me remettre les notes d'une excursion qu'il fit en septembre 1858 à Djezzin, à Kharbet-Kaddous, à Kharbet-Seïdôn, avec retour par Djébâa.

«Parti de *Deir Mekhalles* à 3ʰ 45ᵐ, nous arrivons à *Kharbet-Besri* à 5ʰ 5ᵐ. *Kharbet Besri* est un petit hameau, formé de quatre ou cinq maisons groupées autour d'un

[1] Comparez les images de tombes du *Jichus ha-abot* (Carmoly, *Itin.*).

520 MISSION DE PHÉNICIE.

moulin que fait tourner le *Nahr Aoulé*, avant de sortir du *Merdj*. A 7ʰ 10ᵐ, nous arrivons à *Djezzin*.

« Le lendemain, nous partons de Djezzin à 5ʰ 10ᵐ du matin : nous gravissons la montée qui est à l'est du village, et, un quart d'heure après, nous arrivons à une source, *Aïn-Djebâa;* — caverne creusée en *Liwan;* — porte ruinée, au-dessus de laquelle est une inscription arabe. Nous tournons alors au sud, en longeant le pied des *Toghmat*, et nous suivons une corniche taillée dans le roc, à une assez grande hauteur; au-dessus de nous sont les vignes de Djezzin. Nous arrivons ensuite à un sentier tracé sur un sol très-pierreux, présentant cependant de loin en loin quelques espaces cultivés : un peu plus loin, nous rencontrons quelques cavernes taillées dans le roc et présentant des fours; elles sont très-endommagées. Nous tournons vers l'est, en contournant toujours le pied des *Toghmat;* la pente de ces montagnes est très-escarpée; on y remarque une végétation assez clair-semée : ce sont des petits chênes tout rabougris et dépouillés, sur leurs faces nord-ouest, de leurs branches, qui ont été rejetées vers le sud-est par l'effort du vent. Les rochers affectent des formes fantastiques. Les couches du terrain, qui sont formées de calcaire compacte, alternant avec des couches de calcaire terreux et marneux, sont dans un désordre tel, que c'est avec peine que l'on arrive à reconnaître leur direction; elles sont presque debout, relevées vers l'est.

« A 6ʰ 10ᵐ, nous arrivons à un petit cirque entouré de rochers. Le terrain y est plat, couvert de chênes et d'oliviers sauvages. Là se trouve un amas de ruines peu considérable; il n'y a pas de traces d'édifices, mais il y a des maisons dont il ne reste que des arasements formés de pierres grandes et bien taillées. Sur une grosse pierre, nous trouvons une inscription assez maltraitée. Voici ce que nous y déchiffrons :

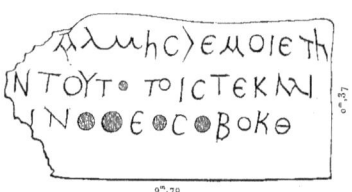

« Voici une copie de la même inscription que je tenais d'un indigène :

CAMPAGNE DE SIDON.

Je propose :

[.... ἀγαθῆς μ]νήμης ἐποιέτη
[μνῆμα διάφερο]ν τοῦτο τοῖς τέκνοι[ς]
[καὶ ἑαυτῷ. Ἡμ]ῖν ὁ θεὸς ὁ βοηθ[ῶν].

Sur la formule εἷς ὁ θεὸς ὁ βοηθῶν et autres semblables, comp. *Corpus*, n° 8945, 8946, 8947 s, 9154; Waddington, n°ˢ 1918, 2053 b, 2653, 2660, 2666, 2678, 2682, 2689, 2704; Perrot, *Expl. de la Gal.* p. 145 et note 1; de Rossi, *Bull.* 2ᵉ série, 1870, p. 19. Ces formules byzantines, parfois tumulaires (par exemple, n° 8946), sont l'origine des formules toutes semblables qui sont usitées chez les musulmans. [E. R.]

«Non loin de la maison dans les ruines de laquelle nous avons découvert cette inscription, il y a un puits. Cette localité est appelée dans le pays *Bir Kaddous, Kharbet Khaddous*. Le paysan qui nous accompagnait nous raconta qu'il y a quelques années des gens de Djezzin, étant venus y fouiller pour chercher les trésors que la rumeur publique prétend y être enfouis, avaient trouvé cachée dans la terre, sous un amas de pierres, une grande quantité d'ustensiles de cuivre peu différents de ceux dont on se sert encore aujourd'hui dans le pays. Je ne crois pas ces ruines bien anciennes. On y rencontre quelques fûts de colonnes grossièrement taillées dans le calcaire de la montagne et de petites dimensions. Je n'y ai vu aucune trace de sculptures ni d'ornementation.

«A 7 heures, nous quittons *Kharbet Khaddous*. A 7 heures et un quart, nous passons à *Kharbet Atrîn*, amas de ruines ressemblant complétement à celui de *Khaddous*. Nous marchons vers l'est, en traversant deux petits chaînons qui descendent des *Toghmat*; le second est le plus élevé, et le sommet en est formé par les têtes des couches de calcaire compacte relevées d'ouest en est, s'appuyant contre les *Toghmat*. Du sommet où nous arrivons après avoir traversé ces deux chaînons, et qui est appelé *Ras Khallet el-Akkoub*, l'œil embrasse un magnifique panorama, toute l'extrémité sud du Liban. Nous descendons à *Deir el-Mezerâh* (grand couvent grec melchite), où nous arrivons à 8ʰ10. A 9ʰ10, nous rencontrons *Kharbet Seidône* (ruines de Sidon), mamelon de sables ferrugineux, couronné par un petit plateau couvert de ruines, n'ayant pas plus de 150 mètres de côté. Quoique cette localité ne paraisse pas avoir eu une grande importance, en général les habitations qui la formaient étaient assez grandes, et, à en juger par quelques pans de muraille, par les portes qui émergent des débris, la construction en était soignée : les pierres sont grandes et bien taillées. Je n'y ai rencontré ni traces d'édifices, ni sculptures, ni ornements, ni inscriptions.

«A 9 heures et demie, nous quittons *Kharbet Seidône*, et à 9ʰ45ᵐ, nous arrivons à *Kafr Hoûnch*. Nous en partons à 10 heures et demie, en traversant directement à l'ouest la crête qui nous sépare de *Djebâa*, où nous arrivons à 1 heure après midi.»

Le village de Darreita a des pierres jointoyées à refend, dont on m'a montré un dessin. Le village de Ghazié (une heure de Saïda) a une inscription du premier siècle de notre ère, ce me semble, très-bien gravée, malheureusement mutilée, sur une pierre de la façade d'une maison :

NΔIKOY
KAITONBΩMON
OY

Le mot mutilé de la première ligne peut être [συ]νδίκου; je préfère cependant [ξα]νδικοῦ (cf. Wetzstein, *Inschriften*, n° 167; *Corpus*, n° 9152; Waddington, n°s 2557 c, 2562 b, 2571 a, 2695, 2713, et en général les inscriptions de Palmyre) pour ξανθικοῦ. L'inscription pouvait être à peu près ainsi conçue :

[Ἔτους.......... Καίσαρος Σεβασ]οῦ, μηνὸς ξα]νδικοῦ
[......]¹, Θεῷ.............. τὸν ναὸν ᾠκοδομήσα] καὶ τὸν βωμόν,
[ὑπὲρ σωτηρίας..... καὶ τοῦ παντὸς αὐτοῦ οἴκ]ου.

Voir ci-dessus, p. 327. Sans doute, le reste de l'inscription est dans les murs de la maison.

Plusieurs noms de villages excitent l'attention. J'entends nommer un village de *Kenaan*, un autre de *Kharbet Sidon* (voyez page précédente), qui réveille le souvenir des traces vagues qui restent d'un *Palæsidon*. Kefr-Tabnith ou Tibnith, aux environs de Nabatieh [2], rappelle le roi de Sidon Tabnith, qui figure dans l'inscription d'Eschmounazar. Comparez Kefr Milk [3] (כפר-מלך), près de Djebaa. Sur *Kalaat Sarba*, voir ci-dessus, p. 331.

Le nom du village de Deir Zaharani, comme celui de Derbessine, paraît nous avoir conservé le nom de la divinité qui y avait un temple. On peut songer à זהראו ou זהרו du nom d'Abdzohar[4], et surtout aux expressions arabes الأزهران « sol et luna, » الأزهَرُ « luna » ou « dies Veneris, » زُهَرَة « nomen stellæ Veneris. » Que de telles dénominations aient traversé

---

¹ Le quantième du mois.
² Voy. *Revue archéol.* juillet 1870, p. 34.
³ M. Ewald a montré que les Phéniciens prononçaient probablement *milk* pour *mélek* : *Azemilk*, roi de Tyr (Arrien, II, xv, 7). (Schrœder, *Die phœn. Sprache*, p. 128; index, p. 338.)
⁴ Voir Waddington, *Mél. de numism. et de phil.* p. 75 et suiv.

l'époque grecque sans se perdre, il n'y a pas du tout à s'en étonner; la montagne ne fut jamais grécisée qu'à demi. (Voir ci-dessus, p. 21, note 2.)

Deir Zaharani a fourni un cippe funéraire à palme, couronne et lemnisque, au musée du khan de Saïda.

Ἀμμίου χρησὴ
καὶ ἄλυπε, θάρσει.
Ζησάσα ἔτη ὀγδο-
ήκοντα ἀπὸ τοῦ εξτ'
ἔτους ἕως τοῦ εμυ',
μηνὸς περιτίου βί.
Εὔμοιρι, Ἀμμίου· οὐδὶς
ἀθάνατος.

Sur ce vocatif Ἀμμίου, voir ci-dessus, p. 384. On ne connaissait jusqu'ici que Ἀμμία, Ἀμμίας, Ἄμμιον, comme nom de femme. Cette façon de compter les années du défunt est rare. L'ère des Séleucides ferait mourir Ammious l'an 133 de notre ère; l'ère de Sidon la ferait mourir en 334, ce que la forme cursive des lettres, surtout des A et des M, ne contredit pas. L'ère d'Antioche la ferait mourir en 397, ce qui est un peu tard pour le style du monument. On remarquera l'analogie de cette inscription avec l'inscription n° 9666 du *Corpus*, laquelle est chrétienne. Ammious peut de même parfaitement avoir été chrétienne. (Voir ci-dessus, p. 369.)

La fontaine Aïn el-Gadidé, à quelques pas du khan Mohammed-Ali ou

Mohammed-beg Schebib, à 2 heures ou 2 heures et demie de Saïda, près du Nahr Zaharani, a un de ses bords formé d'un linteau de porte, de 2^m,14 de long sur 55 centimètres de haut, et 40 centimètres d'épaisseur. Ce linteau porte une inscription en grandes lettres de 25 centimètres de haut[1].

XAIPEΦIΛWNKAICI▨▨▨▨

Il doit manquer très-peu de chose, car l'inscription tenait toute sur une seule pierre, et cette pierre n'a été rognée que d'un bout, quand on l'a accommodée aux dimensions de la fontaine. Il est possible que ce qui suit KAI soit un □; cependant je crois plutôt que c'est un C suivi d'un I ou d'un jambage droit; car dans l'inscription les lettres se touchent par le pied. On pourrait être tenté de lire : χαῖρε, Φίλων Καισί[ου] ou Καισι[άνου], ou Καίσ[ωνος], ou Καισ[ωνίου], tous noms qui se rencontrent sur les inscriptions. (Voyez Pape, à ces mots.) Cependant je regarde comme bien plus probable qu'il faut lire καὶ σ[οι τὰ διπλᾶ], selon une formule assez commune en Syrie (*Corpus*, n°s 4457, 4565, 4570, 4572; Waddington, n°s 2485, 2491, 2686, 2699, 2702, 2704; Kruse, *Commentare zu Seetzen*, p. 32, 34, 78; Vogüé, *Syrie centrale. Inscript. semit.* p. 101). L'estampage que j'ai ne permet pas de lire, καὶ σύ; mais καί σοι s'explique en sous-entendant γένοιτο. Comp. surtout Waddington, n°s 2702, 2704, qui expliquent bien l'usage de cette formule et sa nuance particulière. Les pierres qui portent de telles inscriptions sont des linteaux de portes; les monuments dont elles firent partie ne sont pas funéraires. On trouve ladite formule sur la porte de maisons païennes et de maisons chrétiennes.

Une note, que je donne pour ce qu'elle vaut, me signalait, après le Nahr Zaharani, en venant de Tyr, « deux pattes de lion sur une pierre carrée. » Je n'ai rien trouvé de semblable.

Les réservoirs de *Borak et-Tell* sont construits sur le même modèle que ceux de Ras el-Aïn, près de Tyr; mais ceux de Borak et-Tell ne tiennent plus l'eau. Comme Ras el-Aïn, Borak et-Tell a une butte artificielle; je ne crois pas cependant qu'il y ait un lien entre ces buttes et les réservoirs. Comme Ras el-Aïn, aussi, Borak et-Tell sert de point de départ à des aqueducs. Les aqueducs qui prenaient autrefois l'eau de Borak et-Tell

---

[1] M. de Forest l'a publiée, mais d'une manière incomplète. (*Journal of the american Oriental Society*, 2e vol. New-York, 1851, p. 237.)

vont vers Sarepta, non vers Sidon; c'est, je crois, l'eau de ces aqueducs qui alimente *Aïn el-Kantara*, c'est-à-dire le khan de Sarfend. Le *tell* de Borak et-Tell ressemble aussi beaucoup au *tell El-Kisan*, près de Saint-Jean-d'Acre; ce dernier a également près de lui une fontaine Aïn et-Tell[1]. Comparez le tumulus artificiel sur le bord du Nahr Rhamka, ci-dessus, p. 20 et 22.

M. de Vogüé a cru que Borak et-Tell était un emplacement de ville antique[2]. Cela se peut, quoique le but des travaux hydrauliques qui y furent exécutés paraisse avoir été vers le sud. M. de Vogüé plaçait là Ornithopolis, opinion qui est maintenant à peu près abandonnée. Parmi les noms de villes que les géographes anciens placent entre Sidon et Tyr, celui qui conviendrait le mieux à Borak et-Tell serait Euhydra, ou Enhydra qu'on croit lire dans quelques manuscrits de Pline[3] (V, XVII [XIX], 2). Εὔυδρος est une épithète qui convient admirablement à un tel endroit. Il est vrai que Pline place Euhydra entre Tyr et Sarepta; mais tout son itinéraire de Tyr à Sidon paraît devoir être pris en ordre inverse. Il place, comme le faux Scylax, Ornithopolis entre Sarepta et Sidon, ce qui est à peu près impossible[4], et il met Léontopolis et Porphyrion au nord des Beyrouth. Le faux Scylax, il est vrai, appelle Ornithopolis une ville de Sidoniens, et Sarepta une ville des Tyriens. Mais ces croisements n'ont rien qui doive surprendre; le faux Scylax, à la page suivante, nous montre au sud de Saint-Jean-d'Acre les villes des Tyriens et celles des Sidoniens alternant en quelque sorte[5].

Une ville de la côte de Phénicie dont on ne s'est jamais occupé est

---

[1] Saulcy, premier voyage, 1, p. 72.

[2] Journal de son premier voyage, p. 32, 34 et suiv.

[3] Voir les variantes de l'édition de Sillig. Le texte peut être altéré; mais sûrement il y avait quelque chose entre *inde* et *Sarepta*.

[4] M. de Vogüé veut à tort tirer un argument de la phrase Ἀπὸ Λεόντων πόλεως μέχρι Ὀρνίθων πόλεως. (Voir *Geographi græci min.* de Ch. Müller, p. 78.)

Ἀπό et μέχρι marquent les deux points de départ des distances, et ne peuvent pas signifier qu'on allant de Léontopolis à Ornithopolis, on passe par Sarepta. Le texte a des lacunes. La phrase Ἀπό, etc. est une parenthèse que l'abréviateur a négligé de fondre dans le texte. M. Ch. Müller n'a pas bien vu ce qui regarde Léontopolis. (Voy. Saulcy, premier voyage, I, p. 60 et suiv.)

[5] Ch. Müller, p. 79.

Ἐλαία, dont la mention est cependant une des plus certaines, puisque nous la devons à un Phénicien, à Philon de Byblos[1]. Peut-être faut-il lire ΕΛΔΙΑ pour ΕΛΑΙΑ. Ἐλδία serait *Heldua* ou Khan Khaldi, qui est, il est vrai au nord de Sidon, tandis que la ville que Philon a en vue était entre Tyr et Sidon; mais de telles interversions sont fréquentes quand il s'agit de petites localités.

[1] Πόλις Φοινίκης Ἐλαία μεταξὺ Τύρου καὶ Σιδῶνος, cité par Étienne de Byzance, au mot Ἐλαία.

LIVRE IV.

CAMPAGNE DE TYR.

CHAPITRE PREMIER.

L'ÎLE DE TYR.

Il est très-difficile maintenant de tracer, du côté de l'ouest, le contour exact de l'île de Tyr avant Alexandre, l'isthme artificiel dont le conquérant macédonien a jeté la base embrassant aujourd'hui l'île par un col de jonction d'environ 460 mètres[1]. Il est probable que la ville, au moment où Alexandre parut devant elle[2], s'étendait de ce côté à peu près jusqu'à la

---

[1] Voir notre plan, pl. LXVIII, et le plan du mouillage de Sour par M. Desmoulins (cartes et plans de la Marine, 1862). Le plan d'Ormsby (1831, traduction, au Dépôt de la marine, 1849) est médiocre. On peut consulter aussi les plans de M. de Bertou, *Bull. de la Soc. de géogr.* 2ᵉ série, t. II (1839), et *Topogr. de Tyr*, Paris, 1843; Poulain de Bossay, *Bull. de la Soc. de géogr.* 1862, et *Rech. sur Tyr et Palætyr*, 1863; Kenrick, *Phœn.* cartes. Sprüner-Menke, *Atlas ant.* n° VIII; *Bibelatlas*, n° II; Ansart, *Atlas hist. et géogr.* Hist. anc. III; Fr. Lenormant, *Atlas d'hist. anc. de l'Orient*, pl. XXII, ont adopté en général les systèmes de M. de Bertou. M. Mislin (*Les saints lieux*, I, p. 552 et suiv. et pl. III) ne fait guère non plus que suivre M. de Bertou. Cf. les vues de Laborde, *Voy. de la Syrie*, pl. LXXXVI et LXXXVII; de Chesney, *Exped. to the Euphr.* I, p. 480; II, p. 93; sans oublier Wilde, *Narrative*, Dublin, 1852 (2ᵉ édit.).

[2] Quelques auteurs (Brocard, p. 25, édit. Laurent; Bertou, p. 75, 76; Poulain de Bossay, p. 122 et suiv.) admettent avant Alexandre une digue construite par Nabuchodonosor. L'existence de cette digue ne repose que sur une assertion de saint Jérôme (*In Ezech.* XXVI, 6; XXIX; *In Amos*, I, 10; *In Isaïam*, XXIII, 7, 10), assertion qui est évidemment une de ces inexactitudes historiques si fréquentes chez ce père de l'Église, et qui étaient la conséquence de la manière dont il travaillait, loin de toute bibliothèque, sur le souvenir de ses vastes lectures. Le passage de saint Jérôme, *In Ezech.* XXVI, 6, prouve clairement la confusion, puisque saint Jérôme admet là qu'il n'y a eu qu'une digue faite, dit-il, «comme d'autres l'affirment, par Alexandre.» L'assertion de saint Cyrille est encore plus légère. Les railleries des Tyriens contre la digue d'Alexandre, qu'ils traitaient d'abord comme une impossibilité (Quinte-Curce, IV, 2), et tout le ré-

tour dite des Algériens et à l'angle 49 de Bertou[1], et qu'Alexandre aura choisi ce point pour aborder, parce qu'il se rapprochait un peu plus de la terre que le nord de l'île. Si la ligne du rivage continental était à peu près droite de Aïn Habrian à Ras el-Aïn, le rocher de Maschouk devant être à 100 ou 200 mètres du rivage, ce serait à la hauteur de ce rocher que les ingénieurs d'Alexandre auraient pris le point d'attache pour leurs travaux, et l'isthme aurait eu environ 1,500 mètres de large[2]. On pourrait supposer, d'après les sondages modernes exécutés hors des points où la digue a produit ses effets d'ensablement, que dans cet intervalle la profondeur moyenne était d'environ 10 mètres; mais il est certain qu'il s'était formé, par suite du remous des courants des deux côtés de l'île, une flèche de sable. La plus grande profondeur de chenal ne dépassait pas 6 mètres[3]. Pour la quantité de travail, on pourrait comparer l'ouvrage d'Alexandre au sillon de Saint-Malo.

Tout ce que nous venons de dire est dans l'hypothèse où la côte aurait été primitivement droite de Aïn Habrian à Ras el-Aïn. Mais il est possible que le rocher de Maschouk répondît à un cap, et que les trois mamelons qu'on voit sur le plan de M. Desmoulins, à l'est des ruines de l'aqueduc, représentent l'ancienne côte[4]. Alors l'espace à comblé aurait été très-peu de chose.

Les fouilles de Sour offrent beaucoup plus de difficultés que celles de

---

cit d'Arrien (II, xviii, 3-6), établissent qu'il n'y avait pas eu de digue antérieure. La Tyr insulaire ne fut jamais prise avant Alexandre, quoi qu'en dise Hengstenberg (*De rebus Tyriorum*, Berlin, 1832, p. 32 et suiv.). Winer, Hitzig, Gesenius l'ont victorieusement réfuté (voy. Winer, *Bibl. Realw.* au mot *Tyrus*; Gesenius, *Thes.* au mot צור). Le passage Ézéch. xxix, 18, 19, qu'on cite pour prouver que la ville fut prise par Nabuchodonosor, prouve le contraire. Les raisons assyriologiques de Chesney (II, p. 137, 159, 776) ont peu de valeur. Une opinion de Hengstenberg, adoptée par Gesenius, selon laquelle l'île de Sour avant Alexandre aurait déjà tenu au continent par une flèche de sable, n'est guère plus admissible. Le sillon de sable devait exister au fond de la mer, mais il ne formait pas un isthme et n'empêchait pas de faire le tour de l'île par mer. L'île imaginée entre l'île proprement dite et la terre par M. de Bertou (p. 74 et suiv. pl. 1) est une hypothèse sans nulle vraisemblance.

[1] Voy. Kenrick, *Phœnicia*, p. 349.
[2] Sur les estimations trop faibles des auteurs anciens et des voyageurs modernes, voyez Poulain de Bossay, *Recherches sur Tyr et Palætyr*, p. 7 et suiv. Mais M. Poulain de Bossay (p. 81, 84) suppose Maschouk beaucoup trop loin du rivage ancien. (Comp. Ch. Müller, *Geographi græci min.* I, p. 78, 79, notes.)
[3] Arrien, *Anab.* II, xviii, 3.
[4] C'est l'opinion de M. Rey.

CAMPAGNE DE TYR. 529

Saïda. Je ne pense pas qu'aucune grande ville ayant joué pendant des siècles un rôle de premier ordre ait laissé moins de traces que Tyr. Ézéchiel fut prophète le jour où il dit de Sour : « On te cherchera, et tu ne seras plus[1]. » Un voyageur qui ne serait pas averti traverserait, sans contredit, l'espace qui s'étend de la Kasmié à Ras el-Aïn sans se douter qu'il côtoie une ville ancienne. Dans l'île même, où le noyau de l'agglomération tyrienne n'a jamais complétement disparu, presque tout est l'ouvrage des croisés ou des Sarrasins.

Des aqueducs, une basilique chrétienne, quelques colonnes hors de leur place[2], voilà tout ce qui reste de l'une des métropoles les plus peuplées de l'antiquité. Le rôle constamment brillant de Tyr, depuis une époque reculée jusqu'à sa destruction finale en 1291, est sans doute la cause de cette totale disparition. Les descriptions des historiens des croisades prouvent qu'au XIIe siècle Tyr était purement et simplement une grande ville à la façon du moyen âge[3]. La terrible destruction qui suivit le dernier assaut des Sarrasins en fit un monceau de pierres, d'où les localités plus favorisées, Saïda, Saint-Jean-d'Acre, tirèrent des matériaux pour leurs bâtiments[4]. Le chétif mouvement de renaissance qui s'y fait sentir depuis une centaine d'années n'a fait qu'effacer encore sous de mesquines constructions le souvenir de la vieille cité. Pour trouver la ville de Guillaume de Tyr, il faut maintenant traverser un ou deux mètres de

---

[1] Ézéchiel, XXVI, 21.

[2] M. Poulain de Bossay (*Bulletin de la Soc. de géogr.* 1862, p. 11) ne grossit cette liste qu'en admettant des ouvrages qui n'existent pas ou en exagérant l'antiquité de certains autres.

[3] Pour la description de la splendeur de Tyr au moyen âge, voyez Guillaume de Tyr, XIII, 5; Brocard, p. 25 (édit. Laurent); Theodoricus, *De locis sanctis* (vers 1172), édit. de Tobler (Saint-Gall, 1865), p. 110 et suiv. Benjamin de Tudèle, p. 62, 63 (édit. Asher); *Archives des Missions*, 2e série, t. IV, p. 371 et suiv. Ibn-Batoutah, I, p. 130. 131.

[4] Il y a quelque exagération dans les images qui ont été tracées de la désolation de Sour (Volney, *Voy. en Syrie*, ch. XXIX, p. 208). On s'est trop cru obligé de présenter l'antique ville comme réduite à «quelques cabanes de pêcheurs.» Hasselquist, en 1751, n'y trouva, à ce qu'il paraît, que 10 habitants; Buckingham, en 1816, prétend en avoir trouvé 8,000, ce qui est sûrement exagéré dans un autre sens. Sur la description de Sour, par Buckingham, voir Bertou, *Essai sur la topographie de Tyr* (Paris, 1843), p. 22 et suiv. L'hypothèse de M. de Bertou, au sujet de cette description, me paraît peu admissible. Sour est aujourd'hui, d'après les renseignements qu'on m'a fournis, une ville d'environ 4,000 âmes, et elle a plus de vie que d'autres localités plus importantes.

décombres, provenant de frêles édifices élevés, il y a moins d'un siècle, par les beys métualis[1] et, lors de l'occupation égyptienne, par Ibrahim, si bien qu'on peut appeler Tyr la ruine d'une ville bâtie avec des ruines. Ressaisir la Tyr phénicienne à travers ce réseau d'oblitérations successives serait comme la tâche de celui qui voudrait retrouver à Marseille la cité primitive des Phocéens.

Je ne dissimulerai pas le peu d'attraits que Tyr m'offrit d'abord. Un vaste espace situé au sud de l'île, et qui correspond à l'*Eurychore* (sorte de place Saint-Marc de l'ancienne Tyr), présentait, il y a un siècle, une masse compacte de ruines; mais les fouilles que les gens du pays y ont faites pour chercher des marbres précieux l'ont totalement appauvri. On hésite à faire des tranchées suivies dans des buttes composées de matériaux concassés, rebut des tailleurs de pierres de l'émir Beschir, de Djezzar[2] et d'Abdallah-Pacha. Les constructions des palais d'Abdallah-Pacha, près de Saint-Jean-d'Acre, sont formées en grande partie des pierres extraites de cet endroit. Le souvenir de ces excavations se conserve encore à Sour. Tous les indices que j'ai pu recueillir portent à croire que la plus grande partie de ce qui fut tiré de là était grec ou romain.

Nous aurions manqué cependant à une sorte de devoir, si nous n'eussions tenté sur quelques points un sol si éminemment historique. Nous fîmes un certain nombre de tranchées, que nous avons indiquées par des lettres sur le plan ci-joint, plan dressé par M. du Boisguéhenneuc, en vue des recherches sur la configuration ancienne de l'île, dont nous parlerons plus tard.

Tranchée A, dans le bazar tout près du port. Nous la fîmes pour vérifier la supposition générale d'après laquelle il s'est fait là un vaste ensablement. Cette supposition est exacte. Les constructions actuelles repo-

---

[1] La reconstruction moderne de Sour fut l'œuvre du grand père de Tamer-bey, le chef actuel des métualis. Il y attira les chrétiens, principalement du Hauran; voilà pourquoi la ville est presque uniquement peuplée de chrétiens et de métualis.

[2] Voir Volney, *Voy.* t. II, p. 296.

sent sur une épaisse couche de sable qui s'est entassée depuis l'antiquité. Le rivage antique, si l'on peut se servir de cette expression [1], devait être en

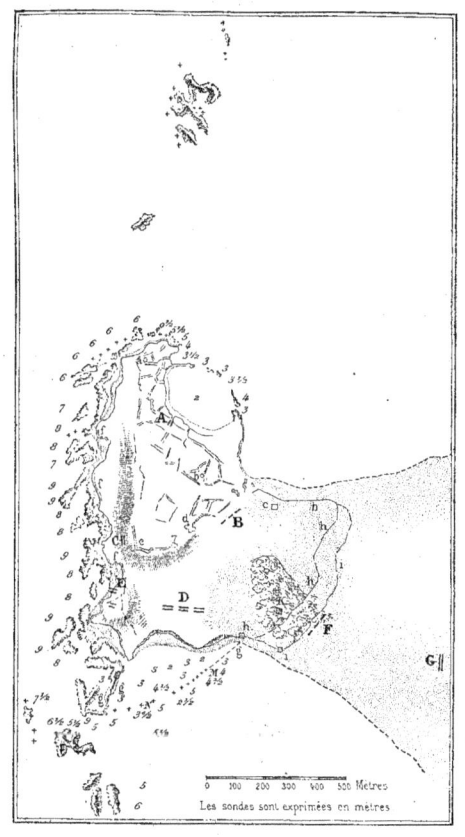

a Maison la plus élevée. — b Minaret. — c Fontaine. — d Ancienne basilique. — e Portion d'enceinte. — fff Restes d'une enceinte. — ggg Massifs en maçonnerie, prétendues jetées de l'ancien port Égyptien. — hhh Première enceinte supposée. — iii Deuxième enceinte. — k Tour ruinée.

deçà du point où il est aujourd'hui; en d'autres termes, le port était plus

---

[1] Le quai, nécessaire dans nos ports, soit à cause de la marée, soit à cause de la grandeur de nos navires, était peu employé autrefois dans les ports de la Méditerranée; on se contentait d'un simple embarcadère.

creux. C'est, en effet, une opinion à Sour, que les navires stationnaient autrefois à l'endroit où est maintenant la place située derrière le bazar. La digue d'Alexandre a produit un immense ensablement du côté du nord, et cet ensablement a comblé l'ancien port sidonien. Une barque trouve à peine aujourd'hui assez d'eau pour y pénétrer; il en est de même, du reste, à Sidon et à Byblos.

Tranchée B. Un renseignement qui nous laissa toujours un peu incrédules, mais qui se produisait avec beaucoup d'obstination, affirmait que sous le mur moderne, entre la porte et la basilique, se trouvaient les fragments d'une statue colossale, enterrée dans le sable. Nous permîmes quelques fouilles sur ce point; elles restèrent infructueuses.

Notre principale tranchée se fit en C, au point culminant de l'île, sur l'emplacement de l'ancien *séraï*. Nous traversâmes des couches très-épaisses de terrains de remblai, et descendîmes jusqu'à plus de 8 mètres, rencontrant toujours des débris[1]. Nous finîmes par ne plus trouver que des terres boueuses, et nous nous arrêtâmes. La hauteur qui se dessine en cet endroit, près du séraï bâti par Ibrahim-Pacha, est donc toute artificielle et le produit de décombres entassés. Le rocher primitif de l'île était ici très-peu saillant au-dessus du niveau de la mer; on le voit du reste faisant le contour de la petite anse qui est près de la hauteur. Nous trouvâmes des pierres de taille, des matériaux de constructions anciennes, surtout une masse considérable de débris de sépulture, une grande jarre, et, au fond de notre tranchée, une jolie petite tête en terre cuite (au Louvre, salle Asiatique), représentée dans notre planche XXIV, fig. 3. C'est un morceau très-précieux par le cachet égyptien qu'il présente, et à cause de la grande profondeur (environ 8 mètres) où il a été découvert. Nous rencontrâmes aussi dans la tranchée un débris d'inscription grecque tout à

---

[1] M. Poulain de Bossay (*Bulletin*, p. 12) ne se fait pas une idée exacte de l'épaisseur des remblais à Sour. Quoi qu'il en dise, si l'on voulait dépenser un million à Sour, on trouverait beaucoup de débris de la ville phénicienne.

CAMPAGNE DE TYR.   533

fait illisible, CCΥ ι ΗC (δικαιοσύνης? εὐφροσύνης?), des ustensiles en lave du Hauran, semblables aux meules qu'on apporte encore aujourd'hui de ce pays à Sour, et aux objets du même genre que nous fournit Oum el-Awamid. Un fait qui nous frappa beaucoup fut le nombre de traces funéraires que nous trouvions de toutes parts.

Tranchée D. Toute la plaine qui s'étend au sud-sud-est de l'île est ce qu'on nommait autrefois l'*Eurychore*, le forum, le bazar, le marché, *Campus*, comme l'appelle Justin, où se passait la vie publique de la cité[1]. Une telle partie fut sans doute, à partir d'Alexandre, la moins phénicienne de Tyr, celle qui dut le moins garder sa physionomie antique; elle devint purement grecque et romaine[2]. J'ai dit que cette plaine, depuis moins de cent ans, a été exploitée comme une carrière de marbres précieux; elle est pleine de trous et présente l'aspect le plus triste. On y peut voir cependant encore se dessiner une belle ligne de colonnes de marbre précieux. Je ne connais que Rome qui offre d'aussi beaux débris de colonnes. On y voit même de vastes conduits souterrains du moyen âge, construits avec des débris anciens employés à contre-sens. Je me serais reproché de ne pas avoir touché à ce champ d'antiquités. J'y fis faire une tranchée qui donna plusieurs débris de statues et une inscription grecque de grand intérêt.

ΗΒΟΥΛΗΚΑΙΟΔΗΜΟΣ
ΜΑΡΚΟΝΑΙΜΥΛΙΟΝΜΑΡΚΟΥΥΙΟΝ
ΣΚΑΥΡΟΝΑΝΤΙΤΑΜΙΑΝΑΝΤΙ
ΣΤΡΑΤΗΓΟΝΤΟΝΕΑΥΤΩΝ
ΠΑΤΡΩΝΑΕΥΝΟΙΑΣΕΝΕΚΕ[Ν

Sur une petite plaque de marbre blanc, plane au verso, cylindrique au recto; caractère classique, les traits des bouts des lettres très-prononcés:

---

[1] Justin, XVIII, III, 12; Ritter, XVII, p. 333. Ritter n'a fait qu'adopter les vues de Movers sur l'Eurychore (*Die Phœnizier*, II, 1ʳᵉ part. p. 190 et suiv.). Cf. Poulain de Bossay, *Rech.* p. 29 et suiv. surtout p. 35 et suiv. réfutation des vues de M. de Bertou; p. 36 et suiv. rectification des idées de Movers.

[2] Sur l'importance de Tyr à l'époque romaine, voir Strabon, XVI, II, 23; Suidas, au mot Παῦλος ὁ Τύριος. Comparez l'inscription de Pouzzoles, *Corpus inscr. gr.* n° 5853, de l'an 174 après J. C. et l'inscription de Délos, *Corpus*, n° 2271 (1ᵉʳ siècle avant J. C.). C'est surtout à l'époque romaine que Tyr est appelée « métropole de la Phénicie. » (Voy. l'inscription de Pouzzoles précitée.)

Ἡ βουλὴ καὶ ὁ δῆμος
Μάρκον Αἰμύλιον Μάρκου υἱὸν
Σκαῦρον, ἀντιταμίαν, ἀντι-
στράτηγον, τὸν ἑαυτῶν
πάτρωνα, εὐνοίας ἕνεκεν.

Ce Marcus Æmilius Scaurus est un personnage historique très-connu. C'est le lieutenant de Pompée dans la troisième guerre contre Mithridate, le client de Cicéron dans le *Pro Scauro*. On sait le rôle que ce Scaurus joua dans les affaires de Syrie et de Palestine. A partir de l'an 64 avant J. C. nous le voyons à Damas, faisant et défaisant les princes du pays, montrant une vénalité effrontée, donnant l'investiture de la Judée à Aristobule [1]. Il resta en Syrie jusqu'à l'an 59. En 58, il inaugura cette fameuse édilité qui fut tenue des honnêtes gens pour la ruine des mœurs, à ce point que Pline juge qu'elle fut plus funeste à Rome que la proscription de Sylla, beau-père de Scaurus [2]. L'inscription est donc de l'an 60 à peu près avant J. C. [3] On comprend que les Tyriens n'aient reculé devant aucune bassesse pour gagner la faveur d'un tel personnage. Un fait philologique curieux, c'est la promptitude avec laquelle le mot *patronus* s'introduisit dans le grec de l'Orient. Dès les deux ou trois premières années de l'invasion, nous le trouvons ici sur un monument officiel de la ville de Tyr. Aradus ne montra pas moins d'empressement pour Decimus Lælius, qui fut, pendant la guerre civile, amiral de l'escadre asiatique de Pompée (*Corpus inscr. gr.* n° 4536 c). L'inscription de Decimus Marcius, trouvée près de Tortose (ci-dessus, p. 57), date aussi des premiers temps de la conquête romaine. Voy. Frœhner, *Inscr. du Louvre*, p. 178, 179; cf. p. 216-219, 286, 287; Keil, dans le *Philologus*, II[ter] Supplementband, p. 584, 585 (cf. *Catal. de la Mission de Phénicie*, 1862, p. 14).

Strabon (XVI, II, 23) nous apprend que les Tyriens, lors de la conquête romaine, achetèrent des Romains le maintien de leurs priviléges de ville libre; ce fut sans doute par Scaurus que se fit cet achat; quant à la circonstance μικρὰ ἀναλώσαντες de Strabon, elle n'est guère croyable vu les mœurs du temps et le caractère de Scaurus.

Tranchée E. Je fis faire cette tranchée pour voir si l'île à cet endroit a un fond de rocher [4]. Je fus tout d'abord préoccupé, en effet, de l'idée que la pointe sud-ouest de l'île pouvait être l'ἄδατον du temple de Melkarth. La fouille que je fis me prouva que cette hypothèse était admissible, et que le rocher de l'angle sud-ouest a pu être séparé de l'île principale [5].

---

[1] Josèphe, *Ant.* XIV, II, 3; IV, 5; V, 1; *B. J.* I, VI, 3; VII, 7; VIII, 1.

[2] *Hist. nat.* XXXVI, 15.

[3] J'ignore sur quoi s'appuie M. Frœhner pour la fixer à l'an 59 précis. (*Inscriptions du Louvre*, p. XVII.)

[4] Voir Bertou, *Topogr.* pl. II.

[5] M. Poulain de Bossay a très-bien entrevu qu'au

Nous fîmes aussi des tranchées sur le promontoire. Nous traversâmes des couches épaisses de terre labourable et de sable. Nous trouvâmes dans ces couches un caveau sépulcral, peut-être du moyen âge. Puis, la tranchée ne donnant plus que du sable, nous l'abandonnâmes. Dans le rocher, vers cet angle sud-ouest, nous trouvâmes un réduit taillé dans le roc. L'entrée était au plafond : cette entrée était fermée par de grosses pierres régulières; en dedans, était un escabeau taillé sur le roc. Dans la paroi, du côté de la mer, il y avait un jour oblique, creusé de main d'homme; un corps humain n'aurait pu y passer. C'était là sûrement une prison, formant le cul de basse-fosse d'une tour maintenant disparue.

Au moyen âge, en effet, cette extrémité sud-ouest porta une tour; aux environs de cette tour, vers le point 22 de M. de Bertou, se voient des travaux analogues aux magasins de la côte sud, des réduits carrés avec un cailloutage intérieur excellent, et que je crois avoir été des citernes, puis des magasins, un escalier; tout cela assez petit. A l'extrême pointe du rocher, existent des travaux dans le roc : un peu en retrait, vers le côté sud, un arceau dépouillé de son parement de grosses pierres, quelques grosses pierres restées au pied, et tout le long, dans le roc, une entaille pour servir de lit à la première assise; les blocs étaient grands. Le long de la grève, on remarque les traces de ce gros mur, comme au coin. C'était peut-être le mur de soutènement du terrassement de l'angle sud-ouest. Sur cette grève, il y a des traces du blocage durci dont est fait à l'intérieur le mur gg (plan, p. 531, ci-dessus). Il y eut dans cette partie de l'île un travail d'endiguement contre la mer.

Si le promontoire sud-ouest a été autrefois un rocher isolé, où aboutissait au sud le chenal qui l'isolait? Cet aboutissant pouvait se trouver au

---

point est devait aboutir un canal, et qu'ainsi l'angle sud-ouest a dû être primitivement une île (*Bull. de la Soc. de géogr.* 1862, p. 8). Vers la fin de février 1861, je reçus, en Syrie, une lettre de M. Poulain de Bossay, que ce savant a depuis publiée (*l. c.*). Cette lettre renferme de fort bonnes idées; mais M. Poulain de Bossay, dans les réflexions qu'il y a jointes en la publiant, oublie un peu les limites que je devais m'imposer dans un rapport et dans mon exploration en général.

fond soit de la première, soit de la deuxième sinuosité de la côte sud. Au fond de la première, le sol est un béton très-dur, renfermant des poteries. Au fond de la seconde, le sable est tout à fait analogue à celui qu'on trouve au point E, le remblai est très-bas; c'est là que finit tout à fait la pente du promontoire sud-ouest. Cela répond à peu près au point 66 de M. de Bertou; mais les amorces du canal que M. de Bertou a cru découvrir en cet endroit sont des illusions. J'ai essayé vainement de voir l'ouverture 41; M. Gaillardot, dans un voyage qu'il fit à Sour avant la mission, n'avait pas été plus heureux que moi. Si ce que M. de Bertou a pris pour une embouchure de canal était cela en réalité, cette embouchure n'aurait pas eu plus de 1^m,50 de largeur. M. du Boisguéhenneuc, dans son exploration de la côte du sud, fut aussi amené à regarder ce canal comme une impossibilité. Ce qu'on voit clairement vers le point 66, c'est le reste d'un gros ouvrage des croisés ou des musulmans. Les colonnes ayant fait partie de la construction sont nombreuses et disposées comme elles l'étaient dans la bâtisse. Le remblai du gros ouvrage reste encore; le remblai du mur d'enceinte se voit aussi.

Tranchée F. Une personne intelligente de Sour me dit avoir vu, un peu au delà de la tour des Algériens, une partie de l'enceinte[1] sous le sable. On me parlait vaguement de conduits souterrains voûtés, en grosses pierres, avec des meurtrières, de couloir derrière un mur. Des ouvriers indigènes firent pour nous une assez forte tranchée dans la ligne de la tour des Algériens. On ne trouva que du sable. On m'écrivit, après mon départ, qu'on avait mis à découvert une partie d'un des murs d'enceinte de l'ancienne ville, et que l'on était arrivé au conduit cherché. Cette recherche n'avait pas pour mon objet spécial assez d'intérêt pour que je dusse la continuer.

Tranchée G. Une tranchée profonde dans le sable, vers cet endroit, donna toujours du sable, sans nulle trace de construction. Je me convain-

---

[1] A l'entrée de la ville, le mur était triple. (Brocard, p. 25; édit. Laurent.)

quis que, pour faire des tranchées dans l'isthme, il faudrait dépenser des sommes très-fortes, sans nul espoir bien solide de succès[1].

Un des points les plus intéressants à fouiller serait la basilique. Nous sommes tout à fait portés à l'identifier avec l'église bâtie par l'évêque Paulin et consacrée par Eusèbe. Une grande partie de la génération héroïque des croisés repose là à côté d'Origène[2] et de l'empereur Frédéric Barberousse. Qui sait si le pavé de l'église, lequel est maintenant enterré sous plusieurs mètres de décombres, ne rendrait pas quelques-unes de ces tombes illustres? Mais j'aurais cru trop m'écarter de mon but en suivant cette idée. Les gigantesques colonnes accouplées[3] qui gisent dans la basilique comptent parmi les morceaux de pierre les plus énormes qu'ait remués l'antiquité.

Les autres constructions apparentes de l'île n'offrent guère d'intérêt. A la pointe nord, le mur présente quelques bonnes assises[4], où les pierres sont posées sur le moindre côté, sans être pour cela peut-être en délit. La tour des Algériens (point K), dans le jardin à l'entrée de la ville, est probablement l'œuvre des croisés. Elle est très-bien bâtie, en jolis blocs, à bossage soigné. Au coin cependant, et près des fondements, se voient des pierres sans bossage. Il y a sur les pierres de nombreux signes de maçons. Comme à Gébeil, les lits ne sont pas réguliers; on a réparé leurs inégalités par des pierres à crossette.

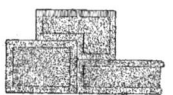

Tout le côté de l'est est à bossage et intact; la pierre y offre la même appa-

---

[1] Les idées de M. de Bertou sur l'accroissement tout à fait moderne de ces couches de sable (p. 33) sont cependant fort exagérées. L'ensablement commença dès l'antiquité.

[2] «Origenes ibidem in ecclesia Sancti Sepulcri requiescit, in muro conclusus; cujus titulum ibidem vidi; sunt ibi columpnæ marmoreæ et aliorum lapidum tam magnæ quam stupor est videre.» (Brocard, p. 25; édit. Laurent.)

[3] Rien ne prouve que ces colonnes soient de l'époque tyrienne autonome, et il serait dangereux d'en tirer des conclusions. (Voyez Judas, Examen des mémoires..... etc. 1871, p. 104.)

[4] Thomson, The land and the book, I, p. 265.

rence spongieuse qu'à Gébeil, sans que cette corrosion profonde soit un signe d'antiquité. A la basilique de Sour, l'air de vétusté est le même, la corrosion la même, et pourtant c'est là une construction relativement datée. En général, la tour des Algériens rappelle beaucoup les petites tours qui flanquent le donjon de Gébeil.

Une autre tour, près de la mer[1], est presque dépouillée de son revêtement. Elle ressemblait probablement à la tour des Algériens. Cependant elle a des colonnes à sa base. Était-elle à bossage? Quelquefois on serait tenté de le croire. Deux ou trois des pierres, extrêmement rongées, qui restent du revêtement, paraissent à certains moments offrir le bossage. De plus, l'appareil ressemble beaucoup à celui de la tour des Algériens, et le degré de corrosion est le même. D'autres pierres n'offrent pas le bossage.

Les colonnes entassées au point 43 de M. de Bertou sont sûrement les restes d'une tour du moyen âge. Il est impossible qu'elles aient fait partie du temple de Melkarth, comme M. de Bertou croit pouvoir le supposer; elles sont trop petites. Au petit cap 43, en inclinant vers 42, on voit un gros massif, reste d'une tour du moyen âge.

Vis-à-vis la tour des Algériens, sur la dune, il y a un tas de retailles de pierres et de moellons particulièrement caractéristique. On est ici évidemment sur la ligne des fortifications du moyen âge, sur cette triple enceinte du côté de l'isthme qui faisait de Tyr la plus forte place de la Palestine. Peu d'endroits au monde ont été plus trempés de sang que ce triste coin de sable et de pierres concassées. L'angle où se donna l'assaut d'Alexandre était à ce même endroit. Le massif 49 de M. de Bertou est du moyen âge.

---

[1] Il y a ici quelque confusion dans le plan de M. de Bertou. Pourquoi deux numéros 46 correspondant à un seul objet? Si l'on part de 49 comme bien placé, 47 devrait être à l'endroit où est le 46 le plus à l'est, et il faudrait figurer une excavation carrée à l'entour. Pour être bien placé, le 46 à l'ouest devrait être à l'ouest du point où aboutit le mur du prétendu Cothon. Le fort 40 de M. de Bertou est mal placé aussi; il devrait être à peu près où est le chiffre 50.

Les deux tours où aboutissent actuellement les conduites d'eau venant du continent devaient être autrefois au dedans des remparts[1]. La fontaine près de la porte est une construction moderne, faite avec des blocs taillés en bossage qu'on a trouvés épars alentour et qu'on a grossièrement juxtaposés.

Sur la côte sud-ouest de l'île, se voit une belle cuve de sarcophage. Près de la côte sud, se remarque un piédestal avec une belle pierre à côté. La grève sud de l'île est curieuse. Outre les restes des tours des croisés, on y voit des cellules dallées, revêtues d'un stuc ou ciment très-dur et tout à fait étanche (réservoirs, cabines, boutiques?). Ces constructions sont peut-être antiques, et non du moyen âge, comme on l'a supposé[2]; le cailloutis en est excellent. Le sable de cette grève est intéressant à étudier. Il a été formé par l'action de la mer lavant les terres qui servaient de remblai derrière le quai. Ce quai une fois tombé, la mer a pu librement désagréger les terres qui faisaient remblai par derrière. Cette terre était pleine de morceaux de marbre et de débris manufacturés. Ces débris, roulés durant des siècles, ont formé des galets. Parmi ces cailloux artificiels, il se trouve en particulier beaucoup de scories de verre ou de substances à demi vitrifiées. Il est probable qu'il y avait des verreries de ce côté de la ville[3].

Nous reviendrons plus tard sur le grand mur sous-marin gg. C'est, selon nous, le seul reste phénicien qu'il y ait à Sour; mais, pour en saisir le caractère et la valeur, il faut avoir discuté la question des ports. (Voir ci-après, p. 561 et suiv.)

Le nombre de petites colonnes en granit noir d'Égypte, semées de tous

---

[1] Je n'affirme pas toutefois; il faudrait voir si la distribution actuelle des eaux n'est pas l'œuvre des métualis.

[2] Bertou, p. 13, 14; Ritter, XVII, p. 341. Le quai qu'elles paraissent border est le rivage du moyen âge, et non celui de l'antiquité; mais ces constructions n'ont aucun rapport avec le voisinage immédiat d'un quai. Tout ceci sera expliqué ci-après, p. 561 et suiv.

[3] Comp. Seetzen, *Reisen*, II, p. 116. Les sables vitrifiables se tiraient du sud de Sour. Sidon faisait à Tyr, pour le travail du verre, une forte concurrence. (Strabon, XVI, 11, 25. Voir Benjamin de Tudèle, p. 63, édit. Asher; Guillaume de Tyr, *loc. cit.*)

les côtés, soit dans l'Eurychore, soit aux emplacements des tours du moyen âge, est un fait remarquable. Un quartier entier de Tyr devait être bâti avec ces colonnes. De telles colonnes, du reste, sont fréquentes en Phénicie. On peut supposer qu'elles servirent aux galeries d'un forum. Une inscription conservée dans le Talmud prouve que, jusqu'au règne de Dioclétien, on ne cessa d'embellir de colonnades les lieux publics de Sour : אנא דיקליטיאנוס מלכא שבנית אהן ירידה דצור לנדיה דארקליס אחי יומין תמניא. « Ego (sum) Diocletianus rex, qui ædificavi hoc forum Tyri Fortunæ Herculii fratris mei, octoginta diebus[1]. » Sûrement, l'inscription n'était pas tournée ainsi; mais derrière le texte talmudique se cache évidemment un texte épigraphique altéré.

Parmi les objets trouvés à Sour, outre ceux qui ont déjà été décrits, nous mentionnerons le petit bas-relief n° 67 de notre catalogue (au Louvre), moitié d'un bas-relief représentant une gazelle et un arbre d'un style très-particulier, analogue à des sculptures trouvées à Carthage[2] (génisse broutant une gerbe);

un fragment de statuette trouvé à Sour (peut-être Diane chasseresse[3]);

---

[1] Talmud de Jérusalem, *Aboda zara*, 39 d. Conf. Lightfoot, *Horæ hebr.* Centuria chorographica in Matth. c. LXXXI (Opp. t. II, p. 228). Comparez l'inscription palmyrénienne לגד הימי (*Comptes rendus de l'Acad. des inscr.* 2 avril 1869).

[2] Gesenius, *Monum. phœn.* pl. XXIII, XXV; Boulé, *Fouilles à Carthage*, pl. III; *Not. et mém. de la Société de Constantine*, 1868, planches. Cet objet ne put d'abord être emporté et n'a figuré à l'exposition des Champs-Élysées que par un moulage de plâtre. L'original nous a été ensuite remis; il est maintenant au Louvre (salle Trajane).

[3] Envoyé, comme le précédent, par M. Nadjar, administrateur du *miri*.

un autre bas-relief représentant une chasse, n° 5, vitrine (au Louvre); une petite terre cuite, d'une physionomie persane, n° 11 (vitrine),

maintenant à la salle Asiatique, au Louvre; quatre vases en poterie, très-bien conservés, trouvés à Sour, donnés à la mission par M. Durighello (au Louvre). Je vis en outre, chez un orfévre, près de la porte de la ville, une statue en marbre blanc, sans tête, et une autre statue dans un jardin.

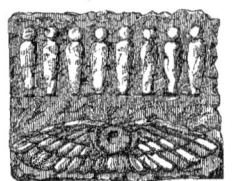

Je dois la communication suivante à M. Gaillardot : « Il y a trois ans environ, Durighello m'envoya un estampage portant écrit au crayon : « Sour, pierre *ramlé* » (pierre de sable). Cet estampage n'était accompagné d'aucune lettre, d'aucune indication. Il représente probablement le sommet d'une stèle. D'après cet estampage, la pierre doit être très-fruste. Y avait-il au-dessous du globe ailé quelque inscription ou quelque sculpture? C'est ce que je n'ai pu savoir; j'ai tout lieu de croire que cette pierre a été cédée au musée Parent. »

Les inscriptions de Tyr sont très-rares[1]. Tyr n'a pas, comme Sidon, une vaste banlieue de jardins, où les antiquités aient pu dormir en repos. Le mouvement perpétuel de la ville, jusqu'en 1291, a tout broyé. Voici

[1] On n'en connaissait aucune avant notre mission.

le petit nombre de monuments épigraphiques que la bienveillance des habitants nous permit de récolter :

Colonnette corinthienne de 0ᵐ,30 de hauteur (au Louvre).

ΑΥΡ
ΑϹΚΛΗΠΙΟΔΟΤΗ
ΔΙΟΝΥϹΙΟΥ

M. Frœhner (*Inscr. du Louvre*, n° 172) lit Αὐρ(ήλιος) Ἀσκληπιόδοτ[ος][1]. Mais je crois voir à la suite du T des traces non équivoques d'un H.

Sur un morceau de marbre convexe, d'environ 0ᵐ,30 de haut (maintenant au khan de Saïda) :

ΟϹΗΡѠΔΙ
ΗΝΑΙΔΟϹΤ

ѠΗΡΑΚΛΙΑ
ΧΑΡΙΝ

L'inscription avait cinq lignes; malheureusement on ne peut dire quelle était sa largeur. Cette largeur devait être assez considérable, car ΧΑΡΙΝ suppose avant lui εὐσεβείας, ou εὐνοίας, ou tout autre mot semblable. La ligne médiane passait sans doute par le P de ΧΑΡΙΝ; la première ligne paraît avoir été en caractères plus forts que les autres. Peut-être était-ce ΗΒΟΥΛΗΚΑΙΟΔΗΜΟϹ, ou la date.

$$\begin{array}{c}\ldots\ldots\ldots\ldots\ldots\ldots os\ \mathrm{Ἡρωδι}[ανοῦ]\ldots\ldots\ldots\ldots\ldots\ldots\\ \ldots\ldots[\mathrm{Ζ\ ou\ Ἀθ}]ηναΐδος\ τ[ῆς]\ldots\ldots\ldots\ldots\ldots\ldots\ldots\\ \ldots\ldots\ldots\ldots\ldots\omega\ \mathrm{Ἡρακλια}[νῷ]\ldots\ldots\ldots\ldots[εὐνοίας]\\ \chi\acute{\alpha}\rho\iota\nu.\end{array}$$

Sur une pierre de 0ᵐ,72 de long et de 0ᵐ,27 de large, et de 0ᵐ,17 d'épaisseur, donnée par M. Alexandre Nour, maintenant au khan de Saïda, très-fruste en certaines places :

---

[1] Dans le *Philologus*, XIX, p. 136, il lit Ἀσκληπιοδότ[ου].

CAMPAGNE DE TYR.

▰▰ΕΝΕΤΟΗΠΑCΑΜΑΡΜΑΡΟ▰▰▰▰▰ΤΟ▰▰▰
Χ▰▰▰ΙΗΧΥΕΠΙΤωΝΘΕΟCΕΒΕCΤΑΤωΝ
ΑΙ▰▰▰▰▰ΙΟΥΔΙΑΚΟΝΟΥΚΑΙΠΑΝΤΟΑ▰
ΟΝ▰▰▰▰ΑΝΑΓΝωCΤΟΥΑΜΦΟΤΕΡωΝΚΑΙ
ΜΗΑΡΤΕΜΕCΙωΤΟΥΙΒΨΕΤΟΥCΙΝΔΕ✝

[Ἐγ]ένετο ἡ πᾶσα μαρμαρο[γλυφία] το[ῦ]........
........Ἰη(σοῦ) Χ(ριστο)ῦ, ἐπὶ τῶν θεοσεβεστάτων
Α[μμων]ίου διακόνου, καὶ Παντολ[έ]
ου[τος] ἀναγνώστου.....................
μη(νὶ) ἀρτεμεσίῳ τοῦ ιϐψ ἔτους, ἰνδ(ικτίωνος) ε′. ✝

On peut supposer également μαρμαρο[ποίησις], mot barbare, mais conforme à la langue du temps, ou μαρμαρο[στρωσία]. Le nom du diacre est conjectural. Celui du lecteur doit être Pantoléon ou Pantaléon (voir Pape, à ces deux mots), quoique la dernière lettre lisible de la troisième ligne paraisse un A. La fin de la quatrième ligne est indéchiffrable, et je n'insiste nullement sur les lettres que j'y ai figurées pour rendre tant bien que mal les traits de l'original.

On remarquera la ressemblance de formule de cette inscription avec celle de la mosaïque de Kabr-Hiram, ci-après, et aussi avec celle de Berja, ci-dessus. L'inscription est de onze ans postérieure à celle de Kabr-Hiram, ce qui étonne beaucoup, car notre inscription actuelle est d'une écriture assez classique encore, quoique très-inégale; elle est bien orthographiée, et n'a rien du caractère décidément byzantin des inscriptions de Berja et de Kabr-Hiram. Cela prouve que pour les inscriptions des mosaïques on aimait à se livrer à des jeux calligraphiques se rapprochant de l'écriture cursive, et qu'il ne faut pas rabaisser ces inscriptions autant que la paléographie seule pourrait porter à le faire.

D'après quelle ère calculer la date de cette inscription? Selon l'ère des Séleucides, ce serait l'an 400 : cela n'est guère possible. L'ère d'Antioche nous donnerait l'an 764 : cela est bien improbable aussi. La date de la mosaïque de Kabr Hiram, calculée selon cette ère, nous donnerait l'an 653. Impossible que de tels travaux aient été faits après l'invasion musulmane. La mosaïque de Kabr-Hiram a pour indiction 9; notre inscription a pour indiction 5. L'indiction de Kabr-Hiram se vérifierait dans le système des indictions commençant au 1er janvier 315; l'indiction de l'inscription actuelle ne se vérifie dans aucun système. Il faut donc renoncer à appliquer l'ère d'Antioche à notre inscription et à celle de Kabr-Hiram.

L'ère propre de la ville de Tyr remonte à l'an 126 avant J. C. Cela placerait l'inscription de Kabr-Hiram en l'an 575, et la nôtre en 586. Les indictions conviennent alors dans certains systèmes [1].

---

[1] Voir les tableaux de M. de Wailly, *Paléogr.* I, p. 94.

Quoi qu'il en soit, la mosaïque de Berja, celle de Kabr-Hiram, l'inscription dont nous parlons en ce moment, montrent combien l'art était florissant en Syrie au vi⁰ siècle. C'est bien aussi le résultat auquel était parvenu M. de Vogüé par ses études sur l'architecture chrétienne en Syrie. Il est remarquable que notre inscription est datée par le nom du diacre et du lecteur. Nous remarquerons la même chose à Kabr-Hiram. Cela prouve l'importance que ces ordres, dits mineurs, avaient conservée en Orient. Toute l'administration des biens de l'Église était encore entre leurs mains. Or, une foule de faits nous prouvent que ces biens étaient immenses en Phénicie, et que ce ne fut pas là une des moindres causes qui amenèrent la ruine de la Syrie chrétienne au vii⁰ siècle.

Sur une plaque de marbre (au Louvre) :

MAPMЄNH
ЄTOYCH

M. Frœhner (n° 261) a tenté une restitution dont je lui laisse toute la responsabilité. Je ne connais pas d'exemple du mot εἱμαρμένη dans une inscription tumulaire, et je ne sais si ἐτελεύτα ἔτους..... peut vouloir dire : «Il est mort à tel âge.....» Nous pensons plutôt que c'est ici la plaque d'un tombeau portant la date de l'inhumation, comme cela se voit, quoique assez rarement, sur les tombeaux grecs de l'Orient. Μαρμένη pourrait être une abréviation familière pour Εἱμαρμένη. Le chiffre est H et non N, comme le veut M. Frœhner.

Sur le coin d'une pierre brisée qui ressemble à un battant de porte, analogue à ceux de notre planche XLV; pierre dure :

ΔAΦIKωN

Caractères gravés avec soin, quoique de basse époque. L'A est singulier et explique très-bien le passage de l'A majuscule à l'A cursif. C'est le débris d'une formule constatant quelque construction faite [ἀπὸ τῶν ἐ]δαφικῶν, c'est-à-dire *a solo*.

Sur une plaque de marbre :

▓▓▓ ЄKITЄ
▓▓▓ AПO
▓▓▓ ŌTȣ
✢

[Ἐνθάδ]ε κῖτε
...... ἀπὸ
θ′ τοῦ

CAMPAGNE DE TYR.   545

Autre fragment :

```
▓▓▓CωT▓▓
▓▓ΣCIOY▓▓
▓▓▓EOM▓▓
▓▓▓TO▓▓
```

Peut-être : [Ὑπὲρ] σωτ[ηρίας]..... ou [ἔτους] σωτ[ηρίου]. (Conf. *Corpus*, n° 8681.)
Deuxième ligne : peut-être [αἰων]είου.

Autre fragment :

```
▓▓ANII
▓▓UC
▓▓GAII
```

Moyen âge latin[1] :

```
✲ ANN° DNI : Ṁ CC : II : ŌSE MAII : DIE : XX : OBIIT
  THOMAS : DEBONTOMAS : ET : FR EI' : RIS
  SEPTEBR : OBERT :
```

M. Léopold Delisle lit :

† *Anno Domini millesimo ducentesimo secundo, mense maii, die vigesima, obiit
Thomas de Bontomas et frater ejus, kalendis
septembris, Obertus.*

Fragment d'une table à libation égyptienne, en une sorte de diorite, trouvé à Sour. M. de Rougé s'exprime ainsi au sujet de ce fragment :

«Le petit fragment de cylindre ou de tablette ronde provenant de Tyr accuse très-visiblement le style saïte. C'était une belle matière et un beau travail égyptien. Le nom du dédicateur ne subsiste plus; on voit seulement qu'il adressait son hommage à la déesse *Neith*, avec un titre ou une désignation de localité qui mérite d'être recueillie et qui ne me paraît pas avoir encore été signalée.

Hotep suten ta   net hat sevti.....

«Hommage royal adressé à Neith dans le rempart?.....
«Quoique la déesse Neith ait les plus grands rapports avec la *Tanit* phénicienne,

[1] C'est par erreur que, ci-dessus, p. 392, on a rapporté un mot de cette inscription.

on ne peut néanmoins conclure de ce simple renseignement que Tyr ait été réellement la destination intentionnelle du monument. »

La topographie de Tyr me préoccupa beaucoup pendant le long séjour que je fis sur les ruines de cette ville célèbre[1]. Pour traiter complétement le sujet, il faudrait une saison entière, avec l'aide d'un navire de l'État et un corps de travailleurs. M. du Boisguéhenneuc, commandant du *Colbert*, me prêta pour cette partie de ma mission un concours précieux; mais j'aurais manqué au plan de mon exploration, si je m'étais absorbé dans ce seul travail.

Trois grandes questions, dont deux sont connexes, dominent les discussions relatives à la topographie de Tyr : 1° Où était le temple de Melkarth? 2° L'île a-t-elle été autrefois plus grande qu'elle n'est aujourd'hui? 3° Où était situé le port de Tyr dit *port Égyptien*?

J'ai dit que les deux premières questions sont connexes. En effet, ne pouvant trouver dans l'île actuelle une place pour toutes les parties de l'ancienne Tyr, et en particulier pour la petite île, réunie ensuite à la grande, où, selon l'opinion générale, était situé le temple de Melkarth, les géographes et les historiens ont généralement admis, depuis le travail de M. de Bertou[2], que toute une portion considérable de l'île, dont aurait fait partie le temple de Melkarth, a disparu dans la mer, par suite de tremblements de terre. C'est là une hypothèse que nos vérifications, faites à

---

[1] Le sujet a déjà été traité par Chaussard, *Atlas* de sa traduction d'Arrien (1802); par Barbié du Bocage, *Plan et topographie de Tyr*, dans l'*Examen critique des historiens d'Alexandre*, de Sainte-Croix (1804), et dans le tome I du *Quinte-Curce* de Lemaire; par M. de Bertou, *Essai sur la topographie de Tyr*, Paris, 1843; par M. Movers, *Die Phœnizier*, II, 1re partie, p. 188 et suiv.; par M. Poulain de Bossay, dans le *Bulletin de la Soc. de géogr.* 1862, p. 5 et suiv. et dans ses *Recherches sur Tyr et Palætyr*, Paris, 1863, travail très-estimable, au moins dans les parties topographiques. Dès 1838, M. Poulain de Bossay provoquait, par ses questions, les recherches à Tyr, *Bulletin de la Société de géographie*, 2e série, t. IX. (Conf. *ibid.* t. XII, p. 335.) Quant à M. Movers, j'ai admiré la pénétration avec laquelle il a débrouillé ce sujet difficile, et rectifié, de son cabinet de Breslau, les vues des témoins oculaires. (Cf. Robinson, *Biblical studies*, p. 68 et suiv.)

[2] *Essai sur la topographie de Tyr*, p. 8 et suiv.; cf. *Bulletin de la Soc. de géogr.* 2e série, t. XII, p. 335. Bien que méritoire à certains égards, surtout par les mesures prises sur place, cet essai, tout à fait défectueux sous le rapport de la critique, a introduit sur la topographie de Tyr des erreurs qu'il faudra beaucoup de temps pour déraciner.

diverses reprises avec le concours de M. le commandant du *Colbert*, rendent impossible à maintenir. L'île de Tyr, sauf une perte de terrain qui a eu lieu vers le sud et qui s'est faite, non par une cause géologique, mais par la destruction de remblais artificiels, sauf aussi une certaine corrosion des roches calcaires, dont nous parlerons bientôt, n'a jamais été beaucoup plus grande qu'elle n'est aujourd'hui; nous croyons pouvoir démontrer ce point avec une pleine certitude.

Il résulte, en effet, des sondages de M. du Boisguéhenneuc, que la côte occidentale offre actuellement le même niveau qu'elle avait dans les temps anciens. Le niveau est parfaitement régulier[1]. Le principal argument mis en avant par M. de Bertou[2] et ceux qui l'ont suivi[3] est tiré des fûts de colonnes qui gisent en grand nombre sur le rivage ouest de l'île, et dont plusieurs se voient sous l'eau à plusieurs mètres du rivage. Cela ne prouve absolument rien. Les colonnes éparses à l'endroit où battent les vagues ne proviennent pas d'édifices antiques situés à cet endroit, mais bien des tours ruinées de l'enceinte du moyen âge. On sait, en effet, que dans toute la Syrie les croisés et les musulmans ont eu l'habitude d'insérer dans les murs de leurs forteresses les colonnes d'édifices anciens qu'ils trouvaient sur le sol. Lors de la destruction des murs et des tours, ces fûts ont glissé et ont seuls résisté à l'action des flots. Pour se convaincre de la solidité de notre raisonnement, il faut étudier l'entrée du port de Gébeil. Cette entrée était fermée par deux tours, dont l'une, encore debout, est pleine de colonnes antiques; l'autre s'est écroulée. A la place de la tour écroulée, il y a un tas de colonnes tout à fait semblable aux entassements de fûts qu'on voit sur la côte ouest et la côte sud de Sour. Les matériaux légers ont été dispersés par la mer, et de la tour fondue (si j'ose m'exprimer ainsi), il ne reste plus que son ossature, son squelette.

---

[1] Pour les sondes relevées par M. du Boisguéhenneuc, voir ci-dessus, p. 531.

[2] *Topogr. de Tyr*, p. 9, 12, 14.

[3] Movers, *l. c.*; Ritter, XVII, 334 et suiv.; Poulain de Bossay, *Bull.* p. 7, 8, 13 et suiv.; *Rech.* p. 11 et suiv.; Kruse, *Commentare zu Seetzen*, p. 293-295.

A Gébeil, il n'y a pas le moindre doute; car là une des tours est restée debout pour nous attester l'état ancien des choses. Si la seconde tour s'était aussi écroulée, elle ne serait représentée que par un tas de fûts superposés, et toutes ces colonnes submergées à une certaine distance du rivage eussent fait croire à un port à colonnades[1] (comme il y en eut en effet, à l'époque romaine surtout[2]) envahi par la mer, à la suite d'un abaissement de niveau; et cependant cette conclusion eût été entièrement erronée. Les deux tours qui sont à l'entrée du port de Sour[3] et la tour *h* de la côte sud prêtent du reste à un raisonnement identique. Il y est même particulièrement triomphant; car ce n'est pas la mer, ce sont les habitants qui ont enlevé les matériaux transportables du mur. M. Victor Guérin, qui vit Sour en 1852 et en 1863, fut frappé de la diminution que le mur avait subie dans l'intervalle. Les colonnes, étant lourdes et peu utilisables, résistent mieux à l'enlèvement.

«A Batroun, à Gébeil, à Beyrouth, à Saint-Jean-d'Acre, à Césarée, sur toute la côte de Phénicie, dit-on[4], les voyageurs ont vu des ruines antiques envahies par les eaux de la mer.» Les voyageurs qui ont dû se borner à un coup d'œil rapide, oui. Partout, en effet, où il y a eu des murs et des tours du moyen âge près des bords de la mer, on voit de ces tas de colonnes. Mais ces colonnes ne sont pas là à leur place primitive; elles y ont été transportées par les croisés ou les musulmans (voir ci-dessus, p. 159-161). A Alexandrie, le même fait se remarque, surtout à la petite jetée qui joint maintenant le phare à la pointe de Pharos; il y a là des centaines de colonnes debout, faisant digue; les historiens arabes racontent que ce fut Saladin qui fit transporter là ces colonnes des en-

---

[1] M. de Bertou (p. 12-14) suppose que les deux ports de Sour eurent ainsi des portiques, sur la foi des colonnes qui les encombrent. On voit la faiblesse de cette induction.

[2] Cf. la carte de Peutinger, aux *Fossis Marianis*, à l'embouchure du Rhône.

[3] Poulain de Bossay, *Recherches sur Tyr*, p. 43.

Comparez le môle de Césarée. Thomson, II, p. 241.

[4] Poulain de Bossay, dans le *Bulletin de la Soc. de géogr.* 1862, p. 13. Cf. Bertou, *Topogr.* p. 54, 55 : «Au Nahr el-Kelb, d'anciennes carrières sont complétement immergées.» Nullement; M. de Bertou a pris pour des carrières des arasements naturels. (Voir ci-dessus, p. 321, 322, et ci-après, p. 572 et suiv.)

virons de la colonne de Pompée[1] pour protéger la paroi du port. La facilité de rouler les matériaux de cette forme a dû être une des tentations qui ont porté les constructeurs du moyen âge à les employer. Cette mauvaise habitude commença dès le bas empire. Dans les murs d'Aphrodisias, en Carie, qui furent relevés au milieu du IVe siècle, il y a déjà des colonnes engagées, mais au haut du mur seulement. Il y a aussi un lit de colonnes dans la partie basse de la tour, à droite de la porte dite de la Persécution, à Aïa-Solouk[2], ouvrage du Ve siècle probablement. Il y a aussi des colonnes dans les remparts byzantins de Salonique et dans ceux de Constantinople, du côté de la mer de Marmara. Enfin, on en voit même dans le mur tout moderne d'Alexandrie (enceinte du nord, à droite de la porte du cimetière des juifs, en face du fort Crétin).

Cette idée était si enracinée dans l'esprit des architectes arabes qu'elle a donné naissance à un style. A Jérusalem, dans les parties du mur relevées par les musulmans (surtout à *Bab el-Aamoud*, qui tire de là son nom), les colonnes sont disposées symétriquement comme des boutons ou têtes de clous[3]. A certaines portes du Caire, à *Bab el-Fotouh*, par exemple, où il n'y a pas de fûts engagés dans les murs, on en a simulé par des cercles sur les assises, à hauteur d'appui[4]. Ces colonnes engagées donnaient, bien à tort sans doute, une idée de solidité. Dans le mur moderne du port de Jaffa, on remarque aussi l'imitation de ces bouts de colonnes. A *Bab Scharki*, à Damas, une porte a été bouchée avec des colonnes et des blocs carrés, dans la face desquels on a inscrit un cercle représentant artificiellement un module de colonne.

Règle générale, en Syrie et en Égypte, la présence de fûts de colonnes entassés et croisés les uns sur les autres, surtout près de la mer, indique,

---

[1] Ce dernier point, naturellement, est sujet au doute. Les traditions arabes placent une colonnade près la colonne de Pompée.

[2] Voir les photographies de M. Svoboda; collection des *Seven churches* d'Asie Mineure.

[3] Voir Saulcy, *Les derniers jours de Jérusalem*, grav. p. 201, 224, 240.

[4] M. Rey me dit qu'il en est de même à Khan Younès près d'El-Arisch.

non des ports à colonnades, comme on l'a cru jusqu'ici, mais tout simplement l'emplacement de murs ou de tours du moyen âge[1]. Ajoutons qu'en Syrie les villes se sont peu déplacées. Le cœur des villes actuelles de Gébeil, Beyrouth, Saïda, Sour, est bien sur le noyau de la vieille ville phénicienne, et cela est simple. Le port était dans de telles villes la partie mère des autres. Le port n'a pas changé et a retenu en quelque sorte la ville à sa place par un lien de fer. Au contraire, les agrandissements de l'époque romaine ont souvent disparu.

Ce qui achève la démonstration, c'est que ces fûts ne sont jamais rangés comme il conviendrait aux colonnes d'un édifice ruiné. Les modules les plus divers y sont mêlés. Elles sont couchées les unes sur les autres ou dispersées d'une façon qui prouve qu'elles ne sont pas près de la place qu'elles occupaient dans l'antiquité, et qu'elles ont été employées à un usage qui n'était pas celui auquel elles furent primitivement destinées. Les ruines d'un port à colonnes offriraient un tout autre aspect; les colonnes seraient du même module, et couchées dans un sens rationnel. Dans ces tas de colonnes de Syrie, au contraire, tout est brouillé et confondu. Enfin, ajoutons qu'on trouve ces colonnes sur le bord de la mer, à des endroits où il n'y eut jamais de port antique, et où il y eut au contraire des constructions du moyen âge[2]. Quelquefois aussi on a pu les employer pour combler les ports. Ainsi, à Sour, on dit que ce sont les Druzes qui jetèrent à l'entrée du port les colonnes qu'on y voit, pour ruiner la ville en empêchant d'y débarquer. En effet, la barre de colonnes qui se voit à l'entrée du port paraît avoir été disposée là avec intention. La sotte idée d'encombrer l'entrée des ports pour en fermer l'accès aux ennemis est répandue dans tout l'empire turc; de là ces barres qui se voient à Jaffa et dans d'autres lieux.

A quelle époque, d'ailleurs, aurait eu lieu l'abaissement prétendu de la

---

[1] Pour Césarée, voy. Thomson, II, p. 253. — [2] Voir un exemple près de Tripoli, dans Georges Robinson, *Voyage en Palestine et en Syrie*, II, p. 89.

partie occidentale de l'île? On suppose cet abaissement en partie pour expliquer la disparition du temple de Melkarth. M. Movers, à qui cette considération a paru décisive, n'a pas vu la contradiction où il tombait. A l'époque où furent écrits les passages qu'il allègue[1] pour prouver l'affaissement prétendu, le temple de Melkarth existait encore.

L'existence de ce temple nous est constatée jusqu'aux derniers temps du paganisme[2]. L'auteur du traité *De la Déesse de Syrie* a vu le temple de Melkarth et le juge presque aussi ancien que les temples d'Égypte[3]. Si donc le temple de Melkarth était dans une partie de l'île qui aurait été submergée, cette submersion n'a pu avoir lieu que vers le IVe siècle de notre ère. D'un autre côté, un examen même superficiel de la côte ouest prouve qu'au moyen âge les murs suivaient exactement les sinuosités du rivage d'aujourd'hui. Le plan de M. de Bertou l'atteste. Resterait donc l'intervalle du Ve siècle au XIe, époque assez obscure il est vrai. Mais si, pendant les vingt siècles où l'histoire de Tyr est clairement lisible, la submersion du temple n'a pas eu lieu, ne serait-il pas singulier qu'un tel changement se fût produit dans les cinq ou six siècles dont nous savons peu de chose? A toutes les époques, les tremblements de terre furent fréquents à Tyr[4]; mais rien ne prouve qu'aucun de ces tremblements de terre ait eu pour effet de faire disparaître une partie entière de l'île. Antonin Martyr, qui rencontre presque toutes les villes de Phénicie renversées par les grands tremblements de terre du temps de Justinien, trouve Tyr très florissante[5]. Ajoutons que, du côté du sud et du côté du nord et du nord-est, on voit clairement que, sauf un progrès d'ensablement au nord-est, et sauf la destruction

---

[1] *Die Phœn.* II, 1re partie, p. 199 et suiv.

[2] L'inscription 4472 du *Corpus*, datée de l'an 221, mentionne encore à Tyr les jeux en l'honneur d'Héraclès, honteusement associés au souvenir de Commode (Ἡράκλεια Κομμόδεια). Jean Chrysostome combat encore en Phénicie le culte d'Héraclès (*Revue des Deux Mondes*, 1er janvier 1870, p. 53).

[3] *De Dea Syria*, 3.

[4] Bertou, p. 41, 48, 49, 52 et suiv.; Movers, *l. c.*; Ritter, XVII, p. 334 et suiv.; Poulain de Bossay, *Recherches*, p. 16 et suiv. Les récits poétiques qui présentent Tyr comme «instable» viennent d'une confusion avec les mythes de Délos, confusion provoquée peut-être par quelques traits des mythes nationaux tyriens.

[5] § 14 (édit. Tobler).

de remblais artificiels au sud, les choses n'ont pas beaucoup changé depuis l'antiquité. Pourquoi l'abaissement se serait-il produit sur la côte ouest et ne se serait-il pas produit à quelques mètres de là, sur la côte sud et nord-est? M. de Bertou place la catastrophe vers l'an 143 avant J. C. Mais c'est là justement un des moments les plus florissants de Tyr, le moment où elle reconquiert son autonomie; c'est le temps où la corporation des héraclistes de Délos vante les bienfaits de Melkarth envers Tyr et envers le genre humain[1].

Reste l'assertion de Benjamin de Tudèle, d'après laquelle, à un jet de pierre des murailles de la ville des croisés, on pouvait voir d'une barque les tours, les marchés, les rues, les palais de la ville submergée[2]. C'est là une bien faible autorité. Benjamin déclare sans cesse avoir vu des choses qu'il n'a jamais vues ni pu voir. Ce qu'on aurait distingué de la Tyr sous-marine du temps de Benjamin, on le reconnaîtrait encore, un peu moins bien peut-être, aujourd'hui. Or, en faisant le tour de l'île, ni M. du Bois-guéhenneuc, ni M. Desmoulins, ni Ormsby, ni les officiers anglais du *Fire-Fly*, ni M. de Bertou lui-même, ni moi, n'avons rien vu de semblable. Sauf les colonnes provenant des tours du moyen âge, lesquelles ont été portées seulement à quelques mètres du rivage, on ne voit dans la mer, à l'ouest de l'île, aucune trace d'antiquités.

On dit que l'île de Sour, dans ses dimensions actuelles, n'a pu fournir l'assise d'une grande ville[3]. Maintenant la surface de l'île est évaluée à 576,508 mètres carrés[4]. M. de Bertou, prenant pour base des statistiques modernes, croit que la population contenue sur cet espace n'a pu être de plus de 22,500 habitants[5]. Cela serait, qu'on n'en pourrait conclure que l'île a été autrefois plus grande qu'aujourd'hui. Les villes qui ont joué les rôles les plus considérables dans l'antiquité n'étaient pas

---

[1] *Corpus inscr. gr.* n° 2271.
[2] I, 63 (30, 31 du texte hébreu) édit. Asher.
[3] Kenrick, *Phœnicia*, p. 353-54.
[4] Poulain de Bossay, *Rech.* p. 12.
[5] *Essai*, p. 7-8, 51-52.

grandes. Les villes maritimes et commerciales renfermées dans des îles ont souvent une importance disproportionnée avec leur étendue [1]. Strabon parle avec étonnement de la hauteur des maisons et du nombre des étages à Aradus et à Tyr; sous ce rapport, il prétend que Tyr l'emportait même sur Rome [2]. Dans ces villes antiques, la place occupée par chaque individu était beaucoup moindre qu'aujourd'hui [3]. Saint-Malo, dont la situation a beaucoup d'analogie avec celle de Tyr, a pu, sur un rocher de moins de 160,000 mètres de superficie, loger autrefois une population de plus de 12,000 habitants [4], et être un centre de vie maritime presque de premier ordre. En outre, la force de Tyr venait en partie de la ville continentale, qui, comme la ville insulaire, s'appelait Tyr. A l'époque romaine, Tyr fut une ville très-considérable, rivalisant presque avec Alexandrie et Antioche. Ce n'est pas sûrement par le quartier péninsulaire seul qu'elle put arriver à cette importance [5]. Enfin, nous reconnaissons que l'île actuelle est un peu plus petite que dans l'antiquité; nous verrons bientôt que vers le sud elle a perdu un terre-plein de plus de 60,000 mètres carrés, mais cela sans nul affaissement du terrain, par la seule reprise que la mer a faite d'un espace qui avait été conquis sur elle lors des travaux attribués à Hiram.

Les témoignages historiques, du reste, ne nous révèlent pour l'ancienne Tyr ni une étendue supérieure à celle d'aujourd'hui, ni une population qui oblige de déclarer cette étendue insuffisante. Pline [6] donne à Tyr vingt-deux stades de tour, ce qui répond assez bien aux dimensions actuelles, si l'on tient compte de la perte que l'île a faite du terre-plein du sud [7].

---

[1] Voir les observations de Strabon (III, v, 3) sur Gadès, qui, par le site et la race, avait tant de rapport avec Tyr.

[2] Strabon, XVI, ii, 13, 23.

[3] Cela s'est bien vu à Rome, dans le quartier antique qu'on a mis récemment à découvert près de l'*Agger* de Servius Tullius. On a peine à comprendre un tel entassement.

[4] Cette population n'est plus que de 9,400, et elle remplit la ville. C'est que chaque habitant occupait autrefois en moyenne moins d'espace qu'aujourd'hui.

[5] Voir Pline, *Hist. nat.* V, 17.

[6] *Hist. nat.* V, 17.

[7] Bertou, *Essai*, p. 47, 48. Poulain de Bossay (*Rech.* p. 15) fait ici des raisonnements défectueux.

Arrien nous apprend qu'après la prise de Tyr par Alexandre tout ce qui n'avait pas été tué fut vendu comme esclave. Or 30,000 individus furent vendus, et sur le nombre il y avait beaucoup d'étrangers[1]. Tout semble donc indiquer que la population de la Tyr insulaire était d'environ 25,000 habitants.

A l'époque d'Alexandre, dit M. de Bertou[2], Tyr était dans toute sa splendeur, et pourtant Tyr était alors renfermée tout entière dans l'île. A l'époque de Pline, elle était en décadence, et pourtant elle débordait alors sur le continent. Donc l'île était, du temps d'Alexandre, plus grande qu'aujourd'hui; autrement la renommée et la puissance de Tyr auraient décru à mesure que la ville étendait ses limites. — Ceci n'a rien d'étrange. Tyr, à l'époque romaine, avait plus d'habitants qu'à l'époque de son autonomie; mais, n'ayant plus de vie politique ni d'originalité propre, elle faisait peu parler d'elle. Corinthe aussi avait plus d'habitants au 1er ou au 11e siècle de notre ère qu'au temps d'Aratus; Rome était bien plus peuplée sous Commode qu'au temps des Scipions. Les villes républiques sont toujours de petites villes; c'est quand elles cessent d'être des États qu'elles deviennent populeuses et sans limites, tout le monde alors ayant le droit d'y venir habiter.

Une analogie qui ne peut manquer d'être rappelée ici est celle d'Aradus. L'île d'Aradus est plus petite que celle de Tyr, et certes à la vue de la côte occidentale d'Aradus, formée d'un arasement coupé brusquement par un mur de rocher à pic, on pourrait être tenté de croire à un cataclysme géologique. Or, le vieux mur phénicien existe ici sur une partie du périmètre et prouve que l'île, depuis les temps historiques, n'a jamais été plus grande qu'elle n'est aujourd'hui.

S'il faut renoncer à placer avec M. Movers, dont les raisonnements

---

[1] Arrien, *Anab.* II, xxiv, 5. Diodore de Sicile (XVII, xlvi, 3 et 4) donne des chiffres encore plus faibles; car son τῶν πλείσίων εἰς Καρχηδόνα κεκομισμένων doit être expliqué par le Καρχηδονίων τινές d'Arrien.

[2] *Essai*, p. 47, 48.

n'ont pas ici leur force habituelle, le temple de Melkarth dans un prolongement occidental de l'île qui serait maintenant submergé, où peut-on songer à le mettre? M. Movers veut absolument que le temple ait été d'abord un ἄβατον, c'est-à-dire qu'il ait été situé sur une île qu'il occupait tout entière et qui fut réunie par Hiram à la grande île. Il fonde cette opinion sur le passage de Dius conservé par Josèphe[1]. Cela prête à de graves objections. Tout ce qui a passé par la main de Josèphe est suspect. Dans ces passages de Dius et de Ménandre, il semble qu'on a voulu fondre les données fournies par Hérodote (II, 44) et la Bible; il y est question d'un culte qui n'a pu être introduit à Tyr que sous les Séleucides, celui de Jupiter Olympien. On a prétendu qu'il était possible qu'Antiochus Épiphane ait tenté à Tyr, ainsi qu'il l'essaya vainement à Jérusalem[2], de substituer, au moins comme dénomination officielle, le nom de Zeus Olympios à celui des anciens dieux suprêmes sémitiques, et qu'à Tyr il ait réussi. Cela n'est pas soutenable, au moins pour Melkarth; car Melkarth était hellénisé en Héraclès bien avant Antiochus Épiphane; Alexandre, dont les Séleucides cultivaient si chèrement le souvenir, avait adoré Melkarth en Héraclès[3]; Melkarth, sous le nom d'Héraclès, avait plein droit de cité en Grèce[4]. On dira peut-être qu'Hérodote mentionne un Héraclès Olympios, qui semble justement être celui de Tyr[5]. Mais Héraclès et Zeus n'ont pas pu être confondus par les Séleucides. Lisons d'ailleurs attentivement les passages de Dius et de Ménandre[6]. Ménandre dit seulement que Hiram fit des ἀναθήματα dans le temple de Zeus; Dius dit que Hiram réunit à la ville par une chaussée le temple de Zeus Olympios, qu'il y fit des ἀναθήματα, qu'en outre il démolit et rebâtit deux vieux temples, celui d'Héraclès et celui d'Astarté. Ainsi, à deux lignes de distance,

---

[1] Τοῦ Ὀλυμπίου Διὸς τὸ ἱερὸν καθ' ἑαυτὸ ὂν ἐν νήσῳ, χώσας τὸν μεταξὺ τόπον, συνῆψε τῇ πόλει. (Dans Jos. *Contre Apion*, I, 17. Cf. *Ant.* VIII, v, 3; Movers, *Die Phœnizier*, II, 1ʳᵉ partie, p. 190 et suiv.)

[2] II Macch. VI, 2.

[3] Arrien, *Anab.* II, XXIV, 6; Diod. Sic. XVII, XLVI, 6.

[4] *Corpus inscr. græc.* n° 2271.

[5] Hérodote, II, XLIV, 6.

[6] Jos. *Ant.* VIII, v, 3; *Contre Apion*, I, 17, 18.

Ménandre distingue nettement le temple de Zeüs et le temple d'Héraclès. Or la base du système de M. Movers est d'appliquer au temple de Melkarth ce que Ménandre dit du temple de Zeus Olympios[1]. Tout cela est fort peu solide.

Si l'on rejette le système de M. Movers sur le temple de Melkarth situé dans une île qu'il occupait tout entière, la question est bien simplifiée. M. Movers a très-bien montré que le temple des divinités protectrices était d'ordinaire au milieu de la ville et, autant que possible, sur le point le plus élevé[2]. Il est naturel, d'ailleurs, de supposer, à moins de preuve contraire, que le temple de Melkarth se trouvait dans la grande île qui servit de noyau primitif à la ville. Cela porterait à placer le temple de Melkarth vers le point le plus élevé de l'île, vers le *seraï* d'Ibrahim-Pacha. Il n'aurait donc pas été éloigné de l'église chrétienne bâtie par l'évêque Paulin. Celle-ci cependant ne succéda pas au temple. Elle fut bâtie dès les premières années de la paix de l'Église, à un moment où les chrétiens ne touchaient pas aux temples[3]. Eusèbe, qui nous en a raconté avec tant de détail la construction et la dédicace[4], eût trahi par quelque mot la relation des deux édifices, s'ils avaient eu un rapport quelconque l'un avec l'autre. Il nous apprend, au contraire, que l'édifice chrétien fut construit à neuf par Paulin.

Si l'on tient au système dressé par M. Movers d'après les passages de Dius et de Ménandre, on a le choix entre deux hypothèses. On peut, à la rigueur, avec la plupart des cartographes qui ont fait des plans de Tyr[5], placer le temple de Melkarth à l'ouest de la ville, près de l'entrée par conséquent, et non loin de la tour actuelle des Algériens. On peut supposer qu'il y eut primitivement là un îlot séparé de l'île principale. La plus

---

[1] *Die Phœn.* I, p. 176, 177.
[2] *Die Phœn.* II, 1re partie, p. 241. Cf. pour Carthage, en particulier, même ouvrage, I, p. 610, 611.
[3] Constantin ne détruisit en Orient d'autre temple que celui d'Aphaca. Ce furent Théodose et Jean Chrysostome qui commencèrent les destructions systématiques de temples en Syrie. (Voir la bonne étude de M. Amédée Thierry sur ce point, *Revue des Deux Mondes*, 1er janv. 1870, p. 52 et suiv.)
[4] *Hist. ecclés.* X, 4. Voir les notes de Valois sur X, 1.
[5] Sprüner-Mencke, Ansart, Fr. Lenormant, Poulain de Bossay.

grave objection qui s'élève contre cette hypothèse se tire du récit du siége de Tyr par Alexandre, tel que nous le lisons dans Arrien. Si le temple de Melkarth, édifice immense, avec des enceintes, des cours, des portiques[1], se fût trouvé vers la tour des Algériens, il eût été, qu'on me passe cette expression, au premier feu du siége. On ne concevrait point qu'il ne figurât pas dans le récit détaillé d'Arrien, récit où les occasions d'en parler se fussent fréquemment présentées, et où il est sans cesse question des deux ports, des Néories, du palais royal, édifices situés de ce côté. Le temple de Melkarth est bien nommé dans le récit d'Arrien, mais il y figure après la bataille comme l'endroit où se réfugient les vaincus[2]. Si le temple eût été situé près de l'endroit où se donna l'assaut, on ne comprend pas qu'après la défaite des Tyriens en leurs derniers retranchements, les fugitifs eussent pu venir s'y réfugier. En outre, on obtient par là un Eurychore étroit et peu satisfaisant.

Une autre hypothèse où peuvent se cantonner ceux qui croient que le temple de Melkarth fut situé dans une île, c'est de placer le célèbre sanctuaire, qui servait de centre et de lieu de pèlerinage aux Tyriens répandus dans le monde entier, sur le promontoire de rochers qui forme la pointe sud-ouest de l'île. Cette hypothèse domina dans mon esprit pendant tout le temps de mon séjour à Sour. Ce fut pour la vérifier que je fis une fouille au point E. Cette fouille m'amena à regarder comme parfaitement possible que ce promontoire sud-ouest eût formé autrefois un rocher isolé, ne faisant partie ni de la grande île primitive, ni de l'Eurychore (qui n'allait pas jusqu'à la pointe sud-ouest), et qu'on l'aurait rattaché à la grande île par des atterrissements. M. du Boisguéhenneuc resta également convaincu que le promontoire sud-ouest était autrefois séparé du reste de l'île par un chenal. Ce promontoire, en effet, ne se relie à l'île principale que par des terres basses; le roc qui soutient ces terres paraît être au-dessous du niveau de la mer. Les fouilles que j'ai fait

---

[1] Cela résulte d'Arrien, II, XXIV, 6. — [2] Arrien, *ibid.*

faire sur le promontoire ne m'ont révélé aucune construction importante; mais on conçoit très-bien que, par suite des ouvrages que les croisés élevèrent en cet endroit, tout vestige du temple de Melkarth ait disparu. Deux circonstances rapportées par Arrien[1] pourraient être invoquées à l'appui de cette hypothèse : c'est d'abord la circonstance que les Tyriens vaincus se réfugient dans le temple de Melkarth, ce qui va très-bien avec le site de la pointe sud-ouest, angle opposé au point d'attaque de la ville; c'est en second lieu, cette circonstance que, dans les fêtes qui suivent la prise de la ville, les navires prennent part à la pompe en l'honneur de Melkarth, ce qui se comprend parfaitement si le temple occupait un terre-plein à l'angle sud-ouest. Les textes de Ménandre et de Dius s'accommodent aussi parfaitement de l'hypothèse dont nous venons de parler. Ces textes, en effet, présentent la réunion de l'île occupée par un temple et de l'Eurychore à la grande île comme un seul et même travail. Or, dans l'hypothèse dont il s'agit, le remblai de l'Eurychore et celui de l'île sont bien la même chose. Enfin, ce site aurait l'avantage d'offrir un vrai ἄβατον, d'où il était bien plus facile d'exclure les étrangers[2] que d'un point situé près de la porte de la ville.

De graves objections s'élèvent pourtant contre ce système. Le promontoire sud-ouest est bien petit pour avoir fourni l'assise d'un sanctuaire aussi considérable que celui de Melkarth. Il semble qu'il devrait y rester quelque trace d'un soubassement taillé dans le roc ou de substruction en gros blocs comme à Jérusalem. Or cette partie de l'île est assez pauvre en restes antiques; on y remarque seulement un ou deux sarcophages en forme d'auges[3]. Tout en persistant à croire que l'angle sud-ouest a été autrefois une île à part, je doute donc qu'il ait servi d'assise au

---

[1] Arrien, *Anab.* II, xxiv, 6.
[2] Une partie de la sainteté du temple de Melkarth, comme de celui de Jérusalem, était qu'un étranger n'y entrait pas. Ce furent les hésitations des Tyriens à en permettre l'entrée aux Macédoniens qui amenèrent le siège d'Alexandre. (Arrien, *Anab.* II, xvi, 7; Justin, XI, 10, 11; Diod. de Sicile, XVII, xl, 2.)
[3] M. Poulain de Bossay place là le palais royal. C'est trop loin vers l'ouest (Arrien, II, xxiii, 6).

temple de Melkarth. Comme, d'un autre côté, le système qui rapporte au temple de Melkarth ce que Dius et Ménandre disent du temple de Zeus Olympios est très-hasardé, ce que je tiens pour le plus probable est ceci : 1° le temple de Melkarth situé sur le point culminant de l'île, vers le seraï; 2° le temple de Zeus Olympios situé sur la pointe sud-ouest, laquelle avant Hiram formait une île à part. Ce vocable de Zeus Olympios est naturellement postérieur à Alexandre et même, selon toute apparence, à Antiochus Épiphane; avant l'époque grecque, ce temple avait un nom phénicien que nous ignorons.

Abordons maintenant la question des ports de Tyr. Il n'y a pas de doutes sur le port du nord ou port Sidonien. C'est le port actuel, en le supposant plus creux qu'il n'est maintenant. Les tours et les murs qu'on y voit aujourd'hui datent en grande partie du moyen âge[1]; mais ils ont remplacé sûrement des travaux analogues de l'antiquité[2]. Il se peut, comme l'a supposé M. Poulain de Bossay[3], que ce port ne soit autre chose que l'embouchure de l'ancien chenal qui, avant Hiram, séparait l'île principale des autres îles plus petites. Un chenal allant de la côte sud embrasser le flanc est du port Sidonien, vers la porte actuelle et le petit banc de rochers qui ferme le port près de la porte, a pu exister avant le terrassement qui a donné à l'île la forme qu'elle a maintenant. Seulement M. de Bertou et M. Poulain de Bossay proposent pour ce chenal une direction qui ne saurait être acceptée. La pente des terrains oblige d'infléchir la ligne de ce chenal hypothétique dans la direction nord-est, en passant par le cimetière actuel, le long du contour extérieur du mur moderne, et par le pied de la basilique.

Les grandes difficultés sont relatives au port Égyptien. Arrien et Strabon ne laissent aucun doute sur l'existence de ce port. Au premier coup

---

[1] Voir Guillaume Rey, *Architecture militaire des croisés en Syrie*, p. 167 et suiv. Cf. Ibn Batoutah, I, p. 131. (Dans la *Collection d'ouvrages orientaux*, publiée par la Société asiatique.)

[2] Λιμένα ἔχουσα ἐντὸς τείχους. Faux Scylax, p. 78, 79 (*Geogr. gr. min.* de Ch. Müller).

[3] *Rech. sur Tyr et Palætyr*, p. 44; *Bulletin de la Soc. de géogr.* p. 6.

d'œil jeté sur les plans de M. de Bertou et de M. Poulain de Bossay, rien ne paraît plus facile que de trouver sa place. Tout le long de la côte sud, en effet, à une certaine distance de la grève actuelle, s'étend un long mur (*gg* de notre plan, p. 531) en très-grands blocs, bétonné à l'intérieur avec un béton plein de morceaux de brique et de poterie. Ce mur est continu et offre du côté de la mer une certaine convexité[1]. Quelques parties de ce mur émergent; d'autres sont sous-marines. Vers le milieu de son développement, de M en N, sur un tiers à peu près de sa longueur, on voit sous la mer de nombreux débris de très-grosses colonnes en granit. Quant aux récifs qui apparaissent à l'angle sud-ouest de l'île, ce ne sont pas de vrais rochers; ils sont formés d'un conglomérat artificiel où l'on trouve de nombreux morceaux de brique et de poterie, assez analogue à celui qui recouvre intérieurement le mur *gg*. Le tout a acquis la dureté du rocher. Des officiers qui avaient séjourné à Alger trouvèrent le béton de ces enrochements tout à fait semblable à celui qu'on voit dans cette dernière ville. A l'autre extrémité du triangle, le même blocage se retrouve et forme à l'intérieur de l'angle *g* une sorte de quai le long du rivage actuel, en revenant vers l'ouest.

Au premier coup d'œil il paraît tout à fait naturel de voir là un môle ou brise-lame et de placer le port Égyptien entre ce môle et la grève actuelle. C'est ce que fait M. Poulain de Bossay[2], et jusqu'à un certain point M. de Bertou. Ce dernier envisage l'espace compris entre la grève et le prétendu môle comme un *Cothon* ou port fermé[3], et place le port Égyptien en dehors de ce Cothon, dans un espace qu'il croit clos par une autre digue dont nous parlerons bientôt.

C'est là un système que nous sommes arrivés à croire tout à fait

---

[1] Comp. Kenrick, *Phœnicia*, p. 458.
[2] *Rech.* p. 14 et suiv.
[3] Ce prétendu *Cothon* de M. de Bertou (*Essai*, p. 12) a été adopté par tous les topographes de Tyr. Movers, II, 1ʳᵉ partie, p. 219 et suiv. (Movers voit dans ce prétendu port clos les Néories); Ritter, XVII, p. 340 et suiv.; Kenrick, *Phœnicia*, p. 352. C'est à tort que M. Movers (p. 214) a cru que Nonnus donnait trois ports à Tyr: Τριχθαδίαις λαγόνεσσι désigne trois échancrures et non trois ports du genre de ceux que l'île aurait dans le système de M. de Bertou.

erroné. Nous sommes convaincus que le mur gg n'est pas un môle, que l'espace entre gg et la grève actuelle n'est pas un port ancien, que gg est un ancien mur de soutènement d'un remblai qui fermait l'île de ce côté et probablement portait le rempart du sud, au moins avant Alexandre[1]. Selon nous, c'est là le χῶμα dont parle Ménandre et qu'il attribue à Hiram (οὗτος ἔχωσε τὸν Εὐρύχωρον). Le rempart du sud étant tombé ou ayant été renversé violemment, la mer aura pénétré l'ouvrage et repris ce qu'on lui avait pris; les remblais auront été dilués, et ainsi se sera créée la dépression entre le mur gg et le rivage actuel; les choses, en d'autres termes, en seront revenues au point où elles étaient avant Hiram. Il faut supposer que tout cela était arrivé avant les croisades, puisque le mur du moyen âge, dont les traces sont visibles encore, suit exactement le rivage actuel.

Quelles raisons nous ont portés à abandonner sur ce point l'opinion commune, en apparence si satisfaisante? Une raison qui, nous le croyons, paraîtra décisive à tous ceux qui étudieront après nous la topographie de Tyr. C'est l'absolue impossibilité de trouver une entrée à ce prétendu port compris entre le mur gg et la grève actuelle. Ce mur, avons-nous dit, est continu; tout le monde est d'accord sur ce point. A l'ouest, sur le côté de l'angle saillant, il y a des déchirures, mais accidentelles, et où il est impossible de placer l'entrée d'un port. Reste l'angle est, vers le point où le mur et la grève se rencontrent. C'est là que M. Poulain de Bossay place l'entrée en question[2]. Mais nous affirmons que cela est tout à fait impossible. M. du Boisguéhenneuc se prononce sur ce point avec une entière assurance. Ce passage est infiniment trop étroit, et l'on ne saurait dire, avec M. Poulain de Bossay, que c'est le sable qui l'a rétréci; car le remblai en blocage du quai est à quelques mètres du point de

---

[1] Une lettre inédite de M. de Bertou, citée par M. Poulain de Bossay, *Rech.* p. 14, prouve que l'idée d'un terrassement démoli par la mer traversa l'esprit de M. de Bertou. Mais il ne s'y arrêta pas, et, en adoptant un autre système, il engagea la topographie de Tyr dans des erreurs qu'il sera très-difficile d'extirper.

[2] *Rech.* p. 23.

jonction du mur *gg*, et autrefois l'intervalle entre les deux était moindre encore qu'aujourd'hui, si tant est que l'intervalle existât. Nous croyons, en effet, que tout cet angle était fermé; le blocage qui faisait la clôture se voit encore le long du quai à l'intérieur du triangle. Nulle trace d'ailleurs d'excavation dans le roc, de goulet artificiel. Ainsi ce long triangle n'a aucune issue; jamais navire n'a franchi le mur *gg*. M. de Bertou, qui, étant sur les lieux, ne pouvait manquer d'être frappé de cette vérité, a eu recours à une hypothèse désespérée, c'est de faire communiquer son prétendu Cothon avec le port Sidonien, à travers l'île, par un canal. Cette hypothèse, trop facilement adoptée par M. Movers[1], est tout à fait inadmissible. Nous ne nions pas qu'avant les terrassements exécutés par Hiram (ou par tout autre) un chenal ne se dirigeât de la côte sud actuelle vers le nord pour aboutir vers la porte actuelle; mais qu'à l'époque classique de Tyr, soit avant Alexandre, soit depuis, l'île ait été coupée par un canal, nous le nions sans hésiter. Qu'on lise le récit du siége d'Alexandre par Arrien, récit admirable d'exactitude et de suite, on y verra à chaque page, j'ose le dire, la preuve qu'un tel canal n'existait pas, et que le Cothon auquel il aurait servi d'issue n'existait pas davantage. Quelle eût été l'utilité d'un tel port? S'il eût existé, n'eût-il pas été bien plus naturel de le mettre en rapport avec le port Égyptien qu'avec le port Sidonien? Pourquoi traverser ainsi l'île pour ouvrir une issue à un bassin qui, d'autre part, n'était séparé de la mer que par un mur. C'est comme si, à Marseille, au lieu de dégager le port des Messageries impériales par le port de la Joliette, on l'avait séparé, par un cercle de murs continus, de la Joliette, et qu'on se fût obligé à le faire déboucher dans l'ancien port par un canal traversant la ville. Nous verrons d'ailleurs bientôt que le port Égyptien (distinct du Cothon), comme le conçoit M. de Bertou, est en contradiction

---

[1] *Die Phœn.* II, 1re partie, p. 219, 220. M. Movers a tort d'invoquer l'autorité de Pococke. La dépression dont parle Pococke et qui traverse obliquement la presqu'île (*Descr. of the East*, vol. II, 1re partie, p. 82) n'est pas dans le sens du canal de M. de Bertou; c'est le trou des colonnes en marbre dont nous avons parlé à propos de la tranchée D.

absolue avec ce même récit d'Arrien, qui doit être dans la question présente, le *criterium* de la vérité. On sait qu'Arrien rédigea son récit sur l'autorité de deux lieutenants d'Alexandre; son exactitude en ce qui concerne Tyr est remarquable.

Ajoutons que ce que M. de Bertou[1] a pris pour l'embouchure de son prétendu canal joignant les deux ports est un reste du gros ouvrage du moyen âge dont nous avons parlé ci-dessus. Le débarcadère admis par M. Poulain de Bossay (point 66 du plan de M. de Bertou) n'a pas plus de réalité. J'ai déjà rapporté l'opinion de M. Gaillardot et celle de M. du Boisguéhenneuc sur ce sujet (voir ci-dessus, p. 536). Jamais, depuis les temps historiques, le port Sidonien n'a communiqué avec le port du sud; on peut regarder cela comme tout à fait assuré.

Tenons donc pour certain que le triangle de mer compris entre le mur *gg*, les enrochements *g* et le rivage actuel n'a jamais contenu un navire, que jamais on n'a pu y entrer par un côté quelconque; ajoutons que, lors même que la question de l'entrée serait résolue, on n'aurait pas affaire à de moindres difficultés. Cette langue de mer, envisagée comme un port, serait le plus incommode des ports. En certains endroits, elle n'a aucune largeur; nulle part elle n'a de profondeur[2]. Ce serait là vraiment un port absurde, en contradiction avec les principes qui ont présidé à la construction du port de Sidon. Les rochers à l'intérieur du mur *gg* n'offrent aucune trace de travail; les navires, dans la plus grande partie de ce prétendu port, n'auraient eu qu'un demi-mètre d'eau. Que signifierait en particulier cet angle de l'est, espace tout à fait perdu, inutile et incommode au plus haut degré? Il n'y aurait pas eu là la longueur d'une barque. Enfin, Strabon appelle le port Sidonien un port fermé (κλειστόν) et le port Égyptien un port ouvert (ἀνειμένον). Or, dans l'hy-

---

[1] *Essai*, p. 13.
[2] M. de Bertou lui-même fut frappé de ceci, et faillit un moment être conduit par cette considération à la vérité. Lettre, dans Poulain de Bossay, *Rech.* p. 14.

[3] M. Poulain de Bossay (*Rech.* p. 23 et p. 24 note) cherche vainement à échapper à cette difficulté. On verra comment je crois qu'on peut la tourner en distinguant les temps. La description de Chariton

pothèse de M. Poulain de Bossay, le port Égyptien aurait été assurément le plus fermé de tous les ports. Renonçons donc absolument à chercher le port Égyptien en deçà du mur *gg*. Ce mur était une clôture de la ville, à la fois contre la mer et contre l'ennemi. Peut-être là se dessinait sur un terre-plein quelque grand temple. Les colonnes qui se voient de M en N et qui, elles, n'ont pas été apportées là par les gens du moyen âge, comme celles de la grève, seraient alors les débris de ce temple et n'auraient pas changé de place depuis leur chute (fait rare à Tyr). Quant aux gros blocs, ce seraient les seuls restes de la première enceinte phénicienne de Tyr, comparables par conséquent à ceux d'Aradus. Il est tout naturel que les blocs des parties de la vieille enceinte qui étaient au-dessus de la mer ou du sol aient été utilisés, et que les seules assises sous-marines, ou à peu près, aient été conservées.

Après avoir réfuté le système de M. Poulain de Bossay, qui place le port Égyptien en deçà du mur *gg*, examinons celui de M. de Bertou, qui place ce port au delà du mur *gg*.

M. de Bertou appuie cette opinion d'un fait archéologique qui serait capital, s'il était exact. M. de Bertou, en effet, croit avoir constaté l'existence d'une immense digue sous-marine partant du petit îlot le plus rapproché de la pointe du mur *gg* et se dirigeant vers le cap Blanc[1]. Nous n'avons jamais pu voir cette digue. M. du Boisguéhenneuc, après l'avoir plusieurs fois cherchée, en nie la réalité. Les marins en déclarent l'existence peu croyable *a priori*. Je sais combien il est délicat de prononcer avec assurance ces sortes de propositions négatives. Nous étions à Sour en la saison des mers agitées; il faudrait, pour faire une expérience décisive, étudier les parages en question par une mer tout à fait calme. Il faudrait

---

d'Aphrodisias (VII, 2, p. 156 de l'édit. de Reiske), qui suppose deux ports fermés, se rapporte sans doute à l'époque classique de la ville de Tyr.

[1] *Essai*, p. 14, 15. Cf. Movers, *op. cit.* p. 219; Poulain de Bossay, *Rech.* p. 17, 18. Il est inexact de dire que Maundrell parle de cette digue; son passage (p. 82) se rapporte au mur *gg*. Kenrick (*Phœnicia*, 1855, p. 351, 352, 457) a déjà élevé des doutes judicieux sur la découverte de M. de Bertou.

surtout montrer ce qui a fait l'illusion de M. de Bertou, si, comme nous le croyons, il s'est fait illusion. Nous appelons donc sur ce point un nouvel examen; mais nous doutons peu du résultat. Cette digue, trop vite introduite dans les plans de Tyr, doit en être effacée. Si elle avait existé, c'est sur elle et sur le port Égyptien, non sur le port Sidonien, qui n'aurait été rien en comparaison, que les historiens et les géographes anciens eussent insisté. Combien il serait singulier, en particulier, qu'Arrien n'en parlât pas! Non-seulement il n'en parle pas; mais la façon dont il montre Alexandre faisant rapidement passer ses navires d'un côté à l'autre de l'île, après l'achèvement de la chaussée[1], exclut l'existence de cette digue. Tout le récit d'Arrien, à vrai dire, renverse de fond en comble le système de M. de Bertou. Arrien présente toujours le port Égyptien comme analogue au port Sidonien, ayant comme ce dernier une ouverture étroite fermée par des chaînes ($\sigma\tau\acute{o}\mu\alpha$, $\kappa\lambda\varepsilon\tilde{\imath}\theta\rho\alpha$[2]). Chariton d'Aphrodisias est d'accord avec Arrien, quand il présente les ports de Tyr comme clos et renfermés sous clef dans l'intérieur de la ville[3]. Cela ne répond nullement à cette immense rade ou avant-port qu'aurait formé le port Égyptien dans le système de M. de Bertou. Quand Alexandre, de la tête de sa chaussée, faisait avec sa flotte, d'un côté à l'autre de la ville ($\pi\varepsilon\rho\iota\acute{\varepsilon}\pi\lambda\varepsilon\iota$), ces hardies manœuvres qui frappaient les Tyriens de stupeur, il aurait donc traversé le port Égyptien. Cela est impossible, puisque toujours le port Égyptien, durant ces manœuvres, nous est représenté comme fermé, barricadé, et que l'un des derniers actes du siége fut de forcer l'entrée de ce port et d'avarier les navires qui s'y trouvaient[4]. Ajoutons qu'une mer ouverte comme celle qui se fût étendue au sud du mur gg n'eût pu être appelée un $\lambda\iota\mu\acute{\eta}\nu$; ce mot ne peut désigner ici une simple rade; il doit signifier un vrai port, comme le port Sidonien de Tyr, comme le port même de la

---

[1] Arrien, *Anab.* II, xxii, 3; xxiii, 3.
[2] II, xx, 6, 9; xxi, 8; xxii, 3; xxiv, 1. Voir Poulain de Bossay, *Rech.* p. 22.
[3] *Loc. cit.*
[4] Arrien, II, xxiv, 1.

ville de Sidon. Un tel mot serait à peine justifié si la digue vers le cap Blanc eût existé; or cette digue, nous le répétons, est exclue par le récit d'Arrien, et l'existence de ses restes n'a pu être constatée par personne depuis M. de Bertou.

Où donc placer le port Égyptien du temps d'Alexandre? Une seule hypothèse reste possible, et elle a été fort bien entrevue par M. Movers[1]. C'est de supposer que ce port est aujourd'hui totalement ensablé, qu'il était dans cette partie de la ville, tournée vers le sud-ouest, qui a été rejointe par les sables de l'isthme, et dont le littoral est fondu avec la langue de terre qui joint maintenant l'île au continent. L'entrée (très-étroite, comme le prouve le récit d'Arrien) devait être vers l'angle sud-est. Le bassin pouvait se développer en éventail dans les jardins qui forment maintenant une grande dépression autour de la tour des Algériens[2]. J'ose dire que la personne qui lira attentivement Arrien[3] verra que ce système répond à toutes les difficultés, et que les autres systèmes sont inconciliables avec le récit de cet historien. Strabon seul, nous affirmant que le port Égyptien était, par opposition au port Sidonien, un port ouvert, crée une difficulté. Peut-être doit-on supposer que l'ensablement du port clos du sud, c'est-à-dire du vrai port Égyptien, était déjà accompli du temps de Strabon, si bien que les navires d'Égypte se tenaient simplement à l'abri de l'île, au sud. En effet, c'est de la grève au sud-est de la ville que saint Paul s'embarque de Tyr pour Acre (*Act.* XXI, 5). De la sorte, quoique la ville n'eût plus qu'un seul port, il y avait en réalité deux stations de navires, l'une (le port actuel) fermée ($\kappa\lambda\epsilon\iota\sigma\tau\delta\nu$), l'autre (l'abri du sud) ouverte ($\dot{\alpha}\nu\epsilon\iota\mu\acute{\epsilon}\nu o\nu$). Peut-être avait-on accommodé cette station à l'usage des navires, en renversant la partie des murs antiques qui s'élevait en *g g* au-dessus de la mer. De la sorte, toute cette partie

---

[1] *Die Phœn.* II, 1re partie, p. 217, 218.
[2] Je ne dis pas que cette dépression soit celle du port antique. Elle peut n'être que relative aux talus qui l'entourent. Ces talus proviennent sans doute des ouvrages du moyen âge.
[3] *Anab.* II, XX-XXIV.

était devenue un quai. On voit que, dans cette hypothèse, le port Égyptien de Strabon n'était plus matériellement le même que du temps d'Alexandre. Si l'on n'admet pas cette hypothèse pour sauver l'exactitude de Strabon, il faut évidemment faire céder son autorité devant celle d'Arrien, chez qui la topographie est liée à un grand fait raconté avec précision d'après des narrations originales.

L'incurie des siècles du Bas-Empire aura laissé la mer démolir peu à peu tout le remblai de ce côté et ramener les choses à l'état où elles étaient avant Hiram. Voilà pourquoi il est beaucoup moins question du port Égyptien que du port Sidonien dans les auteurs[1]. Ce port ne survécut pas, comme le port Sidonien, à toutes les révolutions. Alexandre, par sa chaussée, lui porta le coup mortel. Au moyen âge, Tyr n'a plus qu'un seul port, le port Sidonien[2]. Cela était tout simple; dès que le goulet du port clos du sud fut ensablé par le voisinage de la chaussée, on dut vite cesser d'envisager l'espace ouvert entre le sud et la pointe du cap Blanc comme un λιμήν. Il ne l'avait jamais été en réalité, et si Strabon a pu l'envisager comme un «port ouvert,» c'est dans un sens large, et peut-être par une conciliation hypothétique, qui se sera faite dans son esprit entre les vieux textes qui lui parlaient de deux ports à Tyr, et les renseignements de son temps, qui lui présentaient la grève du sud comme une rade foraine.

Dans la largeur qu'offre l'isthme aujourd'hui, est-il possible de trouver la ligne de la digue d'Alexandre qui servit d'axe, si j'ose le dire, à ce vaste ensablement? M. de Bertou, et après lui M. Movers[3], font aborder la digue d'Alexandre à l'angle sud-est de l'ancienne île, près de la tour i, maintenant privée de son revêtement. Cela paraît difficile; car, en cette hypothèse, l'ensablement ne se serait pas fait sur l'axe de la chaussée, la chaussée serait sous l'isthme en ligne diagonale du nord-est

---

[1] Poulain de Bossay, *Rech.* p. 19 et suiv.
[2] Movers, *Die Phœn.* II, 1ʳᵉ part. p. 218, note 109.
[3] Movers, *Die Phœn.* II, 1ʳᵉ partie, p. 212 et suiv.

au sud-ouest, ce qui n'est pas naturel. Il est bien plus probable de supposer, avec M. Poulain de Bossay, Sprüner-Menke et les autres cartographes de Tyr, que la chaussée forme bien la ligne médiane de l'isthme actuel, qu'elle est seulement plus rapprochée du côté nord que du côté sud, que l'aqueduc en indique la direction [1]. La tête de la chaussée pouvait être alors vers la fontaine actuelle. Il est vrai qu'Arrien nous apprend que la dernière et décisive attaque se fit vers l'angle sud-est [2]. Mais il faut supposer, pour l'intelligence du texte d'Arrien [3], que tout le long du mur de la partie sud-est de l'île (la partie la plus rapprochée du continent) il y avait une grève qui permettait de circuler en dehors du mur. Là étaient, selon nous, les Néories, qui jouent un si grand rôle durant le siége, et qui sont, en quelque sorte, le premier objectif d'Alexandre [4]. Ces Néories ou chantiers auraient occupé de la sorte l'intervalle entre les deux ports et le côté de l'île qui faisait face à la terre ferme [5]. Là était probablement le débarcadère pour le trajet journalier entre l'île et le continent. Le récit d'Arrien ne suppose pas que l'île eût d'autre porte que les ouvertures de ses deux ports, fermées par des chaînes. Les Néories communiquaient sans doute avec les deux ports, dont elles occupaient l'intervalle, par des poternes. Plus tard, la ville péninsulaire eut une seule porte [6], située probablement près de celle d'aujourd'hui [7].

Quant au palais royal, la circonstance rapportée par Arrien (II, XXIII, 6) prouve qu'il était près du point d'attaque d'Alexandre, à une petite dis-

---

[1] M. de Bertou était plus obligé que personne d'admettre ceci, puisque selon lui l'isthme a conservé jusqu'aux temps modernes ses dimensions primitives, et que c'est seulement depuis 200 ans que sa largeur a considérablement augmenté. Cela implique forcément que l'aqueduc marque la ligne de la chaussée primitive.

[2] Arrien, II, XXII, 7.

[3] Surtout des passages II, XX, 10; XXI, 8; XXII, 3.

[4] Diod. Sic. XVII, XLVI. 1; Arrien, II, XXIII et XXIV.

[5] M. Poulain de Bossay (*Rech.* p. 44, 45) a été ici médiocrement inspiré; Movers et Ritter ont été encore moins heureux, égarés qu'ils étaient par l'erreur fondamentale sur le prétendu Cothon du sud.

[6] Chariton, passage déjà cité (p. 156, édit. Reiske).

[7] M. de Bertou croit qu'avant Alexandre on ne pénétrait dans la ville que par le bassin septentrional, qu'après la jonction de l'île au continent il y eut une porte à l'angle sud-est de la ville, en face de l'endroit où aboutissait la chaussée. Il pense que, depuis que cette chaussée s'est élargie par des ensablements, l'entrée principale de Sour a été reculée vers le nord. Tout cela est contredit par la direction des aqueducs.

tance cependant, et qu'il était contigu au mur de la ville, puisque, par ses terrasses étagées, on pouvait sauter dans la ville[1]. Nous pensons donc qu'il était bâti sur le remblai du sud, à l'endroit qui est maintenant occupé par la mer. Son mur extérieur, faisant corps avec le rempart, donnait probablement sur la mer, vers Ras el-Aïn et le cap Blanc. Quant à l'*Agenorium*, il devait être au fond de l'île, dans la partie la plus éloignée de l'attaque d'Alexandre[2].

Voici comment on peut se figurer la distribution de ces différents monuments.

N. B. Nous marquons en pointillé les espaces remblayés par Hiram. Les lignes + + + + + indiquent le rivage actuel.

On peut concevoir ainsi qu'il suit les divers états de l'île de Tyr :

1° Avant que l'homme l'eût appropriée à ses besoins, c'était une chaîne de rochers s'étendant depuis les îlots actuels du nord jusqu'aux îlots du sud-ouest. La plus grande de ces îles était la partie de la péninsule actuelle qui est occupée par la ville moderne et par les champs qui y tiennent à l'ouest.

2° Les premiers établissements chananéens ont lieu sur cette grande

---

[1] J'ignore ce qui a porté M. Poulain de Bossay à rejeter le palais royal jusqu'à l'angle sud-ouest.

[2] Arrien, II, xxiv, 2. Cf. Movers, II, 1re partie, p. 212, 213. Je ne comprends pas pourquoi Sprüner-Menke place l'*Agenorium* dans le champ même de l'attaque des Macédoniens. — Ἀγήνωρ, «le conducteur» (parallèle de βασιλεύς, «celui qui fait marcher le peuple»), est sûrement à Tyr l'équivalent d'un mot sémitique (peut-être Moloch; cf. I, Sam. viii, 20), comme Ἡρακλῆς l'est de Melkarth.

île. Au point le plus élevé, on bâtit un temple au Dieu suprême, envisagé comme protecteur de la cité, *Melkarth*. En outre, sur une des petites îles situées au sud de la grande, on élève un temple à une autre divinité, dans laquelle les Grecs virent un Zeus Olympios.

3° Un vaste ensemble de travaux de terrassement, qu'on attribue à Hiram, réunit à la grande île, 1° l'île où il y avait un temple, 2° un espace qu'à l'époque grecque on appela *Eurychore* (probablement רחב[1]). Cet espace était probablement occupé avant cela par une mer peu profonde, parsemée d'arasements ou rochers coupés à fleur d'eau, comme en présente toute la côte de Phénicie. Vers le sud, on gagna sur la mer un espace assez considérable, au moyen d'enrochements de béton faits à la pointe sud-ouest, et d'un quai épaulé sur un remblai, au sud. Dans cet état, la ville a deux ports, l'un ouvert au nord-est, l'autre au sud-est.

4° Alexandre, profitant probablement d'une flèche de sable sous-marine, joint l'île à la terre par une digue, qui, servant d'épine aux sables poussés par le remous des deux courants déterminés par l'île, a formé l'isthme actuel.

5° Les ensablements amenés par la digue comblent le port sud-est ou Égyptien.

6° Lors de la décadence de la civilisation antique, les sables envahissent également, mais seulement en partie, le port nord-est ou Sidonien. Au sud de l'île, les lames démolissent le remblai artificiel qui prolongeait l'île, et ramènent à peu près les choses de ce côté à l'état où elles étaient avant Hiram.

7° Les musulmans et les croisés trouvent le périmètre de la presqu'île en ce dernier état, et l'entourent d'un mur rempli de fûts de colonnes, selon leur habitude.

8° Ce mur cède presque partout à l'effort de la mer et laisse sa trace par des tas de colonnes, marquant surtout l'emplacement des tours.

---

[1] L'ancienne Carthage punique avait aussi un τόπος εὐρυχωρής. (Strabon, XVII, III, 14. Cf. Poulain de Bossay, *Rech.* p. 32 et suiv.)

9° Les métualis, au xviiie siècle, tracent autour du port Sidonien l'enceinte de la petite ville actuelle.

En somme, l'île a gagné en surface sur toute la courbe intérieure du port Sidonien; elle a perdu un triangle important de remblais du côté du sud; sur le côté ouest, l'aire de l'île n'a éprouvé que des pertes insignifiantes provenant de la corrosion du calcaire à la surface de la mer. La situation des fûts épars sur cette grève et l'aspect des arasements portent à croire que la côte a perdu quelque chose, mais non qu'elle a éprouvé un abaissement.

Le « tombeau de Rhodope[1] » était certainement un des îlots du nord de Sour, comme l'a bien vu M. Movers[2]. M. Poulain de Bossay a cru à tort que cette dénomination venait d'un monument construit sur l'une de ces îles[3]. C'était l'île même qui portait ce nom, sans doute parce que, par sa forme, elle avait plus ou moins l'apparence d'un *memnonium*. On voit, en effet, aux environs de Sour (par exemple, près de la pointe sud-ouest), des rochers évidés en forme de champignons par l'action de la mer sur le rocher calcaire, et qui ont l'air d'avoir été posés comme des monuments sur des arasements de rochers à fleur d'eau. Par leur forme évasée, ces rochers ont par moments l'apparence d'un tombeau. Il est vrai que les îlots du nord sont très-peu élevés au-dessus du niveau de la mer; ils méritent à peine le nom de νησίδιον, dont se sert Achille Tatius[4]. Mais il n'est pas pour cela du tout nécessaire de supposer, avec MM. Movers et Ritter, ou que le tombeau de Rhodope a disparu, ou que les îlots du nord portaient autrefois quelque terrassement qui les élevait. Ces îlots ne

---

[1] Achille Tatius, II, 17. On avait l'habitude dans l'antiquité d'attribuer tous les monuments de grandeur colossale à Rhodope.

[2] Movers, *Die Phœn.* II, 1re partie, p. 214, 215; Ritter, XVII, p. 338; plans de Poulain de Bossay, de Sprüner-Menke, d'Ansart. On remarquera l'étrange bévue de ce dernier. J'ignore aussi où il a pu trouver que les Tyriens se soient réfugiés sur ces îlots après la prise de leur ville par Nabuchodonosor. D'abord, Nabuchodonosor n'a pas pris Tyr; en second lieu, ces îlots sont trop petits pour avoir jamais pu donner asile à qui que ce soit.

[3] *Rech.* p. 17.

[4] Νησίδιον, d'un autre côté, ne doit pas être entendu à la rigueur, comme il l'est par Movers et Ritter. Une vraie « petite île » ne pouvait être prise pour un monument memnonien ou pour une pyramide.

m'ont semblé offrir aucune trace du travail de l'homme[1]. Néanmoins, de ce qu'ils sont aujourd'hui tout à fait plats il ne s'ensuit pas qu'ils fussent de même dans l'antiquité. Peu de rochers en Syrie offrent un tel aspect de corrosion. Le volume de la partie de ces îles élevée au-dessus de la mer a pu diminuer.

Un phénomène, en effet, qui se reproduit fréquemment devant l'observateur sur la côte de Phénicie se montre à Sour avec une particulière clarté, je veux parler de ces rochers calcaires formant une sorte de table au niveau de la mer[2]. Que ces arasements soient naturels, c'est ce qui se révèle à Sour avec évidence. Sur les petites îles qui environnent Sour, on voit ces nivellements en quelque sorte se former.

Le flot agit à la façon d'une scie tranchant le roc juste au niveau de la surface de la mer. Dans quelques siècles, ces îles n'existeront plus, et il n'y aura à leur place que des rochers coupés juste au niveau de l'eau. Et ce qui prouve bien que c'est là le résultat d'une action séculaire de la mer, opérant la section de la roche à la base de son émergence, c'est que ces arasements ne suivent pas les couches géologiques du rocher, quand ces couches ne sont pas horizontales. Sous la vague, le calcaire se conserve à l'abri du contact de l'air; au contact de l'air et de l'eau à la fois, il se délite; de là ces dentelures, ces godets et ces trous comme ceux d'une éponge dont les rochers au niveau de la mer sont pleins le long de la côte de Syrie. Quand le flot a achevé de couper la base du roc, la partie déplantée reste sur la table au niveau de la mer; au bout de siècles, elle disparaît, par suite de la même action. En étudiant attentivement la côte de Syrie, on y trouve des spécimens de tous les degrés d'avancement du phénomène. Tantôt la mer a achevé son œuvre, le roc est tranché horizontale-

---

[1] Il paraît que M. de Bertou a cru y voir des débris de constructions. Lettre inédite, citée par M. Poulain de Bossay, *Recherches*, p. 17. Je ne nie pas; dans ce cas encore il faudrait une exploration faite en été.

[2] Voir ci-dessus, p. 321, 322.

ment au niveau de l'eau; tantôt, sur la table horizontale ainsi planée par la mer, s'élève un *fruit*, je veux dire le rocher réduit à l'état d'une sorte de champignon[1] (c'est probablement un rocher de cette forme qui aura été appelé « tombeau de Rhodope »). On peut voir de ces rochers échancrés à la base d'une manière uniforme près de l'angle sud-ouest de Sour. Un phénomène pareil se remarque à l'île vis-à-vis de Saïda. Je signalerai des rochers corrodés de la même manière au port de Jaffa, d'autres sur le bord de la mer, entre le Nahr el-Kelb et Djouni. Tantôt, enfin, le *fruit* du rocher est totalement détaché et gît sur la table horizontale, attendant du temps sa complète décomposition.

Ces tables arasées au niveau de la mer ont quelquefois une très-faible saillie au-dessus de l'eau, saillie que produisent de petits coquillages qui s'y incrustent. Toutes les côtes calcaires doivent offrir des phénomènes de ce genre. Je citerai la côte de Normandie à droite de la Seine, du côté d'Yport, par exemple. On y voit de ces tables de rochers tranchées au niveau de la mer et couvertes de balanes, qui se remarquent en Phénicie. La nature de la pierre y a même provoqué des travaux dans le roc analogues à ceux de la Phénicie.

On sent combien ce phénomène des arasements parle contre l'hypothèse d'un abaissement du sol. En effet, si le sol s'était abaissé, on verrait en certains endroits de ces tables déprimées au-dessous de la mer, ou ayant perdu leur horizontalité; ce qui n'est pas. Qu'on se place sur les rocs arasés au sud de Sour; il est impossible de supposer que ces rochers aient été l'assise d'une partie de ville. Il s'y trouve des pics de rochers restés çà et là et non encore rongés. Ces pics au milieu de maisons, de rues, seraient des absurdités. Du côté ouest, où l'on a supposé l'existence

---

[1] Un phénomène exactement semblable se remarque dans le Sahara, qui est un fond d'ancienne mer. (H. Duveyrier, *Les Touaregs du nord*, p. 35 et planche II.)

d'un quartier submergé, la physionomie des arasements est la même que dans les petites îles voisines de Sour et que sur les autres points de la côte de Phénicie.

Quand on voudra reprendre l'exploration de Sour, il faudra y envoyer un homme au courant des travaux du génie militaire ou maritime. Les problèmes que soulève Tyr sont surtout de cet ordre. Naturellement, cet ingénieur devra demander à l'archéologue et au philologue les lumières qu'il pourrait n'avoir pas. Tyr mérite l'attention minutieuse que l'on accorde, en dehors de l'intérêt archéologique, aux localités historiques de la plus haute noblesse. Tyr fut la première ville qui défendit sa liberté contre ces redoutables monarchies qui, des bords du Tigre et de l'Euphrate menaçaient d'éteindre la vie de la Méditerranée. Quand toute la Phénicie avait plié, ce rocher tint seul en échec l'énorme machine assyrienne, supporta pendant des années la faim et la soif, et finit par voir décamper de la plaine voisine Salmanazar et Nabuchodonosor. On ne traverse pas sans émotion ce détroit devenu un isthme, qui, en son temps, a été le boulevard de la liberté. Cent et deux cents ans avant les victoires de la Grèce, il y eut là des « guerres médiques, » presque aussi glorieuses que celle du ve siècle (avant J. C.), et dont Tyr supporta tout l'effort. Tyr représenta ainsi la première la lutte des républiques municipales contre le despotisme oriental. A beaucoup d'égards, l'histoire de Tyr ressemble à l'histoire de Jérusalem [1]. Tyr fut, comme Jérusalem, le centre d'une religion dont les adeptes, organisés en confréries d'héraclistes et répandus dans toute la Méditerranée, avaient sans cesse les yeux tournés vers leur temple central et unique, y faisaient des pèlerinages, y en-

---

[1] Voir surtout l'inscription 2271 du *Corpus inscr. gr.* (1er siècle avant J. C.), pleine du sentiment naïf d'un héracliste évhémériste à la manière de Sanchoniathon, qui, comme un juif, vante son culte aux Grecs. On dirait du Josèphe : Ἡρακλέους τοῦ Τυρίου μεγίστων ἀγαθῶν παραιτίου γεγονότος τοῖς ἀνθρώποις, ἀρχηγοῦ καὶ τῆς πατρίδος ὑπάρχοντος. Strabon, au 1er siècle : Τιμᾶται καθ' ὑπερβολὴν Ἡρακλῆς ὑπ' αὐτῶν (XVI, II, 23). L'inscription 5853 (lignes 11 et 24 surtout), de l'an 174 après J. C. est conçue dans le même esprit. Les n°s 6806, 6807 nous montrent des héraclistes en Bretagne. L'inscription 4472 (ligne 12), datée de l'an 221 après J. C., mentionne les jeux Ἡράκλεια Κομμόδεια.

voyaient des offrandes[1]. L'antipathie des prophètes juifs pour Tyr, leur jalouse fureur quand ils la voient échapper au fléau assyrien, ne s'expliquent que par une haine fraternelle[2]. A l'égard de Sidon, la position de Tyr reste indécise. Tyr fut-elle jamais une colonie de Sidoniens? Cela est probable, quoiqu'on en puisse douter[3]. En tout cas, dès que Melkarth fut devenu roi et dieu unique de la cité, Tyr, comme Jérusalem, n'eut plus de mère ni de sœur. Sa force fut sa situation insulaire, qui deux fois la sauva de la conquête assyrienne. Il en fut peut-être ainsi pour Aradus. Ces petites îles durent leur prépondérance au fossé qui les empêchait d'être prises, comme les villes du continent, par la redoutable poliorcétique assyrienne. Ce furent ainsi les invasions assyriennes, non pas qui les fondèrent, mais qui leur créèrent, à cause des facilités qu'elles avaient pour la résistance, un avantage capital[4].

---

[1] Presque tous les *Portus Herculis* doivent être tenus pour des colonies de Tyriens. Notez en particulier *Portus Herculis Monœci*. Μόνοικος, «seul en sa maison» (בית, temple), ou «qui n'a qu'une seule maison,» épithète qui conviendrait tout aussi bien à Jehovah qu'à Héraclès-Melkarth. (Cf. παράμονος = παραμένων, παρμένων, «qui reste.»)

[2] Isaïe, ch. XXIII (il est douteux que ce chapitre soit d'Isaïe); Jérémie, XXV, XXVII; Ézéchiel, XXVI, XXVII, XXVIII. Cette aversion des prophètes juifs, essentiellement théocrates, contre Tyr tenait sans doute à l'antipathie qu'éprouvait le juif pur pour les organisations d'États profanes. Toute fonction, tout pouvoir temporel soutenu d'une administration, lui paraissaient une adoration du despote et un acte de servilité.

[3] Ni le X° chapitre de la Genèse, ni Homère (cf. Strabon, XVI, II, 22) ne parlent de Tyr. Tyr ne paraît comme ville distincte de Sidon que vers 1000 ans avant J. C. I. *Reg.* v. — צרנם désigna longtemps les Phéniciens en général, les Tyriens y compris. (Cf. Vogüé, dans les *Mém. de l'Acad. des Inscr. Sav. étr.* 1re série, t. VI, p. 64 et suiv.) Aujourd'hui encore, le pachalik répondant à la Phénicie s'appelle «l'*eyyalet* de Saïda,» quoique le pacha réside à Beyrouth. בתולה בת צידון, dans Isaïe, XXIII, 12, désigne toute la Phénicie (voir le commentaire de Knobel sur ce passage). Pour Hérodote, Sidon l'emporte encore sur Tyr. «Sidonien» pour lui est synonyme de «Phénicien.» Φοίνικες τῶν ἐστὶ ἡ Σιδών, II, 116; cf. III, 136; VII, 99, 100, 128. Remarquez aussi Euripide, *Phœn.* vers 1 et 2; Hellanicus, VIII, fragm. 1 (Didot). Eusèbe (*Chron.* ad. an. Abrah. 561); Josué, XIX, 29, et même II Sam. XXIV, 7, sont rétrospectifs et lointains. Quand Tyr s'appelait אם צרנם (Gesenius, *Monum. phœn.* p. 262 et suiv.), ce pouvait être comme Constantinople s'appelant capitale des Romains et usurpant le nom de Rome. Movers n'a pas réussi à prouver que Sidon n'eût sur Tyr aucun droit de métropole. (Cf. Ritter, XVII, p. 323. — Sur les croisements de suprématie entre Tyr et Sidon, voyez Winer, *Bibl. Realw.* article *Tyrus*; Poulain de Bossay, *Rech.* p. 46-69, où l'antiquité de l'importance de Tyr est exagérée.)

[4] Josèphe, *Ant.* IX, XIV, 2. Ménandre faisait dater, de la tentative manquée de Salmanazar, la grande gloire de Tyr.

CHAPITRE II.

LA PLAINE DE TYR. — PALÉTYR.

Ce qui se passa à Aradus se passa aussi à Tyr[1]. Sur le continent voisin, il y eut une ville importante de même race que la ville insulaire. Vers le temps d'Alexandre, cette ville s'appelait Palétyr[2]. M. Movers[3] a très-bien prouvé que cette ville continentale fit corps, dès une haute antiquité, avec la Tyr insulaire. Il ne faudrait pas conclure du nom de *Palætyr*, qui semble venir de Παλαιὸς Τύρος[4], que la ville continentale ait été plus ancienne que la ville insulaire[5]; au contraire, elle en fut un faubourg, une dépendance[6]. La vraie Tyr (νῆσος βασίλεια Τυρίων du faux

---

[1] Voir pour tout l'ensemble de la question de Palétyr, Movers, *Die Phœn.* II, 1re partie, p. 224 et suiv.; Poulain de Bossay, *Rech.* p. 70 et suiv. 80 et suiv.

[2] Ἡ πάλαι Τύρος est déjà mentionnée pour un fait de l'époque de Salmanazar (vers 720); dès cette époque, Palétyr sépare ses destinées de celles de Tyr, mais nous ne savons cela que par Ménandre (cité par Josèphe, *Ant.* IX, xiv, 2); bien des doutes restent donc, au moins sur la forme du nom primitif. Ménandre grécisa souvent les noms. Jos. *Ant.* VIII, v, 3; xiii, 2. Cf. Poulain de Bossay, *Rech.* p. 100 et suiv.

[3] *Die Phœn.* II, 1re partie, p. 171 et suiv. 224 et suiv. Cf. Winer, *Bibl. Realw.* au mot *Tyrus*; Robinson, *Biblical studies*, p. 73 et suiv.; Poulain de Bossay, *Rech.* p. 46 et suiv. (contre Hengstenberg). Strabon insiste à la fois sur la richesse de la ville et sur le peu d'agrément qu'offrait le quartier péninsulaire à cause des fabriques de pourpre (XVI, ii, 23). De là la nécessité d'une vaste zone de villas sur le continent. C'est ainsi que Saint-Malo, qu'on ne peut trop rapprocher de Tyr, à cause de la similitude de position, produisit, vu l'incommodité de la ville, une série de villages de plaisance sur le continent, près du point de jonction de la digue. M. Poulain de Bossay (*Rech.* p. 69 et suiv. 138, 139; *Bull.* p. 12, 13; *Essais de restit.* p. 60, 62, 63) méconnaît trop l'importance de la ville continentale. Ce qu'il dit p. 15 est plus exact.

[4] Les anciens l'entendaient bien ainsi. Justin, II, 10. La forme est très-correcte; comp. παλαιγενής, etc.

[5] Poulain de Bossay, *Rech.* p. 74 et suiv. 93 et suiv. contre Bertou, *Topogr.* p. 83, etc.

[6] Comparez Gadès, Strabon, III, v, 3. Nous aurons bientôt la preuve que les gens de toutes ces banlieues continentales s'appelaient «Tyriens.» Un fait unique eût été l'ethnique Παλαιτυρέως dans une inscription d'OEnoanda en Pisidie. Mais c'est là une mauvaise restitution de Leake (voir *Corpus inscr. græc.* nos 4380 m, 4380 n, et les *addenda*; Le Bas et Waddington, *Inscr.* III, n° 1233). Les sources de la plaine de Tyr sont appelées par Nonnus (XL, 359-365) et Choricius (*Éloge de Procope*, § 9) «les sources de Tyr.»

Scylax; Τύρος ἡ ἁγία νῆσος de Sanchoniathon)[1] a toujours été l'île[2]. Le nom de צור, « rocher, » en est la preuve. Ce nom n'a pu convenir à aucun point de la plaine de Tyr[3], à Ras el-Aïn moins qu'à aucun autre. Jamais côte ne fut plus plate et plus ouverte que celle de Ras el-Aïn. On se prend parfois à douter que tous ces *palæ* (Παλαίβυβλος, Παλαίτυρος, Παλαίδωρος[4]) viennent de παλαιός. Certainement Palæbyblos, à quelque endroit qu'on la place, n'a pas été la mère primitive de Byblos. Les Grecs ont peut-être rendu de la sorte un mot phénicien qu'ils ne comprenaient pas[5], ou auront adopté quelque faux système, supposant avant chaque ville un prototype mythique. Le même problème se pose pour Aradus. Des textes semblent indiquer que le premier séjour des Aradiens fut sur le continent[6]. Cependant le nom des Aradiens, comme celui des Tyriens, fut tiré de l'île[7]. Sans doute les populations d'Aradus et de Sour purent faire un premier séjour sur la côte voisine; mais sûrement l'île ne tarda pas à devenir le cœur des deux cités ou plutôt les deux cités mêmes. L'individualité des deux villes fut essentiellement insulaire. On citerait à peine un exemple où les choses se soient passées à l'inverse, où une grande ville continentale ait produit comme sa dépendance une ville insulaire.

Où était située Palétyr? Il semble qu'une pareille question devrait se résoudre *a priori*, que la Tyr continentale devrait se trouver vis-à-vis de

---

[1] M. Poulain de Bossay (*Restit.* p. 24; cf. *Bull. de la soc. de géogr.* juillet-août 1870, p. 43) entend mal ce βασίλεια dans le premier passage de Scylax. Dans les deux cas, ce mot semble désigner le «séjour du roi de la ville,» de Melkarth (מלך־קרת).

[2] Voir surtout Arrien, *Anab.* II, ch. xv et suiv. Les écrivains hébreux en général considèrent la ville comme essentiellement insulaire (cf. Gesenius, *Thes.* au mot צור), en particulier Ézéchiel, xxvi-xxviii. Les détails de poliorcétique qui, dans ces chapitres, semblent supposer une ville continentale doivent être pris comme des lieux communs, des traits non topiques. (Cf. le faux Scylax, p. 78, 79, édit. Müller; Miller, *Supplem. aux petits géogr. grecs*, p. 229; Sanchoniathon, p. 37, édit. Orelli. Voir Stark, *Mythologische Parallelen*, dans les *Berichte über die Verhandlungen der kön. Sächsischen Gesellschaft zu Leipzig. Philologisch-historische Classe.* VIIIer Band, p. 32-59, où tout ce qui concerne l'Hercule de Tyr et les mythes ou légendes de la naissance de l'île de Tyr est traité avec beaucoup de coup d'œil.)

[3] Voir Robinson, II, p. 471, note 6. Maschouk doit être excepté; mais ce rocher est trop petit, même pour une acropole.

[4] Etienne de Byzance, au mot Δῶρος.

[5] Voir cependant Poulain de Bossay, p. 91, 92, note.

[6] Strabon, XVI, 11, 2, où l'on change arbitrairement παλαιά en παραλία.

[7] *Arvad* a pu signifier «île» ou quelque chose d'analogue, comme *Sour*. (Comp. *Aradus* dans le golfe Persique, *Rhodes*, etc.)

la Tyr insulaire, à l'endroit même où abordaient les barques pour le passage quotidien. Cette induction paraît surtout devoir être autorisée, quand le point auquel on est mené de la sorte est un point aussi caractérisé que Maschouk. Aussi beaucoup de voyageurs et de critiques, tels que Volney, Jacotin, Rosenmüller, ont placé Palétyr à Maschouk[1]. Certains textes historiques confirment cette opinion. Les historiens d'Alexandre nous apprennent que le conquérant tira les gros matériaux de sa digue de Palétyr, et que ces matériaux, il les avait sous la main[2]. L'embarras vient d'un singulier passage du faux Scylax (antérieur à Alexandre) qui semble signifier que Palétyr était traversée par un fleuve[3]. Il n'y a qu'un seul fleuve dans ces parages, c'est la Casmie (le Léontès). M. Movers et M. Ritter ne reculent pas; ils portent au moins l'une des extrémités de Palétyr à l'embouchure de la Casmie, à 8 ou 9 kilomètres au nord de Sour[4]. Cela contredit formellement le récit des historiens d'Alexandre et Strabon, qui, aussi bien que le faux Scylax, place Palétyr au sud de Tyr[5]. M. de Saulcy[6] pense que le $\varpi οταμὸς διὰ μέσης ρεῖ$ du faux Scylax s'applique aux grandes sources de Ras el-Aïn, qui forment en effet un vrai fleuve, lequel se jette, il est vrai, dans la mer au bout de quelques

---

[1] C'est l'opinion à laquelle, dans ses derniers travaux, s'est rangé Robinson, *Biblical studies*, p. 72 et suiv. Movers envisage aussi Maschouk comme le point central de la ville continentale (*Die Phœn.* II, 1ʳᵉ partie, p. 240).

[2] Diod. Sic. XVII, xl, 2; Quinte-Curce, IV, ii, 18 (cf. Arrien, *Anab.* II, xviii, 5).

[3] P. 79, édit. Ch. Müller. Il ne faut pas oublier que le texte du faux Scylax ne nous est parvenu au fond que par un seul manuscrit, et que la page de ce manuscrit où il est question de Palétyr est dans un état déplorable. Il n'est même pas bien sûr qu'il s'agisse de Palétyr; le manuscrit porte $πάλιν Τύρος πόλις$ (cf. Movers, p. 227, note 129; Poulain de Bossay, *Essais*, p. 64, 65, bonnes observations). En outre, le texte entier du faux Scylax est fort altéré, soit par le fait de l'abréviateur (car cet écrit n'est qu'un extrait fait fort négligemment d'un grand ouvrage), soit par le fait des copistes. M. Poulain de Bossay a essayé de corriger le passage de Scylax relatif à la Phénicie (*Essais de restitution et d'interprétation d'un passage de Scylax*, Paris, 1863; extrait, comme les *Recherches sur Tyr et Palætyr*, du tome VII des *Mém.* publiés par la société de géogr.); mais sa tentative, faite sans tenir compte des considérations paléographiques, est restée sans succès. (Conf. Miller, *Suppl. aux petits géogr. grecs*, p. xvi, 229 et suiv.)

[4] Movers, II, 1ʳᵉ partie, p. 227 et suiv.; Ritter, XVII, p. 347 et suiv. Le même passage du faux Scylax a l'air de placer Palétyr à 3 stades de la mer (Movers, p. 227); mais cela est insoutenable (Poulain de Bossay, *Essais de restit.* p. 62).

[5] Strabon, XVI, ii, 24. Pour le faux Scylax, cela résulte de l'ordre d'énumération.

[6] *Premier voy.* I, p. 67, 68. Cf. Poulain de Bossay, *Rech.* p. 99.

mètres[1]. Le fait est que l'habitude générale est de placer Palétyr à Ras el-Aïn[2]. A cela, on peut objecter que Ras el-Aïn ne se présente pas à l'observateur comme un site de ville. Ce qui paraît le plus certain, c'est que le nom de Palétyr a été employé par les géographes anciens d'une manière abusive. Depuis la Casmie jusqu'à Ras el-Aïn, il y eut des groupes d'habitations qui, suivant les époques, prirent le dessus les uns sur les autres et reçurent tour à tour cette dénomination[3]. Mais faire de tout cela une ville continue entourée de murs (comme l'ont fait Chaussard, Barbié du Bocage, Sprüner-Menke, Ansart, Fr. Lenormant, trop dominés par le passage de Pline sur le circuit de Tyr et Palétyr[4]) est contre toute vraisemblance. La ville, de la sorte, eût été démesurément allongée, et l'aspect des plaines de Tyr ne se prête nullement à une telle supposition[5].

La vaste plaine située vis-à-vis de Sour renferme sans doute des débris d'un haut intérêt; mais à part le rocher isolé de Maschouk et les tombeaux dont nous parlerons bientôt, il n'existe pas dans cette uniforme prairie un seul point qui invite plus qu'un autre à entamer le sol. Les dunes de sable qui se sont entassées sur la digue et les parties adjacentes de la côte couvrent sans doute des trésors archéologiques; mais je pus bientôt me convaincre que les fouilles, extrêmement pénibles, que l'on ferait sur ces points n'étaient pas de celles qui convenaient le mieux aux circonstances où nous nous trouvions. Se proposer de retrouver les débris de Palétyr ensevelis dans la chaussée par Alexandre serait une entreprise qui exigerait des millions. Je résolus donc, pour la plaine de Tyr, de me borner à tenter quelques points de l'isthme, à sonder le pied du

---

[1] Ménandre, dans Jos. *Ant.* IX, xiv, 2, distingue très-bien le ποταμός (le Léontès) et les ὑδραγωγίαι (les puits de Ras el-Aïn et les conduites d'eau qui en dérivent). Le ποταμός de Strabon, qui se jette dans la mer πρὸς Τύρῳ est sûrement le Léontès. Aujourd'hui encore, le Litani s'appelle par excellence, à Sour, *En-Nahar*.

[2] Voyez Th. Menke, *Bibelatlas*, nᵒˢ ii, iii, iv.

[3] Voyez en particulier Movers, II, 1ʳᵉ partie, 240; Poulain de Bossay, *Rech.* p. 84 et suiv. 90, note.

[4] Pline, V, 19.

[5] Poulain de Bossay, *Rech.* p. 82-91 et sa carte. Pococke, *Voyages* (Paris, 1772), III, p. 245.

rocher de Maschouk, et à déblayer quelques-uns des tombeaux situés au pied des collines qui ferment à l'est la plaine de Sour.

L'isthme se compose des sables entassés autour de la chaussée d'Alexandre. Il est probable que la base primitive de cette chaussée nous est marquée par la ligne de l'aqueduc, laquelle forme une courbe qu'on ne s'expliquerait pas sans cela. Je ne crois pas, en effet, que les sables accumulés aient pu fournir une base solide pour de grandes constructions. Sur un point, vers le milieu de l'isthme, nous trouvâmes plusieurs débris de marbre avec des moulures et des sculptures (au Louvre) tout à fait à la surface du sable. Je fis faire une tranchée. A mon grand étonnement, nous arrivâmes à une profondeur considérable sans rencontrer autre chose que du sable. Je ne puis expliquer ce fait. J'avais supposé que de tels débris, peut-être plus légers qu'une portion de sable équivalente en volume, pouvaient provenir de ruines placées au-dessous de la couche de sable, et avoir été soulevés séculairement par l'action des pluies et du vent pendant l'hiver; en d'autres termes, je supposais que l'action lente du sable s'accumulant sur des débris plus légers, pouvait avoir fait que le sable, agité à sa surface et mouillé, se comportât à la manière d'un liquide et soulevât, jusqu'à son niveau, des objets légers. On admet, en effet, en archéologie, que les objets lourds enfoncent toujours jusqu'à la terre vierge, qu'une pièce de monnaie, par exemple, jetée sur une allée de jardin, sera trouvée un jour, non dans la couche où elle est tombée, mais dans des couches plus profondes, chaque pluie ayant contribué à l'enfoncer. Il paraît que l'inverse n'est pas possible. Je renonce donc à faire aucune hypothèse sur le petit fait que je viens de signaler.

Près du point que je viens de dire, sur la route de Maschouk, à un endroit où beaucoup de grosses pierres se laissent entrevoir, se dessine le dos de gros sarcophages à moitié enterrés. Nous les fîmes déblayer; nous trouvâmes ainsi de nombreux sarcophages, grands et beaux, tous de même forme, à cuve rectangulaire (parois très-épaisses), à couvercles en forme de prismes triangulaires très-massifs (angle supérieur remarquablement aigu); aux quatre coins, acrotères très-gros et arrondis; nul ornement. Cette traînée de tombeaux, s'il est permis de parler ainsi, s'étend jusqu'aux pentes de Maschouk. Sur le dos de l'un des sarcophages, se trouvait l'inscription suivante, de très-basse époque :

..........Μαρκελλ?]ίνα
[ἐτελεύτησε μηνὸς.....] θ' τοῦ
[ἔτους]....................

Près de là se voit, au milieu des terres cultivées, un énorme sarcophage que nous fîmes déchausser : cuve rectangulaire, parois épaisses, sans aucun ornement, grand couvercle massif, très-élevé, angle aigu au sommet, acrotères démesurés, dont chacun occupe près du tiers de la longueur du sarcophage; nulle sculpture ni inscription. Ces énormes couvercles impliquaient probablement la même idée que les sépultures égyptiennes : opposer une masse impossible à remuer, défendre le tombeau contre les voleurs par sa masse même. On peut dire que ces gros sarcophages bruts, à dos aigus et à énormes acrotères aux angles, sont le type essentiel des tombeaux de Tyr. On en trouve aussi beaucoup en Cilicie, et là ils paraissent descendre jusqu'à l'époque byzantine[1]. Il est vrai que, pour de tels sarcophages, il faut bien distinguer entre l'époque de l'inscription qu'ils portent et l'époque où ils ont été taillés. La ressemblance des sarcophages tyriens des environs de Maschouk avec ceux de Telmessus a déjà, du reste, été remarquée[2]. Les tombeaux de Cremna et d'Alinda, trous carrés recouverts d'une dalle énorme[3], peuvent aussi

---

[1] Voir Langlois, *Voy. dans la Cilicie*, p. 171, 206, 210, 225, 358; *Corpus inscr. gr.* n° 9163 et planche correspondante.

[2] Wilde, *Narrative*, II, 125; Ritter, XVII, 360.

[3] Waddington, *Voyage numismatique en Asie Mineure*, p. 100.

être rappelés ici. Nous insisterons ailleurs sur l'analogie des tombeaux de Colosses et de la vallée du Lycus avec ceux de la Phénicie.

Ce vaste faubourg, ou plutôt cette grande banlieue, occupant toute la plaine de l'embouchure de la Casmie à Ras el-Aïn, avait certainement Maschouk pour point central. Ce rocher put être pris comme un point religieux, vis-à-vis de l'île; un faubourg put se grouper alentour; les eaux de Ras el-Aïn y furent amenées et formèrent un petit fleuve d'eau excellente, où la ville insulaire s'approvisionnait[1]. La construction des puits de Ras el-Aïn semble supposer que l'on se proposa, comme à Borak et-Tell, d'en conduire l'eau loin du point d'émergence. S'il s'était agi seulement des besoins d'une ville adjacente, il n'était pas nécessaire d'élever l'eau à cette hauteur. Le pied occidental de la colline de Maschouk paraît le point où les eaux de la plaine se donnaient rendez-vous, pour de là se rendre à la ville péninsulaire par l'aqueduc subsistant encore en partie[2]. Les besoins du temple y étaient sans doute pour quelque chose; mais ils ne suffisent pas pour expliquer les aqueducs que l'on rencontre aujourd'hui au sud et au sud-ouest de Maschouk. Le récit de Ménandre semble supposer que cet ensemble d'aqueducs existait déjà dès le temps de Salmanazar (ἐπὶ τῶν ὑδραγωγιῶν). Les puits de Ras el-Aïn, en effet, ne justifient peut-être pas suffisamment l'expression de ὑδραγωγιῶν. Les aqueducs sur arceaux qui se voient aujourd'hui paraissent de l'époque romaine[3]; mais autour de Maschouk se voient d'autres aqueducs souterrains, à recouvrement plat, qui peuvent être phéniciens.

Le sommet de *Néby-Maschouk* ou *Scheikh-Maschouk* a sûrement été dans l'antiquité le site d'un temple, peut-être comme le veut M. de Ber-

---

[1] Ce seraient là les ὑδραγωγίαι de Ménandre, et même, si l'on veut, le ποταμός du faux Scylax. M. Poulain de Bossay est arrivé sur ce point à des vues identiques à celles que je m'étais formées (*Rech.* p. 84 et suiv.)

[2] Voir Bertou, p. 15, pl. 1 et 11; Movers, p. 240; Ritter (qui suit Wilde), XVII, p. 350 et suiv. surtout p. 359 et suiv. Ce qui prouve bien que l'aqueduc de l'isthme amenait à Tyr l'eau de Ras el-Aïn, c'est que les arceaux encore existants sur l'isthme présentent les mêmes stalactites calcaires que l'on voit aux puits de Ras el-Aïn.

[3] La vue de l'aqueduc dans Cassas, 2ᵉ vol. n° 85, est assez bonne.

tou, du temple d'Héraclès Astrochiton[1]. C'est là probablement qu'était le temple continental de Melkarth, que l'on essaya de représenter à Alexandre comme plus ancien que le temple insulaire[2]. Les fouilles que nous avons faites au pied de la colline (côté est) nous ont donné une colonne torse et des débris d'un édifice corinthien assez médiocre. Les remblais de la colline de Maschouk sont une masse de débris antiques. Il est probable que tout le couronnement ancien de la colline est là entassé à l'état de miettes, et que, si une baguette magique pouvait rapprocher ces lambeaux, le rocher, encore si pittoresque, qui domine la plaine de Tyr, reprendrait son antique beauté; mais le tout est trop broyé pour qu'on en puisse tirer quelque induction, et nos recherches, de ce côté, ont été à peu près sans résultat matériel. Nous croyons cependant pouvoir affirmer que le temple qui couvrit en dernier lieu la colline de Maschouk fut de basse époque. Tous les débris que nous avons trouvés étaient mesquins. Ce fut probablement sur cette colline que le paganisme misérable du IVe siècle se défendit. Il n'y a pas eu là d'église entre le temple antique et le wély musulman, et la preuve c'est que le wély garde encore intact de nos jours le mythe de l'antiquité. Sans doute, aux Ve, VIe, VIIe siècles, les traditions païennes restèrent maîtresses du lieu, sous forme de superstitions populaires. Avec ses coupoles et ses légendes, ce lieu est encore aujourd'hui comme le centre de ce qui survit de la vieille Tyr païenne.

La légende qu'on raconte sur ce *Maschouk* (المشوق), *amasium,* est en effet des plus remarquables. M. Movers y a su retrouver la trace du mythe des amours de Melkarth et d'Astarté[3]. On me montra dans le wély le tombeau de ce prétendu Maschouk, devenu un saint musulman, avec le titre de *néby* ou de *scheikh*[4]. C'est un coffre de bois qui ne m'a pas paru

---

[1] Nonnus, *Dionysiaques*, liv. XL, v 396.

[2] « Quum legati rectius id eum in Tyro vetere et antiquiore templo facturum dicerent. » (Justin, XI. 10. Cf. Quinte-Curce, IV, 2.) Aux temples de Tyr connus jusqu'ici, nous ajouterons « un temple de Dionysos, près duquel était un chêne, couvert de vignes. » (Grégoire Magistros, dans le *Journal asiatique*, janvier 1869, p. 59.)

[3] *Die Phœn.* II, 1re partie, p. 241. Cf. Ritter, XVII, p. 360, 361.

[4] Ce titre de شيخ peut sûrement être le simple titre d'honneur des santons musulmans. Cependant

584   MISSION DE PHÉNICIE.

ancien. Sur le flanc nord du rocher de Maschouk est un bel escalier taillé dans le roc.

Au pied de Maschouk est une superbe cuve de granit[1], ayant servi, je crois, à broyer les olives. Les eaux se rendent encore à Maschouk de tous les côtés. Il s'est formé là-dessus diverses légendes, selon lesquelles le rocher de Maschouk serait la coupole d'un vaste réservoir creusé au-dessous. Wilde a montré que cette légende n'était pas sans fondement réel. Le même voyageur a décrit les travaux hydrauliques autour de Maschouk d'une façon qui nous dispense d'y revenir[2].

Les tombeaux sont nombreux au pied de Maschouk[3]. Les pentes du côté du nord et de l'est surtout sont couvertes de monuments funéraires. Un autre groupe de tombeaux descend de là vers le sud. Nous trouvâmes dans nos fouilles des débris de sarcophages en terre cuite, et une foule de lambeaux d'autres sépultures. Un paysan nous fit le conte suivant : «Près de Maschouk est une caverne sépulcrale très-vaste, où se voit un être chameau par derrière et homme par devant (un sphinx). En creusant cette grotte, on arriverait à une catacombe sépulcrale très-vaste, entre Sour et Kabr-Hiram.»

La colline de Maschouk a été connue des historiens arabes du moyen âge. M. de Bertou[4] fit usage le premier du passage d'Ibn al-Athir, qui l'appelle *Tell el-Maschouka* (تل المعشوقة). Dhâhiry l'appelle معشوق[5], et semble indiquer qu'on y voyait de son temps les ruines d'une ville qu'il distingue de Tyr (cf. Ibn-Batoutah, I, p. 130). Cela est important, car cela prouve que ce nom de *Maschouk* n'est pas, comme tant d'autres, un

---

il y reste peut-être un vestige de l'épithète ordinaire des dieux phéniciens, Kronos, Melkarth, lesquels étaient considérés comme des vieillards (شيخ الوقار, Chwolsohn, *Die Ssabier*, II, 39, 275 et suiv. 382, 671, 672).

[1] Ritter, XVII, p. 359.

[2] Wilde, *Narrative*, II, p. 121 et suiv.; Ritter, XVII, p. 359-360; Movers, *Die Phœn*. II, 1re partie, p. 240 et suiv.

[3] Cf. Ritter, XVII, p. 360; Wilde, *l. c.*

[4] M. de Bertou tenait le passage de M. Reinaud. La manière dont il renvoie (p. 9, note 2), manière que l'on a répétée après lui, est légèrement inexacte. Le passage est tiré des *Extraits des historiens arabes relatifs aux croisades*, par M. Reinaud, p. 257.

[5] Dans Rosenmüller, *Analecta arabica*, part. III, p. 19 arabe, p. 41 latin. Conf. Robinson, II, p. 460, note.

nom estropié, que son sens est bien essentiel, et qu'une très-réelle tradition de l'antiquité est vivante sous ce nom. Je suis porté à croire que les mythes de Didon, qui n'est autre chose que l'Astarté céleste[1] (דידו, «son amante,» l'amante de Baal, בעל ודידו), ont ici un point d'attache :

> Urbe fuit media sacrum genitoris Elissæ
> Manibus, et patria Tyriis formidine cultum.

M. Gaillardot m'a signalé un autre passage qui, au premier coup d'œil, se rapporterait au même endroit. On lit dans la *Bibliothèque orientale* de d'Herbelot, article *Motamed* :

«Le *Tarikh el-Abbas*, qui est la Chronique des Abbassides, rapporte qu'en l'an de l'hégire 276, sous le règne de Motamed alallah ben Motavakkel billah, 15ᵉ calife abbasside, dans un lieu de Syrie nommé *Tel Schâif*, c'est-à-dire la Colline de l'Amant fol d'amour, que quelques-uns nomment aussi *Tel alsekkah,* c'est-à-dire la Colline des Contrats, on trouva sept tombeaux, dans chacun desquels il y avait un corps entier très-bien conservé, dont le suaire paraissait être encore neuf, et qui rendait une odeur très-douce. Entre ces sept corps, il s'en trouva un qui paraissait être celui d'un jeune homme, dont le visage et particulièrement les lèvres étaient aussi fraîches que celles d'un homme qui vient de boire de l'eau. L'on trouva auprès de ces tombeaux une pierre fort semblable à celles qui servent à aiguiser, sur laquelle il y avait des lettres gravées, qui ne purent jamais être déchiffrées par aucun de ceux que le Khalife fit assembler pour en tirer quelque connaissance, quoique ce prince les eût tirés de toutes les religions, sectes et nations qui vivaient sous son empire.»

En effet, شاعف veut dire «celui qui rend fou d'amour;» مشعوف veut dire «le fou d'amour.» Ce mot ne diffère de معشوق que par une transposition de lettres presque insaisissable dans la prononciation et par une différence dans les points diacritiques. Le sens est d'ailleurs le même, sauf

---

[1] Movers, *Die Phœn.* I, p. 609 et suiv. surtout 612, 613, 616.

la différence de l'objectif au subjectif. Le تل الشاعف du *Tarikh el-Abbas* pourrait donc être rapproché du تل المعشوقة d'Ibn al-Athir, de notre *Scheikh Maschouk*. L'anecdote rapportée par le *Tarikh el-Abbas* serait aussi parfaitement admissible. Maschouk est le centre d'une nécropole. Il serait possible qu'on y eût découvert des sarcophages renfermant des momies traitées à la manière égyptienne, dont les fraîches couleurs auraient frappé les Arabes. Quand on déroule une momie, on sent en effet une odeur des plus fortes, qu'on peut, selon les goûts, trouver agréable. L'inscription pouvait être phénicienne. — Une circonstance cependant empêche d'attacher une grande valeur à la version rapportée par d'Herbelot; car le même fait est raconté par Ibn al-Athir (édit. de Tornberg, t. VII, p. 305[1]) :

« En l'année 276 de l'hégire (6 mai 889 — 24 avril 890), on reçut (à Bagdad) la nouvelle qu'une colline du canton de Nahr Basrah (le canal de Basrah), connue sous le nom de *Tell-Schakyk* (la colline fendue), s'était entr'ouverte, laissant voir sept tombeaux, dans lesquels reposaient sept cadavres intacts. Les tombeaux étaient compris dans une espèce de bassin de pierre de la couleur d'une pierre à aiguiser, et portant une inscription dont on ignorait le contenu. Les corps étaient recouverts de linceuls tout neufs, et ils exhalaient une odeur de musc. Un d'eux était celui d'un jeune homme qui portait les cheveux longs; sur ses lèvres, il y avait de l'humidité, comme s'il venait de boire de l'eau. On eût dit aussi qu'il s'était enduit les yeux de collyre. Il avait une blessure à l'hypocondre. » Cette version paraît préférable à celle que cite d'Herbelot, et empêche de rapporter le récit en question à Tell-Maschouk, puisque Ibn al-Athir place ce *Tell-Schakik* du côté de Bassora, et qu'il mentionne ailleurs notre Tell-Maschouk sous le nom de *Tell el-Maschouka*.

Une très-belle caverne sépulcrale est celle qui s'appelle maintenant *Moghâret es-Souk* (nom qui vient probablement de ce qu'on a cru voir à

---

[1] C'est mon savant confrère M. Defrémery qui a bien voulu faire pour moi cette recherche.

l'intérieur l'aspect des boutiques d'un bazar). Elle est située près du jardin de l'évêque grec catholique, à l'est de Sour (*Bostan es-Saoudi* de la carte du général de Beaufort). Elle était, quand nous arrivâmes, tout à fait encombrée. Nous la fîmes déblayer. On y entre par un plan doucement incliné. La porte est large et haute. A l'intérieur, elle est divisée en trois nefs d'un aspect grandiose. Toutes les formes sont rectangulaires; pas une seule inscription, ni une seule sculpture. Au dehors, sur toute la largeur de la grotte, le rocher est plané et revêtu d'un cailloutis très-bien conservé. Il y avait là sûrement une construction, probablement un édicule; car un *méghazil* n'explique pas la présence du sol bétonné.

Moghâret es-Souk est à l'endroit où les collines commencent à naître. Sur les premières élévations de ces collines, parmi les taillis et les broussailles mêlés aux rochers, il y a beaucoup de caveaux taillés dans le roc, analogues à ceux d'Adloun. C'est dans ces parages qu'il faut probablement placer la localité suivante, qui m'est mentionnée dans la note d'un indigène, sans doute exagérée : «A Djouz en-Nakel, au nord-est de Sour, on a trouvé des centaines de sarcophages.» Les tombeaux, de ce côté, vont, à ce qu'il paraît, jusqu'à la Casmie. Une autre note m'apprend que, «à environ une heure de Sour, près de *Birket Babouh*, il y a une localité appelée *Seddin el-Foka,* où se trouvent un grand nombre de sarcophages et de cavernes.»

A l'autre bout de la plaine de Tyr, près de la route qui mène à Kabr-Hiram, à l'extrémité de la colline qui ferme la plaine à l'est, dans la partie de cette colline tournée vers Ras el-Aïn, on nous fit remarquer des grottes qui offraient des entrées semblables à celles des caveaux rectangulaires de Saïda. Nous les fîmes déblayer et ouvrîmes une tranchée pour découvrir d'autres caveaux. A l'intérieur, ces grottes avaient des voûtes et présentaient la disposition des caveaux les plus modernes de Saïda. Nous y trouvâmes des feuilles de plomb, des lampes, des vases dits lacrymatoires et d'autres objets funéraires provenant de genres de sépultures fort divers;

du reste, tous ces caveaux avaient été minutieusement dépouillés. Absence complète de sculptures, de moulures et d'inscriptions. Tous les sarcophages étaient en terre cuite ou en plomb. Nous trouvâmes aussi des stalles dallées en mosaïque blanche, à gros cubes, analogues à celles de

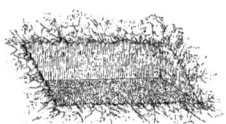

Kassouba, près Gébeil, sans parler de citernes et de travaux divers dans le roc; enfin toute une petite nécropole complète.

Dans une vallée qui débouche près de là dans la plaine, et que l'on peut atteindre en traversant la colline, se voit, au-dessus de l'entrée d'un caveau, une sculpture qui, au premier coup d'œil, ressemble à un «Bon Pasteur» (Hermès Criophore, Apollon Nomios, Aristée); vis-à-vis sont des caveaux.

C'est en faisant ces déblayements aux extrémités orientales de la plaine de Sour que je fus amené à fixer mes idées sur une question importante, la question de la nécropole de Sour. Une opinion assez généralement adoptée veut que l'on ne trouve pas de tombeaux aux environs immédiats de Sour, et c'est pour ce motif que M. de Bertou[1], suivi par beaucoup d'autres, en particulier par M. Movers[2] et par M. Ritter, a voulu placer la nécropole de Tyr à Adloun[3]. Un examen approfondi de la nécropole d'Adloun eût suffi pour écarter cette hypothèse. Cette nécropole, en effet (outre qu'elle est située à quatre ou cinq lieues de Tyr), est d'importance secondaire et, ce semble, en partie chrétienne. En tout cas, l'argument principal sur lequel on se fonde pour chercher si loin les tombeaux des Tyriens est bien faible. De tous les côtés, les sépultures abondent à Tyr

---

[1] *Topographie de Tyr*, 19 et suiv. 84 et suiv.
[2] Movers, *Die Phœn.* II, 1re partie, p. 242.
[3] M. Poulain de Bossay a sur ce point fort bien entrevu la vérité. *Bulletin de la soc. de géogr.* 1862, p. 8, 15; *Recherches sur Tyr et Palétyr*, p. 45 et suiv. Il réfute très-bien M. de Bertou. Il se trompe seulement en croyant qu'il a pu y avoir des tombeaux sur les îlots du nord. Le tombeau de Rhodope n'était pas un vrai tombeau : c'était un rocher ayant tant bien que mal la forme d'un *memnonium* et que, selon l'usage, on rattacha à Rhodope.

et dans ses environs. Il y en avait dans l'île même ; la tranchée profonde exécutée dans la partie culminante de l'île, au point C, nous mena, comme je l'ai dit, à un véritable entassement de débris et d'objets funéraires. Il y en avait dans la plaine, près de l'aqueduc. Maschouk enfin est, ainsi que nous l'avons montré, le centre d'une vaste nécropole, rayonnant alentour, surtout vers le sud [1].

Mais ce n'est cependant dans aucun de ces endroits qu'il faut placer la principale nécropole de Sour. Cette nécropole s'étendait sur toute la chaîne de collines qui limite la plaine de Tyr du côté de l'est, notamment à l'endroit nommé *El-Awwatin*. Cet endroit, situé au point où une ligne tirée par Sour et Maschouk percerait ladite chaîne de collines, offre, sur une surface de près d'un quart de lieue, une masse de rochers crayeux, qui, à la lettre, est évidée dans tous les sens par des chambres sépulcrales contenant deux et trois rangées de tombeaux. Nous sommes entrés dans plus de vingt chambres de ce genre; mais le nombre en est infiniment plus considérable. Partout, en effet, le sol de cette région est effondré d'une manière qui accuse avec évidence sous la terre des caveaux dont la voûte (vu le peu de cohésion de la roche crayeuse) s'est écroulée. Quelques expériences ont fixé nos idées à cet égard. En somme, *El-Awwatin* constitue le plus bel hypogée peut-être de la Phénicie [2]; mais il n'y faut chercher ni inscriptions ni objets d'art. Le vide absolu de ces tombes, creusées aux parois du rocher, a quelque chose de surprenant. Je ne voudrais pas cependant décourager les recherches qu'on pourrait être tenté de faire sur ce point. Les indigènes me parlèrent de grottes à inscriptions et à sarcophages, et cela d'une façon qui n'est pas proportionnée avec ce que j'ai trouvé en ce genre.

---

[1] M. Mislin a vu une partie des sépultures à l'est de Tyr; il y a de l'exagération à dire «qu'elles vont s'unir à celles d'Adloun.» *Les saints lieux*, t. II, p. 3, 4 de la 2ᵉ édition (Paris, 1858).

[2] C'est là sans doute qu'il faut chercher ces ὑπο- γείους λιθίνους σοροὺς, mentionnés comme des monuments placés hors de la ville de Tyr par un des auteurs qu'avait lus Photius (*Bibl.* p. 111, édit. Bekker). M. Movers (p. 242) et M. Ritter (p. 365) ont à tort appliqué ce passage à Adloun.

Pour se rendre compte de cette singulière nécropole qui offre un aspect tout à fait à part, j'engage le voyageur à prendre la route de Kabr-Hiram jusqu'à l'endroit où il trouvera les caveaux dont l'entrée ressemble à celle des caveaux de Saïda. Là, près des lieux où nous avons fouillé, il rencontrera déjà beaucoup de tombeaux; qu'il monte la colline, les tombeaux se multiplient au sud des figuiers. Un de ces tombeaux surtout est très-remarquable, près des fèves et des figuiers. Dans la vallée des figuiers, on verra le tombeau décoré d'une sculpture qui ressemble au premier aspect à un « Bon Pasteur. » Plus loin s'ouvre un immense hypogée vraiment surprenant, dont le plafond s'est écroulé, et dont les caveaux sont ainsi à ciel ouvert. Ces caveaux forment deux étages. Taillés dans le calcaire blanc, ils sont d'un effet extraordinaire. Du reste, nul détail; on dirait qu'on vient de les balayer. La vallée blanche qui suit en ligne droite derrière Maschouk, un peu au sud, est aussi à sa manière un vaste hypogée effondré dans le calcaire blanc. Les excavations, au nombre de quatre ou cinq, répondent à de vastes salles souterraines qui servent maintenant d'étables à chèvres. Ces caveaux sont les plus grands que j'ai vus dans toute la Phénicie. Juste derrière Maschouk est en particulier une vaste excavation blanche, provenant comme les autres d'un plafond éboulé, qui frappe au plus haut degré. Dans tout cela, pas une sculpture, pas une inscription; car je ne peux donner ce nom à une petite inscription arabe sans intérêt, qui se voit dans l'une des plus belles grottes, derrière Maschouk :

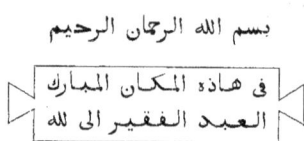

Le temps nous a manqué pour faire les dessins des caveaux les plus importants de cette grande nécropole. Voici la liste que j'avais dressée des caveaux à dessiner; elle procède en général du sud au nord. Je la donne telle que je la trouve sur mes carnets, les notes prises sur place, malgré leur incorrection, étant toujours les plus expressives :

1° Tombeaux au sud des figuiers, sur la colline et au pied, près de l'endroit où nous avons fouillé; 2° Dans la vallée des figuiers, tombeau à sculpture représentant le Bon Pasteur; 3° Tombeau en forme d'auge, dans le roc, à ciel ouvert (collines derrière Maschouk, sud-est de Maschouk); 4° Caveau rond dans le calcaire (*ibid.* après les figuiers); 5° Caverne à large fond, dans le calcaire (*ibid.* vallée blanche); 6° Autre caverne un peu plus loin, dans la vallée blanche, ouverte de flanc; 7° La grande caverne blanche (*ibid.*); 8° Autre caverne carrée (*ibid.*); 9° Belle caverne double, à double fond (*ibid.*); 10° Autre grande crevasse blanche, pleine de caveaux, derrière Maschouk; 11° Vaste hypogée blanc, ayant des niches sur deux rangs, chambres énormes; 12° Autre grande crevasse; au fond, caveaux des deux côtés; au-dessous, hypogée traversant des deux côtés; 13° Autre crevasse, ayant aussi des caveaux, à gauche de la précédente; 14° A Awwatin, le caveau où il y a une inscription arabe; 15° *ibid.* le grand caveau à deux parties, à l'entrée duquel se présente un bout de couvercle triangulaire de sarcophage (triangle très-surbaissé, avec une boule inscrite dans le triangle).

En résumé, tout le tour des collines à l'est de Sour, depuis la route de Kabr-Hiram jusqu'au delà de la *Moghâret es-Souk*, est criblé de tombeaux, les uns à ciel ouvert, les autres souterrains et se décelant au dehors par les crevasses du sol. Ces crevasses ont un aspect vraiment singulier et qu'on ne voit pas ailleurs. Ce sont, ou des espèces de creux coniques ou des chutes brusques et bizarres de terrain, comme des déchirures dans le sol, d'ailleurs égal, de la colline. Il y aurait là des fouilles bien tentantes à faire; on peut supposer, en effet, que beaucoup de ces caveaux effondrés n'ont pas été fouillés et qu'ils réserveraient ainsi à l'explorateur des tombes tyriennes non violées.

Les tombeaux se prolongent loin vers l'est. Je lis dans une note archéologique, depuis longtemps en la possession de M. Gaillardot : « Jusqu'à deux lieues à l'est, on trouve des tombeaux, même des nécropoles : onze sarcophages en plomb, urnes en verre[1]. »

---

[1] Cette note vient du P. Bourquenoud. Elle se rapporte à Kabr-Hiram (voir ci-après, p. 603). Avant notre mission, M. Gaillardot avait fait un voyage à Sour en compagnie du P. Bourquenoud. Depuis ce

On voit combien était erronée l'idée que les environs de Sour n'offrent pas une masse de tombeaux en proportion avec l'importance de la ville. Cette idée partait, à vrai dire, d'un principe faux, c'est que les anciennes villes phéniciennes auraient eu, en quelque sorte, une nécropole par excellence, une sorte de cimetière urbain. Il n'en était rien; le cimetière public (malheureusement pour l'hygiène, heureusement pour le pittoresque et la beauté) n'existait pas dans l'antiquité. En Phénicie, on enterrait dans tous les alentours des villes et dans les villes mêmes. Nous avions trouvé des sépultures dans l'île d'Aradus; nous venons d'en trouver dans l'île de Sour. Quant à la plaine de Tyr et aux collines qui l'entourent, on peut dire que les tombeaux y sont innombrables. Il est vrai que les sarcophages paraissent avoir été ici moins riches et moins variés qu'ailleurs; mais les caveaux sont très-grandioses.

Après mon départ, on estampa pour moi l'inscription qui va suivre. On n'a pu me dire l'endroit précis où elle est gravée. Ce doit être, je crois, dans une des grottes à l'est de Sour:

XMΓ ЄΤΟΥϹΖΚΦ
ΜΗΝΟϹΠΕΡΙΤΙΟΥ
ΓΛΑΥΚΟϹΕΤΕΒΚ
✢

XMΓ. Ἔτους ζκφ
μηνὸς περιτίου,
Γλαῦκος, ἔτε$^{(sic)}$ βκ.

Les lettres ont, en moyenne, un décimètre de haut, et sont fortement et lourdement gravées. Sur la formule XMΓ, voyez la note de M. Waddington à propos du n° 2145 de Le Bas, III, et sur les n°ˢ 2660, 2663, 2665, 2674, 2691. Conf. Wetzstein, *Inschr.* p. 260; Gustav Rœsch, dans les *Jahrbücher für deutsche Theologie* (Gotha), t. XI (1866), p. 44, 45; de Rossi, *Bullettino di arch. cristiana*, 2ᵉ série, 1ʳᵉ année (1870), p. 7 et suivantes (trois exemples au moins hors de Syrie). C'est ici le seul exemple de cette formule sur la côte de Phénicie. L'année 527 calculée selon l'ère des Séleucides don-

temps, il y eut entre eux des échanges de communications sur Sour. Plusieurs observations du P. Bourquenoud ont pu ainsi me parvenir par M. Gaillardot. Je dois aussi au P. de Prunières plus d'un renseignement.

nerait l'an 215 de J. C. ce qui est bien impossible. Selon l'ère de Tyr, on aurait 401. L'écriture, surtout les M, tout à fait cursifs, feraient songer à une époque au moins aussi basse. Pour le nom chrétien de Glaucus, voir *Corpus*, n° 8941.

J'ai dit que Ras el-Aïn n'offre pas l'aspect d'un site de ville[1]. Si l'on excepte les puits et le *tumulus*, qui ont l'air de n'être point rapprochés sans motif, il n'y a pas d'anciens vestiges à cet endroit. Des personnes très-consciencieuses m'assurent que, lors des plantations exécutées par les ordres de Reschid-Pacha, on ne trouva pas d'antiquités. Les aqueducs anciens vont vers Maschouk. La côte, basse et marécageuse, ne paraît jamais avoir été habitée largement. Aucune ville phénicienne ne fut bâtie de la sorte sur une plage de sable, sans abri de rocher. Les ruines des maisons auraient formé un remblai qui eût exhaussé le sol. Que seraient devenus, d'ailleurs, les matériaux? L'île de Tyr en offrait de bien plus commodes à emporter, et qui, jusqu'à ces derniers temps, ont suffi aux besoins de la côte. Je ne peux donc adopter l'opinion assez généralement répandue qui place Palétyr à Ras el-Aïn, quoique cette opinion ait pour elle le passage de Strabon, qui indique Palétyr à 30 stades au sud de Tyr.

Les puits de Ras el-Aïn ont de tout temps attiré l'attention des voyageurs[2]. Je remarquai, dans quelques parties de la construction, l'arrangement des pierres debout sur le petit côté, arrangement qui se voit, à Ruad, dans le mur de l'extrémité nord de Sour, dans le pont romain qu'on rencontre entre Ras el-Aïn et le cap Blanc. Ce pont ressemble du reste beaucoup pour la construction aux puits de Ras el-Aïn ; le revêtement et le blocage sont, de part et d'autre, les mêmes. Je crois la construction des puits romaine[3] ; mais l'idée de pareils puits en saillie paraît locale. Nous

---

[1] Nonobstant Saulcy, Premier voyage, I, p. 6. C'est bien à tort que Barbié du Bocage suppose un port à l'embouchure du ruisseau. Le ruisseau n'a pas d'embouchure ; il filtre à travers les cailloux. (Voir le plan de Ras el-Aïn par Wildenbruch, dans le *Monats-Berichte der Berliner Gesellschaft für Erdkunde*, nouvelle série, t. I (1844), p. 234, 235, pl. VI, n°ˢ 1 et 2.)

[2] Poulain de Bossay, *Rech.* p. 25 et suiv.; Kruse, *Commentare zu Seetzen*, p. 291-298 ; Ritter, etc.

[3] M. Thomson se fonde sur la masse des dépôts calcaires pour établir «l'extrême antiquité» des puits (*The Book*, I, p. 276 et suiv.). Les aqueducs romains de l'isthme offrent des dépôts aussi considérables. Il est singulier que les anciens ne parlent jamais de ces puits, objets pourtant si remarquables. Les passages

avons trouvé le même type à *Borak et-Tell*. Le principe hydraulique qui y préside n'est pas encore, je crois, déterminé. Volney et Mariti ont mentionné le curieux vestige des Adonies antiques resté dans les mœurs du pays relativement à ces puits[1].

Dans les notes de M. Gaillardot, prises durant un séjour antérieur à Sour, je lis ce qui suit : « Toute la partie de l'aqueduc qui est entre Ras el-Aïn et Maschouk est formée par un canal antique, qui n'a rien de grec ni de romain. Sur plusieurs points où les dalles supérieures ont été enlevées, le conduit a été revêtu de ciment, comme le dit M. de Bertou (p. 15); mais, presque partout où le conduit est encore couvert, il présente des parois nues formées par le roc ou par des pierres énormes sans aucune trace de ciment. La partie qui a des arches doit être l'ouvrage des Romains. Il n'y a pas de probabilité que, comme le pense M. de Bertou (p. 16), un travail aussi gigantesque que celui des puits n'ait eu d'autre but que de faire tourner un moulin[2]. L'alimentation des aqueducs était sûrement le premier but qu'on se proposa. »

L'endroit nommé *Aïn Habrian*, près de la mer, à une heure au nord de Sour, avec sa source minérale[3], est, comme M. Movers l'a montré, la source nommée par Nonnus *Abarbéréa*[4]. Il s'y trouve des ruines, parmi lesquelles s'est rencontré un morceau de marbre portant en caractères grossiers l'inscription suivante :

ΒΑΛΑ....

probablement commencement de βαλα[νεῖον]. L'eau d'Aïn Habrian est saumâtre; voilà sans doute pourquoi les Tyriens ne l'auront pas utilisée

---

de Nonnus et de Choricius relatifs aux sources de Tyr ne mentionnent pas de pareilles constructions, et d'ailleurs ces passages sont bien modernes. Ce furent les croisés qui, frappés par l'aspect de ces puits, les rattachèrent aux souvenirs bibliques.

[1] Ritter, *Erdkunde*, XVII, p. 351, 352.

[2] Je ne sais d'ailleurs si l'antiquité a connu les moulins à eau. — E. R.

[3] Voir Bertou, p. 6.

[4] Movers, *Die Phœn.* II, 1ʳᵉ partie, p. 231, 239. Sprüner-Menke, Ansart, Fr. Lenormant, Poulain de Bossay (*Rech.* p. 25) font à tort d'Abarbéréa un des puits de Ras el-Aïn. Sur les fontaines de Tyr, voir, outre les textes qu'on a cités jusqu'ici, un passage de Choricius de Gaza, *Éloge de Procope*, § 10.

comme celle de Ras el-Aïn. Les aqueducs qui partent d'Aïn Habrian ne pouvaient avoir pour objet de fournir de l'eau à la ville. C'est à tort que M. de Bertou voit là les ὑδραγωγίαι que Salmanazar fit garder pour réduire les Tyriens.

Les environs de l'embouchure de la Casmie[1] offrent beaucoup d'antiquités. Là était peut-être Léontopolis, la Λεόντων πόλις des géographes grecs[2]. L'acropole de *Burdj el-Hawé*, au-dessus de la Casmie, paraît devoir être prise comme le site de Léontopolis. On y voit une grosse construction en bossage avec une porte dans le roc, d'un caractère fort antique, et, dans le voisinage, un sarcophage colossal, dont les parois et le couvercle sont sculptés avec richesse et bon goût. Le couvercle est en forme de toit, et présente une imitation de garniture en bandes de métal. C'est un des tombeaux les plus soignés que j'aie vus en Phénicie. Il existe alentour d'autres très-beaux sarcophages. On en voit un qui n'a pas été tout à fait détaché de la carrière. C'est toute une nécropole qu'on appelle, selon l'habitude, *Kobour el-Molouk*. Tous les environs de Burdj el-Hawé ont de l'importance archéologique. On sent qu'il y eut là un centre important[3].

---

[1] Ce nom, signifiant «la séparation,» n'est pas, en réalité, un nom de rivière. Il s'applique au cours inférieur du Litani, parce que ce fleuve fait la séparation du pays de Sour (*Beled Bescharra*) et de l'*iklim Schomar*. Le Litani (Édrisi écrit اللیطاني) est le *Leontes* ou Λέων ποταμός de Ptolémée. (Voir Ritter, XVII, 48 et suiv.; Robinson, II, p. 472, 478; Mehren, *Syrien og Palestina*, p. 27, 28, 72.) C'est à tort que M. Poulain de Bossay a cherché à identifier le Léontès avec le Damour. *Essais de restitution d'un passage de Scylax*, p. 37 et suiv. Cf. Sprüner-Menke, *Atlas antiquus*, préf. p. 15.

[2] L'erreur de Strabon, II, xvi, 22 est évidente. M. Ch. Müller (index et carte) le suit. M. Müller se trompe encore plus gravement en ses notes sur Scylax (p. 78) et en ses cartes des petits géographes grecs, n° v. Le passage du faux Scylax où Λεόντων πόλις se trouve nommée est une note sans lien régulier avec ce qui précède, par le fait de l'abréviateur qui nous a transmis ce petit traité. L'erreur de Pline (V, 17) est la plus grave de toutes. Mannert identifie à tort la ville des Lions avec Porphyréon. Ritter hésite (XVII, p. 426, 427). M. de Saulcy (Premier voyage, p. 60 et suiv. 66) a eu l'heureuse idée de mettre Léontopolis vers l'embouchure du Léontès, ce qui est l'hypothèse qui répond le mieux au texte du faux Scylax. M. Poulain de Bossay (*Essais de restit.* p. 45 et suiv.) a suivi ici les conséquences de son système erroné. L'idée de placer Palétyr vers l'embouchure de la Casmie doit être écartée. La chose n'est pourtant pas aussi absurde que voudrait le faire croire le P. Bourquenoud (*Études*, sept.-oct. 1863, p. 845), en ne mentionnant que le texte de Strabon. En tout cas, si dans mon 2° rapport je mentionnais avec un point d'interrogation cette opinion, adoptée par Movers et Ritter, et dont M. de Bertou a dépassé la hardiesse, ce n'était nullement pour l'adopter.

[3] Maheyta, dont on trouvera la description plus loin, peut bien appartenir au même ensemble archéologique.

Il s'y trouve une énorme quantité de pressoirs et de meules. C'est donc bien à tort qu'on a dit que, parmi les ruines de l'embouchure de la Casmie, il n'y a que des ruines du moyen âge[1].

A l'ouest de Burdj el-Hawé, se voient deux grands sarcophages avec des sculptures assez bien conservées, au-dessous desquels on remarque des débris de constructions et de rocs taillés. Près de là encore se trouve *Hallet er-Rihân*. Je ne connais ces derniers points que par des renseignements.

---

[1] Poulain de Bossay, *Essais de restit.* p. 47, note. Robinson (II, p. 472) ne dit pas cela. M. Mislin (*Les Saints Lieux*, t. I, p. 536, 538, 539) ne s'exprime pas non plus d'une manière exclusive.

CHAPITRE III.

KABR-HIRAM.

Autant les fouilles de Tyr paraissaient devoir être ingrates, autant les alentours de cette ville célèbre offraient des endroits pleins de tentations. Depuis des siècles, les environs de Tyr sont un véritable désert. Dans un rayon de quatre ou cinq lieues j'eus bientôt reconnu des localités excellentes, où l'antiquité était encore à nu. Dès lors, mon plan fut arrêté. Pour ne pas encourir le reproche d'avoir négligé un point aussi célèbre que Tyr, je m'imposai un certain nombre d'expériences, en vue surtout d'éclairer les questions intéressantes de topographie que soulève l'emplacement de l'ancienne ville; mais je résolus de faire porter mon effort principal sur des points écartés, tels que Kabr-Hiram, Oum el-Awamid. L'exécution d'un tel plan offrait de grandes difficultés. Ces points sont complétement déserts, et beaucoup étaient trop éloignés de Sour pour qu'il fût possible d'y mener tous les jours les travailleurs. Grâce aux dispositions prises par M. le général de Beaufort, grâce à l'abnégation courageuse de MM. les officiers et en particulier de M. le sous-lieutenant Brouillet, tous les obstacles purent être levés. Des points où les plus consciencieux voyageurs n'avaient passé que quelques heures ont été fouillés pendant des semaines, et notre campagne de Tyr, que je craignais de voir stérile, nous a donné des résultats moins brillants peut-être, mais en un sens plus importants et certainement plus variés que ceux de Saïda.

Le célèbre monument connu sous le nom de «Tombeau d'Hiram,» à deux heures de Sour, nous attira d'abord. Ce fut le 18 mars 1861 qu'un détachement alla s'établir à cet endroit sous la tente. Nous ouvrîmes les fouilles le jour même. Ces fouilles portèrent sur quatre points principaux : 1° Désirant savoir si cet endroit avait été un site de ville, nous pratiquâmes une tranchée sur le plateau à peu de distance du monument vulgairement appelé le «Tombeau d'Hiram;» 2° Nous commençâmes à dégager le pied du prétendu tombeau d'Hiram, du côté du nord, le seul qui fût obstrué; 3° Nous fîmes déblayer en même temps plusieurs pierres antiques, en particulier les débris du monument désigné quelquefois comme le «Tombeau de la mère d'Hiram;» 4° Enfin, quelques soldats furent détachés pour examiner minutieusement certains restes de colonnes, de montants, de piliers qui émergeaient dans les champs situés sur le bord du plateau, vers l'endroit où commence le ouadi du sud. C'est là que fut découverte quelques jours après la mosaïque dont nous aurons bientôt à parler.

Notre tranchée du plateau amena de curieux résultats. Nous reconnûmes bientôt que la localité connue sous le nom de *Kabr-Hiram* n'était pas seulement une nécropole; nous y trouvâmes des débris d'une ville ou d'un village. Nos fouilles mirent au jour des maisons, ou plutôt des fermes, avec un outillage complet d'exploitation agricole (auges, pressoirs, meules, etc.). Les nombreuses ruines de villages qu'on trouve dans la région de Sour, et en général dans toute la Phénicie, nous ont offert le même mélange. Partout les tombeaux se sont montrés à nous dans le voisinage immédiat de puits, de citernes, de pressoirs. Il faut se rappeler qu'heureusement pour la bonne entente de l'art, le *cimetière*, avec sa banalité obligée, n'existait pas dans la bonne antiquité, que les tombeaux étaient adossés aux maisons, mêlés à toute la vie. L'usage de se faire enterrer à la campagne, en sa vigne, paraît avoir été très-fréquent dans la région de Tyr. Les ruines de villages anciens dont j'aurai plus loin occasion de parler, et dont l'aspect est le même que celui de Kabr-Hiram, renferment de magnifiques sépultures, qui, probablement, n'étaient pas celles de paysans : c'est ce qu'on appelait un κηποτάφιον[1].

Nous trouverons bientôt l'outillage agricole des Tyriens sous une forme plus monumentale à Oum el-Aamed. Impossible d'assigner une date à tout cet outillage; on s'en est servi jusqu'à la dévastation du pays au moyen âge. Aujourd'hui encore, si le malheureux Beled Bescharra sortait de l'état sauvage où l'ont mis les luttes fanatiques du XIIIe siècle, on reviendrait à ces ustensiles et l'on s'en servirait. Nous trouvâmes, en particulier, des objets usuels en lave noire du Hauran, semblables à ceux que nous avions trouvés à Sour et à ceux que nous trouverons à Oum el-Awamid, semblables aussi aux meules et autres objets que, sur cette même route de Sour à l'intérieur, on voit presque journellement défiler sur des chameaux allant du Hauran à Sour.

Parmi les montants de pressoirs qui couvrent le plateau, nous en signalerons un près de l'endroit où fut trouvée la mosaïque découverte; ce montant porte une sculpture dont nous n'avons pu déterminer le sens.

Beaucoup de voyageurs ont parlé du prétendu tombeau d'Hiram. Cette appellation ne mérite pas d'être discutée. On ne voit pas de trace avant 1833[2], et pourtant il s'agit d'un monument insigne, qui a dû attirer l'attention dès le moyen âge. Si à cette époque on avait considéré cet énorme tombeau comme le tombeau de l'ami de Salomon, il n'y a pas de doute qu'il en serait parlé dans Brocard ou dans toute autre description de la Palestine. M. Robinson fait donc trop d'honneur à cette tradition en la comparant à ces noms bibliques que les musulmans, suivant le plus souvent la tradition rabbinique, elle-même si fragile et si fantastique, donnent à leurs wélis[3]. Hiram n'a pas eu de renom dans l'islam. Son souvenir, même légendaire, ne vit pas dans le pays. Cette dénomination

---

[1] II Rois, xxi, 18, 26; Jean, xix, 41. Cf. Winer, *Bibl. Realw.* au mot *Gärten*.

[2] Voir Robinson, II, 456, 457; Ritter, XVI, 792, 793.

[3] M. Thomson, *The Land*, I, p. 290 et suiv.; M. de Saulcy, deuxième Voy. II, p. 279, montrent aussi trop de complaisance à ce sujet.

est donc tout ce qu'il y a de plus frivole. Elle a dû être l'œuvre de quelque touriste français ou anglais du premier quart de ce siècle. Robinson[1] paraît avoir entendu prononcer *Kabr-Hairân*. Peut-être est-ce là le vrai nom, où l'oreille complaisante des voyageurs et des drogmans aura voulu trouver le nom d'Hiram. Il n'est pas rare de voir les indigènes de Syrie prendre au sérieux, avec une pesante naïveté, les plaisanteries des touristes, puis les répéter comme des traditions immémoriales. Le drogman, à l'affût de ce que dit son *frandji*, pour le redire ensuite, commet les plus amusantes bévues. Toute personne qui a voyagé en Orient a assisté pour ainsi dire à la création de telles légendes. Qui ne sait que trois ou quatre lieux saints de Jérusalem, inventés de gaieté de cœur, il y a quelques années, par un fonctionnaire désœuvré et ennuyé, passent maintenant pour traditionnels? On peut dire que pas un seul des tombeaux bibliques de la Palestine dont les titres ne reposent que sur la tradition n'a un caractère sérieux d'authenticité.

Nos fouilles au pied du tombeau d'Hiram, du côté du champ (côté septentrional), nous amenèrent à un résultat singulier. Elles mirent au jour un escalier oblique taillé dans le roc, se rattachant aux fondations mêmes du mausolée et plus ancien que le mausolée; cet escalier conduit à un grand caveau voûté irrégulièrement, relativement très-élevé, revêtu de cailloutage, n'offrant ni un caractère sépulcral, ni un caractère religieux. Nous trouvâmes ce caveau absolument vide. Nos planches XLVII et XLVIII donneront l'idée exacte du tombeau et de la cave attenante. On se convaincra facilement par l'étude des coupes que l'escalier qui descend à la cave n'a pu être pratiqué postérieurement à côté de la masse colossale. La disposition des fondations prouve que l'escalier existait déjà quand le tombeau fut bâti. Il y a plus. M. Thobois pense que le caveau et la partie d'escalier évidée dans le roc qui y donne accès existaient avant le tombeau, et que c'est au moment de la construction du tombeau que les marches qui sont de côté

---

[1] *Bibl. Res.* II, 456. Voir Ritter, XVI, 792-794, et sa carte.

et rapportées ont été ajoutées. En effet, l'escalier qui sort directement du caveau va aboutir sous le tombeau; on le voit encore se prolonger au-dessous. Pour préparer l'assise du tombeau à cet endroit, on a coulé du béton, qui comble le haut de l'escalier; puis, pour dégager la grotte, on a fait le petit escalier oblique. Il est presque impossible de se dérober à cette conséquence, tout étrange qu'elle est [1].

L'ensemble du tombeau d'Hiram, quoique très-imposant, est irrégulier et inachevé. Le monument pyramide mal et semble d'un côté affecter la verticale. Le flanc septentrional, le côté du caveau, est particulièrement brut, tandis que le côté de la route [2] et les deux petites extrémités (sauf quelques irrégularités à la petite extrémité de l'ouest) sont relativement soignés. De cet état d'inachèvement du côté du caveau, et surtout de ce que le monument semble s'épauler de ce côté, nous tirions la conclusion que dans l'antiquité le monument était adossé, au moins jusqu'à une partie de sa hauteur, à une construction, à une ferme par exemple, qui aurait été bâtie en même temps que ce monument. L'entrée du caveau aurait été alors couverte et aurait donné dans un intérieur, ce qui, dans tous les cas, doit être supposé, puisque sans cela le caveau se fût rempli d'eau [3]. M. Thobois m'a ensuite inspiré des doutes sur l'hypothèse de l'adossement. Il croit que la grossièreté de l'un des côtés est une de ces irrégularités si nombreuses dans les monuments phéniciens, dans ceux d'Amrit par exemple. Ce côté devait être moins en vue que celui du chemin; on l'aura négligé. Il est certain que l'existence du bandeau autour des quatre côtés du tombeau combat l'hypothèse à laquelle nous nous étions d'abord arrêtés.

---

[1] «Tout cela, dit M. de Saulcy (deuxième Voy. II, p. 279), n'a été fouillé qu'à demi et demanderait une exploration intelligente, à la suite de laquelle seulement le tombeau d'Hiram dirait son dernier mot.» Je ne crois pas que le tombeau d'Hiram dise jamais son dernier mot, car il n'a pas d'inscription. Des personnes plus intelligentes que moi l'étudieront un jour; mais je doute qu'en fouillant elles trouvent autre chose que ce que nous avons trouvé. Le déblayement que nous avons fait de ce monument a été complet.

[2] Le tracé de la route ne paraît pas avoir changé depuis l'antiquité.

[3] C'est, en effet, ce qui est arrivé depuis nos fouilles (Voir de Saulcy, *l. c.*)

Dans les murs de pierre qui entourent les champs aux environs du prétendu tombeau d'Hiram, se trouvent les débris de plusieurs autres sarcophages, dont un, assez grandiose, a reçu de quelques touristes le nom de « Tombeau de la mère d'Hiram[1]. » A côté de ce prétendu tombeau de la mère d'Hiram est un autre tombeau cassé; un fragment du couvercle, qui fait l'effet d'un vaste toit, est engagé dans le mur. Un autre fragment singulier est celui qu'on peut voir représenté dans notre planche XLVIII (en haut, au coin). La vaste nécropole de Kabr-Hiram a été considérablement détruite depuis quelques années. Toutes les petites levées de pierres qui sillonnent le pays sont formées de débris de sarcophages du même type que celui qu'on adjuge à Hiram[2].

Dans la vallée au sud de la route, au-dessous de l'endroit où a été découverte la mosaïque dont nous parlerons bientôt, se voit une petite nécropole, d'un caractère tout particulier. Ce sont des sarcophages taillés dans le roc, à couvercles formés d'un bloc prismatique quadrangulaire. Cette petite nécropole est représentée dans la partie inférieure de notre planche XLVIII. Sur la pente, du côté de la mosaïque, se voient deux caveaux juxtaposés, carrés, avec des couvertures en blocs énormes. On voit aussi çà et là des cuves grossièrement taillées, ayant pour couvercles des blocs non taillés. Nous n'avons trouvé qu'une seule grotte sépulcrale; elle était complètement fouillée et dévastée. Beaucoup d'autres sépultures ont pu nous échapper. Les indigènes nous disaient sans cesse : « Toute la contrée autour de Kabr-Hiram est pleine de sarcophages; il y en a une centaine, » et cette fois, par exception, ils n'exagéraient pas.

Sur le mamelon à gauche, avant d'arriver de Sour à Kabr-Hiram, est un gros tombeau analogue à celui qu'on appelle « Tombeau de la mère d'Hiram. » Près de là est l'endroit où l'on a trouvé des sarcophages

---

[1] Thomson n'est pas loin d'adopter cette puérile attribution. Il est vrai qu'elle est aussi fondée que l'appellation de *Kabr-Hiram* appliquée au grand tombeau.

[2] Ritter, XVI, p. 792, 793, présente à tort le *Kabr-Hiram* comme un monument isolé. Barth est le seul avant nous qui ait vu l'ensemble que forme Kabr-Hiram. (Ritter, XVI, p. 794.)

en plomb[1]. Au-dessus de cet endroit existe une mosaïque blanche en gros cubes, très-bien conservée. Alentour se voient des mosaïques étendues et des ouvertures carrées, remplies de terre, qui semblent des puits pour descendre à des caveaux souterrains, comme à Saïda. Il paraît que ce n'est là qu'une apparence, que ces entailles ne sont que des carrières ou des parois ayant formé le mur de certaines maisons. Là se montrent aussi deux gigantesques couvercles de sarcophage en forme de blocs carrés; près de là, deux vastes auges dans le même bloc, sous deux couvercles en forme de blocs carrés juxtaposés. C'est le premier exemple de ces blocs *bisomes;* nous en trouverons d'autres dans le pays de Tyr[2]. Cette petite nécropole a frappé les indigènes; car, dans mes notes écrites à Sour sous la dictée de gens du pays, je lis : « Auprès de Kabr-Hiram, une caverne fut trouvée par hasard près d'une colonne; elle était très-vaste et communiquait avec une catacombe. On en a retiré quatre sarcophages en plomb, sur lesquels il y avait des sculptures représentant des animaux et des urnes sépulcrales en verre. » Nous y fîmes divers essais qui n'eurent d'autre résultat que de nous faire découvrir une belle mosaïque, d'une excellente exécution, mais n'offrant que des dessins géométriques. Toutes ces mosaïques sont blanches, blanches et noires, blanches et rouges.

Qu'est-ce que Kabr-Hiram? Est-ce une ville antique? Est-ce une simple nécropole de Tyr? Il paraît d'abord inadmissible que cette masse énorme de beaux tombeaux ait appartenu uniquement à une ville située en cet endroit. Ces tombeaux sont épars sur une étendue de plus d'un kilomètre, et non groupés dans un endroit déterminé. D'un autre côté, il y eut sûrement à Kabr-Hiram un centre d'habitations important. Le nombre des pressoirs à montants est considérable. On a tiré de cette localité une masse énorme de pierres; elle a servi de carrière à tout le pays environ-

---

[1] Voir ci-dessus, p. 591.
[2] Un exemple de double excavation, avec un seul couvercle, se trouve à Athènes, sur le flanc occidental de la colline du Musée.

nant. Il ne faut donc pas trop s'étonner si les constructions non funéraires, en dehors des pressoirs et ustensiles trouvés dans la tranchée du plateau, sont rares à Kabr-Hiram. Dans le mur d'une masure, sur le même plateau, se voit, à côté d'un énorme sarcophage, une pierre à bossage du moyen âge (saillie du milieu étroite, ruban très-large).

L'ensemble des sépultures de Kabr-Hiram offre une remarquable unité. Tout cela est simple, grandiose (pas une sculpture, pas une moulure, pas une inscription), très-analogue, du reste, à la nécropole de l'Awwatin et à toutes les sépultures de Sour. Cela a l'air bien primitif[1], bien *sui generis*. Un trait vraiment phénicien qui se remarque en ces monuments, c'est le peu de souci de l'achèvement, des mesures exactes. Nul soin de ravaler le monument, d'enlever les excédants de pierre, de produire une forme mathématique (remarquez notamment le fragment pl. XLVIII, au haut, à droite). Rien ne rentre mieux dans l'esprit des monuments d'Amrit. Mais il ne faut pas oublier qu'on rencontre dans la plaine de Sour des sépultures du même genre avec des signes évidents de christianisme. Dans le pays de Tyr, surtout dans la région de Yaron et d'Aïnibel, nous trouverons des tombes aussi grandioses que le tombeau d'Hiram, construites dans un style aussi massif et aussi colossal, et qui sont de l'époque romaine. Il est donc impossible de tirer une conclusion assurée. Rien ne s'oppose à ce que la nécropole de Kabr-Hiram soit d'une haute antiquité phénicienne; rien ne prouve que ladite nécropole ait cette antiquité. C'est le cas de dire : *Non liquet*. Il n'en est pas de même à Amrit ni à Oum el-Awamid, ni même à Saïda et à Adloun. Là se trouvent des monuments qui n'ont pas d'analogue hors de la Phénicie, et qui en Phénicie n'ont pas d'analogue après la conquête définitive de l'Orient par l'art grec. Les monuments de Kabr-Hiram ont des analogues ailleurs, mais surtout en Phénicie à l'époque romaine, et même à l'époque chrétienne.

[1] Robinson, Thomson, de Saulcy se prononcent pour la haute antiquité. Barth voit dans la grande sépulture appelée «Tombeau d'Hiram» un tombeau romain.

La grandeur des blocs de pierre prouve peu de chose en Syrie, puisque, jusqu'à la pleine décadence de l'art antique, on continua d'y employer de très-grands blocs[1]. Mon savant confrère, M. de Saulcy, paraît craindre que je ne tire une conséquence de la mosaïque dont nous parlerons bientôt, pour rajeunir le tombeau d'Hiram. « Essayer de le faire, dit-il, serait vraiment un acte de folie. » Il a mille fois raison, et j'ai été d'autant moins tenté de faire ce rapprochement, qu'il y a près d'un demi-kilomètre du tombeau d'Hiram à la mosaïque. Mais d'autres raisons tiennent en suspens.

Le singulier caveau sur l'orifice duquel a été bâti le tombeau n'a pas un caractère de haute antiquité, et ce caveau est plus ancien que le tombeau. La grossièreté de l'épannelage des pierres prouve seulement que le monument ne fut pas fini. Un caractère de presque tous les monuments de la Phénicie, c'est qu'ils sont inachevés. Le monument cessait d'avoir son intérêt vivant avant qu'il fût terminé. Le tombeau surtout que chaque personnage riche se préparait de son vivant était négligé après que le mort y était déposé. Un manque général d'esprit de suite se fait partout remarquer. Les monuments d'Amrit sont frappants à cet égard; ceux d'Oum el-Awamid présentent le même trait.

En somme, le caractère qui parle le plus pour l'antiquité du prétendu tombeau d'Hiram et des tombeaux environnants est le manque d'inscriptions. Ritter l'a déjà observé à propos du grand *Kabr*[2]. Vu l'étendue que présente la nécropole, cet argument prend une très-grande force. Il est difficile d'admettre des centaines de sépultures de l'époque romaine sur lesquelles il n'y aurait pas une inscription.

Que cette vaste nécropole soit une simple dépendance immédiate de Sour, nous ne pouvons le croire. Pourquoi venir se faire enterrer si loin,

---

[1] «Une des assises [du tombeau d'Hiram], dit M. de Saulcy, est composée de pierres à encadrement assez semblables aux pierres salomoniennes du Haram-ech-Chérif de Jérusalem.» Nous n'avons pas remarqué cela. Seraient-ce les superfluités du côté inachevé qui auraient produit aux yeux de M. de Saulcy l'effet du refend?

[2] Ritter, XVI, 794.

quand les collines voisines de la ville offraient de magnifiques emplacements de tombeaux? Pourquoi, du moins, n'avoir pas prolongé simplement vers l'est la nécropole de l'Awwatin? Entre cette nécropole et celle de Kabr-Hiram il y a une zone d'une lieue sans tombeau (autant qu'un espace quelconque en Phénicie peut être dit sans tombeau). Où donc était située la ville dont les nécropoles se déploient autour du prétendu tombeau d'Hiram? Je crois l'avoir en partie découvert. Quand on continue à suivre la route de Sour à Kana, à environ un quart d'heure de marche, à gauche de la route et en face du village moderne de Hanaweh, on trouve une des localités antiques les plus curieuses de la Phénicie. C'est une sorte d'acropole ou plutôt de roc taillé avec une ampleur qui surprend. Des blocs gigantesques se voient de tous les côtés. Un tombeau surtout frappe par ses dimensions : c'est un roc grossièrement équarri, non taillé régulièrement, avec un énorme couvercle, formé d'un prisme de rocher. Alentour, des sarcophages brisés; d'autres taillés dans le roc; tout cela d'un étrange et grandiose aspect. Un peu après, se découpe une maison en pierres blanches, dont les murs sont encore très-bien conservés; puis sont des montants de pressoirs. Tout le style de cette localité a quelque chose de massif, d'informe, de monolithique, qu'on peut rattacher au vieux style chananéen, si l'on appelle de ce nom les restes qui commencent aux environs de Sour et couvrent toute l'ancienne tribu d'Aser (villes à pressoirs monolithiques, mêlés de sarcophages, etc., ensemble fort distinct des restes phéniciens proprement dits, qui ont un caractère d'art et de civilisation). Au haut de l'acropole, se voit l'angle d'un mur à bossage et une partie de mur, où certaines pierres rappellent celle de la masure, près du *Kabr*. Des pierres à bossage abondent alentour. Au surplus, tout l'intervalle de Kabr-Hiram à Kana est semé de restes qu'on peut appeler chananéens.

Peut-on assigner un nom à cette localité, qui fut évidemment importante? Ceux qui pensent que עִיר מִבְצַר צֹר ou מִבְצַר צֹר de Jos. xix, 29 et

II Sam. xxiv, 7 (Μάψαρ Τύρου de la version grecque), n'est pas l'île de Tyr, mais bien une Tyr continentale[1], peuvent avec raison l'identifier avec notre localité. Notre localité était indubitablement une dépendance de Tyr, un מבצר (acropole fortifiée). Ce lieu pouvait très-bien servir de limite entre le territoire de Tyr et celui de la tribu d'Aser. On conçoit, en effet, que les Tyriens aient eu une forteresse continentale vers la limite de leur zone côtière, que cette forteresse s'appelât צר מבצר et fût vers Kabr-Hiram. Pourrait-on songer à placer là Palétyr? Non; car le passage du faux Scylax sur lequel on s'appuie pour éloigner Palétyr de la mer est fautif. Cependant placer vers notre localité le Palétyr qui, lors de l'invasion de Salmanazar, abandonna sa métropole et se soumit aux conquérants, serait une hypothèse assez séduisante; car appliquer le passage de Ménandre conservé par Josèphe (*Ant.* IX, xiv, 2) à un faubourg continental n'est pas bien satisfaisant. Nul doute, en tout cas, que le site de Kabr-Hiram n'ait eu une vraie importance historique. Entre ces בנות צור אשר בשדה (*filiæ Tyri quæ sunt in agro*) qu'Ézéchiel (xxvi, 6, 8) menace des premiers effets de la colère assyrienne, notre localité, en y joignant tout ce vaste entourage de Roukley, Kana, etc. qui fait du pays, pendant deux ou trois lieues, une ville continue, dut sans doute occuper la première place[2].

Une découverte inattendue vint du reste nous prouver que cette importance dura jusqu'au moyen âge. En dégageant quelques débris de peu d'apparence situés à 300 mètres environ du tombeau, du côté de Sour, un des soldats que j'avais détachés de ce côté remarqua le pied, à peine émergent au-dessus du sol, d'une colonne portant une croix grecque. Il déblaya ce pilier, qui, au bout de quelques coups de pioche, le conduisit au pavé d'une petite église byzantine, lequel était tout entier revêtu d'une mosaïque, miraculeusement conservée, que d'abord nous inclinâmes à

---

[1] Gesenius, *Thes.* au mot מבצר.
[2] Voir les justes réflexions de M. Poulain de Bossay sur les banlieues de Tyr (*Bulletin de la soc. de géogr.* 1862, p. 15, 16).

regarder comme plus ancienne que l'église. Cette mosaïque était recouverte d'une couche de terre de 30 à 40 centimètres d'épaisseur. Complétement dégagée (ce travail dura quatre jours), elle se trouva mesurer 14^m,42 de longeur. Une inscription nous apprit bientôt que l'église avait été consacrée à saint Christophe, sous le chorévêque Georges et le diacre Cyrus, au nom des fermiers et des laboureurs de l'endroit. L'inscription établit également que, jusqu'à l'invasion musulmane, la localité qui entourait l'église était une banlieue de Tyr, riche en exploitations agricoles. Sauf quatre ou cinq trous produits par les racines des figuiers, et une tache dans la travée de droite, venant de ce qu'à une époque postérieure à l'ensevelissement du pavé de l'église on a fait du feu à cet endroit, la mosaïque est bien conservée. Le sol n'avait jamais été labouré; la charrue, en atteignant les cubes, y eût fait des ravages affreux. Il est prodigieux que depuis 1,200 ans aucun hasard n'ait révélé l'existence de ce beau pavé. Nous fûmes confondus en le trouvant par moments à peine recouvert de 20 centimètres de terre végétale; des figuiers, dont les racines avaient pris dans cette mince couche un développement le plus souvent horizontal, l'avaient préservé de la charrue. Nul doute que, si cette mosaïque eût été vue par quelque coin, elle n'eût été détruite. Pour qu'aucune des mille causes qui pouvaient lui être funestes, surtout au moyen âge, quand les casaux étaient nombreux en ces parages, il a fallu vraiment les coïncidences des plus singulières.

S. M. l'Empereur voulut que ce beau monument de l'art byzantin fût transporté à Paris. Un mosaïste de Rome, M. Taddei, exécuta le travail, rendu étrangement difficile par le site désert et dénué de ressources où il fallait opérer, avec beaucoup de suite et de résolution[1]. La mosaïque de Kabr-Hiram méritait ces soins par la beauté de son dessin, la richesse de

---

[1] C'est à tort que M. Didron (*Ann. arch.* 1863, p. 280, note) a dit que M. Taddei avait restauré des parties manquantes. M. Taddei n'a pas ajouté un cube. Pour donner une idée du genre de restauration qu'il proposait de faire, il cira et ponça seulement un des médaillons.

ses couleurs, la délicatesse infinie de son plan et les charmants détails qu'elle renferme. Si l'exécution est restée parfois un peu au-dessous des intentions du dessinateur, on le regrette à peine, tant l'ensemble séduit et tant les sujets intéressent. La mosaïque, comme l'église, offre trois travées. Celle du milieu, plus large et plus courte que les deux autres, comprend l'inscription, qui, sans doute, était placée au pied de l'autel, une rosace, et, faisant face à la porte, un riche enroulement de trente et un médaillons, divisés et reliés entre eux par des rinceaux ornés de feuillages et de fleurs, qui s'échappent de vases situés aux quatre coins[1]. Ces médaillons représentent des sujets de fantaisie (combats d'animaux, scènes rustiques, jeux d'enfants, surtout scènes de la vie agricole). Les deux travées latérales se composent de soixante et quatorze médaillons représentant les douze mois, les quatre saisons, les quatre vents et une série d'animaux et de fruits. Les espaces entre les colonnes sont occupés par huit cadres représentant des animaux qui se poursuivent l'un l'autre; le grand tapis central et ces entre-colonnes sont les parties les plus achevées; le mouvement des animaux est d'une parfaite vérité. Les autres espaces vides sont remplis par des fleurons ou par des coupes[2]. Tout l'ouvrage est entouré de torsades d'un goût exquis. J'avais d'abord cru voir un symbolisme dans certaines représentations de la partie centrale, par exemple dans le pressoir qui est au centre de la composition et qui peut figurer une croix. Certaines scènes d'animaux me parurent se rapporter aux allégories du *Physiologus*. Je n'insiste pas sur ce point[3].

On voit tout d'abord que l'ouvrage n'est ni païen ni chrétien. Il appartient, comme l'a bien dit M. de Rossi, à cet âge de transition où une sorte de réalisme menait insensiblement de l'art païen à l'art chrétien, où les dieux du paganisme cédaient la place aux saisons, aux mois person-

---

[1] Comp. *Annuaire de la Soc. archéol. de Constantine*, 1862, pl. xi; *Annales archéol.* 1864, p. 9.
[2] Comp. *Recueil des notices et mémoires de la Société archéologique de Constantine*, année 1868, planche iv.
[3] M. Julien Durand (*Ann. arch.* 1864, p. 9) rejette le symbolisme du pressoir.

nifiés. Jupiter, Mars, Vénus, Saturne figurent alors, non plus comme des dieux, mais comme des planètes, ou bien tiennent la place des jours. M. de Rossi ne connaît pas un seul monument antérieur au IIIe siècle qui nous offre les douze mois sous cette forme[1]. Au contraire, sur une mosaïque que M. Beulé a vue à Carthage, les douze mois se sont trouvés représentés d'une manière qui rappelle beaucoup le dessin de Kabr-Hiram[2].

Notre planche XLIX offre l'image de la mosaïque de Saint-Christophe, sauf les couleurs[3]. Nous rectifierons bientôt quelques erreurs qui se sont glissées dans le rangement des médaillons représentant les mois en la travée de gauche. Les deux couples de médaillons du haut et du bas, dans la même travée, doivent être disposés ainsi : 1er couple, moutons; 2e couple, poissons[4]; ….. avant-dernier couple, poissons; dernier couple, moutons. Dans la série des entre-colonnes de droite, il faut donner la première place, près de l'entrée, à la chasse de la lionne et du taureau, et la seconde, à celle du tigre et du cheval.

On remarquera la symétrie des couples de médaillons de chaque travée : le premier couple du haut (moutons) répond au dernier d'en bas (moutons); le deuxième couple (poissons) au pénultième (poissons); le troisième couple (poules) à l'antépénultième (coq), etc. A droite, la correspondance est la même (poissons, poules, fleurs, éléphants, moutons, oies, fruits); seulement la série du bas a un couple (moutons) de plus[5]. Les parties du haut des travées non revêtues de mosaïque offraient un

---

[1] *Comptes rendus de l'Académie des inscriptions*, 1862, p. 160, 161.

[2] *Fouilles à Carthage*, p. 37. La mosaïque récemment découverte à Palerme, et qui est antérieure à Constantin, présente les médaillons des saisons. (*Comptes rendus de l'Acad. des inscr.* 18 mars 1870.)

[3] Des représentations de la même mosaïque ont été données par Didron, *Annales arch.* nov.-déc. 1863, janv.-févr. juill.-août, sept.-déc. 1864. Pour l'explication des détails, voir *ibid.* 1864, p. 6 et suiv.

[4] Un dessin de Taddei, qui a été publié à Rome en photographie, contient, avec bien d'autres inexactitudes, celle que nous venons de corriger. Une pièce décisive en pareille matière est un plan que je fis sur mes carnets au moment de la découverte, et où j'indiquai le sujet de chaque médaillon.

[5] Le plan de M. Didron (*Annales archéologiques*, 1863, p. 278) est tout à fait défectueux pour cette travée. Les groupes de têtes ne se répondent pas d'un bas côté à l'autre.

dallage en marbre, élégant et soigné. M. Thobois pense que l'église a été ainsi tout entière dallée avant d'être pavée de mosaïques; je ne partage pas cet avis.

La mosaïque offre, comme on voit, plusieurs inscriptions.

Petite porte latérale à gauche :

✝ ΕΙΡΕΝΗΗΕΙϹΟΔΟΝϹΟΥWΒΛΕΠΟΝ

Εἰρένη ἡ εἴσοδόν σου, ὦ βλέπον.

C'est un passage biblique[1], tiré de I *Reg.* xvi, 4 : Ἡ εἰρήνη ἡ εἴσοδός σου, ὁ βλέπων[2]. M. Frœhner (*Inscr. du Louvre*, p. 309, 310) a supposé à tort qu'il fallait suppléer πρὸς τὸν Χριστόν, ou quelque chose d'analogue, après βλέπον; c'est à tort aussi qu'il coupe εἰς ὁδόν; εἴσοδον est un barbarisme pour εἴσοδος. (Comp. Waddington, n°⁵ 1995, 2570 a, 2646, 2662 a, 2696.)

Au milieu, devant le sanctuaire :

ΩΟΙΚΟϹΟΥΠΡΕΠΙΑΓΙΑϹ

C'est un passage du Ps. xcii (Vulg.) 5 : [T]ῷ οἴκῳ σου πρέπι ἁγίασ[μα]. Taddei paraît avoir vu le T encore existant. Le passage biblique a κύριε après ἁγίασμα. La symétrie s'oppose à ce que ce mot fût dans la mosaïque. Cependant une inscription de Deir Semân, identique à la nôtre, porte κύριε[3].

M. de Rossi et M. J. Durand[4] supposent que l'inscription faisait le tour de l'ambon : cela n'est pas; nous en avons des preuves matérielles certaines. Le listel qui porte l'inscription est plus large que les deux listels latéraux; l'inscription des deux côtés n'aurait eu ni place ni raison d'être.

Les mois, les vents et les saisons se suivent dans un ordre remarquable à beaucoup d'égards. En rangeant dans les caves du Louvre les carrés de la mosaïque pour que M. Thobois pût faire son dessin, on a interverti

---

[1] Le goût des inscriptions bibliques était très-répandu en Syrie. (Inscription de Dietrich à Sidon, inscription de la mosquée de Damas, n° 181 de Wetzstein, etc.; *Corpus*, n°⁵ 8928 et suiv.; *Ann. arch.* 1864, p. 292.)

[2] *Ann. arch.* 1864, p. 290. La substitution de l'ο à l'ω est un des traits de ces inscriptions. (Cf. *Corpus*, n° 8853.) Pour le changement inverse, voir Waddington, *Inscr.* de Le Bas, III, n° 2160. L'influence de l'accent devenait déjà prépondérante et écrasait la distinction des longues et des brèves.

[3] Waddington, n° 2694 (rectifier la lecture d'après ce qui précède).

[4] *Annales archéol.* 1864, p. 289.

les médaillons de la travée de gauche. L'ordre doit être rétabli comme il suit :

Travée de gauche :

ΔΙΟС	ΑΠΕΛΛΕΟС
ΑΥΔΥΝΕΟС	ΝѠΤΟС
ΧΕΙΜΕΡΙΝΗ	ΑΕΡΙΝΗ
ΗΠΑΡΚΙΑС	ΠΕΡΙΤΙΟС
ΔΥСΤΡΟС[1]	ΞΑΝΘΙΚΟС

δῖος	ἀπελλέος
αὐδυνέος	νῶτος (pour νότος)
χειμερινή	ἀερινή (pour ἐαρινή)
ἡπαρκίας (pour ἀπαρκτίας[4])	περίτιος
δύστρος	ξανθικός

Travée de droite :

ΑΡΤΕΜΙСΙΟС	ΔΕСΙΟС
ΒΟΡΕΑС	ΠΑΝΕΜΟС
ΘΕΡΙΝΗ[2]	ΜΕΤΟΠΡ,[3]
ΛѠΟС	ΗΟΥΡѠС
ΓΟΡΠΙΕΟС	ΥΠΕΡΒΕΡΕΤΗΟС

ἀρτεμίσιος	δέσιος
βορέας	πάνεμος
θερινή	μεθοπρ[ινή] (pour μετοπωρινή)
λῶος	ηοῦρως (pour εὖρος)
γορπιέος	ὑπερϐερετῆος (pour ὑπερϐερεταῖος)

J'ai pour garant de cet ordre un dessin sommaire de la mosaïque que je fis sur place avant qu'elle fût découpée. Le plan pris par Taddei, et qui a présidé au rangement lors de l'exposition Campana, est tout à fait conforme au mien. Cet ordre, du reste, est logique à quelques égards. Les quatre saisons, l'hiver, le printemps, l'été, l'automne, occupent le centre de chaque groupe de cinq figures. Les vents, sans qu'on puisse saisir aucune loi de classement, les accompagnent; seulement, l'artiste ne les a pas mis, comme les quatre saisons, sur une même ligne, mais il les a fait se répondre en quinconce. Quant aux mois, si on lit chaque travée séparément, en commençant par celle de droite et en procédant horizontalement, on obtient bien la série des mois macédoniens, telle qu'elle fut employée en Europe, à Antioche, à Pergame et à Éphèse[5] : Δῖος, ἀπελλαῖος, αὐδυ-

---

[1] Maintenant effacé. J'en vis des traces le premier jour.
[2] Maintenant à moitié effacé.
[3] M. Fœhner lit à tort μεθοϐρ.
[4] Le mosaïste a cru sans doute à une forme ἐπαρκτίας.
[5] Voyez de Wailly, Élém. de paléogr. I, p. 52, 54, 55; dissertations du P. Petau, à la suite de son édition du traité de saint Épiphane contre les hérésies, col. 929 et suiv. (réimpr. de Migne); Ann. archéol. 1864, p. 207; Ann. de la Soc. des antiq. de France, 1851, p. 243 et suiv. On remarquera que cet ordre n'est pas celui qu'Usserius attribue aux Syro-Macédoniens.

ναῖος, περίτιος, δύσ7ρος, ξανθικός, ἀρτεμίσιος, δαίσιος, πάνεμος, λῶος, γορπιαῖος, ὑπερβερεταῖος. (Conf. *Corpus inscript. græc.* n° 4672.) Seulement il est étrange que l'artiste n'ait pas rapproché chaque saison des mois qui lui correspondent.

Arrivons à la grande inscription qui occupait le centre de la petite église, et se trouvait probablement devant l'autel. Notre planche XLIX en rend bien le caractère général. En voici la transcription :

```
ΓΕΓΟΝΗΝΤΟΠΑΝΕΡΓΟΝΤΗΣΨΕΦΟΣΕWΣΤΟΥΕΝΔΟΞȢ
ΚΑΙΠΑΝΣΕΠΤΟΥΜΑΡΤΥΡΟΣΑΓΙȢΧΡΙΣΤΟΦΟΡȢΕΠΙΤȢ
ΘΕΟΦΙΛΕΣΤΓΕWΡΓΙȢΑΡΧΙΦΣΧΟΡΕΠΙΣΚΣΕΠΙΤȢΘΕΟΦΙΛΕΣΤS
ΚΥΡȢΔΙΑΚSΕΠΙΤΡΥΠΕΡΣWΤΗΡΤWΝΔΥWΚΤΗΜΑΤSΟΙΚΟΝΟ
ΜWΝSΓΕΟΡΓWΝSΤΟΝΤΕΚΝWΝΑΥΤWΝSΤΗΣΚΛΗΡȢSΤWΝΚΑΡ
ΠΟΦΟΡȢΝΤSΕΝΧΡΟΝΟΙΣΤȢΘΕΟΣΕΒΕΣΤSΖΑΧΧΑΡΙΑΠΡΕΣ
ΒΥΤΕΡȢΕΛΑΧΙΣΤSΕΝΜΗΝΙΔΕΣΙȢΤȢΨΑΕΤΟΥΣΙΝΔΘ
```

Γέγονην τὸ πᾶν ἔργον τῆς ψεφόσεως τοῦ ἐνδόξου
καὶ πανσέπ7ου μάρτυρος ἁγίου Χρισ7οφόρου, ἐπὶ τοῦ [σ7(άτου)]
Θεοφιλεσ7(άτου) Γεωργίου ἀρχιερ(έως) καὶ χορεπισκ(όπου), καὶ ἐπὶ τοῦ θεοφιλε
Κύρου διακ(όνου) καὶ ἐπιτρ(όπου), ὑπὲρ σωτηρί(ας) τῶν δύω κτημάτ(ων) οἰκονόμων καὶ γεοργῶν καὶ τῶν τέκνων αὐτῶν καὶ τῆς κλήρου καὶ τῶν καρ-
ποφορούντ(ων), ἐν χρόνοις τοῦ θεοσεβεσ7(άτου) Ζαχχαρία πρεσ-
βυτέρου ἐλαχίσ7(ου), ἐν μηνὶ δεσίου τοῦ $\overline{ψα}$ ἔτους, ἰνδ(ικτιῶνος) Θ.

«A été exécutée toute l'œuvre de la mosaïque [de l'église] de l'illustre et très-vénéré martyr saint Christophe, sous le très-aimé de Dieu Georges archiprêtre et chorévêque, et sous le très-aimé de Dieu Cyrus diacre et administrateur, pour le salut des intendants et des laboureurs des Deux Ktèmes, et de leurs enfants, et du clergé, et des bienfaiteurs [de l'église], au temps du très-pieux Zacharie, prêtre très-humble, au mois de désius de l'année 701, 9° indiction.»

Sur πάνσεπ7ος, voir ci-dessus, p. 55, et *Corpus*, n°ˢ 8686, 8716, 8737, 8771, 8829, 8839. A la troisième ligne, l'abréviation qui suit ἀρχι offre une difficulté. Ἀρχιεπίσκοπος est impossible : car on ne pouvait être à la fois archevêque et chorévêque (c'est-à-dire évêque de campagne[1]). Conf. *Corpus inscr. gr.* n° 8829. J'adopte, avec M. Frœhner, ἀρχιερ(έως), tout en doutant que ce mot fût de la hiérarchie ecclésiastique d'alors. M. J. Durand lit : ἀρχι[πρεσβυτέρου]. Le signe S cause aussi plus d'une

---

[1] Voir la dissertation du P. Petau sur les chorévêques, à la suite de son édition des *Hérésies* de saint Épiphane. Le mot ﺧﻮﺭﻱ des Maronites est l'abréviation de χωρεπίσκοπος. Fleischer, *Commentaire sur les Voyages de Seetzen*, p. 35.

difficulté : tantôt il marque l'abréviation de la fin d'un mot, tantôt il remplace καί, tantôt il représente à la fois l'abréviation de la fin du mot et καί. L'endroit sur lequel ce doute pèse d'une manière grave est entre κτημάτ et οἰκονόμων; car si l'on insère là καί, il faut traduire : «Pour le salut des Deux Ktèmes et des intendants et des laboureurs.....» M. Frœhner (p. 310) traduit : «Pour le salut des deux économes-fermiers,» ce qui est la moins satisfaisante des versions. M. J. Durand (*Ann. arch.* 1864, p. 286) me paraît le plus près de la vérité. — Je considère Τὰ δύω κτήματα comme le nom de la localité de Kabr-Hiram, devenue peut-être un domaine ecclésiastique à l'époque byzantine. (Comp. *Tres tabernæ*, sur la voie Appienne.) Οἰκόνομος est surtout un titre ecclésiastique (voir *Corpus inscr. gr.* n° 8822). Les γεωργοί sont des fermiers (Matth. XXI, 33, 41; Marc, XI, 1). Sur le sens de καρποφοροῦντες voir Frœhner, p. 311; *Ann. arch.* 1864, p. 288; *Corpus inscr. gr.* n°ˢ 8825, 8826; Hesychius, au mot ἐπικαρπία. Pour le tour général de l'inscription, comparez l'inscription de la mosaïque de Berja, ci-dessus, p. 513, et surtout celle de la mosaïque du mont Sinaï (*Corpus inscr. gr.* n° 8825). Comparez aussi l'inscription de Tyr, ci-dessus, p. 543, et celle de Bargylia (Le Bas, III, n° 498), *Corpus*, n° 8827. Cf. *Corpus*, n°ˢ 8615, 8622, 8624, 8627, 8648, 8649, 8662, 8666, 8697, 8736, 8769; Waddington, n°ˢ 2556 (païen), 2691.

La mosaïque a donc été faite en l'honneur de saint Christophe, saint très-populaire en Syrie, aux frais des riches agriculteurs du pays. Dès la fin du IV° siècle, les églises dédiées aux martyrs, même légendaires, tels que saint Georges, s'élèvent de toutes parts en Syrie. (Cf. *Corpus*, n°ˢ 8609, 8616, 8625, 8626, 8627, 8854; Wadd. 2158, 2159, 2498.) La tradition la plus ordinaire fait de saint Christophe un chananéen (*Acta SS.* 25 juillet). Il n'est pas impossible que les environs de Tyr ne fussent l'endroit où la légende plaçait les faits merveilleux de la vie de ce personnage fabuleux, et que notre chapelle ne fût la commémoration des origines d'un culte si répandu en Orient et bientôt en Occident.

Deux personnages ecclésiastiques sont désignés comme exerçant une juridiction sur le pays, au moment où l'ouvrage fut exécuté : 1° Georges, archiprêtre et chorévêque. Les chorévêques étaient des évêques suburbicaires, des évêques de campagne ou de banlieue, ou plutôt des espèces de curés de canton. La métropole de Tyr, si importante, devait avoir de ces chorévêques, et la riche localité de Kabr-Hiram; qui, du moins à l'époque romaine et chrétienne, n'était pas précisément une ville, était toute désignée pour posséder un tel dignitaire. 2° Le diacre Cyrus, qualifié en même temps d'ἐπίτροπος. (Voir ci-dessus, p. 543, 544.) Tous ces traits montrent combien la propriété privée avait baissé en Syrie dans les siècles byzantins. Une immense mainmorte multipliait partout les ἐπίτροποι, les οἰκονόμοι ecclésiastiques (cf. *Corpus*, n°ˢ 8619, 8647, 8819). Ces personnages servaient, comme autrefois les magistrats suprêmes et les souverains, à dater les monuments. Le n° 8647 du *Corpus* nous offre ainsi le diacre servant d'éponyme et ayant le titre de προστάτης τοῦ ἱεροῦ. (Cf. 8653, 8769.) Les chorévêques, du reste, résidant dans les localités rurales, une de leurs principales fonctions était d'administrer les biens de l'église [1]. Outre ces deux supérieurs ecclésiastiques, est mentionné, sans la formule ἐπί, et avec la simple indication ἐν χρόνοις (cf. *Corpus*, n°ˢ 8623, 8820), un Zacharie, ayant pour épithète θεοσεβέσ]ατος, non comme les deux autres θεοφιλέσ]ατος [2], et qualifié πρεσβύτερος ἐλάχισ]ος. Cette dénomination d'humilité n'est guère de mise que dans la bouche de celui qui tient la parole (cf. *Corpus*, n° 8853). Comme θεοσεβέσ]ατος est d'ailleurs l'expression d'un sentiment que tout chrétien doit avouer plutôt qu'un éloge, je pense que ce prêtre Zacharie a été l'ἐργοδιώκτης de l'ouvrage, que c'est lui qui fit l'inscription, qu'il remplit, en un mot, dans notre inscription le rôle qui ailleurs est exprimé par σπουδῇ suivi d'un génitif (cf. *Corpus*, n° 8820).

Calculée d'après l'ère des Séleucides, l'année 701 donnerait l'an 389 de J. C. date inadmissible; car, si le style de la mosaïque répond bien à cette date, la paléographie de l'inscription n'y répond nullement. L'écriture ne peut être que du vɪᵉ ou du vɪɪᵉ siècle. Toujours, d'ailleurs, l'ère des Séleucides appliquée à de pareilles inscriptions nous a menés à des dates trop anciennes. L'ère d'Antioche [3] donnerait l'an 652-653, ce qui nous porterait douze ou treize ans après la conquête musulmane. Un tel résultat est peu probable [4]. Comment, dix ou douze ans après la victoire des premiers conquérants arabes, les chrétiens auraient-ils eu assez de richesse et de tranquillité d'esprit pour exécuter un tel ouvrage? L'inscription nous montre l'organisation temporelle de l'Église établie avec une largeur et une liberté qui devinrent sûrement impossibles après le triomphe de l'islam [5]. Et d'ailleurs, en cette hypothèse, le chiffre de l'indiction ne convient pas. « On comptait donc, dit avec raison M. Frœhner, d'après une des nombreuses ères particulières des villes de la Syrie, commençant presque toutes à l'époque de Jules César. » L'ère propre de Tyr donnerait l'an 575 de J. C. ce qui conviendrait parfaitement; l'indiction même correspond bien, dans quelques systèmes. Cette ère de Tyr fut employée par plusieurs conciles [6]. L'inscription de la communauté tyrienne de Pouzzoles (*Corpus*, n° 5853), qui est de l'an 174 après J. C. est datée par l'ère de Tyr.

La question des ères de Syrie, si pleine de doutes, a été en ces derniers temps traitée par M. Wetzstein [7] et par M. Waddington [8] avec une grande érudition. Ces deux

---

[1] Voir Petau, dissert. précitée, col. 1052, 1053 de la réimpression de Migne.

[2] Cf. *Corpus*, n°ˢ 8646, 8647, 8769; Waddington, n° 2497.

[3] Tyr dépendait du patriarcat d'Antioche.

[4] M. J. Durand adopte pourtant cette date. (*Ann. arch.* 1864, p. 288, 289.)

[5] Les raisons que M. Reinaud fit valoir en sens contraire (*Comptes rendus*, 1862, p. 157) sont bien faibles.

[6] De Wailly, *Élém. de paléogr.* p. 56.

[7] En tête de ses *Inschriften*, dans les Mémoires de l'Académie de Berlin, 1863, p. 255 et suiv.

[8] *Mélanges de numismatique*, 2ᵉ série, p. 158 et suiv.; *Revue archéol.* avril 1865, p. 257 et suiv. ou *Comptes rendus de l'Acad. des inscr.* 1865, p. 35 et suiv. Cf. (du même) Comment. sur les *Inscr. de Le Bas*, n°ˢ 1908, 2158, 2159, 2463 (pour Schakka et Bostra).

savants, qui ont apporté à la discussion tant d'éléments nouveaux, repoussent, comme je l'ai fait, les ères qui mettraient avant la paix de l'Église, ou après la conquête musulmane, des monuments d'un christianisme florissant[1]. En ce qui concerne la côte de Syrie, la question est tout à fait distincte de ce qu'elle est à Damas et aux environs, à Bostra, au Hauran, à Antioche et dans le nord de la Syrie. L'ère des Séleucides[2], l'ère d'Antioche[3] y ont été employées, mais non pas exclusivement. La seule ère donnée avec une précision absolue dans nos inscriptions est l'ère d'Actium (ci-dessus, p. 241). Quant aux inscriptions de Sidon et de Tyr, l'ère des Séleucides nous a toujours menés à des résultats inadmissibles. L'ère d'Antioche convient mieux sans doute, mais les ères propres de Sidon et de Tyr conviennent presque toujours mieux encore. Ainsi l'inscription peinte de Saïda[4], qui paraît de la même renaissance d'art chrétien que les inscriptions de Berja et de Kabr-Hiram[5], tomberait, selon l'ère d'Antioche, en l'année 642, postérieure à la conquête musulmane ou justement contemporaine. En la comptant selon l'ère de Sidon, elle tombe en 580 ou 581, ce qui va bien mieux, quoique les indictions ne concordent pas. Ce qui paraît de beaucoup le plus probable, quand il s'agit des inscriptions de Sidon et de Tyr qui portent une indication d'année, c'est de supputer cette année d'après les ères propres de ces deux villes, c'est-à-dire d'après les ères de la numismatique. A Laodicée (*Lattakié*), la chose est particulièrement claire; car là nous avons une inscription offrant un synchronisme[6]. Il faut agir de même ailleurs. En suivant cette hypothèse à Tyr et à Sidon, nous ne sommes jamais arrivés qu'à des résultats satisfaisants. Les indictions ont rarement répondu dans le système normal, où la première année du cycle est comptée à partir du 1er janvier 313; mais elles ont presque toujours répondu dans quelqu'un des autres systèmes. Au VIe et au VIIe siècle, ces petites ères tombèrent en désuétude, et les ères chrétiennes prirent le dessus[7]. Mahomet ne fit qu'imiter les chrétiens en faisant partir une ère de l'époque de son apostolat.

Nous pensons donc que l'inscription fixe l'exécution de la mosaïque à la deuxième moitié du VIe siècle, vers le règne de Justin II, époque très-brillante, comme on sait, pour l'art byzantin. La mosaïque du mont Sinaï, dont l'inscription a la plus grande ressemblance avec la nôtre, a

---

[1] Voir cependant Waddington, *Inscr.* n°s 1997, 2028; mais ce sont là deux faits isolés et peu importants.

[2] Conf. *Corpus inscr. gr.* n°s 4453, 4458, 4462, 4463, 4477 (lisez 958 au lieu de 955), 4515, 4518, 4519, 8641 (Wadd. 1878).

[3] Cf. *Corpus*, n°s 8650, 8651, 8652, etc.

[4] Dietrich, *Zwei sidonische Inschriften*, p. 14, 15.

[5] Cf. *Corpus*, n°s 8634, 8646-8649.

[6] Voyez *Corpus*, n°s 4470, 4471, 4472. Pour Apamée, voyez n°s 4474, 4475. Cf. n° 8654 (Gélase). Pour Aradus, voyez *Corpus*, n° 4536 c; Frœhner, *Inscr. du Louvre*, p. 177. Cf. Sprüner-Menke, *Atlas antiquus*, n° XXVI, 1re carte (d'après Eckhel et Mionnet). Cf. Rœsch, dans les *Jahrbücher für deutsche Theologie*, t. XI (Gotha, 1866), p. 41 et suiv.

[7] Voir Wetzstein, *l. c.* p. 259 et suiv.; Rœsch, dans les *Jahrbücher* précités, t. XI, p. 40 et suiv.

été faite sous Justinien[1]. Mais l'archéologie élève contre cette date des difficultés capitales. Si cette date, en effet, répond très-bien au style de l'écriture de l'inscription où elle se trouve (notez surtout le sigle pour καί), elle répond médiocrement au style de l'écriture des noms de mois; elle répond mal surtout au style de la mosaïque, que les connaisseurs, et en particulier M. de Rossi[2], déclarent être celui des mosaïques du IVe siècle. Au premier coup d'œil, la décoration de la partie de la mosaïque qui environne l'inscription, ce maigre rectangle, entouré d'une sorte de barrière de piliers, où l'intervalle de ces piliers est occupé par de chétifs arrangements de cubes, semble aussi d'un tout autre style que les mosaïques de la nef et des travées. Dans cette dernière partie, aucune trace de christianisme ne se laisse apercevoir; enfin, la pauvreté de la construction fait contraste avec la beauté du pavé. Il paraît d'abord difficile de croire qu'on eût exécuté un tel dallage pour une construction si irrégulière et si mesquine.

Ces réflexions se présentèrent à notre esprit dès le jour même de la découverte de la mosaïque. Mon journal des fouilles contient ce qui suit à la date du 19 mars : « Une colonne portant une croix grecque nous conduit au sol d'une église, lequel est tout entier revêtu d'une magnifique mosaïque, qui paraît d'une époque plus ancienne que l'église. » M. de Rossi, ayant pu examiner la mosaïque dans un voyage qu'il fit à Paris en août et septembre 1862, fut amené à la même hypothèse. Avec l'autorité que lui donne sa grande expérience en un pareil sujet, il déclara que la nef et les deux travées sont une ancienne mosaïque, qui a été appropriée, au VIe ou au VIIe siècle, au culte chrétien. Le centre, c'est-à-dire l'entourage de l'inscription, serait seul alors du VIe ou du VIIe siècle.

Voici comment M. de Rossi exposa son opinion dans une discussion qui eut lieu au sein de l'Académie des inscriptions et belles-lettres[3] :

---

[1] *Ann. archéol.* 1864, p. 288.
[2] *Comptes rendus de l'Acad. des inscriptions*, 1862, p. 153, 157 et suiv. 161 et suiv.
[3] *Comptes rendus de l'Académie des inscriptions et belles lettres*, p. 161, 162 Cf. p. 152, 153 et p. 157-159 (notez l'*erratum*, p. 177). Comparez *Journal général de l'instruction publique*, 10 et 24 décembre 1862.

«Dans la mosaïque découverte par M. Renan, il m'a toujours paru qu'il existait un anachronisme. L'inscription, quelle que soit l'année précise à laquelle il faille la rapporter est sans aucun doute de la fin du viᵉ ou même du viiᵉ siècle ; le style de la mosaïque, au contraire, nous rappelle le ivᵉ siècle ; il marque la décadence du style classique grec et romain, ou, si l'on veut, la transition entre le style païen et le style chrétien : on n'y trouve pourtant pas de traces de l'art chrétien byzantin. Pour résoudre cette difficulté, je me suis adressé à la mosaïque elle-même, et, l'ayant examinée attentivement avec M. de Longpérier, j'ai constaté une différence d'époque et de travail entre la partie qui présente la grande inscription et le reste de la mosaïque. Les signes caractéristiques de cette différence sont principalement l'écriture, l'ornementation, l'usage de la croix. La paléographie de l'inscription chrétienne est d'un type entièrement byzantin ; les abréviations sont aussi de ce style : or les bustes des vents, des saisons et des mois dessinés dans la mosaïque sont accompagnés de leurs noms tracés d'une écriture toute différente. Cette ressemblance de quelques-unes des lettres pourrait être attribuée, jusqu'à un certain point, à la forme oblongue que l'on a été forcé de donner à celles de l'inscription principale pour ménager l'espace ; mais il y a de tels caractères dont la forme radicale est différente, par exemple Ξ, Ε, Σ ; enfin, l'aspect général des deux paléographies présente clairement deux alphabets distincts. L'ornementation est encore moins semblable. Celle de la grande mosaïque est lourde, épaisse, surchargée ; celle des côtés de l'inscription est au contraire très-simple, mais d'une simplicité grossière, sans choix, sans goût. Vient ensuite l'emploi de la croix. Ce signe est non-seulement au haut de l'inscription principale, mais aussi de celle qui suivait toute la ligne du cadre et dont il ne reste que des fragments. Dans le champ de la mosaïque, il ne se voit nulle part. M. Renan a cru reconnaître ce symbole dans le sujet représentant le pressoir de manière à figurer dans le centre même de la composition une espèce de croix. Je suis très-porté à admettre l'opinion de M. Renan, mais il en ressort une différence de plus entre la partie de la mosaïque où est traité ce sujet et celle qui porte l'inscription. L'époque à laquelle on cachait la croix sous des allégories, où l'on en dissimulait l'usage de différentes façons, et toujours dans un même but, n'est pas celle où l'on en plaçait le signe en tête des inscriptions, même dans les monuments qui n'appartenaient pas au culte. La première est la période de la lutte entre le paganisme et le christianisme, lorsque la croix était un scandale pour les juifs, une folie pour les païens, un souvenir douloureux et repoussant d'un supplice infâme pour les chrétiens, comme serait aujourd'hui la guillotine ; la seconde est le temps du triomphe complet du christianisme et de la croix, et de sa transformation en signe uniquement religieux, le supplice de la croix ayant été effacé du code criminel romain par les empereurs chrétiens.

«La double date de ce monument étant ainsi établie, il ne reste qu'à expliquer ce fait, ce qui devient très-facile. L'inscription et les ornements qui l'entourent occupent précisément la place de l'ambon, c'est-à-dire de l'enceinte destinée au clergé, et cette partie de l'ouvrage se prolongerait peut-être en forme semi-circulaire au delà de l'espace rectangulaire qu'occupait l'édifice reconnu par M. Renan, si l'abside, placée sans doute sur un plan plus élevé, n'avait pas disparu. M. Renan admet en effet la possibilité de l'existence d'une abside. Cette remarque fait voir comment la mosaïque a été composée à deux époques différentes. Dans les siècles où la religion chrétienne avait remporté une complète victoire, lorsqu'on transformait en basiliques les temples profanes ou les salles des édifices anciens, on ajoutait une abside au monument et l'on y disposait une enceinte réservée au clergé et aux cérémonies. Cette partie, refaite ou seulement appropriée à sa nouvelle destination, portait l'ornementation et le symbole du christianisme; souvent le reste n'était pas changé, alors même qu'il s'y trouvait des images franchement païennes. C'est ce qui résulte de quelques exemples décisifs, entre autres, de l'étude de la basilique dédiée à Rome, à saint André, par le pape Simplicius, au ve siècle. La mosaïque de Sour est dans la condition des monuments de ce genre. Elle a été faite vers l'époque constantinienne, peut-être pour une basilique profane, et, lorsque plus tard on a consacré cet édifice au culte chrétien, ou lorsqu'on l'a restauré, au viie siècle, on a seulement refait la partie qui couvrait le sanctuaire et ses dépendances, probablement avec les cubes mêmes de la mosaïque préexistante, ce qui expliquerait l'identité des cubes dans tout l'ouvrage.»

M. de Longpérier se rangea complétement à l'opinion de M. de Rossi[1]. Tout, dans les têtes, les draperies, les ornements des cheveux des figures du bas de la nef et des travées, lui paraît du ive siècle et non du vi^e ou du viie. Il est vrai que dans les deux parties de la mosaïque la matière est la même, la grandeur des cubes la même. M. de Longpérier répond à cela que le mosaïste qui a fait la partie la plus moderne de l'œuvre a dû s'attacher tout d'abord à la raccorder avec la plus ancienne en se servant de la même matière et en taillant ses cubes dans les mêmes dimensions. En effet, les principales matières qui ont servi à composer la mosaïque de Kabr-Hiram existent encore dans le pays. Taddei en a rapporté des échantillons qui permettront de faire à la mosaïque toutes les réparations qui pourront être nécessaires. Un texte curieux de saint Nicéphore prouve que même les iconoclastes avaient pour les mosaïques une certaine indulgence et voulaient que les anciennes fussent conservées[2]. Le paganisme mitigé que

---

[1] M. de Saulcy a adopté le même sentiment, Deuxième Voyage, II, p. 279. — [2] Pitra, *Spicilegium Solesmense*, t. IV, p. 363.

pouvaient offrir de tels ouvrages était d'ailleurs de peu de conséquence, puisque l'ouvrage même était destiné à être foulé aux pieds. L'art chrétien a toujours suivi la règle fort raisonnable de ne tracer sur le pavé aucune image trop sainte : c'eût été exposer l'image à une sorte de profanation [1].

Voilà donc une hypothèse qui a pour elle et de fortes raisons et de graves autorités. Il ne faut pas dissimuler cependant les objections qu'on y peut opposer, et qui ont conduit des archéologues fort habiles, en particulier M. Julien Durand [2], à des conclusions opposées. La plus forte de ces objections se tire de la grande inscription centrale. Si l'hypothèse de M. de Rossi est vraie, l'inscription implique un mensonge complet. Γέγονε τὸ πᾶν ἔργον τῆς ψηφώσεως. Il est difficile que les trois dignitaires ecclésiastiques nommés dans l'inscription aient eu l'impudence de s'attribuer aux yeux de leurs contemporains un ouvrage que tous les gens de la localité savaient être antérieur, et aient en quelque sorte cherché à jouer la divinité et les saints, en dédiant, comme leur ouvrage pour un but pieux (ὑπὲρ σωτηρίας....), un travail qu'ils n'avaient pas fait. Comment pouvaient-ils croire que saint Christophe serait dupe de ce mensonge? Et ces καρποφοροῦντες, ces gens qui ont contribué de leurs deniers à l'ouvrage? Ce serait donc une plaisanterie; car, si Georges et Cyrus n'ont fait que la partie centrale, c'est bien peu de chose; il n'y avait pas besoin de καρποφοροῦντες pour cela, et, en tout cas, ces souscripteurs n'ont pu manquer de sourire en voyant leur petite contribution obtenir un effet si disproportionné. La même formule Γέγονε τὸ πᾶν ἔργον se retrouve dans deux autres mosaïques d'Orient, celle de Berja et celle du mont Sinaï, et là cette formule fut sans doute l'expression de la vérité. On a des exemples, en particulier dans le Hauran, de temples changés en églises (*Corpus*, n°s 8627, 8645); mais alors l'inscription le dit expressément et ne cherche pas à attribuer aux dignitaires ecclésiastiques ce qu'ils n'ont pas fait.

---

[1] *Annales archéol.* 1864, p. 290, note 3. Le passage de saint Grégoire de Nysse (*ibid.* p. 278) implique cela indirectement. — [2] *Annales archéol.* 1863, p. 281, 282; 1864, p. 288, 289.

La seconde objection se tire de la mosaïque même de Berja. L'inscription de la mosaïque de Berja, par sa date et sa paléographie, est évidemment contemporaine de l'inscription de la mosaïque de Kabr-Hiram. La date de ces inscriptions n'est pas douteuse; toutes deux sont de la deuxième moitié du vɪ⁰ siècle. Si donc la mosaïque de Berja est du même style que celle de Kabr-Hiram, il faut admettre que les deux mosaïques sont de la deuxième moitié du vɪ⁰ siècle; car de prétendre qu'à Berja aussi il y ait discordance entre l'âge de l'inscription et l'âge de la mosaïque, qu'à Berja aussi on a, au vɪᵉ siècle, fait adaptation d'un ouvrage ancien au christianisme, avec le même mensonge de la part des autorités ecclésiastiques (Γέγονε τὸ πᾶν ἔργον..... Ἐγένετο τὸ πᾶν ἔργον.....), c'est ce qui est insoutenable. A Kabr-Hiram cela est soutenable; car il y a une différence entre la partie où est l'inscription et le reste; à Berja, l'unité de l'ouvrage est complète; l'adjonction de l'inscription, n'ayant été accompagnée d'aucun autre travail, serait une imposture sans excuse. Supposer la même imposture cherchant ainsi à s'imposer deux fois est contre toute vraisemblance. La question est donc de savoir si la mosaïque de Berja est du même style que celle de Kabr-Hiram. A cet égard, je ne peux me prononcer, puisque cette mosaïque n'a été découverte qu'après mon départ. Mais tous les renseignements que j'ai me portent à croire que le style est le même. Que si le style est le même, que si l'inscription de Berja (ce qui est infiniment probable) n'est pas suspecte d'avoir été mensongèrement attribuée au vɪᵉ siècle, il faut reconnaître que la mosaïque de Kabr-Hiram est aussi du vɪᵉ siècle. Toute la question est là. Quand l'inscription de Berja sera transportée en France, la question de la mosaïque de Kabr-Hiram sera résolue probablement avec une certitude absolue.

La différence de la partie centrale de la mosaïque où est l'inscription et des trois belles travées est-elle aussi sensible que le croient MM. de Rossi et de Longpérier? On ne saurait nier que les mosaïques qui entourent l'inscription ne soient inférieures à celles du reste de l'édifice.

Mais il faut remarquer que cette partie de l'église, qui était le *presbyterium*, était peu en vue, peu avantageuse, et comme à part de l'effet général. Pour le reste, on a pu suivre un beau patron du IVe siècle; pour cette partie, qui n'offrait pas de larges espaces et dont la donnée décorative était assez ingrate, les mosaïstes auront suivi leurs idées propres. L'esprit des mosaïstes de Kabr-Hiram a été de rechercher l'effet pour la vue, de réjouir l'œil des fidèles, si bien que les endroits les plus apparents, non les plus saints, se sont trouvés les plus ornés. La rosace centrale de la ligne d'entrée est délicate de couleurs; les cubes y sont les mêmes que dans le reste de l'ouvrage. Certaines figures des bas côtés sont inférieures, selon M. Thobois[1], au travail des mosaïques de l'ambon. Par la façon dont on a traité les deux entre-piliers du haut de l'église, on voit que les artistes n'ont tenu à décorer largement et avec style que les parties qui offraient des aspects d'ensemble. Le *presbyterium*, selon certaines hypothèses dont nous parlerons bientôt, aurait été entouré d'un rideau.

Un fait grave, c'est que Taddei, en opérant l'enlèvement de la mosaïque, ne fut frappé d'aucune différence dans le travail des différents compartiments. Plusieurs fois questionné par moi à ce sujet, Taddei a toujours soutenu que toute la mosaïque est du même travail. Sûrement Taddei n'a aucune prétention à balancer l'autorité archéologique de M. de Rossi; mais c'est ici une question qui est tout à fait de la compétence d'un praticien. Accordons à M. de Longpérier (ce qui pourtant, je l'avoue, me cause quelques doutes) que les mosaïstes du VIe siècle eussent pris la précaution de tailler leurs cubes dans les mêmes dimensions que ceux du IVe siècle (ces soucis de restauration archéologique ne sont guère le fait du moyen âge[2]); accordons cela. Est-il possible qu'ils eussent poussé le scrupule jusqu'à prendre le même ciment, jusqu'à donner la même épaisseur à l'ouvrage, jusqu'à imiter si bien des particularités intérieures qui ne pouvaient être

---

[1] M. Julien Durand se rapproche du même sentiment (p. 282).

[2] Les exemples qu'on en cite (*Comptes rendus*, 1862, p. 158, 177) sont d'un tout autre ordre.

vues de personne, que 1200 ans plus tard, en taillant leur ouvrage, on devait encore y être trompé?

La différence du caractère de l'inscription centrale et des noms des mois, vents, saisons, est-elle aussi réelle qu'on le dit[1]? Il faut avouer, au moins, que l'orthographe est bien la même: abus de l'η, confusion des longues et des brèves, nulle tendance à l'iotacisme (ηούρως, ἡπαρκίας, ὑπερϐερετῆος, écritures à peine possibles au IVe siècle). Il semble que pour ces inscriptions dédicatoires des mosaïques on prenait un caractère à part, allongé, se rapprochant des manuscrits par les abréviations (voir ci-dessus, p. 513, l'inscription de Berja). L'inscription de Tyr (ci-dessus, p. 543) est de onze ans postérieure à celle de Kabr-Hiram, et pourtant cette inscription de Sour est en caractères classiques et sans sigles, quoique mal exécutée. Le caractère allongé était considéré comme plus élégant, et, quant aux sigles, ils étaient commandés par la longueur de ce qu'on voulait faire tenir dans un cadre limité. En général, les inscriptions des mosaïques sont de mauvais *criterium* paléographiques. L'ouvrier, en effet, dans ces mosaïques en assez gros cubes, est gêné pour reproduire exactement la forme des lettres, et porté à prendre un caractère long et grêle, qui, joint aux abréviations, porte à mettre l'inscription plus bas qu'il ne faudrait[2]. Un rapprochement peut être fait entre les quatre vents de notre mosaïque et les quatre vents qui marquent les points cardinaux dans la carte de Cosmas Indicopleustès, qui, comme on sait, est du VIe siècle[3]. La parfaite conservation de l'ouvrage (sauf les endroits labourés par les racines des arbres) fait aussi croire que ce précieux pavé a servi très-peu de temps, n'a guère été foulé, et qu'il a été recouvert peu après son achèvement.

---

[1] M. Julien Durand, qui admet cette différence, est loin d'en tirer la même conséquence que MM. de Rossi et de Longpérier (*Ann. archéol.* 1863, p. 282). Mais le système de partage qu'il propose est impossible à admettre.

[2] L'abréviation ꙋ se trouve en Syrie dès le commencement du Ve siècle. *Corpus*, n° 8616; Wadd. (Le Bas, III), n° 2159. Pour la suppression de la fin des mots, voyez *Corpus*, n° 8615.

[3] Cette idée est judéo-chrétienne. Voir l'Apocalypse, VII, 1; le livre d'Hénoch, ch. XVIII. Comp. Zacharie, IV, 1 et suiv.

Une chose est hors de doute : c'est que la mosaïque est contemporaine ou à peu près de la construction dont les arrachements se voient encore aujourd'hui. En effet, le plan de l'édifice actuel et celui de la mosaïque s'embrassent parfaitement, s'expliquent l'un par l'autre. De cette correspondance mutuelle naît une église chrétienne très-conforme aux règles, très-bien orientée. Si la mosaïque est du IVe siècle, il faut donc que la construction dont les traces existent soient aussi du IVe siècle. La supposera-t-on païenne? Cela est impossible. Les portions de colonnes existantes offrent des croix grecques. Comment l'orientation et la distribution de l'édicule se seraient-elles trouvées répondre si bien à une église? et quel genre d'édifice eût-ce été? Une basilique en plein champ est inadmissible [1]. Et pourquoi l'inégalité des deux bas côtés, quand il n'y a aucun mur qui limite le côté court? Cette inégalité s'explique très-bien dans une église comme nous le verrons plus tard ; elle ne s'explique pas dans une basilique païenne. Dira-t-on que la construction dont nous voyons les traces est une petite église du IVe siècle? Alors l'inscription est un non-sens. Accordons (malgré l'invraisemblance de la supposition) qu'en transformant un édifice païen en église, les chrétiens y auraient mis une inscription où ils se seraient attribué l'exécution d'un pavé qu'ils n'avaient pas fait. Ce qui est absolument impossible, c'est que le clergé du VIe ou du VIIe siècle ait fait un solennel mensonge en mosaïque sur le pavé pour dépouiller les fidèles du IVe siècle et tromper saint Christophe en lui dédiant, pour obtenir ses faveurs, un travail chrétien antérieur. Ajoutons que l'inégale largeur des bas côtés, l'inégale distance des piliers, l'inégale surface de l'assise des colonnes, sont des irrégularités qu'on ne trouverait pas dans une église du IVe siècle, ni dans une basilique de ce temps.

Malgré les fortes raisons qu'on a fait valoir pour distinguer deux époques dans la mosaïque de Saint-Christophe, nous croyons donc qu'il faut abandonner cette hypothèse. La mosaïque est pour nous de la date indi-

[1] M. de Rossi semble toujours supposer dans son argumentation que la mosaïque provient de Tyr même.

quée par l'inscription, date qui est probablement l'an 575 après J. C. Toutes les objections *a priori* doivent céder devant les preuves presque matérielles qu'on en a. La comparaison avec des ouvrages comme les mosaïques de Sainte-Constance n'est pas juste. Si la mosaïque de Sainte-Constance ressemble à la nôtre par le sentiment qui a porté l'artiste à prendre ses sujets dans la vie rustique, elle en diffère tout à fait par le dessin général, qui est bien plus libre, plus antique, moins cadré, moins divisé en compartiments. M. de Rossi, habitué surtout à l'archéologie chrétienne de l'Occident, a pu facilement s'égarer en jugeant d'après Rome un ouvrage de Syrie. Ce n'est pas seulement en ce cas-ci qu'une telle illusion s'est produite. Une foule de belles constructions de Syrie qu'on avait d'abord attribuées aux époques classiques, la porte Dorée de Jérusalem, par exemple, se sont trouvées, devant un examen plus attentif, être de l'époque de Justinien. Un rapprochement serait celui de la mosaïque du pavé de l'église du couvent de Sainte-Croix près de Jérusalem, dont la bordure a de la ressemblance avec la nôtre, quoique bien inférieure pour l'exécution. Mais la date de cette mosaïque est très-douteuse. Les moines du couvent prétendent y voir des gouttes du sang versé par Chosroès II en 614[1]; rien de moins certain.

Un fait général de l'histoire de l'art en Syrie, c'est que les traditions anciennes s'y conservèrent beaucoup mieux qu'ailleurs, aux ve, vi^e et viie siècles. C'est ce qu'a très-bien vu M. de Vogüé, dans le Hauran, du côté d'El-Bara, à Jérusalem[2]. Nos mosaïques de Berja et de Kabr-Hiram sont des exemples particuliers de cette grande loi. On sait qu'une des choses qui frappèrent le plus les musulmans, lors de la conquête de la Syrie, fut l'habileté des chrétiens dans l'exécution des mosaïques. De là ce mot de فسيفساء désignant la mosaïque, et qui n'est autre chose que ψήφωσις[3].

---

[1] Pierotti, *Jerusalem explored*, p. 242, 243.
[2] M. de Vogüé, *Le Temple de Jérusalem*, p. 66, 67; *L'Architecture en Syrie*; *Comptes rendus de l'Académie des inscriptions*, mars 1865, p. 66 et suiv.

[3] Reinaud, *Comptes rendus de l'Académie*, 1862, p. 94-96, 157; Freytag, rac. فسا. Ἱστοριογράφος μουσιάτωρ est du xiie siècle, *Corpus*, n° 8736; cf. saint Nicéphore (vers 815), dans Pitra, *Spicilegium*

Ajoutons que ces sortes d'ouvrages étaient faits à l'entreprise par des ouvriers ambulants, qui avaient des patrons[1], des traditions remontant à plusieurs siècles, et qui venaient s'offrir aux communautés riches, en sorte qu'il pouvait y avoir une grande inégalité entre la mosaïque et la construction de l'édifice qui la renfermait, si dans le pays on n'avait pas de bons maçons. Ce qui frappe justement dans la mosaïque de Saint-Christophe, c'est la discordance du dessin et de l'exécution. Le parti pris général est parfaitement entendu; le dessin est excellent; les rinceaux, les torsades sont du meilleur style; le patron, en un mot, remontait aux meilleurs temps de l'art; mais l'exécution est défectueuse et grossière. De toutes les manières, nous arrivons donc à considérer notre mosaïque comme un fruit de la grande renaissance du temps de Justinien, renaissance qui a laissé tant de traces dans tout l'Orient, en Égypte, en Syrie, au mont Sinaï, dans le Hauran[2]. Le travail de ce temps consiste surtout en mosaïques, en dallages, en placages de marbres : $\mu\alpha\rho\mu\alpha\rho\sigma\pi\sigma\iota\eta\sigma\iota s$ (ci-dessus, p. 543) τὸ ἔργον τῆς πλακώσεως, *Corpus*, n° 8662; ἐπλακώθη, n° 8641. La mosaïque de Kabr-Hiram fait ainsi partie d'un ensemble d'œuvres constituant une vraie période d'art chrétien, où la Syrie joue le premier rôle, et qui ne saurait être postérieure à l'orage terrible qui écrasa l'Orient en l'année 640. Beaucoup de faits prouvent que l'Orient était alors le théâtre d'une grande tentative de civilisation chrétienne, qui échoua par le fait de Mahomet.

Pour éclaircir toutes les questions qui se rapportent à ce curieux monument, nous fîmes exécuter des fouilles dans les alentours. Nous trouvâmes plusieurs chambres dallées et des amorces qui firent penser à M. Thobois que toute la petite église était entourée de dépendances qui en masquaient l'extérieur. Ainsi il devait y avoir devant le bas de l'église une

---

Solesmense, t. IV, p. 363. Voir H. Étienne, *Thes.* V, col. 1228-1230.

[1] Taddei croit cependant que les matériaux sont pour la plupart du pays; il emporta avec lui des éléments suffisants pour réparer les parties détériorées.

[2] L'an 575 à peu près est une des époques les plus brillantes des constructions du Hauran. (Voir Waddington, n° 2110.)

allée ou porche[1]. Les fondements s'en voient à quelque distance du mur de façade. Derrière l'église se trouvait une salle presque de même largeur que l'église; les contre-forts en sont visibles encore. L'église chrétienne orientale de ce temps nous est toujours représentée, dans les miniatures byzantines et même dans les miniatures arabes où l'on veut représenter un *deir* chrétien, comme un petit couvent. *Deir* (habitation) signifie à la fois église et couvent : en effet, au vi° siècle, les deux choses n'en faisaient qu'une, l'église n'étant jamais sans bâtiments d'habitation pour le clergé.

Ces fouilles donnèrent un seul débris d'inscription. C'est une plinthe de pierre grise portant l'inscription suivante :

ο C T ο Y Y K ο Y A Y T ο Y ✠

.....[ὑπὲρ παντ]ὸς τοῦ ὔκου (pour οἴκου) αὐτοῦ ✠

Pour cette orthographe de οἶκος, cf. *Corpus*, n° 8823; Waddington, n° 2666.

Le plan ci-joint (p. 628) donnera une idée de l'état du terrain et de la petite église qui couvrait la mosaïque[2].

Les deux entrées principales n'ont que 1ᵐ,27 de large. M. Thobois affirme que la petite baie de gauche n'est pas une porte; qu'elle est murée. Cela est en contradiction avec l'inscription; la porte aura été murée postérieurement[3]. Les intervalles des colonnes sont inégaux; ils varient de 1ᵐ,55 à 1ᵐ,95, si bien que les colonnes ne se répondent pas exactement d'un côté à l'autre. Les piliers étaient reliés entre eux soit par de petits arceaux, soit par des plates-bandes. Quant à la couverture générale de l'édifice, elle ne pouvait être en voûte; la faiblesse des murs s'y oppose. Il n'y avait pas de coupole[4]; l'éclairage se faisait sans doute par en haut, au

---

[1] J. Durand, *Ann. archéol.* 1864, p. 291.

[2] C'est par erreur qu'en septembre 1862 (*Comptes rendus*, p. 158) je niais les absides. M. Thobois, à cette époque, n'avait pas encore terminé son étude sur la petite église.

[3] C'est à tort qu'on a élevé des doutes sur la place de cette inscription (*Journal général de l'instruction publique*, l. c.; *Ann. archéol.* 1864, p. 290, note). Le plan de M. Thobois, fait sur place, et mes propres souvenirs, me donnent toute certitude à cet égard.

[4] M. Durand cependant en conçoit une au-dessus du chœur (*Ann. archéol.* 1864, p. 291).

moyen de petites fenêtres sous le toit. La largeur de la nef principale est de 4ᵐ,25 ; les deux nefs latérales sont, l'une de 2ᵐ,275, l'autre de 2ᵐ,475. Les bases des colonnes ne sont pas non plus égales ni semblables ; elles ont environ 0ᵐ,685 de côté. Tout ce qui reste des murs

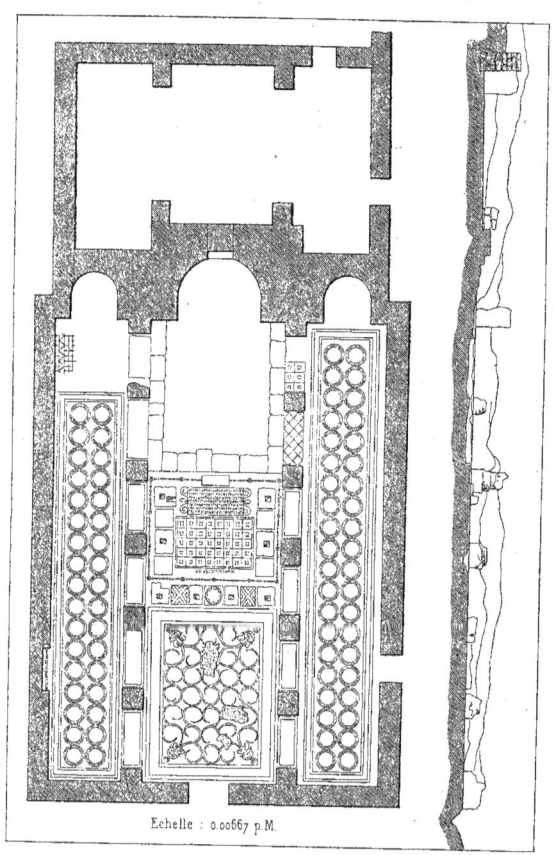

Echelle : 0.00667 p.M.

donne une pauvre idée de la construction. C'est là un fait général de l'époque byzantine, époque où l'architecture sacrifiait beaucoup à l'ornementation. Autant on était magnifique dans les revêtements (et justement parce qu'on portait de ce côté toute l'attention), autant on négligeait les gros œuvres, qui disparaissaient sous leur brillante parure. Sainte-Sophie, de Constantinople, et presque toutes les constructions musulmanes sont des exemples de ce contraste.

Que faire de l'enceinte carrée située au milieu de la grande nef, et autour de laquelle sont placées huit bases de pierre, d'environ 0^m,30 de saillie, ayant un trou au centre? Impossible de songer à un *ciborium;* comment admettre que l'inscription eût été derrière l'autel, que l'autel eût recouvert des mosaïques? C'est un *presbyterium* (cf. *Corpus,* n° 8832). Les huit pierres servaient, selon moi, de bases à des estrades ou siéges pour les dignitaires ecclésiastiques. L'inscription Τῷ οἴκῳ σου πρέπει ἁγίασμα, κύριε est ainsi parfaitement appropriée. On ne s'explique pas très-bien cependant comment le trou qui se voit en ces pierres a servi à sceller un siége. On pourrait être tenté d'y voir des trous de poteaux destinés à supporter une tenture ou une clôture en bois. Les siéges des diacres auraient posé alors sur les petits carreaux de mosaïque, au nombre de sept (chiffre très-convenable à un διακονικόν). Mais on ne comprendrait pas que pour si peu de chose on eût pris la peine de planter de pareils pieux à 0^m,25 des colonnes de la nef, qui offraient un soutien bien plus naturel. En outre, ces pierres grossières, destinées à un usage avec lequel elles ont si peu de proportion, eussent fait une étrange disparate au milieu des petits carrés de mosaïque si soignés. Lors du travail de la mosaïque, on n'eût pas tenu compte d'une entrave aussi inutile. Enfin, les tapisseries, qui étaient de règle autour du *ciborium,* n'avaient que faire autour d'un *presbyterium* disposé comme le nôtre; elles eussent totalement intercepté la vue de l'église et masqué l'autel.

L'autel, se trouvait, à n'en pas douter, dans l'espace vide situé entre les deux travées latérales. Cet espace était sûrement exhaussé sur des degrés et fermé par des tentures. Les intervalles des colonnes dans cette partie sont, en effet, carrelés d'une manière qui prouve que ces espaces n'étaient pas en vue du côté du sanctuaire, et que du reste de l'église on ne les apercevait guère, si ce n'est quand on était auprès. Nous avons fouillé avec soin la terre végétale qui est à l'endroit de l'autel; nous n'y avons rien trouvé. Par le dernier entre-pilier, il y avait des deux côtés un passage du sanctuaire aux bas côtés[1]. Le bout de la travée de gauche n'a pas de mosaïque; il était carrelé en marbre. M. Julien Durand pense que cette extrémité était occupée par l'autel de la prothèse, et qu'à droite était le διακονικόν[2]. L'orientation de l'église (abside à l'est, autel de la prothèse au nord, *diaconicum* au sud) serait, en effet, conforme aux usages byzantins[3]. Le carrelage de l'extrémité de la travée de gauche fait un peu difficulté à cette hypothèse. Je ne peux affirmer si ce carrelage était complet ou s'il constituait seulement une bordure au centre de laquelle aurait pu être l'autel. Si les règles d'orientation n'étaient pas absolues, il serait plus naturel de placer le διακονικόν dans le réduit carrelé de gauche. Pour que les mosaïstes se soient arrêtés avant la fin de la travée, il faut qu'ils aient trouvé devant eux une cloison.

Un monument qui offre avec le nôtre une frappante ressemblance est la petite basilique de Djémila en Algérie[4]. Le plan par terre est exactement le même, sauf les absides et le *presbyterium*; la mosaïque offre beaucoup de ressemblance avec la nôtre, en particulier pour les médaillons d'animaux; la place de l'autel est sans mosaïques comme à Kabr-Hiram; une porte latérale est placée de la même manière.

Quand fut détruite l'église de Saint-Christophe? Sûrement, lors de l'invasion musulmane. Je suis porté à croire que la couche de terre qui recouvrait la mosaïque, et qui était toute meuble, a été répandue exprès. Cette couche n'était pas formée des débris du monument écroulé. On peut supposer que, lors de l'invasion de la Syrie par les musulmans iconoclastes,

---

[1] C'est à tort que, dans le plan donné par M. Didron (*Ann. archéol.* 1863, p. 278), la communication à droite est fermée.

[2] Cf. *Corpus*, n° 8827 (Le Bas, III, n° 498). Ne pas confondre avec le πρεσβυτήριον, comme l'a fait Kirchhoff, ad n°⁵ 8832.

[3] *Ann. archéol.* 1864, p. 6, 205.

[4] Voir A. Lenoir, *Archit. monastique*, 1, p. 245, 247.

CAMPAGNE DE TYR. 631

on aura recouvert ce bel ouvrage pour le préserver de la destruction. Le frêle édifice qui s'élevait au-dessus aura disparu bientôt. Les chrétiens du pays ayant fui ou ayant été exterminés, la tradition se sera perdue. Si l'ouvrage avait été connu au moyen âge, les musulmans l'eussent saccagé, les chercheurs de trésors l'eussent mis en pièces[1]. A l'époque des croisades, nulle trace à cet endroit ni d'un établissement religieux, ni d'un souvenir de saint Christophe, saint pourtant aussi populaire chez les Latins que chez les Grecs.

Certes, nous ne réclamons pour la mosaïque de Kabr-Hiram aucune place parmi les monuments phéniciens. Il est permis cependant de remarquer que nulle part les mosaïques ne sont plus nombreuses et plus soignées qu'aux environs de Tyr. En Afrique, aux alentours de Carthage, les mosaïques sont aussi fort ordinaires[2]. C'était là, je crois, un art d'origine tyrienne. Le dallage en mosaïque (רצפה) est très-ancien chez les Hébreux, dont presque toute l'industrie venait de Tyr. Dans la campagne de Tyr les exemples de mosaïques blanches ayant servi aux usages industriels sont très-nombreux. Plus nombreux encore sont les cas où dans un champ labouré on voit les cubes de mosaïque mêlés à la terre végétale par myriades. Ces cubes viennent de mosaïques souterraines qui ont été déchirées par la charrue. Si le champ de Saint-Christophe avait été une seule fois labouré, l'aspect qu'il offrirait serait celui que nous venons de dire, et de ce bel ouvrage chrétien la seule trace eût été un champ parsemé de petits cubes; mais cette trace-là eût été pour l'éternité.

---

[1] La découverte de la mosaïque amena les idées les plus folles chez les chercheurs de trésors du pays. Ils sont convaincus que les Français tirèrent de là des monceaux d'or. Chaque médaillon circulaire fut considéré comme la place d'un trésor.

[2] Cf. Beulé, *Fouilles à Carthage*, p. 37; *Annuaires de la Société archéologique de Constantine*, 1856-1857, 1860, 1861, 1862; *Recueil des notices et mémoires de la même Société*, 1863, 1868, planches; *Annales archéol.* 1864, p. 9, 10, 206; A. Lenoir, *l. c.*

CHAPITRE IV.

LE PAYS DE TYR.

Selon la règle que je m'étais imposée, je fis marcher l'exploration épigraphique et archéologique du pays parallèlement aux fouilles[1]. Cette exploration ne fut pas, dans la région de Saïda et de Sour, aussi facile que dans le Liban. Le fanatisme sombre des métualis leur inspira contre notre mission toutes sortes d'idées bizarres. Ils nous prenaient pour des chercheurs d'idoles. Il y eut un mot d'ordre parmi eux pour ne pas nous fournir de renseignements. La découverte d'une antiquité, au milieu des folles rêveries de pauvres têtes envahies par l'absurde, devenait pour l'objet découvert un véritable danger et nous obligeait à des surveillances très-compliquées. On ne comprend nulle part, aussi bien qu'au milieu de ces populations plongées dans une morne abstraction et enivrées d'une fierté stupide de ce qui fait leur infériorité, combien l'islamisme est ennemi de toute science, combien il a attristé et appauvri la vie humaine, combien il ferme irrévocablement l'esprit d'une race à toute idée large et élevée. Les villages du Beled-Bescharrah, d'une saleté et d'un dénûment à peine croyables, sont la plus triste chose qui soit au monde. L'esprit farouche du monothéisme exalté a son type chez le métuali, dédaigneux, plein d'orgueil, impertinent, même quand il est faible. Les contrariétés que me causa cette population sauvage m'amenèrent quelquefois à des paroles un peu dures; humilié, le métuali se retirait, nullement atteint.

---

[1] A Sour, renseignements de M. Nadjar et du vieux chercheur de trésors Cobroussi; aux environs de Cana, prendre pour guides Ibrahim Salloum ou Hadji Elias Ayyoub, écrivain du mutsellim, ou Murkos Maatiné. Pour toute cette région, voir notre carte, pl. I, et les cartes de Van de Velde et de l'état-major.

CAMPAGNE DE TYR. 633

Je voyais en lui le juif antique, fier de sa loi, méprisant pour ses oppresseurs[1]. Les bons offices des chrétiens ne me manquèrent pas ici plus que dans le Liban; mais tel est le mur de séparation qui divise les races en ce malheureux pays, que les villages des métualis situés à quelques pas des leurs étaient pour eux une terre inconnue. Ajoutons que les métualis n'ont pas la même capacité d'observation et de souvenir; leurs cerveaux semblent frappés de débilité. Je ne suis donc pas, cette fois, aussi assuré d'être complet que je l'étais dans les pays où les populations elles-mêmes venaient m'apporter de riches séries de renseignements et me tracer d'avance le plan d'itinéraires fructueux.

Il s'en faut, du reste, que les régions de Saïda et de Sour soient aussi riches en inscriptions que la région de Gébeil. Les tombeaux et les temples y sont en général muets. Dans la région de Tyr en particulier, les temples sont très-rares. Il semble que le temple insulaire de Melkarth, comme celui de Jérusalem, en Palestine, eut un caractère central et exclusif. Un genre d'antiquité devient ici tout à fait dominant et attire à chaque pas l'attention, je veux parler des ruines d'établissements d'exploitation agricole, reconnaissables surtout aux grands pressoirs monolithes, d'un aspect monumental, dont la campagne est parsemée. Nous avions déjà rencontré près de Tripoli des monuments de ce genre[2]; il paraît cependant que cette forme de pressoirs est particulièrement chère au pays de Tyr. On dirait des portes ou potences gigantesques; ce ne sont pourtant pas de vraies portes; dans la plupart des cas, il n'y a pas de murs attenants. La Phénicie est le seul pays du monde où l'industrie ait laissé des restes grandioses. Un pressoir y ressemble à un arc de triomphe. L'outillage indus-

---

[1] Par contre, rien de beau comme les métualis en prière. J'en ai vu agenouillés sur la route, par des tempêtes affreuses et des pluies torrentielles, ne pas se détourner pour nous voir passer. La résignation des métualis à supporter leurs petits tyrans féodaux, uniquement parce qu'ils sont de leur race, est aussi quelque chose d'admirable. Enfin, j'ai connu une ou deux familles de métualis, excellents types, où l'on sentait encore la bonne race iranienne (curde) transportée là par Saladin.

[2] Voir ci-dessus, p. 140.

triel, chez nous si fragile, est ici colossal. Les Phéniciens construisaient un pressoir, une piscine, pour l'éternité.

Dans la région de Tyr, ces restes d'une économie rustique primitive se rencontrent presque sur chaque hauteur, et toujours avec le même caractère[1] : vastes travaux dans le roc; restes de maisons carrées, bâties sans style en belles pierres mal jointes; nombre considérable de citernes, de caves, de cuves d'une grandeur extraordinaire; meules énormes éparses dans les champs; sarcophages de formes imposantes et massives; nulle trace de constructions religieuses; pas d'inscriptions. La dernière destruction de cette riche industrie remonte sans doute à la conquête musulmane; mais un tel outillage monolithe et grandiose devait se transmettre durant des siècles, et l'on peut dire que, de nos jours, tous ces vieux ustensiles retrouveraient leur usage, si ces villages ruinés reprenaient une partie de la vie qui les animait autrefois.

Les images bibliques se présentent en foule pour commenter ces restes d'une civilisation évanouie. On pense surtout à cet οἰκοδεσπότης, ὅστις ἐφύτευσεν ἀμπελῶνα, καὶ φραγμὸν αὐτῷ περιέθηκεν καὶ ὤρυξεν ἐν αὐτῷ ληνὸν καὶ ᾠκοδόμησεν πύργον[2]. Ces φραγμοί, ces ληνοί creusés dans le roc, ces πύργοι, se rencontrent à chaque pas dans le pays de Tyr. Au lieu de ληνόν, Marc a ὑπολήνιον, expression plus juste encore; car ce qui est creusé dans le roc, dans un pressoir, c'est le creux placé au-dessous de la surface où s'opère la pression et destiné à recevoir le liquide (en hébreu יֶקֶב[3]). Ces יקבים ou ὑπολήνια, cuves rondes dans le rocher, sous une surface inclinée, faisant ruisseau, et le plus souvent revêtues de mosaïques blanches, sont fréquentes dans toute la Phénicie. Le verset qu'on a le plus souvent à la mémoire en parcourant ces témoignages d'une antique joie disparue est celui-ci de Jérémie[4] : והאבדתי מהם קול ששון וקול שמחה קול חתן וקול כלה

---

[1] On est frappé de la manière dont ces vieilles traces répondent aux lignes 21 et suiv. de l'inscription de Mésa.

[2] Matth. xxi, 33; Marc, xii, 1.

[3] Voir Schleusner et Gesenius, sous ces mots.

[4] Jérém. xxv, 10.

CAMPAGNE DE TYR.

קוֹל רֵחִים וְאוֹר נֵר, ou bien : Φωνὴ μύλου οὐ μὴ ἀκουσθῇ ἐν σοὶ ἔτι[1]. Ce bruit de la meule donné comme un bruit de ville explique très-bien comment les meules phéniciennes en grand nombre sont des indices de villes.

Déjà, en sortant de Soûr pour aller à Kabr-Hiram, au moment où l'on quitte la plaine pour monter la première colline, on voit des restes industriels, de grosses pierres, l'une surtout (à droite) cylindrique avec des rainures (meule). De là vers Kabr-Hiram, nombreuses pierres industrielles, quelques tombeaux en forme d'auges. J'ai déjà décrit les antiquités qui se voient à Kabr-Hiram. De Kabr-Hiram ou de Hanaweh à Cana, les antiquités de ce genre, taillées dans le roc, se rencontrent à chaque pas[2] : c'est par centaines qu'elles se comptent. La route de Cana est, sous ce rapport, l'endroit le plus remarquable que j'aie vu. Je signalerai en particulier des espèces de caveaux ayant dans le haut un trou rond, d'innombrables travaux industriels dans le roc, mêlés à de belles sépultures, aussi dans le roc. Les pierres en forme de potence (pressoirs) abondent; les chambres dans le roc se voient de toutes parts. Il y a aussi des constructions, des restes de murs. La colline rocheuse près de Cana, surtout, est couverte de ces travaux, trous ronds, petits et grands, dans le rocher (les grands sont des ὑπολήνια), bassins, rigoles, etc.

En tournant à droite, sur le ouadi qui s'appelle à cet endroit *Ouadi Kana*, pour étudier la face nord de cette colline rocheuse, on se trouve en présence de sculptures bizarres, tracées sur le rocher. Ce sont des ouvrages d'une complète grossièreté, tels qu'en peut faire un homme dénué de tout sentiment du dessin et n'ayant pas la moindre éducation en ce genre. On peut les partager en trois séries : la première forme une sorte de procession très-longue; la seconde, placée au-dessous, est composée de figures droites. Le P. de Prunières, qui connaissait ces sculptures et qui nous accompagnait, en vit une troisième série cachée parmi les broussailles. Impossible d'attribuer à un simple jeu de pâtres oisifs des

---
[1] *Apoc.* xviii, 22. — [2] Cf. Saulcy, deuxième Voyage, II, p. 279.

images qui ont exigé un travail aussi suivi, et où l'on remarque beaucoup d'intentions; il est bien difficile pourtant d'y voir des produits d'un art sérieux[1]. Nous trouverons des bizarreries semblables à Deir-Canoun, près de Ras el-Aïn.

Cet ensemble de travaux dans le roc entre Kabr-Hiram et Cana frappe beaucoup. Comme on peut le rattacher aux restes de Kabr-Hiram et à ceux de Roukley, on arrive à constituer ainsi un grand ensemble d'antiquités, le plus considérable sûrement que les Tyriens aient laissé sur le continent. Ce n'est point là Palétyr, répétons-le encore; mais c'en est bien l'analogue; la partie agricole et industrielle de Tyr eut là son siège principal.

Cana, localité si ancienne[2], n'a pourtant pas beaucoup d'antiquités. Au bas de la colline, il y a un ancien puits qui s'appelle عين القسيس. Une pierre du puits porte l'inscription :

ЄΚΟϹΜΗϹЄΝ

Basse époque. C'est là évidemment le dernier mot d'une inscription destinée probablement à commémorer les travaux d'un particulier qui avait «décoré» la fontaine. En effet, les gens du pays me dirent qu'en refaisant le puits on trouva au fond une longue pierre avec une inscription, pierre qu'on peut voir en été, à l'époque où le puits est presque à sec[3]. C'est le corps de l'inscription, dont le dernier mot seul est resté à la surface du sol. (Cf. Texier, *Asie Min.* p. 248.)

C'est aux environs de Cana qu'on trouve les plus belles sépultures tyriennes, souvent comparables par leur masse grandiose à celle qu'on a décorée du nom d'Hiram. Le village de Roukley (روقليد ou رقليد), dans la vallée au nord de Kabr-Hiram, est sous ce rapport très-remarquable. Sans parler d'une enceinte dont l'ancienneté est douteuse, on y voit trois

---

[1] Thomson (*The land*, I, p. 298) a connu ces figures; mais sa gravure n'en donne aucune idée.

[2] Josué, xix, 28. Cana figure dans la campagne de Thoutmès III (*Revue archéol.* mai 1864, p. 339). Knobel, commentant en 1861 le passage de Josué précité, commet encore les erreurs les plus graves. (Voir Ritter, XVI, p. 792.) Ne pas confondre notre Cana avec Cana de Galilée.

[3] M. de Saulcy a reçu le même renseignement. *Deuxième Voyage*, II, p. 277.

caveaux frappants par leur grandeur. L'un est une caverne tyrienne, à voûte centrale, suivant l'axe de la caverne, et niches des deux côtés. Un autre est un beau caveau à niches latérales carrées (cinq ou six de chaque côté). Un autre, au-dessus du précédent, offre au fond, en face de l'entrée, deux gros sarcophages, à couvercle carré comme une grosse tuile, rangés dans le sens de leur longueur; l'ensemble est d'une singulière majesté. Un dessin de ce caveau serait d'un grand effet. Tout cela me paraît fort ancien. Un gros tombeau dans les champs étonne aussi par sa massive beauté. Ses deux côtés sont également sculptés (j'ai pu le constater en faisant déblayer le côté obstrué par la terre), ce qui prouve que le tombeau était isolé. L'intérieur, comme celui du grand tombeau *bisome* près de Cana, offre un oreiller pour poser la tête du mort. Ce singulier sarcophage était déjà très-mutilé quand je le vis. Quelques jours après, sans que j'en eusse donné l'ordre, on détacha un fragment du devant et on me l'apporta à Tyr. Je l'ai transporté au Musée du Louvre. Les guirlandes, les grappes de raisin formant pendeloques, ainsi que le motif central, n'y sont guère qu'épannelées. Pour donner une idée de l'ensemble, je reproduis ici un petit dessin du monument pris sur place.

Ce type de sarcophage est fréquent dans le pays : cuve à parois très-épaisses, ornée de gros bandeaux plats, ou *fruits* destinés à être sculptés sur le devant et les côtés. Un tel type me paraît fort ancien, bien que la grossièreté grandiose qui s'y remarque tienne seulement à l'état d'inachèvement des cuves. Les pendeloques sont d'ordinaire des massifs dégrossis laissés pour y sculpter ultérieurement des grappes de raisin (voir cependant ci-dessus, p. 351 [1]), ce qu'on négligeait presque toujours de

---

[1] Ces pendeloques sont fréquentes sur les sarcophages d'Asie Mineure; mais là elles paraissent n'avoir pas été destinées à recevoir des sculptures ultérieures. (Voir Perrot, *Miss. de Galatie*, pl. IV, fig. 5.) J'ai vu à

faire, par manque de suite dans les idées et par ingratitude pour les morts. Le derrière des sarcophages, destiné à être adossé au mur d'un caveau, n'a aucun ornement. Le couvercle a des acrotères; la cuve s'emboîte dans le couvercle. Je recommande toute la vallée de Roukley aux dessinateurs : les tombeaux y sont très-beaux. Ce lieu est voisin de Kabr-Hiram, et je n'affirme pas que cette réunion de tombeaux ne fasse pas un seul ensemble avec la nécropole que nous désignons, faute de mieux, par ce dernier nom. Le roc, à Roukley comme dans toutes les localités importantes de la Phénicie, est travaillé, plein de trous artificiels, de pressoirs. On y voit, en particulier, de remarquables bassins dans le roc, un entre autres dont le fond est revêtu de mosaïques à gros cubes semblables à ceux de la grotte des cactus à Gébeil. Le fond du bassin est un plan incliné; au bas de la pente est une rigole qui déversait le liquide dans un réservoir inférieur, revêtu, comme les plus belles citernes, d'un enduit excellent. C'est un pressoir à vin. A côté se voit un autre bassin à moitié détruit; il y a des restes de la mosaïque. Ce rapprochement des travaux industriels dans le roc et des tombeaux a lieu dans toute la Phénicie. Il venait sans doute de ce que les lits de rocher qui se prêtaient aux uns se prêtaient aux autres. Les bancs de rocher propres aux excavations et convenablement placés aux abords des villages ne sont pas très-nombreux, en sorte qu'un banc de ce genre s'imposait aux habitudes et créait des voisinages factices.

La grandeur et la beauté de cette antique civilisation matérielle me frappèrent en cet endroit plus que partout ailleurs. Tout le groupe de sépultures grandioses et anépigraphes de Roukley a la plus grande analogie avec la nécropole de Kabr-Hiram. Un trait remarquable de ces sarcophages est qu'ils sont tous en pierre de la localité, en cette pierre blanche,

Hiérapolis, sur le Lycus, deux ou trois sarcophages très-ressemblants à celui de Roukley, dont j'ai donné la représentation. J'en ai vu aussi deux ou trois du même genre à Philadelphie, plusieurs à Smyrne. Les acrotères de certains sarcophages de Laodicée ressemblent aussi beaucoup à ceux des tombeaux du pays de Tyr. Nous montrerons ailleurs la physionomie sémitique de l'art de la vallée du Lycus (Laodicée, Colosses, Hiérapolis).

facile au travail, quoique très-résistante, devenant grise avec le temps, qui constitue l'aspect général du pays de Tyr. L'emploi du marbre et des pierres exotiques est, en Phénicie, le signe d'un âge relativement moderne.

A une demi-lieue de Cana, à l'est[1], est cet Oum el-Aâmed[2], la ville aux grands pressoirs, qui est sûrement un des endroits les plus curieux du pays de Tyr. Là sont les plus belles ruines d'établissements industriels phéniciens. C'est ce lieu qu'il faudrait prendre pour type des dessins à faire pour rendre ces sortes de ruines. Les grandes pierres dressées en forme de portes ou de potences, et qui, d'après les rainures qu'on voit à l'intérieur, sont, je crois, des pressoirs[3], ces pierres, dis-je, acquièrent ici des dimensions étonnantes. Les auges sont très-belles aussi. Un mur cyclopéen, ou enceinte polygonale, avec une porte, se voit près de là[4]; il existe aux environs beaucoup d'autres gros murs. Il y a aussi des caveaux remarquables, l'un surtout, dont l'entrée, très-régulière, est taillée en arceau dans le roc; l'ouverture carrée du caveau est pratiquée au fond de l'arceau. Cobroussi m'avait parlé d'une statue qui devait se trouver là; nous n'avons rien découvert de ce genre. Cobroussi soutient que c'est parce que nous n'avons pas bien cherché.

Balabîn, près de là, offre le même aspect : restes de grands établissements industriels, gros murs anciens, sarcophages.

Un endroit nommé *Burdj* ou *Mantara*, près de là, possède un rectangle de belles pierres, bien conservé.

El-Biadh[5] a un intérêt du même genre. On y voit une enceinte de grosses pierres, des tombeaux et divers travaux creusés dans le roc. Il y a

---

[1] J'ai des doutes sur cette orientation (voir notre carte, pl. I). M. Gaillardot place Oum el-Aâmed au nord-ouest de Cana. M. de Saulcy (deuxième Voyage, II, p. 279) la met à droite de la route de Cana à Kabr-Hiram, ce qui me semble inexact.

[2] Je conserve cette forme pour distinguer cet endroit de Oum el-Awamid. Le sens est le même. (Cf. Thomson, *The land*, I, p. 298, 299, 306, 307.)

[3] M. de Saulcy (deuxième Voyage, II, p. 279, 280) a des doutes sur cette explication. Je n'en vois pas de meilleure. M. Thomson n'hésite pas à les appeler *oil-presses*. Cette idée nous vint avant que nous connussions l'opinion semblable de Thomson.

[4] M. Thomson l'a vu également.

[5] Voir la carte de l'état-major et celle de Ritter (t. XVI).

un pressoir semblable à ceux d'Oum el-Aâmed. La pierre de dessus a 2 mètres de long sur 1 mètre de large. Sur la pierre d'entrée d'une caverne se voient des signes de cette forme :

C'est probablement le signe d'Astarté, que nous trouverons ailleurs. Deïr Abdo, près de El-Biadh, a aussi des ruines. A Deïr Aamès, il y a un grand bassin en grosses pierres, et un pan de mur élevé qui paraît du temps des croisades. Sur l'église, il y a un dessin analogue à la pierre de Étite dont nous parlerons bientôt. La pierre de Deïr Aamès est certainement chrétienne, ce qui date la pierre de Étite[1].

Voici un autre renseignement sur Cana, que je n'ai pu identifier : عند «عين الغربية في قانا موجود مغارة وعليها اربعة اشخاص على باب» A Aïn el-Gharbié, à Cana, se trouve une grotte, sur la porte de laquelle sont placés quatre personnages.» Ce renseignement ne se rapporte pas à Ouadi Aschour; car dans la même note Ouadi Aschour est mentionné ainsi que nous allons le dire.

Dans le Ouadi Aschour, à un quart d'heure à peu près de Cana, se voit la plus importante sculpture sur le roc qu'il y ait dans le pays de Tyr[2]. C'est une *cella* ou niche carrée dans le roc, située au-dessous d'une grande caverne taillée elle-même dans la paroi de la vallée. Le fond de la niche est tout entier occupé par une sculpture dont l'apparence est égyptienne. Les coiffures, surtout celle du personnage principal assis, sont tout à fait celles de l'Égypte et fort analogues au *pschent*. Comme toutes les sculptures égypto-phéniciennes, la sculpture de Ouadi Aschour a pour

---

[1] Ces trois dernières localités ont été vues par le P. de Prunières, qui nous accompagnait dans cette partie de notre voyage et qui voulut bien nous aider de sa grande connaissance du pays.

[2] Monro est le premier qui l'ait vue (1833). M. de Saulcy l'a visitée à son second voyage (1864). Robinson ne la vit pas; il eut à ce sujet deux renseignements un peu inexacts, qu'il ne sut pas rapporter au même monument (III, 59).

couronnement le globe ailé. Tout cela rappelle beaucoup la porte égypto-phénicienne d'Oum el-Awamid. Malheureusement, la sculpture est en très-mauvais état. Elle sert depuis des siècles de cible aux métualis qui traversent la vallée, et qui, en haine de l'idolâtrie, se croient obligés d'y envoyer un coup de fusil. Je la fis mouler par Taddei, pendant son séjour à Kabr-Hiram. Ce moulage a été mouillé dans le transport des objets de la mission en France, et l'on n'y peut rien reconnaître[1]. Je le regrette vivement, car le monument de Ouadi Aschour est peut-être celui où les égyptologues liront le plus clairement, même en l'absence d'hiéroglyphes, l'histoire de l'art égyptien en Phénicie. On sait, du reste, combien ces médaillons ou *cellæ* taillés dans le roc sont communs en Perse : c'était là une des données du vieil art asiatique.

La caverne située au-dessus de la niche sculptée a des siéges, des gradins. *Ouadi Aschour* se rapporterait-il, comme *Deïr el-Aschaïr*[2], à אֲשֵׁרָה ou bien à Astarté[3]? L'orthographe actuelle n'invite pas à le croire. On écrit وادى عاشور et وادى اعـشور. Une note qui me fut remise porte : «وادى عاشور موجود طاقة وعند الطاقة تخصيص ملوك»; ce qui n'est pas très-exact.

Étite (عتيت ou عيـتيـت) a pour antiquités une pierre offrant trois cercles, dont deux rayonnés, où l'on peut voir des croix (peu anciennes), une grotte et, à côté, un beau couvercle de sarcophage servant de base à un pressoir. Près d'Étite (à Debsch Étite) est une nécropole rectangulaire bien conservée. «فى عتيـست موجود شى كثير من المحانى», me dit la note que je citais tout à l'heure.

Ouadi Moghaïr est une vallée dont le côté droit présente un vaste rocher excavé, rempli de chambres se trahissant au dehors par de nombreuses ouvertures carrées; on dirait les trous d'un colombier. A l'intérieur il y a des étages, et l'on circule, dit-on, depuis le bas jusqu'au haut par des

---

[1] La description de Monro est aussi précise que possible. Ritter, XVI, p. 794. M. de Saulcy est aussi très-exact, deuxième Voyage, II, p. 276, 277.

[2] Comparez *Deïr esch-Scha'îr* de Waddington (Le Bas, III), p. 501.

[3] Conf. Gesenius, au mot אשרה.

escaliers intérieurs. On dit, sans doute avec exagération, qu'il s'y trouve trois ou quatre cents chambres. Vis-à-vis, d'autres grottes du même genre.

«A Bazourié, près de Hamranié, du côté de la Casmie, il y a, chez Mohammed Djifan, une représentation de prêtre.» (Note d'indigène.)

En allant de Sour à Saïda, s'ouvre un grand vallon, Ouadi el-Hamrani, conduisant au village de El-Abbasié; là se voient, sur le penchant de la côte, des vestiges de routes romaines, des débris de constructions et de sarcophages. Il y a surtout au nord de El-Abbasié (à 2 lieues N.E. de Sour), un grand tombeau nommé *Kabr el-Mélik*, où le travail a un caractère de grossièreté qui le ferait croire encore antérieur à Kabr-Hiram.

«Deir-Canoun en-Nahar a un sarcophage sur lequel on voit un palmier brouté par un quadrupède.» Il fut question de transporter cette pierre. S'adresser, pour ce monument, à Mousa el-Haddad, à El-Abbasié. Je regrette de ne l'avoir pas vu, car ce paraît être un morceau important. Ce nom de *Deïr-Canoun*, fréquent surtout autour de Tyr[1], doit avoir une origine chrétienne et désigner un monastère soumis à une règle (κανών). Le nom est antérieur aux croisades; il figure parmi les casaux des environs de Tyr sous la forme *Derchanno*[2].

Non loin de Kabr el-Mélik, ci-dessus mentionné, toujours dans le Ouadi el-Hamrani, à main gauche de El-Abbasié, en remontant le ouadi, sur le plateau assez élevé où est Bourdj el-Hawé, en face de ce burdj, au sommet des dernières collines qui vont en s'abaissant jusqu'à la côte, à environ trois kilomètres au sud du Litani, est l'endroit appelé Maheyta[3] (probablement كميطة «cloture»), qui a des pressoirs, des sarcophages et surtout des magasins souterrains très-curieux. Je ne puis appeler autrement d'étroits boyaux souterrains, de 10 mètres de longueur, taillés dans le roc pour la plus grande partie, pour le reste complétés par des

---

[1] Voir l'*Index* de Ritter, sous *Deïr Kanón*.
[2] *Archives des missions scient.* 2ᵉ serie, III, 369.
[3] On est ici tout près de Bourdj el-Hawé, et peut-être dans le même ensemble archéologique. (Voir ci-dessus, p. 595, 596.) Bourdj el-Hawé est appelé par d'autres Bourdj el-Rahâl.

pierres de construction, couverts de grandes dalles inclinées en forme de toit et recouvertes elles-mêmes de terre végétale. Ces boyaux sont creu-

sés dans un escarpement de quatre ou cinq mètres qui termine le plateau à l'est. Les parties non taillées dans le roc sont dallées verticalement de grandes pierres dressées debout les unes contre les autres. Les extrémités étroites sont dallées par deux pierres debout. Cela est d'un aspect grandiose et frappant.

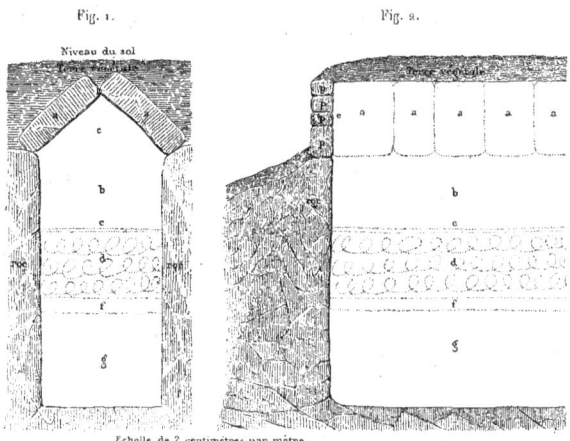

Fig. 1. Coupe transversale des fosses creusées dans le roc.
Fig. 2. Partie antérieure de la coupe longitudinale.
Fig. 1 et 2. *a*, dalles formant toit au-dessus des fosses dans toute leur longueur et recouvertes de terre végétale;
    e, entrée, fermée par des pierres taillées, *pp*.
    b, *g*, parois revêtues de ciment très-dur, dans lequel sont plaqués des fragments de poterie;
    c, *f*, bordures de peinture brun rougeâtre;
    d, espace grossièrement badigeonné.

On compte, sur une seule ligne, sept de ces cavités, dont trois seulement sont ouvertes; les autres ont été ouvertes, mais sont refermées. Au nord-est, et sur la même ligne, au dire des gens du pays, il y en a sept autres encore cachées sous le sol. Ils disent que ce sont les tombeaux des rois de Tyr et les appellent *Kobour el-Molouk* [1]. A tous les points de vue, c'est là une complète erreur; ces cavités n'ont rien de funéraire. Le manque de dépôt calcaire sur les parois, la fraîcheur des couleurs de l'enduit, et par-dessus tout l'existence des badigeons et des bordures, excluent aussi l'idée de piscines ou réservoirs d'eau. Sur une colline aride et desséchée, formée par le roc couvert d'une mince couche de terre végétale, et qui n'est dominée par aucune élévation, ces réservoirs n'auraient pu s'alimenter que par l'eau des pluies; or on ne remarque au dehors ni orifice, ni surface recueillante. On voit d'ailleurs, aux environs, des bassins ronds monolithes, des pierres placées debout l'une devant l'autre, de petits puits en forme de jarres et revêtus de ciment étanche. Ce sont des pressoirs à vin et à huile: autrefois le pays était couvert d'oliviers et de vignes. Les magasins souterrains servaient sans doute à cette exploitation; peut-être aussi servaient-ils de silos destinés à conserver les grains.

Autour des magasins que nous venons de décrire se trouvent, comme je l'ai dit, une nécropole et des constructions, en particulier un énorme sarcophage, à demi brisé et dont la surface, toute délitée, n'a jamais offert de sculptures ni d'ornements. Sa forme est à peu près celle des *thecæ* en marbre blanc de Saïda.

Dans toute la vallée, depuis là jusqu'à Sour, il y a des pressoirs et des sarcophages. Ce rapprochement est caractéristique et a toujours lieu. C'est l'indice de villages antiques ou de grosses métairies [2]. « Quand, en sortant de Sour, on se dirige vers le nord-est, en suivant le vallon appelé *Ouadi el-Hamranieh*, qui conduit à l'*Abbasieh*, on rencontre de nom-

---

[1] D'autres appliquent, je crois, ce nom aux grands tombeaux, si nombreux dans le pays. (Voir p. 595.)

[2] Le régime de fermage nous est indiqué par Matthieu, xxi, 33, et Marc, xi, 1.

breux vestiges d'une route romaine, qui peut-être conduisait de Sour à Damas. Tout le long de la route, on aperçoit, de distance en distance, des groupes de ruines, des pressoirs, des sarcophages.» (Note de M. Gaillardot.)

A El-Hammadié, à une heure un quart de Sour (carte de l'état-major), il y a, dit-on, une stèle avec trois têtes sculptées.

Tous ces villages du pays de Tyr devinrent, au temps des croisades, des casaux ou terres à redevances féodales[1]. La liste qui a été relevée de ces casaux prouve que les croisés adoptèrent des noms existants avant eux et qui, pour la plupart, remontaient sans doute à la première conquête musulmane. Ces noms renferment presque tous le nom d'un grand propriétaire primitif, comme seraient chez nous *la Martinière*, *la Richardais*, etc. Ils sont arabes pour le fond. De là semble résulter que, lors de la conquête de l'an 640, il se fit un grand partage féodal des terres du pays, d'où résulta un cadastre que les croisés conservèrent tel qu'ils le trouvèrent.

Avant de passer la Casmie, remontons-en le cours vers l'est. Je n'ai pas visité ce pays, qui me paraît d'intérêt secondaire; mais une personne qui voulut bien s'attacher à la mission, M. Alexandre Nour, de Tyr, y fit une course pour moi. En outre, M. Durighello m'en a procuré une ou deux inscriptions. La première est au-dessus de la porte de l'église de Saint-Georges, au village de Dardegheya[2], dans le Beled Bescharrah. Elle est très-fruste et très-mal gravée :

+ ΟΓΙΗΙΟΥΑΝΗΒΑΠΤΙΟΤΗΜ▨▨ΙϹΟ▨▨▨▨ΔΟΙΜ▨▨ΓΕΟΡΓΙ8ΑΓϹΝΙΑ▨▨▨

Je lis : [Ἄ]γιη (pour Ἅγιε) Ἰουάνη βαπ]ισ]ὴ, [μν]ήσθ[ητι..... Γ]εοργίου [ἀναγνωσ]οῦ]. Le dernier mot est tout conjectural. Pour appuyer les autres restitutions, voyez *Corpus*, n⁰ˢ 8901, 8941 et suiv. Le mot Γεοργίου étant plus lisible que le reste, il se peut que ce soit par un malentendu qu'au retour des chrétiens dans ce village, ils

---

[1] G. Rey, *Essai sur la domination française en Syrie*, p. 17; *Arch. des miss. scient.* 2ᵉ série, III, p. 369, 370.
[2] M. Gaillardot écrit *Deghdraya*; M. Rey, *Derda-gayé*; c'est, je pense, le *Dendayé* de la carte de l'état-major, à une lieue au sud du Litani, la *Dordochie* du moyen âge (Rey, *l. c.* p. 370).

aient dédié leur église à saint Georges. La formule μνήσθητι se trouve sur des linteaux d'églises en guise de dédicace (*Corpus*, n° 8941). Peut-être aussi est-ce un ancien linteau dont on s'est servi pour une église moderne, selon un usage fréquent chez les chrétiens de Syrie. Il faudrait avoir vu l'église pour se décider.

Près de Deïr Sirian (voir la carte de l'état-major), il y a Khirbet Raj, où se voient des ruines, de grosses pierres, une citerne. Un renseignement nous signalait là une inscription; il ne s'est pas vérifié.

A une heure de Deïr Sirian, dans le Ouadi el-Hougel ou Ouadi el-Hegel ou el-Hadjel (sans doute le Ouadi Hadjair de l'état-major et de Van de Velde), au village de Kseir ou El-Kesser (Beled Bescharrah, quatre heures de Sour), à l'endroit nommé *Atabé* (عتابه), est une porte, enterrée jusqu'au tiers de sa hauteur, en grands matériaux, jambage et linteau monolithes, le reste en belles pierres de taille. Le linteau a 2^m,09 de long, 0^m,85 de largeur, 0^m,45 d'épaisseur. On y lit l'inscription suivante en lettres de 10 centimètres à peu près :

ΕΥΤΥΧΙ ΖωΙΛΕΚΤΙϹΤΑ

Écriture irrégulière, main incertaine, quoique la gravure soit profonde. (Cf. *Corpus inscr. gr.* n° 4564.) La formule Εὐτύχει paraît là sur un monument funéraire; dans Saulcy, premier Voyage, pl. IV, εὐτύχι s'adresse aussi à un mort. La porte de Kseir doit être la porte d'un tombeau. Voyez cependant *Corpus*, n° 4565 (Wadd. n° 2491). Κτίστης a, en épigraphie, le simple sens de bienfaiteur (κτίστης καὶ εὐεργέτης, κτίσται καὶ υἱοὶ πόλεως). Voir *Corpus*, n°^{s} 3953 *b*, 4379 *f*, 4379 *h*, 4554. Cf. Suétone, *Aug.* 98; Egger, lectures à l'Académie 19 août 1870, 17 février 1871; le même, *Des coll. d'inscr. grecques*, p. 30 et note. Zoïle est un nom commun en Syrie; il répond probablement à un nom arabe hellénisé. Se rappeler Zoïle, dynaste de Dora, du temps d'Alexandre Jannée. (Voir ci-dessus, p. 211, et *Musée Parent*, 1, p. 11.)

Beriha m'est ainsi décrit dans les notes de M. Nour : « Ruines de temple, colonnes et piédestal d'une seule pierre, sculptures sur les pierres. » M. Nour, qui avait vu avec moi Kefr-Bereim et Kasyoun, me dit, en outre, que les piédestaux de Beriha ressemblaient à ceux de ces deux localités, le socle ne faisant qu'une seule pierre avec le bas du fût. C'est là le signe ordinaire des synagogues. Je ne serais pas surpris que la ruine de Beriha

CAMPAGNE DE TYR.   647

fût une synagogue, quoique ce soit là un point bien écarté vers le nord pour une ville juive.

A Snïa, sur le chemin de Kseir, ruines.

Une copie informe d'une inscription du Beled Schékif me fut remise par un Arabe. Je ne pus jamais obtenir de renseignement plus précis. Je donne ici une représentation approximative des traits qu'on m'a remis, uniquement pour mettre sur la piste de ce texte épigraphique :

ΘΕΘΕΟΟ
ΕѡΜΥΗѡ
ΧΟϹΜѡϹΥΠΙ
ΤΕΡΙΑΡΙϹΤΑΝ
ΜΕΤΕΡΑΝΑΥ
ΤѡΝ
ΛΛΛ

On croit reconnaître la formule ὑπὲρ σωτηρίας. A la première ligne, il y a Θεῷ, ce semble; peut-être la formule εἷς Θεός; voir ci-dessus, p. 521. Dernier mot : αὐτῶν (peut-être quelque chose comme Εὐαρίσ]αν μετέραν (!) αὐτῶν).

En même temps que l'inscription de Kseir, fut signalé à M. Durighello, par Assaf Endraos de Magdouché, un village de El-Boudié, à seize heures de Saïda, au pays de Tyr(?), où se trouverait une inscription. C'est peut-être le *Safed el-Buti'a* de Van de Velde, à l'est de Tibnin.

Passons la Casmie. A droite de la route, on voit une roche blanche qui se détache sur la montagne. C'est dans cette roche, assez près du village métuali de Vastha, que se voit un des monuments phéniciens les plus curieux. Ce sont deux grottes adjacentes, taillées dans le roc l'une à côté de l'autre, sans aucun ornement ni trace de style, fort analogues, par conséquent, aux grottes du sud de Saïda (ci-dessus, p. 517, 519), ou à celle de Gébeil (ci-dessus, p. 204). Il n'y a aucun vestige de construction dans les environs. L'une des grottes, la plus petite, montre des croix incisées sur les parois, à gauche en entrant, près de la porte. L'autre offre une inscription grecque et des *graffiti*, où ce qui frappe le plus ce sont de petits triangles qui ont valu à la grotte le nom justifié de

مغارة الغرج, *caverna pudendorum muliebrium* (τῶν αἰδοίων; cf. Hérodote, II, CVI, 1). Ces grottes ont été remarquées d'abord par M. de Bertou[1], qui a vu l'inscription grecque principale, d'où il a cru pouvoir conclure que la grotte était dédiée à Astarté, mais non les inscriptions sémitiques[2]. La conjecture émise, avec réserve du reste, par M. de Bertou, et selon laquelle la grotte où sont les inscriptions serait le temple d'Astarté construit par Hiram, est insoutenable. Les constructions attribuées à Hiram par Ménandre, et au nombre desquelles il place un temple d'Astarté, étaient dans l'île. Et puis la grotte dont nous parlons ne peut être considérée comme une construction sérieuse.

Au fond de la grotte principale sont deux niches, au-dessous de chacune desquelles se voit une inscription. Ces inscriptions ont été martelées et hachées à coup de sabre ou de couteau. Sous la niche de gauche, une inscription grecque, dont la plus longue ligne a 32 centimètres.

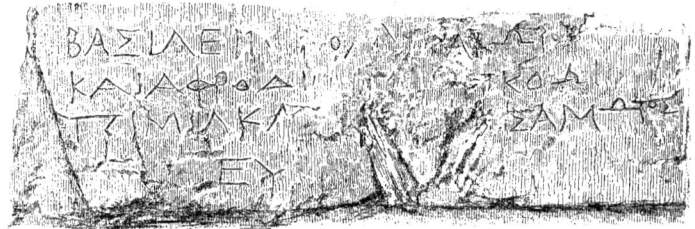

ΒΑΣΙΛΕΙΙ▒▒▒▒▒▒ΛΙΩΙ
ΚΑΙΑΦΡΟΔΙΤ▒▒▒▒ΙΚΟΩΙ
ΠΙΜΙΛΚΑ▒▒▒▒▒ΑΣΑΜΩΤΟΣ
ΕΥ▒▒▒▒▒

Le blanc de la seconde ligne se supplée assez naturellement par καὶ Ἀφροδίτ[ηι ἐπη]-κόωι. Aphrodite était donc une des divinités auxquelles l'inscription s'adressait. Quelle pouvait être la première? Aucune hypothèse susceptible de faire tenir le nom d'un dieu dans la première ligne ne se présente. Βασιλεῖ Ἡρακλεῖ Τυρίῳ ou βασιλεῖ πόλεως ne répond pas bien aux traits restants. Devant le monument, je lisais : ΒΑCΙΛΕΙΠ..... ΟΔΙ... En suppléant Βασιλεῖ [Πτολεμ]αίωι, on a une hypothèse satisfaisante. Ce n'est pas que ΠΤΟΛΕΜΑΙΩΙ réponde parfaitement aux traces des lettres primitives.

[1] *Topographie de Tyr*, p. 5, 81. — [2] Je lis, dans d'anciennes notes de M. Gaillardot : «deux inscriptions.»

CAMPAGNE DE TYR.

Si l'écriture de l'inscription était régulière, cette lecture souffrirait des difficultés. Mais l'inscription offre de tels caprices d'écriture que l'on arrive à regarder comme possible que ΠΤΟΛΕΜΑ ait tenu dans l'espace fruste de la première ligne. Dans l'inscription de Larnax Lapithou, on a de même un Ptolémée associé à une divinité[1]. Ces associations de dieux et de personnages divinisés ne sont point très-rares (*Corpus*, n°s 2748, 2863). Il est vrai que je ne connais qu'un exemple où le dieu occupe la seconde place; c'est à Chalcis : Τίτῳ (Flaminio) καὶ Ἡρακλεῖ[2].

Le nom de l'auteur du vœu n'est pas moins difficile à déchiffrer. Le premier caractère, que nous lisons Π, est très-bizarre. Ἰμίλκων[3] serait excellent; mais que faire des traits qui commencent la ligne? En outre la lettre qui suit le Κ est sûrement un Α. Le dernier mot doit probablement se lire εὐ[χήν]. L'inscription est donc votive. Elle est adressée, par une personne dont le nom reste en partie indéchiffrable, à deux divinités, dont l'une est Aphrodite et dont l'autre paraît être un roi Ptolémée. Est-ce là une base suffisante pour le nom de «grotte d'Astarté[4]» donné par M. de Bertou à cette caverne? On en peut douter. Nous le conserverons néanmoins pour nous conformer à un usage déjà établi.

Quel peut être ce Ptolémée, et à quelle date placer l'inscription? Après les tiraillements qui suivirent la mort d'Alexandre, Tyr resta en fait aux Ptolémées jusqu'à la bataille de Panéas (198 avant J. C.). A partir de ce moment, elle passa aux Séleucides[5]. L'inscription doit donc être du IIIe siècle avant J. C. à peu près contemporaine de celle de Diotime à Sidon. La paléographie est d'accord avec ce résultat. La façon dont l'Ω est traité rappelle tout à fait le décret bilingue de Canope. Le décret de Diotime n'ayant pas été tracé en Phénicie, l'inscription de la grotte d'Astarté reste le plus ancien spécimen que l'on connaisse de lettres grecques tracées en Phénicie.

Sous la niche de droite :

Réduit à un tiers de sa longueur.

En tête est le signe triangulaire, que nous allons rencontrer plusieurs fois; puis, co

---

[1] *Journal asiatique*, août 1867, p. 120.
[2] Waddington, *Mél. de num.* 2e série, p. 135.
[3] Voir Gesenius, *Monum. phœn.* p. 408.
[4] L'auteur du *De Dea Syria*, §§ 4 et 6, distingue Astarté d'Aphrodite.
[5] Rollin, *Hist. anc.* t. VIII, p. 640, 647, 655; t. IX, p. 328, 441. Les monnaies tyriennes portant l'effigie des Séleucides datent d'Antiochus le Grand. (Cf. I Macch. xi, 59.)

semble, un encadrement, dans lequel se trouve encore le signe triangulaire. Il est très-difficile, dans ce qui suit, de distinguer les traits principaux des traits que l'on a peut-être postérieurement ajoutés pour défigurer l'inscription. On voudrait lire לרבת. On sait combien ce nom divin de *Rabbath* est fréquent à Carthage. C'est la grande déesse, la Vénus Uranie ou *Dea Cœlestis*, ce qui répond très-bien à l'Ἀφροδίτη de l'inscription grecque[1]. Mais on peut douter que l'inscription soit sémitique. Seraient-ce des hiéroglyphes égyptiens, tracés avec une extrême grossièreté sur une matière très-dure avec un très-mauvais outil? M. de Rougé ne le croit pas.

La paroi de droite de la grotte est couverte de *graffiti*. Ce sont pour la plupart de petits écussons triangulaires où se trouvent, tracées à la pointe, de courtes inscriptions. J'en ai pris des empreintes au papier humide et au papier de plomb et des copies sur place. Je vais les reproduire, sans m'engager à résoudre toutes les énigmes que ces écussons renferment.

Réduit de moitié.

Copie prise sur place :

ΑΦΕ
ΘΕΝΝΑΥ
ΥΙΟΣΑΦΕ
ΣΑΦΟΥΝ
ΝΕΣΕΟΘ
ΑΜΑΤΗ
ΔΕΣΑΙΕΙ
ΛΑΡΑΕΜΑ

---

[1] Guigniaut, *Relig. de l'ant.* fig. 203, 208, 208 *a*, 208 *b* (explication des planches).

Autre *graffito* :

Réduit de moitié.

Première ligne : ΕΙΡΗΝΗ.

Deuxième ligne : Six lettres phéniciennes : בעלעכו. Les trois premières de ces lettres sont certaines; la quatrième l'est aussi à peu près, cependant on pourrait y voir un ט; la cinquième et la sixième sont douteuses. La dernière lettre pourrait être un ח. C'est, je pense, un nom propre commençant par *Baal*.

Trois lettres au bas du triangle, à droite. Ces lettres ne paraissent pas avoir de connexion avec le triangle. La deuxième et la troisième lettre sont probablement אל. Quant à la première lettre, l'hypothèse qui en ferait un י serait, je crois, la plus plausible.

Autre :

Réduit de moitié.

652   MISSION DE PHÉNICIE.

Le caractère a de l'analogie avec le nabatéen, le sinaïtique et les plus anciens spécimens que nous avons du neskhi.

Autre :

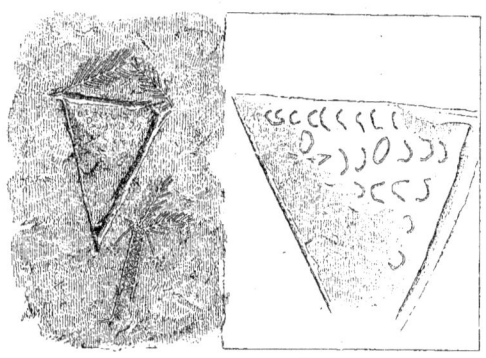

Réduit au tiers.   Grandeur d'original.

Notre gravure représente, dans sa partie de gauche, l'ensemble du *graffito* réduit à un tiers de la grandeur de l'original; dans sa partie de droite, ce qui reste de l'inscription, grandeur d'original. L'écusson était primitivement couvert de caractères. Ces caractères ont de l'analogie avec ceux du *graffito* précédent.

Autre :

Réduit de moitié.

En présence du monument, je lus ΠIC...OY. Peut-être Πισ[τιx]οῦ (voy. Pape, s. h. v.), nom qui, comme Πιστός, a de bons répondants sémitiques. (Voir ci-dessus, p. 172.)

Autres *graffiti* consistant en dessins puérils :

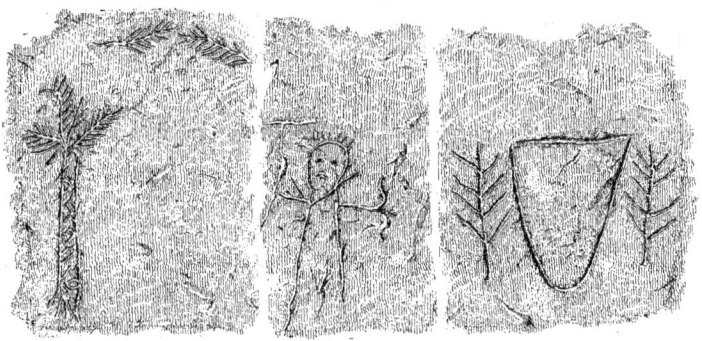

Réduits de moitié.

Il y en a beaucoup d'autres du même genre; mais ceux que nous venons de donner suggèrent l'idée exacte de l'ensemble. Les symboles qui reviennent sans cesse sont le triangle et la palme, probablement avec allusion à la κτείς et au culte d'Astarté, comme l'a pensé M. de Bertou. Ce signe, en effet, que nous avons trouvé à Biadh, nous le retrouverons à Adloun; on le rencontre aussi, à ce qu'il paraît, à Gébeil dans la grande caverne (ci-dessus, p. 204). Beaucoup de ces petits écussons sont grattés à dessein. Telle qu'elle est, la grotte de la Casmie, outre l'intérêt qu'elle offre pour la paléographie sémitique, est le reste le plus authentique des cultes grossiers qui se mêlaient dans la religion tyrienne à des éléments beaucoup plus purs. En général, ces cavernes à prostitution [1] (reste d'un primitif état de promiscuité, où l'homme, comme l'animal, cherchait les cavernes pour l'accouplement) sont signalées par une fenêtre grossière à côté de l'entrée (preuve que la porte se fermait), par des siéges ou des échelons à l'intérieur et par les signes ▽ ou ☉ à l'entrée. Dans la caverne de Gébeil et dans celle dont nous parlons en ce moment, il y a une niche pour la statue de la déesse.

Le village de Djamdjîne, situé dans le district métuali de Aklim el-Schoû-

[1] Comparez l'aventure de Quartilla dans Pétrone.

mar, à environ une demi-heure à l'est de Vastha (carte de l'état-major), au sud-est d'Adloun, nous a fourni un précieux objet phénicien (au Louvre), qu'il faut comparer pour l'importance à nos dalles d'Aradus. Cet objet fut apporté au mois d'avril 1863 à M. Durighello, qui le donna à la mission. Il avait été trouvé dans les matériaux de construction d'une maison; la cassure est très-ancienne et ne laisse guère espérer de trouver le reste. M. Gaillardot, en l'envoyant à Paris, eut soin, néanmoins, qu'un plâtre en restât à Saïda pour rendre facile la recherche des autres fragments. C'est un morceau de plaque de marbre couvert de sculptures égypto-phéniciennes. Nous donnons la reproduction de l'excellent dessin qu'a bien voulu en faire pour nous M. Geslin.

Réduit d'un quart.

La tête coiffée du *pschent* représente le bras d'un fauteuil sur lequel était assis un personnage dont on voit les genoux et la main. Il est difficile de dire ce que tient cette main. Quant à l'objet qui est devant le personnage, c'est un vase à feu, un pyrée, analogue à l'objet central de notre figure 7 de la planche IV. Le fragment de Djamdjîne est d'une remarquable finesse d'exécution, et tout à fait analogue aux deux dalles sculptées rapportées d'Aradus (pl. IV, fig. 7 et 8) et exposées aujourd'hui au Musée du Louvre. Une palmette très-caractérisée, qui se trouve sur les deux marbres d'Aradus et sur le cadre de celui dont il s'agit (cadre faisant saillie de plus de 3 centimètres sur le fond), doit être considérée comme un motif particulier à l'art phénicien, en prenant pour règle fondamentale de l'archéologie phénicienne cette observation, que cela est phénicien qui se trouve à la fois à Sidon, à Tyr, à Byblos, à Aradus, et ne se trouve que là[1].

Après avoir passé la grotte d'Astarté, on remarque sur le rivage de la mer, à gauche de la route, des traces de constructions d'assez mauvaise époque. Environ un quart d'heure après l'embouchure du Nahr Aboul-Aswed, on voit des ruines (murs de rocher, grands blocs, cavernes sépulcrales comme à Adloun). Ensuite, au bord de la mer, au-dessous du village de Seirié, sont les traces d'une petite ville (*R. Mokhtârah* de Van de Velde). « Entre Adloun et l'Aboul-Aswed, me dit une ancienne note de M. Gaillardot, il y a près du bord de la mer, dans la plaine et le long d'une petite anse qui a dû servir de port, des débris, assez considérables, d'un village construit sur les hauteurs voisines et appelé *Sara*. »

Depuis le Nahr Aboul-Aswed jusqu'à Sarfend et même jusqu'à Borak el-Tell, sur une étendue de 15 kilomètres, la côte offre une suite de ruines assez importantes. Dans cet ensemble, il faut retrouver deux villes, Sarepta et Ornithopolis[2]. Sarepta forme un groupe assez distinct autour du

---

[1] Comparez aussi la grosse pierre rapportée de Chypre par M. de Vogüé (au Louvre, à côté du vase d'Amathonte).

[2] Poulain de Bossay, *Essais de restitution*, p. 47 et suiv. 57 et suiv.; de Saulcy, premier Voyage, p. 53, 60, 63 et suiv. M. de Saulcy rapporte inexactement le passage de Pline (V, 17). Pline met Ornithopolis entre Sarepta et Sidon. Le faux Scylax fait de même,

Ras Sarfend. Le principal centre de ruines entre ce cap et l'Aboul-Aswed est Adloun (*Ad nonum*[1]), probablement identique à Ornithopolis[2]. Une des meilleures raisons pour cette identification est un petit monument qui fut découvert par M. Rey, transporté par lui à Saïda chez M. Gaillardot, et que nous avons apporté à Paris (pl. XXXII, n° 4) : c'est l'image d'un oiseau en cage. Cette image, ayant été trouvée près de la porte de la ville, semble renfermer une allusion au nom de cette ville. En tout cas, si l'on ne met pas Ornithopolis à Adloun, il faut la mettre au nord de Sarepta. « Entre Adloun et Sarepta, il n'y a de ruines qu'à environ vingt minutes du port de cette dernière ville. Les ruines de Sarepta sont au sud du port; donc, dans un espace de vingt minutes, on aurait les ruines de deux villes distinctes et de noms différents. En d'autres termes, il n'y a entre Sarepta et Adloun aucun reste qui puisse autoriser à y placer une ville, quelque petite qu'elle soit[3]. »

Adloun a pris une grande célébrité archéologique depuis les recherches de M. de Bertou[4]. Il y eut sûrement dans les vues de ce voyageur beaucoup d'exagération, surtout quand il voulut identifier Adloun avec Pa-

si l'on admet la correction Σάραπ7α; en outre, ce qui est plus grave, il qualifie Ὀρνίθων πόλις de « ville des Sidoniens, » tandis que Sarapta (d'après la correction) serait une ville des Tyriens (voir Vogüé, *Fragm. d'un journal*, p. 34 et suiv.; ci-dessus, p. 524-526). Strabon parle d'Ornithopolis et non de Sarepta; il semble placer Ornithopolis à moitié chemin entre Tyr et Sidon. Le faux Scylax parle d'Ornithopolis, et il n'est pas sûr qu'il parle de Sarepta. Pline seul parle à la fois de Sarepta et d'Ornithopolis. N'était ce passage de Pline, je n'hésiterais pas à identifier les deux villes. צרפת, en effet, a pu, par une transposition conforme à la phonétique sémitique, devenir צפרת, qu'on a pu traduire par Ὀρνίθων πόλις. Dans la finale π7α, aurait-on vu la racine π7έσθαι? Peut-être faut-il lire le passage de Pline : *Tyrus, Sarepta [seu] Ornithon oppida, Sidon*. Quelques variantes de Sillig y inviteraient. Adloun alors serait simplement *Ad nonum*. À l'époque chrétienne, le nom d'Ornithopolis aurait disparu, et, à partir de cette époque, Sarepta aurait repris son nom biblique, ce qui est conforme aux analogies (voir ci-dessus, p. 21, note 2). Il est plus grave qu'Achille Tatius (fin du III° siècle) l'appelle Σάραπ7α. Je n'insiste donc pas sur cette conjecture. J'ai fait ailleurs (p. 525) mes objections contre le système de M. de Vogüé. Une Euhydra (voir Sillig) placée entre Tyr et Sarfend ne justifierait pas son nom. Il n'y a pas là de ces grandes sources, comme celles de Ras el-Aïn, de Borak et-Tell, d'Enhydra près Amrit. À Adloun surtout, ce nom eût été très-mal justifié.

[1] Pococke, II, 1, p. 84; Movers, *Die Phœn.* II, 1ʳᵉ part. p. 242, note 171; Ritter, XVII, 361, 362; Robinson, II, p. 474, note 1.

[2] Saulcy, *l. c.* Ch. Müller, *Geogr. gr. min.* p. 78, notes; Thomson, I, p. 236, 249; Robinson, *l. c.*

[3] Notes anciennes de M. Gaillardot, contre M. de Bertou, *Essai*, p. 4, 5.

[4] *Essai sur la topographie de Tyr* (Paris, 1843); *Revue archéol.* 1854, p. 10 et suiv. À peu près en même temps que M. de Bertou, M. Thomson signalait Adloun et portait dans ses appréciations la même exagération. Ritter, XVII, p. 362 et suiv.

CAMPAGNE DE TYR.

létyr[1], considéré comme plus ancien que Tyr, et avec une prétendue ville de Sara, dont l'existence n'a guère d'autre base qu'une faute de copistes ou de l'abréviateur du faux Scylax[2], et quand il voulut voir dans la nécropole d'Adloun la nécropole de Tyr. Tout cela tombe devant ce simple fait qu'Adloun est à plus de 15 kilomètres au nord de Tyr. Si Palétyr était à une telle distance de Tyr, le passage de Pline sur le périmètre de Tyr et de Palétyr, qui paraît si exagéré, serait encore trop restreint. Pline n'eût pas traité une sorte de *Chiaia* le long de la mer, une rue toute en longueur, comme une ville close; il aurait seulement indiqué sa longueur. Une telle distance entre la ville insulaire et la nécropole n'est pas non plus supposable. Les ruines d'Adloun n'ont pu appartenir à une grande ville; il n'y a là ni sources, ni cours d'eau, ni canaux, ni aqueduc. La nécropole, quoique curieuse, n'est ni si grande ni si belle que l'on dit; les caveaux sont petits, bas, étroits, et chacun ne renferme jamais plus de trois tombes. Cette nécropole n'est rien auprès des nécropoles d'El-Awwatin, de Kabr-Hiram, etc. Les sépultures qu'on voit à Adloun s'expliquent très-bien avec une petite ville et par le seul fait d'une côte toujours si peuplée[3].

---

[1] Ce que dit M. de Bertou (p. 83, 84) des cavernes, du sol, des eaux, du port d'Adloun est tout à fait inexact. Des deux cavernes, la plus grande logerait à peine une famille de vingt personnes. Le sol cultivable au niveau d'Adloun fait une bande au plus de cinq cents pas; il n'y a pas de ruisseau; la côte ne forme qu'une petite crique. C'est par erreur aussi que M. de Bertou place le Nahr Aboul-Aswed très près d'Adloun. Le Nahr Aboul-Aswed, d'ailleurs, est un pauvre ruisseau, manquant complétement d'eau en été (note de M. Gaillardot). Dans un voyage que firent M. Gaillardot et le P. Bourquenoud avant notre mission, ces deux voyageurs constatèrent les erreurs de M. de Bertou. M. Poulain de Bossay (*Rech.* p. 45 et suiv.) réfute fort bien M. de Bertou, mais ses efforts pour rapporter la nécropole d'Adloun aux Sidoniens sont restés infructueux.

[2] Bertou, *Topogr.* p. 71 et suiv. Reland avait déjà essayé de prouver qu'anciennement Tyr s'appela *Sarra* (*Palæst.* p. 1046 et suiv.). On peut douter de la correction Σάραπτα chez Scylax; mais la leçon Σάρα εἶτα est en tout cas insoutenable, quoi qu'en dise M. Poulain de Bossay, qui a bien ébranlé la correction de Vossius, mais n'a pas trouvé la clef de l'ensemble de ce passage désespéré (*Essais de restit.* p. 60 et suiv.). Conf. Movers, *Die Phœn.* II, 1ʳᵉ partie, p. 242, note 171. Pour procéder avec méthode dans la correction de ce passage, il faudrait le supposer écrit en majuscules de l'époque classique : CAPAΘITA ΑΛΛΗΠΟΛΙCΤΥΡΟC, et chercher les changements de lettres qui ont pu s'y introduire d'après les règles de la paléographie. Le manuscrit de la Bibliothèque nationale (unique en réalité) offre après CAPA un point qui doit avoir eu une raison dans l'original. Mais ἄλλη πόλις est impossible, comme l'a bien vu Ch. Müller. J'ai quelquefois songé à ΕΙΤΑ[ΜΕ]-ΓΑΛΗΠΟΛΙC.

[3] Je ne sais ce qui a porté M. Poulain de Bossay à écrire que «les cavernes d'Adloun ont servi à la sépulture des habitants de Sidon et de Sarepta» (*Bull.* précité, p. 8).

Adloun n'en est pas moins un endroit très-important. Si j'avais à recommencer des fouilles en Phénicie, après Oum el-Awamid, c'est Adloun que je choisirais. Aucun centre considérable n'ayant existé à cet endroit au moyen âge, l'antiquité y est encore assez fraîche. Un certain nombre d'objets, en effet, provenant d'Adloun, tous du plus grand intérêt, ont été donnés à la mission après mon départ, par les soins de MM. Durighello et Gaillardot. Ces objets ont la physionomie la plus caractérisée; ce sont bien, sauf peut-être le 3°, des restes phéniciens. Je dois seulement faire observer que, ces objets n'ayant pas été trouvés par nous, leur attribution à Adloun ne repose que sur des allégations sujettes à quelque doute.

1° Fragment de plaque de marbre (au Louvre) :

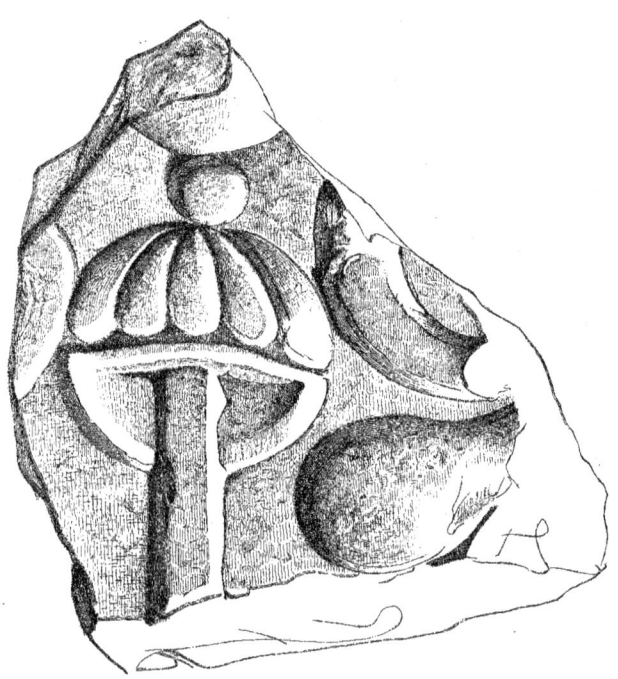

Dessin de M. Geslin, réduit d'un quart.

très-difficile à comprendre. C'est peut-être un fragment d'une espèce d'autel ou de pyrée analogue à celui qu'on voit dans le fragment de Djamdjîne et dans la figure 7 de notre planche IV.

2° Deux figurines en or (au Louvre) dont voici la représentation (grandeur d'original). Ce sont des objets complétement phéniciens. Com-

parez les masques de terre cuite provenant de Chypre (au Louvre) et le patèque n° 8962 (palier de l'escalier du Musée égyptien).

3° Fragment de sarcophage :

Échelle de 15 centimètres par mètre.

4° Une base cubique surmontée d'une sorte de cône arrondi (pl. XLIII, fig. 1), analogue à ce qu'on voit dans les monuments du culte chypriote (Creuzer-Guigniaut, *Relig. de l'antiquité*, pl. fig. 204, 205, 206).

La nécropole d'Adloun a été souvent décrite[1]. Elle n'a qu'une impor-

---

[1] De Bertou, *Topogr.* p. 85; Saulcy, premier Voyage, pl. 1; Thomson, I, p. 244, 249; Robinson, II, p. 474 et suiv. La forme pyramidale artificielle des rochers a été un peu exagérée par M. de Bertou;

tance secondaire : c'est une des plus médiocres de la Phénicie[1]. Beaucoup de grottes offrent des signes de christianisme, qui peuvent, il est vrai, avoir été postérieurement ajoutés. Les inscriptions qu'on lit sur quelques-unes de ces grottes sont frustes, très-courtes, très-irrégulières et ne peuvent guère être estampées; en voici une :

ΔΙωΗ HEΞΞOK<P

En voici une autre[2] :

ΕΙ Η C ΕΜΞΗ
ΑΗ⊂ΤΟ

Voir Saulcy, premier Voyage, pl. II; Le Bas, III, nos 1871 et 1872. A Adloun, comme à Naous, près Tripoli, on a pratiqué une rainure au-dessus des grottes creusées dans la déclivité du roc, pour détourner l'eau de pluie et l'empêcher d'inonder les caveaux.

Sur place, je fus persuadé que la nécropole d'Adloun était en grande partie chrétienne et, en tout cas, postérieure à notre ère; à Gébeil, je venais de rencontrer, dans des caveaux de même forme, des inscriptions de basse époque. Une constante expérience nous avait montré les caveaux de la forme de ceux d'Adloun (entrée en arceau, sans pied-droit; à l'intérieur, banquettes évidées en auges et surmontées d'un *arcosolium*) comme les plus modernes (époques romaine et chrétienne). C'est tout à fait à tort que MM. de Bertou et Thomson virent dans ces petites grottes des caractères de haute antiquité. Je dois à la complaisance des chefs métualis des environs, dont la courtoisie a contrasté avec l'humeur farouche habituelle à leurs coreligionnaires, quelques indications qui contribueront à fixer la date de ce curieux ensemble de monuments. Ces chefs ayant bien voulu

je n'y puis voir cependant, avec quelques personnes, un effet du hasard.

[1] Pour la forme des caveaux, comparez la nécropole de Bereitan, près Baalbek. (Saulcy, premier Voyage, pl. LIV et LV; cf. pl. LII.) Comparez aussi la nécropole byzantine de Corycus. (Langlois, *Voy. dans la Cilicie*, pl. IX.)

[2] Par moments, je crus voir un Θ pour première lettre.

faire déblayer pour moi, dans un endroit nommé *Ardh el-Loueh*, quelques caveaux connus des habitants du pays, et ornés de peintures, je me suis trouvé, non sans étonnement, au milieu des symboles de l'âge chrétien (croix avec A et ω, oiseaux). Or, les caveaux ainsi décorés ont exactement la même forme que les autres (on sait que la nécropole d'Adloun est remarquable par l'uniformité des caveaux qui la composent); en sorte qu'il n'y a pas de milieu entre ces deux partis, ou rapporter l'ensemble de la nécropole à l'époque chrétienne, ou soutenir que ces peintures ont été appliquées après coup sur des caveaux plus anciennement creusés. Cette seconde hypothèse est assez peu probable. Si l'on peut soutenir avec vraisemblance que c'est après coup que l'on a ajouté les croix et les inscriptions grecques qui se voient au-dessus de l'entrée de plusieurs caveaux d'Adloun, on ne saurait supposer de même que de vieux caveaux aient été couverts de peinture des siècles après leur excavation. Le ve et le vi[e] siècle furent des siècles très-florissants pour la Syrie, et de ceux où l'on construisit le plus de travaux durables. Quatre ou cinq villes (Sarepta, Ornithopolis, ad Nonum, Leontopolis) se pressaient à cet endroit et devaient avoir leur nécropole près de là. Le P. Nau, on le sait, prit ces grottes pour des cellules d'ermites, ce qui est bien faux assurément, si l'on entend par là que des ermites les aient creusées; mais elles ont pu, comme beaucoup de grottes sépulcrales de l'Égypte, d'Antioche, etc. servir à des ermites[1], et je ne serais pas éloigné de croire que les inscriptions que nous venons de donner se rapportent à cela. A Naous et ailleurs, on trouve ainsi des grottes sépulcrales portant des croix, dont l'origine peut être celle que nous venons de dire.

J'ai vu le trumeau taillé sur le roc qu'on a considéré comme une stèle égyptienne, et qui a donné lieu à tant de controverses[2]. Je n'ai pu rien

---

[1] Cf. Ritter, XVII, p. 1168; Hamilton, *Researches in Asia Minor*, II, p. 288; Guérin, *De ora Palæst.* p. 19.

[2] Bertou, *Topogr.* p. 85 et suiv.; Ryllo et Bertou, dans le *Bullettino* de l'Institut de corresp. archéol. de Rome, 1838, p. 157 et suiv.; Laborde, *Voy. de la Syrie*, pl. xxxi, livraisons 32 et 33, n°s 12 et 13 (en remarquant l'erreur du titre de la planche);

distinguer; mais c'est bien là une stèle analogue aux stèles du fleuve du Chien[1]. Je pense, en effet, que c'est de cette stèle qu'Hérodote (II, cvi, 1) parle quand il dit : Ἐν δὲ τῇ Παλαιστίνῃ Συρίῃ αὐτὸς ὥρεον ἐούσας καὶ τὰ γράμματα τὰ εἰρημένα ἐνεόντα καὶ γυναικὸς αἰδοῖα. Le pluriel dont se sert Hérodote s'applique sans doute à la stèle d'Adloun et aux stèles du fleuve du Chien. Le trait relatif aux αἰδοῖα, quoique nous n'en voyions pas la justification actuelle, est bien dans l'esprit des signes qu'on voit fréquemment dans le pays de Tyr. C'est aux environs d'Adloun, en effet, que le signe des αἰδοῖα (الفرج) est le plus fréquent. Ce passage prouve, du reste, que l'endroit en question n'était ni Palétyr ni même une ville proprement dite; autrement, au lieu de la vague locution : ἐν Παλαιστίνῃ Συρίῃ, Hérodote dirait « dans telle ville. » Les stèles du fleuve du Chien prouvent qu'on choisissait de préférence pour ces trophées les endroits où il fallait nécessairement passer, peut-être même les positions qui avaient été disputées et où s'étaient livrés des combats.

La grande caverne architecturée d'Adloun, à gauche de la route, un peu au sud de la stèle égyptienne, a comme deux coupoles, toutes deux taillées artificiellement[2]. C'est encore, ce semble, une caverne d'Astarté. On l'appelle en arabe *Moghâret el-Bzez*, « la caverne du sein; » les femmes qui n'ont pas de lait viennent y boire de l'eau. A l'entrée de la dernière grotte, qui est de beaucoup plus vaste que les autres, on voit gravés sur les parois du rocher les signes ▽ et ⊙, comme dans la grotte près de la Casmie. Ces signes, qui sont fréquents dans le pays de Tyr, se re-

---

Movers, II, 1ʳᵉ partie, p. 242 (M. Movers veut à tort que la stèle soit assyrienne); *Revue archéol.* 1854, p. 19 et suiv.; *Athenæum français*, 1854, p. 902, 903; Rey, *Voyage dans le Haouran*, p. 2; Saulcy, premier *Voyage*, I, p. 37; deuxième *Voyage*, II, p. 282; carte de Van de Velde, 2ᵉ édition.

[1] Je trouve dans les anciennes notes de M. Gaillardot : « La stèle existe, mais très-fruste et très-difficile à lire; il y a, au-dessus, les vestiges d'une inscription romaine. » Je n'ai rien vu de semblable.

[2] L'idée de placer ici la *Caverna Sidoniorum* de la Bible, la *Cavea de Tyro* du moyen âge, qui se présenta un moment à l'esprit de Robinson (II, p. 474) et qu'adoptèrent MM. Mislin (*Les saints lieux*, I, p. 350 et suiv.), Poulain de Bossay (p. 45) et Sprüner (Atlas du moyen âge, n° 45), n'est pas soutenable. Loin d'être «inexpugnables» comme la *Cavea de Tyro*, les grottes d'Adloun seraient un poste militaire tout à fait chétif. La *Maarath Sidoniorum* de la Bible est près de Djezzin. (Conf. Ritter, XVI, 8; XVII, 99 et suiv., 104 et suiv.; Knobel, in Jos. XIII, 4.)

trouvent aussi en Afrique, surtout sur les monuments funéraires de la nécropole de Sigus (41 kil. est de Constantine), fouillée par M. Cherbonneau[1]. Ils y ont même des formes plus claires et plus développées, et c'est d'après ces symboles de Sigus qu'il faudra procéder quand on voudra dresser la théorie complète de ces signes singuliers.

Adloun possède deux beaux sarcophages tyriens, l'un à couvercle en dos d'âne, l'autre, dans la plaine, énorme, à très-gros acrotères occupant les deux tiers de la longueur du côté, comme cela a lieu dans celui qui se trouve en un champ entre Tyr et Maschouk. On voit aussi à Adloun de belles citernes coniques; le conduit qui recueillait et y déversait l'eau est très-visible. Quant aux puits où M. de Bertou a vu des entrées d'hypogées (p. 85), nous les avons inutilement cherchés.

A l'entrée des ruines d'Adloun, quand on vient de Sidon, sont de grosses pierres, qu'on peut regarder comme des restes d'une porte de ville. C'est au pied de ces piliers que fût trouvé l'oiseau en cage dont nous parlions tout à l'heure, lequel put être à l'entrée de la ville comme un emblème parlant. La série des constructions où il faut probablement voir le reste d'Ornithopolis se continue le long de la route. Un beau bassin, taillé dans le roc près de la mer, faisait sans doute partie du port antique[2]. Les carrières d'Adloun ont l'aspect monumental ordinaire aux carrières phéniciennes; elles frappent plus encore que celles du fleuve du Chien. Il est très-facile de prendre ces coupes du roc pour des restes de construction, et cette erreur a peut-être contribué aux exagérations qui ont couru sur l'importance d'Adloun.

A une heure ou une heure et demie de la porte d'Ornithopolis, en allant vers le nord, on commence à trouver des ruines, surtout entre la mer et la route. C'est Sarepta. Au pied du village de Saksakie (سكسكية),

---

[1] Je dois les croquis de ces monuments à M. Cherbonneau. Toute cette nécropole est anépigraphe, comme les nécropoles du pays de Tyr. Voir aussi une stèle trouvée à Sétif, maintenant, je crois, au musée de Constantine.

[2] Vogüé, *Fragm. d'un journal*, p. 33.

sont des tombeaux très-intéressants. Les métualis de Saksakie me les découvrirent avec beaucoup de complaisance. Ils allèrent même au delà de mes intentions, en détachant pour moi un bout de sarcophage, que certes je n'aurais pas donné l'ordre d'enlever; on peut le voir pl. LX, n° 5. Trois ou quatre de ces caveaux me parurent remarquables; l'un est curieux par les peintures et les sculptures qui le décorent. Les peintures, consistant surtout en palmes rouges, sont sur le roc nu sans stuc. Le caveau a trois compartiments. Au fond, se voit un hémicycle sculpté : on dirait le soleil dans une zone sphérique, la lune et deux vases à anses. Au-dessus, tête de lion avec collerette; au plafond, une couronne. A côté de ce caveau, s'en trouve un autre offrant des boules ou cercles; puis un troisième, où l'on voit un beau sarcophage orné de bucranes et de guirlandes avec des grappes de raisin en pendeloques (c'est à ce sarcophage, je crois, qu'appartient le fragment, pl. LX, n° 5). Ce sarcophage ressemble donc beaucoup aux sarcophages de Saïda de notre planche LXI. Je fus frappé aussi d'une grande surface lisse évidée dans le rocher, sur laquelle sont tracées des croix grecques et où est creusé un caveau. Il y a encore, au bas de Saksakie, d'autres caveaux à sculptures. Le 4 mars 1862, M. Gaillardot m'écrivait : «Durighello a trouvé à Sarfend ce qu'il appelle «un sarcophage avec des anges» (probablement des génies tenant une guirlande).

Ces tombeaux appartiennent sans doute à la nécropole de Sarepta. Au khan d'Aïn el-Kantara se voit un chapiteau assez remarquable. Au sud du khan est le champ des ruines de l'ancienne ville; il y aurait là des fouilles à faire; c'est là qu'a été trouvée une précieuse statue phénicienne, achetée et rapportée par M. Rey[1]. Je notai une pierre sculptée, que je me proposais de déchausser; mais je n'en eus pas le temps. Je crois que le chapiteau du khan tenait à cette pierre. Le port de Sarepta offre des restes de constructions. Je remarquai deux belles chambres contiguës

---

[1] Rey, *Voyage dans le Haouran*, p. 2 et pl. 1; Longpérier, *Le musée Napoléon III*, pl. xviii. Pour la ceinture d'*uræus* que porte la statue, cf. Rosellini, *Monum. dell' Egitto*, pl. vi, viii et suiv.

taillées dans le roc au bord de la mer. Le remblai formé par les débris de la vieille ville est très-considérable; il est plein de fragments de marbre et de verre. Le khan, avec sa jolie fontaine, et avec ses belles eaux venant, je crois, des bassins de Borak el-Tell, marque probablement l'entrée de l'ancienne ville. Le nom de Sarfend ou Surafend s'applique à tout cet ensemble, surtout au cap *Ras Surafend,* et aussi à un village situé sur la colline voisine. Du temps de saint Jérôme, la ville était sur la hauteur, puisque l'étape de Paula, après Sidon, est «la tour de Sarepta, plantée comme un observatoire au-dessus de la mer.» D'après un renseignement qui m'avait été donné, il y aurait une inscription à Sarfend; Hossein Kharroubé la connaît; on n'a pu me la montrer.

Sarepta était une ville sidonienne d'origine, comme le prouvent les expressions צרפת אשר לצידון (I *Rois,* xvii, 9), Σάρεπ7α τῆς Σιδωνίας (Luc, iv, 29, et non Σιδῶνος, comme porte le *textus receptus*)[1]. Le faux Scylax, si l'on adopte la correction de Vossius, l'appelle une πόλις Τυρίων; mais cette correction est fort douteuse; Ὀρνίθων πόλις est donné par le même faux Scylax comme une ville des Sidoniens; le croisement des villes tyriennes et sidoniennes, du reste, n'était point rare sur la côte; pour s'en convaincre, il suffit de lire l'énumération du faux Scylax au sud de Tyr[2]. Il se peut que Sarepta ait passé ensuite dans le territoire de Tyr[3]. La position de Sarepta, sur un petit rocher faisant légèrement promontoire, ressemble beaucoup à celle de Sidon. Le nom de Sarfend ou Surafend se retrouve du reste en plusieurs parties de la Syrie : 1° près de Ramlé de Palestine (ancienne *Sariphœa?*); 2° près d'Athlith (*Sarepta Judϣæ* du moyen âge).

C'est bien en vain qu'on a cherché dans les noms actuels des villages de la côte le nom de cette prétendue ville de Sara qui sert de base au

---

[1] Poulain de Bossay, *Rech.* p. 45; *Essai de restit.* p. 48 et suiv.; Gesenius, *Thes.* au mot צרפת.
[2] *Geogr. gr. min.* de Ch. Müller, I, p. 78, 79.
[3] Achille Tatius, II. 17; Sprüner-Menke, *Bibelatlas,* n° iv, carte 1; Ritter, XVII, p. 44, 45.

système de M. de Bertou. Il y a bien un village de *Seirié* et un *Néby Seir* entre l'Aboul-Aswed et Adloun; on m'a dit qu'on l'appelle aussi ساری, et, selon une note de M. Gaillardot (voir ci-dessus, p. 655), on prononcerait même *Sara*. Il y a un village d'*Ansariyé*, et par écourtement ساریه, au nord d'Adloun[1]. Le *Sarié* et le *Wadi Saraï*, le *Saræ* ou *Sari* ou *Sara*, qui ont frappé certains voyageurs, n'ont rien à faire en tout cas avec une antique ville de *Sara*, d'où *Sarranus*, etc. Tout cela repose sur des erreurs d'orthographe ou sur une vicieuse prononciation de certains noms purement arabes et modernes.

Revenons à Cana, qu'on peut prendre comme centre archéologique du pays de Tyr. Nous avons exploré toute la région au nord de Cana[2]. Tournons-nous du côté du sud.

Près de Cana, vers l'endroit nommé *Ardh el-Urdani* (ou *El-Urdan*), il y a un sarcophage *bisome*, énorme. Les deux cuves sont creusées dans un seul bloc; un seul couvercle les recouvrait toutes les deux. Le bloc qui renferme les deux cuves posait sur une base. Le couvercle, grosse masse arrondie, gît à côté. Ce monument rappelle le Kabr-Hiram. Je crois me souvenir, cependant, que sur la base ou le couvercle il y a un ornement. Pour bien comprendre ce monument, il faut un peu d'attention; car les pierres, le couvercle du moins, ont été dérangés par les chercheurs de trésors. Je vis deux fois ce sarcophage, et la seconde fois je m'aperçus que je m'étais trompé sur la relation des blocs. Je regrette vivement de n'en pouvoir donner un dessin.

Un peu plus loin, à *Msellabet hallet ez-zaouié,* il y a un caveau au-dessus de l'entrée duquel se voit le signe ☉; à côté est une grande auge d'où l'on a tiré un sarcophage de plomb. Les métualis l'appellent «le tombeau du chrétien;» les chrétiens l'appellent «le tombeau du scheickh Sab.» Une note qui me fut donnée à Sour me l'indiquait ainsi:

---

[1] Voir les cartes de Van de Velde et de l'État-major.

[2] Pour mon itinéraire en ce pays, voir la carte, planche I.

في قانا موجود خشيشة تسمى قبر النصراني. Ce caveau a été récemment fouillé. Il paraît que le sarcophage qu'on en tira était très-beau; on me dit qu'il y en avait un morceau à Jérusalem, chez le consul anglais.

Msabah est un mamelon couvert de ruines : gros murs, magnifiques pressoirs, parfaitement conservés, porte avec des sculptures bizarres (sortes de griffons). L'aspect de tout cela est très-antique et admirablement pittoresque. Msabah peut passer pour un des plus beaux types de ces villages ruinés du pays de Tyr; il est même supérieur à Oum el-Aâmed. La conservation des vieilles constructions est frappante; les murs sont tous dans leur à-plomb.

Djébel el-Kébir, près de là, offre un aspect semblable. Voici une note qui me fut remise à Sour sur cet endroit : في جبل الكبير موجود توابيت رصاص وموجود عليهم اشخاص « A Djébel el-Kébir, il y a des sarcophages en plomb, sur lesquels on voit des figures de personnages. »

Près de Msabah est Mesedjed (lieu d'adoration). On y montre une pierre grande, longue, bien taillée, fichée en terre par le bout. Sur cette pierre se dessine un long rectangle étroit; au-dessus, un ovale allongé, coupé par un petit diamètre; des deux côtés, deux petits cercles ou petites boules. Il y a aussi une pierre avec une croix.

Zubkhin a des chapiteaux singuliers avec des ronds et des représentations analogues à celles qu'on voit dans le caveau peint de Saksakie (sorte de vase long et étroit avec des anses). Une colonne répondant à ces chapiteaux se voit à côté; elle offre l'aspect d'une colonne torse ou plutôt d'une colonne autour de laquelle une corde serait enroulée. A Zubkhin, j'ai vu aussi une masse considérable de pierres taillées, portant des moulures, qu'on a tirées de terre. Une pierre assez remarquable se voit au bas d'une maison qui porte une inscription arabe; près de là, une autre pierre, de travail arabe, offre des ornements imités de ceux de la première.

Peu après Zubkhin, on aborde par la lisière du nord un des cantons de la Phénicie les plus riches en antiquités; je veux parler du massif de montagnes qui forme sur la côte le cap Blanc et le cap Nakoura, dont l'épine la plus élevée s'appelle, chez les Arabes, *Djebel Muschakkah* (la montagne aux fissures[1]). Ce pays a été peu exploré[2]; les missionnaires américains et Van de Velde n'ont vu que la ligne qui le termine du côté du sud. Il est maintenant presque désert et n'a jamais renfermé de ville importante; mais c'est là surtout que l'on trouve conservés, d'une façon qui étonne, les restes de ces villages ou métairies dont le pays de Tyr était autrefois couvert. Je ne connais pas d'aspects plus pittoresques que ceux auxquels donnent lieu ces mamelons de ruines d'une absolue virginité, perdus dans des bois dont la fraîcheur produit en Syrie l'effet le plus inattendu. On dirait, au printemps du moins, un immense parc anglais que personne n'aurait jamais foulé. Ce massif de montagnes est le point de Syrie que je recommande le plus aux artistes capables de goûter le plaisir des belles choses inconnues dont on cueille la première fleur. C'est là que l'on comprend, malgré la profonde tristesse de ces ruines sans style, comment la nature réserve toutes ses coquetteries pour le désert. Frappés par une même catastrophe dont le coup a dû être instantané, sortis totalement du mouvement du monde depuis le jour où la vie fut brusquement interrompue dans leur sein, ces villages, maintenant déserts, dont les noms ont conservé pour les habitants du pays toute leur individualité, Mariamîn, Medinet en-Nahas, Kneifedh, Yarîn, Ermed, Belat[3], comptent parmi les ruines qui, tout en restant mystérieuses, éveillent le plus d'intuitions historiques. Aucune inscription n'y a été découverte. Au premier moment on voudrait rapporter à

---

[1] Ritter, XVI, p. 777, 807, 813.

[2] La carte de Van de Velde et celle de l'État-major le présentent cependant très-bien. Robinson n'a fait que l'entrevoir du haut de Belat, III, p. 65. Pour le voyage de Stephan Schultz en 1754, consulter Ritter, XVI, p. 795 et suiv. Voir la carte dressée par E. G. Schultz, dans ce même volume de Ritter, qui, p. 777, 778, utilise les notes de ce même Schultz.

Pour le nom de *Schub el-Arab*, comp. Robinson, III, p. 66 (*Shâb*).

[3] «Au sud de Cana, du côté de Kalaat-Schamma, il y a plusieurs endroits qu'on appelle *aradé*, Subkhin, Medinet en-Nahas, Mariamîn, etc.» (renseignements de Sour). Je ne sais ce que veut dire ce mot *aradé*.

l'antiquité chananéenne ces murs d'une étrange vétusté, ces pressoirs gigantesques, ces tombeaux grandioses, ces citernes d'une construction si recherchée. Puis on se rappelle qu'en Phénicie le style colossal s'est continué presque jusqu'à la période chrétienne. Deux ou trois des villages dont il s'agit, d'ailleurs, possèdent des monuments figurés dont la date se laisse entrevoir, et une telle date n'est pas très-ancienne; mais certainement l'aspect général de ces grandes métairies n'a pas changé. Même en supposant qu'elles aient été des casaux au moyen âge[1], elles ne durent pas alors différer beaucoup de ce qu'elles furent dans l'antiquité, jusqu'au moment où elles devinrent, comme aujourd'hui, des ruines cachées sous les arbres et les broussailles. Si l'on jette les yeux sur une carte de la Palestine au temps du Christ (*Bibelatlas* de Sprüner-Menke, n° 5, par exemple), on verra que quand il est question dans les Évangiles de τὰ μέρη Τύρου καὶ Σιδῶνος, ou τὰ ὅρια Τύρου καὶ Σιδῶνος (Matth. xv, 21; Marc, vii, 24, 31), c'est de ce pays qu'il est question. La γυνὴ ἑλληνίς, Συροφοινίκισσα τῷ γένει de Marc, vii, 26, devait aussi être de ce pays.

Medinet en-Nahas (la ville du cuivre[2]) est une des plus pittoresques de ces ruines de la tribu d'Aser. Elle est engagée au milieu d'un fourré de bois qui, surtout au printemps, est d'une beauté sans égale. Les murs sont très-soignés et très-bien conservés; les pierres n'ont pas de bossage; elles offrent beaucoup de jointoiements à crossettes comme la tour des Algériens à Sour, pour compenser l'irrégularité des lits. Il y a là une très-belle citerne en forme de cône tronqué.

Kneifedh (diminutif de قُنْفُذ, pour le sens duquel voyez Freytag) est plus remarquable encore[3]. Les taillis dans ces parages n'offrent presque plus de trace du passage humain, et les ravins sont difficilement praticables.

---

[1] Cela est douteux; la liste de casaux dressée par M. Rey se tait à peu près sur ces parages (*Arch. des miss.* 2ᵉ série, III, 369, 370).

[2] Sans doute à cause des objets de bronze qu'on y aura trouvés. Ce nom se rencontre aussi dans l'Yémen.

[3] Robinson ne connut ce point que par ouï dire, III, p. 62.

Ce qui frappe d'abord, ce sont deux magnifiques cavernes sépulcrales. L'une devait être accompagnée à l'extérieur d'une riche décoration, et former ce que les Arabes ont appelé الْقُنَيْفَد. Il en reste une colonne octogone[1], un chapiteau ionique d'époque tardive (on le reconnaît à l'étranglement des volutes), de beaux fûts de colonnes. A l'intérieur, je trouvai les débris d'un très-curieux sarcophage brisé par les chercheurs de trésor. Je fis transporter à Sour tous ces débris, non sans de grandes difficultés. Nous réussîmes à reformer ainsi un sarcophage unique en son genre, représenté dans notre planche LVII, fig. 4. Les armes qui se voient sur les parties restantes de la cuve n'ont pas une physionomie très-antique, et rappellent celles qui se trouvent sur le sarcophage de Schalaboun. Les restes architectoniques de la décoration de la grotte, qui furent sans doute contemporains du sarcophage, feraient songer à la bonne époque romaine (premier siècle). Passé cette époque, je ne crois pas qu'on ait fait en Phénicie, au moins à Tyr, d'ouvrages imités de l'Égypte : le goût gréco-romain l'avait tout à fait emporté. Je placerai donc le tombeau de Kneifedh un peu avant J. C. ou au plus tard vers le temps d'Auguste ou de Néron. A gauche du bouclier, on voit une figure phénico-égyptienne mutilée : l'*uræus* au front, le croissant et le globe sur le sommet de la tête, aile déployée et revenant en avant, bras de la déesse collé au bord de l'aile et tenant la fleur de lotus, ou la croix ansée, ou le crochet augural, comme cela se voit dans beaucoup de représentations égyptiennes analogues, et comme cela devait avoir lieu dans l'art hébreu[2]. C'est Sati ou Netpé, déesses qui jouent un grand rôle dans les représentations funéraires égyptiennes[3]. Devant cette déesse, est le pied d'un autel à offrande, en forme de guéridon[4]. De l'autre côté, était sûrement une

---

[1] Ces colonnes polygonales servaient souvent de base à des idoles. (Voir les peintures du Palatin, sujet d'Io. *Revue archéol.* juin 1870.)

[2] Voir Thenius, *Comment. sur les livres des Rois*, pl. II et III.

[3] *Description de l'Égypte*, Ant. pl. vol. II, XCII, 2; vol. IV, XX; Guigniaut, *Relig. de l'antiquité*, fig. 160, 182, 192, et l'explication.

[4] Guigniaut, ouvrage cité, fig. 182, zone sous les bras croisés de la momie.

figure semblable, aux ailes semblablement épandues. Notre litho-photographie ne donnant qu'une idée imparfaite de cette figure, nous en offrons ici la gravure sur bois.

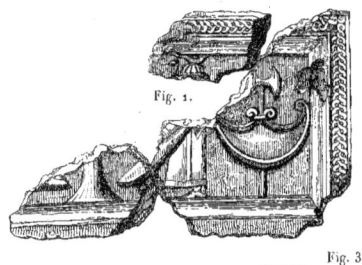
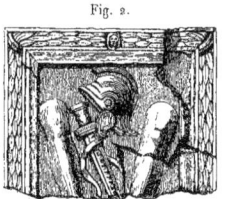
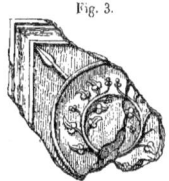

Fig. 1. Parties qui restent du devant du sarcophage.
Fig. 2. Partie qui reste de l'extrémité droite du sarcophage.
Fig. 3. Partie qui reste de l'extrémité gauche.
  Ce côté n'avait pas de guirlande, comme en avait le côté droit. La façon dont la partie supérieure de notre fragment est layée ne laisse pas de doute à cet égard.

Le couvercle n'est pas moins curieux. Deux sphinx ou griffons (*cherub*), dont la face a été martelée (comp. le plomb de M. de Saulcy, premier Voyage, pl. XXXI, fig. 7), posent la patte droite sur des lotus sortant d'un objet central couronné[1]. Voici l'image exacte de ce côté du couvercle

(l'autre côté n'offre aucune sculpture, le sarcophage ayant dû être scellé dans un espace en retrait). Les figures sont revêtues d'un enduit, qui probablement a porté des couleurs.

[1] Ce motif central rappelle l'étrusque. Cf. Longpérier, *Musée Napoléon III*, pl. LXXII.

Kneifedh offre encore un autre caveau à trois grottes; celle du milieu contenait deux sarcophages. Un peu plus bas, sur la colline, est la métairie, la *villa*, dont ces tombeaux étaient la dépendance. Les murs sont composés des pierres les plus grosses que j'aie vues dans les constructions de ce genre. Il y a là de beaux pressoirs.

Kneifedh a sa légende, qui m'a été ainsi contée. Le fils de Benjac était un berger qui passait tous les soirs près de là avec ses chèvres, et tous les soirs, une chèvre manquait. C'était le génie de la grotte qui la volait. Le fils de Benjac guetta le génie, entra et trouva le trésor, grâce auquel il devint prince du pays. Il partagea le trésor avec le fils de Bescharrah, et voilà pourquoi le pays s'appelle *Beled Bescharrah*.

Mariamîn est la plus grande de toutes ces κῶμαι tyriennes[1] : c'était presque une ville. Les caveaux y sont très-nombreux, les sarcophages en forme d'auge, très-nombreux aussi. Les couvercles de ces derniers sarcophages sont ou carrés en gros blocs, ou triangulaires, ou arrondis en une courbe surbaissée ⌒. Une des choses les plus frappantes de Mariamîn est une très-belle piscine, avec un escalier taillé dans le roc et un pilier au milieu, comme à Eddé. Le nombre des citernes de forme conique évasée (sortes de bouteilles) est étonnant; les murs et les pressoirs sont aussi en nombre très-considérable. Un renseignement vague m'y avait signalé des sculptures; je n'en ai pas aperçu.

Al-Muzeibleh offre le même aspect : gros murs, pressoirs, caveaux. Il doit y avoir encore une pierre de fenêtre? (طاقة) ornée de lignes (?), que notre guide Selloum avait vue, mais qu'il ne put retrouver.

Yather (يعتر) est un point à remarquer[2]. On y voit un *spéos* considérable, grand rocher rempli d'excavations d'une grandeur extraordinaire se prolongeant de tous les côtés; au-dessus des ouvertures, on aperçoit des trous pour fixer des planchers; au pied, sont d'autres grottes et une

---

[1] Ce sont bien là les κῶμαι des évangélistes, mot que la Vulgate rend par *castellum*. — [2] Robinson, III, p. 61, 62.

grande surface lisse de rocher. Un peu plus haut est un autre rocher taillé[1]; celui-ci renferme : 1° un puits magnifique à deux ouvertures avec un escalier intérieur; 2° un très-beau caveau à trois niches, du côté de l'ouest; 3° un caveau du côté de l'est, qui semble avoir un pilier ou pendentif au milieu.

Jalama, à une demi-lieue de Yather, est une autre κώμη tyrienne, sur une hauteur, ce qui la fait ressembler à une acropole. C'est un bel endroit, du même aspect que les localités que nous venons de décrire. On y voit une grande masse de pierres bouleversées; on est frappé surtout du nombre des puits et de deux grandes citernes rectangulaires, sans parler de plusieurs autres évidées en forme de cône. Cela suppose sur cette hauteur une population assez nombreuse. On y voit aussi une mosaïque à gros cubes, de belles cuves, des caveaux et des rochers équarris par le bas. Jalama fut dans l'antiquité une localité considérable.

Hayé, Berias, Ammé (peut-être עַמָּה, Jos. XIX, 30, de la tribu d'Aser), offrent l'aspect de villages en ruines tout à fait semblables à ceux qui viennent d'être décrits. Les *khirbé* du pays de Tyr ont l'aspect le plus uniforme.

Un autre cycle d'antiquités s'ouvre au delà des montagnes qui limitent à l'est l'horizon de Sour, dans la région qui forme la terrasse occidentale du lac Huleh. Les sarcophages, tout en conservant leurs formes grandioses et massives, deviennent plus ornés à leur surface extérieure. Les doubles cuves, creusées dans un même bloc, avec un couvercle unique, sont assez fréquentes. Un genre nouveau de monuments commence à se montrer, je veux parler des chambres sépulcrales bâties en arceaux au-dessus du sol, selon les règles du style gréco-romain, et non plus taillées dans le roc. De beaux temples syriens, et non plus phéniciens, apparaissent çà et là. Au sud, sur une ligne très-rigoureusement déterminée,

---

[1] Je le comparerai, par à peu près, au rocher représenté dans la planche VIII, fig. 1, de l'*Exploration de la Galatie* par M. Perrot.

de Kasyoun à Kefr-Bereim[1], les temples cessent et les synagogues commencent[2]. Je crois que dans cette curieuse région peu de points vraiment importants m'ont échappé.

Hazour (حزور) ou Heziré (مغارة حزيرة), peut-être עֵין־חָצוֹר, ville nephtalite (Jos. xix, 37)[3], offre un bel ensemble de ruines. On y voit une caverne sépulcrale d'un genre à part. C'est une grosse entaille rectangulaire dans le rocher, comme à Amrit; au-dessus, a été construite, à l'époque romaine[4], ce me semble, une voûte qui fut démolie un an avant mon arrivée. A côté, sont des ruines analogues à celles que nous avons déjà tant de fois décrites. On remarque, en particulier, dans un champ, un énorme seuil de porte sur lequel se dessinent des lignes géométriques formant une étoile. Près de là, est une vaste ruine, où s'élèvent de très-beaux murs, et un édifice carré encore bien conservé. Tout cet ensemble est frappant.

Hmid est un groupe de ruines analogues à toutes celles qui viennent d'être passées en revue.

Dibl (دبل) est vis-à-vis de Hazour. On y voit trois beaux caveaux. L'un taillé avec un soin extrême et une précision qui n'est pas ordinaire. Il y a là deux chambres l'une derrière l'autre. Les fours sont rectangulaires, au nombre de neuf (trois sur chaque côté) dans la première chambre. Sur le listel, entre l'ouverture des fours et le plafond, il y a des inscriptions :

---

[1] La carte de Van de Velde est très-exacte pour ces parages.

[2] Cela répond bien, du reste, à la limite de la Galilée, depuis Alexandre Jannée jusqu'à l'absorption du pays par les Romains. (Menke, n°ˢ 4, 5, 6.)

[3] Il y a cependant Hazour et Aïn-Hazour au sud du Jermak, qui peuvent être la localité biblique. (Voir les cartes de Van de Velde et Sprüner-Menke, et contre cette identification, Robinson, III, p. 81; Thomson, I, p. 440). Notre Hazour a l'avantage d'être plus voisin des localités qui environnent עֵין־חָצוֹר dans le texte du livre de Josué. Robinson (III, p. 63) a raison (contre Thomson, I, p. 439, 440) de ne pas identifier notre Hazour avec la célèbre ville de Hazor; mais il n'a pas pensé à En-Hazor. Le point dont nous parlons peut, quoi qu'il dise, être en Nephtali (voir Sprüner-Menke, Bibelatlas, n° 3). Le passage I Macch. xi, 67 (où il faut lire Ἀσώρ et non Νασώρ, Ewald, Gesch. IV, p. 381), convient aussi à notre hypothèse. (Cf. Ritter, XV, p. 260 et suiv.)

[4] Je ne comprends pas comment Robinson a vu là « the marks of extreme antiquity, » III, p. 62, 63. (Cf. Thomson, I, p. 439 et suiv.)

1° A droite de celui qui entre (sur 2ᵐ,20 de longueur) :

ΑΡΙCΤωΝΟCΑΟΘVΔΑΤΟΑΡΙCΤωΝΟC

2° En face de celui qui entre (sur 2ᵐ,10 de longueur) :

ΔΗΜΗΤΡVΟVΜΑΚΡΘΤΡΙCΘΠΡΟ

Il n'y a rien sur le listel de gauche.

Lettres très-espacées, très-frustes et de très-basse époque, les M et les ω énormément écartelés, les A tout à fait gothiques. Pour comble de malheur, l'inscription a été altérée à dessein; on y a ajouté de faux traits; ainsi dans quelques O et quelques C on a inscrit une croix pour en faire un signe de religion ⊕. Les lettres douteuses sont la onzième et la quatorzième de la première inscription, la septième de la seconde. La onzième de la première inscription peut être un Θ; il se peut même que le O soit un faux trait, que ⊕ ait été surajouté à une autre lettre, peut être un N. Sur les autres lettres il n'y a guère de doute. Les trois noms au génitif répondent assez exactement au dessus de trois fours, si bien qu'on pourrait supposer qu'ils désignent les noms des morts contenus dans ces fours, *deux Aristons* et *un Démétrius*. Mais le reste des deux inscriptions est pour moi une énigme. J'affirme cependant qu'on ne peut lire autrement, et qu'il n'est permis de tenter aucune intercalation. J'ai deux estampages et deux copies du monument.

Dibl a encore deux caveaux : l'un taillé avec finesse et exactitude, entrée horizontale; l'autre a l'entrée perpendiculaire, comme les caveaux d'Amrit; sorte d'ogive à côté. On voit aussi à Dibl un beau puits rectangulaire creusé dans le roc, et de larges assises de constructions taillées aussi dans le roc.

Au bas de la colline, entre Hazour et Aïnibl, il y a des apparences d'une grosse construction en très-grand appareil. Je n'ai pu vérifier si ce n'était pas un jeu de la nature.

Aïnibl (عينبل) a deux tombeaux bisomes, monolithes énormes, avec deux gros bouts saillants (forme propre au pays de Tyr et à la haute Galilée). On peut les comparer pour la masse au tombeau bisome de *Ardh el-Urdani* près de Cana.

Doueïr (دوير, « le petit temple ») a les restes d'un temple, dont la porte à jambages monolithes existe en partie. Elle est d'un bon style, analogue à celle d'Oum el-Awamid, à moulures plates, de peu de saillie; il y a une rainure intérieure dans les jambages. Les matériaux sont de grande dimension. Parmi ces débris était un bloc considérable, de forme presque cubique, offrant sur une de ses faces une curieuse sculpture avec inscription. Les maçons et tailleurs de pierre chrétiens d'Aïnibl m'offrirent de séparer la face sculptée et de la réduire à une dalle assez mince pour la transporter à Sour sur un chameau. Ils firent ces deux opérations extrêmement difficiles avec une rare habileté, et ce monument est maintenant au Louvre, où il est, je crois, le plus curieux spécimen que l'on possède des cultes syriens. Il est représenté dans notre planche LVII, fig. 3.

L'inscription est fort difficile. J'ai réussi cependant à la lire presque tout entière :

▨▨▨ΩΑΠΟΛΛΩΝΙΙΟΥϹΕΝΡΙΙΑΙΟϹϹΕΛΑΜΑΝΟΥϹΟΙΚΟΝΟΜΟΥ
▨▨▨ΑΚΛΕΙΤΟΥΗΓΕΜΟΝΟϹΛΕΓ·Ϛ·ΤΟΝΟΥΔΟΝΕΥ[Ξ]ΑΜΕΝΟϹΥΠΕΡϹΩΤΗΡΙΑϹΤΩΝΥΙΩ[Ν]
ΑΝΕΘΗΚΕΝ

[Θε]ῷ Ἀπόλλωνι, Ἰουσενρμαῖος (?) Σελαμάνους οἰκονόμου
[καὶ Ἡρ]ακλείτου ἡγεμόνος λεγ· ϛ· τὸν οὐδὸν εὐξάμενος ὑπὲρ σωτηρίας τῶν υἱῶ[ν] ἀνέθηκεν.

Les lettres de la première ligne sont plus grosses que celles de la deuxième ligne; c'est ce qui fait que la lacune de la deuxième contient plus de lettres que la lacune de la première, outre que la première pouvait commencer un peu en recul. Le nom au nominatif est la seule chose qui m'échappe. Le N paraît avoir été barré ou retouché; cette lettre offre l'aspect d'un N et d'un H superposés; le caractère qui précède αιος se présente à l'œil comme un U; peut-être est-ce un M; cependant les M de l'inscription n'ont pas cette forme. Ἰουσερμαῖος ou Ἰουσενηρμαῖος, est d'ailleurs peu satisfaisant. Σελαμάνης (Selman) est un nom commun dans le Hauran[1]. On trouve aussi un Héraclite dans la Batanée (Waddington, n° 2114). Le tour de la phrase est singulier; Selman et Héraclite paraissent les deux fils pour le salut desquels le monument est élevé. Il est remarquable qu'à Kefr Bereim, à une ou deux lieues de Douaïr, nous

---

[1] Voir mes *Observations sur les noms arabes de l'Auranitide*, dans le *Bulletin archéol.* de MM. de Longpérier et de Witte, sept. 1856; Wetzstein, *Inschriften*, p. 264, 364.

trouverons une inscription hébraïque rappelant l'érection d'un οὐδός. Comparez aussi אִיתהשערו de la grande inscription d'Oum el-Awamid. Les vœux de religion dans ce pays avaient souvent pour objet d'élever ces portes monumentales. (Cf. Waddington, n° 2538 a; Vogüé, *Syrie centrale, Inscr. sémit.* p. 100.) Οὐδός est défini par Suidas : τὸ κάτω τῆς θύρας, ce qui convient très-bien à un linteau, comme est notre monument.

Des deux côtés du palmier, se voient deux petites inscriptions :

ETAY   AKT
MH   ΠANHM
OYIϚ

Il n'est pas impossible qu'après ETAY il y ait un petit C. Il faut en tout cas lire

$$\text{Ἔτους } \overline{\alpha\kappa\tau},\ \mu\eta\nu\grave{o}s\ \varpi\alpha\nu\eta\mu\omicron\grave{\upsilon}\ \overline{\iota\varsigma}.$$

L'année 321 calculée d'après l'ère des Séleucides donnerait l'an 9 de J. C. date beaucoup trop reculée pour le style du monument et de l'inscription. D'après l'ère de Tyr, on aurait 195 après J. C. ce qui va bien. Le règne de Commode et celui de Sévère sont l'époque où s'élevèrent en Syrie le plus de monuments aux frais des indigènes. L'ère d'Antioche donnerait l'an 273, et certainement le style de la sculpture ne répugnerait pas à cette date. Il est difficile de voir quelque chose de plus barbare. Cette barbarie, il est vrai, est encore plus une affaire de province qu'une affaire de date. Le style de la torche de la Lune est caractéristique d'une basse époque. Les deux divinités sont Apollon et Diane, symbolisant le Soleil et la Lune. Les deux figures ont été martelées.

Doueïr a en outre une belle piscine à escalier, creusée dans le roc, et d'autres travaux nombreux creusés aussi dans le roc, en particulier des citernes. M. Gélis, qui le premier attira mon attention sur Doueïr et Schalaboun, en compta quinze. Les caveaux offrent les espèces de jours de souffrance que nous remarquerons plus caractérisés à Schalaboun.

Prés de Doueïr, est Schalaboun (شلعبون), nom qui répond probablement au nom שעלבים ou שעלבין de la Bible[1], mais non à la localité mentionnée dans Josué, XIX, 42, et dans d'autres endroits[2]. Cette localité,

---

[1] Cette coïncidence me fut indiquée par les khouris maronites du pays.

[2] Knobel, sur Josué, XIX, 42; Saulcy, deuxième Voyage, II, p. 275, 276. Il est possible que les Danites émigrés vers le nord (Bertheau, *Zur Gesch. der Israeliten*, p. 288, 289), de même qu'ils donnèrent à Laïsch, après l'avoir prise, le nom de *Dan*, aient transporté avec eux le nom de *Schaalabbim*,

678 MISSION DE PHÉNICIE.

en effet, est dans la tribu de Dan, à l'ouest de Jérusalem. En tout cas, les beaux restes d'antiquité que possède Schalaboun ne sont nullement juifs. On y remarque : 1° une très-belle construction carrée, en très-grandes pierres. En voici le croquis rapide pris par M. Gélis[1] :

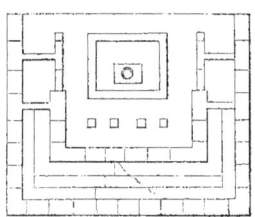

2° Une autre construction, dont voici l'esquisse sommaire tracée par le même :

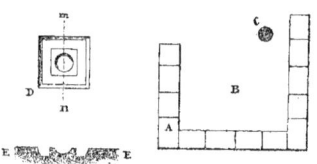

A, enceinte de pierres de taille. — B, plate-forme de roc aplani. — C, trou circulaire peu profond. — D, roc aplani. — E E, coupe suivant m n.

3° Deux très-beaux sarcophages sculptés (sur le petit mamelon), ayant pour décoration une guirlande soutenue et relevée par un génie ailé occupant le centre de la large face, raisins en pendeloques antéfixes dans le *sinus* de la guirlande. Aux bouts des deux sarcophages sont des espèces de petits autels ou soutiens comme ceux que nous trouverons à Oum el-Awamid; au-dessus, dans l'un des sarcophages, sont deux lances croisées et liées au point d'intersection par une couronne rappelant les armes du sarcophage de Kneifedh. Ce tombeau me paraît du même temps

selon une habitude commune aux émigrés de tous les temps.

[1] Qu'il me soit permis de déposer ici l'expression d'un vif regret pour la mort de cet officier distingué, qui rendit à la mission les plus grands services, et dont les relations personnelles eurent pour moi et pour les personnes qui m'accompagnaient un charme extrême.

que celui de Kneifedh, et reporte la pensée vers l'époque des Hérodes, des Ptolémées fils de Mennée, des Lysanias, des Zénodore, chefs arabes inféodés à l'empire romain, adoptant les modes et le style grecs, ou bien encore vers le mélange de mœurs grecques et arabes qui se produisit à Palmyre et dans le Hauran au second siècle. Les armes, demi-romaines, demi-arabes, qu'on voit sur les monuments de Schalaboun, feraient croire que les aristocrates pour lesquels furent construits ces superbes tombeaux appartenaient à la race qui prit la prépondérance, à l'époque romaine, sur toute la ligne du Jourdain et de l'Anti-Liban. Sur ces grands tombeaux de famille chez les Arabes ghassanides, voyez Caussin de Perceval, *Essai*, II, p. 241; Hartwig Derenbourg dans le *Journal Asiatique*, oct.-nov. 1868, p. 311, 379.

4° Un autre sarcophage, très-beau encore, très-large, présentant des acrotères démesurés, près de la construction carrée.

5° Un caveau d'un genre à part, avec des niches dans le vestibule. Je le crois juif.

6° Deux autres caveaux du même genre contigus. Au-dessus de l'entrée de l'un, deux mains qu'on prendrait pour des fourchettes, si l'intention d'y figurer cinq doigts n'était évidente. Cette sculpture semble moderne; c'est peut-être le signe contre le mauvais œil. L'autre caveau a deux chambres qui se suivent. La première chambre a été déblayée par les chercheurs de trésors; mais ils n'ont pu enlever la pierre qui fermait l'entrée de la seconde chambre. Il y aurait là une fouille intéressante à faire. Ce caveau paraît un de ceux qui peuvent le mieux donner l'idée du tombeau de Jésus[1].

Un des traits caractéristiques de ces trois caveaux, c'est une espèce de jour de souffrance, percé près de l'entrée et destiné, quand la pierre était roulée à la porte, à éclairer l'intérieur. Nous avons déjà trouvé cette particularité à Doueïr. Les sépultures phéniciennes et syriennes n'offrent

[1] Voir *Vie de Jésus* (13ᵉ édition), p. 447, 448; Vogüé, *Les églises de Terre Sainte*, p. 125 et suiv.

aucune trâce de la préoccupation de donner du jour à l'intérieur du tombeau. Les « cheminées » de Gébeil, d'Amrit, de Saïda ne pouvaient servir à éclairer l'intérieur, puisqu'on les bouchait après la perforation du caveau. Elles n'ont d'ailleurs aucune ressemblance avec l'espèce d'œil-de-bœuf dont nous parlons en ce moment. On remarquera sur toutes les tombes de la région où nous sommes l'absence d'épitaphe, trait essentiellement juif ou phénicien.

7° Schalaboun a aussi un caveau à niches; au-dessus on avait construit une voûte comme à Hazour. Cette voûte est détruite, et le caveau est maintenant plein d'eau.

On me parla, à deux reprises différentes, de sculptures à Bint-Gébeil. Serait-ce là une confusion avec Doueïr et Schalaboun, localités voisines?

Yaron (يارون), le ירְאוֹן nephtalite de Jos. xix, 38[1], a une importante ruine qui mériterait une étude de la part d'un architecte. C'est un tertre couvert de très-beaux matériaux, où des restes notoirement chrétiens se mêlent à d'autres qui semblent provenir d'un temple païen. Ce n'est sûrement pas une synagogue, comme on a cru pouvoir le supposer. Il y a là d'assez bons chapiteaux corinthiens, d'autres portant une croix, qui paraissent de ce style du temps de Justinien, qui a laissé tant de traces en Syrie; il y a aussi de belles pierres de frise, à plates-bandes fines, qui rappellent les linteaux d'Oum el-Awamid. Au pied du tertre, sont des couvercles de sarcophages à acrotères présentant une sorte de cloison au milieu. Au-dessous, est un beau puits rond, à escalier, bâti en pierres de taille. Plus bas encore, est une piscine, avec une construction, sorte de *sacellum*, à côté.

A l'angle de la porte de la mosquée métualie, il y a un bloc dont deux côtés sont visibles. Sur l'un de ces côtés se voit un palmier bien sculpté[2];

---

[1] Nau, Seetzen, Monro, Robinson, Van de Velde, Thomson l'ont visité : voir Ritter, XVI, p. 784, 785; Robinson, II, p. 447; Van de Velde, I, p. 133; Thomson, I, p. 435; Seetzen, 2° partie, p. 123; *Comm.* p. 301; Knobel, *Commentaire sur Josué*, p. 469.

[2] Sur le symbole du palmier en Phénicie, voir Schrœder, *Die Phœn. Spr.* pl. xviii, n°° 10, 14.

sur l'autre, une inscription, très-régulièrement gravée, malheureusement
mutilée dans le sens de sa longueur :

```
                         ΙΚΑΣ
                        ΦΠΟΣΕΙ
                         ΘΟΥΣ
                        ΕΔΑΜΑ
                        ΟΣΑΛΕ
                        ΗΣΥΠΟ
                        ΥΠΟΓΑΙ
                         ΟΣ ⚚
                        ΤΕΘΗΚΟΝ

                         Κ ΕΠΙ
                         ΑΠΙΣΑ
                         ΜΟΝV
                        ΟVΝΑΟV
```

Il n'y a guère de douteux que le Κ surligné de la dixième ligne et le jambage droit
de la huitième. Ce dernier jambage, s'il est réel, ne peut être qu'un Ι ou un reste de Η
ou de Ν; car le Π de l'inscription a la barre du haut fortement débordante, et le Μ a
les barres courbes et très-inclinées (Μ). Le premier Τ de la neuvième ligne n'est pas
non plus bien sûr; ce peut être une moitié de Π. Enfin la première lettre de la onzième
ligne pourrait être un Λ. A la dixième ligne, il y a un blanc entre le Κ et ΕΠΙ. Les
quatre dernières lignes sont d'un caractère plus grêle que les neuf premières; mais la
forme des lettres, sauf l'Υ, est la même. ΤΕΘΗΚΟΝ est aussi d'un caractère plus petit
que les huit premières lignes. Il est probable que l'inscription dont ΤΕΘΗΚΟΝ faisait
partie avait une seconde ligne incomplète, dont il ne reste rien. La pierre contenait
donc trois inscriptions, une d'au moins huit lignes, une autre de deux lignes, la troisième d'au moins quatre lignes. Je ne suis pas sûr s'il manque quelque chose au haut
et au bas; je ne le crois pas, car le palmier est complet et bien établi.

Le Φ de la deuxième ligne, enjambant un peu sur la première, fait un vide avant
ΙΚΑΣ, ce qui ferait par moments supposer que cette première ligne aurait été ajoutée
après que la deuxième ligne était déjà écrite. Ce Φ ne peut être qu'un chiffre (500).
Voici une façon de concevoir quelques parties de ces huit lignes.

[Ἐπὶ . . . . χα]ὶ Κασ-
[σίου . . . ., ἔτους . . . .]φ̅, Ποσει-
[δώνιος . . . ., καὶ . . . . . Κλεάν]θους,
[καὶ . . . ., κ]ὲ Δαμά-
[σκιος . . . ., κὲ . . . . . .]ος Ἀλε-

$$[\xi\acute{\alpha}\nu\delta\rho\text{ou}\ldots\ldots\ldots\ldots\ldots\ldots\ldots\tau]\tilde{\eta}\varsigma\;\dot{\upsilon}\pi\text{o-}$$
$$[\dot{\upsilon}\rho\alpha\nu\acute{\iota}\alpha\varsigma\ldots\ldots\ldots\ldots\ldots\ldots\varkappa\alpha\grave{\iota}]\;\dot{\upsilon}\pi\text{o}\gamma\alpha\acute{\iota}\text{-}$$
$$[\alpha\varsigma\ldots\ldots\ldots\ldots\ldots\ldots\ldots\ldots\ldots\varkappa\acute{\upsilon}\rho]\iota\text{o}\varsigma.$$

Dans la deuxième partie de l'inscription, je ne vois guère d'autre ressource que de supposer une faute ϖετήκον[τα] pour ϖεντήκοντα.

Quant à la troisième, on peut la concevoir ainsi :

$$[\text{Έτους}\ldots\ldots, \mu\eta\nu\grave{o}\varsigma\ldots\ldots\ldots]\varkappa', \;\grave{\epsilon}\pi\grave{\iota}$$
$$[\ldots\ldots\;\;\ldots\ldots\ldots\ldots\ldots\ldots]\alpha\;\Pi\iota\sigma\acute{\alpha}\text{-}$$
$$[\nu\delta\rho\text{ou}\ldots\ldots\ldots\ldots\ldots\ldots\tau\grave{o}\nu\;\beta\tilde{\omega}]\mu\text{o}\nu\;\dot{\upsilon}\text{-}$$
$$[\pi\grave{\epsilon}\rho\;\sigma\omega\tau\eta\rho\acute{\iota}\alpha\varsigma\;\tau\tilde{\omega}\nu\ldots\ldots\ldots\ldots\tau]\text{o}\tilde{\upsilon}\;\nu\alpha\text{o}\tilde{\upsilon}.$$

Mais c'est le cas de dire : لعل الله. La forme cursive du M est frappante; mais dès l'an 200 à peu près, le M avait déjà cette forme en Syrie (voir planche V, fig. 7). Si le Φ fait partie de la date de l'inscription, et si l'on calcule cette date d'après l'ère de Tyr, l'inscription serait de l'an 374 à l'an 474 de J. C. ce qui est trop tard.

Sortons de Yarôn par la route qui conduit à Kefr-Bereim, nous trouverons un énorme sarcophage brisé, qui dépasse en dimensions le prétendu tombeau d'Hiram [1]. Il avait une base, qu'on a fait sauter avec de la poudre pour y chercher des trésors. Au-dessus, sont les ruines d'un temple; on voit un beau morceau de frise [2]. La grandeur des blocs employés à toutes ces constructions étonne; on est surtout frappé d'un angle de fronton, à riche encadrement et d'assez bon style, qui se détache au milieu de ruines.

Plus loin, est une grotte juive, composée de niches creusées dans le roc, d'un style simple et uni. Les niches sont grossièrement taillées en voûte; les auges sépulcrales sont au fond; les couvercles ne sont pas soignés. A l'entour, on voit de mauvais chapiteaux corinthiens.

[1] C'est peut-être de ce sarcophage que parle Robinson, II, p. 447; il m'est cependant difficile de concevoir comment son itinéraire et le mien purent se croiser sur ce point. Je crois par moments que le sarcophage vu par Robinson est un autre sarcophage dont on me parla à Sour, et que l'on me déclara ressembler au tombeau d'Hiram (ressemblance relevée aussi par Robinson, cf. Ritter, XVI, 793). Si les deux monuments sont identiques, c'est depuis le passage de Robinson qu'on a si cruellement gâté le beau tombeau que je remarquai en sortant de Yarôn. Monro a dû passer aussi devant notre sarcophage. Ritter, XVI, p. 785, 793. M. de Saulcy, de son côté, paraît avoir vu des tombes que je n'ai pas vues (deuxième Voyage, II, p. 273, 274).

[2] Je trouve parmi mes renseignements une note ainsi conçue : « Deïr près de Yarôn, inscriptions, colonnes et ruines. »

CAMPAGNE DE TYR.   683

Nous entrons ici en terre juive proprement dite, dans la haute Galilée. Réservons les antiquités d'un tout autre ordre que va présenter cette contrée pour notre sixième chapitre. La frontière de la Galilée et du pays de Tyr est tracée avec une netteté extrême[1]. Sans doute ce que nous appelons le pays de Tyr avait été avant la captivité des dix tribus une terre israélite. Mais, depuis la destruction du royaume d'Israël, la tribu d'Aser et une partie de celle de Nephtali sortirent définitivement du domaine d'Israël, tandis qu'une partie de Nephtali et tout Zabulon devinrent, un ou deux siècles avant notre ère, un des pôles du judaïsme, et bientôt après le centre de ses plus importants développements.

Kadès de Nephtali est un de ces points qui, depuis la destruction du royaume d'Israël par les Assyriens[2], cessèrent d'être juifs. Kadès devint même une place frontière du monde païen, une ligne de défense contre le judaïsme[3]. Kadès a de très-belles ruines[4], qui m'ont paru de l'époque grecque ou romaine[5]. La colline en est couverte, et au bas se voit une vaste esplanade qui offre de beaux monuments. Nous signalerons :

1° La grande sépulture carrée, construction quadrilobée recouvrant des caveaux intérieurs. Un côté offre la porte; les trois autres côtés sont pleins. Les voûtes intérieures ont 9 mètres de diamètre. C'est l'idée générale des tombeaux d'Amrit, mais traitée d'après un tout autre style d'architecture : qu'on se figure un caveau funèbre tiré de dessous terre et exhaussé au-dessus du sol. Robinson veut que ce caveau soit juif. Je ne vois pas de raisons de le supposer. Le rapprochement que fait le savant explorateur avec les pitoyables images du *Jichus ha-Abot* a bien peu

---

[1] Menke les indique bien. *Bibelatlas*, n° 5.
[2] I *Rois*, xv, 29.
[3] Josèphe, *B. J.* IV, ii, 3.
[4] Bertou, *Bulletin de la Soc. de géogr.* sept. 1839, p. 144; Eli Smith, dans la *Bibliotheca sacra*, 1849, p. 374 et suiv.; de Forest, dans le *Journal of the American Oriental Society*, t. II, p. 242, 243; Robinson, III, p. 366 et suiv.; Thomson, I, 412 et suiv.; Porter, *Syria and Pal.* p. 443, 444; Van de Velde, II, p. 354, 355; Ritter, XV, p. 246 et suiv. Stanley, *Sermons in the East*, p. 197, note. « Monstrantur ibidem adhuc ruinæ magnæ et sepulchra pulcherrima antiquorum. » Brocard, p. 35 (Laurent). Pour les noms divers, voir Menke, cartes 3, 5, 6, 7, 8; Knobel, sur Josué, p. 469.

[5] Thomson appelle tout cela « certainly jewish or phœnician. » Il se contredit dans ce qui suit.

de force; la ressemblance est faible, et d'ailleurs la puérile tradition juive a pu prendre pour juives des tombes qui ne l'étaient pas. La grosse construction carrée de Kadès rentre dans l'analogie des monuments de la région non juive d'Aïnibl. Je donne ici un croquis rapide de ce monument pris par M. Gélis.

2° Un riche ensemble de sarcophages, portés sur de larges piédestaux, les plus beaux peut-être de toute la Syrie. Il y en a de sculptés : un à personnages (très-fruste), d'autres avec des guirlandes, des bucranes, des antéfixes achevés ou épannelés ($2^m,10$ ou $2^m,20$ de long). A côté de ces sarcophages sculptés, se voit un beau sarcophage sans sculpture, bisome, avec un couvercle imbriqué du plus bel aspect.

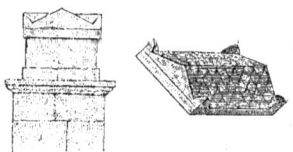

Ce groupe de sépultures, qui, pour la grandeur et la richesse, l'emporte encore sur celles de Schalaboun, est d'un effet saisissant. Robinson veut qu'elles soient juives; les sculptures vivantes de l'un des sarcophages m'empêchent de partager cet avis. Les sépultures juives dont on voit le type parfaitement conservé à Meirôn, près de Safed, ont un tout autre caractère d'austérité, et en particulier n'ont pas de sculptures représentant la figure humaine. D'ailleurs, à l'époque où ces sépultures ont été construites, Kadès était une ville tyrienne toujours en guerre avec les juifs de Galilée[1]. Le goût des tombeaux bisomes et à socle carré est une particularité du pays de Tyr.

3° Un temple, avec une porte grandiose, aux supports monolithes (5 mètres de long), dont voici l'étude rapide faite par M. Gélis.

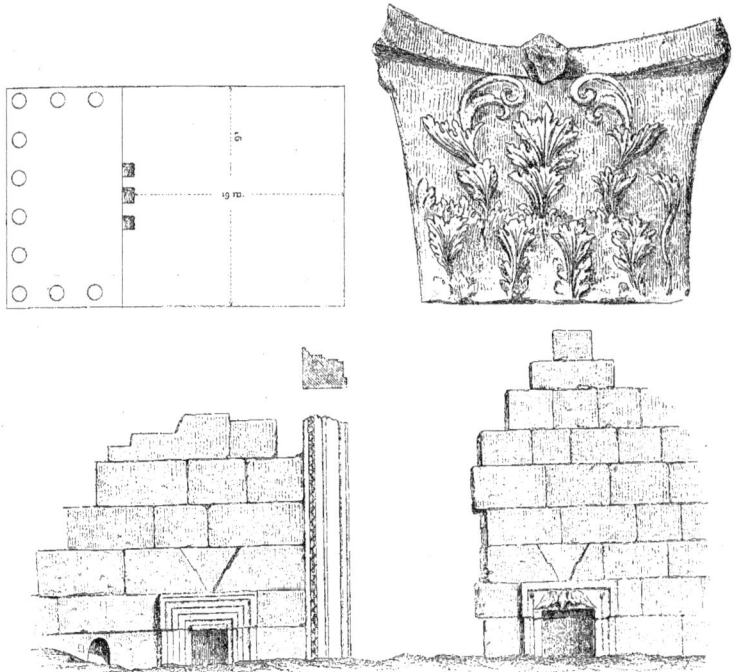

C'est à tort que Thomson et Robinson ont pensé que cet édifice pouvait être une synagogue[2]. L'aigle qui est au-dessus d'une des petites portes

---

[1] Josèphe, B. J. II, xviii, 1; IV, ii, 3. Thomson (p. 412) comprend mal μεσόγειος. I Macch. xi, 63, 73, et Jos. Ant. V, 1, 18, 24 (atténué par ibid. XIII, v, 6, 7), s'appliquent à une époque antérieure à nos monuments; cf. Movers, Die Phœnizier, II, 1, p. 97, 98, note 64. Au moyen âge il se trouve peu ou point de juifs à Kadès (Benjamin de Tulède, p. 82, édit. Asher; Carmoly, Itin. p. 264).

[2] Robinson, III, p. 368; Thomson, I, p. 413, 435. Van de Velde, II, p. 355, a mieux vu.

s'y oppose[1]. En outre, les synagogues que nous trouverons en Galilée et en Palestine sont d'un tout autre style.

L'aspect de la colline de Kadès est remarquable; on dirait des étages de remblais et des coupes artificielles de terrains, offrant des apparences de bastions et de glacis. Josèphe appelle en effet cette ville κώμη καρτερά, et dit qu'elle avait les fortifications nécessaires à une ville frontière : ἔχουσα τὴν ὀχυρότητα τῆς πρὸς τὸ ἔθνος διαφορᾶς ἐφόδια.

A Neby Scha'bân, wély du côté de Kadès, on m'avait dit qu'il y avait une inscription analogue à celle de Kseir (voir ci-dessus, p. 646). A Neby Ibn-Méhélib, autre wély, on m'avait annoncé aussi une inscription au-dessus de la porte. Je n'ai pu voir ces deux endroits.

Revenons vers l'ouest; repassons par Dibl et Hazour. Rama, qu'on a devant soi, est הרמה d'Aser, Jos. XIX, 29, ou הרמה de Nephtali, XIX, 36. La première hypothèse est préférable; car le Rama de Nephtali se place convenablement au sud du Jermak[2]. En outre, il n'est guère permis d'étendre la frontière de Nephtali si fort vers l'ouest. Si notre Hazour était une ville nephtalite, il faut supposer que la limite d'Aser et de Nephtali était la chaîne à l'ouest de notre Hazour, celle de El-Kaouzah.

La hauteur de Bélat[3] possède la plus frappante ruine de toute la contrée. C'est une grande colonnade ressemblant au dorique, et portant encore sa frise. Les matériaux de cet endroit, situé sur une hauteur escarpée, n'ayant pû être exploités, toutes les pierres du temple sont là éparses et l'on pourrait presque le reconstruire. Ce pittoresque amas de ruines, sur lequel a poussé un petit bois de lauriers, reste de l'ancien bois sacré (le laurier est assez rare en Syrie et n'y forme pas de bois spontanés), cet amas de ruines, dis-je, mériterait d'être remué. Les pierres

---

[1] Comp. Jos. *Ant.* XVII, VI, 2 (horreur que les aigles sculptés causent à Jérusalem).

[2] Robinson, III, p. 64, 79, 80 et sa carte (comp. *Zeitschrift der deutschen morgenl. Gesellschaft*, 1853, p. 42, 43); voyez cependant Seetzen, 2ᵉ partie p. 122, 128; *Commentare*, p. 300, 303. Voir aussi la carte de Van de Velde et le *Bibelatlas* de Menke.

[3] Voir Seetzen, 2ᵉ partie, p. 122; *Commentare*, p. 300; Robinson, III, p. 64, 65, et dans la *Zeitschrift der deutschen morg. Gesellschaft*, 1853, p. 42; Thomson, I, p. 443, 444; Van de Velde, I, p. 180, 181 (édit. allemande).

sont du pays, le travail est très-lourd; on dirait une grossière imitation du style grec par des tailleurs de pierres rustiques ou provinciaux. Le temple avait une belle citerne, qui nous fournit encore une eau fraîche et excellente[1]. Bélat est très-probablement بعلة, ce qui nous apprend que le temple était dédié à la *Magna Dea Cœlestis* ou Vénus (Βλάτ7α, ὄνομα Ἀφροδίτης ἐσ7ὶ κατὰ τοὺς Φοίνικας, Lydus, *De Mens.* § 24), ou du moins à quelque déesse. בעלת, équivalent de «Notre-Dame,» est une épithète honorifique des déesses dans l'Yémen. Kruse écrit, comme moi, בעלת et voit à tort dans ce mot un nom de ville biblique; il n'y a pas là l'assise d'une ville. Fleischer écrit البلاط, *palatium*[2]; mais je préfère le rapprochement avec Βλάτ7α.

Je croirais volontiers les constructions dont je viens de parler de l'époque ptolémaïque ou séleucide. L'époque romaine eût fait quelque chose de plus correct. Quoi qu'il en soit, Bélat est le plus bel exemple de «haut lieu[3]» chananéen ou assérite que l'on puisse citer. Ce bois de laurier, ce sont ces arbres verts (*sub omni ligno frondoso*) dont l'ombre inspirait tant d'horreur aux prophètes monothéistes. Robinson croit qu'il n'y a jamais eu de *cella* derrière la colonnade de Bélat. Cela se peut; le culte en plein air était un trait de ces pays; comparez le Carmel[4].

Merwahîn est un emplacement antique; les restes de constructions y abondent. On m'a vanté l'aire de Terbiha comme un ouvrage très-ancien; je ne l'ai pas vue.

Yarîn[5] est un énorme tas de bâtisses antiques en bons matériaux; toute la colline en est couverte; mais la construction paraît médiocre. On y voit une immense citerne voûtée; vis-à-vis, une piscine dans le roc. Au bas de la colline, sont les ruines d'un temple ou d'une église. Sur un morceau

---

[1] Sur la proximité des puits et des temples; voir Movers, *Die Phœn.* II, 1re partie, p. 240; Ritter, XVII, p. 359, 360.

[2] *Commentare zu Seetzen's Reisen*, p. 300.

[3] Voir Gesenius, *Thesaurus*, aux mots נבעון, במה, גלגל, גבעה.

[4] Knobel, sur le *Deutér.* xxxiii, 19.

[5] Thomson, I, p. 444. Une remarque, en apparence puérile, c'est que toutes les localités dont le nom finit par *în* en Syrie ont des antiquités : *Gharfîn*, *Zubklîn*, *Mariamîn*, etc. Cette terminaison vient souvent de *ιον* (grec moderne *ιν*).

de pierre sculpté, en forme d'arcature ornementée, on distingue un animal et une grenade. Une grosse pierre cassée offre un listel et une gorge. Cobroussi m'avait annoncé une inscription dans l'église; c'est probablement du morceau sculpté qu'il voulait parler.

Tayschié, tout près de Yarîn, a un bois de laurier, trait toujours caractéristique en Syrie. On y voit une jolie mosaïque encadrée, ayant pour motif une série de petits arceaux faisant une sorte de dentelle, dont chaque denticule a le centre marqué par un gros point rouge.

Djubbein a beaucoup de morceaux de poterie. On en tire d'énormes pierres : c'est comme une carrière en pleine exploitation.

Le Kalaat Schamma[1] me paraît postérieur aux croisades. Il est très-bien conservé, sauf les parements des fenêtres, qui ont été volés. On éprouve une grande surprise à trouver ainsi, presque oublié des gens du pays, un immense château abandonné ou seulement habité par quelques revenants fanatiques d'un monde disparu. Je crois la construction du XVIe siècle; il y a là, du reste, des inscriptions qui résoudraient la question; mais une telle question était en dehors de mon cadre.

Ermed[2] ressemble à ces « hauts lieux » dont nous venons d'énumérer un si grand nombre. Il possédait une belle colonne de granit gris qui a été enlevée par le maître maçon (*malem*) qui m'accompagnait en cette course, et qui m'initiait sans vergogne à tous ses méfaits. J'y vis aussi un chapiteau dorien, comme ceux de Bélat. Cobroussi, à Sour, m'avait affirmé obstinément que je trouverais à Ermed « une statue noire tenant un bâton avec deux ou trois mots écrits dessus[3]. » Nous n'avons rien rencontré de semblable. Le versant nord de la colline, du côté d'Oum el-Awamid, a de très-beaux tombeaux en forme d'auge creusés dans le

---

[1] Voir Thomson, I, p. 445.

[2] *Tell Edmid* de la carte de l'État-major, probablement *Izmid* de Thomson (I, 445), quoique sa description ne se rapporte guère ni à mes notes ni à mes souvenirs. Si l'*Idmith* de la carte de Ritter (t. XVI) est identique à notre localité, cet Idmith est bien loin de sa vraie place. Van de Velde distingue les deux.

[3] « S'adresser, ajoutait-il, à Nasif Beytar. » Je n'ai pas trouvé ce *Beytar*.

roc. Le rocher a été plané, puis on y a creusé les tombes. Sur ce même versant de la colline, qui est comme une nécropole en amphithéâtre, d'un très-bel effet, on voit renversés de larges sarcophages en forme d'auges détachées; deux de ces magnifiques auges sont encore sur leur assise. Au pied de la colline est un beau sarcophage dont le devant est orné de trois bucranes (un au centre, deux aux angles), supportant une guirlande (époque romaine). Mais ce qui frappe le plus à Ermed, ce sont deux énormes citernes, en forme de bouteille, avec un goulot étroit, qu'on pourrait prendre pour type de ce genre de citernes, commun dans le pays de Tyr. Elles sont très-profondes et d'un travail vraiment admirable[1]. La perforation devait se faire par un effort horizontal circulaire; toutes les raies sont horizontales et ont l'air d'avoir été faites à la tarière, comme les cheminées des caveaux de Gébeil. Ermed a dû être, à une certaine époque, une ville assez considérable.

Les deux collines au-dessus d'Iskanderouna, dont l'une s'appelle *Roueis*, sont couvertes de grosses ruines et de caveaux. Il y a surtout un beau caveau à trois grands arceaux, qui est remarquable. C'est ici la nécropole d'Alexandroskéné. Je n'ai pas vu Kafkafa (au levant d'Alma), où l'on dit qu'il y a un caveau analogue à celui de Dibl, d'autres disent « de petites grottes. » Je n'ai pas vu non plus Mafia et Hamoul, où l'on prétend qu'il y a des antiquités. Les cartes mentionnent toutes un village de Hamoul, qu'on identifie avec Hamoun de Jos. xix, 28 (cf. Ritter, XVI, p. 778). M. Gélis n'a pu trouver aucune trace de ce village. Je ne puis croire cependant que les indications de mes devanciers à cet égard soient erronées (Van de Velde, *Memoir to accompany the map of the Holy Land*, p. 318).

Nous voici arrivés à Oum el-Awamid. Nous consacrerons un chapitre à cette localité; mais nous devons auparavant traiter de la région au sud-est de Sour, que nous n'avons encore qu'imparfaitement décrite.

---

[1] On peut se les figurer par la représentation que M. Rey a donnée des excavations souterraines de Beith-Gébrin (*Étude de la tribu de Juda*, planche).

A Deïr Canoun Ras el-Aïn[1], il y a de grosses pierres, des travaux dans le roc et des sculptures extravagantes tout à fait semblables à celles du Wadi-Cana.

Ces sculptures sont près du village, et tous les gens du pays les connaissent. En outre, dans la colline couverte d'un bois taillis qui est à l'est ou plutôt au nord-est de ce village, sur le versant nord de ce coteau, il y a quatre figures du même genre que l'on chercha pour moi, mais que l'on ne put retrouver. Vis-à-vis du groupe principal de ces sculptures est un rocher taillé à pic, qui, vers l'endroit où il sort de la ligne de terre actuelle, offre un retrait prononcé. Le sol est formé tout entier à cet endroit de terres meubles rapportées. Il est très-probable qu'il y a là un hypogée, dont l'entrée a été obstruée. Ce qu'on en peut voir me fit augurer une chambre sépulcrale analogue aux chambres qui remplissent la région crayeuse derrière Maschouk.

Sur la surface lisse de rocher dont je parlais tout à l'heure, se voit une croix latine, à gauche de laquelle on a grossièrement représenté les images du soleil et de la lune; au-dessous, des traces qui semblent être des restes d'une inscription. Impossible de rien distinguer. Je ne suis

---

[1] Il n'y a qu'un village de ce nom; j'ignore pourquoi Van de Velde a marqué deux villages de ce même nom presque contigus.

CAMPAGNE DE TYR. 691

même pas bien sûr qu'il y ait jamais eu là une inscription. Au-dessus est une caverne avec des siéges à l'intérieur, et au dehors, des gradins.

Le *beydar* ou aire de Deïr Canoun Ras el-Aïn est plein de travaux dans le roc et de vieilles constructions; il y a des sarcophages en forme d'auge; on sent un emplacement antique. On m'avait parlé à Sour d'un «taureau noir» qui devait s'y trouver; cette indication ne s'est en rien vérifiée.

La route de Deïr Canoun Ras el-Aïn à Cleilé est intéressante. D'abord, à main droite, on trouve des caveaux dans le style d'Adloun, ou à peu près, sur le revers de la colline de Semaïeh, puis une maison en gros blocs à surface lisse. Sur la colline suivante, après être passé à l'autre versant, on rencontre un endroit nommé Malkieh[1]. C'est un emplacement d'ancienne ville et un de ceux qui offrent le type le plus caractéristique d'une vieille localité chananéenne. Pendant plus d'un quart d'heure on ne voit que restes de constructions, gros murs et beaux travaux dans la pierre. Les tombeaux taillés à même dans le roc ressemblent à ceux de Bélat, près Gébeil. Il y a là de gros sarcophages à acrotères qui ont de l'analogie avec ceux de Khan-Khaldi. Une caverne sépulcrale offre au dessus de sa porte le signe △, avec lequel nous avons déjà fait connaissance. On est frappé aussi d'un caveau double, à plusieurs niches, de bon style, dans lequel on descend par un puits commun placé au milieu des deux grottes; plusieurs des niches communiquent entre elles d'un côté à l'autre par le fond. Au sein de ce grand ensemble de ruines se dessinent trois tertres longs, très-caractérisés, donnant bien l'idée d'un במה ou haut lieu artificiel[2], d'où βωμός, peut être aussi d'un גלגל «tas.» L'autel primitif des Sé-

---
[1] C'est peut-être le casal de Mélékieh du moyen âge (Rey, p. 369). — [2] Notez עשה במות (II *Chron.* XXI, 11).

mites fut un tell de pierres. Des restes de très-vieilles maisons rappellent Oum el-Awamid; un linteau surtout a de la ressemblance avec les débris qu'on voit en ce dernier endroit. Une maison carrée sur une levée de terre est remarquable par les grandes pierres qui entrent dans sa construction et son appareil grossier, bon cependant. Enfin une citerne très-soignée rappelle les plus beaux ouvrages de ce genre que possède le pays de Tyr. Tous ces travaux se continuent le long de la route qui descend dans la vallée, et même remontent le long de la colline située vis-à-vis.

Cleilé, situé sur cette colline, a une jolie margelle de puits, de grands sarcophages, de gros murs, un tumulus, des reste de maisons. On m'avait dit qu'il s'y trouvait des grottes sépulcrales peintes[1]. Les métualis y mirent de la mauvaise volonté et ne voulurent me rien montrer.

Ce qui frappe en ces ruines, c'est l'absolu défaut d'élégance. Un fragment à moulure ou à sculpture y est très-rare. L'idée d'un art privé pour les maisons n'a été introduit en ce pays que par les Grecs et les Romains. Les localités restées indigènes, comme toutes celles que nous venons de décrire, devaient être pour le goût quelque chose d'analogue aux villages qui couvrent actuellement le pays, sauf qu'ils étaient sans doute beaucoup mieux bâtis. On voit aussi la différence du pays de Tyr avec le Liban proprement dit. Sur tous les sommets du Liban, comme dans le pays de Tyr, nous avons trouvé la trace d'une localité antique; mais, dans le Liban, nous avons rencontré partout des temples à côté des exploitations industrielles. Ici, les ruines éparses dans le pays sont de vastes métairies, de riches villages, avec des sépultures grandioses et l'appareil matériel le plus beau qui ait jamais existé. Les temples, du moins aux environs immédiats de Sour, sont rares dans la campagne; on sent que le temple de Melkarth, comme le temple de Jérusalem, étouffait les autres et empêchait la multiplicité des sanctuaires. Il faut se rappeler, d'ailleurs, que nous sommes déjà ici en terre juive, bien qu'à partir de la conquête de

[1] «A Cleilé et Bramié, à une heure de Sour, cavernes avec peintures.»

Salmanasar, la tribu d'Aser ait été à peu près perdue pour la famille d'Israël.

Regagnons la côte au sud de Ras el-Aïn. Aïn Medfené (عين مدفنة) est un petit port, où il y a un puits, beaucoup de morceaux de marbre, un chapiteau analogue à celui de Sarfend, en un mot les traces d'une ville ancienne[1]. Près de là est une petite colline couverte de ruines; on y voit un sarcophage, des murs, des maisons, etc. L'endroit s'appelle *El-Hamra*, d'après les métualis que nous y trouvâmes[2]. C'est là, je pense, ce que beaucoup de voyageurs et de cartographes appellent *Schebrayeh*[3]. Notez que les abreuvoirs situés autour des puits sont, dans ce pays, tous anciens.

A l'entrée de la route du cap Blanc, il y a des travaux dans le roc analogues aux chambres de Djouni et de Gébeil taillées dans le roc au niveau de la mer. Ici, comme à Djouni, ces travaux se sont en partie écroulés. La route du cap est antique; après avoir passé le cap, on trouve dans le roc des ornières très-profondes.

La fontaine d'Iskanderouna est antique; le revêtement en a été enlevé. Impossible de donner au nom d'Ἀλεξάνδρου σκηνή[4] une valeur historique, comme si Alexandre y avait eu son camp pendant le siège; Iskanderouna est à 13 kilomètres et demi en ligne droite de Tyr, et de cet endroit on ne voit pas Tyr. Mais ce put être la première halte après le siège, comme Ἀλεξανδρεία κατ' Ἰσσόν, après la victoire d'Issus[5].

La route du cap Nakoura est le κλίμαξ Τυρίων ou *Scala Tyriorum*[6].

---

[1] Thomson, I, p. 467.
[2] Voir la carte de Berghaus, qui suit ici Pococke. Voir Ritter, XVI, p. 808. Cf. Thomson, I, p. 467.
[3] Jacotin, Lange, Van de Velde, de Saulcy, de Vogüé, Spruner-Menke, etc. Ce nom n'a pas été prononcé non plus à MM. de l'État-major. (Voir Ritter, XVI, p. 777, 808, 809, 815, 816.)
[4] Voir Ritter, XVI, p. 808, 809, 814, 815; Kruse, *Commentare zu Seetzen*, p. 290, 291, a ici des idées singulières.
[5] Voir *Syrie* dans Didot, *Univ. pitt.* p. 24, note ***.

[6] Ce nom ne nous est donné que par Josèphe (*B. I.* II, x, 2) et par le Talmud (voir Lightfoot, *Centuria chorogr. ad Matth.* cap. LXV); il paraît avoir été seulement en usage chez les Juifs. On l'identifie souvent avec le cap Blanc (Neubauer, *Géogr. du Talm.* p. 39; Thomson I, p. 467; carte de Van de Velde). Les passages de Josèphe et du Talmud s'appliquent au cap Nakoura, endroit qui, du Carmel et de la Galilée, devait attirer l'attention des Juifs bien plus que le cap Blanc. (Cf. Kruse, *Commentare zu Seetzen*, p. 289; Ritter, XVI, p. 727, 812; XVII, p. 48;

C'est le משרפות מים de Jos. xi, 8; xiii, 16, dont le nom s'est conservé, selon moi, dans l'*Aïn el-Mescherfi*, situé au pied du cap. Le cap, du reste, s'appelle aussi *Mescherfé*[1]. On a souvent parlé d'une inscription placée dans une caverne située sous le cap[2]. C'est une erreur; la prétendue inscription n'est qu'un jeu de la nature : nous avons pu obtenir à cet égard des données assurées.

Neubauer, p. 197). Quant au *Passepoulain* des croisés, c'est, je crois, le cap Blanc, endroit qui devrait être bien plus caractéristique pour les croisés habitants de Tyr que le cap Nakoura. A peine est-il nécessaire de relever l'erreur de M. de Bertou, *Topogr.* p. 56, 87.

[1] Cartes de Jacotin, de Robinson et de Ritter (t. XVI); Thomson, *The land*, I, p. 469, 470; Ritter, XVI, p. 807; Seetzen, 2ᵉ partie, p. 309; *Comment.* p. 290; Sprüner (*Atlas du moyen âge*, n° 45) est arriéré pour toute cette partie.

[2] Thomson, *l. c.*

CHAPITRE V.

OUM EL-AWAMID.

Le plan ci-joint, exécuté par M. le lieutenant Brouillet, donnera une idée d'Oum el-Awamid et de son étendue. L'espace couvert par les ruines est de près d'un kilomètre; il est entièrement désert; le village le plus prochain (Nakoura) est à près d'une demi-lieue.

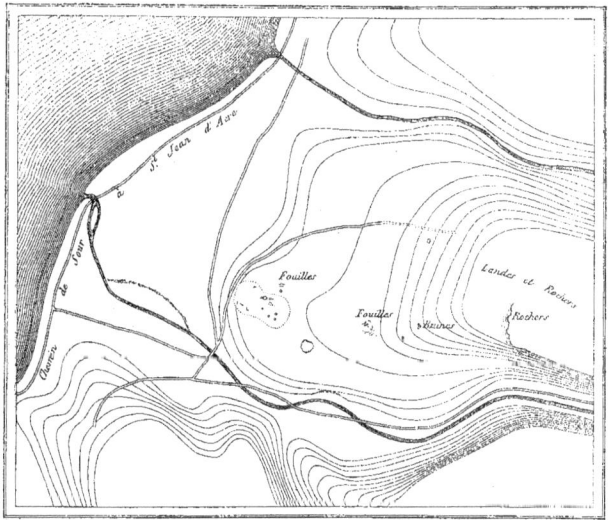

J'ai dit comment le peu d'espoir que j'avais de trouver à Tyr, au moyen de fouilles aussi limitées que les miennes, des restes de l'art phénicien, m'avait décidé à faire porter l'effort des travailleurs sur Kabr-Hiram et Oum el-Awamid. Kabr-Hiram, tout en nous donnant des résultats d'un grand intérêt, avait été à peu près stérile pour les recherches d'antiquités phéniciennes. Oum el-Awamid devait nous offrir, sous ce rapport, d'amples compensations.

Quoique la localité désignée du nom vague d'*Oum el-Awamid* (la mère des colonnes) ait depuis longtemps attiré l'attention, et ait été visitée par plusieurs voyageurs, en particulier par Buckingham[1], le mérite d'avoir signalé l'importance archéologique d'Oum el-Awamid appartient à M. de Saulcy[2]. Mon savant confrère y passa deux heures le 17 décembre 1850. Ce fut sur ses indications que M. de Vogüé, le 6 et le 7 novembre 1853, s'y arrêta quelques heures et recueillit ces notes rapides, mais pleines de justesse, où les seules erreurs sont celles qu'on ne pouvait éviter qu'en fouillant le sol[3].

Trois choses attirent d'abord l'attention à Oum el-Awamid : 1° une acropole dominant la côte, et où se détachent des colonnes d'ordre ionique; 2° une construction égyptienne, située à quelques minutes de là; 3° un grand nombre de maisons dont le mode de construction parut à M. de Saulcy et à M. de Vogüé rappeler celui des monuments dits *cyclopéens*. Ces trois points ont été successivement l'objet de notre étude : c'était par l'acropole qu'il était naturel de débuter.

M. Thobois, qui dirigea tout le temps les fouilles à Oum el-Awamid, adopta pour le rejet des terres un système qui nous garantissait que, dans les parties fouillées, rien ne nous échapperait. Il s'assura d'abord qu'il n'y avait rien d'intéressant sur la pente que nos terres pouvaient recouvrir; puis il entoura en quelque sorte la plate-forme des colonnes d'un réseau d'excavations. Les premiers coups de pioche nous causèrent une véritable déception. Ces ruines, en apparence les plus intactes de toute la Syrie,

---

[1] Ritter, XVI, p. 778, 808, 813, 814, 815, 816 et la carte de Lange jointe à ce volume de Ritter; voir aussi la carte de Jacotin. Cf. Thomson, *The land and the book*, I, p. 468 (croquis médiocre). Cassas (*Voy. pitt. de la Syrie*, II, n° 87) donne déjà un bon dessin des chapiteaux à palmettes; mais le site est mal rendu.

[2] *Premier Voyage*, I, 46, 47, 69.

[3] *Fragments d'un journal de voyage en Orient*, p. 37 et suiv.

étaient loin d'être vierges; il n'y a là, si j'ose m'exprimer ainsi, que des ruines de seconde main. Les colonnes, d'un effet si pittoresque, ne posaient pas sur leurs bases; c'étaient des fûts brisés, enfoncés en terre comme des pieux, ainsi que cela a lieu dans les plus misérables khans de la Syrie; le bas des fûts est cassé et grossièrement rogné. La grande colonne, qui a l'air d'être complète, porte un chapiteau qui n'est pas le sien, et, si elle est sur sa base, ce qui est douteux, elle y a été sûrement remise. Les colonnes debout n'ont pas de cannelure; la colonne qui était couronnée par les chapiteaux conservés en avait (pl. LV). Toutes les constructions de l'acropole portaient la trace des désordres les plus profonds; à peine un plan s'y laissait-il entrevoir. De misérables constructions, enchevêtrées aux anciennes, masquaient l'aspect antique et le rendaient méconnaissable. Il devint bientôt évident pour nous qu'après la destruction de la ville autrefois située en ce lieu, des barbares ou de pauvres gens, à une époque inconnue, s'étaient blottis dans les ruines et s'étaient construit, avec les débris épars autour d'eux, de misérables abris. Heureusement, ces remaniements n'étaient pas allés jusqu'à altérer le caractère des matériaux primitifs. La vieille ville, si j'ose le dire, à l'inverse de ce qui s'est passé tant de fois en Phénicie, a été mise en morceaux, mais non digérée. Les membres des anciennes constructions se retrouvaient dans les combinaisons artificielles où on les avait fait entrer, et bientôt nous eûmes entre les mains les éléments de plusieurs édifices doriques et ioniques[1] qui avaient recouvert l'acropole, et qui appartenaient certainement, non à l'époque romaine, comme l'avait supposé M. de Vogüé, mais bien à l'époque grecque la plus pure. Les chapiteaux ioniens le disputaient par leur finesse à ceux des petits temples de l'acropole d'Athènes. Dans l'œil de la volute on remarque un trou pour la pierre précieuse, l'émail ou le petit antéfixe de métal, comme cela se remarque dans les chapiteaux du temple de la Victoire Aptère et de l'Érechthéum. On dirait un ouvrage imité de ce der-

[1] Planche LIII.

nier monument¹, mais imité par des ouvriers sculpteurs plutôt que constructeurs. En effet, les joints de l'astragale, de la frise et de la corniche ne sont pas ce que voudrait le type classique. La base de la colonne est reproduite dans notre planche LIII, à gauche. On peut étudier les chapiteaux d'Oum el-Awamid, avec leur collier terminant le fût, dans notre planche LV². Je donne ici un détail de la volute que notre planche n'a pas suffisamment rendu.

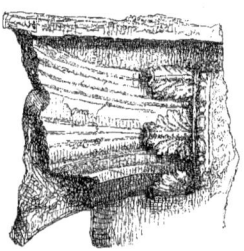

En tout cas il nous parut difficile que, postérieurement à Alexandre ou à ses premiers successeurs, on eût pu élever des édifices d'un style aussi pur. Plusieurs fragments de sculpture grecque vinrent nous confirmer dans la même idée. Tous ces ouvrages sont en pierre du pays. C'est à l'époque romaine que l'usage des colonnes de marbre et de granit, que l'on faisait venir d'Égypte et de Grèce, répandit sur tous les monuments de la Syrie un vernis fatigant de monotonie et de banalité.

L'idée inverse, à savoir que les Grecs auraient emprunté à la Phénicie ces ornements délicats, ne nous a pas arrêtés. C'est avec les marbres de la Grèce, en effet, que de telles formes sont en harmonie; elles sont ici en contradiction avec la nature grossière des matériaux et portent le caractère de pures imitations. Le style architectonique original d'un pays et

---

¹ Blaundus, en Asie Mineure, offre un ensemble de ruines qui suggère les mêmes réflexions. (Hamilton, *Res.* I, p. 129; Texier, *Asie Min.* p. 278.)

² Le dessin approximatif de ces chapiteaux a été donné par Cassas (II, 87), de Saulcy (premier Voyage, pl. v), Thomson, I, p. 468. Le chapiteau qui est au Louvre n'est pas celui qui a été dessiné par M. de Saulcy; le nôtre est un peu mieux conservé.

la pierre de ce pays sont toujours en accord l'un avec l'autre. Le style ionique s'explique par le marbre pentélique. Ici, au contraire, il y a contradiction entre la matière et l'esprit des ornements. Transportés en Syrie, ces ornements si fins paraissent un contre-sens. On sent la lutte des ouvriers contre la nature de la pierre et l'effort qu'ils font pour ne pas se départir de leurs procédés habituels, malgré les difficultés que leur offrent des matériaux réfractaires. L'entassement des monuments sur la terrasse est un trait de plus de ressemblance entre Oum el-Awamid et l'acropole d'Athènes.

Il est difficile, du reste, de refaire le plan de l'édifice qui surmontait la terrasse de l'acropole. M. Thobois y a renoncé. Rien de plus singulier que la confusion qu'on y remarque. Les deux chapiteaux qu'on voit sur le devant de l'acropole ne sont pas entièrement semblables. La mosaïque signalée par M. de Saulcy[1] ne se relie pas bien à l'ensemble. M. de Vogüé, il est vrai, a cru reconnaître un plan. Telles n'ont pas été les impressions de M. Thobois. L'existence d'un temple[2] même ne lui paraît pas démontrée, au moins sur le devant de la terrasse. «J'admettrais volontiers, dit-il, l'idée de propylées; l'analogie qui existe entre nos chapiteaux et les chapiteaux ioniques d'Athènes, la présence de chapiteaux doriques trouvés sur le versant ouest en avant de l'acropole me paraissent rendre très-vraisemblable l'idée que ces propylées auraient été construits en souvenir et à l'imitation de ceux d'Athènes. Cependant le tout s'est présenté dans un tel état de désordre qu'il me paraît impossible de rien affirmer.»

Quant aux restes de l'ancien temple phénicien, remplacé par le temple en style grec, que M. de Vogüé a cru découvrir, M. Thobois les explique autrement. Ce sont, je crois, les fragments doriques de M. Thobois qui ont paru à M. de Vogüé offrir le galbe égypto-phénicien.

La construction égyptienne dessinée par M. de Vogüé, très-bien décrite

---

[1] Saulcy, premier Voyage, I, p. 47; Vogüé, p. 46. — [2] Vogüé, p. 45, 48.

par lui (p. 49-58 et planche), fut ensuite par nous soigneusement étudiée (pl. LII). Quelques erreurs, que ce consciencieux explorateur eût évitées s'il avait eu une pince à sa disposition pour retourner les pierres, nous furent révélées : le couronnement de sa porte égyptienne doit être supprimé[1]; la clef du linteau n'est pas celle qu'il a cru[2]; le globe central est ailé. Mais ses vues fondamentales restèrent après notre enquête pleines de vérité. Nul doute qu'il n'y ait eu à l'endroit qu'il a le premier signalé à l'attention des savants une série de constructions dans le style égyptien. Les deux figures de l'angle de la porte ressemblent beaucoup à l'un des personnages de la sculpture de Ouadi Aschour. Tous les détails de sculpture trouvés alentour sont du même style. Seule, une belle pierre carrée, à palmettes portées sur des supports élastiques, et terminée par une petite corniche, est grecque et rappelle les ornements de certaines frises de l'Érechthéum. Quoique la représentation en ait déjà été donnée, pl. LIII, nous la reproduisons ici pour plus de clarté.

Bien que le génie iconoclaste de la Syrie se soit exercé sur les monuments d'Oum el-Awamid avec une fureur particulière, et que toutes les

---

[1] «L'erreur de M. de Vogüé, m'écrivait M. Thobois, a été d'admettre comme faisant partie de la porte un linteau trouvé à quatre ou cinq mètres de cette porte, et de voir, dans un débris mouluré trouvé sur le seuil même, une corniche à superposer à ce faux linteau. Si M. de Vogüé avait pu remuer cette énorme pierre qu'il a cru être la corniche, il aurait vu lui-même que par la place qu'elle occupait, par ses dimensions, par la coïncidence des trois faces qui la décorent avec celles des jambages, et par sa juxtaposition parfaite avec le débris qui porte la figure sculptée et qu'il a dessiné lui-même, cette pierre était bien le vrai et le seul linteau possible, et que ce qu'il a pris pour la corniche n'était que le revers ou la face intérieure du vrai linteau.»

[2] La clef que M. de Vogüé a fait entrer dans sa restauration est bien d'Oum el-Awamid. Nous l'avons rapportée (voir notre planche LV); mais elle n'a pu être placée où le suppose M. de Vogüé (p. 51, 52), et elle ne faisait pas partie de la porte en question.

têtes, par exemple, aient été scrupuleusement martelées, j'ai rapporté les divers fragments qui présentaient quelque sculpture ou quelque moulure. Cinq têtes (toutes au Louvre, n°s 4, 5, 6, 7, 8 du Catalogue de la

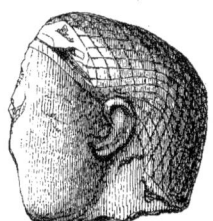

Mission, quelques-unes dans la Salle asiatique), malgré les ravages qu'elles ont soufferts, ont encore leur physionomie : leur coiffure, leur air sont égyptiens ou asiatiques. Nous verrons bientôt qu'elles appartenaient presque toutes à des sphinx. Le travail de quelques-unes peut être grec; dans d'autres, la physionomie égypto-phénicienne est très-prononcée. Plusieurs poitrines ou croupes de sphinx (pl. XXXII, 1, et LI κ) enfin, assez bien conservées, nous donnent sans doute la forme particulière que ces animaux fantastiques avaient prise en Phénicie, et qu'on désignait sous le nom de *cherub*. Un de ces sphinx présente sur la poitrine un collier tout à fait original (pl. LVII, 1). M. Thobois a reconnu qu'il y en avait deux de ce genre se faisant pendant. En outre, M. Thobois reconnut plus tard que l'une des têtes que nous avions rapportées appartenait à un des fragments de sphinx, ce qui lui permit de tenter une restauration, offerte par notre planche LVI. On remarquera une grande analogie, pour la partie postérieure, entre ces sphinx et quelques-uns des sphinx de l'allée du Sérapéum de Memphis[1], qui sont du temps de Psammétique. La croupe représentée dans notre litho photographie (pl. XXXII, fig. 1) ressemble beaucoup, d'un autre côté, pour la sculpture, aux sphinx de Karnak[2]. Il semble que le sphinx ait été dans l'art le point de mélange

---

[1] Je citerai, par exemple, ceux qui sont dans la cour de la maison de M. Mariette, à Boulaq.

[2] *Description de l'Égypte*, Antiq. Pl. vol. III, pl. XLVI, 2.

de tous les styles, comme il l'a été en symbolique. On peut voir, par exemple, dans la deuxième série des monuments de Layard (pl. LXIII), un sphinx assyrien, mêlé d'égyptien, qui fait songer à nos *cherub* de Kneifedh et d'Oum el-Awamid.

Oum el-Awamid possède au moins sept ou huit de ces globes flanqués d'*uræus*, qui sont le motif ordinaire de tous les chambranles de portes phéniciennes. M. de Vogüé (p. 55, 57) en avait déjà signalé un. Nous avons rapporté les trois échantillons qui nous ont paru les plus curieux (n°s 61, 73, 81 de notre Catalogue, pl. LV). On remarquera la physionomie archaïque (égyptienne) de celui de droite sur notre planche LV, et la façon dont il répond par ses appendices ailés à la description de Philon de Byblos (p. 45, édit. Orelli). Celui de gauche (architrave ionique) présente le croissant renversé (les pointes en bas) et embrassant le petit globe. La même chose a lieu sur un des cippes de Carthage (n° 6 du Musée Britannique), sur un fragment trouvé par M. Beulé dans l'un des ports de Carthage (pl. v, fig. 7), sur la colonnette rapportée de Beyrouth par M. de Saulcy (premier Voyage, pl. IV)[1]. L'ordre inverse est plus ordinaire.

A quelques pas de la construction égyptienne, nous trouvâmes les débris de deux lions en ronde bosse de même dimension, dont la régularité symétrique prouve qu'ils appartenaient à un même ensemble. M. Thobois suppose qu'ils étaient à l'extérieur du monument et qu'ils faisaient l'ornement de l'entrée principale. Malheureusement, nous n'avons que la moitié des corps, et c'est la partie la plus intéressante qui nous manque. Un corps de sphinx fort mutilé, mais d'un beau travail, fut trouvé également près de la porte égyptienne, à côté du fragment d'architecture grecque décoré de palmettes d'une finesse si remarquable.

La construction égyptienne du centre de la ville est pour nous le plus vieux monument d'Oum el-Awamid. Nous avons là le témoin d'une époque

---

[1] Cf. Guigniaut, *Relig. de l'ant.* planches, n° 212 a, et *Ann. de la Soc. arch. de Constantine*, 1860-1861, pl. II, VI, XI; 1862, pl. XII, XIII.

où les Tyriens, comme tous les peuples de la Phénicie, adoptèrent le style et les symboles égyptiens[1]. Nous avons bien peu d'éléments pour assigner à cette construction une date, même approximative. M. de Longpérier[2], frappé surtout du globe et du croissant, rapporta ce monument aux temps de la dynastie d'Abibal et de Hiram (1000 ans, par conséquent, avant J. C.). Cela n'est pas impossible, mais me paraît très-peu probable. Le globe, les *uræus* et le croissant restèrent d'usage en Phénicie jusqu'au siècle d'Adrien et même des seconds Antonins. Je croirais plutôt que l'édifice a été construit au temps de la domination perse. M. Thobois pense que, malgré l'originalité indigène de son style, l'édifice a été bâti postérieurement à Alexandre; les ouvrages égyptiens d'Oum el-Awamid paraissent à M. Thobois avoir été traités aussi par des mains grecques. Je ne le pense pas; car il semble que la ville, vers l'époque d'Alexandre, renouvela ses monuments dans le goût qui commençait à prévaloir. Il est vrai qu'ici, comme en plusieurs autres endroits de la Phénicie, on put, tout en adoptant le style grec, conserver les motifs de l'époque égyptienne. La clef de porte égyptienne, en particulier, traitée selon les règles nouvelles, resta l'ornement invariable de toutes les entrées monumentales jusqu'à la fin du culte phénicien au IIIe siècle. Au cœur même de la ruine de l'édifice égyptien, nous avons trouvé le fragment à palmettes du grec le plus pur.

L'intérêt de tels débris, quelque broyés qu'ils soient, est très-grand, si l'on songe que ces débris sont peut-être les objets existants qui nous donnent l'idée la plus approximative de l'art des Hébreux et de la décoration du temple de Jérusalem. Qu'on veuille bien jeter les yeux sur les figures hypothétiques que, dès 1849, M. Thenius, dans son commentaire des *Livres des Rois*, était amené à proposer pour les anciennes sculptures du

---

[1] Les excellentes observations de M. de Vogüé à ce sujet (*Fragm. d'un journ. de voy.* p. 58, 77) gardent toute leur vérité après nos recherches. (Voir aussi Longpérier dans le *Journal Asiatique*, oct.-nov. 1855, p. 426, 427.) Rappelons que l'existence de temples égyptiens en Phénicie nous est attestée par l'auteur du traité de la *Déesse de Syrie*, § 5.

[2] *Journal Asiatique*, oct.-nov. 1855, p. 426, 427.

culte hébreu, on y retrouvera presque toutes nos représentations d'Oum el-Awamid et de Kneifedh, globe ailé, sphinx-cherub, etc.[1] Le passage d'Ézéchiel, xxviii, 14, 16, où le roi de Tyr est comparé à un sphinx qui couvre l'objet dont la garde lui est confiée de ses ailes étendues (כרוב ממשח הסוכך), se rapporte au même ordre d'idées, combiné avec le symbolisme égyptien, où le génie du roi est représenté par un sphinx.

Quant aux maisons (pl. L, LII, LIV, LV), que M. de Saulcy et M. de Vogüé[2] regardent comme des constructions cyclopéennes d'une haute antiquité, il nous a été impossible d'y voir autre chose que des constructions grossières d'une époque peut-être assez moderne, ouvrage des populations qui se sont installées dans les débris de la ville antique après sa destruction. Des bâtisses du même genre, en effet, se sont rencontrées dans l'acropole, sur un sol exhaussé et composé de décombres, au seuil même ou entre les colonnes des vieux édifices. Au premier coup d'œil, on peut croire que l'angle de soubassement, composé de longues pierres, qui paraît soutenir le temple de l'acropole est antique. Il n'en est rien : c'est un entassement tout à fait grossier de matériaux anciens. Ces matériaux ont été rapportés après la ruine du temple; ils posent sur un sol relativement moderne, formé des débris des anciens édifices de l'acropole. Si l'on peut dire à la rigueur, pour quelques-unes des maisons décrites par M. de Vogüé, qu'elles sont plus anciennes que les édifices de la ville, c'est là une thèse qu'on ne saurait défendre en ce qui concerne le mur de soutènement de l'acropole. Les matériaux de ce mur pénètrent ceux des temples d'une façon qui rend évident que le mur a été fait après la destruction desdits temples. Toutes les maisons du devant de l'acropole sont sur un sol bien plus élevé que celui des temples; elles sont bâties sur des masses de décombres. Or si nous comparons ces pauvres maisons,

---

[1] Seule, la figure 7 de la planche III de M. Thenius me paraît tout à fait défectueuse. Il faut la rectifier d'après la figure ailée de Kneifedh.

[2] Saulcy, premier Voyage, I, p. 46, 47; Vogüé, Fragments d'un journal de voyage en Orient, p. 38, 41 et suiv.

évidemment bâties avec les débris des édifices anciens, avec celles dont l'aspect a quelque chose de cyclopéen, nous trouvons que la ressemblance est grande de part et d'autre. Telle porte en forme de pylône qui présente à l'extérieur les fins reliefs d'une architrave ionique, à trois faces, arrachée à un édifice antique, nous offre, à l'intérieur, le grossier évidement qui caractérise les portes des maisons dites *cyclopéennes*. Ces portes à pylônes ne sont pas, il est vrai, dans les habitudes modernes de la Syrie; mais on a pu, en les construisant, songer à imiter la porte égyptienne qu'on avait sous les yeux. La Syrie garda une partie de ses primitives habitudes de construction jusqu'au moyen âge. Le nom de cyclopéen est souvent trompeur[1]. Le vrai style cyclopéen antique est quelque chose de très-soigné, de très-fin à sa manière. Or, rien n'égale la rusticité des maisons décrites par M. de Vogüé. Le maçon le plus ignorant éviterait les fautes qui y sont commises; les joints et les pleins s'y rencontrent sans cesse; les murs sont de grossiers empierrements destinés à être revêtus de ciment: le ciment est resté visible en plusieurs endroits.

Une objection sera tirée peut-être de la construction égyptienne, où l'on voit attenant à la porte antique un mur semblable aux murs des autres maisons qui couvrent le plateau (pl. LII; cf. Vogüé, p. 50, 51). M. de Vogüé regarde ce misérable mur comme ayant fait partie de la construction primitive à laquelle la porte appartient. Mais ce mur, comme tous les autres murs d'Oum el-Awamid, paraît de construction moderne. On l'aura élevé pour s'adapter à la porte antique et pour utiliser celle-ci. Les jambages sont-ils même à leur place? N'ont-ils pas été dressés de nouveau? Le chambranle répond-il à leur écartement actuel? Nous ne saurions l'affirmer.

Une circonstance décisive, d'ailleurs, c'est que ces masures sont composées d'ordinaire avec des débris d'édifices anciens employés à contresens. Les portes, par exemple, sont le plus souvent faites avec des débris

---

[1] Langlois, *Voy. dans la Cilicie*, p. 204.

d'architrave. C'est en démolissant les murs prétendus cyclopéens que nous avons trouvé quelques-uns de nos morceaux les plus délicats; c'est enfin dans les débris de ces chétives constructions que nous avons découvert au moins une ou deux des trois pierres auxquelles, dans notre butin d'Oum el-Awamid, j'attache le plus de prix, je veux dire les trois inscriptions phéniciennes dont nous aurons bientôt à nous occuper.

Il importe de remarquer, du reste, que nos recherches n'impliquent qu'un seul résultat, savoir, que les maisons d'Oum el-Awamid ont été bâties postérieurement à la destruction de la ville antique à laquelle appartinrent les temples, la construction égyptienne, etc. On peut supposer, si l'on veut, que la construction de ces masures a suivi de très-près ladite destruction; on peut en rapporter une partie à l'époque romaine et même au premier siècle avant J. C. Un tel style n'a pas de date. Un fait important, c'est la ressemblance de ces murs avec ceux de Mariamîn, surtout de Médinet en-Nahas et autres localités voisines. On est par moments tenté de croire que toutes ces localités ont été ruinées en même temps, qu'un même coup les aura frappées.

Quant au gros mur de défense qui se voit au haut de la ville (côté sud), flanquant la pente du vallon, et qui, vu du ravin, est d'un si bel aspect, je ne sais qu'en dire. Il offre une ressemblance apparente avec le mur d'Iasos en Carie[1]; je le croirais volontiers antique.

Il nous reste à décrire les autres monuments d'Oum el-Awamid.

Deux socles énormes, placés l'un à l'entrée, l'autre à la partie culminante de la ville (des autels en plein air, je pense), offrent sur leur face deux figures de lion grossièrement sculptées, qu'on peut regarder comme d'une haute antiquité. Notre planche LI (D^1, D^2, D^3, D^4) donne l'idée complète de l'un de ces blocs. Notre planche LV en présente un autre restauré par M. Thobois.

Le tombeau à l'extrémité duquel se voit un petit autel (pl. L) a déjà

---

[1] Le Bas, *Voy. archéol.* Itin. pl. LXVI.

été dessiné par M. de Saulcy (premier Voyage, pl. v, et I, p. 46). Cette espèce d'appendice n'est pas très-rare dans le pays de Tyr. M. de Vogüé (p. 37) a rapproché ce tombeau du sarcophage de Khan el-Khaldi, dont il a donné le dessin, p. 24. Cela n'est pas absolument exact; ce dernier sarcophage trouve ses analogues dans les sarcophages aux quatre acrotères plats pouvant servir de support, qui sont assez communs en Phénicie.

La cave ou citerne représentée dans notre planche LI (A, B, E), est unique en son genre et d'un remarquable travail.

L'objet représenté dans notre planche LI, F, au Louvre (Catal. n° 96) est des plus curieux. On remarquera l'analogie de l'ornementation avec la parure du poitrail de sphinx, planche LVII, n° 1. Nous n'avons réussi à former aucune hypothèse satisfaisante sur l'emploi de ce fragment.

Le petit fauteuil représenté planche LIII[1] est une restitution en partie hypothétique de l'ensemble formé par deux fragments que nous avons rapportés (au Louvre, Catal. n°ˢ 75 et 76). Le globe ailé, les bras en forme d'aile, les sculptures fines, quoique très-frustes, du devant sont certains. Les figures des angles sont très-difficiles à agencer.

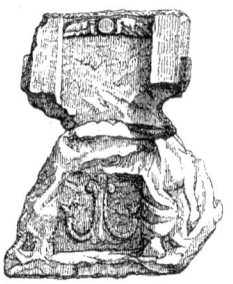

Le fragment 4 de la planche LX (Catal. n° 74) est le torse d'une statue couchée, offrant le même contraste que les débris ioniques de l'acropole entre la matière et la beauté toute grecque du dessin de l'artiste.

Le fragment 5 de la planche XXII (Catal. n° 98) a dû faire partie

[1] Comp. le siége consacré à Cérès, dans le *Musée Clarac*, II, pl. cclviii, n° 629.

d'une statue analogue à celle que M. Rey trouva à Sarfend[1]. Entre les jambes, se détachaient, ce semble, des *uræus*. (Voir ci-dessus, p. 664.)

Les vases à fleurs (Catal. n° 80) de la planche XXII, 9, sont quelque chose de tout à fait particulier.

La sculpture pl. XXII, 1 (Catal. n° 85), représente un animal sur un pylône. Nous offrons ici le dessin de cette sculpture, la litho-photographie n'en pouvant donner une suffisante idée.

Le fragment pl. XXII, 7 et quelques autres débris d'architecture (Catal. n° 52) offrent de l'intérêt. Toujours ces fragments sont grecs de la meilleure époque ou présentent une physionomie à part.

L'ustensile pl. V, 5 (récipient de meule), est en lave du Hauran. On peut le voir, comme les objets précédents, au Louvre.

Des instruments en fer, en particulier une petite bêche, et une chaîne de cuivre, ont été trouvés dans les fouilles et sont maintenant au Louvre. Ces objets pourraient avoir été portés sur la colline postérieurement à la destruction de la ville antique.

Arrivons aux inscriptions que nous avons trouvées à Oum el-Awamid. Elles sont au nombre de quatre, une grecque et trois phéniciennes. C'est beaucoup, si l'on considère la rareté extrême des inscriptions phéniciennes en Phénicie; c'est peu, si l'on songe à la moyenne d'inscriptions qu'une telle ville aurait dû fournir si elle avait vécu à l'époque romaine et chrétienne. Cette rareté vient, en partie, de la nature de la pierre, qui

---

[1] *Voyage dans le Haouran*, pl. 1.

ne prête pas à la gravure, et surtout de ce que la plupart des inscriptions de l'époque phénicienne et de l'époque grecque étaient sur métal. C'est ici, du reste, une des meilleures preuves du résultat auquel nous arrivons par toutes les voies, savoir, que la ville disparut avant la domination romaine. Ce fut surtout à l'époque romaine qu'on écrivit sur pierre en Phénicie.

L'inscription grecque (musée Napoléon III, salle asiatique) porte :

Ἀϐδήλιμ[ος]
Τύριος, χ[αῖρε].

Le caractère est du 1ᵉʳ ou du 11ᵉ siècle avant J. C. Nous rencontrerons bientôt ce nom d'*Abdélim* dans les inscriptions phéniciennes d'Oum el-Awamid.

Les trois inscriptions phéniciennes ont été trouvées sous terre, sur le côté nord du mamelon surmonté de colonnes ioniques et couvert de ruines. Les originaux sont déposés au musée Napoléon III[1]. Les trois ins-

---

[1] Ces inscriptions ont été publiées par moi pour la première fois dans le *Journal asiatique*, sept.-oct 1862. Elles furent examinées par M. l'abbé Bargès (*ibid.* août-septembre 1863) et par M. Lévy de Breslau (*Phœnizische Studien*, III, Breslau, 1864, p. 31-40). Je repris à mon tour le sujet (*Journal asiatique*, nov.-déc. 1863). M. l'abbé Le Hir (*Études religieuses, historiques et littéraires*, publiées par des PP. de la Compagnie de Jésus, nouv. série, t. IV, 1864, p. 512 et suiv. réimprimé dans *Études bibliques*, du même, 1869, t. II, p. 462 et suiv.), M. Ewald (*Abhandlung über die grosse karthagische und andere neuentdeckte phœnikische Inschriften*, p. 36-44, Gœttingen, 1864), M. Blau (*Zeitschrift der d. m. G.* 1865, p. 353), M. Judas (*Recueil des not. et mém. de la Société archéolo-gique de Constantine*, 1866, p. 294 et suiv., 312), M. Schlottmann (*Die Inschrift Eschmunazars*, Halle, 1868, p. 178-181), M. Derenbourg (*Journal asiatique*, janv. 1868, p. 97, 98), M. Paul Schrœder (*Die phœnizische Sprache*, Halle, 1869, p. 47, 48, 150, 151, 152, 177, 183, 186-189, 226), ont parlé de nos inscriptions d'une manière plus ou moins heureuse. Je cite, pour être complet, le P. Bourquenoud (*Études relig. histor. et litt.* des PP. de la Compagnie de Jésus, nov.-déc. 1863) et M. Adalbert Merx (*Zeitschrift der d.m. G.* 1867, p. 476-487, et *Archiv für wissenschaftliche Erforschung des A. T.* 1ᵉʳ fascicule, 1867, p. 108-110), quoique leurs mémoires attestent une singulière ignorance des principes élémentaires de la paléographie et de la philologie phé-

710   MISSION DE PHÉNICIE.

criptions sont écrites d'une façon fort régulière; on les croirait d'une même main; mais la gravure est trop maigre, trop peu profonde, trop peu monumentale pour une écriture lapidaire. Cette ténuité extrême rend les textes de ce genre fort difficiles à reconnaître, et c'est là sans doute une des causes de la rareté des inscriptions phéniciennes; beaucoup doivent passer inaperçues.

I. — La plus considérable de ces inscriptions (pl. LVIII) se lit sur une dalle grise d'albâtre ou de calcaire siliceux extrêmement dur, d'environ trente-deux centimètres de long sur vingt-neuf centimètres de large. Cette pierre fut trouvée, ainsi que la suivante, vers la partie sud de l'acropole (versant sud de la colline), à une quarantaine de mètres des colonnes encore debout, au milieu de fragments grecs, de tronçons de colonnes et de pierres informes employées à la fondation de mauvaises murailles.

Les huit premières lettres de la première ligne ont été attaquées par une cassure, la seule qui dépare notre monument. Mais ces huit premières lettres peuvent être rétablies avec certitude. D'abord, les trois dernières présentent indubitablement le mot בעל *Baal*, qui, réuni au mot suivant, donne בעל שמם, nom de divinité qui se retrouve à la fin de l'inscription. Avant le mot בעל on voit l'extrémité inférieure d'une lettre qui paraît être un ל. Si l'on considère que le nom בעל שמם est précédé à l'avant-dernière ligne du mot honorifique אדני, et si l'on fait attention que les extrémités restantes des trois lettres qui précèdent répondent tout à fait au mot אדן, tel qu'il est tracé à l'avant-dernière ligne, on obtiendra אדן לבעל שמם. On se voit ainsi amené presque forcé-

niciennes. (Cf. Lévy, dans la *Zeitschrift der deutschen morgenländischen Gesellschaft*, 1868, p. 539-541.) M. Merx doit cependant être consulté pour les chiffres; le P. Bourquenoud a aussi fait une ou deux bonnes observations. Quant aux difficultés que ce dernier soulève contre l'explication de נדר אש, et l'existence du pronom אש; — à son indignation devant la forme איה; — à ses chicanes sur l'orthographe עבדאלים (comparez עבדאל dans Jérémie, XXXVI, 26) et sur d'autres formes parfaitement correctes (p. 1069, 1070); — à son ignorance de la forme *alon* en phénicien; — aux puérils malentendus des pages 1069, 1070; — à ses réflexions hors de sujet sur la finale ה; — aux allégations matériellement fausses (p. 1066, note 1), qui prouvent que le but principal du P. Bourquenoud était de m'injurier, ce n'est pas ici qu'il convient de répondre à de telles observations, venant d'un parti pris de dénigrement ou de ce qu'on ignore l'état de la science dont on se permet de parler d'un ton arrogant. Je n'ai aucune prétention à l'infaillibilité. Pour répondre cependant aux personnes qui voudraient faire croire que mes recherches phéniciennes sont des tissus d'erreurs, je ferai observer que l'interprétation que j'ai proposée le premier, en 1862, de la grande inscription d'Oum el-Awamid n'a été modifiée qu'en ce qui concerne la 6ᵉ ligne, et que même cette modification n'atteint presque pas la traduction française que j'en ai donnée. — On trouvera aussi dans la *Revue de l'Instruction publique*, sept. 1862, p. 376, et dans les *Comptes Rendus de l'Acad. des inscr. et belles-lettres*, 1862, p. 86-88, quelques observations de M. Munk, portant pour la plupart sur des corrections que sûrement cet habile philologue n'aurait pas proposées s'il avait pu voir de ses yeux les monuments, ou s'il avait plus mûrement réfléchi à ce qu'a de téméraire cette manière de supposer à chaque pas des fautes de graveur dans des textes difficilement compris.

CAMPAGNE DE TYR.

ment à supposer que la première lettre disparue était un ל, et la trace qui en reste confirme pleinement cette conjecture. La répétition du ל dans ces formules était ordinaire, comme on peut le voir dans diverses inscriptions de Malte et de Carthage : לאדן לבעל חמן, לאדנן למלקרת, etc.[1]

Cela posé, nous transcrivons l'inscription ainsi qu'il suit. Pas un seul des caractères qui la composent n'est douteux[2] :

לארנלבעלשממאשנדרעבדאלם
בנמתנבנעבדאלמבנבעלשמר
בפגללארכאיתהשערזוהדלחת
אשלפעלתבתכלתיבנתיבשת ג״ץ
שתלעם ג״ץןןן״ץלארנמלכם
צרלבניליללסכרושמנעם
תחתפעמאדניבעלשממ
לעלמיברכן

Les deux premières lignes n'offrent absolument aucune difficulté. Avec la coupe des mots et l'addition des quiescentes, elles donnent :

לארן לבעל שמים אש נדר עבדאלים
בן מתן בן עבדאלים בן בעלשמר

«Au seigneur Baal-Schamêm. Vœu qu'a fait Abdélim, fils de Mattan, fils d'Abdélim, fils de Baalschamar....»

Baal-Schamêm ou «le maître du ciel,» est ce *Beelsamin* si connu par Plaute, Philon de Byblos, saint Augustin. Nous avons ici la forme hébraïque de son nom, qu'on ne connaissait encore que dans la forme araméenne[3].

La formule אש נדר est très-commune. La forme pleine est נָדַר אַשׁ, qu'on trouve dans quelques inscriptions[4]. Le nom d'*Abdélim* se lisait déjà dans Josèphe comme celui d'un Tyrien[5]. A Sidon, on disait de préférence *Abdalonim*. Nous avons retrouvé ce nom

---

[1] Gesenius, *Mon. phœn.* p. 96, 168, 174, 175, 177, 178. Le second ל est omis au contraire dans les inscriptions numidiques, p. 197, 202, 205, 211.

[2] On n'a pas employé dans cette transcription les formes finales des lettres, ces formes impliquant déjà une hypothèse sur la coupe des mots.

[3] Voir Vogüé, *Inscr. sémit.* p. 50, 53, 65, 93.

[4] Voir *Annuaire de la Société archéologique de Constantine*, pour 1860-1861 (article de M. Judas), p. 17 et suiv. Pour ce tour initial, comp. la 6ᵉ *Athenæensis*: Lévy, *Phœn. Stud.* III, p. 18; Schrœder, *Die phœn. Spr.* p. 151, 152.

[5] *Contra Apionem*, I, 21. Cf. E. Meier, *Die Grabschrift des Eschm.* p. 34, 35.

sur une inscription grecque, la seule qu'ait fournie Oum el-Awamid : Ἀεθηλιμ[ὸς] Τύριος (ci-dessus, p. 709). מַתָּן est un nom déjà reconnu pour phénicien [1]; il figure chez les Hébreux comme celui d'un prêtre de Baal [2]. *Baalschamar* rappelle אסרשמר, qui, dans la première inscription bilingue de Malte, correspond à Σαραπίων.

A la troisième ligne commencent les difficultés. Nul doute que les lettres בפלגלאדך ne forment un appendice à ce qui précède, et qu'il ne faille faire une coupe avant אית. Les quatre lettres לאדך constituent le nom de *Laodicée*, tel qu'on le lit sur la belle monnaie déchiffrée d'abord par Barthélemy, sauf que l'א final fait défaut. לאדך ferait mieux *Laodice* que *Laodicea*, l'א final n'étant pas ici quiescent (לְאָדְכָא). Peut-être l'א qui commence la période suivante joue-t-il une sorte de rôle double, servant à la fois à terminer un mot et à commencer le mot suivant, par un abus dont il y a beaucoup d'exemples dans l'épigraphie grecque et latine [3]. Supposer que la marque de l'accusatif doive être lue ית par aramaïsme, ce qui laisserait l'א au mot précédent, n'est guère plausible. Quoi qu'il en soit, comme il est fort inadmissible de chercher ici le nom d'une des reines qui s'appelèrent *Laodice*, on est amené à voir dans לאדך le nom de l'une des villes qui portèrent le nom de Laodicée. Un résultat hors de doute, c'est en tout cas que notre inscription est postérieure à l'an 312 avant J. C.

Que signifie maintenant le mot פלג, qui précède le nom de Laodicée et le met au génitif? פלג en hébreu veut dire « ruisseau, » ce qui ne donne ici rien de satisfaisant. פלך au contraire veut dire « district, » ce qui convient très-bien. Peut-être le ך de ce mot s'adoucissait-il en Phénicie. Le sens fondamental du mot פלג étant « division, partie, » on comprend que ce mot ait été employé pour désigner une division territoriale. Une locution très-fréquente dans le style des écrivains du Nouveau Testament, τὰ μέρη Τύρου καὶ Σιδῶνος.... τὰ μέρη Καισαρείας.... etc. [4] peut être ici rappelée.

Il semble donc qu'il faut traduire בפלג לאדך par « dans le district de Laodicée. » M. Lévy a accepté cette interprétation. M. Ewald proposant d'identifier פלג avec ὁ πύργος, n'aura pas, je crois, beaucoup d'adhérents. M. Bargès a proposé de traduire « dans l'intérieur de Laodicée, » ou simplement « dans Laodicée. » Aux locutions citées par M. Bargès à l'appui de sa conjecture, j'ajouterai l'expression בנו, qui, dans le chaldéen biblique, est purement et simplement synonyme de ב. Ainsi בנו נורא (Dan. III, 25; IV, 7; VII, 15) = בְּנוּרָא; cf. Gesenius, *Thes.* p. 271, 272. Si l'explication de M. Bargès était vraie, elle lèverait les derniers doutes qui peuvent rester sur l'application du nom de לאדך à la ville antique dont les ruines s'appellent maintenant *Oum el-Awamid*. — Je mentionnerai encore une autre explication qui m'a quelque temps

---

[1] Gesenius, *Monum.* p. 410. Voir, avec discernement, Bachofen, *Die Sage von Tanaquil* (Heidelberg, 1870), p. 88.

[2] II *Reg.* XI, 18; II *Chron.* XXIII, 17.

[3] Voy. ci-dessus, p. 397, ΘΡΕΠΤΙΩΝΕΙΚΩΝΟC.

Voy. *Comptes rendus de l'Acad. des inscriptions et belles-lettres*, 1862, p. 119.

[4] Matth. XV, 21; XVI, 13; Marc, VIII, 10. Cf. Matth. II, 22; *Act.* II, 10; XVI, 12; XIX, 1; XX, 2; *Galat.* I, 21.

préoccupé. Le mot syriaque ܦܠܓ s'emploie pour *phalange*, soit par transcription, soit par traduction du mot grec[1]. On sait de plus que les Séleucides conservèrent le nom, et, jusqu'à un certain point, l'organisation de la phalange macédonienne[2]. Ne pourrait-on pas traduire בפלג לאדך par *in phalange Laodices?* Une telle supposition ne prendra quelque poids que si l'on trouve plus tard le mot פלג employé en Phénicie dans le sens de *phalanx*. Nous l'écartons comme n'ayant pas un degré suffisant de probabilité.

Si l'on traduit בפלג לאדך par «dans le district de Laodicée,» on est naturellement porté à supposer que Laodicée est le nom de la ville où demeurait l'auteur du vœu et où il fit le vœu. Si l'on voulait dire qu'il y était né, il y aurait מפלג לאדך[3]. Il est sûrement singulier de trouver sur un monument une telle indication, qui paraît inutile; mais toute autre explication est à peu près impossible[4]. Nous aurions donc ici le nom, depuis si longtemps cherché, de la ville ancienne dont les ruines s'appellent maintenant *Oum el-Awamid*. Ce serait une Laodicée, jusqu'à présent inconnue, ou plutôt une ville ancienne qui aurait pris, à l'époque des Séleucides, le nom de *Laodicée*; car nous savons que ces prétendues fondations de villes par les Séleucides ne furent souvent en réalité que des changements de noms; cela est certain pour Lattakié[5]. Nous avons déjà eu l'occasion de remarquer que le titre de κτίστης fut prodigué à des bienfaiteurs de villes, qui n'en étaient pas même les colonisateurs.

C'est là un résultat qui paraît au premier coup d'œil singulier. Les trois premiers Séleucides, surtout Séleucus I Nicator, fondèrent ou plutôt restaurèrent plusieurs villes auxquelles ils donnèrent le nom de Laodicée; les anciens en ont compté jusqu'à six, et ces six villes sont connues (deux en Phénicie, deux en Asie Mineure, deux en Mésopotamie ou en Médie)[6]. En outre, s'il paraît certain que Séleucus a possédé pendant quelques années la Phénicie[7], il faut avouer que la domination des Séleucides dans le pays de Tyr a été très-passagère jusqu'à la bataille de Panéas, gagnée par Antiochus le Grand (voir ci-dessus, p. 649); or, à partir de cette époque, il n'est plus question de fondation de villes nommées *Laodicée*. Toutes ces difficultés doivent céder devant la lecture absolument certaine de notre inscription et l'interprétation qu'y ont donnée les savants sérieux sans exception qui s'en sont occupés. Notre localité s'appelait *Laodicée*. Les villes portant des noms séleucides descendent plus encore vers le sud: *Séleucie* près du lac Houleh, *Gadare = Antiochia*, *Gerase = Antiochia* sur le Chrysorrhoas, mêlées aux

---

[1] Michaelis, ad Castelli *Lex. syr.* p. 706.

[2] 1 *Macch.* vi, 28, 35; Tite-Live, xxxviii, 40.

[3] M. Judas (p. 295, note) n'a pas réussi à donner de bons exemples de ב signifiant *oriundus a*.

[4] M. l'abbé Le Hir traduit *inter judices Laodiceæ*; ce qui est bien improbable.

[5] Philon de Byblos, dans Étienne de Byzance, au mot Λαοδίκεια. Sur les anciens noms de Lattakié, voyez Pape, Ritter, etc.

[6] Appien, *Syriaca*, c. LVII; Strabon, XVI, II, 4; Pape, au mot Λαοδίκεια; W. Smith, *Dict. of greek and roman geogr.* au mot *Laodicea*, Bourquenoud, dans les *Études*, p. 1064 et suiv.

[7] Droysen, *Gesch. der Nachfolger Alexanders*, Hambourg, 1836, p. 544, 572. Le P. Bourquenoud le nie trop absolument. (Cf. R. Geier, *De Ptolemæi Lagidæ vita*, Halle, 1838, in-4°, p. 33 et suiv. Conf. Sprüner-Menke, *Atlas antiquus*, cartes 9 et 13.)

noms ptolémaïques : *Ptolémaïs* = Acre, *Berenice* = Pella, *Philadelphie* = Rabbath Ammon[1]. Par qui et quand a-t-elle été fondée? Nous pensons que ce fut par Séleucus Nicator. M. Droysen a montré que Séleucus posséda la Phénicie. La Phénicie renferme, de l'aveu de tout le monde, deux Laodicées, *Laodicea ad mare* (Lattakié), *Laodicea ad Libanum* (Tell Neby Mindaum). *Laodicea ad mare* était bien une ville phénicienne[2]. *Laodicea ad Libanum*[3], si elle n'est pas une ville de la Phénicie proprement dite, étant à douze lieues de la mer, est presque à la latitude de Tripoli, c'est-à-dire du cœur même de la Phénicie. En voyant ce nom de Laodicée porté par deux villes de Phénicie, quoi de plus naturel que de rapporter la nôtre au souverain qui a fondé toutes les Laodicées dont l'origine est bien constatée, surtout quand nous savons avec certitude que l'une au moins de ces Laodicées de Phénicie (*Laodicea ad mare*) fut l'œuvre de ce souverain[4]. Toutes les personnes qui se sont jusqu'ici occupées de l'inscription, le P. Bourquenoud et peut-être M. Blau exceptés, sont, du reste, d'accord sur ce point.

On sait qu'il existe de belles monnaies phéniciennes au type d'Antiochus IV et d'Alexandre II Zébina, qui portent la légende לְלֵאַרְכָּא אם בכנען « de Laodicée, métropole en Chanaan. » Barthélemy, Eckhel, Gesenius ont beaucoup hésité sur la question de savoir à laquelle des deux Laodicées phéniciennes connues jusqu'ici il fallait rapporter lesdites monnaies. Ces deux Laodicées (*Laodicea ad mare* et *Laodicea ad Libanum*) sont deux villes bien modernes et bien éloignées du cœur de la Phénicie pour être qualifiées אם בכנען, « métropole en Chanaan. » Je ne puis admettre en particulier que *Laodicea ad Libanum*, qui était assez loin de la côte et en dehors de la Phénicie proprement dite, ait pris ce titre et adopté Neptune pour divinité. Ce titre, au contraire, aurait convenu à merveille à la ville dont les ruines s'appellent *Oum el-Awamid*. Cette ville était bien une «mère en Chanaan,» une ville fort ancienne, essentiellement phénicienne, située aux confins mêmes de la Palestine, dans le pays appelé par excellence *Chanaan*. Cependant M. de Saulcy m'assure que les monnaies en question ne peuvent appartenir qu'à *Laodicea ad mare*. Je n'aurais même peut-être pas reproduit cette conjecture si M. Lévy ne l'avait adoptée.

Le nom de *Laodicée* (לודקיא) se trouve plusieurs fois dans le Talmud; on se demande si, dans quelques-uns des passages en question, ce nom ne désignerait pas notre localité, qui était bien voisine des lieux où écrivaient les talmudistes. Dans Mischna, *Kélim*, xxvi, 1, il est question de מנעל לדיקי (qu'on explique par «sandale de Laodicée»), ce qui répond assez bien à l'orthographe de l'inscription phénicienne (לאדך). Dans *Siphré*, section *Vezoth habberaka*, § 355 (comp. Talm. Bab. *Menachoth*, 85 a), on lit :

---

[1] Menke, *Bibelatlas*, cartes 4 et 5; Robinson, III, p. 323, 324. Plusieurs de ces dénominations séleucides peuvent ou même doivent être postérieures à la conquête de la Syrie par Antiochus le Grand. (Voyez Ritter, tome XV, pages 1026, 1053, 1090, 1091.)

[2] Voir Movers, *Die Phœn.* II, 1re partie, p. 11; Ritter, *Erdkunde*, XVII, p. 923.

[3] C'est par inadvertance que M. Paul Schrœder (*Die phœn. Spr.* p. 48) a cru que notre ville était *Laodicea ad Libanum*.

[4] Ritter, XVII, p. 923.

«Un jour, on manqua d'huile à Laodicée (לודקיא); on envoya en chercher à Tyr; mais on n'en trouva la quantité suffisante qu'à Gischala.» Il est certain que ce passage est plus sensé appliqué à Oum el-Awamid qu'à Lattakié ou à Tell Neby Mindaum, qui sont à une très-grande distance de Sour; mais il ne faut pas toujours juger les récits des agadistes d'après les règles de la vraisemblance. Comme toutes les inductions nous portent à croire que notre Laodicée était détruite à l'époque où s'écrivaient les Talmuds, il ne semble pas opportun d'y appliquer le nom talmudique de לודקיא, d'autant plus que ce nom est souvent confondu dans le Talmud avec celui de Lydda [1].

Les seize lettres suivantes n'offrent aucun doute : אית השער זה והדלחות אש, *Portam hanc et valvas quæ......* La marque de l'accusatif אית, l'emploi de l'article ה et du pronom démonstratif ז se retrouvent d'une façon identique dans l'inscription d'Eschmunazar. La seule particularité qu'offre notre passage est le pluriel דלחת. L'hébreu voudrait דלתת. Mais דְּלָחֹת se rattache très-bien à une forme דָּלָה, comme אֲמָהוֹת à אָמָה [2]. La forme דָּלָה existe en hébreu conjointement avec la forme דֶּלֶת [3]. Il est vrai que la plupart des formes féminines en ה‎ָ ont la forme ת‎ַ en phénicien [4]. Mais une telle règle était-elle absolue? Si nous ne trouvons pas de féminin en ה‎ָ, c'est peut-être parce que cette finale ne s'écrivait pas, selon l'usage de l'orthographe phénicienne (ז pour זה, etc.). Nous en rencontrerons bientôt un exemple probable.

Les onze lettres suivantes offrent des difficultés d'interprétation. Ces lettres se groupent d'une manière fort naturelle ainsi qu'il suit : לפעלח בת כלתי. Tout cela a un aspect bien hébreu, et se lie grammaticalement à ce qui précède et à ce qui suit, mais ne donne rien de satisfaisant pour le sens. Comment, même en substituant à לפעלה un équivalent comme למלאכת (Derenbourg) ou למעשה (Schlottmann), peut-on dire qu'une *porte sert à l'œuvre d'une construction?* Cela est tout à fait forcé. Traduire : «qui font partie de l'ouvrage de mon caveau» est tout aussi froid; d'ailleurs, pour ce sens, il faudrait מן et non ל. Je persiste donc dans l'explication que je proposai d'abord, qui a été adoptée par M. Lévy, et qui consiste à couper les mots autrement et à lire : לפי עלית בית כלתי. פה ou פי «bouche» se prend souvent pour l'orifice, l'entrée; ainsi פי המערה (Jos. x, 18, 22, 27) «l'entrée de la caverne;» פי שאול (*Ps.* cxli, 7; Is. v, 14) «l'entrée de l'enfer.» Une fois même פי est pris pour signifier «porte :» לפי קרת (*Prov.* viii, 3) «à la porte de la ville.» לפי dans notre inscription se traduirait donc par *ad ostium.* Qu'on ne dise pas que ל dans ce cas n'est pas la particule la plus naturelle, qu'il faudrait על פי לפי étant consacré en hébreu à signifier «selon.» Les pas-

---

[1] Neubauer, *Géogr. du Talmud*, p. 299.

[2] Gesenius, *Lehrgeb.* p. 603, 604. Les longues observations de M. Merx sur ce point (la seule partie de son mémoire qui ait une ombre de valeur) n'ébranlent en rien notre hypothèse, laquelle a été acceptée par tous les savants qui se sont occupés de l'inscription.

[3] Gesenius, *Thesaurus*, p. 339. On peut, du reste, si l'on veut, rapporter ce pluriel à דל, puisqu'on a les pluriels احمى et ابهال de אב, שמחן et שמחת (chald.) de שם, etc. (Voy. Gesenius, *Lehrg.* endroit cité, et *Thes.* p. 109.)

[4] Munk, dans le *Journal asiatique*, nov.-déc. 1847, p. 525.

sages précités (*Ps.* cxli, 7, et surtout *Prov.* viii, 3) répondent victorieusement à cette objection. לפי dans ces deux passages a tout à fait le sens de « à l'entrée de. » Cela posé, le mot suivant עלת s'explique très-naturellement. Ce mot se retrouve plusieurs fois dans l'inscription d'Eschmunazar, et M. Munk le rapproche avec beaucoup de justesse du mot hébreu עליה « chambre [1]. » On le retrouve plus identiquement encore dans le syriaque ܥܠܝܬܐ et l'arabe علّيّة. לפעלת devrait donc se traduire par « ad ostium cellæ. » בת est sans contredit בית « maison » ou « temple. » Le sens dédicatoire de l'inscription inviterait à traduire לפעלתהבת par *ad ostium cellæ templi*; mais pour cela il faudrait qu'il y eût l'article, הבת. L'absence de l'article prouve clairement que בת est à l'état construit et que le mot suivant כלתי est un substantif au génitif. כלה n'a, en hébreu, que le sens de « fiancée, bru, » qui ne convient pas ici. La deuxième inscription de Malte nous fournit un rapprochement plausible. Cette inscription a semblé, à quelques philologues, offrir, à la deuxième ligne, le mot כלת avec le sens de « chambre sépulcrale [2], » venant de la racine כלא, *clausit*. L'association des deux mots se retrouve en hébreu dans בֵּית כֶּלֶא « prison. » On peut donc admettre que בתכלה ou בֵּית כַּלְאַת ait désigné ces vastes caveaux de famille si communs en Phénicie. M. Derenbourg a accepté cette explication. Alors la série de lettres לפעלתבכלתי devrait se traduire *ad ostium cellæ domus meæ sepulcralis*. L'expression semble offrir un peu de redondance, mais l'inscription de Malte précitée en offre bien plus encore. Elle commence par ces mots חדר בת עלם [3], correspondant à עלת בת כלת, de notre inscription, sans préjudice des mots קבר et כלה, qui reviennent ensuite et offrent presque le même sens. Hâtons-nous de dire cependant que l'on est par moments bien tenté de lire כִּלִּיתִי. Il est certain que si l'on pouvait ne pas tenir compte de l'absence d'article devant בת, les deux mots suivants s'expliqueraient mieux. כלתי בנתי serait כִּלִּיתִי בָנִיתִי. « J'ai achevé de bâtir. » Mais je ne peux me résoudre à faire cette violence à la grammaire, et j'ai renoncé à cette explication. M. Derenbourg partage mon sentiment. M. Schrœder [4] cependant lit כִּלִּיתִי בְּנִיתִיו, et traduit : *Ich habe seinen Bau vollendet*, M. Joseph Halévy est du même avis. Ce qui incline à cette opinion, c'est que כלתי dans l'inscription de Malte déjà citée précède la désignation de la date; car le trait vertical qui précède ירח (Gesenius, pl. vii), et que tous les interprètes ont négligé jusqu'ici, est selon moi l'unité, « le 1ᵉʳ du mois de *merpaïm*; » il semble donc naturel de l'y traduire par « j'ai achevé; » mais נקיב qui précède est alors une énigme.

Les quatre lettres suivantes בנתי nous donnent le verbe qui gouverne les accusatifs

---

[1] *Journ. asiat.* avril-mai 1856, p. 299.

[2] Gesenius, *Monum.* p. 105, 106. C'est quelque chose de singulier que le parallélisme qui se remarque entre notre quatrième ligne et l'inscription de Malte : ....נפעלנקיבבכלתיירחמרפאמסבשת.... (Voy. Schlottmann, *Z. der d. m. G.* 1856, p. 419, 420, note). Ce parallélisme a induit M. Blau à croire que notre quatrième ligne renfermerait une désignation de mois (même recueil, 1865, p. 355) : פעלת בתכלתי בנתי; mais, outre qu'un mois de *benithi* est chose inouïe, on se heurte ainsi de toutes parts à de vraies impossibilités. Il y a cependant là un mirage dont il est difficile de se détacher.

[3] Nonobstant *Z. der d. m. G.* 1864, p. 637, 638, que *ibid.* 1865, p. 355, semble abroger.

[4] *Die phœn. Spr.* p. 151, 152.

qui précèdent. Il faut sans contredit lire בָּנִיתִי «j'ai bâti.» Il y a là une petite dérogation aux règles générales de l'orthographe phénicienne. L'inscription d'Eschmunazar présente le même mot écrit בנת. Mais il faut remarquer que, bien que le י de l'adformante de la première personne du prétérit hébreu ne soit pas le pronom suffixe, il offre avec lui une certaine analogie; qu'en général les Phéniciens ont une certaine tendance à écrire les voyelles finales; enfin que notre inscription est d'une époque assez moderne, où l'on avait peut-être déjà commencé à écrire quelques quiescentes. Il n'est pas nécessaire, avec M. Ewald, M. Schrœder et M. Halévy, de recourir ici à un pronom suffixe (בניתיו), puisque, dans la sixième inscription phénicienne d'Athènes, qui est de la même époque que la nôtre[1], et dans l'inscription moabite de Dibhan, l'adformante de la première personne est aussi תי[2].

Toute la partie de la phrase que nous venons de discuter peut donc se traduire ainsi : *Portam hanc et valvas quæ sunt ad ostium domus meæ sepulcralis ædificavi*[3]. . . Ces battants sont apparemment les grands battants de pierre qui fermaient les tombeaux antiques et que l'on voit en particulier à Jérusalem aux tombeaux dits *des Rois*. Une objection peut ici être faite. Le monument qui portait cette inscription constituait un vœu fait à une divinité. Il est donc surprenant que l'inscription mentionne la construction d'un tombeau. Cette surprise diminue si l'on observe que les grands caveaux de famille en Phénicie offrent presque toujours des niches, des autels, des symboles ou des images religieuses. Peut-être notre inscription était-elle sous une niche placée au-dessus de la porte d'un caveau et destinée à recevoir une statuette de Baal. Une expression que nous trouverons à l'avant-dernière ligne, «sous les pieds de Baal-Schamaïn,» confirme cette supposition.

M. Lévy a accepté l'interprétation que j'ai proposée. Il y a même apporté une confirmation en rapprochant כלת de חלת, qui figure avec le sens de «tombeau» dans l'inscription d'Eschmunazar[4]. M. Bargès et M. Le Hir, au contraire, ont opposé à notre interprétation plusieurs difficultés. Toutes ces difficultés ne sont pas également fortes : 1° עלת ne signifie pas nécessairement, en phénicien, «chambre supérieure,» comme semble le supposer l'étymologie[5]. Dans l'inscription d'Eschmunazar, ce mot signifie simplement *cella* et désigne une chambre sépulcrale. L'étymologie en pareil cas est un guide trompeur. Notre mot «chambre» vient de *camera*, qui signifie «voûte.» Suit-il de là que toutes nos chambres soient voûtées? 2° Il n'est pas nécessaire de prêter au mot כלאת le sens de «prison,» ce qui amènerait à une locution fort prétentieuse

---

[1] Fr. Lenormant, *Monographie de la voie sacrée éleusinienne*, p. 124.

[2] Il est vrai qu'en cette inscription le pronom suffixe de la première personne est aussi écrit י, et que la tendance à écrire les quiescentes y est sensible.

[3] La construction de portes monumentales est mentionnée dans d'autres inscriptions, à Schalaboun (ci-dessus, p. 676, 677), à Kefr Bereim (ci-après, ch. vi), à Hébran (Vogüé, *Inscr. sémit.* p. 100).

[4] Voir cependant Schlottmann, dans la *Zeitschrift der d. m. G.* 1856, p. 419, 420.

[5] Comp. ὑπερῷον, équivalent exact de עלת, et qui souvent signifie seulement *conclave secretum*. (Cf. Schleusner, *s. h. v.*)

en effet. Le sens pouvait être *locus clausus*[1]. Si כלה et חלת sont identiques, la vraie racine serait חלל, et le sens de « prison » serait écarté. 3° L'inscription de Malte que j'ai citée offre un exemple de redondance plus frappant encore que celui que me reproche le savant professeur de la Sorbonne. 4° L'explication donnée par Gesenius au mot כלת, dans l'inscription de Malte, n'est pas si hasardée que le veut M. Bargès. Avant que les inscriptions d'Oum el-Awamid fussent découvertes, on avait remarqué que l'hypothèse de Gesenius était confirmée par l'existence du mot חלת avec un sens analogue dans l'inscription d'Eschmunazar.

Je ne donne nullement mon interprétation pour certaine. Comme M. l'abbé Bargès et la plupart des philologues qui se sont ensuite occupés de l'inscription, je fus d'abord tout à fait tenté de lire כְלִיתִי, et de voir dans les lettres 4, 5, 6 la racine פעל[2], si naturelle en un pareil monument, et qu'on trouve au début de l'inscription des Gaulites. Mais des difficultés insurmontables m'ont toujours arrêté, et l'hypothèse proposée par M. Bargès et M. Joseph Halévy pour sortir d'embarras ne me satisfait pas. Elle consiste à lire בת = בֵּיתוֹ, « son temple. » Je ne connais pas un exemple certain de l'omission totale du suffixe de la 3ᵉ personne masc. sing.[3] Ce pronom suffixe est rendu par א, en Afrique (קלא = קוֹלוֹ; תברכא = הִבְרָכְהוּ), comme on en trouve de nombreux exemples dans les inscriptions carthaginoises rapportées par M. Davis, et récemment publiées par le Musée Britannique (nᵒˢ 49, 58, 68, 71, 83, etc.). Dans les inscriptions plus correctes, il est rendu par י (Schrœder, *Die phœn. Spr.* p. 146 et suiv.). Dans l'inscription de Mésscha, il est exprimé par ה. En tout cas, l'omission d'une telle lettre serait très-peu logique. Il ne s'agit pas ici d'une simple quiescente, comme celles que le phénicien a coutume de ne pas écrire. Il s'agit d'un mot, dont le retranchement eût plongé le lecteur dans une insoluble perplexité. Cela est si vrai, que le י quiescent, représentant le pronom affixe de la première personne, est toujours écrit. Loin d'omettre des lettres aussi essentielles, notre inscription a pour tendance d'écrire des quiescentes qui, selon l'analogie générale de l'orthographe phénicienne, devraient être omises (בנתי). Si donc on persiste à lire פעלת ou לפעלת, et à prononcer כְלִיתִי, il faut chercher un autre expédient. Pour moi, j'aimerais mieux alors admettre l'omission de l'article et traduire : *Portam hanc et valvas quæ (pertinent) ad opus templi peregi ædificare*......[4] Car de sous-entendre אש entre בת et כלתי (*templi quod peregi*), auquel cas l'omission de l'article s'expliquerait par la grammaire hébraïque[5], c'est ce qui est bien peu naturel. Pour qu'une telle explication pût se soutenir, il faudrait que בנתי fût avant כלתי. On peut bien dire : « J'ai achevé l'an.... la porte du temple que

---

[1] Cf. Gesenius, *Thes.* p. 684.

[2] *Journ. asiat.* sept.-oct. 1862, p. 362, 363.

[3] Le Hir (*Études bibliques*, II, p. 444 et suiv.) et M. Joseph Halévy (dans un travail encore inédit, lu à l'Académie des Inscriptions) ont cherché à prouver que cette omission pouvait avoir lieu ; mais les cas que l'on a cités sont peu probants ou ne sont pas tout à fait analogues au cas dont il s'agit ici.

[4] C'est l'explication de M. Schlottmann. (Voir les objections ci-dessus, et dans les observations de M. Derenbourg, *Journ. asiat.* janvier 1868, p. 97, note.)

[5] Gesenius, *Lehrgebœude*, § 199.

j'ai fait bâtir;" mais non : "J'ai fait bâtir l'an.... les portes du temple que j'ai achevé." Aussi M. Bargès est-il forcé de traduire כלתי par "curavi," ce qui est peu exact. En outre, pour une bâtisse si simple, consistant à superposer trois ou quatre pierres, il n'y a pas de raison de distinguer entre le commencement de l'œuvre et son achèvement.

M. Le Hir lit : אש לו פעלתי ביתו כליתי בניתי : *Portam hanc et valvas ejus feci, domum ejus peregi œdificare*, explication qui prête à la plupart des objections susdites et en offre une particulière : פעלה devrait avoir un י final. — M. Ewald, après avoir annoncé pompeusement que ses devanciers n'avaient rien compris à l'inscription, n'arrive en somme, sur ce passage, qu'à répéter leurs explications en y mêlant des hypothèses qui rendent le tour de la phrase encore plus embarrassé.

Les trois lettres suivantes בשת sont une contraction pour בשנת "en l'année." Cette contraction est très-commune sur les médailles. On la trouve dans l'inscription de Sidon publiée par M. de Vogüé[1]. Elle existe en réalité, quoi qu'on n'ait pas su d'abord la reconnaître, dans l'inscription de Malte que nous avons déjà citée, et qui offre plus d'un rapport avec celle que nous discutons. Les lettres בשת de la troisième ligne de ladite inscription de Malte, où Gesenius a vu, contre toute vraisemblance, le mot בשת "honte," doit sans doute se lire בשנת, *in anno*[2]. La même abréviation se remarque dans la trilingue sarde[3] et dans d'autres textes[4]. Enfin, elle se retrouve aux lignes 2 et 8 de l'inscription récemment découverte du roi Mésha.

Suivent six caractères qui sont certainement des chiffres. Dans le courant de la cinquième ligne nous avons encore une série de chiffres. Il faut discuter ensemble les caractères de ces deux séries. Toutes deux commencent par un point; toutes deux aussi se composent de trois sortes de caractères placées dans un ordre constant : 1° une classe d'unités représentée par צ ou ג; 2° une autre classe d'unités représentée par ≠ : 3° une troisième classe d'unités représentée par des traits verticaux. Ces dernières sont bien connues, ce sont les unités simples. Comme on sait de plus que, dans les numérations sémitiques, les unités étaient rangées dans leur ordre d'importance, on est amené à supposer que ≠ représente des dizaines ou des vingtaines. Le signe phénicien des dizaines est déjà connu : c'est une petite barre horizontale qui n'a absolument aucune analogie avec notre caractère. Le signe des vingtaines, connu depuis longtemps, est Ν[5]. Entre ce signe et le nôtre l'analogie est bien plus grande. Mais où l'analogie est presque évidente, c'est entre notre signe et le chiffre 20 dans l'écriture palmyrénienne et surtout dans l'écriture égypto-araméenne, ʓ. L'âge moderne de notre inscription explique cette tendance vers les formes araméennes.

---

[1] *Mém. de l'Acad. des inscr. Sav. étr.* VI, 57.
[2] Gesenius, *Monum.* p. 105. Le nom propre qui suit est celui du suffète. (Cf. *Zeitschrift der d. m. G.* 1856, p. 419, 420, note.) M. Munk a été sur ce passage bien mal inspiré. *Journ. asiat.* avril-mai 1856, p. 293-295, note.
[3] Gildemeister, dans le *Rhein. Museum*, t. XX, p. 14; Schrœder, *Die phœn. Spr.* p. 249, 250.
[4] Vogüé, *Mél. d'archéol. orientale*, p. 21, 22.
[5] Pour la valeur des chiffres phéniciens, voir surtout les inscriptions de Cittium. Vogüé, *Mélanges d'arch. orientale*, p. 1 et suiv.

720 MISSION DE PHÉNICIE.

 Quant aux signes qui commencent les deux séries, il est naturel d'y voir des centaines, bien qu'ils aient peu d'analogie avec le signe qui, dans l'inscription de Marseille et sur les monnaies, indique cent. Dans une ancienne numération qu'un habile orientaliste hollandais, M. Land, a trouvée dans des manuscrits syriaques du vi[e] siècle, et dont il a bien voulu me communiquer les formes[1], le signe pour les centaines a une forme qui se rapproche assez de la nôtre. Les deux signes dont nous parlons se ressemblent dans les deux séries; ils ont cependant dans le haut une sensible différence : l'un a deux cornes ou aigrettes, l'autre n'en a qu'une. M. de Rougé, conduit à cette supposition par des analogies tirées des chiffres hiératiques, me suggéra l'idée que l'un de ces chiffres pouvait désigner 100, l'autre 200. Les chiffres démotiques présentent la même particularité[2]. Mais nous verrons bientôt que cette hypothèse n'est guère soutenable, et que selon toutes les apparences les deux chiffres qui ouvrent les deux séries ont la même valeur et valent 100. Le point qui les précède est probablement le signe d'unité, que la numération sémitique a coutume de donner pour coefficient aux centaines. D'ordinaire cependant, ce coefficient est marqué par une barre[3].

 Les huit lettres qui suivent la première série de chiffres donnent לאדן מלכם «au seigneur des rois,» ou «du seigneur des rois,» en prenant le ל comme une sorte de *lamed auctoris*, analogue à celui qu'on trouve sur les légendes des monnaies. L'expression אדן מלכם se retrouve dans l'inscription d'Eschmunazar, où elle parut d'abord désigner le Dieu suprême. Rapportée à la Divinité, elle n'offre ici aucun sens. D'ailleurs, une inscription de Chypre, découverte par M. de Vogüé à Larnax-Lapithou, appelle expressément Ptolémée Soter אדנמלכם[4]. La suite de notre inscription oblige à voir dans ces deux mots לאדן מלכם l'indication de l'ère d'après laquelle la date est donnée. «Le seigneur des rois» semble ne pouvoir être qu'Alexandre. Mais il ne faut pas se dissimuler ce qu'une telle expression a de bizarre. Je fus d'abord tenté de croire que le premier מ jouait ici un double rôle, et qu'il fallait lire : לאדנם מלכם «de l'ère des seigneurs rois.» L'inscription de Larnax-Lapithou offre pour ce même mot une assi-

---

[1] Depuis, les chiffres en question ont été publiés par M. W. Wright dans le *Zeitschrift der Deutschen morg. Gesellschaft*, 1862, p. 577, 578. M. Land, de son côté, les a donnés dans ses *Anecdota syriaca*, I, pl. xxv (Leyde, 1862). Cf. Schrœder, *Die phœn. Spr.* p. 186 et suiv.; Rougé, dans les *Comptes rendus de l'Acad. des inscr.* 1868, p. 437-439 et la planche à la fin du volume; le même, *Chrestomathie égyptienne*, abrégé grammatical, 2e fascicule, planches, p. 114 et 132; A. Merx, *Grammatica syr.* (nouvelle édition de Hoffmann, Halle, 1867), tableau, p. 14 et suiv.

[2] Cf. Brugsch, *Grammaire démotique*, p. 61 et tableau C. — M. Adalbert Merx et M. Paul Schrœder (p. 189) lisent au contraire notre premier nombre 180, et le second 243, croyant voir dans le point de la cinquième ligne deux traits significatifs. Ces deux traits n'existent pas ou du moins sont tout à fait indistincts. De plus, la lecture de MM. Merx et Schrœder mettrait le point initial de l'ère du peuple de Tyr en 375, ce à quoi l'on n'entrevoit aucune raison plausible.

[3] Voir Schrœder, ouvrage cité, tableau p. 188, au bas.

[4] *Journ. asiat.* août 1867, p. 120 et suiv. Cf. Lévy, *Phœn. Studien*, 4e Heft, p. 6, 7. M. Schrœder (*Die phœn. Sprache*, p. 156, 157) s'écarte à tort de l'explication de M. de Vogüé. Dans la Bible, l'expression מלך מלכים désigne les rois d'Assyrie et de Perse (cf. Gesenius, *Thes.* p. 794).

milation de lettres plus forte encore. J'ai à peu près renoncé à cette hypothèse, surtout depuis que M. Derenbourg, avec sa pénétration ordinaire, m'a fait remarquer, dans l'inscription bilingue de Dali [1], le mot אדן opposé à מלך, de façon à faire croire que אדן מלכם signifie toujours «le suzerain des rois.» Peut-être aussi faut-il lire לַאֲדֹנֵי מְלָכִים «l'ère des suzerains des rois,» en entendant par là les Séleucides, explication qui prend beaucoup de force de l'אדמלכם appliqué à Ptolémée Soter [2]. En tout cas l'ère dont il s'agit dans notre inscription est très-probablement l'ère des Séleucides. M. de Vogüé est du même avis, et je pense que depuis la découverte de l'inscription de Larnax-Lapithou, M. Ewald a renoncé à son ère «du seigneur Milkom [3].» L'ère des Séleucides, à partir du iiie siècle avant J. C., devint l'ère commune de la Syrie : c'est celle de la plupart des monnaies phéniciennes. Tout invite à rapporter à cette ère notre première série de chiffres. Si le chiffre des centaines de cette série vaut 100, l'inscription serait de l'an 132; si ledit chiffre vaut 200, la date de notre inscription serait trente-deux ans avant J. C. La Syrie était alors province romaine, et je dois ajouter qu'un ensemble de faits considérables, dont je parlerai bientôt, me porte à croire que la ville ancienne dont les ruines s'appellent *Oum el-Awamid* n'existait plus à cette date. Il serait singulier aussi que, vers l'époque de Jésus-Christ, on parlât encore en Phénicie un hébreu si pur, quand Plaute nous donne déjà le nom de Baal-Schamêm sous la forme araméenne *Belsamen* [4]. Une inscription bilingue, du ier ou du iie siècle avant J. C., trouvée à Athènes [5], offre déjà des particularités qui se rapprochent du néopunique, c'est-à-dire du patois qu'on parlait en Afrique à l'époque romaine. Tout cela rend bien difficile de maintenir au premier chiffre de la première série la valeur de 200.

La seconde série de chiffres est suivie du mot שת «année.» Le mot suivant étant précédé du ל, שת ne peut être ici à l'état construit. שת est donc en apposition avec le nombre qui précède. L'hébreu voudrait שנה; mais on sait que les finales en ה deviennent ת en phénicien. Quoi qu'il en soit, il semble bien que l'agencement de la phrase est : «En l'année N de l'ère N, correspondant à l'année N de l'ère N.»

La seconde ère qui, dans l'hypothèse très probable où le premier chiffre vaut 100, commencerait 137 ans ou 37 ans après la première, n'est pas moins difficile à déterminer. Les trois dernières lettres de la cinquième ligne donnent לעם «du peuple de....» On s'attend à trouver ensuite le nom du peuple dont l'ère a réglé la seconde date. La première lettre de la sixième ligne fait hésiter un peu. Les personnes qui ne l'étudieront que sur notre planche, reproduisant elle-même une photographie, la prendront pour un א; mais il manquerait à cet א toute la partie inférieure de l'an-

---

[1] *Transactions of the Society of biblical archæology*, vol. I, part. 1, 1872).

[2] Vogüé, *Journ. asiat.* août 1867, p. 123.

[3] M. Le Hir avait adopté la même interprétation.

[4] *Pœn.* act. V, sc. ii, v. 67.

[5] *Annales de l'Inst. archéol. de Rome*, t. XXXI (1861), p. 321 et suiv. Un fait remarquable, c'est que, dans cette inscription, l'adformante de la première personne est, comme dans la nôtre, י. (Voir ci-dessus, p. 717, 718.)

tenne transversale, qui ne paraît exister, sur la photographie, que par suite d'une tache de la pierre. En étudiant attentivement cette lettre sur la pierre, on ne doute pas que ce ne soit un ע. On a donc : לעם צר «de l'ère du peuple de Tyr.» Si la première ère est celle des Séleucides, celle-ci aurait eu son commencement l'an 175 ou 275 avant J. C. L'ère des monnaies autonomes de Tyr date de l'an 126 avant J. C.[1] L'an 175 pour point initial d'une ère de Tyr est donc tout à fait improbable. L'année 275 est plus plausible. On peut admettre que l'an 275, sous le règne bienfaisant de Ptolémée Philadelphe, Tyr sortit de l'état de ruines où l'avait mise Alexandre et commença une nouvelle ère. Nouvelle raison pour assigner au premier chiffre de la première série la valeur 100 et non la valeur 200.

M. Lévy et M. Bargès adoptèrent tout d'abord mes hypothèses sur les chiffres. M. Lévy y ajouta quelques rapprochements qui ne laissèrent plus guère de place au doute sur les valeurs fondamentales; il prit le premier chiffre de la première série pour 200. Quant aux ères, M. Lévy crut que l'ère du «seigneur des rois» est l'ère des Achéménides ou celle de Cyrus (538 avant J. C.). Notre inscription serait alors de l'an 258 avant J. C. et l'ère du peuple de Tyr daterait de l'an 401, ce à quoi l'on ne voit nulle raison[2]. M. Blau et M. Ewald n'admettent pas qu'après Alexandre on ait pu se servir, en Phénicie, de l'ère de Cyrus. Ne reconnaissant pas de différence entre les deux chiffres qui marquent les centaines, M. Blau arrive pour la date de l'inscription, d'après l'ère de Cyrus, à l'an 358 avant J. C., ce qui porterait le commencement de l'ère de Tyr à l'an 501 avant J. C., c'est-à-dire, selon lui, à l'année de l'incorporation de Tyr dans la monarchie perse. Mais l'expression לעם צר indique une ère autonome; comment d'ailleurs la ville pouvait-elle s'appeler לאדן, en l'an 358 avant J. C.?

Pour moi, je me range en définitive à l'hypothèse suivante : identifier comme M. Blau le chiffre des centaines dans les deux cas, lire la première date 180, la seconde 143; compter l'ère לאדנמלכם d'après l'ère séleucide; ce qui conduit à l'an 132 (époque où Tyr était en effet soumise aux Séleucides), et ce qui met le commencement de l'ère לעם צר en l'année 275, année qui peut très-bien être celle où Tyr fut rebâtie et commença une nouvelle vie. Nous pensons donc que l'inscription est de

---

[1] La différence de l'ère des Séleucides et de l'ère des monnaies de Tyr étant de 186 ou 187 ans, on est naturellement porté, en supposant la valeur de nos chiffres douteuse, à chercher dans quelle hypothèse les deux séries de chiffres différeraient de 186 ou 187. On arrive à peu près à ce résultat en supposant au signe ∓ la valeur de 40, et il est certain que la valeur de ce signe s'expliquerait par la réduplication du signe ∧. M. de Rougé suppose que ce signe ∧ (20), à son tour, n'est que la réduplication du signe — (10). L'inscription serait alors de l'an 48 après J. C. Mais il ne semble pas que, dans aucune numération sémitique, il y ait eu de signe pour 40. De plus, l'analogie des chiffres araméens et palmyréniens ne laisse guère de doute sur la valeur du signe ∓.

[2] Le système proposé par M. Munk (Comptes rendus, 1862, p. 88) implique des impossibilités graphiques et philologiques. Comment עם צר serait-il «le peuple de Syrie?» On ne conçoit pas qu'un homme si habile ait admis la vieille étymologie qui tirait Συρία de Sour. Sour n'a jamais été en aucun sens capitale de la Syrie. Le domaine de Tyr avait sept ou huit lieues de rayon.

CAMPAGNE DE TYR.   723

l'an 132 avant J. C.¹ Ajoutons que l'emploi de l'ère des rois séleucides exige que l'inscription soit du second siècle; car les Séleucides ne régnèrent régulièrement dans le pays de Tyr que depuis l'an 198, date de la bataille de Panéas, jusqu'à l'an 126, date de la nouvelle autonomie de Tyr.

Le reste de l'inscription a été successivement amené à n'offrir plus aucune difficulté, grâce aux travaux de MM. Lévy, Bargès, Le Hir et Schlottmann. Il faut lire :

... לכני לי לסכר ושם נעם
תחת פעם ארני בעלשממ
לעלם יברכן

לכני semble l'équivalent exact de l'hébreu לִהְיוֹתִי; mais M. Le Hir, M. Ewald et M. Schlottmann ont très-bien montré que le י doit être ici considéré comme un suffixe de la troisième personne, si bien qu'il faut traduire comme s'il y avait לְכֹנוֹ, «ut sit², » le sujet étant «la porte» ou pour mieux dire un «cela» vague³, représentant le fait de l'avoir érigée. — M. Lévy voit dans סכר, non le mot hébreu שכר «récompense, » ainsi que le proposa le premier M. l'abbé Bargès, mais le mot זכר «souvenir.» Au premier coup d'œil cette opinion paraît moins conforme aux règles de la permutation des lettres en hébreu que l'opinion de M. Bargès. Mais le rapprochement de la première inscription d'Athènes, où on lit סכר pour זכר, confirme d'une manière décisive l'opinion de M. Lévy. — שם נעם est l'équivalent exact de שם טוב. נעם en phénicien était le synonyme de טוב en hébreu, comme le prouvent les noms *Namphamo* (נעם פעמו, *boni pedes ejus*), *Namgidde* ou *Geddeneme* (נעם גדה, *bona fortuna ejus*⁴), d'autres encore⁵. Les écrits bibliques, en particulier Jérémie, offrent du reste une phrase qui présente avec la nôtre la plus grande ressemblance : לחיותי לי לשם ולתהלה ולתפארת⁶.

Les deux dernières lignes sont très-claires. Je le traduis : «sous les pieds de mon seigneur Baal-Schamêm pour l'éternité. Qu'il me bénisse.» פעם en phénicien signifiait «pied.» On l'a déjà trouvé avec ce sens dans l'inscription de Marseille⁷. Presque

---

¹ C'est aussi l'opinion de M. de Vogüé (*Journ. asiat.* août 1867, p. 173, 174, 175; *Mélanges d'archéologie orientale* p. 91).

² Voir cependant les objections de M. Derenbourg, *Journ. asiat.* janvier 1868, p. 92 et suiv. surtout p. 97, 98.

³ Sur ce point, la critique de M. Derenbourg peut paraître trop méticuleuse.

⁴ J'ai développé ce point dans une note insérée dans les *Mélanges épigraphiques* de M. Léon Renier, p. 279 et suiv. (Cf. Vogüé, *Journ. asiat.* août 1867, p. 124; Schrœder, *Die phœn. Spr.* p. 17, 18.)

⁵ Voir *Annuaire de la Société archéologique de Constantine*, 1860-1861, p. 54 (art. de M. Judas).

⁶ Jérém. XIII, 11; XXXIII, 9; Deutér. XXVI, 19; I Chron. XXII, 5.

⁷ Voir la note précitée et *Histoire des lang. sémit.* p. 192, 3ᵉ et 4ᵉ édit.; Munk, *Journ. asiat.* nov.-déc. 1847, p. 498; Schrœder, *Die phœn. Spr.* p. 17. פעם semble, il est vrai, dans des noms propres עבדפעם et עתהפעמא, désigner une divinité (Levy, *Phœn. Stud.* III, p. 24, 71). Comp. Πυγμαλίων = פעם־עליון, et peut-être le פמיהן de Chypre (*Journ. asiat.* août 1867, p. 99, 109 et suiv. 124.)

91.

tous les monuments phéniciens avaient des niches sous lesquelles se trouvait souvent une inscription. La grotte d'Astarté, un peu au nord de la Kasmie, offre cette disposition d'une manière frappante. L'hypothèse d'une niche n'est pas même nécessaire. On conçoit très-bien que l'auteur du vœu ou de la consécration dépose son offrande en esprit «aux pieds» de la divinité qu'il veut honorer. M. Bargès traduit cette ligne à peu près comme moi; mais il prend l'expression «sous les pas de mon seigneur le maître du ciel» pour l'équivalent de תחת שמש, «sous le soleil,» expression si familière à l'auteur de l'Ecclésiaste, et qui se retrouve dans l'inscription d'Eschmunazar[1]. Cela me paraît forcé; le style de notre inscription est des plus simples; une telle expression aurait, selon moi, quelque chose de gauche. On conçoit que l'on dise *sub jove frigido*, car là le sens physique est évident; mais on ne dira jamais *sub Jove Optimo Maximo*; cela ferait une confusion du sens physique et du sens théologique tout à fait peu naturelle. M. Lévy s'écarte aussi en cet endroit de mon interprétation, sans qu'il me soit possible de voir quel avantage il y trouve. Il traduit תחת פעם par «pour cette fois,» ou «pour ceci.» Mais c'est bien gratuitement s'écarter du sens le plus ordinaire de תחת «sous,» et du sens ordinaire de פעם, «pied» en phénicien. C'est gratuitement supposer une omission de l'article, פעם pour הפעם.

Une inscription trouvée à Chypre par M. de Vogüé se termine, comme la nôtre, par une courte prière formant une phrase détachée : יברך «qu'il le bénisse.» M. de Vogüé a aussi montré que l'inscription n° 1 de Pococke, jusqu'ici restée illisible, se terminait par le mot תשמע «qu'elle les exauce[2].» La première de Malte offre une formule finale toute semblable. Il faut donc faire de יברכן une phrase à part et rapporter לעלם à ce qui précède. Comp. Isaïe, LVI, 5; *Ps.* CXII, 6[3].

En résumé, l'inscription coupée, orthographiée et ponctuée selon les habitudes de la grammaire hébraïque[4], peut se rendre ainsi :

לְאָדוֹן לְבַעַל־שָׁמַיִם · אֵשׁ נָדַר עַבְדְּאֵלִים
בֶּן־מַתָּן בֶּן־עַבְדְּאֵלִים בֶּן־בַּעְלִשָׁמָר
בְּפֶלֶג לְאוּרִיכָאָה · אַיַת הַשַּׁעַר זֶה וְהַדְּלָהוֹת
אֵשׁ לְפִי עֲלִית בֵּית כֻּלָאתִי בָּנִיתִי בִּשְׁנַת ×͞ו
×͞×͞×͞ לְאָדֹן־מְלָכִים · ווו ×͞×͞×͞ שְׁנַת לְעַם
צֹר לְבוֹנָיו לִי לְסֵכֶר וְשֵׁם נָעִים
תַּחַת פַּעֲמֵי אֲדֹנִי בַּעַל־שָׁמַיִם
לְעוֹלָם · יְבָרְכֵנִי :

---

[1] Je m'étonne que M. l'abbé Le Hir ait admis cette interprétation.

[2] *Revue archéologique* octobre 1862; *Journal asiatique*, août 1867, p. 98, 104; Schrœder, *Die phœn. Sprache*, p. 193.

[3] Judas, mém. cité, p. 296.

[4] La ponctuation massorétique s'applique très-mal au phénicien; ce qu'on donne ci-après n'est qu'une approximation incorrecte, mais qui peut être utile pour fixer les idées des philologues.

CAMPAGNE DE TYR.

Traduites en latin, les parties certaines de l'inscription donneraient :

> Domino Baali cœlorum. Votum quod vovit Abdelimus,
> filius Mattanis, filii Abdelimi, filii Baalsamari,
> in..... Laodic... Portam hanc et valvas
> quæ........ domus........ ædificavi anno...l
> xxx° domini regum,... xliii° anno populi
> Tyri, ut sit mihi in memoriam et nomen bonum
> sub pedibus domini mei Baalis cœlorum
> in æternum. Benedicat mihi.

Notre traduction, en partie hypothétique, de l'ensemble serait :

« Au seigneur Baal des cieux. Vœu fait par Abdélim, fils de Mattan, fils d'Abdélim, fils de Baalschamar, dans le district de Laodicée. J'ai construit cette porte et les battants qui sont à l'entrée de la *cella* de ma maison sépulcrale, l'an 280 du maître des rois, l'an 143 du peuple de Tyr, pour qu'ils me soient en souvenir et en bonne renommée, sous les pieds de mon seigneur Baal des cieux, pour l'éternité. Qu'il me bénisse ! »

Quant aux conséquences historiques, topographiques, grammaticales et paléographiques qui sortent de cette inscription, on peut les résumer ainsi :

1° La ville dont les ruines s'appellent maintenant *Oum el-Awamid* paraît avoir été une de celles qui portèrent dans l'antiquité le nom de *Laodicée*. Cette ville était encore florissante à l'époque grecque, et l'on y faisait alors des constructions considérables.

2° En Phénicie, sous les successeurs d'Alexandre, on traçait des inscriptions phéniciennes, et les vieux cultes de la Phénicie étaient conservés.

3° La langue était encore la vieille langue chananéenne pure, sans influence sensible de l'araméen. La tendance à écrire les quiescentes se fait cependant légèrement sentir.

4° Les idiotismes donnés par notre inscription pour la première fois sont : le mot פלכ dans le sens de «district,» et le mot נעם, synonyme de l'hébreu טוב, qui était déjà fourni par les noms propres.

5° Les particularités d'orthographe sont : l'adformante de la première personne est תי et le pluriel דלהת supposant un singulier דלה, d'où il semble résulter que les formes en ה ne faisaient pas complétement défaut en chananéen.

6° Enfin, ce qui fera probablement le principal intérêt de cette inscription dans l'épigraphie sémitique, ce sont les chiffres qu'elle contient et qui ajoutent beaucoup aux notions que l'on possède sur la numération sémitique et sur l'histoire de la numération en général. Ces chiffres, en somme, sont les chiffres araméens et non les chiffres phéniciens tels qu'on les connaît par les monnaies et par les inscriptions. En comparant les signes fournis par notre pierre, à ceux que l'on possède déjà, à la numération palmyrénienne, à celle des papyrus égypto-araméens, à la numération syriaque découverte par M. Land, à celle qu'a découverte M. Hanoteau à Ghadamès[1], on constituera une numération sémitique, analogue à celle qui fut en usage chez les Romains (chiffres romains), et dont la première origine pourra probablement être rapportée à l'Égypte.

II. — La seconde inscription (pl. LVIII) était tracée sur la partie postérieure d'une pierre dont notre planche LIII donne le dessin. Ces sortes de cubes de pierre, entaillés d'un côté, se rencontrent fréquemment aux environs des temples et servaient peut-être à contenir les objets offerts à la divinité.

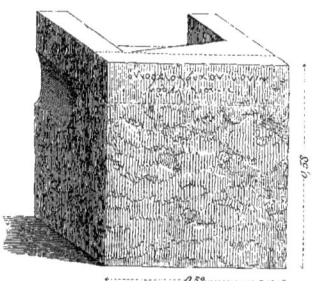

Les quatre premières lettres sont presque effacées par le frottement. On les lit cependant avec certitude : למלך. La lettre suivante est cassée en partie; mais ce qui en reste appartient évidemment à un ע. La sixième lettre est très-fruste; mais les trois lettres qui viennent ensuite étant תרת, il est clair que c'est un ש, complétant le nom d'*Astarté*. Les traces qui restent de la lettre confirment cette supposition.

L'inscription entière doit donc se lire ainsi :

למלך עשתרת אל חמן
אש נדר עבדאשמן על בני

Astarté est désignée par Jérémie comme «reine du ciel,» מלכת השמים (VII, 18; XLIV, 17, 18, 19, 25). Une singularité arrête tout d'abord. La *déesse* Astarté est qualifiée מלך et אל חמן, deux expressions essentiellement masculines. Je vis d'abord là une preuve que le phénicien possédait des féminins en ה, dans lesquels la finale ne s'écrivait pas, de même qu'elle ne s'écrivait pas à la troisième personne du pluriel,

---

[1] *Journ. asiat.* août-sept. 1860, p. 267 et suiv.

à l'état construit du pluriel, etc. Les deux premiers mots, orthographiés à la manière hébraïque, seraient alors : למלכה עשתרת «A la reine Astarté.» Mais, dans l'inscription d'Eschmunazar, on a la forme מלכת à l'état absolu; en outre, il serait singulier qu'il n'y eût pas למלך לעשתרת.

L'expression אל חמן pouvait n'avoir pas de genre. Bien que le phénicien ait un mot pour signifier *déesse, alona* ou *alonat*[1], féminin de *alon*, dont le parallèle devait être *éla* ou *élat*, féminin de *el*, il semble cependant que le mot *Dieu* était souvent employé pour les deux genres; ainsi l'on trouve, I *Reg.* xi, 5 : עשתרת אלחי צדנים «Astarté, *dieu* des Sidoniens.» Il répugne encore plus de mettre au féminin le mot חמן. Ce mot, connu depuis longtemps dans l'épigraphie phénicienne, et dont la vraie nuance nous échappe[2], n'est pas un simple adjectif. Jusqu'ici on ne l'avait vu que réuni au mot בעל, et formant avec ce mot une sorte de nom divin indivisible, *Baal-Hamman*, qu'on traduisait par *Baal solaire*. Ici nous le voyons joint à אל et rapporté à Astarté. Le mot אֲשֵׁרָה présente des phénomènes analogues. Son pluriel est indifféremment אֲשֵׁרִים et אֲשֵׁרוֹת, et signifie simplement «idoles.» Enfin, il faut remarquer que, dans presque tous les monuments votifs où figure *Baal-Hamman*, figure Tanith, qui n'est qu'une autre forme d'Astarté[3]. אל חמן peut donc être un titre commun à ces deux divinités. Peut-être le sens primitif de חמן s'était-il perdu et la dévotion populaire donnait-elle ce titre d'une façon abusive à toutes les divinités célestes.

M. Lévy est d'accord avec moi sur la lecture et sur l'interprétation de cette inscription. Pour échapper aux difficultés qu'elle présente, il propose quelques nouvelles conjectures, auxquelles je ne puis donner un entier assentiment. Entendre מלך עשתרת «le roi d'Astarté» dans le sens du «mari d'Astarté» (le P. Bourquenoud propose la même hypothèse), c'est-à-dire Baal, me paraît peu naturel. M. Ewald s'est égaré ici dans des conjectures si bizarres qu'elles méritent à peine d'être mentionnées.

M. Bargès a lu tout autrement que M. Lévy et moi ce qui précède עשתרת. Faisant commencer la première ligne plus à droite que la seconde, il voit deux lettres, לא, avant le caractère qui, pour nous, est la première lettre. Nous osons affirmer que les traits que le savant professeur a pris pour des parties de lettres sont des stries sans valeur. Quant à la première lettre réellement existante, celle qui est située juste au-dessus de l'א initial de la seconde ligne, M. Bargès y voit un ד. C'est sûrement un ל, comme on peut s'en convaincre en comparant les autres ל et ד de l'inscription. On ne saurait non plus, selon moi, voir un ז dans le caractère suivant, qui est très-clairement un מ. Enfin, dans ce qui suit, je ne puis m'expliquer la lecture de M. l'abbé Bargès. Mettons que les deux lettres qui suivent le מ ne soient pas aussi clairement qu'elles le sont un ל et un ך, il sera toujours impossible de trouver place ici pour toutes les lettres supposées par M. l'abbé Bargès. En effet, le ע de עשתרת se voit évidemment au-des-

---

[1] 1ᵉʳ vers punique du *Pœnulus*. Cf. Vogüé. (*Comptes rendus de l'Acad. des inscr.* 1869, p. 66 et suiv.)
[2] Cf. Winer, *Bibl. Realw.* II, p. 481, 482.
[3] Voir les cippes votifs de Carthage sans exception (en particulier ceux de M. Davis, au Musée britannique).

sus du ר de la seconde ligne. Il est clair que de là au caractère qui est au-dessus de l'א initial de la seconde ligne il n'y a place que pour trois lettres (la comparaison de la ligne inférieure le prouve). Or M. Bargès en suppose cinq. Le savant philologue a sans doute été cette fois induit en erreur par ses notes. Je suis persuadé que si M. Bargès veut bien aller revoir le monument, qui est maintenant exposé au musée Napoléon III, salle asiatique, vitrine 1, au Louvre, il se rangera à l'opinion sur laquelle M. Lévy et moi nous nous sommes rencontrés.

Le P. Bourquenoud a rappelé à propos de cette inscription un passage de Macrobe, qui a ici, en effet, une juste application : «Apud Calvum Aterianus affirmat legendum :

Pollentemque deum Venerem,

non *deam*. Signum etiam ejus est Cypri barbatum corpore, sed veste muliebri, cum sceptro ac statura virili; et putant eamdem marem ac feminam esse. Aristophanes eam Ἀφρόδιτον appellat. Lævinus etiam sic ait : Venerem igitur almum adorans, sive femina sive mas est, ita uti alma Noctiluca est. Philochorus quoque in *Atthide* eamdem affirmat esse lunam, et ei sacrificium facere viros cum veste muliebri, mulieres cum virili, quod eadem et mas æstimatur et femina[1].» Ce passage n'est pas, au reste, isolé. On trouve presque la même chose répétée dans Hésychius, au mot Ἀφρόδιτος, et dans un grammairien, publié par Bekker (*Anecdota*, p. 272, 24[2]). Cf. Movers, I, p. 641, 642; 634, 635. Le double genre de *Lunus* et de *Luna*[3] se rapporte au même ordre de conceptions. Ces divers rapprochements, dont le plus important est celui de Macrobe, dû au P. Bourquenoud, expliquent peut-être les masculins מלך et אל חמן, rapportés à Astarté, et dispensent de supposer des féminins tels que מלכה, écrits sans ה final.

M. Lévy traduit על בני par «avec mon fils,» ou «avec mes fils,» et rapproche justement de ce passage les autres inscriptions puniques ou néo-puniques, où l'on voit des personnes faire aussi des vœux על בנם[4]. A vrai dire, rien ne prouve que, dans ces deux inscriptions, על ait le sens de «avec,» plutôt que celui de «sur,» qui est plus ordinaire. La nuance du sens est probablement celle de ὑπέρ dans les inscriptions grecques, où on lit par exemple : ὑπὲρ αὐτοῦ καὶ τοῦ υἱοῦ[5].

M. Le Hir et M. Ewald ont proposé de voir dans le י final le pronom de la troisième personne du singulier[6]. M. Joseph Halévy comprend la phrase comme s'il y avait en hébreu בָּנָיו. Cela est admissible; mais l'énallage de personnes n'a rien qui répugne au style épigraphique des Phéniciens. Comparez la première inscription de Malte, où le dieu figure d'abord à la troisième personne, puis à la deuxième, puis à la troisième.

---

[1] *Saturn.* l. III, c. VIII.
[2] Voir l'édition de Macrobe de Ludovicus Janus (Quedlinbourg et Leipzig, 1852), t. II, p. 288-290.
[3] Spartien, *Caracalla*, c. VII. (Cf. Le Hir, *Études bibliques*, II, p. 466 et suiv.)
[4] Lévy, *Phœn. Studien*, 4⁰ Heft, p. 71.
[5] Voir Ewald, mém. cit. p. 45, note 1; Schrœder, p. 156; Le Hir, *Études bibliques*, II, p. 467 et suiv.
[6] Cf. Schrœder, *Die phœnizische Sprache*, p. 146 et suiv.

CAMPAGNE DE TYR.

L'ensemble de l'inscription peut se traduire :

« A Moloch-Astarté, dieu Hamman.
Vœu fait par Abdeschmoun, pour ses enfants. »

III. — La troisième inscription n'est qu'un fragment. Elle fut trouvée dans les fondements de l'une des maisons ruinées qui couvrent le mamelon, côté nord. Notre planche LVII, fig. 2, la représente. Elle se lit sur un segment de gnomon, dont voici la figure approximative.

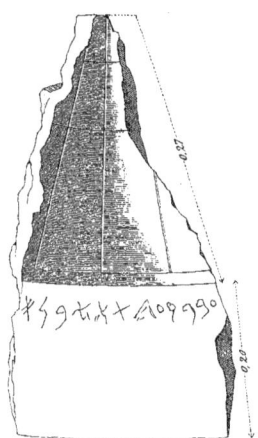

Dans le transport, un petit éclat de pierre a fait disparaître la première lettre à droite; mais un estampage pris au moment même où la pierre fut découverte me rend cette lettre; c'est un ע. Une seule lettre est fortement éraillée; c'est la neuvième. Le contexte oblige à y voir un ס, et ce qui reste des traits confirme cette hypothèse. L'inscription doit se lire et se traduire ainsi :

עבדך עבדאסר בן א

« .....Ton serviteur Abdosir, fils d'E..... »

Le nom d'Abdosir est connu depuis longtemps dans l'épigraphie phénicienne. Comparez la première inscription de Malte. Le gnomon était dédié à un dieu comme un objet sacré, et faisait probablement partie, ainsi que le fauteuil pl. LIII, des ἀναθήματα du temple.

Quant à l'examen des questions mathématiques qui se rapportent à ce monument, je priai le regrettable Wœpcke de s'en charger. Il m'écrivit à ce sujet une excellente lettre, qui a paru dans le *Journal asiatique*, mars-avril 1863.

«J'ai sur-le-champ soumis au calcul les mesures que j'ai prises sur la pierre, et le résultat a été des plus satisfaisants. Je puis parfaitement reconstruire l'instrument complet. Il est du genre de ceux dont Vitruve (*De Arch.* lib. IX, cap. ix) attribue l'invention à Dionysiodore de Milo[1]. La surface du cadran était formée par un segment de cône coupé par deux plans. Ce cône et ces deux plans sont déterminés de la manière suivante. Le cône est un cône droit de révolution ayant pour axe une droite parallèle à l'axe du monde et menée par l'extrémité du style dont il sera question ci-après; une des arêtes du cône coïncide avec le méridien de l'instrument. L'un des deux plans coupants est parallèle à l'horizon et correspond, dans le cadran, aux moments du lever et du coucher du soleil. L'autre plan coupant, prolongement de la face qui porte l'inscription, est parallèle à l'équateur et correspond, dans le cadran, à la courbe diurne du solstice d'été.

«Voici comment était placée l'extrémité du style. Désignons par α l'intersection du méridien (conservé intact dans le fragment) avec la courbe diurne du solstice d'été, par γ l'intersection du méridien avec la courbe diurne du solstice d'hiver. La longueur de la droite $\alpha\gamma$ mesurée sur le monument est de 200 millimètres. L'extrémité du style O sera le sommet d'un triangle $O\alpha\gamma$, situé dans le plan du méridien, et dans lequel les côtés $O\alpha$ et $O\gamma$ sont respectivement de 268 et de 147 millimètres. On peut aussi dire que O est l'intersection du méridien, de l'équateur et de l'horizon du cadran.

«Les courbes diurnes étaient, dans ce cadran, des cercles parallèles au plan de l'équateur, et par conséquent à la face qui porte l'inscription. On marquait sur ces courbes diurnes les limites des heures en divisant l'arc entier du parallèle, situé au-dessous de l'horizon du cadran, en douze parties égales.

«Désignant par β l'intersection de la courbe diurne équinoxiale avec le méridien du cadran, et partant des deux longueurs $\alpha\beta$ et $\beta\gamma$ mesurées sur le méridien du monument, comme des deux données fondamentales, j'ai déterminé, *par le calcul seul*, la longueur des trois cordes correspondant à la vi^e heure temporaire pour le solstice d'été, pour l'équinoxe et pour le solstice d'hiver. Les trois valeurs ainsi calculées ne diffèrent respectivement que de moins de $\frac{1}{10}$ millimètre, $1\frac{1}{2}$ millimètre et 1 millimètre des valeurs que l'on trouve en mesurant les mêmes cordes sur le monument. Si l'on considère que sur celui-ci la largeur des traits sculptés est de 2 millimètres au moins, une concordance aussi complète entre le calcul et la mesure est sans doute la confirmation la plus absolue de la justesse de l'explication et de la reconstruction de l'ins-

---

[1] «Comp. Pline, *Hist. nat.* lib. II, c. 109; Weidler, *Hist. astron.* p. 133, à la note; éd. d'Oxford des *Œuvres d'Archimède*, p. 163 et suiv. — On ne possédait jusqu'à présent aucun monument ancien présentant un spécimen de cette espèce de cadrans solaires.»

trument qui précèdent; une confirmation semblable consiste en ce que la valeur de l'angle Oβα, telle qu'elle résulte du calcul, s'accorde très-bien avec la valeur que l'on obtient en mesurant sur la pierre l'angle que le méridien du cadran fait avec la face qui porte l'inscription.

« La figure et les dimensions du segment de section conique[1] qui formait l'horizon du cadran, de même que la position et le rayon du segment de cercle qui formait l'ouverture de la face antérieure du cadran, se déterminent aisément, soit au moyen du calcul, soit par des constructions graphiques. Les anciens employèrent probablement ce dernier moyen. Ces deux courbes une fois tracées sur la pierre, l'ouvrier y sculptait avec une grande facilité l'excavation qui forme la surface du cadran; il avait pour contrôle dans cette opération, que, dans certaines directions qu'un géomètre devait lui indiquer, une règle pouvait constamment s'appliquer sur la surface du cadran. Les courbes diurnes pouvaient ensuite se placer au moyen d'un compas ordinaire, ou même au moyen d'un fil tendu; il suffisait pour cela d'avoir la position du sommet du cône qui s'obtient par une construction très-simple. Enfin on traçait les courbes des heures temporaires en décrivant un nombre suffisant de courbes diurnes, divisant chacune d'elles en douze parties égales, et joignant entre eux les points de division correspondant à la même heure sur les diverses courbes diurnes. »

M. Wœpcke m'avait promis de me donner le calcul de l'instrument. La mort l'en a empêché. M. le colonel Laussedat a bien voulu faire le travail, et je suis heureux d'insérer ici son mémoire, dont les conclusions sont parfaitement d'accord avec celles de M. Wœpcke[2]. M. Laussedat n'a eu connaissance de la note de M. Wœpcke qu'après l'achèvement de son mémoire, auquel il n'a rien ajouté ni changé.

« § 1. *Description du fragment conservé*. — Dans le bloc de pierre assez informe dont se compose ce fragment, deux portions de surfaces régulières présentent seules de l'intérêt; l'une est celle qui a appartenu au cadran proprement dit, l'autre est une surface plane faisant, avec la surface conique, un angle obtus; l'arête courbe suivant laquelle se coupent ces deux surfaces est assez bien conservée pour qu'on reconnaisse sans hésitation qu'elle est circulaire. Sur la face conique du cadran on voit très-nettement trois arcs de cercle parallèles entre eux et à l'arête dont il vient d'être question, et trois lignes *sensiblement* droites et convergentes. Ces différentes lignes, gravées en creux dans la pierre, ont environ 2 millimètres de largeur et un peu moins de 1 millimètre de profondeur.

---

[1] « On pouvait toujours s'arranger de manière que cette section conique devînt une parabole. J'ai des raisons de croire que cet arrangement était adopté dans le monument dont il s'agit ici, et que le demi-paramètre de la parabole était de 96 millimètres. »

[2] Voy. *Comptes rendus de l'Ac. des sc.* 25 juil. 1870.

«*Interprétation des lignes du cadran.* — Les trois arcs de cercle indiquent indubitablement la marche de l'ombre de l'extrémité du style aux solstices et aux équinoxes, et les lignes convergentes qui les croisent sont également à coup sûr des lignes horaires. En mesurant avec soin, et à un millimètre près, les segments de ces différentes lignes compris entre leurs intersections mutuelles, on trouve les données transcrites ci-dessous qui doivent nous suffire pour retrouver les éléments de la restitution du cadran tout entier [1].

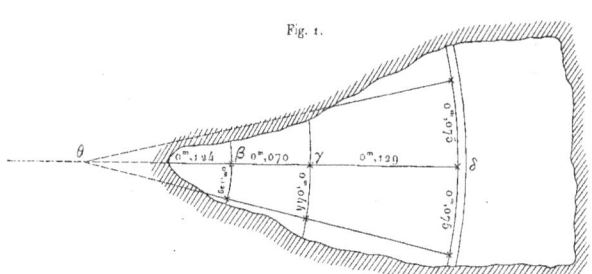

Fig. 1.

«Une première inspection ferait supposer que les lignes horaires sont toutes les trois rectilignes et qu'elles convergent vers un point extérieur à la partie conservée du cadran que nous avons représenté en θ et qui serait situé à une distance de $0^m,124$ environ du point β; mais un examen plus attentif démontre qu'une seule des trois lignes horaires, celle du milieu, est droite, et comme en outre elle est normale aux arcs de cercle, on est par là même autorisé à la considérer comme la *méridienne du cadran*. Les deux lignes latérales, on le voit sans peine, coupent les arcs de cercle obliquement, et cet indice suffirait à lui seul pour faire écarter l'idée que ce sont des génératrices du cône. Mais il y a d'autres preuves que ces lignes sont des courbes, et, quand on se souvient qu'on est en présence d'un cadran fort ancien, il n'y a pas lieu de s'en étonner. On sait, en effet, que les Chaldéens, auxquels on attribue l'invention des cadrans solaires, et après eux les Grecs, les Juifs, les Romains, les Arabes, ont divisé la durée du *jour apparent*[2] en 12 heures, dans toutes les saisons, ce qui rendait les heures inégales d'une saison à l'autre[3]. Or, des lignes horaires droites sur un cadran conique donneraient évidemment des *heures égales* ou *équinoxiales*. La discussion des mesures rapportées plus haut mettra d'ailleurs hors de doute ce fait que les lignes horaires conservées divisent précisément les arcs des solstices et des équinoxes de manière à donner, dans chaque saison, à l'heure, une durée égale au douzième de celle du jour apparent.

---

[1] Voir planche LVII, fig. 2.
[2] «Nous désignons ainsi le temps écoulé entre le lever et le coucher du soleil.»
[3] «Les douzièmes du jour apparent s'appelaient heures temporaires; il est bon de remarquer que l'inégalité de durée des jours de l'hiver à l'été est de moins en moins sensible à mesure qu'on se rapproche de l'équateur, où elle est nulle.»

«*Face plane formant la base terminale du cadran conique.* — L'axe de tout cadran conique étant parallèle à l'axe du monde, puisque la section de la face plane avec le cône est circulaire, il est à peine besoin d'en conclure que cette face est elle-même parallèle au plan de l'équateur. Elle ne joue en définitive aucun autre rôle que celui de surface terminale, et nous n'aurions plus à nous en occuper si l'angle qu'elle forme avec la méridienne (angle que l'on peut mesurer avec assez d'exactitude sur le fragment conservé), ne nous fournissait une vérification des résultats auxquels nous parviendrons par une autre voie.

«§ 2. *Éléments du cadran déduits des mesures prises sur le fragment conservé.* — 1° *Position du sommet du cône sur la méridienne.* La seule hypothèse que nous ferons dans tout ce qui va suivre, c'est que les trois arcs de cercle dont nous avons pu mesurer l'espacement sur la méridienne représentent les trajectoires de l'ombre portée par l'extrémité méridionale du style sur la surface conique du cadran.

«Ceci admis, la position du sommet du cône se trouve déterminée par le rapport harmonique :

$$\frac{\beta\gamma}{\gamma\delta} = \frac{\alpha\beta}{\alpha\delta},$$

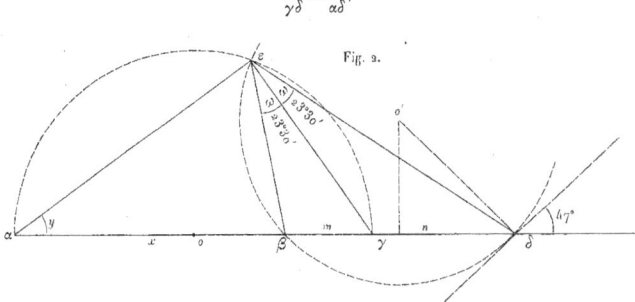

Fig. 2.

que l'on obtient immédiatement d'après la figure 2 sur laquelle $\alpha\delta$ représente la méridienne du cadran, $\alpha\varepsilon$ le style ou l'axe du monde et $\varepsilon\gamma$ la trace de l'équateur sur le plan du méridien, les angles $\beta\varepsilon\gamma$ et $\gamma\varepsilon\delta$ étant égaux tous les deux à l'obliquité de l'écliptique.

«Or nous connaissons

$$\beta\gamma = m = 0^m,070 \qquad \gamma\delta = n = 0^m,129,$$

et l'inconnue $\alpha\beta = x$ se déduira de l'expression précédente, qui devient

$$\frac{m}{n} = \frac{x}{x+m+n},$$

d'où

$$mx + m(m+n) = nx$$

ou bien
$$x = \frac{m(m+n)}{n-m} = \frac{0,070 \times 0,199}{0,069},$$
et, en effectuant,
$$x = \alpha\beta = 0^m,236.$$

« 2° *Angle au sommet du cône.* — Cet angle est représenté sur la figure 2 en $\varepsilon\alpha\delta = y$; puisque nous connaissons actuellement tous les segments de la ligne $\alpha\delta$, posons pour simplifier les formules
$$\alpha\beta = b, \qquad \alpha\gamma = c, \qquad \alpha\delta = d$$
et toujours
$$\beta\gamma = c - b = m, \qquad \gamma\delta = d - c = n.$$

« On trouve aisément les relations suivantes dans les triangles $\alpha\gamma\varepsilon$ et $\alpha\beta\varepsilon$, en désignant par ω l'angle $\beta\varepsilon\gamma$, qui est égal à l'obliquité de l'écliptique,
$$\alpha\varepsilon = \alpha\gamma\cos y, \qquad \frac{\alpha\varepsilon}{\alpha\beta} = \frac{\sin\alpha\beta\varepsilon}{\sin\alpha\varepsilon\beta},$$
d'où
$$\alpha\varepsilon = \frac{\alpha\beta\cos(y-\omega)}{\cos\omega},$$
et en égalant les deux valeurs de $\alpha\varepsilon$,
$$\alpha\gamma\cos y = \frac{\alpha\delta\cos(y-\omega)}{\cos\omega},$$
ou bien
$$c\cos\omega\cos y = b\cos(y-\omega);$$
ou encore
$$c\cos\omega\cos y = b\cos y\cos\omega + b\sin y\sin\omega;$$
d'où
$$\tan y = \frac{c-b}{b}\cot\omega = \frac{m}{b}\cot\omega;$$
or
$$m = 0^m,070 \qquad b = 0,236 \qquad \text{et} \qquad \omega = 23°30',$$
on aura donc
$$\log m = \overline{2},84510$$
$$c^t\log b = 0,62709$$
$$\log\cot\omega = 0,36170$$
$$\overline{\log\tan y = \overline{1},83389} \qquad \text{et} \qquad y = 34°18'.$$

On peut vérifier ce résultat en substituant le triangle $\alpha\delta\varepsilon$ au triangle $\alpha\beta\varepsilon$; on trouve alors en suivant la même marche que dans le premier calcul,
$$\alpha\varepsilon = \alpha\gamma\cos y, \qquad \alpha\varepsilon = \frac{\alpha\delta\cos(y-\omega)}{\cos\omega},$$

d'où
$$c \cos y \cos \omega = d \cos y \cos \omega - d \sin y \sin \omega$$
et
$$\tang y = \frac{d-c}{d} \cot \omega = \frac{n}{d} \cot \omega,$$
or
$$n = 0{,}129, \quad d = 0{,}435 \quad \text{et} \quad \omega = 23°30';$$
on aura donc
$$\log n = \overline{1}{,}11059$$
$$c^l \log d = 0{,}36151$$
$$\log \cot \omega = 0{,}36170$$
$$\log \tang y = \overline{1}{,}83380 \quad \text{et} \quad y = 34°18',$$

résultat identique avec le précédent.

« § 3. *Disposition du cadran par rapport à la verticale du lieu pour lequel il a été construit.* Il est très-remarquable que l'angle au sommet du cône ait précisément une valeur à peu près égale à celle de la latitude du lieu d'où le cadran a été rapporté, et nous admettrons même que l'intention du constructeur a été de lui donner exactement cette dernière valeur

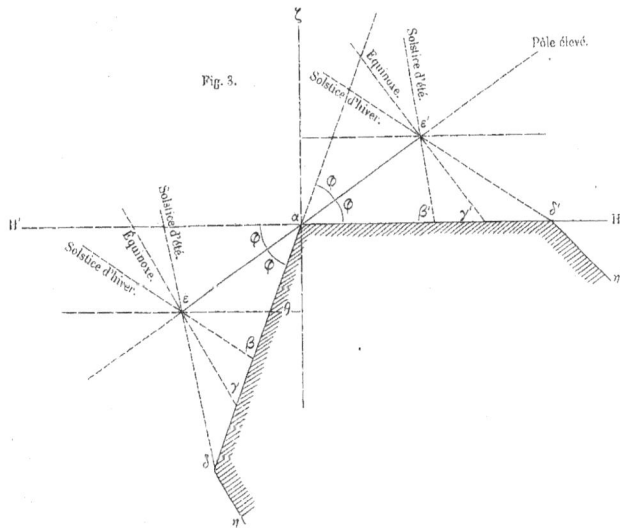

Fig. 3.

« Deux solutions se présentent alors pour disposer le cadran par rapport à la verticale du lieu.

« La méridienne $\alpha\delta$ du cadran peut être horizontale comme en $\alpha\beta'\gamma'\delta'$ ou bien elle peut être inclinée sur l'horizon d'un angle 2φ égal au double de la latitude. Dans l'un et l'autre cas, l'angle que la face plane $\delta\eta$ parallèle à l'équateur forme avec cette méridienne est évidemment égal à

$$90° + \varphi = 124°18'.$$

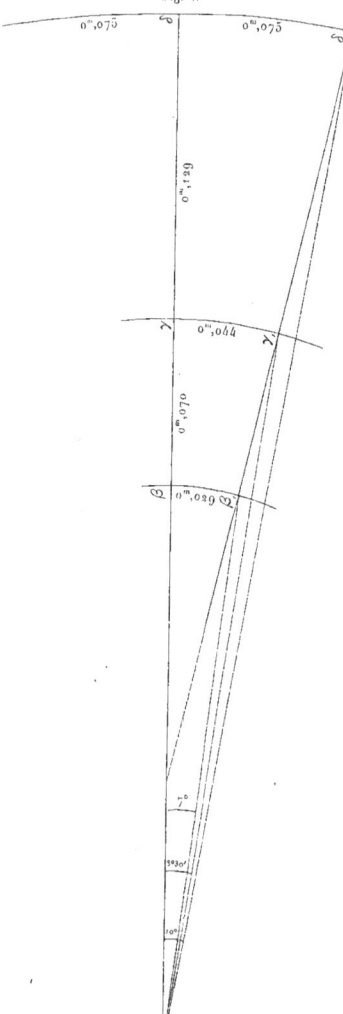

Fig. 4.

Or, en mesurant sur le bloc rapporté par M. Renan l'angle correspondant à $\alpha\delta\eta$, on le trouve de 125 degrés, et, à cause des aspérités de la pierre, il n'est pas possible d'évaluer cet angle à moins d'un degré près. L'accord est donc aussi grand qu'on pouvait l'espérer, et il n'y a plus qu'à opter entre les deux dispositions indiquées sur la figure 3.

« Si le fragment dont on dispose ne contenait que la méridienne, le choix eût été embarrassant et j'avoue, pour mon compte, qu'il me semblait naturel de supposer que la méridienne était horizontale, à cause de la facilité avec laquelle on peut toujours tracer cette ligne. Cependant c'est l'autre solution qui doit être adoptée, ainsi que l'avait pressenti M. Bertrand, et comme je vais le démontrer rigoureusement d'après les mesures prises sur les arcs de cercle et reproduites à l'échelle de $\frac{1}{3}$, sur la figure 4, en

$$\beta\beta_1 = 0^m,029,$$
$$\gamma\gamma_1 = 0^m,044$$

et

$$\delta\delta_1 = 0^m,075.$$

« La direction de la ligne horaire $\beta_1\delta_1$ prolongée rencontrerait évidemment la méridienne bien avant le sommet α du cône, et si l'on joint ce sommet aux points β_1, γ_1 et δ_1, on voit immédiatement que les amplitudes des arcs $\beta\beta_1$, $\gamma\gamma_1$ et $\delta\delta_1$, croissent à mesure que ces arcs s'éloignent du sommet α. Or ces arcs sont proportionnels aux angles horaires, et comme, dans les lieux dont la latitude est boréale, les jours les plus courts correspondent au solstice d'hiver et les plus longs au solstice d'été, si la ligne $\beta_1\delta_1$ est bien une ligne horaire, le solstice d'été est en $\delta\delta_1$ et le solstice d'hiver en $\beta\beta_1$. Ce résultat concorde avec la disposition de gauche de la figure 3, dans laquelle la méridienne fait avec l'horizon un angle égal au double de la latitude, 2φ. Dans le cas de la méridienne horizontale représenté sur la partie droite de la même figure, on voit au contraire que le solstice d'été serait en $\beta\beta_1$ et le solstice d'hiver en $\delta\delta_1$; ce qui est inadmissible. Il n'y a donc plus le moindre doute à cet égard.

«§ 4. *Calcul de l'amplitude des arcs interceptés entre les lignes horaires, aux solstices et aux équinoxes.* — Nous pouvons encore aller plus loin et vérifier que les longueurs $\beta\beta_1$, $\gamma\gamma_1$, $\delta\delta_1$ des arcs interceptés entre la méridienne et la ligne horaire $\beta_1\delta_1$ correspondent bien à des intervalles de temps proportionnels aux durées des jours, aux époques du solstice d'hiver, des équinoxes et du solstice d'été.

«Pour cela, considérons la portion du cadran conique comprise entre la méridienne et la ligne horaire $\beta_1\delta_1$ comme plane, et joignons le sommet α aux points β_1, γ_1 et δ_1 par des lignes droites qui seront autant de génératrices du cône. Nous trouverons immédiatement les angles que ces génératrices forment avec la méridienne et que nous désignerons par α_1, α_2 et α_3, en substituant les arcs $\beta\beta_1$, $\gamma\gamma_1$, $\delta\delta_1$ à leurs tangentes. On aura en effet :

$$\tang\alpha_1 = \frac{\beta\beta_1}{\alpha\beta}, \qquad \tang\alpha_2 = \frac{\gamma\gamma_1}{\alpha\gamma} \qquad \text{et} \qquad \tang\alpha_3 = \frac{\delta\delta_1}{\alpha\delta};$$

ou bien

$$\tang\alpha_1 = \frac{0,029}{0,236}, \qquad \tang\alpha_2 = \frac{0,044}{0,306} \qquad \text{et} \qquad \tang\alpha_3 = \frac{0,075}{0,435};$$

en effectuant, on trouve

$$\alpha_1 = 7°0', \qquad \alpha_2 = 8°11', \qquad \alpha_3 = 9°47'.$$

«Il s'agit maintenant de comparer ces angles avec ceux que l'on peut trouver directement par le calcul en partant de la latitude de $34°18'$, qui est en même temps l'angle au sommet de la surface conique du cadran.

«Cherchons d'abord l'amplitude de l'angle formé par deux génératrices qui interceptent un arc de 15 degrés sur le cercle équatorial du cadran; cet arc correspond, comme on sait, à *l'heure équinoxiale*, qui est la même à toutes les latitudes.

«Sur la figure 5, αC représente l'axe du monde et celui du cône, $\alpha\gamma$ la génératrice méridienne, $\alpha\gamma_1$ celle qui intercepte un arc $\gamma\gamma_1$ de 15 degrés sur l'équateur. En coupant l'angle trièdre formé par ces trois droites par une sphère de rayon arbitraire que l'on considérera comme la sphère céleste, on aura dans le triangle sphérique BCD,

$$BC = CD = 34°18' \qquad \text{et} \qquad BCD = 15°;$$

le triangle étant isocèle, abaissons l'arc CA perpendiculaire sur BD et nous aurons dans le triangle ABC rectangle en A,

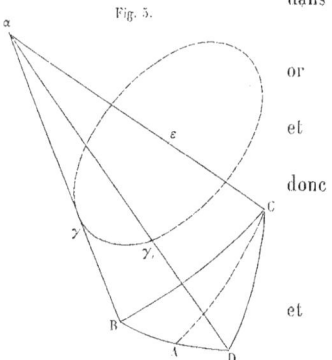

Fig. 5.

$$\sin c = \sin a \sin C;$$

or

$$a = 34°18'$$

et

$$C = 7°30',$$

donc

$$\log \sin a = \overline{1},75091$$
$$\log \sin C = \overline{1}.11570$$
$$\overline{\log \sin c = \overline{2},86661}$$

et

$$c = 4°13',$$
$$BD = 2c = 8°26';$$

l'arc BD correspond à l'angle α_2 que nous avons trouvé égal à 8°,11'. Différence + 15'.

« Un calcul facile, et que nous transcrivons en note[1], donne la durée des jours solsticiaux à la latitude de 34°18' ou l'amplitude des *arcs diurnes* décrits par le soleil aux deux époques du solstice d'été et du solstice d'hiver.

« Au solstice d'été, cet arc est de

$$107°15' \times 2 = 214°30'$$

et au solstice d'hiver on trouve le supplément

$$72°45' \times 2 = 145°30'.$$

$\frac{214°30'}{12} = 17°52'$ est l'angle horaire décrit par le soleil lors du solstice d'été pendant une *heure temporaire*. $\frac{145°30'}{12} = 12°8'$ est l'angle horaire décrit par le même astre lors du solstice d'hiver pendant l'heure temporaire à cette date.

---

[1] « Durée du jour à l'époque du solstice d'été à la latitude de 34°18'.
P, angle horaire, δ, distance polaire du soleil.
φ, latitude du lieu.
La formule est
$$\cos P = -\cot \delta \tang \varphi.$$
Au solstice d'été,
$$\delta = 66°30'.$$
$\log \cot \delta = \overline{1},63830$
$\log \tang \varphi = \overline{1},83388$
$$\overline{\log \cos P = \overline{1},47218 \ (n) \ P = -\ 72°45'}$$
$$\quad\quad 179°60$$
$$\quad\quad 107°15' \text{ arc semi diurne.}$$

En heures équinoxiales, 7 heures 9 minutes.
Durée du jour, 14 heures 18 minutes.
Durée du jour à l'époque du solstice d'hiver.
Au solstice d'hiver,
$$\delta = 113°30'.$$
$\log \cot \delta = \overline{1},63830$
$\log \tang \varphi = \overline{1},83388$
$\overline{\log \cos P = \overline{1},47218 \ P = +\ 72°45'}$ arc semi-diurne.

En heures équinoxiales, 4 heures 51 minutes.
Durée du jour, 9 heures 42 minutes. »

«Nous sommes actuellement en état de calculer les amplitudes des angles analogues à α_1 et α_3, au moyen de la formule $\sin c = \sin a \sin C$, qui nous a servi précédemment dans le cas de l'heure équinoxiale.

«1° *Solstice d'été*,
$$C = \tfrac{17°52'}{2} = 8°56',$$
on a toujours
$$a = \varphi = 34°18'$$

$$\log \sin a = \overline{1},75091$$
$$\log \sin C = \overline{1},19113$$
$$\log \sin c = \overline{2},94204 \qquad c = 5°1' \qquad 2c = 10°2'.$$

«$2c$ correspond ici à α_3 que nous avons trouvé égal à $9°47'$. Différence $+15'$.

«2° *Solstice d'hiver*,
$$C = \tfrac{12°8'}{2} = 6°4'$$

$$\log \sin a = \overline{1},75091$$
$$\log \sin C = \overline{1},02402$$
$$\log \sin c = \overline{2},77493 \qquad c = 3°25' \qquad 2c = 6°50'.$$

«$2c$ correspond ici à α_1 que nous avons trouvé égal à $7°$. Différence $-10'$.

«Si l'on considère que le cadran est d'assez petites dimensions et que les lignes horaires et les arcs de cercle gravés sur la surface conique ont une assez grande largeur, ce qui rend la mesure de leurs segments un peu incertaine, on reconnaîtra qu'il n'était pas permis d'espérer un plus grand accord entre les résultats fournis par le calcul et ceux que l'on peut relever directement sur la pierre rapportée par M. Renan. On ne peut plus douter, dans tous les cas, que le cadran ne fût disposé comme nous l'avons indiqué et qu'il ne fût destiné à marquer les *heures temporaires* et non les *heures égales*, en toute saison.

«§ 5. *Restauration complète du cadran.* — En partant de la génératrice méridienne inclinée de $2\varphi = 68°36'$ sur l'horizon et de l'angle au sommet $\varepsilon\delta\alpha = \varphi = 34°18'$, on trouve aisément par la trigonométrie rectiligne toutes les longueurs et les angles inscrits sur le profil vertical méridien, représenté figure 6, les distances

$$\delta\gamma = 0^m,129, \qquad \beta\gamma = 0^m,070, \qquad \alpha\beta = 0^m,236$$

et enfin
$$\delta\eta = 0^m,20$$

étant mesurés sur le cadran ou déduits ($\alpha\beta$) des mesures directes, comme nous l'avons expliqué plus haut.

Fig. 6.

PROFIL VERTICAL MÉRIDIEN DU CADRAN[1].

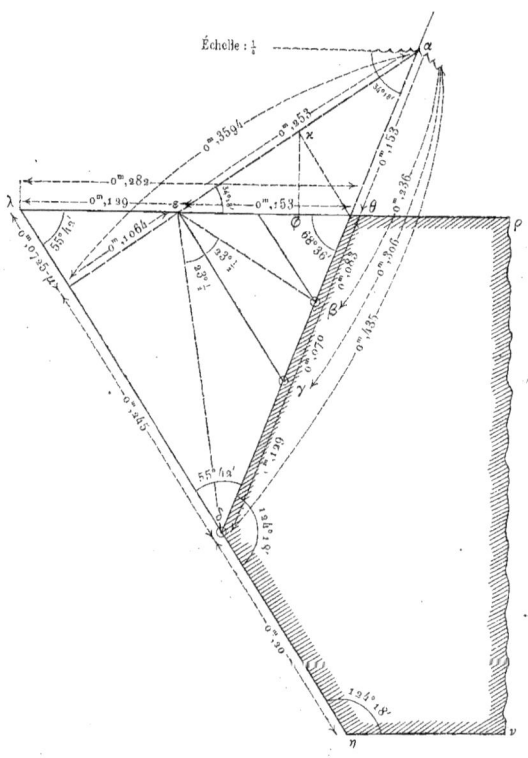

« Nous savons que la surface conique se terminait inférieurement par une base cir-

---

[1] « *Calcul des principaux éléments de la construction du cadran.*

Longueur du style horizontal $\varepsilon\theta$.
Les triangles $\alpha\varepsilon\theta$ et $\varepsilon\theta\gamma$ étant isocèles,

$$\varepsilon\theta = \gamma\theta = \alpha\theta - \frac{\alpha\gamma}{2};$$

mais

$$\alpha\gamma = 0^m,306,$$

ainsi
$$\varepsilon\theta = 0^m,153.$$

Rayon de la base du cône $\mu\delta$ (arc du solstice d'été).

$\mu\delta = \alpha\delta \sin 34°18'$ $\quad\log 0,435 = \overline{1},63849$
$\mu\delta = 0^m,435 \sin 34°18'$ $\quad\log \sin 34°18' = \overline{1},75091$
$\quad\quad\quad\quad\quad\quad\quad\quad\quad\quad\overline{\log \mu\delta = \overline{1},38940}$
$\quad\quad\quad\quad\quad\quad\quad\quad\quad\quad\mu\delta = 0^m,245$

culaire dont le plan était parallèle à l'équateur; nous supposons de plus que le cadran se terminait supérieurement par un plan horizontal mené par le centre du cercle équinoxial, le centre étant en même temps l'extrémité du style ou le point dont l'ombre portée sur la surface du cadran doit indiquer l'heure. Cette hypothèse n'est point du tout arbitraire, car les cadrans à surfaces courbes, qui paraissent avoir été les premiers en usage, étaient destinés à donner l'heure depuis le lever jusqu'au coucher du soleil en toute saison [1], ce à quoi l'on parvenait précisément en coupant ces surfaces par le plan horizontal de l'extrémité du style. Dans le cas actuel, cette section sera une parabole puisque l'angle au sommet du cône est égal à la latitude du lieu.

« Nous n'entrerons dans aucun détail sur l'exécution matérielle du cadran, dont les proportions se trouvent ainsi complétement déterminées. Il est pour ainsi dire évident que le choix de la surface conique a été fait à cause de la facilité avec laquelle on exécute une surface réglée avec deux directrices et peut-être aussi à cause de l'élégance de forme qui en résulte [2]. Seulement cette solution suppose que le constructeur connaissait les propriétés des sections coniques, et il est fort probable, d'après cela, et conformément d'ailleurs à la tradition historique, que les cadrans sphériques ont précédé ceux dont nous nous occupons.

« Les arcs des solstices et l'arc équinoxial étaient assez faciles à tracer sans calcul à l'aide d'une opération graphique qui suppose seulement la connaissance de la latitude et celle de l'obliquité de l'écliptique, pour que le constructeur n'ait pas attendu les solstices et les équinoxes pour suivre l'ombre, comme on a pensé que les premiers inventeurs avaient dû le faire. Nous aurions pu nous-même employer exclusivement le dessin pour faire exécuter le modèle; mais il était un peu plus exact de faire usage du calcul, ne fût-ce que pour avoir des moyens de vérification.

« *Lignes horaires.* — Les trois arcs de cercle étant tracés, on les a divisés chacun en douze parties égales et l'on a obtenu ainsi les points de passage des lignes horaires; celles-ci ont été prolongées jusqu'au sommet de la parabole, qui est aussi leur sommet

Paramètre de la parabole.

$$\theta\varphi = \alpha\theta \sin^2\alpha,$$
$$\alpha\theta = 0^m,153$$
$$\alpha = 34°18',$$

$\log 0,153 = \overline{1},18469$
$2 \log \sin 34°18' = \overline{1},50182$

$\log \theta\varphi = \overline{2},68651 \quad \theta\varphi = 0^m,0486 = \dfrac{p}{2}.$

Ouverture du cadran sur le plan horizontal $2y$.

$$y^2 = 2px \quad p = 0,0972,$$

$\log 2 = 0,30103$
$\log 0,097 = \overline{2},98677$
$\log 0,282 = \overline{1},45025$

$2 \log y = \overline{2},73805$
$\log y = \overline{1},37902 \quad y = 0^m,2393 \quad 2y = 0^m,4786.$ »

[1] « On obtient le même résultat avec les cadrans plans dits *équatoriaux*, qui donnent les heures égales, mais les cadrans verticaux et horizontaux restent toujours plus ou moins insuffisants. »

[2] « La forme évasée de la surface conique, les lignes horaires développées en éventail ont un aspect

commun, car ces courbes, en vertu même de leur définition, sont planes, et il est aisé de voir que ce sont des branches d'hyperbole dont le paramètre varie de zéro (ligne droite méridienne) jusqu'à la valeur de celui de la parabole. Au delà du solstice d'hiver, ces courbes, en tant que lignes horaires, n'ont plus de signification, mais elles n'en étaient pas moins tracées jusqu'à leur sommet, soit dans un but d'ornementation, soit parce que la continuité faisait mieux apprécier l'exactitude de leur tracé, soit enfin parce que le constructeur, étant géomètre, tenait à mettre en évidence ces nobles sections coniques dont les Grecs étaient fiers à si juste titre [1].

« *Position du style*. — Il serait certainement inutile de disposer un style dans la direction de l'axe du monde, puisque les lignes horaires ne sont pas des génératrices et que par conséquent l'ombre de l'extrémité méridionale d'un pareil style, c'est-à-dire du point situé dans le plan de l'équinoxial du cadran est seule en état d'indiquer l'heure. La position et la forme même du style sont donc indifférentes, à la seule condition que son extrémité libre se trouve au point que nous venons de définir. Nous avons choisi la position horizontale dans le plan du méridien qui donne au style la plus petite longueur et par conséquent le plus de solidité et d'invariabilité.

« § 6. *Conclusion de cette étude*. — La reconstruction à laquelle nous sommes arrivé au moyen des indices recueillis sur la pierre rapportée par M. Renan doit être considérée comme un résultat purement logique, comme une solution qui s'imposait en quelque sorte d'elle-même. C'est seulement après avoir terminé le modèle dont nous donnons une vue ci-après, p. 744, que nous avons cherché à savoir si cette espèce de cadran avait été déjà décrite ou retrouvée antérieurement. L'*Histoire de l'Astronomie ancienne* de Delambre est le seul ouvrage qui donne des indications précises et un commentaire rationnel des quelques lignes que Vitruve a consacrées à ce sujet dans son *Traité d'architecture*.

« L'opinion de Delambre, qui me semble parfaitement fondée, est que le *scaphé* ou *hemispherium* creux à base horizontale, avec un style vertical passant par le centre (gnomon), doit avoir été découvert le premier et serait celui dont l'invention appartiendrait au Chaldéen Bérose. Vitruve attribue, à tort sans doute, l'*hemispherium* à Aristarque de Samos, qui l'a peut-être simplement fait connaître aux Grecs. Il le fait précéder de l'*hemicyclium*[2] dont il fait honneur à Bérose et qu'il faut considérer comme un perfectionnement d'ailleurs sans grande importance du précédent. Il est naturel en

---

évidemment plus gracieux que celui d'un hémisphère tronqué. »

[1] « Les hyperboles qui, sur les cadrans plans, représentent, non plus les lignes horaires, mais les lignes tropiques, figuraient également sur la célèbre *tour des Vents*, à Athènes. »

[2] « Peut-être Vitruve avait-il vu des cadrans comme celui qui est mentionné dans le *Dict. des ant. grecques et rom.* de Rich et sur lesquels on avait sculpté le buste de Bérose à côté de l'inscription *Hemicyclium*. (Voir ce mot dans le dictionnaire de Rich, traduction Chéruel.) »

CAMPAGNE DE TYR. 743

effet de supposer qu'on a commencé par employer un hémisphère complet pour reproduire l'inverse de la partie visible de la sphère céleste, puis qu'après y avoir marqué les tropiques pour le tracé des heures temporaires, on a reconnu qu'on pouvait supprimer la partie méridionale qui s'étendait au delà du tropique du Cancer[1], d'où la forme est désignée un peu improprement, ainsi que le fait observer Delambre, sous le nom d'*hemicyclium*, puisque ce qui reste du cercle de l'horizon dépasse une demi-circonférence.

«Quoi qu'il en soit, on a retrouvé plusieurs *cadrans sphériques*, depuis le milieu du siècle dernier[2], mais je ne sache pas qu'on ait signalé jusqu'à ce jour des vestiges de *cadrans coniques*. Vitruve dit bien qu'un certain Dionysiodorus a inventé *le cône* et qu'Apollonius a inventé *le carquois*; mais c'est tout, et l'on ne peut que faire des conjectures sur les formes réelles de ces cadrans. Puisque le nom d'Apollonius se trouve sous ma plume, je dirai seulement que notre cadran doit être postérieur à la découverte des propriétés des sections coniques et, à coup sûr, il faut le considérer comme un perfectionnement des cadrans sphériques, la surface du cône étant plus facile à travailler que celle de la sphère. Son aspect monumental le rattache d'ailleurs à la famille de l'*hemicyclium*, comme on peut le voir par le dessin du cadran trouvé à Tivoli ou à Tusculum, qui est reproduit dans le dictionnaire de Rich et qui ne m'est tombé sous les yeux qu'après l'exécution complète du modèle représenté par la figure ci-après[3]. Il est, aussi bien que l'*hemicyclium*, «excavatum in quadrato,» creusé dans un parallélipipède.»

---

[1] «Apparemment pour rendre l'observation de l'heure plus facile, en enlevant un obstacle qui obligeait auparavant à avancer la tête au-dessus du scaphé.»

[2] «Delambre en signale quatre trouvés : — un en 1746, à Tivoli (Rich dit en 1764 à Tusculum); on suppose généralement qu'il a appartenu à Cicéron; — deux en 1751, à Castel Nuovo et à Rignano; — un en 1762 à Pompéi. Sur ce dernier les tropiques ne se trouvaient pas marqués expressément. — L'auteur de ce mémoire en a découvert lui-même un fragment à Lambesse (Algérie) en 1860. Il était alors déposé dans le prétoire avec un assez grand nombre de débris de colonnes et de statues dont plusieurs paraissaient avoir une valeur artistique ou archéologique. Des renseignements récents (1870) font savoir que ce fragment est toujours à la même place. Il serait peut-être à propos de le demander à M. le gouverneur de l'Algérie pour le Musée du Louvre. Il existe deux cadrans sphériques au Musée du Louvre : l'un se trouve dans le cabinet du conservateur; l'autre est exposé dans le Musée des antiques, salle de la Vénus de Milo (1870). Il en existe aussi deux au British Museum, où j'ai eu tout récemment l'occasion de les voir (juillet 1870). Tous ces cadrans sont plus petits que celui de M. Renan et paraissent moins soignés comme exécution. Ils sont tous sphériques. Sur l'un des deux du *British Museum*, les heures sont marquées A, B, Γ, Δ... J'ai sous les yeux la lithographie d'un cadran avec inscription latine, trouvé à Auriol (Bouches-du-Rhône), et possédé par un amateur antiquaire de cette localité*.»

[3] «Il me semble que je suis autorisé à conclure, de cette coïncidence inattendue, que les accessoires mêmes de la restauration sont exacts, sauf la décoration des consoles.»

---

* Voir aussi *Dict. des beaux-arts*, art. *Cadran*, et *Corpus inscr. græc.* III, p. 758, 870 et suiv. Les cadrans solaires étaient, ce semble, connus des Israélites dès le VIII° siècle avant J. C. (Cf. Winer, *Bibl. Realw.* art. *Uhren*. Voir Knobel, sur Is. xxxviii, 8.) — Note de M. Renan.

744 MISSION DE PHÉNICIE.

L'exécution en bois de l'excellente restitution (demi-grandeur) de M. le colonel Laussedat est déposée dans le cabinet de géodésie de l'École polytechnique. Une reproduction en marbre en a été décidée par l'Administration du Musée du Louvre pour être placée à côté de l'objet original.

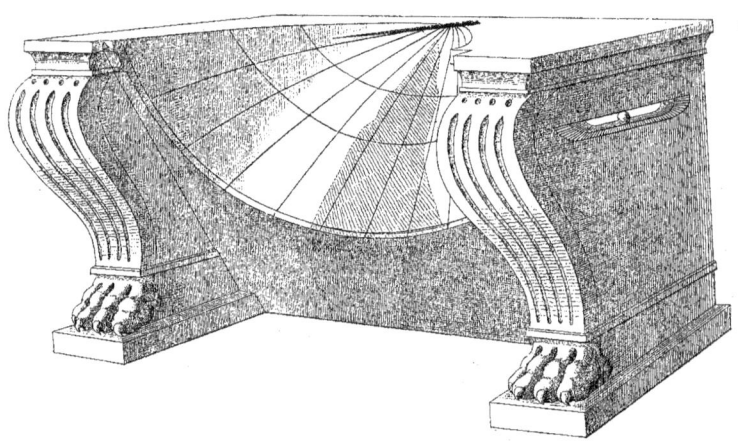

En somme, Oum el-Awamid est, après Amrit, le point où l'antiquité phénicienne est le mieux conservée. Ainsi que nous l'avons montré, son nom, à partir de l'époque grecque, fut Laodicée; mais elle dut avoir un nom plus ancien. Peut-être était-elle considérée comme une banlieue de Tyr. Le personnage dont nous avons trouvé l'épitaphe grecque s'appelle Ἀεθήλιμος Τύριος. Le nom insignifiant d'Oum el-Awamid (la mère des colonnes[1]) n'a pas fait disparaître tout à fait un nom plus ancien, *Medinet et-Taharan* ou *Medinet et-Touran*[2], où je suis porté à voir une traduction de πόλις Τυρίων. Comme c'est une loi générale en Syrie que le primitif

---

[1] Le rapprochement suggéré par Thomson (I, p. 469) avec le עֶטֶר de Jos. xix, 26, est sans force, puisque ce nom d'Oum el-Awamid est un nom banal porté par tous les endroits où il y a des colonnes ou des piliers.

[2] Vogüé, p. 40; Ritter, XVI, p. 778, 808. M. de Vogüé traduit «la ville des purs.» Mais طهران n'est pas un pluriel bien régulier de طاهر ni de طهر. Si le mot est arabe, je croirais que c'est plutôt طُهْرَان, pluriel de ظَهْر.

nom sémitique a tué le nom de l'époque séleucide et y a survécu, il n'y aurait rien de surprenant à ce que ce nom de *Touran* fût bien plus ancien que *Laodicée*. Quelquefois l'endroit en question s'appelle aussi *Tuhrân es-Schâm*[1] (comme on dit *Dimeschk es-Schâm* pour Damas). Peut-être est-ce pour le distinguer de Turan de Galilée, voisin de Kefr-Kenna[2]. Il est donc possible qu'avant de s'appeler Laodicée, Oum el-Awamid se soit appelée קרית צר. Il n'était pas rare qu'à côté d'une grande ville il y en eût une petite qui tirât son nom de la grande : ainsi, dans les inscriptions cunéiformes, «la grande et la petite Sidon;» encore de nos jours, *Harbet Sidon*, assez loin de Sidon. M. Poulain de Bossay pense comme moi que Oum el-Awamid, Kabr-Hiram, El-Awwatin, Ras el-Aïn et les autres localités qu'Ézéchiel désignait par ces mots, *filiæ ejus quæ sunt in agro*, formaient une vaste dépendance de la ville insulaire et n'avaient pas d'autre nom que celui de Tyr[3]. Il a même porté cette vue jusqu'à l'exagération en supposant qu'Oum el-Awamid pouvait n'être qu'un quartier éloigné de Tyr et répondre au Palétyr de Ptolémée[4].

On est tenté aussi par moment de supposer qu'Oum el-Awamid serait Alexandroskéné. Le nom moderne d'*Iskandérouna*, en effet, qui garde la trace d'Alexandroskéné, flotte un peu, et il ne serait pas surprenant que, de la colline déserte, il eût été transporté à la fontaine située à une lieue de là, fontaine qui intéressait bien plus les moukres. Parfois on croirait que le nom d'Iskandérouna a été appliqué aux colonnes; je ne pense pas cependant qu'il y ait lieu de s'arrêter à cette idée[5].

Tout porte à croire que la ville dont les ruines s'appellent maintenant *Oum el-Awamid* fut détruite dans l'intervalle qui s'écoula entre l'affaiblis-

---

[1] Ritter, XVI, p. 778, 808 et la carte.
[2] Rey, *Arch. des miss.* 2ᵉ série, III, p. 370; Neubauer, *Géogr. du Talmud*, p. 200. L'orthographe cependant ne paraît pas identique. Celle de Turan de Galilée est, ce semble, ترعان, Ritter, XVI, p. 764, 765; Joseph Schwarz, *Das heilige Land*, p. 138 (p. 174 de l'édit. anglaise), tandis que, pour Oum el Awamid, Ritter, qui tenait ici ses renseignements de E. G. Schultz, semble supposer, comme M. de Vogüé, l'orthographe طهرن.
[3] *Bulletin de la Soc. de géogr.* janv. 1862, p. 16.
[4] *Recherches sur Tyr*, p. 89, 90, note.
[5] Voir Ritter, XVI, p. 777, 778, 808.
[6] Ritter, XVI, p. 814, 815.

sement des Séleucides et l'établissement de la domination romaine, et qu'elle fut victime d'une des guerres si fréquentes à cette époque. On ne peut expliquer autrement deux circonstances capitales. — La première est l'absence presque totale à Oum el-Awamid de monuments de l'époque romaine et de colonnes de marbre ou de granit. Les débris appartiennent à l'époque achéménide ou à l'époque grecque; tout y est en pierre du pays, sauf une colonnette sans importance et le morceau de marbre de Paros où est l'inscription grecque d'Abdélim, fait caractéristique, en ce qu'il semble prouver que l'introduction du marbre et le goût des inscriptions grecques coïncidèrent. — La seconde circonstance est l'omission du nom de la ville chez les géographes anciens. A partir de l'époque d'Auguste, en effet, les géographes mentionnent le nom des moindres localités de la côte de Phénicie. Oum el-Awamid était une ville trop importante pour que Strabon, par exemple, l'eût négligée si elle avait existé de son temps. Certainement, Oum el-Awamid était plus considérable qu'Alexandroskéné, qui pourtant a été mentionnée par les anciens. Ajoutons que, si la ville avait existé quand la Syrie devint province romaine, sans contredit elle fût venue jusqu'à l'islamisme. La domination romaine fut, pour la Syrie, une période de paix, de splendeur, de prospérité. Pas une ville ne disparut à cette époque; au contraire, une foule de localités qui avaient souffert des guerres, vers la fin de la domination séleucide, eurent une renaissance sous l'empire romain. Bien certainement notre Laodicée n'exista pas sous les empereurs. Les restes de l'architecture romaine ou byzantine abondent dans toutes les villes de Syrie qui fleurirent durant les premiers siècles de notre ère. Ajoutons aussi que, dans ces villes, tous les vestiges des temps antérieurs ont le plus souvent disparu. On peut poser en principe qu'une ville ruinée de Syrie où l'on ne trouve pas de débris romains, et où l'on trouve des débris phéniciens ou grecs purs, a cessé d'exister sous les successeurs d'Alexandre. Cela est certain pour Amrit; car, en ce qui concerne cette ville, des passages formels de

Strabon et de Diodore de Sicile confirment les inductions, et nous assurent que Marathus fut détruite avant l'arrivée des Romains. Cela n'est pas moins certain pour Oum el-Awamid. La domination des Séleucides finit, comme on sait, par des troubles affreux et une complète anarchie. Presque toutes les villes recouvrèrent leur indépendance, et en profitèrent pour se livrer à des luttes qui firent de l'avénement de la domination romaine un grand bienfait pour le pays. C'est durant cette période de guerres municipales que tombèrent, pour ne plus se relever, Marathus et notre Laodicée. Et voilà la raison pour laquelle l'antiquité phénicienne, si effacée sur toute la côte de Syrie, ne se retrouve plus qu'à Amrit et à Oum el-Awamid. Si une ville romaine avait existé sur la colline d'Oum el-Awamid, elle eût dévoré ces débris précieux, dont la découverte compensa pour nous tant de fatigues. Il y a bien eu à Oum el-Awamid un établissement de population postérieur à la destruction de la ville; mais cet établissement a dû être tout à fait misérable. On a pris les matériaux des édifices anciens sans les retailler, pour en bâtir des masures. Ces matériaux ont été écartés de leur place naturelle, mais non défigurés. Oum el-Awamid et Amrit sont devenues ainsi les trésors des antiquités phéniciennes, grâce à l'avantage qu'elles ont eu de n'avoir pas été sérieusement rebâties depuis leur chute. Si les croisés eussent élevé là le moindre château, tout eût disparu; car les constructeurs latins de Syrie, comme ceux de Chypre, étaient trop soigneux pour employer des pierres sans les retravailler et sans détruire les inscriptions et les moulures qu'elles présentaient.

Avons-nous épuisé Oum el-Awamid? Je le crus, tandis qu'il ne s'agit que de déblayer les monuments. Je ne pense pas qu'on en découvre d'autres ou que l'on trouve des parties essentielles de ceux que nous avons déblayés. Mais, depuis qu'il nous fut prouvé que les murs de ces maisons en ruine qui couvrent le sol sur un espace de près d'un kilomètre carré peuvent renfermer des inscriptions phéniciennes, une carrière nouvelle de travail se présenta devant nous. Les deux inscriptions les plus importantes furent découvertes dans les derniers jours de ce travail; il est donc plus que probable qu'il en reste d'autres à découvrir. Il faudra, pour avoir le cœur net à cet égard, démolir toutes les masures et en examiner les matériaux pierre par pierre. L'état de fatigue extrême où nos hommes se trouvèrent réduits, après vingt-cinq jours de travail (du 3 au 28 avril) dans un désert exposé à un khamsin presque continu, et la maladie de deux de nos collaborateurs, obligèrent à différer ces recherches. J'étais alors absent pour mon voyage en Palestine; quand j'arrivai, le camp était levé. Les circonstances ne m'ont pas permis depuis de recommencer ces fouilles, dont je n'ai jamais abandonné la pensée. Je le répète hautement: Oum el-Awamid est le point où je conseille aux futurs explorateurs de la Phénicie de faire porter tout leur effort. Il faudrait même reprendre les parties que nous avons fouillées. La gravure des lettres phéniciennes est à peine perceptible; il se peut donc que, parmi les pierres que nous avons remuées, plusieurs portent des inscriptions que n'ont pas vues nos travailleurs. La chance de trouver de nouvelles inscriptions pourrait être limitée, selon M. Thobois, «à la région qui a fourni des fragments ornés de moulures ou de sculptures, c'est-à-dire depuis les colonnes jusqu'à 50 mètres au delà de la maison égyptienne, en y comprenant la partie élevée et tout le versant sud de la colline.» Oum el-Awamid offre bien plus d'espérance de trouvailles qu'Amrit. Amrit présente un type d'art phénicien plus antique; Oum el-Awamid est un modèle excellent de cet art phénicien de transition, soumis aux influences grecques, égyptiennes, et que la banalité de l'époque romaine détruisit peu à peu. On est là devant un art contemporain des idées qui se sont exprimées dans l'ouvrage de Sanchoniathon[1], et ce qui prouve bien que cet écrit n'est pas une simple production de Philon de Byblos ni de l'époque des Antonins, c'est que nous trouvons à Oum el-Awamid les mêmes idées

---

[1] Voir *Mém. de l'Acad. des inscr.* t. XXIII, 2ᵉ partie.

exprimées par des monuments antérieurs à l'époque impériale. L'avantage archéologique d'Oum el-Awamid, comme d'Amrit, est que la ville ancienne s'est arrêtée net à un moment de sa vie et a été, dès le moment de sa mort, comme embaumée par le désert. Ailleurs, l'antiquité phénicienne est recouverte de couches décevantes, romaines, chrétiennes, musulmanes, latines du moyen âge. En ces deux endroits, le passé phénicien est resté à nu, et ses débris n'ont été qu'à demi dispersés.

Les constructions dans la petite plaine au pied de la colline d'Oum el-Awamid ont peu d'intérêt; le port était sans importance.

Les environs immédiats d'Oum el-Awamid présentent diverses antiquités, un tombeau dans le roc, au haut de la ville, un grand pressoir, une cuve évidée dans le roc représentée par notre planche LIV. Le ouadi derrière la ville est d'un bel aspect. Sur le sommet de la colline située vis-à-vis du gros lion sculpté sur un bloc, se trouve une maison bien conservée. Dans le flanc de cette colline, se voit un caveau, se détachant au milieu des broussailles. Avant d'arriver à la ville, le voyageur venant de Sour rencontre dans les rochers, à gauche en montant, un groupe de caveaux. Ce sont des trous en forme de parallélipipèdes rectangles, avec une auge au fond; à côté de l'un d'eux est une assiette unie, taillée également dans le roc. L'ensemble de ces sépultures n'est pas en proportion avec l'importance de la ville. Il doit y avoir dans le ouadi une nécropole cachée par les buissons.

Au-dessus d'Oum el-Awamid, dans le ouadi Hamoul[1], est une belle source, dont les eaux étaient amenées à la ville par un aqueduc[2], dont les pierres sont maintenant disjointes. Un tel travail prouve que la ville était considérable. Le ouadi Hamoul tarit dès le mois d'avril.

---

[1] M. Guérin (*Arch. des miss. scient.* 2ᵉ série, t. VII, p. 428, 429) pense que ce nom de *Hamoul*, qu'il identifie, comme presque tout le monde, avec Hammon de Josué, xix, 28 (voir ci-dessus, p. 689; Robinson, III, p. 66; carte de Van de Velde), est l'ancien nom d'Oum el-Awamid. Je ne le crois pas. Hamoul est une localité située plus haut dans le ouadi.

[2] Thomson, I, p. 468, 469.

CHAPITRE VI.

RÉGION D'ACRE ET DU CARMEL. — HAUTE GALILÉE.

Entre le Gébel Meschakkah et le Carmel s'étend la belle plaine d'Acre. Partons du pied de la *Scala Tyriorum;* le village le plus rapproché est Bassa. A quelques minutes de Bassa est un site de ruines nommé *Maasub*, d'où l'on tire beaucoup de matériaux et où fut une ville chrétienne. Je n'y ai pas vu d'inscription, et ce qui reste m'a paru d'intérêt secondaire. Bassa est en quelque sorte bâti avec les débris de Maasub. On peut voir chez le khouri des fragments de sculptures représentant des génisses et des gazelles. De là fut tirée une inscription chrétienne, maintenant à Bassa, dans la maison de campagne de l'archevêque de Sour.

Cette inscription a été publiée d'abord par M. Van de Velde, qui n'y comprit rien [1]. M. Kirchhoff a essayé une restitution de l'inscription d'après la copie de M. Van de Velde [2]. M. Rey en a depuis publié un très-bon *fac-simile* [3]. L'estampage que j'ai de ladite inscription me fournit quelques observations nouvelles. M. Van de Velde a mis presque partout des Λ pour des Δ, comme M. Kirchhoff l'a bien vu. Une seule de ces fautes n'a pas été corrigée par ce dernier savant, parce qu'elle porte sur un mot qu'il a pris pour un nom propre. Ligne quatre, il faut lire ΤΟΥΤΟΔΕΤΟΥ. Cinquième ligne, le Μ de δύναμιν avait d'abord été écrit N, puis a été corrigé. Huitième ligne, les premières lettres paraissent être ΝWΝ. Neuvième ligne, la lettre qui précède ΕΙΝ, au commencement de la ligne, est sûrement un X. Il y avait probablement [προσέ]χειν. Ligne dix, ΗΡΙΧ est certain; la ligne finissait par ΕΦΕΞΗC. Ligne onze, ΙΗΜΕΡΑ est certain; la première lettre de ce groupe était un I et ne pouvait être un C comme le veut Kirchhoff. La lettre qui précédait cet I était un Λ, un Δ ou un Α. Je ne vois rien de clair dans ce qui précède; par moments j'entrevois ΙˊΖΔΙΗΜΕΡΑˊ; la lettre qui suit Α ne pouvait guère être qu'un I, un Κ, un Φ, une lettre à un seul jambage droit; un N ou

---

[1] *Reise durch Syrien und Palæstina* (1855), t. I, p. 192, 193, et planche.

[2] *Corpus inscr. gr.* n° 8800.

[3] *Arch. des miss. scientif.* 2ᵉ sér. t. III, p. 366 (1867).

même un C ne serait pas cependant impossible. Quant à un Υ à gauche, je ne peux l'admettre avec Van de Velde et Rey. Le caractère de basse époque cherche à se rapprocher de l'antique; la langue est assez bonne. La restauration est plus difficile que ne l'a cru M. Kirchhoff. La tête barbue et nimbée qui surmonte la dalle pourrait marquer le milieu de la pierre et avoir de l'autre côté une autre image; près de la moitié de la dalle aurait ainsi disparu; elle pouvait avoir 66 centimètres de large. M. Kirchhoff a lu (troisième, quatrième, cinquième ligne) προνοίᾳ.....ἐπισκόπου τοῦ Τολέτου λαμπροτάτου, et a cru que la ville dont Maasub est la ruine s'appelait Τόλετον. Le nom de cette ville, d'après ce qui a été dit, devrait se changer en Τόδετον. Mais je doute que le système de M. Kirchhoff soit soutenable. Comment une telle ville épiscopale ne serait-elle pas connue par quelque texte? L'agencement des titres et l'insertion du nom de la ville dans l'inscription me paraissent peu naturels. Un évêque a-t-il jamais été appelé λαμπρότατος? Je suis donc porté à croire qu'il n'y a pas là de nom de ville, et qu'il faut lire ...ἐπισκόπου· τοῦτο δὲ τοῦ λαμπροτάτου... Ce δέ répond peut-être au μέν de la deuxième ligne. Les deux têtes en bas-relief qui surmontent l'inscription sont petites; la face a environ 5 centimètres de long. La tête barbue a une certaine expression de tête de Christ, que ne rendent ni l'une ni l'autre des deux représentations qui en ont été données.

Dans la même maison sur une plaque de marbre :

+ VΠΕΡCШΤΕΡΙΑCΚ/

Bien gravé, quoique de basse époque. Le trait qui suit le Κ n'est pas sûr. Il n'y avait pas κυρίων. La formule ὑπὲρ σωτηρίας est aussi bien chrétienne que païenne (*Corpus*, nos 4462 (chrétienne), 8697, 8870; Vogüé, *le Temple de Jér.* p. 133; l'inscription de la mosaïque de Kabr-Hiram, ci-dessus, p. 613, etc.).

L'endroit nommé *Hamsin* est un tas de ruines assez important; on y voit des restes de murs en très-grand appareil; c'est un emplacement d'habitation antique. Il s'y trouve un assez singulier monument. C'est une colonne isolée, composée de tambours cylindriques superposés et assis sur une grosse base carrée, layée sur les bords. Il a dû y avoir un couronnement, qui sera tombé. Je n'ai pu le découvrir aux alentours. La colonne n'occupe plus le centre du piédestal. C'est, je pense, un monument funéraire, accusant la totale décadence de l'art phénicien[1]. On y reconnaît la dernière dégradation des *méghazil* d'Amrit.

---

[1] Thomson l'a donné assez bien, I, p. 475, 476. Comp. Pococke, *Description of the East*, II, 1re partie, p. 82; Saulcy, premier Voy. I, p. 49; carte de Jacotin; Ritter, XVI, p. 806, 807, et la carte.

Je n'ai rien vu d'intéressant à Zib (*Ecdippa*), si ce n'est un tell, artificiel, ce semble, et une mosaïque en cubes de deux doigts de côté. Mezraa, près du palais d'Abdallah-Pacha, a beaucoup de traces antiques, des trous de poutres dans les pans de roc taillés à pic, de vastes carrières utilisées après l'exploitation, des travaux dans le roc, un caveau sépulcral à trois auges, s'ouvrant immédiatement, une belle et profonde citerne, à parois construites, de beaux murs, qui paraissent de l'époque romaine, engagés dans les cabanes du village.

Acre a peu d'intérêt archéologique; le génie militaire, même musulman, est trop destructeur de toute antiquité pour qu'il y soit resté aucune trace considérable du passé. La plaine à l'est de la ville est cependant riche de débris anciens, fragments de poteries, de marbre, ouvertures de puits dans le sol, etc. Le tell, appelé *Mont des Français*, *Mont Napoléon* ou *Mont Cœur-de-Lion*(?), est, je pense, un *tumulus* artificiel antique, comme celui de Ras el-Aïn et de Borak et-Tell. La grande plaine est, du reste, semée de ces tells ou *memnonia*. Situés dans un pays autrefois très-marécageux, ces tells ont peut-être ici, comme à Ras el-Aïn et à Borak et-Tell, une destination hydraulique. C'est l'un de ces tells, peut-être le *Tell el-Kisân*, qui dut être « le tombeau de Memnon, » mentionné par Josèphe. A vrai dire, ce nom devint commun à tous les grands tumulus de la Phénicie[1].

Le Bélus est un nouvel exemple de fleuve portant le nom d'un dieu[2] (voir ci-dessus, p. 515). Le difficile passage de Scylax εξωπηπολισιυ[ριων][3] me semble devoir être compris comme si εξωπη formait un nom de ville; mais ces lettres sont sûrement altérées. Il s'agit là peut-être de la ville de Khaïpha, sous un autre nom. Serait-ce l'*Egbatane* que certaines auto-

---

[1] Ritter, XVI, 727, 728, 805, 806 (cf. XVII, p. 891); Saulcy, premier Voyage, t. I, p. 72, 73; Thomson, t. I, p. 496, 497; *Bibelatlas* de Menke, n° 2, Canaaniter; carte de E. G. Schultz (dans Ritter, t. XVI).

[2] Poulain de Bossay, *Essais de restitution*, p. 67, note 2.

[3] Ch. Müller, *Geogr. gr. min.* I, p. 79; Miller, *Suppl. aux petits géogr.* p. 230 et suiv.; Poulain de Bossay, *Essais de restitution*, p. 67 et suiv.

rités placent sur le Carmel? C'est à tort, du reste, qu'on a soutenu que le nom de Ηφά était moderne; ce nom paraît avoir une affinité avec חוֹף אֳנִיּוֹת de *Gen.* XLIX, 13 [1]. C'est bien gratuitement que Knobel identifie Khaïpha avec l'antique עמער [2]. Khaïpha est l'Ηφά d'Eusèbe. Les ruines (pierres, moellons, restes de démolitions) de la vieille ville se voient à une demi-heure environ de la ville actuelle vers l'ouest. On place quelquefois à cet endroit la ville de Sycaminos [3]; mais le Talmud distingue les deux villes [4]. Je ne doute pas que Sycaminos ne soit un peu plus loin, au pied du cap, à l'endroit appelé maintenant *Tell es-Semakh*, à une demi-heure des ruines de Hépha [5]. Ce nom de *Semakh* me paraît une transposition de *Sekam*, pour Sycaminos. Il y a là un évident emplacement de ville, des caveaux dans le roc, présentant des auges et des *arcosolia*, un escalier dans le roc parmi les caveaux. — En somme, la Khaïpha actuelle ne date que du moyen âge; elle a été bâtie avec des pierres tirées des ruines de Hépha, située un peu à l'ouest. Sycaminos était sur le cap même, un peu en retour vers le sud, à Tell es-Semakh [6]. Du reste, les deux villes de Hépha et Sycaminos étaient si voisines, que l'on conçoit qu'elles aient été considérées comme une seule ville.

Sur la route de Saint-Jean-d'Acre à Khaïpha, près de cette dernière ville, se voient des caveaux à trois *arcosolia*, assez originaux [7]. La pré-

---

[1] Laud, *Disp. de carmine Jacobi* (Loyde, 1858), p. 61, 62. — Sur le *Porphyrion* des croisés en ces parages, voir Robinson, II, 488, note 1; *Arch. des miss.* 2ᵉ série, t. IV, p. 378, note 2; Sprüner, *Atl.* nº 45; Menke, *Bibelatlas*, nº 7.

[2] Comment. sur Josué, p. 463.

[3] «Sycaminus, contra Ptolemaïdem... sub monte Carmelo» (Antonin Martyr, édit. Tobler, p. 5, Saint-Gall, 1863). Tobler (p. 75) identifie à tort Sycaminos avec Hépha. Il en est de même de Knobel, sur Josué, p. 463; Kruse, *Commentare zu Seetzen*, p. 277, 278; Ch. Müller, *Geogr. gr. min.* I, p. 79, notes. Pline, en cela très-exact, place Sycaminon entre Dora et le Carmel. (Confer Miller, *Supplément aux petits géographes grecs*, p. 232; Strabon, XVI,

II, 27; Guérin, *De ora Palæstinæ*, p. 26 et suiv.)

[4] Neubauer, *Géogr. du Talmud*, p. 197, 198. On ne comprend pas comment M. Thomson (II, p. 248) peut placer Sycaminos à Caïmon. M. Müller, ad Strab. p. 916, ad Scyl. p. 79, n'est pas beaucoup plus heureux.

[5] Ce Tell es-Semakh a dû jouer un rôle au moyen âge. Sprüner, Atlas, nº 45.

[6] Voir le plan anglais de la baie d'Acre (Hydrographic office, 1840 et 1843). Tell es-Semakh est la pointe la plus occidentale. Van de Velde a bien marqué les trois emplacements; mais il semble identifier Sycaminos avec les ruines qui sont à une demi-lieue à l'ouest de Kaïpha.

[7] Comparez Saulcy, premier Voy. pl. XLIII, nᵒˢ 1

tendue grotte d'Élie sur le Carmel marque peut-être le centre du vieux culte du dieu Carmel[1]. Les pèlerins juifs du moyen âge vénéraient à cet endroit l'autel d'Élie[2].

Athlith offre les travaux dans le roc les plus extraordinaires de la Syrie. Ces travaux s'étendent sur toute une chaîne de collines, sorte de barre, formant un couloir étroit parallèle à la mer. Ils ont l'apparence d'une rue ou d'un chemin bordé par le rocher; c'était là ce que les croisés appelèrent *Districtum, Petra incisa, Pierre encise*[3]. La porte taillée dans le roc, les fossés taillés également dans le roc, et qui rappellent Semar-Gébeil, la tour (sur la colline qui barre le passage) ayant ses arrachements dans le roc, les trous carrés dans le roc, les entailles (sortes d'armoires) qui se voient de tous les côtés, les pans coupés qui ont servi de murs de maisons comme à Anefé, le bossage qui se voit aux angles saillants, les carrières d'où ont été extraits les matériaux pour les constructions, tout cela est d'un aspect frappant. Sur un quartier de rocher se voient des rainures profondes, qu'on peut prendre un moment pour une inscription (עץ), mais qui eurent probablement un objet usuel. Près de l'anfractuosité de la rivière, se voient des travaux dans le roc non moins surprenants; ce sont de larges gradins, des assises, qu'on croirait d'abord l'ouvrage de la nature, mais qui sont le résultat d'un travail humain vraiment colossal.

Le *Castellum peregrinorum*[4] est bâti sur le rivage immédiat de la mer et mettait à couvert le débarquement et l'embarquement des pèlerins. La construction est des plus soignées; les pierres sont de taille moyenne, mais d'une grande égalité; les joints des assises sont d'une admirable finesse; le bossage est de la plus parfaite régularité. Toute cette grande cons-

---

[1] Sur le culte du Carmel, voir les passages de Tacite, Suétone, etc. recueillis par Knobel, Comment. sur le Deutéronome, p. 349; Poulain de Bossay, *Essais*, p. 69 et suiv.; Miller, *Suppl. aux petits géogr.* p. 231, 232.

[2] Carmoly, *Itin.* p. 184.

[3] Voir le mémoire de l'abbé Mignot, dans les anciens *Mémoires de l'Académie des inscriptions*, t. XXXIV, p. 323, 324.

[4] Voir les photographies dans Rey et Declercq, *Voyage en Orient*, t. II, et Rey, *Architecture militaire des croisés en Syrie*, p. 93 et suiv.

truction est cependant du moyen âge. Un beau mur, très-bien conservé, sert de démonstration à cet égard. D'un côté, il présente le bossage le plus grandiose, de l'autre des retombées de voûtes ogivales dans le plus pur style du moyen âge latin. Athlith, sous ce rapport, ressemble beaucoup à Tortose; mais le travail d'Athlith est beaucoup plus fin. Nul doute, du reste, que le *Castellum peregrinorum* n'ait été bâti en partie avec des matériaux plus anciens. On y voit deux belles colonnes de granit; on remarque aussi dans le béton des morceaux de marbre provenant de ruines antérieures, qui suffiraient, à défaut des textes, pour prouver qu'avant les croisés il y avait une ville en cet endroit[1]. Les pierres, comme à la tour de Gébeil, sont arrivées au dernier degré de spongiosité. La côte offre des rochers arasés et de grandes tailles artificielles dans le roc; le béton du fond du quai présente, comme à Ruad et à Sour, une grande masse de poteries et de débris d'objets manufacturés. Le *Castellum* disparaît de jour en jour; on l'exploite comme une carrière. Une compagnie de tailleurs de pierre y était installée quand j'y passai. Ils précipitaient du haut des murs les blocs énormes, lesquels, ainsi abattus à pied d'œuvre, étaient débités en petites pierres ne dépassant pas le poids que peut transporter un chameau. Des monticules de retailles marqueront seuls un jour l'emplacement de cette œuvre de vandalisme; le travail de dépeçage, en effet, se fait si mal, que d'un superbe bloc on tire quelquefois seulement deux ou trois moellons[2].

Jacques de Vitri nous a raconté, avec de grands détails, comment le *Castellum peregrinorum* fut bâti en 1218, par les templiers, pour protéger les pèlerins, qui, en suivant le *Districtum*, couraient les plus grands dangers[3]. Son récit suppose qu'il y eut anciennement sur le promontoire

---

[1] M. Guérin veut que ce soit Magdiel (*De ora Pal.* p. 35, 36). Ce fut sans doute une des nombreuses «filles de Dor» (Josué, xvii, 11; 1 *Chron.* vii, 29).

[2] C'est ainsi que fut détruit le revêtement des pyramides. (Voir le récit d'Abdallatif, publié par M. de Sacy.) Aux pyramides, les retailles couvrent la aussi le bas de chaque face, et sans doute, en les écartant, on trouverait des assises encore revêtues de leur appareil, car le travail de destruction commença par le haut.

[3] La population du pays est encore presque toute composée de brigands.

une ville, mais que cette ville n'offrait, quand les templiers commencèrent leurs travaux, aucun reste apparent. « Templarii ex adverso promontorium fodientes et deportantes, laborantes per septem hebdomadas, tandem ad fundamentum primum pervenerunt, ubi murus antiquus, longus et spissus apparuit. Inventa est pecunia in moneta modernis ignota... Deinde in anteriori parte arenam effodientes et deportantes, alius murus brevior inventus est;... lapidum etiam et cæmenti copiam Dominus ministravit[1]. » En effet, je n'ai vu dans les constructions aujourd'hui apparentes d'Athlith rien qui doive être reporté au delà de l'an 1218. M. Guérin[2] a cru remarquer des différences en certains endroits entre les assises inférieures et moyennes et les assises supérieures. Je n'ai rien remarqué de pareil; seulement, comme il est naturel, les blocs sont plus petits dans les assises supérieures. M. Thomson, sans un examen sérieux, déclare le tout phénicien pur (*after the purest phœnician style,... pure unmixed phœnician*), et, ignorant sûrement le passage de Jacques de Vitri, déclare que les croisés n'ont bâti rien de tout cela[3]. Déjà, plus d'une fois, nous avons vu de grands travaux dans le roc exécutés en Syrie par les croisés; si de tels travaux étaient un *criterium* d'origine phénicienne, on aurait autant de raisons pour soutenir que toutes les *roquetaillades*, les *pierres encises* de la France, sont des ouvrages phéniciens. A Athlith, du reste, les croisés trouvèrent sûrement des coupes du roc et des carrières plus anciennes.

Le contraste d'Athlith, de Kurein, dont nous parlerons bientôt, et en général des constructions latines du Carmel, avec celles de la Palestine, a quelque chose de surprenant. Ce n'est qu'à partir de la région du Carmel, vers le nord et l'est, que les constructions des croisés prirent ce caractère grandiose et colossal. Cela tient à ce que ces grandes constructions de la Galilée et de la Syrie du nord furent postérieures à la bataille de Hattin. Serrés de toutes parts, les croisés demandèrent à des mon-

---

[1] *Gesta Dei per Francos*, p. 1131. — [2] *De ora Palæst.* p. 33, 35. — [3] *The land and the book*, II, p. 246, 247.

tagnes de pierre la force que la nature des choses leur refusait. Jamais, jusque-là, on n'avait vu de telles constructions; l'admiration avec laquelle les chroniqueurs en parlent prouve que ces châteaux, bâtis presque tous dans les premières années du xiiie siècle, étaient quelque chose de nouveau. Durant tout le xiiie siècle, ce mouvement continua. Sans compter Montfort et le Saphet, dont nous parlerons bientôt, on sait que Richard de Cornouailles, en 1240, et saint Louis, en 1253-1254, firent des constructions très-considérables à Ascalon, Caïphe, Jaffa, Saint-Jean d'Acre, etc.

A mon grand regret, je n'ai pu voir Tantoura (Dora)[1]. M. Rey m'y avait signalé un rocher taillé en pylône. Le curieux témoignage de Claudius Iolaüs[2] sur les fossés de Dora, taillés dans le roc, ne paraît pas se vérifier à Tantoura d'une manière bien frappante[3]. Ce passage s'appliquerait bien mieux à Athlith qu'à Dora. — J'ai regretté aussi de ne pas voir Césarée, qui a l'avantage d'offrir des restes certainement hérodiens, restes qui peuvent servir de *criterium*. M. Thomson, pour soutenir son système, est obligé de prétendre que la ville d'Hérode fut bâtie avec les débris d'une ville antérieure à Hérode, et plus belle que celle d'Hérode[4], ce qui est un non-sens historique.

Revenons à Zib ou à Hamsin, pour nous enfoncer dans l'intérieur. Le ouadi que nous allons suivre est le *Nahr Herdawil*. Ce nom vient, je pense, des croisades. Il est reconnu que *Berdawil* est la forme arabe de Baldwin ou Baudouin[5]; *Herdawil* doit être Hardwin ou Hardouin. Nous sommes ici dans le pays où la féodalité latine se développe le plus complétement[6]. Le Nahr Herdawil prend, à mesure qu'on s'éloigne de la

---

[1] C'est contre toute raison qu'on a voulu déplacer Dora de Tantoura (Kruso, etc. *Commentare zu Seetzen*, p. 304, 306) et le mettre à *Tireh*. Ce Tireh paraît l'*antiqua Tyrus* des croisés (Menke, 7).

[2] *Fragm. hist. gr.* IV, p. 363. (Voir ci-dessus, p. 40, 41.)

[3] Guérin, *De ora Palæst.* p. 38 et suiv.; Thomson, II, p. 248.

[4] *The land*, II, p. 242, 252, 255. Pour comble de singularité, M. Thomson ne veut pas que cette vieille ville fût la Tour de Strabton.

[5] Voir la carte de l'expédition d'Égypte (*Sabkhat-Berdawil*, lac à l'est de Péluse). La même carte orthographie le nom de notre ouadi *Herdawil*. Cf. Jacotin.

[6] Voir surtout le cartulaire de l'ordre teutonique, récemment publié à Berlin par M. Strehlke.

mer, le nom de Ouadi Kurn ou Kurein, et nous conduit par une route des plus pittoresques à la ruine de Syrie la plus romantique et la plus frappante : c'est le *Kalaat Kurein* ou Montfort (*Starkenberg*) des croisés[1]. La position est magnifique; le château, entouré de bois, presque inaccessible, domine la pointe abrupte d'une montagne qui s'avance entre deux ouadis profonds. De là sans doute le nom de وادى القُرَيْن (le ouadi de la petite corne)[2]. La pente est garnie d'un beau revêtement de grands blocs, taillés en biseau et faisant une sorte d'imbrication les uns sur les autres, c'est-à-dire que chaque bloc dépasse le bloc inférieur comme le rebord d'un toit.

Le côté, seul attaquable, par lequel le promontoire se joint au plateau, est coupé par un fossé taillé dans le roc, comme à Semar-Gébeil. La porte en ogive est sur le point de tomber. Le bossage qui règne dans une partie de la construction est des plus grands et des plus beaux. Il rappelle le bossage hérodien de Jérusalem. Quelques pierres sont d'une coupe extrêmement soignée, et ont la partie saillante taillée en biseau comme une glace de Venise, sous un angle de 30 ou 40 degrés. D'autres coupes présentent des espèces d'onglets s'encastrant l'un dans l'autre. Après Athlith, Montfort est sûrement l'ouvrage le plus étonnant des croisés en Syrie[3]. L'époque de la construction de Montfort, en effet, nous est con-

---

[1] Mariti est, je crois, le premier voyageur moderne qui ait vu Kalaat Kurein (*Voyages*, II, p. 136 et suiv.) E. G. Schultz le visita en 1847 (Ritter, XVI, p. 780-782); Van de Velde, en février 1852 (*Reise*, I, p. 194 et suiv.); Thomson, en novembre 1854 (*Bibl. sacra*, vol. XII, 1855, p. 827, 830; cf. *The land*, I, p. 457 et suiv.); de Forest, en 1856 ou 1857. M. Rey y a été en 1865 (*Arch. des miss.* nouv. série, III, p. 366; *Archit. milit. des croisés en Syrie*, p. 143 et suiv.). La position exacte de Montfort a été déterminée par E. G. Schultz (Ritter, t. XVI, p. 782, 805 et la carte). Cependant ces notes devaient avoir à cet égard quelque chose d'indécis, car Ritter n'identifie pas absolument les deux localités, comme l'a remarqué Laurent (ad Broc. III, 1). Sprüner (M. A. n° 55) se trompe tout à fait. Marin Sanuto était plus exact (Bongars, ou Menke, *Bibelatlas*, n° 7). Cf. Robinson, III, p. 66, 67. Van de Velde nie à tort l'identité de Montfort et de Kalaat Kurein, et cherche à placer Montfort à Kalaat Schamma, ruine bien postérieure aux croisades.

[2] On dit aussi وادى القرن. Ce nom était probablement antérieur à la construction du château et fut la cause du nom arabe de ce château. Les historiens arabes, en effet, appellent toujours le château de ce nom.

[3] Thomson (*The land*, I, p. 457 et suiv.) s'est gravement trompé en voyant ici «very fine specimens of the old jewish or phœnician bevel.» Ses appréciations de détail sont aussi fort erronées : il ne se doute pas un moment qu'il est dans un château célèbre des croisés.

nue de la manière la plus précise. Montfort fut commencé par Hermann de Salza, grand maître de l'ordre teutonique, en 1229[1]. Les pièces authentiques viennent d'en être publiées[2] : « Pro castro novo quod dicitur Montfort, quod castrum domus ipsa (Theutonicorum) firmavit in territorio Trefile » (avril 1229)..... « Castrum novum Montfort a domo firmatum » (avril 1229); bulle du pape Grégoire IX du 10 juillet 1230, accordant des indulgences à ceux qui contribueront à la construction[3]. A partir de 1244, le château paraît bâti à peu près complétement[4]. Il fut le château principal de l'ordre teutonique en Syrie; on y gardait les archives et le trésor. Il fut détruit par Bibars en 1271[5].

Les textes, du reste, nous feraient défaut, que l'origine purement latine de Kalaat Kurein serait évidente. D'abord, il n'y eut sûrement en ces parages aucune construction antique. Toute cette partie de la montagne semble être restée, dans l'antiquité, assez sauvage. Les pierres de Kalaat Kurein paraissent neuves et non prises de monuments anciens. En outre, l'examen attentif des constructions prouve que les parties que, à cause de leur caractère grandiose et de la dimension des blocs, on serait tenté de rapporter à une haute antiquité, sont de la même époque que les parties évidemment latines. La belle église gothique qui couronne le sommet du burg est aussi certainement latine. Eh bien, dans les

---

[1] Rey, *Domin. franç. en Syrie*, p. 40, 41 ; le même, *Arch. milit. des croisés*, p. 144 et suiv.; Mas Latrie, *Hist. de Chypre*, I, p. 434; *les Familles d'outre mer* de Du Cange (édit. Rey), p. 165, 899, 903, 905, 909; Defrémery, *Mém. d'histoire orientale*, 2ᵉ part. p. 368 ; Mehren, *Syrien og Palestina*, p. 72 et note.

[2] Strehlke, *Tabulæ ordinis theutonici* (Berlin, 1869), p. 52, 54, 55, 125.

[3] « Sane, sicut dilectus filius Hermannus, magister hospitalis ipsius, in nostra proposuit præsentia constitutus, ... castrum Montfort iuxta territorium Acconense edificare ceperunt, positum in confinio paganorum, per quod christianis in partibus illis immensa dinoscitur utilitas provenire, cum quasi quoddam frenum Sarracenos compescens ab insultibus consuetis fidelibus circumquaque securam tribuat libertatem; quia vero..... ad perficiendum et regendum castrum predictum proprie ipsis non suppetunt facultates, sed, ut perfecte firmetur et potenti manu regatur, ipsis est fidelium suffragiis oportunum, presertim cum sit a mari remotum, cui sicut ceteris civitatibus et munitionibus regni Ierosolimitani per mare non potest de succursu necessario provideri; universitatem vestram monemus et hortamur...... quatenus eisdem fratribus...... ad opus huiusmodi grata pietatis subsidia impendatis, ut per subventionem vestram perfici et conservari valeat castrum prefatum. »

[4] *Ibid.* p. 77, 78, 362.

[5] Brocard, III, 1 (p. 31, Laurent).

portions qu'on dirait les plus anciennes de la forteresse, le ciment, composé de détritus de poteries, etc. est le même que celui qui se retrouve dans l'église. Le gros pilier gothique qui se détache au milieu de la construction est en aussi beaux blocs que les parties en apparence les plus vieilles. Des constructions accessoires, d'un moins beau caractère, et certainement du moyen âge, prouvent que dans un même édifice on faisait, selon l'importance des travaux, du grand et du petit appareil. Le bossage était en général réservé pour les parties militaires[1]. Les pierres de Kalaat Kurein présentent, il est vrai, deux tons différents; quelques-unes offrent cette teinte gris bleu que prend le calcaire de Syrie longtemps exposé à l'air (dans les soubassements de Baalbek, par exemple); d'autres sont jaune d'or. Mais cela tient peut-être à ce que certains côtés ont été exposés moins longtemps que d'autres aux injures de l'air. En tout cas, les parties certainement du moyen âge sont en blocs aussi gros que les parties qu'on pourrait croire antiques.

Pour monter au château, une route a été taillée dans le roc; elle offre à un endroit un passage à demi couvert. Cela paraît se rattacher à la route de Melia, dont nous parlerons tout à l'heure, et constitue un ensemble de routes creusées dans le roc d'un caractère particulier. Peut-être le château fut-il bâti pour commander cette route. Au bas de la colline, sur le bord du Ouadi Kurein, se voient les restes d'une église du plus pur style gothique, en très-gros blocs taillés comme ceux des parties du haut qui paraissent les plus anciennes. Cet endroit, entouré de belles sources et perdu au milieu des bois, est celui où je conseille à tout artiste qui voudra s'inspirer de l'intérêt romantique des croisades d'aller s'asseoir. La ruine, sauf la qualité des matériaux, ressemble à ces nombreux prieurés du temps de Philippe-Auguste, qu'on voit dans l'Île-de-France et la Picardie; le paysage est ici d'une incomparable beauté.

---

[1] Le mur, tout récent, de Saint-Jean-d'Acre, du côté de la mer, est en bossage, tant il est vrai que ce style s'impose en ce pays à tout ce qui est gros mur de fortification.

Kalaat Kurein, on le voit, est, comme Gébeil, Tortose, Athlith et Safed, un point capital pour la critique des édifices en bossage de la Syrie. Kalaat Kurein est, à vrai dire, la clef du problème; car nulle part ailleurs l'histoire de la construction n'est aussi bien connue par les textes du moyen âge. D'un autre côté, on ne peut faire valoir une raison pour l'origine phénicienne de la tour de Gébeil, et à plus forte raison des châteaux de Tibnin, Schékif, Banias, qu'on ne puisse faire valoir pour Montfort.

De Kalaat Kurein à Melia ou Malia, la route, toute taillée profondément dans le roc, est du plus bel effet. Près de Kalaat Kurein sont deux localités, Manhati et Jelilé, offrant des ruines avec citernes dans le genre de Mariamin[1]. Melia (on prononce souvent *Meleya*) eut de l'importance à l'époque des croisades : c'est מלחיא de *Vayyikra rabba*, c. 26[2]. Je l'ai traversée de nuit; au clair de lune, je fus frappé de restes de constructions en beaux matériaux et d'un certain aspect grandiose; cela me sembla un vieux château croisé, où un village moderne se serait logé; mais je ne pus m'en rendre suffisamment compte. On m'y montra une petite pierre gravée, représentant un palmier au milieu, et des deux côtés deux cynocéphales.

Terschiha est un chef-lieu de district. Parmi les châteaux de la région de Terschiha, on m'indique *Kalaat Deïr Hanna, Deïr el-Asad, Kalaat Jiddin*[3]. Sur la route de Jisch à Kalaat Kurein, vers le milieu, au sortir de belles vallées boisées (Ouadi el-Hadid), il y a des caveaux à entrée semi-circulaire surbaissée.

La région juive ou galiléenne commence de la manière la plus tranchée à Kefr-Bereim et Kasyoun. Ici les synagogues apparaissent avec un style

---

[1] Tout ce pays était couvert des casaux de l'ordre teutonique. (Voir les *Tabulæ* précitées, *index*.) Presque tous ces noms, *Tharbucha, Tersias* ou *Tercia, la Bace*, etc. existent encore aujourd'hui (*Terbikha, Terschiha, Bassa*, etc.).

[2] C'est tout à fait à tort que M. Neubauer (*Géogr. du Talm.* p. 269) identifie cette localité avec *Aïn Mellahah*, près du lac Houlé. J'ignore l'orthographe moderne du nom de Melia; Thomson (I, 460, 461) écrit *M'alia*; Mehren, *Ma'aliá*, d'après les géographes arabes (*Syrien og Pal.* p. 72).

[3] Voir la carte de Van de Velde; Robinson, III, p. 66, 67; Ritter, XVI, p. 782. *Deïr el-Asad* (دير الأسد) doit sans doute son nom à quelque lion sculpté.

tout à fait caractérisé, et avec des inscriptions grecques et hébraïques qui ne laissent place à aucun doute. Kasyoun, Nabartein, Jisch (Gischala), Kefr-Bereim, Meirôn (Méro ou Méroth), Tell-Hum (Bethsaïde? Capharnaüm?), nous offrent des monuments de ce genre, très-bien conservés, et dont quelques-uns sont restés à peu près inconnus[1]. On attache une valeur de premier ordre à ceux de ces édifices qu'on voudrait faire remonter au temps des Hérodes ou des derniers Macchabées, quand on songe aux discussions dont ils ont été les témoins et aux pieds qui ont pu les fouler[2]. L'archéologie de la Galilée se présente ainsi dans des conditions sensiblement différentes de celles du pays de Tyr. Les édifices classiques y sont fort rares; mais le judaïsme des premiers siècles de notre ère, peut-être même celui de l'époque des derniers Asmonéens, y ont laissé des monuments d'un genre à part. A Kefr-Bereim, à Jisch, à Nabartein, ces ruines de synagogues sont accompagnées d'inscriptions hébraïques; à Kasyoun, d'inscriptions grecques. On sait qu'après la ruine de Jérusalem le judaïsme se conserva très-florissant dans la haute Galilée. Il serait à désirer qu'une mission spéciale fût chargée de relever ces curieux monuments[3]. Quelques-uns, par exemple, ceux de Kefr-Bereim, de Kasyoun, de Meirôn, pourraient être parfaitement rétablis. En général, le style en est sec, surchargé de petits ornements inorganiques, et dénué de grandeur. On arrivera, je pense, à les reporter pour la plupart au temps de Septime Sévère. Il faudra voir cependant si quelques-uns n'ont pas pu être témoins des luttes du christianisme naissant. N'est-il pas étrange que l'archéologie à tous égards la plus intéressante, celle qu'on peut appeler *l'archéologie évangélique*, sur laquelle quelques fouilles opérées à Tell-Hum, à Khan-Minyeh, jetteraient tant de lumière,

---

[1] Robinson, III, 71, 74, 346, et *Zeitschrift der d. m. G.* 1853, p. 42, 43. Irbid (Arbela, selon Robinson, III, 342, 343; cf. Carmoly, p. 259) aurait une ruine du même genre. Quant aux constructions de Iaron et de Kadès, je ne crois pas que ce soient des synagogues. — Dans la Palestine proprement dite, je n'ai vu d'édifices de ce genre qu'à Silo. (Cf. Thomson, I, p. 435, 540.)

[2] « Erat docens in synagogis eorum. » Matth. IV, 23.

[3] La commission anglaise de Palestine a, dit-on, déjà en partie rempli ce vœu. (Voir *Bulletin de la Soc. de géogr.* janv. 1870, p. 52.)

soit encore tout entière à créer? Comment le christianisme, qui dépense des millions pour bâtir un temple, a-t-il pu laisser sans le remuer le sol qui renferme peut-être dans son sein des monuments liés à ses souvenirs les plus augustes et les plus saints?

Le village de Kefr-Bereim[1] (كفربرعم), à deux heures ou deux heures et demie au nord-ouest de Safed, est un des endroits de Galilée les plus remarquables sous le rapport des antiquités juives. Le nom de ce village ne se trouve ni dans la Bible, ni dans Josèphe, ni dans le Talmud; mais il figure, dans les itinéraires de pèlerins juifs du moyen âge, sous la même forme qu'aujourd'hui, כפר־ברעם[2]. Dès cette époque, il était célèbre par ses deux synagogues. On y plaçait le tombeau de plusieurs rabbins et de différents personnages bibliques. Les deux synagogues étaient déjà en ruines vers le milieu du XVIe siècle.

Kefr-Bereim conserve encore aujourd'hui les restes de ces deux synagogues, toutes deux remarquables par leur style architectonique et par les inscriptions qu'elles présentent. L'une de ces synagogues est située dans le village même, et est devenue une maison de paysan. Elle est en style dorique romain, assez pur, et de belle construction. La porte est précédée d'un petit parvis sous colonnes. C'est la mieux conservée de toutes les synagogues de Galilée; un architecte pourrait en faire une restauration intégrale, qui ne laisserait place à aucune chance d'erreur. En effet, aucune partie des matériaux n'a disparu; quelques ornements seulement, en particulier une grappe de raisin assez bien exécutée, ont été pris pour décorer la maison du khouri. Une inscription hébraïque se lit sous l'une des fenêtres[3]. J'en ai pris un estampage, d'après lequel a été faite la reproduction, planche LXX, n° 2.

---

[1] Voir Robinson, III, 70, 71; Van de Velde, I, p. 133, 135; Thomson, I, p. 436.

[2] Carmoly, Itinéraires de la Terre Sainte des XIIIe, XIVe, XVe, XVIe et XVIIe siècles, p. 132, 136, 155, 156, 184, 380, 432, 455, 456. Cf Thomson, I, p. 435,

436; Robinson, III, 68 et suiv. et dans la Zeitschrift der d. m. G. 1853, p. 42. Seetzen passa à Kefr-Bereim, mais ne reconnut pas les synagogues (Reisen, 2ter Theil, p. 124; Commentare, p. 301).

[3] Je publiai l'explication de ces inscriptions dans

Il est difficile, avec ces traits, de former un sens bien satisfaisant. On lit assez clairement אלעזרבריתן. Avant l'א, il y a quelques caractères tout à fait indécis, dont le premier paraît être un ב. Par moments, on est tenté de lire ישראל; mais je préfère voir dans les caractères qui forment le milieu de l'inscription le nom d'*Éléazar*. Ce qui suit peut aussi être lu בריחו, ou בריחו. Les deux premières lettres sont peut-être une abréviation de *Ben Rabbi*. En tout cas, cette inscription ne se rapporte pas à la construction de la synagogue sur laquelle elle se lit. C'est probablement l'œuvre de l'un des pèlerins qui sont venus à Kefr-Bereim. Le ב, le י et le ן final appartiennent au caractère carré le plus mûr. L'א, le ל, le ז, au contraire, ont de très-belles formes anciennes, qui surpassent en tournure monumentale toutes les formes de ces caractères que nous connaissions jusqu'ici par l'épigraphie.

M. de Saulcy propose de lire בנו אלעזר בר יפון : «Éléazar, fils de Iefoun, l'a bâti.» Mais, quelque latitude de lecture que permettent les caractères qui précèdent אלעזר, un fait est certain, c'est qu'il y a là quatre lettres. בנו, qu'on pourrait être tenté de proposer, est une forme impossible, les verbes ל'ה suppriment totalement le ה final avant le pronom suffixe. D'ailleurs, la place de l'inscription, sous une fenêtre, et dans un endroit tout à fait accessoire, ne porte nullement à croire que son objet soit d'indiquer le nom du constructeur. C'est au-dessus de la porte qu'une telle indication aurait dû se trouver. L'architecture de cette synagogue est très-régulière; une pareille anomalie ne se comprendrait pas.

M. Frankel ne propose non plus sur cette inscription rien de satisfaisant. Il veut qu'il y ait là deux inscriptions d'époques séparées, le second écrivain ayant, par une sorte de jeu, voulu continuer, avec un sens différent, ce qu'il trouvait écrit. Il est très-vrai que deux ou trois endroits de l'inscription semblent offrir des retouches, dont notre gravure a tenu compte. Néanmoins, l'hypothèse de M. Frankel est inadmissible. Un tel jeu se comprendrait tout au plus pour une inscription placée à portée de la main. Mais faire apporter une échelle pour se donner le plaisir d'une sorte d'espièglerie sur un *graffito* antérieur, voilà qui est de la plus haute invraisemblance. Il faut donc rester encore dans le doute sur cette inscription. Ayant de nouveau comparé la gravure sur bois avec mon estampage, j'ai reconnu qu'on ne pouvait guère rendre mieux les traits que ce dernier. La petite séparation entre les caractères pénultième et antépénultième existe, et j'ai renoncé à voir là un ה ou un ת. Je tiens du reste mon estampage, qui est l'équivalent du monument lui-même, à la disposition des hébraïsants qui voudront reprendre l'examen de la question.

le *Journal asiatique*, décembre 1864. MM. Frankel (*Monatsschrift für Geschichte und Wissenschaft des Judenthums*, avril 1865, p. 147 et suiv.), de Saulcy (*Revue archépl.* juillet 1865, p. 69 et suiv.), Lévy de Breslau et Geiger (*Jüdische Zeitschrift für Wissenschaft und Leben*, 3ᵉ année, p. 230, 231) revinrent sur les mêmes textes, les deux derniers de la manière la plus fructueuse. Je repris le sujet dans le *Journal asiatique*, décembre 1865. (Voir aussi Chwolson, *Achtzehn hebräische Grabschriften aus der Krim*, Saint-Pétersbourg, 1865. Mém. de l'Acad. 7ᵉ série, t. IX, p. 83, note 2, p. 128 et suiv.)

La seconde synagogue de Kefr-Bereim est située hors du village, au milieu des champs. Il ne reste debout que la porte; d'assez nombreux débris gisent alentour, et présentent les particularités ordinaires du style des synagogues de Galilée, notamment le goût pour les angles d'un seul bloc comprenant la colonne et le pilastre, et pour les demi-colonnes ou colonnes doubles engagées (rappelant en petit les grandes colonnes accouplées de la basilique de Tyr), taillées d'un seul bloc avec leur piédestal et une partie de la surface lisse où elles s'engagent. C'est là un signe d'architecture artificielle, où les coupes des pierres ne répondent pas aux lignes, une idée qui dénote un art transporté loin du pays qui l'a créé, puisqu'elle établit une contradiction fondamentale entre l'apparence et la réalité architectonique[1]. Ce n'est pas sans raison, cependant, qu'on y fut amené pour les synagogues. La synagogue est une salle, non un temple; elle est destinée à fournir un abri couvert; le mur doit y être l'essentiel; la colonne s'y réduit à un simple décor, comme dans l'architecture des églises de la décadence italienne au xviie siècle, et chez nous.

La porte est d'un style bizarre, extrêmement chargée d'ornements (cordés, crossettes, rinceaux, torsades, antéfixe central); l'exécution est sèche et raclée. Le goût des cordons et des moulures à crossettes est remarquable : c'est un des traits du style juif[2]. A la partie inférieure du linteau, a été ménagé un listel de 5 centimètres de large, sur lequel se lit une longue inscription hébraïque. Voir planche LXX, n° 1.

Cette inscription a été remarquée depuis longtemps par les juifs de Safed; mais ils ne lisent que le mot שלום[3]. On doit supposer qu'il en fut généralement de même au moyen âge[4]. Deux singuliers rapprochements, cependant, doivent être signalés ici.

---

[1] Voir ci-dessus, p. 697, 698. Cf. Saulcy, premier Voyage, pl. xvii, et dans les *Mém. de l'Acad. des Inscr.* t. XXVI, 1re partie, Aâraq el-Emyr, pl. vi. La colonne des portiques d'Hérode récemment trouvée près de Jérusalem, dans la carrière, offre la même particularité.

[2] Saulcy, premier Voyage, pl. xxxiv, xliii; deuxième Voyage, II, p. 207. A Hiérapolis de Phrygie, où il y avait beaucoup de juifs, et où se remarquent une foule de traits qui rappellent le judaïsme, j'ai aussi vu des tombeaux dont la porte est à crossettes.

[3] Robinson, *Bibl. Res. in Palestine*, III, p. 70.

[4] Carmoly, p. 135.

Rabbi Samuel bar Simson (commencement du xiii° siècle) dit qu'il trouva à Meirôn une synagogue avec une inscription portant qu'elle avait été bâtie par *Schalom ben Lévi*[1]. La synagogue ancienne dont les restes se voient encore à Meirôn n'a pas d'inscription. *Schalom* n'est pas un nom propre[2]. Y aurait-il là une confusion? On verra qu'un des premiers mots de notre inscription est *schalom*, et qu'en effet le nom du fondateur est *Ben Lévi*. Meirôn, d'ailleurs, n'est qu'à une heure et demie de Kefr-Bereim. — Un fait plus curieux est que le *Schabbehi Ieruschalem*, récit d'un voyage fait en 1521, cite la moitié de notre inscription. Je rapporterai bientôt le passage.

Robinson vit l'inscription, la crut illisible, et négligea de la copier[3]. M. Thomson, sans l'avoir comprise, déclara, assez légèrement, «qu'elle ne donne aucun renseignement sur l'auteur, l'âge et le caractère du monument[4].» M. Van de Velde la proclama également indéchiffrable, et se contenta de reproduire, à la suite de son *Voyage*, une copie qu'il en avait prise[5]. Cette copie rend si médiocrement les traits de l'original, qu'il eût été certainement impossible d'en tirer un sens suivi; aussi je ne crois pas qu'elle ait suscité aucun travail d'interprétation. J'ai pris un estampage très-soigné de l'inscription, d'après lequel a été exécutée la gravure pl. LXX, n° 1. On verra que c'est par erreur que Robinson et Van de Velde l'ont crue ébréchée. Placée assez haut et hors de la portée de la main, l'inscription de Kefr-Bereim n'a souffert que des injures de l'air; une petite mousse qui s'est formée dans le creux des lettres lui donne seule l'apparence un peu fruste.

Les trois premières lettres offrent quelque difficulté. On est tenté d'abord de voir dans la première un *vav*; la deuxième lettre paraît un *heth*; la troisième lettre ressemble à la première, quoiqu'un peu plus forte. Mais ces valeurs ne prêtent à aucun sens. Comme dans notre inscription les ו, les י et les ן se ressemblent beaucoup, et que la deuxième lettre peut être un ח ou un ה aussi bien qu'un ה, on se trouverait plongé dans de grandes incertitudes, si des considérations étrangères à la paléographie ne devaient bientôt nous donner la vraie lecture de ces trois lettres avec une grande probabilité.

Le mot שלום se lit ensuite avec une parfaite évidence. Le ם final offre exactement la forme qu'il a dans les Bibles imprimées.

Le mot במקום se lit ensuite d'une façon non moins certaine. Le מ médial a une

---

[1] Carmoly, p. 134.

[2] M. Frankel croit pouvoir citer quelques exemples anciens de שלום employé comme nom propre. Lors même que les exemples qu'il cite ou qu'il a en vue seraient démonstratifs (ce qui est douteux, la vraie lecture étant peut-être שלמי), l'hypothèse que je propose sur le nom de Schalom ben-Lévi dans le voyage de Rabbi Samuel bar-Simson n'en garderait pas moins sa vraisemblance. Le nom de Schalom est porté aujourd'hui par beaucoup de juifs (voir Chwolson, *l. c.* p. 83, note 2); mais c'est peut-être une altération de Schalloum.

[3] *Loc. cit.* Cf. *Zeitschrift der d. m. G.* 1853, p. 42. L'auteur du Guide Murray pour la Syrie et la Palestine, qui est Porter, déclare aussi l'inscription illisible, sauf le mot שלום (p. 440). Porter n'avait pas, je pense, été sur place.

[4] *The land and the book*, I, 36 (New-York, 1860).

[5] *Reise durch Syrien und Palæstina*, I, p. 133 (Leipzig, 1855).

forme très-remarquable, qui le rapproche tout à fait du מ des inscriptions de M. de Vogüé[1], de l'inscription de Sadda, découverte dans le monument appelé « Tombeaux des rois, » par M. de Saulcy[2], et de celle que j'ai trouvée à Gébeil[3].

Ce qui suit, זה ובכל מקומות, n'offre non plus aucune difficulté.

La lettre qui suit pourrait être prise pour un *vav*; mais les quatre lettres subséquentes donnant évidemment שראל, on est amené forcément à voir dans la première lettre un *iod*. Les formes de ces deux lettres, dans l'alphabet carré, ne différaient guère, autrefois surtout, que par leur grandeur.

Nous obtenons donc un membre de phrase très-simple et très-régulier :

.... שלום במקום הזה ובכל מקומות ישראל

.....pax in loco hoc et in omnibus locis Israël.

Cette phrase renferme une allusion évidente à un passage de Haggée (II, 9), relatif au second temple : במקום הזה אתן שלום נאם יהוה צבאות : «In loco hoc dabo pacem, ait Jehova Sebaot.» On peut être tenté, d'après cela, de croire que le verbe renfermé dans les trois premières lettres est נתן. La seule hésitation qui peut rester en cette hypothèse est de savoir s'il faut lire נתן ou יתן; mais cette seconde leçon est plus conforme au passage de Haggée, plus naturelle, et répond mieux aux traits de l'original. La troisième lettre, en effet, est plus grosse et plus forte que la première. On pourrait donc traduire : « Det pacem..... etc.» On pourrait aussi, à la rigueur, ponctuer יִתֵּן[4]. Est-ce là cependant la vraie lecture de l'inscription? Je ne le crois pas. M. Lévy, M. Geiger (j'étais arrivé moi-même, après la publication de mon premier mémoire, à cette hypothèse), ont pensé qu'il fallait lire שלום יהי : «Que la paix soit en ce lieu.» Cela est beaucoup plus simple et plus conforme aux habitudes de l'épigraphie hébraïque. Cependant le passage de Haggée et la grandeur un peu insolite du second י justifient jusqu'à un certain point la lecture יתן. M. Frankel a eu ici une idée des plus singulières. Il veut lire יהו שלום במקום הזה : « Que Jehovah, qui est la paix, [habite] en ce lieu, etc.» Cela est assurément peu naturel. L'auteur du *Schabbehi Ieruschalem*, qui cite de mémoire, paraît avoir hésité entre יחו et יתן (voir ci-après, p. 772).

Les quatre lettres suivantes donnent clairement יוסה « *José*,» forme altérée du nom de *Joseph*, très-commune chez les Juifs dans les premiers siècles de notre ère. Nous la retrouverons bientôt dans l'inscription de Jisch.

La lecture du nom propre יוסה est approuvée par les trois savants israélites allemands, et en particulier confirmée par M. Frankel. M. de Saulcy élève ici des objec-

---

[1] *Revue archéologique*, mars 1864.
[2] *Journal Asiatique*, déc. 1865, p. 551.
[3] Ci dessus, p. 193.
[4] M. Frankel veut voir une faute d'impression «évidente» dans יִתֵּן. Il n'a pas songé que la forme du futur hophal יֻתַּן est usitée. On peut en voir les exemples recueillis dans Gesenius, *Thesaurus linguæ hebr.* p. 928.

tions. Il doute d'abord que les noms *José* et *Joseph* soient identiques. Mais c'est là un doute qu'il abandonnera, j'espère, devant les démonstrations données par M. Frankel. José est une altération palestinienne de Joseph. Le même individu s'appelait *Joseph* à Babylone et *José* en Palestine. Dans les manuscrits anciens du Nouveau Testament, les noms Ἰωσῆς et Ἰωσήφ s'emploient indifféremment pour le même personnage[2]. Nous citerons bientôt un exemple du même genre tiré du *Pirké Avoth*. Enfin, on trouve dans les papiers de Peiresc l'épitaphe d'un Syrien chrétien, émigré en Gaule, du nom de IWCHC[2], et dans de Rossi[3] un IOSE. Or des chrétiens n'ont pu prendre un tel nom que comme synonyme de Joseph. La lecture יוטה, proposée par M. de Saulcy, outre qu'elle ne donne aucun sens, est paléographiquement bien moins satisfaisante que יוסה. En effet, la troisième lettre est sûrement un ס, comme le prouve la comparaison avec le nom יוסף dans l'inscription du «tombeau de saint Jacques[4].» Je sais que la forme יוסי est bien plus fréquente que יוסה. Cette deuxième forme, cependant, est employée dans le Talmud de Jérusalem. M. Frankel, talmudiste si exercé, déclare en connaître des exemples, aussi bien que des formes איסא et ייסה.

Le caractère suivant est assez indécis. La lettre avec laquelle on songe le plus volontiers à l'identifier est le *hé*, et cette lecture est pleinement confirmée par la suite. En groupant, en effet, avec notre lettre indécise, les huit lettres suivantes, qui ne donnent lieu à aucun doute, on obtient le nom יוסה הלוי בן לוי, «José Hallévi ben-Lévi.»

Ce qui suit, עשה השקוף הזה, est également clair. שקוף est le mot mischnique pour «linteau» (οὐδός de Schalaloun); le mot biblique est משקוף[5]. Il faut donc traduire : «José Hallévi ben-Lévi a fait ce linteau.» La forme du ף est fort remarquable. Une inscription plus ancienne porterait sans doute, comme les inscriptions phéniciennes, le verbe פעל. Celle de Jisch a le chaldéen עבד.

A partir de cet endroit, on sent que le lapicide s'aperçoit qu'il n'aura pas de place pour écrire tout ce qu'il veut. Il serre ses lettres et les fait plus petites. Les trois premières lettres de cette nouvelle série font hésiter un moment; elles sont certaines cependant; il faut lire הבא. On remarquera la forme de l'*aleph*, comparée à celle que la même lettre présente dans le mot ישראל.

Le mot suivant est parfaitement clair; c'est ברכה.

Les lettres suivantes donnent במעיוש. Après le ש, on remarque un trait qui n'est

---

[1] Voyez Winer, *Bibl. Realwœrterbuch*, au mot *Joses*; J. C. M. Laurent, *Neutestamentliche Studien* (Gotha, 1866), p. 168, 169, 171, 172; Lightfoot, *Horœ hebr.* in Act. Apost. 1, 23.

[2] Leblant, *Inscr. chrét. de la Gaule*, n° 521.

[3] *Roma sott.* I, p. 174.

[4] M. de Vogüé, *le Temple de Jérusalem*, p. 45 et 130, et pl. XXXVII, fig. 1, et dans la *Revue archéologique*, avril 1865, p. 326, 327.

[5] En ce qui concerne ce mot, je ne peux admettre les observations de M. de Saulcy. משקוף ne signifie pas «fenêtre ou baie;» le sens radical de שקף n'est pas «regarder.» On peut s'en convaincre en consultant Gesenius, *Thesaurus*, p. 1477, 1478, et Buxtorf, *Lex. Chald. talm. et rabb.* coll. 2517, 2518. Pour ces dédicaces de portes, voyez ci-dessus, p. 676, 677, 717, note 3.

CAMPAGNE DE TYR.   769

aucune lettre précise. Ce trait peut renfermer l'intention d'un ל; peut-être aussi implique-t-il une abréviation, venant de ce que le lapicide n'avait pas eu assez d'espace pour écrire sa dernière formule. במעיוש ne donne absolument aucun sens. Il est donc possible qu'il s'agisse ici d'une de ces formules consacrées que les juifs aiment à écrire en ne traçant que les lettres initiales, en ayant soin toutefois que la première radicale de chaque mot soit écrite. M. Derenbourg, que je consultai sur ce point, me suggéra : תבא ברכה במעשי ידיו ושלום, «Veniat benedictio in opera manuum ejus et pax.»

L'explication que j'avais proposée, d'après M. Derenbourg, des dernières lettres במעיוש, n'a pas satisfait mes savants émules. M. Frankel, réservant la dernière lettre pour en faire une date, lit : תבא ברכה במעיו, «Veniat benedictio in viscera ejus.» Pour diminuer ce qu'une telle expression a de choquant, il suppose une allusion au Ps. CIX, v. 18 : «Veniat (maledictio) sicut aqua in interiora ejus.» Mais l'allusion n'est pas suffisamment justifiée. L'hypothèse d'après laquelle מעיו serait pour צאצאי מעיו, avec allusion à Isaïe, XLVIII, 19, est encore plus forcée.

Enfin, pour rendre possibles de telles explications, M. Frankel est obligé de séparer le ש et d'en faire la date de l'inscription. Nous ne discuterons pas ses différentes suppositions à ce sujet, car elles vont toutes se briser contre un fait évident : le style du monument, style qui exclut absolument les dates auxquelles M. Frankel est obligé de descendre pour soutenir ses suppositions.

Négligeant, en effet, ce que j'avais dit du style architectonique de la porte et des débris gisant alentour, M. Frankel s'est laissé aller à l'hypothèse la plus singulière. Il veut que la synagogue qui porte notre inscription soit de la fin du xe ou du commencement du xie siècle. Je regrette de ne pouvoir donner encore de ces débris un dessin, qui sûrement mettrait fin à un pareil débat. Mais, je le déclare, nulle confusion à cet égard n'est possible. La synagogue en question est en très-grands matériaux, en style romain de décadence; elle offre les particularités que présentent les édifices analogues du temps des seconds Antonins. Je ne connais pas en Syrie de synagogue du xe ou du xie siècle; mais, bien certainement, si l'on en a construit à cette époque, on ne les a pas construites en un style oublié depuis six cents ans et nullement approprié aux habitudes du temps. On ne peut donc pas tenir compte des observations de M. Frankel sur ce point.

M. Lévy s'était d'abord arrêté, «faute de mieux,» à une hypothèse analogue à celle de M. Frankel. Mais c'est sûrement M. Geiger qui a eu ici l'idée la plus ingénieuse. Il pense que le lapicide a voulu écrire במעשיו; qu'ayant omis par mégarde le ש après le ע, il l'a écrit à la fin du mot en le faisant suivre du ן renversé, qui dans la Bible indique les transpositions. J'ai des doutes sur ce dernier point, d'autant plus que ce trait final de l'inscription est fort indécis; mais je regarde comme probable, en effet, que l'on a voulu écrire במעשיו et qu'il faut simplement traduire : «Veniat benedictio in opera ejus.» M. Geiger, cependant, a tort de repousser absolument l'explication

97

de M. Derenbourg. Des abréviations de ce genre n'ont rien d'invraisemblable, et la formule proposée par M. Derenbourg est très-usitée dans le rituel.

Toute l'inscription peut donc se lire et se ponctuer ainsi :

יְהִי שָׁלוֹם בַּמָּקוֹם הַזֶּה וּבְכָל מְקוֹמוֹת יִשְׂרָאֵל יוֹסֵה הַלֵּוִי בֶּן לֵוִי עָשָׂה הַשְׁקוּף הַזֶּה תָּבֹא בְּרָכָה בְּמַעֲשָׂיו

«Sit pax in loco hoc et in omnibus locis Israel. Jose Levita filius Levi fecit superliminare hoc. Veniat benedictio in opera ejus.»

A quelle époque rapporter cette inscription? Les considérations paléographiques feraient penser au IIe siècle de notre ère. En effet, le caractère de notre inscription semble plus récent que celui de l'inscription du «Tombeau de saint Jacques,» à Jérusalem, et du sarcophage de Sadda; ce caractère ressemble d'ailleurs beaucoup à celui des catacombes juives et, en général, à celui des épitaphes juives des premiers siècles.

Les considérations philologiques conduisent au même résultat. Le mot שקוף est un mot mischnique. Le mot שְׁקָפִים, dans la Bible, a un sens un peu différent. Le nom de l'auteur du monument יוסה conduit au même résultat. Ce nom est une altération de יוסי. יוסי et יוסף se mettent indifféremment l'un pour l'autre dans le *Pirké Avoth* et dans le Talmud[1]. Cette altération se trouve déjà, comme nous l'avons dit, dans les Évangiles synoptiques et les Actes des Apôtres, où les manuscrits les plus autorisés confondent les formes Ἰωσῆς et Ἰωσήφ[2]. La forme José était donc employée dans la deuxième moitié du Ier siècle[3]. Elle l'était sans doute auparavant. M. de Saulcy cite deux personnages du IIe siècle avant J. C. qui sont désignés dans quelques textes rabbiniques par le nom de *José*. Mais il faut remarquer que de telles particularités d'orthographe n'ont de force probante que pour l'époque de la rédaction des textes où elles se trouvent. La preuve, c'est que les deux personnages cités par M. de Saulcy, Joseph ben-Joëzer de Séréda et Joseph ben-Johanan de Jérusalem, sont indifféremment appelés Joseph (יוסף) ou José (יוסי) dans les meilleurs textes, en particulier dans le *Pirké Avoth* (ch. 1, § 4, p. 5, 6, de l'édition de Philippe d'Aquin).

Enfin, le style du monument, assez mesquin sous le rapport du goût, fait penser aussi à l'époque des seconds Antonins. La synagogue de Kasyoun, à deux heures de Kefr-Bereim, a une inscription votive pour le salut de Septime Sévère. Certes, la synagogue de Kasyoun pouvait exister avant que l'inscription y fût érigée; mais les

---

[1] *Pirké Avoth*, 1, 4, par exemple. Cf. Lightfoot, *Horæ hebr.* in Act. Apost. 1, 23. Les doutes de Winer sur l'identité de ces deux noms (*Bibl. Realw.* art. *Joses*) sont peu fondés.

[2] Matth. xiii, 55; xxvii, 56; Marc, vi, 3; xv, 40, 47; Act. iv, 36.

[3] Une inscription juive, qui semble du Ier siècle, porte Ἰωσῆς (de Rossi, *Bullettino di arch. crist.* 4e année, p. 40.) M. de Rossi a tort de douter de l'identité de *Joseph* et *José*. On peut voir deux autres exemples moins anciens dans Garrucci, *Dissert. archeol.* II, p. 159, et *Cimitero degli antichi Ebrei*, p. 69. Sur *José le Galiléen*, voyez Carmoly, *Itinéraires*, p. 135, 163.

inductions historiques nous présentent la fin du second siècle et le commencement du troisième comme l'époque qui convient le mieux à la construction de tels bâtiments. Après la destruction de Jérusalem (l'an 70), le judaïsme se réfugia en Galilée et dans les pays voisins; le christianisme se développait plutôt dans la Batanée et le Hauran. On sait qu'à partir de l'an 200 à peu près, Tibériade devient comme la capitale du judaïsme. Le grand mouvement des écoles d'où sont sorties les compilations talmudiques a surtout pour théâtre la Galilée. C'est donc probablement vers le temps de Juda Hakkadosch que fut tracée notre inscription, et l'on peut croire qu'elle nous représente bien le caractère dans lequel fut écrite la Mischna. On remarquera que l'orthographe en est conforme, jusqu'à la dernière minutie, à celle des Bibles dont nous nous servons de nos jours.

M. Lévy serait porté, par la paléographie, à supposer le monument un peu plus ancien que je ne l'ai fait. Il ne croit pas qu'il y ait deux siècles d'intervalle entre notre inscription et celle du «Tombeau de saint Jacques.» C'est surtout la comparaison avec les inscriptions de Crimée et celles de Rome qui le conduit à cette opinion, quoique des reproductions exactes de ces dernières manquent encore[1].

M. de Saulcy, sur la question de l'âge du monument, apporte avec raison beaucoup de réserve. Il allègue cependant, pour fixer la date de la construction de la synagogue qui est dans l'intérieur du village, un passage de Rabbi Samuel bar-Simson, où ce pèlerin dit que la synagogue de Kefr-Bereim est une des vingt-quatre synagogues que fit bâtir Rabbi Siméon, fils de Jochaï. M. de Saulcy prendrait volontiers ce passage comme historique. Mais ces vingt-quatre synagogues sont très-probablement une donnée légendaire dont on ne peut faire usage. Pour bâtir vingt-quatre synagogues aussi belles que celles de Kefr-Bereim, Siméon ben-Jochaï aurait dû être un Rothschild. Samuel bar-Simson voyageait vers 1210. Une telle tradition, à mille ans d'intervalle, a bien peu de poids. Les pèlerins juifs du moyen âge n'ont pas plus de critique que les pèlerins chrétiens. Qui ne sait combien ces sortes de relations établies entre les monuments de Palestine et les hommes célèbres de la tradition juive et chrétienne sont frêles, combien elles changent fréquemment! Les guides de tous les temps ont été les mêmes. Quelquefois ces traditions, qu'on vous donne en un village comme immémoriales, n'ont pas cinquante ans de date; souvent même on peut toucher du doigt leur formation. Tous les tombeaux de Meirôn ont ainsi des attributions à des célébrités talmudiques, qui paraissent gratuites.

Quant à l'identification de la synagogue qui porte notre inscription avec le monument qui passait pour celui de Pinchas ben-Jaïr, elle est peu probable. Ce monument était, dit-on, situé au sud du village; le nôtre est au nord-ouest. Du reste, quoique située maintenant hors du village, la synagogue en question peut très-bien être l'une des deux synagogues que les pèlerins juifs placent «dans le village.» Le village pou-

[1] Cf. Chwolson, op. cit. p. 128 et suiv.

vait être alors plus étendu qu'aujourd'hui ; la distance des dernières maisons à la synagogue est très-peu considérable ; les limites du village ne sont pas nettement tracées.

J'ai attendu jusqu'ici pour parler d'un curieux passage relatif à nos inscriptions, dont je dois la communication à M. Derenbourg. Ce passage se lit dans le *Shabbehi Ieruschalem* (שבחי ירושלם), imprimé à Livourne pour la deuxième fois en 5586 (1826), fol. 15 v°. Dans le récit d'un voyage, entrepris en l'automne de l'année 5282 (1521), il est dit : « Puis nous allâmes à Cafr Bar'am ; c'est un grand village où vécut le prophète 'Obadiah ; une grande rigole, au-dessous de laquelle se trouve la caverne, indique son tombeau. Tout près on voit une construction en ruines, dont il ne reste que deux portes. Sur le linteau de la petite porte est gravé en lettres carrées ce qui suit : ה' במקום הזה יתן שלום ובכל מקומות ישראל וכו'. *Que Dieu donne la paix à cet endroit et à tous les endroits d'Israël*, etc. On m'a raconté que, sur une autre pierre qui était tombée, on lisait :

אל תתמהו על השלג שבא בניסן
אנחנו ראינוהו בסיון

Ne vous étonnez pas de la neige qui tombe en nisan (mars-avril), *nous en avons vu en sivan* (mai-juin). Tout le monde soutient que cette bâtisse était l'école (*midrasch*) de 'Obadiah. Dans le haut du village était la synagogue fondée par R. Siméon ben-Yohaï, dont le mur de devant avec les portes est encore debout. Ce R. Siméon a fondé vingt-quatre synagogues en Galilée. »

On voit que l'auteur a lu la première partie de l'inscription, l'a retenue de mémoire, et, ayant remarqué que c'est une citation de Haggée, a rendu le texte épigraphique plus conforme qu'il ne l'est au texte prophétique. Quant à la seconde inscription, très-probablement mal lue, je ne sais si elle a du rapport avec notre n° 2 (pl. LXX). Il est certain que le dernier mot de cette inscription a pu être lu ניסן ou סיון. C'est un fait remarquable que les rabbins du moyen âge aient été si frappés de ces petites inscriptions de Kefr-Bereim. Cela prouve que ces inscriptions avaient pour eux quelque chose d'extraordinaire et que de telles écritures étaient rares en Galilée. S'il y avait eu beaucoup d'épigraphes hébraïques visibles dans les endroits visités par les rabbins du moyen âge, ils les eussent bien ou mal relevées.

Nous n'insisterons pas sur le caractère apocryphe des tombeaux de docteurs que les pèlerins juifs du moyen âge placent dans chacune des villes de Galilée. Pour comprendre combien ces prétendus lieux saints avaient peu de solidité, il suffit de remarquer que les pèlerins supposent enterrés en Galilée des gens qui n'y ont probablement jamais été, Schemaïa, Abtalion, Hillel, Schammaï. Ce fut un parti pris d'inhumer en ces parages toutes les célébrités talmudiques. Il est probable que cet ensemble de traditions apocryphes, destiné à attirer les pèlerins, et auquel on adapta tantôt des monuments anciens, tantôt des constructions récentes, date de l'an 800 ou 900, époque où les Juifs vécurent très-paisibles à l'ombre du khalifat et revinrent avec zèle vers leurs anciennes études et leurs anciens souvenirs. Comme c'étaient les souvenirs talmudiques qui se rattachaient surtout pour eux à la Galilée, ce furent ces souvenirs qui peuplèrent le pays. Presque toutes les petites images de tombeaux qu'on voit dans le *Jichus ha-abot* sont de style musulman[1]. L'habitude d'élever des tombeaux apocryphes aux personnages religieux célèbres se retrouve, du reste, dès les temps évangéliques (Matth. xxiii, 29)[2].

M. Athanase Coquerel, qui a été en 1869 à Kefr-Bereim, m'a écrit que le khouri, homme assez intelligent et au courant des antiquités du pays, lui a dit avoir découvert, depuis mon voyage, trois nouvelles inscriptions hébraïques étendues. Il ne voulut pas les montrer ni désigner exactement l'endroit, sous prétexte que c'était trop loin. M. Coquerel lui laissa du papier à estampage et une petite somme pour faire parvenir à Jaffa les inscriptions relevées; il n'a reçu aucun envoi.

Kefr-Bereim est ainsi un point à part, le point où il faut aller pour étudier dans ses plus beaux types l'architecture juive des premiers siècles de notre ère. Peut-être les synagogues où entra Jésus ne différaient-elles pas beaucoup de la synagogue qui se voit encore en ce village. Cette dernière synagogue est plus ancienne que celle qui donne la grande inscription, et je la rapporterais volontiers aux années qui précédèrent la grande révolte sous Néron.

Kasyoun est un point non moins important pour les antiquités juives. On pourrait être tenté de l'identifier avec קשיון de Jos. xix, 20; xxi, 28; I *Chron.* vi, 57 (קדש est une faute de copiste[3]). Mais cela est impos-

---

[1] Carmoly, p. 434 et suiv.
[2] Voir *Vie de Jésus*, p. 370 (13ᵉ édition).
[3] Gescn. aux mots קשיון et קדש; Knobel, in Jos. *l. c.* Menke (cartes 2, 8) s'autorise du *Kadis* ou *Kedes*

774 MISSION DE PHÉNICIE.

sible, קִשְׁיוֹן étant donné comme une ville d'Issachar, tribu qui ne put jamais monter jusqu'au lac Samochonitis[1]. Notre Kasyoun est sûrement le קאסיון des juifs du moyen âge, qui n'a pas de correspondant biblique[2]. Il a de beau restes d'une synagogue bâtie sur un terre-plein élevé, surplombant un étang; parmi les débris se trouve une importante inscription, assez fruste[3]. La pierre sur laquelle est gravée l'inscription n'est qu'épannelée, et est bien plus grossière que les matériaux de la synagogue; elle est sûrement postérieure à la construction de cet édifice[4]. La voici telle que M. Léon Renier l'a restituée d'après la copie et l'estampage que j'en pris :

ΥΠΕΡΣΩΤΗΡΙΑΣΤΩΝΚ
ΩΝΗΜΩΝΑΥΤΟΚΡΑΤΟΡΩ
ΚΑΙΣΑΡΩΝΛ·ΣΕΠΤΣΕΟΥΗ
ΕΥΣΕΒ·ΠΕΡΤ·ΣΕΒ·ΚΑΙΜ·ΑΥΡ·Α
ΙΝΟΥ   ΕΤΑΥΙΩΝΑΥ
ΕΥΧΗΣΙΟΥΔΑΙΩΝ

            Ὑπὲρ σωτηρίας τῶν κ[υρί-
καὶ   ων ἡμῶν αὐτοκρατόρω[ν
Ἰουλίας   Καισάρων, Λ. Σεπ!. Σεουή[ρου
Δόμνης[6] Εὐσεβ. Περτ. Σεβ., καὶ Μ. Αὐρ. Ἀ[ντωνε-
Σεβ.   ίνου[5], [καὶ Λ. Σεπ!. Γ]έτα, υἱῶν αὐ[τοῦ, καὶ προσ-
            εὐχῆς Ἰουδαίων.

Le nom de Géta est gratté, comme cela a lieu presque toujours, surtout en Syrie

actuel sur le bord du lac de Tibériade (Van de Velde; Menke, n° 8; Zimmermann, de Saulcy, premier Voyage, II, p. 470) pour placer ce קדש en Issachar; mais l'autorité du copiste des Chroniques est insuffisante pour appuyer cela.

[1] L'hypothèse de Saulcy (premier Voyage, II, p. 455, 456) n'est guère plus admissible. La transcription régulière de קשיון en arabe serait قشيان.

[2] Carmoly, Itin. p. 455. La différence d'orthographe avec קשיון ne serait pas une raison contre l'identité. La plupart des localités de Galilée avaient, au moyen âge, arabisé leur nom, même pour les juifs. (Voir Benj. de Tud. p. 44, 45, par exemple.) L'identification de Kasyoun avec קיסמא, proposée par Frankel, l. c. p. 154, me paraît tout à fait arbitraire et péremptoirement réfutée par le passage de Carmoly, p. 133.

[3] Porter vit l'inscription, mais ne la copia pas. Robinson ne put la retrouver. (Bibl. Res. III, p. 363.)

[4] Ainsi tombe le raisonnement de Frankel, l. c. p. 154.

[5] Ma copie porte ΝΙΟΥ; les deux premières lettres sont très-douteuses, sauf ΙΟΥ.

[6] ΝΗ sont ligaturés.

(*Corpus*, n° 1217, Wetzstein, n° 109); trois lettres sont visibles encore (voir ci-dessus, p. 327).

«Les noms officiels [1] du fils aîné de Septime Sévère étaient *M. Aurelius Antoninus*; c'est ainsi qu'il est presque toujours nommé sur les monuments, et quand, pour abréger, on ne lui donne pas ces trois noms, ce n'est pas le dernier qu'on retranche, ce sont les deux premiers. Ἀντωνίνου ou Ἀντωνείνου est donc nécessaire ici et doit être écrit en toutes lettres, comme les surnoms du père et du frère de ce prince, Σεουήρου et Γέτα.

«Après ce nom je supplée ΚΑΙ Λ.ϹΕΠΤ (καὶ Λουκίου Σεπτιμίου), le prénom et le *gentilicium* de Géta, qui ne doivent pas être omis, ceux de son frère se trouvant exprimés. Le vide de l'estampage embrasse juste le nombre des lettres exigé par cette hypothèse.

«Je ne comprends pas le commencement de la dernière ligne. Il faut que εὐχῆς soit la fin d'un mot exprimant l'idée de *corporation*, ou une idée analogue, mot que d'ailleurs je ne retrouve pas [2]; ou, si c'est le génitif du mot εὐχή, ce génitif doit être régi par une préposition disparue avec la fin de la cinquième ligne, comme μετ', δι' ou ἐξ [3]. Mais j'avoue que cette dernière partie de l'alternative me sourit peu; je ne connais rien d'analogue sur les monuments.

«Quant à la date de l'inscription, on peut la déterminer avec assez de précision. D'abord, le monument devait être symétrique; il devait y avoir une couronne à droite comme à gauche. Que lisait-on dans cette couronne? La première idée qui se présente, c'est qu'on devait y lire les noms de la femme de Caracalla,

ΚΑΙ
ΦΟΥΛΟΥΙΑϹ
ΠΛΑΥΤΙΛΛΑϹ
ϹΕΒ

ce qui reporterait la date que nous cherchons à une année postérieure au mariage de ce prince, c'est-à-dire postérieure à 202.

«Mais, pour peu qu'on y réfléchisse, on ne tarde pas à s'apercevoir que cette idée ne peut être admise. La place que l'épithète ϹΕΒ occupe dans l'inscription, après les noms de Sévère et avant ceux de ses fils, prouve que, lorsque cette inscription a été gravée, Sévère portait encore seul le titre d'Auguste, et qu'elle est antérieure, par conséquent, au 15 octobre 198, date du plus ancien monument connu où ce titre soit donné à Caracalla (voy. Borghesi, *OEuvres*, t. III, p. 268). D'un autre côté, on peut être certain qu'elle a été gravée après le commencement de l'an 196, puisque

---

[1] Le commentaire qui suit est de M. Léon Renier.

[2] C'est probablement προσευχῆς. Il ne faut pas méconnaître cependant ce qu'a de singulier une telle association de la synagogue et de l'empereur dans un acte votif qui devait être pénible à l'orthodoxie juive. Je préfère souvent ἐξ εὐχῆς. E. R.

[3] *Corpus*, n° 9897: ὑπὲρ εὐχῆς, dans une inscription juive. E. R.

Caracalla y est compris dans la dénomination générale de αὐτοκράτορες Καίσαρες, et que c'est alors qu'il reçut le titre de César. Je pense que l'inscription a été gravée à la fin de l'année 197, après les premières victoires remportées par Septime Sévère, dans sa deuxième guerre contre les Parthes.

«Mais que lisait-on alors dans la seconde couronne? très-probablement quelque chose comme ceci :

KAI

CTRATO

ΠΕΔWN

Καὶ στρατοπέδων, «et des légions,» ou plutôt «et des camps,» et castrorum[1].»

En effet, nous voyons qu'en 197 Septime Sévère, après avoir vaincu Albin, revient en Orient, écrase les Juifs insurgés dans les cantons voisins de la Palestine (198) et part contre les Parthes (voir Tillemont, III, p. 50 et suiv.). Il est probable que l'inscription de Kasyoun est un monument de la terreur laissée par la dureté de cet empereur vindicatif et rigoureux. La Syrie offre de nombreux monuments de la réaction politique qui suivit la défaite de Niger, et là est sans doute l'explication de notre inscription d'Aradus, p. 30 (cf. Corpus inscr. gr. n° 1736). Un passage du Talmud (Sotah, vers la fin) est relatif aux calamités qui fondirent sur la Galilée à la suite de la guerre de Sévère et de Niger. Il ne fallut sans doute pas moins que la terreur de ce moment pour faire taire l'horreur des Juifs pour les inscriptions votives. Peut-être voulaient-ils prouver par là qu'on les calomniait en prétendant qu'ils ne faisaient pas de vœux ὑπὲρ σωτηρίας de l'empereur (cf. Philon, Leg. § 38, et en général tout le récit de l'entrevue de Pouzzoles, les Apôtres, p. 195 et suiv.). Une inscription très-ressemblante à la nôtre, de l'an 209, se lit à Harrân dans la Trachonitide (Wadd. n° 2460).

Les restes de la synagogue de Kasyoun offriraient aussi à un architecte un beau sujet d'étude. Elle est de même style que la synagogue de Kefr-Bercim située hors du village. Près de l'inscription grecque que nous venons de rapporter, on voit un beau morceau de frise végétale, avec des raisins, des grenades, etc. Bien peu de pierres ont dû être réemployées; car le village est misérable, habité seulement par quelques fugitifs algériens. Ces pauvres gens me reçurent bien et m'aidèrent à déblayer l'inscription, qui était un peu enterrée. De quelques mots je crus pouvoir conclure qu'il existait une seconde inscription dans l'étang, sous

---

[1] Voyez Tillemont, Hist. des emp. III, p. 50, 457 et suiv. Corp. inscr. gr. n°⁵ 353, 1216, 1217, 1561, etc. Pour castrorum, cf. les deux grandes inscriptions latines de Baalbek (Wadd. n° 1881).

l'eau, inscription analogue à celle que nous avions copiée, et à laquelle on attacherait une valeur extrême comme indice de trésor. Mais je m'assurai ensuite que l'amphibologie des discours de mes Algériens n'avait d'autre but que de m'intriguer. Selon un renseignement qui me fut donné, il y aurait à Kasyoun des portes de caveaux avec leurs battants de pierre encore en place : je n'ai rien trouvé de semblable.

Ammouka (עמוקא du moyen âge[1], on prononce aujourd'hui Amiouka) m'avait été nommé par le curé de Kefr-Bereim comme ayant des ruines et des inscriptions. J'y envoyai Khadra; voici ce qu'il me répondit :

«J'ai été à Ammouka; il n'y a pas trace de ruines, même dans les environs. Seulement, il existe un vieil arbre dont quelques branches sont soutenues par des pierres assez bien taillées, sur lesquelles les pèlerins juifs inscrivent leurs noms en hébreu. C'est cet arbre et ces pierres qui ont été désignés au curé de Kefr-Bereim. Ammouka est à une heure du lac Houlé ou du Jourdain. Avant d'y arriver, on découvre la plaine de Khaït, le lac, le Jourdain, le Julan et toujours l'Hermon.»

Les itinéraires juifs du moyen âge mentionnent, en effet, à Ammouka, «le tombeau de Jonathan, fils d'Uziel, sur lequel il y a un grand arbre; les ismaélites y apportent de l'huile, et y font brûler une lumière en son honneur; ils font aussi des vœux à sa gloire[2].»

Nabartein (נברתא ou כפר נברתא, ou נברתין [3]). Je n'ai pas visité cet endroit; voici la description que m'en donna Khadra :

«Nabartein est une ruine formée de petites pierres grises; elle est placée sur une colline, à deux tiers d'heure de Safed, du côté du lac Houlé. Au bas de la colline on voit des débris que tout de suite je reconnus pour ceux d'une synagogue[4]. J'ai visité ces grosses pierres une à une, et j'ai fini par découvrir une inscription hébraïque

---

[1] Peut-être aussi כפר עמיקין du Talmud (Mischna, Kélim, xxvi, 1; Talm. de Bab. Taanith, 21 a; Holin, 63 a). Cf. cependant Neubauer, Géogr. du Talm. p. 53, 272, 273.

[2] Carmoly, Itin. p. 132, 156, 185, 319, 320, 378, 394, 395, 450, 480, 481.

[3] Ibid. p. 132, 156, 185, 208, 378, 379, 395, 450, 481. C'est peut-être aussi le Kefar-Nabouray ou Kefar Nebouriya du Talmud (Talm. de Jér. Berakoth, ix, 1; Talm. de Bab. Ketouboth, 65 a; Midrasch, Koheleth, vii, 20). Cf. Neubauer, Géogr. du Talm. p. 270; Derenbourg, Palest. d'après les Thalm. p. 364, 365, note.

[4] Khadra avait vu avec moi les synagogues de la Galilée et avait appris à les reconnaître.

sur une pierre de 2 mètres de longueur environ, ressemblant beaucoup à la pierre qui se trouve au-dessus de la porte de la synagogue en ruines de Kefr-Bereim, située dans les champs avant d'arriver au village. L'inscription de Nabartein est sur toute la longueur de la pierre; elle est seulement interrompue par une sculpture ayant à peu près la forme d'une espèce de ballon[1]. J'ai depuis regretté de ne l'avoir pas estampée; c'était faisable. Je crois que, parmi les autres grosses pierres enterrées, il doit y avoir d'autres inscriptions. »

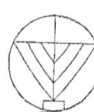

J'ai, en effet, l'estampage pris par Khadra. L'inscription de Nabartein paraît, en partie du moins, gravée en relief à la manière des inscriptions arabes et syriaques; les traits des lettres sont très-épais et mis en saillie par un évidement; le travail est bien grossier. Je doute qu'une inscription gravée par ce procédé puisse être antérieure au XIIe ou au XIIIe siècle; cependant, je ne sais si à cette époque on mettait encore le chandelier à sept branches sur les inscriptions. On peut voir dans notre planche LXX, n°s 5 A et 5 B, la reproduction de l'estampage de Khadra. Je n'en tire rien de satisfaisant.

Jisch (Gischala)[2] a de très-beaux tombeaux, rappelant par leur masse les mausolées du pays de Tyr : d'abord, un sarcophage double, composé d'un bloc cubique, où sont creusés les deux *loculi* (ces trous sont arrondis par le bout de la tête, ce que je n'ai jamais vu ailleurs); le couvercle est semblable à ceux de Meirôn; en second lieu, un grand sarcophage sculpté, à guirlandes et antéfixes marqués par des plaques et des bandeaux plats, seulement épannelés. Au pied de la colline où est bâti le village, se voient, tout autour, des constructions anciennes. Des couvercles de sarcophage semblables aussi à ceux de Meirôn (acrotères arrondies) se voient çà et là, en deux endroits au moins. Par la comparaison des tombes de Meirôn et de celles de Jisch se fixe définitivement le type des sépultures juives galiléennes, totalement différentes de celles de Iarôn et de Kadès.

Dans le ouadi, au nord de la ville, sur la pente du terrain, apparaissent les restes d'une synagogue qui rappelle le style de celle de Kefr-Bereim

---

[1] C'est le chandelier à sept branches.
[2] Je ne sais pourquoi M. de Saulcy (deuxième Voyage, II, p. 272) laisse un doute sur cette identification. Sur les lieux de pèlerinage à Jisch, voir Carmoly, p. 133, 134, 135, 156 et suiv. 184, 262, 380, 452, 453, 482.

qui est dans le village. Ce sont les mêmes guirlandes, les mêmes ornements. La porte, le seuil du moins, est bien conservée. Il y a là une masse considérable de ruines, des meules, de grosses pierres, etc. Sur une des colonnes de la synagogue se lit une inscription hébraïque (pl. LXX, n° 3).

יוסה בר נחום
עבד הארן
תאת לה
ברכתה

« José bar Nahoum a fait l'arche. Que la bénédiction vienne sur lui! »

Le caractère ressemble beaucoup à celui de Kefr-Bereim; mais la langue est plus moderne et tout à fait chaldéenne. Je croirais cette inscription du iv° ou du v° siècle, de l'époque de la Gémare dite de Babylone. — La forme hébraïque הארן, « l'arche, » au lieu de ארנא, n'est pas une objection; la dénomination hébraïque pour les choses religieuses était consacrée dans la vie usuelle des juifs, et, d'après un passage du Talmud, on blâmait justement ceux qui disaient ארונא pour ארון[1]. Il est vrai que les ך et les ר de notre inscription sont assez distincts, et qu'on est plus porté à lire הארך que הארן; mais הָאָרְן, « ceci, » n'est pas bon, et l'exception qu'on faisait pour הָאָרֶץ, on ne l'eût pas faite pour הָאָרֶן, « la base. » — תאת n'est pas très-régulier, il faudrait תיתי. — עלוהי vaudrait aussi mieux que לה. Mais ce ne sont pas là des difficultés suffisantes pour nous arrêter. — Les traits qu'on croit apercevoir après לה ne me paraissent pas des lettres. L'inscription se composait de quatre lignes égales deux à deux.

Dominique Khadra, que j'envoyai en ces parages pour diverses commissions, entendit parler à Jisch d'une grotte où il y avait plusieurs signes de trésors. Il s'y fit conduire. Voici la description qu'il m'en donna :

« C'est une grotte ayant une galerie à dix niches tout autour. Trois de ces niches ont des inscriptions. La première niche a dix lettres[2], que voici :

✝AY✝A
ANNIAHE

« Ces lettres sont tellement grossières et mal faites, que je n'ai pu les estamper. La

---

[1] Traité *Schabbath*, 32 *a*. Je dois plusieurs de ces observations à M. Derenbourg.

[2] Khadra considéra les + comme des croix; n'ayant pas vu le monument, je conserve sa rédaction.

deuxième niche a deux lettres, beaucoup plus grandes et plus grossières encore : AN. La troisième a plusieurs lettres, mais elles sont si abîmées par le couteau de je ne sais qui, qu'il m'a été difficile de reconnaître plus de deux lettres : P.....O. Les lettres étant petites, j'ai pu les estamper, et sans doute, en voyant l'estampage, vous en tirerez quelque chose [1]. »

Le village de Meirôn (*Méroth*, de Josèphe, מרון du Talmud)[2], à une heure de Safed, est un vrai reliquaire d'antiquités juives[3]. Il possède la nécropole juive la mieux conservée que j'aie vue. Peut-être le judaïsme que l'on touche en cet endroit est-il déjà le judaïsme talmudique et masorétique, celui qui a rendu si célèbre le nom de Tibériade. Le mystère étrange qui couvre ces écoles, qu'on est habitué à ne voir qu'à travers le nuage d'une scolastique bizarre, se dissipe un peu ici. Le caveau funéraire qu'on désigne du nom de *Hillel l'ancien* est le plus beau type que je connaisse de sépulture juive. Les couvercles ont les acrotères rondes. Au fond s'ouvre un nouveau et vaste caveau, au niveau du premier, où se voient creusées dans le sol cinq auges sans couvercles. A l'entrée, perpendiculaire à la porte, deux autres caveaux. Des deux côtés du grand caveau, belles auges à couvercle, taillées dans une sorte de rebord du rocher. Toutes ces sépultures sont anépigraphes.

La synagogue n'est pas moins remarquable[4]. La porte est parfaitement conservée et rappelle celle de Kefr-Bereim qui est dans les champs, mais avec moins d'ornements. Le tremblement de terre de 1837 a abattu ce qui était au-dessus. Les jambages sont monolithes ; le monolithe qui for-

---

[1] J'ai cet estampage en double. Quoiqu'il soit très-bon, je n'en puis rien tirer ; la pierre a été biffée à coups de couteau.

[2] מרן היא מרון. Benj. de Tud. *l. c.* Ne pas confondre avec Marôn, près Iarôn (contre Knobel, sur Josué, p. 469). (Voir notes de Asher et Zunz sur Benjamin, *l. c.* Lelewel, dans Carmoly, *Itin.* p. 568, 569 ; Kruse, etc. *Commentare zu Seetzen*, p. 301, 302.) Ni Meirôn, ni Marôn n'ont rien de commun avec le nom du lac *Mérom* (lac Houlé). Il est impossible que le lac ait pris son nom d'une localité qui en est si éloignée et qui n'est pas dans le bassin de ce lac.

Meirôn (contre Menke, 3, 6) ne s'est donc jamais appelé מרום. *Méroz* a encore moins à voir avec les noms qui précèdent. (Voir Neubauer, *l. c.*)

[3] Les tombeaux et les synagogues de Meirôn sont décrits en détail par les pèlerins juifs. Benj. de Tudèle, p. 45 (Asher) ; Carmoly, *Itin.* p. 133, 134, 159, 161, 184, 206, 260, 261, 311, 312, 381, 399, 401, 451, 452, 481, 482. (Cf. Neubauer, *Géogr. du Talmud*, p. 228, 229 ; Robinson, III, 73 et suiv. Saulcy, premier Voy. II, p. 516, note.)

[4] Voir Robinson, III, p. 71, 74 ; *Zeitschrift der d. m. G.* 1853, p. 42, 43.

mait le chambranle, décoré de crossettes, comme à Kefr-Bereim, a été cassé par le tremblement de terre. Au-dessus de la porte principale est une gorge d'un profil qui semble légèrement égyptien. Il y a deux portes latérales du même genre. La salle est taillée dans le roc d'un côté; la façade est même en partie amorcée au rocher. Le sol se découvre très-bien; le roc servait de pavé. C'est une jolie salle, qui ferait une très-petite église. Beaucoup de débris se voient alentour, petits piédestaux, à dé très-bas, demi-colonnes engagées, faisant corps avec le bloc, morceaux de belles pierres à bandeaux plats, d'un style assez sévère, épars sur le sol. Ce devait être un fort remarquable édifice, malgré sa petitesse; il égale certainement en intérêt les deux synagogues de Kefr-Bereim. Peu de monuments en Syrie montrent d'une manière aussi caractérisée l'usage (souvent assez moderne) d'utiliser la taille du roc, d'encastrer le rocher dans des constructions et de le rabouter à un mur.

Au-dessus de la synagogue se voient plusieurs autres caveaux creusés dans le roc.

Meirôn est plein de traditions talmudiques (Hillel, Siméon ben-Jochaï, etc.) que nous n'avons pas à discuter ici. Il se peut bien, en effet, que le Talmud ait été rédigé en ces parages; la célébrité toute moderne de Safed, qui tient en partie au grand cabbaliste Isaac Loria, doit venir pour une autre partie du voisinage de Meirôn.

Safed[1] (forme barbare pour צפת; comp. Salkhad = Salkhat) a ce magnifique château templier que l'incurie des gouverneurs turcs a laissé depuis peu d'années dépouiller de tout son revêtement. Il en reste assez, cependant, pour voir que ce revêtement ressemblait à celui d'Athlith, de Tortose, etc. Derrière les décombres amoncelés au pied des murs, on voit de belles pierres, qui rappellent Tortose; quelques parties souterraines ou intérieures montrent que le Saphed ne différait en rien des autres grands châteaux de la région du Carmel. Or, ici comme pour Ath-

---

[1] Mehren, *Syrien og Palestina*, p. 70 et suiv.

lith et Montfort, nous avons des détails précis sur la construction du château, dans un opuscule publié par Baluze, *De constructione castri Saphet* (1239-1240)[1]. Nous y lisons ce qui suit : « Invenit ibi asertium sine ædificatione, ubi quondam fuerat castrum nobile ac famosum. » Ce *castrum nobile ac famosum* est le premier château croisé qui fut détruit en 1228 par Coradin. Sur celui-là les hypothèses restent libres; mais quant au château dont les restes se voient aujourd'hui, il faut renoncer à y chercher aucune partie phénicienne, d'autant plus que nous savons que Bibars le fit rebâtir (1267) après l'avoir en partie démoli (1266)[2]. Voilà donc rapporté encore au moyen âge un château tout à fait semblable à tant d'autres châteaux où l'on a voulu, sans preuves, et souvent contrairement aux textes, voir des ouvrages du plus vieux style phénicien.

On me signala, à Safed, deux inscriptions juives, dont je fis prendre l'estampage. L'une serait en relief comme celle de Nabartein; elle me paraît tout à fait illisible; je doute même qu'elle soit hébraïque. L'autre est au trait et plus ancienne. J'en donne la reproduction dans la planche LXX, n° 4. Je ne lis d'une manière suffisante que בירח אלול. On peut cependant voir ensuite le mot שנת.

Le curé de Kefr-Bereim insistait beaucoup sur un endroit nommé *Kourzen* ou *Khourzen*, près de Safed, à l'est, qu'il prétendait être Chorazin des Évangiles[3]. Il me parlait aussi d'une inscription dans un moulin près de Safed. J'allai à ce moulin, situé dans la vallée profonde sous la ville; l'inscription me paraît arabe et sans valeur. Cette vallée est fort étroite et elle justifie bien ce que dit le Talmud de la montée vers Merôn[4].

La région du lac de Tibériade a un intérêt d'un ordre tout à fait étranger à cet écrit[5]. Tell-Hum (quelle que soit la localité évangélique avec

---

[1] Baluze, *Miscell.* édit. de Mansi, t. I, p. 228, 229. Comp. Mas-Latrie, *Hist. de Chypre*, 1, 317, 319.
[2] Defrémery, *Mém. d'hist. orientale*, 2ᵉ partie, p. 364, 365 (je pense que le nom de l'idole, p. 365, est ابو جرج = Ἅγιος Γεώργιος, comme Aiasolouk = Ἅγιος Θεολόγος); Mas-Latrie, *Hist. de Chypre*, 1,

p. 411, 412, 413, 415, 416. — [3] Sur l'identification avec Kérazeh, voyez Robinson, III, 346, 347; Thomson, II, p. 8.
[4] Neubauer, *Géogr. du Talmud*, p. 229.
[5] Je ne répète point ici les données topographiques que j'ai insérées dans la *Vie de Jésus*.

laquelle on l'identifie) offre un véritable intérêt archéologique[1]. On croit y discerner les restes de deux synagogues. Il faudrait démolir et examiner pierre à pierre la mauvaise construction qu'on y voit, et qui paraît composée des débris d'une synagogue toute semblable à celle de Kasyoun et à celle de Kefr-Bereim qui est dans les champs. On y retrouve ces piédestaux avec une partie du fût se détachant en relief sur une large surface lisse, qui sont un des traits des synagogues de Galilée, et aussi les doubles colonnes taillées dans le même bloc[2]. Il est douteux qu'aucune de ces synagogues remonte jusqu'à l'époque du Christ; il serait néanmoins capital de faire des fouilles à Tell-Hum. Je n'ai pas vu la frise à bas-relief que miss Beaufort et d'autres voyageurs ont vue à Tell-Hum, et qui représente, dit-on, un char.

La région de Nazareth a très-peu d'antiquités. Nazareth a un sarcophage à plaques épannelées, de l'époque romaine[3]. Quant aux colonnes de granit qui se voient près de l'église des franciscains, elles doivent venir des constructions chrétiennes du IVe siècle; car, jusqu'à cette époque, je ne crois pas qu'il y ait eu de construction monumentale à Nazareth[4].

Je ne pus aller à Gadare; mais, comme on m'avait parlé d'inscriptions qui devaient s'y trouver, j'envoyai Khadra pour les estamper. Il ne trouva qu'une seule inscription, déjà connue.

Cette inscription est très-exactement reproduite dans le *Corpus inscr. gr.* n° 4660, d'après M. de Bertou. Toutes les lettres sont certaines; Franz a cru à tort qu'il manquait quelque chose à gauche; l'inscription est complète. Les sept dernières lettres sont une énigme.

Voici quelques indications que Khadra me rapporta; je les donne, car elles pourront être utiles aux futurs explorateurs de ce point important.

---

[1] Cf. Thomson, I, 540 et suiv. Robinson, II, p. 406 et suiv. III, 346.
[2] Robinson, II, p. 407.
[3] Saulcy, premier Voy. pl. XLIX (comp. celui de Kefr-Kenna, *ibid.*); Tobler, *Nazareth* (Berlin, 1868),
p. 51 et planche. Ce goût des plaques est un trait juif (voir le tombeau de Sadda, au Louvre: Saulcy, deuxième Voy. I, p. 377). Comparez un tombeau de Mysie, dans Perrot, *Miss. de Gal.* pl. IV, fig. 5.
[4] Tobler, *op. cit.* p. 51, 52.

« Deux amphithéâtres à deux rangs de galeries; à l'intérieur, deux séries de gradins séparées l'une de l'autre par une galerie en arceaux : c'est ce que les Arabes appellent ملعب (lieu de jeu). Chapiteaux, colonnes, belles constructions en grosses pierres; deux grands bazars tout entiers en petites colonnes. A côté de l'un des théâtres, vingt voûtes indépendantes du théâtre, parfaitement conservées. Belle construction appelée « le palais de la fille du roi. » Énorme citerne conique. Une centaine de grottes sépulcrales; sur l'une est l'inscription connue. Les portes des grottes sont en pierre; quatre ou cinq existent encore; on pourrait les faire tourner sur leurs gonds [1]. Parmi ces portes, les unes sont ornées de raies, les autres de simulacres de clous [2]; sur d'autres, il y a des espèces de fenêtres d'un côté; de l'autre, quelque chose qui ressemble à un anneau et à un poids. Au-dessus des portes, frontons ou cartels à queue d'aronde, offrant une guirlande, entre deux rosaces; dans l'une des grottes, un sarcophage simple. Les sarcophages paraissent de forme romano-juive et romano-phénicienne. Ils se trouvent à côté des grottes, sur une hauteur; il y en a une cinquantaine. Cinq ou six sont dans le genre de ceux de Roukley; seulement, ils offrent une grappe de raisins (au lieu de deux), entre deux rosaces. Le plus beau sarcophage présente quatre génies tenant une guirlande; dans les plis des guirlandes, des masques; aux deux bouts, des masques. Tous ces sarcophages sont en plein air et étaient destinés à être vus de tous les côtés; les couvercles sont en dos d'âne, avec des acrotères aux quatre coins. Le grand a de plus deux têtes de génisses avec des guirlandes allant de l'une à l'autre. Sur un autre sarcophage, les génies tiennent les guirlandes à la main (ceux du grand les tiennent au-dessus de leur tête); ces génies sont au nombre de deux; au milieu, dans le pli de la guirlande, est un masque. Un autre sarcophage a un bucrane au milieu, deux bucranes aux angles, une guirlande entre eux. »

On voit, d'après cela, que Gadare appartient au cycle architectonique haurano-palmyrénien, dont le moment de splendeur tombe au IIe et au IIIe siècle de notre ère. La Judée ne participe guère à ce mouvement; depuis ses grands désastres sous Vespasien et Adrien, elle ne se releva pas, et refusa d'entrer dans le courant du siècle. De là la différence totale du caractère archéologique des deux bords du Jourdain, le côté au delà du Jourdain offrant des monuments bien plus riches que le côté en deçà.

---

[1] Voir les notes de M. Vignes sur le voyage du duc de Luynes (à Om-Keis).

[2] Comparez les portes du Hauran. (Rey, *Voyage dans le Haouran*, pl. II.)

CHAPITRE VII.

COUP D'OEIL SUR LA PALESTINE.

Un voyage de Palestine était le complément nécessaire de nos recherches en Phénicie[1]. Ici, toutefois, mon exploration devait avoir un caractère différent. La Palestine, qui fournirait, à elle seule, la matière de plusieurs missions scientifiques, était pour moi un accessoire. Je ne pouvais songer à refaire en quelques semaines le vaste et consciencieux ouvrage de Robinson. Je savais, d'ailleurs, que des explorations bien plus étendues se préparaient : deux savants, aussi recommandables par leur savoir archéologique que par leur parfaite conscience et leur connaissance des textes, MM. de Vogüé et Waddington, allaient soumettre les questions de Jérusalem en particulier à un examen approfondi[2]. Je tenais seulement à voir les points où pouvaient se trouver de grandes constructions analogues à celles que la Phénicie nous avait présentées, et à comparer l'aspect général de deux pays où ont régné la même langue et le même art.

Ces points sont peu nombreux. La Palestine offre le contraste bizarre d'un pays où l'on rencontre à chaque pas les lieux les plus célèbres du

---

[1] Je reproduis presque sans aucun changement les pages qui vont suivre et qui firent partie de mon troisième rapport. Ce rapport fut remis à l'Empereur en janvier 1862; la partie dont il s'agit, toutefois, ne fut publiée qu'en juin 1862 dans la *Revue archéologique*. C'est le 21 juin 1862 que MM. de Vogüé et Waddington commencèrent leurs recherches à Jérusalem. Je suis fier de l'accord qu'on remarquera entre la plupart des vues exposées dans mon rapport et les résultats de ces savants explorateurs.

[2] MM. de Saulcy et Guérin ont ensuite exécuté en Palestine des recherches fructueuses. Plus tard, des fouilles bien plus considérables ont été faites par une association anglaise et dirigées par MM. Wilson et Warren, officiers du génie anglais. (Cf. *The Palestine exploration fund*, à partir d'août 1867, et les *Quarterly Statements*, à partir de janvier 1871 Londres).

monde, et où les monuments sont rares et chétifs. La Palestine porte la peine du principal défaut de l'esprit juif, je veux dire de son défaut de goût pour les arts plastiques. A deux mille ans d'intervalle, les pays habités autrefois par des races artistes bénéficient encore de leur passé. Il faut des mois pour connaître Rome ou Athènes; en quelques jours on a épuisé Jérusalem[1]. Sorti de la vie nomade, Israël en garda toujours la trace, quelque chose de cet esprit, encore régnant en Orient, qui réduit la maison à quatre murs et les meubles à un coffre. Le tombeau seul, dans cette civilisation dédaigneuse du confortable, était construit pour l'éternité et a seul survécu. Dans tout l'aménagement civil et religieux des Juifs (dans les synagogues, par exemple) a dominé presque jusqu'à nos jours un véritable manque de goût et comme une certaine gaucherie[2]. Les motifs d'ornementation architectonique des Juifs sont maigres et secs (chandeliers, vases, guirlandes, etc.). La capitale où s'est passé le plus grand mouvement de l'histoire n'offre que l'aspect d'une ville sarrasine et croisée, avec quelques restes des siècles romains. Quand on oppose tout cela à la Grèce, quelle différence! On peut certes trouver que, chez un peuple appelé à une si haute destinée, ce sont là de bien insignifiantes lacunes;

---

[1] Je laisse subsister cette phrase pour montrer à ceux qui l'ont citée avec malveillance ou répétée avec légèreté, combien on est exposé à se méprendre sur la pensée de ceux que l'on contredit. On m'a prêté l'absurde idée que quelques jours de fouilles suffiraient pour épuiser Jérusalem. Or, le premier membre de la phrase montrait clairement qu'il s'agit là non de fouilles, mais de la connaissance que peut acquérir un voyageur qui ne remue pas le sol. Un voyageur qui a passé «des mois à Athènes» peut bien dire qu'il connaît Athènes; pour épuiser le sol d'Athènes et lui faire rendre ce qu'il recèle, il faudrait un siècle, ou plutôt toute recherche de ce genre est par essence inépuisable.

[2] Voir les représentations figurées des Bibles manuscrites du moyen âge, et même, à titre de renseignement indirect ou conjectural, celles de la *Mischna* de Surenhusius, celles de Thenius, sans oublier les dessins niais du *Jichus ha-abot* et les sottes comparaisons par lesquels l'auteur prétend expliquer ses descriptions archéologiques (Carmoly, *Itin.* p. 433 et suiv. p. 456). De nos jours, dans les synagogues, tout le mobilier, le costume sacerdotal, les lampes, les candélabres, les fauteuils, sont empruntés au culte catholique. La synagogue juive n'eut jamais rien de matériellement original, ni dans son architecture, ni dans son ameublement. Les chants mêmes, le mode de prédication, les cérémonies accessoires, sont assez modernes. Jamais culte ne fut plus idéaliste et ne mit moins d'archéologie dans les formes (exemple : le changement d'alphabet). Nul souci des vieux manuscrits de la Bible, des vieux objets. Le costume juif n'a non plus aucune originalité nationale ni aucune ancienneté. Tout se réduit au *schema* et à la pratique de la Loi. Nul souci du beau plastique.

CAMPAGNE DE TYR. 787

peut-être même des monuments nuiraient-ils à l'impression grandiose de cette nature tour à tour âpre ou charmante, et l'âme serait-elle troublée de trouver des œuvres de la main de l'homme entre elle et l'incomparable majesté des souvenirs.

On peut dire que deux points seulement en Palestine (surtout si l'on ne comprend pas sous ce nom le nord de la Galilée) renferment des constructions d'un grand ordre : ces deux points sont Jérusalem et Hébron. Partout ailleurs, c'est un vide archéologique surprenant. J'ai voyagé trois jours, du Carmel à Samarie, sans trouver une ruine de quelque importance, offrant une trace d'art[1]; en Phénicie, on n'est jamais une heure sans rencontrer la trace de la civilisation révélée par le travail de la pierre. La Palestine, autant qu'aucun autre canton de l'Orient, est couverte de débris, mais de débris sans style et par conséquent sans date; l'art y a laissé peu de cachet. Les vieilles capitales de Silo, de Béthel, de Thersa, de Mispa, qui ne furent pas renouvelées à l'époque romaine, restèrent sans monuments. Silo fait une apparente exception; mais si l'on met à part ses belles sépultures, dont quelques-unes sont fort anciennes, et ses singuliers travaux dans le roc, les édifices qu'on y voit sont postérieurs à notre ère. Samarie (Sébaste) n'offre plus l'aspect que d'une ville romaine[2]; on y sent un luxe de parade, imposé administrativement, une ville jetée toute faite parmi des populations aux besoins desquelles elle ne répondait pas. Toutes les colonnes semblent taillées sur le même module et avoir été portées là par entreprise. Sichem (Neapolis) a conservé beaucoup plus de caractère; mais des puits, des escaliers, des

---

[1] Toutes les collines ont leur sommet couronné de ruines informes (תל עולם) qui sont le commentaire vivant du Deutéronome, XIII, 17, et de Job, XV, 28.

[2] Deux restes seulement pourraient un moment revendiquer une antiquité plus haute : 1° les deux tours ou gros massifs à l'entrée de la ville; 2° la tour attenante à l'église. Or, dans cette dernière tour se trouve un morceau de moulure analogue à celle qu'on voit au pied de la tour de droite, à l'entrée du château de Gébeil; le bossage de cette tour est grossier et pareil à celui du mur de l'église, du côté de cette tour. Josèphe veut que la destruction de la vieille Samarie par Jean Hyrcan ait été absolue : Τὰ σημεῖα τοῦ γενέσθαι ποτὲ πόλιν αὐτὴν ἀφείλετο. (Ant. XIII, x, 2 et suiv. B. J. I, II, 7.) Il y a là probablement de l'exagération. (Voir Winer, Bibl. Realw. II, p. 368.)

caveaux dans le roc, ne peuvent s'appeler des monuments d'art[1]. Parmi les ruines qui couvrent le Garizim, où mon docte et pénétrant confrère M. de Saulcy a cru trouver des restes de l'ancien temple des Samaritains, je ne crois pas qu'il y ait rien d'antérieur aux Romains, si l'on excepte quelques substructions grossières[2]. Le bossage des pierres est le bossage mesquin des monuments byzantins, et en particulier des constructions de Bethléem qui paraissent remonter à Justinien. Nous savons, en effet, que les empereurs Zénon et Justinien firent de grands ouvrages sur le Garizim[3]. Les cubes de grosse mosaïque où M. de Saulcy a cru voir une preuve d'ancienneté ne prouvent rien. On rencontre de ces cubes dans toute la Phénicie, surtout dans le pays de Tyr; ils n'offrent aucun criterium de date[4].

Gardons-nous de toute exagération. M. de Saulcy a prouvé, contre ceux qui en avaient pu douter, que les Juifs, outre des moments de grande activité en architecture (moments où ils sont, il est vrai, dirigés par des

---

[1] On sent bien que Sichem fut dans l'antiquité une grande ville bâtie, comme Jérusalem. Cela se reconnaît aux carrières dans la montagne que l'on voit (en venant de Sébaste) avant d'y arriver. La trace des grands blocs de la ville antique est là visible. L'importance de la vieille ville se prouve aussi par les caveaux funéraires que l'on remarque dans ces carrières et à l'est de la ville.

[2] Ces substructions sont en pierres polygonales s'emboîtant pour former des assises horizontales en retrait les unes sur les autres. Cela peut être très-ancien. On sent bien là combien peu les Juifs eurent par eux-mêmes l'idée de la grande construction régulière.

[3] Lire un texte important, récemment publié par M. Neubauer, *Journal asiatique*, déc. 1869, p. 443. Voir Robinson, II, p. 276 et suiv. M. Guérin paraît se ranger au même avis. *Comptes rendus de l'Acad.* 5 août 1870, p. 202. Cette construction offre le bossage à l'intérieur et à l'extérieur; la porte basse, cintrée, est de petite construction. Le temple de Sanaballat fut détruit (Jos. *Ant.* XIII, IX, 1; *B. J.* I, II, 6). Comme à l'époque romaine il y avait un temple à la même place (la belle médaille d'Antonin en fait foi), on ne peut même espérer de trouver des parties de l'édifice de Sanaballat, sauf peut-être les substructions.

[4] Saulcy, deuxième Voyage, I, p. 93; II, 246, 247. M. de Saulcy invite ceux qui ne partagent pas son opinion sur ce point, et qu'il déclare dénués « de toute espèce d'archéologie pratique, » à voir le fortin situé à la limite nord-est du plateau (A du plan de Gélis). C'est là, selon lui, l'ouvrage de Zénon. J'ai vu ce fortin; il m'a paru tout à fait dans le même style que les constructions qui sont à la place du temple; je le regardais comme faisant un ensemble avec ces dernières. Je peux me tromper; d'autres verront. En tout cas, ce fortin est très-petit; c'eût été là un moyen bien insuffisant pour maintenir les Samaritains et pour justifier le passage de Procope (*De ædif.* 5, 7). Robinson, II, p. 278, 294, 295; Stanley, *Sermons in the East*, p. 173 et suiv. Thomson (II, p. 214) trouve les pierres *beveled after the jewish or phœnician manner*. Mais rappelons-nous que Thomson trouve aussi Montfort « évidemment phénicien. »

étrangers¹, et où ils imitent l'étranger, l'Égypte et la Phénicie)², avaient eu un art usuel assez développé. Mais ce qu'on peut dire, c'est que jamais par eux-mêmes ils n'arrivèrent à cette fécondité qui, en couvrant un pays de monuments durables, force en quelque sorte l'avenir et défie toutes les causes de destruction. Un trait naïf d'un psaume nous montre Jérusalem citée comme une merveille, parce qu'elle est « une ville dont les maisons se touchent³. » Une ville juive ordinaire devait être un amas de cases de paysans, sans aucun monument public; les maisons privées ne devaient pas différer beaucoup de ces cubes de pierre, sans aucune élégance extérieure ni intérieure, qui couvrent aujourd'hui les parties les plus riches du Liban, et qui, mêlés aux vignes et aux figuiers, ne laissent pas d'être pleins de charme. Les rois seuls avaient des palais bâtis pour des siècles. Deux prescriptions capitales, enfin, de la religion juive exercèrent sur l'art une influence décisive, ou plutôt le supprimèrent presque entièrement, je veux parler de l'interdiction des images représentant des êtres animés, et de la défense de bâtir des temples ailleurs qu'à Jérusalem. Le seul polissage des pierres était, dans certains cas, suspect⁴! Privée de la ressource des temples locaux, l'architecture ne pouvait que dépérir. Que serait la Grèce, s'il n'eût été loisible d'élever des temples qu'à Delphes ou à Éleusis! En mille ans, le peuple juif n'eut à bâtir que trois temples, et encore ces temples, deux fois du moins, furent-ils bâtis sous des influences étrangères. Les synagogues, on le sait, n'apparaissent qu'à l'époque asmonéenne, et, pour les édifier, les Juifs employèrent le style grec, devenu alors la loi universelle de l'art de bâtir.

---

¹ I Rois, vii, 13, 14.
² Voir l'excellente dissertation de Thenius, à la suite de son Commentaire sur les livres des Rois (Leipzig, 1849). MM. de Saulcy et de Vogüé sont arrivés au même résultat. Le temple de Dendérah, tel que l'a commenté M. Mariette, est l'édifice actuellement existant qui ressemble le plus au temple de Jérusalem.
³ Ps. cxxii (Vulg. cxxi), 3.

⁴ Exode, xx, 25; Deutér. xxvii, 5, 6; Josué, viii, 31; I Rois, xviii, 32; I Macch. iv, 47. Les raisons de cette proscription légale étaient, d'une part, l'idée que la pierre est pure telle qu'elle sort des mains du créateur, mais que le tranchant du métal la souille (Knobel, sur Exode, l. c.); d'autre part, la préférence donnée à l'autel archaïque des nomades, qui n'était qu'un simple tas de pierres, sur l'autel artistement travaillé des peuples idolâtres.

Les textes, du reste, prouvent que le goût des constructions rencontra dans l'esprit du peuple beaucoup d'opposition : Κατὰ γὰρ τὴν ἐξεργασίαν τῶν τοιούτων ἐπιτηδευμάτων, ὡς ἂν λυομένης αὐτοῖς τῆς εὐσεβείας, καὶ μεταπιπτόντων τῶν ἐθῶν, χαλεπῶς ἔφερον (Jos. *Ant.* XV, x, 4). On sent que cela était nouveau et anti-national. Le *livre d'Hénoch*, expression si forte des idées juives, anathématise les constructions des riches[1]. On sait la fureur que causa, sous Antiochus Épiphane, l'introduction des arts grecs à Jérusalem[2]. Le Talmud, si profondément empreint de l'esprit de la nation juive, nous présente des vues prêtées à Siméon ben-Jochaï sur les travaux d'architecture romaine; ces vues sont de la plus grande sévérité[3].

Une autre cause contribua à mettre la Judée, à l'égard des autres parties de l'Orient, dans une position archéologique tout à fait inférieure. L'époque romaine, surtout celle des Antonins et des empereurs syriens, fut pour toute la Syrie une période de prospérité et d'universelle renaissance. La Phénicie, en particulier, se couvrit vers ce temps de monuments imités des anciens et qu'on peut appeler néo-phéniciens. Il n'en fut pas de même pour la Judée; se roidissant avec son énergie accoutumée contre l'envahissement de l'empire, elle n'eut pas de renaissance antoninienne. Le grand mouvement de civilisation que Rome développait dans la Pérée et le Hauran, et qui a laissé dans la région au delà du Jourdain de si splendides traces, semblait paralysé sur la rive droite du fleuve. Peu de pays furent aussi morts depuis le règne d'Adrien jusqu'à celui de Constantin[4]. L'art chrétien fit seul fleurir la vie sur ce sol frappé, pour

---

[1] Chapitre xcix, 13, 14. Voyez *Vie de Jésus*, p. 188, 189 (13ᵉ édition).

[2] I Macch. i; II Macch. iv.

[3] Lightfoot, *Horæ hebr.* p. 555.

[4] Les Juifs en avaient presque disparu; mais la population hellénique ne jeta pas grand éclat. La Palestine ne présente pas la loi que nous avons démontrée ci-dessus (p. 21, note 2) pour la Phénicie et la Syrie, savoir que le nom sémitique antérieur à Alexandre a presque toujours pris le dessus sur le nom grec ou romain. En Palestine, au contraire, les noms grecs et romains ont la plupart du temps survécu. Erek, près de Tripoli, s'appelle encore aujourd'hui *Arca*, nom qu'elle avait dix siècles avant Jésus-Christ, et non Césarée; la tour de Straton, au contraire, s'appelle aujourd'hui *Kaisarié* et non מגדל עבדעשתרת ou מגדל עשתרת. Sébastié, Nabou-lous ne se souviennent plus de leurs noms, pourtant

tout ce qui tient au goût, d'une sorte de stérilité. En un sens, cependant, cela fut favorable à la conservation des monuments de l'époque hérodienne. La Judée ne connut pas la civilisation active, et par conséquent destructive, du IIe et du IIIe siècle. Pendant ce temps, elle resta désolée. La trace de l'époque hérodienne, époque encore fort originale, resta ainsi assez fraîche jusqu'à Constantin et Justinien.

Cette impression générale des voyages de la Palestine en deçà du Jourdain est surtout sensible quand on y entre par le pays de Tyr. On vient de traverser un pays industriel d'une étonnante richesse archéologique; ici on traverse un pays agricole et pastoral, où l'on sent que l'art a été frappé d'une sorte de malédiction. L'Hébreu ne fut ni artiste ni bâtisseur. Pierres éparses, vieux murs peu soignés, meules, caveaux funéraires souvent sans niches et mesquins, citernes analogues à celles de la Phénicie, voilà ce qu'on rencontre à chaque pas. Tout cela est sans style, sans date, bien inférieur à ce qu'on voit en Phénicie[1]. Il n'y avait dans le pays que trois ou quatre villes, Jérusalem, Samarie, Sichem, ayant de grandes constructions; les villages différaient peu des villages actuels. Les représentations figurées étant exclues du temple, de l'autel; il restait pour l'art les demeures privées : celles des Hébreux, comme celles des Syriens en général jusqu'à l'époque romaine, étaient pauvres. Josèphe[2] semble

---

célèbres, de *Samarie* et de *Sichem*. Jérusalem, même, n'a repris son nom que grâce aux chrétiens. Sans l'influence chrétienne, Jérusalem s'appellerait ايليا *Aelia* (voir les monnaies arabes, Madden, p. 230, 231). Ce nom était sans doute celui dont les Arabes romanisés du Hauran se servaient pour désigner Jérusalem, et c'est par eux qu'il aura été légué au premier islam. La Batanée (البتينة) porte encore son nom sous la forme grecque (Βαταναία) et non sous sa forme sémitique בשן. Il en est de même de Tabarié, Tell-Joulié, etc. Les exceptions, cependant, sont nombreuses : Séphoris s'appelle aujourd'hui *Saffurié*, et non Diocésarée; Beth-Schéan s'appelle aujourd'hui *Beisan*, et non Scythopolis; Rabbath-Ammon s'appelle aujourd'hui *Ammân*, et non Philadelphie;

Rabbath-Moab s'appelle aujourd'hui *Rabba*, et non Areopolis; Emmaüs s'appelle aujourd'hui *Amwas*, et non Nicopolis. On dit Kfar-Saba, et non Antipatris. Karak, Djérasch, Bosra, etc. ont aussi gardé plus ou moins leur nom sémitique. A Banias, le nom grec (*Paneas*) a tué le nom latin. Les noms latins, cependant, paraissent en général avoir eu en Orient plus de persistance que les noms macédoniens.

[1] Je signalerai cependant les citernes du pays entre Kefrein et Arrabé, où l'on voit avec une clarté toute particulière la façon dont ces citernes étaient alimentées : c'étaient les rochers environnants qui, par un système de rigoles, fournissaient d'eau la cavité (voir surtout à Yabed et Arrabé).

[2] *Bell. Jud.* II, XVIII, 9.

signaler une ville de Galilée qui avait de belles maisons comme une exception. Nul goût des raffinements de luxe; toujours, même avant l'Évangile, ces pays pour la vie matérielle prirent modèle sur les oiseaux du ciel. L'outillage industriel des anciennes villes juives est grossier, comparé à celui des Phéniciens. Les pressoirs, par exemple, sont deux trous dans le rocher (une entaille supérieure et un trou au-dessous pour recevoir le liquide); tout cela ne saurait être comparé à la grande industrie dont on voit les restes près de Cana de Tyr.

J'ai dit que Jérusalem et Hébron formaient encore de nos jours une exception à la sécheresse de la Judée en fait d'art. A Jérusalem, quelques parties des murs, le souterrain de la mosquée El-Aksa, les tombeaux dits *des Rois* et *des Juges*, ceux de la vallée de Hinnom, les trois ou quatre grands tombeaux de la vallée de Josaphat sont bien des monuments juifs, quelque part d'influence grecque et égyptienne qu'on puisse y remarquer[1]. Mais y a-t-il parmi ces restes d'une bonne antiquité quelques parties qu'on puisse rattacher à l'époque hébraïque antérieure à la captivité, ou seulement à l'époque qui s'étend depuis Zorobabel jusqu'à l'introduction du style grec sous les Séleucides? Si l'on excepte les piscines et les travaux dans le roc, tels que le curieux monolithe de Siloam, on en peut douter. Certes, les tombeaux dits *de Zacharie* et *d'Absalom* tran-

---

[1] « Les monuments de la vallée de Josaphat, m'écrivait M. Thobois, bien que très-différents de ceux d'Amrit, m'ont cependant paru offrir avec eux assez d'analogie pour comporter un rapprochement, et je crois que, mis en parallèle, ces monuments s'éclaireraient réciproquement. Des deux côtés, la pyramide est très en faveur, et, comme au petit temple le plus rapproché du cirque, à Amrit, le tombeau dit *d'Absalom* est composé d'une première grande masse monolithe, évidée dans le roc, tenant au sol, et complétée par des assises rapportées. Je sais que des archéologues voient dans les tombeaux voisins de Jérusalem des retouches de plusieurs époques ; je ne partage pas leur avis, tout en ayant bien remarqué que les formes romaines se trouvent étrangement associées dans ces monuments aux formes égyptiennes. Cette particularité est commune à tous les produits de l'art syrien. Le couronnement même du tombeau d'Absalom n'a rien d'invraisemblable si on le rapporte à l'antiquité grecque. On trouverait à la lanterne de Démosthène un profil analogue à celui-ci, en dépouillant de ses feuillages le couronnement qui la termine. Les tombeaux des Rois, outre la curiosité qu'excitent les caveaux, m'ont paru aussi des plus intéressants au double point de vue du goût et de l'archéologie. La belle corniche qui décore l'entrée extérieure est grecque; mais le large bandeau de feuillages, immédiatement au-dessous, me paraît conçu sous l'influence des traditions locales. En tout cas, la corniche et le bandeau constituent ensemble une ample et fine décoration, très-monumentale. »

chent profondément sur tout ce que nous a laissé l'antiquité grecque et romaine. Les frères de ces monuments-là sont à Amrit. L'idée essentiellement phénicienne d'évider les monuments dans le roc pour toutes les parties qui ne dépassent pas un certain niveau, et de compléter les sommets par des assises rapportées, trouve ici sa plus brillante application. Mais à Amrit il n'y a aucune trace d'ordres grecs. Dans les monuments dont nous parlons, ces ordres sont employés d'une manière, il est vrai, grossière et maladroite. Ces monuments sont donc postérieurs à l'époque où le style grec, qui avait conquis Tyr vers le temps d'Alexandre, conquit aussi la Judée. Les monuments de Pétra présentent le même caractère mixte, les mêmes formes pyramidales et le même système d'évidement dans le roc, pratiqués avec une ampleur surprenante; et pourtant ces monuments sont en général postérieurs à Trajan. Les tombeaux des Macchabées, à Modin[1], élevés vers 140 ans avant Jésus-Christ, paraissent aussi avoir ressemblé à ceux de la vallée de Josaphat. Ce sont probablement ces grands tombeaux, dont quelques-uns peuvent avoir été des cénotaphes élevés en l'honneur des prophètes, que Jésus montrait du doigt, quand, assis sous le portique du Temple, de l'autre côté de la vallée, il foudroyait le judaïsme officiel, qui abritait derrière ces puissants monolithes ou sa piété peu éclairée ou sa vanité[2].

Les tombeaux dits *des Rois*[3], *des Juges* et *de saint Jacques*, quoique exécutés dans le même esprit et parfaitement juifs en un sens, trahissent aussi le goût grec dans tous les détails de leur décoration. Les portes de pierre qu'on voit aux tombeaux des Rois ne sont pas un signe de haute antiquité. On les retrouve à Gadare et dans d'autres ruines de l'époque

---

[1] I Macch. xiii, 25 et suiv. Josèphe, *Antiquités*, XIII, vi, 5.

[2] Matth. xxiii, 27, 29; Luc, xi, 47.

[3] Cf. Vogüé, *le Temple de Jérus.* p. 43 et suiv. L'inscription que M. de Saulcy a découverte en fouillant ces tombeaux confirme l'opinion d'après laquelle c'est là le tombeau d'Hélène, reine de l'Adiabène. (Voir *Journ. asiat.* déc. 1865, p. 550 et suiv. et *Comptes rendus de l'Acad. des inscr.* 1866, p. 113, 138, 291.) M. Ganneau cependant croit avoir trouvé ailleurs les restes du tombeau d'Hélène. Sur le site des vrais tombeaux des rois de Juda, voir Thenius dans la *Zeitschrift der d. m. G.* 1862, p. 495 et suiv. Stanley, *Sermons in the East*, p. 148 et suiv.

grecque ou romaine. Le temple de Léontopolis, bâti 160 ans avant Jésus-Christ, avait aussi des portes de pierre ($\pi\acute{u}\lambda\alpha s$ $\lambda\iota\theta\acute{\iota}\nu\alpha s$)[1]. — Les tombeaux de Hinnom paraissent plus anciens que ceux dont il vient d'être question et rappellent mieux ceux de la Phénicie, de Byblos, par exemple. Il est probable que la principale nécropole de l'ancienne Jérusalem était là.

Arrivons aux portions de l'enceinte du temple restées antiques, et surtout à ce *mur occidental*, consacré par un de nos artistes les plus habiles, et à la lettre baigné par les larmes des juifs[2]. M. de Vogüé a, depuis mon voyage, tranché la question en prouvant par les textes[3] que la partie méridionale du terre-plein n'existait point avant Hérode. Un des caractères sur lesquels on a pu s'appuyer pour rapporter ces portions de l'enceinte au temps de Salomon a disparu, depuis que l'appareil en bossage s'est retrouvé dans les ouvrages romains, byzantins, croisés, sarrasins. La tour de Gébeil avait été comparée par tous les voyageurs à ces murs prétendus salomoniens de Jérusalem, et, en effet, la ressemblance est grande. Eh bien, la tour de Gébeil n'est pas un ouvrage de haute antiquité. A Athènes comme en Égypte, tous les anciens murs de soubassement et de soutènement, par exemple le soubassement de certaines parties du Parthénon actuel, qui semblent avoir porté aussi l'ancien Parthénon, sont en bossage. Les très-antiques ruines vis-à-vis de Smyrne offrent un bel échantillon du même style[4].

La rare beauté de ces murs et la dimension vraiment extraordinaire des matériaux ne prouvent rien de plus, puisque nous savons qu'Hérode

---

[1] Cf. Josèphe, *B. J.* VII, x, 3.

[2] Voir quelques curieuses données juives dans la *Zeitschrift der d. m. G.* 1851, p. 380 et suiv. L'opinion de l'origine salomonienne de ce mur a été soutenue par Tobler, Robinson, Porter, de Saulcy. Inutile de dire combien la tradition orale a en de pareilles questions peu de valeur. Un des exemples qui le prouvent le mieux, ce sont les légendes sur la construction des monuments de Tadmor par Salomon. Au VIe siècle, ces légendes étaient déjà formées (voir *Journ. asiat.* oct.-nov. 1868, p. 304); or les monuments qui donnaient origine à cette légende n'avaient alors que trois siècles.

[3] *Le Temple de Jér.* p. 21 et suiv. 43 et suiv. M. de Saulcy a repris la question (*Mém. de l'Acad. des inscr.* t. XXVI, 1re partie; le *Compte rendu de l'Acad.* 1862, p. 138-140, est tout à fait inexact), mais sans ébranler l'argumentation de M. de Vogüé. M. Rosen a traité également la question du harâm, et ses conclusions, en général, sont d'accord avec celles de M. de Vogüé (*Das Haram von Jerusalem*, Gotha, 1866).

[4] Texier, *Asie Min.* p. 231.

employa pour la reconstruction du temple des matériaux énormes[1], dont la beauté frappa tous les contemporains[2]. Josèphe, d'ailleurs[3], dit expressément « qu'il enleva jusqu'aux fondements de l'ancien temple et qu'il en bâtit de nouveaux[4]. » Un passage du Talmud paraît se rapporter au bossage hérodien[5]. Césarée, qui est sûrement l'œuvre d'Hérode, est en pierres colossales[6]. Ajoutons que le caractère de ces belles constructions ne semble pas primitif; à un endroit s'y rattachent les sommiers formant la naissance d'une grande arche; or les constructions phéniciennes ne nous ont pas offert un exemple de voûte; on y sent un art raffiné, d'imitation, d'époque moyenne, qui tire partie pour l'ornement de ce qui auparavant a été le résultat d'un calcul économique. Ces pierres, semblables à un trumeau taillé en équerre sur les bords, paraissent la dernière transformation d'un système de construction où, pour épargner le travail, on laissait brutes les parties de la pierre qui n'importaient pas à la précision du joint[7]. Dans quelques parties de l'enceinte du temple, et spécialement en trois endroits, 1° à l'angle d'Ophel; 2° en face des tombeaux de Zacharie et d'Absalom; 3° au sud de la porte Dorée, le mur offre, il est vrai, dans ses parties basses, un bossage beaucoup plus grossier. Mais si l'état des matériaux est resté ici plus archaïque, il ne semble pas que la construction le soit; car M. Thobois m'a révélé dans cette partie des raccor-

---

[1] Josèphe, *Ant.* XV, xi, 3 (comp. I *Rois*, vii, 9, 10, 12). Comparez ce qui est dit des pierres de 60 coudées du temple juif de Léontopolis, en Égypte, lequel fut bâti 160 ans avant Jésus-Christ (Jos. *B. J.* VII, x, 3). En ce qui concerne les passages de Josèphe, relatifs à la question du mur occidental (*Mém. de l'Acad.* XXVI, 1re part. p. 42 et suiv.), il faut remarquer que l'*Archéologie* fut achevée vers l'an 93, et la *Guerre judaïque*, l'an 75. Hérode commença la reconstruction du temple l'an 21 avant Jésus-Christ. Il y avait donc plus de 96 ans d'intervalle entre ce fait et la rédaction de Josèphe. Josèphe, de plus, écrivait à Rome, loin des lieux. Quelques circonstances, comme celles des crocs retenant les pierres, semblent prouver que Josèphe construisait avec son imagination un idéal de muraille solide.

[2] Matth. xxi, 1, 2; Marc, xiii, 1, 2; Luc, xxi, 5, 6.

[3] *Ant.* XV, xi, 3.

[4] Quel est ici (*Ant.* XV, xi, 3) le sens de θεμελίους? Deux autres passages l'indiquent. Dans *B. J.* V, v, 2, θεμέλιοι est évidemment pris pour les soubassements du temple. Il en est de même dans *Ant.* VII, xiv, 10 (traduit inexactement par M. de Saulcy. *Mém.* p. 44) et même, quoique moins évidemment, dans *Ant.* VIII, ii, 9.

[5] Talm. de Bab. *Sukkah*, 51 b. Cf. Neubauer, *Géogr. du Talm.* p. 142.

[6] Avenel, *Voy. en Orient*, p. 383.

[7] M. Hittorff pense cependant que le bossage le plus perfectionné peut se rapporter à l'époque la plus ancienne (*Comptes rendus de l'Acad.* 1862, p. 139, 140.)

dements avec les constructions plus fines qui semblent indiquer que ces assises ont été posées après celles dont l'encadrement est si accompli [1]. Le retrait des assises à l'angle sud-est, dont on a voulu tirer un argument comme d'un fait unique, ne fournit aucun criterium particulier [2].

L'aspect de la tour de David (d'Hippicus, de Phasaël?) [3] diffère peu de celui que présentent les parties conservées de l'enceinte du temple. Les pierres de cette tour, qui est certainement d'Hérode (Jos. *B. J.* V, IV, 3), semblent avoir été travaillées par les ouvriers mêmes qui ont bâti le *mur occidental* [4]. Tout cela, selon l'expression de M. Thobois, est d'un même ensemble, d'une même religion. Mais la tour a été rebâtie. Les pierres ont été bouleversées; les trous pour le scellement des blocs sont placés à contre-sens.

Quant à la porte Dorée, M. Thobois fut frappé tout d'abord de ce qu'avaient d'insolite ces chapiteaux ioniens avec des oves, et se prononça

[1] Voici ce que m'écrivait M. Thobois : « Les constructions les plus anciennes du soubassement de la mosquée d'Omar me paraissent être celles qui ont été refaites à l'époque d'Hérode. Le côté ouest, ou mur des juifs; le côté sud, y compris les sommiers formant la naissance d'une grande arche de pont, et à la suite, en retour, le commencement du troisième côté est, sont de la même perfection et du même temps. Le reste, je le crois d'époque postérieure. Je suis retourné plusieurs fois à ces gros bossages du cimetière musulman, non loin de la porte Saint-Étienne; je les trouve aussi plus récents. Ces deux assises de gros bossages forment une saillie de 0^m,15 en moyenne, qui semble motivée par un caniveau qui les terminait dans toute la longueur et qui servait à un écoulement d'eau. J'en trace ici la coupe. L'ébauche grossière de ces bossages, à la faveur de la teinte et du travail des années, rendus plus sensibles encore par les infiltrations du caniveau, contribue à les faire paraître plus anciens qu'ils ne sont. Et si l'on suit des yeux les deux assises, dans le sens de leur longueur jusque vers l'angle sud, on observe une déviature horizontale tendant à un raccordement apparent avec les assises parfaitement de niveau de la construction hérodienne; raccordement qui indique que ces assises auraient suivi et non précédé les murs élevés sous Hérode. S'il existe encore quelques vestiges des murs salomoniens, je crois qu'il ne faudrait les chercher que dans les basses fondations, à l'aide de grandes fouilles, les remblais ayant été considérables en plusieurs endroits. »

[2] On observe le même fait à l'acropole d'Athènes, Beulé, I, p. 92, 93; au portique d'Attale, à Athènes; à une sorte de tour des Longs Murs, près du Pirée. M. Thobois me signale le même fait au soubassement du temple des géants à Agrigente, à la porte d'Auguste, à Pérouse (les dix-sept premières assises des deux tours offrent la plus grande analogie avec la construction de Jérusalem; sur l'arc appareillé on lit : *Augusta Perusia*). Les tours de la porte de la ville de Fano ont aussi leurs deux premières assises en retrait et à bossage.

[3] Voir le sceau du royaume de Jérusalem, où l'on a cherché à rendre le caractère architectonique de cette tour. De Vogüé, *Églises de terre sainte*, p. 454.

[4] M. de Saulcy (deuxième Voyage, II, p. 94) n'admet aucune ressemblance entre ces ouvrages; je crois qu'il exagère. Voici ce que m'écrivait M. Thobois : « J'ai visité minutieusement la tour de David et les constructions adjacentes. Là encore je n'ai rien

pour une origine byzantine; MM. de Vogüé et Waddington ont depuis confirmé l'opinion de M. Thobois[1].

On arrive ainsi à douter qu'il y ait à Jérusalem, à la lumière du soleil, un seul grand assemblage de pierres antérieur à la captivité. Les arguments qu'on a tirés de l'appareil, de la grandeur des matériaux, de l'air d'antiquité, du retrait des assises prouvent peu de chose, puisqu'on trouve ces particularités dans des ouvrages qui ne remontent pas à la haute antiquité ou qui ne sont pas juifs. Il n'y a rien de surprenant à ce résultat; Tyr et Sidon, dont les destinées ont été moins troublées que celles de Jérusalem, n'offrent non plus à la surface du sol aucun vestige de leur passé phénicien. Le goût des grandes constructions paraît avoir sommeillé à Jérusalem depuis Salomon jusqu'à Alexandre Jannée; il ne prit tout son essor que sous les Hérodes. Quant aux vieilles constructions salomoniennes, elles avaient déjà disparu alors depuis longtemps[2].

Les souterrains de la mosquée El-Aksa présentent un monument qui, au premier coup d'œil, a des droits fondés à s'appeler hébraïque. Là, au centre de quatre coupoles, s'élève une colonne monolithe de $1^m,53$ de diamètre sur plus de 7 mètres de haut, terminée par un chapiteau qui ne rentre dans aucun ordre grec, et dont le galbe est tout égyptien. On trouve des colonnes toutes semblables à Philæ, à Edfou, à Esneh, dans des

---

vu que l'on puisse croire d'une plus haute antiquité. Seul le grand soubassement de la tour d'angle, bien qu'à bossages très-grossiers, offre tellement d'analogie avec le mur des juifs, qu'il paraît fait par les mêmes ouvriers, sous l'influence des mêmes coutumes; ainsi les matériaux sont les mêmes, les ciselures au pourtour de chaque joint, identiques; les pierres sont juxtaposées de manière à obtenir, à l'extérieur, dans les lits et joints, un contact parfait sans le secours du mortier; chaque assise offrant aussi cette particularité, motivée dans un ouvrage de défense, d'être posée en retrait de $0^m,025$ sur l'assise inférieure, toujours avec la même régularité, malgré le bossage si saillant et si brut.»

[1] *Le Temple de Jérus.* p. 64 et suiv. Cf. Saulcy, deuxième Voyage, I, p. 132 et suiv. II, 96 et suiv.

Mém. de l'Acad. XXVI, 1re part. p. 26 et suiv. M. Fergusson croit la porte Dorée de l'époque de Constantin. *Topogr. of Jer.* p. 94 et suiv. Sur le terre plein de la mosquée d'Omar, entre cette mosquée et El-Aksa, près du puits, M. Thobois remarqua aussi des chapiteaux et des bases grossières, qui lui semblèrent imités de l'antique.

[2] «Que sont devenues les pierres de ces vieux monuments,» demande M. de Saulcy (*Comptes rendus de l'Acad.* 1862, p. 139)? Elles sont devenues ce que sont devenues les pierres des murs de Ruad, du vieux rempart de Tyr, etc. Elles ont été débitées en petites pierres ou réemployées. Où est le revêtement des pyramides? Il est au Caire. Où sont les pierres des vieux murs salomoniens? Elles sont dans les constructions actuelles de Jérusalem.

temples du dernier âge ptolémaïque et de l'époque romaine[1]. M. Thobois, ici encore, est arrêté par de graves difficultés. L'exécution de ce curieux monument lui paraît grecque; le dessin du chapiteau a la délicatesse des ouvrages grecs. «Il est possible, m'écrivait M. Thobois, que ce beau morceau soit quelque peu antérieur à l'époque d'Hérode; je le crois cependant de cette époque[2].» La colonne et le chapiteau font partie du même ensemble architectonique que les coupoles, qui sûrement ne sont pas antérieures à la captivité[3]. Le beau dessin de M. Thobois[4] mettra les archéologues à même de juger si l'on peut admettre que des artistes grecs se soient assujettis à ce point à un motif étranger. On conçoit mieux des barbares traitant grossièrement un type grec, comme cela a lieu dans le tombeau dit *de Zacharie*, que des Grecs traitant excellemment un type barbare. Il faut dire à cela qu'en Égypte nous trouvons le phénomène de vieux types architectoniques égyptiens sculptés avec toute la délicatesse grecque. Ajoutons que l'idée d'une colonne de pierre avec des ornements délicats exécutés sur la pierre ne paraît guère avoir été dans le goût des anciens Hébreux. Les colonnes, surtout leurs accessoires et les chapiteaux, étaient de métal[5], quand elles n'étaient pas

---

[1] *Descr. de l'Égypte*, A. vol. I, pl. vIII, n° 8; xvIII, LIII, LIV, LXXV, n°s 3 et 5; LXXVIII, n° 3; LXXXIX, n° 5; Lepsius, *Denkmæler*, Abth. I, Bl. 107, 108. M. Mariette m'assure qu'on ne trouverait jamais ce chapiteau dans un édifice pharaonique. Il croit se rappeler en avoir vu un semblable à San; mais il y a des édifices fort modernes à San.

[2] «Tout ceci est trop fort, dit M. de Saulcy (deuxième Voyage, I, p. 194 et suiv.). Comment! M. Thobois a l'étrange hallucination de voir un travail grec à la colonne sous El-Aksa. Et M. Renan l'écoute! Et ce seul mot ne suffit pas pour lui faire comprendre que M. Thobois, qui peut émettre une pareille monstruosité en fait d'appréciation, pourrait bien être soupçonné d'avoir un œil trop peu exercé.» J'ai dû d'autant moins obtempérer au conseil de mon savant confrère sur ce point, que M. de Vogüé est arrivé de son côté juste au même sentiment que M. Thobois. (*Le Temple de Jérusalem*, p. 48 et suiv.) M. Fergusson avait, du reste, exprimé avant nous la même opinion. (*Topography of Jerusalem*, p. 14, 15.)

[3] Depuis, M. de Saulcy ayant fait tomber le badigeon qui empâtait les murs du souterrain, a découvert sur les quatre coupoles des ciselures importantes (deuxième Voyage, I, p. 125 et suiv. II, 183, 184; Vogüé, *le Temple de Jér.* pl. vI). Ces découvertes ne font que confirmer l'opinion de M. Thobois.

[4] Pl. XLI. Comp. Vogüé, pl. IV et p. 9.

[5] I (III, selon Vulg.) *Rois*, vII, 15 et suiv. II *Rois*, xxv, 13, 16, 17; II *Chron.* III, 15, 17; IV, 12 et suiv. (en tenant compte du contexte); et même *Exode*, xxvII, 10, 11, 17 (il s'agit là d'un outillage portatif; mais l'esprit général de la décoration hébraïque s'y retrouve). Voir les observations de Gesenius sur le mot צֶקֶת.

de bois[1]. La pierre ne servait qu'aux gros œuvres[2]; les ornements consistaient en boiseries de cèdre et en appliques de métal. La pierre est sans cesse donnée comme taillée, polie (אבני גזית)[3], rarement comme sculptée; l'art du sculpteur et de l'ornemaniste, à cette époque, c'est l'art du fondeur.

On voit maintenant, ce me semble, dans quelle mesure il est permis de parler d'un art juif. L'art juif ne fut pas un art original; mais, en empruntant, les Juifs surent donner un cachet propre à ce qu'ils empruntaient. Tout art, en passant d'un peuple à un autre, subit l'action des besoins du peuple auquel il passe. Quand, à la renaissance, on reprit les membres de l'architecture gréco-romaine pour la construction des églises, ce qui en résulta, ce ne furent pas des temples antiques. Les tombeaux de Zacharie, des Juges, etc. sont des tombeaux grecs comme Saint-Sulpice, à Paris, est un temple gréco-romain. Les tombeaux en question nous montrent le style grec appliqué aux types hébreux, comme Saint-Sulpice nous montre le style gréco-romain appliqué aux types chrétiens. En somme, on peut soutenir que Saint-Sulpice est plutôt une église gothique qu'un temple grec. Les membres en sont grecs; mais la donnée générale est celle d'une église gothique quant à l'élévation et à la disposition du vaisseau. Ce qui se passa sous les Asmonéens et les Hérodes se passa de même à l'époque de Salomon. Jérusalem s'appropria l'art giblite et phénicien, que les Phéniciens eux-mêmes avaient probablement pris en Égypte. Entièrement distincts de ces monuments, juifs à quelques égards, furent les monuments purement grecs ou romains de Jérusalem, le théâtre d'Hérode, les monuments d'Adrien, etc. Ici il n'y eut pas plus d'originalité locale que dans les constructions postérieures de Constantin, de Justinien, des Arabes et des croisés.

Que penser enfin de cette magnifique construction d'Hébron[4], la plus

---

[1] I Rois, vii, 2 et suiv.
[2] I Rois, v, 31; vii, 9, 12.
[3] I Rois, v, 31, 32; vi, 17, 36; vii, 9, 12, etc. Cf. Gesenius, *Thesaurus*, au mot גזית. Sur l'expression אבן שלמה מסע (I Rois, vi, 7), voyez Thenius.
[4] Voir pl. XL. Cf. Vogüé, *le Temple de Jér.* p. 119.

importante de toute la Judée, la seule de Syrie qui puisse être comparée aux monuments grecs, et qui du moins, grâce à l'égale vénération dont les personnages patriarcaux ont été l'objet de la part des juifs, des chrétiens et des musulmans, a l'avantage de n'avoir subi aucune retouche, de n'avoir jamais été détruite, puis relevée? C'est en présence d'un tel monument qu'il serait le plus permis, si l'on s'en tenait aux données de l'architecture, de songer à une haute antiquité. Mais l'histoire justement ne suggère ici que des doutes. Ces belles et grandes assises, assemblées avec tant de soin, l'unité et l'harmonie saisissante qui résultent de l'ordonnance générale, la perfection du bossage, la simplicité grandiose de cette noble décoration de parties saillantes et rentrantes, dont nous ne connaissons pas d'autre exemple (huit pilastres sur le petit côté, seize sur le grand), tout indique une grande construction religieuse, sans doute un mur d'enceinte construit autour du lieu où la tradition plaçait les tombeaux d'Abraham et de sa famille. Une enceinte rectangulaire du même genre, mais beaucoup plus basse et moins bien exécutée, située à une heure d'Hébron, à l'endroit nommé *Ramet el-Khalil*, indique probablement le lieu où l'on plaçait de même le campement d'Abraham. Cette dernière construction n'a jamais été plus achevée qu'elle n'est; il n'y a pas de pierres renversées alentour, et sûrement aucune pierre n'a été débitée; on verrait les retailles, et d'ailleurs il n'y a pas de maison bien loin à la ronde. C'est une enceinte, voilà tout; seulement, comme il ne s'agissait pas d'enclore un tombeau, on s'arrêta à une faible hauteur[1]. Nul doute que nous n'ayons ici d'anciens lieux saints juifs, deux espèces

---

et les vues (assez médiocres) de Laborde, pl. LXIX, 182; LXXXIV, 184; LXXXV, 183. Voir aussi J. Fergusson, *The holy sepulchre*, p. 136 et suiv.

[1] Je n'ai trouvé nulle trace de l'église que M. de Saulcy (deuxième Voyage, I, p. 149, 150) suppose y avoir existé. Cependant, je pense bien que c'est là en effet le lieu du Térébinthe traditionnel (Jos. *B. J.* IV, IX, 7), bien qu'il soit impossible d'y placer la chênaie de Mambré. (Cf. Winer, *Biblisches Realwœrter-*

buch, au mot *Mamre*; Rosen, dans la *Zeitschrift der d. m. G.* 1858, p. 477 et suiv. et sa carte; Knobel, commentaires sur la Genèse, p. 198; Vogüé, *Églises de Palestine*, p. 346, 347; voir Menke, *Bibelatlas*, carte 3.) Une construction très-analogue à *Ramet el-Khalil* se voit représentée dans le *Yichus ha-abot*, p. 451 (Carmoly). Comp. aussi Rey, dans les *Archives des missions scientifiques*, 2ᵉ série, t. III, pl. II.

de harâms, destinés à cerner l'un le dessus de la Macpéla, l'autre le lieu traditionnel du Térébinthe ; indubitablement, ce ne furent pas des édifices clos. Hébron, à l'époque de Judas Macchabée, ne faisait pas partie de la Judée[1]. Au premier siècle de l'ère chrétienne, au contraire, c'était une ville sainte, et l'on y vénérait déjà les tombeaux des patriarches[2]. On est donc conduit à supposer que ces tombeaux, ou du moins la superbe enceinte destinée à les protéger, furent l'œuvre de la dynastie à la fois juive et iduméenne des Hérodes. Peut-être aussi sont-ce les Asmonéens, qui, maîtres de l'Idumée, auront tenu à consacrer les lieux qui étaient censés avoir été habités par les fondateurs mythiques du culte dont ils étaient les zélés propagateurs[3]. Depuis la captivité jusqu'aux Macchabées, le judaïsme ne régna pas assez exclusivement à Hébron pour qu'on s'explique une telle construction durant cet intervalle[4]. Quant à la rapporter à l'époque de David ou de ses successeurs immédiats, comme le font MM. de Saulcy et Pierotti[5], on n'y peut guère songer, puisque les textes où est consigné le cycle de légendes qui a motivé la fondation du harâm n'existaient pas probablement encore à l'époque de David.

« A Hébron, m'écrivait M. Thobois, l'enceinte de la mosquée m'a causé la plus vive surprise ; elle est certainement, de toutes les constructions que j'ai vues, une des plus monumentales et des plus originales malgré sa simplicité. Ses belles et grandes assises, assemblées avec tant de soin ; sa conservation si parfaite, malgré ses dix-huit ou vingt siècles d'existence ; l'unité et l'harmonie saisissante qui résulte de l'ordonnance géné-

---

[1] I Macch. v, 65 ; Jos. *Ant.* XII, vııı, 6. Cf. Menke, *Bibelatlas*, carte 4.

[2] Jos. *B. J.* IV, ıx, 7. Le texte de Josèphe n'implique ni n'exclut l'existence de l'enceinte. Les μνημεῖα dont il parle devaient être dans la caverne. M. de Saulcy (deuxième Voyage, I, p. 157) force le sens du passage. (Cf. Jos. *Ant.* I, xıv.) La plus ancienne mention expresse de l'enceinte est dans le pèlerin de Bordeaux (333). (Cf. Robinson, II, p. 77, 78.) Le moyen âge l'appela « l'ort Saint-Abraham. » (Cf. *Histoire littéraire de la France*, XVIII, p. 834.)

[3] C'est exactement la conclusion à laquelle est arrivé M. de Vogüé (*le Temple de Jérusalem*, p. 119, 120). M. de Saulcy (deuxième Voyage, II, p. 95) me fait m'exprimer sur ce point avec plus de précision que je ne l'avais fait. Je proteste contre l'extravagante opinion que me prête M. Pierotti (*Macpéla*, p. 113).

[4] Contre Thomson, II, p. 386.

[5] Saulcy, deuxième Voyage, I, p. 157 ; Pierotti, *Macpéla*, p. 56 et suiv.

rale et de la teinte du temps, font de cette simple muraille une œuvre vraiment imposante. L'aspect général qui en résulte me la ferait reporter à quelques siècles au delà de l'époque d'Hérode. La muraille entière, corniche comprise, est antique. Malheureusement, je n'ai pu y pénétrer et n'ai même pu savoir si quelque porte antique subsistait. La grande enceinte élevée à hauteur d'homme, située sur la route d'Hébron (*Ramet el-Khalil*), est bien loin d'offrir le même intérêt. C'est une construction étrange, défectueuse, et qui ne me paraît devoir appartenir qu'à l'époque de la décadence romaine; elle est carrée et mesure 60 mètres de côté. »

Plus tard, M. Thobois m'exprimait l'opinion que le mur d'Hébron devait être contemporain des grands ouvrages de Jérusalem. « Les matériaux, les outils, le coup d'outil, furent les mêmes de part et d'autre. Une chose frappante, c'est le soin extrême qui fut porté dans le choix des matériaux à Hébron. Il n'y a pas un mauvais bloc; on a dû être très-rigoureux pour n'admettre que des matériaux périssables. La trace de la dentelure de l'outil est accusée avec une franchise admirable. Le jointoiement est d'une perfection qui semble n'avoir pu être obtenue que par un frottement prolongé des blocs les uns contre les autres, et n'est surpassé que dans les monuments grecs les plus purs. » Un fait bien important est qu'un fragment de mur du même style que celui d'Hébron existe à Jérusalem et paraît avoir fait partie de la deuxième enceinte[1].

L'entrée primitive du harâm reste un problème singulier. Il paraît d'abord difficile qu'une si belle enceinte n'eût pas une entrée monumentale, décorée dans le style le plus riche du temps. Les portes par lesquelles on y entre aujourd'hui ne répondent pas à ce que l'on attend. Y en avait-il d'autres à l'époque juive? Le mur n'était-il pas continu et uniquement destiné à cerner l'espace sacré sous lequel était la Macpéla? On se le demande, d'autant plus que l'ouverture de la caverne sacrée pouvait

---

[1] Vogüé, *le Temple de Jér.* p. 118 et suiv. M. Pierotti, qui a découvert ce fragment, nie à tort sa similitude avec le mur d'Hébron (*Macpéla*, p. 127 et suiv.). C'est bien à de telles constructions que s'applique le passage de Josèphe: Ἡ δ'ὅλη τοῦ ναοῦ οἰκοδομία..... *Ant.* VIII, III, 2.

être en dehors de l'enceinte[1]. L'existence de la caverne souterraine ne saurait être révoquée en doute. M. Pierotti est jusqu'ici le seul qui ait pu y jeter un coup d'œil rapide[2]. Les tombeaux qui s'y trouvent, et qui, selon M. Pierotti, sont « de pierre blanche, » peuvent être ceux dont parle Josèphe : Πάνυ καλῆς μαρμάρου καὶ φιλοτίμως εἰργασμένα[3]; mais Matthieu, XXIII, 29, montre que ce pouvaient être là des cénotaphes, et le passage de Josèphe, *Ant.* I, XIV, est susceptible du même sens. L'authenticité de pareils tombeaux n'est guère supposable, puisque la réalité historique de plusieurs des personnages de la légende patriarcale (lesquels sont presque tous des dédoublements les uns des autres) est elle-même sujette à beaucoup de doutes. La façon dont la première mention de la Macpéla est introduite dans le récit élohiste (*Gen.* XXIII, 9), la manière dont elle est rappelée (*Gen.* XXV, 9; XLIX, 30; L, 13) prouve qu'il y avait une grotte sépulcrale anciennement célèbre de ce nom; mais la Macpéla du récit élohiste est-elle la nôtre? Voilà où le doute commence. Ce doute pourrait être en partie levé par l'examen de la grotte[4]. Au temps de Josèphe on se trompait déjà sur l'emplacement de la chênaie de Mambré[5]; on pouvait se tromper sur la grotte. En tout cas, à moins que le moyen âge n'ait changé l'état des choses dans la caverne, on aurait là des tombeaux antérieurs à notre ère, de vraies œuvres judaïques. Il serait donc très-important qu'on pût explorer la crypte souterraine. Depuis mon voyage, S. A. R. le prince de Galles, accompagné de MM. Stanley et Rosen, a pénétré dans la mosquée[6]; il est très-regrettable que ces illustres visiteurs n'aient pas vu la crypte. Les musulmans eux-mêmes n'y entrent pas, à cause de la

---

[1] Voir Pierotti, *Macpéla ou tombeau des patriarches à Hébron* (Lausanne, 1869), p. 94. Je suis obligé d'opposer une dénégation formelle à une série d'assertions fausses que contient à mon sujet cet opuscule (p. 113, 140 et suiv.).
[2] *Ibid.* p. 93-96.
[3] Jos. *B. J.* IV, x, 7. Cf. *Ant.* I, XIV.
[4] Sur la relation avec Mambré, voy. Rosen, dans la *Zeitschrift der d. m. G.* 1858, p. 486; Knobel, sur la Gen. p. 197, 198. La chênaie de Mambré pouvait être sur la colline vis-à-vis d'Hébron (pour justifier בחברון לפני, על־פני).
[5] Voir ci-dessus, p. 800, note.
[6] Voir l'intéressant récit de M. Stanley, à la suite de ses *Sermons in the East* (Londres, 1863), p. 141 et suiv. (Cf. *le Lien*, 23 août et 6 sept. 1862.)

terreur qu'inspire l'idée que les patriarches sont là vivants[1]. Un musulman, à qui Khadra demanda s'il y était descendu, lui répondit avec le plus grand sérieux : « Qui l'oserait? Ils sont là vivants comme toi et moi. » Le chef de la mosquée visite cependant la crypte[2] pour en tirer les objets qu'on y jette par les trous donnant à l'intérieur de la mosquée; la porte pour descendre est à l'entrée de la mosquée.

Il se mêle à tout cela une question de principes assez grave. La mosquée et les cryptes d'Hébron, considérées comme le tombeau d'Abraham, une autre crypte du mont Sion, considérée comme le tombeau de David, sont pour les musulmans des endroits d'une haute sainteté. C'est une idée généralement admise, en effet, que David et les patriarches sont là dans leurs tombeaux, frais, incorruptibles, les yeux ouverts, pleinement vivants[3]. La fière population d'Hébron, population en grande partie arabe et ne reconnaissant guère d'autorité, la sotte et fanatique population de Jérusalem se font une sorte de point d'honneur de ce que jamais aucun chrétien n'a pénétré dans ces lieux redoutés. Certes, quand il ne s'agit de satisfaire qu'une simple curiosité, il est naturel qu'on s'arrête devant des susceptibilités religieuses, même exagérées. Mais la science a d'autres

---

[1] Ces croyances remontent aux premiers siècles de notre ère. On les trouve dans le Talmud. (Schœttgen, *Horæ hebraicæ*, I, p. 205, 206. Cf. Carmoly, *Itin.* p. 433, etc. voir l'index; *Zwei Briefe Obadjah's aus Bartenuro*, publié par Neubauer (Leipzig, 1863), p. 56-57; *Lettres d'Obadia de Bertinoro*, édit. Schwab (Paris, 1866), p. 28-29; Ibn Batoutah, t. I, p. 114 et suiv. (édit. Sanguinetti et Defrémery); *ibid.* p. XLIII; Bargès, *Hébron et le tombeau du patriarche Abraham*, Paris, 1863, et dans le *Bulletin de l'œuvre des pèlerinages en terre sainte*, février 1863.) M. Sauvaire a bien voulu me remettre une traduction manuscrite d'un fragment du livre intitulé كتاب الانس الجليل فى تاريخ القدس والخليل, ou Histoire de Jérusalem et d'Hébron, par Moudgir eddîn el-Hanbali, d'un grand intérêt. Une partie de ce passage se retrouve dans les textes arabes traduits par M. l'abbé Bargès. Je saisirai quelque autre occasion de publier la traduction de M. Sauvaire.

[2] Pierotti, p. 56, 94, 95. Au moyen âge on visitait la crypte. (Voir Defrémery, Ibn-Batoutah, I, p. XLIII, note.)

[3] On m'expliqua longuement, à Jérusalem, que David, au mont Sion; les patriarches, à Hébron; Mahomet, à Médine, jouissent seuls de ce privilége; d'où la sainteté hors ligne de ces sépultures. Le pacha de Jérusalem me raconta à ce sujet l'anecdote suivante, caractéristique de la critique orientale. Il y a quelques années, des réparations devinrent nécessaires à l'intérieur du tombeau de Mahomet à Médine. On fit publier que le maçon qui voudrait y descendre serait l'objet de faveurs particulières, mais qu'en remontant de la crypte il aurait la tête coupée. « C'était nécessaire, me dit le pacha. On se figure ces lieux d'une certaine manière; il ne faut pas qu'il y ait quelqu'un pour dire qu'ils sont autrement. »

droits que la simple curiosité. Elle a renversé des barrières autrement respectables que celles que lui opposent les imaginations de scheikhs ignorants. Je demandai donc et j'obtins de Son Exc. Fuad-Pacha les ordres nécessaires pour visiter les deux endroits précités, dont le grand intérêt s'aperçoit tout d'abord. D'une part, en effet, on ne se fera une idée complète du monument d'Hébron que quand un architecte aura pu travailler librement à l'intérieur; d'un autre côté, il est possible que les tombeaux des rois de Juda, ou du moins leur emplacement, soient près de l'endroit gardé si jalousement sur le mont Sion par quelques familles musulmanes. Le pacha de Jérusalem m'engagea à me désister de toute requête sur ce dernier endroit, devenu une sorte de propriété privée. En ce qui concerne Hébron, il admit que les habitants n'avaient aucun droit à interdire l'entrée de leur mosquée, vu que toute mosquée appartient au sultan. Il reconnut la légitimité des ordres de Fuad-Pacha, mais il ajouta que ces ordres ne pouvaient s'exécuter sans une expédition militaire. A cette communication, je pus être surpris qu'un gouvernement s'avouât impuissant dans un pays qui lui est soumis, à quelques lieues du point où il tient garnison; mais, naturellement, je m'arrêtai. La Palestine n'était pas ma province spéciale d'exploration; pour lever de telles difficultés, il eût fallu plus de temps que je n'en avais. Dans l'avenir, et quand une mission spéciale de Palestine sera organisée, devra-t-on s'arrêter devant des préjugés mesquins qui tirent toute leur force de la condescendance des nations européennes? Je ne le pense pas. Si la papauté, qui affirme son droit d'une façon aussi absolue que l'islam, refusait la visite des sanctuaires de Rome qui ont un intérêt scientifique à des savants protestants, une juste réclamation s'élèverait de toute l'Europe. Il ne faut pas que le fanatisme musulman jouisse d'un privilége, et que la tolérance même de l'Europe serve d'encouragement aux prétentions les plus extravagantes que jamais l'orgueil ignorant ait élevées et su maintenir.

Ces principes m'ont paru importants à poser pour le jour, qui ne peut plus tarder, où les nations civilisées voudront faire des fouilles en Palestine. Il importera, ce jour-là, de bien établir qu'aucun droit n'est supérieur à celui de l'esprit humain cherchant la vérité. Nul doute, du reste, que de telles fouilles ne doivent être très-instructives [1]. Que ne contiennent pas les remblais du mont Moriah et du mont Sion, les talus de la vallée de Josaphat [2]? Que n'apprendraient pas des fouilles faites au nord-ouest de la ville, en vue de déterminer l'enceinte du temps d'Hérode et la porte Gennath, qui, une fois connues, détermineraient l'emplacement vrai du Golgotha?

Peut-être, quand de telles fouilles auront été exécutées, sera-t-il permis de parler avec plus de sûreté d'un art hébraïque primitif. Avouons que jusqu'ici nous ne connaissons qu'un art juif, très-curieux sans doute, mais que rien n'autorise à faire remonter au delà du grand mouvement qui commença avec les Macchabées, qui arriva à un degré assez élevé de développement sous Alexandre Jannée, atteignit sa plus haute puissance sous Hérode le Grand, et ne finit qu'avec les orages au milieu desquels disparut la nationalité juive. Je répète que je n'envisage pas comme des œuvres d'art ces piscines, aires, silos, citernes, puits, grottes sépulcrales et autres travaux dans le roc, qui, en Judée comme en Phénicie, se rencontrent à chaque pas. Tout cet outillage ne révèle aucun souci d'élégance ni de beauté dans la forme. On ne s'y est proposé que l'utile, bien qu'à certains endroits, comme à Beit-Zakur, près Bethléem; à Silo, dans les piscines de Bireh, de Béthel, d'Hébron; dans les vasques de Bethléem, on l'ait atteint avec grandeur. La *Sakhra* de la mosquée d'Omar nous offre une date pour de tels ouvrages. Ce rocher, entouré chez les musulmans de tant de légendes, représente certainement l'ancienne assise

---

[1] Ces pages étaient écrites avant que les fouilles anglaises fussent venues leur donner une éclatante confirmation.

[2] Surtout le voisinage des grands tombeaux situés dans cette vallée, par exemple le tombeau dont on voit émerger le tympan. Malheureusement, le respect exagéré des juifs pour les sépultures rendra toujours les fouilles très-difficiles en ces parages.

du temple; les travaux qu'on y remarque sont donc antérieurs à Salomon : c'est probablement l'aire du Jébuséen Arevna[1]. Les travaux dans le roc, en Palestine, ont, du reste, beaucoup d'analogie avec ceux de la Phénicie, quoique d'ordinaire moins soignés. On sent que les deux peuples ont eu longtemps une vie matérielle fort analogue, et que tous deux ne sont arrivés à l'idée des mesures précises et des lignes que par leurs rapports avec l'Égypte et la Grèce.

Il me reste à consigner quelques observations de détail du voyage que je fis de Khaïfa à Jérusalem. Je les donne uniquement parce qu'elles pourront être utiles aux futurs explorateurs.

Kefrein est un assez gros village qui doit être placé, sur la carte de Van de Velde[2], vers l'endroit où ce cartographe met Jaarah; je n'ai pas eu connaissance de ce dernier nom. — Scheickh Zeit (ou mieux Zeidan) doit être mis plus près de Yabed. — Autres localités entre Kefrein et Scheickh Zeidan : Hanin, Ottaf; après Scheickh Zeidan : Oum er-Ribân. — Un peu au delà d'Arrabé, en venant du nord, une assez bonne construction; linteau de porte qui rappelle de loin Oum el-Awamid; le ton de la pierre est le ton gris-bleu de la région de Mariamîn. — Yabed, Arrabé, Ayyé, sont des localités importantes; en sortant d'Arrabé, on voit d'assez belles grottes rondes dans la montagne. En général, dans ce pays, tous les villages actuels correspondent à des localités anciennes, comme le prouvent les travaux dans le roc, les citernes, etc. Les noms actuels sont ici des indices excellents des noms antiques; en outre, il y a beaucoup de ruines sans nom.

À Naplouse, fontaine offrant des débris de sculpture et un reste de revêtement à bossage moderne. Les caveaux de Naplouse sont très-beaux; quelques-uns ont le fond en abside, avec fours s'ouvrant dans l'abside; bossage plat, d'imitation, à la porte. — Sur la route, vers l'est, beaucoup de caveaux trilobés ou présentant l'*arcosolium*, ou simples trous carrés; belles portes sur gonds de pierre avec lignes de bon style. — Sarcophage dans la ville (comp. Saulcy, premier Voyage, pl. XLIX) : sur le devant, trois

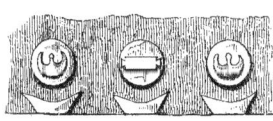

plaques rondes; plaque du milieu : cartel à queue d'aronde, sans inscription; plaques de droite et de gauche, sorte de bouclier échancré analogue à celui de Kneifedh; sous chaque plaque, une sorte de récipient évasé.

Sur le Garizim, énormes tas de pierres du ton gris-bleu, restes de vieilles construc-

---

[1] II Sam. XXIV, 18 et suiv. — [2] Ces rectifications sont faites en partie sur la 2ᵉ édition de cette carte.

tions, maisons, etc. Il y eut là une ville samaritaine qui fut subitement détruite et abandonnée. Les tas de pierres offrant cette apparence sont des indices certains de villes anciennes : c'est une loi que j'ai constatée. On en a un exemple à Sebastié. L'escalier du Garizim[1] existe encore en partie. Il y en a des traces à un endroit, sur le flanc nord du Garizim.

On m'a dit que dans le mur de la mosquée de Naplouse, qui, selon quelques personnes, serait une synagogue, on a vu une pierre présentant le chandelier à sept branches. Dans le mur de cette synagogue est une pierre portant une inscription grecque :

```
........................
......ΜΟΤΑΤΟΥΔΙΕΠι......
ΤΗΝΥΠΑΤΙΑΝΤΟΜΕϹΟΧWΡ·....
ΕΚΘΕΜΕΛΕΙWΝΕΚΤΙϹΘΗΕΡΓΟΔΙW....
ΤΟΥΝΤWΝΦΛ.ΙΟΥΛΙΑΝΟΥΧΕΙΛΙΑΡΧ....
ΚΑΙΜΑΡΚΕΛΛΕΙΝΟΥΠΠ
```

....
[διαση]μοτάτου διέπο[ντος]
τὴν ὑπατίαν, τὸ μεσοχώρι[ον]
ἐκ θεμελείων ἐκτίσθη, ἐργοδιω[κ-]
τούντων Φλ. Ἰουλιάνου χειλιάρχ[ου]
καὶ Μαρκελλείνου ππ.

L'inscription avait six ou sept lignes. La première ou les deux premières, qui auraient donné du prix à l'inscription, ont disparu totalement. L'inscription paraît du IV⁰ siècle. Le μεσοχώριον était sans doute un des forts de Neapolis. ΜΕΣ est douteux.

M. Léon Renier m'écrit à propos de cette inscription. «Les deux Π qui se lisent après le nom Μαρκελλείνου, à la fin de l'inscription, ne peuvent être là que pour Πριμοπιλαρίου, *primipilari* ou *primipilo*, dont l'abréviation en latin est en effet PP[2]. *Primipilus* était le titre du commandant de la première centurie et de la première cohorte de la légion, en d'autres termes, du premier centurion de la légion, grade immédiatement inférieur à celui de tribun (χιλίαρχος). Si, au lieu de traduire en

---

[1] Voir Saulcy, premier Voyage, II, p. 423 et suiv. L'excellent plan de M. Gélis (Saulcy, deuxième Voyage, p. 245) ne le marque pas. Il faudrait le placer dans l'angle où est écrit *ouali*. Cela fait croire que la vieille ville était à l'est de la Naplouse actuelle (cf. le plan de Menke, *Bibelatlas*, carte 5); car l'escalier devait, comme le prouve la médaille (Mionnet, *Suppl.* VIII, pl. xviii), mettre la ville et le temple en communication directe. La médaille qui vient d'être citée présente un portique au bas de l'escalier, le temple au haut, une tour à côté, un petit temple sur une autre hauteur, et, le long du rocher, en montant, des travaux d'architecture dans le roc.

[2] M. Egger préférerait *præpositus*; πραιπόσιτος se trouve en effet dans des inscriptions du même temps. Le Bas (Waddington), III, 1202, 1203. (Cf. *Corpus inscr. gr.* n° 1086.) A l'époque classique, il faudrait un complément à *præpositus*; mais à l'époque byzantine le mot s'emploie dans un sens absolu. (Waddington, sur le n° 1202.)

latin le mot *primipilus*, on l'a exprimé par une abréviation représentant ce mot lui-même grécisé, c'est que l'analogue n'existe pas dans le grec classique.

« Les deux dernières lignes de l'inscription doivent donc se traduire ainsi en latin : *Curantibus Fl(aviis) Iuliano tribuno et Marcellino primipilo*. Il s'agit probablement d'un monument élevé par les soldats d'une légion, peut-être de la xe *Fretensis*, et il n'est pas étonnant que le soin d'en surveiller l'exécution ait été confié à un tribun et au primipile.

« Vous me dites que les caractères vous ont paru être du ive siècle. Cela s'accorde bien avec les données du texte, la Palestine n'étant plus administrée à cette époque par un *legatus Augusti pro prætore*, mais par un *consularis* : . . . διέποντος τὴν ὑπατίαν. . . C'est pour cela que j'ai traduit Φλ. par *Fl(aviis)* et non par *Fl(avio)*, supposant que le primipile s'appelait ainsi, aussi bien que le tribun. On sait en effet qu'après Constantin, et sous le règne de sa dynastie, on trouve un très-grand nombre d'officiers et de hauts fonctionnaires portant comme *gentilicium* le nom de la famille impériale, soit qu'ils eussent obtenu la faveur de le porter, soit qu'ils l'eussent pris eux-mêmes pour faire leur cour à l'empereur. »

J'ai remis à la Bibliothèque diverses parties de manuscrits samaritains qu'on me donna à Naplouse et à Jérusalem.

A Shawié (*Sâwieh* de Van de Velde et de Robinson), avant d'arriver à Seïloun (en venant du nord), beaux caveaux ronds avec vestibules, une grande pierre et des pierres moyennes dans le genre de celles qu'on voit sur le haut du Garizim.

Seïloun (Silo) est, après Jérusalem et Naplouse, le point archéologique le plus important de la Palestine. C'est une colline isolée comme Samarie, au milieu d'un entonnoir de montagnes. La nécropole est grandiose et singulière. Le point central de la localité antique doit être pris au nord du village, près de la fontaine; l'aspect est là très-frappant. Un singulier monument est un rocher détaché, ayant un adossement et un soubassement artificiels, et présentant deux caveaux avec des *arcosolia* (cf. Saulcy, pl. LII, LIV ou LV), séparés par une plate-bande. En descendant le ouadi, et débouchant dans la plaine, on a des deux côtés une série de beaux caveaux avec des vestibules et des niches. La porte d'un ou deux de ces caveaux est conservée : c'est un quartier de roc taillé en la forme d'une sorte de gros bouchon, sans gonds, entrant dans la feuillure du caveau et la débordant sur les parois extérieures. C'est sûrement d'après ce type qu'il faut concevoir tout ce qui est dit dans les Évangiles de la pierre qui fermait le tombeau de Jésus; de telles pierres, pour être remuées, exigeaient un grand effort. — Toujours à Silo, un sarcophage en forme d'auge; une auge funéraire, taillée dans le rocher en plein air[1]. Tout cela paraît an-

---

[1] Ces sortes de tombeaux, qu'on risquait de fouler aux pieds, expliquent bien Luc, xi, 44.

cien; je n'ai trouvé de ce côté qu'une pierre à bossage du moyen âge; le village dont on voit les ruines est moderne.

C'est dans la plaine que sont les restes les plus curieux; d'abord une sorte de chapelle, offrant le mélange le plus bizarre : enceinte carrée en grosses pierres, porte avec des trous pour les gonds taillés dans la pierre, escalier pour monter sur le toit; puis une deuxième porte, basse, de grand appareil, ayant aussi des trous pour les gonds taillés dans la pierre. L'intérieur est d'apparence assez moderne : ogive, petite niche avec des ornements de marbre (*aron* de synagogue?); chapiteaux beaucoup plus étroits de diamètre que les colonnes qu'ils surmontent et non semblables entre eux. Les quatre côtés extérieurs sont en belles pierres, dont plusieurs à bossage moderne. Les lits ne sont pas réguliers, et, comme à Gébeil, on a réparé les inégalités par des pierres à crossettes. Il est clair que c'est là un grossier assemblage de matériaux anciens, datant du moyen âge; je crois que c'est plutôt une petite église qu'une synagogue. Une substruction plus large que l'édicule se voit au-dessous, et rappelle celle du Garizim. Cette substruction peut être ancienne et désigner un lieu saint juif[1]. — Les ruines de la colline et de la plaine sont vraiment considérables, les unes en mauvais matériaux, les autres en grosses pierres mal taillées, d'autres offrant un bossage analogue à celui du Garizim ou au bossage de la construction près de Kabr-Hiram. — On aperçoit de tous côtés des débris de poteries et de mosaïques à gros cubes.

Un édifice analogue à celui que nous avons décrit tout à l'heure se voit en continuant à cheminer vers le sud. C'est un édicule qui rappelle les synagogues de Kefr-Bereim, formé avec des débris en partie de style corinthien. Le linteau, au-dessus de la porte, présente à peu près cette figure.

La salle est appuyée en dehors, des deux côtés, par de gros contre-forts inclinés, d'un effet bizarre, qui ont été sans doute ajoutés postérieurement. Quelques pierres de la construction sont taillées en bossage comme celles du Garizim. Du côté de la voûte, il y a deux portes, dont l'une à ogive, ce semble; l'autre a le chambranle formé par une belle pierre offrant un filet et une gorge réguliers. C'est ici encore évidemment une construction du moyen âge, où l'on a employé des débris anciens provenant en grande partie d'une synagogue. — Près de là sont de singuliers couvercles de sarcophage, offrant les quatre acrotères aux quatre coins, et de plus, au milieu de l'un des côtés, un gros acrotère, qui, quand le couvercle était en place, surplombait sensible-

---

[1] Saint Jérôme, in Sophon. 1, 14; *Epitaphium Paulæ*, p. 676, édit. Martianay. Cf. Carmoly, *Itin.* p. 130, 150, 186, 250, 251, 300, en observant que le moyen âge se trompa sur la position de Silo. (Voir Gesenius, *Thes.* p. 1424.)

ment la paroi du sarcophage. — Près de là, une belle piscine à escalier; près de là, une énorme citerne, très-belle. — Il est clair que des fouilles faites à Silo, ou seulement un examen minutieux du sol fait en dehors du temps où il porte la moisson, donneraient des débris très-intéressants.

Aïn Haramiè serait, selon moi, la עמק הבכא, ou «Vallée des larmes,» des eaux suintantes, du Ps. LXXXIV, 7 [1]. Il s'agit là, en effet, des étapes du pèlerinage; or, Aïn Haramiè est la dernière étape vers Jérusalem pour celui qui vient du nord (le psaume a un accent tout à fait galiléen de piété et d'amour pour le temple). La paroi rocheuse de la vallée est percée de trous carrés et profonds, dont le caractère funéraire ne me paraît par certain; l'eau suinte de toutes parts; je crois qu'il y a une allusion à cela dans מעין ישיתוהו. Au fond de la vallée est une grosse construction, avec assises en retrait, et une belle citerne, dont une partie du revêtement est conservée; on voit sur quelques pierres un bossage analogue à celui du Garizim. Ces pierres sont peut-être prises à un édifice antérieur; mais le trait de ces sortes de constructions est une grande irrégularité; on ne s'obligeait pas à traiter de la même manière tout l'édifice. L'alentour offre, je crois, des caveaux funéraires, outre les trous de la paroi rocheuse. Il y eut en cet endroit une localité importante, non par la population (le peu de développement de la vallée ne le permettait pas), mais comme point de halte.

Béthel : grosses pierres carrées; mur de soutènement de l'étang, ancien; chapiteau dorien; pierre offrant une plate-bande. L'église est très-curieuse et sert beaucoup à résoudre la question des constructions du Garizim. Les angles de derrière sont en bossage analogue à celui du Garizim (très-longues pierres avec un *fruit* étroit au milieu); or les pierres ainsi taillées font corps avec l'abside chrétienne; on voit aussi çà et là dans les murs quelques pierres du même bossage, qui confirment l'observation que nous faisions tout à l'heure sur l'irrégularité de ces constructions. Caveaux.

El-Biré : piscine bâtie en blocs énormes, très-belle construction, à rapprocher des vasques d'Urtas; puits qui durent ressembler à ceux dits de Salomon, à Ras el-Aïn, près Sour. Ces travaux d'eau furent ceux où excellèrent les Hébreux. L'église est aussi un élément important pour la question des constructions en bossage. L'intérieur est uniforme, en pierres moyennes; aspect ordinaire d'une église du XIIe siècle [2]. L'extérieur, jusqu'à la hauteur des fenêtres, est en blocs très-considérables, d'apparence grossière, à lits irréguliers, de petites pierres réparant l'irrégularité des lits. Parmi les blocs, il y en a qui offrent le bossage du Garizim, mais en de plus grandes proportions. Sur un pan de mur, vers l'entrée de l'église, le bossage n'a presque pas de saillie et constitue seulement un layage différent pour les bords et le centre. Le mur, cependant, est continu dans son épaisseur; sur le côté du sud, une porte en ogive, répondant à l'intérieur, s'ouvre dans la substruction grossière; à côté, est une porte carrée, chambranle

---

[1] *Vie de Jésus*, p. 71, 72 (13e édition). p. 338, 339; Guérin, *Description de la Palestine*,
[2] Voir M. de Vogüé, *les Églises de terre sainte*, t. III, p. 8.

formé de deux pierres horizontales; je ne sais si elle correspond à l'intérieur. Il n'est pas impossible que l'ogive ait été entaillée postérieurement dans un mur plein antérieur, car le vide entre les pierres qui encadrent l'ogive et le reste du mur est mal rempli; la jonction est opérée avec le plus grossier à peu près. Autour de l'église, des pierres offrant un bossage analogue à celui du Garizim se voient éparses en diverses constructions du moyen âge.

Sur la route d'El-Biré à Jérusalem, non loin de Rama, à une lieue et demie de Jérusalem, il y a très-près du chemin une borne milliaire, portant une inscription très-fruste. On en prit pour moi deux estampages, qui ont permis à M. Mommsen et à M. Detlefsen de lire ce qui suit (*Corpus inscr. lat.* Syria, n° 117). Sur le monument, on en pourrait lire davantage; peut-être le sommet, qui manque, est-il aux environs.

```
                    imp . caes .
         m.  a u r e l i u s  a n t o n i n u s
         t r i b . p o t e s t . x v i . c o s . i i i . p . m .
         e t  l . a u r e l i  | V S  V E R V S
            T R I B P O T E S T  I I . C O S  I I
            D I V I · A N T O N I N I . F I L I
            D I V I · H A D R I A N . N E P O T E S
            D I V I · T R A I A N · P A R T H C · P R O N E P (sic)
            D I V I · N E R V A E · A B N E P O T E s
                    M   P   V
         B · A' A T O R C T O I I I O
                    R   V   N  T
```

L'inscription est de l'an 162 après Jésus-Christ. Elle ressemble beaucoup à celle de la baie de Djouni (*Corpus inscr. lat.* Syria, n° 208). Les deux pierres ont aussi le même aspect. Il est probable qu'elles furent posées dans la même opération bornale. À la pénultième ligne, il faut lire *Millia passuum quinque*. Le dernier mot est probablement *renovaverunt* ou *posuerunt*.

Sur le mont Scopus, en commençant à apercevoir Jérusalem, je vis nos moucres élever des petits monceaux de pierres, en nombre égal à celui des personnes de notre compagnie. L'endroit est couvert de pareils tas. C'est l'usage des tas de pierres significatifs d'une convention et devant servir de mémorial (עד, גלעד, יגר שהדותא, אות). — À Béthanie, le revêtement du petit château offre un bossage de peu de saillie et étroit; les pierres sont belles, peut-être antiques. — L'endroit qu'on appelle ordinairement *Fons signatus*, près des vasques d'Urtas, me frappa par la ressemblance du toit, formé de pierres inclinées au-dessus du conduit qui va aux piscines, avec le toit des chambres souterraines de Maheyta, près de la Casmie. — La tour de Justinien, à Bethléem, offre exactement le même bossage et le même style que les constructions du Garizim; cela est décisif. — Le village de Saïr (Robinson, III, p. 488) est l'objet d'une note curieuse du texte arabe dont M. Sauvaire m'a donné la traduction : «Tout près d'El-Khalil est un village nommé Sï'ir[1], situé sur la limite du district de Jérusalem et de celui d'Hébron. On voit dans l'intérieur de sa mosquée un tombeau que l'on désigne comme celui d'Ésaü. Cette traduction est très-répandue et le lieu est un but de pèlerinage» (fol. 16 recto du ms. de M. Sauvaire). Il y a là sans doute une allusion à שעיר, «velu,» qualification d'Ésaü[2]. — On me parla d'inscriptions existant à Sémoa, à Yutta, à Yukin, du côté d'Hébron; aucune de ces indications ne paraît bien sérieuse. — A Beitir, il y aurait une inscription (*Hæc est ecclesia sanctæ Annæ*)[3]. — A Beit-Sahour, travaux considérables dans le roc. M. Pierotti voulut bien m'en faire un plan que je possède, mais que je ne me crois plus autorisé à publier. — Culonié a une grosse construction qui présente, aux angles seulement, un bossage analogue à celui du Garizim; je la crois de Justinien ou de l'un des empereurs grecs[4]. — A Kiriath el-Énab, ou Abou-Gosch, l'église présente aussi aussi aux angles un bossage analogue à celui du Garizim. Le reste est grossier et très-analogue à l'église d'El-Biré. — Mizpa et Gabaon ont de grands travaux dans le roc. — Latroun a de belles pierres à bossage hérodien (?), et une grosse construction en bossage moins bon, de Justinien ou du moyen âge[5].

M. Guérin, relativement à ces édifices, est arrivé au même résultat que moi : «Le bossage n'est pas toujours un signe de haute antiquité : en Palestine, notamment, je me suis convaincu, par l'étude d'une foule de monuments, qu'il appartient pour ainsi dire à toutes les époques, et même à l'époque actuelle[6].» Qu'il me soit permis d'ajouter qu'il y a quelque singularité, de la part des personnes dont je partageai un moment l'erreur, à me reprocher d'avoir, au début de ma mission, hésité sur l'âge de tels monuments[7]. Tout le monde s'y était trompé comme moi. Tout

---

[1] Voir Quatremère, *Histoire des sultans mamlouks*, t. I, II° part. p. 249. (Note de M. Sauvaire.)

[2] Voir Gesenius, aux mots שעיר et עשו.

[3] Je dois ces derniers renseignements à M. Pierotti, qui voulut bien m'accompagner dans mes courses au sud de Jérusalem. M. Pierotti me remit aussi la note suivante, relative à une inscription de Césarée : «L'iscrizione di Cesarea più non esiste; il proprietario non ne ha tenuto conto, non avendo alcuna importanza dal lato storico; essa non portava alcuna data ne alcun nome.»

[4] M. Guérin (*Descr. de la Pal.* I, p. 257, 258) le croit romain.

[5] Pour d'autres constructions en bossage, voir Porter, p. 379 (Séphoris); pour Tibnin, Schékif, voir Robinson, III, 62, 63, etc.; *Zeitschrift*, 1853, p. 40 et suiv.; Rey et Declercq, *Voy. en Orient* (photographies), t. II; pour Banias, Robinson, III, 403, etc.; pour le haut du Thabor, Ritter, XV, 1re part. p. 402. Les raisonnements que nous avons faits sur Tortose, Athlith, Kurein, Safed, s'appliquent à presque tous ces vieux *kalaa*.

[6] *Arch. des missions scient.* 2° série, t. I (1865), p. 393.

[7] Voir M. de Saulcy, deuxième Voyage, II, p. 86 et suiv.

le monde avait déclaré la tour de Gébeil, Athlith, Tortose, Montfort, œuvres phéniciennes. Ces hésitations tiennent au caractère étrange et tout particulier des constructions latines de Syrie. Si « j'ai fait la confession la plus explicite de mon incompétence archéologique » en ne reconnaissant pas « à première vue » que tel monument était du temps de Salomon ou du temps des croisades, que dire de ceux qui s'y sont trompés comme moi et ne sont pas venus à repentance? La première vue ici est fort décevante, puisque Robinson, Thomson, Wolcott, Van de Velde, de Vogüé, de Saulcy ont pu s'y laisser prendre. Ces voyageurs ont plus ou moins expressément donné pour du phénicien, pour du vieux chananéen, pour du judaïque, des constructions du moyen âge. Un d'entre eux est-il admissible à venir me dire : « Vous ne deviez pas hésiter; avoir hésité en une pareille question est l'aveu de votre ignorance. » — J'ai fait dans cette mission abstraction complète de ma personnalité; je n'ai pas cherché à prouver ma compétence ou mon assurance; j'ai cherché à être utile à la science; j'ai naïvement dit toutes les impressions que j'ai éprouvées. Si, dans cinquante ans, on reconnaît que c'est à bon droit que j'ai rapporté au moyen âge des constructions qu'on rapportait généralement à 1000 ans avant Jésus-Christ, on m'excusera de n'être arrivé à ce résultat qu'après quelques tâtonnements. Dès à présent, c'est bien quelque chose que MM. Waddington et de Vogüé, qui ont fait leurs recherches d'une manière tout à fait indépendante des miennes, soient arrivés justement aux mêmes conclusions. M. de Vogüé, dans son premier ouvrage, antérieur à ma mission, avait cru à la haute antiquité de ces constructions; à son second voyage, il est revenu sur cette opinion. Il a donc hésité aussi, et cependant personne ne lui reprochera, j'espère, son « incompétence archéologique. »

CONCLUSIONS.

Comme nous l'avons dit en commençant, notre but a été de faire une reconnaissance dans un champ archéologique encore mal défini; nous n'avons pas eu la prétention d'épuiser un pays qui durant des siècles continuera d'exercer les antiquaires. Nous avons moins cherché à briller qu'à servir le progrès de la science. Nous serons assez récompensés si ceux qui viendront après nous trouvent en ce livre des indications utiles. Fidèles à l'axiome de Bacon : *Citius emergit veritas ex errore, quam ex confusione,* nous avons souvent préféré être un jour rectifiés que de taire une observation ou une vue qui pouvait avoir quelque vérité. Nous avons surtout évité de détourner notre attention des grands problèmes historiques pour la porter vers les pièces de musée. Si le but d'une mission était de rapporter le plus d'objets possible aux galeries, la côte de Phénicie serait le pays du monde le plus mal choisi. Mais la France a bien compris que le système des missions données par les musées ou, ce qui revient au même, l'usage qu'ont certains musées de faire faire des voyages pour leur compte, a de graves inconvénients; elle a gardé le sage principe que le but des voyages scientifiques est non pas de servir la vaine curiosité du public, mais de faire avancer la science. Tout en étant attentif aux intérêts de nos collections, je n'ai donc jamais cru qu'une recherche fût perdue, quand, sans fournir aucun objet transportable, cette recherche a contribué à éclaircir quelque problème ou à dégager quelque monument. Il y aura toujours des personnes pour recueillir les antiquités ayant une valeur vénale; il appartient aux États de faire ce que ne peut l'exploitation privée, trop souvent portée à sacrifier le monument qui ne se vend pas à la recherche des petits objets qui se vendent.

L'antiquité phénicienne est de toutes les antiquités la plus émiettée. Cela tient à ce que le terrain géographique de cette antiquité a toujours été extrêmement peuplé; durant les époques grecque, romaine, byzantine, croisée, musulmane, on n'a cessé d'y bâtir, d'y retailler les pierres anciennes, de débiter les gros blocs en moellons. Il est permis de dire que, depuis quinze ou seize cents ans, on n'a extrait en Syrie que bien peu de pierres de la carrière. On a toujours vécu des blocs antiques; nulle part la pierre n'a été aussi broyée. L'effet des croisades surtout fut désastreux à cet égard. Amenés à s'entourer de gigantesques murailles de pierre, les templiers, les hospitaliers, l'ordre teutonique, la puissante féodalité de Syrie dévorèrent tous les monuments antiques autour d'eux, et comme ils bâtissaient bien, comme la plupart des pierres avant d'être employées étaient retaillées, les traces primitives furent déplorablement oblitérées. Voilà la raison de cette dévastation archéologique que présente la côte de Syrie et de Chypre[1]. L'Asie Mineure, la Grèce, sont loin d'être aussi dépouillées; et en Syrie même, dès qu'on sort de la zone occupée par les croisés, on trouve des régions d'une richesse archéologique extrême : le Hauran, la région au delà du Jourdain. Dans ces pays, la civilisation a été frappée à une certaine heure, et depuis on n'y a plus bâti. Le nomade est par excellence le conservateur des monuments. Sur la côte, au contraire, quelques endroits qui, par un vrai hasard, ont échappé aux constructions du moyen âge, Oum el-Awamid et Amrit, ont seuls gardé des fragments d'une haute antiquité.

La situation de la Phénicie a beaucoup contribué à la dévastation de ses antiquités. Des monuments placés sur le bord de la mer ont bien plus de chances d'être démolis que des monuments situés dans des endroits peu accessibles, surtout quand il s'agit d'un pays comme la Syrie, privé de

---

[1] Pour Chypre, voir l'opinion de M. de Vogüé, *Revue archéol.* mai 1862, p. 345.

routes, de véhicules, et où tout ce qui dépasse les forces d'un chameau est intransportable. On amène la barque à pied d'œuvre, et on enlève les pierres avec une grande facilité. C'est ainsi que l'Éphèse païenne (distincte de l'Éphèse chrétienne ou *Aïa-Solouk*) a servi de carrière de marbre pour les édifices de Constantinople. Les constructions de Djezzar, d'Abdallah-pacha, de l'émir Beschir, plus anciennement celles de Fakhreddîn, ont eu un effet analogue en Syrie. De nos jours, Athlith disparaît rapidement par suite de la même cause.

Les conditions de la conservation des monuments dans un pays sont de deux sortes : les unes tiennent au génie de la nation elle-même, aidé ou contrarié par le sol et le climat du pays qu'elle habite; les autres tiennent aux circonstances historiques que la nation a traversées. L'Égypte présente à cet égard le phénomène le plus extraordinaire qui existe. Toutes les conditions, très-difficilement réunies, de la bonne conservation archéologique s'y sont rencontrées. On peut dire que la Phénicie a eu le sort justement opposé. La Phénicie et le Liban se sont trouvés, sous le rapport de leur haute et moyenne antiquité, dans la pire des situations. Sans parler des miracles de conservation archéologique, tels que Pompéi, l'Égypte, Ninive, le Hauran, combien l'Italie, où chaque ruine a été l'objet d'un vrai culte, combien la Sicile, combien la Grèce même ont été mieux partagées! L'insouciante barbarie de l'Arabe nomade, la pesante barbarie du conquérant germain ont été bien moins funestes aux monuments que l'esprit subtil et mesquin qui n'a cessé de régner en Orient. Les ruines se conservent surtout dans les pays où l'on ne s'occupe pas d'elles; en Syrie, pour leur malheur, les ruines n'ont cessé d'attirer l'attention des habitants ni de leur inspirer mille idées puériles, mille chimères. Une sorte d'instinct fatal porte le Syrien, dès qu'il trouve de gros blocs, à les débiter en petites pierres. Presque toutes les destructions ont eu en ce pays un caractère volontaire et intentionnel.

Les réactions religieuses comptent entre les causes qui furent en Syrie les plus funestes aux monuments. Le christianisme, qui se montra en Grèce si peu dévastateur des ouvrages antiques, fut dans le Liban éminemment démolisseur[1]. L'islamisme ne le fut pas moins, surtout pour les sculptures. La race du Liban, soit chrétienne, soit musulmane, est, si j'ose le dire, iconoclaste, inintelligente de l'art; elle n'a nul sens de l'image plastique; son premier mouvement est de la briser ou de la cacher. Je remarquai à Tripoli un sarcophage servant de fontaine publique, et dont le devant, sculpté, était appliqué contre le mur; on me dit que c'était un gouverneur qui l'avait ainsi placé pour ne pas donner de distractions aux passants. Les églises maronites sont très-sévères et excluent les statues[2]. Enfin l'avidité des gens du pays a amené d'énormes destructions. Pour voler les objets précieux contenus dans les tombeaux, on a brisé les inscriptions; toute sépulture susceptible d'être aperçue a été mise en pièces. Si l'on ajoute à cela les ravages des chercheurs de trésors, on comprendra comment toute l'antiquité phénicienne a été pour ainsi dire dévorée pierre à pierre. L'anarchie du pays, le manque de tout contrôle public ont contribué au même résultat. L'Italie, par exemple, qui a montré une remarquable ardeur de bâtisse au moyen âge, a néanmoins conservé une grande quantité de monuments anciens; car elle eut toujours des pouvoirs municipaux sérieux; le domaine public n'y fut jamais au pillage, ainsi que la chose a lieu en Orient. Ajoutons, comme je l'ai déjà dit, l'esprit subtil du Syrien. Le lourd paysan du moyen âge passe à côté d'une ruine sans la remarquer. Ici, dès qu'un village possède une antiquité, tous les esprits sont tournés vers cette antiquité; on la fouille, on la tourmente, on la sophistique sans cesse, tantôt par l'effet d'une certaine fausseté de jugement, tantôt par sottise ou par plaisir de détruire pour détruire. Quand on s'est bien rendu compte de ces conditions déplo-

---

[1] Aux faits déjà cités p. 220, 287, joindre le récit des missions destructives de saint Jean Chrysostome, très-bien présenté par M. Amédée Thierry, *Revue des Deux-Mondes*, 1er janv. 1870, p. 52 et suiv.

[2] Cette prescription, commune à tout l'Orient ecclésiastique, paraît venir du primitif sentiment chrétien d'horreur pour l'idolâtrie, lequel fut, quant à l'origine, un sentiment avant tout juif et syrien.

rables de l'antiquité sur la côte de Syrie, et notamment des ravages qu'exercent tous les jours les chercheurs de trésors, courant le pays armés de leur petite barre à mine, on est surpris qu'il y reste encore un vestige du passé. Telle fut cependant l'activité des vieilles civilisations de ce pays que, malgré tout, la trace en est encore visible. La Phénicie, quoique fort effacée, se trahit par des indices qui mènent à des conjectures plausibles. Il faut se rappeler, d'ailleurs, que dans la recherche scientifique les résultats négatifs ont leur prix, puisqu'ils représentent des essais méthodiques et préalablement nécessaires à la connaissance de la vérité.

Les matériaux de la Phénicie sont faciles à tailler et invitent à l'emploi des gros blocs; mais ils ne se prêtent pas aux ouvrages délicats. La destinée de la Grèce, en fait d'art, était écrite dans sa géologie; il en fut de même de celle de la Phénicie. Ce calcaire ne comportait pas les fines ciselures que le marbre du Pentélique a pour ainsi dire inspirées à la Grèce. Quand la Phénicie veut, avec de tels matériaux, imiter le style grec, comme elle l'a fait à Oum el-Awamid, on sent tout de suite la différence; l'évidence intrinsèque de l'imitation éclate au grand jour. Un ouvrier habitué à travailler les métaux ou l'ivoire, si on l'applique à la pierre, trahira ses premières habitudes; de même, en ces fragments d'Oum el-Awamid, on sent un style formé sur d'autres matériaux et né dans un autre milieu. L'apparence grossière de tous les anciens monuments phéniciens vient de ce que les murs recevaient tout leur ornement de placages et de revêtements. Mon voyage en Asie Mineure m'offrit à ce sujet un exemple qui me frappa et me fit très-bien comprendre comment les formes de l'art sont commandées par les matériaux. Le bassin du Lycus, rempli d'un calcaire analogue à celui de Syrie, présente aussi des formes architectoniques analogues : à Colosses, toute une nécropole fort ressemblante aux sépultures de Phénicie et de Palestine, des cippes lourds et massifs, anépigraphes, des tombeaux dans le roc, des fosses rectangulaires, semblables aux belles auges régulières de Bélat près Gébeil[1]; à Hiérapolis et à Laodicée, de grands blocs de calcaire et des cuves de sarcophages à gros acrotères et à couvercles énormes comme ceux qu'on trouve en Syrie. Quelques mausolées d'Hiérapolis rappellent *Burdj el-Bezzak* d'Amrit. Hiérapolis, en particulier, employa dans ses constructions des blocs comparables à ceux de Baalbek et de Deir el-Kala. Nulle part, aussi bien que là, on ne comprend que de tels blocs ne prouvent rien pour l'antiquité d'une construction, que c'est là une affaire de lieu, une fonction du sous-sol, non une affaire de mode ou de temps [2]. Le sous-sol déterminant la qualité des matériaux est un élément capital. Babylone a eu des constructions comparables, sinon supérieures par leur masse, à celles d'Égypte; il n'y reste guère que des collines informes, la Babylonie, faute de pierre, ayant dû construire ses temples et ses palais en briques.

De tout ce que nous venons de dire résulte déjà, on le voit, une certaine condamnation de l'art phénicien. Il ne sert de rien de prétendre que des fouilles plus heureuses et mieux conduites que les nôtres auraient amené la découverte de monuments insignes de cet art. Nous sommes les premiers à reconnaître que cela est possible; mais pour découvrir l'art grec, l'art égyptien, l'art étrusque, même l'art persan et assyrien, de longues fouilles n'ont pas été nécessaires. Hérodote, qui nous témoigne son admiration des monuments de l'Égypte et de Babylone, fait à peine attention à ceux de la Phénicie et n'y mentionne que le temple de Melkarth, à Tyr [3]. L'art phénicien a sûrement été de tous les arts le plus maltraité par le sort; nous croyons cependant que, quand même l'art grec se fût trouvé dans des conditions semblables, quand même les templiers et les teutoniques se fussent logés à l'acropole d'Athènes (l'analogue a eu lieu dans une certaine mesure), le génie grec se décélerait encore.

---

[1] J'ai aussi vu deux excavations du même genre à Scala Nova (*Marathesium*, nom phénicien?), près d'Éphèse.

[2] La ville d'Hiérapolis de Phrygie, en effet, est tout entière de l'époque romaine, au moins en ses parties visibles. (Voyez aussi Laborde, *Voy. d'Asie Min.* pl. LXII, 2ᵉ dessin.)

[3] Hérodote, II, 44.

En somme, chaque peuple crée au moins une des conditions fondamentales de la conservation de ses monuments. L'architecture est le criterium le plus sûr de l'honnêteté, du jugement, du sérieux d'une nation. Un vieux mur est un témoin historique sans appel. L'historien peut, dans une certaine mesure, juger les peuples et les époques par la solidité et la beauté des édifices qu'ils nous ont laissés, quoique les destinées historiques que traverse un pays créent à cet égard, tout mérite égal d'ailleurs, de grandes inégalités.

Et d'abord, la première condition pour vaincre le temps, c'est le goût du solide en toute chose. La sincérité absolue, qui est la règle de l'architecture, ce devoir de ne rien dissimuler, de ne rien faire pour l'ostentation et l'apparence, cette grande obligation de toujours supposer qu'on travaille pour l'éternité, supposent une force morale que l'antiquité classique seule a connue. L'édifice classique n'a pas besoin de réparations; une fois les pierres montées, elles ne se sépareront plus, à moins d'un effort violent de l'homme. L'intérieur du mur est aussi sain que le parement; nulle lésinerie ni sur le choix des matériaux, ni sur le soin qu'il a fallu pour les travailler et les assembler. On a usé des mois pour obtenir ce jointoiement imperceptible, fin comme un fil. Condamnation éternelle du moyen âge et des temps modernes! Qui n'a vu il y a quelques années, en passant sur le pont Royal, ces honteux murs des Tuileries, formés de deux revêtements menteurs, dissimulant un ignoble blocage, composé de boue et de gravois? Et nos constructions du moyen âge! Quel manque de soin et de jugement! Quand on a la volonté de bâtir un temple digne de la divinité, comment se contenter d'aussi misérables matériaux? Aucune pierre du Parthénon n'a moins de la taille voulue par sa situation; toutes, même celles qu'on ne voit pas, sont du marbre le plus parfait. Et quel soin dans le détail! Pour le gothique, le détail n'a rien de précieux; pour l'artiste grec, chaque détail a sa valeur et exigeait un ouvrier excellent. Ce sont des merveilles à leur manière, que les tombeaux musulmans et les mosquées du Caire; le dessin en est admirable; le plan sur le papier semble tout de génie; dix ou vingt ans elles ont été charmantes, autant qu'un crépissage et un visage fardé peuvent être charmants; aujourd'hui ce sont de sales ruines, un amas de poutres, de lattes et de torchis, trahissant les voleries de l'entrepreneur, l'esprit superficiel du constructeur. Dans mille ans, elles n'existeront pas plus qu'il n'existera une église gothique, et, dans mille ans, le Parthénon, les temples de Pœstum, si on ne les démolit pas, seront dans l'état où ils sont aujourd'hui. En art, comme en littérature, comme en religion, comme en politique, la maxime « malheur aux vaincus! » est vraie au bout de plusieurs siècles. Pour durer, il faut être vrai; ce que le temps renverse a toujours en son principe quelque chose de défectueux.

Faut-il nier cependant l'existence de toute archéologie phénicienne? Non, sans doute. Cette archéologie est pauvre, réduite à un état pitoyable; mais elle existe. En réunissant les monuments et les objets décrits en cet ouvrage à ceux qui étaient connus auparavant ou qui ont été découverts depuis, on obtient un ensemble de monuments et d'objets du même style, sans contredit antérieurs à l'influence grecque. Ces objets, on les trouve dans les localités certainement phéniciennes, et on ne les trouve pas ailleurs. C'est en suivant ce faible filon qu'on arrive à tracer d'une manière sûre le vrai caractère de l'art phénicien. Cet art, sorti primitivement, ce semble, du troglodytisme, fut, dès qu'il arriva au besoin d'ornement, essentiellement un art d'imitation; cet art fut avant tout industriel; cet art ne s'éleva jamais, pour les grands monuments publics, à un style à la fois élégant et durable.

Le principe de l'architecture phénicienne est le roc taillé, non la colonne, comme chez les Grecs. Le mur remplace ensuite le roc taillé, sans en perdre totalement le caractère. Rien ne porte à croire que les Phéniciens aient eu la voûte à clef. Ce principe du monolithisme qui domina l'art phénicien et syrien, même après l'adoption de l'art grec, est bien le contraire du style hellénique. L'architecture grecque part du principe de la division des pierres, et l'avoue hautement. Jamais les Grecs ne tirèrent du Pentélique des blocs comparables pour la grandeur à ceux de Baalbek et de l'Égypte; ils n'y voyaient aucun avantage; au contraire : avec des masses si énormes, qu'on veut utiliser tout entières, l'architecte est dominé; la matière, au lieu d'être subordonnée au dessin de l'édifice, contrarie ce dessin. Les monuments de l'acropole d'Athènes seraient impossibles avec les blocs syriens. Dans le style grec, la beauté du mur est un objet capital; or, le mur grec tire sa beauté des joints observant des règles symétriques et répondant aux lignes de l'édifice. Les pierres d'un mur en un tel style, ont toutes la même dimension, et cette dimension est commandée par le plan; ou bien, comme dans l'appareil *pseudisodome*, l'inégalité même des assises répond à une loi de symétrie. Les pierres de l'architrave, les métopes, les triglyphes sont des blocs distincts, même quand il eût été très-facile d'étendre un même bloc sur plusieurs de ces parties. Des faits comme ceux qu'on remarque fréquemment en Galilée, des coupes de pierres où trois ou quatre membres sont tirés d'un seul quartier eussent paru en Grèce des faits monstrueux, puisqu'ils sont la négation de toute logique. Dans le style grec, chaque pierre a son unité; car elle représente un membre, et il n'est pas naturel de faire plusieurs membres d'une seule pierre. Le principe de la construction grecque n'est nullement, comme cela eut lieu à Amrit, de tirer le plus de parti possible du bloc apporté de la carrière. Chaque bloc est assujetti d'avance et par le plan même de l'architecte à une taille déterminée d'après sa place dans l'édifice; les ouvriers l'amoindrissent, s'il est trop grand, à l'inverse des Phéniciens, qui lui laissent toutes ses superfluités. Maître absolu de ses matériaux, l'architecte grec poursuit des délicatesses que l'art de bâtir a négligées partout ailleurs. L'architecte syrien, phénicien, et même égyptien[1]

[1] Les architectes égyptiens mettaient beaucoup de négligence, ou du moins très-peu de prévoyance dans la préparation de leurs matériaux.

est aux ordres de ses matériaux; la pierre ne répond pas à la ligne voulue par l'idée; la pierre pour eux est toujours plus ou moins le roc, la matière indéterminée. Voilà pourquoi les Grecs n'ont guère fait ce qu'on rencontre à chaque pas en Phénicie, à Jérusalem, en Perse, à Pétra, en Lycie, en Phrygie, de l'architecture sur le roc vif[1].

De vastes murs à assises colossales, sortant en quelque sorte tout faits de la carrière[2] : si bien que le trait caractéristique d'un édifice soigné était qu'on n'entendît pas dans sa construction le bruit de la scie ni du marteau[3], tel était donc le caractère essentiel des monuments phéniciens. La nature un peu grossière des pierres de Syrie ne permettait pas ces ouvrages délicats des bases, des frises, des chapiteaux, qui, par leur opposition avec les parties lisses, font un des charmes de l'architecture grecque. Les ornements que nous avons trouvés sont très-fins et très-élégants, mais de peu de relief. On peut douter d'ailleurs qu'ils soient de l'époque la plus ancienne de l'art phénicien. Dans les édifices de Salomon, les parties ornées étaient de même, pour la plupart, en bois et en métal[4]. L'usage du marbre et du granit d'Égypte me semble toujours en ce pays le signe d'un âge postérieur. La colonne paraît avoir eu une certaine pesanteur; les murs étaient du caractère le plus grandiose, et l'on conçoit en les voyant que le nom des *Giblites* soit devenu synonyme de *tailleurs de pierres* et de *maçons*. Il est facile, du reste, de s'expliquer comment ces vieilles constructions colossales ont disparu. De telles constructions n'étaient nullement appropriées aux besoins des sociétés plus raffinées qui succédèrent à la civilisation chananéenne; elles ne furent plus dès lors que des carrières à ciel ouvert, dont on trouva commode de débiter les quartiers pour bâtir les édifices exigés par les besoins nouveaux, à peu près comme les *dol-men* et les *men-hir* de la Bretagne

---

[1] Il y en a cependant des spécimens insignes à Cyrène.

[2] Josèphe, *Ant.* VIII, II, 9; III, 2.

[3] I *Reg.* VI, 7.

[4] I *Reg.* VI, 18. אין אבן נראה, «la pierre ne se voyait nulle part,» est le trait de la suprême élégance.

ont disparu depuis cinquante ans, dans une énorme proportion, pour former l'empierrement des routes qui traversent le pays. Les vieilles statues, de même, furent trouvées si laides, qu'on les remplaça par des statues conformes aux progrès du goût.

Nous avons dit que l'art phénicien, dès qu'il employa des procédés réfléchis, fut un art d'imitation. L'imitation de l'Égypte et l'importation en Phénicie d'objets égyptiens se sont montrées à nous par trop d'exemples pour que nous ayons besoin d'y revenir[1]. Il est hors de doute que l'Égypte exerça en Orient, durant des siècles, une influence intellectuelle et religieuse analogue à celle que la Grèce devait exercer ensuite. Le style égyptien fut partout à la mode et offrit comme un prélude de la fortune plus universelle à laquelle le style grec devait parvenir. A quelle époque s'exerça l'influence qui fit de la Phénicie, sous le rapport de l'art, une province de l'Égypte? Comme limite au delà, on peut remonter aux Ramsès. Comme limite en deçà, on peut descendre jusqu'à l'époque romaine. Plusieurs des objets égyptiens trouvés dans la nécropole de Saïda peuvent n'avoir pas plus de dix-huit cents ans. Une induction importante pour montrer, d'une autre part, l'ancienneté de cette influence se tire des monuments de Hadrumète découverts par M. Daux. L'influence égyptienne y est aussi forte qu'à Aradus, à Amrit, à Oum el-Awamid, et porte sur les mêmes choses. Pour la Syrie, il est loisible de supposer que l'influence égyptienne se prolongea jusqu'à l'extinction de l'originalité égyptienne elle-même; mais pour Hadrumète, cela n'est pas possible, l'influence égyptienne ne s'étant pas exercée sensiblement à cette distance, au moins dans les trois ou quatre siècles qui précèdent l'ère chrétienne. Les emprunts à l'Égypte qu'on remarque à la fois dans les monuments de Hadrumète (ou pour mieux dire dans les monuments puniques) et dans ceux de la Phénicie sont donc antérieurs à la séparation définitive des Carthaginois et des Phéniciens, c'est-à-dire au VIIe siècle avant Jésus-Christ.

---

[1] C'est ce que vit bien, dès ses premiers pas dans le pays, M. de Vogüé, *Fragm. d'un journ. de voy.* p. 59 et suiv.

On peut faire le même raisonnement sur les objets trouvés dans les sarcophages de Palerme ou de Solonte, et dont d'Orville nous a gardé la représentation. Ces objets présentent une physionomie aussi égyptienne que les objets provenant des tombeaux de Saïda qui sont le plus empreints d'égyptianisme. On trouve parmi eux l'œil symbolique et un collier de petits dieux égyptiens en faïence vernissée, tout à fait semblable à celui qui est sorti de nos fouilles de Saïda. Palerme et Solonte étaient deux colonies carthaginoises[1]. Il est clair que de tels emprunts faits à l'Égypte ne sont pas directs. La couleur remarquablement égyptienne de l'archéologie de la Phénicie proprement dite peut s'expliquer par le voisinage; mais cette explication n'est valable ni pour Hadrumète, ni pour Palerme. L'Égypte n'exerça jamais d'influence directe sur ce dernier point. Il ne semble pas non plus qu'elle en ait exercé à Carthage. Donc, si les tombeaux phéniciens de Palerme nous offrent des objets égyptiens ou empreints d'égyptianisme, cela vient d'une influence exercée en Phénicie avant que la colonie phénicienne qui a fondé Carthage se fût séparée de la mère patrie.

L'Assyrie et la Perse fournirent aussi, comme nous l'avons remarqué à diverses reprises, plus d'un élément à l'art phénicien. Enfin l'art grec s'empara totalement du pays, à partir de l'an 400 avant Jésus-Christ environ. Vers l'an 400 aussi, les Grecs inondent Carthage, les cultes grecs y sont introduits comme officiels[2]; Annibal et toute l'école à laquelle il appartenait ne s'expliquent que par une longue pratique de l'encyclopédie grecque, en particulier des tacticiens. A l'époque romaine, surtout au IIe et au IIIe siècle[3], la Phénicie se couvre de monuments conformes au goût général du temps, monuments où cependant les idées religieuses du pays impriment encore une trace assez profonde, comme on le voit à Byblos et

---

[1] Thucydide, VI, 2; Polybe, I, 38.
[2] Diod. Sic. XIV, LXXVII, 5.
[3] Le point culminant de la splendeur de la Syrie paraît avoir été sous les Antonins et les empereurs dits *Syriens*. Les inscriptions, les belles monnaies des villes, etc. sont en très-grand nombre de ce temps, surtout depuis la tentative, en partie syrienne, de Pescennius Niger (tué en 194) jusqu'à la mort d'Alexandre Sévère (235). Le monde, à cette époque, fut à la lettre gouverné par des Syriens.

dans les temples du Liban. La dernière trace de l'originalité phénicienne ne disparaît qu'au IVe siècle [1].

Ce qui montre bien que, même aux époques les plus brillantes, l'art phénicien n'eut pas un haut cachet de puissance, c'est la façon dont il fut ainsi supplanté par un art plus moderne que lui. Si les vieux sanctuaires phéniciens, si les monuments des villes phéniciennes avaient été comparables à ceux des acropoles grecques, ils auraient résisté à l'envahissement des modes étrangères. Ce qui le prouve, c'est ce qui se passa en Égypte. L'Égypte, qui avait un art indigène inférieur à l'art grec, mais très-original, n'adopta jamais les ordres grecs. Jusqu'au IIIe siècle de notre ère, on bâtit en Égypte en style égyptien. En Phénicie, au contraire, déjà avant Alexandre, le philhellène Straton (sans parler d'Évagoras, de Nicoclès, à Chypre) imite l'art grec. Les monuments d'Oum el-Awamid sont contemporains des plus fines œuvres grecques. Il est impossible, vu surtout le goût des Orientaux pour les sanctuaires anciens [2], qu'on eût si vite remplacé les vieux temples par des temples en style grec, si les édifices nationaux n'avaient été tristes et incommodes. Ajoutons que les Romains, si curieux d'art exo-

---

[1] Le nom de *Phénicie* dut se conserver jusqu'à l'invasion musulmane (*Revue archéol.* juin 1866, p. 389, 392; déc. 1866, p. 382, etc.; *Synecdème* d'Hiéroclès, qui paraît du commencement du VIe siècle, p. 715 et suiv. édit. Wesseling; Édit de Justinien, édit. Godefroy, Paris, 1628, t. II, 2e part. col. 629-632; *Phœnicarques* dans le Code théodosien, Waddington, notes sur Le Bas, p. 246; de Rossi, *Bulletino*, 1867, p. 1; ci-dessus, p. 346, 347; Théodoret, *Hist. eccl.* II, 2; Sozomène, VII, 19; Théophane, *ad annum* 5838; Land, *Anecd. syr.* I, 3 (texte), 104, 169.) Du reste, la *Phœnicia Libanesia* et la *Syria Phœnice* de l'empire romain et du bas empire différaient sensiblement de la Phénicie primitive (quoi qu'en dise le P. Bourquenoud, *Études*, p. 1066). (Voir Sprüner-Menke, n°s 16, 25, 26; Menke, *Bibelatlas*, n° 6; Poulain de Bossay, *Scylax*, p. 88; Waddington, *Comptes rendus*, 1865, p. 122, 123.) Nulle trace du nom de *Phénicie* à l'époque musulmane. Le syriaque ܟܢܥܢ n'indique pas un nom usuel. *Phœnice*, dans Brocard (p. 21, Laurent), dans Marin Sanuto et dans les écrivains des croisades (Menke, *Bibelatlas*, n° 7), est aussi d'un usage savant. On est tenté de croire que, dans l'inscription publiée *Revue archéol.* octobre 1869, p. 266; mai 1870, p. 145; *Comptes rendus*, 1869, p. 183, *Pœnis* serait pour *Phœnicibus*; mais c'est là un trait de pédantisme et la conséquence d'un embarras de versification. Les contours de la province ecclésiastique de Phénicie restèrent conformes aux anciennes limites naturelles du pays. Voir les actes du concile de Chalcédoine en 451 (Fleury, *Histoire ecclésiastique*, livre XXVIII, n° 19; conf. l. XXVI, n° 35). Le nom de *El-Fenisch*, que M. Ganneau a recueilli de nos jours dans la bouche de certains arabes (*Comptes rendus de l'Académie*, 1870, p. 200, 201), s'il a quelques rapports avec celui des Phéniciens, viendrait des touristes qui, devant les monuments en gros blocs, ont pu prononcer le nom des *Phéniciens*.

[2] Voir le début du traité *De dea Syria*.

tique, les Romains, qui recherchaient avec tant d'avidité les obélisques égyptiens, ne parlent jamais d'un art phénicien[1]. Adrien, qui imita tous les arts étrangers en sa *villa Adriana*, et qui avait été en Phénicie, ne pensa pas à l'art phénicien. Les auteurs anciens n'en parlent pas. Un grand art original eût laissé plus de trace et sur le sol et dans les textes. Je ne connais que quelques passages du Talmud où il soit parlé d'un style phénicien. Dans la Mischna, *Maaseroth*, III, 5, il est question de חצר הצורית, *atrium tyrium;* dans *Baba bathra*, III, 6, il est question de סולם הצורי, *scala tyria*, opposé à סולם המצרי, *scala ægyptia; ibidem*, חלון הצורית, *fenestra tyria*, opposé à חלון המצרית, *fenestra ægyptia*. Ce qui semble résulter de ces passages, c'est que les choses appelées tyriennes sont plus grandes et plus larges que celles qui sont appelées égyptiennes[2].

Un curieux passage du traité de *la Déesse de Syrie* (§§ 2-9) attribué à Lucien, mais qui n'est pas de lui, doit être discuté ici. L'auteur, après avoir dit que les Égyptiens furent les inventeurs de la religion et des temples, ajoute : Καὶ ἔστι ἱρὰ καὶ ἐν Συρίῃ οὐ παρὰ πολὺ τοῖς αἰγυπτίοισι ἰσοχρονέοντα, τῶν ἐγὼ πλεῖστα ὄπωπα, et il cite, 1° le temple de Melkarth, à Tyr; 2° le temple d'Astarté, à Sidon; 3° le temple égyptien, apporté divinement d'Héliopolis d'Égypte en Phénicie (probablement à Baalbek) : ἀρχαῖον ἔστι, ajoute-t-il; 4° le temple de Vénus, à Byblos; 5° le temple dans le haut Liban (Maschnaka? Aphaca?); il ajoute : Καὶ ἀρχαῖον ἦν. Il termine par ces mots : Τάδε μέν ἐστι τὰ ἐν τῇ Συρίῃ ἀρχαῖα καὶ μεγάλα ἱρά. Il semble résulter de là que ces cinq temples étaient en style archaïque quand écrivait l'auteur du petit traité précité. En effet, le traité de *la Déesse de Syrie* est antérieur au II° et au III° siècle, époque où se

---

[1] Une statue fut apportée de Carthage à Rome et ornait le *Circus Maximus* (Plutarque, *Vie de Flamininus*, ch.1). Mais cela ne prouve pas sa valeur comme objet d'art; ce pouvait être un simple trophée. Peut-être, d'ailleurs, avait-elle été prise par les Carthaginois en Sicile. Nous lisons, en effet, que le triomphe de Scipion Émilien fut ἀγαλμάτων γέμων καὶ ἀναθημάτων, ὅσα Καρχηδόνιοι χρόνῳ πολλῷ καὶ συνεχέσι νίκαις ἐκ πάσης γῆς συνενηνόχασιν ἐς Λιβύην. (Appien, *Pun.* p. 135.)

[2] Je dois la connaissance de ces textes à M. Neubauer. La beauté des maisons particulières de Tyr, de Sidon et de Béryte nous est attestée par Josèphe, *B. J.* II, XVIII, 9.

firent en Phénicie les plus grandes reconstructions des temples. Il se peut, du reste, que l'auteur entende seulement parler de l'antiquité des sanctuaires, comme on peut dire que la basilique de Saint-Pierre de Rome est fort ancienne, quoique le bâtiment ait été refait. Si un aussi grand nombre de temples archaïques s'étaient conservés en Phénicie jusqu'au IVe siècle, on en trouverait plus de traces, et l'on ne rencontrerait pas à chaque pas, à Tyr, à Byblos, à Sidon, ces fûts de colonne de l'époque romaine, signes évidents de la reconstruction des grands sanctuaires du pays. Les temples du Liban, en particulier, furent tous rebâtis en style grec ou gréco-romain.

En général, dans leurs constructions, les Phéniciens paraissent avoir porté peu d'esprit de suite. Cela se sent bien à Amrit, à Kabr-Hiram, à Oum el-Awamid. Il y a dans les restes qu'on voit en ces localités beaucoup de belles idées, de beaux détails; mais il ne se détache aucun plan général dominant, comme dans les monuments de l'acropole d'Athènes. On dirait des gens aimant le travail de la pierre pour lui-même, ne se souciant pas de s'entendre pour faire une œuvre commune, ne sachant pas que l'esprit d'ensemble constitue le grand art. De là cet état d'imperfection où sont tous les monuments; pas un tombeau auquel les héritiers du mort aient jugé à propos de mettre la dernière main; partout un certain égoïsme, comme celui qui, plus tard, a empêché les monuments musulmans de durer. Le plaisir passager de l'art ne porte pas à finir; car finir exige une certaine volonté austère. En général, les anciens Phéniciens paraissent avoir été plus sculpteurs qu'architectes. Ils ne procédaient pas par grandes masses; chacun travaillait pour son compte. Nulle mesure rigoureuse, nulle symétrie, en tout l'à peu près et le caprice. Même les chapitaux d'Oum el-Awamid ne sont pas semblables; dans les parties qui se répondent le plus évidemment, il y a des détails différents.

Est-ce à dire que nous niions la priorité de la Phénicie et les services que, dans tous les arts, elle a rendus à la Grèce, au moins comme intermédiaire entre cette dernière et le haut Orient? Non certes; nous voulons dire seulement que le génie a été le partage de la Grèce seule. La Grèce, à l'origine, a beaucoup emprunté; mais seule elle a inventé l'idéal. Voilà pourquoi, malgré tous les emprunts possibles, pour expliquer la Grèce il ne faut que la raison. L'art grec est aussi logique que la philosophie grecque. Il n'est pas impossible que la philosophie, ou du moins la science grecque, ait fait plus d'un emprunt à Babylone et à la Phénicie. Socrate, Aristote, Phidias, l'architecture grecque, la philosophie grecque n'en sont pas moins le fruit d'un développement organique. Un édifice grec, le Parthénon, par exemple, se déduit par une sorte de calcul mathématique. Là est la gloire unique de la Grèce; la Grèce a créé l'absolu de la raison et du goût, du vrai et du beau, de même que le christianisme a créé l'idéal du bien. Voilà pourquoi la Grèce a un rôle à part, comme la Judée, rôle où elle ne sera jamais égalée. Toute recherche nouvelle doit se terminer par un hymne à la Grèce; toute découverte, même sur terre étrangère ou rivale, est un trait de plus à la gloire du génie grec, un argument pour établir son indéniable primauté.

L'infériorité des Phéniciens en fait d'art semble, du reste, avoir persisté jusqu'à nos jours dans le pays qu'ils ont habité. La population de la côte de Syrie, éminemment douée pour le commerce, est la moins artiste du monde. Que l'on compare une église maronite, misérable maison, sorte de dé de pierre, sans fenêtre ni clocher, à nos charmantes églises de campagne; quelle différence! Les églises des orthodoxes (lesquels représentent plutôt l'élément grec de la Syrie) montrent un peu plus de goût. Les religions de la Phénicie, quoiqu'elles admissent pour la plupart les images, ne portaient pas évidemment à raffiner sur la forme plastique des dieux. Un culte aussi féroce ne pouvait prêter à l'art. Plusieurs indices peuvent même porter à croire que certains temples n'avaient pas de ξόανα, qu'on s'y bornait aux ornements végétaux comme chez les Hébreux[1].

---

[1] *De dea Syria*, 3 prouve peu; car le rapprochement porte moins sur ἀξόανοι que sur ἰσοχρονέοντα.

Si la haute antiquité a laissé en Syrie si peu de chose, cela vient donc apparemment de ce qu'elle n'y fut pas très-brillante. C'est exactement la conclusion à laquelle sont arrivés de leur côté MM. Waddington et de Vogüé. La vieille Syrie ne connut guère d'autres temples que des *hauts lieux* informes ou des trous dans le rocher. La dimension des pierres ne prouve rien pour l'ancienneté d'un monument. Le temple de Jupiter, à Baalbek, dont l'âge moderne n'est pas contesté, renferme des pierres supérieures en dimensions à toutes les constructions de Gébeil, de Jérusalem. Le τρίλιθον du grand temple peut être très-ancien; cependant on ne peut le conclure avec certitude de la grandeur des matériaux, puisque les pierres les plus grandes que l'on connaisse après celles du τρίλιθον font partie d'un temple élevé deux cents ans après Jésus-Christ. Les constructions, en grands blocs, du Hauran, que les premiers voyageurs anglais firent remonter au temps d'Og, roi de Basan, se sont trouvées être toutes de l'époque romaine ou chrétienne. MM. Waddington et de Vogüé ont démontré cela jusqu'à l'évidence.

L'importance de l'industrie phénicienne est un fait trop connu pour avoir besoin d'être prouvé. Il est bien remarquable que cette industrie n'arriva pas au grand art, que le grand art fut la création d'un peuple infiniment moins industrieux d'abord que les Phéniciens[1]. Les petits objets phéniciens qu'on peut tenir pour antérieurs à l'influence grecque sont en général lourds et d'un goût contestable, souvent d'ailleurs imités de l'Égypte. Cela ne doit pas nous surprendre; qu'on songe aux États-Unis d'Amérique et même à l'Angleterre de nos jours. Du reste, à partir de l'an 400 avant J. C. environ, les rôles sont renversés. La Phénicie est inondée par les produits de l'industrie grecque, surtout de l'industrie rhodienne. Sidon s'approvisionne à Rhodes d'objets d'art et d'industrie[2]. Nous

---

[1] Voir les textes homériques recueillis par M. de Luynes, *Sarcoph. d'Esmunazar*, p. 42.

[2] Voir ci-dessus, p. 372. M. Albert Dumont me fait remarquer que toutes les anses d'amphore que j'ai rapportées de Phénicie sont de fabrique rhodienne.

trouvons à Rhodes un Zénon, fils de Nahum (noms dont le premier est cher à la Phénicie et le second phénicien), qualifié de Ἀράδιος πρόξενος [1].

Les tombeaux sont de beaucoup le plus beau legs archéologique que les Phéniciens nous aient laissé. L'idée primitive des peuples chananéens (Hébreux et Phéniciens[2]) fut que le tombeau devait être dans une caverne. Ces cavernes furent d'abord naturelles, puis on les creusa artificiellement[3]; même quand on appliqua aux tombeaux des règles architectoniques, on conserva l'idée qu'ils devaient être troglodytiques. Des mausolées bâtis à la surface du sol, comme le *Burdj el-Bezzak* d'Amrit sont, quant à l'idée, des cavernes exhaussées et censées tirées du lit de rocher. Cela est bien différent du principe de la sépulture égyptienne. Mais pour la manière de traiter le cadavre, la taricheutique égyptienne prit complétement le dessus.

L'épigraphie donne lieu à des observations analogues. Les Phéniciens et les Hébreux ne paraissent avoir beaucoup écrit que sur les pierres précieuses. Le corps entier des écritures hébraïques, quoiqu'il suppose l'usage d'écrire sur la pierre ou sur le roc (Job, xix, 23, 24), ne mentionne pas expressément une seule inscription dans le sens complet que nous attachons à ce mot, et, avant la découverte de l'inscription moabite de Dibon, on pouvait douter que l'épigraphie fût dans l'usage d'aucun peuple chananéen. Les stèles comme celle de Dibon durent être rares; quant à l'habitude de mettre des inscriptions sur les monuments, les tombeaux, les monnaies, elle ne fut peut-être pas chez ces peuples antérieure à l'époque où ils commencèrent à imiter les Grecs. La numismatique phénicienne suit la même loi; il n'y a pas de monnaie phénicienne

---

[1] *Corp. inscr. gr.* n° 2526. M. Bœckh a bien montré les rapports commerciaux et politiques de Rhodes et d'Aradus.

[2] Sur les tombeaux hébreux, et sur les termes techniques qui s'y rapportent, voir Lightfoot (*Horæ hebr.* «Centuria chorographica Matthæo præmissa,» cap. c.) Les termes d'architecture funéraire étaient probablement les mêmes chez les Hébreux et chez les Phéniciens.

[3] V. Winer, *Bibl. Realw.* aux mots *Gräber* et *Höhlen*. Se rappeler les récits de la Genèse sur la Macpéla.

antérieure aux monnayages grecs ou persans[1]. Il n'est pas sûr que l'inscription d'Eschmunazar soit beaucoup plus ancienne, et, en tout cas, le tour gauche, pénible, fastidieux de cette inscription est bien loin du ton simple et ferme des peuples qui écrivirent beaucoup sur la pierre. Au lieu de ce grand style lapidaire, de cette incomparable manière de parler à l'avenir, qui est le privilége des Grecs et des Romains, la seule inscription phénicienne un peu considérable que l'on ait trouvée jusqu'ici en Phénicie[2], n'est que le long verbiage d'un homme de petit esprit, obsédé de niaises terreurs pour la cuve qui renferme ses os. Nul sentiment de l'histoire, nul souci élevé de la postérité; quelque chose d'égoïste et de mesquin. La gravure même de l'inscription prouve les tâtonnements d'une épigraphie peu exercée. Le graveur s'est repris à deux fois, et la seconde fois il a encore changé de procédé. N'est-ce pas aussi quelque chose de bien singulier que la monotonie de l'épigraphie carthaginoise? Les cent quarante ou cent cinquante inscriptions de Carthage que l'on connaît sont toutes identiques entre elles, sauf une ou deux. Certes, il est inadmissible que le fait d'Eschmunazar soit un fait absolument isolé, et la seule possibilité de trouver des textes d'un intérêt aussi élevé justifiera tous les sacrifices et tous les efforts; mais il ne faut pas concevoir d'espérances exagérées; en somme, les inventeurs de l'écriture paraissent n'avoir pas beaucoup écrit. On peut affirmer du moins que les monuments publics chez les Phéniciens restèrent anépigraphes jusqu'à l'époque grecque. Nous sommes loin de croire qu'on ne trouvera pas après nous de nouvelles inscriptions; nous sommes sûrs même qu'il y en a parmi les débris d'Oum el-Awamid; mais une riche épigraphie nous aurait livré plus de trois ou quatre textes, et, si l'on suppose que le sort nous a peu favorisés, citons le témoignage de M. Thomson, l'homme qui a le plus

---

[1] C'est à tort que certains antiquaires tels que Münter ont supposé que la *kesita* antique portait quelque effigie.

[2] Une importante inscription a été découverte il y a trois ou quatre ans à Gébeil; elle n'est pas encore livrée au public.

parcouru la Syrie, et qui déclare avoir cherché vingt ans sans avoir trouvé en Phénicie un seul mot en caractères phéniciens [1].

Une cause qui contribua beaucoup à cette rareté fut l'habitude de faire les inscriptions sur des plaques de métal. Les cadres où étaient placées ces inscriptions et les traces des moyens employés pour les fixer se voient encore sur beaucoup de monuments. On sait que les inscriptions sur plaques de métal se conservent en beaucoup moins grand nombre que les inscriptions sur pierre [2], le métal ayant plus de valeur et étant plus facile à transformer que la pierre. Les Grecs écrivaient plus sur le métal que sur la pierre, et pourtant, dans l'épigraphie grecque, la proportion des inscriptions sur métal est tout au plus de une sur cinq cents. En Syrie, de même, les moindres morceaux de cuivre sont recherchés et fondus; jamais dans nos fouilles nous n'en avons trouvé. A Carthage, l'habitude d'écrire sur des plaques de bronze fut peut-être la cause de l'absence d'inscriptions funéraires qui frappe dans ces vastes nécropoles qu'a visitées M. Beulé et qui offrent tant d'analogie avec celles de la Phénicie. Lors du pillage des nécropoles, et sans doute dès l'antiquité, ces plaques auront été enlevées. Quant aux traités publics et aux *tabularia* ou recueils d'archives, plusieurs passages du premier livre des Macchabées nous apprennent que les stèles qu'on y gardait étaient de bronze, ἐν δέλτοις χαλκαῖς (I Macch. VIII, 22, XIV, 18, 26, 48, 49)[3]. Ajoutons que les inscriptions phéniciennes sont peu monumentales; presque toutes les inscriptions de ce genre sont petites, mal gravées, tracées avec un mauvais burin, évidées avec peu de soin. Ce sont des avis gravés sur la pierre, plutôt que des épigraphes monumentales; souvent elles peuvent être rangées dans la classe des *graffiti*[4]. Pas une seule inscription phénicienne n'offre ces artifices par lesquels

---

[1] *The book and the land*, I, p. 199.

[2] Voir Egger, *Études historiques sur les traités publics chez les Grecs et chez les Romains*, p. 18, édit. de 1866, in-8°.

[3] Voir Schleusner, *Lex. Vet. Test.* au mot Δέλτος.

[4] Voir en particulier les inscriptions trouvées par M. Daux, à Hadrumète.

CONCLUSIONS. 835

les Grecs et les Latins soulignent en quelque sorte le texte écrit sur la pierre et lui donnent un caractère architectural.

Une chronologie précise est, pour les produits des arts de l'ancienne Phénicie et de la Palestine, fort difficile à établir. Il faut même s'entendre sur ce qu'on appelle un monument phénicien. Si l'on convient d'appeler phéniciens tous les monuments trouvés en Phénicie qui ne sont ni dans le génie grec ni dans le génie romain, rien de plus facile que de classer les monuments de ce pays; mais cela n'avance à rien pour la chronologie. Comme la Phénicie garda, même aux époques grecque et romaine, son style et ses habitudes propres, comme la religion phénicienne en particulier se conserva sous une nomenclature presque toute grecque jusqu'au temps de Théodose[1], on n'est nullement autorisé, de ce qu'un édifice ou un objet d'art se présente ici avec une physionomie indigène, à croire que cet édifice ou cet objet d'art soit de l'époque autonome de la Phénicie, ni même antérieur aux Romains. L'épigraphie seule est ici un juge sans appel[2]. Certes, l'archéologie possède pour déterminer l'âge des monuments des criteriums intrinsèques d'une grande sûreté; mais ces criteriums sont tous relatifs et supposent un canon chronologique préalablement établi. Or, ce canon, l'épigraphie seule peut l'établir. Quelques données importantes nous ont été fournies à cet égard par les monuments. Différents en cela des Hébreux, qui restèrent peu épigraphistes jusqu'au moyen âge, les Phéniciens, à partir de l'époque où ils adoptèrent la langue grecque, écrivirent beaucoup sur la pierre. De là un point de repère qui, dans beaucoup de cas, permet de discerner clairement les monuments néophéniciens de ceux qui sont d'une époque antérieure à Alexandre.

En résumé, trois divisions, je crois, doivent être faites dans les monu-

---

[1] Sur cette renaissance phénicienne du II° et du III° siècle, voir le traité de Jamblique, *De pythagorica vita*, § 14.

[2] Il faut faire une exception pour les tombeaux. De vieux caveaux, anciennement violés, ont quelquefois été repris pour servir de sépulture, aux époques romaine et chrétienne, et ont reçu à ces époques des inscriptions, qui, si l'on n'y prend garde, peuvent induire en erreur.

ments anciens de la Phénicie[1] : 1° les vieux monuments antérieurs à toute influence grecque en Phénicie, comme sont, par exemple, les monuments d'Amrit; 2° les monuments mixtes, où les habitudes, les idées, le style propres de la Phénicie ont laissé leur trace, mais qui sont de l'époque grecque ou romaine, et où l'influence de l'art gréco-romain est sensible : telle est la pierre du baptistère de Gébeil; 3° les monuments purement grecs ou romains : le théâtre de Batroun, par exemple.

S'il m'est permis de donner quelques conseils aux futurs explorateurs de la Phénicie, je les engagerai d'abord à ne pas s'éloigner de la côte. La Phénicie ne fut pas un pays; ce fut une série de ports, avec une banlieue assez étroite. Ces villes, situées à dix ou douze lieues l'une de l'autre, furent le centre d'une vie toute municipale comme les villes grecques. La civilisation phénicienne ne rayonna pas dans la montagne et eut peu d'action sur la population de la Syrie[2]. Avant la domination grecque, le Liban, la Cœlésyrie et la Syrie furent des pays complétement arriérés. Les routes quelque peu praticables de ces régions sont l'ouvrage des Romains (les inscriptions nous l'apprennent)[3]; même les routes romaines, celles du fleuve du Chien, par exemple, n'ont jamais pu livrer passage à des véhicules[4]. Le chameau fut toujours dans l'intérieur le grand moyen de transport; or le chameau, cet ennemi mortel de la civilisation, rend la route carrossable inutile, et en amène la destruction. Le Liban, chez Strabon, nous apparaît comme livré tout entier aux brigands et aux bar-

---

[1] Nous n'avons point donné de place parmi les monuments phéniciens à ces statuettes grotesques que l'on trouva d'abord en Sardaigne, et que La Marmora, Guigniaut, Gerhard crurent phéniciennes. La Phénicie est un des pays où l'on en rencontre le moins (voir cependant Longpérier, *Musée Napoléon III*, pl. xxi). Au contraire, ces petites idoles ridicules figurent en grand nombre dans tous les musées étrusques, en particulier à Arezzo, à Cortone, à Pérouse, comme trouvées dans le pays. Le musée de Naples en possède aussi une ample collection, en partie de provenance étrusque, en partie venant de Pompéi.

[2] Voy. Ritter, XVII, p. 16, 17.

[3] *Corpus inscr. lat.* Syrie, n°⁸ 197 et suiv. Pour la route d'Akoura, voir ci-dessus, p. 304. La vieille route du fleuve du Chien, qui passe au-dessus de celle qui date de Caracalla (celle d'aujourd'hui), devait être un casse-cou vraiment inconcevable. Les routes élargies par les Romains sont si chétives, que l'on prend des routes antérieures la plus pauvre idée.

[4] Les chariots n'étaient guère connus en Syrie avant l'expédition de 1860. Nous fûmes témoins de l'étonnement qu'ils causèrent. Les brouettes de la mission, que les Arabes de Saïda appelèrent *carossât*, furent les premiers véhicules que la Syrie eût vus depuis des siècles.

bares. La côte échappait à ces inconvénients par la facilité du transport par eau.

En général, la lutte du citadin et du nomade (du Syrien et du Phénicien, d'une part, de l'Arabe de l'autre) est la clef de toute l'histoire de Syrie. Sous les Romains, le nomade est dompté; Palmyre, le Hauran, arrivent à une civilisation complète; la Syrie cultivée est double en surface de ce qu'elle est aujourd'hui; les routes sont entretenues et sûres. Avec le triomphe des Saracènes et de l'islam, commence la barbarie. La barbarie en ce pays est toujours le triomphe du bédouin, de l'homme qui a peu de besoins, qui n'estime pas l'industrie, qui se passe de véhicules à roues, et de routes par conséquent. Depuis le VIe siècle, la Syrie a été conquise par le nomade, gagnant de proche en proche comme le sable, portant, si j'ose le dire, le désert avec lui. La ligne de Palmyre, de Pella, de Gérase, de Bostra une fois forcée, toute la Palestine, ainsi que la région de Tyr et de Sidon, se trouva perdue. Le Liban fut sauvé par ses conditions de défense naturelle; la race syrienne s'y garda sous forme de *Mardaïtes* ou « rebelles. » C'est ainsi que la région de Saïda est bien plus arabe que le Kesrouan; l'élément arabe y a plus fortement pénétré. La morne et inintelligente gravité musulmane y a presque étouffé la gaie légèreté du Syrien.

Sur la plus haute antiquité, voici l'hypothèse à laquelle, pendant mon séjour en Phénicie, j'étais souvent amené. Le primitif Chanaan m'apparaissait bien comme chamite, ainsi que le veut le dixième chapitre de la Genèse. La Phénicie aurait été ainsi peuplée, 3,000 ans, par exemple, avant Jésus-Christ, par une race analogue à celle de l'Égypte, industrieuse, habile des mains, parlant une langue analogue au copte. La conquête des Sémites nomades (Hyksos, frères des Térachites, s'ils ne sont les Térachites eux-mêmes) serait venue vers l'an 2,000 avant Jésus-Christ. Cette conquête, qui en Égypte n'eut que des effets passagers et ne changea pas la langue, aurait eu en Chanaan des effets bien plus profonds et y aurait fait triompher la langue térachite ou l'hébreu, comme plus tard les musulmans ont établi l'arabe en Égypte; mais le fond de la population de Chanaan ne se serait guère modifié pour cela; malgré le changement de langue, il aurait repris le dessus, de même que la vieille race tend toujours à reparaître en Égypte. Ainsi s'expliquerait un fait dont je fus frappé à Sidon. Au milieu de cette espèce de gravité rogue du musulman, sans esprit, sans tact, ne sachant pas sourire, on est arrêté tout à coup par quelques jolis types égyptiens, d'enfants surtout, ayant quelque chose d'aimable, de prévenant, de fin. Ces types charmants seraient les émergents de l'ancienne race, laquelle aurait pris sa revanche par l'hellénisme et le christianisme, aurait été de nouveau écrasée par l'islam, mais serait restée, malgré son abaissement, l'âme de la vie morale du pays, ainsi que cela a toujours lieu quand une race dure et dominatrice conquiert une race industrieuse et douce. Ainsi s'expliqueraient également la facilité avec laquelle la religion et les mœurs égyptiennes s'établirent ou plutôt se rétablirent à toutes les époques en Phénicie, et en particulier ce culte d'Osiris, toujours en rapport avec Byblos et la côte chananéenne[1].

Quant aux points de la côte où je conseillerais de faire des fouilles, je recommande surtout Oum el-Awamid. En continuant à retourner et à examiner les pierres de cet endroit, on aurait la certitude de trouver de nouvelles inscriptions phéniciennes. Après Oum el-Awamid, je placerais Adloun et ses environs. Tout ce qui provient de cette localité présente un caractère à part et très-archaïque. Les environs du château de Gébeil renferment sans nul doute des restes d'une précieuse antiquité. Enfin il importe de déblayer les parties encore inexplorées de la nécropole de Saïda. A Tyr, il faudrait fouiller très-profondément et dépenser des sommes très-considérables pour avoir la chance d'obtenir de beaux résultats.

Je réunis ici quelques pierres gravées dont on me donna les empreintes, mais que je n'ai pas eu de raison pour rapporter à une localité

---

[1] Au IIe et au IIIe siècle, on croyait en Phénicie à l'origine égyptienne des dogmes phéniciens. (Jamblique, De pythag. vita, § 14.)

déterminée. Les petites notices qui les accompagnent sont, pour la plus grande partie, l'ouvrage de mon savant confrère M. de Longpérier.

1. Ville assise ; à ses pieds, un Fleuve nageant, comme on voit l'Oronte aux pieds d'Antioche.

2. Personnage assis à droite, tenant une palme.

3. Divinité ailée ; travail babylonien.

4. Imitation de scarabée, représentant une antilope qui court à gauche et un poisson.

5. Pierre basilidienne. Dans un cadre ovale, formé par un serpent qui se mord la queue, un Harpocrate (?) et un buste radié du Soleil, posé sur l'instrument à manivelle décrit par M. Vincent, *Mémoires des antiquaires de France*, 1850, t. XX, p. 2 et 445. L'inscription diffère des inscriptions qu'on lit d'ordinaire sur ces sortes de pierres (ΩΡΩΡΙΟΥΘ, que j'interprète עוררית, *resurrectio*, coll. Is. xiv, 9 ; ou ΩΡΩΙΟΥΘ, עורית, *expergefactio*) ; elle semble écrite à rebours et doit être lue Οὐρωέρις.

6. Tête barbue d'Hercule (?)

7. Divinité *pacifera*, tournée à gauche, tenant un rameau d'olivier.

8. Capricorne à queue de poisson ; pierre provenant de Gébeil, au Louvre, vitrine n° 19.

9. Imitation d'un scarabée égyptien. Pour savoir à quelle époque elle appartient, il faudrait voir comment la pierre est taillée.

10. Cachet en agate chez les jésuites de Ghazir. Bœuf bossu agenouillé ; cachet du temps des Sassanides. Empreinte prise par M. Gaillardot.

840 MISSION DE PHÉNICIE.

11. Épi entre les bonnets des Dioscures, surmontés d'étoiles.

12. Livie assise sur un trône, la main droite sur une haste, tenant des épis de la gauche. — Voir Eckhel, *Doctrina numorum*, t. VII, p. 156 (*ad calc.*) et 157. — IVLIA AVGVSTA, Livie assise tenant des épis. — Notez l'inscription CERERI IVLIÆ et la pièce avec la légende ΚΑΡΠΟΦΟΡΟΥ (cf. l'observation, p. 153, col. 1).

11 12 13 14 15 16 17 18

13. Tête rayonnée.

14. Tête barbue, tournée à droite.

15. Vénus se tenant le pied gauche de la main droite, et tenant un linge de l'autre main. — La Chausse, *Museum romanum*, 1746, 2ᵉ série, pl. LI. — Ed. Gerhard, *Ueber den Gott Eros*, 1858, pl. IV, n° 3. — Id. *Ueber Agathodæmon und Bona Dea*, 1849, pl. IV, n° 2. — Longpérier, *Notice des bronzes antiques du Louvre*, 1868, p. 36, n° 157.

16. Figure panthée, tournée à gauche; elle est casquée, ailée; tient un gouvernail et un thyrse ou un cyprès.

17. Astarté d'une ville maritime, tourrelée, le pied droit sur une proue de navire, tenant une tête de la main droite et une haste de la main gauche. — Astarté, sur les monnaies de Tyr, est représentée en habit court, *parazonium* (voir Pellerin, *Mélange de diverses médailles*, 1765, in-4°, t. I, pl. XIX, n° 9; F. Lajard, *Mémoire sur le culte du cyprès*, pl. VII, n°ˢ 2 et 4, etc.). — Astarté tourrelée à gauche, portant une tête sur la main : Monnaies de Césarée de Samaritide, d'Ælia Capitolina. — *Numismatic chronicle*, 2ᵉ série, 1860, t. II, p. 110 et 114, pl. III, n° 5. La description de cette dernière pièce est insuffisante. — Cf. Saulcy, *Numismatique judaïque*, pl. XVIII, n° 6, où l'on trouve une autre pièce incomplétement décrite (voir dans Mionnet, *Suppl.* t. VIII, p. 362, n° 13; p. 361, n° 7). — A Sébaste, Mionnet, *Suppl.* t. VIII, p. 357, n° 106. — Astarté tenant une tête humaine, le pied sur une proue, à Césarée (*ibid.* p. 336, n°ˢ 9, 10, 11).

18. Femme (Pénélope?) tenant une quenouille et un fuseau. Le bras droit tire le fil et tient le fuseau suspendu; le gauche maintient la quenouille. Le candélabre (?) (cippe portant un luminaire), pour désigner la veille, est placé vis-à-vis.

Un certain nombre de monnaies recueillies dans la mission ont été déposées au Louvre, d'où je pense qu'elles seront transportées au Cabi-

CONCLUSIONS. 841

net des médailles. M. Waddington les a examinées; il n'a pas pensé qu'elles fussent assez neuves pour mériter une description détaillée.

Pour la facilité de certaines recherches, on croit devoir reproduire ici le catalogue des objets de la mission, tel qu'il fut rédigé pour l'exposition du musée Campana, au palais de l'Industrie, en 1862. On y laisse subsister quelques erreurs, qui ont été plus tard corrigées dans le texte. Tous ces objets sont maintenant déposés au musée du Louvre. Quant aux dessins et aux photographies, ils ont été utilisés pour les planches. Je me propose de déposer le résidu, ainsi que mes estampages, à la bibliothèque de l'Institut.

CATALOGUE

DES OBJETS PROVENANT DE LA MISSION DE PHÉNICIE.

1. PIERRES ayant fait partie d'un monument très-ancien à Gébeil (Byblos). Voir le dessin n° 16, la photographie n° 72 et le bas-relief n° 2. L'ornement à gradins qui caractérise ces pierres resta jusqu'à une époque moderne un motif d'architecture très-commun à Byblos (voir les n°s 15, 51, 63, 93). On le retrouve en grand sur le principal monument d'Amrit (voir les dessins n°s 7 et 8).

2. BAS-RELIEF représentant un lion en ancien style asiatique. Faisait partie du même édifice que les pierres n° 1.

3. ÉPITAPHE de Sérapion, professeur à Byblos, et de sa femme Dionysia, avec la croix ansée ordinaire à Byblos (voir le n° 50 et la vitrine n°s 21, 22).

4, 5, 6, 7, 8. TÊTES trouvées à Oum el-Awamid. Coiffures présentant une physionomie égyptienne.

9. CIPPE funéraire trouvé à Amrit, ou plutôt, ce semble, entre Tortose (Antaradus) et Amrit (Marathus); donné à la mission par M. Péretié.

10. CIPPE funéraire. Aux angles du petit fronton se lisent quelques caractères phéniciens.

11. LINTEAU de porte d'un temple phénicien trouvé au village d'Eddé, près de Gébeil, présentant les emblèmes décrits par Philon de Byblos (uræus, globe ailé, etc.). Les uræus ont été martelés et le globe aplati pour recevoir une croix, la pierre ayant servi de dessus de porte à une église chrétienne. Au bas se lisent des inscriptions grecques.

12. PARTIE de la frise et de l'architrave d'un temple en style corinthien élevé à Byblos. Le centre présente le globe ailé et les uræus, traités selon les habitudes de l'époque romaine.

13. BAS-RELIEF des derniers temps du paganisme, représentant Apollon et Diane ou le Soleil et la Lune, trouvé près de Schalhaboun. Inscriptions grecques.

14. Partie de sarcophage trouvée près de Sarfend (Sarepta).

15. Autel à la déesse de Nesepteitis, jusqu'ici inconnue. Pour l'ornement à gradins qui couronne l'autel, comparez les n°ˢ 51, 63, 93. Provient de la colline d'Assouba, près Gébeil, autrefois couverte d'édifices religieux.

16. Tête trouvée à Ruad (Aradus).

17. Acrotère trouvée à Gébeil.

18, 19. Sarcophages trouvés dans la nécropole de Saïda (Sidon); caveau de l'époque romaine.

20. Grande theca trouvée dans la nécropole de Saïda; caveau de l'époque phénicienne.

21. Sarcophage trouvé dans la nécropole de Saïda.

22. Sarcophage trouvé dans la nécropole de Saïda. Cheveux peints.

23. Sarcophage trouvé dans la nécropole de Saïda. Tête peinte. C'est probablement le plus moderne de tous les sarcophages; il paraît de l'époque des Séleucides.

24. Sarcophage trouvé dans la nécropole de Saïda. Chevelure peinte.

25. Sarcophage trouvé dans la nécropole de Saïda. Type grec.

26. Fragments de sarcophage trouvés dans la nécropole de Saïda. C'est le seul sarcophage de ce genre où les bras, les pieds et les vêtements soient indiqués.

27. Fragments de sarcophages trouvés dans la nécropole de Saïda. La caisse est celle qui rappelle le mieux la forme d'une momie.

28. Sarcophage en lave de Safita, trouvé entre Tortose et Amrit. C'est le seul sarcophage de ce genre que l'on connaisse en pierre de Syrie.

29. Sarcophage en marbre, trouvé dans la nécropole de Saïda.

30. Sarcophage trouvé à Kneifedh (cinq heures de Sour); imitation des types égyptiens. Sur le devant, personnage ailé tenant en main la fleur de lotus, coiffé des symboles égypto-phéniciens; griffons sur le couvercle; semble de l'époque romaine.

31. Fragment d'un sarcophage trouvé à Roukley (deux heures de Sour). Grappes de raisin suspendues à une guirlande, type très-commun aux environs de Tyr.

32, 33. Sarcophages trouvés dans une chambre souterraine à Byblos. Sur le devant, symboles qui paraissent se rapporter aux mystères.

34. Baal ou Jupiter, trouvé près de Maschnaka.

35. Inscription grecque de l'an 8 avant J. C. *au Dieu Satrape*, trouvée à Maad, entre Gébeil et Batroun.

36. Tête trouvée entre Tortose et Amrit.

37, 38. Deux lions ou sphinx trouvés à Oum el-Awamid (quatre heures de Sour).

39, 40. Deux inscriptions grecques trouvées dans un caveau funéraire à Byblos.

41. Naos en bas-relief, surmonté du globe avec uræus, représentant une divinité montée sur un char de dragons, avec un croissant. Trouvé à Gharfin, près Gébeil.

42. Lion trouvé à Byblos.

43. Inscription phénicienne votive, trouvée à Oum el-Awamid. L'auteur du vœu est un certain Abdélim; la divinité est Baal-Schamêm.

44. Inscription phénicienne votive, trouvée sur une pierre à offrande à Oum el-Awamid. L'auteur du vœu est Abdeschmoun; la divinité est Astarté.

45. Fragment de gnomon avec inscription phénicienne, trouvé à Oum el-Awamid.

46. Inscription grecque trouvée à Oum el-Awamid et présentant le même nom que l'inscription phénicienne n° 43.

47. Bas-relief représentant un oiseau et une cage, trouvé à l'emplacement supposé

de la ville d'Ornithopolis, entre Sarepta et Tyr. Semble renfermer une allusion au nom de cette ville.

48. Chapiteau ionique grec, analogue à ceux de l'acropole d'Athènes, trouvé à Oum el-Awamid.

49. Palmettes d'un travail grec très-fin, analogue au chapiteau n° 48, trouvées à Oum el-Awamid.

50. Autel à la déesse Céleste, trouvé a Gébeil. Pour le signe qui est au-dessous de l'inscription grecque, comparez l'inscription n° 3.

51. Petit autel de Gébeil, présentant les motifs ordinaires du style de Byblos (gradins et acrotères lisses). Comparez n°s 15, 41, 63, 93.

52. Fragments divers d'architecture trouvés à Oum el-Awamid.

53, 54, 55, 56, 57, 58. Gros cippes avec inscriptions grecques, ayant servi de base à des statues, trouvés à Ruad (Aradus).

59. Cippe analogue aux précédents, sans inscription ancienne, mais où des marins du xvii° siècle paraissent avoir écrit leurs noms.

60. Inscriptions grecques.

61. Globe, avec les différents appendices décrits par Philon de Byblos et les deux uræus ayant servi de clef de porte à Oum el-Awamid. C'est la plus ancienne des nombreuses clefs du même genre trouvées en ce lieu.

62. Colonnette avec inscription grecque, trouvée à Tyr.

63. Fragments d'un petit autel de Byblos.

64. Cippe triangulaire, orné sur ses trois faces de statues, dont chacune est surmontée du globe ailé avec l'uræus; trouvé à Ruad (Aradus).

65. Cippe à Esculape (Eschmoun), trouvé à Ruad.

66. Petite tête trouvée à Ruad.

67. Petit bas-relief trouvé à Sour (Tyr).

68. Urne trouvée à Byblos, ornée de génies soutenant des guirlandes.

69. Inscription hébraïque trouvée à Byblos.

70. Fragment d'une statuette à gaîne, trouvé à Sarba, près Djouni, dans le Kesrouan.

71. Partie antérieure d'un sphinx ou chérub, orné d'un riche collier, trouvée à Oum el-Awamid.

72. Inscription latine trouvée près de Batroun, indiquant les limites entre les gens de *Cæsarea ad Libanum* et ceux de *Gigartus*, dans la rue des Sidoniens (probablement à Tripoli). Le nom du gouverneur est gratté.

73. Globe avec les uræus et les appendices ailés, ayant servi de clef de porte, trouvé à Oum el-Awamid.

74. Fragment de statue couchée, trouvé à Oum el-Awamid; travail grec.

75. Fragment présentant sur trois faces et aux angles des restes de sculpture, trouvé à Oum el-Awamid.

76. Fragment d'une sorte de siége votif, surmonté du globe ailé, avec des bras en forme d'ailes; trouvé à Oum el-Awamid.

77. Inscription trouvée à Tyr, en l'honneur de Marcus Æmilius Scaurus, le lieutenant de Pompée, dans sa campagne d'Asie (vers 60 avant J. C.).

78. Inscription grecque du temps de Trajan, trouvée dans le Kesrouan.

79. Statuette provenant de l'île de Chypre, donnée à la mission par M. Péretié.

80. Vases de fleurs sculptés, trouvés à Oum el-Awamid.

81. Globe, avec les uræus, accompagné du croissant, trouvé à Oum el-Awamid.

82. Pierre votive, trouvée dans la nécropole de Saïda.

83. Tête grecque, en albâtre, provenant d'Aradus.

84. Tête de provenance incertaine.

85. Bas-relief représentant un animal sur un pylône, trouvé à Oum el-Awamid.

86. Bas-relief égyptien, en pierre de Syrie, trouvé à Gébeil (Byblos). La tête, couronnée de l'uræus et du globe, paraît être celle d'Athor; au-dessus de l'autre tête, il y a des signes hiéroglyphiques.

87. Statuette égyptienne, naophore, avec une inscription hiéroglyphique portant le nom de *Psammétique,* trouvée à Aradus; en granit d'Égypte.

88, 89, 90. Autres fragments avec inscriptions hiéroglyphiques, trouvés à Aradus; granit d'Égypte.

91. Statuette naophore, trouvée à Byblos; granit d'Égypte. Les hiéroglyphes sont effacés.

92. Pierre conique, qui semble avoir servi de couronnement à un édifice; trouvée à Amrit.

93. Autel, dans le goût de Byblos, à Zeus-Epouranios, le même que l'Hypsouranios ou Samemroum de Philon de Byblos; trouvé à Sarba, près Djouni.

94. Fragment d'un bas-relief trouvé à Saïda.

95. Divinité assise sur un siège orné de lions, trouvée dans un endroit très-élevé du Liban, au-dessus de Mischmisch.

96. Pierre entourée d'une sorte de collier et d'ornements réticulaires, trouvée à Oum el-Awamid (voir le dessin n° 31).

97. Base avec inscription grecque, trouvée à Aradus.

98. Fragment de statue archaïque trouvé à Oum el-Awamid.

99. Sphinx ou Chérub en bas-relief, trouvé à Ruad (Aradus); en albâtre.

100. Griffons en bas-relief, trouvés à Ruad; en albâtre.

101. Fragment d'une frise composée d'uræus, trouvé à Aradus. Une frise complète du même genre existe à Amrit (voir le dessin n° 3).

102. Pierre portant le mot EXEI, trouvée dans un caveau funéraire à Byblos.

103. Inscription chrétienne trouvée à Saïda.

104. Inscription grecque du temps de Caracalla, trouvée dans le Kesrouan. Le nom de Géta est gratté.

105. Inscription grecque; provenance incertaine.

106. Inscription bilingue, trouvée à Aradus, en l'honneur de Marcus-Septimius Magnus. Le nom de la légion est gratté, comme à l'inscription du fleuve du Chien.

107. Cippes d'un genre très-commun à Saïda.

108. Sortes d'ex-voto communs surtout à Aradus.

109. Fragments d'un sarcophage de Byblos. Époque romaine.

110. Fragment de statue ailée.

111. Sarcophage en plomb trouvé à Saïda, représentant Psyché.

112. Fragments de sculpture trouvés à Aradus.

113. Poids trouvé à Gébeil.

114. Ustensile trouvé à Amrit.

115. Fragments d'inscriptions grecques.

116. Plâtres trouvés à Amrit dans un sarcophage et portant l'empreinte des étoffes qui enveloppaient le cadavre.

117. Fragments ayant fait partie d'un caveau funèbre, près de Byblos.

118. Bas-relief funéraire.

119. Fragment trouvé à Saïda.

120. Plâtre d'un bas-relief trouvé à Tyr, analogue à des sculptures trouvées à Carthage [1].

---

[1] Des difficultés s'opposèrent à l'enlèvement de cet objet. (Voyez p. 540.)

CONCLUSIONS.

VITRINE.

1. Toiles ayant servi à l'embaumement de cadavres, trouvées dans les grands sarcophages à tête de la nécropole de Saïda.
2. Poteries avec inscriptions grecques.
3. Fragment d'un cylindre avec inscription hiéroglyphique, trouvé à Tyr.
4. Fragment d'inscription grecque, trouvé à Gharfin, près Gébeil.
5. Bas-relief représentant une chasse, provenant du pays de Tyr.
6. Statuette de divinité, trouvée à Gébeil. Les yeux et les ornements des cheveux étaient rapportés.
7. Fragment de statuette trouvée à Tortose.
8. Fragment d'une statuette de Vénus, trouvé à Gébeil.
9. Deux torses de statuettes; provenance incertaine.
10. Tête fort ancienne, rappelant le type égyptien, trouvée dans une tranchée très-profonde, à Tyr.
11. Tête d'une physionomie persane, trouvée à Tyr.
12. Statuette de Minerve, trouvée à Sidon.
13. Statuette de la grande déesse, type archaïque, trouvée à Tortose.
14. Divinité à cheval (Tortose).
15. Ornement grotesque (Saïda).
16. Statuettes de l'époque grecque (Saïda).
17. Petite colombe votive (Saïda).
18. Lécythe grec, trouvé près de Tortose.
19. Bague d'or, dont la pierre représente un cheval marin; trouvée à Gébeil.
20. Anneau d'or avec pierre gravée, trouvé à Saïda, dans le sarcophage n° 21.
21. Scarabée, avec la croix ansée commune à Gébeil.
22. Amulette, avec la même croix ansée (Gébeil).
23. Darique.
24. Deux petites dariques.
25. Monnaie sassanide.
26. Monnaies des Croisés.
27. Monnaies phéniciennes ou frappées en Phénicie.
28. Ustensile de toilette en ivoire, représentant une Vénus; trouvé à Saïda.
29. Amulette représentant Anubis, trouvée à Gébeil.
30. Amulette dans le goût persan.
31. Amulettes égyptiens et autres.
32. Bijoux trouvés à Gébeil, à Saïda, à Amrit.
33. Bracelet en argent trouvé à Saïda.
34. Verreries trouvées à Tortose, à Amrit, à Gébeil, à Saïda.
35. Poteries trouvées à Amrit, à Gébeil, à Saïda, à Sour.
36. Vases et ustensiles d'albâtre trouvés surtout à Saïda.
37. Lampes trouvées sur tous les points de la Phénicie.
38. Bronzes, armes, etc. trouvés à Gébeil et à Saïda.
39. Plat de métal trouvé à Gébeil.
40. Ossements trouvés dans le sarcophage n° 29.
41. Fragments de sarcophages en plomb, trouvés à Gébeil.
42. Soutien de lampe funéraire (Byblos).
43. Instruments en fer et chaîne trouvés à Oum el-Awamid.

MOSAÏQUE.

Mosaïque trouvée à deux heures de Sour, près du monument phénicien connu sous le nom de *Tombeau d'Hiram*. C'était le pavé d'une église dédiée à saint Christophe. Une inscription nous apprend que l'ouvrage entier fut fait l'an 701. Si cette date doit être supputée selon l'ère d'Antioche, très-usitée en Syrie, elle nous reporterait à l'an 653 de notre ère, par conséquent treize ans après la conquête musulmane. Les personnages qu'on voit représentés dans les bas côtés sont les douze mois, les quatre saisons et les quatre vents.

DESSINS ET PHOTOGRAPHIES.

DESSINS DE M. THOBOIS.

1. Sanctuaire phénicien, à Amrit.
2. Coupe, plan et plafond du monument qui précède.
3. Cella égyptienne, dont les débris ont été trouvés dans un marais, à Amrit. Restaurée.
4. Globe ailé et grandes ailes qui décoraient la voûte en segment de la précédente *cella*.
5. 1° Rocher taillé à Amrit; 2° Site des deux grandes aiguilles funéraires[1], à Amrit.
6. L'ensemble des deux grandes aiguilles funéraires. État actuel.
7. L'aiguille aux lions. État actuel.
8. L'aiguille aux lions. Restauration.
9. L'aiguille voisine de la précédente. État actuel.
10. Mausolée d'Amrit. État actuel.
11. Coupe, dans les deux sens, du mausolée.
12. Restauration du mausolée, d'après les débris trouvés dans les fouilles exécutées au pied du monument.
13. 1° Troisième aiguille à Amrit, état actuel; 2° Maison évidée dans le roc, à Amrit.
14. La troisième aiguille, restaurée.
15. Caveaux entre Amrit et Tortose.
16. 1° Fragment trouvé près de Tortose, et qui paraît avoir appartenu à un monument dans le genre des *aiguilles* d'Amrit; 2° Plan et détails d'une ancienne construction trouvée à Gébeil (voir Photographies, n° 72); 3° Chapiteau, à Eddé.
17. Appareil en bossage de la deuxième enceinte du mur de Tortose.
18. Forteresse des Croisés, à Merkab.
19. 1° Aspect général des rochers sculptés, à Maschnaka; 2° une des faces sculptées.
20. L'autre face sculptée des rochers de Maschnaka.
21. Bas-reliefs sur le roc, à Ghiné, vis-à-vis de Maschnaka, de l'autre côté du fleuve Adonis.
22. Monument à deux heures de Tyr, connu sous le nom de *Tombeau d'Hiram*.
23. Plan, coupes et faces latérales du précédent monument, d'après les fouilles exécutées au pied.
24. Champ de tombeaux et fragment, près du monument appelé *Tombeau d'Hiram*.

[1] On se sert de ce mot, faute de meilleur, pour se conformer à l'usage des habitants, qui appellent ces monuments *méghazil* «fuseaux.»

CONCLUSIONS. 847

25. Plan de l'église byzantine, à laquelle la mosaïque servait de pavé. — Coupe de l'état actuel du terrain.
26. Dessin de la partie centrale de la mosaïque.
27. Murs à Oum el-Awamid.
28. Maison et état actuel de la porte égypto-phénicienne, à Oum el-Awamid.
29. Détails de la porte égypto-phénicienne et diverses clefs de linteau, trouvés dans les fouilles à Oum el-Awamid.
30. Restauration de la porte égypto-phénicienne.
31. Fragments trouvés à Oum el-Awamid.
32. Bloc avec sculptures très-frustes (Oum el-Awamid).
33. 1° Lion trouvé à Oum el-Awamid; 2° Chapiteau grec (voir la pierre n° 48).
34. Fragments d'entablement et base de colonne ionique, trouvés à Oum el-Awamid.
35. Citerne, à Oum el-Awamid.
36. Sarcophage près d'Oum el-Awamid.
37. Souterrain de la mosquée El-Aksa, à Jérusalem.
38. Chapiteau du souterrain de la mosquée El-Aksa.
39. Plan et élévation géométrale du monument d'Hébron, dégagé des constructions modernes.
40. Perspective du même monument.

DESSINS DE M. LOCKROY.

41. Grande caverne architecturée, près de Gébeil.
42. Type des ouvertures rondes, creusées dans le rocher, très-communes aux environs de Gébeil.
43. Rocher taillé et excavé sur le bord de la mer, près du fleuve Adonis.
44. Citerne taillée dans le rocher, à Semar-Gébeil.
45. Fossé taillé dans le rocher, à Semar-Gébeil.
46, 47. Caveau taillé dans le roc, aux environs de Gébeil.
48. Grand bas-relief sculpté sur le roc, à Jrapta.
49. Animal fantastique sculpté sur le roc, à Tirza.
50. Murs de Ruad (Aradus), vus de l'intérieur de l'île, côté du sud.
51. Fragment du mur de Ruad.
52. Travaux dans le roc, à Ruad.
53. Peinture à l'huile, représentant le côté nord-ouest du mur de Ruad.
54. Caveau de la nécropole d'Amrit.
55. Caveau de la nécropole d'Amrit, situé sous l'aiguille n° 7.
56. Autre caveau de la nécropole d'Amrit.
57. Salle d'en bas du mausolée n° 10.
58. Salle d'en haut du même mausolée.
59. Autre caveau d'Amrit.

DESSINS DE MM. GAILLARDOT, SACRESTE, BROUILLET.

60. Plan du cirque d'Amrit et de l'enceinte du temple n° 1, par M. Gaillardot.
61. Plan d'Amrit, par le lieutenant Sacreste.
62. Plan de la nécropole d'Amrit, par le même.
63. Plan de Gébeil, par le même.
64. Plan de Semar-Gébeil, par le même.
65. Plan de Maschnaka, par le même.
66. Plan d'Oum el-Awamid, par le sous-lieutenant Brouillet.

PHOTOGRAPHIES.

67, 68, 69, 70. Parties de la tour de Gébeil.
71. Entrée d'un caveau à Gébeil.
72. Parties de la construction à laquelle appartenaient les pierres n°s 1 et 2 (Gébeil).
73, 74. Aiguilles funèbres d'Amrit.
75. Sanctuaire phénicien à Amrit.
76, 77. Le grand mausolée d'Amrit.

N. B. A la page 15 de cet ouvrage, nous annoncions que les résultats de l'exploration de Chypre par MM. de Vogüé et Waddington seraient contenus dans le présent volume. Le récit de l'exploration de la Phénicie proprement dite ayant dépassé en étendue nos prévisions, la partie relative à Chypre formera un ouvrage à part, que mes deux savants collaborateurs publieront dès que les devoirs impérieux qui sont venus les chercher le leur permettront.

ADDITIONS ET CORRECTIONS.

Page 21, ligne 1. On trouve une mention d'Antaradus un peu antérieure à la *Géographie* de Ptolémée dans les Homélies pseudo-clémentines, xii, 1. Cf. *Recognit.* VII, 1, 12, 24, et la note de Cotelier. La mention d'Antaradus dans Pline (V, xx, § 78) est douteuse. (Voir Sillig.)

Page 21, note 2. Le nom grec de *Callirhoé* semble s'être conservé dans le nom syriaque *Ourhoi*. El-Asi, nom actuel de l'Oronte, a aussi, selon moi, pour origine le nom Ἀξιός, donné par les Macédoniens à l'Oronte, en souvenir du fleuve Axius de Macédoine (nonobstant Ritter, t. XVII, p. 1081, 1082).

Page 21, note 3. Cf. Bongars, *Gesta Dei*, I, p. 1155. انطرطوس, dans les *Hist. orient. des crois.* I, p. 807. *Tharratas*, dans Saint-Willibald, édit. Tobler, p. 21, 61, 327 (*Descr. Terræ sanctæ octo*, Leipzig, 1874). Jean Poloner l'appelle encore *Antiaradus* (*ibid.* p. 268, 269).

Page 25, bas. Ces deux dalles ont été très-bien reproduites par M. de Longpérier, *Musée Napoléon III*, planche xviii. On retrouve des représentations semblables sur des pierres gravées. Lajard, *Culte de Mithra*, planche xii, 10 et 11. Pour l'objet médial de la deuxième dalle, comparez Cahier et Martin, *Mél. d'arch.* t. III, pl. xiii. Le sphinx coiffé du pschent représente probablement un roi d'Aradus. Sur le symbolisme des *rois-cherub*, cf. Hitzig, *Comment. sur Ezéchiel* (ch. xxviii), p. 217. Voir aussi Vogüé, *Mél. d'archéol. orient.* pl. v, n° 2 (p. 107), et pl. vii, n° 38 (p. 131).

Page 29, ligne 5. J'ai des doutes sur le sens qu'il faut attribuer à l'objet représenté pl. XXII, fig. 2, et dont j'ai rapporté d'Aradus cinq ou six spécimens. J'ai vu à Athènes un grand nombre d'objets tout semblables, en particulier au musée de la Société archéologique (à l'Université). Quelques-uns de ces derniers objets, ressemblant parfaitement à des seins, ont des anses qui réunissent les deux saillies. On remarquera, parmi les spécimens que j'ai rapportés au Louvre, ceux qui présentent une sorte d'antéfixe. Ces particularités écartent l'idée de poids, à laquelle cependant on est mené par certaines considérations. Il est remarquable que les objets de ce genre, que j'ai rapportés d'Aradus, sont tous en marbre des îles grecques. Ces objets formaient donc un article de commerce entre la Grèce et Aradus.

Page 29, ligne 6. Lisez : (pl. IV, fig. 6.) Ce fragment de bas-relief, remarquable par son style, présente une main qui verse, tandis que l'autre tient l'anse d'un seau. C'est à tort que dans le Catalogue de l'exposition, n° 119, cet objet est présenté comme ayant été trouvé à Saïda.

Page 29, ligne 8 du bas. C'est à tort que M. Frœhner (*Inscr. grecques du Louvre*) présente ces bases comme des «tambours de colonne.»

Page 30. Le culte de Commode en Syrie fut une des formes de la terreur organisée par Septime Sévère, après la défaite de Nigor. La Syrie avait presque tout entière pris parti pour ce dernier. Ceux qui s'étaient compromis montrèrent d'autant plus d'empressement à se ranger au culte odieux dont Sévère avait fait une des marques de la fidélité envers lui. Notre inscription, avec ses lettres d'une grandeur et d'une forme affectées, est un monument de cette honteuse adulation. Voir Tillemont, *Histoire des empereurs*, III, p. 50; *Corpus inscr. gr.* n°s 1736, 4472 (p. 220). M. Frœhner (*Inscription grecque du Louvre*, p. 163) commente l'apothéose de Commode d'une manière inexacte.

Page 31. Cf. Frœhner, *Inscr. gr. du Louvre*, p. 132, 133.

Page 32, bas. Cf. Frœhner, *Inscr. gr. du Louvre*,

n⁰ˢ 88, 89, 115, 116; Waddington, *Inscr. de Le Bas*, III, n⁰ˢ 1840, 1841.

Page 33, première inscription. Cf. Frœhner, *Inscr. gr.* p. 210, 211.

Page 34. Sur le rôle de la légion *X*ᵃ *Fretensis* en Syrie, voir Saulcy dans la *Revue archéol.* oct. 1869, p. 253, 259, etc.; Clermont-Ganneau, dans les *Comptes rendus de l'Acad. des inscr.* 1872, p. 158-170, 358.

Page 34, note. Cf. Frœhner, *Inscr. gr. du Louvre*, p. 218; Keil, *Philologus*, suppl. II, 584.

Page 36. L'explication de cette inscription, donnée dans les *Inscr. gr. du Louvre*, p. 39 (cf. p. 325, note; 335, 337), est erronée. Pour l'orthographe du mot Εἰσιδώρα, cf. *Corpus*, n° 6583, et Frœhner, *Inscr. gr. du Louvre*, n° 92.

Page 37, note 2. Les mêmes erreurs sont répétées dans les *Inscr. gr. du Louvre*, p. 9.

Page 38. Voir le travail de M. Dumont dans les *Archives des miss. scientif.* 2ᵉ série, t. VI (1871), et *Revue archéol.* mai 1873, p. 317 et suiv. Cf. Waddington, *Inscr. de Le Bas*, III, n° 1841 a.

Page 38, note. Notez une île d'Aradus au sud de l'île de Crète, de même qu'une île de Gozzo.

Page 47. M. Guillaume Rey a repris la question des remparts et de la citadelle de Tortose dans son *Essai sur la domination française en Syrie*, in-4°, p. 33 et suiv. et dans son *Étude sur les monuments de l'architecture militaire des croisés en Syrie*, p. 69 et suiv. Voir aussi dans les *Arch. des miss. scient.* 2ᵉ série, III, p. 359 et suiv. Il n'y mentionne rien qui ne soit des croisés.

Page 49. M. Thobois, revenant d'un voyage dans le midi de la France, m'a dit avoir été frappé, à Carcassonne, de la similitude d'une des tours avec le mur de Tortose : même bossage, quand il y en a; mêmes irrégularités, mêmes raccords peu soignés, mêmes traces de précipitation. Il en est de même à peu près à Aigues-Mortes. Quelques restes qui se voient à Genève des anciens remparts me rappelèrent aussi certaines parties des constructions militaires de Tyr et de Tortose.

Page 56, ligne 3. Le numéro de cette statuette est n° 2 de la planche XXIV.

Page 56, bas. Sur l'ἀσ7αρτεῖον de la κατοχή du Sérapéum de Memphis, voir Egger, *Mém. d'hist. anc. et de phil.* p. 362, note 2; Lumbroso dans les *Comptes rendus de l'Acad. des inscr.* 1869, p. 55, 56.

Page 57. Μάαρκος : cf. *Archives des miss. scientif.* 2ᵉ série, t. VII, p. 335, 336. Μάρκος Δέκμου : même recueil, 2ᵉ série, t. IV, p. 528. Cf. *Corpus inscr. gr.* n° 4536 c. Voir Frœhner, *Inscription gr. du Louvre*, p. 286, 287; Waddington, *Inscript. de Le Bas*, III, n° 1850 a.

Page 68. Une très-importante découverte vient d'être faite près du *Maabed*. On a trouvé un de ces dépôts de statues brisées, comme Chypre en possède un grand nombre, et qui remontent certainement à l'époque de la destruction du paganisme. Voici un extrait de la lettre du 18 novembre 1873, où M. Gaillardot m'annonçait cette nouvelle :

«Dans un caveau ou souterrain situé près du «*Maabed*, probablement parmi les débris de cons-«tructions figurés à l'angle N. O. de l'enceinte taillée «dans le roc (voir pl. VIII), on a trouvé un assez «grand nombre de débris de statuettes, dont les «têtes, comme cela a lieu à Chypre, sont séparées du «corps. Une soixantaine de ces têtes ont été appor-«tées à M. Péretié, et elles nous ont paru présenter «un haut intérêt. Vu les obstacles que les autorités «turques mettent au transport et à l'enlèvement des «antiquités, l'homme de Tortose qui a apporté à «Beyrouth les têtes en question ne l'a pu faire «qu'avec beaucoup de difficulté et en plusieurs «voyages. Il dit qu'il y a aussi des corps de statues «et des animaux, très-mutilés. Parmi les objets dont «M. Péretié est déjà possesseur, il y a un corps «d'environ 40 centimètres de haut; la tête et la «moitié des jambes manquent; cependant, à un «reste d'un petit lion que le personnage tenait de la «main gauche, et dont on ne voit plus que les «pattes, on reconnaît que la statuette a dû ressem-«bler à ces colosses trouvés à Ninive (maintenant au «musée du Louvre), qui écrasent un lion contre leur «ceinture. Toutes les autres pièces qui sont entre les «mains de M. Péretié sont des têtes ressemblant «beaucoup à celles qu'on a découvertes à Chypre. «Elles sont taillées dans le calcaire blanc d'Amrit. «Leurs dimensions varient entre 5 et 15 centimètres. «La plus petite est celle d'un guerrier assyrien, «avec le casque conique et la barbe bouclée. Toutes «ces figures me paraissent différer de celles de «Chypre, en ce qu'elles présentent un type sémi-«tique très-accusé et qu'elles s'éloignent beaucoup «plus du type grec. L'aspect est sensiblement plus «archaïque.

«Qu'étaient ces statuettes? Comme elles ont été «trouvées à côté du *Maabed*, il se peut qu'à diverses «époques de l'année elles fussent placées dans la pe-«tite *cella* et exposées aux regards et à l'adoration des

ADDITIONS ET CORRECTIONS. 851

«fidèles. Ce qu'il y a de certain, c'est qu'elles appar-
«tenaient à l'édifice religieux près duquel on les a
«découvertes. J'avais cependant bien fait fouiller les
«alentours, surtout le massif de maçonnerie où s'est
«trouvé le caveau en question; il était probablement
«caché sous les amas de pierres, restes des bâti-
«ments qu'habitaient, je suppose, les prêtres et les
«gardiens du temple.»

Beaucoup de ces statuettes étaient sans doute votives et décoraient les vastes accessoires, maintenant
disparus, du *Maabed*.

M. Péretié, à la date du 5 février 1874, m'écrivait
ce qui suit :

«La trouvaille d'Amrit est en effet très-intéres-
«sante. J'ai pu déjà réunir une soixantaine de têtes,
«et quelques fragments de statuettes; et, dès que l'au-
«torité se relâchera un peu de sa surveillance, j'en-
«gagerai les gens de Tortose à aller enlever tout ce
«qu'ils ont laissé derrière eux; car, d'après ce qui
«m'a été dit, il y a encore dans le dépôt en ques-
«tion une énorme quantité de débris de toutes sortes.
«Les ouvriers ont naturellement mis tout d'abord la
«main sur les têtes, parce que c'étaient les choses
«qui, à leurs yeux, avaient le plus de valeur. Il n'est
«pas douteux que les corps auxquels ont appartenu
«ces têtes doivent se trouver là, et je ne désespère
«pas, avec le temps, de les réunir au grand com-
«plet.»

Page 69, ligne 1. Après «conjectural,» ajoutez :
«au moins en ce qui concerne le dessin de l'en-
«semble.»

Page 69, ligne 7. Après avoir vu les épreuves de
la planche IX, M. Gaillardot m'écrivait : «Le dessin
«du rocher sur lequel est placée la *cella* de la source
«des Serpents me semble inexact. Le cube de ro-
«cher, autant que je me le rappelle, est plus haut que
«large. Ce cube repose sur deux assises de pierre
«moins larges que celles que la gravure donne, en
«sorte que le cube semble assez difficilement équi-
«libré.»

Page 69, ligne 15. Les uræus rappellent tout à
fait ceux d'Ombos. *Antiquités de l'Ég.* A, vol. I,
pl. XLIV.

Page 70, ligne 1. La tête d'aigle n'est qu'une
conjecture de M. Thobois, qui me paraît maintenant
peu probable. Voir *Bulletin de l'Académie de Saint-
Pétersbourg*, t. XVI, col. 539, communication de
M. Stassoff.

Page 74, ligne 14. Voici les dimensions du caveau C, d'après la note d'un de mes collaborateurs :

du commencement de l'escalier jusqu'à l'entrée du caveau, 6^m,17; du commencement de l'escalier au commencement du couvercle de l'escalier, 2 mètres; de la
fin du couvercle à l'entrée du caveau, 50 centimètres.
Ce toit du couvercle, d'un seul bloc, mesure donc
3^m,77; hauteur du caveau à l'entrée, 2^m,10; hauteur de la porte, 1^m,15; longueur de la première
chambre, 5^m,12 (trois niches); longueur de la seconde chambre, 3^m,60 (elle est plus basse que la première de 40 centimètres); longueur de la troisième
chambre, 2^m,40.

Page 74, ligne 9 du bas. Une note de M. Thobois
me donne, pour les deux pyramides
tronquées, des dimensions un peu
différentes. L'une aurait 3^m,37 pour
côté de la base, 2^m,12 pour côté
du sommet, 1^m,92 pour côté de
la pyramide tronquée. L'autre serait irrégulière; la base serait un
rectangle de 1^m,48 de longueur sur
1^m,15 de hauteur; le sommet serait
un rectangle de 1^m,03 de longueur
sur 60 centimètres de hauteur; le
côté de cette seconde pyramide
tronquée serait de 3^m,30. Le monument n'aurait
donc pas été l'objet d'une taille régulière. La disparition du bloc intermédiaire est difficile à expliquer.
Ces régions ont été peu exploitées comme carrières;
pourquoi les deux autres blocs auraient-ils été res-
pectés? De plus, si le profil du monument était un
obélisque à arête droite, les angles au pied des deux
pyramides tronquées seraient inégaux, ce qui n'est
pas. Je crois que les deux pyramides tronquées étaient
superposées comme dans la figure ci-jointe. Il n'y
avait rien au-dessus de la seconde pyramide tronquée.

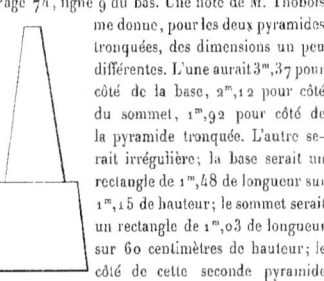

Page 81. Ce qui achève de prouver le caractère
phénicien du *Burdj el-Bezzak*, c'est sa ressemblance
avec certains monuments d'Algérie. M. Héron de
Villefosse a été frappé de cette analogie, dans son
récent voyage. Il me signale surtout, 1° le monument
funéraire d'Akbou (*Revue africaine*, IV, 1859-1860,
p. 418 et pl. corresp.); 2° le monument des Raten
(*Revue archéol.* 1859, p. 28 et suiv. et pl. corresp.);
3° le tombeau de Flavius Maximus, préfet de la
IIIe légion Auguste (*Revue archéol.* 1850, p. 186 et
suiv.). Ces monuments sont à base carrée, surmontée d'une pyramide quadrangulaire. Ils ont
aussi une grande ressemblance avec le monument
de Hermel.

Page 95. Rapprochez de ce gros rocher taillé le rocher d'Hagios Giorgios, à Rhodes. *Revue archéologique*, septembre 1868, pl. XXI et p. 157. Comparez des restes analogues à Théra. *Monumenti inediti dell' Inst. di corr. archeol.* III, pl. XXVI, 6ᵉ et 7ᵉ.

Page 96. Comparez, à Athènes, la maison dans le roc qu'on appelle «la prison de Socrate,» Le Bas, *Itin.* pl. IV, et le monument dans le roc à Gythium, Le Bas, *Itin.* pl. XXV.

Page 100, haut. M. de Luynes a reconnu aussi que Marathus n'eut que des monnaies à légende phénicienne; mais il croyait, ce semble, que l'émission de ces monnaies dura jusqu'à l'époque romaine (*Numism. et inscr. cypriotes*, p. 37). M. Waddington (*Mél. de num. et de phil.* p. 51, 52) a également montré que c'est à tort qu'on attribue à Marathus certaines monnaies grecques, qui appartiennent en réalité à Marium, dans l'île de Chypre.

Page 100, note 2. Voir aussi Vogüé, *Mél. d'arch. orient.* pl. V, VI, VII, p. 108, etc.

Page 104. Autres preuves du culte de Mithra en Syrie, *Corpus inscr. gr.* n° 6012; inscription à Vaison, au musée de Saint-Germain, Léon Renier, *Mél. d'épigr.* p. 129 et suiv.; *Revue archéol.* 1869, t. II, p. 222, 223.

Page 105, bas. M. Gaillardot m'a dit plus tard que, d'après ses souvenirs, la pierre du château de Yahmour n'était pas à sa place. Yahmour est le «Chastel Rouge» des croisés. ﺭﻮﻤﺣ signifie «rouge.»

Page 111, ligne 16. M. Rey m'a dit avoir vu ces inscriptions et en avoir l'estampage; ce sont de simples indications de sièges, Δημητρίου, etc.

Pages 111, 112. J'ai vu Lattakié, lors de mon second voyage. La principale ruine de la ville me paraît être un tétrapyle marquant la jonction de deux rues à portiques, comme on en voit dans les villes au delà du Jourdain. La nécropole de Lattakié est très-curieuse. La forme des tombes est lourde et d'un goût parfois douteux. Il y a abus de guirlandes et de bustes. Un trait phénicien, cependant, c'est que ce vaste amas de tombes est muet et sans épigraphes. Je n'ai vu à Lattakié qu'une seule inscription; elle était sur un petit monument présentant une figure sculptée. Je ne pus la prendre.

Page 112. M. Rey a depuis exploré Bætocécé et toute la montagne des Ansariés (*Arch. des miss. scient.* nouv. série, t. III, p. 336 et suiv. et planches). Voir le *Bull. de la Soc. de géogr.* juin 1866 et avril 1873. Voir aussi *Palestine exploration society*. Second statement.

Page 114, ligne 7 du bas. Il paraît que cette même formule se retrouve chez les Druses.

Page 116, haut. Le passage des Homélies pseudo-clémentines, XII, 1, confirme la situation attribuée ici à Orthosie.

Page 117, note 1. Voir Ritter, XVII, p. 1002. Thomson veut que Tell Nebi Mindaum soit l'antique Kadès, dont le lac tire son nom, et qui a pris tant d'importance en égyptologie, depuis que M. Brugsch y voit le Kadesch des monuments égyptiens. Il se peut, en effet, que cette ancienne ville ait été rebâtie sous le nom de *Laodicée*.

Page 119. Des deux sépultures représentées dans Pococke, *Descript. of the East*, vol. II, p. 1, pl. XXIV, E, l'une est, je pense, le monument de Hurmul. Sur ce monument, voyez aussi Thomson, *The land and the book*, I, p. 364; Sepp, *Jerusalem und das heilige Land*, II, p. 334; Van de Velde, *Le pays d'Israel*, n°ˢ 92 et 93 (remarquez les traces de vermiculations sur les trois assises inférieures; seraient-ce des restes d'hiéroglyphes du genre hamathien?). Menke admet l'origine assyrienne de notre monument, *Bibelatlas*, n° 2. Comp. Newton, *Discov. at Halicarnassus*, pl. XXXI. Le nom de *Hurmul* suggère quelques conjectures. On trouve dans les inscriptions d'une localité d'Afrique l'expression DOMVS ROMVLA, pour désigner des sépultures. Cette localité est Lella-Marnia, à l'ouest de Tlemsen, dans la province d'Oran (ancienne Mauritanie césarienne). M. Léon Renier, qui a signalé ce fait, a remarqué que Lella-Marnia est désignée dans quelques inscriptions sous le nom de *Numerus Syrorum*, nom qu'elle reçut probablement pour avoir été le lieu de garnison d'un corps de troupes syriennes. Voir L. Renier, *Inscr. de l'Alg.* n°ˢ 3895-3822. Ces inscriptions sont assez récentes. La plus ancienne (n° 3814) est de l'an 285 de notre ère; la moins ancienne (n° 3816), de l'an 337. Je suis porté à croire que cette expression *domus romula*, inexplicable par le latin, répond à בית הרמל. Ce qui confirme cette supposition, c'est que tout près d'une localité de Tunisie, nommée Henchir el-Harmeul, se trouve un mausolée de l'époque romaine, qui paraît avoir de la ressemblance avec notre Hurmul. Guérin, *Voyage archéologique dans la région de Tunis*, I, p. 288 et suiv.

Page 129. Voir une importante inscription sur Tripoli dans Pittakis, n° 363, Ἐφημερὶς ἀρχαιολογική, 1840, p. 303, 304.

Page 130, note 2. Comp. *De dea Syria*, § 45, et Ritter, *Erdkunde*, X, p. 1044.

Pages 133, 134. Le nom d'*Avitus* était très-ordinaire en Syrie et se rattachait à la famille de Mæsa, de Mammæa et d'Alexandre Sévère : Dion Cassius, LXXVIII, 30 et 31; Waddington, *Inscriptions de Le Bas*, III, n°⁸ 1984 d et 2412 c; *Corpus inscriptionum græcarum*, n° 4658; Tillemont, *Histoire des empereurs*, III, p. 144 et 145. Le prénom d'Aurélius et les noms de Domnus et d'Avitus prouvent que nous avons affaire, dans l'inscription de Hosn el-Sefiri, à des personnes de la famille des empereurs syriens. L'expression τὰ ἔργα doit désigner les travaux du temple, «la fabrique,» comme nous dirions. Τὰ ἔργα désigne, en effet, les travaux publics d'Adrien dans une inscription citée par M. Miller (lecture à l'Académie, 8 avril 1870). Sepp (*Jerus. und das heilige Land*, II, p. 220) donne l'inscription de Kefr-Haouar comme M. de Saulcy. Peut-être, à vrai dire, a-t-il pris sa copie dans M. de Saulcy. La grande exactitude avec laquelle mon savant confrère copie les inscriptions est la meilleure raison pour ne pas insister sur les doutes que j'exprimais page 133. Les mots ἱερούργησε τὴν κλείνην n'ont donc guère pour eux que l'autorité de Bailie, qui est en général des plus faibles. Les exemples de κλίνη votive sont nombreux (Vogüé, *Inscr. sémit.* p. 50, note, 113, 114; voir cependant p. 121; *Journal asiatique*, juin 1868, p. 539; Steiner, *Inscr. Germ.* n° 1078 («Soli Serapi cum «sua cline,» dans une inscription de Cologne); Zobel, *De pulvinaribus sacris veterum Romanorum*, Altorf, 1726; mais il est douteux qu'aux exemples connus il faille ajouter celui de Hosn el-Sefiri. Voir *Commentare zu Seetzen*, p. 109, 110. Ἀουείτου Θυγάτηρ τὸ ὑπέρθυρον me semble maintenant très-probable.

Page 134, note 4. Comparez Βαίσαμψα pour Βαίτσαμψα. *Z. der d. m. G.* 1873, p. 325, note 4. En phénicien, on a בעתר pour בת עתר. *Zeitschrift*, 1860, p. 651. — Voir aussi Wetzstein, *Reisebericht über Hauran und die Trachonen*, p. 110, 111.

Page 135, ligne 6. M. Rey a depuis visité Naous, *Arch. des miss. scient.* 2ᵉ série, t. III, p. 340, 341, et a montré les rapports de Naous et de Bætocécé. Voir aussi Seetzen, *Reisen*, I, p. 201; *Commentare zu Seetzen*, p. 105.

Page 135, ligne 10. Sur ces sortes de jambages, voir les planches de Thenius, *Comment. sur les livres des Rois*, pl. II, fig. 2 et 5.

Page 138, première inscription. Voir le *Commentaire sur Seetzen*, p. 98.

Page 138, deuxième inscription. Pour la date du sigle ࠅ dans les inscriptions de Syrie, voir Wetzstein, *Inschriften*, p. 296, exemple daté de l'an 568.

Page 139, bas. Comp. בעשתרה pour כית־עשתרה. Gesenius, *Thes.* p. 175, 1083; *Lexicon man.* p. 122, 123; Ritter, index des tomes XVI et XVII, p. 1897, au mot *Beth-Aschtar*.

Page 142, note. Cf. Jean Poloner, dans *Descr. Terræ Sanctæ octo* de Tobler, p. 267.

Page 144, ligne 11. Sur Trière, voir Tobler, note sur Antonin Martyr, p. 74, et Poulain de Bossay, *Essai sur Scylax*, p. 31 et suiv.

Page 144, 145. Comparez, pour la pierre du curé d'Ancfé, *Mélanges d'archéologie* des PP. Cahier et Martin, t. III, p. 127 et suiv.; Vogüé, *Mélanges d'archéol. orientale*, pl. VI, p. 121; Lajard, *Mon. du culte de Vénus*, pl. I, 8; XV, 11. La forme de la pierre était exactement celle du n° 12 de la planche XII des *Monuments du culte de Mithra* de Lajard.

Page 145, note 1. Cf. Ch. Müller, *Géogr. gr. min.* p. 78, note; Poulain de Bossay, *Essai sur Scylax*, p. 29 et suiv.

Page 147, ligne 20. Voyez *Commentare zu Seetzen*, p. 111.

Page 148, ligne 3. Comp. *Sostrate*, Tacite, *Hist.* II, 4. Pour *Straton* = *Abdastart* ou plutôt *Astartiaton*, voyez Waddington, *Inscr. de Le Bas*, III, n° 1854 d.

Page 148, ligne 5. Pour la forme du cartel, comparez Saulcy, 1ᵉʳ voy. pl. LI.

Page 151. Sur les tremblements de terre de Syrie, voir *Académie de Bruxelles*, *Mémoires couronnés*, t. XXIII (1848-1850), mémoire de M. Perrey, de Dijon. Voir aussi Poulain de Bossay, *Rech. sur Tyr et Palétyr*, ch. II; *Bulletin de la Société de géographie*, janvier 1862, p. 14.

Page 153, ligne 6. Dans le Talmud de Jérusalem, *Halla*, III, 1, Byblos s'appelle בבלא.

Page 154, ligne 6 du bas. *Gibelen*, dans le portulan Correr. Musée Correr, à Venise, lib. A, sc. 6, n° 34.

Page 156, ligne 15. A mon second voyage, cette sculpture m'a paru du moyen âge; elle fait corps avec le mur et est peut-être du même temps. Les deux colonnettes semblent romanes et supportent un cintre à fond de conque. Aux chapiteaux est suspendue une sorte de médaillon. La base qui porte les colonnettes offre trois antéfixes, les deux extrêmes à six pétales, celui du milieu en forme de rosace plus compliquée.

Page 161, ligne 14. Ajoutez «en jaspe vert.»

Page 161, ligne 17. Ces méandres sur la base

des scarabées sont en Égypte, me dit M. Mariette, un indice d'ancienneté (musée de Boulaq, salle de l'Est, vitrine). Il est probable que les deux petits monuments de Gébeil sont des imitations relativement modernes de monuments égyptiens antiques. Ces imitations paraissent avoir été en usage à Byblos. A Gébeil a été trouvé, depuis la mission, un scarabée en améthyste dont la base est couverte d'hiéroglyphes. Ce scarabée est en la possession de M. Péretié. M. Mariette croit que c'est une imitation ancienne d'un monument plus ancien. L'exécution est mauvaise, la gravure peu profonde. Il n'y a pas de scarabée égyptien d'une époque reculée en améthyste; tous les scarabées de ce genre sont de l'époque grecque ou de l'époque saïtique. L'aspect de notre pierre ferait d'abord penser à la douzième ou à la treizième dynastie; mais la matière et le travail excluent cette hypothèse. On croit lire : « Le noble chef..... Apa, fils de..... « Ka-nefer. »

Page 162. Sur l'histoire du culte de la Vénus Céleste, Οὐρανία, cf. Pausanias, I, xiv, 7. M. Frœhner, qui a mal lu le dernier mot de l'inscription (*Inscr. du Louvre*, p. 35, 36), voit des lions au lieu de sphinx. Il a peut-être raison. (Voir ci-après, addition à la page 239, bas.)

Pages 162, 163. Pour le fragment d'autel, voir p. 208. A mon second voyage, je remarquai des fragments d'autels semblables, à feuilles d'angle épannelées, à Beyrouth, sur le chemin de Kesrouan, et au khan qui est en deçà du fleuve du Chien.

Page 163. Pour le petit autel représenté dans l'épaisseur du mur, comparez Botta et Flandin, *Monum. de Ninive*, II, pl. cxiv, et *Mélanges d'archéologie des PP. Martin et Cahier*, t. III, p. 127. Ces créneaux se voient dans un grand nombre de monuments assyriens, *Mon. de Ninive*, I, II, nombreuses planches; Layard, 2ᵉ série, pl. xxxvi, xxxix, xl-xlii, xliii, l, liii. Comparez Waddington, *Voyage numismatique*, p. 147 et pl. x, n° 7; *Zeitschrift der d. m. G.* 1867, p. 460, pl. I. Le même motif se retrouve dans la couronne des rois sassanides, *Zeitschrift der d. m. G.* 1854, pl. vi-x; collection Bartholomæi, *Mém. de l'Acad. de Saint-Pétersbourg* [encore inédit]; Mionnet, *Suppl.* VIII, pl. xix, 4. Les exemples modernes de créneaux de ce genre sont innombrables en Égypte et en Syrie. Voir, par exemple, Laborde, *Voy. de la Syrie*, pl. lxxxvii; Saulcy, *Les derniers jours de Jéru-*

salem, p. 200. grav.; Van de Velde, *Le pays d'Israël*, n° 61.

Page 164, ligne 20. Cette distribution des tours, qui se retrouve dans d'autres châteaux francs de Syrie, en particulier à Sahioun, était, du reste, conforme au type des forteresses antiques. Voir, pour la tour Antonia, Josèphe, *B. J.* V, v, 8, et Vogüé, *Le temple de Jérusalem*, p. 52.

Page 164, note 1. Voir Rey, *Arch. milit.* p. 217 et suiv. pl. XXI, et dans les *Arch. des miss.* 2ᵉ série, III, p. 358.

Page 166, lignes 7 et 8. M. de Saulcy, 2ᵉ voy. II, p. 86-92, m'adresse à propos de ce passage des reproches que je crois injustes, ou qui, du moins, s'ils sont fondés, tombent également sur tous ceux qui ont examiné la tour de Gébeil. M. de Vogüé, qui avait d'abord insisté plus que personne sur la haute antiquité de cette tour, a bien reconnu plus tard qu'elle était du moyen âge. Voir, dans *Le temple de Jérus.* p. 4 et suiv. une excellente théorie du refend et du bossage en Syrie. Notez surtout ce qui est dit, page 7, du château de Bostra, bâti par les Ayyoubites; cela montre que la grandeur des blocs de la tour de Gébeil ne prouve rien pour l'ancienneté du monument. M. Guillaume Rey rapporte également la tour de Gébeil aux premières années du xiiᵉ siècle. *Arch. des miss. scient.* 2ᵉ série, t. III, p. 358.

Page 167, ligne 15. Voir, pour l'emploi des pierres à crossettes dans les parties du mur de Jérusalem datant du moyen âge, *Mém. de l'Académie des inscr.* t. XXVI, 1ʳᵉ partie, p. v. La difficulté tirée de l'emploi des pierres à crossettes a perdu de sa gravité à mes yeux, depuis que j'ai vu les vieux murs de Cortone. L'insertion de petites pierres pour niveler les lits formés par les gros blocs y est fréquent. La tour grecque d'Éphèse, appelée « Prison de saint Paul, » offre aussi de petites pierres placées en hauteur pour remplir les interstices des gros blocs. La haute antiquité a pu se permettre, dans l'architecture militaire, des incorrections qui ne nuisaient qu'à la beauté et ne compromettaient pas gravement la solidité. La pose des pierres en délit n'est pas non plus un argument décisif contre l'antiquité d'un monument. D'un autre côté, l'état du délitement de pierres ne prouve rien pour l'ancienneté. (Voir Vogüé, *Le temple de Jérus.* p. 4, 5.)

Page 170, ligne 15. Voir Ewald, *Geschichte des Volkes Israel*, III, p. 307, note (3ᵉ éd.), et sur le style giblite, p. 317, 318, note.

Page 171, haut. Comparez les angles de la tour

grecque d'Éphèse, appelée "Prison de saint Paul," et, à Nauplie, les angles de la forteresse vénitienne (parties de date incertaine). Voir aussi la tour occidentale d'Aboullionte (Le Bas, *Itin.* pl. XLIX).

Page 172, note 1. Ajoutez le témoignage de Theodericus, *De locis sanctis* (vers 1172), édit. de Tobler, Saint-Gall, 1865, p. 109 : "Civitas castrum continens munitissimum Gibeleth." (Cf. p. 235, note de Tobler. Cf. Jean Polouer, dans Tobler, *Descript. terræ sanctæ octo*, p. 267.)

Page 173, haut. Le passage de Strabon est rectifié par l'épithète ἀγχίαλον, appliquée à Byblos par Denys le Périégète (vers 905).

Page 175, au 2°. Cf. Layard, *Monuments of Niveveh*, 2ᵉ série, pl. LVI.

Page 175, au 3°. Cf. Layard, *Monuments of Niveveh*, 2° série, pl. II et LXVIII; Guigniaut, *Relig. de l'antiquité*, pl. XLI, n° 168 a. Notre bois omet quelques détails, en particulier l'indication de plis longitudinaux sur l'espèce de caleçon qui enveloppe la naissance des pattes du lion. Ces plis ont disparu sur le plat du monument, par suite de l'usure qu'il a subie; mais on les voit devant la patte du lion. Notre bois n'a pas non plus suffisamment rendu le travail réticulé du ventre du lion.

Page 176, ligne 4. Depuis la mission, un important monument égypto-phénicien a été trouvé très-près des tranchées que nous fîmes sur la colline de Gébeil. C'est une stèle en calcaire blanc, peu dur, de 1ᵐ,14 de haut sur 0ᵐ,56 de large, mentionnant une offrande faite par un roi de Byblos à Baalath-Gébeil, représentée en Isis. Il est à souhaiter qu'on publie le plus tôt possible l'inscription phénicienne de quinze lignes qui accompagne le monument. Voici ce que M. Péretié a eu la bonté de m'écrire sur cette découverte :

"Je ne suis point allé moi-même sur les lieux, "dans la crainte d'éveiller l'attention, toujours fâ-"cheuse en pareil cas, de l'autorité locale, surtout "depuis les derniers règlements; mais d'après tous "les rapports qui m'ont été faits, et que j'ai lieu "de croire exacts, la stèle qui porte l'inscription a "été trouvée à environ 25 ou 30 mètres de l'angle "sud-est du château de Gébeil, tout près d'une mai-"son située en face de ce même angle, et qui doit "être le bâtiment qui termine, au sud, l'endroit in-"diqué sur le plan de la planche XIX de la *Mission* "*de Phénicie*, comme présentant des "vestiges de "constructions anciennes." C'est en creusant la terre "devant cette maison, pour planter quelques arbres, "que le propriétaire, un musulman, découvrit une "sorte de porte sur le seuil de laquelle se trouvait "la pierre en question. Elle était debout, placée "entre deux lions, ou pour mieux dire entre deux "avant-corps de lions; l'un taillé verticalement à "10 centimètres de la crinière, l'autre presque en-"tier, sauf une cassure vers la queue, et tous deux "ayant le long du dos, à partir du cou, une sorte de "plate-bande en saillie, destinée peut-être à sup-"porter la stèle. — Ces lions ont la gueule ouverte; "ils sont d'un grand et vigoureux caractère, et pa-"raissent avoir été taillés dans la même pierre que "la stèle."

Page 177. Comparez, pour cette façon d'accuser sur les médailles l'appareil des pierres, Guigniaut, *Relig. de l'antiq.* pl. I, n° 332; Waddington et *Zeitschrift*, précités, au suppl. de la p. 163. Dans une monnaie d'Édesse, cependant, des imbrications toutes semblables sont appliquées au toit. *Numismatic chronicle*, t. XVIII, pl. à la page 1, n° 3.

Page 179. Le dessinateur du bois, n'ayant pas vu que les caractères du haut à droite sont des hiéroglyphes, les a mal rendus.

Page 183. Voyez *Mission*, etc. p. 369. Un exemple de la formule οὐδεὶς ἀθάνατος, omis, je crois, dans le *Corpus inscr. gr.* se voit à la cathédrale de Tortone, en Piémont. Cette formule fut certainement employée par les juifs. (Cf. Lévy, *Epigraphische Beiträge zur Geschichte der Juden*, p. 308, 320, 321.) M. Revillont a trouvé des formules équivalentes dans les épitaphes coptes. (Cf. *Revue archéologique*, février 1874, p. 81-83.)

Page 184. Voyez Keil, *Philologus*, supplém. II, 585; Frœhner, *Inscr. du Louvre*, p. 312, 313. Comparez à cette inscription celle de M. Perrot, *Miss. de Galatie*, p. 118, et celle qui a été communiquée à l'Académie par M. Miller, le 14 novembre 1873. La forme du cippe, à double cintre par le haut, comme si elle avait deux registres, est remarquable.

Page 185, ligne 15. Au lieu de "tome XXVI," lisez "tome XXVIII."

Page 186, bas. C'est à tort que M. Frœhner (*Inscr. gr. du Louvre*, p. 306) suppose qu'il manque quelque chose après ἔχει. La vue du monument interdit absolument cette conjecture.

Pages 187, 188. La formule εὐλογία ou εὐλογία πᾶσιν se trouve à Naples et à la catacombe de la Vigna Randanini sur des tombes juives. Cf. Garrucci, *Dissert. archeol.* II, p. 185; Fiorelli, *Iscr. lat. del museo di Napoli*, n° 1964 (*Corpus*, n° 9901, p. 587). La sépulture dont il s'agit devant dès lors être considérée comme juive, je pense qu'il faut lire : Θήκη Εἰοσὴ υεἱοῦ τοῦ μακαρίου Ἀστερίου. Εἰοσή est pour Ἰωσή, José, nom commun chez les juifs de l'époque talmudique, et qui n'est qu'une altération de *Joseph*. (Voir *Mission*, etc. p. 767, 768, 770. Comparez εἰουδέα, *Corpus*, n° 9916.) L'endroit où ont été découvertes les deux inscriptions de la page 187 est peu éloigné de celui où fut rencontrée l'inscription hébraïque de la page 193. Les deux inscriptions de la page 187 étant matériellement toutes semblables et ayant été trouvées l'une sur l'autre, celle qui commence par Τὸ μυστήριν doit être aussi tenue pour juive. Il y a plus : on doit croire qu'elles appartiennent à une même sépulture. En effet, en y regardant à nouveau, j'ai reconnu que la sixième lettre de la deuxième ligne de la seconde inscription est un H et non un M. Il faut donc lire : Τὸ μυστήριν τοῦτο Ἡοσεμοῦ. Ἰοσεμός serait une forme grécisée de *José*; car de lire Ἡοσὲ μοῦ « de moi, José, » serait par trop barbare. Comparez le génitif Ἰωσῆτος, Marc, xv, 40, 47. On retrouverait donc, dans la seconde partie de l'inscription, le même nom que dans la première. Enfin, quoique le mot ΕΧΕΙ (p. 186, bas) soit isolé sur une pierre à part, et d'un caractère beaucoup plus grand et plus régulier que celui des deux inscriptions précédentes, je crois qu'il faut l'y joindre. La largeur de la dalle où est le mot ἔχει est la même que celle des deux cippes, où sont les deux autres inscriptions. Le mot ἔχει terminant l'inscription a pu être écrit avec une sorte d'emphase. L'Ι final renchérit encore sur le reste du mot en grandeur et en écartement. Le C de ΕΞΟΥC offre à sa partie inférieure l'espèce de virgule qui, dans les inscriptions grecques de basse époque, marque les abréviations. Enfin M. Heuzey, qui examinait avec moi l'inscription, crut voir au-dessus du troisième O de la quatrième ligne la marque de l'Υ omis, ce qui fait ressembler cet O à l'abréviation ȣ.

D'après cela, il faut lire l'ensemble des trois pierres ainsi qu'il suit :

Εὐλογία πᾶσιν·
Θήκη Εἰοσὴ υεἱ-
οῦ τοῦ μακαρίου
Ἀστερίου.

Τὸ μυστήριν
τοῦτο Ἡοσεμ-
οῦ · ἡ δὲ βουλήθη
ὁ ἐμοῦ υἱός, ἐξουσ(ίαν)
ἔχει.

L'explication donnée dans les *Inscr. gr. du Louvre*, p. 306, du fragment τὸ μυστήριν est totalement chimérique.

Page 190, ligne 15. Au lieu de «XXXIX,» lisez «XXIX.»

Page 191, ligne 5. La conjecture de M. Thobois (pl. XXIX) est gratuite. Il est probable, cependant, que l'objet réprésenté était un arbre, sommairement indiqué.

Page 193. Le caractère de cette inscription hébraïque la reporterait à la première moitié du moyen âge. On lit bien : première ligne, ירחם; deuxième ligne, אלהינו; troisième ligne, [י]סבטח; cinquième ligne, מרטל, qui paraît le nom propre *Mertel*. Benjamin de Tudèle trouva, en effet, des juifs à Gébeil (p. 60, 61, édit. Asher).

Page 194, ligne 12 du bas. Les réflexions émises dans ce sens au sein de l'Académie par M. Texier et M. de Rougé (*Comptes rendus*, 1861, p. 43) venaient de ce que ces deux savants ne tenaient compte que d'une partie des éléments de la question.

Page 199, ligne 4. Les Français en Algérie disent de même *la Kassouba* pour القصبة. Sur la confusion du ج et de l'I, fait important de la prononciation des Syriens, voir *Journal asiatique*, avril-mai 1872, p. 342, 343. Comparez *Anâtir* pour *Kanâtir* : *Commentare zu Seetzen*, p. 35, 37

P. 199, ligne 5 du bas. Dans la collection des planchettes funéraires de M. Le Blant, on trouve pourtant νεώτερος opposé à πρεσϐύτερος. La façon dont Νοάρου est placé prouve qu'il faut entendre ici πρεσϐύτερος dans le sens de «fils aîné.»

Page 200, haut. Sur l'influence arabe à Byblos, voir Strabon, XVI, II, 18. Cette influence fut le fait de la dynastie ituréenne des Ptolémée, fils de Mennée, et des Lysanias. Elle n'est donc pas antérieure au premier siècle avant notre ère. *Mém. de l'Acad. des inscr.* t. XXVI, 2ᵉ partie, p. 51 et suiv.

Page 200, ligne 13. L'église *Mar-Iouhanna er-Roum* et l'église *Taht Farhatta* sont distinctes, mais situées dans la même localité. *Sayyidet Ghazal* est dans le ravin, sous la Kassouba.

Page 200, note 2. Ajoutez que la planche XXVIII, première partie, est une représentation idéale, où les diverses coupes du rocher ont été un peu rapprochées pour rendre sensible la physionomie de ces sortes d'endroits.

Page 201, note 2. Voir aussi Guigniaut, *Rel. de l'ant. explic. des planches*, p. 49. Cf. Frœhner, *Inscr. du Louvre*, p. 30, 31.

Page 203, ligne 2 du bas. Voici cette moulure, d'après une photographie. Elle ressemble à la corniche étrusque, à celle des tombeaux de Cerveteri, par exemple.

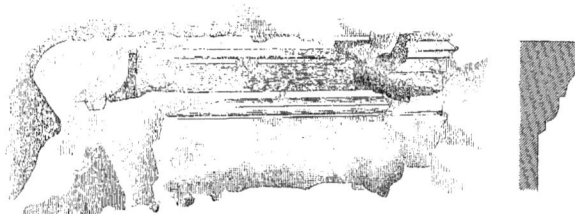

Page 204, ligne 10. Voici ce couronnement, d'après un dessin.

Peut-être faut-il plutôt y voir l'extrémité d'une conduite d'eau.

Page 205, ligne 4 du bas. Mar Scherbel (ܡܪܝ ܫܪܒܝܠ) est le plus célèbre des martyrs syriens. (Voir Curetou, Ancient documents, p. 41-72; Laud, Anecdota syr. II, p. 5.)

Page 208, ligne 8. Ou bien Alcimachus. Fabretti, Inscr. p. 687, n° 98.

Page 211, ligne 7. Cf. Vogüé, Inscr. sémit. p. 113.

Page 213. Restitution arbitraire dans les Inscr. gr. du Louvre, p. 263.

Page 214, bas. Voir Cabinet des antiques (Bibl. nat.), intailles antiques, n° 2185 et suiv. Il faut sans doute lire Χνοῦβις. M. Frœhner me communique à ce sujet la note suivante : « La petite chalcédoine est très-commune. Elle a d'un côté les trois « aspics retenus par le syndesmos; de l'autre le serpent « léontocéphale, Chnoubis, qui porte le stephanos hep- « taktis. Il en est question plusieurs fois dans les au- « teurs anciens, et, si ma mémoire est fidèle, il y en a « une semblable publiée dans l'ouvrage du vieux Ma- « carius. »

Page 215, ligne 6. Cette façon d'envisager les Giblites comme une race à part dans le monde phénicien est classique en Allemagne. (Voir Menke, Bibelatlas, carte II, cartouche 4 du bas.) C'est là une thèse qu'il faut au moins atténuer.

Page 216. Ces combinaisons de ΦΩC et ZΩH ne sont pas très-rares. (Voir Corpus inscr. gr. n° 8845; de Rossi, Bullettino di archeol. crist. 1869, p. 92.) D'autres fois, il y a ΦΩC et ZΩHC, Le Bas, Inscr. II, n° 1881 bis; Ross, Inscr. græcæ ineditæ, fasc. II, p. 17 et planches.

Page 217, ligne 18. J'ai retrouvé ce type chez quelques femmes juives.

Page 217, ligne 8 du bas. On y peut ajouter les Persans. M. Dozy me communique une note d'Ahmed Ibn Abi Iakoub, qui écrivait vers 890 de notre ère, d'où il résulte que Moawia Ier, mort en 680, établit des Persans à Beyrouth et sur toute la côte.

Page 220, ligne 12. Un tableau excellent de cette destruction des temples du Liban a été tracé par M. Amédée Thierry, d'après les Œuvres de saint Jean Chrysostome, qui y eut personnellement la plus grande part. (Revue des deux mondes, 15 juin 1869, p. 845, 846; 1er janvier 1870, p. 52 et suiv. Notez surtout le passage de Théodoret, cité page 56.)

Page 221, ligne 8. Sur le culte de saint Georges et de saint Élie en Syrie, voir la note de Gesenius à la traduction allemande de Burckhardt, II, p. 505, 506.

Page 225, ligne 10 du bas. Nergal était représenté par les Sabiens d'une façon tout à fait analogue. (Voir Gesenius, Thes. p. 913.)

Page 226, note 2. Cf. Zeitschrift der d. m. Gesell. 1848, p. 444.

Page 228. C'est par erreur que, dans les Annales archéologiques, 1863, p. 281, 282, note, on a supposé que les inscriptions grecques du linteau d'Eddé avaient été ajoutées par le dignitaire ecclésiastique qui changea le temple phénicien en église. Les inscriptions grecques du linteau, qu'elles soient contemporaines ou non de la confection du linteau lui-même, sont certainement païennes.

Page 230, ligne 3. En examinant de près la lithophotographie de la planche XXXII, je crois reconnaître un dieu ailé.

Page 231, première inscription. (Cf. *Corpus inscr. gr.* n° 3557.)

Page 232. Comparez Θεῷ Ἀπόλλωνι, *Mission*, etc. p. 676; Θεῷ Δι΄, Le Bas, *Inscr.* III, Explic. p. 200; Θεοῦ Διός, *Corpus inscr. gr.* n° 4559.

Page 233, ligne 12 du bas. Ce vocable de *Saïdanaia* est fréquent en Syrie, surtout dans la région de l'Antiliban. (Voy. Ritter, tome XVII, index, p. 2106; *Catal. des mss. syr. de la Bibl. nat.* n°ˢ 20, 35, 132.)

Page 234, ligne 9. C'est saint Mammnès ou Mamas.

Page 234, ligne 15. Sur Abédat, voyez Knobel, *Comment. sur Josué*, p. 464.

Pages 234-236. Comparez Διὶ ὑψίστῳ, Waddington (Le Bas), III, n° 416 (Asie Mineure); Θεῷ ὑψίστῳ, Waddington (Le Bas), III, n° 708 (Asie Mineure); Θεῷ ὑψίστῳ καὶ ἐπηκόῳ, Waddington (Le Bas), III, n° 2627; *Zeitschrift der d. m. G.* 1868, p. 687 (à Palmyre et aux environs). A Thyatires, Θεῷ ὑψίστῳ, Wagener, *Inscr.* p. 39, 40. (Voir *Saint-Paul*, p. 364, 365.) A Rome, Θεῷ ὑψίστῳ Κλαυδία πιστή (juive), Orelli, I, 367 (doutes sur l'authenticité). Emploi juif de Θεῷ ὑψίστῳ παντοκράτορι εὐλογητῷ, en 42 de J. C. dans Lévy, *Epigraphische Beyträge*, p. 299 et 301. Jovi optimo maximo Patri, à Beyrouth, *Revue archéol.* juillet 1870, p. 56.

Page 239, ligne 10. Lisez « Kornet-Afroun ».

Page 239, ligne 12. Seetzen et ses commentateurs attachent trop d'importance à ce Kalaat Nimroud, en y cherchant Palæbyblos Seetzen, I, p. 195, 0161 *Comment.* p. 94, 104, 110. M. Sacreste (pl. XXXIII) donne le nom de *Djebel-Namroud* à la montagne qui domine Maschnaka.

Page 239, ligne 8 du bas. « Virgo cœlestis, vectura leonis, cœlo commeans. » (Apulée, *Métamorph.* VI, p. 388.) Déesse de Syrie assise sur des lions, Rey, dans les *Archives des missions*, 2ᵉ série, t. III, p. 349. (Voir ci-dessus, Additions, etc. à la page 162.)

Page 241. L'explication de cette inscription, dans les *Inscr. gr. du Louvre*, p. 164, n'est qu'un tissu d'erreurs. Sur ce nom d'Ἀεδούσιβος, cf. *Zeitschrift der d. m. G.* 1867, p. 681, et 1868, p. 337.

Page 244, ligne 9. Pour le fossé creusé dans le roc, comparez la forteresse Antonia. Voir ci-dessus, addition à la page 164, ligne 20.

Page 248, ligne 2 du bas. Sur l'erreur du système ituréo-libanais de Movers, voir *Mém. de l'Acad. des Inscr.* t. XXVI, 2ᵉ partie, p. 57 et suiv. L'étymologie qui tire « Ituréens » de מור est très-mauvaise.

Page 252. Ce monogramme est très-ordinaire en Orient. Cf. *Corpus*, n°ˢ 8771, 8923 et suiv.; de Rossi, *Bull.* 3ᵉ année, p. 59, 73 (VIIᵉ siècle à peu près); en tête de l'inscription arabe de l'église de la Martorana, fondée en 1140 par Georges d'Antioche, amiral du roi Roger, *Annuario della Soc. ital. per gli studi orientali*, anno 1° (1872), p. 112, 113; Chodzko, *Gramm. paléoslave*, p. XIV. (Voir *Mission*, etc. p. 510.)

Pages 254 et 255. Cette épithète de « jacobite » a quelque chose de singulier, toute secte se prétendant « catholique. » Comparez l'église marcionite découverte par M. Waddington (*Inscr. de Syrie*, n° 2558).

Page 259. Seetzen eut aussi connaissance d'une au moins de ces inscriptions, celle de Deir Houb. *Reisen*, I, p. 188, nouvelle édition; *Commentaire*, ou t. IV, p. 102. Mais ni lui ni ses commentateurs n'y ont rien compris.

Page 260, bas. Sur le sigle M, voir *Revue archéol.* novembre 1869, p. 311, 312.

Page 266, ligne 12 du bas. Ce nom peut être le mot Στοιχεῖα, qui aurait été appliqué aux inscriptions d'Adrien, et aurait servi à désigner une des localités où ces inscriptions sont le plus nombreuses.

Page 274. La formule *Sanctus Deus, sanctus, fortis*, n'est pas sans exemple, même en Orient. (Voir *Corpus inscr. gr.* n° 8917; inscription d'Andros.) Les khouris ont pu voir quelque inscription de ce genre. Comparez un exemple de bévue analogue dans les *Commentare zu Seetzen* de Kruse, p. 111, 112.

Page 279, ligne 16. Un texte que je ne connaissais pas en rédigeant cette page lève tous les doutes. Végèce (V, 4, et la note d'Oudendorp) dit expressément que quatre essences sont propres à construire les navires, le cyprès, le pin, le mélèze et le sapin. « Ex cupresso ergo, et pinu domestica, sive silvestri « larice et abiete præcipue liburna contexitur. » Voilà les *arborum IV genera* qui étaient réservés pour la flotte. Justement, ces essences sont très-communes dans le Liban.

Page 279, ligne 18. Tacite, *Hist.* V. 6, qualifie le Liban « tantos inter ardores opacum. » Cela prouve l'existence de grandes forêts. (Voir *Mission*, etc. p. 174.)

P. 280, note 4. Voir surtout saint Épiphane, *De mensuris*, cap. XIV.

Page 281. Ces lits de pierres concassées, qui couvrent le sol dans presque toute la Palestine et la Syrie, peuvent venir dans certains cas de l'usage

ADDITIONS ET CORRECTIONS.

antique de semer de pierres les champs de la population vaincue. Voir Clermont-Ganneau, *L'inscription de Méscha* (*Revue archéologique*, mars 1870, p. 193, 194). Cette explication toutefois n'est guère applicable au Liban. Elle l'est d'autant moins, que les paysans maronites regardent ces lits de pierres comme un bienfait et prétendent que sans cela la terre, brûlée immédiatement par le soleil, ne produirait rien. La végétation, en effet, passe très-bien au travers de ces couches rocailleuses.

Page 282, note. La lettre du P. Dutau, insérée dans les *Comptes rendus de l'Académie* (séance du 27 septembre 1861), quoique échappant par sa parfaite convenance aux observations que j'ai été obligé de faire, renferme cependant une inexactitude de citation. Le P. Dutau dit que, dans mon premier rapport, j'ai signalé Maschnaka *comme un point archéologique de premier ordre et inexploré jusqu'à moi*. Ces mots sont soulignés et accompagnés d'un renvoi au *Moniteur*. Or les mots *et inexploré jusqu'à moi* ne se trouvent pas dans mon rapport. Je n'ai dit cela nulle part et je ne pouvais le dire, puisque, sans parler de l'exploration alors inédite du P. Bourquenoud, Maschnaka avait été visité avant nous deux par Seetzen et par MM. Th. Weber et Lœffler. (Voyez *Mission*, etc. p. 284.)

Page 284. Olier de Nointel visita le haut Liban en 1674 (Laborde, *Athènes aux xv*ᵉ, *xvi*ᵉ *et xvii*ᵉ *siècles*, I, p. 119, note, p. 134). Carrey dut en faire pour lui des dessins, qu'il ne faut peut-être pas désespérer de retrouver.

Page 285, ligne 9. Comparez l'enceinte de Bætocécé (Rey, dans les *Archives des missions scientifiques*, 2ᵉ série, t. III, p. 336 et suiv.). Comparez aussi l'enceinte de Naous.

Page 287, ligne 14. Voir Amédée Thierry dans la *Revue des deux mondes*, 1ᵉʳ janvier 1870, p. 53 et suiv. Vers la fin du ivᵉ siècle, il y eut dans la propagande du christianisme en Phénicie des alternatives de succès et de recul. Les moines destructeurs étaient parfois assommés ou chassés; les temples alors se relevaient tant bien que mal. Le tableau historique tracé par M. Amédée Thierry s'applique trait pour trait à Maschnaka et y trouve sa pleine confirmation.

Page 287, ligne 8 du bas. Dans l'histoire de la destruction du paganisme, il faut faire soigneusement la distinction des villes et des campagnes. Sur la suppression des autels rustiques par Théodose, voir Rozière, préface de son édition du *Liber diurnus*, p. xcv. Les habitants des campagnes recevaient une prime pour un temple démoli. Petit de Julleville, dans les *Archives des miss. scient.* 2ᵉ série, t. V, p. 519.

Page 288, ligne 3. Les «tombeaux d'Adonis» sont d'ordinaire représentés comme de simples colonnes. (Guigniaut, *Relig. de l'ant.* explication des planches, p. 169.) Ce que dit Philostrate, *Epist.* 1, des Ἀδώνιδος ὑπομνήματα donne la même idée.

Page 289, note 1. Ce chapiteau paraît avoir eu dans toute l'antiquité méditerranéenne une destination funéraire. On le trouve caractérisé au plus haut degré dans le grand caveau de Cervetri, et employé en diverses combinaisons au *Sepolcreto dei Volunni*, près de Pérouse. C'était le chapiteau ordinaire des colonnes funéraires, comme on le voit dans plusieurs des monuments grecs dessinés par M. Chaplain. (Voir *Dict. des beaux-arts*, art. *Bûcher*, t. II, p. 394. Voir aussi *Monum. inediti dell' Inst. di corr. arch.* t. III, pl. xxv; *Annales du même Institut*, 1841, p. 16.) L'origine de ce chapiteau paraît avoir été chypriote. (Voir Longpérier, *Musée Napoléon III*, pl. xxxiii, et le commentaire de M. de Longpérier; Frœhner, *Deux peintures de vases grecs* (de Camiros), Paris, 1871; Saltzmann, *Camiros*, livr. 7, 8, 9.) Dans ces derniers exemples, au milieu de l'écartement des deux volutes, s'élève une sorte de triangle, pièce caractéristique du chapiteau chypriote (voir le grand chapiteau rapporté au Louvre par M. de Vogüé). Le chapiteau décoratif du sarcophage en plomb de M. Durighello (voir ci-après, p. 428) offre ce même éperon triangulaire médial.

Page 294, ligne 10. Citons aussi ces vers du poëme de Prudence, découvert par M. Léopold Delisle :

> Plangitur in templis juvenis formosus Adonis;
> Nuda Venus deflet; gaudet Mavortius heros.

(*Bibl. de l'École des chartes*, 6ᵉ série, t. III; *Revue archéol.* juin 1868, p. 451 et suiv.)

Page 296, ligne 7. Dessin médiocre, dans Van de Velde, *Le pays d'Israël*, n° 99.

Page 299, ligne 4 du bas. Le même nom, sous la forme Ἔφκα, désigne, à Palmyre, une source qui sort d'une grotte dans des conditions analogues à celles d'Aphaca. (Voir Vogüé, *Inscr. sémit.* p. 65, 66; Ritter, *Erdkunde*, XVII, p. 1530, 1531.)

Page 302, ligne 10. M. Ritter est amené, par une note de M. H. Petermann, à donner à ce Kalaat Tadmor une importance tout à fait exagérée. (*Erdkunde*, XVII, p. 1492. Cf. *Comment. sur Seetzen*, p. 118.)

Page 310. Sur la date de Caïus Julius Sampsiceramus, d'Émèse, voir Waddington, *Inscr.* p. 589.

Notre inscription doit être à peu près de la même époque. Sur le nom de *Julius* et *Julia* en Syrie, surtout dans la famille des Sampsiceramus et des Soheym, voir *Mission*, etc. p. 192 et p. 386; *Corpus*, n° 4471; Waddington, n°s 2555 *a*, 2563, 2569 *a*; Pittakis, Ἐφημερὶς ἀρχαιολογική, 1840, p. 303, 304, inscription n° 363; Tillemont, *Hist. des emp.* III, p. 144, 145.

Page 312. Comparez l'inscription bornale, publiée dans la *Revue archéol.* nov. 1869, p. 347-349.

Page 319. J'ai réuni tous les faits relatifs aux Lysanias d'Abilène dans les *Mém. de l'Acad. des inscr.* t. XXVI, 2ᵉ partie.

Page 322, ligne 8 du bas. Ce puits paraît avoir été célèbre à l'époque des croisades. (Voir Sprüner, *Atlas*, n° 45; Menke, *Bibelatlas*, carte des croisades; l'endroit y est désigné par le nom de *Mau* ou *Maus*.)

Page 328, note 4. Voir Waddington, *Inscr.* de Le Bas, III, n° 1842 *b*.

Page 330, note 1. Comparez aussi Le Bas, *Itin.* pl. LI, tombeau à Blaudos. En général, les sépultures d'Asie Mineure ressemblent à celles de la Syrie.

Page 331, ligne 14. Du côté sud, la corniche, encore en place, se trouve presque au niveau du sol. Cette corniche est très-soignée.

Page 331. La valeur et l'ancienneté de cette ruine ont été singulièrement exagérées.

Page 332, note 1. Cf. Frœhner, *Inscr. du Louvre*, p. 46.

Pages 332, 333, note 4. Le portulan Correr (dressé vers 1330) porte *Cano* comme nom de rivière entre *Gibelen* et *Baruti*. On trouve aussi *ad Canum*.

Page 334, note 2. Cf. *Mission*, etc. p. 141. Nous ne disons pas cependant que tous les *Calamoun* de Syrie viennent de *Climax*. (Voir Kruse, *Comment. sur Seetzen*, p. 111; Tischendorf, *Acta apost. apocr.* p. 61, note : ἐν τῷ ὄρει τῷ λεγομένῳ Καλαμῶνος ἤτοι Ῥοδεῶνος, près de Séleucie de Cilicie. Sur Calamoun, près du Carmel, voir Ch. Müller, *Geogr. gr. min.* p. 79, note; le même, *ad Strab.* p. 916; d'autres dans Carmoly, *Itin.* p. 254.)

Page 338, note 4. Le mot propre en ce cas, c'est ὁ κυριώτατος θεός, pour distinguer le dieu principal de ses σύνναοι. Tel n'est pas le sens ici.

Page 340. Sur les stèles du Nahr el-Kelb, voir encore *Revue archéol.* juillet 1861, p. 69, 70; Le Bas et Waddington, *Inscr.* III, n°s 1845, 1846. Voir aussi *Palestine exploration society. Second statement.*

Page 341. Voir Waddington, *Inscr.* de Le Bas, III, n° 1847.

Page 342, ligne 8 du bas. L'importance archéologique d'Antélias a été exagérée dans la *Revue archéol.* mars 1872.

Page 343 bas. M. Waddington a repris depuis les inscriptions de Beyrouth dans sa continuation du travail épigraphique de Le Bas, III, p. 438-443, et a ajouté quelques textes nouveaux à ceux que nous connaissions en 1861. Quatre autres inscriptions ont été publiées par M. G. Colonna Ceccaldi dans la *Revue archéol.* mars 1869, p. 224; juillet 1870, p. 56; avril 1872, p. 253.

Page 349, ligne 13. Cf. *Corpus inscr. gr.* n°s 8872, 8877, 8883, 8884, 8885.

Page 349. Sur Ἀριστοκράτευς, voir Dumont, *Arch. des miss. scient.* 2ᵉ série, t. VI, p. 84, et *Revue archéol.* mai 1873, p. 318, 319.

Page 350, ligne 2. Cf. *Corpus inscr. gr.* n°s 9027 et suiv.; Waddington, n°s 2537 *c*, 2570 *b*, 2666, 2691, 2704, 2724; *Revue archéologique*, avril 1870, p. 246, note 2.

Page 350, ligne 14 du bas. Cf. *Revue archéologique* avril 1872, p. 256.

Page 352, haut. La forme qu'a le ש sur cette pierre est plutôt un signe d'ancienneté. Vogüé, *Mél. d'arch. orient.* p. 90, 91. Observez l'analogie avec le ש de l'inscription moabite de Dibon.

Page 354, ligne 11. M. Waddington a repris les inscriptions de Deir el-Kala dans le commentaire de Le Bas, III, p. 440 et 443-445.

Page 354, ligne 13. Comparez *Comptes rendus de l'Acad. des inscr.* 1861, p. 177, 178. Les idées de M. Texier sur Deir el-Kala étaient tout à fait erronées.

Page 355, ligne 20. מערכה aurait le même sens que צבאות. Comparez I Sam. XVII, 45 : יהוה צבאות אלהי מערכות ישראל. Mais le *d* de *Markod* est une objection presque décisive.

Page 358. *Ephemeris epigraphica*, 1872, fascic. I, p. 37; autre inscription *Junoni reginæ*.

Page 361, note 1. Cf.Tobler, *Descr. Terræ Sanctæ octo*, p. 262, 266.

Page 362, ligne 3 du bas. Pour le château de la mer, voir Rey, *Archit. milit.* pl. XVI, p. 153 et suiv.

Page 363, ligne 2. Le point exact où a été trouvée cette curieuse inscription latine était important à déterminer pour la topographie et l'histoire de Sidon. Je priai M. Gaillardot de faire une enquête à ce sujet; voici ce qu'il me répondit, d'après une lettre que le consciencieux et zélé P. de Prunières lui avait écrite : «La colonne portant l'inscription *Condidit Antigonus*, «cédée par M. Durighello à M. de Saulcy, a été

ADDITIONS ET CORRECTIONS.

«trouvée au cimetière des juifs (17 de notre plan,
«pl. LXVI). Les vestiges de bâtisses en grosses pierres,
«abondent en cet endroit ainsi qu'au jardin d'Ayyoub
«Abéla, qui y fait suite (20 de notre plan), et où fut le
«cimetière de la légion romaine (voir p. 379, 380).
«L'inscription *Antigonus*, selon le P. de Prunières, a
«dû être placée vers l'angle du mur près de la mer,
«en un lieu apparent, par le réparateur romain du
«mur d'Antigone. Ce mur, continue le P. de Pru-
«nières, allait passer sans doute au jardin de Ras-
«kallah Djabbour, placé au bas de la petite colline
«qui est devant la porte de Sour, et où l'on trouve
«en ce moment des vestiges considérables de murs
«et de tours[1]. Dans cette hypothèse, la ville, du
«temps d'Antigone et des Romains, se serait consi-
«dérablement étendue vers le sud et vers l'est. Le
«Barghout traversait les murs, qui devaient faire, au
«nord du jardin de Raskallah Djabbour, un grand
«angle rentrant pour enfermer les monuments placés
«aux n°^{s} 9, 10, 11, 11 *bis*, 12 et 13 de notre plan,
«à moins que ces monuments n'aient été en dehors
«de l'enceinte et construits à une époque posté-
«rieure.»

Supposons, comme le veut le P. de Prunières, que
les débris de murs qu'on trouve au jardin Djabbour
aient fait partie du mur gréco-romain de Sidon; prenons le point 17 comme l'amorce du mur à la mer
vers le sud, et la porte de Beyrouth comme amorce
du mur à la mer vers le nord; on a de la sorte une
enceinte peu satisfaisante, une sorte de boyau, qui,
vers l'embouchure du Barghout, eût été singulièrement étranglé. D'autres inductions nous ont conduits à considérer le point 10 comme un centre
officiel. Nous doutons donc que le mur du jardin
Djabbour soit le mur gréco-romain, et nous inclinons à croire qu'on aurait à peu près le circuit de
la ville antique en prenant le château de Saint-Louis
comme centre, le point 17 comme aboutissant du
mur à la mer vers le sud, et traçant, avec ce rayon
d'un kilomètre environ, un demi-cercle qui embras-
serait les parties de jardins les plus riches en restes
antiques.

L'inscription phénicienne *IIe Sidon*, fournirait des
données topographiques, si l'on savait où elle a été
trouvée. Malheureusement, ceux qui ont vendu la
pierre à M. de Vogüé refusent de faire connaître
l'endroit d'où elle provient. La pierre n'était pas en
place; elle faisait partie d'un mur de jardin.

Page 363, note 2. Cf. Waddington, *Inscr. gr. de
Syrie*, n° 2176, mention d'un poëte latin.

Page 364, ligne 11 du bas. Lisez : «pl. XLII,
«fig. 9 et 11.»

Page 364, ligne 8 du bas. Lisez : «pl. XLII,
«fig. 10.»

Page 364, ligne 6 du bas. Le pédagogue de notre
bas-relief des Niobides prouve bien comment il faut
entendre le personnage parallèle des célèbres marbres
de Florence. Dans les anciennes restaurations qu'on
voit aux *Uffizj*, on met entre les mains du personnage
correspondant au nôtre un tronçon d'épée ou une
lance; c'est un bâton qu'il faut mettre. Sur ce personnage du pédagogue, voir Guigniaut, *Relig. de l'ant.
explic. des planches*, p. 330, aux n°^{s} 730 et 732.

Page 365, ligne 2. Ce morceau de marbre (pl. XLV,
n° 1) fut ensuite acheté par M. Parent, qui l'a donné
au Musée du Louvre.

Page 367, ligne 2. *Seidoun* n'est pas une altération de *Zabulon*. C'est peut-être le nom de Σιδών.
Voir *Mission*, etc. p. 521.

Page 370, ligne 3 du bas. Sur ἔναρχος, cf. Lumbroso, *Ricerche alessandrine*, p. 19; une planchette
funéraire égyptienne du musée de Leyde (Leemans,
Description raisonnée des monuments égyptiens, Leyde,
1840, p. 305), et *Revue archéol.* mars 1874, p. 152.

Page 372. Comparez *Comptes rendus de l'Acad. des
inscr.* 1872, p. 114-124 (communic. de M. Miller).

Page 374, ligne 6. Comparez l'inscription Waddington (Le Bas), n° 1866e.

Page 375, bas. Sur un pilastre provenant de
Jaffa, maintenant encastré dans le mur extérieur de
l'église Saint-Marc à Venise, près de la porte du
palais ducal, on voit un monogramme analogue à
celui que nous donnons ici.

Page 376. Une nouvelle inscription a été découverte au jardin *El-Aamoud*, appartenant à Habib
Abéla. Voici la copie que le P. de Prunières en a
communiquée à M. Gaillardot :

ΑΥΤΟΚΡΑΤΟΡΙΚΑΙΣΑΡΙΘΕΟΥ
ΑΔΡΙΑΝΟΥΥΙѠΘΕΟΥΤΡΑΙΑΝΟΥ
ΥΙѠΝѠΘΕΟΥΝΕΡΟΥΑΕΓΓΟΝѠ
ΠΙѠΑΙΛΙѠΑΔΡΙΑΝѠΑΝΤѠΝΕΙΝѠ
ΣΕΒΑΣΤѠΤѠΚΥΡΙѠ
ΗΒΟΥΛΗΚΑΙΟΔΗΜΟΣ

L'inscription est gravée sur un gros piédestal. Elle
prouve de plus en plus que le point 10 de notre plan
était le point brillant et officiel de la ville, proba-

---

[1] Le point désigné ici par le P. de Prunières n'a pu être marqué sur le plan de notre planche LXVI. Mais on l'a fait figurer sur le plan de notre planche LXVII, sous le n° 8, *Boustan el-Kaw*.

blement la porte de Béryte. La porte de Tyr était sans doute vers notre point 20.

Pages 376-379. Comme il me restait des doutes sur les diverses bornes milliaires de Saïda, je priai M. Gaillardot de me procurer quelques renseignements. Mon excellent collaborateur s'adressa d'Alexandrie au P. de Prunières, dont l'exactitude archéologique nous était depuis longtemps connue. Le P. de Prunières fut empêché par une maladie grave de s'occuper de ces recherches comme il l'aurait voulu[1]. Voici cependant ce qu'il écrivait le 10 janvier 1872 à M. Gaillardot :

« L'inscription de la colonne milliaire n° 2, qui « se trouve à environ un mille de Saïda dans le jar- « din d'Ayyoub Abéla (Daoud Sannin) a été relevée « par moi sans difficulté. C'est celle que donnent La- « roque, Monconys, Maundrell et les autres. Pour « celle qui est au Sanik, elle a présenté plus de dif- « ficultés ; je n'ai pu l'estamper ; mais je me suis « aperçu que sur cette colonne il y a deux inscrip- « tions, de temps différents et d'exécution toute di- « verse. L'une, gravée sur la partie de la colonne qui « touche la terre à l'orient, est en tout semblable à « l'inscription qui se trouve au jardin d'Ayyoub Abéla, « dite du Ghîlan (c'est le jardin de Daoud Sannin), « placé près de l'allée d'acacia albida, appelé ghîlan, « à cause de ses épines nombreuses, longues et fortes). « Dans la transcription, je trouve tribun. potest. $\overline{V}$, « au lieu de $\overline{VI}$, comme on lit dans la précédente ; « mais il se peut que le I soit caché sous terre. Après « M. AVRE, la pierre est coupée par une vaste en- « taille, qui a fait disparaître complétement la fin de « l'inscription. Pour l'autre inscription, au lieu d'être « comme la première en lettres bien formées et pro- « fondes, elle est assez difficile à lire. Après avoir « inutilement essayé de l'estamper, j'ai fini par avoir « seulement recours à mes yeux et au soleil couchant. « Voici ce que j'ai pu relever :

```
              DDDDNNNN
           STANTINOM
           NSTANTINOP
           CTORI
           RIVMIA
           NOCONST
           CONSTANT
           TANT
           HI
           SMOBBR
```

« Si j'avais pu aller faire une deuxième séance dans « les heures du matin auprès de cette colonne, j'aurais « peut-être réussi à relever les premières lettres des « lignes ; mais mes forces étaient déjà épuisées par « la maladie. Il semble que l'inscription fait mention « de Constantin et de ses trois fils associés à l'empire. »

On voit l'analogie de cette inscription avec celle du passage du fleuve du Chien (p. 341) et avec celle dont j'ai relevé quelques traits (p. 379). Il est certain pour moi que l'inscription, si courageusement copiée par le P. de Prunières, n'est pas la même que celle que j'ai mentionnée page 379. On conclut de là que, sur deux au moins des bornes posées par Venidius Rufus en 198, on inscrivit par adulation les noms des Constantins vers l'an 335. Il est probable pour moi que la borne du fleuve du Chien, où se trouve une dédicace constantinienne, avait été également posée à une époque antérieure, et peut-être en la retournant trouverait-on l'inscription primitive. On est porté à supposer que l'inscription *Condidit Antigonus* est du même temps que ces dédicaces aux Constantins, et se rapporte, comme l'inscription rapportée *Mission*, etc. p. 370, à quelque restauration de la ville par la nouvelle dynastie.

Page 381, note 3. Cf. *Revue archéol.* février 1874, p. 81, 85, exemples à Chypre.

Page 382, ligne 16. Un cippe du même genre, daté de l'année 361, a été trouvé à Chypre. *Revue archéol.* février 1874. p. 85, n° 18.

Page 383, 1re col. 3e inscr. Cf. *Revue archéol.* février 1874, p. 85, n° 18.

Page 384, 1re col. 3e inscr. Cf. *ibid.* Ἄλλους.

Page 386, 1re col. 4e inscr. Comp. Ἰουλία Τίτου Θυγάτηρ Βερενίκη, à Laodicée sur la mer. *Corp. inscr. gr.* n° 4471.

Page 389. Voir *Inscr. gr. du Louvre*, p. 311.

Page 392, lignes 6 et 7. Supprimer ce fragment. (Cf. p. 545.)

Page 392, ligne 11. Le travail projeté par M. Waddington ayant été retardé par ses devoirs à l'Assemblée nationale, j'ai prié mon savant confrère M. de Slane d'examiner pour moi les estampages en question. Voici les lectures qu'il en a tirées :

I.

Épitaphe d'un médecin probablement nestorien, dont le père avait été médecin d'un prince de Tyr et de Tibnin, datée de l'an du monde 6995. Il s'agit de l'ère de la création, répandue dans tout l'Orient

---

[1] J'ai appris depuis la mort du P. de Prunières. Qu'il me soit permis d'exprimer le vif souvenir que m'ont laissé les relations excellentes que j'eus avec cet homme plein de charme et d'aménité.

ADDITIONS ET CORRECTIONS. 863

(ère d'Antioche, d'accord depuis l'an 285 avec l'ère d'Alexandrie), qui fixe la naissance de J. C. à l'année 5493. Notre inscription est donc de l'an 1503. Neskhi.

توفا المرحوم للحكيم ابو الكرم بن المرحوم سليمان الدمشقي حكيم المرحوم مالك صور وتبنين بتاريخ الاحد سبع وعشرين تشرين الاول سنة الاف وتسعمابة وخمسة وتسعين لابونا ادم بكر البشر فنسال .... وقرا برحم على المرحوم مالك صور وعلى .... كان ابو الكرم وعلى جميع بنى ال ... د

II.

Quatre fragments, en assez beau caractère coufique, d'une même inscription ou d'un même ensemble d'inscriptions.

1°

1 من الرحيم لا اله الا الله
2 الله صلى الله عليه وسلم
3 عبد الله الامام ابن العباس
4 امير المومنين اطال الله بقاه

2°

1 .... الامير
2 .... والحكم الله
3 محمد من نسل
4 احمد بن

3°

1 الله الرحم
2 رسول الله
3 من الله لعن
4 بالله امين

4°

1 امير المومنين اطال الله بقاه
2 ....
3 كرم الله ر.... لاباه
4 .... سنة اربع وثمانين
5 ....

III.

1 السعيد بن الملك الظاهر
2 ....
3 راجي التراب من الملك الوهاب فى عشر

IV.

Sept vers en langue turque.

V.

بسم الله الرحمن الرحيم
انشا هذا المكان المبارك للحاج
على دزدار القلعة فى غرة شهر
رمضان المبارك سنة ١٠٢٩ رحمة الله عليه

VI.

Fragment peu important.

VII.

Inscription placée sur un monument public par Abou Mansour Iskender l'Arménien, mameluk du khalife fatimite Mostali, sous le vizirat d'El-Afdhal Émir el-Djoïousch, l'an 480 et plus de l'hégire, c'est-à-dire très-peu de temps avant l'arrivée des premiers croisés en Syrie.

1 بسم الله الرحمن الرحيم لا اله الا الله و.........................
2 رسول الله على ولى الله صلوات الله عليهم وعلى ....
3 .... مولانا وسيدنا احمد ابى القاسم الامام المستعلى بالله
4 امير المومنين صلوات الله عليه وعلى الله الطاهرين وانسا له الاكرمين الامير الاكمل الافضل امير لجيوش سيف الاسلام ناصر الامام كافل فتاة المسلمين و .... دعاة المومنين القائم
..... السيد الا ..... لامير لجيوش عضد الله به الدوله
امير المومنين على يد مملوكه الامير
سعد الدوله ابو منصور اسكدر الارمنى
وتسعين واربع مابة

Page 399, note 1. Pour l'idée des trésors cachés dans les cavernes, cf. Suétone, *Néron*, 31.

Page 400. Ce culte des arbres séculaires et des grands blocs de pierre est encore pratiqué par des tribus entières dans les montagnes du Kurdistan (renseignement de M. E. Gilbert, agent consul de France à Erzeroum).

Page 403, bas. C'est par erreur que mon savant confrère et ami, M. de Longpérier (*Musée Napoléon III*, pl. XVII, fig. 1), attribue la découverte de ces fragments à M. Péretié. Ces fragments furent découverts par M. Gaillardot le 18 et le 19 janvier 1861. (Voir le journal de M. Gaillardot, ci-après, p. 433, 436-438.) Si les ouvriers que M. Péretié avait employés antérieurement à des fouilles dans la nécropole ont pu remuer quelques-uns de ces fragments, ils n'en comprirent pas le prix, et certainement le plus important de ces fragments, celui où se trouve la main qui tient l'*alabastrum*, leur échappa (voir p. 437, 438). Comment admettre, je ne dis pas que M. Péretié, mais que le dernier des manœuvres eût négligé un tel morceau?

Page 404, ligne 2. La *Moghâret Abloun* est notoirement la caverne royale de Sidon. Le fait qu'au temps d'Eschmounazar, on a dû placer la sépulture de ce roi dans un réduit extérieur, attenant à la caverne royale, prouve qu'à cette époque tout l'intérieur était rempli. Donc tout ce qu'on trouve dans l'intérieur de la *Moghâret Abloun* est antérieur à Eschmounazar.

Page 409, bas. Sur la violation des tombeaux, voir *Code Justinien*, l. IX, tit. XIX. Le papyrus Abbott est un monument célèbre des méfaits de ce genre, qui se commettaient dans la vieille Égypte (voir les travaux de Chabas et de Maspero).

Page 412, ligne 5 du bas. C'est par erreur que M. de Longpérier (*Musée Napoléon III*, pl. XVII, fig. 3) attribue la découverte de ce sarcophage à M. Péretié. Ce sarcophage fut trouvé dans un terrain qui fut acheté par la mission en novembre 1860. Pas un seul des sarcophages anthropoïdes, que soit M. Durighello, soit M. Gaillardot en ont extraits pour la Mission, n'avait été vu de qui que ce soit avant les travaux de la Mission. (Voir p. 3, et surtout le journal de Gaillardot, p. 434, 435, 445-453; voir aussi le plan de la nécropole, pl. LXII.) Est-il admissible que, si M. Péretié avait connu ces sarcophages, il ne nous en eût pas parlé, lui qui eut part à toutes nos démarches, à tous nos achats de terrains au début de la mission? Comment supposer qu'un antiquaire aussi exercé eût oublié ou négligé des morceaux aussi intéressants? Je fais ces observations uniquement pour prévenir un reproche qu'on serait en droit d'adresser à M. Gaillardot, s'il avait dissimulé la découverte antérieure de M. Péretié.

Page 418, ligne dernière. Quelques sarcophages égyptiens du Musée de Florence m'ont surtout frappé par la similitude qu'offrent les nervures et les modelés du fond de leurs cuves avec ceux de quelques-uns de nos sarcophages.

Page 420, note. Cf. Longpérier, *Musée Nap. III*, pl. XVII, fig. 1, texte.

Page 424, note 3. Longpérier, *Musée Napoléon III*, pl. XVII, fig. 1 : «en face même de la petite île de «Rouad, sur un point de la côte de Tortose.»

Page 424, ligne 7 du bas. Ajoutez Chypre aux endroits où l'on a trouvé des sarcophages anthropoïdes. M. Gaillardot m'écrivait à la date du 19 septembre 1871 : «J'oubliais de vous dire que dernièrement on a découvert à Chypre, dans je ne me «souviens plus quelle ville de la côte, des sarcophages à tête identiques à ceux de Saïda.»

Page 425, ligne 17. M. Victor Egger, que ses fonctions de professeur ont appelé en Corse, me transmet des renseignements très-complets sur la statue d'Apricciani. Selon diverses indications, ce curieux monument ne serait plus à la place où le virent Mérimée en 1840, et Aucapitaine en 1861 ou 1862. M. Grassi, dans l'introduction d'un travail sur Aleria, publié en 1864 (tirage à part de la *Revue africaine*), affirmait déjà la disparition. Mais des témoignages meilleurs constatent que le monument n'a pas changé de place et qu'il est en bon état. La première découverte eut lieu à l'occasion du défrichement d'un champ appartenant alors à Colonna «de Leca, Dominique, en son temps juge de paix «du canton de Vico.» Le champ appartient aujourd'hui à M. Galloni d'Istria, député de la Corse. Le couvercle est en granit; la tête est sensiblement dégagée des épaules, disposition qui ne se voit guère dans les sarcophages de Phénicie.

Page 425, ligne 9 du bas. M. Salinas a récemment signalé à Castelvetrano en Sicile un genre de sépulture dont on ne peut méconnaître l'analogie avec nos sarcophages anthropoïdes. Ce sont des trous excavés dans le roc vif et présentant le profil de quelques-unes de nos cuves sidoniennes (*Rassegna archeologica siciliana*, num. 6, mars et avril 1872). M. Salinas a savamment rapproché de ce fait singulier un fait du même genre signalé par M. de Laborde dans la vieille ville carthaginoise d'Oterdola,

ADDITIONS ET CORRECTIONS.

en Catalogne (*Voy. de l'Esp.* t. I, pl. xli, 25, 26). Ce qui distingue essentiellement ces sépultures des sarcophages anthropoïdes, c'est qu'elles sont recou-

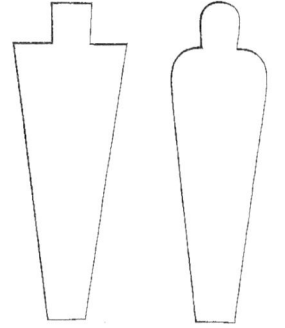

vertes par une simple dalle, s'encastrant dans une feuillure. La Phénicie offre beaucoup de cuves ainsi excavées dans le roc et recouvertes par une dalle (je citerai notamment celles de Bélat, près Gébeil); mais ces cuves sont toujours rectangulaires; je n'en ai pas vu qui présentassent les courbes des sarcophages anthropoïdes.

M. Ross a signalé des excavations du même genre (πύελοι) à Théra. *Ann. de l'institut archéol. de Rome*, 1841, p. 16, 17; *Monum. ined. dell' Inst. di corr. arch.* t. III, pl. xxv.

Dernièrement, mon savant ami M. Berthelot, de l'Académie des sciences, voyageant dans le département de l'Ardèche, a vu à Veyras, près de Privas, des excavations sépulcrales toutes semblables, présentant des courbes analogues à la silhouette d'une momie, et groupées de telle sorte que les petites cuves destinées aux enfants étaient insérées dans les interstices en biais laissées par les grandes. On ne voit ni feuillures, ni couvercles. Près de là sont des traces d'exploitation de mines de fer, attribuées aux Sarrasins; non loin de là est l'Argentière.

Enfin M. Heuzey me remet la note suivante, d'où il ressort avec évidence que ce genre de sépulture a été usité dans le midi de la France jusqu'en plein moyen âge.

« La chapelle romane de Sainte-Croix, dépendance « de l'abbaye de Mont-Majour, dans les environs « d'Arles, est le centre d'un ancien cimetière, dont « les tombeaux offrent une complète ressemblance « avec ceux de Castelvetrano et d'Olerdola. Le ma-

« melon de roche calcaire qui porte la chapelle est « tout percé d'auges funéraires alignées en rangs « pressés : ces sarcophages, taillés dans le roc vif, « reproduisent pour la plupart le con-« tour sommaire du corps humain et la « forme intérieure de la caisse des mo-« mies; c'est-à-dire que la tête y est mar-« quée par un cercle à part, distinct de la « courbe qui dessine les épaules; les deux « côtés de la cuve sont ensuite formés par « deux parois droites, qui vont en se rap-« prochant jusqu'aux pieds. Le travail est « du reste assez grossier et n'offre jamais « des lignes bien régulières. Les cuves « m'ont paru généralement fort étroites, sans doute « à cause du manque de place : les épaules n'y sont « pas taillées aussi carrément que dans les sépultures « analogues d'Olerdola. Dans quelques cas, l'auge « offre sur le côté une entaille de même forme, mais « beaucoup plus petite : ce sont des sépultures de « femmes, enterrées avec leur enfant nouveau-né.

« Assez souvent la forme de la tête ne s'accuse pas à « la surface du rocher; mais alors une cavité est ré-« servée pour la recevoir un peu en contre-bas du sol.

« Il est difficile de supputer le nombre de ces tom-« beaux, dont beaucoup sont cachés sous la légère « couche de gazon qui couvre le roc.

« Toutes les files sont disposées de manière à ce « que la tête des morts soit tournée vers l'occident. « La règle n'est cependant pas absolue, et dans quel-« ques endroits où il a fallu tirer parti d'un espace « irrégulier, deux ou trois sépultures se présentent « transversalement ou obliquement par rapport à « l'orientation générale, de manière à remplir la place « aussi exactement que possible. C'est ce qui a lieu « notamment autour de l'abside de la chapelle, dont « l'hémicycle laissait de chaque côté un espace trian-« gulaire, où l'on a disposé les tombeaux suivant une « ligne tangente à la demi-circonférence. Ce détail « établit d'une façon péremptoire que le cimetière ne « saurait être antérieur à l'abside, qui repose, elle « aussi, sur le roc taillé tout exprès en demi-cercle « au-dessus du niveau supérieur des tombeaux. Les « habitants expliquent eux-mêmes cette accumulation « de tombeaux, qui se pressent et se serrent en « quelque sorte jusqu'au ras des murs de la chapelle, « par une raison toute simple et qui est certainement « la vraie : l'espace qui entoure l'église de Sainte-« Croix était tenu pour une terre sacrée, et recherché « comme lieu de sépulture avec une ardeur égale à

« celle qui a peuplé de morts le grand *campo-santo*,
« la nécropole privilégiée de la Provence, les Alys-
« camps d'Arles.

« M. Henry Revoil, s'appuyant sur une opinion de
« M. Viollet le Duc, considère la chapelle de Sainte-
« Croix de Montmajour comme une chapelle des morts,
« un oratoire de cimetière; mais il ne dit rien de la
« forme particulière des tombeaux, qu'il prend à tort
« pour ceux des moines. Les tombes des femmes
« mortes en couches, ayant près d'elles la place de
« leur enfant, donnent plutôt raison à l'hypothèse
« d'un lieu de sépulture de choix, comme furent les
« Alyscamps d'Arles. Une inscription onciale, gravée
« à l'intérieur, sur le linteau, attribue faussement la
« fondation de ce petit édifice à Charlemagne. M. Re-
« voil a découvert sur le fronton du porche une autre
« inscription, qui confirme une charte d'après laquelle
« l'édifice aurait été construit en 1018, par l'abbé
« Rambert, et dédié en 1019 par l'évêque Pons de
« Marignane. (Voyez Revoil, *Architecture romane du
« midi de la France*, p. 13, 14 et 15, planche VII;
« Didron, *Annales archéol.* XVII, 162, 163; P. Mé-
« rimée, *Voyage du midi de la France*, p. 303; H. Clair,
« *Les monuments d'Arles*, p. 25, 26 et 27.)

« Dans le rocher qui porte l'église même de Mont-
« majour, il y a une grotte célèbre, transformée en
« chapelle, qui passe pour le confessionnal et pour
« le lieu de refuge de saint Trophime. Dans le ves-
« tibule de cette chapelle, on remarque une étroite
« banquette taillée dans le roc, où sont creusés en-
« core deux tombeaux pareils à ceux de Sainte-Croix.
« Enfin, dans l'église des Alyscamps d'Arles, j'ai
« remarqué plusieurs petits sarcophages d'enfants,
« avec la forme de la tête et des épaules découpée
« aussi dans la pierre; mais il s'agit dans ce cas de cer-
« cueils de pierre détachés et portatifs, taillés carré-
« ment à l'extérieur. »

J'ai demandé à M. Heuzey s'il avait vu à Mont-
majour quelque trace de feuillure ou de couvercle;
il n'en a vu aucune.

Page 426, ligne 14. Conf. Longpérier, *Musée
Nap. III*, pl. XVI, texte.

Page 427, ligne du bas. Des cercueils en plomb
analogues se trouvent à Beyrouth. Ils sont du III° et
du IV° siècle de notre ère. (Voy. *Revue archéol.* mars
1869, p. 224.)

Page 432, ligne 3. J'ai remarqué au *Sepolcreto
dei Volunni*, près de Pérouse, un petit vase rouge
tout à fait semblable à celui que nous avons rapporté
de Saïda.

Page 432, ligne 8. Comp. Lucien, *Dialogi mere-
tricii*, 14 : ἀλάβαστρον μύρον ἐκ Φοινίκης.

Page 441, note 1, et page 447, ligne 10. Depuis
l'impression de ces pages, M. Gaillardot m'a envoyé
le dessin de ces masques et des anneaux qui les accompagnaient, avec des explications intéressantes.
Les masques étant au Louvre (salle des bronzes), je
ne publie pas le dessin de M. Gaillardot; quant aux
clous et aux anneaux, je les donne pour l'intelligence du texte.

« Les quatre masques étaient placés emboîtés les
« uns dans les autres contre la paroi sud du ca-
« veau XXXIX; en face, à l'angle nord-ouest étaient les
« anneaux et les clous. Il y avait quatre gros anneaux
« (fig. 1), deux plus petits (fig. 2), deux plus petits
« encore (fig. 3), et une quinzaine de clous (fig. 4)
« à têtes en forme de pyramide tronquée. Tous ces
« objets étaient très-grossièrement travaillés et re-
« couverts d'une épaisse couche d'oxyde; sur plusieurs
« points même, le fer était complétement converti en
« oxyde. Le fer des anneaux n'avait point été arrondi,
« excepté au point formant charnière avec les tiges;
« sur tout le reste du contour, il est resté carré. Rien
« autre chose ne fut trouvé dans le caveau, d'après
« Durighello, qui l'a découvert en faisant des fouilles
« pour M. Péretié. Il n'y avait, dit-il, ni ossements,
« ni débris de bois ou d'autre matière.

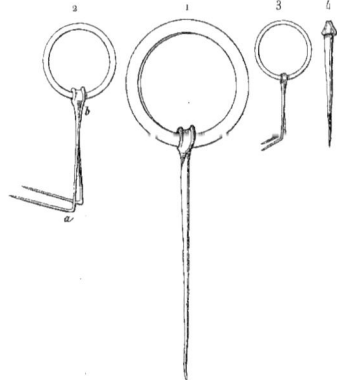

« Nul doute sur l'usage auquel ont servi ces mas-
« ques et ces anneaux. Nous avons trouvé, dans des
« caveaux voisins de celui qui renfermait ces objets,
« des sarcophages d'une époque bien plus récente,

ADDITIONS ET CORRECTIONS.

« grecque ou romaine, présentant sur chacune de
« leurs faces longues deux masques de lions, de la
« gueule desquels sortent de larges anneaux suppor-
« tant les bouts d'une guirlande (pl. LXI). C'est là
« une imitation en pierre d'un type qui fut d'abord
« traité en bois avec des appliques de métal. Les dé-
« bris dont nous parlons sont l'armature d'un cercueil
« en bois, tombé en pourriture. Ils ne servaient pas
« uniquement d'ornements. Ce n'est pas pour le poids
« d'une guirlande qu'on a fait porter les anneaux
« par une tige de fer de 54 centimètres de longueur
« sur 4 ou 5 centimètres d'épaisseur. Ces anneaux
« ont dû être destinés à recevoir de fortes barres de
« bois, servant à porter la bière sur les épaules. Sur
« chacun des grands côtés, il y avait deux anneaux
« sortant de la gueule du lion; voilà pourquoi cette
« gueule forme une saillie en forme de cône tronqué.
« L'épaisseur de la caisse devait être considérable,
« car la tige de 54 centimètres (fig. 1), non repliée
« comme les tiges plus petites (fig. 2 et 3), devait
« s'enfoncer entièrement dans l'épaisseur du bois.
« L'épaisseur des parois de la caisse nous est donnée
« par la distance *ab* (fig. 2); car probablement ces
« deux anneaux (fig. 2) étaient placés aux deux pe-
« tits côtés de la caisse, à la tête et aux pieds. Les
« deux autres anneaux, encore plus petits (fig. 3),
« devaient être placés à la tête et aux pieds du cou-
« vercle et servir à le soulever. Tous ces anneaux
« pouvaient, au moment des funérailles et peut-être
« aux anniversaires, être reliés entre eux par des
« guirlandes, qui ont servi de type aux sarcophages
« de pierre, pl. LXI et autres semblables. Quant aux
« clous, ils ont dû rattacher les uns aux autres les
« madriers de la caisse; posés en lignes symétriques,
« ils servaient en même temps de motif d'ornemen-
« tation.

« Nous avons déjà trouvé, sur d'autres points de
« la nécropole, des caveaux où de petits anneaux,
« soutenus aussi par des tiges de fer, étaient rangés
« dans des fosses creusées dans le roc, et accom-
« pagnés de petits vases funéraires en terre cuite,
« et, à cette occasion, j'ai émis la supposition que
« ce pouvait bien n'être là qu'un moyen de conser-
« vation pour des débris de sépultures antérieures,
« dont les parties fragiles avaient été détruites par
« le temps.

« Quoi qu'il en soit, les objets dont nous venons
« de parler me paraissent très-antiques. En effet, les
« masques et les anneaux ont dû être recueillis et
« placés dans la position où on les a trouvés, dès

« une époque ancienne. La caisse de bois, dans sa
« partie la moins épaisse, celle que traversaient les
« clous de l'anneau fig. 2, n'avait pas moins de
« 20 centimètres d'épaisseur de *a* en *b*. Cette caisse
« s'est pourrie sur place; car, s'il en avait été autre-
« ment, les tiges des figures 2 et 3, violemment ar-
« rachées, n'offriraient plus leur cambrure primitive;
« la longue tige (fig. 1), enfoncée tout entière dans
« la base de la cuve, n'aurait pas non plus été retirée
« intacte. Il est peu probable que l'action du temps
« ait été aidée par celle des insectes; car ordinaire-
« ment, dans l'antiquité, on n'employait aux usages
« funèbres que des bois incorruptibles, le cèdre, le
« sycomore, que l'on retrouve encore dans les hypo-
« gées de l'Égypte. Le climat de la Syrie ne peut être
« comparé, sous le rapport de la conservation des
« objets, à celui de l'Égypte. Cependant il faut con-
« sidérer que la caisse était placée sur le roc, duquel
« elle était séparée par une simple couche de sable,
« et probablement supportée par des pierres posées
« transversalement, comme cela eut lieu pour le
« sarcophage d'Eschmounazar et pour plusieurs autres.
« Le caveau où reposait notre caisse était creusé dans
« le roc, et l'humidité devait y être peu considérable.
« On pourrait donc déterminer l'époque probable des
« débris dont nous venons de parler en calculant ap-
« proximativement combien de centaines d'années il
« faut pour qu'une caisse en cèdre, placée dans les
« conditions susdites se soit putréfiée. Je crois que ce
« calcul ferait remonter assez haut. »

Je ne diffère que sur un point de l'opinion de mon savant collaborateur. Je crois que les caveaux de Saïda, creusés verticalement dans un lit de calcaire presque horizontal, ont toujours été très-exposés à être envahis par l'eau. A moins de soins assidus, chaque saison de pluie devait les inonder. Dans plusieurs caveaux, nous trouvâmes des nappes d'eau; dans d'autres, les parois offraient la trace du lent assèchement de couches limoneuses; d'autres étaient presque remplis d'ossements de batraciens, prouvant qu'ils furent longtemps des espèces de cloaques. C'est ce qui fit que les Sidoniens qui enterraient leurs morts dans cette nécropole renoncèrent vite aux cercueils en bois, et se rabattirent sur l'imitation en pierre de ces cercueils. Mais un tel raisonnement ramène par une autre voie à la conclusion de M. Gaillardot, relativement à l'antériorité des cercueils en bois.

Page 489, note. Voyez, pour la représentation de ces objets, trouvés dans la nécropole de Sigus, le *Recueil de notices et mémoires de la Société archéologique* de *Constantine*, 1868, p. 431 et suiv. surtout pl. VIII, n°ˢ 1 et 2.

Page 491, bas. Cf. Waddington, *Inscr.* de Le Bas, III, n° 1870 a.

Page 500. Comparez à la figure 1 le personnage assis de la patère d'Idalie, *Revue archéologique*, 1872, pl. XXIV (G. Colonna Ceccaldi).

Page 506, ligne 8 du bas. Sur cette étymologie de Bostra, voir Waddington, *Inscr. gr. et lat. de Syrie*, n° 1907, contre Wetzstein, *Reiseberichte*, p. 111.

Page 509, note 3. Comparez Lajard, *Culte de Mithra*, pl. XVII, 7 à 7 d; *Culte de Vénus*, pl. XII, 5, 6, 8. Ce dieu chapé en poisson me paraît aussi avoir donné origine à la figure du manuscrit supplément turc, n° 242, de la Bibliothèque nationale, représentant un homme portant un poisson sur son dos (vers le milieu du volume, le manuscrit n'est pas paginé). Les miniatures astrologiques de ce manuscrit sont presque toutes d'origine babylonienne.

Page 510, ligne 10. Cette formule a donné lieu à une bizarre erreur. (Voir Miller, *Mélanges de littérat. grecque*, p. 4. Cf. *Revue archéol.* décembre 1872, p. 345.)

Page 510, bas. Cf. Waddington, *Inscr.* de Le Bas, III, n. 1866 d.

Page 520, ligne 4 du bas. Supprimez les guillemets.

Page 521, ligne 10 Voir *Revue archéologique*, février 1874, p. 89; Waddington, *Inscr. gr. de Syrie*, n°ˢ 2145, 2562 l. Cf. Epiph. hær. XXX, 12.

Page 522, ligne 8. Pour σύνδικος, voir Wadd. *Inscr. gr. de Syrie*, n°ˢ 2239 et 2243.

Page 522, ligne 9 du bas. Dans la carte de Palestine que possède la bibliothèque Saint-Marc, cl. X, cod. 116, carte faite vers la fin du XIIIᵉ siècle, mais où beaucoup de noms ont été ajoutés postérieurement, on voit entre Sidon et *Adlon* une localité nommée *Sy. antiq.* (*Sydon antiqua*), avec l'image d'une ville ruinée; à l'entour, quatre signes de villes ou villages : ⌂, ⌂, ⌂, ⌂. — L'apposition ארץ ים, qui est faite au nom de Sidon, dans l'inscription d'Eschmounazar, a semblé à plusieurs prouver l'existence d'une Sidon μεσόγειος.

Page 523, bas. Comparez l'épitaphe de la *juive Ammia* de Laodicée. *Corpus*, n° 9916; Lévy, *Epigr. Beytr.* p. 320; Fr. Lenormant, *Essai sur la propag. de l'alph. phén.* t. II, 1ʳᵉ livr. p. 109, 110, note.

Page 525, note 5. L'inscription d'Eschmounazar lui donne raison, puisqu'on y voit Dora et Jaffa annexés aux Sidoniens «pour toujours» (l. 19 et 20).

Page 527, note 1. Au lieu de «LXVIII,» lisez «LIX.» Voir les dessins de Van de Velde, *Le pays d'Israël*, n°ˢ 33 et suiv. Le temps manqua à M. Gaillardot pour faire sur la topographie de Tyr et de ses environs le même travail que sur celle de Sidon. Le plan que nous donnons pl. LIX n'est pas un travail entièrement original. M. Gaillardot l'a fait en combinant les éléments, nombreux du reste et précis, qui lui sont venus entre les mains, savoir : le plan de M. du Boisguéhenneuc, plusieurs cartes du dépôt de la marine, la carte d'Ormsby, et surtout la carte turque de Ras el-Aïn, qui fut faite pour Réschid-pacha. La presqu'île et la plaine sont exactement rendues grâce à ces documents. Quant à la montagne, elle n'est indiquée que d'une manière sommaire.

Page 527, note 2. Cf. Tobler, *Descript. Terræ Sanctæ* octo, p. 265.

Page 529, note 3. Ajoutez : Wilbrand d'Oldenborg, dans Laurent, *Peregrinatores*, p. 164, 165, et Jean Poloner, dans Tobler, *op. cit.* p. 265.

Page 534, ligne 16. Cf. *Mélanges d'archéologie égyptienne et assyrienne*, t. I, p. 52.

Page 534, ligne 22. La statue de Decimus Lælius à Aradus fut aussi un monument des premiers temps de la conquête romaine. (Frœhner, *Inscr. gr. du Louvre*, n° 115.)

Page 537, note 2. Cf. Tobler, *Descript. Terræ Sanctæ* octo, p. 189, 265.

Page 540, ligne 9. Cf. *Zeitschrift der d. m. G.* 1859, p. 282.

Page 540, note 2. Au lieu de «1868,» lisez «1867.»

Page 541 : ligne 2. Le Louvre possède deux ou trois autres petites têtes semblables, provenant de Chypre (vitrine de Chypre, dans la salle Asiatique).

Page 552, ligne 12. Sprüner-Menke, *Atl. ant.* remarques préliminaires, p. 7, observations justes contre l'hypothèse de Movers.

Page 575, note 1. Notez aussi *Isola d'Ercole* près d'Orbitello, en Toscane; *Petra Herculis*, vis-à-vis de Pompéi; *Portus Herculis*, près de Nicotera, en Calabre. Cf. *Corpus inscriptionum græcarum*, III, p. 681. *San Raffaele dei Viatori* de Pouzzoles, situé sur un soubassement d'arceaux, en forte vedette pour celui qui vient du sud, fut aussi peut-être un ancien temple phénicien. Comparez *Saint-Raphaël*, près de Fréjus. L'histoire de Tobie a, il est vrai, pu suffire pour suggérer de tels vocables. Les *Portus Veneris* (Port-Vendres, *Erycis Portus* = la Spezzia, *Portus*

Veneris, près d'Otrante) sont tous également des pied-à-terre de la marine phénicienne.

Page 581, ligne 15. Pour ces grands acrotères, voir Saulcy, 1ᵉʳ voyage, pl. xxxiv.

Page 586, ligne 4. Au lieu de «aussi,» lisez «ainsi.»

Page 587. M. Gaillardot m'a envoyé depuis un plan qu'il avait anciennement fait de *Moghâret es-Souk*.

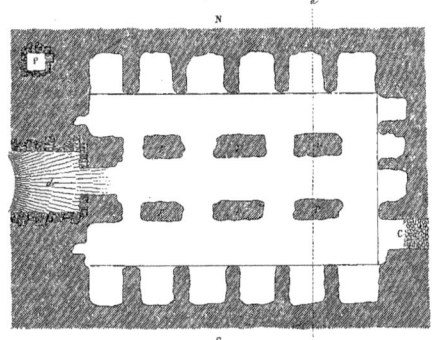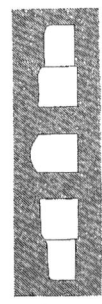

Échelle de 3 millimètres par mètre.

P Puits creusé dans le roc. — *C* Couloir obstrué aujourd'hui par des amas de pierres. Les gens du pays assurent qu'il s'enfonce à une grande profondeur sous la colline, et qu'il conduit à un grand nombre de chambres. — *d* Entrée formée par un couloir revêtu de maçonnerie. — *p* Piliers revêtus d'un enduit de ciment, portant encore des restes de cannelures.

Page 587, ligne 16. M. Gaillardot me confirme ce qui concerne Djouz en-Naklé, à 4 kilomètres de Sour. On y trouve, à 1 ou 2 mètres du sol, un grand nombre de sarcophages en pierre. M. Gaillardot confirme également ce qui concerne Seddin el-Foka, situé au pied des premières collines que l'on rencontre, à environ une heure nord-est de Sour. Toutes ces localités, pleines de tombeaux, composent avec El-Awwatin la nécropole de Tyr.

Page 589, note 1. M. Gaillardot et le P. Bourquenaud, dans le voyage qu'ils firent à Tyr en 1858, virent bien aussi l'importance de tous ces lieux de sépulture dans les premières collines à l'est de Tyr, en particulier à *El-Awwatin*.

Page 592, bas. Sur la formule XMΓ, comparez *Revue archéolog.* février 1872, p. 126, 127, 130, 131; Vogüé, *Inscr. sémit.* p. 55, 56. L'explication Χριστὸς Μιχαὴλ Γαβριήλ est confirmée par les passages de saint Épiphane, hær. xxx, 3, 16, où il est dit que les nazaréens ou ébionites regardaient Jésus comme un grand archange. Les pays où l'on trouve cette formule sont bien ceux où lesdits sectaires furent répandus. (Voir Waddington, n° 2299, et surtout n° 2691, non funéraire, daté de l'an 479.)

Page 595, note 1. Comparez נהר ליטה, en samaritain. *Journ. asiat.* décembre 1869, p. 404, 442.

Page 595, note 2. La note de la *Revue archéolog.* mars 1872, a peu de valeur.

Page 600, ligne 3. Van de Velde (*Reise*, I, p. 140) montre pour cette légende toute moderne une complaisance d'autant plus inexplicable que, dans son recueil de vues (*Le pays d'Israël*, n° 31), il donne avec raison la forme *Kabr-Haïran*.

Page 607, ligne 4. Les mots comme בצר, בצרה, מבצר, désignant des lieux fortifiés, viennent sans doute des pans coupés sur le roc vif (racine בצר = couper).

Page 609, ligne 13. Pour le choix des sujets, comparez la mosaïque que le pape Pie IX a fait transporter d'auprès de Latran au Vatican (les quatre saisons), la mosaïque, trouvée à Ostie, que Pie IX a donnée à l'abbaye des Trois-Fontaines, plusieurs mosaïques d'Afrique, etc.

Page 609, ligne 18. Au lieu de «coupes,» mettez «peltæ.»

Page 610, note 4. Grâce à M. Alexandre Bertrand, j'ai pu retrouver le plan sommaire qui fut présenté à l'Académie des inscriptions dans la séance du 5 avril 1861, et remis à la *Revue archéologique*. Il est tout à fait d'accord avec mes carnets.

Page 612. Comparez, pour ces noms de vents, etc. le *Corpus inscr. gr.* n°ˢ 6180 et 6181.

Page 613, ligne 2. Comparez *Not. et Extraits*, t. XVIII, 2ᵉ part. p. 124, 125.

Page 613, note 1. Pour l'existence des chorévêques en Syrie dès le IIIᵉ siècle, voir Eusèbe. *H. E.* VII, xxx, 10, et la note de Valois.

Page 614, ligne 18. Comparez *Revue archéolog.* décembre 1872, p. 344, et pour quelques particularités d'orthographe, Waddington, *Inscr. de Syrie*, n° 2558 (datée de 318).

Page 625, ligne 4. Comparez aussi la mosaïque de Palerme, décrite par M. Aubé (*Archives des miss. scientif.* 2ᵉ série, t. VII, p. 27 et suiv.).

Page 636, note 1. Cf. Van de Velde, *Reise durch Syrien und Palæstina*, I, p. 139.

Page 641, note 2. Comparez *Tell Ashtere* et *Tell Aschâri*, dans le Djoulân (carte de Van de Velde); *Tell esch-Schaïr*, à deux ou trois lieues sud-sud-est de Damas (même carte).

Page 651, ligne 3. La forme בעליכם paraît se trouver en Afrique. (Voir Lévy, *Phœnizische Studien*, IVᵉʳ Heft, p. 72.)

Page 654, ligne 9. C'est du marbre de Paros.

Page 656, note 1. *Adlon* dans la carte de Saint-Marc, t. X, cod. 116.

Page 658, ligne 11. Marbre de Paros.

Page 659, ligne 7. Comparez aussi quelques statuettes de Chypre (au Louvre), où la fente des yeux est tout à fait semblable à ce qu'elle est dans nos objets d'or.

Page 663, note 1. Voir ci-dessus Additions, etc. à la page 489.

Page 664, note. Ajoutez: *Revue arch.* janv. 1873, pl. 1, article de M. Georges Colonna Ceccaldi.

Page 665, ligne 7. Le portulan Correr appelle ce cap *Cauo de Sarasen*.

Page 670, note 4. Comparez les figures ailées dans une position analogue qu'on voit sur les monnaies de Gaulos, de Malte et de Cossyre. Voir aussi *Bulletin de l'Académie de Saint-Pétersbourg*, t. XVI, col. 538, et Thenius, *Comment. sur les livres des Rois*, pl. III, fig. 8 et 9.

Page 672, note 1. Κώμη, en Syrie, était un village dont les maisons étaient éparses dans les vignes et les champs sur un grand espace; une κώμη pouvait de la sorte avoir plus de population qu'une πόλις. De même, de nos jours, des villages comme Ghazir ont plus d'importance que des villes comme Gébeil ou Tortose. Jos. *B. J.* II, xviii, 1 : κώμας τῶν Σύρων, καὶ τὰς προσέχεις πόλεις. (Comparez Ps. cxxii, 3.)

Page 674, ligne 9. Voir Van de Velde, *Le pays d'Israël*, n° 30.

Page 686, note 3. On trouve une assez bonne vue de Bélat dans Van de Velde, *op. cit.* n° 38.

Page 687, ligne 4. Parmi les nombreuses localités qui s'appellent *Balat* ou *Bélat*, quelques-unes tirent leur nom de Παλάτια, expression par laquelle les Grecs désignent les ruines anciennes, surtout les colonnades. (Voy. *Revue archéolog.* janvier 1874, p. 10; cf. Palatitza en Macédoine.) L'aspect de notre Bélat répondrait bien à ce nom.

Page 687, ligne 6. On a rapproché de Βλάτα, Βήλτης, la glose d'Hesychius : Βαιῶτις, Ἀφροδίτη παρὰ Συρακουσίοις, en corrigeant Βλάτις. (*Zeitschrift der d. m. G.* 1849, p. 446, 447.) Mais cela est douteux. (Cf. Schrœder, *Die phœn. Sprache*, p. 102, 126.)

Page 688, note 1. Voir Van de Velde, *Le pays d'Israël*, n° 39.

Page 702. Voir des échantillons de globe phénicien avec les ailes et la queue, dans les *Nuove Memorie dell' Instituto di corrispondenza archeologica*, t. II (Leipzig, 1865), p. 422 et suiv. pl. xiv, et dans les planches de Lajard, *Culte de Mithra* et *Culte de Vénus*, presque à chaque planche. Mais la forme de ce symbole qui offre le plus d'analogie avec les clefs de porte que nous avons trouvées à Oum el-Awamid se voit sur les monnaies de Carthage. (*Numismatical chronicle*, nouvelle série, t. III, 1863, pl. II.) M. Thenius, dès 1849, avait très-bien fait l'application de ces motifs architectoniques au temple de Jérusalem. (*Comment. sur les livres des Rois*, pl. II et III. Voir aussi Vogüé, *Mél. d'arch. orient.* pl. v, vi, vii.)

Page 702, note. Voir les *Monuments du culte de Mithra* et les *Monuments du culte de Vénus*, de Lajard, où les exemples du même symbole sont nombreux. (Cf. Schrœder, *Die phœn. Sprache*, p. 256.)

Page 703, note. Cf. Schrœder, même ouvrage, p. 255-257.

Page 709, ligne 7. L'inscription est sur marbre de Paros.

Page 713, ligne 12. L'inscription de Méscha présente quelque chose d'analogue. A la ligne 3, Méscha dit : «J'ai construit ce sanctuaire à Camosch en «Korha.» Or Korha est sûrement l'endroit où l'inscription fut placée et a été trouvée.

Pages 716 et suiv. J'ai depuis fixé mes idées sur

la deuxième inscription de Malte. (Voir *Journ. asiat.* févr.-mars 1874.) Je pense qu'il y faut lire בכלתי = בְּכַלֹּתוֹ, «lors de son achèvement;» ce qui confirme la lecture כְּלִיתִי, dans l'inscription d'Oum el-Awamid, et enlève tout argument à la lecture כִּלְּאֵתִי. J'incline donc maintenant à me ranger au sentiment commun, et à lire: אש לפעלת בית כליתי בניתי, «quæ ad opus templi deserviunt peregi ædificare,» malgré la grave difficulté de l'absence d'article devant בת.

Page 720, ligne 6 du bas. L'expression אדם מלכן se trouve aussi dans les inscriptions himyarites, et là aussi peut-être se rapporte à l'ère des Séleucides. (Voir *Zeitschrift der d. m. G.* 1873, p. 311, 312.)

Page 721, ligne 5. C'est l'opinion de M. Schlottmann, *Die Inschrift Eschmunazars*, p. 148-150. C'est par erreur que M. Schlottmann m'attribue l'opinion que l'expression ארן מלכם doive être entendue différemment ici et dans l'inscription d'Eschmounazar.

Page 721, ligne 11. Une brique arsacide cunéiforme porte aussi deux dates, dont la première est celle des Séleucides (Oppert, Soc. asiat. séance du 14 novembre 1873).

Page 722, ligne 11 du bas. M. Blau paraît depuis avoir renoncé à son opinion. (*Zeitschrift der d. m. G.* 1873, p. 312.)

Page 723, note 1. M. Schlottmann (p. 149, note) donne au premier chiffre du second nombre la valeur 50, ce qui le mène à l'an 32 avant J. C. Rien ne prouve qu'il y eût un chiffre pour 50. Les objections de la page 721 sont d'ailleurs décisives contre cette date.

Page 723, ligne 19. Dans l'inscription de Lapithos (Vogüé, *Mél. d'archéolog. orient.* p. 36 et suiv.), on lit de même, selon moi, מסל, מסכה, pour מוזב, סול. M. Derenbourg me fait remarquer, sur cette prononciation du ו comme ס, que, dans certains manuscrits syriaques, le ܀ surmonté d'un ܀, quand il est suivi d'un ܀, et forme une syllabe avec ce ܀. D'après ce qui est connu de la prononciation des Phéniciens, les mots ségolés étaient prononcés comme une seule syllabe: זכר devenait זַכְּר et était prononcé סכר.

Page 724, ligne 8. M. Schlottmann (p. 179, note) adhère cependant à l'interprétation de M. Bargès.

Pages 724, 725. Modifier les traductions d'après l'addition à la page 716, ci-dessus.

Page 727, ligne 5. Comp. לאלי לעשתרת, *IIe Sidon.* ligne 5.

Page 727, ligne 25. Une autre explication a été proposée à la Société de linguistique (voir *Revue critique*, 24 mai 1873, p. 336), mais si peu plausible, que je ne crois pas qu'elle mérite d'être discutée.

Page 728, ligne 19. Sur la Vénus Androgyne, voir Guigniaut, *Relig. de l'ant.* explic. des planches, p. 108, n°[s] 213 *b, c, d*.

Page 728, note 6. Cf. Schlottmann, *Die Inschrift Eschn.* p. 178. J'adopte maintenant cette opinion.

Page 729, ligne 3. Sur la prononciation phénicienne de ce nom, comparez la transcription Ἀ℘δυξμοῦνος, Waddington, *Inscr. de Syr.* n° 1866 *c*.

Page 743, ligne 10. En examinant les nombreux gnomons sortis de Pompéi, que possède le musée de Naples, j'en ai remarqué un qui est conique comme le nôtre. C'est celui qui porte le n° 269, et qui a été reproduit par Avellino, *Descrizione di una casa pompejana disotterrata negli anni 1831, 1832, 1833*, Naples, 1837, tav. x, n° 12 (cf. p. 60). Je recommande cet objet à l'attention des mathématiciens de l'université de Naples. J'ai pris un calque du segment conique qui forme l'horizon du cadran; je l'ai soumis à mon savant confrère et ami M. Joseph Bertrand, qui y a reconnu une parabole.

Page 751, ligne 5 du bas. Comp. le monument appelé *Zub Feraoun*, près de Pétra, dans Arconati-Visconti, *Viaggio in Arabia Petrea*, p. 350.

Page 752, ligne 3 du bas. Cf. Ἐξωπιεύς, Ἐξώπιος. *Monatsbericht* de l'Acad. de Berlin, septembre-octobre 1873, p. 662, 666; Pape, *s. h. v.*

Page 754, note 4. Vue très-médiocre dans Van de Velde, *Le pays d'Israël*, n° 45.

Page 756, ligne 9 du bas. Comparez surtout le château des Baux, en Provence.

Page 756, note 2. Cf. *Arch. des miss. scient.* 2e série, t. I, p. 414, 415.

Page 757, note 3. Cf. *Arch. des miss. scient.* 2e série, t. I, p. 414.

Page 758, note 1. Vue médiocre dans Van de Velde, *Le pays d'Israël*, n° 40.

Page 761, ligne 12. C'est *Mahalia* ou «le château du roi.» (Voir G. Rey, *Arch. milit.* p. 280, et Van de Velde, *Le pays d'Israël*, n° 41.)

Page 761, ligne 5 du bas. Voir *Kalaat-Djédin*, dans Van de Velde, *Le pays d'Israël*, n° 42.

Page 763, ligne 6 du bas. Van de Velde a donné un bon dessin de cette synagogue. *Le pays d'Israel*, n° 29.

Page 767, note 4. Ajoutez: I *Reg.* 11, 21.

Page 770, ligne 23. Ἰοσεμός pour Ἰοσέ (ci-dessus, add. aux pages 187, 188) n'est pas une objection grave. L'origine vraie de *Iosé* pouvait être oubliée à la basse époque où fut écrite l'inscription de Byblos.

Page 784. Sur Gadare et ses *πολυάνδρια*, voir Epiph. hær. xxx, 7 et 8.

Page 787, note 1. Cf. Isaïe, LXI, 4.

Pages 790, 791, note. Notez Ἀμμανεύς «un homme «de Rabbath-Ammon.» Wescher, lecture à la séance du 11 août 1871 de l'Académie des inscriptions.

Page 795, note 4. Comparez aussi *θεμελίους* dans *Apocal.* XXI, 14, passage où il s'agit évidemment de soubassements. (Voir *L'Antechrist*, p. 451, note 2.)

Page 796, note 2. L'inscription de la porte de Pérouse a été ajoutée postérieurement à la construction. C'est l'opinion des meilleurs archéologues. (Voir le *Guide de Pérouse* du comte Rossi-Scotti, p. 30, 31.) M. Conestabile y incline aussi.

Page 800, note de la p. 799. Voir Van de Velde, *Le pays d'Israël*, n° 67.

Page 800, note 1. C'est bien là le «tabernaculum «Abrahæ, ubi nunc per annos singulos mercatus ce«leberrimus exercetur.» (Saint Jérôme, In Zach. XI, 4; cf. in Jerem. XXXI, 15, et *Chron. pascale*, p. 253.)

Page 814, bas. Dans ses travaux sur les châteaux des croisés en Syrie, M. Guillaume Rey n'est pas une seule fois conduit à l'hypothèse que ces châteaux aient eu pour premier noyau des constructions plus anciennes.

Page 822, ligne 5 du bas. On n'entend pas dire par là que la taille du roc vif soit exclusivement propre aux Phéniciens. L'Égypte, l'Asie Mineure, la Grèce, la Cyrénaïque, la Perse, l'Inde protesteraient et montreraient des monuments taillés dans le roc plus extraordinaires encore que ceux de Jérusalem et de Pétra.

Page 825, ligne 14. Voir Vogüé, dans la *Revue archéol.* juin 1868, p. 433, 434, 438.

Page 827, note 1. L'emploi du nom de *Phénicie* dans les écrivains byzantins, par exemple dans Nicétas Choniate (p. 18, édit. Paris), ne prouve rien pour l'usage vulgaire. Ces écrivains avaient l'habitude de désigner les peuples de leur temps par les noms qu'ils avaient portés dans l'antiquité classique.

Page 836, note 1. Cf. *Revue archéol.* mars 1869, p. 393 et suiv.

Page 844, 1ʳᵉ col. n° 92. C'est la פלח תחתית (Job, XLI, 16) d'un moulin. (Cf. p. 93.)

ADDITIONS ET CORRECTIONS AUX PLANCHES.

Planche IV. Le procédé employé pour cette planche et pour plusieurs autres n'est pas la photographie, comme on l'a cru quelquefois à l'étranger; c'est la lithophotographie (procédé Poitevin). Nous n'avons pas cru que, dans un ouvrage destiné à durer, on pût insérer des épreuves photographiques. Pendant l'exposition des objets de la Mission de Phénicie, au Palais de l'Industrie, avec le Musée Campana, des planches photographiques, renfermant la plupart de nos objets, furent exécutées par M. Laffon. Comme ces planches photographiques ont une netteté que ne peuvent avoir des lithophotographies, et contiennent un certain nombre d'objets auxquels on n'a pas jugé à propos de donner place dans les planches de la Mission, nous croyons devoir avertir le lecteur qu'on peut se procurer les planches photographiques de M. Laffon, rue de Tilsitt, 14.

Planche IX. Voir les *Additions et corrections*, à la page 69, ligne 7.

Planche XXI, dans la légende. L'objet 8 a été omis parmi les objets de Saïda.

Planche XXVIII. Voir les *Additions et corrections*, à la page 200, note 2.

Planche XXIX, tombeau à droite. Voir les *Additions et corrections*, à la page 191, ligne 5.

Planche XXXI, dans la légende. Lisez «Gharfin» au lieu de «Sharfin.»

Planche XLIII. La fig. 1 représente un objet provenant d'Adloun.

Planche LXIX. Sur ce plan, voyez les *Additions et corrections*, à la page 527, note 1.

INDEX ALPHABÉTIQUE.

A

Abarbéréa, fontaine, 594.
Abaton, 66, 67, 534, 555, 558.
Abbasié (El-), 642, 644, 645.
Abdelbaki, sa collection d'antiquités, 23, 25 et suiv.
Abdélim, 709, 711, 712, 842.
Abdeschmoun, 726, 729, 842, 871[b].
Abdusibus, 241, 858[a].
Abédat, 234-236, 858[a].
Abloun (Moghâret), 402. Voy. *Moghâret*.
Abou-Gosch, 813.
Aboul-Aswed (Nahr), 655.
Abra, 519.
Abraham (Tombeau d'), 800 et suiv. 804, 805.
Accouplées (Colonnes), etc. 336, 646, 765, 783.
Acre. Voy. *Saint-Jean-d'Acre*.
Acrotères, 207, 869[a], pl. xxii, lxi.
Adloun, 587, 655, 663, 870[b]. — Nécropole, 656 et suiv. — Objets trouvés à Adloun, 658, 659. — Caveaux chrétiens, 660, 661. — Stèle égyptienne, 661, 662. Caverne, 662, 663. — Fouilles à faire, 838. — Planche xliii, fig. 1 (cf. 872).
Ad Nonum, 661.
Adonis (Fleuve), 274, 276, 277, 282 et suiv. 295, 296. — Sa source, 297 et suiv. Cf. p. 515.
Adonis (Temple d'), à Byblos, 176 et suiv. Culte d'Adonis, 215, 228. — Monuments de son culte dans le bassin du Fleuve Adonis, 282 et suiv. — Sang d'Adonis, 283. — Tombeau d'Adonis, 287, 288, 293, 859[b]. — Représentations d'Adonis, 292 et suiv. 294. — Temples d'Adonis, 306, 309, 337-339. — Planches xxxiv, xxxv, xxxviii.
Adon melakim, 720 et suiv. 871[b].
Adrien (Inscriptions d'), dans le Liban, 239, 258-281, 858[b]. — Ses voyages, 280.

Ælia, nom de Jérusalem, 791, note. M
Afka, 278. Voy. *Aphaca*.
Agathodémon, 214, 215.
Aïn-Bahr, 278, 299.
Aïn-Dulbeh, 284, note 3.
Aïn el-Asafir, 304, 305.
Aïn el-Gadidé, 523, 524.
Aïn el-Hayât (Monument d'), à Amrit, 68 et suiv. 851[a]; planche ix.
Aïn el-Kantara, 523, 664.
Aïn en-Nassouh, 267.
Aïn ez-Zeitoun, près Saïda, 516, 517; planche lxv.
Aïn Habrian, 528, 594.
Aïn Haramié, 811.
Aïn-Hazour, 674, note 3.
Aïnibl, 675.
Aïn Kéfa, 248.
Aïn Medfené, 693.
Aïn Schara (Ouadi), 361.
Aires. Voy. *Terbiha* et *Jalama*. Aire d'Arauna, 806, 807.
Ajeltoun, 308, 335.
Akkar, 116, 122, 123-125.
Akkar (Djébel), 116.
Akoura, 259, 271-274, 300, 302, 303. —Passage d'Akoura, 303, 304.
Aksa (El-), colonne monolithe, 797-799; 847; planche xli.
Alabastrum, 404, 406, 432, 433, 845; planche xxi.
Aldemius (Zeus), 515, 516.
Alexandre, siége de Tyr, 527, 528, 578.
Alexandre Jannée, 797, 806.
Algériens (Tour des), à Tyr, 536, 537, 538, 556, 557, 567, 669.
Alma, 689.
Almét, 275, 276.
Ama (Mar), 229.
Amioun, 122, 139, 140.

Ammé, 673.
Ammious, 384, 523.
Ammon-Chnouphis, 487.
Amnouka, 777.
Amphithéâtre phénicien d'Amrit, 90 et suiv.
Amphores (Manches d'), avec inscriptions, trouvés en Phénicie, 38, 39, 182, 349, 860[b].
Amrit, 19, 22. —Description complète des monuments d'Amrit, 59-102. —Comparaisons, 793. — Objets trouvés à Amrit, 841, 842, 844. — Dessins, 846, 847, 848, 850[b]. — Planche v; plan d'Amrit, pl. vii et viii; monuments, pl. ix, x, xi, xii, xiii, xiv, xv, xvi, xvii.
Amschit, 202, 231, 232.
Amulettes, 161, 845.
Andromède. Voy. *Persée*.
Anéfé, 141 et suiv.
Anher, 487, 488.
Annelus, 146, 147.
Ansariés, 114, 126, 127.
Ansarivé, 666.
Antaradus, 20 et suiv. 849[a].
Autélias, 344, 860[b].
Anthropoïdes (Sarcophages), à Tortose, 45, 46; à Saïda, 403 et suiv.; en Sicile, 405 et suiv. — 424, 425, 434, 435, 448, 451, 466, 477. — Discussions sur ces sarcophages, 412 et suiv. — Au Louvre, 842. —Planches vi, lix, lx. — Cuves anthropoïdes dans le sol, 864, 866.
Antigone, 363, 860-861.
Antoun (Mar), couvent, 127, 139.
Autoura, 335.
Anubis, 214, voy. les *Additions et Corrections*, 487, 845, 857[a].
Aphaca (voir *Afka*), 286, 287, 293, 294. — Description, 296-301, 859[b]. — Inscriptions et voies romaines, 298, 299. — Étymologie, 299. — Site, 299, 300. —

110

Discussion, 306-309, 339. — Rapports avec le lac El-Yammouni, 309.
Aphacite (Vénus), 294, 296 et suiv.
Aphek ou Aphik, 300, 301.
Aphrodite, 648, 650.
Apis, 487.
Apocryphes (Traditions et monuments), 771-773, 794, note 2.
Apricciani (Statue d'), 425, 864ᵇ.
Apt-Ouer, 487.
Arabes dans la région de Gébeil, 146, 147, 148, 241, 856ᵇ; — dans la région du Jourdain, 679, 836, 837. — Inscriptions arabes de Saïda, 862, 863.
Aradus, description, fouilles, 19 et suiv. — L'art à Aradus, 29. Voy. Ruad. — Comparé à Tyr, 553, 554, 575, 576, 577. — Rapports avec Rhodes, 832. — Autre Aradus, 850ᵇ.
Arasements des rochers sur la côte de Syrie, 321, 322, 362, 548, note 4; 571.
Arbaïl, 116.
Arbres (Culte des), 400, 864ᵃ. — Arbres réservés à la flotte, 279, 858ᵇ.
Arimé, 126.
Arka, 115, 116, 124, 790, note 4.

Arrabé, 791, note 1; 807.
Arrien, récit du siège de Tyr, 557, 558, 559, 565, 566, 568.
Artémis, 134.
Artez, 265.
Arthusi, 116.
Art phénicien, ses criterium, 25, 655; — son infériorité, 816 et suiv. 827, 828, 830; — ses caractères généraux, 822 et suiv.; — ses défauts, 829 et suiv. Voy. Phénicie. — Art en Syrie, 625. — Classification des monuments, 835, 836.
Arvad, 19 et suiv.
Arvadites, 20 et suiv.
Aschour (Ouadi), sépultures égyptiennes, 640, 641, 700, 870ᵃ.
Asclepieum, 394.
Asclepius, 394, 395, 843.
Aser (Tribu d'), 669, 673, 683, 686, 692, 693.
Asia, 265.
Asmonéens, leurs constructions, 793, 797, 799, 801, 806.
Aspasius, 207.
Assyriennes (Inscriptions), en Phénicie, 304, 305. — Sculptures du Fleuve du Chien, 340. — Influence assyrienne en Phénicie, 408, 419, 422, 503, 826.

Astarté (Signe d'), 508, 509, 640, 653, 662, 663, 666, 691. — Temples troglodytiques d'Astarté, 518, 585. Voy. Grotte d'Astarté. — Caverne d'Astarté à Adloun, 662, 663. — Inscription phénicienne en son honneur, 726-729. — Représentations, 840, 842. — Astartéion, 850ᵃ.
Atabé, 646.
Athénée, 845; planche XXIV.
Athènes, 426.
Athlith, 50, 51, 52, 143, 754-757, 761, 781, 782, 817.
Atrin, 521.
Attis, 288, 364.
Augusta (Legio III), 35.
Auguste (Culte d'), 31, 32.
Autels, 229, 854ᵃ; pl. LI. — Autels de sarcophages, 706, 707 et pl. L.
Auwali (Pont sur l'), 398, 506, 507, 520.
Avitus (Nom d'), en Syrie, 133, 852ᵇ.
Azharani (El-), 515, 522.
Azré, 122.
Awwatin (El-), nécropole de Tyr, 589-591, 869ᵃ.

B

Baal (Statue de), 290. — Le dieu Baal, 294, 295, 394, 515, 585, 651, 842; pl. XXXII.
Baal'acaz, 651.
Baalat, 687.
Baalath-Gébeil, déesse, 855ᵃ.
Baalbek, 52, 53. — Route de Baalbek, 303 et suiv. 306-308, 309 et suiv. — Son nom colonial, 311, 320, 831.
Baal-Marked (Temple de), 355, 860ᵇ.
Baalschamar, 711, 712.
Baal-Schamèm, 711, 721, 842.
Babouh (Birket), 587.
Bætocécé, 112, 852ᵃ, 859ᵃ.
Balabin, 639.
Balanée, inscriptions, 106-110.
Balustrade, 431.
Banias (Balanée). Voy. Balanée.
Banias (Paneas), 204, 761, 791, note.
Berghout, 174, 394.
Baramié, 395 et suiv.
Basilique de Tyr, 537, 556.
Bassa, 750.
Bast, déesse égyptienne, à Aradus, 56.
Batancée, 791, note.
Batroun, 249, 250; théâtre, 250.
Battants de porte en pierre, 777, 784, 793; pl. XLV.
Bauar (El-), 322, 333, 334.

Bazourié, 642.
Beachtar, 139, 238, 853ᵃ, 853ᵇ.
Bédouins, ennemis des Syriens, 836, 837.
Beitin, 813.
Beit-Khaschbo, couvent, 327.
Beit-Sahour, 813.
Békata, 275, 276.
Bekufa, 123.
Bélat (El-), village près de Gébeil, 223-226, 819, 820.
Belat (pays de Tyr), 668, 686, 687, 688, 870ᵇ.
Beled Bescharrah, 632 et suiv. 646, 672.
Bellouni, 328, 335.
Belus (Culte de) en Phénicie, 104.
Bélus (Fleuve), 263, 515, 759.
Benjac, légende, 672.
Bordawil, 757.
Berias, 673.
Berisa, 117, note 3.
Berja (près d'El-Bauar), 323 et suiv. 333, 334.
Berja, près Nebi-Younès, 326, 510, 511. Voy. Nebi-Younès.
Berjis ou Berdis, planète, roi légendaire, 294, 334.
Bernicien, 286.
Bertou, topographie de Tyr, 527 et suiv. 546 et suiv.; ports de Tyr, 561 et suiv. 564 et suiv.; digue, 567; nécropole de Tyr, 588, 656 et suiv.; Sara, 665 et suiv.
Besbina, 261.
Bescharrah, 672. Voy. Beled Bescharrah.
Bescherré (haut Liban), 127-128.
Beschtondar, 238, 252, 853ᵃ, 853ᵇ.
Besri, 506, 519.
Beth, élidé en B, 134, 139, 238, 853ᵃ, 853ᵇ.
Béthanie, 812.
Béthel, 787, 811.
Bethsaïde, 762.
Bétyles, 400.
Beyrouth, 305-328. — Antiquités de Beyrouth, 342 et suiv. 860ᵃ, 866ᵃ. — Inscriptions, 343-352, 860ᵇ. — Étymologie, 352, 353.
Bhadidat, 236-238.
Biadh (El-), 508, 639, 640.
Bibars, destructeur des châteaux de Syrie, 759-762.
Bijoux, 431, 845.
Bilhas, 275.
Bint-Gébeil, 680.
Biré (El-), 811, 812, 813.
Bisonées (Tombeaux), 603, 637, 666, 675, 778.
Bisreh, 506. Voy. Besri.
Bois sacrés, 686, 687.
Bokeya, 115.

INDEX ALPHABÉTIQUE.

Borak et-Tell, 524, 525, 593, 594, 655, 752.
Borrama, 248, 249, 253.
Bossage (Architecture à), 47-53.—Exemples divers, 50, 51. — Criterium prétendu de l'architecture phénicienne, 112, 113, 164 et suiv. 177. — Bossage du moyen âge, 244; à Baalbek, 314 et suiv. —Autres exemples, 398, 511;—Athlith, 754, 757;—Montfort, 758 et suiv. 761; —Safed, 781, 782; — Garizim, 788.— Mur occidental, 794, 795, 796. — Seiloun, 810. — Ain-Haramié, 811; à Bethel, 811; El-Biré, 811, 812; Béthanie, 812; à Bethléem, 812; autres, 813. —
Discussion, 813, 814, 850°, 855ᵇ. — Planches vi, xiv, xxxvii.
Bostra, 868°.
Bostrenus, 174, 506.
Botrys. Voy. Batroun.
Boudié (El-), 647.
Boutonedj, 117.
Bschéli, 257, 269
Btéda, 313, 316.
Btirsa, 136, 137, 847.
Buaidhé (Keniset el-), 126.
Burdj Ancth, 114.
Burdj el-Bezzak, mausolée d'Amrit, 80 et suiv. 820, 846, 851ᵇ; pl. xiv, xv, xvi.
Burdj el-Hawé, 595, 642.

Butraiesch (Ouadi), 274.
Byblos, 153 et suiv. Voy. Gébeil. — Son histoire, 153 et suiv. 214 et suiv. — Ses antiquités, 155 et suiv. 424, 857.— Murs et intérieur de la ville, 156, 157. —Églises, 157. — Port, 159, 161. — Château, 164-172. — Site, 173, 174, 206, 207. — Fouilles à Byblos, 174 et suiv. — Tombeau d'Adonis, 176 et suiv. 287, 288, 293.—Colonnes dans les murs, 548, 550; nouvelle découverte, 855.
Byzantines (Constructions), en Syrie, 210. 680, 796, 797.
Bzehdin, 358.
Bziza, 134, 135, 238.

C

Cabaal, 294.
Calamus, 140, 141.
Calmoun (près Tripoli), 140, 141, 860°.
Cana. Voy. Kana.
Canobin, 127, 139.
Cap Blanc, 668, 693.
Capharnaüm, 762.
Carmel (Mont), cultes, 687, 753, 754.
Carné, 20, 21, 22, 55, 97.
Carrières, 97, 321, 342, 663.
Carthage, 424, 825, 826, 827, 834, 844.
Casaux du pays de Tyr, 645, 669.
Castellum peregrinorum, 754 et suiv.
Caveaux funéraires, 75 et suiv. 183, 186 et suiv. 190, 191, 203-206, 208, 209, 210, 844, 847. Voy. Nécropoles. — Classification des caveaux de Saïda, 407 et suiv. — Analogues, 425. — Liste, 480, 481. —Classement chronologique, 481-483, 501-503. — Catalogue des objets que chaque caveau a fournis, 483; — Inscriptions, 491 et suiv. — Caveau de Hazour, 674; de Dibl, 674, 675; de Kadès, 683-685; autres, 749. — Caveaux juifs, 780, 781, 787, 788, 809, 811. — Idée primitive du caveau phénicien et juif, 832. — Planches xiii, xiv, xv, xvi, xvii, xviii, xxvi, xxviii, xxix, xxx, xlii, xliv, xlvi, xlviii, lxiii, lxiv.
Cavernes architecturées, 204, 328, 662, 663, 672, 673, 832; pl. xxviii, xxx. — Cavernes à prostitution, 204, 517-519, 647, 649. 653; pl. lxv. — La caverne principe de l'architecture phénicienne, 822 et suiv. 832.
Céleste (Déesse), 134, 162, 201, 230, 295, 650, 687, 843, 844, 845, 854°, 858°; planches xx, xxii, xxiv.
Cella égyptienne d'Amrit, 68 et suiv.;

planche ix. — Petite Cella trouvée à Saïda, 365, 366. — Cella de Ouadi Aschour, 640, 541.—Cella de Gharfin, planche xxxii.
Césarée du Liban, 115, 149, 843.
Césarée de Palestine, 757, 790, note 4.
Chamites, 837.
Chamos, 351, 352.
Chananéens (Restes), 668, 669. — Races primitives, 837, 838.
Chandelier juif, 778.
Chapelles du Liban, 220, 221, 229, 933.
Chapiteau phénicien, 175, 228, 846; planche xxv. — Chapiteau grec, 843; planches xlii, liii, lv.
Chapiteaux funèbres, 289, 859ᵇ; pl. xxiv.
Chastel rouge, 852°.
Chérub, 671, 701, 704, 844, 849°.
Chien (Fleuve du). Voy. Kelb (Nahr el-).
Chiffres phéniciens, 719 et suiv. 725, 726.
Chnoubis, 857°. Voy. Chnouphis.
Chnouphis, 487, 488.
Chorazin, 782.
Chorévêque, 608, 613, 870°.
Chrétiennes (Inscriptions) de Saïda, 389-391.
Christophe (Saint-), 608, 613.
Chrysostome (Saint Jean-), ses missions en Phénicie, 200, 857°.
Chypre, 12, 14, 15, 848, 850°, 862°, 864ᵇ, 868ᵇ, 870°. — Analogies avec la Phénicie, 857. — Objets provenant de Chypre, 843.
Cimolos, 425.
Cippes sidoniens, 381-388, 493; pl. xxii, xliii.
Cirque d'Amrit, 90 et suiv.
Cistes symboliques, 191; pl. xxix.

Citernes, 663, 689, 707, 791, note 1, 806, 811, 847; pl. l.
Cleilé, 692.
Climax, 140, 141, 151, 332-334, 693.
Cobbaïet, 117, 125.
Cobbé, 148.
Colombe votive, 431, 845.
Colonnes dans les murs et dans la mer, 159-161, 538, 547-550.
Colosses, nécropole, 819.
Come du pays de Tyr, 667-669, 672, 673, 686.
Commerce phénicien, 831-832.
Commode, son culte en Syrie, 36, 849ᵇ; planche v.
Cône votif, 392, 393.
Constantin; ses monuments en Phénicie, 105, 341, 370. — Ses destructions de temples dans le Liban, 287, 297 et suiv. 308.
Corse, 425, 864ᵇ.
Cothon, 560.
Couvercles de sarcophages, 230, 251, 288, 289, 290, 637, 638, 680, 778, 780, 810; pl. xlii.
Cray, 516.
Créneaux. Voy. Denticules.
Croisés (Forteresses des), en Syrie, 47-54, 165 et suiv. 845. — Inscriptions des croisés, 391, 392, 555.—Athlith, 754, 757.—Montfort, 758 et suiv.—Safed, 781, 782.
Croissant, 230, 702; planches xxxii, lv, lvii.
Croix ansée, 162, 184, 841, 845.
Crossettes, 537, 765, 781, 810, 854ᵇ.
Culonié, 813.
Cyclopéennes (Constructions prétendues), 697, 704-706; pl. l, liv, lv.
Cynocéphale, 487, 761.

D

Dablous de Baalbek, 310 et suiv.
Dacl, 265.
Dagon, 509, 868ª.
Damas, 359, 549.
Damour (Fleuve), 515.
Dandasch, 125.
Daniel Mokdici, fouilleur à Tortose, 44.
Dardegheya, 645.
Dar Essafra, 111.
Dariques, 365, 845.
Darreita, 522.
Debail, 116.
Décoration des monuments phéniciens, 96.
Déesse de Syrie ou Grande déesse, 55, 133, 134, 239.
Defné, 327, 328.
Deghdraya, 645, note 2.
Deir, sens de ce mot, 517.
Deir Aamès, 640.
Deir Abdo, 640.
Deir Attara, 268.
Deir Canoun-en-Nahar, 642.
Deir Canoun, près Ras el-Aïn, 636, 690, 691.
Deir el-Asad, 761.
Deir el-Aschair, 285, 517, 641.
Deir Eliant, 314.
Deir el-Kala, temple et inscriptions, 353-358, 860ᵇ.

Deir el-Mezerâh, 521.
Deir esch-Schâir, 641, note 2.
Deir Genin, 125.
Deir Houb, 271, 858ᵇ.
Deir Mekhalles, 519.
Deir Samké, 126.
Deir Sirian, 646.
Deir Zaharani, 522, 523.
Delebta, 328.
Délit (Pierres en), 254ᵇ.
Démarous, 515.
Denadsché, 125, 126.
Denticules, ornement phénicien, 72, 162-164, 175, 201, 208, 841, 842, 843, 854ᵇ; planches xi, xii, xiii, xx, xxii.
Dents postiches, 472, 473.
Derbaschtar, 139, 238, 517, 853ª, 853ᵇ.
Derbissin, 139, 517, 522.
Derchaono, 642.
Derdagayé, 645, note 2.
Détroit (Le), 754 et suiv.
Dhannié, 123.
Diacres, 543, 544, 608, 613.
Dibl, 674, 675, 689.
Didon, 585.
Digue de Tyr, 527, 528, 567 et suiv. 580 et suiv. — Prétendue digue vers le Cap Blanc, 564 et suiv.

Dionysiodore de Milo, 730, 743.
Dioscures, 840.
Diradjet el-Milal, 239, 266, 267, 302.
Diradjet Mar Séman, 304, inscription.
Dius, 555, 558, 559.
Djamdjine, 653-655.
Djébâa, 519, 520, 522.
Djébel el-Kébir, 667.
Djedita, 358.
Djedj, 255, 267-268.
Djémila (Basilique de), 630.
Djezzin, 519, 520.
Djié, 510, 511.
Djoula, 239.
Djouni (Baie de), 328. — Village, 328. — Identification des localités antiques, 332-335, 812.
Djouz (Nahr el-), 250, 270.
Djouz en-Nakel, 587, 869ª.
Djubbcin, 688.
Djusiet el-Kedimeh, 117.
Domnus, nom syrien, 30, 31, 382.
Dora, 40, 41. Voy. Tantoura.
Dordochioc, 645, note 2.
Douceir, 675-677.
Douma, 255-257, 269.
Draïb, 125.
Durand (Julien), sur l'église de Saint-Christophe, 609 et suiv. 630 et suiv.

E

Ebrin, 148, 149.
Ecdippa, 752.
Eddé, 227, 229, 841, 846, 857ᵇ.
Edna (Mar) 234.
Eghalane, 752, 753.
Égypte. Son influence en Phénicie, 100, 101, 214, 365, 366, 487, 488, 702, 703, 838, 854ª, 855ᵇ, 870ª. — Sarcophages anthropoïdes en Égypte, 413, 415, 424, 425. — Fragments égyptiens trouvés en Phénicie, 26 et suiv. 112, 161, 162, 394, 545, 546. — Monuments égyptiens en Phénicie, 68 et suiv. 178-180, 285, 340, 365, 366, 640, 641, 661, 662. — Imitation de l'Égypte en Phénicie, 404, 413-415, 421, 422, 424, 425, 654, 655, 670, 671, 839, 841, 842, 845, 846, 847. — Objets égyptiens trouvés en Phénicie, 487, 488, 490, 491, 844. — Imitation de l'Égypte à Oum el-Awamid, 699 et

suiv. 701, 748; à Dora, 757; en Palestine, 781, 792, 797, 799, 807. — Durée de l'influence égyptienne en Phénicie, 825, 826. — Voy. planches IV, VI, V, IX, X, XX, XXVII, XXXII, XLI, LI, LII, LIII, LV, LVII, LIX, LX.
Égyptien (Port), à Tyr, 559 et suiv.
Ehden, 123, 137-139.
Ehmedj, 267.
Eleuthernes, 372.
Eleutherus, 115.
Elias (Mar), 394.
Élie (Culte d'), 325, 753, 754, 857ᵇ.
Élioun, 295.
Élisha (Mar), 229.
Ellesiey, 117.
Enceintes sacrées, 135, 136, 285, 288, 335, 336.
En-Hazor, 674, note 3.

Enhydra, près de Tortose, 19, 21, 69.
Enhydra, près Tyr, 525.
Epuranius (Zeus), 332, 844; pl. xxii.
Erechtheum, rapports avec le temple d'Oum el-Awamid, 697, 700; pl. liii, lv.
Ères phéniciennes, 719 et suiv. — Ères de Syrie, 225, 241, 256, 382, 494, 513, 514, 543, 615, 616, 677, 682.
Ermed, 668, 688, 689.
Eschmoun, 523.
Eschmounazar. Son sarcophage, 403, 413, 414, 418, 419, 429, 430, 433, 434, 439, 441, 442, 456, 498, 833; planche lxiv.
Etite, 640, 641.
Euhydra, 525.
Eulpâne, 506, 507.
Eurychore, 530, 557, 558, 561, 570.
Évangélique (Topographie), 669. — Archéologie évangélique, 762, 763.
Exopé, 752, 871ᵇ.

INDEX ALPHABÉTIQUE. 877

F

Fakra. Voy. *Kalaat-Fakra.*
Fatka, 326.
Fareya, 278.
Fatré, 276.
Fauteuil votif, 707; pl. LIII.
Fédar (Ouadi), 222, 284, 295.

Femme enceinte (Pierre dite de la), à Amrit, 74; pl. XVIII.
Ferscha. Voy. *Kferscha.*
Fetihât (El-), 265.
Flottes romaines, 279.
Forêts du Liban, 279-281.

Fontaine des serpents (Monument de la), à Amrit, 68 et suiv.
Fours des caveaux funèbres (Kokim), 76; pl. XLIV.
Franche-Garde, 517.
Fretensis (Legio X^a), 34, 809, 850^a.

G

Gabala, 111.
Gabaon, 813.
Gadara, 191, 192, 783, 784, 872^2.
Gaimon, 271.
Galilée (Haute-), aspect, 683, 750 et suiv. 761 et suiv.
Gallica (Legio III^a), 34, 35.
Garizim (Mont), 788, 807, 808, 810, 811, 812, 813.
Gébeil, 51, 153 et suiv. Voy. *Byblos.* — Le «petit Gébeil,» 210 et suiv.—Comparaisons pour la tour, 755, 761; 794. — Fouilles à faire, 838. — Objets provenant de Gébeil, 839, 841, 842, 843, 844, 845; dessins, 846, 847, 848; pl. V.—Plan de Gébeil, pl. XIX —Pl. XX, XXI, XXII, XXIII, XXIV, XXV, XXVI, XXVII, XXVIII, XXIX, XXX, XXXII.
Georges (Saint), son culte, 301, 329, 342, 353, 645, 646, 857^b.
Géta, nom gratté, 327, 774, 775, 844.
Ghamik (Ouadi), 147, 148.
Gharfin, 229, 230, 842, 845; pl. XXXI, XXXII.
Gharzuz, 149, 240.

Ghazié, 522.
Ghazir, 333.
Ghineh, 238, 290. — Description des antiquités de Ghineh, 292-295, 846. — Planche XXXVIII.
Ghouma, 249, 260, 261.
Ghousta, 328.
Giblites, 166 et suiv. 170, 214, 215, 217, 799, 824, 857.
Giddel, 240.
Gigartos, 149, 150, 843.
Giorgious (Mar), 232, 233.
Gioumi, 125.
Gischala, 762.
Globe ailé, en Phénicie, 69, 70, 157, 158, 227, 289, 335, 336, 340, 366, 396, 541, 640, 641, 700, 702, 703, 707, 841, 842, 843, 846, 870^b; pl. IV, IX, XXXI, LII, LIII, LV.
Gnomon phénicien conique, 729 et suiv. 842, 871^b; planche LIII. — Restitution, 744.
Gnostiques (Pierres), 216, 491, 839, 857^a, 857^b.
Gothique (Architecture), en Syrie, 49-54,

754 et suiv. 758 et suiv. — Église gothique, 760.
Gozzo, 420, 424.
Grèce (Influence de la), en Phénicie, 372-374, 398, 826, 847, 847; en Palestine, 792, 793, 799, 807. — Vases grecs, trouvés à Sidon, 488. — Monuments grecs à Oum el-Awamid, 697 et suiv. 700, 703, 748. — Comparaison de l'art grec et de l'art phénicien, 822 et suiv. —Supériorité de la Grèce, 829, 830.— Commerce avec la Grèce, 831, 832.— Objets grecs, 845; pl. LIII, LV. — Noms grecs de villes, en lutte avec les noms indigènes, 21, note 2; 522-528, 744, 745, 790, 791, note, 849^a.
Griffons, 25, 671, 844, 844; pl. LVII. — Voy. *Chérub.* Planche IV.
Gros blocs (Constructions en), 143, 166 et suiv. Voy. *Bossage.* 759 et suiv. — Jérusalem, 794 et suiv. — Hébron, 800 et suiv. — Amrit, planches II, XIII, XIV, XXV, XLVII.
Grotte d'Astarté, près de la Casmie, 647-653.—A Adloun, 662, 663.

H

Haboub, 226, 227.
Hadid (Ouadi el-), 761.
Hadjel (Ouadi el-), 646.
Hadrumete, 825, 826.
Haggée, cité dans l'inscription de Kefr-Bereim, 767.
Hajjula, 358.
Haladim (Zeus), 515, 516.
Hulalié, tombeaux, 395 et suiv.; pl. XLIII, fig. 2.
Hallaoueh (Ouadi), 239, 240.
Hallet er-Rihân, 596.
Hammadié (El-), 646.
Hamman (El-), sens de cette expression, 726, 727, 729.
Hammar Saghir, 222.
Hammath, 145, 146.
Hammatoura, 124.
Hamoul, 689, 749.

Hamoun, 689, 749, note 1.
Hamra (El-), 693.
Hamrani (Ouadi el-), 642, 644, 645.
Hamrame, 642.
Hamsin, 751.
Hanaweh, 606.
Hanin, 807.
Hannouseh, 145-147, 150.
Haras-erram, 239; pl. XX.
Haret-Djadja, 213.
Hattoun, 253, 254.
Haurân, 122, 123, 831.
Hayé, 673.
Hazor, 674, note 3.
Hazour, 674, 686.
Hebbé, 103-105.
Héblès (Îlot), 98.
Hébraïques (Inscriptions), pl. LXX. V. *Juifs.*

Hébreux, rapports avec les Giblites, 214, 215.
Hébron, 787. — Monuments, 799-805, 847, 872^a; planche XL. — Environs, 813.
Hegel (Ouadi el-), 646.
Heldua, 515, 526.
Héliopolis. Voy. *Baalbek.*
Helta, 251, 252, 269, 270.
Hépha, 753.
Héraclès, 555, 583, 648, 649. — Ports d'Hercule, 575, note 1; 868^b. Voy. *Malharth.*
Hercule. Voy. *Héraclès.*
Herdawil (Nahr), 757.
Hermann de Salza, 759 et suiv.
Hérode, ses constructions, 757, 794 et suiv. 797, 799, 801, 802, 806.
Hesron, 139.

878 MISSION DE PHÉNICIE.

Heussoun (El-), le pays des châteaux, 112, 113, 125, 127.
Herizé, 674.
Hiérapolis de Phrygie, 820.
Hiéroglyphiques (Fragments), trouvés en Phénicie, 26, 27, 28, 56. — Hiéroglyphes, 285. Voy. *Égypte* et *Égyptiens*.

Hinnomi, 144, 145.
Hippopotame (Dieu), 487.
Hiram. Voy. *Kabr-Hiram*.
Hmid, 674.
Horaboth, en Phénicie, 75, 497.
Horhona, 265.
Hosn el-Hâti, 131.
Hosn el-Sefiri, 130-134.

Hosn-Soleyman, 112.
Houb (Wata), 258.
Hougel (Ouadi el-), 646.
Huleh (Lac), 673.
Hurmul (Monument de), 117-119, 851[b], 852[b].
Hurmul, près Scheptin, 119, 251.
Hyksos, 837.

I

Iakoub (Mar), couvent, 252, 253.
Iakoub (Mar), église près Gébeil, 207, 208.
Ianouh, 301.
Ibrahim (Nahr), origine de ce nom, 283. Voy. *Adonis* (Fleuve).
Idolâtrie, dans le Liban, 220, 221.
Idoles, 181, 182.

Imilcon, 649.
Industrie phénicienne, 93, 94, 599, 633, 634, 639, 643, 644, 645, 669, 792, 806, 807, 831.
Iouhanna (Mar), près d'Eddé, 229.
Iouhanna (Mar)er-Roum, église, 200, 856[b].
Iousef (Mar) el-Hosn, 358.

Isidore, nom aradien, 36, 830[a].
Iskandérouna, 689, 693, 745.
Istefan (Mar), 234.
Istokbia, 266, 858[b].
Ituréens dans le Liban, faux système, 248, 856[b], 858.
Ivoires phéniciens, 500, 501.

J

Jacobites, 254, 255, 858[b].
Jaffa, 509.
Jalamu, 673.
Jeïté, 761.
Jermak (Montagne), 686.
Jérusalem, 549. — Temple, 703, 704, 787, 789, 791, note. — Monuments de Jérusalem, 792 et suiv. 847; pl. XLI.
Jisch, 762, 778-780; pl. LXX.
Jonas (Légende de), 509.

José, forme de Joseph, 767, 768, 770, 779, 856[a], 871[b].
Jrapta, près Semar-Gébeil, 244, 262, 847; pl. XXXI.
Jrapta, sculptures sur le roc, 238, 239.
Juifs à Byblos, inscriptions, 187, 188, 193, 843, 855, 856, 856[b], 868[a], à Beyrouth, 348, 349. — Étuis juifs, 393. — Sépultures juives, 682, 683, 684, 778, 780. — Archéologie juive, 761 et suiv.

Inscriptions juives de Kefr-Berciin, 763-772. — Inscription votive juive, 774 et suiv. — Inscriptions de Nabartein, 778; de Safed, 782. — Planche d'inscriptions hébraïques, pl. LXX. — Juifs peu artistes, 786 et suiv. — D'un art juif, 788 et suiv. 799, 806.
Julien, 287.
Julius (Nom de), en Syrie, 292, 310, 382, 386, 859, 860, 862[b].

K

Kabélias, 283.
Kabr-Hiram, ou plutôt Kabr-Hairan, 597 et suiv. 846, 847, 869[b]. — Description du monument, 598 et suiv. 666, 682. — Tombeau de la mère d'Hiram, 602. — Nécropole, 602 et suiv. — Ville antique, 603 et suiv. — Mosaïques, 607 et suiv. 847. — Petite église, 624, 626 et suiv. 847. — Travaux dans le roc, 633-636, 638; planches XLVII, XLVIII, XLIX.
Kaddous, 519, 521.
Kadès (Lac de), 852[a].
Kadès de Nephtali, 683-686, 778.
Kadis Mar Nouhra, 206.
Kaforhaura, 123.
Kafkafa, 689.
Kafroun, 126.
Kaïté, 125.
Kalaa, emploi de ce mot, 351.
Kalaat Deir Hanna, 761.
Kalaat el-Arab, 126.
Kalaat el-Hosn (Le Crac), 50, 113, 114.
Kalaat el-Hosn, près Mar-Iakoub, 253.
Kalaat Fakra, 278, 299, 335. — Description des monuments, 335-339.

Kalaat Jiddin, 761, 871[b].
Kalaat Kurein, 50, 756, 758-761, 782.
Kalaat Rey el-Seïn, 110, 111.
Kalaat-Sarba, 330, 331, 522.
Kalaat Schamma, 688.
Kalaat Tadmor ou Tidmor. Voy. *Tadmor* ou *Tidmor*.
Kalaat-Yahmour, 105, 106, 127, 852[a].
Kalaat Zara, 126.
Kamès, 295.
Kamoa el-Hurmul, 117.
Kana, de Tyr, 607, 636, 640, 666.
Kana (Ouadi), sculptures grossières, 635-636.
Kartaba, 274-276, 302.
Kartez (Keniset), 213.
Kasmie (La), 529, 578, 582, 595, 596, 642, 645, 647. — Voy. *Grotte d'Astarté*.
Kassouba de Byblos, 173, 193 et suiv. 203, 842, 856[b]; pl. XXVIII.
Kaouzah (El-), 686.
Kefour, 327.
Kefr Baal, 295.

Kefr-Berciin, 762. — Monuments et inscriptions, 763-773, 783, 871[b]; pl. LXX.
Kefrein, 791, note 1; 807.
Kefr-Hulda, 269, 270.
Kefr-Haouar, 285.
Kefr-Haina, 250.
Kefr-Hay, 249, 265.
Kefr Houonh, 521.
Kefr-Milk, 522.
Kefr-Nimroud. Voy. *Nimroud*.
Kefr Tabnith, 522.
Kelb (Nahr el-), 334, 335, 860[a], 864[a]. — Antiquités et inscriptions à l'embouchure, 639-342, 662. — Sa légende, 341, 342.
Kenaan (Personnage appelé), 123.
Kenaan (Village), 522.
Keneyssé (Djébel), 341.
Kenz-Amour, 129, 130.
Kesrouan (Le), 321 et suiv.
Kesser (El-), 646.
Kfar Schleiman, 251, 252.
Kferscha, 239, 266.
Khan, 752, 753.
Khaldé. Voy. *Khan Khaldé*.

INDEX ALPHABÉTIQUE. 879

Khallet el-Akkoub, 521.
Khan Khaldi, 290, 515, 516.
Khan-Minyeb, 762.
Khans de Syrie, 516.
Kharbet-Seïdôn, 519, 521, 522, 745, 861[b].
Khirbet. Voy. *Kharbet.*
Khourzon ou Kourzon, 782.
Kiriath el-Enab, 813.

Kischyôn, 773-774.
Kneifedh, 668, 669-672. — Sarcophage, 670, 571, 678, 679, 702, 807, 842; pl. LVII.
Knikiaconchyleute, 350.
Kokim, 76, 367.
Kornet-Afroun, 239, 302, 858[a].
Kornet Antar, 277.
Kour, 261.

Koura (Pays de), son histoire, 122.
Kronos (Tour de). Voy. *Movers.*
Kseir, 646, 647, 686.
Ktèmes (Les Deux), 613, 614.
Kuria ou Cyria, 133, 134, 237.
Kurn ou Karein (Ouadi et Kalaat), 758 et suiv. Voy. *Kalaat Kurein.*
Kwali, 277, 295.

L

Lagides, en Syrie, 649, 713, 714.
Lampes de Saïda, 481, 490, 845; pl. XXI, XXIII, XXIV.
Laodicée, dans l'inscription d'Oum el-Awamid, 712-715, 725, 744. — Diverses Laodicées, 713-715.
Laodicée ad Libanum, 117.
Laodicée sur le Lycus, 820.
Latin, en Syrie, 363, 861[a].
Latroun, 813.
Lattakié, 111, 112, 852[a].
Laussédat (M.), mémoire sur le gnomon phénicien, 731 et suiv.

Leimon (Lac). Voy. *Yammouni.*
Léontès (Fleuve), 595, note 1.
Leontopolis, 525, 595, 661.
Liban; races du Liban, 217, 836, 837. — Cultes du Liban, aspect archéologique, 219 et suiv. — Liban maritime, 239 et suiv.
Limaçon (Tour du), monument d'Amrit, 80 et suiv. 846; pl. XIV, XV, XVI.
Linceuls phéniciens, 77, 78, 421, 622, 844, 845.
Lions décoratifs, en Phénicie, 72, 175, 181, 397, 411, 511, 702, 706, 749,

841, 842, 846, 847, 855[a]; pl. XIII, XX, XXXII, LI, LV.
Litani, 595, note 1; 869[b].
Lits votifs, 133, 858[a].
Livie, 840.
Liwan, 520.
Loweizah, 335.
Lucien, *Traité de la Déesse de Syrie*, 291, 828, 829.
Lycus. Voy. *Kelb (Nahr el-).*
Lycus (Bassin du), en Phrygie, analogie avec la Phénicie, 819, 820.
Lysanias (Les), 317-319, 860[a].

M

Maabed, monument d'Amrit, 62 et suiv. 850[b]; planches VIII, X.
Maad, 240 et suiv. 842.
Maamiltein (Pont de), 347.
Maasub, 750.
Macpéla, 205, 801, 802, 803.
Macrobe, sur Vénus Aphacite, 294.
Mafia, 689.
Magdouschê, 517, 518.
Mahamrat-Bjié, 236.
Maheyta, 595, note 3; 642-644, 812.
Mabouz (Aïn), puits, 322, 860[a]; pl. XXXIX.
Malkieh, 691.
Malte, sarcophages anthropoïdes, 424, 425.
Mammès (Saint), 858[a].
Manbati, 761.
Marasch, 124.
Marathus, 22, 61, note 2. Voir *Amrit*. — Son histoire, 98 et suiv. 852[a].
Mardaïtes (Châteaux), 244 et suiv.
Mariamin, 668, 672.
Maronites, 216, 217, 335.
Maroun (Mar), 119, 120.
Maschnaka, 238, 260. — Description des monuments de Maschnaka, 284-292. — Nom antique, 290-292. — Objets provenant de Maschnaka, 842. — Dessins, 846, 847. — Planches XXXII, XXXIII, XXXIV, XXXV.
Maschouk, 528. — Est-ce Palætyr? 578 et suiv. — Description, 579 et suiv. 581. — Légende, 583-586. — Tombeaux,

589, 590. — Aqueducs, 582, 584, 593, 594.
Masques appliqués aux sarcophages, 412, 441, note 1; 467, 866, 667.
Masrephoth Maïm, 694.
Mattan, 711, 712.
Medinet en-Nahas, 668-669.
Medinet et-Taharan ou Medinet et-Touran, 744.
Méghazil d'Amrit, 70 et suiv. 79, 80. — Y en avait-il à Saida? 497, 751, 851[b]. — Dessins, 846. — Planches XI, XII, XIII, XVII.
Meifok, 254, 255, 268.
Meïrôn, 762, 766, 778, 780, 781, 782.
Meklaa (El-), cirque d'Amrit, 90 et suiv.; pl. VIII.
Melia, 760, 761, 871[b].
Melkarth (Temple de), 534 et suiv. 546 et suiv. 551 et suiv. 555 et suiv. 570, 573. — Temple continental, 583.
Mêma (Mar), 234.
Ménandre, historien, 555, 558, 559, 560, 582, 648.
Méro ou Méroth, 762, 780. Voy. *Meïrôn.*
Merwahin, 687.
Mescherfa, 694.
Mesedjed, 667.
Méten (District du), 358.
Métualis, 632, 633.

Meules, 93, 634, 635, 708, 844, 872[a]; pl. V.
Mezraa, près Saint-Jean-d'Acre, 752.
Miar, 126.
Mihsar Sôr, 606, 607.
Milliaires (Bornes), 862.
Mirah esch-Scheikh, théâtre de Botrys, 250.
Mischmisch, 239, 844; pl. XX.
Mispa, 787, 813.
Mithra (Culte de), 103, 104, 144, 145, 852[a].
Mnaïtri, 299.
Modin, 793.
Mogbar (Ouadi), près Cana, 641, 642.
Moghâret Abloun, 401, 402, 403 et suiv. 433, 436, 437, 439, 440, 441, 442, 443, 444, 452, 866[b]; pl. LXIV.
Moghâret Adam, 517.
Moghâret Aïn ez-Zeitoun. Voy. *Aïn ez-Zeitoun.*
Moghâret Ayyoub, 260, 272, 276, 280.
Moghâret el-Bzez, 662, 663.
Moghâret el-Ferdj, 518, 519, 647 et suiv. 662. Voy. *Grotte d'Astarté.*
Moghâret el-Magdoura, 5(?); pl. LXV.
Moghâret es-Salih, 519.
Moghâret es-Souk, 586, 587, 869.
Moghâret et-Taous, 395, 396.
Moghâret Sahib, 519.
Moghoyré, 301.
Mohasch (Kalaat el-), 126.

880 MISSION DE PHÉNICIE.

Mokhtârah, 655.
Monaco, 575, note 1.
Monnaies, 840, 841, 845.
Monogramme, 375, 858ᵇ, 861ᵃ.
Monolithisme, trait de l'architecture phénicienne, 96, 339. — Maison monolithe à Amrit, 91 et suiv.; pl. xii.
Monothéisme, en Syrie, 234-236, 241-243, 338, 858ᵃ, 860ᵃ.
Montagnes (Culte des), 397.

Montfort, 758.
Mosaïque de Nébi Younès, 511-514; de Kabr-Hiram, 607 et suiv. 846, 847; pl. xlix. — Habileté des Syriens dans cet art, 625.—Mosaïques dans les pays phéniciens, 631, 788. Cf. 869ᵇ, 870ᵃ.
Mousa (Djébel), 277, 293, 295.
Movers, son système sur la tour de Kronos, 169, 248. — Sur les Giblites, 214, 215; sur la topographie de Tyr, 546 et suiv.;

sur le temple de Melkarth, 554 et suiv.; sur les ports de Tyr, 562 et suiv.; sur le port égyptien, 566 et suiv.; sur Palætyr, 579; sur la nécropole de Tyr, 588.
Msallah, 667.
Msellabet Hallet ex-Zaouié, 666, 667.
Murex de la pourpre, 226.
Muschakkah (Djébel), 668, 750.
Museiliha, 148.
Muzeibleh (Al-), 672.

N

Naam, sens de ce mot en phénicien, 723.
Naaras, 146, 147.
Nabartein, 762, 777, 778; pl. lxx.
Nabatieh, 522.
Nabuchodonosor, siège de Tyr, 527, 528, note; 575.
Nahoum, 832.
Nahr el-Kébir, 115.
Nahr-Bhamké, 19, 46, 525.
Nakhlé (El-), dans le pays de Koura, 122.
Nakoura (Cap), 668, 693, 694.
Namroud (Djébel), 302, 858ᵃ. Voy. Nimroud.
Naos égyptien, en Phénicie, 68-70, 842; pl. ix, xxxii.
Naous, près Kisbé, 135-136, 661, 853ᵃ.
Naous, près Scheptin, 251.
Naplouse, 787, 790, note 4 ; 807-809.
Navarques, 31.

Nazaréens ou judéo-chrétiens, en Syrie, 869ᵃ.
Nazareth, 783.
Neba el-Leben, pont monolithe, 339.
Nébi Ibn-Mâhélib, 686.
Nébi-Maschouk. Voy. Maschouk.
Nébi-Moussa, 116.
Nébi Scha'ban, 686.
Nébi Seïdoun, 367.
Nébi Seïr, 666.
Nébi Yahya, 394.
Nébi-Younès (Porphyrion), 5095, 10.— Mosaïque, 511-514, 620, 621, 625.
Nébi-Younès, près Jaffa, 509.
Nécropoles phéniciennes, 322, 323-325. — Nécropole de Saïda, 401 et suiv. — Autres nécropoles de Sidon, 503, 504. — Autres, 508.—Celle de Khan-Khaldi, 515. — De Tyr (voyez Tyr); d'Adloun (voyez Adloun).—Nécropole juive à Meï-

rôn, 780-781.— Planche xlviii.— Plan de la nécropole de Saïda, pl. lxiii; coupes, pl. lxiii, lxiv.
Néméens (Jeux), 371 et suiv.
Némésis (Culte de la), 38.
Néories de Tyr, 557, 568.
Néphin, 141 et suiv. Voir Anefé.
Nephtali, 683, 686.
Nephthys, 201.
Nergal, 857ᵇ.
Nesopteiltis, déesse, 201, 842; pl. xxii.
Netpé, 201, 670.
Nila, 139.
Nimroud (Kalaat), 239, 858ᵃ. V. Namroud.
Nimroud (Kefr), 302.
Niobides, 364, 861ᵇ; pl. xlii.
Noaros, 147, 200.
Nofré-Toum, 488.
Nouhra (Mar), sa légende, 247.
Nosoïris, 114, 126-127.

O

Oannès, 509.
Obélisques en Phénicie, 74, 75.
Œil symbolique, 406, 488.
Okser (El-), 117.
Olympien (Zeus), à Tyr, 555, 559.
Onouris, 488.
Origène (Tombeau d'), 537.
Ornithopolis, 525, 655, 656, 661, 663, 665, 843; pl. xxxii.

Oroiouth, 839.
Orthosie, 116, 852ᵇ.
Osiris, à Byblos, 176, 214.
Ottaf, 807.
Ouadi Mohammed, 262 et suiv.
Ouaphrès (Nom de), en Phénicie, 27.
Oudis athanatos, 183, 369, 855ᵇ.
Oum al Ahmud, près de Oum, 140, 639, 667.

Oum el-Awamid, 689. — Description et fouilles, 695 et suiv. 870, 871. — Son histoire, 744 et suiv. — Caractère général, 747-749, 838. — Objets trouvés à Oum el-Awamid, 841,842, 843, 844, 847; pl. v, xxii, xxxii, l, li, lii, liii, liv, lv, lvi, lvii, lviii, lx.
Oum er-Âmân, 807.
Oum-Keis, 783, 784. Voy. Gadara.

P

Paam, sens de ce mot en phénicien, 723-724.
Paganisme (Fin du), dans le Liban, 255-256, 287, 818, 857ᵇ, 859ᵃ.
Palæ, noms de villes phéniciennes commençant ainsi, 577.
Palæbyblos, 207, 248, 293, 325-326, 332-334, 577.
Palædorus, 577.
Palæsidon, 522, 745, 868ᵃ. Voir Kharbet Seïdon.

Palætyr, 576 et suiv. 636, 656, 657, 662, 745.
Palerme, 405 et suiv. 425, 487, 826.
Palestine, aspect archéologique, 784, 785 et suiv. — Peu d'art, 786 et suiv.
Palmettes phéniciennes, 95, 654, 655, 843; pl. iv. — Grecques, pl. liii.
Paltus, 20, 111.
Panthée (Figure), 840.
Paradisus, 117.
Patèque, 487.

Peintures maronites, 236, 240, 251, 252.
— Peintures anciennes, 209, 395, 396, 411, 661, 664.
Pendeloques, 351, 637; pl. xlv, lx.
Pénélope, 840.
Persée (Mythe de), 342, 509.
Perses (Influence des), en Phénicie, 822, 826, 845.
Pétra, 793.
Phalère, 42.
Phénicie (Caractère des antiquités de la), 1.

INDEX ALPHABÉTIQUE. 881

1 et suiv. 13 et suiv. 816 et suiv.—Où il y en a, 99, 101, 102, 748, 749, 816.— Monuments propres à la Phénicie, 25, 404, 411, 655. —Peu d'ancienneté des objets trouvés jusqu'ici, 504. — *Graffiti* phéniciens, 647 et suiv. — Inscriptions phéniciennes, 708 et suiv. 842, pl. LVII, LVIII. — Prétendus monuments phéniciens, 756, 757, 872.—Matériaux, 819, 820, 824.—D'un art phénicien, 820 et suiv. 827, 828. — Principe de l'architecture phénicienne, 822 et suiv.—Imitations étrangères, 825 et suiv. — Nom de la Phénicie, 827, note 1; 872^b.— Rareté des inscriptions, 832-834. — Durée de l'art phénicien, 834, 835. — Étendue, 836, 837.— Carte, planche I.
Philon de Byblos, 154 et suiv. 158, 201, 214, 215, 241, 332, 526, 702, 748, 841, 844.
Phtah, 487.
Pierre Encise, 754 et suiv.
Pierres (Culte des), 399, 400.
Pierres gravées, 144, 145, 490, 338 et suiv.
Pinchas ben Jaïr, 771.
Pinéta de Beyrouth, 352-353.
Pistos, 172-200, 237, 652.
Plomb (Sarcophages en), 427, 428, 866^a; pl. LX.
Poissons (Culte des), 130.
Polychromie, 416.
Porphyrion, 509, 514, 525.
Portes votives, 676-677, 715 et suiv. 768.
Ports phéniciens, 40, 362.—Ports de Tyr, 530 et suiv. 539 et suiv. 570.
Posidon, 515.
Posnak, 124.
Poulain de Bossay; topographie de Tyr, 527 et suiv. — Ports de Tyr, 561 et suiv. — Digue, 568.
Presbyteros, 199, 215, 856^b.
Pressoirs, 93, 140, 230, 251, 599, 633, 634, 635, 639, 640, 644, 645, 669, 792; pl. XXXVI.
Pronom suffixe phénicien, 718, 719, 723, 728.
Propriétés (Marques de), 249, 309, 312, 313.
Psammétik (Nom de), en Phénicie, 27.
Psyché, 380, 381, 395, 396, 428, 844; pl. LX.
Ptolémée, 648.
Puits de Ras el-Aïn, 593, 594. Voy. *Borak et-Tell*. — Puits en Palestine, 806, 807. — Planches XXXV, XXXIX. — Puits sans eau, de la nécropole de Saïda, 410, 411.
Pyramides en Phénicie, 75, 851^b.
Pyrée, 25, 655, 658, 659; pl. IV.
Pyxis, 490.

Q

Qouf, prononciation de cette lettre en Syrie, 299, 856^b.

R

Rabbath, 650; planche XXIV. Voy. *Céleste (Déesse)*.
Rabbath-Ammon, 791, note; 872^b.
Raj (Khirbet), 646.
Rama d'Aser ou de Nephtali, 686.
Rama de Benjamin, 812.
Ramet, 249.
Ramet el-Khalil, 800-802.
Raphaël (Saint), 868^b.
Ras el-Aïn, près Baalbek, 319.
Ras el-Aïn, près de Tyr, 309, 524, 528, 529, 577, 582, 593.—Description, 593, 694, 636, 752, 811.
Ras-Nekhas, 122.
Ras Wata-Sillan, 327.
Refend. Voy. *Bossage*.
Reschkida, 139.
Reyfoun, 328, 335.
Rhamké. Voy. *Nahr-Rhamké*.
Rhiné. Voy. *Ghiné*.
Rhodes, relations avec la Phénicie, 373,
831-832. — Voy. *Amphores (Anses d')*.
Rhodope (Tombeau de), 571, 573.
Ritter. Ses systèmes sur les origines de Gébeil et les Ituréens, 248; sur Palætyr, 578; sur la nécropole de Tyr, 687. Voir *Movers*.
Roc (Travaux dans le), en Phénicie, 40, 41, 92-94, 142, 143, 144, 182, 206, 208, 244, 245, 251, 252, 253, 322, 329, 330, 362, 363, 509, 633-636, 672, 673, 749, 754 et suiv. 761, 787, 788, 806, 807, 809, 811, 813, 822 et suiv. 852^a, 856^b, 872^b; planches III, VI, XII, XIV, XXVI, XXVII, XXVIII, XXXVI, XXXVII, XXXIX, LIV, LVII, LVIII.
Rocher taillé, à Amrit, 95, 96; pl. X, XII, XIV, XXXIX. — A Athlith, 754 et suiv. — Rochers du port de Saïda, 846, 847; pl. LXVII. — Rapprochements, 852^a. — Voy. *Roc*.
Roméilé. Voyez *Rouméli*.
Romula (Domus), 852^b.
Rossi (De), son opinion sur la mosaïque de Saint-Christophe, 609, 610, 617 et suiv.
Roueïs, 689.
Roukley, 607, 636. — Tombeaux, 636-639, 842.
Rouméli, 507-509.
Routes taillées dans le roc, 760, 761, 836.
Ruad, 19 et suiv. — Fouilles à Ruad, 22 et suiv. — Objets trouvés à Ruad, 25 et suiv. 842, 843, 844. — Inscriptions d'Aradus, 29 et suiv. — Mur phénicien de Ruad, 39, 40. —Port, 40. — Source dans la mer, 41, 42. — Comparaison du mur de Ruad avec celui de Tortose, 47, 48. — Dessins, 847. — Vue des murs, pl. II. — Travaux dans le roc, pl. III. — Sculptures, pl. IV. — Objets provenant de Ruad, pl. V, XXII.
Ruines de Palestine, leur aspect, 787.

S

Saarnæos (Zeus), 234-236.
Safed, 50, 761, 780, 781, 782; pl. LXX.
Safed el-Buti'a, 647.
Safita, 105, 112, 113, 126, 127.
Sagone, 425.
Sahin, 103, 104.
Sahioun, 854^b.
Saïda. Voy. *Sidon*. — Plan des environs de
Saïda, pl. LXVI.—Plan de la ville, pl. LXVII. — Inscriptions arabes, 862, 863.
Saïdanaïs, 858^a. Voy. *Sayyidet Naïa*.
Sainte-Croix (Couvent de), près Jérusalem, 626.
Saint-Jean d'Acre, 53, 529, 530, 752.
Saïr, 812, 813.
Saksakie, tombeaux, 663, 664, 667.
Salmanazar, 574, 576, note 2; 595.
Samarie, 787, 791, et note.
Sampsiceramus, 310, 859, 860.
Samuel bar Simson (R.) a vu les inscriptions de Kafr-Bereïm, 760, 771.
Sanchoniathon, 154.
Sannin (Montagne), 258, 278, 340.
Sara, 655, 665, 666.

111

Sarai (Ouadi), 666.
Sarba, antiquités, 328-332, 843, 844; pl. xxii.—Son identité avec Palæbyblos, 333, 334.
Sarcophages (voy. *Anthropoïdes*), 213, 230, 842, 845, 847.—Sarcophages en plomb (voy. *Thecæ*), 427, 428.—Divers, 504, 505.—Sarcophages de Roukley, 636-639; — de Saksakie, 64; — du pays de Tyr, 666; — de Koeifedh, 670, 671; — du pays du lac Huleh, 673, 675, 678-680, 682, 683-685; — d'Ermed, 688, 689; — d'Oum el-Awamid, 706, 707; — de Jisch, 778, 779. — Sépultures juives, 778. — Gadare, 784. — Naplouse, 807. — Silo, 809-811. — Planches xxix, xxxi, xliii, xlv, xlvii, xlviii, l, lvii, lix, lx, lxi. — Rapprochements, 860ᵃ.
Sardes (Idoles), 836, note 1.
Sarepta, 525, 655, 656, 661, 663-665, 842, 844; pl. lx.
Sarfend, 525, 655. Voy. *Sarepta* et *Surafend*.
Sori, 666.
Sariyé, 666.
Sarracus, 666.
Sassanide (Monnaie), 332, note 3; 845.—Pierre Sassanide, 839.
Sati ou Sati, 201, 670.
Satrape (Dieu), 241-243, 842.
Sayyidet el-Bir Ellahiti, 358.
Sayyidet el-Mantara, 506, 507, note; 517, 518, pl. lxv.
Sayyidet Ghazal, 200-856ᵇ.
Sayyidet Marthe, 185.
Sayyidet Nain, 233. Voy. *Saïdanaïs*.
Scala Tyriorum, 693, 750.
Scarabées, 161, 487, 488, 489, 490, 491, 839, 845, 854ᵃ.
Scaurus (Marcus-Æmilius), 533, 534, 843.
Schaalabbin, 677, 678.
Schabbehi (Jeruschalem, 766, 772.
Schalaboun, 670. — Description des antiquités, 677-680, 841. — Planche lvii.
Schâmât, 234.
Schawié, 809.
Schebrayeh, 693.
Schehîme, 511.
Scheickh Maschouk. Voy. *Maschouk*.
Scheickh Zeit ou Zeidan, 807.

Schekif (Beled), 647, 761.
Schelifa, 314.
Scheol (Images du), 428.
Scheptin, 251, 264 et suiv.
Scherbel (Mar), 205, 857ᵃ; pl. xxvii.
Schhan, 240.
Schir el-Mcidan, 284. Voy. *Maschouka*.
Schir-Ouadi-Fareya, 262.
Scialoub, 126.
Sciarat-Eldenadsci, 125, 126.
Scopus (Mont), 812.
Sculptures sur le roc, 238, 239, 244, 245, 257, 258, 288, 289, 290, 295, 635, 636, 640, 641, 690, 691, 847; pl. xxxi, xxxiv, xxxviii, lxv. — Aversion pour la sculpture, 789, 830.
Scylax (Le faux), 525, 579, 665, 752, 753.
Sébastié, 787, 790, note 4, 808. V. *Samarie*.
Seddin el-Foka, 587, 869ᵃ.
Seidoun, 367, 521, 861ᵇ. Voy. *Kharbet Seidûn*.
Saïoun. Voy. *Silo*.
Seins votifs, 29, 844, 849; pl. xxii.
Seirié, 665, 666.
Séleucides en Phénicie, 713, 714, 721.
Semaieh, 691.
Sémakh, 753.
Séman (Mar), 226.
Sémani (Le Kbouri), sa description du pays de Tripoli, 120 et suiv.
Semar-Gébeil, 51, 238, 240, 847.—Château, 244.— Sculptures, 245. —Inscriptions grecques et syriaques, 246-248.— Histoire, 248, 249.— Inscriptions d'Adrien, 258, 260, 261.— Comparaisons, 754, 758.— Planches xxxiii, xxxvi, xxxvii.
Sémarions, 115.
Sémites nomades, 837.
Sémoa, 813.
Sépultures (Violation des), 408-410, 497, 504, 864ᵃ.
Serkhis (Mar), couvent, 139.
Sévères (Les), leur importance en Syrie, 133, 134, 310, 351, 354 et suiv. 382.— En Palestine, 762-770, 774 et suiv. 844, 853ᵃ.
Shu, dieu égyptien, 487.
Sichem, 787, 791, et note.
Sicile. Sarcophages anthropoïdes en Sicile, 405 et suiv. 425, 826.

Sidon, description des antiquités, histoire, inscriptions, 361 et suiv.—Nécropole de Sidon, 401 et suiv. — Fouilles que nous y fîmes, 402 et suiv.—Journal des fouilles, 433 et suiv. — Fouilles de 1862, 453 et suiv. — Catalogue des objets trouvés dans les caveaux, 483 et suiv.—Fouilles à faire, 838. — Objets trouvés à Sidon, 842, 844, 845; pl. v, xxi, xxii, xxiv, xlii, xliii, xliv, xlv, xlvi, lix, lx, lxi, lxii, lxiii, lxiv. — Environs, pl. lxv, lxvi. — Plan de la ville, pl. lxvii. — Découvertes postérieures et topographie, 860, 861, 862.
Sidonien (Port), à Tyr, 559 et suiv.
Sidoniorum (Vicus), 149.
Sigus (Nécropole de), 489, note; 663, 867, 868.
Silo, 787, 809-811.
Siméon ben Jochai (R.), 771, 772.
Sinaï (Mont), mosaïque, 616, 617, 626.
Sinim, 111.
Sinna ou Sinnan, 248, 249.
Siricarius, 348, 349.
Snia, 647.
Solonte, 405 et suiv. 425, 826.
Soupiraux dans le roc. Voy. *Tuyaux dans le roc*. Planches xxvi, xlvi.
Sour. Voyez *Tyr*. — Plan de Sour, pl. lxix.
Sourat, 265.
Sphinx en Phénicie, 25, 213, 671, 701, 702, 704, 707, 843, 844, 849ᵃ; pl. iv, xxxii, li, lvi, lvii.
Stade d'Amrit, 90 et suiv. 847.
Starkenberg, 758.
Strabon, sur les ports de Tyr, 563, 566, 567.
Straton, 100, 147, 148, 398, 790, note 4; 827, 853ᵃ.
Supti, 201.
Surafend, endroits de ce nom, 665.
Sycaminos, 753.
Synagogues, traits caractéristiques, 646, 647 (voy. *Doubles colonnes*), 685-686. — Région des synagogues, 761 et suiv. — Leur style, 762, 765, 786, note 2; 789. — Synagogue de Kefr-Bereim, 763, 771; — de Kasyoun, 774 et suiv. — de Nabartein, 777 et suiv. — de Jisch, 778, 779; — de Meirôn, 780, 781, 783; — à Naplouse, 808; — à Silo, 810.

T

Taberja. Voy. *Berja*.
Tabnith, 522.
Tadmor, dans le Liban, 302, 859ᵃ.
Taht Farhatia, 200, 856ᵇ.

Tailleurs de pierre, en Syrie, leurs habitudes, 142, 200, 755.
Talmudiques (Souvenirs), en Galilée, 771, 772, 773, 780, 781.

Tamisch, 335.
Tammuz, 215, 216. Voy. *Adonis*.
Tanyras, 515.
Tannourin, 238, 257, 258, 270, 271.

INDEX ALPHABÉTIQUE.

Tantoura, 757. Voy. *Dora*.
Tartedj, 255, 268, 269.
Tartous, 20, 849². Voy. *Tortose*.
Tas de pierres, 812.
Tasié, 226.
Taym, 241.
Tayschié, 688.
Tell Aschari, 870².
Tell Ashtere, 870².
Tell Defné, 327.
Tell el-Hurrié, 314.
Tell el-Kisân, 525, 752.
Tell el-Maschouka, 584, 586.
Tell osch-Schair, 870².
Tell es-Sémakh, 753.
Tell Hum, 762, 782, 783.
Tell Nébi Mindaum, 117. 852ᵇ.
Tell Schakik, 586.
Temples de Syrie, leur caractère général, 135, 136, 285-288. — Destruction des temples du Liban, 255, 256, 287, 335, 336. — Temples dans le pays de Tyr, 633, 692, 693.
Térachites, 837.
Terbiha, 687.
Terschiha, 761.
Teutonique (Ordre), 759 et suiv.
Thecæ de la nécropole de Saïda, 423 et suiv. 427, 435, 448, 503, 842.

Thecla (Mar), 234.
Theodoros (Mar), 229.
Theou-Prosopon, cap, 141, 142, 145. 149, 150-151.
Théra, 425, 865ᵇ.
Thersa, 787.
Thoueris, 487.
Tibériade (Lac de), 782.
Tibnin, 647, 761.
Tidmor. Voy. *Tadmor*.
Timocharis, 372 et suiv.
Tirza. Voy. *Birza*.
Toghmât, 520, 521.
Toleton, ville prétendue, 751.
Topos, 348, 349.
Tortose, 20, 21, 22, 755, 761.—Fouilles de Tortose, 43. — Antiquités qu'on en tire, 44, 55 et suiv. 424. — Restes que nous y trouvons, 45 et suiv. — Murs de Tortose, 47 et suiv. 781. — Inscriptions, etc. 55 et suiv. — Histoire, 127. — Objets provenant de Tortose, 842, 845, 849ᵃ, 850ᵃ. — Dessins, 846. — Planches VI, XXI, XXIII, XXIV.
Toula, 250, 251, 258, 263 et suiv.
Toueris, 487.
Tour des lions, à Gébeil, 176; pl. xxv.
Touran. Voyez *Medinet et-Touran*.
Tout (Wadi), 261.

Tpé, 201.
Tremblements de terre, en Syrie, 853ᵇ.
Trésors (Recherche des), 399.
Trière, 144, 853ᵇ.
Tripoli. Histoire du diocèse de Tripoli, 120 et suiv. — Histoire de la ville de Tripoli, 119-122, 852ᵇ.—Antiquités de Tripoli, 129, 140, 818.
Tuhrân esch-Schâm, 745.
Turan de Galilée, 745.
Tuyaux dans le roc, communiquant aux caveaux funèbres, 77, 193-198, 211, 212, 407, 408, 679, 680; pl. xxvi, xlvi.
Tyr, histoire, fouilles, description des antiquités de Tyr insulaire, 527 et suiv. — Topographie de Tyr, 546 et suiv.—Temple de Melkarth. Voy. *Melkarth*. — Ports, 559 et suiv.—Rôle de Tyr, 574, 575.— La plaine de Tyr, 576 et suiv.— Nécropoles, 580-582, 584, 588 et suiv. 592, 595, 596, 644, 645, 656 et suiv. — Aspect du pays de Tyr, 632 et suiv. 667-669, 673.—N'a pas de sarcophages anthropoïdes, 424. — Ère de Tyr, 721, 722. — Ses banlieues, 606, 607, 744, 745. — Fouilles à faire, 838.— Objets qui en proviennent, 842, 843, 844, 845; pl. xxiv.—Plan de Tyr et de ses environs, pl. lxix.

U

Umma, 673.
Uræus en Phénicie, 26 et suiv. 69, 70, 157, 158, 227, 365, 366, 541, 670, 671, 702, 703, 708, 841, 842, 843, 844, 846, 851ᵃ; planches iv, ix, xxxii, lii, liii, lv.

Urtas, 811, 812.
Usov, 241.

V

Vallée des larmes, 811.
Vastha, 647.
Venidius Rufus, ses bornes milliaires, 376 et suiv.
Vénus asiatique. Son culte à Memphis, 56-57, 850ᵃ.—Culte en Syrie, 134. — Image, 230, 293, 294.—Temple à Aphaca, 296 et suiv. — A Balat, 686, 687. — Vénus androgyne, 728, 871. — Représentations de Vénus, 181, 207, 431, 840, 845. — Planche xxxir. — Ports de Vénus, 868, 869.
Verre (Fabrique du), 488, 539, 845. — Objets de verre, pl. xxiii.

Vierge (Culte de la), dans le Liban, 216.
Vogüé (De), examen d'Oum el-Awamid, 696 et suiv. — Recherches en Palestine, 785, note 1; 794, 814; — en Syrie, 831.
Voies romaines, 298, 299, 304, 310 et suiv.

W

Waddington. Voy. *Vogüé*.

Wœpcke, note sur le gnomon phénicien, 729-731.

Y

Yabed, 791, note 1, 807.
Yahmour. Voy. *Kalaat-Yahmour*.
Yammouni (El-), lac, 260, 299, 300. — Description, 305, 306. — Temple, *ibid*.
Yarin, 668, 687, 688.
Yarôn, 680-682, 778.

Yuther, 672, 673.
Yukin, 813.
Yutta, 813.

Z

Zabulon, 683, 861[b].
Zaharani (Nahr), 515, 522, 523, 524.
Zahlé, 278, 358.
Zaouié (Province de), 122, 123.
Zebdin, 358.
Zeinoun, 319, 359.
Zeitoun (près du Djébel Mousa), 277.

Zen, 265.
Zénodore, 317-319, 359.
Zénon, nom phénicien, 37, 319, 339, 380, 381, 387, 832.
Zeus, dieu suprême, épithètes diverses, 223-225, 232, 234-236, 332, 338, 858[a].
Zeuxon, nom aradien, 37.

Zib, 752.
Zoile, 211, 231, 383, 646.
Zosime, sur Vénus Aphacite, 297 et suiv. 306 et suiv.
Zub Feraoun, 871[b].
Zubkbin, 667.
Zuk, 332.

OBSERVATION.

La date inscrite sur le titre de cet ouvrage étant celle où parut la 1re livraison, on croit devoir indiquer ici les époques où chacune des parties a été livrée au public.

La 1re livraison du texte, contenant le titre et les pages 1 à 96, a été livrée le 31 mars 1864.
La 2e —————————— les pages 97 à 200.............. le 3 avril 1865.
La 3e —————————— les pages 201 à 296.............. le 11 février 1867.
La 4e —————————— les pages 297 à 360.............. le 10 mai 1870.
La 5e —————————— les pages 361 à 496.............. le 15 septembre 1871
La 6e —————————— les pages 497 à 600.............. le 15 janvier 1872.
Le reste du texte (pages 601-888) a été livré................. le 1er juin 1874.

La 1re livraison de planches, comprenant le titre et les planches I, VII, VIII, IX, X, XI, XII, XIII, XIV, a été livrée............. le 31 mars 1864.

La 2e et la 3e livraison de planches, comprenant les planches II, III, IV, V, VI, XV, XVI, XVII, XVIII, XIX, XX, XXI, XXII, XXIII, XXIV, XXV, XXXII, XXXIV, XL, XLI, ont été livrées................ le 17 octobre 1864.

La 4e livraison, comprenant les planches XXVI, XXVII, XXVIII, XXIX, XXX, XXXI, XXXIII, XXXVI, XXXVII, XXXVIII, a été livrée............. le 3 avril 1865.

La 5e livraison, comprenant les planches XXXV, XXXIX, XLV, L, LI, LII, LIII, LIV, LV, LVI, a été livrée................................ le 11 février 1867.

La 6e livraison, comprenant les planches XLVI, XLVII, XLVIII, XLIX, LVII, LVIII, LIX, LX, LXI, a été livrée.......................... le 16 février 1869.

Le reste des planches, savoir : les planches XLII, XLIII, XLIV, LXII, LXIII, LXIV, LXV, LXVI, LXVII, LXVIII, LXIX, LXX, et la table, ont été livrés. le 1er juin 1874.

TABLE DES MATIÈRES.

	Pages.
INTRODUCTION. Plan général de la mission	1
LIVRE PREMIER. Campagne d'Aradus	19
Chapitre Ier. Ruad	19
Chapitre II. Tortose	43
Chapitre III. Amrit	59
Chapitre IV. Environs de Tortose. Lattakié	103
Chapitre V. Région de Tripoli	129
LIVRE II. Campagne de Byblos	153
Chapitre Ier. Gébeil	153
Chapitre II. Environs de Gébeil	219
Chapitre III. Le fleuve Adonis	282
Chapitre IV. Le Kesrouan. Beyrouth	321
LIVRE III. Campagne de Sidon	361
Chapitre Ier. Saïda et ses jardins	361
Chapitre II. Nécropole de Saïda	400
Chapitre III. Environs de Saïda	506
LIVRE IV. Campagne de Tyr	527
Chapitre Ier. L'île de Tyr	527
Chapitre II. La plaine de Tyr. Palætyr	576
Chapitre III. Kabr-Hiram	597
Chapitre IV. Le pays de Tyr	632
Chapitre V. Oum el Awamid	695
Chapitre VI. Région d'Acre et du Carmel. Haute Galilée	750
Chapitre VII. Coup d'œil sur la Palestine	785
Conclusions	815
Additions et corrections	849
Index alphabétique	869

FIN.

E. RENAN

MISSION
DE PHÉNICIE

PARIS

www.ingramcontent.com/pod-product-compliance
Lightning Source LLC
Chambersburg PA
CBHW052127010526
44113CB00034B/812